4231

Eine Arbeitsgemeinschaft der Verlage

Böhlau Verlag · Wien · Köln · Weimar
Verlag Barbara Budrich · Opladen · Toronto
facultas.wuv · Wien
Wilhelm Fink · Paderborn
A. Francke Verlag · Tübingen
Haupt Verlag · Bern
Verlag Julius Klinkhardt · Bad Heilbrunn
Mohr Siebeck · Tübingen
Nomos Verlagsgesellschaft · Baden-Baden
Ernst Reinhardt Verlag · München · Basel
Ferdinand Schöningh · Paderborn
Eugen Ulmer Verlag · Stuttgart
UVK Verlagsgesellschaft · Konstanz, mit UVK/Lucius · München
Vandenhoeck & Ruprecht · Göttingen · Bristol
vdf Hochschulverlag AG an der ETH Zürich

Inventar-Nr.	Signatur
Je 2014. 209	EC Ib 152

Rechtswissenschaftliches Seminar der Universität zu Köln

Matthias Pierson
Thomas Ahrens
Karsten R. Fischer

Recht des geistigen Eigentums

Patente, Marken, Urheberrecht, Design

3. Auflage

Die Deutsche Nationalbibliothek verzeichnet diese Publikation in der Deutschen Nationalbibliografie; detaillierte bibliografische Daten sind im Internet über http://dnb.d-nb.de abrufbar.

ISBN 978-3-8252-4231-2 (UTB)

3. Auflage 2014
© Nomos Verlagsgesellschaft, Baden-Baden 2014. Printed in Germany. Alle Rechte, auch die des Nachdrucks von Auszügen, der fotomechanischen Wiedergabe und der Übersetzung, vorbehalten. Gedruckt auf alterungsbeständigem Papier.

Vorwort zur 3. Auflage

Seit dem Erscheinen der zweiten Auflage des vorliegenden Buchs im Verlag Vahlen sind vier Jahre vergangen. Von daher war es erforderlich, das Werk mit Blick auf die in weiten Teilen des Rechts des geistigen Eigentums erneut fortschreitende Rechtsentwicklung zu aktualisieren. So berücksichtigt die neue Auflage insbesondere die folgenden Neuerungen:

- Richtlinie 2011/177/EU v. 27.9.2011 zur Änderung der Richtlinie 2006/116/EG über die Schutzdauer des Urheberrechts und bestimmter verwandter Schutzrechte;
- Richtlinie 2012/28/EU v. 25.10.2012 über bestimmte zulässige Formen der Nutzung verwaister Werke;
- Verordnung (EU) Nr. 1151/2012 des Europäischen Parlaments und des Rates v. 21.11.2012 über Qualitätsregelungen für Agrarerzeugnisse und Lebensmittel;
- Dritte Verordnung zur Änderung der Markenverordnung und anderer Verordnungen v. 10.12.2012;
- Verordnung (EU) Nr. 1257/2012 des Europäischen Parlaments und des Rates v. 17. 12. 2012 über die Umsetzung der Verstärkten Zusammenarbeit im Bereich der Schaffung eines einheitlichen Patentschutzes *(Einheitspatent)*;
- Verordnung (EU) Nr. 1260/2012 des Rates v. 17. 12. 2012 über die Umsetzung der verstärkten Zusammenarbeit im Bereich der Schaffung eines einheitlichen Patentschutzes im Hinblick auf die anzuwendenden Übersetzungsregelungen *(Einheitspatent Sprachenregime)*;
- Vorschlag für eine Richtlinie des Europäischen Parlaments und des Rates zur Angleichung der Rechtsvorschriften der Mitgliedstaaten über die Marken v. 27.3.2013;
- Vorschlag für eine Verordnung des Europäischen Parlaments und des Rates zur Änderung der Verordnung (EG) Nr. 207/2009 des Rates über die Gemeinschaftsmarke v. 27.3.2013.
- Verordnung (EU) Nr. 608/2013 v. 12.6.2013 zur Durchsetzung der Rechte des geistigen Eigentums durch die Zollbehörden und zur Aufhebung der Verordnung (EG) Nr. 1383/2003 des Rates *(Grenzbeschlagnahmeverordnung)*;
- Übereinkommen über ein Einheitliches Patentgericht v. 20.6.2013;
- Achtes Gesetz zur Änderung des Urheberrechtsgesetzes v. 7.5.2013 *(Leistungsschutz Presseverleger)*;
- Neuntes Gesetz zur Änderung des Urheberrechtsgesetzes v. 2.7.2013 *(Schutzfristenverlängerung)*;
- Änderung des Unterlassungsklagengesetzes (durch Art. 5 des Gesetzes zur Umsetzung der Richtlinie 2011/61/EU über die Verwalter alternativer Investmentfonds [AIFS-UmsetzungsG]) v. 4.7.2013;
- Gesetz zur Nutzung verwaister und vergriffener Werke und einer weiteren Änderung des Urheberrechtsgesetzes v. 1.10.2013;
- Gesetz gegen unseriöse Geschäftspraktiken v. 1.10.2013;

- Gesetz zur Modernisierung des Geschmacksmustergesetzes sowie zur Änderung der Regelungen über die Bekanntmachungen zum Ausstellungsschutz v. 10.10.2013 (DesignG);
- Gesetz zur Förderung des elektronischen Rechtsverkehrs mit den Gerichten v. 10.10.2013;
- Gesetz zur Novellierung patentrechtlicher Vorschriften und anderer Gesetze des gewerblichen Rechtsschutzes v. 19.10.2013;
- Verordnung über den elektronischen Rechtsverkehr beim DPMA und zur Änderung weiterer Verordnungen für das DPMA v. 1.11.2013;
- Vorschlag für eine Richtlinie des Europäischen Parlaments und des Rates über den Schutz vertraulichen Know-hows und vertraulicher Geschäftsinformationen (Geschäftsgeheimnisse) vor rechtswidrigem Erwerb sowie rechtswidriger Nutzung und Offenlegung v. 28.11.2013;
- Verordnung zur weiteren Modernisierung des Designrechts und zur Einführung des Nichtigkeitsverfahrens in Designangelegenheiten v. 2.1.2014 (DesignV);

Die Autoren bedanken sich für die positive und wohlwollende Aufnahme, die das Buch auch in seiner zweiten Auflage erfahren hat, und sind der Leserschaft für konstruktive Kritik dankbar. Besonderen Dank schulden die Autoren der Nomos Verlagsgesellschaft für die Aufnahme des Buchs in das UTB-Programm des Verlages und Herrn Dr. Peter Schmidt für die gewährte Unterstützung seitens des rechtswissenschaftlichen Lektorats.

Marburg und Wolfenbüttel *Matthias Pierson*
Braunschweig *Thomas Ahrens*
Barsinghausen und Hannover *Karsten Fischer*
April 2014

Inhaltsverzeichnis

Abkürzungsverzeichnis 31

Erster Abschnitt: Grundlagen zum Recht des geistigen Eigentums 39
§ 1 Einführung 39
    I. Die beiden Hemisphären zum Schutz des geistigen Eigentums: Gewerblicher Rechtsschutz und Urheberrecht 39
    II. Zum Begriff des Immaterialgüterrechts 39
    III. „Konjunktur" und Herausforderung des geistigen Eigentums im Zeitalter der neuen Medien 40
    IV. Schutz geistigen Eigentums im Zeitalter der Globalisierung 41
§ 2 Die Sondergesetze zum Schutz des geistigen Eigentums im Überblick 42
    I. Der Schutz technischer Erfindungen: Patent- und Gebrauchsmusterrecht 42
        1. Patentrecht 42
        2. Gebrauchsmusterrecht 42
    II. Der Schutz von Leistungen im Bereich des Designs: Designschutzrecht 43
    III. Der Schutz von Kennzeichen: Markenrecht 44
    IV. Spezialmaterien des gewerblichen Rechtsschutzes: Topographieschutz und Sortenschutz 45
        1. Halbleiterschutzrecht 46
        2. Sortenschutzrecht 46
    V. Der Schutz gegen unlauteren Wettbewerb: Wettbewerbsrecht (i.e.S.) 46
    VI. Der Schutz von Werken der Literatur, Wissenschaft und Kunst: Urheberrecht 47
        1. Gesetzliche Grundlage und Werkbegriff 47
        2. Urheberrecht im Informationszeitalter 49
§ 3 Geschichte des geistigen Eigentums 49
    I. Ausgangspunkt: Das Streben nach technischem Fortschritt und Ausdruck 49
    II. Antike und Mittelalter 50
    III. Privilegienwesen 51
    IV. Die Theorie vom geistigen Eigentum 52
    V. Die Entwicklung im 19. Jahrhundert/Reichsgesetzgebung 53
§ 4 Der internationale Schutz des geistigen Eigentums 54
    I. Ausgangspunkt 54
    II. Beschränkter Anwendungsbereich der nationalen Sondergesetze zum Schutz des geistigen Eigentums 54
        1. Persönlicher Anwendungsbereich 54
        2. Räumlicher Anwendungsbereich 55
    III. Staatsverträge zum Schutz des geistigen Eigentums 56
        1. Pariser Verbandübereinkunft (PVÜ) 56

			a) Einordnung	56
			b) Inländerbehandlung, Unionspriorität	56
		2.	Sonderabkommen zur PVÜ	57
			a) Patentzusammenarbeitsvertrag (PCT)	57
			b) Haager Musterschutzabkommen (HMA)	58
			c) Madrider Markenabkommen (MMA)	59
		3.	Revidierte Berner Übereinkunft (RBÜ)	59
		4.	WIPO-Konvention	60
		5.	TRIPS-Übereinkommen	60
	IV.	Recht der Europäischen Union		61
		1.	Rechtssetzungskompetenz der EU im Bereich des geistigen Eigentums	62
		2.	Formen des Rechts der Europäischen Union	62
		3.	Harmonisierung im Bereich des geistigen Eigentums	63
		4.	Einheitliche Gemeinschaftsschutzrechte	64
§ 5	Kategorien und Systematik des geistigen Eigentums			68
	I.	Zentrale Kategorien geistigen Eigentums		68
	II.	Ergebnisse, die in der Entdeckung einer Realität bestehen		69
		1.	Entdeckungen	69
		2.	Die Begründung der mangelnden Patentierbarkeit	69
		3.	Entdeckung als Grundlage eines Patents	70
		4.	Wissenschaftliche Theorien und Methoden	70
	III.	Ergebnisse, die in der Lösung eines Problems bestehen		70
		1.	Technische Problemlösungen	71
		2.	Nicht-technische Problemlösungen	71
			a) Sog. Anweisungen an den menschlichen Geist	71
			b) Mangelnde Technizität	72
			c) Die Begründung der mangelnden Patentierbarkeit	73
	IV.	Ergebnisse, die in der Schaffung eines neuen Gutes bestehen		73
	V.	Kategoriale Erfassung der Kennzeichen		74
	VI.	Ergebnisse geistigen Schaffens und normativ-rechtliche Ausgestaltung		75
		1.	Materielle Schutzvoraussetzungen	75
			a) Kategoriale Anknüpfung	75
			b) Bewertungsmaßstab	76
			c) Neuheit	77
			d) Gewerbliche Verwertbarkeit	78
		2.	Formelle Schutzvoraussetzungen	78
		3.	Schutzwirkungen	79
			a) Sperrwirkung	79
			b) Schutzdauer	79
			c) Persönlichkeitsrechtliche Schutzelemente	80
§ 6	Das Recht des geistigen Eigentums in der Gesamtrechtsordnung			80
	I.	Verfassungsrechtliche Bezüge		80
	II.	Das Recht des geistigen Eigentums als Teil des Privatrechts		81
		1.	Zuordnung zum Privatrecht	81
		2.	Nebengebiete des bürgerlichen Rechts	81
		3.	Kennzeichenschutz außerhalb des Markengesetzes	82

		4. Bezüge zum Arbeitsrecht	82
	III.	Verwaltungsrechtliche Bezüge	83
	IV.	Straftat- und Bußgeldtatbestände	83
§ 7		Die wirtschaftliche Bedeutung des geistigen Eigentums	83
	I.	Allgemeine Bedeutung	83
	II.	Gewerblicher Rechtsschutz	84
		1. Technische Schutzrechte	84
		2. Designrecht	85
		3. Markenrecht	85
	III.	Urheberrecht	86
		1. Die traditionelle Bedeutung des Urheberrechts	86
		2. Der Bedeutungszuwachs des Urheberrechts	87
		a) Ausweitung des Geltungsbereichs	87
		b) Urheberrecht in der Medien- und Freizeitgesellschaft	87

Zweiter Abschnitt: Der Schutz technischer Ideen	88
1. Kapitel. Einleitung	88
2. Kapitel. Patentschutz in der Bundesrepublik Deutschland	89

§ 8		Patentierbare Erfindungen und Gewerbliche Anwendbarkeit	89
	I.	Patentierbare Erfindungen	89
		1. Technizität	90
		2. Ausschluss von der Patentierung	91
		a) Mangelnde Patentfähigkeit	91
		b) Verstoß gegen öffentliche Ordnung und gute Sitten	92
		c) Verfahren zur chirurgischen und therapeutischen Behandlung	92
		3. Computerimplementierte Erfindungen	93
		4. Biotechnologische Erfindungen	94
	II.	Gewerbliche Anwendbarkeit	96
§ 9		Stand der Technik, Neuheit, erfinderische Tätigkeit	96
	I.	Stand der Technik (SdT)	97
		1. Vorveröffentlichungen	97
		2. Ältere Anmeldungen	98
	II.	Durchschnittsfachmann	99
	III.	Neuheit	99
	IV.	Erfinderische Tätigkeit	100
§ 10		Recht auf das Patent	101
	I.	Erfinder	101
	II.	Erfinderrechte	102
	III.	Rechtsnachfolger	103
	IV.	Berechtigter vor den Patentbehörden	103
§ 11		Allgemeine Grundsätze des Verfahrensrechts	103
	I.	Übersicht	104
		1. Verfahren vor dem DPMA	104
		2. Verfahren vor dem BPatG	104
		3. Verfahren vor dem BGH	105
	II.	Zur Vertretung	105

		III.	Fristen, Wiedereinsetzung, Weiterbehandlung	106
			1. Fristen	106
			2. Wiedereinsetzung	106
			3. Weiterbehandlung	107
		IV.	Sonstiges	107
			1. Rechtliches Gehör	107
			2. Gebühren	107
			3. Sprache	108
			4. Schriftlichkeit	108
			5. Patentregister	109
§ 12	Patentanmeldung und Erteilungsverfahren			109
		I.	Patentanmeldung	109
		II.	Anmeldetag und Priorität	112
			1. Mindesterfordernisse zur Anerkennung eines Anmeldetags	112
			2. Priorität	112
		III.	Teilanmeldung, Ausscheidung und Zusatzpatent	114
			1. Teilanmeldung	114
			2. Ausscheidung	114
			3. Zusatzpatent	115
		IV.	Erteilungsverfahren	115
			1. Offensichtlichkeitsprüfung	115
			2. Recherchebericht	115
			3. Offenlegung	116
			4. Vollständige Prüfung	116
			5. Patenterteilung	117
§ 13	Einspruch			117
		I.	Erhebung des Einspruchs	117
		II.	Begründung des Einspruchs	118
		III.	Beitritt	118
		IV.	Einspruchsverfahren	118
			1. Unzulässige Erweiterung von Offenbarung und Schutzbereich	119
			2. Disclaimer	120
§ 14	Nichtigkeit			120
		I.	Nichtigkeitsklage	120
		II.	Nichtigkeitsverfahren	121
§ 15	Wirkungen des Patents			122
		I.	Räumliche Wirkung des Patents	123
		II.	Zeitliche Wirkung des Patents	123
			1. Verkürzung und Entfall der Patentdauer	124
			2. Schutzdauerverlängerung durch ergänzendes Schutzzertifikat..	124
		III.	Schutzbereich	125
			1. Wortsinngemäßer Schutzbereich	126
			2. Äquivalenter Schutzbereich	127
			3. Konsequenzen für die Schutzbereichsbestimmung	127
§ 16	Rechte aus dem Patent			128
		I.	Rechte aus Erzeugnisansprüchen	128
			1. Herstellung	128

		2. Anbieten	129
		3. Inverkehrbringen	129
		4. Gebrauch	129
		5. Einführen und Besitz	129
	II.	Rechte aus Verfahrensansprüchen	130
		1. Anwendung	130
		2. Anbieten eines Verfahrens zur Anwendung	130
		3. Durch Verfahren unmittelbar hergestelltes Erzeugnis	131
	III.	Rechte aus Verwendungsansprüchen	131
	IV.	Mittelbare Patentbenutzung	132
§ 17		Grenzen und Ausnahmen der Schutzwirkung	133
	I.	Ausnahmen der Patentwirkung nach § 11 PatG	134
	II.	Vorbenutzungs- und Weiterbenutzungsrecht	135
		1. Vorbenutzungsrecht (vor Patentanmeldung)	135
		2. Weiterbenutzungsrecht (nach Wiedereinsetzung)	136
	III.	Erschöpfung	137
	IV.	Lizenzbereitschaft	138
	V.	Weitere Rechtsbeschränkungen	139
		1. Benutzungsanordnung	139
		2. Zwangslizenz	139
§ 18		Übertragung, Lizenz	140
	I.	Übertragung	141
	II.	Lizenz	141

3. Kapitel. Besonderheiten bei europäischen Patenten 142

§ 19		Europäische Patentanmeldungen bis zur Veröffentlichung	143
§ 20		Sachprüfung, Patenterteilung, Einspruch und Beschränkung	144
§ 21		Beschwerde	146
§ 22		Nationale Verfahren	146
§ 23		Das Europäische Patent mit einheitlicher Wirkung (Einheitspatent)	146
	I.	Allgemeines	146
	II.	Wirkung des Einheitspatents	147
	III.	Verfahren	148

4. Kapitel. Der Patentzusammenarbeitsvertrag (PCT) 148

§ 24		PCT Kapitel I	149
§ 25		PCT Kapitel II	150
§ 26		Nationale und regionale Verfahren	151

5. Kapitel. Gebrauchsmusterrecht 151

§ 27		Gebrauchsmusterfähige Erfindungen, Neuheit und erfinderischer Schritt	152
	I.	Gebrauchsmusterfähige Erfindungen	152
	II.	Neuheit und Stand der Technik	152
		1. Stand der Technik (SdT)	153
		2. Priorität	153
	III.	Erfinderischer Schritt	153
§ 28		Der Weg zum Gebrauchsmuster und seine Wirkungen	154
	I.	Gebrauchsmusteranmeldung und Abzweigung	154
	II.	Recherche, Prüfung und Veröffentlichung	154

		III.	Wirkungen des Gebrauchsmusters	155
§ 29	Löschung			155
§ 30	Beschwerde			155
6. Kapitel.	Arbeitnehmererfinderrecht			155
§ 31	Anwendungsbereiche des ArbEG			156
		I.	Persönlicher Anwendungsbereich	156
		II.	Sachlicher Anwendungsbereich	157
			1. Erfindungen, Verbesserungsvorschläge	157
			2. Diensterfindungen, freie Erfindungen	157
§ 32	Erfindungsmeldung, Inanspruchnahme und Erfindervergütung			158
		I.	Erfindungsmeldung	158
		II.	Inanspruchnahme und deren Wirkung	159
			1. Inanspruchnahme	159
			2. Wirkung der Inanspruchnahme	159
			3. Freigewordene Diensterfindung	160
		III.	Erfindervergütung	160
§ 33	Freie Erfindungen			162
§ 34	Schiedsverfahren, gerichtliche Verfahren und Übergangsvorschriften			163
		I.	Schiedsverfahren und gerichtliche Verfahren	163
		II.	Übergangsvorschriften	165

Dritter Abschnitt:	Schutz auf speziellen Gebieten			166
§ 35	Halbleiterschutz			166
		I.	Einordnung und Zweck	166
		II.	Schutzvoraussetzungen	166
			1. Materielle Schutzvoraussetzungen, Berechtigter	166
			2. Formelle Schutzvoraussetzungen	167
			3. Schutzentstehung, Geltendmachung	168
		III.	Wirkungen des Halbleiterschutzes	168
			1. Schutzgegenstand, Schutzumfang, Schutzdauer	168
			2. Rechte des Schutzrechtsinhabers	169
			3. Ansprüche des Schutzrechtsinhabers	169
§ 36	Sortenschutzrecht			170
		I.	Einordnung und Zweck	170
		II.	Schutzvoraussetzungen	170
			1. Materielle Schutzvoraussetzungen	170
			2. Formelle Schutzvoraussetzungen	171
		III.	Recht auf Sortenschutz, Rechtsnachfolge, Lizenzen	172
		IV.	Wirkungen des Sortenschutzes, Rechtsverletzungen	172
			1. Alleiniges Vermehrungsrecht des Sortenschutzinhabers	172
			2. Rechtsverletzungen	173
			3. Schutzdauer	173
		V.	Internationales und europäisches Sortenschutzrecht	173
			1. Internationaler Schutz von Pflanzenzüchtungen	173
			2. Gemeinschaftliches Sortenschutzrecht	174

Vierter Abschnitt:		Der Schutz des Designs durch das Designschutzrecht	175
§ 37	Allgemeines zum Designschutz		175
	I.	Gegenstand	175
	II.	Schutzzweck	175
	III.	Wesen und Einordnung	176
	IV.	Bedeutung: Designschutzrecht in Zahlen	176
§ 38	Schutzvoraussetzungen		178
	I.	Begriffsbestimmungen	178
	II.	Materielle Schutzvoraussetzungen	178
		1. Neuheit	178
		a) Vorbekannter Formenschatz	179
		b) Neuheitsschädliche Identität	179
		2. Eigenart	180
		a) Unterschiedlichkeit	180
		b) Grad der Gestaltungsfreiheit	180
		3. Neuheitsschonfrist	181
	III.	Schutzausschluss	182
		1. Technische Bedingtheit	182
		2. Verbindungselemente	182
		3. Sonstige Ausschlusstatbestände	183
	IV.	Exkurs: Ersatzteilproblematik	184
		1. Ausgangspunkt: Terminologie	184
		2. Ausschluss sog. must-fit-Teile	184
		3. Schutzbeschränkung auf sichtbare Bauelemente	185
		4. Übergangsbestimmung zu Reparaturteilen	185
		5. Vorschlag der Kommission betreffend Ersatzteilmarkt ...	186
	V.	Formelle Schutzvoraussetzungen, Eintragungsverfahren ...	187
		1. Anmeldeverfahren	188
		2. Eintragungsverfahren	190
		3. Verfahrensvorschriften, Beschwerde, Rechtsbeschwerde ...	190
§ 39	Entstehung, Dauer, Rechtsverkehr		191
	I.	Berechtigte	191
	II.	Entstehung und Dauer	192
	III.	Eingetragenes Design als Gegenstand des Vermögens	192
		1. Rechtsnachfolge	192
		2. Dingliche Rechte, Zwangsvollstreckung, Insolvenzverfahren ...	193
		3. Lizenzen	193
	IV.	Nichtigkeit und Löschung	194
		1. Nichtigkeitsverfahren beim DPMA	194
		2. Absolute Nichtigkeit	194
		3. Relative Nichtigkeit	195
		4. Löschung	195
§ 40	Schutzwirkungen, Rechtsverletzungen		196
	I.	Schutzwirkungen	196
		1. Schutzgegenstand	196
		2. Rechte und Schutzumfang	196
		3. Beschränkungen, Vorbenutzungsrecht	197
	II.	Rechtsverletzungen	198

		1. Beseitigung, Unterlassung, Schadenersatz	198
		2. Flankierende Ansprüche, Erschöpfung, Verjährung	199
		3. Strafvorschriften	199
§ 41		Gemeinschaftsgeschmacksmuster	200
	I.	Einordnung	200
	II.	Duales Schutzsystem	200
		1. Eingetragenes Gemeinschaftsgeschmackmuster	200
		2. Nicht eingetragenes Gemeinschaftsgeschmackmuster	201

Fünfter Abschnitt: Der Schutz von Kennzeichen 203

1. Kapitel. Allgemeines zum Kennzeichenschutz 203

§ 42	Gegenstand	203
§ 43	Schutzzweck und Funktion	206
§ 44	Einordnung und ergänzender Kennzeichenschutz	206

2. Kapitel. Marken 209

§ 45		Einführung	209
	I.	Überblick	209
	II.	Abgrenzung	210
	III.	Markenformen	211
	IV.	Entstehung des Markenschutzes	212
		1. Registermarke	212
		2. Benutzungsmarke	212
		a) Einordnung	212
		b) Verkehrsgeltung	213
		3. Notorisch bekannte Marke	214
§ 46		Zeitrang und Vorrang	216
§ 47		Schutzvoraussetzungen und Schutzhindernisse	216
	I.	Inhaberschaft	216
	II.	Absolute Schutzhindernisse	218
		1. Allgemeines	218
		2. Grafische Darstellbarkeit (§ 8 Abs. 1 MarkenG)	219
		3. Unterscheidungskraft (§ 8 Abs. 2 Nr. 1 MarkenG)	221
		a) Überblick	221
		b) Beteiligte Verkehrskreise	223
		c) Markenformen unter dem Blickwinkel der Unterscheidungskraft	223
		4. Freihaltebedürfnis (§ 8 Abs. 2 Nr. 2 MarkenG)	227
		a) Überblick	227
		b) Einzelne freizuhaltende Angaben	229
		5. Übliche Zeichen (§ 8 Abs. 2 Nr. 3 MarkenG)	230
		6. Täuschungseignung	230
		7. Verstoß gegen die öffentliche Ordnung oder die guten Sitten	231
		8. Hoheitszeichen	231
		9. Prüf- und Gewährzeichen	232
		10. Zeichen zwischenstaatlicher Organisationen	232
		11. Entgegenstehende Gesetze als Schutzhindernisse	232
		12. Bösgläubige Markenanmeldungen	232

		13. Ausnahmen	233
		a) Berechtigung zum Führen bestimmter Zeichen	233
		b) Verkehrsdurchsetzung	234
	III.	Relative Schutzhindernisse	236
		1. Überblick	236
		2. Angemeldete oder eingetragene Marken als relative Schutzhindernisse	237
		3. Identische Marken	237
		4. Verwechslungsgefahr von Marken	238
		a) Beurteilungsfaktoren und deren Wechselwirkung	238
		b) Ähnlichkeit der Waren bzw. Dienstleistungen	238
		c) Kennzeichnungskraft	239
		d) Ähnlichkeit der Zeichen	240
		e) Zusammengesetzte Marken	243
		f) Verwechslungsgefahr durch gedankliche Verbindung	244
		5. Schutz bekannter Marken	245
		6. Notorisch bekannte Marke (Notorietätsmarke)	247
		7. Agentenmarke	247
		8. Benutzungsmarken und geschäftliche Bezeichnungen mit älterem Zeitrang	247
		9. Sonstige ältere Rechte	248
§ 48	Rechtsverletzungen und Rechtsfolgen		248
	I.	Überblick	248
	II.	Ausschließlichkeitsrecht	249
		1. Territoriale Reichweite	249
		2. Kollisionstatbestände	250
		3. Untersagungstatbestände	251
		4. Einreden und Einwendungen	252
		5. Haftung des Betriebsinhabers	253
	III.	Rechtsfolgen aus Markenverletzungen	253
		1. Unterlassung	253
		2. Schadensersatz	254
		3. Auskunftsanspruch (§ 19 MarkenG)	254
		4. Vernichtung (§ 18 MarkenG)	255
	IV.	Eingetragene Marken in Nachschlagewerken (§ 16 MarkenG)	255
§ 49	Schranken des Schutzes		256
	I.	Verjährung	256
	II.	Verwirkung	257
	III.	Benutzung von Namen und beschreibenden Angaben	260
	IV.	Erschöpfung	262
	V.	Benutzungszwang	264
	VI.	Benutzung der Marke (§ 26 MarkenG)	264
§ 50	Marken als Vermögensgegenstand		269
	I.	Rechtsübergang und dingliche Rechte	269
	II.	Lizenz	270
§ 51	Eintragung, Widerspruch und Löschung		273
	I.	Eintragungsverfahren	273
		1. Anmeldung	273

		2. Anmeldetag	276
		3. Priorität	276
		4. Prüfung des Patent- und Markenamtes	278
		5. Beschleunigte Prüfung	279
		6. Rücknahme, Beschränkung, Berichtigung	279
		7. Eintragung	280
		8. Widerspruch gegen die Eintragung einer Marke	281
	II.	Teilung, Schutzdauer und Verlängerung	283
		1. Teilung	283
		2. Schutzdauer und Verlängerung	285
	III.	Verzicht, Verfall und Nichtigkeit	286
		1. Verzicht	286
		2. Verfall	287
		3. Nichtigkeit wegen absoluter Schutzhindernisse	288
		4. Nichtigkeit wegen Bestehens älterer Rechte	289
		5. Löschungsverfahren vor den ordentlichen Gerichten	290
		6. Wirkung der Löschung wegen Verfalls oder Nichtigkeit	290
§ 52	Verfahrensvorschriften, Beschwerde, Rechtsbeschwerde		292
	I.	Allgemeine Vorschriften für das Verfahren vor dem Patent- und Markenamt, Akteneinsicht, Erinnerung	293
		1. Akteneinsicht	294
		2. Erinnerung	294
	II.	Beschwerde	295
		1. Überblick	295
		2. Beschwerdeverfahren	295
		3. Durchgriffsbeschwerde	297
	III.	Rechtsbeschwerde	298
		1. Überblick	298
		2. Rechtsbeschwerdeverfahren	299
	IV.	Wiedereinsetzung, Weiterbehandlung, Inlandsvertreter und sonstige Vorschriften	299
		1. Wiedereinsetzung	299
		2. Weiterbehandlung	300
		3. Inlandsvertreter	300
		4. Weitere Vorschriften	301
§ 53	Kollektivmarken		301
	I.	Überblick	301
	II.	Eintragungsvoraussetzungen	302
		1. Unterscheidungskraft	302
		2. Inhaberschaft und Markensatzung	302
		3. Geltendmachung von Rechten und Schutzschranken	303
		4. Löschungsgründe	303
§ 54	Kennzeichenstreit-, Straf- und Bußgeldvorschriften, Beschlagnahme		304
	I.	Gerichtsstand	304
	II.	Streitwertbegünstigung	304
	III.	Straf- und Bußgeldvorschriften	305
		1. Strafbare Kennzeichenverletzung	305
		2. Strafbare Benutzung geografischer Herkunftsangaben	305

		3. Bußgeldvorschriften	305
	IV.	Beschlagnahme	306

3. Kapitel. Geschäftliche Bezeichnungen 307
§ 55 Überblick 307
§ 56 Unternehmenskennzeichen 308
    I. Name und Firma 308
    II. Geschäftsabzeichen 309
    III. Verkehrsgeltung 309
    IV. Räumlicher Schutzbereich 310
    V. Entstehen und Erlöschen von Unternehmenskennzeichen 310
    VI. Übertragbarkeit und Lizenz 311
    VII. Verwechslungsgefahr 311
§ 57 Titelschutz 312
    I. Überblick 312
    II. Schutzobjekte 313
    III. Entstehen und Erlöschen von Titelschutzrechten 313
    IV. Titelschutzanzeige 313
    V. Verwechslungsgefahr 314
        1. Titelähnlichkeit 314
        2. Werknähe 315
        3. Kennzeichnungskraft 315
§ 58 Rechtsverletzungen und Rechtsfolgen 315
    I. Ausschließliches Recht 315
    II. Bekannte geschäftliche Bezeichnungen 315
    III. Rechtsfolgen 316

4. Kapitel. Geografische Herkunftsangaben 316
§ 59 Überblick 316
§ 60 Schutz geografischer Herkunftsangaben 317
    I. Definition 317
    II. Schutzinhalt 318
        1. Einfache geografische Herkunftsangabe 318
        2. Qualifizierte geografische Herkunftsangabe 318
    III. Geografische Herkunftsangabe mit besonderem Ruf 319
    IV. Abwandlungen geografischer Herkunftsangaben 319
§ 61 Schutz gem. VO (EU) Nr. 1151/2012 319
    I. Grundsätze 319
    II. Verfahren zur Eintragung einer geografischen Angabe oder Ursprungsbezeichnung 321
    III. Einspruchs- und Löschungsverfahren, Überwachung, Verletzung .. 321

5. Kapitel. Exkurse Olympiaschutzgesetz und Domain-Namen 322
§ 62 Exkurs: Olympiaschutzgesetz 322
    I. Hintergrund 322
    II. Gesetzesgegenstand und Inhaber 322
    III. Rechtsverletzungen und Rechtsfolgen 322
    IV. Altrechte und Verfassungskonformität 323
§ 63 Exkurs: Domain-Namen 323

17

6. Kapitel. Internationale Registrierung 327
§ 64 Internationale Registrierung (IR) 327
       I. Das Madrider System der Internationalen Registrierung von Marken 327
      II. Unterschiede zwischen MMA und PMMA 329
     III. Eintragungsverfahren 330
     IV. Schutzversagung und Widerspruch 331
      V. Vorteile der Internationalen Registrierung von Marken 332
§ 65 Gemeinschaftsmarken 332
§ 66 Nationale Vorschriften für IR- und Gemeinschaftsmarken 332
       I. MMA und PMMA 332
      II. Gemeinschaftsmarken 332

Sechster Abschnitt: Urheberrecht und verwandte Schutzrechte 333

1. Kapitel. Urheberrecht 333
§ 67 Begriff und Wesen des Urheberrechts 333
§ 68 Werkbegriff, Schutzvoraussetzungen 334
       I. Materielle Schutzvoraussetzungen 334
         1. Werk der Literatur, Wissenschaft und Kunst 334
         2. Ergebnis persönlichen Schöpfens 334
         3. Geistiger Gehalt 335
         4. Sinnlich wahrnehmbare Formgestaltung 335
         5. Individualität 336
         6. Kleine Münze, Gestaltungshöhe 336
           a) Meisterwerke 336
           b) Einfache Werke, kleine Münze 336
           c) Gestaltungshöhe 337
      II. Formelle Schutzvoraussetzungen 338
         1. Grundsatz der Formfreiheit 338
         2. Bedeutung des Copyright-Vermerk 338
§ 69 Die Werkarten im Einzelnen 339
       I. Sprachwerke, wie Schriftwerke, Reden und Computerprogramme 339
         1. Schriftwerke 339
         2. Reden 340
         3. Computerprogramme 340
           a) Einordnung, Begriff 340
           b) Schutzgegenstand 340
           c) Schutzvoraussetzungen 341
      II. Musikwerke 343
     III. Pantomimische Werke, Tanzkunst 344
     IV. Werke der bildenden Kunst 344
         1. Zweckfreie („reine") Kunst 345
         2. Angewandte Kunst 345
         3. Baukunst 346
      V. Lichtbildwerke 347
     VI. Filmwerke 347

	VII.	Darstellungen wissenschaftlicher oder technischer Art	348
	VIII.	Wissenschaftliche Werke	348
	IX.	Umarbeitungen, Veränderungen eines Werkes	349
		1. Bearbeitungen	349
		2. Systematik urheberrechtlich relevanter Umarbeitungen	350
		3. Neugestaltung, freie Benutzung	350
	X.	Sammelwerke, Datenbankwerke	351
		1. Sammelwerke	352
		a) Begriff	352
		b) Beispiele	352
		c) Schutzvoraussetzungen	352
		2. Datenbankwerke	353
		a) Hintergrund	353
		b) Zweispuriges Schutzkonzept für Datenbanken	353
		c) Schutzgegenstand	353
	XI.	Exkurs: Urheberrechtlicher Schutz spezieller Schutzobjekte	354
		1. Urheberrechtlicher Schutz einer Website	354
		a) Ausgangspunkt	354
		b) Mögliche Schutzobjekte einer Website	354
		2. Urheberrechtlicher Schutz von Multimediawerken	355
		a) Wesen, Begriff	355
		b) Einordnung	355
§ 70		Urheberschaft am Werk	356
	I.	Urheber	356
	II.	Miturheberschaft	356
		1. Begriff, Abgrenzung Sammelwerk	356
		2. Schöpferischer Beitrag, Gesamthandgemeinschaft	357
	III.	Urheber verbundener Werke	357
§ 71		Inhalt des Urheberrechts	358
	I.	Urheberpersönlichkeitsrecht	359
		1. Grundlage des Urheberpersönlichkeitsrechts	359
		2. Veröffentlichungsrecht	359
		3. Anerkennung der Urheberschaft	360
		4. Entstellung des Werkes	361
		5. Weitere persönlichkeitsrechtliche Normen	361
	II.	Verwertungsrechte	362
		1. Systematik und Überblick	362
		2. Ausgewählte Verwertungsrechte im Einzelnen	363
		a) Vervielfältigungsrecht	363
		b) Verbreitungsrecht	365
		c) Öffentliche Zugänglichmachung	366
		d) Öffentlichkeit der Wiedergabe	368
		3. Exkurs: Internettypische Benutzungshandlungen	368
	III.	Schutzgegenstand	369
		1. Mitteilungsform	370
		2. Individualität und geistiges Gemeingut	370
		3. Form und Inhalt	371
		a) Werke der Literatur und Kunst	371

		b) Wissenschaftliche Werke	371
	IV.	Schutzumfang	372
	V.	Schutzdauer	373
§ 72		Schranken des Urheberrechts	376
	I.	Allgemeines Verständnis	376
	II.	Die urheberrechtlichen Schranken im Überblick	377
	III.	Ausgewählte Schranken	384
		1. Vorübergehende Vervielfältigungshandlungen	384
		2. Vervielfältigungen zum privaten und sonstigen eigenen Gebrauch	386
		a) Vervielfältigung zum „privaten Gebrauch"	386
		b) Vervielfältigung zum „sonstigen eigenen Gebrauch"	388
		c) „Schranken der Schranken"	390
		3. Vergütungspflicht für Vervielfältigungen	391
		a) Geräte-, Leerkassetten-, Betreiberabgabe	391
		b) Pauschale Urhebervergütung versus DRM?	392
		4. Zeitungsartikel und Rundfunkkommentare	393
		a) Das sog. Pressespiegelprivileg	393
		b) Elektronischer Pressespiegel	394
		5. Zitierfreiheit	394
		6. Bildnisse und Recht am eigenen Bild (KUG)	396
		a) Einordnung, Bedeutung	396
		b) Einwilligungserfordernis	397
		c) Schutzfrist	398
		d) Ausnahmen vom Einwilligungserfordernis	399
		e) Rechtsverletzungen	399
		7. Besondere Schranken für Datenbanken und Computerprogramme	400
§ 73		Das Urheberrecht als Gegenstand des Rechtsverkehrs	401
	I.	Vererbung, Grundsatz der mangelnden Übertragbarkeit	401
	II.	Nutzungsrechte	402
		1. Einräumung Nutzungsrecht und Nutzungsart	402
		a) Einräumung Nutzungsrecht	402
		b) Nutzungsart	402
		2. Einfache und ausschließliche Nutzungsrechte	403
		3. Übertragung von Nutzungsrechten	403
		4. Beschränkungen des Nutzungsrechts	404
		5. Zweckübertragsgrundsatz	404
		6. Unbekannte Nutzungsart	405
		a) Alte Rechtslage	405
		b) Neue Rechtslage	406
		7. Beiträge zu Sammlungen	406
		a) Auslegungsregel	406
		b) unabdingbares Zweitverwertungsrecht	407
	III.	Urheber in Arbeits- und Dienstverhältnissen	407
		1. Ausgangslage: Schöpferprinzip	407
		2. Ausnahmen	408
		3. Rechtserwerb vom Arbeitnehmer	409

		a)	Pflichtwerke	409
		b)	Freie Werke	409
		c)	Umfang des Rechtserwerbs	410

2. Kapitel. Verwandte Schutzrechte 410
§ 74 Überblick 410
§ 75 Ausgewählte verwandte Schutzrechte 411
    I. Schutz der Lichtbilder (Fotografien) 412
    II. Schutz der ausübenden Künstler 412
    III. Schutz des Hersteller von Tonträgern, des Sendeunternehmens, des Presseverlegers und des Filmherstellers 414
        1. Hersteller eines Tonträgers 414
        2. Sendeunternehmen 414
        3. Schutz des Presseverlegers 415
        4. Schutz des Filmherstellers 416
    IV. Schutz der Datenbankhersteller 416
        1. Zweigliedriges Schutzkonzept für Datenbanken 416
        2. Datenbank 416
            a) Schutzgegenstand 416
            b) Schutzvoraussetzungen 417
        3. Datenbankhersteller (Begriff und Rechte) 417

3. Kapitel. Gemeinsame Bestimmungen für Urheberrecht und verwandte Schutzrechte 419
§ 76 Ergänzende Schutzbestimmungen 419
    I. Schutz technischer Maßnahmen (§ 95a UrhG) 419
        1. Umgehungsverbot (§ 95a Abs. 1 UrhG) 419
        2. Legaldefinition „Technische Maßnahme" (§ 95a Abs. 2 UrhG) 420
        3. Vorbereitungshandlungen (§ 95a Abs. 3 UrhG) 420
        4. Strafverfolgungs- und Sicherheitsbehörden (§ 95a Abs. 4 UrhG) 420
    II. Durchsetzung von Schrankenbestimmungen (§ 95b UrhG) 421
        1. Verpflichtung gegenüber Schrankenbegünstigtem (§ 95b Abs. 1 UrhG) 421
        2. Individueller Anspruch des Begünstigten (§ 95b Abs. 2 UrhG) 422
        3. Ausnahme zu Gunsten interaktiver Dienste (§ 95b Abs. 3 UrhG) 422
    III. Schutz der zur Rechtewahrnehmung erforderlichen Informationen (§ 95c UrhG) 423
    IV. Kennzeichnungspflichten (§ 95d UrhG) 423
    V. Ergänzende Straf- und Bußgeldvorschriften (§§ 108b, 111a UrhG) 424
        1. Strafrechtliche Sanktionen (§ 108b UrhG) 424
        2. Ordnungswidrigkeiten (§ 111a UrhG) 424
§ 77 Rechtsverletzungen 424
    I. Zivilrechtliche Ansprüche 425
    II. Strafrechtliche Rechtsfolgen 426

4. Kapitel. Internationaler Urheberrechtsschutz 426
§ 78 Anwendbarkeit deutschen Urheberrechts 427
    I. Persönlicher Anwendungsbereich (Fremdenrecht) 427
    II. Räumlicher Anwendungsbereich 427
§ 79 Internationale Zuständigkeit der deutschen Gerichte 428
    I. Wohnsitz 429
    II. Deliktischer Gerichtsstand 429
    III. Veröffentlichungen im Internet 429
§ 80 Anwendbares Recht (Kollisionsrecht) 431
    I. Internationales Privatrecht 431
    II. Schutzlandprinzip 431
    III. Anwendbares Urheberrecht bei Verletzungshandlungen im Internet 432
§ 81 Urheberrechtsschutz im Ausland 433
    I. Revidierte Berner Übereinkunft (RBÜ) 433
    II. TRIPS-Übereinkommen 434
        1. Grundprinzipen 434
        2. Die urheberrechtlichen Regelungen des TRIPS-Übereinkommens 435
    III. WIPO-Urheberrechtsvertrag 436

Siebter Abschnitt: Wettbewerbsrecht (Lauterkeitsrecht) 438
§ 82 Einleitung 438
    I. Das Wettbewerbsrecht als Rechtsgebiet 438
    II. Aufgabe und Bedeutung des Wettbewerbsrechts 439
    III. Eingrenzung, Rechtsgrundlagen des Lauterkeitsrechts 440
    IV. Einwirkungen des Europäischen Rechts 440
        1. Allgemeines 440
        2. Primäres Unionsrecht 441
        3. Sekundäres Unionsrecht 442
            a) Verordnungen 442
            b) Richtlinien 443
    V. Stellung des Wettbewerbsrechts in der Gesamtrechtsordnung 446
        1. Das Lauterkeitsrecht als Sonderprivatrecht 446
        2. Das Lauterkeitsrecht als Teilgebiet des gewerblichen Rechtsschutzes 447
            a) Gemeinsamkeiten, Unterschiede 447
            b) Die „Nahtstelle" des Lauterkeitsrechts zum Immaterialgüterrecht 447
§ 83 Rechtsentwicklung: Von der Reform 2004 zur Reform 2008 448
    I. UWG-Reform 2004 448
        1. Aufhebung von Rabattgesetz und Zugabeverordnung 2001 449
        2. Unzureichende Liberalisierung 449
        3. Entstehungsgeschichte UWG-Reform 2004 450
        4. Die Struktur des UWG-Reformgesetzes 2004 450
            a) Im Rahmen der Reform 2004 neu in das Gesetz aufgenommene Reglungen 450

		b) Im Zuge der UWG-Reform 2004 weggefallene Regelungen	451
	II.	UWG-Reform 2008	452
		1. Die Richtlinie über unlautere Geschäftspraktiken	453
		2. Richtlinienkonforme Auslegung	454
		3. Überblick über die wesentlichen Neuerungen	454
	III.	Gesetz zur Bekämpfung unerlaubter Telefonwerbung, Gesetz gegen unseriöse Geschäftspraktiken	455
	IV.	Einordnung und Ausblick	456
§ 84	Die allgemeinen wettbewerbsrechtlichen Bestimmungen		457
	I.	Zweck des Gesetzes (§ 1 UWG)	457
	II.	Definitionen (§ 2 UWG)	457
		1. Geschäftliche Handlung (§ 2 Abs. 1 Nr. 1 UWG)	457
		2. Marktteilnehmer (§ 2 Abs. 1 Nr. 2 UWG)	458
		3. Mitbewerber (§ 2 Abs. 1 Nr. 3 UWG)	458
		4. Nachricht (§ 2 Abs. 1 Nr. 4 UWG)	458
		5. Verhaltenskodex (§ 2 Abs. 1 Nr. 5 UWG)	459
		6. Unternehmer (§ 2 Abs. 1 Nr. 6 UWG)	459
		7. Fachliche Sorgfalt (§ 2 Abs. 1 Nr. 7 UWG)	459
	III.	Die Generalklausel: Verbot unlauterer geschäftlicher Handlungen (§ 3 UWG)	460
		1. Allgemeine Generalklausel (§ 3 Abs. 1 UWG)	460
		2. Die sog. Verbrauchergeneralklausel (§ 3 Abs. 2 UWG)	461
		3. Gegenüber Verbrauchern stets unzulässige geschäftliche Handlungen (§ 3 Abs. 3 UWG)	462
		4. Die sog. schwarze Liste (Anhang zu § 3 Abs. 3 UWG)	463
		5. Vorschlag für die Prüfung eines Wettbewerbsverstoßes	472
	IV.	Beispielkatalog unlauterer geschäftlicher Handlungen (§ 4 UWG)	473
		1. Beeinträchtigung der Entscheidungsfreiheit durch unsachliche Einflussnahme (§ 4 Nr. 1 UWG)	474
		a) Einordnung	474
		b) Richtlinienkonforme Auslegung	475
		c) Tatbestand	475
		2. Ausnutzen besonderer Umstände (§ 4 Nr. 2 UWG)	478
		3. Schleichwerbungsverbot (§ 4 Nr. 3 UWG)	479
		4. Transparenz für Inanspruchnahme von Verkaufsförderungsmaßnahmen (§ 4 Nr. 4 UWG)	480
		5. Transparenzgebot bei Preisausschreiben und Gewinnspielen (§ 4 Nr. 5 UWG)	482
		6. Kaufabhängige Teilnahme an Preisausschreiben oder Gewinnspielen (§ 4 Nr. 6 UWG)	483
		7. Herabsetzung von Mitbewerbern (§ 4 Nr. 7 UWG)	484
		8. Anschwärzung (§ 4 Nr. 8 UWG)	485
		9. Ergänzender Leistungsschutz (§ 4 Nr. 9 UWG)	486
		a) Grundsatz der Nachahmungsfreiheit und Tatbestand	486
		b) Formen der Nachahmung	487
		c) Wettbewerbliche Eigenart	488

		d) Besondere Umstände	489
		10. Gezielte Mitbewerberbehinderung (§ 4 Nr. 10 UWG)	490
		a) Tatbestand, Anwendungsbereich	490
		b) Begriffsbestimmung durch die Rechtsprechung	491
		c) Verhältnis zum Kartellrecht	493
		11. Rechtsbruch (§ 4 Nr. 11 UWG)	494
		a) Verstoß gegen Marktverhaltensregel	494
		b) Differenzierung bei Marktzutrittsregelungen	494
		c) Praktisch bedeutsame Marktverhaltensregelungen	495
V.	Irreführung (§§ 5, 5a UWG)		495
	1. Irreführende geschäftliche Handlungen (§ 5 UWG)		496
		a) Allgemeines Irreführungsverbot (§ 5 Abs. 1 S. 1 UWG)	496
		b) Irreführende Angaben und deren Bezugspunkte (§ 5 Abs. 1 S. 2 UWG)	496
		c) Hervorrufung einer Verwechslungsgefahr (§ 5 Abs. 2 UWG)	498
		d) Weitere zur Irreführung geeignete Angaben (§ 5 Abs. 3 UWG)	499
		e) Werbung mit sog. Mondpreisen (§ 5 Abs. 4 UWG)	499
		f) Aufhebung der Regelung zur Irreführung über den Warenvorrat (§ 5 Abs. 5 UWG 2004)	499
	2. Irreführung durch Unterlassen (§ 5a UWG)		500
		a) Verschweigen einer Tatsache (§ 5a Abs. 1 UWG)	500
		b) Vorenthaltung wesentlicher Informationen (§ 5a Abs. 2 UWG)	500
		c) Wesentliche Informationen (§ 5a Abs. 3, Abs. 4 UWG)	501
VI.	Vergleichende Werbung (§ 6 UWG)		502
	1. Rechtsentwicklung, Umkehr des Regel-Ausnahme-Prinzips		502
	2. Begriff der vergleichenden Werbung (§ 6 Abs. 1 UWG)		503
		a) Erfordernis eines Vergleichs	503
		b) Erkennbarkeit eines Mitbewerbers	504
	3. Unzulässigkeit vergleichender Werbung (§ 6 Abs. 2 UWG)		504
		a) Vergleichbarkeit nach Bedarf und Zweckbestimmung (§ 6 Abs. 2 Nr. 1 UWG)	505
		b) Voraussetzungen des Eigenschaftsvergleichs (§ 6 Abs. 2 Nr. 2 UWG)	505
		c) Ausschluss von Verwechslungen (§ 6 Abs. 2 Nr. 3 UWG)	506
		d) Rufausnutzung und Rufbeeinträchtigung (§ 6 Abs. 2 Nr. 4 UWG)	507
		e) Herabsetzung und Verunglimpfung (§ 6 Abs. 2 Nr. 5 UWG)	507
		f) Darstellung als Imitation oder Nachahmung (§ 6 Abs. 2 Nr. 6 UWG)	508
VII.	Unzumutbare Belästigungen (§ 7 UWG)		509
	1. Generalklauselartige Umschreibung der Belästigung (§ 7 Abs. 1 UWG)		509
	2. Anwendungsfälle unzumutbarer Belästigungswerbung (§ 7 Abs. 2 UWG)		510

	a) Traditionelle Werbung im Fernabsatz (§ 7 Abs. 2 Nr. 1 UWG)..	510
	b) Telefonwerbung (§ 7 Abs. 2 Nr. 2 UWG).......................	510
	c) Automatische Anrufmaschinen, Fax, E-Mail (§ 7 Abs. 2 Nr. 3 UWG)..	511
	d) Nachrichten mit verschleierter oder verheimlichter Identität (§ 7 Abs. 2 Nr. 4 UWG)................................	512
	3. Ausnahmsweise Zulässigkeit von E-Mail-Werbung (§ 7 Abs. 3 UWG)...	513
	4. Zusammenfassende Übersicht zur belästigenden Direkt-Werbung...	514
	5. Alternative Regelungsmodelle: „opt-in" oder „opt-out"?.......	514
§ 85	Rechtsfolgen...	517
	I. Beseitigung und Unterlassung (§ 8 UWG)...........................	517
	1. Unterlassungs- und Beseitigungsanspruch (§ 8 Abs. 1, 2 UWG)...	517
	2. Aktivlegitimation (§ 8 Abs. 3 UWG)...........................	517
	3. Missbräuchliche Rechtsverfolgung...............................	518
	II. Schadensersatz (§ 9 UWG)..	518
	III. Gewinnabschöpfung (§ 10 UWG)...................................	519
	IV. Verjährung (§ 11 UWG)..	520
§ 86	Straf- und Bußgeldvorschriften...	520
	I. Bedeutung der lauterkeitsrechtlichen Strafbestimmungen...........	520
	II. Die Straf- und Bußgeldtatbestände des UWG im Überblick.........	521
	1. Strafbare Werbung (§ 16 UWG)................................	521
	a) Strafbare irreführende Werbung (§ 16 Abs. 1 UWG).........	521
	b) Progressive Kundenwerbung (§ 16 Abs. 2 UWG)............	521
	2. Verrat von Geschäfts- und Betriebsgeheimnissen (§ 17 UWG)..	522
	a) Vorbemerkung zum Geheimnisschutz.......................	522
	b) Strafrechtsschutz (§ 17)......................................	522
	3. Verwertung von Vorlagen (§ 18 UWG)..........................	523
	4. Verleiten und Erbieten zum Verrat (§ 19 UWG).................	523
	5. Bußgeldvorschriften (§ 20 UWG)...............................	524

Achter Abschnitt: Durchsetzung von Ansprüchen..................................... 525

§ 87	Anspruchsgrundlagen..	525
	I. Ausgangspunkt..	525
	II. Rechtsdurchsetzung im Bereich des geistigen Eigentums.............	525
	1. Die Richtlinie zur Durchsetzung der Rechte des geistigen Eigentums..	525
	a) Einordnung...	525
	b) Hintergrund und sachlicher Anwendungsbereich............	526
	c) Gegenstand..	526
	d) Maßnahmen und Verfahren im Einzelnen....................	527
	e) Evaluation der Durchsetzungsrichtlinie......................	527

		2. Gesetz zur Verbesserung der Durchsetzung von Rechten geistigen Eigentums	527
		a) Regelungsstruktur	527
		b) Schwerpunkte der verbesserten Rechtsdurchsetzung	528
§ 88	Gläubiger und Schuldner		532
	I. Aktivlegitimation		533
	II. Passivlegitimation		533
		1. Täterschaft und Teilnahme	533
		2. Störerhaftung	534
		a) Begründung, Einordnung	534
		b) Verletzung von Prüfungspflichten	535
		c) Wettbewerbsrechtliche Störerhaftung	535
§ 89	Außergerichtliche Durchsetzung		536
	I. Abmahnung		536
		1. Einordnung, Bedeutung	536
		2. Begriff, Zweck	537
		3. Keine Pflicht zur Abmahnung, kostenrechtlicher Hintergrund	537
		4. Rechtsnatur, Vollmacht	538
		5. Form, Zugang	539
		6. Inhalt	539
		a) Aktivlegitimation, Name oder Firma	539
		b) Gerügtes Verhalten, Aufforderung zur Unterwerfung, Zahlungsansprüche	540
		c) Fristsetzung, Androhung gerichtlicher Schritte	540
		7. Entbehrlichkeit der Abmahnung	541
		8. Wichtige begriffliche Differenzierungen	541
		9. Reaktion des Abgemahnten	542
		a) Reaktion bei berechtigter Abmahnung	542
		b) Reaktionspflicht bei Drittunterwerfung	542
		c) Keine Reaktionspflicht bei unberechtigter Abmahnung ...	542
		10. Kosten	543
		a) Anspruchsgrundlage für Aufwendungsersatz	543
		b) Höhe des Aufwendungsersatzes	543
		11. Unbegründete Abmahnung, Gegenansprüche	544
		a) Unbegründete Schutzrechtsverwarnung	545
		b) Unberechtigte oder unwirksame urheberrechtliche Abmahnung	545
		c) Unbegründete bzw. missbräuchliche wettbewerbsrechtliche Abmahnung	545
		12. Abgrenzung zur Berechtigungsanfrage	546
	II. Unterwerfungserklärung		548
		1. Zweck	548
		2. Rechtsnatur, Form	548
		3. Zustandekommen des Unterlassungsvertrages	549
		4. Bedeutung des Vertragsstrafeversprechens	549
		5. Höhe der Vertragsstrafe	549
		6. Erneute Zuwiderhandlung	550

		7. Kündigung	551
	III.	Verfahren vor der Einigungsstelle	553
		1. Überblick, Einordnung, Bedeutung	553
		2. Besetzung der Einigungsstellen	553
		3. Zuständigkeit	553
		4. Verfahren, Vergleich	553
§ 90		Gerichtliche Durchsetzung	554
	I.	Allgemeine Zulässigkeitsfragen	554
		1. Rechtsweg	554
		2. Sachliche Zuständigkeit	554
		3. Örtliche Zuständigkeit	554
		a) Allgemeine Zuständigkeitsregeln ZPO	554
		b) Sonderregelung UWG	555
		c) Neue Sonderregelung Urheberrecht	556
	II.	Einstweilige Verfügung	556
		1. Bedeutung, Zuständigkeit	556
		2. Voraussetzungen	556
		a) Verfügungsanspruch und Verfügungsgrund	556
		b) Glaubhaftmachung, Dringlichkeitsvermutung	557
		3. Entscheidung des Gerichts	557
		4. Schutzschrift	558
		a) Begriff, Bedeutung	558
		b) Hinterlegung, Schutzschriftenregister	558
		5. Rechtsbehelfe	559
		6. Vollziehung	559
		7. Abschlussverfahren	560
	III.	Hauptsacheverfahren	560

Linkliste ... 563

Literaturverzeichnis ... 567

Abbildungsverzeichnis

Abb. 1:	Überblick: Gewerblicher Rechtschutz, Urheberrecht und Wettbewerbsrecht	48
Abb. 2:	Internationaler Gewerblicher Rechtsschutz und Urheberrecht – wichtige internationale und europäische Rechtsgrundlagen	65
Abb. 3:	Übersicht DE-, EP-, PCT-Verfahren	164
Abb. 4:	Übersicht über Kennzeichenarten im MarkenG	208
Abb. 5:	Benutzungsschonfrist und Zeiträume der rechtserhaltenden Benutzung	284
Abb. 6:	Besondere urheberrechtliche Bestimmungen für Computerprogramme	342
Abb. 7:	Umarbeitungen/Veränderungen eines Werks	351
Abb. 8:	Urheberschaft am Werk	358
Abb. 9:	Schutzdauer von Urheber- und Leistungsschutzrechten	373
Abb. 10:	Schrankenbestimmungen und schrankenbezogene Rechte des Urhebers	377
Abb. 11:	Wettbewerbsrecht i.w.S.	440
Abb. 12:	Prüfungsschema UWG	472
Abb. 13:	Rechtliche Einordnung belästigender Direkt-Werbung (§ 7 UWG)	514
Abb. 14:	Alternative Modelle zum Schutz des Adressaten vor belästigender Direktwerbung	515
Abb. 15:	Anspruchsgrundlagen Gewerblicher Rechtsschutz/Urheberrecht	532
Abb. 16:	Beispiel für eine Abmahnung	547
Abb. 17:	Unterlassungs- und Verpflichtungserklärung	550
Abb. 18:	Checkliste Abmahnung	551
Abb. 19:	Checkliste für Überprüfung Abmahnung aus Sicht des Abgemahnten	552

Abkürzungsverzeichnis

A

a.A.	anderer Ansicht
aaO	am angegebenen Ort
ABl.	Amtsblatt der Europäischen Gemeinschaften (Internet-Zugang über http://europa.eu.int/eur-lex/de/)
ABl. EG / EU	Amtsblatt der Europäischen Gemeinschaften / der Europäischen Union
ABl. EPA	Amtsblatt des Europäischen Patentamts
Abs.	Absatz
ADR	Alternative Dispute Resolution
AG	Aktiengesellschaft
a. E.	am Ende
AEUV	Vertrag über die Arbeitsweise der EU
a. F.	alter Fassung
AfP	Archiv für Presserecht
a.M.	anderer Meinung
Anm.	Anmerkungen
AOEPÜ	Ausführungsordnung zum EPÜ
AOEPÜ2000	Ausführungsordnung zum EPÜ 2000
AOPCT	Ausführungsordnung zum PCT
ArbEG	Arbeitnehmererfindergesetz
Art.	Artikel
Aufl.	Auflage
Az.	Aktenzeichen

B

B2B	Business to Business
B2C	Business to Consumer
BB	Betriebsberater (Zeitschrift)
Bd.	Band
betr.	betreffend
BGB	Bürgerliches Gesetzbuch
BGB-Info-VO	Verordnung über Informationspflichten nach bürgerlichem Recht
BGBl.	Bundesgesetzblatt
BGH	Bundesgerichtshof
BGHZ	Entscheidungen des Bundesgerichtshofs in Zivilsachen
BIP	Bruttoinlandsprodukt

Abkürzungsverzeichnis

BMJ	Bundesministerium der Justiz
BMJV	Bundesministerium für Justiz und Verbraucherschutz
Bl. f. PMZ	Blatt für Patent-, Muster- und Zeichenwesen
BMWA	Bundesministerium für Wirtschaft und Arbeit
BMWi	Bundesministerium für Wirtschaft und Technologie
BO	Berufsordnung
BPatG	Bundespatentgericht
BPatGE	Entscheidungen des Bundespatentgerichtes
BRAO	Bundesrechtsanwaltsordnung
BSA	Bundessortenamt
BSAVfV	Verordnung über Verfahren vor dem Bundessortenamt
BT-Drucks.	Bundestags-Drucksache
bzgl.	bezüglich
bzw.	beziehungsweise

C

ca.	circa
cc	carbon copy
CD	Compact Disc
CD-ROM	Compact Disc Read-Only Memory
CR	Computer und Recht (Zeitschrift)

D

d.h.	das heißt
DENIC	Deutsche Internet Network Information Center
DesignG	Designgesetz
DesignV	Designverordnung
DPMA	Deutsches Patent- und Markenamt
DPMAV	Verordnung über das Deutsche Patent- und Markenamt
DRM	Digital Rights Management
dtv	Deutscher Taschenbuch Verlag
DuD	Datenschutz und Datensicherheit (Zeitschrift)
DVD	Digital Video Disc

E

ECRL	Richtlinie über den elektronischen Geschäftsverkehr
EG	Europäische Gemeinschaft
EGBGB	Einführungsgesetz zum BGB

EGG	Gesetz zum elektronischen Geschäftsverkehr
EGSVO	Verordnung über den gemeinschaftlichen Sortenschutz
EGV	Vertrag zur Gründung der Europäischen Gemeinschaft
Einl.	Einleitung
EPA	Europäisches Patentamt
EPÜ	Europäisches Patentübereinkommen
EPÜ2000	Europäisches Patentübereinkommen 2000
etc.	et cetera
EU	Europäische Union
EuGEI	Europäisches Gericht erster Instanz
EuGH	Europäischer Gerichtshof
EuGVVO	EG-Verordnung über die gerichtliche Zuständigkeit und die Anerkennung und Vollstreckung von Entscheidungen in Zivil- und Handelssachen (auch Brüssel-I-Verordnung genannt)
EuGVÜ	Übereinkommen über die gerichtliche Zuständigkeit und die Vollstreckung gerichtlicher Entscheidungen in Zivil- und Handelssachen
EUR	Euro
EUV	EU-Vertrag
EWG	Europäische Wirtschaftsgemeinschaft
EWR	Europäischer Wirtschaftsraum
F	
FAZ	Frankfurter Allgemeine Zeitung
f. bzw. ff.	Folgeseite(n)
F&E	Forschung und Entwicklung
Fußn.	Fußnote
FS	Festschrift
G	
GATT	General Agreement on Tariffs and Trade (Allgemeines Zoll- und Handelsübereinkommen)
GAusfOMMA/PMMA	Gemeinsame Ausführungsordnung zum MMA und PMMA
GbR	Gesellschaft bürgerlichen Rechts
GebrMG	Gebrauchsmustergesetz
GebVerz	Gebührenverzeichnis
GEMA	Gesellschaft für musikalische Aufführungs- und mechanische Vervielfältigungsrechte (Verwertungsgesellschaft)
GeschmMG	Geschmacksmustergesetz
GeschmMV	Geschmacksmusterverordnung

gem.	gemäß
ggf.	gegebenenfalls
GG	Grundgesetz
GGE	Gesetz für Geistiges Eigentum (Modellgesetz)
GGV/GGVO	Gemeinschaftsgeschmacksmusterverordnung
GKG	Gerichtskostengesetz
GmbH	Gesellschaft mit beschränkter Haftung
GmbHG	GmbH-Gesetz
GMDVO	Gemeinschaftsmarkendurchführungsverordnung
GMVO	Gemeinschaftsmarkenverordnung
GoA	Geschäftsführung ohne Auftrag
GRL	Geschmacksmusterrichtlinie
GRUR	Gewerblicher Rechtsschutz und Urheberrecht (Zeitschrift)
GRUR Int.	Gewerblicher Rechtsschutz und Urheberrecht international (Zeitschrift)
GWB	Gesetz gegen Wettbewerbsbeschränkungen

H

HABM	Harmonisierungsamt für den Binnenmarkt (= OHIM)
HGB	Handelsgesetzbuch
HLSchG	Halbleiterschutzgesetz
h.M.	herrschende Meinung
HMA	Haager Musterschutzabkommen
Hrsg.	Herausgeber
HWG	Heilmittelwerbegesetz

I

ICANN	Internet Corporation for the Assigned Numbers and Names
i.d.F.	in der Fassung
i.e.S.	im engeren Sinne
InfoSoc-RiL	Richtlinie 2001/29/EG zur Harmonisierung bestimmter Aspekte des Urheberrechts und der verwandten Schutzrechte in der Informationsgesellschaft
IntPatÜG	Gesetz über internationale Patentübereinkommen
IPR	Internationales Privatrecht
IR	Internationale Registrierungen
i.S.	im Sinne
i.S.v.	Im Sinne von
IuK	Informations- und Kommunikationstechnologie
i.V.m.	in Verbindung mit

IZPR	internationales Zivilprozessrecht

J

JurPC	Internet-Zeitschrift für Rechtsinformatik

K

Kap.	Kapitel
KG	Kammergericht oder Kommanditgesellschaft
KMU	kleine und mittelständische Unternehmen
Kommission	Kommission der Europäischen Gemeinschaften
KUG	Gesetz betreffend das Urheberrecht an Werken der Bildenden Künste und der Photographie

L

LadSchlG	Ladenschlussgesetz
LG	Landgericht
LUG	Gesetz betreffend das Urheberrecht an Werken der Literatur und Tonkunst

M

MarkenG	Markengesetz
MarkenR	Markenrecht (Zeitschrift)
MarkenRL	Markenrichtlinie
MarkenV	Markenverordnung
MD	Mini Disc
MDStV	Mediendienstestaatsvertrag
Mitt.	Mitteilungen Deutscher Patentanwälte
MMA	Madrider Markenabkommen
MMR	MultiMediaRecht (Zeitschrift)
Mon	Monat
MPI	Max-Planck-Institut
m.w.Nachw.	mit weiteren Nachweisen
Mrd.	Milliarde(n)

N

n.Chr.	nach Christus
n.F.	neuer Fassung
NJW	Neue Juristische Wochenschrift (Zeitschrift)

NKA	Abkommen von Nizza über die internationale Klassifikation von Waren und Dienstleistungen für die Eintragung von Marken

O

o.ä.	oder Ähnliches
OHG	Offene Handelsgesellschaft
OHIM	Office for Harmonisation in the Internal Market (Trade Marks and Designs) (= HABM)
OLG	Oberlandesgericht
OlymiaSchG	Gesetz zum Schutz des olympischen Emblems und der olympischen Bezeichnungen
OMPI	Organisation Mondiale de la Propriété Intelectuelle (= WIPO)

P

PAngV	Preisangabenverordnung
PatG	Patentgesetz
PatV	Verordnung zum Verfahren in Patentsachen vor dem Deutschen Patent- und Markenamt
PatKostG	Patentkostengesetz
PC	Personal Computer
PCT	Patent Cooperation Treaty (Patentzusammenarbeitsvertrag)
PflZÜ	Internationales Übereinkommen zum Schutz von Pflanzenzüchtungen
PIZ	Patentinformationszentrum
p.m.a.	post mortem auctoris
PMMA	Protokoll zum Madrider Markenabkommen
PrPVO	Produktpiraterieverordnung
PrPDVO	Produktpiraterieduchführungsverordnung
PVÜ	Pariser Verbandsübereinkunft

R

RBÜ	Revidierte Berner Übereinkunft
rd.	rund
Rdn.	Randnummer
RefE	Referentenentwurf
R, Rg.	Regel
RGBl	Reichsgesetzblatt
Rspr.	Rechtsprechung
RStV	Rundfunkstaatsvertrag

S

s.	siehe
S.	Satz
S.	Seite
s.o.	siehe oben
sog.	sogenannte
SortG	Sortenschutzgesetz
SdT	Stand der Technik
st.Rspr.	ständige Rechtsprechung
s.u.	siehe unten
SLD	Second-Level-Domain Name
Slg.	Sammlung der Rechtsprechung des EuGH und des EuGEI
sog.	sogenannte
Sp.	Spalte
SSV	Sommerschlussverkauf
SZ	Süddeutsche Zeitung
st.Rspr.	ständige Rechtsprechung
StGB	Strafgesetzbuch
s.u.	siehe unten

T

Tabu	Taschenbuch des gewerblichen Rechtschutzes
TDDSG	Teledienstedatenschutzgesetz
TDG	Teledienstegesetz
TKG	Telekommunikationsgesetz
TLD	Top Level Domain Name
TMG	Telemediengesetz
TRIPS	Trade Related Aspects of Intellectual Property Rights
TSD	Tausend

U

u.	und
u.a.	und andere oder unter anderem
UFITA	Archiv für Urheber, Film, Funk und Theaterrecht
UGP-RL	Richtlinie 2005/29/EG über unlautere Geschäftspraktiken
UK	United Kingdom
UKlaG	Unterlassungsklagegesetz
UPOV	International Union for Protection of New Varieties of Plants
UrhG	Urheberrechtsgesetz

UrhWG	Urheberrechtswahrnehmungsgesetz
USA	United States of America
UWG	Gesetz gegen den unlauteren Wettbewerb

V

v.	von
v.Chr.	vor Christus
VerlagsG	Gesetz über das Verlagsrecht
VG	Verwertungsgesellschaft
vgl.	vergleiche
VO	Verordnung
VPP	Vereinigung von Fachleuten des gewerblichen Rechtsschutzes

W

WBZ	Wettbewerbszentrale
WCT	WIPO Copyright Treaty
WIPO	World Intellectual Property Organization (= OMPI)
WPPT	WIPO Performance and Phonograms Treaty
WRP	Wettbewerb in Recht und Praxis (Zeitschrift)
WSV	Winterschlußverkauf
WTO	World Trade Organization
WUA	Welturheberrechtsabkommen
www	world wide web

Z

z.B.	zum Beispiel
ZPO	Zivilprozessordnung
ZUM	Zeitschrift für Urheber- und Medienrecht
z.T.	zum Teil
z.Zt.	zur Zeit

Erster Abschnitt: Grundlagen zum Recht des geistigen Eigentums

§ 1 Einführung

I. Die beiden Hemisphären zum Schutz des geistigen Eigentums: Gewerblicher Rechtsschutz und Urheberrecht

Der rechtliche Schutz des geistigen Eigentums wird durch zwei umfassende, einander ergänzende Rechtsgebiete gewährleistet: Zum einen durch die spezialgesetzlichen Bestimmungen des **Gewerblichen Rechtsschutzes**, die dem Schutz des geistigen Eigentums im gewerblichen Bereich dienen, zum anderen durch das vom **Urheberrecht** abgedeckte Gebiet des Schutzes von Werken der Literatur, Wissenschaft und Kunst. Unter der Bezeichnung Gewerblicher Rechtsschutz werden dabei die folgenden jeweils sondergesetzlich geregelten Gebiete zusammengefasst: das Patent- und Gebrauchsmusterrecht, das Designrecht, das Markenrecht, die Spezialmaterien des Sortenschutzrechtes und des Halbleiterschutzrechtes sowie schließlich das im Gesetz gegen den unlauteren Wettbewerb (UWG) geregelte Lauterkeitsrecht. Das Lauterkeitsrecht (auch als Wettbewerbsrecht i.e.S. bezeichnet), das im Bereich des Gewerblichen Rechtsschutzes eine Sonderrolle einnimmt, lässt sich dabei unter rechtssystematischem Blickwinkel als Klammer zwischen den angrenzenden Rechtsgebieten des Gewerblichen Rechtsschutzes und des Wettbewerbsrechts begreifen, da es einerseits dem Wettbewerbsrecht (Kartellrecht und Lauterkeitsrecht = Wettbewerbsrecht i.w.S.) zuzuordnen ist, andererseits jedoch zugleich als ein Teilbereich des Gewerblichen Rechtsschutzes verstanden wird.[1] Kennzeichnend für die Schutzgegenstände der Sondergesetze zum Schutz des geistigen Eigentums ist ihr immaterieller Charakter. Das durch das Urheberrecht und den Gewerblichen Rechtsschutz gebildete Rechtsgebiet zum Schutz des geistigen Eigentums wird daher auch als **Immaterialgüterrecht** bezeichnet. Der in diesem Buch wegen seiner Anschaulichkeit bevorzugt verwendete Begriff des „**geistigen Eigentums**" als Oberbegriff für die Rechtsmaterien des gewerblichen Rechtsschutzes und des Urheberrechts entspricht internationalem Sprachgebrauch,[2] er ist jedoch in Deutschland mit Blick auf rechtsdogmatische Bedenken – die begriffliche Gleichsetzung mit dem Sacheigentum als Vermögensrecht und die begriffliche Vernachlässigung der persönlichkeitsrechtlichen Seite – umstritten.[3]

II. Zum Begriff des Immaterialgüterrechts

Immaterialgüterrechte sind Rechte an verselbständigten, verkehrsfähigen geistigen Gütern. Sie sind Vermögenswerte, weisen jedoch meist auch einen mehr oder weniger

---

1 Näheres zur Einordnung des Lauterkeitsrechts als Teil des „gewerblichen Eigentums" vgl. Drexl, Int. Immaterialgüterrecht, Rdn. 3.
2 Vgl. z.B. die Verwendung des Begriffs „intellectual property" im Rahmen von WIPO, TRIPS, Art. 8 Abs. 2 Rom II-VO, Art. 118 Abs. 1 AEUV.
3 Vgl. hierzu Götting, Gewerblicher Rechtsschutz, § 1, S. 2 Rdn. 2; § 6, S. 66 Rdn. 3; Drexl, Int. Immaterialgüterrecht, Rdn. 1; Ahrens/McGuire, Modellgesetz, § 1 GGE, S. 22; kritisch Rehbinder, Urheberrecht, § 8, S. 45 f. Rdn. 97; näheres vgl. Wadle, Geistiges Eigentum, Bausteine zur Rechtsgeschichte, Band II, S. 3; ferner insbes. Rigamonti, Geistiges Eigentum als Begriff und Theorie des Urheberrechts, UFITA-Schriftenreihe, Bd. 194.

starken persönlichkeitsrechtlichen Gehalt auf.[4] Die geistige Natur (das geistige Sein) der Immaterialgüter, ihre Unabhängigkeit von körperlicher Fixierung, hat zur Folge, dass sie – anders als körperliche Güter – ohne Einbuße an Substanz und Qualität, zu beliebiger Zeit und an beliebigem Ort genutzt bzw. sinnlich wahrgenommen werden können.[5] So kann etwa eine Erfindung überall auf der Welt als Regel zur Lösung eines technischen Problems herangezogen werden so wie ein urheberrechtliches Werk – etwa ein Roman, ein Film oder eine Komposition – unabhängig von Ort und Zeit den menschlichen Sinnen mitgeteilt werden kann. Die zeitliche und örtliche Ungebundenheit geistiger Güter wird gemeinhin durch den Begriff der „**Ubiquität** (Allgegenwart) der Immaterialgüter" gekennzeichnet.[6] Immaterielle Güter begründen jedoch nur dann Immaterialgüterrechte, wenn sie von der Rechtsordnung einem bestimmten Rechtssubjekt – in der Regel demjenigen, der es geschaffen hat – als Recht zugeordnet werden.[7] Das heißt, der Kreis der von der Rechtsordnung als Schutzgegenstände eines Immaterialgüterrechts anerkannten Leistungsergebnisse ist – im Sinne eines **numerus clausus** der Rechte des geistigen Eigentums – abschließend. Im Umkehrschluss folgt daraus der Grundsatz der **Nachahmungsfreiheit**, d.h. außerhalb des Schutzbereichs dieser Rechte sind Leistungsergebnisse grundsätzlich frei benutzbar und genießen keinen immaterialgüterrechtlichen Schutz.[8] Die rechtliche Zuordnung eines Immaterialgutes erfolgt jeweils durch die Gewährung **subjektiver absoluter** – d.h. gegen jedermann wirkender – **Privatrechte**, die das Immaterialgut der Herrschaft des Berechtigten unterstellen. Die Rechtsherrschaft des Rechtsinhabers äußert sich insbesondere in der **ausschließlichen Befugnis**, das Immaterialgut zu verwerten (sog. **positives Nutzungsrecht**)[9] sowie dem Recht, Dritte von einer Einwirkung auszuschließen (sog. **negatives Verbietungsrecht**).[10] Die Rechtsposition des Rechtsinhabers im Bereich des geistigen Eigentums – etwa des Inhabers eines Patents, einer Marke oder die des Urhebers eines geschützten Werkes – offenbart die Parallele zum Sacheigentum nach BGB: sie entspricht in ihrer Ausgestaltung der Rechtsstellung des Sacheigentümers, der als Eigentümer, soweit nicht das Gesetz oder Rechte Dritter entgegenstehen, mit der Sache nach Belieben verfahren und andere von jeder Einwirkung ausschließen kann.[11]

III. „Konjunktur" und Herausforderung des geistigen Eigentums im Zeitalter der neuen Medien

Das Rechtsgebiet des geistigen Eigentums hat in den zurückliegenden Jahrzehnten weltweit einen erheblichen Bedeutungszuwachs erfahren. Rechtsfragen des gewerblichen Rechtsschutzes und des Urheberrechts treten im Informationszeitalter immer stärker in den Blickpunkt des wirtschaftlichen Interesses. Hintergrund der anhaltenden

---

4 Schönherr, FS f. A. Troller, S. 57, 63.
5 Troller, Immaterialgüterrecht, Bd. I, S. 55 ff.
6 Vgl. Rehbinder, Urheberrecht, § 1 S. 2 Rdn. 3; § 11, S. 369 Rdn. 969; Götting, Gewerblicher Rechtsschutz, § 3, S. 35 Rdn. 1.
7 Troller, Immaterialgüterrecht, Bd. I. S. 50 f.; Schönherr, FS f. A. Troller, S. 75, 62.
8 Ahrens/McGuire, Modellgesetz, § 2 GGE, S. 24.
9 Vgl. z.B. §§ 15 UrhG; 9 S. 1 PatG; 11 Abs. 1 S. 1 GebrMG; 38 Abs. 1 S. 1 DesignG; 14 Abs. 1, 15 Abs. 1 MarkenG.
10 Vgl. z.B. §§ 97 ff. UrhG; 9 S. 2 PatG; 11 Abs. 1 S. 2 GebrMG; 38 Abs. 1 S. 1 DesignG; 14 Abs. 2, 15 Abs. 2 MarkenG.
11 Vgl. § 903 S. 1 BGB.

„Konjunktur" des Immaterialgüterrechts ist der rasante technologische Fortschritt, insbesondere im Bereich der modernen Informations- und Kommunikationstechnologien (IuK-Technologien), der durch die Entwicklung einer Vielzahl völlig neuartiger **Schlüsseltechnologien** und immaterieller Wirtschaftsgüter gekennzeichnet ist. Computerprogramme, mikroelektronische Halbleiterchips (Topographien), Datenbanken, Multimediawerke und Domain Namen, stehen – um einige der wichtigsten Schutzgegenstände zu nennen – beispielhaft für diese Entwicklung. Innerhalb der sich in den vergangenen Jahren neu herausgebildeten juristischen „Querschnittmaterie" des Rechts der Informationstechnologie (kurz „IT-Recht") nehmen daher Rechtsfragen des „geistigen Eigentums" einen besonders breiten Raum ein.[12] Die Bereitstellung eines angemessenen und mit Blick auf die jeweils betroffenen Allgemeininteressen ausgewogenen Schutzes neuartiger immaterieller Wirtschaftsgüter stellt das international etablierte System zum Schutz des geistigen Eigentums anhaltend vor große Herausforderungen. Die Herausforderung für die Rechtsordnung zum Schutz des geistigen Eigentums besteht dabei nicht allein darin, neuartige immaterielle Wirtschaftsgüter als neue Schutzgegenstände anzuerkennen und in geeigneter Weise in das durch unterschiedliche Sondergesetze geprägte System des Immaterialgüterrechts zu integrieren. Eine besondere Herausforderung ist vielmehr auch darin zu erblicken, dass sich in dem durch die weitgehende „Digitalisierung" immaterieller Schutzgegenstände einerseits und eine „Vernetzung" potentieller Nutzer andererseits gekennzeichneten Informationszeitalter die Bedingungen für deren „ubiquitäre" Nutzung – wie insbesondere im Bereich des urheberrechtlichen Werkschutzes deutlich wird – grundlegend geändert haben. Eine völlig neue Herausforderung für den Schutz des geistigen Eigentums zeichnet sich durch die Fortschritte im Bereich sog. generativer Fertigungsverfahren (**3D-Druck**) ab. Maßgebliche Folge der 3D-Drucktechnik ist es, dass nicht nur Unternehmen, sondern auch der Endverbraucher zukünftig in die Lage versetzt wird, zum eigenständigen „Produzenten" vormals ausschließlich industriell gefertigter physischer Erzeugnisse zu werden.[13]

IV. Schutz geistigen Eigentums im Zeitalter der Globalisierung

Der Fortschritt im Bereich der modernen IuK-Technologien ist jedoch nicht nur durch die Entwicklung einer Vielzahl neuartiger immaterieller Schutzgegenstände gekennzeichnet, sondern vor allem auch dadurch, dass mit der Entwicklung der neuen Kommunikationsmedien – vor allem der E-Mail-Kommunikation und dem World Wide Web (Internet) – die maßgebliche technische Infrastruktur für eine immer schneller voranschreitende „Globalisierung" geschaffen wurde. In einer zunehmend globalisierten und vernetzten Wirtschaft machen die Nutzung und Verwertung immaterieller Wirtschaftsgüter naturgemäß immer seltener an den nationalen Grenzen halt, vielmehr gehört der grenzüberschreitende Wirtschaftsverkehr heute selbst für viele kleine und mittelständische Unternehmen zum geschäftlichen Alltag. Der Druck auf eine weitere Harmonisierung der Gesetze zum Schutz des geistigen Eigentums sowie einer internationalen Vereinheitlichung der rechtlichen Instrumente zur effektiven Rechtsverfolgung ist dadurch in den zurückliegenden Jahren erheblich gestiegen. Dieser durch den Fortschritt der modernen IuK-Technologien und die zunehmende Internationalisierung des

---

[12] Vgl. hierzu u.a. Bröcker u.a., Praxishandbuch Geistiges Eigentum im Internet; Delp, Das Recht des geistigen Schaffens in der Informationsgesellschaft.
[13] Großkopf, 3D Druck – Personal Manufacturing, CR 2012, 618.

Wirtschaftsverkehrs erzeugte Druck zur Fortentwicklung des Immaterialgüterrechts spiegelt sich in einer Vielzahl von Maßnahmen und Regulierungsinitiativen des Gesetzgebers wider.[14] Die Vielzahl unterschiedlicher regulatorischer Initiativen auf nationaler, europäischer und internationaler Ebene sowie die Geschwindigkeit, in der sich die Fortentwicklung des rechtlichen Rahmens mitunter vollzieht – exemplarisch zu nennen ist die Vielzahl der Novellen des Urheberrechts in den zurückliegenden Jahren –, stellen auch für den mit einschlägigen Fragen befassten Praktiker – Richter, Rechtsanwälte, Patentanwälte, Unternehmensjuristen – eine Herausforderung dar.

§ 2 Die Sondergesetze zum Schutz des geistigen Eigentums im Überblick

I. Der Schutz technischer Erfindungen: Patent- und Gebrauchsmusterrecht

1. Patentrecht

Gesetzliche Grundlage des deutschen Patentrechts ist das **Patentgesetz** (PatG).[15] Das Patentrecht regelt die Erteilung von Patenten, d.h. zeitlich begrenzten Ausschließlichkeitsrechten für Erfindungen, und die Durchsetzung der mit patentfähigen Erfindungen zusammenhängenden Rechten. Ein Patent kann nur erteilt werden, wenn mehrere formelle und materielle Voraussetzungen erfüllt sind. Seit dem 1. Januar 1978 sind die materiellen Erfordernisse der patentierbaren Erfindung nach deutschem und europäischem Patentrecht deckungsgleich. In Übereinstimmung mit Art. 52 des Europäischen Patentübereinkommens (EPÜ) werden nach § 1 Abs. 1 des deutschen Patentgesetzes Patente für Erfindungen auf allen Gebieten der Technik erteilt, sofern sie neu sind, auf einer erdinderischen Tätigkeit beruhen und gewerblich anwendbar sind. Die Erfordernisse der Neuheit, des Beruhens auf einer erfinderischen Tätigkeit und der gewerblichen Anwendbarkeit sind in den §§ 3 – 5 PatG (Art. 54 – 57 EPÜ) näher geregelt. Nach deutschem und europäischem Rechtsverständnis ist seit jeher anerkannt, dass die patentfähige Erfindung stets eine Schöpfung auf dem **Gebiet der Technik**, d.h. eine „Lehre zum technischen Handeln" voraussetzt.[16] Während die Beschränkung des Patentschutzes auf „technische" Erfindungen in der Vergangenheit gewohnheitsrechtlich begründet wurde,[17] ist das Erfordernis der Technizität der Erfindung jetzt ausdrücklich gesetzlich in § 1 Abs. 1 PatG (*„Erfindungen auf allen Gebieten der Technik"*) verankert.[18]

2. Gebrauchsmusterrecht

Das dem Laien meist weniger geläufige Gebrauchsmusterrecht ist im **Gebrauchsmustergesetz** (GebrMG)[19] geregelt. Es dient neben dem Patentrecht dem Schutz des geistigen Schaffens, soweit sich dieses in einer technischen Erfindung niederschlägt. Allerdings kommt dem Patentrecht als dem unter verschiedenen Gesichtspunkten weiter rei-

---

14 Vgl. z.B. den Maßnahmenkatalog im Anhang der Mitteilung der Kommission vom 24.5.2011, „Ein Binnenmarkt für Rechte des geistigen Eigentums", KOM (2011) 287 endgültig, S. 29 ff.
15 Vom 16.12.1980, BGBl. I, S. 1,.
16 Vgl. Benkard/Bruchhausen, PatG, § 1 Rdn. 44.
17 Kraßer, Patentrecht, S. 142 f.
18 Änderung § 1 Abs. 1 PatG durch das Gesetz v. 24.8.2007 zur Umsetzung der Akte vom 29.11.2000 zur Revision des Übereinkommens über die Erteilung europäischer Patente (BGBl. I, S. 2166).
19 In der Fassung vom 28.8.1986, BGBl. I, S. 1455.

chenden Schutzinstrumentarium die zentrale Bedeutung im Bereich des Schutzes technischer Erfindungen zu (näheres zu den wesentlichen Unterschieden zwischen Patent- und Gebrauchsmusterschutz s.u. 2. Abschnitt, insbes. 5. Kapitel). Ebenso wie das Patent setzt auch das Gebrauchsmuster eine technische Erfindung voraus. Nach traditionellem Verständnis ging man stets davon aus, dass die Anforderungen an die erfinderische Leistung – § 1 GebrMG spricht von einem **„erfinderischen Schritt"** – geringer sind als bei einem Patent.[20] Das Gebrauchsmusterrecht wolle auf diese Weise auch kleineren Erfindungen und technischen Gestaltungen, für die ein Patent mangels ausreichender Erfinderleistung nicht in Frage kommt oder für die der Zeitaufwand des Patenterteilungsverfahrens und die höheren Gebühren der Patente nicht lohnen, Schutz gewähren. Demgegenüber hat jedoch der BGH in einer jüngeren Entscheidung festgestellt, dass für eine entsprechende Differenzierung auf der Grundlage der heute maßgeblichen, herabgesetzten gesetzlichen Anforderungen an die Schutzfähigkeit im Patentrecht kein Raum (mehr) sei, so dass für die Beurteilung des „erfinderischen Schritts" (i.S.v. § 1 Abs. 1 GebrMG) auf die im Patentrecht zur Beurteilung der „erfinderischen Tätigkeit" (i.S.v. § 1 Abs. 1 PatG) entwickelten Grundsätze zurückzugreifen sei.[21] Das Gebrauchsmuster hat in der Praxis jedoch nicht nur für kleinere Erfindungen, für die es ursprünglich gedacht war, große Bedeutung. Insbesondere bei technischen Neuerungen, die sowohl dem Patent- als auch dem Gebrauchsmusterschutz zugänglich sind, sichert die Eintragung des Gebrauchsmusters – die anders als die Erteilung eines Patents keine materielle Prüfung voraussetzt – dem Anmelder einen schnellen und gebührengünstigen Schutz, vor allem in der patentrechtlich nicht geschützten Zeitspanne zwischen Offenlegung der Patentanmeldung und Patenterteilung.

II. Der Schutz von Leistungen im Bereich des Designs: Designschutzrecht

Im Gegensatz zu den vorerwähnten technischen Schutzrechten zielt der Schutz des Designschutzrechts nicht auf den Schutz technischer Erfindungen, sondern – wie der Name des modernisierten Gesetzes jetzt erkennen lässt – auf den Schutz des **Designs** ab. Angesprochen sind damit Ergebnisse geistig-kreativer Schaffenstätigkeit aus dem Bereich des Designs, nämlich zwei- oder dreidimensionale Erscheinungsformen beliebiger Erzeugnisse, wie etwa die äußere Erscheinungsform von Möbeln, Autos, Computern, Smartphones, Stoffen, Lampen Büroartikeln, Haushaltsgeräten etc. Rechtsgrundlage des Designschutzrechts ist das Gesetz über den rechtlichen Schutz von Design (**DesignG**) vom 10.10.2013.[22] Mit diesem Gesetz hat der Gesetzgeber das Designschutzrecht, das zuletzt durch das Gesetz über den Schutz von Mustern und Modellen (Geschmacksmustergesetz – GeschmMG)[23] vom 12.3.2004 einer grundlegenden Reform unterzogen worden war, erneut modernisiert – im Wesentlichen in zweierlei Hinsicht: Neu eingeführt wurde, vergleichbar den Verfahren im Marken-, Patent- und Gebrauchsmusterrecht, ein Nichtigkeitsverfahren vor dem DPMA. Ferner hat sich der Gesetzgeber nunmehr auch dazu entschieden, die bereits im Rahmen der Reform 2004 erwogene, aber damals noch nicht umgesetzte Modernisierung des Gesetzes in sprachlicher Hinsicht zu vollziehen und den antiquiert anmutenden bzw. missverständlichen

---

20 Vgl. Benkhard/Bruchhausen, GebrMG, 9. Aufl. 1993, § 1 Rdn. 25.
21 BGH GRUR 2006, 842, 844 f. „Demonstrationsschrank".
22 BGBl. Teil I Nr. 62 v. 16.10.2013, S. 3799 ff.
23 BGBl. Teil I v. 18.3.2004, S. 390 ff.

Begriff des „Geschmacksmusters" dem allgemeinen Sprachgebrauch folgend in „eingetragenes Design" zu ändern.[24] Diese in sprachlicher Hinsicht bedeutsame und alle maßgeblichen Regelungen des Gesetzes erfassende Änderung, die das Designschutzrecht durch das Modernisierungsgesetz 2013 erfahren hat, darf nicht darüber hinwegtäuschen, dass der materielle Gehalt des Modernisierungsgesetzes 2013, der sich im Wesentlichen in der erwähnten Einführung eines amtlichen Nichtigkeitsverfahrens erschöpft, gemessen an der grundlegenden Reform 2004 bescheiden ausfällt. Bei dem Geschmacksmusterreformgesetz 2004 handelte es sich um eine Jahrhundertreform, durch das die **EG-Richtlinie** vom 13.10.1998 über den rechtlichen Schutz von Mustern und Modellen,[25] die auf eine Angleichung der Kernelemente des Geschmacksmusterrechts innerhalb der Gemeinschaft abzielt, umgesetzt und das alte deutsche Geschmacksmutergesetz vom 11.1.1876 nach einer Geltungsdauer von mehr als 125 Jahren abgelöst wurde. Der deutsche Gesetzgeber hatte die im Zuge der gemeinschaftsweiten Harmonisierung der Regelungen zum Schutz industrieller Formgestaltungen notwendig gewordene Novellierung 2004 zum Anlass genommen, das Designschutzrecht (seiner Zeit noch als „Geschmacksmusterrecht" bezeichnet) grundlegend zu modernisieren und neu zu strukturieren. Das Designschutzrecht hat durch die umfassende Novellierung 2004 gegenüber der alten Gesetzeslage eine Vielzahl bedeutender Änderungen im Bereich des materiellen und formellen Rechts erfahren (im Einzelnen hierzu s.u. Vierter Abschnitt). Hervorzuheben ist, dass das Designschutzrecht als gewerbliches Schutzrecht mit dem 2004 reformierten Recht eine wesentliche Stärkung erfahren hat. Während das früher so bezeichnete Geschmacksmusterrecht dem Rechtsinhaber nach altem Recht lediglich die Möglichkeit gab, gegen eine unautorisierte Nachbildung seines geschützten Geschmacksmusters und dessen Verbreitung vorzugehen (vgl. § 5 GeschmMG a.F.), zeichnet sich das modernisierte Designschutzrecht durch eine sog. **Sperrwirkung** aus. Das bedeutet, nach dem 2004 grundlegend reformierten Recht kommt es für die Zuwiderhandlung nicht mehr auf die Kenntnis des Verletzers von dem geschützten Design an. Vielmehr gewährt das Designrecht dem Rechtsinhaber das ausschließliche Recht, es zu benutzen und Dritten – unabhängig von deren Kenntnis seines eingetragenen Designs – zu verbieten, es ohne seine Zustimmung zu benutzen (§ 38 Abs. 1 S. 1 GeschmMG).

III. Der Schutz von Kennzeichen: Markenrecht

Gesetzliche Grundlage des Markenrechts ist das am 1.1.1995 in Kraft getretene „Gesetz über den Schutz von Marken und sonstigen Kennzeichen" (**Markengesetz – MarkenG**),[26] durch das eine Umsetzung der europäischen Markenrechtsrichtlinie[27] zur Angleichung der Rechtsvorschriften der Mitgliedsstaaten über die Marken erfolgte. Das Markengesetz ist an die Stelle des früheren Warenzeichengesetzes über den Schutz von Warenzeichen (heute „Marken") getreten und ist darüber hinaus die wichtigste Kodifikation des Kennzeichenrechts. Im Gegensatz zu den zuvor dargestellten Schutzrechten des gewerblichen Rechtsschutzes auf technischem und ästhetischem Gebiet

---

24 Vgl. hierzu im Einzelnen BT-Drucks. 17/13428, Amtl. Begr., S. 21 ff.
25 Richtlinie 98/71/EG des Europäischen Parlaments und des Rates v. 13.10.1998 – ABl. EG Nr. L 289 S. 28.
26 Vom 25.10.1994, BGBl. I, S. 3082, ber. BGBl. 1995 I, S. 156.
27 Richtlinie 89/104/EWG des Rates vom 21.12.1988 zur Angleichung der Rechtsvorschriften der Mitgliedsstaaten über die Marken.

knüpft das Markenrecht nicht unmittelbar am Gegenstand, sondern an einem Kennzeichen als dem **Symbol des geistig-gewerblichen Schaffens** an. Das im Markengesetz geregelte Kennzeichenrecht[28] enthält Bestimmungen über den Schutz von **Marken, geschäftlichen Bezeichnungen** und **geografischen Herkunftsangaben** (vgl. § 1 MarkenG). Im Vordergrund steht dabei der Schutz der Marken. Dies sind alle Zeichen – Wörter, Abbildungen, Buchstaben, Zahlen und eine Vielzahl weiterer Markenformen –, die geeignet sind, Waren und Dienstleistungen eines Unternehmens von denjenigen anderer Unternehmen zu unterscheiden (vgl. § 3 MarkenG). Bei der Marke handelt sich gewissermaßen um die „Visitenkarte" eines Unternehmens, mit der Produkte und Dienstleistungen im Wettbewerb auftreten. Seit jeher haben Gewerbetreibende ihre Waren mit besonderen Kennzeichen versehen, um sie auf diese Weise von gleichartigen oder ähnlichen Produkten anderer Anbieter zu unterscheiden. Traditionell wird dem Markenschutz eine dreifache Funktion zugemessen, durch die sich seine Bedeutung im Wirtschaftsleben veranschaulichen lässt: Er kennzeichnet die Herkunft einer Ware oder Dienstleistung aus einem bestimmten Geschäftsbetrieb, um sie von den Produkten und Dienstleistungen anderer Unternehmen zu unterscheiden (sog. **Herkunftsfunktion**), er weist eine bestimmte Beschaffenheit der Ware oder Dienstleistung nach (sog. **Garantie- oder Vertrauensfunktion**) und besitzt schließlich die Eigenschaft eines Werbeträgers für den Zeicheninhaber und sein Produkt (sog. **Werbe- oder Kommunikationsfunktion**).[29]

IV. Spezialmaterien des gewerblichen Rechtsschutzes: Topographieschutz und Sortenschutz

Ein Überblick über das Rechtsgebiet des geistigen Eigentums verdeutlicht, dass von der Rechtsordnung nur einzelne genau bestimmte Kategorien geistiger Schaffensergebnisse als Rechtsobjekte anerkannt und einem Schutz zugunsten des jeweiligen „Eigentümers" unterstellt sind. Ähnlich wie im Sachenrecht des Bürgerlichen Gesetzbuches (BGB) besteht auch im Bereich des geistigen Eigentums ein **numerus clausus** geschützter Güter (s. bereits zuvor § 1 II.),[30] dessen Umfang durch die in diesem Abschnitt überblicksartig vorgestellten Schutzrechte beschrieben wird und der als solcher im Großen und Ganzen weltweit übereinstimmend anerkannt ist. Gleichwohl unterliegt das Recht des geistigen Eigentums, wie bereits in anderem Zusammenhang angesprochen, dem zivilisatorischen Wandel und damit dem Zwang, die bestehenden Schutzinstrumentarien den durch Fortschritt in Wissenschaft und Technik veränderten Lebensbedingungen fortlaufend anzupassen bzw. diese zu ergänzen. Die Anerkennung neuer Immaterialgüter als Rechtssubjekte durch die Rechtsordnung ist dabei jederzeit Ausdruck des Bemühens der Gesellschaft, zur Lösung neu auftretender Schutzdefizite, zu deren Bewältigung sich bereits bestehende rechtliche Instrumentarien als untauglich erwiesen haben, neue Instrumentarien zu schaffen.[31]

---

28 Zum Kennzeichenrecht i.w.S. gehören auch Bestimmungen außerhalb des Markengesetzes wie z.B. insbes. das Namensrecht, § 12 BGB, oder das Firmenrecht, §§ 17 ff. HGB.
29 Vgl. u.a. Götting, Gewerblicher Rechtsschutz, § 4 IV, S. 48 f.; kritisch zur nicht ausdrücklich im Gesetz geregelten Funktionenlehre, die zu keiner über die gesetzlichen Schutzhindernisse und Schutzschranken des Markenschutzes hinausgehenden Beschränkung des Markeninhabers führen dürfe, vgl. Ingerl/Rohnke, MarkenG, Einl. Rdn. 33 ff., 35.
30 Vgl. Troller, Immaterialgüterrecht, Bd. I, S. 59; Ahrens/McGuire, Modellgesetz, § 2 GGE, S. 24.
31 Knap, FS f. A. Troller, S. 119.

1. Halbleiterschutzrecht

Gemessen an der langen Geschichte der übrigen gewerblichen Schutzrechte und des Urheberrechts ist der jüngste Beleg für die Fortentwicklung des Immaterialgüterrechts durch die Schaffung neuer Sondergesetze zum Schutz des geistigen Eigentums der Erlass des Gesetzes über den Schutz der Topographien von mikroelektronischen Halbleitererzeugnissen (**Halbleiterschutzgesetz**) vom 22.11.1987.[32] Das Halbleiterschutzrecht befasst sich mit dem Schutz von Mikrochip-Strukturen – das Gesetz spricht von dreidimensionalen Strukturen von mikroelektronischen Halbleitererzeugnissen, kurz „Topographien" genannt (vgl. § 1 Abs. 1 HLSchG). Die in halbleitendem Material enthaltenen Schaltkreise sind u.a. im Bereich der IT-Industrie von herausragender wirtschaftlicher Bedeutung. Die Entwicklung und Herstellung einer integrierten Schaltung stellt sich als ein mehrstufiger komplexer Produktionsprozess dar, der über zahlreiche, jeweils verfeinernde Zwischenschritte schließlich zum gewünschten Endprodukt, dem fertigen Halbleiterchip führt. Das Erfordernis des rechtlichen Schutzes von Topographien ergab sich aus der Sorge, dass diese vermeintlich mit einem Bruchteil des Kostenaufwandes, der für ihre Entwicklung erforderlich ist, kopiert werden könnten (Investitionsschutz).

2. Sortenschutzrecht

Als weiteres Beispiel für die Fortentwicklung des Immaterialgüterrechts durch die Anerkennung spezieller gewerblicher Schutzrechte ist die Gesetzgebung im Bereich des Sortenschutzes zu nennen, durch die – lange nach Anerkennung der technischen Erfindungsleistungen durch die Patentgesetzgebung – dem Schutzbedürfnis gewerblicher Leistungen im Bereich der **Pflanzenzüchtungen** Rechnung getragen wurde. Rechtsgrundlage des Sortenschutzrechts ist das **Sortenschutzgesetz**.[33] Das Sortenschutzrecht hat sich aus anfänglichen Schutzversuchen der züchterischen Leistung vor allem über das Patent- und Kennzeichenrecht zu einem besonderen Pflanzenschutzrecht entwickelt, das zwar methodisch und dogmatisch stark an die Regelungen des Patentrechts angelehnt ist, das aber gerade auch den Besonderheiten der lebenden pflanzlichen Materie Rechnung tragen will und einen eigenständigen Charakter besitzt.[34]

V. Der Schutz gegen unlauteren Wettbewerb: Wettbewerbsrecht (i.e.S.)

Das im **Gesetz gegen den unlauteren Wettbewerb** (UWG)[35] geregelte Wettbewerbsrecht zielt allgemein auf die „Lauterkeit" des Wettbewerbs durch einen umfassenden Schutz vor unlauterem Wettbewerbsverhalten (z.B. durch irreführende Werbung, Behinderung der Wettbewerber, Ausbeutung fremder Leistung). Es wird in Abgrenzung zum ebenfalls als Wettbewerbsrecht bezeichneten Kartellrecht auch als „Lauterkeitsrecht" bzw. als „Wettbewerbsrecht im engeren Sinne" bezeichnet. Anders als bei den vorgenannten Gebieten des Gewerblichen Rechtsschutzes gewährt das UWG allerdings kein „geistiges Eigentum" an einem immateriellen Wirtschaftsgut. Gleichwohl ist das Lauterkeitsrecht mit Blick auf seine rechtssystematische Zugehörigkeit zum Gewerblichen Rechts-

---

32 HLSchG (BGBl. I, S. 2294).
33 Vom 11.12.1985, BGBl. I, S. 2170; grundlegend geändert durch Gesetz v. 17.7.1997 (BGBl. I, S. 1854).
34 Leßmann, Das neue Sortenschutzgesetz, GRUR 1986, 279.
35 Gesetz gegen den unlauteren Wettbewerb (UWG) v. 3. Juli 2004, BGBl. I, S. 1414.

schutz (näheres hierzu s.u. § 82 V. 2.) und seine erhebliche praktische Bedeutung in die vorliegende Darstellung zum „Recht des geistigen Eigentums" mit einzubeziehen.

VI. Der Schutz von Werken der Literatur, Wissenschaft und Kunst: Urheberrecht

1. Gesetzliche Grundlage und Werkbegriff

Gesetzliche Grundlage des deutschen Urheberrechts ist das „Gesetz über Urheberrecht und verwandte Schutzrechte" vom 9.9.1965 (das sog. **Urheberrechtsgesetz**, kurz „UrhG").[36] Urheberrechtsschutz genießen danach Urheber von Werken der Literatur, Wissenschaft und Kunst für ihre Werke (§ 1 UrhG). Gegenstand des Urheberrechtsschutzes ist dabei nicht ein körperlicher Gegenstand (z.B. das Buch, die CD, die DVD), sondern das immaterielle, geistige Werk, das durch beliebige Wiedergabe genutzt werden kann. Zentrale Bedeutung für die Erfassung der Schutzobjekte des Urheberrechts kommt dem urheberrechtlichen **Werkbegriff** zu, der die materiellen Voraussetzungen, den Gegenstand und den Umfang des Urheberschutzes festlegt. Nach der Definition des urheberrechtlich schutzfähigen Werkes durch den Gesetzgeber sind Werke im Sinne des UrhG nur **„persönlich geistige Schöpfungen"** (§ 2 Abs. 2 UrhG). Zudem enthält das Gesetz einen nicht abschließenden Katalog von urheberrechtlich geschützten Werkarten (§ 2 Abs. 1 UrhG). Zu den geschützten Werken gehören danach insbesondere

- Sprachwerke, wie Schriftwerke, Reden und Computerprogramme;
- Werke der Musik;
- pantomimische Werke einschließlich der Werke der Tanzkunst;
- Werke der bildenden Künste, einschließlich der Werke der Baukunst und der angewandten Kunst und Entwürfe solcher Werke;
- Lichtbildwerke (d.h. Fotografien), einschließlich der Werke, die ähnlich wie Lichtbildwerke geschaffen werden;
- Filmwerke, einschließlich der Werke, die ähnlich wie Filmwerke geschaffen werden;
- Darstellungen wissenschaftlicher oder technischer Art, wie Zeichnungen, Pläne, Karten, Skizzen, Tabellen und plastische Darstellungen (vgl. § 2 Abs. 1 Ziff. 1 – 7 UrhG), ferner
- Datenbankwerke (§ 4 Abs. 2 UrhG).

---

36 BGBl. I, S. 1273.

Erster Abschnitt: Grundlagen zum Recht des geistigen Eigentums

Abb. 1: Überblick: Gewerblicher Rechtschutz, Urheberrecht und Wettbewerbsrecht

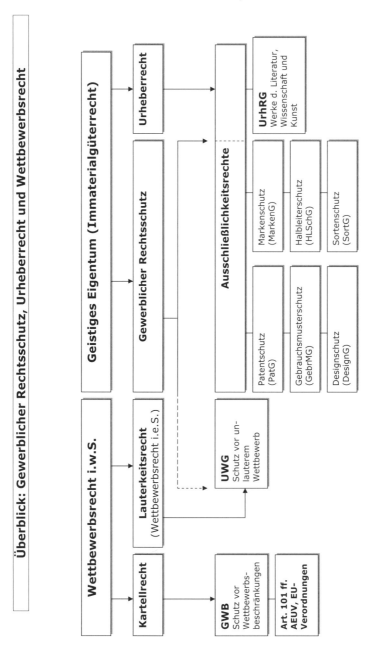

2. Urheberrecht im Informationszeitalter

Die vom Urheberrechtschutz erfassten Werke – wie z.B. Musik, Filme, Fotografien und Texte, aber auch Software und Datenbanken – sind als immaterielle geistige Güter, in dem durch immer leistungsstärkere **digitale Reproduktionstechniken** und weltweit **vernetzte Computer** gekennzeichneten Informationszeitalter dem unberechtigten Zugriff und der Manipulation durch Dritte stärker ausgesetzt als je zuvor. Das Internet eröffnet ein außergewöhnliches Nutzungs-, damit aber gleichermaßen auch ein erhebliches Verletzungspotential. Zwar haben die im Laufe der Jahrzehnte immer weiter entwickelten **Reproduktionstechnologien** den Gesetzgeber bereits in der Vergangenheit immer wieder vor die Bewältigung neuer urheberrechtlicher Herausforderungen gestellt. Die durch Internet und Digitalisierung eröffneten Möglichkeiten haben jedoch die Nutzung und Verbreitung urheberrechtlich geschützter Werke in einer Weise revolutioniert, die den Gesetzgeber in dem Bemühen um eine angemessene Austarierung der Interessen von Rechteinhabern (Kreative, digitale Wirtschaft) einerseits und der Allgemeinheit (Verbraucher, Bildung, Wissenschaft) andererseits vor besondere Herausforderungen stellt.[37] Das Urheberrecht und seine Anpassung an die Erfordernisse des Informationszeitalters standen daher in den zurückliegenden Jahren mehr als die anderen Sondergesetze zum Schutz des geistigen Eigentums im Zentrum internationaler, europäischer und nationaler Regulierungsinitiativen (vgl. bereits o. § 1 III., IV.).

§ 3 Geschichte des geistigen Eigentums

Eine differenzierte, die Entstehung aller unterschiedlichen Schutzrechtskategorien des Immaterialgüterrechts nachvollziehende Darstellung der Geschichte des geistigen Eigentums würde den Rahmen der vorliegenden Abhandlung sprengen. Gleichwohl gilt auch für das Rechtsgebiet des geistigen Eigentums, das was ganz allgemein für nahezu alle Erkenntnisgegenstände – also nicht nur die Rechtswissenschaft – gilt: Die gegenwärtige Beschaffenheit eines Gegenstandes lässt sich umfassend nur vor dem Hintergrund seiner geschichtlichen Entwicklung verstehen. Mehr noch: Da die gegenwärtige Beschaffenheit eines sich beständig fortentwickelnden Gegenstandes immer nur eine Momentaufnahme ist, lassen sich Fragen, die auf die zukünftige Entwicklung eines Gegenstandes gerichtet sind und die darum rankenden gesellschaftlichen Diskussionen, nur aus dem Verständnis der geschichtlichen Entwicklung heraus verstehen und beantworten. Zumindest eine knappe Skizzierung einiger wesentlicher geschichtlicher Entwicklungslinien des geistigen Eigentums erscheint daher im Sinne eines tiefergehenden Verständnisses des Rechts des geistigen Eigentums und seiner gegenwärtigen Herausforderungen von Nutzen.[38]

I. Ausgangspunkt: Das Streben nach technischem Fortschritt und Ausdruck

Die Geschichte der Menschheit ist seit ihren archaischen Ursprüngen gekennzeichnet durch das stete Bestreben, sich die Kräfte der Natur durch deren Beherrschung – etwa

---

37 In diesem Sinne vgl. BT-Drucks. 17/13423, S. 11; BT-Drucks. 17/14194, S. 5.
38 Ausführlichere Darstellungen vgl. Götting, Gewerblicher Rechtsschutz, § 2, S. 11 ff.; Rehbinder, Urheberrecht, § 3, S. 7 ff.; umfassend vgl. Wadle, Geistiges Eigentum, Bausteine zur Rechtsgeschichte, Bände I (1996) und II (2003).

durch die Kontrolle des Feuers oder die Formung des Steins zu einem Keil – im Überlebenskampf in immer vollkommenerer Weise zu nutze zu machen. Unsere Geschichte ist mithin zugleich eine Geschichte der Technik – der Suche nach dem gezielten Einsatz von Naturkräften zur Lösung von Problemen – und des menschlichen Bestrebens nach einer stetigen, auf dem Wissen vorangegangener Generationen aufbauenden Fortentwicklung der Technik. Das menschliche Streben nach technischem Fortschritt lässt sich als ein – vielleicht sogar das wichtigste – Kontinuum unserer Zivilisation begreifen. Aber die Geschichte des geistigen Schaffens ist nicht allein gekennzeichnet durch das Streben nach einer immer vollkommeneren Beherrschung der Naturkräfte. Auch das Bedürfnis des Menschen, seinen Lebensumständen, Gedanken und Empfindungen in persönlich-schöpferischer, zur bloßen Aufnahme durch die menschlichen Sinne geeigneten Weise Ausdruck zu verleihen, lassen sich bis in die frühgeschichtlichen Epochen der Menschheitsgeschichte verfolgen. Die in weiten Teilen Europas, Afrikas und auf anderen Kontinenten in der Steinzeit (ca. 31500 – 15000 v. Chr.) entstandenen Höhlen-Felsmalereien belegen dies exemplarisch in eindrucksvoller Weise (Altamira, Lascaux).

Gemessen an der zeitlichen Ausdehnung der bekannten Menschheitsgeschichte ist die Herausbildung des „Rechts" als Instrument menschlicher Ordnung eine vergleichsweise moderne Entwicklung. Sie setzt ein mit der Entwicklung der Hochkulturen, die im 4. vorchristlichen Jahrtausend zunächst in Ägypten und Mesopotamien, im 3. vorchristlichen Jahrtausend dann auch auf der Insel Kreta (Minoische Kultur) entstehen. Die Entwicklung des Rechts folgte dabei stets der zivilisatorischen Entwicklung nach – als Versuch einer Antwort auf die Anforderungen an die Ordnung der gesellschaftlichen und wirtschaftlichen Verhältnisse einer sich immer differenzierter entwickelnden Kultur. Obgleich die Entwicklung der menschlichen Gesellschaft – von den vorgeschichtlichen Anfängen, über die Antike, das Mittelalter und die Neuzeit – seit jeher von herausragenden Ergebnissen geistiger Schaffenstätigkeit des Menschen – erfinderischen Leistungen auf dem Gebiet der Technik, kreativen Leistungen im Bereich von Kunst und Kultur – getragen wurde, war der Gedanke eines Schutzes der geistigen Leistung als solcher, gar der Gedanke eines individuellen geistigen Eigentums dem sich entwickelnden Recht über die längste Zeit bis hinein in die Anfänge der Neuzeit weitgehend fremd.

II. Antike und Mittelalter

Die Wirtschaft der **Antike** war agrarisch, d.h. durch Ackerbau und Viehzucht sowie durch Handel und durch Handwerk geprägt. Die natürlichen Ressourcen waren noch nicht annähernd erkannt oder gar erschöpft und zur Verrichtung schwerer körperlicher Arbeiten standen nicht nur Lasttiere, sondern vielfach Sklaven zur Verfügung. Es bestand mithin noch keine Notwendigkeit, die Sicherung der wirtschaftlichen Existenz durch die gezielte Erforschung der Naturkräfte und die Entwicklung immer neuer Technologien zu gewährleisten. Vielmehr beschränkte sich der Einsatz der Technik überwiegend auf einfache, leicht beherrschbare Naturkräfte, deren Nutzung – wie etwa die des Windes, des Wassers oder der Schwerkraft – nicht als erfinderische Leistung eines Einzelnen hervortrat. Unter derartigen gesellschaftlichen Umständen war für die Frage nach einem Schutz technischer Erfindungen noch kein Raum. – Auch die Idee eines Rechtes an einem geistig-schöpferischen Werk und ein Recht des Urhebers ist zu dieser Zeit völlig unbekannt. Gleichwohl existiert bereits in der Antike ein Bewusstsein für „geistiges Eigentums". Der römische Dichter Marcus Valerius Martialis (42 bis 104 n. Chr.) verglich seine Gedichte mit freigelassenen Sklaven und bezeichnete einen anderen Dichter, der seine Gedichte als eigene ausgab, scherzhaft als Menschenräuber (lat. plagiarius) – was zugleich den Ursprung des Wortes „**Plagiat**" (franz. plagiaire) erklärt, das bis heute für die Kennzeichnung auf geistigem Diebstahl beruhender Werke geläufig ist.[39] Derjenige, der den „Diebstahl" begeht, ist mithin der Plagiator![40] Ein Autorenrecht, das dem Bestohlenen ein Klagerecht gegen den Plagiator gegeben hätte, war im Altertum jedoch noch nicht bekannt.

Ein ähnlicher Befund wie für die Antike, ergibt sich auch für das **Mittelalter**. Denn auch der durch die strengen Ordnungen der Zünfte und Gilden geprägten mittelalterlichen Wirtschaft war die Idee eines Schutzes individueller technischer Erfinderleistungen noch fremd. In einer durch fehlende Gewerbefreiheit, geringen Wettbewerb und starke Reglementierungen durch Zunftordnungen und Zunftzwang geprägten Wirtschaftsordnung – die entwickelte Technik ist Gemeingut der Zunft – ergeben sich weder nennenswerte Anreize für den individuellen Erfindergeist noch die Notwendigkeit, den Erfindergeist durch ein Verwertungs-Monopol zu stimulieren und zu belohnen.[41] Auch im Bereich des religiös motivierten Kulturschaffens ist die materielle Existenz des Schaffenden durch die Zugehörigkeit zu einem Orden, einer Korporation oder durch adelige Herkunft gesichert. Für die Frage nach einem Schutz der geistig-schöpferischen Leistung des individuellen Urhebers, der – verstanden als bloßer Mittler zwischen Gott und Mensch – zudem häufig anonym bleibt, existiert noch keine Bewusstseinslage.[42]

III. Privilegienwesen

Erste Ansätze eines Erfinderschutzes brachte das sog. Privilegienwesen an der durch eine Vielzahl bedeutender Entdeckungen und Erfindungen gekennzeichneten **Wende zur Neuzeit** (ab dem 15. Jahrhundert). Die sich in unterschiedlicher Ausgestaltung entwickelnden Privilegien bestanden in einem vom jeweiligen Territorialherren gewährten, regelmäßig befristeten Monopolrecht, durch das im Interesse der Allgemeinheit der Unternehmer- und Erfindergeist gefördert und die Einführung eines neuen Gewerbes (**Gewerbeprivilegien**) bzw. die erfinderische Leistung (**Erfinderprivilegien**) belohnt werden sollte. Die Erteilung des Privilegs erfolgte durch eine landesherrliche Urkunde in Form von **offenen Schutzbriefen** (lat.: litterae patentes), durch die – im Falle des Erfinderprivilegs – der Erfinder vom Zunftzwang befreit, zur alleinigen gewerblichen Nutzung berechtigt und vor Nachahmung geschützt wurde. Auf die Erteilung eines Privilegs, dessen Gewährung Gnadensache des jeweiligen Landesherrn war, bestand kein Rechtsanspruch. Gleichwohl entwickelte sich aus den Privilegien im Laufe der Zeit eine feste Rechtspraxis, aus der heraus sich die wesentlichen Grundlagen des heutigen

---

39 Rehbinder, Urheberrecht, § 3, S. 7 f. Rdn. 12; ferner Schricker/Vogel, Einl. IV. Rdn. 88.
40 Die Bezeichnung „Plagiarius" wurde daher auch sinnfälligerweise als Name eines Negativpreises gewählt, der jährlich im Rahmen einer Design-Messe dem dreistesten Nachahmer verliehen wird – mehr hierzu vgl. http://www.plagiarius.com (letzter Abruf: 04/2014).
41 Götting, Gewerblicher Rechtsschutz, § 2, S. 13 f.
42 Rehbinder, Urheberrecht, § 3, S. 8 Rdn. 13.

Patentrechts entwickelt haben.[43] Nicht nur im Bereich der technischen Erfindungen, auch im Bereich der Geisteswerke entwickelte sich im ausgehenden 15. Jahrhundert das Privilegienwesen, als dessen Ausgangspunkt die **Erfindung des Buchdrucks** (um 1450) und das damit entstandene Bedürfnis nach einem rechtlichen Schutz gegen Nachdruck gesehen wird.[44] Im Laufe der langen Geschichte des Privilegienwesens bilden sich unterschiedliche Privilegientypen heraus, die – je nach Sachlage und gesellschaftlicher Situation – der Gewerbeförderung (sog. **Druckprivilegien** zugunsten der Drucker), dem Investitionsschutz (sog. **Bücherprivilegien** zugunsten der Drucker/Verleger), dem Leistungsanreiz (sog. **Territorialprivilegien** – territorial begrenzte Nachdruckverbote zugunsten der Verleger) oder der Belohnung der geistigen Schöpfung (sog. **Autorenprivilegien**) dienten. Obgleich die zuletzt genannten Autorenprivilegien die ideellen Interessen der Autoren schützten und bereits Ansätze enthielten, die Autoren materiell zu belohnen, sind auch diese noch nicht als Beginn des Urheberrechts im heutigen Sinne zu verstehen, da sie das Geisteswerk allenfalls mittelbar schützen und primär am Druck des privilegienwürdigen Werkes anknüpfen.[45] In England führten sachfremde Auswüchse der Privilegienerteilung auf Waren des täglichen Bedarfs in einer Gegenbewegung schließlich zum Erlass einer einschränkenden gesetzlichen Regelung durch das **Antimonopolstatut** von 1624 (Statute of Monopolies – einem Vorläufer der europäischen Patentgesetzgebung), durch das Monopole als Eingriffe in die Gewerbefreiheit grundsätzlich für unzulässig erklärt und im Interesse der Allgemeinheit nur wirklichen neuen Gewerbeerzeugnissen und -verfahren vorbehalten wurden (sog. **Monopoltheorie**).[46]

IV. Die Theorie vom geistigen Eigentum

Ein völlig neues Verständnis in der Beurteilung der Ergebnisse geistiger Schaffenstätigkeit konnte sich erst auf der Grundlage der Philosophie der **Aufklärung** (ab dem 17. Jahrhundert) entwickeln, also jener Geistesströmung, die sich im Denken und Handeln auf die Vernunft beruft und sich als Selbstbefreiung von aller Bevormundung durch Tradition und kirchliche Autorität versteht. Nach der in dieser Zeit zur Blüte gelangenden **Naturrechtslehre** ist das Naturrecht das Recht, das sich aus der menschlichen Natur ableitet und das demgemäß aus der reinen Vernunft, die allen Menschen eigen ist, erkennbar ist.[47] Die Naturrechtslehre führte zu der Überzeugung, dass der geistig Schaffende auf das Ergebnis seiner Schaffenstätigkeit ein natürliches, nicht von einem fürstlichen Gnadenakt abhängiges Anrecht habe, das ähnlich wie das Sacheigentum ohne weiteres anzuerkennen sei. Zur vollen Geltung kam die damit begründete **Theorie vom geistigen Eigentum** in der Französischen Revolution, in deren Zuge mit der Anerkennung der Menschenrechte auch die Anerkennung des geistigen Eigentums (propriété industrielle und propriété littéraire et artistique) erfolgte.[48]

---

43 Ausführlich Götting, Gewerblicher Rechtsschutz, § 2, S. 15 ff.; ferner Benkard/Bruchhausen, PatG, Einl. II. Rdn. 2 ff.
44 Schricker/Vogel, Einl. IV. Rdn. 90; Rehbinder, Urheberrecht, § 3, S. 8 Rdn. 14.
45 Schricker/Vogel, Einl. IV. Rdn. 90 ff., 94; Rehbinder, Urheberrecht, S. 8 ff. Rdn. 14 ff., 17.
46 Götting, Gewerblicher Rechtsschutz, § 2, S. 17 f.
47 Creifelds, Rechtswörterbuch, „Naturrecht" S. 902.
48 Götting, Gewerblicher Rechtsschutz, § 2, S. 18 f.; Rehbinder, Urheberrecht, § 3 S. 11 ff. Rdn. 21 ff.; ferner Schricker/Vogel, Einl. IV. Rdn. 97 ff.

V. Die Entwicklung im 19. Jahrhundert/Reichsgesetzgebung

Anders als in Frankreich und England – und den von diesen beiden Ländern beeinflussten Vereinigten Staaten von Amerika (USA) – konnte sich die Idee vom geistigen Eigentum in Deutschland, das zu Beginn des 19. Jahrhunderts noch durch eine starke territoriale Zersplitterung und eine dadurch gehemmte industrielle Entwicklung gekennzeichnet ist, nur verzögert durchsetzen. So herrscht zu dieser Zeit in den deutschen Territorialstaaten – mit Ausnahme der linksrheinischen Gebiete, in denen französisches Recht gilt – allerorten weiterhin das Privilegienwesen.[49] Um die Mitte des 19. Jahrhundert setzt zudem eine heftige Debatte ein, in deren Verlauf gewerbliche Schutzrechte wegen der damit vermeintlich einhergehenden Beschränkungen der Handels- und Gewerbefreiheit als schädliche Überreste eines überholten Zunft- und Privilegienwesens generell in Frage gestellt werden (von der Freihandelslehre beeinflusste sog. **Antipatentbewegung**). Erst die intensiven Bestrebungen einer sich zunehmend entwickelnden Industrie sowie neu gebildeter Erfindervereinigungen (sog. **Patentbewegung**) führen dazu, dass sich – unter Hinweis auf den Gedanken des geistigen Eigentums, die Patentgesetzgebung anderer Länder und das öffentliche Interesse – allmählich auch in Deutschland die Überzeugung von der Notwendigkeit eines Schutzes der geistigen Leistung in der zweiten Hälfte des 19. Jahrhunderts durchzusetzen vermag.[50] So kam es nach der Gründung des Deutschen Reiches 1871 – gestützt auf die Reichsverfassung von 1871, die die Gesetzgebungskompetenz für Erfindungspatente und den Schutz des geistigen Eigentums dem Reich zuwies – zu einer für alle deutschen Länder einheitlichen **Reichsgesetzgebung**:

- Gesetz betreffend das **Urheberrecht** an Schriftwerken, Abbildungen, musikalischen Kompositionen und dramatischen Werken v. 1871,[51] das durch die Gesetze betreffend das Urheberrecht an Werken der Bildenden Künste v. 9.1.1876 und betreffend den Urheberrechtsschutz an Werken der Photographie v. 10.1.1876 ergänzt wurde.
- **Markenschutzgesetz** von 30.11.1874, das durch das Gesetz zum Schutz der Warenbezeichnungen v. 12.5.1894 abgelöst wurde.
- Gesetz betreffend das Urheberrecht an Mustern und Modellen v. 11.1.1876 (**Geschmacksmustergesetz**), das sich als das mit Abstand langlebigste Gesetz im Bereich des gewerblichen Rechtsschutzes erweisen sollte und erst durch das Gesetz zur Reform des Geschmacksmustergesetzes v. 12.3.2004 grundlegend neu gefasst wurde.
- **Reichs-Patentgesetz** v. 25.4.1877, das nach auftretenden Mängeln in der Organisation und im Verfahren des Patentamtes durch ein neues Patentgesetz v. 7.4.1891 abgelöst wurde, das gleichzeitig mit dem ersten Gebrauchsmustergesetz v. 1.6.1891 am 1.10.1891 in Kraft trat.[52]
- Gesetz gegen den **unlauteren Wettbewerb** v. 27.5.1896 – das auf Einzelfälle zugeschnittene und daher wenig taugliche Gesetz wurde alsbald durch das (zweite) Gesetz gegen den unlauteren Wettbewerb v. 7.6.1909 ersetzt, das den Mangel des ers-

---

49 Götting, Gewerblicher Rechtsschutz, § 2, S. 21 f.; Rehbinder, Urheberrecht, § 3 S. 11 ff. Rdn. 21 ff.
50 Im Einzelnen hierzu Götting, Gewerblicher Rechtsschutz, § 2, S. 23 f.
51 Hierbei handelte es sich um ein bereits vom Norddeutschen Bund am 11.6.1870 verkündetes Gesetz, das nachdem die Gesetzgebungskompetenz auf das Reich übergegangen war, von diesem als Reichsgesetz übernommen wurde – vgl. Schricker/Vogel, Einl. IV. Rdn. 111.
52 Näheres Benkard/Bruchhausen, PatG, Einl. II. Rdn. 3.

ten Gesetzes durch die „berühmte Generalklausel" (§ 1) überwand und dem – bis zum Inkrafttreten des UWG-Reformgesetzes 2004 – eine fast 100-jährige Geltungsdauer beschieden war.

§ 4 Der internationale Schutz des geistigen Eigentums

Die Frage des internationalen Rechtsschutzes ist im Bereich des Schutzes von geistigem Eigentum seit jeher – mehr als im Bereich der körperlichen Wirtschaftsgüter – von besonderer Bedeutung, weil sich die Schutzgegenstände des geistigen Eigentums aufgrund ihres immateriellen Charakters beliebig vervielfältigen und sich technisch ohne nennenswerten Aufwand über Landesgrenzen hinweg weltweit verbreiten lassen.

I. Ausgangspunkt

Wie bereits einführend dargestellt (s.o. § 1 II.), ist ein wesentliches Charakteristikum der vom Immaterialgüterrecht erfassten Schutzgegenstände – sowohl im Bereich des gewerblichen Rechtsschutzes als auch im Bereich des urheberrechtlichen Werkschutzes – ihre sog. **Ubiquität**. Sie ermöglicht, dass das betreffende geistige Gut – sofern es erst einmal öffentlich zugänglich, bekanntgemacht bzw. veröffentlicht wurde – weltweit genutzt und verwertet werden kann. Bereits seit jeher stellt sich daher für den Gewerbetreibenden, der nicht nur auf dem nationalen Heimatmarkt, sondern auch grenzüberschreitend tätig ist, die Frage nach dem internationalen Schutz seiner gewerblichen Leistungen, d.h. danach, wie es etwa um den Schutz seiner technischen Erfindungen, seiner Leistungen im Bereich des Designs oder seiner Kennzeichen im Ausland bestellt ist. Die Frage nach einem internationalen Schutz des geistigen Eigentums stellt sich in jüngerer Zeit umso drängender, da mit der Entwicklung der modernen IuK-Technologien die Infrastruktur für eine globalisierte, vernetzte Wirtschaft bereit gestellt wurde, durch die sich die Bedingungen für eine weltweite („ubiquitäre") Nutzung und Verwertung geistiger Güter ganz entscheidend verändert haben (vgl. bereits o. § 1 III., IV; § 2 VI. 2.).

II. Beschränkter Anwendungsbereich der nationalen Sondergesetze zum Schutz des geistigen Eigentums

Voraussetzung für das Verständnis der Notwendigkeit eines internationalen rechtlichen Systems zur Sicherstellung eines grenzüberschreitenden Schutzes im Bereich des geistigen Eigentums ist es, sich zu vergegenwärtigen, dass der Anwendungsbereich der nationalen Sondergesetze zum Teil in persönlicher und insbesondere durchgängig in räumlicher Hinsicht beschränkt ist.

1. Persönlicher Anwendungsbereich

Hintergrund für den in vielen Rechtsordnungen noch auf Inländer beschränkten **persönlichen Anwendungsbereich** der Sondergesetze zum Schutz gewerblicher Leistungen ist der Umstand, dass der jeweilige Staat in der Regel nur das inländische Gewerbe schützen und fördern will. Auf die mit der Erteilung eines gewerblichen Schutzrechtes verbundene „Rechtswohltat" soll daher – so die Erwägung – im Grundsatz nur der **Inländer** einen Anspruch haben, während diese Ausländern versagt wird oder zumindest von der Verbürgung der Gegenseitigkeit – d.h. der Gewährung eines gleichwertigen Schutzes für die eigenen Staatsbürger in dem fraglichen Ursprungsland – abhängig gemacht wird. Auch die Konzeption der deutschen Sondergesetze im Bereich des gewerblichen Rechts beruhte zunächst auf entsprechenden Erwägungen. Im Zuge der Rechtsentwicklung wurde die Zurücksetzung von Ausländern im deutschen gewerblichen Rechtsschutz jedoch weitgehend abgebaut.[53] – Im Urheberrechtsgesetz ist ein auf Inländer beschränkter persönlicher Anwendungsbereich für das Urheberrecht nach wie vor verankert (s.u. § 78 I.).

2. Räumlicher Anwendungsbereich

Mehr noch als der Beschränkung des Anwendungsbereichs in persönlicher Hinsicht kommt der Beschränkung des Anwendungsbereichs in räumlicher Hinsicht entscheidende Bedeutung für das Verständnis der Notwendigkeit eines internationalen Schutzsystems zu. Der **räumliche Anwendungsbereich** der deutschen Sondergesetze des gewerblichen Rechtsschutzes sowie des Urheberrechtsgesetzes ist begrenzt, und zwar auf das Hoheitsgebiet der Bundesrepublik Deutschland. Diese territoriale Begrenzung der Gesetze zum Schutz des geistigen Eigentums auf die Staatsgrenzen wird als sog. **Territorialitätsprinzip** bezeichnet.[54] Es gilt aber nicht nur im deutschen Immaterialgüterrecht, sondern auch in allen ausländischen Rechtsordnungen. Beim Territorialitätsprinzip handelt es sich also um einen allgemein anerkannten Grundsatz des internationalen Immaterialgüterrechts.[55] Entsprechend dem Territorialitätsprinzip wird der jeweilige immaterialgüterrechtliche Schutz nur innerhalb des Territoriums der Bundesrepublik Deutschland gewährt, d.h., das dem Rechtsinhaber gewährte Verbotsrecht richtet sich nur an Personen im Inland und gilt nur für Tatbestände im Inland. Umgekehrt ist der im Ausland nach dem dortigen Immaterialgüterrecht gewährte Schutz auch nur auf das jeweilige ausländische Staatsgebiet beschränkt, so dass ausländischen Schutzrechten – etwa einem in Frankreich erteilten Patent oder einer in Großbritannien eingetragenen Marke – in Deutschland keine Wirkung zukommt. Das Territorialitätsprinzip zwingt also den Rechtsinhaber sein Recht in der jeweiligen Rechtsordnung des Schutzlandes zu suchen („**Schutzlandprinzip**"). „Das Schutzlandprinzip trägt den Territorialitätsgedanken in sich".[56] Für das Gebiet der EU ist das Schutzlandprinzip nunmehr in Art. 8 Abs. 1 der **Rom II-Verordnung**[57] verankert, wonach auf außervertragliche Schuldverhältnisse aus einer Verletzung von Rechten des geistigen Eigentums das Recht des Staates anzuwenden ist, für den der Schutz beansprucht wird.[58] Der Inhaber eines Immaterialgüterrechts besitzt folglich kein einheitliches, weltweit gültiges Recht, sondern im Grundsatz[59] – die entsprechende Erlangung von Schutz im Ausland unterstellt – nur ein „Bündel" von nationalen Immaterialgüterrechten.[60]

---

53 Götting, Gewerblicher Rechtsschutz, § 3 I., S. 35 f.; § 7, S. 82 f. Rdn. 3.
54 Hierzu Götting, Gewerblicher Rechtsschutz, § 7, S. 82 ff.; Rehbinder, Urheberrecht, § 70, S. 372 Rdn. 976; Schricker/Katzenberger, Vor §§ 120 Rdn. 120; Drexl, Int. Immaterialgüterrecht, Rdn. 6 ff.
55 Ahrens/McGuire, Modellgesetzbuch, § 24 GGE, S. 86.
56 Hoeren, Online-Skript „Internetrecht", S. 493.
57 Verordnung (EG) Nr. 864/2007 v. 11.7.2007 über das auf außervertragliche Schuldverhältnisse anzuwendende Recht („Rom II"), ABl. EU L 199 v. 31.7.2007, S. 40 ff.
58 BGH GRUR 2012, 1253, 1257 „Gartenpavillon".
59 Sofern man hier von der Möglichkeit der Erlangung eines supranationalen Gemeinschaftsschutzrechts auf der Grundlage der entsprechenden gemeinschaftsrechtlichen Regelungen absieht (s.u. IV. 4.).
60 Schricker/Katzenberger, Vor §§ 120 Rdn. 121; Götting, Gewerblicher Rechtsschutz, § 7, S. 83 f. Rdn. 8.

III. Staatsverträge zum Schutz des geistigen Eigentums

Angesichts der jeweiligen territorialen Begrenzung der nationalen Schutzgesetze kommt im Bereich des geistigen Eigentums den Staatsverträgen zum gegenseitigen Schutz maßgebliche Bedeutung zu. Die ersten internationalen Übereinkommen zum Schutz des geistigen Eigentums wurden bereits fast zeitgleich zur nationalen Gesetzgebung in Deutschland (s. zuvor § 3 V.) im letzten Drittel des 19. Jahrhunderts abgeschlossen.[61]

1. Pariser Verbandübereinkunft (PVÜ)

a) **Einordnung.** Die Pariser Verbandsübereinkunft (PVÜ) zum Schutz des gewerblichen Eigentums vom 20.3.1883[62] ist der älteste völkerrechtliche Vertrag des internationalen gewerblichen Rechtsschutzes und noch heute von grundlegender Bedeutung. Die **Mitgliedsländer** der PVÜ[63] bilden einen **Verband** zum Schutz des gewerblichen Eigentums (Art. 1 Abs. 1 PVÜ). Das heißt, zwischen den Mitgliedsstaaten bestehen nicht nur vertragliche Beziehungen, sondern ein körperschaftlich organisierter Verband,[64] der überwiegend als juristische Person angesehen wird und dessen Aufgabe es ist, das gesamte „gewerbliche Eigentum" einer möglichst einheitlichen Regelung durch die Gesetzgebung der Verbandsländer zuzuführen.[65] Die PVÜ erstreckt sich auf den Schutz des „gewerblichen Eigentums" in der weitesten Bedeutung (Art. 1 Abs. 3). Als **Gegenstände** erfasst werden die wichtigen Schutzobjekte des gewerblichen Rechtsschutzes, nämlich Erfindungspatente, Gebrauchsmuster, gewerbliche Muster oder Modelle (Geschmacksmuster), Fabrik- und Handelsmarken, Dienstleistungsmarken, Handelsnamen und Herkunftsangaben oder Ursprungsbezeichnungen sowie die Unterdrückung des unlauteren Wettbewerbs (Art. 1 Abs. 2 PVÜ). Die PVÜ und die auf ihrer Grundlage geschlossenen Sonderabkommen (hierzu nachfolgend 2.) haben kein einheitliches, gleichlautendes Recht für alle Verbandsangehörigen geschaffen und auch keine transnationalen Immaterialgüterrechte entstehen lassen.

b) **Inländerbehandlung, Unionspriorität.** Wichtigster Grundsatz zur Verwirklichung der Ziele der PVÜ ist vielmehr der Grundsatz der **Inländerbehandlung** (Assimilationsprinzip).[66] Dieser besagt, dass alle Staatsangehörigen der Verbandländer in allen übrigen Ländern des Verbandes in Bezug auf den Schutz des gewerblichen Eigentums die Vorteile genießen, welche die betreffenden Gesetze den eigenen Staatsangehörigen gegenwärtig gewähren oder in Zukunft gewähren werden (Art. 2 Abs. 1 S. 1 PVÜ). Sie haben demgemäß den gleichen Schutz wie diese und die gleichen Rechtsbehelfe gegen jeden Eingriff in ihre Rechte, vorbehaltlich der Erfüllung der Bedingungen und Förmlichkeiten, die den eigenen Staatsangehörigen auferlegt werden (Art. 2 Abs. 1 S. 2 PVÜ). Als Folge dieser Gleichstellung steht jeder Verbandsangehörige für den Schutz

---

61 Guter Gesamtüberblick: Holeweg, Europäischer und internationaler gewerblicher Rechtsschutz und Urheberrecht, Tabellarischer Überblick und aktuelle Entwicklung, GRUR Int. 2001, 141; ferner Drexl, Int. Immaterialgüterrecht, Rdn. 29 ff.; Gruber/von Zumbusch/Haberl/Oldekop, S. 1 ff. Rdn. 1.01.
62 Abrufbar wie alle von der WIPO verwalteten internationalen Verträge über deren Website unter: http://www.wipo.int/treaties/en/ (letzter Abruf: 04/2014).
63 Mitgliedsländer: 173 (Stand: 04/2014); aktualisierte Listen der Mitgliedsländer der von der WIPO verwalteten internationalen Verträge sind über deren Website abrufbar.
64 Organe sind: die Verbandsversammlung (Art. 13), der Exekutivausschuss der Versammlung (Art. 14), das internationale Büro (Art. 15), die Revisionskonferenzen (Art. 18 Abs. 2), der internationale Gerichtshof (Art. 28).
65 Baumbach/Hefermehl, Wettbewerbsrecht, 21. Aufl., Art. 1 PVÜ Rdn. 1 m.w. Nachw.
66 Götting, Gewerblicher Rechtsschutz, § 7, S. 85 Rdn. 12.

seines gewerblichen Eigentums den Angehörigen des Verbandsstaates gleich, dessen Schutz er beansprucht (Schutzstaat), d.h. er steht nicht schlechter da als der Inländer.[67] Entscheidende Wirkung der PVÜ ist ferner die **Unionspriorität**. Jeder, der in einem der Verbandsländer die Anmeldung für ein Erfindungspatent, ein Gebrauchsmuster, ein gewerbliches Muster oder Modell, eine Fabrik- oder Handelsmarke vorschriftsmäßig hinterlegt hat, oder sein Rechtsnachfolger genießt für die Hinterlegung in den anderen Ländern – also für Folgeanmeldungen – während der bestimmten Fristen ein **Prioritätsrecht** (Art. 4 A Abs. 1 PVÜ). Das Prioritätsrecht bedeutet, dass derjenige, der als erster die schutzwürdige Leistung erbracht hat und die Schutzvoraussetzungen erfüllt hat, innerhalb der maßgeblichen Prioritätsfrist gegenüber späteren Anmeldungen den absoluten Vorrang (die Priorität) genießt.[68] Die **Prioritätsfristen** betragen **zwölf Monate** für Erfindungspatente und Gebrauchsmuster und **sechs Monate** für die gewerblichen Muster oder Modelle und für die Fabrik- oder Handelsmarken (Art. 4 C Abs. 1 PVÜ). Jedes Verbandsland ist verpflichtet, ein besonderes **Amt für gewerbliches Eigentum** und eine Zentralhinterlegungsstelle einzurichten, um die gewerblichen Schutzrechte der Öffentlichkeit zur Kenntnis zu bringen (Art. 12 Abs. 1 PVÜ). Die in Art. 12 festgelegten Aufgaben sind in der Bundesrepublik Deutschland dem Deutschen Patent- und Markenamt (DPMA) in München übertragen.

2. Sonderabkommen zur PVÜ

Neben der PVÜ als dem maßgeblichen „Dachabkommen" existieren für die einzelnen gewerblichen Schutzrechte eine Reihe für die Praxis des internationalen gewerblichen Rechtsschutzes höchst bedeutsamer multilateraler völkerrechtlicher Sonderabkommen, die das Regelwerk der PVÜ ergänzen und deren Abschluss den Verbandsländern ausdrücklich vorbehalten ist, sofern diese den Bestimmungen der PVÜ nicht zuwiderlaufen (Art. 19 PVÜ). Die nachfolgende Darstellung beschränkt sich dabei auf einen ersten knappen Überblick über die wichtigsten Sonderabkommen. Eine weitergehende Betrachtung dieser und weiterer spezieller internationaler Abkommen erfolgt im Kontext der Darstellung der jeweils betroffenen Rechtsgebiete.

a) **Patentzusammenarbeitsvertrag (PCT)**. Das bedeutendste internationale Abkommen im Bereich des internationalen Patentrechts ist der Vertrag über die internationale Zusammenarbeit auf dem Gebiet des Patentwesens v. 19.6.1970 (Patent Cooperation Treaty, kurz „PCT"), dem die Bundesrepublik Deutschland durch das Gesetz über internationale Patentübereinkommen vom 21.6.1976 (IntPatÜG)[69] zugestimmt hat und der für die Bundesrepublik Deutschland seit dem 24.1.1978 in Kraft ist[70] (im Einzelnen s.u. Zweiter Abschnitt, 4. Kapitel). Die Mitgliedsstaaten[71] bilden einen Verband für die Zusammenarbeit bei der Einreichung, der Recherche und der Prüfung von Anmeldungen für den Schutz von Erfindungen und für die Leistung besonderer technischer Dienste (Art. 1 Abs. 1 S. 1 PCT). Der PCT begegnet der Schwierigkeit, dass grundsätzlich zur Erlangung von Patentschutz im Ausland in jedem Land eine eigene Patentanmeldung in der jeweiligen Sprache und unter Beachtung der jeweiligen ganz

---

67 Baumbach/Hefermehl, Wettbewerbsrecht, 21. Aufl., Art. 2 PVÜ Rdn. 1.
68 Götting, Gewerblicher Rechtsschutz, § 5, S. 52 Rdn. 5, § 7, S. 87 Rdn. 20; zur Wirkung der Priorität ferner Art. 4 B. S. 1 PVÜ.
69 BGBl. II, S. 649.
70 Benkard/Ullmann, PatG, Int. Teil, Rdn. 81.
71 148 Mitgliedsstaaten (Stand: 04/2014).

unterschiedlichen Anmeldeerfordernisse zu erfolgen hätte. Demgegenüber eröffnet der PCT dem Erfinder die Möglichkeit, sich durch eine einzige **internationale Anmeldung** (Art. 3) bei einem PCT-Anmeldeamt (Art. 10) einen multinationalen Schutz für die angemeldete Erfindung zu sichern. Die Einreichung einer einzigen, die PCT-Bestimmungen erfüllenden internationalen Anmeldung hat in den **Bestimmungsstaaten** (Art. 4 Abs. 1 ii PCT) die Wirkung einer vorschriftsmäßigen nationalen Anmeldung mit dem Anmeldedatum der internationalen Anmeldung (Art. 11 Abs. 3 PCT).[72] Der PCT führt – anders als das EPÜ (hierzu siehe 2. Abschnitt) – nicht zu einem einheitlichen Patenterteilungssystem, vielmehr vereinheitlicht er lediglich das Anmeldeverfahren für internationale Patenterteilungsverfahren und die Neuheitsrecherche.[73]

b) Haager Musterschutzabkommen (HMA). Im Bereich des internationalen Geschmacksmusterrechts hat das Haager Abkommen über die internationale Hinterlegung gewerblicher Muster und Modelle (**HMA**) vom 6.11.1925 als Nebenabkommen zur PVÜ große praktische Bedeutung erlangt.[74] Durch das HMA schließen die Vertragsstaaten[75] einen Verband für die internationale Hinterlegung gewerblicher Muster und Modelle (Art. 1 Abs. 1). Revisionen des HMA erfolgten am 2.6.1934 in London, am 28.11.1960 im Haag und am 2.7.1999 in Genf. Entsprechend den Revisionskonferenzen des Haager Abkommens umfasst dieses drei verschiedene Verträge, die als „Akten" bezeichnet werden („Londoner Akte", „Haager Akte" und „Genfer Akte") und jeweils aus verschiedenen Rechtsvorschriften bestehen. Die beiden jüngeren Akten sind jeweils entstanden, um das System zu modernisieren. Entsprechend dem Grundsatz der **internationalen Registrierung** kann von dem Anmelder durch eine einzige Hinterlegung beim Internationalen Büro der WIPO in Genf (Art. 4 Abs. 1 Nr. 1 HMA) Musterschutz in den im Antrag benannten Vertragsstaaten des HMA (Art. 5 Abs. 2 Nr. 1) herbeigeführt werden. Die Haager Fassung sieht auch eine Hinterlegung durch Vermittlung der nationalen Behörde vor (Art. 4 Abs. 1 Nr. 2 HMA). Die internationale Registrierung hat in den in der internationalen Anmeldung benannten Vertragsstaaten dieselbe Wirkung wie eine nationale Geschmacksmusterhinterlegung (Art. 7 Abs. 1 a HMA). Durch die internationale Hinterlegung entsteht daher ein **Bündel von nationalen Schutzrechten**.[76] Inzwischen ist auch die **Europäische Gemeinschaft** dem Haager Abkommen mit Wirkung zum 1. Januar 2008 beigetreten.[77] Durch diesen Beitritt hat die Europäische Gemeinschaft dieses von der WIPO verwaltete Schutzsystem mit dem von dem Harmonisierungsamt für den Binnenmarkt (HABM) in Alicante verwalteten Gemeinschaftsgeschmacksmustersystem (s. hierzu u. IV. 4. und § 41) verknüpft. Seit dem Inkrafttreten dieses neuen Systems können europäische Unternehmen Geschmacksmuster mit einem einzigen Antrag nicht nur innerhalb der EU, sondern auch in den Vertragsstaaten der Genfer Akte des Haager Abkommens schützen lassen. Im Gegenzug können Länder, die Vertragsparteien der Genfer Akte des Haager Abkommens sind, den Schutz für ihre Muster und Modelle durch das Gemeinschaftsgeschmacksmustersystem in Anspruch nehmen.

---

72 Gruber/von Zumbusch/Haberl/Oldekop, S. 2 Rdn. 1.03; Holeweg, a.a.O. Fußn. 53, 141, 145.
73 Benkard/Ullmann, PatG, Int. Teil, Rdn. 82.
74 Holeweg, a.a.O. Fußn. 61, S. 142.
75 61 Vertragsstaaten (Stand: 04/2014).
76 Eichmann/v. Falckenstein, GeschmMG, Allg. Rdn. 26.
77 Zur Ermöglichung des Beitritts hat die Europäische Kommission die beiden Verordnungen (EG) Nr. 876/2007 und Nr. 877/2007 v. 24.7.2007 erlassen.

§ 4 Der internationale Schutz des geistigen Eigentums

c) Madrider Markenabkommen (MMA). Im Bereich des Markenrechtes wird die PVÜ durch das „Madrider Abkommen über die internationale Registrierung von Marken" vom 14.4.1891 (**MMA**) sowie das „Protokoll zum Madrider Markenabkommen" vom 27.6.1989 (**MMP**) ergänzt (im Einzelnen s.u. § 64). Die Vertragsstaaten des MMA bilden zusammen mit den Vertragsstaaten des MMP einen Verband für die internationale Registrierung von Marken (Art. 1 Abs. 1 MMA, Art. 1 MMP).[78] Ähnlich wie das HMA (s.o. b.) eröffnet das MMA dem Markeninhaber die Möglichkeit durch eine einzige **internationale Registrierung** beim Internationalen Büro der WIPO in Genf eine Vielzahl von andernfalls erforderlichen Einzelanmeldungen in anderen Staaten zu vermeiden. Grundlage für die internationale Registrierung ist eine eingetragene **nationale Marke** (sog. Basis- oder Ursprungsmarke, Art. 1 Abs. 2 MMA). Der Antrag auf internationale Registrierung kann – anders als nach dem HMA – nicht unmittelbar beim Internationalen Büro, sondern nur durch Vermittlung der Behörde des Ursprungslandes (in Deutschland durch das DPMA) eingereicht werden (Art. 3 Abs. 1 MMA). Durch die internationale Registrierung der Marke entsteht allerdings – ebenso wenig wie bei der internationalen Hinterlegung nach dem HMA – kein supranationales Schutzrecht, sondern lediglich ein **Bündel nationaler Marken** (Art. 4 Abs. 1 MMA).[79]

3. Revidierte Berner Übereinkunft (RBÜ)

Im Bereich des Urheberrechts steht als ältester und bedeutendster internationaler Vertrag die „Berner Übereinkunft zum Schutz von Werken der Literatur und Kunst" vom 9.9.1886 im Vordergrund, die seit der zweiten Revisionskonferenz 1908 in Berlin als sog. Revidierte Berner Übereinkunft (kurz „RBÜ") bezeichnet wird.[80] Sie ist ein mehrseitiger völkerrechtlicher Vertrag, den inzwischen alle wirtschaftlich wichtigen Staaten der Welt[81] ratifiziert haben und durch den sich die vertragsschließenden Staaten zwecks internationalen Schutzes des Urheberrechts zu einem Staatenverband mit eigener Rechtspersönlichkeit zusammengeschlossen haben (Art. 1 RBÜ). Die RBÜ sichert den internationalen Urheberrechtsschutz in erster Linie – wie die PVÜ (s.o. unter 1.) – durch den Grundsatz der **Inländerbehandlung** (sog. Assimilationsprinzip, Art. 5 Abs. 1, 3). Das heißt, Urheber eines Verbandsstaates genießen für ihre Werke in den jeweils anderen Verbandsländern denselben Schutz wie ein dortiger Inländer. Entsprechend dem im Urheberrecht gültigen Grundsatz des **„automatischen Schutzes"** ist der Genuss und die Ausübung der gewährten Rechte nicht an die Erfüllung irgendwelcher Förmlichkeiten gebunden, auch ist der Schutz unabhängig vom Bestehen des Schutzes für das Werk im Ursprungsland (Art. 5 Abs. 2 RBÜ).[82] Aufgrund der RBÜ geschützt sind nicht nur die einem Verbandsland angehörenden Urheber für ihre veröffentlichten und unveröffentlichten Werke (Art. 3 Abs. 1a), sondern auch die keinem Verbandsland angehörenden Urheber für die Werke, die sie zum ersten Mal in einem Verbandsland oder gleichzeitig in einem verbandsfremden und in einem Verbandsland veröffentlichen (Art. 3 Abs. 1b). Der Oberbegriff für die vom Schutz der RBÜ erfassten Werke der verbandsangehörigen Urheber sowie erstmals oder gleichzeitig in einem Verbandsland

---

[78] Mitgliedsländer MMA: 56, Mitgliedsländer MMP: 91 (Stand: 04/2014).
[79] Ingerl/Rohnke, MarkenG, Einl. Rdn. 18.
[80] Rehbinder, Urheberrecht, § 4, S. 18 Rdn. 34; ferner Schricker/Katzenberger, Vor §§ 120 Rdn. 41, 42 mit Übersicht über Revisionskonferenzen.
[81] 167 Mitgliedsstaaten (Stand: 04/2014).
[82] Schricker/Katzenberger, Vor §§ 120 Rdn. 47.

veröffentlichten Werke lautet „**verbandseigene Werke**".[83] Die durch die RBÜ gewährte **Schutzdauer** umfasst grundsätzlich das Leben des Urhebers und 50 Jahre nach seinem Tod (50 Jahre post mortem auctoris, Art. 7 Abs. 1). Sie richtet sich zwar grundsätzlich nach dem Gesetz des Landes, für das Schutz beansprucht wird, jedoch darf sie, sofern die Rechtsvorschriften dieses Landes nichts anderes bestimmen, die im Ursprungsland des Werkes festgesetzte Dauer nicht überschreiten (Art. 7 Abs. 8 RBÜ), d.h. der Grundsatz der Inländerbehandlung ist insoweit durch das **Prinzip des Schutzfristenvergleichs** eingeschränkt.[84] Ferner stellt die RBÜ durch die Garantie bestimmter sog. **Mindestrechte** ein internationales **Mindestschutzniveau** sicher (Näheres hierzu § 81 I.).[85]

4. WIPO-Konvention

Von übergreifender Bedeutung für das gesamte Immaterialgüterrecht ist das „Übereinkommen zur Errichtung der Weltorganisation für geistiges Eigentum" vom 14.7.1967 (**WIPO-Konvention**), durch das die **WIPO** (World Intellectual Property Organization), die auch unter ihrem französischen Namen als **OMPI** (Organisation Mondiale de la Propriété Intellectuelle) bekannt ist, gegründet wurde (Art. 1). Die WIPO ist eine von 16 Sonderorganisationen der Vereinten Nationen (UN), ihr Sitz ist Genf (Art. 10 Abs. 1 WIPO-Konvention). Die WIPO hat 186 Mitgliedsstaaten.[86] **Zweck der WIPO** ist es, den Schutz des „geistigen Eigentums" (definiert in Art. 2 viii) durch Zusammenarbeit der Staaten weltweit zu fördern (Art. 3 i) sowie die verwaltungsmäßige Zusammenarbeit zwischen den „Verbänden" (definiert in Art. 2 vii) zu gewährleisten (Art. 3 ii). Zur Erreichung dieses Zwecks obliegen ihr vielfältige **Aufgaben** (vgl. Art. 4), u.a. fördert sie Maßnahmen zur weltweiten Verbesserung des Schutzes des geistigen Eigentums und zur Angleichung der innerstaatlichen Rechtsvorschriften auf diesem Gebiet (Art. 4 i); sie erfüllt die Verwaltungsaufgaben des Pariser Verbandes (PVÜ), der im Rahmen dieses Verbandes errichteten besonderen Verbände (Nebenabkommen PVÜ) und des Berner Verbandes (RBÜ, Art. 4 ii); sie unterstützt das Zustandekommen internationaler Vereinbarungen zur Förderung des Schutzes des geistigen Eigentums (Art. 4 iv) und unterhält Einrichtungen zur Erleichterung des internationalen Schutzes geistigen Eigentums (Art. 4 vii).

5. TRIPS-Übereinkommen

Ein weiteres übergreifendes Abkommen von herausragender Bedeutung ist das „Übereinkommen über handelsbezogene Aspekte der Rechte des geistigen Eigentums" vom 15.4.1994[87] (Trade Related Aspects of Intellectual Property Rights – kurz „**TRIPS**"), das als Bestandteil des Übereinkommens zur Errichtung der Welthandelsorganisation (World Trade Organization, kurz „**WTO**") abgeschlossen wurde. Das TRIPS-Übereinkommen, das auf globale Geltung angelegt ist, verbindet in neuartiger Weise den Schutz des geistigen Eigentums mit dem auf Liberalisierung und Nichtdiskriminierung in den internationalen Handelsbeziehungen abzielenden Allgemeinen Zoll- und Handelsübereinkommen (**GATT**). Es versteht den Schutz des geistigen Eigentums nicht als

---

83 Rehbinder, Urheberrecht, § 71, S. 375 Rdn. 986.
84 Schricker/Katzenberger, Vor §§ 120 Rdn. 48.
85 Schricker/Katzenberger, Vor §§ 120 Rdn. 47.
86 Stand 03/2014.
87 Abrufbar über die Website der WTO unter: http://www.wto.org/english/docs_e/legal_e/27-trips_01_e.htm (letzter Abruf: 04/2014).

Hindernis, sondern als Bedingung für den freien Welthandel.[88] Da mit dem Beitritt zur WTO und den dadurch erreichbaren Vorzügen des Freihandels auch zwingend der Beitritt zum TRIPS-Übereinkommen verbunden ist, wurde es schnell zu einem der mitgliederstärksten und damit bedeutendsten internationalen Abkommen im Bereich des geistigen Eigentums.[89] **Hauptziele** des TRIPS sind die Förderung eines wirksamen und angemessenen Schutzes der Rechte des geistigen Eigentums sowie die Sicherstellung, dass die Maßnahmen und Verfahren zur Durchsetzung der Rechte des geistigen Eigentums nicht selbst zu Schranken für den rechtmäßigen Handel werden (Präambel; zu den Zielen vgl. ferner Art. 7). Das TRIPS-Abkommen bezieht sich, wie ja bereits in seinem Namen zum Ausdruck kommt, auf den Schutz des geistigen Eigentums insgesamt, also sowohl auf den Schutz durch die gewerblichen Schutzrechte als auch auf das Urheberrecht (Art. 1 Abs. 2 i.V.m. Teil II Abschnitte 1 bis 7, Art. 9 – 39). Der Schutz des TRIPS-Übereinkommens ist als **Mindestschutz** ausgestaltet, d.h. die Mitglieder dürfen in ihr Recht einen umfassenderen Schutz aufnehmen, vorausgesetzt, dieser Schutz läuft dem TRIPS-Übereinkommen nicht zuwider (Art. 1 Abs. 1 S. 2). Was das Verhältnis des TRIPS-Übereinkommens zu den bestehenden wichtigen völkerrechtlichen Verträgen im Bereich des geistigen Eigentums angeht, so baut es auf diesen auf und erklärt deren Regelungen für seine Mitglieder als Mindestschutzstandards für verbindlich (Art. 2, 9 Abs. 1), teilweise geht es jedoch über deren Schutzniveau erheblich hinaus.[90] Wesentliche Prinzipien des TRIPS-Übereinkommens sind der – aus PVÜ und RBÜ (s. zuvor u. 1., 3.) geläufige – Grundsatz der **Inländerbehandlung** (Art. 3) sowie der Grundsatz der **Meistbegünstigung**. Letzterer besagt, dass Vorteile, Vergünstigungen, Sonderrechte und Befreiungen, die von einem Mitglied den Angehörigen eines anderen Landes gewährt werden, sofort und bedingungslos den Angehörigen aller anderen Mitglieder gewährt werden (Art. 4 TRIPS). Neben den allgemeinen Bestimmungen und Grundprinzipien (Teil I) enthält es grundlegende Regelungen für fast alle Rechte des geistigen Eigentums (Teil II): für das **Urheberrecht** (Art. 9 – 14 – näheres hierzu s.u. § 81 II.), für **Marken** (Art. 15 – 21); **geografische Angaben** (Art. 22 – 24), **gewerbliche Muster und Modelle** (Art. 25 – 26), **Patente** (Art. 27 – 34), **Halbleiterschutz**/Topographien (Art. 35 – 38) und den Schutz nicht offenbarter Informationen/**Know-how** (Art. 39). Hervorzuheben ist schließlich, dass sich das TRIPS-Abkommen nicht auf die Festlegung materieller Mindeststandards beschränkt, sondern darüber hinaus grundlegende Vorschriften enthält, um eine verfahrensmäßige **Durchsetzung** der Rechte des geistigen Eigentums sicherzustellen (Teil III, Art. 41 – 61).

IV. Recht der Europäischen Union

Neben den zuvor dargestellten völkerrechtlichen Verträgen erweist sich aus europäischer Perspektive das EU-Recht zunehmend als wichtige Quelle zur Sicherstellung eines grenzüberschreitenden Schutzes geistigen Eigentums.[91] Seit der Gründung der Europä-

---

88 Schricker/Katzenberger, Vor §§ 120 Rdn. 15.
89 159 Mitgliedsstaaten der WTO und damit des TRIPS (Stand: 04/2013); aktualisierte Liste abrufbar über die Website der WTO unter: http://www.wto.org/english/thewto_e/whatis_e/tif_e/org6_e.htm (letzter Abruf: 04/2014).
90 Götting, Gewerblicher Rechtsschutz, § 7, S. 88 Rdn. 26.
91 Vgl. hierzu Drexl, Int. Immaterialgüterrecht, Rdn. 119 ff.

ischen Gemeinschaft (EG) und der Schaffung des europäischen Binnenmarktes[92] wurden auf der Ebene der EU eine Vielzahl weitreichender Maßnahmen zur Harmonisierung der unterschiedlichen nationalen Schutzgesetze im Bereich des geistigen Eigentums sowie zur Schaffung europaweit einheitlich wirkender, d.h. supranationaler gewerblicher Schutzrechte ergriffen.

1. Rechtssetzungskompetenz der EU im Bereich des geistigen Eigentums

Die **Zuständigkeit der Europäischen Union** im Bereich des Rechts des geistigen Eigentums stützt sich im Wesentlichen auf deren Aufgabe, die zu Errichtung und Funktionieren des Binnenmarktes erforderlichen Maßnahmen zu ergreifen[93] (Art. 114, 115 AEUV).[94] Die Maßnahmen der Europäischen Union im Bereich des geistigen Eigentums zielen daher im Wesentlichen auf eine Überwindung unterschiedlicher nationaler Schutzgesetze in den Mitgliedstaaten und damit auf die Beseitigung von Hindernissen insbesondere für den freien Waren- und Dienstleistungsverkehr innerhalb der EU ab (Art. 14 AEUV). Soweit sich das Gemeinschaftsrecht nicht auf eine Harmonisierung im Bereich des geistigen Eigentums beschränkt (s. nachfolgend 3.), sondern selbstständige Gemeinschaftsschutzrechte geschaffen hat (s. nachfolgend 4.), ist in Fällen eines möglichen Konflikts mit Regelungen des nationalen Rechts der Anwendungsvorrang des Gemeinschaftsrechts zu beachten (Art. 288 AEUV).[95]

2. Formen des Rechts der Europäischen Union

Im Zuge der Errichtung des Binnenmarktes wurde das für einen internationalen Schutz des geistigen Eigentums maßgebliche Regelwerk inzwischen durch eine Vielzahl europäischer Richtlinien und Verordnungen ergänzt.[96] Zwecks rechtlicher Einordnung dieser Maßnahmen ist zu vergegenwärtigen, dass innerhalb des Unionsrechts zwischen dem sog. **primären Unionsrecht**, das im Wesentlichen aus den Verträgen (EUV, AEUV) besteht, und dem sog. sekundären Unionsrecht unterschieden wird. Als **sekundäres Unionsrecht** werden die in Art. 288 AEUV genannten europäischen Rechtsakte bezeichnet, also Verordnungen, Richtlinien, Entscheidungen, Empfehlungen und Stellungnahmen.[97] Im vorstehenden Zusammenhang von Bedeutung ist, dass die **EU-Verordnung** ohne weiteres in den Mitgliedstaaten der EG als europäisches Recht unmittelbar gilt (Art. 288 Abs. 2 AEUV). Das heißt, die EU-Verordnung wirkt in den Mitgliedstaaten wie ein nationales Gesetz. Als solche kann sie unmittelbare Rechtspflichten und Ansprüche im vertikalen Verhältnis zwischen Staat und Bürger ebenso wie horizontale Rechtsbeziehungen zwischen Bürgern untereinander begründen.[98] Demgegenüber sind **EU-Richtlinien** zunächst an die Mitgliedstaaten gerichtet, sie sind hinsichtlich des je-

---

92 Der Grundstein des Europäischen Binnenmarktes wurde durch die „Einheitliche Europäische Akte" vom 1.7.1987 gelegt, in der sich die Mitgliedstaaten der EU verpflichtet haben, schrittweise einen „Raum ohne Binnengrenzen" zu verwirklichen, der bis zum 31.12.1992 vollendet sein sollte.
93 Grundlegend zur Regelungszuständigkeit der EU im Bereich des Immaterialgüterrechts vgl. EuGH, Urteil vom 13.7.1995 in der Rechtssache C-350/92, Königreich Spanien gegen Rat der Europäischen Union, Slg. 1995, S. I-1985.
94 Vertrag über die Arbeitsweise der Europäischen Union, ehemals Vertrag zur Gründung der Europäischen Gemeinschaft (EGV), umbenannt durch den Vertrag von Lissabon v. 13.12.2007, ABl. EU C 306/1.
95 Ahrens/McGuire, Modellgesetzbuch, Vorb. v. § 21 GGE, S. 76.
96 Gute Gesamtübersicht vgl. Holeweg, Fußn. 61, GRUR Int. 2001, 141 ff.
97 Oberrath, Öffentliches Recht, S. 114 Rdn. 430.
98 Oberrath, Öffentliches Recht, S. 114 Rdn. 431.

weils zu erreichenden Ziels verbindlich, überlassen jedoch den innerstaatlichen Stellen die Wahl der Form und der Mittel (Art. 288 Abs. 3 AEUV). Erst nach Umsetzung in nationales Recht gilt der Regelungsgehalt der Richtlinie unmittelbar als einzelstaatliches Recht.[99]

3. Harmonisierung im Bereich des geistigen Eigentums

Wie zuvor gesehen, ist die EU-Richtlinie die geeignete Maßnahme des Unionsrechts, um eine Harmonisierung des Rechts innerhalb der Union durch Angleichung der in den jeweiligen Mitgliedstaaten geltenden nationalen Gesetzesbestimmungen zu erreichen. Demzufolge spiegeln sich auch die Harmonisierungsbestrebungen der Union im Bereich des Rechts des geistigen Eigentums in einer Vielzahl von Richtlinien wider. Ohne einer Erörterung dieser Rechtsakte – ihrer Inhalte und ihrer Bedeutung – im Rahmen der Darstellung der jeweiligen Rechtsgebiete vorgreifen zu wollen, seien überblicksartig die wichtigsten Richtlinien bereits an dieser Stelle benannt:[100]

- Die Richtlinie 87/54/EWG vom 16. Dezember 1986 über den Rechtsschutz der **Topographien** von Halbleitererzeugnissen;
- Richtlinie 89/104/EWG vom 21.12.1988 zur Angleichung der Rechtsvorschriften der Mitgliedstaaten über die **Marken;**
- Richtlinie 92/100/EWG vom 19.11.1992 zum **Vermietrecht** und **Verleihrecht** sowie zu bestimmten dem Urheberrecht verwandten Schutzrechten im Bereich des geistigen Eigentums;
- Richtlinie 93/83/EWG vom 27.9.1993 zur Koordinierung bestimmter urheber- und leistungsschutzrechtlicher Vorschriften betreffend **Satellitenrundfunk** und **Kabelweiterverbreitung;**
- Richtlinie 96/9/EG vom 11.3.1996 über den rechtlichen **Schutz von Datenbanken;**
- Richtlinie 98/44/EG vom 6.7.1998 über den rechtlichen **Schutz biotechnologischer Erfindungen;**
- Richtlinie 98/71/EG vom 13.10.1998 über den rechtlichen **Schutz von Mustern und Modellen;**
- Richtlinie 2001/29/EG vom 22.5.2001 zur Harmonisierung bestimmter **Aspekte des Urheberrechts** und der verwandten Schutzrechte **in der Informationsgesellschaft;**
- Richtlinie 2001/84/EG vom 27. September 2001 über das **Folgerecht** des Urhebers des Originals eines Kunstwerks;
- Richtlinie 2004/48/EG vom 29.4.2004 zur **Durchsetzung der Rechte des geistigen Eigentums;**
- Richtlinie 2009/24/EG vom 23.4.2009 über den **Rechtsschutz von Computerprogrammen** (kodifizierte Fassung);[101]

---

99 Oberrath, Öffentliches Recht, S. 115 Rdn. 432.
100 Gesamtüberblick vgl. die Informationsseite der Europäischen Kommission zum Geistigen Eigentum abrufbar unter: http://ec.europa.eu/internal_market/intellectual-property/index_de.htm (letzter Abruf: 04/2014).
101 Kodifizierte Fassung der Richtlinie 91/250/EWG v. 14.5.1991.

- Richtlinie 2011/177/EU v. 27.9.2011 zur Änderung der Richtlinie 2006/116/EG über die **Schutzdauer** des Urheberrechts und bestimmter verwandter Schutzrechte;
- Richtlinie 2012/28/EU v. 25.10.2012 über bestimmte zulässige Formen der **Nutzung verwaister Werke**).

4. Einheitliche Gemeinschaftsschutzrechte

Die Initiativen der EU im Bereich des geistigen Eigentums beschränken sich jedoch nicht allein auf eine Harmonisierung des innerhalb der Europäischen Union geltenden Immaterialgüterrechts durch Richtlinien. Vielmehr hat die Union in den zurückliegenden Jahren darüber hinaus – gestützt auf das Instrument der EU-Verordnung – einheitliche gewerbliche Schutzrechte geschaffen, die als sog. Gemeinschaftsschutzrechte[102] überall in der Union unmittelbar gelten. Die Harmonisierung des Rechts des geistigen Eigentums innerhalb der Union hat sich also „zweigleisig" vollzogen.[103] Hervorzuheben ist, dass sich 25 Mitgliedsstaaten[104] im Dezember 2012 nach vier Jahrzehnten intensiver Diskussion und vielen erfolglosen Anläufen auf die Einführung eines einheitlichen EU-Patents und eines einheitlichen Patentgerichts verständigt haben. Das sog. Patentreformpaket zur Einführung des EU-Patents besteht aus der Patentverordnung, der Sprachenverordnung und dem Gerichtsabkommen (s. hierzu auch u. 2. Abschnitt, 3. Kapitel).[105] Neben der Möglichkeit, nationale Schutzrechte in den einzelnen Mitgliedsstaaten zu erlangen, besteht damit für die wichtigsten Bereiche des gewerblichen Rechtsschutzes die Option, ein supranationales unionsweit gültiges Schutzrecht zu erlangen.[106] Auch insoweit bleibt eine eingehendere Betrachtung dem Kontext der Darstellung der jeweils betroffenen Rechtsgebiete vorbehalten, während an dieser Stelle ein erster Überblick genügen soll:

- Verordnung (EG) Nr. 207/2009 über die **Gemeinschaftsmarke** vom 26.2.2009 (kodifizierte Fassung);[107]
- Verordnung (EG) Nr. 2100/94 über den **gemeinschaftlichen Sortenschutz** vom 27.7.1994;
- Verordnung (EG) Nr. 6/2002 über das **Gemeinschaftsgeschmacksmuster** vom 12.12.2001;
- Verordnung (EU) Nr. 1257/2012 über die Umsetzung der Verstärkten Zusammenarbeit im Bereich der Schaffung eines **einheitlichen Patentschutzes** vom 17. 12.2012 (sog. EU-Patentverordnung);

---

102 Nachdem der Begriff der „Europäischen Gemeinschaft (EG)" im Zuge des Vertrages von Lissabon v. 13.12.2007 generell durch den Begriff der „Europäischen Union (EU)" abgelöst wurde, ist zu vermuten, dass der Begriff des „Gemeinschaftsschutzrechts" zukünftig durch den des „EU-Schutzrechts" ersetzt wird.
103 Ahrens/McGuire, Modellgesetzbuch, § 22 GGE, S. 79.
104 Mit Ausnahme von Spanien, Italien und Kroatien.
105 Vgl. hierzu Haberl/Schallmoser, EU-Patent und einheitliches Europäisches Patentgericht – Rat einigt sich auf wesentliche Vorgaben, GRUR Prax 2010, S. 23 ff.; Ensthaler, Die Verordnung zum Europäischen Patent mit einheitlicher Wirkung – die geplante europäische Patentgerichtsbarkeit, InTeR 2013, S. 11 ff.
106 Zum Verhältnis zwischen Gemeinschaftsschutzrechten und nationalen Schutzrechten vgl. Ahrens/McGuire, Modellgesetzbuch, § 22 GGE, S. 79 ff.; McGuire, Kumulation und Doppelschutz, GRUR 2011, 767, 769.
107 ABl. EG L 78/1 vom 24.3.2009, S. 1. Durch diese kodifizierte Fassung wurde die ursprüngliche Verordnung (EG) Nr. 40/94 v. 20.12.1993 über die Gemeinschaftsmarke aufgehoben (Art. 166).

- Verordnung (EU) Nr. 1260/2012 über die Umsetzung der verstärkten Zusammenarbeit im Bereich der Schaffung eines einheitlichen Patentschutzes im Hinblick auf die anzuwendenden **Übersetzungsregelungen** vom 17. 12. 2012 (sog. Sprachenverordnung).

Mit dem Vertrag von Lissabon wurde eine spezielle rechtliche Grundlage für Maßnahmen zur Schaffung **europäischer Rechtstitel** über einen einheitlichen Schutz der Rechte des geistigen Eigentums in der Union eingeführt (Art. 118 Abs. 1 AEUV).

Abb. 2: Internationaler Gewerblicher Rechtsschutz und Urheberrecht – wichtige internationale und europäische Rechtsgrundlagen

Internationaler Gewerblicher Rechtsschutz und Urheberrecht – wichtige internationale und europäische Rechtsgrundlagen –	
Übergreifende Abkommen/Richtlinie	
Pariser Verbandsübereinkunft v. 20.3.1883 (**PVÜ**).	Ältester völkerrechtlicher Vertrag auf dem Gebiet des gewerblichen Rechtsschutzes.
Übereinkommen zur Errichtung der Weltorganisation für geistiges Eigentum (**WIPO**) v. 14.7.1967.	Schutz des geistigen Eigentums durch nahezu weltweite Zusammenarbeit der Staaten.
Übereinkommen über handelsbezogene Aspekte der Rechte des geistigen Eigentums v. 15.4.1994 (**TRIPS**).	Übereinkommen als Anhang zur Errichtung der Welthandelsorganisation (**WTO**).
Richtlinie zur Durchsetzung der Rechte des geistigen Eigentums vom 29.4.2004 (**DurchsetzungsRL**).	Zielt auf die Schaffung gleicher Bedingungen bei der Anwendung der Rechte an geistigem Eigentum und eine Harmonisierung der Rechtsvorschriften zum Schutz im Sinne einer gesicherten Durchsetzung von Rechten des geistigen Eigentums. In Deutschland umgesetzt durch das Gesetz zur Verbesserung der Durchsetzung von Rechten des geistigen Eigentums v. 7.7.2008.
Patentrecht	
Vertrag über internationale Zusammenarbeit auf dem Gebiet des Patentrechts v. 19.6.1970 (**PCT**).	Nebenabkommen zur PVÜ über die internationale Anmeldung bei einem PCT-Amt.
Übereinkommen über die Erteilung europäischer Patente v. 5.10.1973 (**EPÜ**).	Völkerrechtlicher Vertrag zur Gründung der Europäischen Patentorganisation mit dem Europäischen Patentamt (**EPA**) in München.
Patentreformpaket zum europäischen Patent mit einheitlicher Wirkung (**Einheitspatent**), bestehend aus den beiden EU-Verordnungen Nr. 1257/2012, Nr. 1260/2012 v. 17.12.2012 und dem Übereinkommen über ein Einheitliches Patentgericht v. 20.6.2013 (2013/C175/01).	Zielt auf die Schaffung eines supranational geltenden, einheitlichen Patents (sog. **Einheitspatent**, früher **EU-Patent** genannt) und die Errichtung eines **Einheitlichen Patentgerichts**. Für Erteilung und Prüfung des Eineitspatents ist das EPA auf der Grundlage der Bestimmungen des EPÜ zuständig. Das Einheitspatent besteht neben der Möglichkeit zur Erlangung eines nationalen Patents und eines „traditionellen" Europäischen Patents („Bündelpatent").

Halbleiterschutz (Topographien)	
Richtlinie des Rates über den Rechtsschutz der Topographien von Halbleitererzeugnissen v. 16.12.1986.	Schutz von dreidimensionalen Strukturen von mikroelektronischen Halbleitererzeugnissen (Topographien). Umgesetzt durch das Halbleiterschutzgesetz v. 22.10.1987 (**HLSchG**).
Markenrecht	
Madrider Abkommen über die internationale Registrierung von Marken v. 14.4.1891 (**MMA**); ergänzt durch das Protokoll zum MMA v. 27.6.1989 (**PMMA**).	Ermöglicht eine internationale Registrierung in den benannten Vertragsstaaten des MMA oder PMMA beim Internationalen Büro der WIPO.
Richtlinie des Rates zur Angleichung der Rechtsvorschriften der Mitgliedsstaaten über Marken v. 21.12.1988 (**MarkenRL**).	Umgesetzt durch das am 1.1.1995 in Kraft getretene Gesetz über den Schutz von Marken und sonstigen Kennzeichen v. 25.10.1994 (**MarkenG**).
Verordnung des Rates vom 26.2.2009 über die **Gemeinschaftsmarke** (kodifizierte Fassung).	Schaffung einer einheitlichen Gemeinschaftsmarke für das gesamte Gemeinschaftsgebiet, verwaltet durch das Harmonisierungsamt (**HABM**) in Alicante.
Geschmacksmusterrecht	
Haager Abkommen über die internationale Hinterlegung gewerblicher Muster und Modelle v. 6.11.1925 (**HMA**).	Nebenabkommen zur PVÜ. Mit einer internationalen Hinterlegung bei der WIPO Erlangung von Musterschutz in den benannten Vertragsstaaten.
EG-Richtlinie über den rechtlichen Schutz von Mustern und Modellen v. 13.10.1998 (**GeschmacksmusterRL**).	Harmonisierung des Geschmacksmusterrechts. Umgesetzt durch das in seinen wesentlichen Teilen am 1.6.2004 in Kraft getretene Gesetz über den rechtlichen Schutz von Mustern und Modellen vom 12.3.2004 (**GeschmMG**), das durch das Modernisierungsgesetz vom 10.10.2013 in **Designgesetz** umbenannt wurde.
EG-Verordnung über das Gemeinschaftsgeschmacksmuster v. 12.12.2001 (**GGV**).	Schaffung eines einheitlichen Gemeinschaftsgeschmacksmusters mit Zuständigkeit des Harmonisierungsamtes (**HABM**) in Alicante.
Sortenschutzrecht	
Internationales Übereinkommen zum Schutz von Pflanzenzüchtungen v. 2.12.1961 (**PflZÜ**).	Regelung des internationalen Sortenschutzes. Mitgliedsstaaten bilden einen Verband (Union for Protection of New Varieties of Plants – **UPOV**).
EG-Verordnung über den gemeinschaftlichen Sortenschutz v. 27.7.1994 (**EGSVO**).	Schaffung eines gemeinschaftlichen gewerblichen Schutzrechts für Pflanzensorten, das eine einheitliche Wirkung in der gesamten Europäischen Gemeinschaft entfaltet. Zuständigkeit des Gemeinschaftlichen Sortenamtes in Angers/Frankreich.

Urheberrecht	
Berner Übereinkunft zum Schutz von Werken der Literatur und Kunst v. 9.9.1886 (**RBÜ**).	Ältester völkerrechtlicher Vertrag des Urheberrechts.
Welturheberrechtsabkommen v. 6.9.1952 (**WUA**).	Das WUA bietet ein geringeres Schutzniveau als die RBÜ, die deshalb auch unter den RBÜ-Verbandsstaaten Vorrang hat (Art. XVII Abs. 1 WUA). Da nahezu alle der zunächst nur dem WUA beigetretenen Staaten inzwischen dem RBÜ beigetreten sind, ist das WUA weitgehend bedeutungslos geworden. Das Abkommen hat jedoch als Vorstufe zum Beitritt der USA, Russlands und Chinas zur RBÜ einen international bedeutenden Beitrag zur Schaffung und Anhebung eines weltweiten Schutzstandards geleistet.
WIPO-Urheberrechtsvertrag v. 20.12.1996 (WIPO Copyright Treaty, **WCT**).	Sonderabkommen zur RBÜ, das in Ergänzung zur RBÜ anwendbar ist und darauf abzielt, den internationalen Schutz des Urheberrechts auf der Grundlage der seit 1971 nicht mehr revidierten RBÜ insbesondere auch in Bezug auf die Herausforderungen durch die Digitaltechnik zu modernisieren.
Richtlinie über den Rechtsschutz von Computerprogrammen vom 14.5.1991 (**Computerprogramm-RL**).[108]	Umsetzung durch Einfügung besonderer urheberrechtlicher Bestimmungen für Computerprogramme (§§ 69a – 69g UrhG).
Richtlinie über den rechtlichen Schutz von Datenbanken vom 11.3.1996 (**DatenbankRL**).	Kennzeichnend ist ein zweispuriges Schutzkonzept. Datenbanken können danach einen verstärkten urheberrechtlichen Schutz als sog. Datenbankwerke genießen (§ 4 Abs. 2 UrhG), daneben ist ein Leistungsschutzrecht für den Hersteller der Datenbank getreten (§§ 87a – 87e UrhG).
Richtlinie zur Harmonisierung bestimmter Aspekte des Urheberrechts und der verwandten Schutzrechte in der Informationsgesellschaft vom 22.5.2001 (**InfoSocRL**).	Die Vorgaben der InfoSocRL wurden durch die Urheberrechtsnovelle 2003 in einem ersten Schritt (Erster Korb) in das deutsche Urheberrecht umgesetzt. Die Novelle 2003 zielte darauf ab, das deutsche Urheberrecht der Entwicklung im Bereich der neuen Informations- und Kommunikations-technologien (IuK), insbesondere der digitalen Technologie, anzupassen. Eine weitere Anpassung erfolgte durch das Zweite Gesetz zur Regelung des Urheberrechts in der Informationsgesellschaft v. 26.10.2007 (Zweiter Korb).

---

[108] Weitere EU-Richtlinien zum Urheberrecht s. die Übersicht zuvor unter Ziff. 3.

§ 5 Kategorien und Systematik des geistigen Eigentums

I. Zentrale Kategorien geistigen Eigentums

Wie bereits dargelegt (s.o. § 1 II.; § 2 IV.), hat der Gesetzgeber nicht alle Ergebnisse geistiger Schaffenstätigkeit in den Kreis der geschützten Güter aufgenommen. Vielmehr ist der durch die Gesetze zum Schutz des geistigen Eigentums gewährte Schutz im Sinne eines **numerus clausus** auf bestimmte **Kategorien von Schaffensergebnissen**, die bei Vorliegen der jeweils gesetzlich bestimmten materiellen und ggf. formellen Schutzvoraussetzungen als Rechtsobjekte Anerkennung finden, beschränkt.[109] Das heißt, überall dort, wo immaterialgüterrechtlicher Schutz durch die Rechtsordnung anerkannt ist, knüpft dieser an bestimmten Kategorien geistiger Schaffensergebnisse und deren jeweiliges Wesen an. Das Wesen der immaterialgüterrechtlich geschützten geistigen Güter ist dabei jedoch nicht nur für deren kategoriale Abgrenzung – etwa als technische Erfindung oder Werk im Sinne des Urheberrechts – maßgeblich, sondern darüber hinaus insbesondere auch bestimmend für die normativ-rechtliche Ausgestaltung der jeweiligen rechtlichen Schutzinstrumentarien. Das heißt, dass die sondergesetzlichen Regelungen über das „Ob" und das „Wie" des Schutzes jeweils dem Wesen der einzelnen Rechtsobjekte angepasst sind.[110] Für ein tiefergehendes Verständnis des rechtlichen **Systems zum Schutz des geistigen Eigentums**, wie es durch die verschiedenen Sondergesetze des Immaterialgüterrechts gebildet wird, seiner jeweiligen Regelungsmechanismen und der darin zu Tage tretenden gesetzgeberischen Wertungen ist es daher unverzichtbar, sich im Rahmen der Erschließung der Grundlagen dieses Rechtsgebietes auch das Wesen der zentralen Kategorien schöpferischer Leistungs*ergebnisse* zu vergegenwärtigen.[111] Das Abstellen auf die **Ergebnisse** schöpferischer Leistung trägt dabei dem Umstand Rechung, dass das Immaterialgüterrecht nicht an den menschlichen Schaffensprozess an sich – sei es etwa die Erfindertätigkeit des Ingenieurs oder den persönlich-geistigen Schöpfungsvorgang des Urhebers (z.B. Autors, Komponisten) –, sondern an das Ergebnis des Schaffens selbst – also etwa die technische Erfindung oder das Werk des Urhebers (z.B. den Roman, die Komposition) – anknüpft; denn erst in diesem Ergebnis entfaltet sich der Wert des Schaffens.[112] Ausgehend von einem Begriff „schöpferischer Leistung" im weitesten Sinne lassen sich die folgenden, für das Verständnis der wichtigsten Immaterialgüterrechte bedeutsamen Kategorien unterscheiden:[113]

- Kategorie 1: Ergebnisse, die in der **Entdeckung** einer Realität bestehen, die in der Natur oder Gesellschaft zwar vorhanden, jedoch bisher noch nicht bekannt waren.
- Kategorie 2: Ergebnisse, die in der **Lösung eines Problems** bestehen, die zwar durch die objektiven Realitäten vorbestimmt, als Lösung jedoch neu sind.
- Kategorie 3: Ergebnisse, die in der Schaffung eines **neuen Gutes** bestehen, das ein persönlicher, d.h. **individueller Ausdruck des Schaffenden** ist.

---

109 Troller, Immaterialgüterrecht, Bd. I, S. 50; Ahrens/McGuire, Modellgesetz, § 2 GGE, S. 24.
110 Vgl. hierzu grundlegend Troller, UFITA Bd. 50 (1967), S. 385, 392 ff.; ders. CR 1987, 213 ff.; ferner Knap, FS f. A. Troller, 117, 123.
111 Grundlegend und umfassend zur allgemeinen Bedeutung einer Systematisierung des geltenden Rechts des geistigen Eigentums s. Ahrens/McGuire, Modellgesetzbuch.
112 Für die erfinderische Leistung vgl. Götting, Gewerblicher Rechtsschutz, § 4, S. 45 f.
113 In Anlehnung an Knap, FS f. A. Troller, S. 117, 122 f.

II. Ergebnisse, die in der Entdeckung einer Realität bestehen

1. Entdeckungen

Mit dieser Kategorie geistigen Schaffens sind insbesondere die Ergebnisse menschlicher Leistung angesprochen, die dieser durch die Erforschung der Natur erlangt. Unter einer **Entdeckung** versteht man die Auffindung oder Erkenntnis bisher unbekannter, aber objektiv in der Natur schon vorhandener Gesetzmäßigkeiten, Wirkungszusammenhänge, Eigenschaften oder Erscheinungen.[114] Obgleich Entdeckungen häufig auf langwieriger, mühevoller Forschungsarbeit beruhen und insoweit das Ergebnis großer Leistungen darstellen, denen zudem eine grundlegende wirtschaftliche und gesellschaftliche Bedeutung zukommt, werden sie nach ausdrücklicher patentrechtlicher Bestimmung (vgl. § 1 Abs. 3 Nr. 1 PatG; Art. 52 Abs. 2 (a) EPÜ) nicht als Erfindungen im Sinne des Patentrechts angesehen und sind damit „als solche" (§ 1 Abs. 4 PatG; Art. 52 Abs. 3 EPÜ) vom Patentschutz ausgeschlossen. Diesem ausdrücklichen Ausschluss der Entdeckungen kommt jedoch nur eine klarstellende Bedeutung zu. Ihre mangelnde Patentierbarkeit folgt bereits aus der Definition der dem Patentschutz allein zugänglichen technischen Erfindung als Lehre zum technischen Handeln, d.h. – nach der Definition der Rechtsprechung des Bundesgerichtshofes (BGH)[115] – einer Lehre „zur planmäßigen Benutzung beherrschbarer Naturkräfte außerhalb der menschlichen Verstandestätigkeit zur unmittelbaren Herbeiführung eines kausal übersehbaren Erfolges". Während also für die Erfindung ein praktisches Zweckmoment charakteristisch ist, das darin zu erblicken ist, dass eine praktische Anwendungsmöglichkeit gegebener Naturkräfte oder Naturstoffe gelehrt wird, erschöpft sich die Entdeckung in der Vermittlung reiner Erkenntnis ohne die Angabe eines praktischen Zwecks.[116] Der Unterschied zwischen einer Entdeckung und einer Erfindung lässt sich danach so umschreiben, dass die Entdeckung die Natur beschreibt, die Erfindung hingegen sich ihrer zum technischen Handeln bedient.[117]

2. Die Begründung der mangelnden Patentierbarkeit

Die insoweit gegebene Beschränkung des Patentschutzes auf den Bereich der technischen Erfindungen unter Ausschluss der Entdeckungen als bloße Erkenntnisse vom Anwendungsbereich des Patentschutzes wird zunächst damit begründet, dass die Entdeckung – anders als die Erfindung, die den Bestand der in der Welt vorhandenen geistigen Güter durch eine neue Lehre vermehre – lediglich etwas über das bereits Bestehende aussage, ohne es zu vermehren.[118] Gegen eine zeitweise Monopolisierung ergäbe sich insoweit das Bedenken, dass etwas schon Vorhandenes dem allgemeinen Gebrauch vorenthalten würde.[119] Als weiterer, letztlich entscheidender **Grund für die Patentunfähigkeit von Entdeckungen** wird jedoch geltend gemacht, dass ein Patentanspruch für eine wissenschaftliche Entdeckung infolge seiner Breite die gesamte darauf beruhende

---

114 Beier/Straus, Der Schutz wissenschaftlicher Forschungsergebnisse, S. 14.
115 Vgl. Nachw. bei Benkard/Bacher/Mellulis, PatG, § 1 Rdn. 43.
116 Bernhardt, Die Bedeutung des Patentschutzes in der Industriegesellschaft, S. 24.
117 Troller, Immaterialgüterrecht, Bd. I, S. 155.
118 Vgl. Troller, Immaterialgüterrecht, Bd. I, S. 55; ferner Schramm, Die schöpferische Leistung, S. 144.
119 Vgl. Kraßer, Patentrecht, S. 127.

technische Entwicklung sperren und damit die Gefahr einer erfindungs- und fortschrittshindernden Wirkung begründen würde.[120]

3. Entdeckung als Grundlage eines Patents

Allerdings können Entdeckungen, was häufig der Fall ist, Grundlage einer Erfindung sein, wenn es gelingt, die wissenschaftlichen Erkenntnisse der Technik dienstbar zu machen.[121] Stellt etwa jemand eine Eigenschaft eines bekannten Materials oder Erzeugnisses fest, so handelt es sich lediglich um eine Entdeckung, die nicht patentierbar ist. Wird für die Eigenschaft jedoch eine praktische Verwertung gefunden, so handelt es sich um eine Erfindung, die möglicherweise patentierbar ist (s.u. § 8 I. 2 a). Die Umsetzung einer Entdeckung in eine technische Handlungsanweisung ist jedoch nur dann eine dem Patentschutz zugängliche erfinderische Tätigkeit, wenn sie vom Fachmann nicht zu erwarten war, d.h. die Patentierung scheitert, wenn die Lösung für den Fachmann bei Kenntnis der Entdeckung nahe lag.[122]

4. Wissenschaftliche Theorien und Methoden

Auf der gleichen Erwägung, die zum Ausschluss der Entdeckungen vom Patentschutz führt, beruht auch die ausdrückliche Ausnahme der **wissenschaftlichen Theorien** und **mathematischen Methoden** vom Patentschutz (§ 1 Abs. 3 Nr. 1 PatG; Art. 52 Abs. 2 (a) EPÜ).[123] Auch die reinen wissenschaftlichen Erkenntnisse wie physikalischen Gesetze, Lehrsätze, chemische Formeln und sonstigen Prinzipien sind nämlich nicht-technischer Natur, da sie kein angewandtes Denken darstellen, sondern lediglich eine abstrakte Erkenntnis vermitteln.

III. Ergebnisse, die in der Lösung eines Problems bestehen

Während sich die zuvor genannten Ergebnisse geistiger Leistung in dem Erkennen in der Natur bzw. der Gesellschaft vorhandener Realitäten, d.h. in der Vermittlung von Erkenntnissen erschöpfen, stellen sich die Ergebnisse der hier behandelten weiteren Kategorie möglicher geistiger Schaffensergebnisse als durch die objektiven Realitäten vorbestimmte, **neuartige Problemlösungen** dar. Jede neuartige Problemlösung, gleichgültig ob es sich um eine auf technischem oder nicht-technischem Gebiet handelt, stellt sich als ein konkret fassbares Ergebnis geistiger Leistung und damit an sich auch als ein immaterielles Gut dar. Anders als im Recht der körperlichen Güter – der beweglichen und unbeweglichen Sachen – ist es jedoch für das Verständnis des Immaterialgüterrechts von Bedeutung, dass von der Rechtsordnung, wie bereits eingangs dargelegt, nicht alle immateriellen Güter als Rechtsobjekte geistigen Eigentums anerkannt werden. Vielmehr hat der Gesetzgeber, wie bereits die vorerwähnten Ausführungen zur Freiheit der Entdeckungen und wissenschaftlichen Erkenntnisse, an deren Wert für die Gesellschaft nicht zu zweifeln ist, verdeutlicht haben, den Schutz auf ganz bestimmte Kategorien geistiger Schaffensergebnisse beschränkt. Im Bereich der hier erörterten Ka-

---

120 Vgl. Bernhardt, Die Bedeutung des Patentschutzes in der Industriegesellschaft, S. 24 f.; Kraßer, Patentrecht, S. 122, 127.
121 Bernhardt, Die Bedeutung des Patentschutzes in der Industriegesellschaft, S. 25; Schulte/Moufang, PatG, § 1 Rdn. 126 f.
122 Vgl. im Einzelnen Kraßer, Patentrecht, S. 122, 318.
123 Schulte/Moufang, PatG, § 1 Rdn. 129 ff.

tegorie von Ergebnissen geistiger Schaffenstätigkeit, die durch ihren Problemlösungscharakter bestimmt sind, ist der Schutz auf **technische Problemlösungen** beschränkt. Für nicht-technische Problemlösungen ist ein immaterialgüterrechtlicher Schutz demgegenüber explizit ausgeschlossen.

1. Technische Problemlösungen

Wie bereits dargestellt (s.o. § 2 I. 1.), handelt es sich bei der dem **Patentschutz** zugänglichen Erfindung um eine „**Lehre zum technischen Handeln**", gestützt auf die ständige Rechtsprechung des BGH definiert als eine „Lehre zur planmäßigen Benutzung beherrschbarer Naturkräfte außerhalb der menschlichen Verstandestätigkeit zur unmittelbaren Herbeiführung eines kausal übersehbaren Erfolges". Bei der Erfindung handelt es sich also um die an den Fachmann gerichtete Belehrung darüber, welche Naturkräfte er wie einsetzen muss, um einen kausal übersehbaren Erfolg zu erreichen. Die einzusetzenden Naturkräfte sind dabei das Mittel zur Lösung eines technischen Problems. Die dem Patentschutz zugängliche Erfindung ist somit eine **technische Problemlösung**; ebenso wie die dem **Gebrauchsmusterschutz** zugängliche Erfindung, bei der es sich gleichermaßen um eine Lehre zum technischen Handeln handelt (s.o. § 2 I. 2.). – Auch bei den vom **Halbleiterschutz** erfassten Halbleitertopographien als Ergebnissen geistigen Schaffens handelt es sich um technische Problemlösungen. Die Entwicklung und Herstellung einer integrierten Schaltung stellt sich als ein mehrstufiger komplexer Produktionsprozess dar, der über zahlreiche, jeweils verfeinernde Zwischenschritte schließlich zum gewünschten Endprodukt, dem fertigen Halbleiterchip, führt. Analysiert man die einzelnen Phasen des Entwicklungs- und Herstellungsprozesses, wird deutlich, dass auch die Chipproduktion, die im Ergebnis auf eine Problemlösung auf schaltungstechnischem Gebiet abzielt, durch ihren Charakter als technische Problemlösung bestimmt ist.

2. Nicht-technische Problemlösungen

a) Sog. Anweisungen an den menschlichen Geist. Explizit von einem immaterialgüterrechtlichen Schutz ausgeschlossen sind **Pläne, Regeln und Verfahren für gedankliche Tätigkeiten, für Spiele oder für geschäftliche Tätigkeiten,** die nicht als Erfindungen angesehen und daher – zumindest „als solche" – nicht patentiert bzw. gebrauchsmusterrechtlich geschützt werden können (vgl. § 1 Abs. 3 Nr. 3 PatG; § 1 Abs. 2 Nr. 3 GebrMG).[124] Die damit angesprochenen Ergebnisse geistiger Tätigkeit decken sich weitgehend mit den Gegenständen, die im juristischen Schrifttum[125] meist unter dem Stichwort der sog. **Anweisungen an den menschlichen Geist** behandelt werden. Ihnen ist gemeinsam, dass sie zwar Handlungsanweisungen geben, jedoch keine Lehre zum technischen Handeln vermitteln. Sie unterscheiden sich von den patentfähigen Regeln zum technischen Handeln (Erfindungen) dadurch, dass sie die Beherrschung von Formen und Lagen des Denkens an sich bezwecken, ohne dass es dabei auf die Anwendung von Naturkräften ankommt, während die Regeln zum technischen Handeln die geistigen Fähigkeiten des Menschen im Hinblick auf die Beherrschung der Naturkräfte

---

[124] Zur Einordnung der gleichfalls in diesem Zusammenhang geregelten „Programme für Datenverarbeitungsanlagen" s.u. § 8 I. 3.
[125] Vgl. etwa Kraßer, Patentrecht, S. 146; Götting, Gewerblicher Rechtsschutz, § 10 III, S. 120.

einschalten, sie also zu einem technischen Handeln bestimmen.[126] Keine Erfindung und damit nicht patentierbar sind danach z.B. Gebrauchsanweisungen, Unterrichts- und Lehrmethoden, Regeln für psychologische Tests, Einteilungen von Formularen, Tabellen, Skalen (= Anweisungen für **"gedankliche Tätigkeiten"**), Spielregeln, Einteilungen von Brettspielen (= Anweisungen für **"Spiele"**), Buchführungs- und Abrechnungssysteme, Werbemethoden (= Anweisungen für **"geschäftliche Tätigkeiten"**) usw..[127] So hat der BGH etwa die Lehre, einen **Wett- oder Wahlschein**, also ein Stück Papier, in bestimmter Weise für die Vornahme von Eintragungen durch die Anordnung von Linien und Schriftzeichen aufzuteilen, nicht als patentierbare Erfindung angesehen, da durch den Wettschein – möge sein Entwurf auch eine geistige Leistung darstellen – keine technische Wirkung erzielt, sondern lediglich eine Anweisung an den menschlichen Geist gegeben werde.[128] Ein typischer, zur Verdeutlichung der hier in Rede stehenden Ergebnisse geistiger Leistung geeigneter Gegenstand lag auch der **Buchungsblatt**-Entscheidung des BGH[129] zugrunde. Zu entscheiden war insoweit über die Gebrauchsmusteranmeldung eines Buchungsblattformulars für die Lohn- und Gehaltsabrechnung, das im wesentlichen dadurch gekennzeichnet war, das unterschiedlich gefärbte, vertikal verlaufende Spalten das Auge des Buchhalters bei Eintragungen und Addiervorgängen „optisch lenken" und dadurch die Gefahr von Falscheintragungen ausschließen sollten. Der BGH verneinte den technischen Charakter des Anmeldungsgegenstandes und damit seine Schutzfähigkeit vor allem damit, dass die Aufteilung des Buchungsblattes nicht als technisches Mittel zur Erreichung des gewünschten Ergebnisses angesehen werden könne. Die Aufteilung derartiger Liniensysteme und Flächenmuster könne vielmehr in aller Regel nicht ohne Einschaltung einer symbolischen geistigen Anweisung sinnvoll genutzt werden.

b) **Mangelnde Technizität.** Die vorgenannten Beispiele belegen, dass es sich bei den allgemein unter dem Begriff **„Anweisungen an den menschlichen Geist"** zusammengefassten Tatbeständen um Ergebnisse geistigen Schaffens handelt, die der Kategorie der Problemlösungen zuzuordnen sind, für die also – im Gegensatz zu den reinen Erkenntnissen und Entdeckungen (s. zuvor u. II.) – ein praktisches Zweckmoment, eine konkrete Anwendungsmöglichkeit charakteristisch ist. Anders als bei den patent- und gebrauchsmusterfähigen Erfindungen handelt es sich jedoch bei den sog. Anweisungen an den menschlichen Geist nicht um technische Problemlösungen, d.h. um Lehren zum lösungsgerechten Einsatz von Naturkräften, sondern um **nicht-technische**, d.h. um **Lehren** zum lösungsgerechten Einsatz des menschlichen Geistes. So wird in dem oben genannten Beispielsfall durch die Gestaltung des Buchungsblattes eine Anweisung an den Buchhalter gegeben, seinen „Geist" in bestimmter Weise zu betätigen, nämlich sich bei Eintragungen, Additionen etc. jeweils an optischen Hilfsmittel (Spalten, Farben etc.) zu orientieren. Dass sich letztlich auch die **menschliche Verstandestätigkeit** mit Rücksicht auf die primär biologisch-chemischen Vorgänge, die Tätigkeit des Gehirns steuern, als Einsatz von Naturkräften darstellt, ist hier ohne Belang, da die menschliche Verstandestätigkeit jedenfalls nicht zu den beherrschbaren Naturkräften im Sinne des patentrechtlichen Technikbegriffs gehört. Damit sind vielmehr nur solche Naturkräfte ge-

---

[126] Blum, FS zum 100-jährigen Bestehen der Firma Blum & Co., S. 61, 67; im Anschluss daran Benkard/Bruchhausen, PatG, § 1 Rdn. 101.
[127] Vgl. Kraßer, Patentrecht, S. 147; Götting, Gewerblicher Rechtsschutz, § 10 III, S. 120.
[128] BGH GRUR 1958, 602, 603 „Wettschein".
[129] BGH GRUR 1975, 549.

meint, die außerhalb der menschlichen Verstandestätigkeit liegen und mit ihrer Hilfe beherrscht werden können.[130] Entscheidend ist also, dass der Benutzer der sog. Anweisung an den menschlichen Geist den angestrebten Erfolg, die Lösung seines Problems, nicht automatisch durch den Einsatz technischer Mittel, sondern durch eigenes Zutun, nämlich vermittels eigener Denktätigkeit, erlangt.

c) Die Begründung der mangelnden Patentierbarkeit. Auch die Entwicklung derartiger nicht-technischer Problemlösungen kann auf erheblicher, mit hohen Kosten verbundener geistiger Arbeit beruhen, deren Ergebnisse gerade im **kaufmännisch-betriebswirtschaftlichen** Bereich eine große wirtschaftliche Bedeutung zukommt.[131] Die – jetzt auch in § 1 Abs. 1 PatG ausdrücklich geregelte – Begrenzung des Patentschutzes auf das Gebiet der Technik hat damit zur Folge, dass nicht unwesentliche Ergebnisse nach deutschem und europäischem Patentrecht vom Schutz ausgenommen bleiben.[132] Gleichwohl hatte sich der BGH[133] bereits nach früherer Rechtslage – die noch keinen expliziten Ausschluss der unter der Bezeichnung der „Anweisungen an den menschlichen Geist" zusammengefassten Gegenstände vorsah – gegen einen Schutz von Anweisungen für eine „rein geistige" Tätigkeit und einen entsprechend erweiterten Technikbegriff ausgesprochen. Eine Einbeziehung der menschlichen Verstandestätigkeit als solcher in den Kreis der Naturkräfte hätte – so die Befürchtung – zur Folge, dass schlechthin allen Ergebnissen menschlicher Gedankentätigkeit, sofern sie nur eine Anweisung zu planmäßigem Handeln darstellen und kausal übersehbar sind, technische Bedeutung zugesprochen werden müsste. Damit aber würde der Begriff des Technischen praktisch aufgegeben und der Schutz des Patentschutzes für Leistungen eröffnet, deren Wesen und Begrenzung nicht zu erkennen und zu übersehen sei. Ein völliger Verzicht auf das Erfordernis des technischen Charakters einer Neuerung komme jedoch nicht in Betracht, da der Begriff der Technik als das einzig brauchbare Abgrenzungskriterium gegenüber andersartigen geistigen Leistungen des Menschen erscheine. Auch sei das Patentgesetz kein Auffangbecken für den Schutz sonst nicht geschützter Leistungen, sondern ein Spezialgesetz für den Schutz technischer Leistungsergebnisse.[134]

IV. Ergebnisse, die in der Schaffung eines neuen Gutes bestehen

Mit dieser Kategorie geistigen Schaffens sind schließlich diejenigen Ergebnisse menschlicher Geistestätigkeit angesprochen, die allgemein dem Bereich des sog. **Kulturschaffens** zuzuordnen sind. Sie lassen sich abstrakt dadurch kennzeichnen, dass sie der menschliche Geist gewissermaßen aus sich selbst heraus, wenn auch unter Ausschöpfung allgemeiner, frei zugänglicher Quellen, hervorgebracht hat. Ihnen gemeinsam ist das Beruhen auf einem geistigen Schaffensprozess, der – ausgehend von einer Inspiration, einer Idee im Sinne eines Gedankens, eines Einfalls – auf eine persönliche Ausdrucksform gerichtet ist und schließlich eine Gestalt gewinnt, so dass ein neuer, ur-

---

130 BGHZ 67, 22, 27 = GRUR 1977, 96, 98 „Dispositionsprogramm"; GRUR 1977, 152, 153 „Kennungsscheibe".
131 Beier, GRUR 1972, 214, 230.
132 Näheres vgl. Kraßer, Patentrecht, S. 171 ff.
133 BGHZ 67, 22, 32 = GRUR 1977, 96, 99 „Dispositionsprogramm".
134 Zum Technizitätserfordernis im Spiegel der Rechtsprechung vgl. auch Pierson, Softwarepatente – Meilensteine der patentrechtlichen Rechtsprechung, JurPC Web-Dok. 182/2004, abrufbar unter: http://www.jurpc.de/aufsatz/20040182.htm (letzter Abruf: 04/2014).

sprünglich geistiger Gegenstand entsteht.[135] Die hier in Rede stehenden Geisteswerke – z.B. **Romane, Kompositionen, Gemälde, Filmwerke** – unterscheiden sich damit in ihrem Wesen von den Ergebnissen der zuvor behandelten Kategorien geistigen Schaffens. So kann eine Entdeckung, wie gesehen (s.o. II. 1.), zwar auf einer bedeutenden Forschungsleistung beruhen; ein neuer geistiger Gegenstand wird durch sie jedoch nicht geschaffen, sondern „nur" ein in der Natur liegendes geistiges Prinzip aufgefunden. Auch die einer Problemlösung (s. zuvor III.), insbesondere einer technischen Erfindung zugrunde liegende Leistung setzt regelmäßig erhebliche intellektuelle Fähigkeiten – Fachwissen, Phantasie, Kombinationsgabe etc. – voraus. Sie verleiht jedoch nicht dem individuellen menschlichen Geist an sich Ausdruck und Gestalt, sondern bringt „lediglich" eine in der Natur vorgegebene Gesetzmäßigkeit zur Anwendung, d.h. stellt sie in den Dienst einer praktisch anwendbaren und gewerblich verwertbaren Lösung eines Problems. In der Literatur wird diesem Unterschied in Bezug auf die Ergebnisse menschlicher Schaffenstätigkeit begrifflich z.T. dadurch Rechnung, dass von einer „**Schöpfung**" nur dort gesprochen werden könne, wo der menschliche Geist – wie bei Werken der Literatur, Wissenschaft und Kunst – seinen individuellen Inhalten eine Ausdrucksform gebe und so einen Gegenstand in der Außenwelt schaffe, während die Schutzgegenstände des gewerblichen Rechtsschutzes sprachlich als **geistige Leistungen** zu erfassen seien.[136] Im Gegensatz zu den der Kategorie der Problemlösungen zugeordneten Ergebnissen geistigen Schaffens ist den hier ins Auge gefassten Geisteswerken des Kulturschaffens ein praktisches Zweckmoment, eine konkrete unmittelbare Anwendungs- und Benutzungsmöglichkeit jedoch weitgehend fremd. Ihre Aufgabe ist vielmehr primär das Mitteilen und Bewirken von Gedanken, Eindrücken, Empfindungen, Gefühlen, Stimmungen, Assoziationen etc., die sie durch ihr bloßes Dasein, ihr sinnliches Erscheinen und die damit gegebene Möglichkeit der sinnlichen Wahrnehmung erfüllen.[137] Sofern geistiges Schaffen im vorgenannten Sinne seinen Niederschlag in einem **Werk der Literatur, Wissenschaft und Kunst** findet, genießt dieses urheberrechtlichen Schutz nach Maßgabe des Urheberrechtsgesetzes (vgl. § 1 UrhG). Auch neue und eigenartig gestaltete **Designs** im Sinne des Designgesetzes sind dieser Kategorie geistiger Schaffensergebnisse zuzuordnen.

V. Kategoriale Erfassung der Kennzeichen

Kennzeichen im Sinne des Markengesetzes nehmen eine Sonderstellung im System des geistigen Eigentums ein und stellen eine spezielle Kategorie immaterieller Güter dar. Kennzeichen sind weder – technische oder nicht-technische – Problemlösungen (s.o. III.) noch handelt es sich bei Ihnen um persönlich-geistige oder eigenartig-gestalterische Schaffensergebnisse, deren Bedeutung sich in ihrem Dasein, der Möglichkeit ihrer sinnlichen Wahrnehmung erschöpft (s. zuvor IV.). Vielmehr handelt es sich bei den schutzfähigen Kennzeichen um immaterielle Güter, die – anders als die anderen vom Immate-

---

135 Ausführlich zum Wesen des geistigen Schaffens im Bereich des Kulturschaffens vgl. Rehbinder, Urheberrecht, § 5, S. 23 ff.
136 Hubmann, Gewerblicher Rechtsschutz, 5. Aufl. 1988, S. 36 ff.; der Sache nach Rehbinder, Urheberrecht, § 5, S. 23 ff.; kritisch Kraßer, Patentrecht, S. 125 f., daran anschließend, unter Aufgabe der in den Vorauflagen vertretenen Auffassung jetzt auch Götting, Gewerblicher Rechtsschutz, § 4, S. 45; § 5, S. 63 Rdn. 42.
137 Troller, Immaterialgüterrecht, Bd. I, S. 60.

rialgüterrecht erfassten Schutzgegenstände – für etwas anderes stehen. Als **Symbole** stehen sie für die unternehmerische Leistung – für Waren, Dienstleistungen oder das Unternehmen als solches.[138] Sie sind das **zentrale Mittel unternehmerischer Kommunikation** mit den anderen Marktteilnehmern und haben die Aufgabe einen Bedeutungsinhalt in Bezug auf exakt definierte Objekte (Waren, Dienstleistungen, Unternehmen) zu transportieren. Der **Schutzgegenstand** des Kennzeichenrechtes lässt sich begreifen als der Schutz gewerblicher Kennzeichen als **Symbolen konkret definierter unternehmerischer Leistungen** und zentralem **Mittel der** auf diese Leistungen bezogenen **Kommunikation** mit anderen Marktteilnehmern.[139]

VI. Ergebnisse geistigen Schaffens und normativ-rechtliche Ausgestaltung

Die vorstehende Systematisierung wesentlicher Kategorien geistiger Schaffensergebnisse ist für das Verständnis des Systems des Immaterialgüterrechts von zentraler Bedeutung. Denn, wie eingangs (s.o. I.) bereits festgestellt, ist das Wesen der geschützten geistigen Güter maßgeblich zum einen für die kategoriale Anknüpfung der jeweiligen Sondergesetze zum Schutz des geistigen Eigentums, zum anderen für deren normativ-rechtliche Ausgestaltung. Bildlich lässt sich dieser Zusammenhang zwischen rechtlichem Schutzinstrumentarium und immateriellem Schutzgegenstand wie folgt veranschaulichen: Der Handwerker (**Gesetzgeber**) muss den Nagel (**Schutzobjekt**) in seinem Wesen – seiner Bestimmung – (angespitzter Stift, meist mit Kopf, zum Verbinden von Holz, Kunststoff, Presspappe u.ä., zum Eintreiben mit einem Hammer) erkennen (**kategoriale Anknüpfung**), um zum richtigen Werkzeug (**Schutzinstrumentarium**) – dem Hammer – zu greifen, mit dem er den Nagel durch gezielte Schläge (**normativ-rechtliche Ausgestaltung**) eintreiben kann. Durch die nachfolgende Darstellung soll anhand exemplarischer Regelungsbereiche aufgezeigt werden, dass sich die wesensmäßigen Unterschiede der vom Immaterialgüterrecht erfassten Schutzgegenstände in vielfältiger Weise auf die normativ-rechtliche Ausgestaltung der sondergesetzlichen Bestimmungen auswirken. Ungeachtet dieser sich aus dem Wesen der jeweiligen Schutzgegenstände ergebenden schutzrechtsspezifischen Unterschiede ist hervorzuheben, dass die Sondergesetze zum Schutz des geistigen Eigentums über weite Strecken durch Gemeinsamkeiten und parallele Regelungen gekennzeichnet sind. Angesprochen sind damit alle Regelungsbereiche, die nicht durch das Wesen der Schutzgegenstände in spezifischer Weise bestimmt sind und für die daher im Sinne einer übergreifenden Systematisierung die Zusammenfassung in einem „**Allgemeinen Teil**" vorgeschlagen wird.[140]

1. Materielle Schutzvoraussetzungen

a) **Kategoriale Anknüpfung.** Der durch das **Patentrecht** gewährte Schutz knüpft an das Vorliegen einer Erfindung an, bei der es sich, wie dargestellt (s.o. III. 1.), ihrem Wesen nach um eine technische Problemlösung, eine „Lehre zum technischen Handeln" handelt. Bei einem Sachpatent betreffend eine erfinderische Maschine etwa (z.B. zum Recycling von geschreddertem metallischem Autoschrott) besteht die Lehre in dem Aufzeigen der erforderlichen Konstruktion (Anordnung von Schüttungen, Förderbändern,

---

138 Allgemein zum Schutz der Marke als Unternehmensleistung vgl. Fezer, Markenrecht, 2. A., Einl. Rdn. 28.
139 Im Einzelnen vgl. Pierson, Kennzeichen im System zum Schutz des geistigen Eigentums, in Huck (Hrsg.), China und Deutschland – Nachhaltige Entwicklung im Finanzbereich und IP-Sektor, S. 61 ff.
140 Vgl. hierzu Ahrens/McGuire, Modellgesetzbuch, GGE, Buch 1: Allgemeiner Teil.

Tauchbädern, Schüttelsieben, Magneten etc.) und der Erläuterung deren Funktion zur Lösung des technischen Problems (Trennung und Sortierung der unterschiedlichen beim Fahrzeugbau eingesetzten und wieder verwertbaren Edelmetalle). Die Bereicherung der in der Maschine realisierten Erfindung für die Technik und damit für die Gesellschaft äußert sich offensichtlich nicht in der visuellen Wirkung der Maschine als Raumform auf die menschlichen Sinne, sondern ihrem Zweck entsprechend in ihrem Funktionieren, ihrer Tauglichkeit zur Lösung eines Problems unter Ausnutzung von Naturkräften (hier u.a. Schwerkraft, elektromagnetische Anziehung), die durch die erfinderische Konstruktion zum Einsatz gelangen. Der Schutz des Gesetzes wäre daher untauglich, würde dieser, anstatt am geistigen Gehalt der erfinderischen Lehre und deren Nutzungsmöglichkeiten, an die äußere Gestalt der Maschine als visuell wahrnehmbare, auf die menschlichen Sinne wirkende Erscheinung anknüpfen. Der Schutz der erfinderischen Idee wäre auf die Ausführung in einer konkreten Form beschränkt und abgesehen von dem auf diese Weise nicht zu erfassenden geistigen Gehalt von Verfahrens- und Verwendungserfindungen, leicht durch formale, rein äußerliche, den geistigen Gehalt unberührt lassende Änderungen zu unterlaufen.[141] Anders hingegen das **Urheberrecht**, das dem Wesen der Werke der Literatur, Wissenschaft und Kunst, sich in ihrem Dasein und der damit verbundenen Möglichkeit eines „geistigen Genusses" – der Wirkung des Werks auf die menschlichen Sinne – zu erschöpfen, gerade dadurch entspricht, dass es unmittelbar an das Werk und die von diesem ausgehende Wirkung auf die menschlichen Sinne anknüpft. Bei einem Werk der Literatur, Wissenschaft und Kunst ist eine von seiner sinnlichen Aufnahme unabhängige Benutzungsmöglichkeit seinem Wesen nach ausgeschlossen. Der Schutz der Werke bezieht sich folgerichtig nicht, wie der von Erfindungen, auf eine Nutzung durch Anwendung oder Gebrauch (vgl. § 9 PatG), sondern auf die Verwertung durch körperliche oder unkörperliche Wiedergabe (vgl. § 15 Abs. 1 und Abs. 2 UrhG), durch die sich das Werk den menschlichen Sinnen mitteilt. Diese wesensmäßige Unterscheidung zwischen geistigen Gütern, die sich in ihrer bloßen Existenz und ihrer sinnlichen Wirkung erschöpfen einerseits, und solchen, die durch ihre technisch-funktionelle Wirkung gekennzeichnet sind andererseits, ist gleichermaßen für die kategoriale Abgrenzung der Designs im Sinne des **Designgesetzes** von den erfinderischen Arbeitsgerätschaften und Gebrauchsgegenständen im Sinne des **Gebrauchsmustergesetzes** maßgeblich.[142]

b) Bewertungsmaßstab. Auch die sondergesetzlichen Regelungen, in denen die jeweiligen Schutzvoraussetzungen bestimmt sind, stimmen mit dem Wesen der jeweiligen Schaffensergebnisse überein. Nur bei einer mit dem Wesen der jeweiligen Schaffenstätigkeit übereinstimmenden Regelung ist deren Tauglichkeit sichergestellt, den für die Gewährung des Schutzrechts maßgeblichen Erfolg bzw. Wert geistigen Schaffens zu erfassen. So entspricht es dem Wesen der **Erfindung** als technischer Problemlösung und dem Zweck des Patentrechts, den Fortschritt auf dem Gebiet der Technik zu fördern (s.u. § 7 II. 1.), dass das Patentrecht für die Gewährung des Patentschutzes entscheidend auf das Patenterfordernis des Beruhens auf erfinderischer Tätigkeit (§§ 1 Abs. 1, 4 PatG, Art. 52 Abs. 1, 56 EPÜ) abstellt. Durch die damit vorausgesetzte sog. **Erfindungshöhe** wird an die erfinderische Problemlösung ein an objektiven Beurteilungskriterien – dem Stand der Technik, dem Können eines Durchschnittsfachmanns – orien-

---

141 Troller, UFITA, Bd. 50 (1967), S. 382, 395.
142 Troller, UFITA, Bd. 50 (1967), S. 382, 396.

tierter qualitativer Maßstab angelegt.¹⁴³ Umgekehrt entspricht es dem Wesen der vom **Urheberrecht** erfassten, aus dem Geist des Urhebers hervorgebrachten ursprünglich-geistigen Schöpfungen, die sich in ihrer Wirkung auf die menschlichen Sinne erschöpfen, dass der Urheberrechtsschutz – anstatt eines nach objektiven Kriterien zu bemessenden Qualitätserfordernisses – als wichtigste Voraussetzung die **Individualität** des Werkes voraussetzt. Auch insoweit wird die Bedeutung der zutreffenden kategorialen Erfassung des jeweiligen Schutzobjektes deutlich, denn bei einem mit dem Wesen nicht zu vereinbarenden Verständnis, etwa der Erfindung als bloßer sinnlich wahrnehmbarer Gestaltung (Maschine, Vorrichtung, Stoff etc.), wäre bereits der Ansatz, die Perspektive für eine ihrem Wesen gerecht werdende Beurteilung verfehlt: Das bloße Dasein einer verkörperten Problemlösung, die von ihr ausgehende visuelle, akustische oder sonstige Wirkung auf die menschlichen Sinne (z.B. das Erscheinungsbild einer Vorrichtung, das Geräusch einer Maschine, der Geruch eines Stoffs etc.) ist offenbar kein geeigneter Bezugspunkt, der eine Bewertung der von ihr ausgehenden Beförderung des technischen Fortschritts, d.h. ihres erfinderischen Abstandes zum Stand der Technik, zuließe. Ein entsprechender Zusammenhang zwischen dem Wesen des in Rede stehenden Schutzgegenstandes und den gesetzlich festgelegten materiellen Schutzvoraussetzungen lässt sich auch für das **Kennzeichenrecht** nachweisen. So ist **maßgebliche Schutzvoraussetzung** im Markenrecht, dass die Marke als Zeichen **geeignet** ist, die Waren oder Dienstleistungen eines Unternehmens von denjenigen anderer **zu unterscheiden** (§ 3 Markengesetz; Art. 2 MarkenRL; Art. 4 GMVO; Art. 15 Abs. 2 TRIPS). Hiermit trägt das Gesetz in gebotener Weise dem Umstand Rechnung, dass bei der Marke **kein** Schutzgegenstand in Frage steht, an den – wie bei einer Erfindung – ein qualitativer Maßstab („Erfindungshöhe") anzulegen wäre oder bei dem es – wie bei einem Werk im Sinne des Urheberrechts – auf die schöpferische Individualität („Werkhöhe") ankäme.¹⁴⁴

c) **Neuheit.** Auch die Frage, ob die Gewährung eines Schutzrechts von einem Neuheitserfordernis abhängt, kann nur im Einklang mit dem Wesen des zu schützenden Ergebnisses geistigen Schaffens beantwortet werden. So ist bei Ergebnissen geistigen Schaffens, die sich ihrem Wesen nach als **technische Problemlösungen** darstellen, eine Beurteilung ihrer Neuheit, d.h. ihrer Nichtzugehörigkeit zum Stand der Technik (§§ 1 Abs. 1, 3 PatG; Art. 52 Abs. 1, 54 Abs. 1 EPÜ; §§ 1 Abs. 1, 3 Abs. 1 S. 1 GebrMG) möglich und für die Schutzgewährung auch erheblich. Nur eine neue technische Lehre ist geeignet, den technischen Fortschritt zu befördern und die Belohnung durch die Gewährung eines umfassenden Ausschließlichkeitsrechts zu rechtfertigen. Demgegenüber kommt es im Urheberrecht auf die Frage der Neuheit nicht an.¹⁴⁵ Ausschlaggebend für den Schutz eines Werkes der Literatur, Wissenschaft und Kunst ist dessen Individualität, nicht dessen Neuheit.¹⁴⁶ Dass ein Urheber nur etwas schaffen kann, was ihm nicht bekannt ist, für ihn also „neu" ist, ergibt sich bereits aus dem Begriff der Schöpfung, ist diesem „inhärent".¹⁴⁷ Die Frage der Neuheit erlangt daher im Urheberrecht allen-

---

143 Zur erfinderischen Tätigkeit als qualitativem Kriterium vgl. BGH GRUR 2006, 842, 845 „Demonstrationsschrank".
144 Pierson, Kennzeichen im System zum Schutz des geistigen Eigentums, in Huck (Hrsg.), China und Deutschland – Nachhaltige Entwicklung im Finanzbereich und IP-Sektor, S. 61, 84 f.
145 BGHZ 18, 319, 322 = GRUR 1956, 88, 89 „Bebauungsplan"; BGH GRUR 1982, 305, 307 „Büromöbelprogramm"; BGHZ 94, 276, 286 = GRUR 1985, 1041, 1047 „Inkassoprogramm".
146 Rehbinder, Urheberrecht, § 6, S. 28 ff.
147 Troller, Immaterialgüterrecht, Bd. I, S. 368.

falls dadurch Bedeutung, dass zwischen der Frage der Neuheit und der der Individualität eine gewisse Relation insofern besteht, als einer objektiv vorbekannten Gestaltung keine schöpferische Eigentümlichkeit zugebilligt werden kann.[148]

d) Gewerbliche Verwertbarkeit. Der wirtschaftliche Wert einer Erfindung liegt ihrem Wesen als Problemlösung auf technischem Gebiet entsprechend in ihrer gewerblichen Verwertbarkeit.[149] Gemäß der Zielsetzung des Patentrechts, den Erfindergeist für gewerbliche Nutzanwendungen anzureizen, ist daher die gewerbliche Anwendbarkeit der Erfindung Voraussetzung für die Patenterteilung (§§ 1 Abs. 1, 5 PatG; Art. 52 Abs. 1, 57 EPÜ). Die gewerbliche Verwertbarkeit ist ein gemeinsames Grundmerkmal der **gewerblichen Schutzrechte**, das diese vom Urheberrecht unterscheidet.[150] Die Bedeutung der gewerblichen Verwertbarkeit spiegelt sich auch in den jeweiligen Bestimmungen über die Festlegung des Schutzumfanges wider, wonach lediglich Benutzungshandlungen zu gewerblichen Zwecken vom Schutz eines gewerblichen Schutzrechts erfasst werden. Das Urheberrecht hingegen schützt das Werk und erfasst über die Arten der Werkvermittlung den Werkgenuss selbst, ohne, dass es auf eine gewerbliche Verwertbarkeit des Werks ankäme.[151]

2. Formelle Schutzvoraussetzungen

Der bestimmende Einfluss des Wesens der vom Immaterialgüterrecht erfassten geistigen Güter zeigt sich auch bei der Ausgestaltung der formellen Schutzvoraussetzungen. Da sich die Schutzgegenstände der gewerblichen Schutzrechte im Gegensatz zu den vom Urheberrecht erfassten Geisteswerken nicht bereits durch eine ihnen eigene individuelle Prägung und eine darin zum Ausdruck kommende Verbundenheit mit der Person eines Schöpfers als einer bestimmten Person zugehörig ausweisen, ist ihre rechtliche Zuordnung in der Regel von der Erfüllung formeller Schutzvoraussetzungen – insbesondere der amtlichen Registrierung – abhängig.[152] So trägt das Gesetz dem durch die mangelnde Individualität der **Schutzobjekte des gewerblichen Rechtsschutzes** aufgeworfenen Problem, dass mehrere Personen unabhängig voneinander zu parallelen Ergebnissen gelangen können, grundsätzlich Rechnung durch das Erfordernis der Anmeldung, die das Erteilungsverfahren, die Zuordnung des Rechts durch formellen Verwaltungsakt in Gang setzt und materiell die bestehende Interessenkollision nach dem Prioritätsprinzip entscheidet. Demgegenüber offenbart sich die Zugehörigkeit der **Werke der Literatur, Wissenschaft und Kunst** zur Person ihres Urhebers bereits durch ihre Individualität, ihre persönliche Prägung, so dass sich das Problem der Priorität im Urheberrecht nicht stellt.[153] Die Entstehung des urheberrechtlichen Werkschutzes knüpft daher unmittelbar an den Schöpfungsakt an, ohne dass es auf die Erfüllung formeller Voraussetzungen ankäme.

---

148 BGH GRUR 1962, 144, 145 „Buntstreifensatin"; BGH GRUR 1982, 305, 307 „Büromöbelprogramm".
149 Rehbinder, Urheberrecht, § 9 II., S. 57 Rdn. 123.
150 Knap, UFITA Bd. 61 (1971), S. 109, 113.
151 Rehbinder, Urheberrecht, § 9 II, S. 57. Rdn. 123.
152 Götting, Gewerblicher Rechtsschutz, § 5, S. 52 Rdn. 6; Ausnahme § 4 Nr. 2, 3 MarkenG, Art. 1 Abs. 2 a) GGVO.
153 Rehbinder, Urheberrecht, § 6, S. 29 f. Rdn. 56.

3. Schutzwirkungen

a) **Sperrwirkung**. Kennzeichnend für die Wesensverschiedenheit der vom Immaterialgüterrecht erfassten geistigen Güter sind schließlich auch die Unterschiede in der Wirkung der einzelnen Schutzrechte. Was das **Patentrecht** angeht, setzt ein wirkungsvoller Erfindungsschutz, wie bereits erörtert (s.o. 1. b), voraus, dass dieser die Erfindung in ihrem Wesen als technische Problemlösung und allein nach objektiven Kriterien zu bewertendes Ergebnis geistiger Leistung erfasst. Aus der Natur der Erfindung als technischer Problemlösung ergibt sich ferner, dass diese von verschiedenen Personen unabhängig voneinander (Doppelerfindern) aufgefunden werden kann. Im Einzelfall wäre es deshalb schwer nachweisbar, dass ein Benutzer seine Kenntnis der patentierten Lehre gerade von der eines bestimmten Erfinders ableitet. Ein wirkungsvoller Schutz, der geeignet ist, dem Erfinder den angemessenen Lohn seiner Leistung zu sichern, setzt daher voraus, dass dieser – so wie dies beim Patentschutz der Fall ist – gerade auch mit **Wirkung gegenüber** einem späteren **Doppelerfinder**, d.h. mit sog. **Sperrwirkung**, ausgestattet ist.[154] Demgegenüber ist dem **Urheberrecht** eine Sperrwirkung fremd. Da das Urheberrecht das Werk dem Urheber nur insoweit zuordnet, als es auf dessen Individualität beruht und ein Übereinstimmung von Werken, die auf selbständiger schöpferischer Arbeit beruhen, nach menschlicher Erfahrung ausgeschlossen ist, genügt es dem Schutzinteresse des Urhebers, vor der **unberechtigten Übernahme** seines Werkes geschützt zu sein.[155] Sollte es dennoch vorkommen, dass voneinander unabhängiges Werkschaffen aus Zufall zu im wesentlichen übereinstimmenden Schöpfungen führt, was vor allem bei Werken von geringer persönlicher Prägung möglich erscheint, erwerben daher beide Urheber ein selbständiges Urheberrecht.[156]

b) **Schutzdauer**. Auch in der gesetzlichen Festlegung des zeitlichen Schutzumfangs eines Immaterialgüterrechts, d.h. in der Bemessung der Schutzdauer, spiegelt sich die unterschiedliche Natur der jeweiligen immateriellen Güter wider.[157] So beträgt etwa die **Schutzdauer** des **Patents** maximal 20 Jahre (§ 16 PatG),[158] die des **Gebrauchsmusters** sogar nur maximal 10 Jahre (§ 23 Abs. 1 GebrMG), während sich die Schutzdauer des **Urheberrechts** auf 70 Jahre nach dem Tode des Urhebers[159] beläuft (§ 64 UrhG). Dieser Umstand, dass die gesetzliche Schutzfrist bei den technischen Schutzrechten im Vergleich zum Urheberrecht erheblich kürzer ist, trägt der Tatsache Rechnung, dass die Erfindungsidee, die technische Problemlösung an sich, weil verschiedenen Erfindern im Grundsatz gleichermaßen zugänglich, **geistiges Gemeingut** darstellt und regelmäßig im Zuge normaler technischer Entwicklung über kurz oder lang auch von anderer Seite aufgefunden worden wäre. Eine ausschließliche rechtliche Zuordnung rechtfertigt sich daher nur für einen Zeitraum, der dem Erfinder zwar einerseits durch die Gewährung eines Wettbewerbsvorteils den Lohn seiner Leistung sichert, der jedoch andererseits eine allzu lange dauernde Abhängigkeit späterer, von auf dem fraglichen Schutzgegenstand aufbauender Erfindungen vermeidet. Demgegenüber ist der Grund für die lange

---

154 Kraßer, Patentrecht, S. 577.
155 Rehbinder, Urheberrecht, § 6, S. 29 f. Rdn. 56, § 9, S. 56 f. Rdn. 121; Schricker/Loewenheim, Einl. Rdn. 46.
156 Rehbinder, Urheberrecht, § 6, S. 29 f. Rdn. 56.
157 Troller, UFITA Bd. 50 (1967), S. 385, 399.
158 In den gesetzlich bestimmten besonderen Fällen mögliche Verlängerung auf max. 25 Jahre durch sog. ergänzendes Schutzzertifikat, § 16a PatG.
159 lat.: post mortem auctoris (= nach dem Tod des Urhebers).

Schutzdauer des Urheberrechts darin zu erblicken, dass die schutzbegründenden Elemente der Geisteswerke der Literatur, Wissenschaft und Kunst auf der **Individualität** des Urhebers beruhen und ohne diesen nie geschaffen worden wären. Der Spielraum schöpferischen Werkschaffens ist, anders als der der technischen Entwicklungstätigkeit, auch nicht durch Sachzwänge (Naturgesetze, Gesetze der Mathematik und Logik) und die sich daraus ergebende beschränkte Anzahl möglicher Lösungen begrenzt. Vielmehr setzt der für das urheberrechtliche Werkschaffen erforderliche schöpferische Spielraum in seinen schutzbegründenden, individuellen Elementen gerade eine hinreichende Gestaltungsfreiheit voraus. Der lange Schutz des Urheberrechts führt daher auch zu keiner Einschränkung des Werkschaffens nachfolgender Schöpfer, da deren Gestaltungsfreiraum für ihrerseits individuelles schöpferisches Werkschaffen von dem urheberrechtlichen Werkschutz früherer Urheber unberührt bleibt.[160]

c) **Persönlichkeitsrechtliche Schutzelemente.** Dem jeweiligen Wesen der Schutzobjekte des Immaterialgüterrechts entspricht schließlich auch die unterschiedliche Ausprägung persönlichkeitsrechtlicher Schutzelemente. Während im Urheberrecht die Individualität, der Persönlichkeitsbezug der Werke der Literatur, Wissenschaft und Kunst, zu einer umfassenden Ausbildung eines Urheberpersönlichkeitsrechts geführt hat, tritt der persönlichkeitsrechtliche Schutz bei den durch ihren Charakter als technische Problemlösungen bestimmten Erfindungen mangels einer nennenswerten persönlichen Prägung stärker zurück.[161]

§ 6 Das Recht des geistigen Eigentums in der Gesamtrechtsordnung

Wie die bisherige Darstellung gezeigt hat, handelt es sich bei dem durch die Sondergesetze des gewerblichen Rechtsschutzes und des Urheberrechts markierten Rechtsgebiet zum Schutz des geistigen Eigentums um eine Spezialmaterie unserer Rechtsordnung, die in ihrer Systematik und ihrer normativ-rechtlichen Ausgestaltung dem immateriellen Charakter der von ihr erfassten Schutzgegenstände Rechnung trägt. Die für eine Abgrenzung als Rechtsgebiet hinreichend klaren Konturen haben sich im Laufe der historischen Entwicklung herausgebildet und spiegeln sich, wie dargestellt, in entsprechender Weise auch im internationalen Regelwerk zum Schutz des geistigen Eigentums wider. Gleichwohl handelt es sich beim Recht des geistigen Eigentums keineswegs um eine isolierte Rechtsmaterie, deren umfassendes Verständnis allein aus sich heraus zu erschließen wäre. Vielmehr handelt es sich auch bei dem Recht zum Schutz des geistigen Eigentums um ein Rechtsgebiet, das vielfältige Bezüge zu anderen Gebieten unserer Rechtsordnung aufweist.

I. Verfassungsrechtliche Bezüge

Das Recht des geistigen Eigentums ist Bestandteil der **verfassungsmäßigen Ordnung des Wirtschaftslebens**. Das heißt, die Verfassung gewährleistet den Schutz des gewerblich und kreativ Schaffenden in seinen persönlichen und wirtschaftlichen Interessen. Sie sichert die Persönlichkeit des geistig Schaffenden gegen staatliche Eingriffe und garan-

---

160 Kraßer, Patentrecht, S. 577.
161 Rehbinder, Urheberrecht, § 9 II., S. 57 Rdn. 122; Schricker/Loewenheim, Einl. Rdn. 46.

tiert die **Freiheit der gewerblichen bzw. schöpferischen Betätigung** (Art. 1, 2 GG).[162] Der verfassungsrechtliche Eigentumsbegriff geht bekanntlich über den bürgerlich-rechtlichen Eigentumsbegriff insofern hinaus, als er nicht nur auf Sachen beschränkt ist. Soweit vermögensrechtliche Interessen betroffen sind, fallen die gewerblichen Schutzrechte und das Urheberrecht als eigentumsähnliche Vermögensrechte daher auch unter den Schutz der **Eigentumsgarantie** des Grundgesetzes (Art. 14). Der verfassungsmäßige Schutz des geistigen Eigentums ist jedoch nicht nur auf unsere nationale Rechtsordnung beschränkt. Exemplarisch zu nennen ist insoweit die Anerkennung des „gewerblichen und kommerziellen Eigentums" in **Art. 36 AEUV**.

II. Das Recht des geistigen Eigentums als Teil des Privatrechts

1. Zuordnung zum Privatrecht

Der gewerbliche Rechtsschutz und das Urheberrecht sind Teilgebiete des **Privatrechts**.[163] Sie dienen in erster Linie dem Schutz gewerblicher bzw. kreativ-schöpferischer Schaffensergebnisse und damit verbundener privater Interessen gegenüber anderen privaten Teilnehmern am Rechtsverkehr. Die Zuordnung des geistigen Eigentums zum Privatrecht hat inzwischen international ihre ausdrückliche Bestätigung in der Präambel des **TRIPS-Abkommens**[164] (s.o. § 4 IV. 5.) gefunden. Bei den durch die Sondergesetze des gewerblichen Rechtsschutzes und des Urheberrechts gewährten Rechten handelt es sich um **absolute subjektive Privatrechte**, die als Ausschließlichkeitsrechte ausgestaltet sind und gesetzestechnisch, wie bereits in anderem Zusammenhang erwähnt (s.o. unter § 1 II.), dem Schutz des Sacheigentums angenähert sind. Die sich aus den gewerblichen Schutzrechten bzw. dem Urheberrecht ergebenden Rechte des Rechtsinhabers, insbesondere die zivilrechtlichen Ansprüche auf Unterlassung, Schadensersatz, Auskunft, Vernichtung (etc.), können gegenüber dem allgemeinen Deliktrecht (§§ 823 ff. BGB) als **spezielles Deliktsrecht** verstanden werden.[165]

2. Nebengebiete des bürgerlichen Rechts

Als Teilgebiet des Privatrechts sind der gewerbliche Rechtsschutz und das Urheberrecht (jeweils) **Nebengebiete des bürgerlichen Rechts** (BGB), das zur Ergänzung der Sondergesetze herangezogen werden kann. Allgemein anerkannt ist, dass die gewerblichen Schutzrechte und das Urheberrecht als absolute subjektive Rechte auch als „**sonstiges Recht**" i.S.v. § 823 Abs. 1 BGB geschützt sind. Bei einer Verletzung eines Immaterialgüterrechts können daher zur Ausfüllung von Lücken der Sondergesetze Schadensersatz- und Unterlassungsansprüche aus §§ 823 Abs. 1, 1004 BGB hergeleitet werden, wobei das allgemeine Deliktsrecht auf eine subsidiäre ergänzende Rolle beschränkt ist.[166] Vor allem jedoch kommt der ergänzenden Anwendung bürgerlich-rechtlicher Regeln für Fragen des **Rechtsverkehrs**, d.h. der **Übertragung** und **Lizenzierung** von ge-

---

162 Götting, Gewerblicher Rechtsschutz, § 6, S. 65 f.; Rehbinder, Urheberrecht, § 10, S. 60 ff.; näheres zur verfassungsrechtlich verbürgten Einheit von Immaterialgüterrechtsschutz und marktwirtschaftlicher Wettbewerbsordnung siehe Fezer, Markenrecht, Einl. Rdn. 25 f.
163 Götting, Gewerblicher Rechtsschutz, § 6, S. 68; Schricker/Loewenheim, Einl. Rdn. 31.
164 Präambel TRIPS-Abkommen: „...in der Erkenntnis, dass Rechte an geistigem Eigentum private Rechte sind, ...".
165 Ingerl/Rohnke, MarkenG, Einl. Rdn. 2; Schricker/Loewenheim, Einl. Rdn. 42.
166 Götting, Gewerblicher Rechtsschutz, § 6 III, S. 68 ff.; Schricker/Loewenheim, Einl. Rdn. 42.

werblichen Schutzrechten, die in den Sondergesetzen des gewerblichen Rechtsschutzes nur fragmentarisch geregelt sind,[167] erhebliche praktische Bedeutung zu.[168] So ist für vertragsrechtliche Fragen im Zusammenhang mit der wirtschaftlichen Verwertung gewerblicher Schutzrechte durch Übertragungs- oder Lizenzvertrag regelmäßig auf die Vorschriften des BGB zurückzugreifen. Obgleich das Urheberrecht – anders als die gewerblichen Schutzrechte – unter Lebenden nicht übertragbar ist (§ 29 Abs. 1 UrhG) und das **Urhebervertragsrecht** – die vertragliche Einräumung von Nutzungsrechten durch den Urheber – eine vergleichsweise ausführlichere gesetzliche Regelung erfahren hat (vgl. §§ 31 ff. UrhG; VerlagsG), ist auch insoweit für die Bestimmung der Rechte und Pflichten der Vertragsparteien die entsprechende Anwendung der Vorschriften des BGB unverzichtbar.[169] Die **Rechtsnatur** des Lizenzvertrags, durch den ein gewerbliches Schutzrecht einem anderen zur Benutzung überlassen wird, ist gesetzlich nicht bestimmt. Da sich der Lizenzvertrag nicht ohne weiteres in die Vertragstypologie des BGB und des HGB einordnen lässt, geht die h.M. vom Vorliegen eines **Vertrages sui generis** aus, auf den je nach Ausgestaltung im Einzelfall die Vorschriften der Rechtspacht, der Miete, aber auch des Kaufvertrags- und Gesellschaftsrechts zur Anwendung kommen sollen.[170] Angesichts der erheblichen wirtschaftlichen Bedeutung, die dem Lizenzvertrag in der Wirtschaftspraxis zukommt,[171] erweist sich die geltende Rechtslage zum Lizenzvertragsrecht mit Blick auf die zuvor erwähnten lückenhaften sondergesetzlichen Regelungen sowie die Schwierigkeiten einer Einordnung in die bestehende gesetzliche Vertragstypologie als unbefriedigend. Eine eigenständige, dem spezifischen Wesen des Lizenzvertrages Rechnung tragende Regelung des Lizenzvertragsrechts erscheint daher de lege ferenda geboten.[172]

3. Kennzeichenschutz außerhalb des Markengesetzes

Im Bereich des **Kennzeichenschutzes** ergeben sich wichtige Berührungspunkte zwischen dem markenrechtlichen Schutz der geschäftlichen Bezeichnung (§§ 5, 15 MarkenG) und dem bürgerlich-rechtlichen **Namensrecht** (§ 12 BGB) sowie dem handelsrechtlichen **Firmenrecht** (§§ 17 ff., 37 Abs. 2 HGB).[173]

4. Bezüge zum Arbeitsrecht

Bedeutsame Bezüge des Immaterialgüterrechts zum **Arbeitsrecht** ergeben sich insbesondere überall dort, wo es um die Frage der rechtlichen bzw. wirtschaftlichen Zuordnung von Ergebnissen geistiger Schaffenstätigkeit geht, die von abhängig Beschäftigten erarbeitet werden. Für den wichtigen Bereich der vom Patent- und Gebrauchsmusterrecht erfassten technischen Erfindungen ist der fragliche Interessenausgleich zwischen Arbeitnehmererfinder und Arbeitgeber spezialgesetzlich im **Arbeitnehmererfindergesetz** (ArbEG) geregelt. Für den Bereich der sonstigen gewerblichen Schutzrechte sowie das

---

[167] Vgl. §§ 15 PatG, 22 GebrMG; 27 – 31 MarkenG; 29 – 32 DesignG; 11 SortG.
[168] Vgl. hierzu Götting, Gewerblicher Rechtsschutz, § 6, S. 72 f.
[169] Vgl. hierzu u.a. Schricker/Loewenheim, §§ 31/32, Rdn. 27 ff.
[170] Benkhard/Ullmann, § 15 Rdn. 81; Palandt/Weidenkaff, Einf. v. § 433 Rdn. 22, Einf. v. § 581 Rdn. 7.
[171] Vgl. hierzu Referentenentwurf des BMJ eines Gesetzes zur Verkürzung des Restschuldbefreiungsverfahrens, zur Stärkung der Gläubigerrechte und zur Insolvenzfestigkeit von Lizenzen v. 18.1.2012, S. 33 (§ 108a INSO-Entwurf 2012 nicht umgesetzt).
[172] Ausführlich hierzu vgl. Ahrens/McGuire, Modellgesetz, Einl. S. 5 f., Vorb. v. §§ 110 ff. GGE.
[173] Vgl. hierzu Ingerl/Rohnke, MarkenG, Nach § 15, Rdn. 1 ff. (zu § 12 BGB), Rdn. 26 ff. (zu § 37 Abs. 2 HGB).

Urheberrecht finden sich entsprechende, allerdings lediglich rudimentäre Regelungen in den jeweiligen Sondergesetzen,[174] die eine unterschiedliche Regelungsdichte aufweisen und von grundsätzlich unterschiedlichen Prinzipien ausgehen.[175]

III. Verwaltungsrechtliche Bezüge

Obgleich die Gesetze zum Schutz des geistigen Eigentums, wie dargestellt, mit Blick auf die durch sie begründeten absoluten subjektiven Privatrechte dem Privatrecht zuzuordnen sind, ergeben sich – vor allem im Bereich des gewerblichen Rechtsschutzes – auch **verwaltungsrechtliche Bezüge**. Bekanntlich ist für die Erlangung eines gewerblichen Schutzrechtes im Grundsatz, d.h. soweit dieses nicht ausnahmsweise ohne Registrierung entsteht (§ 4 Nr. 2, 3 MarkenG; Art. 1 Abs. 2a GGVO), die Mitwirkung einer **Verwaltungsbehörde**, in Deutschland regelmäßig die des DPMA,[176] erforderlich. Das durch die Anmeldung eines gewerblichen Schutzrechtes eingeleitete Verfahren vor dem DPMA (bzw. dem Bundessortenamt) ist dementsprechend als **Verwaltungsverfahren** ausgestaltet, wobei die Erteilung des gewerblichen Schutzrechtes durch rechtsgestaltenden **Verwaltungsakt** erfolgt.[177] Wegen des engen sachlichen Zusammenhangs zum Privatrecht – den durch die Erteilung begründeten privatrechtlichen Schutzrechten – ist die Überprüfung der Verwaltungsakte des DPMA (bzw. des Bundessortenamtes) jedoch nicht der Verwaltungsgerichtsbarkeit, sondern der **ordentlichen Gerichtsbarkeit** – dem Bundespatentgericht und dem BGH – zugewiesen.[178]

IV. Straftat- und Bußgeldtatbestände

Weitere öffentlich-rechtliche Bezüge ergeben sich daraus, dass sämtliche Sondergesetze des gewerblichen Rechtsschutzes sowie das Urheberrechtsgesetz Straftat- und z.T. auch Bußgeldtatbestände enthalten.[179] Bei der Verletzung eines gewerblichen Schutzrechts oder eines Urheberrechts drohen daher neben den in der Praxis im Vordergrund stehenden zivilrechtlichen Rechtsfolgen regelmäßig auch **straf- bzw. ordnungswidrigkeitenrechtliche Sanktionen**. Bei den fraglichen Straftatbeständen handelt es sich um nebengesetzliche Normen des materiellen Strafrechts, auf die die Vorschriften des StGB (Allgemeiner Teil) sowie verfahrensrechtlich die der StPO anwendbar sind.

§ 7 Die wirtschaftliche Bedeutung des geistigen Eigentums

I. Allgemeine Bedeutung

Die Rechte zum Schutz des geistigen Eigentums dienen vor allem der Befriedigung der **Vermögensinteressen der geistig Schaffenden**, denen auf diese Weise der wirtschaftliche

---

174 Vgl. §§ 7 Abs. 2 DesignG; 2 Abs. 2 HLSchG; 43, 69b, 79 UrhG.
175 Ahrens/McGuire, Modellgesetz, Vorb. zu Buch 10B GGE, S. 800.
176 Im Falle des Sortenschutzes die des Bundessortenamtes.
177 Vgl. u.a. Mes, PatG, Vor § 35, Rdn. 1, § 49 Rdn. 4; Ingerl/Rohnke, MarkenG, Vor §§ 32 – 44, Rdn. 6; Fezer, Markenrecht, § 41 Rdn. 3.
178 Götting, Gewerblicher Rechtsschutz, § 6, S. 68 Rdn. 7.
179 Vgl. §§ 142 PatG; 25 GebrMG; 10 HLSchG; 51 DesignG; 143 – 145 MarkenG; 39, 40 SortG; 106 ff. UrhG.

Wert des jeweils geschützten Immaterialgutes gesichert wird.[180] Insbesondere im Bereich der gewerblichen Schutzrechte liegt ein grundsätzliches Ziel darin, **Anreize** zu schaffen, in **Innovationsaktivitäten** zu investieren. Geistige Eigentumsrechte – vor allem solche zum Schutz technischer Erfindungen – sind für ein hochindustrialisiertes, rohstoffarmes, auf den Export angewiesenes Land wie die Bundesrepublik Deutschland von zentraler Bedeutung. **Wissen** und **technischer Fortschritt** sind anerkanntermaßen elementare Faktoren des Wirtschaftswachstums.[181] Die herausragende volkswirtschaftliche Bedeutung, die den Rechten des geistigen Eigentums zukommt, wird auch durch eine am 30.9.2013 veröffentlichte Studie belegt, die vom Europäischen Patentamt und dem Harmonisierungsamt für den Binnenmarkt durchgeführt wurde. Ausweislich dieser Studie beträgt der Anteil der schutzrechtsintensiven Wirtschaftszweige an der gesamten Wirtschaftstätigkeit der EU 39% (mit einem Wert von ca. 4,7 Billionen EUR pro Jahr), ihr direkter Anteil an der Gesamtbeschäftigung belief sich danach im Zeitraum zwischen 2008 bis 2010 auf annähernd 26%, d.h. 56 Millionen Arbeitsplätze (von insgesamt ca. 218 Millionen), weitere 9% (20 Millionen) aller Arbeitsplätze sind danach indirekt mit schutzrechtsintensiven Wirtschaftszweigen verbunden.[182]

II. Gewerblicher Rechtsschutz

1. Technische Schutzrechte

Zweck des Patentschutzes ist es, den **Fortschritt** auf dem Gebiet der Technik zu fördern. Das Patentgesetz – ergänzt durch das Gebrauchsmustergesetz – soll für einen umgrenzten Bereich geistiger Leistungen, nämlich solche auf dem **Gebiet der Technik** einen angemessenen Schutz gewähren. Diejenigen, die Kenntnisse über gewerblich anwendbare technische Erfindungen besitzen, sollen im Interesse der Allgemeinheit zur **Offenbarung** ihrer technischen Kenntnisse veranlasst werden. Der Grund für die Verleihung des Ausschließlichkeitsrechts Patent wird im Wesentlichen einerseits in der **Anerkennung** und **Belohnung** einer besonderen Leistung im Bereich der Technik gesehen, andererseits in der Gewährung einer **Gegenleistung** dafür, dass der Erfinder den technischen Fortschritt und das technische Wissen der Allgemeinheit bereichert hat. Zugleich ist das dem Erfinder erteilte Patent als **Ansporn** zu verstehen, durch das der „Erfindergeist" zu weiteren neuen erfinderischen Leistungen angereizt werden soll, durch die der technische Fortschritt dann erneut zum Nutzen der Allgemeinheit erweitert wird. Schließlich verschafft das Patent, das dem Patentinhaber eine zeitlich begrenzte Monopolstellung verleiht, einen temporären **Wettbewerbsvorteil**, der es dem Patentinhaber ermöglicht, seine erfinderische Intuition, seine Mühe und seine Investitionen – insbesondere seinen Aufwand für Forschung und Entwicklung – über die Preisgestaltung für sein innovatives Produkt zu kompensieren.[183] Die zur rechtstheoretischen Begründung des Patentschutzes entwickelten **Patentrechtstheorien** (Eigentums- oder Naturrechtstheorie, Belohnungstheorie, Anspornungstheorie, Offenbarungs- oder Vertrags-

---

180 Götting, Gewerblicher Rechtsschutz, § 5, S. 53 Rdn. 7.
181 Beier/Heinemann, Beck-Texte im dtv, PatR, Einführung, II. 1., S. XII.
182 „Studie zu dem Beitrag der schutzrechtsintensiven Wirtschaftszweige zur Wirtschaftsleistung und zur Beschäftigung in Europa" v. 30.9.2013, abrufbar unter http://ec.europa.eu/internal_market/intellectual-property/studies/index_de.htm (letzter Abruf: 04/2014).
183 Im Einzelnen Benkard/Bruchhausen, PatG, Einl. Rdn. 1.

theorie),[184] die jeweils unterschiedliche Aspekte des Patentschutzes in den Vordergrund stellen, schließen einander nicht aus, sondern stehen miteinander im Zusammenhang und sind erst in ihrer Summe dazu in der Lage, eine Rechtfertigung des Patentsystems zu leisten.[185] Aus **volkswirtschaftlicher Sicht** besteht die Herausforderung darin, gewerbliche Schutzrechte so zu gestalten, dass die durch sie generierten Innovationsanreize maximiert und die durch die Gewährung einer Monopolstellung entstehenden Wohlfahrtsverluste minimiert werden.[186] Die insoweit entscheidende Frage, ob das System geistiger Eigentumsrechte stets und in Bezug auf alle Schutzgegenstände zu einer angemessenen Balance zwischen der Produktion und der Verbreitung intellektuellen Eigentums beitragen kann, ist umstritten und wurde in jüngerer Zeit – insbesondere im Zusammenhang mit der Frage der Patentierung sog. computerimplementierter Erfindungen („Softwarepatente") – sehr kontrovers diskutiert.[187] Ungeachtet dessen wird die zunehmende Bedeutung, die dem geistigen Eigentum im Vergleich zu materiellen Vermögensgütern aus volkswirtschaftlicher Sicht zukommt, durch Untersuchungen aus jüngerer Zeit bestätigt.[188]

2. Designrecht

Die eingangs erwähnten allgemeinen Ziele des Systems zum Schutz des geistigen Eigentums stehen jedoch nicht nur bei den technischen Schutzrechten, sondern auch bei den anderen gewerblichen Schutzrechten im Vordergrund. So zielt auch das Designrecht primär darauf ab, den Rechtsinhaber in der **wirtschaftlichen Verwertung** der von ihm unter Einsatz sachlicher und persönlicher Ressourcen erbrachten Leistung auf dem Gebiet des Designs zu sichern. Zugleich sollen das Handwerk und die Industrie durch die Gewährung des eingetragenen Designs zur Entwicklung weiterer neuer und eigenartiger Leistungen im Bereich des Designs **angespornt** und dadurch gefördert werden.

3. Markenrecht

Auch im Bereich des Markenrechts, das neben dem Patentrecht und dem Urheberrecht eine weitere tragende Säule im System des geistigen Eigentums darstellt, kommen ähnliche Erwägungen zum Tragen. So wie das Patentrecht den Erfindergeist und damit den technischen Fortschritt fördert, belohnen Marken den Unternehmer, der ständig hochwertige Waren erzeugt bzw. Dienstleistungen anbietet, und stimulieren auf diese Weise den **wirtschaftlichen Fortschritt**. Die Marke ist **Anreiz** für den Unternehmer, neue Waren und Dienstleistungsangebote zu entwickeln oder die Qualität der vorhandenen Produkte zu erhalten und zu verbessern. Hintergrund für diese Anreizwirkung ist, dass Marken gegenüber dem Verbraucher als **Garantie** dafür wirken, dass alle mit der Marke gekennzeichneten Produkte vom selben Hersteller stammen und oder zumindest unter dessen Kontrolle erzeugt wurden und daher von gleicher Qualität sind.[189] Die Mar-

---

[184] Grundlegend vgl. Machlup, Die wirtschaftlichen Grundlagen des Patentrechts, GRUR AIT 1961, 373, 377.
[185] Kraßer, S. 34 f.
[186] Studie MPI/Fraunhofer, S. 14.
[187] Vgl. hierzu eingehend die Studie MPI/Fraunhofer, S. 13 ff.; ferner Pierson, Softwarepatente – Meilensteine und Kategorien im Spiegel der patentrechtlichen Rechtsprechung, JurPC Web-Dok. 163/2004, abrufbar unter: http://www.jurpc.de/aufsatz/20040163.htm (letzter Abruf: 04/2014).
[188] Vgl. BMWT-Studie, S. 2 f.
[189] Fezer, Markenrecht, Einl Rdn. 18 ff., 20.

ke, die auch dem **Schutz des Goodwills** von Waren und Unternehmen dient, ist als selbständiger Gegenstand des Vermögens und als **Unternehmensleistung** geschützt.[190] Zugleich dient sie dem **Schutz des Publikums**, das sich anhand der Kennzeichen besser orientieren kann und vor Verwechslungen und Irreführungen bewahrt wird.[191]

III. Urheberrecht

1. Die traditionelle Bedeutung des Urheberrechts

Das Urheberrecht gewährt den Urhebern von Werken der Literatur, Wissenschaft und Kunst Schutz für ihre Werke (vgl. bereits o. § 2 IV.). Das Urheberrecht ist daher traditionell von grundlegender Bedeutung für den **Bereich des Kulturschaffens**. Es sichert den Urheber nicht nur in seinen persönlich-geistigen, seinen ideellen Beziehungen zum Werk, sondern sichert insbesondere auch seine Interessen an einer Verwertung des Werkes und damit seine wirtschaftliche Existenz. Da die Urheber meist nicht selbst dazu in der Lage sind, ihr Werk allein umfassend zu verwerten, sind im Umfeld des urheberrechtlichen Werkschaffens vielfältige Zweige der sog. **Kulturwirtschaft** entstanden. Zur Kulturwirtschaft zählen alle Unternehmungen, die urheberrechtlich geschützte Werke verwerten, d.h. die daran beteiligt sind, den Genuss urheberrechtlich geschützter Werke an den „Konsumenten" – sei es den Leser, den Musikliebhaber, den Theater- oder Kinobesucher (etc.) – zu vermitteln. Angesprochen sind damit insbesondere Verlage, Ausleiheinrichtungen (Bibliotheken, Videotheken etc.), die sog. mechanische Industrie (Hersteller von Ton- und Bild-Tonträgern, wie CDs, Videofilme, DVDs), Rundfunkanstalten (Hörfunk, TV), Theater- und Konzertveranstalter, Verwertungsgesellschaften sowie z.T. auch die kunstgewerbliche Industrie (z.B. Porzellan, Möbel, Textilien etc.).[192] Der Kultur- und Kreativwirtschaft und damit auch dem Urheberrecht kommt in dem häufig auch als „Medienzeitalter" apostrophierten Informationszeitalter des 21. Jahrhunderts **volkswirtschaftlich** eine immer zentralere Bedeutung zu. Nach Angaben der Kommission[193] sind in der **EU** 1,4 Mio. KMU in der Kreativwirtschaft tätig. Die Zahl der Beschäftigten in der Kreativwirtschaft innerhalb der EU-27 belief sich danach im Jahr 2008 auf 6,7 Mio. Auch kann die Kreativwirtschaft, die im Jahre 2006 mit 3,3% zum Bruttoinlandsprodukt (BIP) der EU beigetragen hat, die höchsten Beschäftigungszuwächse verzeichnen. Ausweislich eines Forschungsberichts im Auftrag des BMWI[194] hat die Kultur- und Kreativwirtschaft in Deutschland im gleichen Jahr einen Beitrag i.H.v. 61 Mrd. Euro zur gesamtwirtschaftlichen Wertschöpfung geleistet, was einem Anteil von 2,6 % am BIP entspricht. Im Vergleich mit anderen Wirtschaftszweigen lag die Kultur- und Kreativwirtschaft damit in Deutschland zwischen so bedeutenden Branchen wie etwa der Automobilindustrie mit einem Bruttowertschöpfungsbeitrag i.H.v. 71 Mrd. Euro (3,1 % Anteil am BIP) und der Chemischen Industrie mit einem Beitrag von 49 Mrd. Euro (2,1 % Anteil am BIP). Die Zahl der Erwerbstäti-

---

190 Fezer, Markenrecht, Einl Rdn. 28.
191 Götting, Gewerblicher Rechtsschutz, § 5, S. 60 Rdn. 34.
192 Rehbinder, Urheberrecht, § 1, S. 3 f. Rdn. 6.
193 Vgl. Mitteilung der Kommission vom 24.5.2011, „Ein Binnenmarkt für Rechte des geistigen Eigentums", KOM (2011) 287 endgültig, S. 6.
194 Forschungsbericht Nr. 577, Gesamtwirtschaftliche Perspektiven der Kultur- und Kreativwirtschaft in Deutschland, Kurzfassung eines Forschungsgutachtens im Auftrag des BMWI (Stand: 02/2009).

gen im Bereich der Kultur- und Kreativwirtschaft belief sich in Deutschland im Jahr 2006 auf 938.00 Personen (ca. 3,3 % aller Erwerbstätigen).

2. Der Bedeutungszuwachs des Urheberrechts

Die in den zurückliegenden Jahrzehnten zu beobachtende wachsende wirtschaftliche Bedeutung des Urheberrechts lässt sich im Wesentlichen durch zwei Faktoren erklären.

a) Ausweitung des Geltungsbereichs. Zum einen erklärt sich der Bedeutungszuwachs des Urheberrechts durch eine **Ausweitung des Geltungsbereichs**: So genießen Urheberrechtsschutz nicht nur Werke der „reinen Kunst", sondern auch **Werke der angewandten Kunst**; ferner besteht Schutz nicht nur für kulturell anspruchsvolle, sondern auch für **Werke von bescheidenem Niveau** (z.B. Trivialliteratur, kitschige Gemälde, einfache Schlager). Insbesondere jedoch wurde der Geltungsbereich des Urheberrechts durch die technologische Weiterentwicklung der Verwertungstechniken allgemein sowie insbesondere durch die **Einbeziehung zentraler Schlüsseltechnologien des Informationszeitalters** (Computerprogramme, Datenbanken) ganz erheblich ausgeweitet (vgl. bereits o. § 1 III.). Die Entscheidung zur Verankerung des Schutzes von **Computerprogrammen** (§§ 2 Abs. 1 Nr. 1, 69a–g) und **Datenbanken** (§§ 4 Abs. 2, 87a–e) im Urheberrechtsgesetz hat dazu geführt, dass Fragen des Urheberrechts heute weit über den traditionellen Geltungsbereich des Urheberrechts im Bereich der sog. Kulturwirtschaft hinaus in allen Zweigen der Wirtschaft von erheblicher wirtschaftlicher Bedeutung sind. Das heißt, angesichts der Heterogenität der erfassten Schutzgegenstände lässt sich das Urheberrecht nicht mehr auf seine ursprüngliche Funktion einer Domäne des traditionellen „Kulturrechts" reduzieren. Es mag dieser erhebliche Bedeutungswandel gewesen sein, der die ehemalige deutsche Justizministerin zu der Feststellung veranlasst hat: „Das Urheberrecht ist die Wirtschaftsordnung des Internetzeitalters".[195]

b) Urheberrecht in der Medien- und Freizeitgesellschaft. Neben der Ausweitung seines Geltungsbereichs ist der enorme Bedeutungszuwachs, den das Urheberrecht in den zurückliegenden Jahren erfahren hat, auch auf die gestiegene Nachfrage nach Informationen und Unterhaltung zurückzuführen (Stichworte: **„Medienzeitalter", „Freizeitgesellschaft"**), die den Konsum von Gütern der „Urheberrechtsindustrien" erheblich gesteigert hat.[196]

---

[195] Bundesministerin der Justiz Leutheusser-Schnarrenberger – Pressemitteilung BMJ vom 7.9.2012.
[196] Schricker/Loewenheim, Einl. Rdn. 21 i.V.m. Rdn. 1.

Zweiter Abschnitt: Der Schutz technischer Ideen

1. Kapitel. Einleitung

Technische Ideen können unter bestimmten Bedingungen durch **Patente** oder **Gebrauchsmuster** geschützt werden, die beide zum Gebiet des Gewerblichen Rechtsschutzes und somit zu den Immaterialgüterrechten (s.o. § 1, II.) gehören, die gegenüber jedermann wirken, also absolute Rechte sind. Der patentrechtliche **Erfindungsbegriff** ist auch maßgebend für Gebrauchsmuster, die wesensgleich mit Patenten sind und gemeinsam das System des Patentschutzes, verstanden als Schutz technischer Erfindungen, bilden.[1] Dennoch weist das Gebrauchsmuster deutliche Unterschiede zum Patent auf, auf die im 5. Kapitel dieses Abschnitts hingewiesen wird.

Sofern materiell- und verfahrensrechtliche Voraussetzungen erfüllt werden, wird im Rahmen eines **rechtsgestaltenden Verwaltungsaktes** ein Patent geschaffen, der dessen Inhalt festlegt[2] und den Anmelder begünstigt. Ein dadurch erteiltes Patent – das gilt analog auch für eingetragene Gebrauchsmuster – entfaltet aufgrund des **Territorialprinzips** (s.u. § 15 I.) nur Schutz im Hoheitsgebiet des Staates, für den es erteilt bzw. eingetragen ist, wie beispielsweise die Bundesrepublik Deutschland, Frankreich, Großbritannien, Japan oder USA. Derartige Patentrechte können erlangt werden durch Verfahren bei den **nationalen Behörden** – beispielsweise durch das **Deutsche Patent- und Markenamt (DPMA)** – oder für Vertragsstaaten im Rahmen von supranationalen Verfahren. Besonders interessant ist das **Europäische Patentübereinkommen** (EPÜ[3]), durch das in Form einer zwischenstaatlichen Einrichtung die Europäische Patentorganisation (EPO) gegründet wurde, deren Organe der Verwaltungsrat und das **Europäische Patentamt (EPA)** sind. Die nach dem EPÜ erteilten Patente werden **europäische Patente** (Art. 2 Abs. 1 EPÜ) genannt.

Nach dieser Einleitung werden im zweiten Kapitel dieses Abschnitts neben dem deutschen Patentrecht (im Wesentlichen basierend auf dem **Patentgesetz, PatG**)[4] auch das europäische Patentrecht nach dem EPÜ sowie der zugehörigen **Ausführungsordnung (AOEPÜ)**[5] erläutert, soweit beide Rechte harmonisiert oder ähnlich ausgestaltet sind. Im 3. Kapitel wird auf Besonderheiten des EPÜ eingegangen. Davon zu unterscheiden sind eventuelle Rechte, die aus einem einheitlichen Patentschutz (**Einheitspatent**) entstehen sollen. Dieses System findet bisher noch keine Anwendung, da ein zugehöriges Übereinkommen über ein einheitliches Patentgericht noch nicht von der notwendigen Anzahl von EU-Mitgliedsstaaten ratifiziert wurde (Stand Juli 2014). Darauf wird im 3. Kapitel eingegangen.

---

1 Vgl. Kraßer, Patentrecht, S. 8.
2 BPatG GRUR 1992, 380, 381 „Sammeltasche".
3 Übereinkommen über die Erteilung europäischer Patente v. 5.10.1973, zuletzt geändert mit Wirkung zum 13.12.2007 durch die Revision des EPÜ v. 29.11.2000.
4 In der Fassung der Bekanntmachung v. 16.12.1980, zuletzt geändert mit Wirkung zum 1.4.2014 durch das Gesetz zur Novellierung patentrechtlicher Vorschriften und anderer Gesetze des gewerblichen Rechtsschutzes vom 19.10.2013.
5 Ausführungsordnung zum Übereinkommen über die Erteilung europäischer Patente v. 5. Oktober 1973, zuletzt geändert mit Wirkung zum 1.04.2014 aufgrund Beschluss des Verwaltungsrats der EPO vom 13.12.2013.

Aufgrund des **Patentzusammenarbeitsvertrages** (**Patent Cooperation Treaty, PCT**; s. 4. Kapitel) ist es möglich, durch eine einzige „internationale Anmeldung" die Wirkung je einer Anmeldung in den vom Anmelder bezeichneten **Bestimmungsstaaten** zu erzielen. Die Entscheidung, ob ein Patent erteilt wird, bleibt jedoch – anders als beim Verfahren nach dem EPÜ – den nationalen Behörden[6] vorbehalten.

Weiterhin werden in diesem Abschnitt wesentliche Regelungen zum **Arbeitnehmererfinderrecht** behandelt (s. 6. Kapitel).

Wesentliche Schritte der Verfahren vor den Patentämtern sind als Übersicht in Abb. 3 am Ende dieses Abschnitts dargestellt, worauf an verschiedenen Stellen hingewiesen wird.

2. Kapitel. Patentschutz in der Bundesrepublik Deutschland

Ein Patent wird per Verwaltungsakt durch das DPMA oder durch das EPA erteilt, sofern bestimmte materiellrechtliche und verfahrensrechtliche Bedingungen erfüllt sind. Auch ein durch das EPA erteiltes **europäisches Patent kann Wirkung für die Bundesrepublik Deutschland haben**, sofern der Anmelder die entsprechende Benennung vornimmt, die erforderliche Gebühr zahlt und nach Erteilung des europäischen Patents die nötigen Schritte zur Nationalisierung einleitet. Durch eine **PCT-Anmeldung** kann **Schutz für die Bundesrepublik Deutschland** erzielt werden, wenn eine **Benennung dafür oder für eine europäische Anmeldung** erfolgt, die notwendigen Gebühren gezahlt und die erforderlichen Schritte für die Nationalisierung vorgenommen werden. Das eigentliche Patenterteilungsverfahren findet jedoch erst im Anschluss an das PCT-Verfahren statt (s. 4. Kapitel).

§ 8 Patentierbare Erfindungen und Gewerbliche Anwendbarkeit

Ein Patent wird erteilt, sofern folgende **materiellrechtlichen Bedingungen** erfüllt werden (s. § 1 Abs. 1 PatG bzw. Art. 52 Abs. 1 EPÜ):
es muss eine **Erfindung** vorliegen; diese muss
- irgendein **Gebiet der Technik** betreffen,
- **neu** sein,
- auf einer **erfinderischen Tätigkeit** beruhen und
- **gewerblich anwendbar** sein.

I. Patentierbare Erfindungen

Weder das PatG noch das EPÜ definieren den Begriff der Erfindung. Dort wird (s. § 1 Abs. 3 PatG bzw. Art. 52 Abs. 2 EPÜ) zunächst lediglich angegeben, was insbesondere nicht als Erfindung angesehen wird. Die in der Aufzählung enthaltenen Gegenstände sind alle abstrakter Art (z.B. Entdeckungen, wissenschaftliche Theorien, usw.) und/oder nicht technischer Natur (z.B. ästhetische Formschöpfungen oder Wiedergabe von Informationen). Eine patentfähige Erfindung muss hingegen sowohl konkreten als

---

[6] Im Rahmen des PCT-Verfahrens kann auch das EPA benannt werden, welches für EPÜ-Vertragsstaaten ein europäisches Patent erteilen kann.

auch technischen Charakter haben. Sie kann aus jedem Gebiet der Technik stammen. Die Ausfüllung dieses unbestimmten Rechtsbegriffs „Erfindung" wird Rechtsprechung und Lehre überlassen. Dadurch kann er zwanglos dem jeweils neuesten Stand naturwissenschaftlicher Erkenntnisse angepasst werden.[7] Durch § 1a PatG ist ferner bestimmt, inwiefern der menschliche Körper bzw. dessen Bestandteile patentierbare Erfindungen sein können.

Eine **Erfindung** ist eine **Lösung zu einer Aufgabe**.[8] Diese Aufgabe ist unter objektiven Gesichtspunkten zu bestimmen. Das heißt, maßgeblich ist nicht was der Anmelder als Aufgabe in seiner Patentanmeldung bzw. seiner Patentschrift nennt, sondern was der durch die Patentanmeldung angesprochene Fachmann (s.u. § 9 II.) als das **objektiv durch die Erfindung gelöste technische Problem** erkennt.[9]

Zur Klärung der Frage, welche Erfindung durch eine Patentanmeldung oder ein darauf erteiltes Patent geschützt werden soll, ist insbesondere der sog. Patentanspruch (oder die Patentansprüche) zu prüfen. Dieser ist Teil der Patentanmeldung bzw. des erteilten Patents und bestimmt nach § 14 PatG (Art. 69 EPÜ) maßgeblich den Schutzbereich (s.u. § 15 III.).

1. Technizität

Eine Erfindung ist nur dann patentfähig, wenn sie technischen Charakter – sog. **Technizität** – aufweist. Dieses grundsätzliche Erfordernis ist schon lange herrschende Meinung und ergibt sich aus einer Vielzahl von Rechtsprechung.[10] Seit Dezember 2007 ist die Technizität außerdem in § 1 PatG gesetzlich gefordert, indem es jetzt heißt „Patente werden für Erfindungen *auf allen Gebieten der Technik* erteilt, ...".[11]

Der Begriff der Technik bzw. Technizität ist nicht definiert. Der BGH hat das Wesen einer **technischen** Erfindung in der **planmäßigen Benutzung beherrschbarer Naturkräfte außerhalb der menschlichen Verstandestätigkeit zur unmittelbaren Herbeiführung eines kausalen Erfolges** gesehen.[12] Durch den Wortlaut „beherrschbare Naturkräfte" wird der patentrechtliche Erfindungsbegriff auf das Gebiet der Technik beschränkt. Der Begriff der **Technik ist im Gesetz nicht definiert**, sondern ein **wertausfüllungsbedürftiger Rechtsbegriff** und knüpft an dasjenige Verständnis an, das den Begriff der Technik herkömmlich ausfüllt (z.B. Ingenieurwissenschaften, Physik, Chemie oder Biologie), ohne allerdings nicht auch Raum für die Einbeziehung zukünftiger Entwicklungen zu lassen.[13] Beherrschbarkeit von Naturkräften setzt voraus, dass Ursache und Wirkung bei Einsatz von Naturkräften bekannt sind.[14] Wichtig ist auch die technische Brauchbarkeit. Diese ist z.B. jedoch nach physikalischen Gesetzmäßigkeiten bei einem „Perpetuum mobile" nicht vorhanden, so dass eine solche Erfindung nicht patentfähig

---

7 BGH GRUR 1969, 672 „Rote Taube".
8 BGH GRUR 1984, 194 „Kreiselegge".
9 BGH GRUR 1991, 811, 814 „Falzmaschine".
10 siehe z.B. Schulte/Moufang, PatG, 9. Auflage, § 1 Rdn. 16 ff.
11 Änderung des PatG zum 13.12.2007 durch „Gesetz zur Umsetzung der Akte vom 29.11.2000 zur Revision des Übereinkommens über die Erteilung europäischer Patente", BGBl. I 2007, S. 2166.
12 BGH GRUR 1981, 39, 41 „Walzstabteilung".
13 Mes, PatG, 3. Auflage, § 1 Rdn. 9.
14 Mes, PatG, 3. Auflage, § 1 Rdn. 18.

ist.[15] Nach der Definition des BGH gehört die menschliche Verstandestätigkeit alleine nicht zur Beherrschbarkeit der Naturkräfte.

2. Ausschluss von der Patentierung

a) Mangelnde Patentfähigkeit. Das Patentgesetz gibt in § 1 Abs. 3 PatG (bzw. Art. 52 Abs. 2 EPÜ) eine nicht erschöpfende Auflistung von Dingen, die **nicht als Erfindung angesehen werden** und somit **nicht patentfähig** sind. Zu beachten ist, dass die dort aufgeführten Gegenstände oder Tätigkeiten nur dann der Patentfähigkeit entgegenstehen, sofern dafür Schutz als solcher begehrt wird (§ 1 Abs. 4 PatG bzw. Art. 52 Abs. 3 EPÜ). Im Folgenden werden die einzelnen aufgelisteten Dinge der Reihe nach behandelt und weitere Beispiele angeführt, um eine Vorstellung zu vermitteln, was patentfähig sein kann und was nicht.[16] Ergänzend wird auch auf den ersten Abschnitt (s.o. § 5) verwiesen.

Entdeckungen an sich sind nicht patentfähig. Wird die Erkenntnis aus einer Entdeckung jedoch praktisch umgesetzt, kann es sich um eine technische Erfindung handeln, wie bei folgenden Beispielen. Eine Entdeckung an sich liegt z.B. vor, wenn (lediglich) herausgefunden wird, dass ein bestimmtes und an sich bekanntes Material stoßfest ist. Denn das hat als solches noch keine technische Wirkung. Wird für diese Eigenschaft jedoch eine praktische Verwertung gefunden, wie die Herstellung von Eisenbahnschwellen aus dem genannten Material, handelt es sich um eine technische Erfindung, die möglicherweise (also bei Erfüllung der anderen Patentierbarkeits-Voraussetzungen) patentfähig ist.

Auch eine **wissenschaftliche Theorie** an sich ist nicht patentierbar – wie die physikalische Halbleitertheorie. Deren praktische Umsetzung kann jedoch patentfähig sein, wie die Realisierung von neuen Halbleiterelementen und Verfahren zu ihrer Herstellung.

Ähnlich ist es auch bei einer nicht patentierbaren **mathematischen Methode**, wie für das Entwerfen von elektrischen Filtern. Filter, die nach dieser Methode entworfen worden sind, können jedoch patentfähig sein.

Auch **ästhetische Formschöpfungen** als solche gelten nicht als Erfindungen, denn sie beziehen sich der Definition nach auf ein Erzeugnis, das im Wesentlichen das subjektive Formempfinden anspricht. Sollte das Erzeugnis jedoch auch technische Merkmale haben, dann könnte es patentierbar sein, wie z.B. die Lauffläche eines Reifens, bei der es neben dem ästhetischen Eindruck auch auf Wasserverdrängung und Bodenhaftung ankommt.

Zu unterscheiden ist auch, ob ein **ästhetischer Effekt mit technischen Mitteln** erreicht wird oder nicht.[17] So sind z.B. folgende technische Lösungen **grundsätzlich patentfähig**:

- **Farben** mit einer neuartigen Zusammensetzung zur Erhöhung der Leuchtkraft;
- **Stoffe oder Stoffgemische**, die durch technische Merkmale definiert sind und dazu dienen, in Bezug auf einen Geruch oder Geschmack eine besondere Wirkung zu erzielen.

---

15 BPatG GRUR 1999, 487 „Perpetuum mobile"; BPatG 9W (pat) 41/08 v. 17.9.2008.
16 Vgl. EPA Prüfungsrichtlinien 2013, Teil G, S. II-2 ff.
17 Kraßer, Patentrecht, S. 146 f. mit weiteren Verweisen.

Dagegen sind z.B. folgende geistige Leistungen **vom Patentschutz ausgeschlossen**:
- ein **Gemälde**, das definiert ist durch die Anordnung der Farben oder seinen künstlerischen Stil;
- eine bloße geschmackliche Abwandlung eines **Kochrezepts**.

Pläne, Regeln und Verfahren für gedankliche Tätigkeiten, für Spiele oder für geschäftliche Tätigkeiten sind als solche nicht patentfähig, da es sich um Anweisungen an den menschlichen Geist handelt. Es fehlt also der Bezug auf den Einsatz beherrschbarer Naturkräfte und deshalb der technische Charakter.

Programme für Datenverarbeitungsanlagen sind als solche ebenfalls nicht patentfähig. Da die Frage, inwiefern bei solchen Erzeugnissen auch Technizität vorliegt, einem stetigen Wandel unterworfen ist, wird auf dieses Thema unten gesondert eingegangen.

Eine **Wiedergabe von Informationen**, die lediglich durch den Inhalt der Information definiert wird, ist nicht patentierbar. Das gilt z.B. für eine CD, die anhand des aufgenommenen Musikstücks definiert ist. Eine CD hingegen, die eine besondere Materialzusammensetzung aufweist, kann patentfähig sein.

b) Verstoß gegen öffentliche Ordnung und gute Sitten. Patente werden nicht erteilt für Erfindungen, deren gewerbliche Verwertung gegen die **öffentliche Ordnung** oder die **guten Sitten** verstoßen würde (§ 2 Abs. 1 PatG bzw. Art. 53 a) EPÜ). Öffentliche Ordnung ist im Sinne von „ordre public" zu verstehen. Das umfasst die tragenden Grundsätze einer Rechtsordnung und somit alle Normen, die der Verwirklichung und dem Schutz von solchen Gütern dienen, die für das Leben in der Gemeinschaft eine essentielle Bedeutung haben.[18] Gute Sitten stellen einen Bewertungsmaßstab dar, der als Anstandsgefühl „aller billig und gerecht Denkenden" umschrieben werden kann.[19] Von der Patentierung sind nur solche Erfindungen ausgeschlossen, die *ausschließlich* derartig benutzt werden können. Somit sind z.B. Waffen, Gifte und Sprengstoffe durchaus patentierbar.

c) Verfahren zur chirurgischen und therapeutischen Behandlung. In § 2a Abs. 1 Nr. 2 PatG (bzw. Art. 53 (c) EPÜ) wird per Gesetz definiert, dass Verfahren zur chirurgischen oder therapeutischen Behandlung des menschlichen oder tierischen Körpers und Diagnostizierverfahren, die am menschlichen oder tierischen Körper vorgenommen werden, von der Patentierbarkeit ausgenommen sind. Damit soll die Entscheidungsfreiheit eines Arztes zur Anwendung entsprechender Verfahren erhalten bleiben.

Als **chirurgische Behandlung** ist ein Eingriff in den *lebenden* Körper eines Menschen oder Tieres anzusehen.[20] Verfahren zur **therapeutischen Behandlung** sind solche, die im Sinne der Anwendung medizinischer Maßnahmen die Ursachen oder Symptome einer Funktionsstörung des Körpers heilen, lindern, beseitigen oder abschwächen oder dem Risiko des Erwerbs einer solchen Störung vorbeugen oder dieses verhindern.[21]

Diagnostische Verfahren dienen der Feststellung einer bestehenden Erkrankung und der Ursachenermittlung.

---

18 Schulte/Moufang, PatG, 9. Auflage, § 2 Rdn. 18.
19 Schulte/Moufang, PatG, 9. Auflage, § 2 Rdn. 22.
20 BGH GRUR 2001, 321, 322 „Endoprotheseeinsatz".
21 ABl.EPA 1995, 512, „Hornhaut/Thompson".

Als Kriterium, inwiefern die genannten Verfahren von der Patentierbarkeit ausgeschlossen sind, kann regelmäßig das Merkmal des **Heilzwecks** dienen.[22] Keinen Heilzweck verfolgen **rein kosmetische Verfahren**, wie Haarbehandlung durch Schneiden, Färben, usw. Dagegen ist ein Verfahren zum Implementieren von Haarbündeln in die Kopfschwarte mittels atraumatischer Nadeln als chirurgisches Verfahren trotz seines kosmetischen Zwecks von der Patentierung ausgeschlossen.[23] **Erzeugnisse** zur Anwendung in einem der genannten Verfahren, sind jedoch aufgrund § 2a Abs. 1 Nr. 2, S. 2 PatG (bzw. Art. 53 (c), S. 2 EPÜ) patentierbar. Dazu gehören insbesondere pharmazeutische Produkte, medizintechnische Geräte, Herzschrittmacher, Prothesen, usw.

3. Computerimplementierte Erfindungen

Aufgrund der steigenden Bedeutung der Computertechnik besteht bereits seit den 1970er Jahren ein wachsendes Bedürfnis, Computerprogramme, also **Programme für Datenverarbeitungsanlagen,** zu schützen. Neben dem möglichen Schutz nach dem UrhG (s.u. § 69 I. 3.) wird auch regelmäßig versucht, einen geeigneten Patentschutz dafür zu ermöglichen. Denn durch das **UrhG** kann zwar ein **Computerprogramm an sich** geschützt werden, jedoch **nicht die Ideen und Grundsätze**, die ihm oder einzelnen seiner Algorithmen zugrunde liegen. Einen derartigen Schutz könnte jedoch das Patentrecht ermöglichen. Durch den Vorschlag einer Richtlinie[24] hat die Kommission der EG versucht, den Schutz sog. „computerimplementierter Erfindungen" EU-weit zu harmonisieren. Eine derartige Erfindung ist nach dem Richtlinienvorschlag jede Erfindung, zu deren Ausführung ein Computer, ein Computernetz oder eine sonstige programmierbare Vorrichtung eingesetzt wird und die auf den ersten Blick mindestens ein neuartiges Merkmal aufweist, das ganz oder teilweise mit einem oder mehreren Computerprogrammen realisiert wird.[25] Dieses **Richtlinienprojekt ist jedoch vorerst gescheitert,** da es im Juli 2005 durch das Europäische Parlament abgelehnt wurde.[26] Für einen für die Bundesrepublik geltenden möglichen Patentschutz von Computerprogrammen ist also **auf den Technikbegriff abzustellen,** wie er von deutschen Gerichten (insbesondere BGH, BPatG) und dem EPA verstanden wird.[27] Dabei ist zu berücksichtigen, dass der **Technikbegriff nicht statisch** ist, sondern modifiziert werden kann, sofern die technologische Entwicklung und ein daran angepasster effektiver Patentschutz dies erfordern.[28]

Fraglich ist also, wann Technizität vorliegt und ein Computerprogramm nicht als Erfindung ausgeschlossen ist i.S.v. § 1 Abs. 3, 4 PatG bzw. Art. 52 Abs. 2, 3 EPÜ. Die **üblichen physikalischen Wirkungen** (z.B. elektrische Ströme) eines Computerprogramms auf eine Datenverarbeitungsanlage sind alleine **nicht ausreichend,** um dem Programm alleine oder in Kombination mit der Datenverarbeitungsanlage technischen

---

[22] Kraßer, Patentrecht, S. 205 ff.
[23] BPatG, Bl.f.PMZ 1989, 395.
[24] Vorschlag für eine Richtlinie des Europ. Parlaments und des Rates über die Patentierbarkeit computerimplementierter Erfindungen, KOM (2002) 92 vom 20.2.2002 ABl. EG C 2002/151 E v. 25.6.2002.
[25] Kraßer, Patentrecht, S. 173.
[26] Vieregge, Wiesner, „Neues vom EU Wirtschaftsrecht", VPP Rundbrief 2005, 123.
[27] Vgl. auch Pierson, Softwarepatente – Meilensteine der patentrechtlichen Rechtsprechung, JurPC Web-Dok. 182/2004, abrufbar unter: http://www.jurpc.de/aufsatz/20040182.htm (letzter Abruf: 3/2014).
[28] BGH GRUR 2000, 498, 501 „Logikverifikation".

Charakter zu verleihen. Erforderlich ist ein darüber hinausgehender technischer Effekt.[29]

Ein Computerprogramm hat technischen Charakter, wenn zur Lösung der zugrunde liegenden Aufgabe von Naturkräften, technischen Maßnahmen oder Mitteln (z.B. von hydraulischen Kräften, elektrischen Strömen in Schaltelementen und Regeleinrichtungen oder von Signalen) unmittelbar Gebrauch gemacht und somit unmittelbar ein technischer Effekt ausgelöst[30] wird. Das ist beispielsweise der Fall bei einem Antiblockierregelungssystem für druckmittelbetätigte Fahrzeugbremsen, bei dem eine optimale Bremswirkung erreicht werden soll.[31] Nach diesem Grundsatz sind allgemein Verfahren zur Steuerung technischer Geräte (wie Fernsehgeräte, Handys, Motorsteuerungen, etc.), die heute üblicherweise mittels eines programmierten Mikroprozessors ablaufen, als technisch anzusehen. Nicht dem Patentschutz zugänglich ist jedoch z.B. ein Verfahren zum Betrieb eines Kommunikationssystems, bei dem von einem Kunden an seinem Rechner vorgenommene Bedienhandlungen erfasst und mit Referenzprotokollen verglichen werden, wobei dem Kunden unter bestimmten Bedingungen interaktive Hilfe angeboten wird.[32]

Laut einer neueren BGH-Entscheidung[33] ist für die Frage der Technizität zunächst zu klären, ob der Gegenstand der Erfindung zumindest mit einem Teilaspekt auf technischem Gebiet liegt. Danach ist zu prüfen, ob dieser Gegenstand lediglich ein Programm für Datenverarbeitungsanlagen als solches darstellt und deshalb vom Patentschutz ausgeschlossen ist. Der Ausschlusstatbestand greift nicht ein, wenn diese weitere Prüfung ergibt, dass die Lehre Anweisungen enthält, die der Lösung eines konkreten technischen Problems mit technischen Mitteln dienen. Laut dieser BGH-Entscheidung wurde erkannt, dass eine Erfindung zwar das Technizitätserfordernis erfüllen kann, aber dennoch als reines Datenverarbeitungsprogramm (i.S.v. § 1 Abs. 3 Nr. 3, Abs. 4 PatG) anzusehen und somit nicht patentfähig ist.

Bei anderen BGH-Entscheidungen[34] wurde zwar die Technizität von Erfindungen nicht ausgeschlossen; jedoch wurden bei der Prüfung der Erfindung auf erfinderische Tätigkeit (s.u. § 9 IV) nur diejenigen Teile der Erfindung berücksichtigt, die die Lösung des technischen Problems mit technischen Mitteln bestimmen oder zumindest beeinflussen. Somit wurden im Ergebnis in den betreffenden BGH-Entscheidungen die Erfindungen zwar als technisch (i.S.v. § 1 Abs. 3 Nr. 3 oder 4 PatG bzw. Art. 52 Abs. 2 Buchst. c oder d EPÜ), jedoch aufgrund mangelnder erfinderischer Tätigkeit (i.S.v. § 4 PatG bzw. Art. 56 EPÜ) doch nicht als patentfähig angesehen.

4. Biotechnologische Erfindungen

Die Patentierbarkeit von Erfindungen auf dem Gebiet der **Biotechnologie** ist schon lange allgemein **anerkannt** und hat mit der Implementierung der **Richtlinie über den Schutz biotechnologischer Erfindungen**[35] ausdrücklich ihren Niederschlag im PatG

---

29 Benkard/Bacher/ Melullis, PatG, § 1 Rdn. 109.
30 Benkard/Bacher/Melullis, PatG, § 1 Rdn. 108.
31 BGH GRUR 1980, 849, „Antiblockiersystem".
32 BGH GRUR 2005, 141, „Interaktive Hilfe".
33 BGH v. 24.2.2011, X ZR 121/09, „Webseitenanzeige".
34 BGH v. 26.10.2010, X ZR 47/07, „Wiedergabe topografischer Informationen"; BGH v. 18.12.2012, X ZR 3/12, „Routenplanung"; BGH v. 23.4.2013, X ZR 27/12, „Fahrzeugnavigationssystem".
35 Richtlinie 98/44/EG des Europäischen Parlaments und des Rates v. 6.7.1998; s. Bl.f.PMZ 1998, 458 ff.

bzw. EPÜ gefunden (§ 1 Abs. 2, § 1a Abs. 2–4 und § 2a Abs. 2 PatG bzw. analog Art. 53 b) EPÜ, R 26–34 AOEPÜ).[36] Es gelten dieselben Patentierungsvoraussetzungen (Neuheit, erfinderische Tätigkeit, gewerbliche Anwendbarkeit und ausreichende Offenbarung) wie für Erfindungen auf anderen technischen Gebieten.

Auch ein **in der Natur bereits vorhandener Stoff** kann patentiert werden, sofern dessen Existenz nicht bekannt war und zur Abgrenzung gegenüber einer bloßen Entdeckung eine Lehre zum technischen Handeln vorliegt (s.o. § 8 I. 1.). Eine Lehre zum technischen Handeln kann ein **technisches Verfahren zur Isolierung des Stoffes** aus seiner natürlichen Umgebung oder zu dessen Herstellung sein wie in § 1 Abs. 2 S. 2 PatG (bzw. R 27 a) AOEPÜ) für biologische Materialien angeführt.[37]

Ausdrücklich **ausgenommen von der Patentierbarkeit** sind jedoch:
- der **menschliche Körper** und die bloße Entdeckung seiner Bestandteile (§ 1a Abs. 1 PatG bzw. R 28 a), b), c), R 29 Abs. 1 AOEPÜ);
- **Pflanzensorten, Tierrassen** sowie im Wesentlichen biologische Verfahren zu deren Züchtung (§ 2a Abs. 1 Nr. 1 PatG bzw. Art. 53 b) S. 1 EPÜ);

und (jeweils nach § 2 Abs. 2 PatG bzw. R 28 AOEPÜ):
- Verfahren zum **Klonen** von menschlichen Lebewesen;
- Verfahren zur Veränderung der **genetischen Identität der Keimbahn** des menschlichen Lebewesens;
- die Verwendung von **menschlichen Embryonen** zu industriellen oder kommerziellen Zwecken;
- Verfahren zur Veränderung der genetischen Identität von Tieren, die geeignet sind, Leiden dieser Tiere ohne wesentlichen medizinischen Nutzen für den Menschen oder das Tier zu verursachen, sowie die mit Hilfe solcher Verfahren erzeugten Tiere. Der Patentierungsausschluss umfasst auch Erzeugnisse, die nur unter Verwendung und Zerstörung menschlicher Embryonen hergestellt werden können.

Diese Ausnahmen **betreffen nicht** (so dass also grundsätzlich ein Patent erteilt werden kann):
- Bestandteile des menschlichen Körpers, sofern eine Isolierung oder Gewinnung **mit einem technischen Verfahren** erfolgt (§ 1a Abs. 2 PatG bzw. R 29 Abs. 2 AOEPÜ);
- **Pflanzen und Tiere**, sofern die Ausführung der Erfindung **technisch nicht auf eine bestimmte Pflanzensorte oder Tierrasse beschränkt** ist (§ 2a Abs. 2 Nr. 1 PatG bzw. R 27 (b) AOEPÜ);
- **mikrobiologische Verfahren** oder ein sonstiges **technisches Verfahren und deren Erzeugnisse, sofern es sich nicht um eine Pflanzensorte oder Tierrasse** handelt (§ 2a Abs. 2 Nr. 2 PatG bzw. Art. 53 (b) und R 27 (c) AOEPÜ).

---

36 DE: Gesetz zur Umsetzung der Richtlinie über den Schutz biotechnologischer Erfindungen (BioPatG) sowie Begründung hierzu (PMZ 2005, 93 ff. und 95 ff.); EPÜ: Beschluss des Verwaltungsrats vom 16.6.1999 (ABl. EPA 1999, 437 ff.).
37 Schulte/Moufang, PatG, 9. Auflage, § 1 Rdn. 150.

Für ausführliche Erläuterungen wird auf die Kommentierung zu den genannten Gesetzesnormen sowie auf weiterführende Literatur verwiesen.[38]

II. Gewerbliche Anwendbarkeit

Liegt eine technische Erfindung vor, so ist diese nur dann patentfähig, wenn auch die sonstigen Voraussetzungen aus § 1 Abs. 1 PatG bzw. Art. 52 Abs. 1 EPÜ erfüllt sind. Dazu gehört u.a. die **gewerbliche Anwendbarkeit**. Gemäß § 5 PatG (bzw. Art. 57 EPÜ) **gilt eine Erfindung als gewerblich anwendbar**, wenn ihr Gegenstand auf irgendeinem gewerblichen Gebiet einschließlich der Landwirtschaft hergestellt oder benutzt werden kann. Dazu gehören insbesondere auch Bergbau, Jagd, Fischerei und Gartenbau. Da bereits die mögliche gewerbliche Herstellung ausreicht, kommt es bei Erzeugnissen nicht auf die anschließende (gewerbliche) Benutzbarkeit an. Also ist gewerbliche Anwendbarkeit auch gegeben, wenn ein Erzeugnis ausschließlich im nichtgewerblichen Bereich benutzbar sein sollte, wie etwa Spielzeug, Sportgeräte, medizinische Geräte, Arzneimittel, Prothesen sowie Kriegswaffen.[39] Die gewerbliche Anwendbarkeit im patentrechtlichen Sinne setzt außerdem nicht voraus, dass die Erfindung Gewinn verspricht.

Wichtig ist jedoch deren **Ausführbarkeit**. Das heißt insbesondere, dass die Erfindung[40]

- in der Patentanmeldung **ausreichend offenbart** ist;
- **funktioniert**; das heißt der Kausalzusammenhang zwischen der zu lösenden Aufgabe (im objektiven Sinn) und der vorgeschlagenen Lösung muss erkennbar sein. Dabei ist es ausreichend, wenn der Erfinder verstanden hat, *wie* die Erfindung funktioniert; es ist nicht notwendig, dass er auch verstanden hat, *warum* sie funktioniert;
- **wiederholbar** ist; also nicht vom Zufall abhängt;
- **fertig** ist; das heißt, ein Fachmann muss ohne Versuche, die das übliche bzw. zumutbare Maß überschreiten, und ohne eigene erfinderische Überlegungen imstande sein, die Erfindung umzusetzen.[41] Eine Serienreife ist jedoch nicht erforderlich.

§ 9 Stand der Technik, Neuheit, erfinderische Tätigkeit

Weitere **Voraussetzungen für die Patentfähigkeit** einer Erfindung sind, dass sie neu ist und auf einer erfinderischen Tätigkeit beruht (§ 1 Abs. 1 PatG bzw. Art. 52 Abs. 1 EPÜ). Eine Beurteilung dieser Kriterien erfolgt **durch zeitlichen und inhaltlichen Vergleich mit dem Stand der Technik (SdT)**, der durch die Legaldefinition von § 3 PatG (Art. 54 EPÜ) festgelegt ist. Für den zeitlichen Vergleich ist ein Stichtag maßgeblich, nämlich der **Zeitrang** der zu prüfenden Anmeldung, welche die Erfindung schützen soll. Dieser ergibt sich grundsätzlich aus deren **Anmeldetag**, ggf. jedoch aus einem frü-

---

38 Siehe z.B. Schulte, PatG, 9. Auflage, insbes. § 1 Rdn. 134ff; Kraßer, Patentrecht, S. 197 ff., sowie Ensthaler/Zech, Stoffschutz bei gentechnischen Patenten, GRUR 2006, 529 ff. und Kilger/Jaenichen, Ende des absoluten Stoffschutzes?, GRUR 2005, 984 ff. zur Problematik der Patentierung von (menschlichen) Gensequenzen mit Erläuterungen der Begriffe und des biologischen Hintergrunds.
39 Kraßer, Patentrecht, S. 189f.
40 Kraßer, Patentrecht, S. 191ff.
41 BGH GRUR 1971, 210 „Wildverbißverhinderung".

heren **Prioritätstag** aufgrund der Inanspruchnahme eines inländischen oder ausländischen Prioritätsrechts nach § 40 bzw. § 41 PatG bzw. für europäische Patentanmeldungen nach Art. 87 ff. EPÜ (s.a. Abb. 3).

Für den **inhaltlichen Vergleich** ist der Inhalt der **Patentansprüche** dieser zu prüfenden Anmeldung entscheidend, da sie wesentlich den Schutzumfang (nach § 14 PatG bzw. Art. 69 EPÜ) und somit die zu schützende Erfindung bestimmen. Dabei kommt es darauf an, was der zuständige Fachmann („**Durchschnittsfachmann**") den Ansprüchen und dem aufgefundenen SdT entnimmt.

Einzelheiten dazu werden in diesem Paragraphen erläutert.

I. Stand der Technik (SdT)

Beim SdT ist zu unterscheiden zwischen

- **Vorveröffentlichungen** (§ 3 Abs. 1 PatG bzw. Art. 54 Abs. 2 EPÜ)
  und
- **älteren Anmeldungen** (§ 3 Abs. 2 PatG bzw. Art. 54 Abs. 3 EPÜ).

1. Vorveröffentlichungen

Der SdT umfasst zunächst alle Kenntnisse, die der **Öffentlichkeit** vor dem Zeitrang der zu prüfenden Anmeldung **zugänglich gemacht** worden sind (§ 3 Abs. 1 PatG bzw. Art. 54 Abs. 2 EPÜ). Dabei kommt es nicht darauf an, in welcher Form, an welchem Ort oder vor wie langer Zeit die Öffentlichkeit Zugang erlangt hat. Dazu gehören grundsätzlich auch alle Kenntnisse, die der Erfinder selbst der Öffentlichkeit zugänglich gemacht hat oder die auf ihn zurückgehen. Das heißt also, dass es eine **Neuheitsschonfrist** zugunsten des Erfinders oder seines Rechtsnachfolgers weder nach deutschem Patentrecht noch nach dem EPÜ gibt.[42]

Ausgenommen sind lediglich Veröffentlichungen, die nicht früher als 6 Monate vor Einreichung der Anmeldung **missbräuchlich zum Nachteil des Erfinders** oder auf einer **international amtlich anerkannten Ausstellung** erfolgten (§ 3 Abs. 5 PatG bzw. Art. 55 EPÜ). Zu beachten ist, dass für die Berechnung der 6-Monats Frist der **Anmeldetag** und nicht ein eventuell früherer Prioritätstag maßgeblich ist.

Unter **Öffentlichkeit** ist ein Kreis von Personen zu verstehen, der wegen seiner Größe oder der Beliebigkeit seiner Zusammensetzung für den Urheber der Information nicht mehr kontrollierbar ist.[43]

Abzugrenzen davon ist ein begrenzter Personenkreis, der zur Vertraulichkeit verpflichtet ist. Dies kann explizit durch eine Vereinbarung („**Vertraulichkeitsvereinbarung**") erfolgen oder implizit aus einer geschäftlichen Beziehung folgen, wie bei Kunde/Lieferant, Arbeitnehmer/Arbeitgeber oder dergleichen. Falls jedoch die Vertraulichkeitspflicht verletzt wird und die Information an gutgläubige Empfänger gelangt (die selbst der Öffentlichkeit zuzurechnen sind), wird die Erfindung der Öffentlichkeit zugänglich und gehört damit zum SdT. Ab diesem Zeitpunkt läuft die oben genannte 6-monats

---

[42] Anders im alten PatG (bis 1978) sowie nach geltendem deutschen Gebrauchsmusterrecht (§ 3 Abs. 1 GebrMG); die (Wieder-) Einführung der Neuheitsschonfrist im deutschen Patentrecht wird aktuell diskutiert.
[43] Kraßer, Patentrecht, S. 269.

Frist (gem. § 3 Abs. 5 PatG bzw. Art. 55 EPÜ) innerhalb der noch eine wirksame Patentmeldung eingereicht werden kann. Sofern Schutz sowohl aufgrund eines deutschen Patents als auch aufgrund eines europäischen Patents nach EPÜ gewünscht ist, sind innerhalb dieser Frist beide Anmeldungen einzureichen.

Internationale Ausstellungen im Sinne von § 3 Abs. 5 Nr. 2 (Art. 55 Abs. 1 b) EPÜ), die einen 6-monatigen **Ausstellungsschutz** bewirken können, werden auch im Bundesgesetzblatt bekannt gemacht und üblicherweise auch im Bl.f.PMZ veröffentlicht. Dabei werden lediglich Weltausstellungen und gleichrangige Fachausstellungen berücksichtigt. Der Ausstellungsschutz wird nur wirksam, wenn der Anmelder bei Einreichung der Anmeldung angibt, dass die Erfindung tatsächlich zur Schau gestellt worden ist und er innerhalb von 4 Monaten nach der Einreichung hierüber eine Bescheinigung einreicht.

Für die Zugehörigkeit zum SdT genügt es, dass der Öffentlichkeit die **Kenntnisnahme möglich** ist; eine tatsächlich erfolgte Kenntnisnahme ist nicht notwendig. Somit kann ein Dokument, das an einem bestimmten Tag in einer Bibliothek ausgelegt wird, ab diesem Tag zum SdT gehören, unabhängig davon, ob es eingesehen oder ausgeliehen wurde. Eine andere Bewertung kann sich ergeben, wenn von einer Erfindung erst nach einer Zerlegung einer Vorrichtung Kenntnis genommen werden kann und die Zerlegung nicht bestimmungsgemäß vorgesehen ist. Das war z.B. der Fall bei einem **Steuerungsverfahren**, das auf einem Mikrochip gespeichert war, der Teil einer offenkundig vorbenutzten (und damit der Öffentlichkeit zugänglichen) Maschine war. Das wurde damit begründet, dass die Ermittlung des Programminhalts des Mikrochips zwar technisch möglich gewesen sei, jedoch unter den gegebenen Umständen, insbesondere aus Kosten-/Nutzenerwägungen, nicht erfolgt sein könne.[44]

2. Ältere Anmeldungen

Nach § 3 Abs. 2 PatG (Art. 54 Abs. 3 EPÜ) können auch Patentanmeldungen zum SdT gehören, die erst **an oder nach** dem Zeitrang der zu prüfenden Patentanmeldung **veröffentlicht** worden sind. Dafür müssen diese Patentanmeldungen jedoch einen **älteren Zeitrang** als die zu prüfende Patentanmeldung aufweisen und Schutz für das Inland bewirken. Letzteres ist möglich durch:

- nationale beim **DPMA** eingereichte Anmeldungen,
- europäische Patentanmeldungen nach dem **EPÜ**, wenn die Bundesrepublik Deutschland benannt und für sie die Benennungsgebühr gezahlt ist und
- internationale Patentanmeldungen nach dem **PCT**, für die das DPMA Bestimmungsamt ist, wenn sie in deutscher Sprache vorliegen und die Anmeldegebühr fristgerecht entrichtet ist (Art. III § 8 Abs. 3, § 4 Abs. 2 IntPatÜG).

Derartige Patentanmeldungen werden in der Praxis „ältere **Patentanmeldungen**"[45] genannt. Maßgeblich ist deren Inhalt, d.h. deren gesamter **Offenbarungsgehalt** (s.u. § 12 I.) und zwar bezogen auf deren Anmelde- oder Prioritätsdatum, selbst wenn die später der Öffentlichkeit zugänglich gemachte Fassung von ihr abweicht. Eine ältere Patent-

---

44 EPA, ABl. EPA 1993, 295 „Mikrochip/Heidelberger Druckmaschinen".
45 Selbstverständlich sind auch vorveröffentliche Patentanmeldungen aufgrund ihres Zeitrangs ältere Anmeldungen; dennoch werden sie nicht als solche bezeichnet, sondern „vorveröffentlichte Patentanmeldungen" genannt.

anmeldung gehört für eine jüngere Patentanmeldung nur dann zum SdT, wenn die ältere veröffentlicht wird und zu diesem Zeitpunkt noch anhängig ist.
Folgende Anmeldungen werden weder nach PatG noch nach EPÜ als ältere (nicht vorveröffentlichte) Anmeldungen dem SdT zugerechnet:
- **nationale** Patent- oder Gebrauchsmusteranmeldungen **im Ausland**,
- deutsche **Gebrauchsmusteranmeldungen**.

II. Durchschnittsfachmann

Bei einem Vergleich der zu schützenden Erfindung mit dem entgegenstehenden SdT kommt es maßgeblich darauf an, wie ein sog. **Durchschnittsfachmann** einerseits die zu schützende Erfindung und andererseits die Gesamtoffenbarung der entgegenstehenden Informationen (aus Dokumenten oder aufgrund anderer möglicherweise entgegenstehender Sachverhalte – wie Vorträge, Benutzungen, usw.) versteht. Dazu ist zunächst zu klären, wer der **maßgebliche (Durchschnitts-)Fachmann**[46] ist.

Der Fachmann ist eine *Fiktion*. Es handelt sich um den sog. **Durchschnittsfachmann des betroffenen** bzw. **einschlägigen Fachgebiets**, der zum Stichtag über das **übliche Fachwissen** und über **durchschnittliche Fähigkeiten** verfügt. Maßstab ist also keinesfalls ein „Genie" oder gar der Prüfer oder Richter bei den Patentbehörden, der nicht selbst praktisch tätig ist und deshalb aus der Sicht des SdT und des Fachwissens Schwierigkeiten geringer oder auch größer einzuschätzen geneigt sein könnte. Was vom Fachmann zu erwarten ist, richtet sich in erster Linie nach seinem Fachgebiet. Dieses wird gemäß der Aufgabe bestimmt, die durch die Erfindung gelöst wird, nicht nach der Person dessen, der die Erfindung gemacht hat oder erfindungsgemäße Erzeugnisse benutzt. So ist beispielsweise der Fachmann für ein Dauerwellenmittel nicht der Frisör, sondern ein akademisch ausgebildeter Chemiker. Es gibt oft auch Fälle, in denen als „Fachmann" eine Gruppe von Fachleuten anzusehen ist. Das ist insbesondere dann der Fall, wenn ein durchschnittlicher Fachmann eines primär einschlägigen Gebietes die Hilfe eines für ein anderes Gebiet zuständigen Fachmanns als notwendig erkennt und in Anspruch nimmt, wie bei einem Gerät zur Erzeugung und medizinischen Verwendung von Ultraschall-Stoßwellen, bei dem Kenntnisse der Physik mit denen der Medizintechnik zu kombinieren sind.[47] Für die Qualifikation, die beim Fachmann vorausgesetzt werden kann, ist maßgeblich, welche Fachleute sich mit Aufgaben der durch die Erfindung gelösten Art zu beschäftigen pflegen. Das können handwerklich geschulte Techniker, aber auch Ingenieure bzw. Naturwissenschaftler mit Fachhochschul- oder Universitätsabschluss sein.

III. Neuheit

Eine Erfindung gilt nach § 3 Abs. 1 PatG (Art. 54 EPÜ) als **neu**, wenn sie **nicht zum SdT gehört**. Für eine solche Beurteilung wird inhaltlich geprüft, ob die durch den Inhalt der Patentansprüche bestimmte Erfindung durch Informationen einer einzelnen Quelle (Dokument oder sonstiger Sachverhalt) aus dem SdT vorweggenommen ist.

---

46 Siehe auch Kraßer, Patentrecht, S. 310 ff.; Mes, PatG, 3. Auflage, § 4 Rdn. 16 ff.
47 BGH GRUR 1999, 145, 147 „Stoßwellen-Lithotripter"; s.a. BGH v. 6.3.2012, X ZR 78/09, „Pfeffersäckchen".

Verglichen wird also der technische Inhalt des zu schützenden Anspruchs mit dem gesamten Offenbarungsgehalt z.B. eines einzelnen Dokuments. Dafür ist der Informationsgehalt maßgebend, den dieses Dokument für den zuständigen Fachmann (s. oben) hat. Damit umfasst der Informationsgehalt auch, was der Fachmann als selbstverständlich oder nahezu unerlässlich ergänzt oder bei aufmerksamer Lektüre ohne weiteres erkennt und „in Gedanken gleich mitliest", ggf. unter Zuhilfenahme eines Lexikons oder eines anderen Nachschlagewerkes. So ist es für den Fachmann selbstverständlich, dass zu einer kompletten Steckverbindung außer dem in einem Dokument erwähnten Steckverbinder ein entsprechend ausgebildeter Gegensteckverbinder gehört.[48]

Eine Erfindung kann neu sein, auch wenn sie **an sich bekannte Bestandteile** (Elemente) enthält oder gar ausschließlich aus solchen besteht, wie beispielsweise eine neue elektronische Schaltung mit an sich bekannten elektronischen Komponenten.

Ein neues Verfahren kann auch in der **neuen Verwendung** (**Anwendung**) eines an sich bekannten Erzeugnisses liegen; z.B. in der Lehre, einen als Düngemittel bekannten Stoff als Waschmittel zu verwenden. Die patentierbare Erfindung beschränkt sich dann auf die neue Anwendung.

IV. Erfinderische Tätigkeit

Eine weitere Voraussetzung für die Patentfähigkeit einer Erfindung ist die **erfinderische Tätigkeit** (gem. § 1 Abs. 1 PatG bzw. Art. 52 Abs. 1 EPÜ). Nach § 4 PatG, S. 1 (Art. 56, S. 1 EPÜ) gilt eine Erfindung als auf einer erfinderischen Tätigkeit beruhend, wenn sie sich **für den Fachmann in nicht nahe liegender Weise aus dem Stand der Technik ergibt**. Dabei sind ältere, jedoch nicht vor dem Zeitrang der zu prüfenden Patentanmeldung veröffentlichte Patentanmeldungen, nicht zu berücksichtigen (§ 4 S. 2 i.V.m. § 3 Abs. 2 PatG bzw. Art. 56, S. 2 i.V.m. Art. 54 Abs. 3 EPÜ). Von dieser Ausnahme abgesehen ist der zu berücksichtigende SdT der gleiche, wie er auch der Neuheitsprüfung zugrunde liegt. Dabei können jedoch Informationen aus mehreren Quellen (Dokumente, usw.) kombiniert werden.

Das Erfordernis „erfinderische Tätigkeit" bedeutet nicht, dass es darauf ankommt, wie – also mit welcher Anstrengung – der Erfinder zu seiner neuen Problemlösung gelangt ist. Maßgeblich ist alleine das nicht-naheliegende Ergebnis, auch dann, wenn die Erfindung scheinbar mühelos oder zufällig gemacht wurde.

Für die Beurteilung, ob die zu prüfende Erfindung sich in nahe liegender Weise aus dem SdT ergibt, wird dieser in seiner Gesamtheit und aus Sicht des Durchschnittsfachmanns betrachtet. Diesem wird unterstellt, dass er den gesamten SdT seines Fachgebiets kennt und diesen zusammen mit seinem allgemeinen Grundlagenwissen mosaikartig nutzt, um eine Aufgabe zu lösen und so zu einer Erfindung zu gelangen. Der Fachmann wird dabei jedoch nicht allzu viele und allzu unterschiedliche Informationen miteinander verknüpfen sondern hauptsächlich diejenigen nutzen, die erkennbare Bezüge zu seiner Aufgabe zeigen.[49]

Das Beruhen auf einer erfinderischen Tätigkeit ist einem unmittelbaren Tatsachenbeweis nicht zugänglich. Stattdessen sind häufig sog. **Beweisanzeichen** bzw. **Hilfskriterien**

---

[48] BGH GRUR 1995, 330 „Elektrische Steckverbindung".
[49] Kraßer, Patentrecht, S. 319.

hilfreich. Diese können positive Anhaltspunkte liefern, jedoch keine verbindliche Aussage rechtfertigen. Solche Beweisanzeichen können sein:[50]

- eine Abkehr von eingefahrenen Wegen;[51]
- Befriedigung eines seit langem bestehenden Bedürfnisses;[52]
- Einfachheit, gepaart mit Robustheit, Sicherheit und erheblicher Aufwandsminderung;[53]
- entgeltliche Lizenzerteilung;
- Nachahmung durch Mitbewerber.[54]

Zu beachten ist auch, dass bei einer Erfindung, die auf den ersten Blick nahe liegend erscheint, durchaus eine erfinderische Tätigkeit vorliegen kann. Denn bei Kenntnis der Erfindung lässt sich oft theoretisch und im Rahmen einer Ex-post-facto-Analyse fälschlicherweise zeigen, wie man von einem bekannten Ausgangspunkt durch eine Reihe offensichtlicher Schritte zu ihr gelangen kann.

Bei der Beurteilung der erfinderischen Tätigkeit verfährt das EPA – und in entsprechender Weise oft auch die deutschen Instanzen – regelmäßig nach dem sog. **„Aufgabe-Lösungs-Ansatz"**.[55]

Zur Beurteilung der erfinderischen Tätigkeit von Erfindungen mit nicht-technischen Merkmalen wird auf § 8 3. („Computerimplementierte Erfindungen"; s.o.) hingewiesen.

§ 10 Recht auf das Patent

Das Recht auf das Patent hat der Erfinder oder sein Rechtsnachfolger (§ 6 PatG bzw. Art. 60 EPÜ). In diesem Zusammenhang ist also insbesondere zu klären,

- wer **Erfinder** ist,
- welche **Rechte** er hat und
- wer ggf. sein **Rechtsnachfolger** ist.

I. Erfinder

Ein **Erfinder** ist eine **natürliche Person**, die eine **Erfindung gemacht** hat. Eine Erfindung kann auch von mehreren natürlichen Personen gemacht werden und zwar entweder gemeinschaftlich oder unabhängig voneinander. Ein Unternehmen hingegen kann **kein Erfinder, jedoch Rechtsnachfolger** sein.

Eine Erfindung gilt als gemacht, wenn sie fertig ist und vom Erfinder verlautbart wurde. Dabei ist die Angabe nur einer **Aufgabe** keine fertige Erfindung, solange nicht die **Lösungsmittel** angegeben sind. Fertig ist eine Erfindung, wenn die ihr zugrunde liegende **Lehre technisch ausführbar** ist, wobei Markt- oder Serienreife nicht gefordert ist.

---

50 Mes, PatG, 3. Auflage, § 4 Rdn. 52 ff., mit weiteren Beispielen und Zitaten.
51 BGH GRUR 1999, 145 „Stoßwellen-Lithotripter".
52 BPatG GRUR 1995, 397, 398 „Außenspiegelanordnung".
53 BGH Mitt. 1978, 136 „Erdölrohre".
54 BGH GRUR 1991, 120, 121 „Elastische Bandage".
55 Vgl. Kraßer, Patentrecht, S. 320 f. sowie EPA Prüfungsrichtlinien 2013, Teil G, S. VII-3.

Die in diesem Zusammenhang geforderte **Verlautbarung** kann durch irgendeine Mitteilung oder körperliche Wiedergabe erfolgen. Dabei sollte sie nur einem Personenkreis, der zur Verschwiegenheit verpflichtet ist, aber *nicht der Öffentlichkeit* zugänglich gemacht werden, damit sie nicht SdT wird und so mangels Neuheit ihrer eigenen Patentfähigkeit entgegenstehen könnte. Wesentlich ist, dass die Erfindung nicht ausschließlich im Kopf des Erfinders vorhanden, sondern deren Existenz für Fachleute erkennbar ist, wie z.B. durch den Aufbau einer erfindungsgemäßen Vorrichtung oder schriftliche bzw. mündliche Erläuterungen.[56]

Von erforderlichen **schöpferischen Beiträgen**[57] zu unterscheiden sind auch **unterstützende Leistungen**. Wer (nur) Geldmittel, ein Laboratorium oder Geräte zur Verfügung stellt, ist nicht Miterfinder. Das gilt auch für Personen, die nach den Angaben eines anderen Versuchsbedingungen überwachen, Messwerte registrieren, den Bau von Versuchsanordnungen oder Prototypen ausführen, usw.

II. Erfinderrechte

Das Recht *auf* das Patent steht dem Erfinder (bzw. mehreren Miterfindern gemeinschaftlich) zu (§ 6 PatG bzw. Art. 60 EPÜ). Dieses entsteht mit dem Schöpfungsakt der Erfindung und hat eine **Doppelnatur**,[58] bestehend aus:

- dem **Erfinderpersönlichkeitsrecht** und aus
- der **materiell-rechtlichen Berechtigung** des Erfinders (bzw. seines Rechtsnachfolgers), die im Wesentlichen aus folgenden Rechten besteht:
  - **Anspruch auf Erteilung** des Patents (nach § 49 PatG bzw. Art. 97 Abs. 2 EPÜ);
  - **Berechtigung, die Erteilung des Patents zu verlangen** (§ 7 PatG bzw. Art. 60 Abs. 3, 61 EPÜ);
  - **Rechte *aus* dem Patent** (gem. §§ 9 ff., 15 Abs. 1, 2, §§ 139 ff. PatG bzw. Art. 71 ff. EPÜ).

Das **Erfinderpersönlichkeitsrecht** ist höchstpersönlich und unverzichtbar. Es äußert sich insbesondere in dem Recht des Erfinders, als solcher durch den Anmelder nach § 37 PatG **benannt** (bzw. nach Art. 62 EPÜ **genannt**) sowie durch das DPMA bzw. EPA auf der Offenlegungsschrift und Patentschrift genannt zu werden (§ 63 PatG bzw. Regel 20 AOEPÜ).

Sofern mehrere gemeinsam eine Erfindung gemacht haben, steht ihnen gem. § 6 S. 2 PatG das Recht auf das Patent gemeinschaftlich zu. Steht fest, dass es sich um eine gemeinschaftliche Erfindung handelt, steht das Recht den Miterfindern gemeinschaftlich zu. Das führt zu einer **Bruchteilsgemeinschaft** nach § 741 BGB, wenn und soweit die Beteiligten keine andere Vereinbarung getroffen haben. Besteht Bruchteilsgemeinschaft, kann über das Patent als Ganzes nur gemeinschaftlich verfügt werden, wobei die Bruchteilsgemeinschafter jedoch befugt sind, über ihren Anteil an der Erfindung frei zu disponieren.[59]

---

56 Vgl. Mes, PatG, 3. Auflage, § 6 Rdn. 4 ff.; Kraßer, Patentrecht, S 336 ff.
57 S. BGH v. 17.5.2011, X ZR 53/08, „Atemgasdrucksteuerung"; BGH v. 22.1.2013, X ZR 70/11.
58 Mes, PatG, 3. Auflage, § 6 Rdn. 15.
59 BGH GRUR 2001, 226, 227 „Rollenantriebseinheit".

Von der gemeinsamen Erfindung ist die **Parallelerfindung** (auch **Doppelerfindung** genannt) zu unterscheiden. Eine solche liegt vor, wenn mehrere Personen **unabhängig voneinander** eine identische technische Lehre (Erfindung) gemacht haben. Nach deutschem Patentrecht (§ 6 S. 3 PatG) und dem des EPÜ[60] (Art. 60 Abs. 2 EPÜ) steht bei Parallelerfindungen das Recht demjenigen zu, der die Erfindung zuerst beim Patentamt angemeldet hat (**Erstanmelderprinzip**).

III. Rechtsnachfolger

Die **materiell-rechtliche Berechtigung** – umfassend das Recht *auf* das Patent, den Anspruch auf dessen Erteilung und das Recht *aus* dem Patent – ist ein **Vermögensrecht**, als solches **veräußerbar** und kann **vererbt** oder auch beschränkt oder unbeschränkt **auf andere übertragen** werden (§ 15 Abs. 1 PatG bzw. Art. 71 f. EPÜ) oder Gegenstand von Lizenzen sein (§ 15 Abs. 2 PatG bzw. Art. 73 EPÜ). Durch eine solche Rechtsnachfolge kann auch eine juristische Person solche Rechte erwerben und zwar durch rechtsgeschäftliche Übertragung oder durch eine Inanspruchnahme im Rahmen des Arbeitnehmererfinderrechts (s.u. 6. Kapitel).

IV. Berechtigter vor den Patentbehörden

Um eine Verzögerung der Prüfung der Patentanmeldung zu vermeiden, gilt im Verfahren vor dem Patentamt der Anmelder als berechtigt, die Erteilung des Patents zu verlangen (§ 7 Abs. 1 PatG bzw. Art. 60 Abs. 3 EPÜ). Um dadurch entstehende Ungerechtigkeiten auszugleichen, gewährt das PatG Abhilfe: Der materiell Berechtigte kann im Falle einer Anmeldung durch einen Nichtberechtigten (sog. „**widerrechtliche Entnahme**") Einspruch gegen ein entsprechendes Patent erheben (§ 21 Abs. 1, Nr. 3 PatG), dessen Widerruf verlangen und eine neue Patentanmeldung unter Inanspruchnahme der Priorität der ursprünglichen Anmeldung gem. § 7 Abs. 2 PatG einreichen. Weiterhin kann er gemäß § 8 PatG durch Klage (**Vindikationsklage**) geltend machen, dass ihm der Anspruch auf Erteilung des Patents abgetreten wird oder die Übertragung des Patents verlangen, falls die Anmeldung bereits zum Patent geführt hat. Zusätzlich hat der Berechtigte noch die Möglichkeit, im Wege einer Nichtigkeitsklage das Patent für nichtig erklären zu lassen.

Für Entscheidungen zur **widerrechtlichen Entnahme bei europäischen Patentanmeldungen** verweist das EPÜ auf nationale Gerichte (siehe Art. 61 EPÜ sowie Anerkennungsprotokoll zum EPÜ; siehe auch unten § 20).

§ 11 Allgemeine Grundsätze des Verfahrensrechts

Im Folgenden werden Grundsätze für die Verfahren vor dem DPMA, dem BPatG und dem BGH beschrieben, und es wird konkreter auf die Erteilung eines **inländischen Patents** (d.h. **erteilt vom DPMA mit Wirkung für die Bundesrepublik Deutschland**) sowie auf entsprechende Einsprüche und Nichtigkeitsverfahren eingegangen.[61]

---

[60] Nach Art. 60 Abs. 2 EPÜ ist dieses Recht abhängig von der Veröffentlichung der früheren Anmeldung.
[61] In diesem Paragraphen werden nur nationale inländische Patente behandelt. Auf Besonderheiten des europäischen Patentverfahrens nach dem EPÜ wird unten im 3. Kapitel eingegangen.

Nur der Vollständigkeit halber sei an dieser Stelle erwähnt, dass für **Patentstreitsachen**, d.h. Klagen, durch die ein Anspruch aus einem im PatG geregelten Rechtsverhältnis geltend gemacht wird (beispielsweise Ansprüche wegen Patentverletzung nach § 139 PatG), die **Zivilkammern zugewiesener Landgerichte** (einschließlich Instanzenzug über zugehörige **Oberlandesgerichte** bis ggf. zum **BGH**) ausschließlich zuständig sind (§ 143 PatG). Darauf wird in diesem Abschnitt nicht weiter eingegangen; stattdessen wird dafür auf den achten Abschnitt verwiesen.

I. Übersicht

1. Verfahren vor dem DPMA

Die Bestimmungen zur Durchführung von Verfahren vor dem DPMA sind teilweise geregelt im PatG und werden ergänzt durch die „**Verordnung zum Verfahren in Patentsachen vor dem Deutschen Patent- und Markenamt**" (**PatV**)[62] sowie durch die „**Verordnung über das Deutsche Patent- und Markenamt**" (**DPMAV**).[63]

Ein Patentverfahren des DPMA beinhaltet im Wesentlichen:

- **Offensichtlichkeitsprüfung** (§ 42 PatG);
- **Recherche** (§ 43 PatG);
- **vollständige Prüfung** (§§ 44 ff. PatG);
- Führung des **Patentregisters** sowie Einsicht in dieses Register und in Akten (§§ 30, 31 PatG);
- sowie möglicherweise ein **Einspruchsverfahren** (§§ 59 ff. PatG).

Diese Tätigkeiten werden wahrgenommen von (s.a. § 27 PatG):

- **Prüfungsstellen**, die zuständig sind für die Bearbeitung von Patentanmeldungen und für die Erteilung von Auskünften zum SdT und deren Obliegenheiten je ein Prüfer wahrnimmt und
- **Patentabteilungen**, die u.a. zuständig sind für alle Angelegenheiten für erteilte Patente und bei Mitwirkung von mindestens drei Mitgliedern beschlussfähig sind.

Beschlüsse der Prüfungsstellen und Patentabteilungen sind schriftlich auszufertigen, den Beteiligten von Amts wegen zuzustellen und grundsätzlich zu begründen (§§ 47 Abs. 1, 59 Abs. 4 PatG). Ein **Beschluss** in diesem Sinne ist jeder Ausspruch, durch den eine abschließende Regelung ergeht, die die Rechte der Beteiligten berühren kann.[64]

2. Verfahren vor dem BPatG

Das BPatG entscheidet durch Beschluss (auch **Beschwerdebeschluss** genannt) über Beschwerden gegen Beschlüsse der Prüfungsstellen und Patentabteilungen des DPMA, sofern der Beschwerde nicht zuvor durch das DPMA abgeholfen wird (§§ 73, 79 Abs. 1 PatG). Das BPatG ist unter bestimmten Voraussetzungen auch zuständig für Entschei-

---

62 „Verordnung zum Verfahren in Patentsachen vor dem Deutschen Patent- und Markenamt" v. 1.9.2003, zuletzt geändert am 1.1.2013 durch die Dritte Verordnung zur Änderung der Markenverordnung und anderer Verordnungen vom 10.12.2012.
63 „Verordnung über das Deutsche Patent- und Markenamt" v. 1.4.2004, zuletzt geändert am 1.12.2013 durch die Verordnung über den elektronischen Rechtsverkehr beim DPMA und zur Änderung weiterer Verordnungen für das DPMA v. 1.11.2013.
64 Benkard/Schäfers, PatG, § 47 Rdn. 3.

dungen über Einsprüche (§ 61 Abs. 2 PatG) und entscheidet weiterhin in folgenden Fällen durch **Urteile**:
- in **Nichtigkeitsverfahren** (§§ 81 ff. PatG), die auch solche Patente betreffen können, die vom EPA erteilt wurden und für das Inland Wirkung erzielt haben sowie
- über **einstweilige Verfügungen** in Verfahren wegen Erteilung einer **Zwangslizenz** (§ 85 PatG).

3. Verfahren vor dem BGH

Der BGH entscheidet über **Rechtsbeschwerden** gegen **Beschlüsse der Beschwerdesenate des BPatG** (§§ 100 ff. PatG). Außerdem werden **Berufungsverfahren** gegen Urteile der Nichtigkeitssenate des BPatG durchgeführt (§§ 110 ff. PatG).

II. Zur Vertretung

Ein **Verfahrensbeteiligter**, wie insbesondere Patentanmelder, Einsprechender oder Nichtigkeitskläger, kann eine natürliche oder juristische Person sein. Für den, der im Inland Wohnsitz, Sitz oder Niederlassung hat, besteht für Verfahren vor dem DPMA und dem BPatG kein Vertretungszwang (sofern nicht gem. § 97 Abs. 1 S. 2 PatG angeordnet).[65] Dieser Personenkreis kann also selbst handeln; er kann sich jedoch auch vertreten lassen und zwar entweder durch einen **Patentanwalt** oder **Rechtsanwalt** oder durch beliebige dritte Personen, die zur Vertretung fähig, geeignet und prozessfähig sind (§ 79 ZPO),[66] sofern es sich **nicht** um eine **berufsmäßige** (geschäftsmäßige) Vertretung handelt. Davon sind jedoch *folgende Fälle zu unterscheiden*:
- Wenn ein Verfahrensbeteiligter im Inland **weder Wohnsitz, Sitz noch Niederlassung** hat – also auch bei deutscher Staatsangehörigkeit mit ausländischem Wohnsitz – hat er im Inland einen Patentanwalt oder Rechtsanwalt zu bestellen (§ 25 Abs. 1 PatG);
- in **Berufungs- und Beschwerdeverfahren** (gegen Urteile der Nichtigkeitssenate des BPatG nach §§ 84 bzw. 85 PatG) **vor dem BGH** müssen sich die Parteien (also unabhängig von Wohnsitz, Sitz oder Niederlassung) durch einen Patentanwalt oder Rechtsanwalt vertreten lassen (§§ 113 und 122 Abs. 4 PatG), wobei letzterer bei einem beliebigen deutschen Gericht, nicht jedoch notwendigerweise beim BGH, zugelassen sein muss;[67]
- in **Rechtsbeschwerdeverfahren** (gegen Beschwerdebeschlüsse des BPatG nach § 73 PatG) vor dem BGH müssen sich die Beteiligten durch einen beim BGH zugelassenen Rechtsanwalt vertreten lassen. Dabei ist auf Antrag eines Beteiligten seinem Patentanwalt das Wort zu gestatten (§ 102 Abs. 5 PatG).

---

65 Eine solche Anordnung kommt „nur dann in Betracht, wenn der Beteiligte nicht in der Lage ist, seine Sache selbst ordnungsgemäß zu vertreten" – s. Benkard/Schäfers, PatG, § 97 Rdn. 8.
66 Benkard/Schäfers, PatG, § 97 Rdn. 4.
67 Benkard/Rogge, PatG, § 112 Rdn. 10.

III. Fristen, Wiedereinsetzung, Weiterbehandlung

1. Fristen

Bei den Verfahren vor dem DPMA und dem BPatG sind verschiedene **Fristen** einzuhalten. Fristen sind **Zeiträume**, deren Beginn und Ende bestimmt oder genau bestimmbar sind und innerhalb deren Verfahrenshandlungen vorgenommen werden müssen.[68] Sie können gesetzlich vorgegeben (wie die Prüfungsantragsfrist nach § 44 Abs. 2 PatG) oder vom Amt bestimmt sein (wie nach § 45 Abs. 1 PatG). Die Fristberechnung erfolgt nach §§ 187 ff. BGB. Der Anfang einer Frist kann beispielsweise der Anmeldetag einer Patentanmeldung oder die Zustellung eines Bescheides sein. Das Ende der Frist wird nach §§ 188 ff. BGB berechnet, wobei insbesondere auf § 193 BGB hingewiesen wird, wonach ein Fristende, das auf ein Wochenende oder einen Feiertag fällt, auf den darauf folgenden Werktag verschoben wird.

2. Wiedereinsetzung

Wer ohne Verschulden verhindert war, gegenüber dem DPMA oder dem BPatG eine Frist einzuhalten und dadurch aufgrund gesetzlicher Vorschrift einen Rechtsnachteil erleidet, ist gem. § 123 Abs. 1 PatG auf Antrag wieder in den vorigen Stand einzusetzen. Bei einer derartigen **Wiedereinsetzung** handelt es sich um einen außerordentlichen Rechtsbehelf, dessen Wesen darin besteht, dass er eine verspätete Handlung zu einer rechtzeitigen macht.[69] Zur Klärung der Frage, inwiefern (k)ein **Verschulden des Handelnden** vorliegt, sei auf die einschlägigen Kommentare und Rechtsprechungen verwiesen. Die Wiedereinsetzung muss innerhalb von zwei Monaten nach Wegfall des Hindernisses (das ist beispielsweise, wenn dem Verantwortlichen das Fristversäumnis bewusst wird) schriftlich (auch durch Telegramm oder Fernschreiben)[70] beantragt werden, wobei auch Tatsachen angegeben werden müssen, die die Wiedereinsetzung begründen. Innerhalb der Antragsfrist ist außerdem die versäumte Handlung nachzuholen; ist dies geschehen, so kann die Wiedereinsetzung auch ohne Antrag gewährt werden (§ 123 Abs. 2 S. 3 PatG). Ein Jahr nach Ablauf der versäumten Frist kann die Wiedereinsetzung nicht mehr beantragt und die versäumte Handlung nicht mehr nachgeholt werden.

Bestimmte Fristen sind von der Wiedereinsetzung **ausgenommen** (s. §§ 123 Abs. 1, S. 2 und 123a Abs. 3 PatG). Zu beachten ist auch, dass § 123 PatG nicht für solche Fristen gilt, die gegenüber dem BGH einzuhalten sind, wie diejenigen zur Einlegung von Berufung und Beschwerde (gem. §§ 110 bzw. 122 PatG). Für eine derartige Wiedereinsetzung sind §§ 233 ff. ZPO anzuwenden, nach denen jedoch **andere Fristen** gelten.

Über den Antrag nach § 123 Abs. 3 PatG beschließt die Stelle, die über die nachgeholte Handlung zu beschließen hat. Eine gewährte Wiedereinsetzung ist unanfechtbar (§ 123 Abs. 4 PatG). Bei einer Ablehnung des Antrages im patent**amtlichen** Verfahren ist die Beschwerde nach § 73 PatG gegeben. Eine Ablehnung im patent**gerichtlichen** Verfahren ist grundsätzlich unanfechtbar.[71] Bei einer gewährten Wiedereinsetzung gilt die versäumte Handlung als rechtzeitig vorgenommen und der Rechtsnachteil als nicht ein-

---

[68] S. Benkard/Schäfers, PatG, § 123 Rdn. 4 mit Hinweis, dass Fristen von Terminen zu unterscheiden sind, gegen deren Versäumung keine Wiedereinsetzung möglich ist.
[69] Benkard/Schäfers, PatG, § 123 Rdn. 1.
[70] BPatG Bl.f. PMZ 1973, 166.
[71] Benkard/Schäfers, PatG, § 123 Rdn. 67, wo auch auf eine mögliche Rechtsbeschwerde hingewiesen wird.

getreten.[72] Hat das Fristversäumnis den Wegfall eines Patents oder einer Patentanmeldung zur Folge, der durch die gewährte Wiedereinsetzung anschließend wieder rückgängig gemacht wird, kann derjenige ein **Weiterbenutzungsrecht** erlangen, der in der Zeit zwischen dem Erlöschen und dem Wiederinkrafttreten des Patents oder der Patentanmeldung den geschützten Gegenstand in Benutzung genommen oder in dieser Zeit die dazu erforderlichen Veranstaltungen getroffen hat (§ 123 Abs. 5–7 PatG; siehe auch oben § 17 II. 2.).

3. Weiterbehandlung

Von der Wiedereinsetzung zu unterscheiden ist die **Weiterbehandlung** nach § 123a PatG. Ist nach Versäumung **einer vom DPMA bestimmten Frist** eine Patent**anmeldung** zurückgewiesen worden, so wird der Beschluss wirkungslos, wenn der Anmelder die **Weiterbehandlung** der Anmeldung beantragt und die versäumte Handlung nachholt. Die Antragsfrist, innerhalb der auch die Handlung nachzuholen und eine Gebühr zu zahlen ist, beträgt 1 Monat ab Zustellung der Entscheidung über die Zurückweisung der Anmeldung (§ 123a Abs. 1, 2 PatG).

Die **Weiterbehandlung** weist gegenüber der **Wiedereinsetzung** also folgende **wesentliche Unterschiede** auf:

- die Frage, ob **Verschulden** vorliegt, ist nicht relevant;
- es muss eine **vom DPMA bestimmte Frist** versäumt worden sein (wie Bescheiderwiderungsfrist nach § 45 Abs. 1 S. 1 PatG), **nicht** jedoch eine vom BPatG oder durch PatG oder andere Vorschriften mit Gesetzes- oder Ordnungsrang bestimmte Frist (z.B. Prüfungsantragsfrist, § 44 Abs. 2 PatG);
- Anwendung im Anmelde-/Prüfungsverfahren, also **vor Patenterteilung**;
- es ist eine **Gebühr** zu zahlen;
- die **Antragsfrist** beträgt 1 Monat.

Gegen die Versäumung der Antragsfrist und die Frist zur Zahlung der Weiterbehandlungsgebühr ist die Wiedereinsetzung nicht gegeben (§ 123a Abs. 3 PatG).

IV. Sonstiges

1. Rechtliches Gehör

Die Gewährung **rechtlichen Gehörs** ist als Verfassungsgebot ein Eckpfeiler eines rechtsstaatlichen Gerichtsverfahrens (Art. 103 Abs. 1 GG). Das gilt auch entsprechend für Verwaltungsverfahren (also auch vor dem DPMA), was völkerrechtlich speziell durch Art. 62 Abs. 4, 41 Abs. 3 TRIPS für patentamtliche Verfahren gewährleistet ist.[73]

2. Gebühren

Gebühren, die z.B. mit der Einreichung einer Anmeldung, eines Antrags oder durch die Vornahme einer sonstigen Handlung fällig werden, sind, soweit gesetzlich nichts ande-

---

[72] Benkard/Schäfers, PatG, § 123 Rdn. 69.
[73] Benkard/Schäfers, PatG, vor § 34 Rdn. 18.

res bestimmt ist, durch das **Patentkostengesetz (PatKostG)**[74] geregelt und werden insbesondere nach dem **Gebührenverzeichnis** der dortigen Anlage erhoben (§ 2 Abs. 1 ergänzend Abs. 2 PatKostG). Besonders hingewiesen sei auch auf § 6 PatKostG, in dem es sinngemäß heißt: Ist für die Stellung eines Antrags oder die Vornahme einer sonstigen Handlung **durch Gesetz eine Frist bestimmt, so ist innerhalb dieser Frist auch die Gebühr zu zahlen.** Alle übrigen Gebühren des Gebührenverzeichnisses sind innerhalb von drei Monaten ab Fälligkeit zu zahlen, soweit gesetzlich nichts anderes bestimmt ist. Wird eine solche Gebühr nicht, nicht vollständig oder nicht rechtzeitig gezahlt, so gilt die Anmeldung oder der Antrag als zurückgenommen, oder die Handlung als nicht vorgenommen, soweit gesetzlich nichts anderes bestimmt ist.

Für Patentanmeldungen, Patente und Schutzzertifikate sind **Jahresgebühren** nach § 17 bzw. § 16a Abs. 1 PatG zu zahlen. Diese werden fällig gem. § 3 Abs. 2 PatKostG und sind gem. § 7 Abs. 1 PatKostG innerhalb von zwei Monaten nach Fälligkeit zu zahlen. Innerhalb einer Nachfrist besteht noch die Möglichkeit, die Jahresgebühren mit Zuschlag zu zahlen.

3. Sprache

Gemäß § 126 PatG ist die Sprache vor dem DPMA und dem BPatG deutsch, sofern nichts anderes bestimmt ist (**Amtssprache** bzw. **Gerichtssprache**). Zugelassene Ausnahmen finden sich beispielsweise in § 35a PatG, wonach Anmeldeunterlagen in anderen Sprachen zulässig sind, sofern der Anmelder fristgerecht eine deutsche **Übersetzung** nachreicht. Diese muss von einem Patentanwalt oder Rechtsanwalt beglaubigt oder von einem öffentlich bestellten Übersetzer angefertigt sein; s. § 14 PatV,[75] wo auch geregelt ist, inwiefern Übersetzungen von Schriftstücken einzureichen sind, die nicht zu den Anmeldeunterlagen zählen.

Regional- und Minderheitensprachen, wie Niederdeutsch (Plattdeutsch), Sorbisch, Friesisch und Schweizerdeutsch, sind eigenständige Sprachen und keine deutsche Sprache.[76] **Fachsprache** kann jedoch deutsche Sprache sein und **fremdsprachige Ausdrücke** oder Begriffe stehen der deutschen Sprache nicht entgegen,[77] wenn

- deren Verwendung auf dem Fachgebiet allgemein anerkannt ist,
- sich eine einheitliche deutsche Entsprechung noch nicht herausgebildet hat,
- dem Deutsch sprechenden Fachmann ihre Bedeutung auch ohne Übersetzung ohne Weiteres klar ist und er sie auf dem einschlägigen Fachgebiet beherrscht.

4. Schriftlichkeit

Das Verfahren vor dem DPMA ist **grundsätzlich schriftlich**, mit den Modifikationen des Schriftlichkeitsbegriffs, die sich aus der Einführung und Zulassung elektronischer Formen der Textübermittlung auch für das DPMA ergeben (siehe auch § 125a PatG,

---

[74] Gesetz über die Kosten des Deutschen Patent- und Markenamts und des Bundespatentgerichts v. 13.12.2001, zuletzt geändert mit Wirkung zum 1.4.2014 durch das Gesetz zur Novellierung patentrechtlicher Vorschriften und anderer Gesetze des gewerblichen Rechtsschutzes vom 19.10.2013.
[75] Die PatV ist vom DPMA gem. §§ 34 Abs. 6, 63 Abs. 4 PatG verordnet worden.
[76] Schulte/Schell, Patentgesetz, 9. Auflage, § 126 Rdn. 7.
[77] Schulte/Schell, Patentgesetz, 9. Auflage, § 126 Rdn. 8.

§§ 11, 12 DPMAV,[78] §§ 3, 11 PatV).[79] Für Anträge und Handlungen, die ein patentamtliches Verfahren einleiten, ist die Schriftform meist besonders vorgeschrieben, woraus gem. § 126 Abs. 1 BGB auch das Erfordernis der **eigenhändigen Unterschrift** folgt. Zwar ermöglicht ein Telefax lediglich die elektronische Übertragung einer schriftlichen Originalvorlage mit anschließendem Ausdruck an einem Empfangsgerät. Trotzdem ermöglicht § 11 DPMAV, dass ein unterschriebenes Original auch per Telefax übermittelt werden kann, wobei das DPMA das Nachreichen des Originals verlangen kann (§ 11 Abs. 2 DPMAV).

5. Patentregister

Das DPMA führt ein **Register** für Patentanmeldungen und erteilte Patente (§ 30 Abs. 1 PatG), das u.a. den Anmelder bzw. Patentinhaber sowie dessen Vertreter oder Zustellungsvertreter angibt. Diese Angaben, die auf Nachweis geändert werden, sind maßgeblich für den Verkehr mit dem DPMA und den Gerichten, denn die jeweils eingetragenen Personen sind nach Maßgabe des PatG berechtigt und verpflichtet (§ 30 Abs. 3 PatG). Bezüglich eines Rechtsübergangs oder einer Bevollmächtigung haben diese Eintragungen jedoch nur **deklaratorische Wirkung**; d.h. eine entsprechende Eintragungsänderung ist zur Wirksamkeit eines Rechtsübergangs oder einer Bevollmächtigung nicht erforderlich.[80]

§ 12 Patentanmeldung und Erteilungsverfahren[81]

I. Patentanmeldung

Damit eine Erfindung patentrechtlichen Schutz durch ein **inländisches nationales Patent** erlangen kann, ist zunächst eine entsprechende **Patentanmeldung** beim DPMA einzureichen. Das kann auch über bestimmte **Patentinformationszentren**[82] erfolgen (§ 34 Abs. 1, 2 PatG). Die Anmeldung muss enthalten (siehe auch § 34 Abs. 3 PatG sowie ergänzend die auf § 34 Abs. 6 PatG beruhende PatV):
- Name des Anmelders;
- Antrag auf Erteilung eines Patents mit kurzer Bezeichnung der Erfindung;
- einen oder mehrere Patentansprüche, in denen angegeben ist, was unter Schutz gestellt werden soll;
- Beschreibung der Erfindung;
- Zeichnungen, auf die sich die Patentansprüche oder die Beschreibung beziehen.

Beispielhafte Patentanmeldungen aus den Bereichen der Chemie, Mechanik und Computer können der Broschüre des EPA „Der Weg zum europäischen Patent" [83] entnommen werden.

---

78 Mit Verweis auf die Verordnung des elektronischen Rechtsverkehrs vom 1.11.2013; BGBl. I, S. 3906.
79 Benkard/Schäfers, PatG, vor § 34 Rdn. 20.
80 Kraßer, Patentrecht, S. 469.
81 In diesem Paragraphen werden nur nationale inländische Patente behandelt. Auf Besonderheiten des europäischen Patentverfahrens nach dem EPÜ wird unten im 3. Kapitel eingegangen.
82 s.a. http://www.piznet.de (letzter Abruf: 7/2014).
83 „Der Weg zum europäischen Patent – Leitfaden für Anmelder", 14. Auflage, Oktober 2013, S. 75 ff..

Eine weitere Voraussetzung ist die Zahlung der **Anmeldegebühr**. Sie wird fällig mit Eingang der Anmeldung und ist innerhalb von drei Monaten zu zahlen. Unterbleibt eine vollständige Zahlung gilt die Anmeldung als zurückgenommen (§ 6 Abs. 2 PatKostG). Die Unterlagen können **deutsch- oder fremdsprachig** sein, wobei im zweiten Fall fristgerecht eine **Übersetzung** nachzureichen ist (§ 35a PatG). Anmelder kann jede natürliche oder juristische Person sein, aber auch eine nicht rechtsfähige Personenvereinigung, die ähnlich einer juristischen Person als solche Rechte und Pflichten haben kann, wie OHG oder KG (§ 124 HGB) sowie eine Gesellschaft bürgerlichen Rechts (§§ 705 ff. BGB).[84]

Der Anmeldung ist auch eine **Zusammenfassung** beizufügen, die jedoch fristgerecht nachgereicht werden kann. Sie dient ausschließlich zur technischen Unterrichtung (§ 36 PatG).

Der Anmelder hat im Rahmen einer **Erfinderbennennung**, die ebenfalls fristgerecht nachgereicht werden kann, anzugeben, wie er das Recht auf das Patent erlangt hat (also ggf. Rechtsnachfolger des Erfinders wurde), jedoch wird dies amtsseitig im Erteilungsverfahren nicht geprüft (s. § 37 Abs. 1 PatG). Für den Erteilungsantrag sind die in § 4 PatV genannten formellen und inhaltlichen Vorgaben einzuhalten. In die Beschreibung sind keine Angaben aufzunehmen, die zum Erläutern der Erfindung offensichtlich nicht notwendig sind. **Modelle** und **Proben** sind nur auf Anforderung des DPMA einzureichen (§ 16 Abs. 1 PatV). Sie sind jedoch nicht Bestandteil der Anmeldung und kein Mittel zur Erfindungsoffenbarung.[85]

Die **Offenbarung** der Erfindung muss in der Anmeldung (insbesondere in Beschreibung, Zeichnungen und Patentansprüchen) so deutlich und vollständig erfolgen, dass ein Fachmann die Erfindung **ausführen** kann (§ 34 Abs. 4 PatG). Angaben, die ausschließlich in der Zusammenfassung enthalten sind, dienen nicht der Offenbarung. Diese ist auch insofern wesentlich, als sie den Gegenstand der Anmeldung und damit den **maximal möglichen Schutzumfang** festlegt. Dieser kann im Laufe des Erteilungsverfahrens zwar eingeschränkt, aber nicht mehr erweitert werden. Die Offenbarung definiert weiterhin den sachlichen Umfang, der bei Inanspruchnahme von Prioritäten gilt (s. u. § 12 II. 2.).

Die Anmeldung darf nach § 34 Abs. 5 PatG nur eine einzige Erfindung enthalten oder eine Gruppe von Erfindungen, die eine einzige allgemeine erfinderische Idee verwirklichen (**Einheitlichkeit**). Eine eventuelle Uneinheitlichkeit ist danach zu beurteilen, ob nach dem technologischen Zusammenhang und der Übersichtlichkeit des Erfindungskomplexes eine Behandlung in verschiedenen Patentverfahren geboten erscheint.[86]

Die **Patentansprüche** haben eine ganz herausragende Bedeutung, denn **ihr jeweiliger Inhalt bestimmt die zu schützende Erfindung und somit den Schutzbereich** der Patentanmeldung bzw. des darauf erteilten Patents (§ 14 PatG bzw. Art. 69 EPÜ).

Wegen der rechtlichen Bedeutung der Ansprüche wird im Folgenden kurz dargestellt, wie diese prinzipiell aufgebaut sein können.

---

84 Kraßer, Patentrecht, S. 478.
85 Kraßer, Patentrecht, S. 489.
86 Prüfungsrichtlinien des DPMA (1.3.2004), 3.3.3.4 mit Verweis auf BGH GRUR 1979, 619 „Tabelliermappe".

§ 12 Patentanmeldung und Erteilungsverfahren

Patentansprüche umfassen eine Reihe von **Merkmalen**, durch die die zu schützende Erfindung beschrieben werden soll, wie bei folgendem einfachen Beispiel für einen (allgemein bekannten) Tisch:
1. Vorrichtung mit einer Platte und mindestens einem Bein, dadurch gekennzeichnet, dass mindestens ein Bein senkrecht zur Platte angeordnet ist.

Dieser beispielhafte Anspruch umfasst also verschiedene Merkmale, die anhand folgender Merkmalsanalyse leicht darstellbar sind:
i) eine Platte
ii) ein Bein oder mehrere Beine, welches/welche
iii) senkrecht zu der Platte angeordnet ist/sind.

Daraus wird erkennbar, dass **in den Ansprüchen enthaltene Merkmale üblicherweise eine Erfindung einschränkend beschreiben** (eine würfelförmige Platte ohne Beine ist nicht umfasst, ebenso wenig eine Beinanordnung, die einen Winkel von 45 Grad zur Platte einschließt).

Wie üblich (aber nicht zwingend), ist der Beispielsanspruch zweiteilig formuliert, wobei die Merkmale vor der Formulierung „dadurch gekennzeichnet, dass"[87] als **Oberbegriff** und die anschließenden Merkmale als **kennzeichnender Teil** bezeichnet werden. Der Oberbegriff soll die Merkmale des nächstkommenden SdT beschreiben, und der kennzeichnende Teil die dem gegenüber neuen Merkmale enthalten. Eine solche Unterteilung dient jedoch nur Zweckmäßigkeitserwägungen und es ist für die Erfassung des Gegenstands, also dessen was geschützt werden soll, nicht von Bedeutung, ob ein bestimmtes Merkmal im Oberbegriff oder im kennzeichnenden Teil erscheint.[88]

Ein Patent kann einen oder mehrere Ansprüche enthalten. Der erste wird als **Hauptanspruch** bezeichnet. Die weiteren Ansprüche können von ihm **abhängig** („**Unteranspruch**") oder **unabhängig** („**Nebenanspruch**") sein. Ein abhängiger Anspruch bezieht sich direkt oder indirekt (d.h. durch Bezug auf andere abhängige Ansprüche) auf den Hauptanspruch oder einen Nebenanspruch. Ein abhängiger Anspruch enthält (wenigstens) ein weiteres einschränkendes Merkmal, durch das die Erfindung weiter präzisiert wird, wie in folgendem Beispiel:
2. Vorrichtung nach Anspruch 1, dadurch gekennzeichnet, dass mindestens ein Bein an die Platte geleimt ist.

Durch diesen Unteranspruch wird also eine Vorrichtung definiert – und im Falle einer Patenterteilung geschützt, die alle folgenden Merkmale umfasst:
i) eine Platte (aus Anspruch 1)
iv) ein Bein oder mehrere Beine (aus Anspruch 1), welches/welche
v) senkrecht zu der Platte angeordnet ist/sind (aus Anspruch 1) und welches/welche
vi) an die Platte geleimt ist/sind (aus Anspruch 2).

Ein Tisch mit drei senkrecht zur Platte angeordneten Beinen, die an diese geschraubt oder geschweißt sind, ist zwar von Anspruch 1, jedoch nicht von Anspruch 2 umfasst.

---

87 Stattdessen auch „gekennzeichnet durch" oder dergleichen.
88 BGH GRUR 1994, 357 „Muffelofen".

Ein Nebenanspruch bezieht sich nicht auf einen anderen Anspruch und die in ihm angegebene Erfindung wird somit nicht durch Merkmale aus anderen Ansprüchen beschränkt, wie in folgendem Beispiel:

3. Verfahren, bei dem eine Platte mit mindestens einem Bein verbunden wird, dadurch gekennzeichnet, dass die Platte horizontal ausgerichtet wird, mindestens ein Bein der Platte vertikal zugeführt und anschließend mit dieser verbunden wird.

Bei Nebenansprüchen ist in der Praxis zu beachten, dass das Erfordernis der Einheitlichkeit gemäß § 35 Abs. 5 PatG (Art. 82 EPÜ) zu erfüllen ist.

II. Anmeldetag und Priorität

Der Eingang der Patentanmeldung beim DPMA oder bei einem zugelassenen Patentinformationszentrum bestimmt ihren **Anmeldetag** (s.a. Abb. 3), nach dem verschiedene Fristen berechnet werden, wie z.B. für die **Patentdauer** (§ 16 PatG), für **Jahresgebührenzahlungen** (§ 17 PatG) und für die Stellung des **Prüfungsantrags** (§ 44 Abs. 2 PatG). Sofern der Anmeldetag den **Zeitrang** der betreffenden Patentanmeldung oder weiterer Nachanmeldungen darstellt (s.a. § 9), werden nach ihm auch weitere Fristen berechnet, wie z.B. für die **Akteneinsicht** (§ 31 Abs. 2 Nr. 2 PatG).

1. Mindesterfordernisse zur Anerkennung eines Anmeldetags

Zur Anerkennung des Anmeldetages sind jedoch nicht alle Erfordernisse aus § 34 Abs. 3 PatG erforderlich (s.o. I.). Die **Mindesterfordernisse zur Anerkennung eines Anmeldetages** bestimmt § 35 Abs. 1 PatG:

- Name des Anmelders;
- Antrag auf Erteilung eines Patents mit kurzer Bezeichnung der Erfindung;
- Angaben, die dem Anschein nach als Beschreibung der Erfindung anzusehen sind.

Die fristgerechte Nachreichung deutschsprachiger Unterlagen bei fremdsprachigen Anmeldeunterlagen ist seit dem 1.4.2014 kein Mindesterfordernis mehr für die Anerkennung eines Anmeldetages.

Die Mindesterfordernisse **umfassen** also *nicht* die Einreichung eines **Patentanspruchs**, die Zahlung der **Anmeldegebühr** und Erfüllung von **Formerfordernissen**. Das bedeutet: Sind die Mindesterfordernisse erfüllt, beeinflusst ein eventueller anschließender Wegfall der Patentanmeldung (was z.B. der Fall ist, wenn die fehlenden in § 34 Abs. 3 PatG genannten Bedingungen nicht nachträglich fristgerecht erfüllt werden (s. § 42 Abs. 1, 3 PatG) nicht den einmal zuerkannten Anmeldetag. Dieser kann wesentlich sein, selbst wenn die dazugehörige Patentanmeldung anschließend entfällt. Denn handelt es sich bei dieser Patentanmeldung um die erste Anmeldung der Erfindung, bestimmt ihr Anmeldetag die Priorität und damit den **Zeitrang** (bzgl. Neuheit i.S.v. § 3 Abs. 1 PatG) auch von Nachanmeldungen, sofern diese innerhalb von 12 Monaten nach dem ersten Anmeldetag eingereicht werden und für sie die Priorität dieser ersten Anmeldung beansprucht wird.

2. Priorität

Der **Zeitrang** der zu prüfenden Patentanmeldung und des darauf erteilten Patents kann der **eigene Anmeldetag** sein. Er kann sich jedoch auch ergeben aufgrund der wirksamen Inanspruchnahme einer **Priorität**. Dabei sind zu unterscheiden

- innere Priorität (§ 40 PatG) und
- Auslandspriorität (§ 41 PatG).

Die **innere Priorität** zeichnet sich dadurch aus, dass sie einem Anmelder ermöglicht, für eine **spätere deutsche** Patentanmeldung die Priorität einer **früheren deutschen** Patent- oder Gebrauchsmusteranmeldung zu beanspruchen. Eine frühere Design- bzw. Geschmacksmusteranmeldung hingegen kann kein Prioritätsrecht für eine spätere Patentanmeldung begründen.[89] Bei der Inanspruchnahme der inneren Priorität ist zu beachten, dass bei einer früheren anhängigen Patentanmeldung diese per Gesetz mit der wirksamen Prioritätsbeanspruchung **als zurückgenommen gilt** (Rücknahmefiktion gem. § 40 Abs. 5 PatG). Das gilt jedoch nicht, wenn diese Anmeldung nicht mehr anhängig ist, weil darauf bereits ein Patent erteilt ist.[90] Diese **Rücknahmefiktion** gilt auch **nicht für eine frühere Gebrauchsmusteranmeldung**.

Die **Auslandspriorität** bezieht sich auf eine **frühere Anmeldung im Ausland**. Eine solche Voranmeldung kann nach deutscher Praxis auch eine Design- bzw. Geschmacksmusteranmeldung sein.[91]

Üblicherweise kommen dafür Anmeldungen in **Verbandsländern der PVÜ, der WTO** (s. o. § 4 III. 1. bzw. 5.) sowie auch **europäische Patentanmeldungen** in Frage. Durch § 41 Abs. 2 PatG sind jedoch auch Anmeldungen in solchen Staaten für die Inanspruchnahme einer Priorität zugelassen, mit denen kein entsprechender Staatsvertrag besteht, sofern mit diesen Staaten entsprechende bilaterale Vereinbarungen vereinbart sind. Solche Vereinbarungen gibt es zwar mit Ecuador, Kolumbien und Taiwan,[92] jedoch gehören diese Staaten inzwischen (zumindest) der WTO an.

Durch die Vorschriften der **Unionspriorität** (Art. 4 PVÜ) und die des EPÜ (Art. 87 ff. EPÜ) wird andererseits auch ermöglicht, dass für ausländische Anmeldungen der **Anmeldetag einer deutschen Patentanmeldung beansprucht werden kann**.

Die Priorität kann der Anmeldetag einer früheren Anmeldung sein, die die zu schützende Erfindung **offenbart**. Dabei kommt es nicht darauf an, dass diese in den Ansprüchen angegeben ist, sie kann auch in anderen Teilen der Anmeldung offenbart sein, insbesondere in der Beschreibung oder in den Zeichnungen. Nicht zur Offenbarung gehören jedoch Informationen, die lediglich in der Zusammenfassung enthalten sind (s.o.). Der früheren Anmeldung muss ein Anmeldetag zuerkannt worden sein und zwar nach nationalem Recht des Amtes, wo sie eingereicht wurde. So müssen z.B. für die Beanspruchung einer inneren Priorität die oben genannten Mindesterfordernisse für einen Anmeldetag erfüllt sein.

Auf das anschließende Schicksal dieser älteren Anmeldung kommt es nicht an. Das heißt, sie kann zurückgewiesen worden sein oder als zurückgenommen gelten, z.B. wegen Nichtzahlung der Anmeldegebühr. Zur Inanspruchnahme einer Priorität ist eine Vielzahl von **Formerfordernissen** einzuhalten. Besonders hingewiesen sei hier lediglich auf die **Frist** zur Einreichung der Nachanmeldung. Sie beträgt **12 Monate** und zwar ge-

---

[89] Schulte/Moufang, Patentgesetz, 9. Auflage, § 40 Rdn. 9.
[90] BPatG GRUR 1989, 663 „Innere Priorität – Doppelpatentierung".
[91] Das EPA und die übrigen Verbandsländer folgen dieser Praxis nicht; lt. Schulte/Moufang, Patentgesetz, 9. Auflage, § 41 Rdn. 15.
[92] Schulte/Moufang, Patentgesetz, 9. Auflage, § 41 Rdn. 25.

rechnet ab dem Anmeldetag der ersten Anmeldung, die die betreffende Erfindung offenbart.

Die Inanspruchnahme einer Priorität bewirkt, dass der **Zeitrang** der zu prüfenden Patentanmeldung **früher** liegt als ihr eigener Anmeldetag. Damit werden Kenntnisse nicht mehr zum SdT gerechnet, die zwar vor dem Anmeldetag aber nach dem Prioritätstag der Öffentlichkeit zugänglich gemacht werden. Analoges gilt auch für ältere Patentanmeldungen (siehe oben § 9 I. 2.).

III. Teilanmeldung, Ausscheidung und Zusatzpatent

1. Teilanmeldung

Nach § 39 Abs. 1 PatG kann der Anmelder die **Anmeldung jederzeit teilen**. Der abgetrennte Teil wird üblicherweise als **Teilanmeldung** bezeichnet, für die der Zeitpunkt (Anmeldetag) der ursprünglichen Anmeldung und eine dafür in Anspruch genommene Priorität erhalten bleibt. Der Anmelder kann auch mehrere Teilanmeldungen aus der Ursprungsanmeldung ableiten. Es ist außerdem möglich, eine Teilanmeldung als Grundlage für weitere Teilanmeldungen zu verwenden. Obwohl grundsätzlich eine jederzeitige Teilung der Anmeldung möglich ist, gibt es dennoch zeitliche Begrenzungen. So ist Voraussetzung, dass die zu teilende Anmeldung noch anhängig ist. Das ist nicht der Fall, wenn die Anmeldung bereits rechtskräftig zurückgewiesen oder zurückgenommen ist oder als zurückgenommen gilt. Eine Teilung ist auch nur bis zum Erlass, allenfalls bis zur Rechtskraft des Patenterteilungsbeschlusses möglich.[93] Durch Wegfall von § 60 PatG zum 1. Juli 2006 ist die **Teilung eines erteilten Patents nicht mehr möglich**. Nach Beendigung der Tatsacheninstanzen (vor DPMA und BPatG) ist eine Teilung nach den Vorschriften über die Rechtsbeschwerde ausgeschlossen.[94]

Gründe zum Einreichen einer Teilanmeldung, die ja erhöhten Aufwand und zusätzliche Gebührenzahlungen verursacht, können vielfältig sein, wie:
- eine schnelle Erteilung von unstrittigen, jedoch eingeschränkten Patentansprüchen zur Durchsetzung der Rechte nach § 139 PatG, wobei im weiteren Verfahren der Ursprungsanmeldung strittige ggf. umfangreichere Patentansprüche ausgiebig geprüft werden können;
- einzelne Teile der Ursprungsanmeldung sollen im Rahmen einer vertraglichen Transaktion verwertet werden;
- der Anmelder möchte einem Einwand der Uneinheitlichkeit zuvorkommen.

2. Ausscheidung

Eine Teilanmeldung ist jedoch nicht mehr möglich, wenn die Prüfungsstelle im Erteilungsverfahren bereits den Einwand der Uneinheitlichkeit erhoben hat. Denn dann fordert die Prüfungsstelle den Anmelder unter Hinweis auf die Möglichkeit der Zurückweisung der Anmeldung auf, die Einheitlichkeit durch eine **Ausscheidungserklärung** oder durch Verzicht auf den uneinheitlichen Teil herzustellen.[95]

---

93 Benkard/Schäfers, PatG, § 39 Rdn. 13.
94 Benkard/Schäfers, PatG, § 39 Rdn. 10.
95 Prüfungsrichtlinien des DPMA (1.3.2004), 3.3.3.4; s. www.dpma.de (letzter Abruf 7/2014).

Bei der Teilung handelt es sich also um die Ausübung eines Gestaltungsrechts, bei der Ausscheidung hingegen um die Beseitigung eines Mangels der Anmeldung, so dass insbesondere § 39 Abs. 3 PatG für diesen Fall nicht in Betracht kommen soll. Der Anmelder kann zwar einer Beanstandung wegen Uneinheitlichkeit durch rechtzeitige Teilung unter Anwendung von § 39 PatG zuvorkommen. Ist jedoch die Uneinheitlichkeit der Anmeldung bereits beanstandet worden, dann können nur die für die Ausscheidung geltenden Grundsätze herangezogen werden.[96] Ansonsten gibt es verfahrens- und materiellrechtlich viele Ähnlichkeiten zwischen beiden Verfahren.

3. Zusatzpatent

Bis zum 31.3.2014 war es möglich, durch die fristgerechte Anmeldung eines **Zusatzpatents** (§ 16 aF Abs. 1 S. 2 PatG) eine Verbesserung oder Weiterbildung einer Hauptanmeldung auf günstige Weise schützen zu lassen.

Aufgrund der Änderungen des PatG zum 1.4.2014 (s.a. Fußn. 4) ist die Anmeldung von Zusatzpatenten ab diesem Zeitpunkt nicht mehr möglich. Für anhängige Verfahren auf ein Zusatzpatent oder für bereits erteilte Zusatzpatente gelten die früheren Regelungen des PatG weiterhin (s. § 147 Abs. 3 PatG).

IV. Erteilungsverfahren

Der Kern des Patenterteilungsverfahrens ist die Prüfung nach §§ 44 ff. PatG, die sowohl Formerfordernisse als auch materielle Patentierungsvoraussetzungen umfasst. Sie wird jedoch erst nach Stellung eines **Prüfungsantrages** vorgenommen, der innerhalb einer **Frist von 7 Jahren nach Einreichung** der zu prüfenden Patentanmeldung zu stellen ist. Wird dieser Antrag nicht (nahezu) gleichzeitig mit dem Einreichen der Patentanmeldung gestellt, so erfolgt zunächst eine **Offensichtlichkeitsprüfung**.

1. Offensichtlichkeitsprüfung

Die Offensichtlichkeitsprüfung nach § 42 PatG findet **ohne gesonderten Antrag** statt und soll einerseits bewirken, dass formal mangelhafte Anmeldungen in eine zur Offenlegung und als Grundlage einer Recherche geeignete äußere Form gebracht werden. Weiterhin sollen Anmeldungen, deren Gegenstand gem. § 42 Abs. 2 PatG offensichtlich außerhalb des Anwendungsbereichs des Patentschutzes liegen, ausgeschieden werden. Stellt sich heraus, dass die Anmeldung den in § 42 PatG genannten Anforderungen offensichtlich nicht genügt, wird der Anmelder aufgefordert, die gerügten Mängel zu beseitigen. Falls das nicht geschieht oder die Anmeldung offensichtlich nicht patentfähig ist, wird die Anmeldung zurückgewiesen (§ 42 Abs. 3 PatG). Wenn sich keine Beanstandungen ergeben, ist eine positive Benachrichtigung an den Anmelder nicht vorgesehen.[97]

2. Recherchebericht

Wenn der Patentanmelder einen schriftlichen Antrag auf Ermittlung von SdT stellt (**Rechercheantrag**) und die zugehörige Gebühr zahlt, führt das DPMA eine entsprechende

---

[96] Benkard/Schäfers, PatG, § 34 Rdn. 112a.
[97] Benkard/Schäfers, PatG, § 42 Rdn. 21.

Recherche durch (§ 43 PatG). Das Ergebnis (**Recherchebericht**) enthält den ermittelten SdT sowie zugehörige klassifikatorische Hinweise auf dessen Relevanz.

Aufgrund der Änderungen des PatG zum 1.4.2014 (s.a. Fußn. 4) kann der Rechercheantrag nur von dem Patentanmelder gestellt werden (§ 43 Abs. 2 PatG).

3. Offenlegung

Unabhängig vom Verfahrensstand wird eine Patentanmeldung üblicherweise 18 Monate nach dem Anmelde- oder Prioritätstag **veröffentlicht** (§ 31 Abs. 2 Nr. 2 PatG; s.a. Abb. 3). Dies geschieht durch Veröffentlichung des **Offenlegungshinweises** im Patentblatt (§ 32 Abs. 5 PatG) und Herausgabe der Anmeldungsunterlagen als „Offenlegungsschrift" (§ 32 Abs. 5 PatG). Die Offenlegung hat zur Folge, dass jedermann **freie Einsicht in die Akten der Patentanmeldung** nehmen kann. Damit wird der einsehbare **Akteninhalt**, also insbesondere auch die angemeldete Erfindung, zum **SdT** und zwar nicht nur bzgl. Neuheit (§ 3 Abs. 1 PatG) sondern auch bzgl. erfinderischer Tätigkeit (§ 4 PatG). Außerdem kann der Anmelder von Dritten, die den Anmeldegegenstand unerlaubt[98] benutzen, eine angemessene Entschädigung verlangen (§ 33 Abs. 1 PatG). Der Anmelder kann sich gegenüber dem DPMA jedoch auch schon vorzeitig, d.h. vor Ablauf der 18 Monate, mit der Offenlegung und den sich daraus ergebenden Rechtsfolgen einverstanden erklären (§ 31 Abs. 2 Nr. 1 PatG).

4. Vollständige Prüfung

Nachdem vom Patentanmelder oder irgendeinem Dritten fristgerecht ein **Prüfungsantrag** gestellt und die **Prüfungsgebühr**[99] gezahlt wurde (§ 44 Abs. 2 PatG), beginnt die **vollständige Prüfung** (s.a. Abb. 3), bei der das DPMA auch – anders als bei der Offensichtlichkeitsprüfung nach § 42 PatG – nicht offensichtliche Formerfordernisse sowie die materielle Patentfähigkeit der angemeldeten Erfindung nach den §§ 1 bis 5 PatG prüft. Üblicherweise liegt der Schwerpunkt eines solchen Verfahrens bei der Prüfung auf Neuheit und erfinderischer Tätigkeit. Wesentlich sind dafür normalerweise der vom Anmelder genannte und der vom DPMA ermittelte SdT. Jedoch können auch Dritte dem DPMA Hinweise zum SdT geben, der der Erteilung des Patents entgegenstehen könnte (§ 43 Abs. 3 S. 2 PatG). Kommt das DPMA zu dem Ergebnis, dass eine patentfähige Anmeldung nicht vorliegt, benachrichtigt es den Anmelder durch einen (oder mehrere) schriftlichen **Prüfungsbescheid**. Dieser enthält die entsprechenden Gründe und eine Aufforderung, sich innerhalb einer bestimmten (verlängerbaren) Frist zu äußern (§ 45 Abs. 2 PatG). Dabei kann der Anmelder z.B. durch Anpassung der Patentansprüche seine beanspruchte Erfindung gegenüber dem SdT abgrenzen. Es ist auch möglich, dass das DPMA Beteiligte zu einer mündlichen Anhörung lädt (§ 46 PatG), um so das Verfahren zu vereinfachen. Seit dem 1.4.2014 hat der Anmelder nach entsprechendem Antrag ein Recht auf eine solche Anhörung.

Das DPMA weist die Anmeldung durch Beschluss zurück, wenn Formfehler nicht beseitigt werden oder wenn die Prüfung ergibt, dass die beanspruchte Erfindung nicht pa-

---

98 „unerlaubt" bedeutet hier, dass Ausnahmen insbesondere gem. §§ 11, 12 PatG nicht greifen. Es handelt sich jedoch nicht um eine widerrechtliche Benutzung, die einer Gestattung bedürfte. Diese Benutzung kann also nicht verboten werden – BGH, GRUR 75, 430, 434 „Bäckerhefe".
99 Deren Höhe hängt davon ab, ob zuvor ein Rechercheantrag gestellt wurde oder nicht und beträgt z.Zt. 150 bzw. 350 EUR.

tentfähig ist (§ 48 PatG). Eine solche Zurückweisung führt zum rückwirkenden Wegfall des Anspruchs auf angemessene Entschädigung (§ 58 Abs. 2 PatG). Gegen diesen Beschluss kann eine gebührenpflichtige[100] und fristgebundene **Beschwerde** gem. § 73 PatG beim DPMA eingelegt werden. Falls das DPMA die Beschwerde für begründet erachtet, hat es ihr abzuhelfen. Andernfalls ist sie dem BPatG vorzulegen, das das Verfahren gem. §§ 74 ff. PatG durchführt. Die Beschwerde **hat aufschiebende Wirkung** (§ 75 Abs. 1 PatG) und sichert daher zunächst den Fortbestand des vorläufigen Schutzes aus der offengelegten Anmeldung.[101] Gegen einen für den Anmelder negativen Beschluss des Beschwerdesenats des BPatG kann der Anmelder **Rechtsbeschwerde an den BGH** einlegen, wenn diese in dem Beschluss zugelassen wurde (§ 100 Abs. 1, 2 PatG) oder Verfahrensmängel nach § 100 Abs. 3 PatG vorliegen.

5. Patenterteilung

Sind die in § 49 Abs. 1 PatG genannten Voraussetzungen erfüllt, beschließt die Prüfungsstelle die **Erteilung des Patents** (s.a. Abb. 3). **Diese wird im Patentblatt veröffentlicht.** Gleichzeitig wird die **Patentschrift** veröffentlicht und mit Veröffentlichung im Patentblatt treten die gesetzlichen Wirkungen des Patents ein (§ 58 Abs. 1 PatG). Das Patent hat also bereits Wirkung während der 9-monatigen Einspruchsfrist (§ 59 Abs. 1 PatG) und behält diese während eines eventuellen Einspruchs- oder Nichtigkeitsverfahrens (s. §§ 59 ff. bzw. 81 ff. PatG). Erst nach Abschluss eines solchen Verfahrens wird entschieden, ob und in welchem Umfang das Patent von Anfang an widerrufen (oder aufrecht erhalten) wird (§§ 61 Abs. 1 i.V.m. 21 Abs. 3; bzw. 81 i.V.m. 22 Abs. 2 PatG; siehe auch unten § 13 bzw. § 14).

§ 13 Einspruch

I. Erhebung des Einspruchs

Ein **Einspruchsverfahren** (s.a. Abb. 3) wird durchgeführt, wenn innerhalb der **Einspruchsfrist** (also auch nicht davor)[102] schriftlich beim DPMA Einspruch erhoben und die fällige Gebühr[103] gezahlt wird. Die Einspruchsfrist beträgt seit der Änderung des PatG zum 1.4.2014 jetzt 9 Monate (zuvor 3 Monate), berechnet ab Veröffentlichung der Patenterteilung. Bei Erhebung des Einspruchs ist auch der Einsprechende anzugeben und zu erklären, gegen welches Patent sich der Einspruch richtet. Im Falle widerrechtlicher Entnahme ist nur der Verletzte zum Einspruch berechtigt. In den anderen Fällen ist jedermann unabhängig von einem möglichen eigenen Rechtsschutzinteresse dazu berechtigt. Der Patentinhaber selbst oder ein Mitinhaber des Patents ist nicht einspruchsberechtigt.[104]

Sollte das Patent jedoch innerhalb der Einspruchsfrist oder während des anschließenden Verfahrens ex nunc erlöschen, z.B. durch Verzicht oder Nichtzahlung von Jahresgebühren, so ist zum Einspruch bzw. an der Fortsetzung des Verfahrens nur derjenige berechtigt, der ein entsprechendes **Rechtsschutzbedürfnis** an einer rückwirkenden Be-

---
[100] PatKostG, GebVerz Nr. 401300 (z.Zt. 200 EUR).
[101] Kraßer, Patentrecht, S. 446.
[102] Benkard/Schäfers, PatG, § 59 Rdn. 29.
[103] Seit 1.1.2002; PatKostG, GebVerz Nr. 313600 (z.Zt. 200 EUR).
[104] „Richtlinien für das Einspruchsverfahren vor dem DPMA" vom 18.1.2007, Nr. 3.5.

seitigung nachweisen kann, z.B. wegen Inanspruchnahme auf Schadensersatz aus dem Patent.[105]

II. Begründung des Einspruchs

Der Einspruch ist auf einen der folgenden (in § 21 Abs. 1 PatG genannten) **Widerspruchsgründe** zu stützen:

- **fehlende Patentfähigkeit** des Patentgegenstands nach §§ 1 bis 5 PatG;
- **undeutliche oder unvollständige Offenbarung** der patentierten Erfindung, so dass ein Fachmann sie nicht ausführen kann;
- **widerrechtliche Entnahme** des wesentlichen Patentinhalts von einem Dritten;
- **unzulässige Erweiterung** des Patentgegenstands gegenüber dem Inhalt der ursprünglichen Patentanmeldung.

Andere Gründe, wie z.B. Formfehler im Erteilungsverfahren, sind nicht relevant. Außerdem ist der Einspruch **substantiiert zu begründen** und es sind die Tatsachen, die ihn rechtfertigen, innerhalb der Einspruchsfrist **im Einzelnen anzugeben** (§ 59 Abs. 1 PatG). So ist es nicht ausreichend, *allgemein* zu behaupten, dass die Erfindung nicht neu oder erfinderisch sei. Das ist plausibel zu erläutern. Bei Druckschriften oder Ereignissen (wie Vorträge, offenkundige Vorbenutzung, etc.), die als SdT genannt werden, ist darzulegen, ob und wann sie der Öffentlichkeit bekannt gemacht wurden und wie der Zusammenhang zum Patentgegenstand ist.[106]

III. Beitritt

Auch nach Ablauf der Einspruchsfrist kann ein Dritter als Einsprechender einem anhängigen Einspruch **beitreten**, sofern gegen ihn Klage wegen Verletzung des Patents erhoben worden ist oder er aufgrund einer Unterlassungsaufforderung des Patentinhabers eine entsprechende negative Feststellungsklage erhoben hat (§ 59 Abs. 2 PatG). Der gebührenpflichtige Beitritt ist schriftlich und fristgerecht zu erklären sowie innerhalb dieser Frist so zu begründen, wie es auch für einen Einspruch erforderlich ist. Der wirksam Beitretende erwirbt die Stellung eines Einsprechenden.[107]

IV. Einspruchsverfahren

In dem Einspruchsverfahren sind der Patentinhaber und der (oder die) Einsprechende(n) Beteiligte, nicht jedoch ein Dritter, der (gem. §§ 59 Abs. 5 i.V.m. 43 Abs. 3 S. 2 PatG) dem DPMA Druckschriften angibt, die der Patentfähigkeit entgegenstehen könnten. Das Einspruchsverfahren wird vom DPMA – genauer von einer der dortigen Patentabteilungen – durchgeführt und es wird durch Beschluss entschieden (§ 61 Abs. 1 PatG), sofern nicht einer der Beteiligten beantragt, dass der Beschwerdesenat des BPatG darüber entscheiden soll und die sonstigen Bedingungen nach § 61 Abs. 2 PatG erfüllt sind. Das DPMA (bzw. BPatG) kann nach dem **Amtsermittlungsgrundsatz** (§ 59 Abs. 5, § 46 Abs. 1 S. 1 PatG) auch eigene Ermittlungen anstellen. Nach § 61 Abs. 1

---

105 Kraßer, Patentrecht, S. 603.
106 Kraßer, Patentrecht, S. 599.
107 Benkard/Schäfers, PatG, § 59 Rdn. 6.

S. 2 PatG ist auch vorgesehen, dass das Einspruchsverfahren von Amts wegen ohne den Einsprechenden fortgesetzt wird, wenn der Einspruch zurückgenommen wird. Das gilt jedoch nicht, wenn der Einspruch nur wegen widerrechtlicher Entnahme erhoben wurde; dann hat eine Zurücknahme die Beendigung des Einspruchsverfahrens zur Folge.[108]
Ein erfolgreicher Einspruch setzt voraus, dass er

- als wirksam **erhoben** gilt,
- **zulässig** und
- sachlich **begründet** ist.

Ein Einspruch gilt z.B. als **nicht erhoben**, wenn die Einspruchsgebühr nicht oder nicht in ausreichender Höhe entrichtet worden ist. Er ist z.B. dann **unzulässig**, wenn gegen Formvorschriften (wie Schriftlichkeit, Rechtzeitigkeit, Fehlen einer Begründung) verstoßen wurde oder eine Nichtangriffspflicht des Einsprechenden gegenüber dem Patentinhaber besteht. Der Einspruch ist (teilweise) begründet, wenn die vorgebrachten Tatsachen und Argumente die genannten Widerrufsgründe belegen. In dem Fall wird das Patent widerrufen oder nur beschränkt aufrechterhalten (§ 61 Abs. 1, § 21 PatG). Mit dem Widerruf gelten die **Wirkungen** des Patents und der Anmeldung als **von Anfang an nicht eingetreten**. Bei beschränkter Aufrechterhaltung gilt diese Bestimmung entsprechend (§ 21 Abs. 3 PatG). Wird das Patent widerrufen, so wird dies im Patentblatt veröffentlicht. Das gilt auch bei beschränkter Aufrechterhaltung, wobei zusätzlich noch die Patentschrift zu ändern und diese Änderung zu veröffentlichen ist (§ 61 Abs. 3, 4 PatG).
Gegen den Beschluss der Patentabteilung (§ 61 Abs. 1 PatG) findet die kostenpflichtige **Beschwerde** nach §§ 73 ff. PatG statt, sowie möglicherweise auch die **Rechtsbeschwerde** nach §§ 100 ff. PatG (vgl. auch oben § 11 I. 3.).

1. Unzulässige Erweiterung von Offenbarung und Schutzbereich

Einer der genannten Widerrufsgründe ist die **unzulässige Erweiterung** (§ 21 Abs. 1 Nr. 4 PatG). Zur **Feststellung** einer unzulässigen Erweiterung ist der Gegenstand des Patents mit dem Inhalt der ursprünglichen Unterlagen zu vergleichen. Dabei ist Gegenstand des Patents die durch die Patentansprüche definierte Lehre. Beschreibung und Zeichnungen sind dabei lediglich zur Auslegung heranzuziehen. Der Inhalt der ursprünglichen Anmeldung ist das, was der Durchschnittsfachmann den ursprünglichen Unterlagen als zur angemeldeten Erfindung gehörig entnehmen kann.[109] Wenn nun in den erteilten Patentansprüchen ein Merkmal enthalten ist, das zu einem ursprünglich nicht offenbarten Patentgegenstand führt, kann dieses Merkmal im Einspruchsverfahren nicht ohne weiteres entfernt werden, wenn dadurch der Schutzbereich des Patents erweitert wird. Denn das führt zu einem Nichtigkeitsgrund nach § 22 PatG. Der Patentinhaber befindet sich also in der Zwickmühle, denn die unzulässige Erweiterung aus dem Patenterteilungsverfahren würde genauso zur Unwirksamkeit des Patents führen wie die anschließende Korrektur, die eine Schutzbereichserweiterung nach der Patenterteilung bewirkt.

---

108 Kraßer, Patentrecht, S. 606.
109 BGH Mitt. 1996, 204 „Unzulässige Erweiterung".

2. Disclaimer

Eine sachgerechte Lösung ist durch einen **Disclaimer** möglich. Dabei wird durch einen Vermerk in der Patentschrift zum Ausdruck gebracht, dass das kritische Merkmal nicht zur Abgrenzung gegenüber dem SdT maßgeblich ist. Der potentiell entgegenstehende SdT wird also durch die restlichen Anspruchsmerkmale bestimmt und ist deshalb umfangreicher. Der Schutzbereich hingegen beschränkt sich auf Ausführungsformen, die auch das kritische Merkmal aufweisen.[110]

§ 14 Nichtigkeit

Im Rahmen eines **Nichtigkeitsverfahrens** können nach § 81 PatG bzw. Art. II § 6 IntPatÜG folgende Schutzrechte überprüft werden:

- vom DPMA erteilte **nationale Patente**,
- **ergänzende Schutzzertifikate** (s.u. § 15 II. 2.) und
- vom EPA erteilte **europäische Patente** mit Wirkung für das Inland.

Wirksame **Nichtigkeitsgründe** sind die oben genannten **Widerrufsgründe** nach § 21 Abs. 1 PatG sowie **zusätzlich eine unzulässige Schutzbereichserweiterung** (§ 22 PatG). Auf weitere Gründe, wie Verfahrensfehler bei der Patenterteilung oder bei der Behandlung von Einsprüchen, kann das Verfahren nicht gestützt werden.

I. Nichtigkeitsklage

Ein Nichtigkeitsverfahren wird eingeleitet durch **Klage**, die beim BPatG schriftlich zu erheben und gegen den **im Register** (nach § 30 Abs. 1 PatG) **eingetragenen Patentinhaber** zu richten ist (§ 81 Abs. 1, 4 PatG). Mit Einreichen der Klage wird nach PatKostG eine vom Streitwert abhängige Klagegebühr fällig, deren Nichtzahlung zu einer Rücknahmefiktion führen kann. Die Klage wegen Nichtigerklärung eines Patents kann erst erhoben werden, **wenn die Einspruchsfrist abgelaufen oder alle eventuellen Einspruchsverfahren rechtskräftig erledigt sind**[111] (§ 81 Abs. 2 PatG). Da der Beginn eines eventuellen Nichtigkeitsverfahrens nicht näher bestimmt ist, gibt es dazu in Abb. 3 keinen Hinweis.

Gegen ergänzende Schutzzertifikate kann kein Einspruch erhoben werden. Daher gibt es für sie keine entsprechende Einschränkung zur Erhebung einer Nichtigkeitsklage. Es ist jedoch unter bestimmten Voraussetzungen möglich, auf Antrag ihre Laufzeit berichtigen oder eine Laufzeitverlängerung widerrufen zu lassen (§ 49a Abs. 4). Sofern die Voraussetzungen für einen solchen Antrag vorliegen oder ein solches Verfahren anhängig ist, kann eine Klage auf Erklärung der Nichtigkeit eines ergänzenden Schutzzertifikats nicht erhoben werden (§ 81 Abs. 2 S. 2).

Die Klage gegen ein ergänzendes Schutzzertifikat kann mit der Klage gegen das zugrunde liegende Patent verbunden und auch darauf gestützt werden, dass ein Nichtigkeitsgrund gegen dieses Patent vorliegt (§ 81 Abs. 1, S. 3 PatG).

---

110 Kraßer, Patentrecht, S. 607.
111 Benkard/Schäfers, PatG, § 81 Rdn. 21.

Eine Nichtigkeitsklage ist grundsätzlich nicht fristgebunden. Nach Wegfall des Patents mit Wirkung ex-nunc ist jedoch beim Nichtigkeitskläger ein entsprechendes Rechtsschutzinteresse an einem Wegfall von Anfang an (also mit Wirkung ex tunc) nötig, ähnlich wie bei einem Einspruchsverfahren. Weitere Erfordernisse sind in § 81 Abs. 3 bis 6 PatG genannt.

II. Nichtigkeitsverfahren

Das BPatG stellt dem Beklagten die Klage zu und fordert ihn auf, sich darüber innerhalb eines Monats zu erklären. Tut er das nicht, so kann ohne mündliche Verhandlung sofort nach der Klage entschieden und dabei jede vom Kläger behauptete Tatsache für erwiesen angenommen werden (§ 82 PatG). Widerspricht der Beklagte rechtzeitig, so entscheidet das BPatG auf Grund mündlicher Verhandlung, sofern die Parteien nicht darauf verzichten (§ 82 Abs. 3 S. 2 PatG).

In dem Nichtigkeitsverfahren weist das BPatG nach § 83 Abs. 1 die Parteien so früh wie möglich auf Gesichtspunkte hin, die für die Entscheidung voraussichtlich von besonderer Bedeutung sein werden oder der Konzentration der Verhandlung auf die für die Entscheidung wesentlichen Fragen dienlich sind. Ein solcher Hinweis wird jedoch dann nicht gegeben, wenn die zu erörternden Gesichtspunkte den Parteien offensichtlich erscheinen. Das BPatG kann nach § 83 Abs. 2 den Parteien eine Frist setzen, binnen welcher sie zu dem genannten Hinweis Stellung nehmen können. Das kann z.B. durch sachdienliche Anträge, Ergänzungen oder dergleichen erfolgen. Diese Frist kann nur bei Vorliegen von erheblichen Gründen verlängert werden. Wird die gesetzte – und ggf. verlängerte – Frist nicht eingehalten, kann das BPatG unter den in § 83 Abs. 4 genannten Voraussetzungen Angriffs- und Verteidigungsmittel einer Partei oder eine Klageänderung oder eine Verteidigung des Beklagten mit einer geänderten Fassung des Patents zurückweisen und ohne weitere Ermittlungen entscheiden.

Der seit dem 1. Oktober 2009 geltende § 83 enthält in seinem Abs. 4 also Regelungen, aufgrund derer ein Vorbringen der Parteien nach Ablauf der Stellungnahmefrist zurückgewiesen werden kann und dann für die Entscheidung des BPatG keine Berücksichtigung mehr findet. Diese Regelungen stehen zwar in einem gewissen Spannungsverhältnis zu dem grundsätzlich geltenden **Amtsermittlungsgrundsatz** nach § 87 Abs. 1 PatG, sie widersprechen diesem aber nicht.[112] Nach diesem Amtsermittlungsgrundsatz erforscht das BPatG den Sachverhalt von Amts wegen und ist an das Vorbringen und die Beweisanträge der Beteiligten nicht gebunden. Das ermöglicht z.B. die Ermittlung von maßgeblichem SdT und die Einbringung solcher Druckschriften in das Nichtigkeitsverfahren.[113] Dennoch steht die Verfügung über das Verfahren den Parteien zu (**Verfügungsgrundsatz**). Der Verfügungsgrundsatz gilt auch hinsichtlich der Bestimmung des Umfangs der Prüfung durch die Anträge der Beteiligten.[114] Damit ist das BPatG bei der Überprüfung des Patents an die gestellten Anträge (§ 99 Abs. 1 PatG i.V.m. § 308 ZPO) und die geltend gemachten gesetzlichen Nichtigkeitsgründe gebunden. Es kann das Patent nicht stärker einschränken, als es der Kläger begehrt, und sei-

---

112 Begründung des „Entwurfes eines Gesetzes zur Vereinfachung und Modernisierung des Patentrechts", BT-Drucks. 16/11339, S. 22.
113 Benkard/Schäfers, PatG, § 87 Rdn. 3.
114 Benkard/Schäfers, PatG, § 87 Rdn. 28.

ne Entscheidung nicht auf einen Nichtigkeitsgrund stützen, auf den er sich nicht beruft. Dabei gilt mangelnde Patentfähigkeit (nach § 21 Abs. 1 Nr. 1 PatG) als einheitlicher Nichtigkeitsgrund und umfasst neben der Prüfung auf Neuheit z.B. auch die auf Vorliegen einer technischen Erfindung.[115] Der Kläger kann die Nichtigkeitsklage jederzeit, auch nach Beginn der mündlichen Verhandlung ohne Zustimmung des Patentinhabers nach § 99 PatG i.V.m. § 269 ZPO zurücknehmen.[116] Damit entfällt für das BPatG die Möglichkeit einer weiteren Prüfung und Entscheidung in der Sache selbst.[117]

Über die Klage (und über die Kosten) wird durch **Urteil** entschieden (§ 84 PatG). Dabei kann es zu einer Nichtigerklärung oder **Beschränkung des Patents** oder zu einer Abweisung der Klage kommen. Eine Beschränkung erfolgt regelmäßig durch entsprechende Änderung der Patentansprüche. Eine Anpassung der Beschreibung ist grundsätzlich nicht erforderlich. Die Urteilsgründe ergänzen oder ersetzen die Beschreibung, soweit diese nicht mehr zu der neuen Anspruchsfassung passt.[118]

Eine rechtskräftige **Nichtigerklärung** oder **Beschränkung bewirkt** – ähnlich wie beim Einspruchsverfahren – dass die entsprechenden **Wirkungen** des Patents und der Anmeldung als **von Anfang an nicht eingetreten** gelten (§ 22 Abs. 2 i.V.m. § 21 Abs. 3 PatG). Die Entscheidung über das Patent **gilt für und gegen alle**. Soweit das Urteil die Klage abweist, hindert es zwar den Kläger, jedoch nicht einen Dritten, wegen *desselben* Nichtigkeitsgrundes erneut zu klagen. Wegen eines Nichtigkeitsgrundes, der nicht geltend gemacht war, kann auch der abgewiesene Kläger eine neue Nichtigkeitsklage erheben.[119]

§ 15 Wirkungen des Patents

Erst mit Veröffentlichung der Patenterteilung im Patentblatt treten die **gesetzlichen Wirkungen des Patents** ein (§ 58 Abs. 1, S. 3 i.V.m. §§ 9 ff., 139 ff. PatG bzw. Art. 97 Abs. 3 EPÜ). Dazu gehört insbesondere auch der Anspruch auf **Schadensersatz**, der nach deutschem Recht[120] zu unterscheiden ist von dem **Entschädigungsanspruch für veröffentlichte Patentanmeldungen** (§ 33 PatG; Art. 67 Abs. 2 EPÜ i.V.m. Art. II, § 1 Abs. 2 IntPatÜG). Diese gesetzlichen Wirkungen, also die Rechte aus dem Patent, können nach unterschiedlichen „**Dimensionen**" unterschieden werden, nämlich:

- räumlich,
- zeitlich und
- inhaltlicher Schutzbereich (im Wesentlichen durch die Patentansprüche definiert).

Diese Wirkungen können jedoch aufgrund verschiedener Gründe begrenzt sein (s.u. § 17).

---

115 Kraßer, Patentrecht, S. 615.
116 BGH GRUR 1993, 895 „Hartschaumplatten".
117 Benkard/Rogge, PatG, § 81 Rdn. 31.
118 Kraßer, Patentrecht, S. 617.
119 Kraßer, Patentrecht, S. 619f.
120 Art. 67 Abs. 1 EPÜ gewährt für eine europ. Patentanmeldung grds. den gleichen Schutz wie für ein erteiltes europ. Patent. Abs. 2 gestattet den Vertragsstaaten jedoch, den Schutz der Patentanmeldung zu beschränken, wovon viele EPÜ-Vertragsstaaten Gebrauch gemacht haben.

I. Räumliche Wirkung des Patents

Eine Patentanmeldung bzw. ein darauf erteiltes Patent entfaltet nach dem **Territorialitätsprinzip** Wirkung für das Territorium des Staates, für den die Anmeldung eingereicht bzw. für das Patent erteilt ist. Für die Bundesrepublik Deutschland bedeutet das insbesondere:

i) Patentanmeldungen (und darauf erteilte Patente), die **vor dem 3. Oktober 1990** beim Deutschen Patentamt (damaliger Name des heutigen DPMA) eingereicht wurden, haben nur Wirkung für die alten Bundesländer entfaltet (also das Gebiet der ehemaligen Deutschen Demokratischen Republik ausgenommen). Erst durch das **Erstreckungsgesetz**[121] wurden mit Wirkung zum 1. Mai 1992 die bis dahin in einem der beiden Teilgebiete eingereichten „Altrechte" auf das jeweilig andere Gebiet erstreckt, so dass auch diese seitdem das Gesamtgebiet der gesamten Bundesrepublik umfassen.

ii) **Europäische Patente** können aufgrund Art. I, II des IntPatÜG auch mit Wirkung für die Bundesrepublik Deutschland erteilt werden (Art. 3 EPÜ), sofern diese in der Anmeldung benannt ist. Ein solches Patent entfaltet nach Art. 2, 64 EPÜ grundsätzlich dieselbe Wirkung wie ein deutsches Patent, das vom DPMA erteilt wurde.

iii) **Internationale Patentanmeldungen** nach dem **PCT** haben aufgrund Art I, II des IntPatÜG bei Benennung der Bundesrepublik Deutschland die Wirkung einer nationalen Anmeldung (Art. 11 Abs. 3 PCT), wenn die internationale Anmeldung in deutscher Sprache veröffentlicht wird. Andernfalls ist die Veröffentlichung einer deutschsprachigen Übersetzung durch das DPMA nötig (Art. III § 8 Abs. 1, 2 IntPatÜG)

Die Folge des Territorialitätsprinzips ist, dass mit einem für das Inland geltenden Patent nur solche Benutzungen (i.S.v. §§ 9 ff. PatG) – wie z.B. Herstellung, Vertrieb und Vermarktung eines Erzeugnisses – verfolgt werden können, die auch im Inland stattfinden. Wenn z.B. ein in Polen hergestellter Tisch in die Bundesrepublik Deutschland importiert wird, so kann der Inhaber eines Patents – das in Kraft ist und einen entsprechenden Schutzumfang aufweist – dagegen vorgehen, da das Inverkehrbringen und das Importieren nach § 9 Nr. 1 PatG geschützt sind. Wenn ein solcher Tisch jedoch von Polen in ein anderes Land (Frankreich, Japan, USA, ...) importiert wird, so hat der Inhaber eines deutschen Patents keine Möglichkeit dagegen vorzugehen, sofern er nicht in diesen Ländern entsprechenden Patentschutz hat.[122]

II. Zeitliche Wirkung des Patents

Die **Patentdauer** beträgt gem. § 16 PatG zwanzig Jahre, die mit dem Tag beginnen, der auf die Anmeldung der Erfindung folgt. Obwohl Art. 63 Abs. 1 EPÜ einen anderen Wortlaut[123] hat, weisen deutsche und europäische Patente die gleiche Schutzdauer auf.[124] Die verwendeten Wortlaute „das Patent dauert" bzw. „die Laufzeit des europäischen Patents beträgt" sind **irreführend**. Denn in dem Zeitraum ist auch das Stadium

---

121 Gesetz über die Erstreckung von gewerblichen Schutzrechten v. 23.4.1992; BGBl. I, S. 938.
122 Ideal wäre in einem solchen Fall ein Patent mit Wirkung in Polen, das den Tisch als Erzeugnis oder dessen Herstellungsverfahren schützt.
123 Dort heißt es „... gerechnet vom Anmeldetag an".
124 Mes, PatG, 3. Auflage, § 16 Rdn. 4.

der Patentanmeldung enthalten, also des noch nicht erteilten Patents. Zu beachten ist weiterhin, dass die **Patentdauer vom Anmeldetag** und nicht von einem eventuellen früheren Prioritätstag an läuft (s.a. Abb. 3).

1. Verkürzung und Entfall der Patentdauer

Die **Patentdauer** kann aufgrund verschiedener Ereignisse **ex nunc** (von jetzt an, also nicht für die Vergangenheit) **verkürzt** werden oder gar **ex tunc** (von Anfang an) rückwirkend **entfallen**:

Mit Wirkung „ex tunc":

- bei nicht rechtzeitiger Stellung des Prüfungsantrages (nach § 44 Abs. 2 PatG) oder bei nicht rechtzeitig entrichteter Jahresgebühr (nach § 17 PatG) gilt die Patentanmeldung als zurückgenommen und **die Wirkung für Anspruch auf Entschädigungszahlungen gilt als nicht eingetreten** (§ 58 Abs. 2 PatG);
- durch **Widerruf des erteilten Patents** im Rahmen eines Einspruchsverfahrens; damit gelten die Wirkungen des Patents und der Anmeldung als von Anfang an nicht eingetreten (§ 21 Abs. 1, 3 i.V.m. § 61 PatG);
- durch **Nichtigerklärung des erteilten Patents** im Rahmen einer Nichtigkeitsklage; auch damit gelten die Wirkungen des Patents und der Anmeldung als von Anfang an nicht eingetreten (§ 22 i.V.m. § 81 PatG);
- durch **Beschränkung des erteilten Patents** nach § 64 PatG; damit gelten die Wirkungen des Patents und der Anmeldung im Rahmen der Beschränkung als von Anfang an nicht eingetreten (§ 64 Abs. 1 PatG).

Mit Wirkung „ex nunc":

- durch **Erlöschen des erteilten Patents** nach § 20 PatG. Das Patent erlischt, wenn der Patentinhaber durch schriftliche Erklärung an das DPMA verzichtet oder Jahresgebühren nicht rechtzeitig oder vollständig entrichtet;
- durch Erteilung eines europäischen Patents mit Wirkung für die Bundesrepublik Deutschland für denselben Erfinder (oder seinen Rechtsnachfolger), mit gleicher Priorität und soweit es dieselbe Erfindung wie ein deutsches Patent betrifft. Damit hat das deutsche Patent in dem Umfang, in dem es dieselbe Erfindung wie das europäische Patent schützt, von dem Zeitpunkt an keine Wirkung mehr, zu dem
    1. die Frist zur Einlegung des Einspruchs gegen das europäische Patent abgelaufen ist, ohne dass Einspruch eingelegt worden ist,
    2. das Einspruchsverfahren unter Aufrechterhaltung des europäischen Patents rechtskräftig abgeschlossen ist oder
    3. das deutsche Patent erteilt wird, wenn dieser Zeitpunkt nach dem in den Nummern 1 oder 2 genannten Zeitpunkt liegt.

Diese wegfallende Wirkung des deutschen Patents ergibt sich aus dem **Verbot des Doppelschutzes** nach Art. II § 8 IntPatÜG und bleibt auch dann bestehen, wenn das europäische Patent anschließend erlischt oder für nichtig erklärt wird.

2. Schutzdauerverlängerung durch ergänzendes Schutzzertifikat

Die **effektive Schutzdauer** eines Patents kann unter bestimmten Voraussetzungen für **Arzneimittel, Kinderarzneimittel** und **Pflanzenschutzmittel** durch ein **ergänzendes**

Schutzzertifikat nach §§ 16a, 49a PatG (Art. 63 Abs. 2 b) EPÜ i.V.m. Art. II § 6a IntPatÜG) **verlängert** werden. Hintergrund dafür ist die Erkenntnis, dass insbesondere im Bereich der Arzneimittel und der Agrochemie aufgrund von gesetzlich vorgeschriebenen behördlichen Genehmigungsverfahren der dem Erfinder (oder seinem Rechtsnachfolger) effektiv verbleibende Rechtsschutz drastisch verkürzt werden kann. Das materielle wie formelle Recht des ergänzenden Schutzzertifikats ist in den Verordnungen (EWG) Nr. 1768/1992 des Rates (für Arzneimittel) bzw. (EG) Nr. 1610/1996 des Europäischen Parlaments und des Rates (für Pflanzenschutzmittel) sowie (EG) Nr. 1901/2006 des Europäischen Parlaments und des Rates (für Kinderarzneimittel) geregelt, auf die sich §§ 16a Abs. 1, 49a Abs. 1–3 PatG beziehen. Die maximale Laufzeit eines ergänzenden Schutzzertifikats beträgt 5 Jahre, kann jedoch für **Kinderarzneimittel** um weitere 6 Monate verlängert werden.[125]

Die Erteilung eines ergänzenden Schutzzertifikats für ein Erzeugnis erfolgt nur dann, wenn eine Reihe von Voraussetzungen erfüllt ist. Hervorzuheben ist auch die Notwendigkeit, dass das Erzeugnis zum Zeitpunkt der Anmeldung des Schutzzertifikats durch ein in Kraft befindliches Grundpatent geschützt sein muss.

III. Schutzbereich

Nach § 14 PatG (Art. 69 EPÜ) wird der **Schutzbereich des Patents und der Patentanmeldung durch den Inhalt der Patentansprüche bestimmt**. Die Beschreibung und die Zeichnungen sind jedoch zur Auslegung der Patentansprüche heranzuziehen. Für eine gerechte Auslegung des Patentschutzes ist abzuwägen zwischen einem angemessenen Schutz für den Patentinhaber und ausreichender Rechtssicherheit für Dritte.

Maßgeblich für die Bestimmung des Schutzbereichs ist die jeweils in der zuletzt durch patentamtliche oder gerichtliche Entscheidung festgelegte Fassung der Patentansprüche sowie ergänzend die jeweils aktuelle Fassung der Beschreibung und der Zeichnungen. Das bedeutet insbesondere:

- eine **veröffentlichte Patentanmeldung** gewährt einstweiligen Schutz aufgrund der eingereichten und veröffentlichten Unterlagen – insbesondere der Ansprüche, sofern offensichtliche Gründe dem nicht entgegen stehen (§ 33 Abs. 1, 2 i.V.m. § 14 PatG; Art. 67 Abs. 2, 69 Abs. 2 EPÜ);
- das auf die Patentanmeldung **erteilte Patent** gewährt Schutz gemäß der erteilten Unterlagen (Ansprüche, usw.). Dieser Schutz ist üblicherweise geringer als bei der veröffentlichten Anmeldung. Dieser geringere Schutz ist rückwirkend auch dem einstweiligen Schutz der Anmeldung zugrundezulegen. Sofern der Schutz im Rahmen der Patenterteilung erweitert wird, was vor Patenterteilung im Rahmen von § 38 PatG bzw. Art. 123 Abs. 2 EPÜ erlaubt ist, hat dieser erweiterte Schutz keinen Einfluss auf den einstweiligen Schutz der Patentanmeldung[126] (Art. 69 Abs. 2 EPÜ)
- wenn das Patent in einem **Einspruchsverfahren** widerrufen wird oder im Rahmen einer **Nichtigkeitsklage** für nichtig erklärt wird, so gelten die Wirkungen der Anmeldung und die des Patents als von Anfang an nicht eingetreten. Bei beschränkter Aufrechterhaltung, also bei geringerem Schutz als bei Patenterteilung, gilt das ent-

---

[125] Kraßer, Patentrecht, S. 579; Begründung des „Entwurfes eines Gesetzes zur Vereinfachung und Modernisierung des Patentrechtes", BT-Drucks. 16/11339, S. 19 ff.
[126] Kraßer, Patentrecht, S. 715.

sprechend (§ 21 Abs. 3, § 22 Abs. 2 PatG bzw. Art. 69 Abs. 2 S. 2 EPÜ). Eine Schutzerweiterung nach Patenterteilung, also auch während eines Einspruchsverfahrens, ist nach § 22 Abs. 1, 2. Alt. bzw. Art. 123 Abs. 3 EPÜ nicht gestattet.

Bei europäischen Patentanmeldungen und europäischen Patenten kommt außerdem noch hinzu, dass der Wortlaut in der Verfahrenssprache die verbindliche Fassung darstellt (Art. 70 Abs. 1 EPÜ).

Nicht zur Auslegung des Schutzbereiches herangezogen werden die Zusammenfassung (§ 36 Abs. 2 PatG bzw. Art. 78 Abs. 1 e), 85 EPÜ), die ausschließlich der technischen Unterrichtung dient, und die Unterlagen aus der Erteilungsakte.[127] Das gilt grundsätzlich auch für Einspruchsverfahren.[128]

Nur die Merkmale, die in den Patentansprüchen enthalten sind, können den Schutzbereich bestimmen. Sind nur in der Beschreibung oder nur in den Zeichnungen wesentliche Merkmale der Erfindung enthalten, so sind sie für die Beurteilung des Inhalts der Ansprüche ohne Bedeutung, sofern sie nicht im Wortlaut der Ansprüche einen Niederschlag gefunden haben.[129]

Für die Bestimmung des Schutzumfangs haben sich zwei Stufen herausgebildet:[130]

i) zunächst wird der **Wortsinn** (gleichbedeutend mit **Sinngehalt**) der Patentansprüche ermittelt. Erfasst er die angegriffene Ausführungsform, liegt eine identische Benutzung des Schutzgegenstands vor;

ii) andernfalls werden die Unterschiede zwischen der wortsinngemäßen Auslegung und der angegriffenen Ausführungsform unter dem Gesichtspunkt der **Äquivalenz** geprüft. Eine Anspruchsauslegung erfolgt dabei insofern, als festzustellen ist, ob der Anspruch vom Fachmann so verstanden werden kann, dass er die angegriffene Ausführungsform trotz gewisser Abweichungen noch einschließt.

Bei der Auslegung der Ansprüche ist zu beachten, dass sich diese an den zuständigen Durchschnittsfachmann (s.o. § 9 II.) wenden. Daher sind sie aus dessen Sicht auszulegen.[131]

1. Wortsinngemäßer Schutzbereich

Der **Wortsinn** der Patentansprüche erschließt sich dem Fachmann **nicht nur** aus dem **Wortlaut**, sondern **aufgrund des technischen Gesamtzusammenhangs**, den der Inhalt der Patentschrift ihm unter Berücksichtigung von Aufgabe und Lösung vermittelt.[132] Dafür ist beim Fachmann das **gewöhnliche Fachwissen** seines Gebiets am Prioritätstag vorauszusetzen. Sonstiger SdT wird als Auslegungshilfsmittel nur berücksichtigt, sofern er in der Beschreibung angegeben ist. In den Ansprüchen verwendete Begriffe sind nach dem **technischen Sinn** auszulegen. Dieser kann von der gewöhnlichen Bedeutung abweichen, wenn die Beschreibung oder die Zeichnungen dazu Anlass geben. Laut BGH[133] können **Patentschriften** im Hinblick auf die dort gebrauchten Begriffe gleich-

---

127 BGH GRUR 2002, 511 „Kunststoffrohrteil".
128 BGH GRUR 2002, 511, 513 „Kunststoffrohrteil".
129 Mes, PatG, 3. Auflage, § 14 Rdn. 19.
130 Kraßer, Patentrecht, S. 720.
131 Kraßer, Patentrecht, S. 720.
132 BGH GRUR 1999, 909, 911 „Spannschraube".
133 BGH GRUR 1999, 909, 911 „Spannschraube".

sam ihr **eigenes Lexikon** darstellen, so dass im Zweifel letztlich nur der aus der Patentschrift sich ergebende Begriffsinhalt maßgeblich ist.

Bei Widersprüchen zwischen den Patentansprüchen und der Beschreibung sind solche Bestandteile der Beschreibung, die in den Patentansprüchen keinen Niederschlag gefunden haben, grundsätzlich nicht in den Patentschutz einbezogen. Die Beschreibung darf nur insoweit berücksichtigt werden, als sie sich als Erläuterung des Gegenstands des Patentanspruchs lesen lässt.[134]

Wenn die angegriffene Ausführungsform alle Merkmale des Patentanspruchs im oben genannten Sinne benutzt, handelt es sich um eine **wortsinngemäße und damit identische Benutzung.**

2. Äquivalenter Schutzbereich

Liegt eine wortsinngemäße Benutzung nicht vor, ist anschließend zu prüfen, ob die angegriffene Ausführungsform unter den **Äquivalenzbereich** des Patents fällt. Dieser ist weiter als eine wortsinngemäße Auslegung und kann **ermittelt** werden mithilfe **folgender Fragen**,[135] die nacheinander zu beantworten sind:

i) Löst die angegriffene Ausführungsform das der Erfindung zu Grunde liegende Problem mit zwar abgewandelten, aber objektiv gleichwirkenden Mitteln? (**Technische Gleichwirkung**)

ii) Befähigen seine Fachkenntnisse den Fachmann, die abgewandelten Mittel als gleichwirkend aufzufinden? (**Auffindbarkeit**)

iii) Sind die Überlegungen, die der Fachmann hierzu anstellen muss, derart am Sinngehalt der im Patentanspruch unter Schutz gestellten technischen Lehre orientiert, dass der Fachmann die abweichende Ausführung mit ihren abgewandelten Mitteln als eine Lösung in Betracht zieht, die der wortsinngemäßen Lösung des Patentanspruchs gleichwertig ist? (**Gleichwertigkeit der Abwandlung**).

Offenbart die Beschreibung eines Patents mehrere Möglichkeiten, wie eine bestimmte technische Wirkung erzielt werden kann, ist jedoch nur eine dieser Möglichkeiten in den Patentanspruch aufgenommen worden, begründet die Benutzung einer der übrigen Möglichkeiten regelmäßig keine Verletzung des Patents mit äquivalenten Mitteln.[136]

3. Konsequenzen für die Schutzbereichsbestimmung

Bei der Prüfung auf Benutzung geht es im Kern um einen **gerechten Ausgleich** zwischen den Interessen des **Patentinhabers** und der Rechtssicherheit für die **Allgemeinheit**.

Für die Beantwortung der Frage, ob eine angegriffene Ausführungsform den geschützten Gegenstand eines Patents oder einer Patentanmeldung benutzt oder nicht, kommt es also im Wesentlichen auf die Merkmale in den Ansprüchen (zu interpretieren mit Hilfe von Beschreibung und Zeichnungen), die zu lösende Aufgabe und den zuständigen (fiktiven) Durchschnittsfachmann an. Ob im Ergebnis dann entschieden wird, ob eine wortsinngemäße, eine äquivalente oder gar keine Benutzung vorliegt, hängt nicht

---

134 BGH v. 10.5.2011, X ZR 16/09, „Okklusionsvorrichtung".
135 Meier-Beck, „Aktuelle Fragen der Schutzbereichsbestimmung im deutschen und europäischen Patentrecht", GRUR 2003, 907.
136 BGH v. 10.5.2011, X ZR 16/09, „Okklusionsvorrichtung".

nur vom jeweiligen Einzelfall, sondern letztendlich auch von dem angerufenen Gericht ab.[137]

Es kann jedoch wesentlich sein, ob eine wortsinngemäße oder eine äquivalente Benutzung vorliegt. Denn nur bei äquivalenter Benutzung greift der sog. **„Formstein-Einwand"**,[138] der sich ergeben hat aus der BGH-Entscheidung „Formstein".[139] Danach kann ein Beklagter geltend machen, dass die als Patent verletzend beanstandete Ausführungsform aus dem veröffentlichten SdT (gem. § 3 Abs. 1 PatG) bekannt sei oder sich daraus in nahe liegender Weise ergebe. Dadurch soll gewährleistet sein, dass sich der Schutz des Patents nicht auf den (zum Prioritätszeitpunkt) freien Stand der Technik unter Einschluss derjenigen Weiterentwicklung erstreckt, die nicht auf erfinderischer Tätigkeit beruht und somit für den Gemeingebrauch offen stehen soll.

§ 16 Rechte aus dem Patent

Die Rechte, die aus einem Patent geltend gemacht werden können, sind abhängig von den oben genannten Wirkungen des Patents. Dabei ist weiterhin besonders zu berücksichtigen, durch welche **Art von Patentansprüchen** die Erfindung geschützt ist. In § 9 PatG, der sich auf die Wirkungen des Patents bei **unmittelbarer Benutzung** bezieht, wird unterschieden zwischen

- Erzeugnissen und
- Verfahren,

die Gegenstand von Patenten sein können. In der Praxis werden auch sog. **Verwendung**serfindungen geschützt, auf die unter III. separat eingegangen wird. Auf die Besonderheiten der mittelbaren Patentverletzung wird unten in IV. eingegangen.

In diesem Paragraphen wird nicht explizit auf Regelungen des EPÜ verwiesen, da die Rechte aus dem europäischen Patent gem. Art. 64 Abs. 1 EPÜ die gleichen wie bei einem inländischen Patent und somit durch das PatG geregelt sind.

I. Rechte aus Erzeugnisansprüchen

Ansprüche, die ein **Erzeugnis** (auch **Vorrichtung** genannt) schützen, werden **Erzeugnisansprüche** oder **Vorrichtungsansprüche** genannt. Diese gewähren dem Patentinhaber Schutz gegenüber Dritten, das Erzeugnis herzustellen, anzubieten, in Verkehr zu bringen oder zu gebrauchen oder zu diesen Zwecken entweder einzuführen oder zu besitzen (§ 9 Nr. 1 PatG).

1. Herstellung

Die **Herstellung** umfasst die gesamte Tätigkeit, die auf die Schaffung des Gegenstandes abzielt, und zwar von deren Beginn an. Das bedeutet, sie ist nicht beschränkt auf den

---

[137] Beispielhaft hierzu sind die Entscheidungen „Epilady" und „Spannvorrichtung", die je auf einem europ. Patent basieren, dessen Schutzumfang sich aus Art. 69 EPÜ ergibt. Dennoch wurde die Benutzung von verschiedenen Instanzen in verschiedenen Ländern bei jeweils gleicher angegriffener Benutzungsform unterschiedlich entschieden.
[138] BGH GRUR 1999, 914 „Kontaktfederblock".
[139] BGH GRUR 1986, 803 „Formstein".

letzten, die Vollendung herbeiführenden Tätigkeitsakt.[140] Zu unterscheiden ist auch zwischen (zulässiger) **Ausbesserung** und **Reparatur** sowie (unzulässiger) **Neuherstellung**. Ob der Bereich der Üblichkeit im Zusammenhang mit Ausbesserungs- oder Reparaturmaßnahmen überschritten ist, und dementsprechend eine allein dem Patentinhaber vorbehaltene Wiederherstellung vorliegt, ist bezogen auf den jeweiligen Einzelfall unter Berücksichtigung der Verkehrsauffassung zu entscheiden. Dabei sind das Erfinderinteresse und die Bedürfnisse eines nicht unangemessen eingeschränkten Wirtschafts- und Verkehrslebens gegeneinander abzuwägen.[141]

2. Anbieten

Zum **Anbieten** (früher auch „**Feilhalten**" genannt) eines patentierten Erzeugnisses gehört jede Handlung, die einem Dritten die Überlassungsbereitschaft signalisiert, wie beispielsweise die Ausstellung des Erzeugnisses, die Versendung von Werbeprospekten, die Werbung in Zeitungen, usw. Dabei ist es gleichgültig, ob die Überlassung im Wege der Eigentumsübertragung oder miet-, leih- oder pachtweise erfolgen soll. Ob das beworbene Erzeugnis bereits hergestellt wurde oder im Inland vorrätig ist, ist nicht entscheidend. Die Benutzungshandlung des Anbietens ist auch dann erfüllt, wenn das Angebot im Ergebnis erfolglos war.[142] Auch ein Angebot, das während der Patentdauer erfolgt, sich jedoch allein auf den Abschluss von Geschäften nach Ablauf der Schutzdauer bezieht, stellt eine Patentverletzung dar.[143]

3. Inverkehrbringen

Unter **Inverkehrbringen** wird jede Tätigkeit verstanden, durch die der patentierte Gegenstand mit Willen des Entäußernden in die tatsächliche Verfügungsmacht eines Dritten gelangt, so dass dieser den Gegenstand benutzen kann.[144] Dazu gehört neben dem Vertrieb auch das Vermieten oder Verleihen einer geschützten Vorrichtung. Eine Eigentumsübertragung ist nicht erforderlich.[145]

4. Gebrauch

Ein patentiertes Erzeugnis wird i.S.v. § 9 PatG **gebraucht**, wenn es **bestimmungsgemäß verwendet** wird, wie z.B. der Betrieb einer Vorrichtung, die Verwendung einer Sache oder die Verarbeitung eines chemischen Stoffes. Ist das patentierte Erzeugnis Teil einer größeren Einheit, so wird dieser Teil nicht gebraucht, wenn er die technische Funktion der Gesamtsache nicht entscheidend mitbestimmt, wie z.B. der patentierte Nagel in einem Schrank.[146]

5. Einführen und Besitz

Das **Einführen** patentierter Erzeugnisse aus dem Ausland in die Bundesrepublik Deutschland stellt dann eine dem Patentinhaber vorbehaltene Benutzung dar, wenn die Einfuhr zu dem Zweck erfolgt, das Erzeugnis herzustellen, anzubieten, in Verkehr zu

---

140 Schulte/Rinken/Kühnen, PatG, 9. Auflage, § 9 Rdn. 46.
141 Benkard/Scharen, PatG, § 9 Rdn. 38; s.a. BGH v. 17.7.2012, X ZR 97/11, „Palettenbehälter II".
142 Osterrieth, Patentrecht, 4. Auflage, S. 103f.
143 BGH GRUR 2007, 221 „Simvastatin".
144 Schulte/Rinken/Kühnen, PatG, 9. Auflage, § 9 Rdn. 65.
145 Kraßer, Patentrecht, S. 761.
146 Schulte/Rinken/Kühnen, PatG, 8. Auflage, § 9 Rdn. 68.

bringen oder zu gebrauchen. Auch ein **Besitz zu einem dieser Zwecke** kann verboten werden. Der Begriff des Besitzes umfasst die tatsächliche Verfügungsgewalt im wirtschaftlichen Sinne und ist nicht auf den zivilrechtlichen Besitz beschränkt.[147]

II. Rechte aus Verfahrensansprüchen

Durch einen **Verfahrensanspruch** wird ein bestimmtes technisches Handeln, das in mehreren Verfahrensmaßnahmen bestehen kann, unter Schutz gestellt. Dabei wird im Wesentlichen unterschieden zwischen

- Herstellungsverfahren und
- Arbeitsverfahren.

Bei einem **Herstellungsverfahren** besteht die Lehre zum technischen Handeln in der Beschreibung der beiden eigentlichen Verfahrensmaßnahmen, nämlich der Wahl der Ausgangsmaterialien und der Art der Einwirkung auf diese. Dabei wird also auf ein Ausgangssubstrat (z.B. Werkstück, Werkstoff) durch mechanische, physikalische, chemische oder biologische Vorgänge eingewirkt, so dass als Arbeitsergebnis ein Erzeugnis entsteht. Das Herstellungsverfahren kann sich beispielsweise auf äußere Formgebung (wie Fräsen, Lochen, Stanzen) oder innere stoffliche Beschaffenheit des verwendeten Materials beziehen. Die herrschende Meinung versteht unter einem „Erzeugnis" nur körperliche Gegenstände. Ungeklärt ist, ob auch sonstige Erzeugnisse, wie z.B. elektrische Energie, dazu gehören.[148]

Ein Herstellungsverfahren kann auch dann patentfähig sein, wenn das hergestellte Erzeugnis im Prioritätszeitpunkt des Verfahrenspatents an sich bekannt ist (also zuvor auf anderem Wege hergestellt wurde).

Arbeitsverfahren hingegen sind nicht auf das Hervorbringen eines Erzeugnisses gerichtet und haben auch nicht die Veränderung eines bereits bestehenden Objekts zum Ziel. Stattdessen wirken sie auf Objekte ein ohne dass diese als solche nach Abschluss des Verfahrens Veränderungen aufweisen.[149] Beispiele dafür sind Verfahren zum Fördern, Ordnen, Reinigen, Messen, Steuern elektronischer Geräte und dergleichen.

1. Anwendung

Ein **Verfahrenspatent**, also ein Patent, das mindestens einen Verfahrensanspruch – der ein Herstellungs- oder ein Arbeitsverfahren schützen kann – enthält, hat nach § 9 S. 2 Nr. 2 PatG die **Wirkung**, dass es einem Dritten ohne Zustimmung des Patentinhabers verboten ist, das geschützte Verfahren **anzuwenden**. Dabei ist Anwendung des Verfahrens sein bestimmungsgemäßer Gebrauch.[150]

2. Anbieten eines Verfahrens zur Anwendung

Unter bestimmten Voraussetzungen, nämlich wenn ein Dritter weiß oder es offensichtlich ist, dass die Anwendung des Verfahrens ohne Zustimmung des Patentinhabers verboten ist, ist es ihm auch verboten, das geschützte Verfahren anzubieten.

---

147 Schulte/Rinken/Kühnen, PatG, 8. Auflage, § 9 Rdn. 70.
148 Mes, Der Schutz des Erzeugnisses gem. § 9 S. 2 Nr. 3 PatG, GRUR 2009, 305.
149 Benkard/Bacher/Melullis, PatG, § 1 Rdn. 35.
150 BGH GRUR 1990, 997, 999 „Ethofumesat".

Dieses **Anbieten eines Verfahrens zur Anwendung**, welches zur Geltendmachung von § 9 S. 2 Nr. 2, 2. Alt. PatG im Inland erfolgen muss, hat in der Praxis aufgrund der besonderen Voraussetzungen keine große Bedeutung. Denn der Dritte müsste einerseits die Details des Verfahrens und andererseits die Existenz sowie den Schutzumfang des Patents kennen.

3. Durch Verfahren unmittelbar hergestelltes Erzeugnis

Durch § 9 S. 2 Nr. 3 PatG (Art. 64 Abs. 2 EPÜ) wird der Schutz eines Herstellungsverfahrens ergänzt und umfasst auch Erzeugnisse, die **unmittelbar** durch das Verfahren hergestellt wurden. Derartige Erzeugnisse sind so geschützt, als ob sie durch ein Erzeugnispatent unter Schutz gestellt wären (s. oben I.). Der Inhaber eines inländischen Verfahrenspatents wird zusätzlich auch vor der Einfuhr und dem Inlandsvertrieb von Erzeugnissen geschützt, die im Ausland hergestellt wurden. Die Erstreckung des Schutzes auf das unmittelbar hergestellte Erzeugnis ändert jedoch nichts daran, dass die geschützte Lehre in dem Verfahren besteht. Wird das geschützte Verfahren nicht benutzt, so wird selbst ein identisches Erzeugnis vom Schutz gem. § 9 S. 2 Nr. 3 PatG nicht erfasst, denn dieser bezieht sich nur auf das unter Anwendung des geschützten Verfahrens hergestellte Erzeugnis.[151]

Fraglich – und im jeweiligen Einzelfall zu entscheiden – ist, wann ein Erzeugnis als **unmittelbar** hergestellt gilt. Dafür muss ein hinreichender Zusammenhang zwischen dem Erzeugnis und dem Verfahren bestehen, wie bei folgendem Beispiel:[152]

- Eine Kunststofffaser wird unmittelbar durch ein geschütztes Verfahren hergestellt. Damit ist diese so hergestellte Faser durch das Verfahrenspatent geschützt. Stoffe, die aus dieser Faser gewebt oder Strümpfe, die daraus hergestellt werden, sind ebenfalls vom Schutz umfasst.

Ein Erzeugnis wird hingegen bei folgendem Beispiel **nicht mehr** als nach einem Verfahren **unmittelbar** hergestellt anzusehen sein:[153]

- Ein (durch ein geschütztes Verfahren hergestellter) Nagel wird zum Bau eines Schrankes verwendet. Der Nagel ist zwar physikalisch noch vorhanden, hat jedoch jede Selbständigkeit verloren. Daher fällt der Schrank nicht unter den Schutz des Verfahrenspatents.

III. Rechte aus Verwendungsansprüchen

Neben den in § 9 PatG genannten Erzeugnis- und Verfahrenspatenten gibt es in der Praxis auch **zweckgebundenen Erzeugnisschutz** in Form von **Verwendungspatenten** (bzw. **Anwendungspatenten**). Das sind solche Patente, die mindestens einen Anspruch enthalten, durch den die Verwendung (oder Anwendung) eines Erzeugnisses für einen bestimmten Zweck geschützt ist. Ein solcher Anspruch könnte beispielsweise folgenden Wortlaut haben:

Verwendung eines chemischen Stoffes XY als Schädlingsbekämpfungsmittel.

---

[151] Benkard/Scharen, PatG, § 9 Rdn. 53.
[152] Kraßer, Patentrecht, S. 776.
[153] Kraßer, Patentrecht, S. 776 f.; s.a. Beier/Ohly, GRUR Int. 1996, 973, Was heißt „unmittelbares Verfahrenserzeugnis"? – Ein Beitrag zur Auslegung des Art. 64 (2) EPÜ.

Für die Schutzfähigkeit eines solchen Anspruchs ist es nicht notwendig, dass das Erzeugnis selbst schutzfähig (also neu oder erfinderisch) ist. Stattdessen muss die **Verwendung neu** und **erfinderisch** sein.

Bei der Prüfung, inwiefern eine **Benutzungsform** für die geschützte Verwendung bestimmt ist, kommt es darauf an, inwiefern das Erzeugnis **objektiv auf die geschützte Verwendung ausgerichtet**, d.h. sinnfällig (oder augenfällig) hergerichtet ist. Dabei kann eine spezifische Form des Erzeugnisses (z.B. Applikation als Tablette, Salbe, etc.) herangezogen werden. Jedoch kann es auch genügen, dass die Bestimmung zur patentgemäßen Verwendung in den Angaben auf der Verpackung oder einer beigefügten Gebrauchsanweisung zum Ausdruck kommt.[154]

Eine **Verwendungserfindung** ist ihrem Inhalt nach zwar eine **Verfahrenserfindung**, der durch einen Verwendungsanspruch gewährte Schutz läuft jedoch auf einen zweckgebundenen Sachschutz hinaus.[155] Der Patentinhaber ist damit wirksam dagegen geschützt, dass ein Dritter eine Sache im Inland gewerblich zu der geschützten Verwendung augenfällig herrichtet, einen derartigen Gegenstand anbietet, in Verkehr bringt, gebraucht oder zu den genannten Zwecken einführt oder besitzt.[156] Der Patentinhaber ist ferner dagegen geschützt, dass ein Dritter eine im Ausland augenfällig für die geschützte Verwendung hergerichtete Substanz im Inland anbietet oder in Verkehr bringt. Er kann sich schließlich auch gegen den Export derart hergerichteter Substanzen wirksam zur Wehr setzen.[157]

Besondere Arten des zweckgebundenen Erzeugnisschutzes ergeben sich aus § 3 Abs. 3 PatG bzw. Art. 54 Abs. 4 EPÜ (**erste medizinische Indikation**) und aus § 3 Abs. 4 PatG bzw. Art. 54 Abs. 5 EPÜ (**zweite** und weitere **medizinische Indikation**). Die erst genannten Regelungen erweitern den Erzeugnisschutz für medizinisch einsetzbare Stoffe, wie insbesondere Arzneimittel und Diagnostika, indem sie die Erteilung eines **gebietsgebundenen Stoffpatents** für an sich bekannte Stoffe **erstmalig für das Gebiet der Medizin** eröffnen. Die zweitgenannten Regelungen erlauben die Gewährung eines zweckgebundenen Erzeugnispatents auch dann, wenn der Stoff als Arzneimittel, als Diagnostika oder dergleichen, bereits bekannt war, die Erfindung aber eine neue und erfinderische **spezifische** Verwendung lehrt.[158]

IV. Mittelbare Patentbenutzung

Durch § 10 PatG besteht die Möglichkeit, gegen **mittelbare Patentbenutzung** vorzugehen, wodurch Patentinhabern erleichtert wird, ihre Rechte durchzusetzen. Diese Regelung erfasst das Anbieten und das Liefern von Mitteln zur Erfindungsbenutzung, d.h. von Gegenständen, die ohne selbst schon die patentierte Erfindung zu verwirklichen, beim Handeln nach ihrer Lehre unmittelbar zur Wirkung kommen. Dadurch wird bezweckt, dass der Eingriff in den Patentschutz durch mögliche (spätere) unberechtigte unmittelbare Benutzung bereits im Vorfeld verhindert werden kann. Das Anbieten/Liefern von Mitteln zur Erfindungsbenutzung bildet jedoch keinen zusätzlichen Verlet-

---

154 Kraßer, Patentrecht, S. 781.
155 Kraßer, Patentrecht, S. 780.
156 Benkard/Scharen, PatG, § 9 Rdn. 50.
157 Benkard/Scharen, PatG, § 9 Rdn. 53.
158 Schulte/Moufang, PatG, 9. Auflage, § 3 Rdn. 139-145.

zungstatbestand. Sein Verbot beruht darauf, dass dem Anbietenden/Liefernden Benutzungshandlungen eines anderen zugerechnet werden. Dabei genügt es, dass solche Handlungen nach Sachlage zu erwarten sind, z.B. wenn der Lieferant weiß oder den Umständen nach offensichtlich ist, dass der Abnehmer die gelieferten Mittel in Patent verletzender Weise verwenden wird.[159] Grundsätzlich müssen jedoch die zu erwartenden Handlungen Patent verletzend sein.[160]

Voraussetzung zur Anwendung dieser Regelung ist die Gefahr der unmittelbaren Benutzung einer patentierten Erfindung mit allen ihren Merkmalen, und zwar im Geltungsbereich des PatG (also im Inland). Unter Benutzung ist eine der in § 9 S. 2 Nr. 1 – 3 PatG genannten Handlungen zu verstehen, also beispielsweise die Herstellung des geschützten Erzeugnisses oder die Anwendung des geschützten Verfahrens, das den Patentanspruch wortsinngemäß oder unter Verwendung von äquivalenten Mitteln verwirklicht.[161]

Nach § 10 Abs. 1 PatG umfasst der Tatbestand objektive und subjektive Voraussetzungen. Die Tathandlung eines Dritten („Anbieter/Lieferant") besteht im Anbieten oder Liefern eines bestimmten Mittels ohne Zustimmung des Patentinhabers, welches nicht allgemein im Handel erhältlich sein darf (§ 10 Abs. 2 PatG). Die Tathandlung muss im Inland gegenüber einem Anderen („Angebotsempfänger/Belieferter") erfolgen, der nicht zur Benutzung der patentierten Erfindung berechtigt ist. Das Mittel muss sich auf ein wesentliches Element der Erfindung beziehen und (objektiv) geeignet sowie (subjektiv, d.h. von dem Angebotsempfänger/Belieferten) dazu bestimmt sein, für die Benutzung der Erfindung benutzt zu werden. Als weitere subjektive Voraussetzung muss der Anbieter/Lieferant wissen, oder es muss offensichtlich sein, dass das angebotene oder gelieferte Mittel geeignet und bestimmt ist, für die Benutzung der Erfindung verwendet zu werden.

Der Tatbestand der mittelbaren Patentverletzung ist damit unabhängig davon, ob der Angebotsempfänger/Belieferte oder ein späterer Abnehmer (Hintermann) das Mittel tatsächlich bei einer ihm gem. § 9 PatG verbotenen Handlung gebraucht oder dies versucht.[162]

§ 17 Grenzen und Ausnahmen der Schutzwirkung

Die oben beschriebenen Wirkungen aus einem Patent und somit die Rechte des Anmelders bzw. Patentinhabers **können begrenzt sein** und zwar durch:

- die in § 11 PatG genannten Handlungen im **privaten Bereich**, zu **Versuchszwecken**, usw.;
- das in § 12 PatG genannte **Vorbenutzungsrecht;**
- **Weiterbenutzungsrechte** nach gewährter Wiedereinsetzung (§ 123 Abs. 5 PatG);
- Rechte aufgrund der vom Patentinhaber abgegebenen **Lizenzbereitschaftserklärung** nach § 23 PatG;

---

159 BGH GRUR 2006, 839 „Deckenheizung".
160 Kraßer, Patentrecht, S. 814 f.
161 Benkard/Scharen, PatG, § 10 Rdn. 3.
162 Benkard/Scharen, PatG, § 10 Rdn. 3.

- **Erschöpfung**, sofern der patentierte Gegenstand mit Zustimmung des Patentinhabers in Verkehr gebracht wurde (Grundsatz aus Rechtsprechung);
- **Zwangslizenzen** (§ 24 PatG);
- **Benutzungsanordnung** (§ 13 PatG).

I. Ausnahmen der Patentwirkung nach § 11 PatG

Der Patentschutz soll nicht auf den Privatbereich erstreckt werden. Daher sind Handlungen, die im **privaten Bereich** und **zu nicht gewerblichen Zwecken** vorgenommen werden, von der Wirkung des Patents gem. § 11 Nr. 1 PatG ausgenommen. Zur Anwendung dieser Vorschrift müssen beide Bedingungen kumulativ vorliegen. Mit privatem Bereich ist die reine Privatsphäre, wie Familie, Haushalt, Sport, Spiel, Unterhaltung gemeint.[163] Eine Handlung zu nichtgewerblichen Zwecken i.S.v. § 11 PatG ist unabhängig vom Begriff der gewerblichen Anwendbarkeit (gem. § 5 PatG). So gehört freiberufliche Tätigkeit zu den gewerblichen Zwecken i.S.v. § 11 Nr. 1 PatG. Deshalb ist beispielsweise die Nutzung eines patentgeschützten Karteischrankes für eine Patientendatei in der Privatwohnung eines freiberuflichen Arztes durch § 11 Nr. 1 PatG nicht vom Patentschutz ausgenommen. Ein derartiges Patent wirkt jedoch nicht gegen die Herstellung oder den Gebrauch des Karteischrankes durch eine Privatperson zu privaten Zwecken.

Die Wirkung des Patents erstreckt sich gem. § 11 Nr. 2 PatG auch nicht auf Handlungen zu **Versuchszwecken**, die sich auf den Gegenstand der patentierten Erfindung beziehen. Das heißt, die Vorschrift ist nur anwendbar, wenn die **Erfindung** selbst (also eine entsprechende Vorrichtung bzw. ein entsprechendes Verfahren) das **Versuchsobjekt** bildet; nicht jedoch, wenn die Erfindung als Hilfsmittel bei Versuchen dient. So sind Versuche an einem patentgeschützten Oszillographen mit dem Ziel, diesen zu verbessern, erlaubt; nicht jedoch der Einsatz dieses Oszillographen zur Optimierung eines Fernsehempfängers. Außerdem sind solche Versuche, die keinen Bezug zur technischen Lehre haben und nur noch der Klärung wirtschaftlicher Fakten dienen, wie Marktbedürfnis, Preisakzeptanz und Vertriebsmöglichkeiten, genau so vom Privileg des § 11 Nr. 2 ausgeschlossen und damit unzulässig, wie solche, bei denen der Umfang der Erprobungen in einem nicht mehr zu rechtfertigenden großen Ausmaß vorgenommen wird.[164]

Von der Wirkung des Patents ist gem. § 11 Nr. 2a PatG die Nutzung biologischen Materials (wie definiert in § 2a Abs. 3 Nr. 1 PatG) zum Zweck der Züchtung, Entdeckung und Entwicklung einer neuen Pflanzensorte (wie definiert in § 2a Abs. 3 Nr. 4 PatG) ausgenommen und begründet damit ein entsprechendes Forschungs- bzw. Versuchsprivileg.

Durch § 11 Nr. 2b PatG sind **Studien und Versuche** sowie die sich daraus ergebenden praktischen Anforderungen ohne Zustimmung des Patentinhabers erlaubt, die für die Erlangung einer **arzneimittelrechtlichen Genehmigung** für das Inverkehrbringen in der EU oder einer arzneimittelrechtlichen Zulassung innerhalb oder außerhalb der EU erforderlich sind. Darin umfasst sind alle Handlungen, die an sich unter §§ 9, 10 PatG

---

163 Benkard/Scharen, PatG, § 11 Rdn. 3.
164 BGH Mitt. 1997, 253 „Klinische Versuche II".

fallen, oder objektiv notwendig sind, um eine erstrebte arzneimittelrechtliche Genehmigung oder Zulassung zu erlangen. Erfasst wird insbesondere auch die Herstellung von Arzneimitteln, soweit sie für die Durchführung von Studien oder Versuchen erforderlich ist.[165]

Damit eine **Zubereitung von Arzneimitteln** gem. § 11 Nr. 3 PatG von der Wirkung des Patents ausgenommen wird, muss es sich um eine Einzelzubereitung (nicht auf Vorrat) eines Arzneimittels – was im Einzelfall abzugrenzen ist von Kosmetika und Lebensmitteln – in **Apotheken** (auch Krankenhausapotheken) auf Grund ärztlicher Verordnung handeln.

Der **internationale Verkehr** soll durch § 11 Nr. 4 bis 6 PatG vor unnötigen patentrechtlichen Behinderungen geschützt werden, indem Handlungen in Bezug auf Einrichtungen an **Schiffen**, sowie **Luft- oder Landfahrzeugen**, die vorübergehend oder zufällig ins Inland gelangen, von der Patentwirkung ausgenommen sind. Praktisch kommt als nicht Schutzrechts verletzende Handlungen hauptsächlich der Gebrauch einschließlich der Reparatur in Betracht. In Ausnahmen könnte das auch für inländisches Anbieten oder Inverkehrbringen gelten; keinesfalls jedoch für das Herstellen von Fahrzeugen.[166]

II. Vorbenutzungs- und Weiterbenutzungsrecht

1. Vorbenutzungsrecht (vor Patentanmeldung)

Durch § 12 PatG tritt die Wirkung eines Patents gegen den nicht ein, der zur Zeit der Anmeldung oder eines wirksam beanspruchten Prioritätstages (§ 12 Abs. 2 PatG) die Erfindung im Inland in Benutzung genommen oder die dazu erforderlichen Veranstaltungen getroffen hat. Handlungen im Ausland, auch innerhalb der EU genügen dafür nicht.[167] Durch dieses **Vorbenutzungsrecht**[168] soll aus Billigkeitsgründen der Besitzstand eines Vorbenutzers geschützt werden. Dabei soll jedoch nur der durch den Erfindungsbesitz untermauerte Besitzstand erhalten werden. Somit erwirbt derjenige kein Vorbenutzungsrecht, der bei der Vornahme der Benutzungshandlung oder der Veranstaltung zur Benutzung den Erfindungsgedanken nicht erkannt hat.[169] Andererseits ist es nicht notwendig, dass dem Vorbenutzer ein (auf Parallelerfindung beruhendes) eigenes Erfinderrecht zusteht. Stattdessen kann auch eine von einem Dritten[170] gemachte Erfindung wirksam ausgeführt werden. Ein Vorbenutzungsrecht ist sogar selbst dann möglich, wenn die Erfindung durch den Patentanmelder oder seinen Rechtsvorgänger mitgeteilt und anschließend in Benutzung genommen wurde. In einem solchen Fall besteht jedoch kein Vorbenutzungsrecht, wenn ein Rechtevorbehalt gem. § 12 Abs. 1 S. 4 PatG vorliegt. Ein Vorbenutzungsrecht entsteht außerdem dann nicht, wenn es sich um eine **widerrechtliche, unredliche Entnahme** des benutzten Erfindungsgedankens handelt. Für einen redlichen Erwerb der Erfindung ist es auch erforderlich, dass der Erfindungsbesitz unabhängig von einem der Überlassung zugrunde liegenden Rechtsverhält-

---

[165] Benkard/Scharen, PatG, § 11 Rdn. 10 mit Verweis auf BT-Drucks 15/5316 S. 48.
[166] Kraßer, Patentrecht, S. 791.
[167] LG Düsseldorf, Mitt. 2001 561, 565 f. „Laborthermostat II".
[168] Für den Privilegierten handelt es sich eigentlich um ein Weiterbenutzungsrecht; da es vor Anmelde- bzw. Prioritätstag entstanden sein muss, wird es jedoch gewöhnlich als Vorbenutzungsrecht bezeichnet; vgl. Kraßer, Patentrecht, S. 820.
[169] BGH GRUR 1964, 496 „Formsand II".
[170] Benkard/Rogge, PatG, § 12 Rdn. 6.

nis *auf Dauer* ausgeübt werden darf. Sind die Rechtsbeziehungen zwischen dem Erfinder und dem Benutzer vertraglich geregelt, fehlt es von vornherein an einer berechtigten Grundlage für eine solche Annahme, wenn sich aus dem Vertrag derartiges nicht ergibt.[171]

Als Benutzung i.S.v. § 12 PatG kommt jede in § 9 PatG (für eine unmittelbare) bzw. in § 10 PatG (für eine mittelbare) genannte Handlung in Betracht. Auf den Umfang der Benutzungshandlungen kommt es nicht an.[172] Ein Vorbenutzungsrecht kann auch begründet werden, wenn lediglich die für eine Benutzung erforderlichen **Veranstaltungen** getroffen wurden ohne die Benutzung selbst aufzunehmen (§ 12 S. 1, 2. Alt. PatG). Die Veranstaltungen müssen auf die Erfindung bezogen sein und auch den Entschluss, diese alsbald gewerbsmäßig zu benutzen, durch geeignete Vorbereitung erkennen lassen.

Maßgeblicher Zeitpunkt für die Aufnahme der Benutzung bzw. entsprechender Veranstaltungen ist der Anmeldetag (§ 12 Abs. 1 S. 1 PatG) bzw. Prioritätstag (§ 12 Abs. 2 PatG).

Zur **Entstehung** des Vorbenutzungsrechts braucht eine **aufgenommene Benutzung** nicht notwendig bis zum Anmelde-/Prioritätstag fortgesetzt zu werden. Eine **vorübergehende Unterbrechung** steht dem Vorbenutzungsrecht nicht entgegen.[173] Dagegen müssen **Veranstaltungen zur Benutzung** (mindestens) bis zu dem Anmelde-/Prioritätstag *im Inland* fortdauern, und zwar ohne Unterbrechung.[174]

Das Vorbenutzungsrecht unterliegt keinen **quantitativen Grenzen**, soweit dessen Inhaber es für den eigenen Betrieb nutzt, wobei dieser beliebig erweitert[175] und auch mit einem weiteren Betrieb verschmolzen werden darf.[176] Der Berechtigte darf solche Tätigkeiten für seinen Betrieb auch in fremden Werkstätten durchführen lassen (**verlängerte Werkbank**); eine Lizenzierung hingegen ist nicht zulässig.[177] Inwiefern von einer Benutzungsart (Herstellen, Anbieten, Inverkehrbringen, Gebrauchen, Einführen, Besitzen) auf eine andere gewechselt werden darf, hängt vom Einzelfall ab und ist umstritten. Nur für den Hersteller gilt uneingeschränkt der Grundsatz, dass der Wechsel der Benutzungsart erlaubt ist und das Vorbenutzungsrecht alle Benutzungsarten umfasst, auch wenn er nur eine von ihnen vor der Anmeldung ausgeübt hat.[178]

Das Vorbenutzungsrecht kann nur zusammen mit dem Betrieb vererbt oder veräußert werden (§ 12 Abs. 1 S. 3 PatG). Es soll also eine Vervielfältigung des Rechts unterbleiben.

2. Weiterbenutzungsrecht (nach Wiedereinsetzung)

Versäumt ein Beteiligter ohne Verschulden gegenüber dem Patentamt oder dem Patentgericht eine Frist, so hat er unter bestimmten Bedingungen die Möglichkeit, wieder in den vorigen Stand eingesetzt zu werden („**Wiedereinsetzung in den vorigen Stand**", § 123 PatG (bzw. Art. 122 EPÜ); siehe auch oben § 11 II 2.). Dadurch kann ein **Zeit-**

---

171 BGH GRUR 2010, 47 „Füllstoff".
172 Benkard/Rogge, PatG, § 12 Rdn. 11a.
173 BGH GRUR 1969, 35 „Europareise".
174 BGH GRUR 1969, 35 „Europareise".
175 Kraßer, Patentrecht, S. 827.
176 Benkard/Rogge, PatG, § 12 Rdn. 25.
177 BGH GRUR 1992, 432, 433 „Steuereinrichtung".
178 Benkard/Rogge, PatG, § 12 Rdn. 23.

raum entstehen, zu dessen Beginn eine Patentanmeldung wegfällt oder ein Patent erlischt und zu dessen Ende das Schutzrecht wieder in Kraft tritt.

Falls ein Dritter in gutem Glauben innerhalb dieses Zeitraums im Inland den Gegenstand eines **Patents in Benutzung nimmt oder die dazu erforderlichen Veranstaltungen** trifft, ist dieser befugt den Patentgegenstand für die Bedürfnisse seines eigenen Betriebs in eigenen oder fremden Werkstätten **weiter zu benutzen**. Ein solches Recht erlangt auch derjenige, der im Vertrauen auf den Wegfall einer 12-monatigen Unionspriorität den geschützten Gegenstand in Benutzung genommen hat. Analog entfällt auch der Anspruch auf Zahlung einer Entschädigung gem. § 33 Abs. 1 PatG (§ 123 Abs. 5, 6, 7 PatG bzw. Art. 122 Abs. 5 EPÜ). Der Zeitpunkt der Aufnahme von Benutzungen oder der für entsprechende Vorbereitungen (Veranstaltungen) dazu muss nach Entfall, aber vor Wiederinkrafttreten des Schutzrechts bzw. des Prioritätsrechts liegen. Ein Dritter ist daher nicht schutzwürdig, wenn er die Patent verletzende Benutzung vor dem Erlöschen aufgenommen oder die dazu erforderlichen Veranstaltungen getroffen hat und die Benutzung anschließend über den Zeitpunkt des Erlöschens hinaus fortsetzt.[179] Dieses **Weiterbenutzungsrecht** kann nur zusammen mit dem Betrieb vererbt oder veräußert werden.

Mit Ausnahme des maßgebenden Zeitpunkts entsprechen Voraussetzungen und Inhalt dieses Rechts denjenigen des oben beschriebenen Vorbenutzungsrechts.[180]

III. Erschöpfung

Erschöpfung meint Verbrauch des Patentrechts hinsichtlich eines bestimmten patentgemäßen Erzeugnisses. Sie entsteht, wenn der Patentinhaber oder ein mit dessen Zustimmung handelnder Dritter eine durch Patent geschützte **Vorrichtung** oder ein **unmittelbares Erzeugnis** eines patentierten Verfahrens **im Inland, innerhalb der EU oder des EWR in den Verkehr bringt**.[181] Eine rechtmäßige **Herstellung ohne Inverkehrbringen** reicht dafür hingegen **nicht** aus.[182] Ist Erschöpfung entstanden, kann der Patentinhaber für das genannte Erzeugnis das weitere Inverkehrbringen, das Anbieten und den Gebrauch dieses Gegenstands aus dem Patent nicht mehr verbieten. Jeder, der dazu tatsächlich in der Lage ist, darf das Erzeugnis ohne Zustimmung des Patentinhabers veräußern oder auf sonstige Weise weitergeben, anbieten und gebrauchen sowie zu diesen Zwecken erwerben und besitzen. Der Erschöpfungsgrundsatz im Patentrecht ergibt sich aus Rechtsprechung und Schrifttum und ist gesetzlich nicht geregelt.[183]

Ein Inverkehrbringen **außerhalb des EWR** (einschl. EU) bewirkt **keine Erschöpfung**.[184] Dieser Grundsatz gilt auch in den Fällen, in denen Erzeugnisse in einem Land in den Verkehr gebracht worden sind, bevor dieses Land der EU beigetreten ist[185] und auch nicht Mitglied des EWR war. Es ist gleichgültig, ob der Patentinhaber im Staat des ersten Inverkehrbringens ebenfalls über ein Schutzrecht, insbesondere ein „Parallelpatent" (also eins basierend auf derselben Erfindung wie das für das Inland erteilte Patent) ver-

---

179 BGH GRUR 1993, 460 „Wandabstreifer".
180 Kraßer, Patentrecht, S. 827.
181 Benkard/Scharen, PatG, § 9 Rdn. 16.
182 Kraßer, Patentrecht, S. 795.
183 Anders z.B. im Markengesetz: § 24 MarkenG.
184 BGH GRUR 2000, 299 „Karate".
185 BGH GRUR 1976, 579, 582 „Tylosin".

fügt, das ihn berechtigt, einem Inverkehrbringen der Erzeugnisse durch Andere entgegenzutreten.[186]

Die **Zustimmung** des Patentinhabers für ein Inverkehrbringen ist z.b. dann gegeben, wenn er einen Dritten **zum Vertrieb beauftragt** oder ihm eine **Lizenz** erteilt hat. Durch ein Inverkehrbringen patentgemäßer Erzeugnisse **ohne Zustimmung** des Patentinhabers wird die Erschöpfung auch dann bewirkt, wenn ein Benutzungsrecht aufgrund einer **Lizenzbereitschaft** nach § 23 PatG (s. unten IV.), eines **Weiterbenutzungsrechts** nach §§ 12, 123 Abs. 5 (s. oben II.), einer **staatlichen Benutzungsanordnung** nach § 13 PatG (s. unten V. 1.) oder einer **Zwangslizenz** nach § 24 PatG (s. unten V. 2.) vorliegt.

Diese Zustimmung bzw. Berechtigung muss zum **Zeitpunkt des Inverkehrbringens** vorliegen. Ist das der Fall, so bleibt die Erschöpfungswirkung bestehen, auch wenn nachträglich ihre Voraussetzungen wegfallen, z.B. das Patent übertragen wird oder eine Lizenz endet.[187]

Bei einem Verfahrenspatent gelten die Grundsätze zur Erschöpfung uneingeschränkt für die nach § 9 S. 2 Nr. 3 PatG geschützten **unmittelbaren Erzeugnisse**. Durch deren Inverkehrbringen werden allerdings nur diese, nicht aber das Verfahren selbst gemeinfrei.[188]

IV. Lizenzbereitschaft

In § 23 PatG ist die sog. **Lizenzbereitschaft** geregelt. Erklärt der Patentanmelder oder der im Register (gem. § 30 Abs. 1 PatG) als Patentinhaber Eingetragene schriftlich gegenüber dem Patentamt die Bereitschaft, jedermann die Benutzung der Erfindung gegen angemessene Vergütung zu gestatten, so ermäßigen sich die nach Eingang der Erklärung fälligen **Jahresgebühren auf die Hälfte**.

Die Erklärung, die gem. § 23 Abs. 7 PatG jederzeit schriftlich zurückgenommen werden kann, ist eine materiellrechtliche Verfügung über das Patent, wodurch der Patentinhaber/Anmelder auf wesentliche Teile seines Rechtes verzichtet, nämlich auf das Verbotsrecht gegenüber Dritten, sofern diese bereit sind, eine angemessene Vergütung zu zahlen. Somit verzichtet er auf das Recht zur alleinigen Benutzung der Erfindung und zur Erteilung einer ausschließlichen Lizenz (siehe unten § 18 II.). Nach Eintragung der Erklärung im Register (s. § 23 Abs. 1 S. 2 PatG) wirkt diese wie ein Lizenzangebot an die Allgemeinheit, das jeder beliebig annehmen kann.[189] Anderweitige einfache, also nicht-ausschließliche Lizenzen, stehen dem nicht entgegen. Ausschließliche Lizenzen hingegen sind mit dem Charakter der Lizenzbereitschaftserklärung nicht vereinbar.[190]

Der Patentinhaber braucht für nach dem Eingang der Erklärung fällige Jahresgebühren nur die Hälfte zu zahlen. Das gilt auch für die dem Patent zugrunde liegende deutsche **Anmeldung** (§ 23 Abs. 6 PatG) sowie für zugehörige **ergänzende Schutzzertifikate** (§ 16a Abs. 3 PatG). Es gilt weiterhin auch für Zusatzpatente, die bis zum 1. April 2014 angemeldet werden konnten (s. § 147 Abs. 1 PatG). Die Gebührenreduzierung

---

186 Kraßer, Patentrecht, S. 797.
187 Kraßer, Patentrecht, S. 796 f.
188 Benkard/Scharen, PatG, § 9 Rdn. 25.
189 Benkard/Rogge, PatG, § 23 Rdn. 8.
190 Benkard/Rogge, PatG, § 23 Rdn. 9.

gilt jedoch nicht für die für eine europäische Patentanmeldung an das EPA zu zahlenden Jahresgebühren.[191]

Jeder Dritte kann ab Eintragung der Erklärung in das Register die Erfindung benutzen, sofern er seine Absicht dem Patentinhaber/Anmelder anzeigt, Auskunft über die Benutzung gibt und eine angemessene Vergütung zahlt. Diese Vergütung wird auf schriftlichen Antrag eines Beteiligten durch das DPMA festgesetzt (§ 23 Abs. 4).

V. Weitere Rechtsbeschränkungen

Die Rechte des Patentinhabers können weiterhin durch eine **Benutzungsanordnung** (gem. § 13 PatG) oder durch eine **Zwangslizenz** (§ 24 PatG) beschränkt werden.

1. Benutzungsanordnung

Die **Benutzungsanordnung** unterscheidet zwei Fälle, nämlich:
- Benutzung im **Interesse der öffentlichen Wohlfahrt**; das hat die Bundesregierung (nicht ein einzelner Minister) anzuordnen (§ 13 Abs. 1, S. 1 PatG) und
- Benutzung im **Interesse der Sicherheit des Bundes**; das hat die zuständige oberste Bundesbehörde (wie Bundesministerium der Verteidigung oder des Inneren) oder in deren Auftrag eine nachgeordnete Stelle anzuordnen (§ 13 Abs. 1 S. 2 PatG).

Der Patentinhaber hat **gegenüber dem Bund** (nicht gegenüber dem Benutzer) einen **Anspruch auf angemessene Vergütung** (§ 13 Abs. 3 PatG), die einer Enteignungsentschädigung entspricht.[192]

2. Zwangslizenz

Falls ein Lizenzsucher sich innerhalb eines angemessenen Zeitraums erfolglos bemüht hat, vom Patentinhaber die Zustimmung zu erhalten, die Erfindung zu angemessenen geschäftsüblichen Bedingungen zu benutzen und das **öffentliche Interesse** die Erteilung einer solchen Lizenz gebietet, hat das Bundespatentgericht die Möglichkeit eine **Zwangslizenz** zu erteilen (§ 24 Abs. 1 PatG).

Außerdem haben **Inhaber von Patenten mit jüngerem Zeitrang** gegenüber dem Inhaber eines älteren Patents Anspruch auf Einräumung einer Zwangslizenz sofern (a) sich der Lizenzsucher erfolglos bemüht hat, eine Lizenz zu angemessenen geschäftsüblichen Bedingungen zu erhalten und (b) die Erfindung des jüngeren Patents einen **wichtigen technischen Fortschritt von erheblicher wirtschaftlicher Bedeutung** aufweist, verglichen mit der Erfindung des älteren Patents. Dafür hat er auf Verlangen des Inhabers des älteren Patents diesem eine Gegenlizenz zu angemessenen Bedingungen einzuräumen (§ 24 Abs. 2 PatG).

Entsprechendes gilt, wenn ein Pflanzenzüchter ein Sortenschutzrecht nicht erhalten oder verwerten kann ohne ein früheres Patent zu verletzen (§ 24 Abs. 3 PatG). Für eine patentierte Erfindung auf dem Gebiet der Halbleitertechnologie darf eine Zwangslizenz im Rahmen von Abs. 1 nur erteilt werden, wenn dies zur Behebung einer in einem Gerichts- oder Verwaltungsverfahren festgestellten wettbewerbswidrigen Praxis des Patentinhabers erforderlich ist (§ 24 Abs. 4 PatG).

---

191 Benkard/Rogge, PatG, § 23 Rdn. 2.
192 Näheres siehe bei Kraßer, Patentrecht, S. 840 f.

Die durch Erteilung einer Zwangslizenz begründete Benutzungsbefugnis ist privatrechtlicher Natur und wirkt nur für die Zukunft, so dass vorherige Patentverletzungen nicht rechtmäßig werden.[193]

Um die **Bedeutung von Zwangslizenzen** gem. § 24 PatG in der Praxis abzuschätzen, sei auf die Statistik des Bundespatentgerichts verwiesen. Seit dessen Errichtung im Jahre 1961 sind bis Ende 2004 nur 20 Fälle zur Erteilung einer Zwangslizenz eingeleitet worden. Davon wurde nur eine zunächst erteilt, in der Berufungsinstanz jedoch abgelehnt.[194]

Der Vollständigkeit halber sei auch darauf hingewiesen, dass ein Lizenzsucher eine Art **Zwangslizenz** – unabhängig von § 24 PatG – aufgrund von **kartellrechtlichen Vorschriften** erhalten kann. Als Grundlage dafür kommen insbesondere Art. 82 EGV sowie §§ 19, 20 GWB in Betracht, die den Missbrauch einer **marktbeherrschenden Stellung** sowie das **Diskriminierungsverbot** betreffen. Dazu hat der BGH[195] in einem Fall betreffend handelsüblicher CD-R und CD-RW Speicherscheiben entschieden, dass der aus einem Patent in Anspruch genommene Beklagte einwenden kann, dass der klagende Patentinhaber eine marktbeherrschende Stellung missbrauche, wenn er sich weigere, mit dem Beklagten einen Lizenzvertrag zu nicht diskriminierenden und nicht behindernden Bedingungen abzuschließen. Missbräuchlich handelt der Patentinhaber jedoch nur, wenn der Beklagte ihm ein unbedingtes Angebot auf Abschluss eines Lizenzvertrages gemacht hat, an das er (der Beklagte) sich gebunden hält. Außerdem hat der Beklagte, solange er den Gegenstand des Patents bereits benutzt, diejenigen Verpflichtungen einzuhalten, die der abzuschließende Lizenzvertrag an die Benutzung des lizenzierten Gegenstandes knüpft.

Wenn Standardisierungsvereinbarungen, wie z.B. solche von DIN[196] oder ISO,[197] in den Schutzbereich eines Patents fallen, und der Patentinhaber sich weigert, eine Lizenz zu **FRAND-Bedingungen** (fair, reasonable and non discriminatory) zu erteilen, so könnte das Grundlage für einen kartellrechtlichen Lizenzierungszwang sein, wenn anders ein öffentliches Interesse an der Normung nicht befriedigt werden kann.[198]

§ 18 Übertragung, Lizenz

Durch § 9 PatG wird allein dem Patentinhaber die bevorzugte Stellung eingeräumt, die patentierte Erfindung im Rahmen des geltenden Rechts zu nutzen und somit wirtschaftlich zu verwerten. Das Recht *auf* das Patent hat der Erfinder oder sein Rechtsnachfolger (§ 6 PatG). Dieses Recht sowie der Anspruch auf Erteilung des Patents und das Recht *aus* dem Patent können übertragen oder vererbt werden (§ 15 Abs. 1 PatG). Außerdem können diese Rechte ganz oder teilweise Gegenstand von Lizenzen sein (§ 15 Abs. 2 PatG). Sie können sich auf bereits erteilte Patente, auf eingereichte Patentanmeldungen sowie auf noch nicht geschützte Erfindungen beziehen.[199] Nicht übertra-

---

193 Kraßer, Patentrecht, S. 838.
194 Benkard/Rogge, PatG, § 24 Rdn. 4.
195 BGH GRUR 2009, 694 „Orange-Book-Standard".
196 Deutsches Institut für Normung e.V. (s.a. www.din.de).
197 International Organization for Standardization (s.a. www.iso.org).
198 Schulte/Rinken/Kühnen, PatG, 9. Auflage, § 24 Rdn. 46; s.a. BGH GRUR 2004, 966, „Standard-Spundfass" sowie Kraßer, Patentrecht, S. 949 ff.
199 Kraßer, Patentrecht, S. 927, 929.

gen werden kann jedoch das Erfinderpersönlichkeitsrecht, das allein entsteht auf Grund der Tatsache des Erfindens oder Miterfindens.[200]

Im Folgenden wird lediglich auf Grundzüge derartiger Rechtsübertragungen eingegangen. Für weiterführende Aspekte, wie insbesondere Leistungsstörungen, Gewährleistungsansprüche und Kartellrecht, sei auf die einschlägige Literatur verwiesen.

I. Übertragung

Die **Übertragung** der nach § 15 Abs. 1 PatG bestehenden Rechte kann durch formlosen Vertrag gem. §§ 413, 398 BGB erfolgen.[201] Dabei liegt als Verpflichtungsgeschäft in vielen Fällen ein Kaufvertrag zugrunde.[202] Für die industrielle Praxis bedeutsam ist außerdem eine Rechtsübertragung bei Diensterfindungen aufgrund einer Inanspruchnahme nach §§ 6, 7 ArbEG (s.u. § 32 II.). Auf die Übertragung durch Erbfolge wird hier nicht weiter eingegangen.

Wesentlich bei einer derartigen Rechtsübertragung ist das **materiellrechtliche Geschäft**. Der **Vermerk** nach § 30 Abs. 3 PatG **in der Patentrolle** hat insofern nur verlautbarende (deklaratorische), jedoch keine rechtsbegründende Wirkung.[203] Der Vermerk verschafft jedoch dem jeweils Eingetragenen Legitimation gegenüber dem DPMA und den Gerichten. Das heißt auch, dass ein Patentinhaber in der Patentrolle eingetragen sein muss, um aus dem Patent wirksam klagen zu können.[204]

II. Lizenz

Eine **Lizenz** i.S.v. § 15 Abs. 2 PatG ist im Kern die Erlaubnis, die technische Lehre, die Gegenstand eines Schutzrechts ist oder werden soll, in bestimmtem Umfang rechtmäßig zu benutzen. Eine Lizenz kann durch **formlosen Vertrag** erteilt werden.[205] Inwiefern sich ein solcher Vertrag einem der im BGB geregelten Vertragstypen zurechnen lässt, ist umstritten. Üblicherweise[206] wird er als Vertrag eigener Art angesehen.

Es wird zunächst unterschieden zwischen

- „nicht ausschließlichen" Lizenzen, die auch „einfache" Lizenzen genannt werden und
- „ausschließlichen" Lizenzen.

Bei einer **einfachen Lizenz** verzichtet der Patentinhaber (oder zukünftige Patentinhaber) auf die Ausschließlichkeit nach § 9 PatG zugunsten des Lizenznehmers. Der Lizenzgeber kann die geschützte Erfindung aber weiter für sich benutzen, er kann auch zusätzliche Lizenzen erteilen oder nach Patenterteilung anderen Personen weiterhin die Benutzung verbieten. Die **ausschließliche Lizenz** hingegen bewirkt, dass der Lizenzgeber keine weiteren Lizenzen vergeben und auch die geschützte Erfindung nicht selber nutzen

---

200 Benkard/Melullis, PatG, § 6 Rdn. 16.
201 Eine wirksame Übertragung einer europäischen Patentanmeldung muss nach Art. 72 EPÜ schriftlich erfolgen; der deutsche Teil eines darauf erteilten Patents kann jedoch formlos übertragen werden.
202 Kraßer, Patentrecht, S. 937.
203 Benkard/Schäfers, PatG, § 30 Rdn. 8.
204 Benkard/Schäfers, PatG, § 30 Rdn. 17.
205 Das Schriftformerfordernis gem. § 34 GWB ist 1998 entfallen – s. Kraßer, Patentrecht, S. 929.
206 Nach anderer Ansicht ist ein Lizenzvertrag dem Typus der Rechtspacht mit teilweiser Modifizierung zuzuordnen – s. Kraßer, Patentrecht, S. 937.

darf, soweit die ausschließliche Lizenz reicht. Einfache und ausschließliche Lizenzen können jedoch unterschiedliche Beschränkungen enthalten, wie bezüglich:
- zeitlicher Dauer (**Zeitlizenz**),
- räumlicher Wirkung (**Gebietslizenz**);
- sachlicher Schutzbereich (z.B. bestimmte **Ausführungsform**);
- **Benutzungsarten** (z.B. Herstellung, Vertrieb).

Ein Lizenzvertrag kann auch das Recht enthalten, dass der Lizenznehmer **Unterlizenzen** an weitere Dritte vergeben darf, die dadurch entsprechend befugt werden, die geschützte Erfindung zu nutzen. Ein solches Recht zur Unterlizenzierung ist in ausschließlichen Lizenzen implizit enthalten, sofern sich aus dem zugehörigen Vertrag nichts anderes ergibt.

Sowohl für einfache als auch für ausschließliche Lizenzen gilt der „**Sukzessionsschutz**",[207] wonach ein Rechtsübergang der Erfindung oder die Erteilung von weiteren Lizenzen solche Lizenzen nicht berührt, die Dritten vorher erteilt worden sind (§ 15 Abs. 3 PatG).

3. Kapitel. Besonderheiten bei europäischen Patenten

In diesem Kapitel wird auf Besonderheiten von **europäischen Patenten** (bzw. deren Anmeldungen) eingegangen. Das sind solche, die nach dem **Europäischen Patentübereinkommen** (**EPÜ**)[208] durch ein einheitliches Verfahren erteilt sind. Im zweiten Kapitel ist bereits insofern auf das EPÜ verwiesen worden, soweit es Analogien zum deutschen Patentrecht gibt.

Das EPÜ umfasst gem. Art. 164 EPÜ neben dem eigentlichen Regelungswerk noch **weitere Bestandteile**, wie insbesondere die zugehörige **Ausführungsordnung** (AOEPÜ),[209] das **Protokoll zur Auslegung des Art. 69 EPÜ**[210] und das **Anerkennungsprotokoll**.[211] Ergänzt werden diese Vorschriften durch die **Gebührenordnung**.[212]

Europäische Patente können für einen, mehrere oder alle der 38 Vertragsstaaten[213] der Europäischen Patentorganisation beantragt werden und haben nach wirksamer Erteilung dort dieselbe Wirkung und unterliegen denselben Vorschriften wie ein nationales Patent, soweit sich aus dem EPÜ nichts anderes ergibt (Art. 3, Art. 2 Abs. 2, Art. 64 EPÜ). Das heißt, eine Anmeldung für ein europäisches Patent („**europäische Patentanmeldung**") durchläuft zunächst ein einheitliches Verfahren. Mit Erteilung zerfällt das europäische Patent in ein Bündel von Patenten, die in vieler Hinsicht nach nationalen Vorschriften zu behandeln sind. Somit haben die nach dem EPÜ erteilten Patente den Charakter eines sog. „**Bündelpatents**". Daneben gelten jedoch weiterhin selbst für das erteilte europäische Patent einige Vorschriften nach dem EPÜ. Dazu gehören insbeson-

---

207 Kraßer, Patentrecht, S. 933.
208 S. o. Fußn. 3.
209 S. o. Fußn. 5.
210 Vom 5.10.1973 in der Fassung der Akte zur Revision des EPÜ v. 29.11.2000.
211 Vom 5.10.1973.
212 Vom 20.10.1977, zuletzt geändert durch Beschluss des Verwaltungsrates v. 13.12.2013.
213 Dazu gehören auch Staaten außerhalb der EU, wie z.B. Schweiz, Türkei, usw. Aktuelle Liste unter http://www.epo.org/about-us/organisation/member-states_de.html (letzter Abruf 7/2014); letzter Beitritt: Serbien zum 1.10.2010.

dere die Vorschriften für ein eventuelles **Einspruchsverfahren** (Art. 99 ff. EPÜ), die Vorschriften für ein eventuelles **Beschränkungsverfahren** (Art. 105a, 105b, 105c EPÜ), die Auslegung des **Schutzbereichs** (Art. 69 EPÜ zusammen mit dem Protokoll zu dessen Auslegung), die Verbindlichkeit der Fassung in der **Verfahrenssprache** (Art. 70 EPÜ) und die Auslegung der **Patentfähigkeit** (Art. 52 – 57 EPÜ) sowie die Auslegung zur Berechtigung des Patentinhabers (Art. 60 EPÜ) im Rahmen eines möglichen Nichtigkeitsverfahrens. Wesentliche Schritte des Verfahrens vor dem EPA sind ebenfalls in Abb. 3 dargestellt.

Das EPÜ verweist in verschiedenen Stadien auch auf **nationale Vorschriften** der Vertragsstaaten, wie z.B. bzgl. des Schutzes einer Patentanmeldung nach deren Veröffentlichung (Art. 67 Abs. 2 EPÜ) oder die Möglichkeit zur Einreichung von europäischen Patentanmeldungen auch bei nationalen Behörden (Art. 75 Abs. 1 b) EPÜ). Die zugehörigen nationalen Vorschriften in den einzelnen Vertragsstaaten können unterschiedlich sein. Dazu gibt eine vom EPA herausgegebene Broschüre einen guten Überblick.[214] Für die Bundesrepublik Deutschland sind die maßgeblichen nationalen Regelungen enthalten in Art. II IntPatÜG.[215]

Nur der Vollständigkeit halber wird in diesem Kapitel auch kurz auf das **Europäische Patent mit einheitlicher Wirkung** (auch **Einheitspatent** genannt) eingegangen, das jedoch bisher (Stand Juli 2014) und wohl auch innerhalb der kommenden Monate noch nicht angewendet wird.

§ 19 Europäische Patentanmeldungen bis zur Veröffentlichung

Jede natürliche oder juristische Person und jede einer juristischen Person gleichgestellte Gesellschaft kann, **ohne Rücksicht auf Staatsangehörigkeit und Wohnsitz oder Sitz**, die Erteilung eines europäischen Patents beantragen (Art. 58 EPÜ). Mit der Patentanmeldung sind die **Vertragsstaaten**[216] **zu benennen**, für die das Patent erteilt werden soll. Sie kann nach Art. 75 Abs. 1 EPÜ beim EPA oder bei einer zugelassenen nationalen Behörde, wie dem DPMA oder auch bei einem **Patentinformationszentrum**[217] (nach Art. II § 4 Abs. 1 IntPatÜG), eingereicht werden. Die Anmeldung kann grundsätzlich in jeder Sprache eingereicht werden. Es ist jedoch zu unterscheiden, ob es sich dabei um eine der drei **Amtssprachen** des EPA handelt, nämlich **Deutsch**, **Englisch** oder **Französisch**, oder um eine andere Sprache. Wenn die europäische Patentanmeldung in einer Nicht-Amtssprache eingereicht wird, ist sie fristgerecht in eine (beliebige) der drei Amtssprachen des EPA zu übersetzen. Diejenige Amtssprache, in der die Patentanmeldung eingereicht oder übersetzt wird, ist in allen Verfahren vor dem EPA als **Verfahrenssprache** zu verwenden, sofern nichts anderes bestimmt ist (Art. 14 Abs. 1 – 3 EPÜ i.V.m. R. 6 Abs. 1 AOEPÜ). In der Verfahrenssprache werden die europäische Patentanmeldung und die europäische Patentschrift veröffentlicht (Art. 14 Abs. 5, 6 EPÜ). Durch die

---

214 Broschüre „Nationales Recht zum EPÜ", 16. Auflage v. Sept. 2013, herausgegeben vom EPA – s. http://www.epo.org/law-practice/legal-texts/national-law _de.html (letzter Abruf 7/2014).
215 Gesetz über internationale Patentübereinkommen v. 21.6.1976 (BGBl. II, S. 649), zuletzt geändert durch Gesetz v. 19.10.2013 (BGBl. I, S. 3830).
216 Das kann auch ein einzelner Vertragsstaat sein, was jedoch im Folgenden sprachlich nicht unterschieden wird.
217 S.a. www.patentinformation.de oder über www.dpma.de (letzter Abruf 7/2014).

Verfahrenssprache wird außerdem die **verbindliche Fassung von Patentanmeldung und Patent** nach Art. 70 EPÜ bestimmt.

Auf die Anmeldung folgen die **Eingangsprüfung** und die **Formalprüfung** und es wird ein **Recherchenbericht** erstellt (Art. 90, 92 EPÜ). Liegt dieser rechtzeitig vor, wird er zusammen **mit der Patentanmeldung veröffentlicht** (Art. 93 EPÜ i.V.m.R. 68 Abs. 1 AOEPÜ).

Durch die Veröffentlichung gewährt die Patentanmeldung dem Anmelder grundsätzlich denselben Schutz wie ein erteiltes Patent (Art. 67 Abs. 1 i.V.m. Art. 64 EPÜ). Dieser kann von den Vertragsstaaten jedoch nach Art. 67 Abs. 2 eingeschränkt werden. Davon hat die **Bundesrepublik** – wie auch andere Vertragsstaaten[218] – Gebrauch gemacht, so dass nach Art. II § 1 Abs. 1 IntPatÜG eine veröffentliche **europäische Patentanmeldung** lediglich einen vorläufigen Schutz mit einstweiligen Entschädigungsanspruch gem. § 33 Abs. 1 PatG gewährt. Dieser Schutz steht dem Anmelder jedoch erst von dem Tag an zu, an dem eine von ihm eingereichte deutsche Übersetzung der Patentansprüche vom DPMA veröffentlicht worden ist oder der Anmelder eine solche Übersetzung dem Benutzer der Erfindung übermittelt hat (Art. II § 1 Abs. 2 IntPatÜG).

§ 20 Sachprüfung, Patenterteilung, Einspruch und Beschränkung

Die **Sachprüfung** wird eingeleitet durch einen **Prüfungsantrag**, der innerhalb von **6 Monaten nach dem Hinweis auf Veröffentlichung des Recherchenberichts** wirksam gestellt werden kann und der erst als gestellt gilt, wenn die **Prüfungsgebühr** entrichtet worden ist. Wird er nicht rechtzeitig gestellt, gilt die Anmeldung als zurückgenommen (Art. 94 EPÜ i.V.m. R. 70 Abs. AOEPÜ).

Ergibt die Prüfung, üblicherweise nach Anpassung der Anmeldeunterlagen durch den Anmelder, dass die Anmeldung und ihre Erfindung den Erfordernissen des EPÜ (sowohl materiell als auch formell) genügen, sind anschließend fristgerecht die erforderlichen Gebühren zu zahlen und eine Übersetzung der Patentansprüche in den beiden Amtssprachen des EPA einzureichen, die nicht die Verfahrenssprache sind. Wenn diese Bedingungen erfüllt sind, wird die **Erteilung des europäischen Patents** beschlossen (Art. 97 EPÜ i.V.m. R. 71 AOEPÜ).

Die Entscheidung über die Erteilung des europäischen Patents wird an dem Tag wirksam, an dem im Europäischen Patentblatt der Hinweis auf Erteilung bekannt gemacht wird (Art. 97 Abs. 3 EPÜ). Von diesem Tag an gewährt das europäische Patent seinem Inhaber in jedem Vertragsstaat, für den es erteilt ist, dieselben Rechte wie ein nationales Patent (Art. 64 Abs. 1 EPÜ). Durch Art. 64 Abs. 2 EPÜ ist außerdem gewährleistet, dass bei einem Patent, das ein Verfahren schützt, auf jeden Fall auch diejenigen Erzeugnisse geschützt sind, die durch das Verfahren unmittelbar hergestellt sind. Das ist im deutschem Patentgesetz auch direkt geregelt (§ 9 S. 2 Nr. 3 PatG).

Die Patentwirkungen können jedoch gem. Art. 65 EPÜ für einzelne Vertragsstaaten rückwirkend entfallen, wenn die Verfahrenssprache nicht einer der staatlichen Amtssprachen entspricht und eine ggf. erforderliche Übersetzung nicht rechtzeitig bei der zuständigen Zentralbehörde für den gewerblichen Rechtsschutz eingereicht wird. Be-

---

218 S. o. Fußn. 214.

züglich der Übersetzungserfordernisse in den einzelnen Vertragsstaaten wird erneut auf die genannte Broschüre „Nationales Recht zum EPÜ"[219] verwiesen.

Ab Bekanntmachung des Hinweises auf die Patenterteilung läuft eine 9-monatige **Einspruchsfrist**, innerhalb der **jedermann** Einspruch einlegen kann (Art. 99 Abs. 1 EPÜ). Davon ausgenommen ist allerdings der Patentinhaber selbst.[220] Die **Einspruchsgründe** sind in Art. 100 EPÜ abschließend aufgeführt. Somit ist nach EPÜ ein **Einspruch wegen widerrechtlicher Entnahme**, anders als nach § 21 Abs. 1 Nr. 3 PatG, **nicht vorgesehen**. Ein eventueller Streit darüber, ob der Anmelder auch **materiell berechtigt** ist i.S.v. Art. 60 EPÜ, ist durch **Gerichte der Vertragsstaaten** zu entscheiden. Eine solche in einem Vertragsstaat ergangene rechtskräftige Entscheidung wird in den anderen Vertragsstaaten anerkannt ohne dass es hierfür eines gesonderten Verfahrens bedarf (Art. 9 **Anerkennungsprotokoll**). Die Person, der durch eine solche Entscheidung der Anspruch auf Erteilung des europäischen Patents zugesprochen wird, kann wahlweise die vorhandene Patentanmeldung anstelle des Anmelders als eigene Anmeldung weiterverfolgen, eine neue Patentanmeldung für dieselbe Erfindung einreichen oder beantragen, dass die europäische Patentanmeldung zurückgewiesen wird (Art. 61 Abs. 1 EPÜ). Bei einem zulässigen Einspruch prüft das EPA, ob wenigstens ein Einspruchsgrund vorliegt. In einem solchen Fall wird das Patent widerrufen. Andernfalls wird der Einspruch zurückgewiesen. Es ist auch möglich, dass der Patentinhaber im Laufe des Verfahrens die Einspruchsgründe erst durch Änderungen der Unterlagen behebt, beispielsweise durch Beschränkung der Patentansprüche. In einem solchen Fall wird das Patent in geänderter Fassung aufrecht erhalten und das EPA veröffentlich eine neue europäische Patentschrift (Art. 101, 103 EPÜ). Die Entscheidung über den Einspruch wirkt grundsätzlich **für alle Vertragsstaaten**, in denen das europäische Patent Wirkung hat (Art. 99 Abs. 2 EPÜ).

Auf Antrag des Patentinhabers kann das europäische Patent **widerrufen** oder durch Änderung der Patentansprüche **beschränkt** werden. Der Antrag ist gebührenpflichtig und schriftlich beim EPA zu stellen (Art. 105 a Abs. 1 EPÜ, R. 92 Abs. 1 AOEPÜ). Der Antrag ist nicht fristgebunden. Er kann **jederzeit** nach Erteilung und selbst nach dem Erlöschen des Patents gestellt werden,[221] jedoch **nicht solange ein Einspruchsverfahren anhängig** ist (Art. 15 a Abs. 2 EPÜ, R. 93 AOEPÜ). Wenn der Antrag den festgelegten Erfordernissen genügt, beschließt das EPA die Beschränkung oder den Widerruf des Patents. Diese Entscheidung gilt mit **Wirkung für alle Vertragsstaaten**, für die das europäische Patent erteilt worden ist und wird an dem Tag wirksam, an dem der Hinweis auf die Entscheidung im Europäischen Patentblatt bekannt gemacht wird (Art. 105 b EPÜ). Im Falle einer Beschränkung veröffentlicht das EPA eine geänderte europäische Patentschrift (Art. 105 c EPÜ).

---

219 S. o. Fußn. 214.
220 ABl.EPA 1994, 891, G 9/93.
221 Richtlinien für die Prüfung im Europ. Patentamt, 2013, Teil D, X-1.

§ 21 Beschwerde

Sofern einer form- und fristgerecht eingelegten **Beschwerde** durch die Stelle, die die angefochtene Entscheidung erlassen hat, nicht abgeholfen wird, entscheidet darüber eine der **Beschwerdekammern** des EPA (Art. 21, 106 ff. EPÜ).

Die **Große Beschwerdekammer** ist zuständig für Entscheidungen über Rechtsfragen, die ihr von den Beschwerdekammern vorgelegt werden, für die Abgabe von Stellungnahmen zu Rechtsfragen, die ihr der Präsident des EPA vorlegt und für Entscheidungen über Anträge, auf Überprüfung von Beschwerdekammerentscheidungen (Art. 22. 112, 112 a EPÜ).

§ 22 Nationale Verfahren

Mit dem bestandskräftigen Abschluss des Erteilungsverfahrens bzw. eines sich daran ggf. anschließenden Einspruchsverfahrens endet üblicherweise die Entscheidungskompetenz des EPA, sofern durch den Patentinhaber nicht ein Beschränkungs- bzw. Widerrufsverfahren beantragt wird. Zwar enthält das EPÜ mit Art. 138 eine Vorschrift betreffend eventueller **Nichtigkeitsverfahren**, jedoch werden diese nach nationalen Verfahren durchgeführt. Eine (teilweise) **Nichtigerklärung** wirkt nur für das Hoheitsgebiet des Staates, in dem das Verfahren stattfindet.

Damit ein europäisches Patent auch die Wirkungen gem. Art. 64 EPÜ in den benannten Staaten entfaltet, sind in Abhängigkeit von der Verfahrenssprache Übersetzungen in einzelnen Staaten erforderlich (Art. 65 EPÜ).[222]

Der **Schutzbereich** des erteilten Patents ist nach Art. 69 EPÜ – ergänzt durch das Protokoll über dessen Auslegung – bestimmt. Die daraus resultierenden Rechte und Verfahren zu deren Geltendmachung werden jedoch nach nationalem Recht i.S.v. Art. 64 EPÜ behandelt.

Ein rechtskräftig erteiltes europäisches Patent bewirkt nach Ablauf der Einspruchsfrist oder eines eventuellen Einspruchsverfahren gem. Art. II § 8 IntPatÜG, dass ein nationales deutsches Patent seine Wirkung verliert, soweit es dieselbe Erfindung wie das europäische Patent schützt („**Verbot des Doppelschutzes**"; s.o. § 15 II. 1.).

§ 23 Das Europäische Patent mit einheitlicher Wirkung (Einheitspatent)

I. Allgemeines

Es wird seit vielen Jahren versucht, für die EU ein gemeinsames Patentsystem zu schaffen, das durch ein einheitliches Verfahren und mit nur geringem Übersetzungsaufwand einen EU-weiten Schutz ermöglicht und vergleichbar ist mit dem System der Gemeinschaftsmarke bzw. des Gemeinschaftsgeschmacksmusters. Ein solches Patentsystem würde sich von dem o.g. europäischen Bündelpatent (gem. EPÜ) also insbesondere dadurch unterscheiden, dass es nach Erteilung nicht wie ein Bündel in einzelne Patente der Mitgliedsstaaten, deren Anzahl der Patentanmelder bzw. – inhaber bestimmen kann, zerfällt, sondern einheitliche Wirkung in (möglichst) allen EU-Staaten hat. Das Einheitspatent soll Nutzern neben den klassischen nationalen Patenten (nach PatG,...)

---

222 S. o. Fußn. 214.

und europäischen Patenten (nach EPÜ) eine weitere Option bieten. Ein solches Einheitspatent findet jedoch bisher[223] noch keine Anwendung.

In den Jahren 2012 und 2013 haben die Mitgliedsstaaten und das Europäische Parlament einem „Patent-Paket" zugestimmt – einer Gesetzesinitiative bestehend aus zwei Verordnungen[224] und einem internationalen Abkommen,[225] die den Grundstein legt für die Einführung eines einheitlichen Patentschutzes in der EU. Das Patent-Paket wird im Wege der **verstärkten Zusammenarbeit** zwischen 25 Mitgliedsstaaten umgesetzt (alle EU-Mitgliedsstaaten außer Italien und Spanien).[226]

Die Verordnungen traten – gem. ihrer Art. 18 Abs. 1 bzw. Art. 7 Abs. 1 – am 20.1.2013 in Kraft. Sie gelten jedoch erst ab dem Tag, an dem das Übereinkommen über ein einheitliches Patentgericht in Kraft tritt,[227] was bisher noch nicht der Fall ist.

Für das Inkrafttreten des Übereinkommens über ein einheitliches Patentgericht ist in dessen Präambel festgelegt, dass es am 1. Januar 2014 in Kraft treten sollte (was nicht geschah) oder aber am ersten Tag des vierten Monats nach Hinterlegung der 13. Ratifikations- oder Beitrittsurkunde, wobei auch diejenigen von Deutschland, Frankreich und dem Vereinigten Königreich vorliegen müssen (weil es dort im Jahr 2012 die meisten gültigen europäischen Patente gab).

Bisher liegen lediglich die Ratifikationsurkunden von Belgien, Frankreich, Österreich und Schweden vor.[228]

Gegen das Patent-Paket gab es eine erste Klage von Italien und Spanien, die im April 2013 vom EuGH abgewiesen wurde. Aktuell ist eine weitere Klage von Spanien anhängig, die im März 2013 beim EuGH eingereicht wurde und über die noch nicht entschieden ist.[229]

Da es somit noch nicht absehbar ist, wann das Einheitspatent zur Anwendung kommt, wird im Folgenden auch nur recht kurz darauf eingegangen.

II. Wirkung des Einheitspatents

Ein Europäisches Patent mit einheitlicher Wirkung hat einen einheitlichen Charakter. Es bietet einheitlichen Schutz und hat gleiche Wirkung in allen teilnehmenden Mitgliedsstaaten. Das sind diejenigen, die an der verstärkten Zusammenarbeit im Bereich des Einheitspatents teilnehmen. Das Einheitspatent kann nur im Hinblick auf alle teilnehmenden Mitgliedsstaaten beschränkt, übertragen oder für nichtig erklärt werden oder erlöschen. Es kann im Hinblick auf die Gesamtheit oder einen Teil der Hoheitsgebiete der teilnehmenden Mitgliedsstaaten lizenziert werden (Art. 2, 3 VO 1257/2012).

---

223 „bisher" bedeutet in diesem Zusammenhang: Stand Juli 2014.
224 VO (EU) Nr. 1257/2012 des Europ. Parlaments und des Rates v. 17.12.2012 (betreffend einheitlicher Patentschutz); VO (EU) Nr. 1260/2012 des Rates v. 17.12.2012 (betreffend Übersetzungsregelungen) – s. www.epo.org/law-practice/unitary/unitary-patent_de.html (letzter Abruf 7/2014).
225 Übereinkommen über ein einheitliches Patentgericht, unterzeichnet am 19.2.2013 von 25 Mitgliedsstaaten – s. www.epo.org/law-practice/unitary/patent-court_de.html (letzter Abruf 3/2014).
226 s. http://ec.europa.eu/internal_market/indprop/patent/index_de.htm (letzter Abruf 7/2014).
227 Genau genommen heißt es in Art. 18 Abs. 2 bzw. Art 7 Abs. 2 jeweils: „Sie (die VO) gilt ab dem 1. Januar 2014 oder ab dem Tag des Inkrafttretens des Übereinkommens über ein Einheitliches Patentgericht, je nachdem, welcher der spätere Zeitpunkt ist.".
228 S. http://ec.europa.eu/internal_market/indprop/patent/ratification/index_de.htm (letzter Abruf 7/2014).
229 Sehr guter Überblick s. Eck, Europäisches Einheitspatent und Einheitsgericht, GRUR Int. 2014, 114ff.

III. Verfahren

Aufgrund von Art. 9 VO 1257/2012 übertragen die teilnehmenden Mitgliedsstaaten dem EPA im Sinne von Art. 143 EPÜ wesentliche Aufgaben, die es gemäß seinen internen Regeln ausführt. So wird das EPA beispielsweise die Anträge der Patentinhaber auf einheitliche Wirkung verwalten, ist für die Erhebung, Verwaltung und Verteilung der Jahresgebühren zuständig und hat ein Register für die Einheitspatente zu führen, das Rechtsstandsdaten zu Lizenzen, Rechtsübertragungen und Beschränkungen sowie zum Widerruf bzw. Erlöschen von Patenten enthält. Was die Übersetzungsregelungen für das Einheitspatent angeht, wurde beschlossen, die Sprachenregelungen des EPA mit den drei Amtssprachen Deutsch, Englisch und Französisch zu übernehmen.[230]

4. Kapitel. Der Patentzusammenarbeitsvertrag (PCT)

Durch den **Patentzusammenarbeitsvertrag**[231] (**PCT**), ergänzt durch eine Ausführungsordnung (AOPCT),[232] wird eine Möglichkeit geschaffen, mit einer einzigen „internationalen" Anmeldung Schutz für eine Erfindung in vielen Staaten zu sichern. Der PCT führt jedoch – anders als das EPÜ – nicht zu einer einheitlichen Patenterteilung. Es wird lediglich ein **einheitliches Anmeldeverfahren** durchgeführt, einschließlich Veröffentlichung der Anmeldung und einer Recherche. Auf Wunsch des Anmelders ist auch eine unverbindliche Prüfung der Anmeldung bzw. von deren Erfindung möglich. Jedoch ist die verbindliche Prüfung und entsprechende Schutzrechtserteilung den in der Anmeldung benannten Vertragsstaaten vorbehalten.

Dem PCT gehören aktuell 148 Mitgliedstaaten (**Vertragsstaaten**) an,[233] so auch die Bundesrepublik Deutschland, die in Art. III IntPatÜG die Schnittstellen zu nationalen Vorschriften geregelt hat. Das EPÜ regelt Schnittstellen zum PCT durch Art. 150 ff. EPÜ. Die PCT-Verfahren werden koordiniert durch die in Genf ansässige **Weltorganisation für geistiges Eigentum** (**WIPO**), dort konkret durch das **Internationale Büro**.

In diesem Kapitel werden nur die Grundzüge des PCT dargestellt. Wesentliche Schritte des Verfahrens sind auch in Abb. 3 dargestellt. Für ausführliche Informationen sowie aktuelle Regelungen, wird auf die **Internetseite der WIPO** verwiesen.[234]

Das Verfahren nach dem PCT umfasst folgende Phasen, die jeweils die angegebenen Schritte enthalten:

- Kapitel I (s. Art. 3 – 30 PCT)

    Einreichung der Anmeldung, Recherche, Veröffentlichung von Anmeldung und Recherchenbericht;

---

230 S.a. www.epo.org/law-practice/unitary/unitary-patent_de.html (letzter Abruf 7/2014).
231 Vertrag über die internationale Zusammenarbeit auf dem Gebiet des Patentwesens, unterzeichnet am 19.6.1970, zuletzt geändert am 3.10.2001.
232 Ausführungsordnung zum Vertrag über die internationale Zusammenarbeit auf dem Gebiet des Patentwesens v. 29.6.1992; letzte Änderung v. 1.1.2013.
233 s. http://www.wipo.int (letzter Aufruf 7/2014).
234 Internetseite der WIPO: http://www.wipo.int/pct/de/ bzw. www.wipo.int/pct/en/appguide (letzter Abruf 7/2014).

- Kapitel II (s. Art. 31 – 42 PCT)
  Auf Antrag findet eine unverbindliche vorläufige internationale Prüfung mit Erstellung eines Gutachtens über Neuheit, erfinderische Tätigkeit und gewerbliche Anwendbarkeit statt;
- Nationale bzw. regionale Phasen (s. Vorschriften nationaler bzw. regionaler Ämter)
  Anschließende Verfahren zur Erteilung von Patenten (bzw. Eintragung von Gebrauchsmustern, usw.) vor nationalen bzw. regionalen Patentbehörden.

§ 24 PCT Kapitel I

Internationale Anmeldungen zum Schutz von Erfindungen umfassen u.a. solche für **Patente** und für **Gebrauchsmuster**[235] (Art. 2 ii) PCT). Nur derjenige, der die **Staatsangehörigkeit eines Vertragsstaates** oder in einem Vertragsstaat **Sitz oder Wohnsitz** hat, kann eine solche Anmeldung einreichen (Art. 9 PCT);[236] und zwar beim nationalen Amt seines Sitzes oder seiner Staatsangehörigkeit, beim Internationalen Büro oder ggf. bei einer zwischenstaatlichen Organisation (Art. 10 PCT i.V.m. R 19.1 a), b) AOPCT). Somit kann ein Anmelder mit Sitz im Inland eine internationale Anmeldung einreichen beim DPMA (national geregelt durch Art. III § 1 IntPatÜG), beim EPA (s. Art. 151 EPÜ) sowie beim Internationalen Büro. Die Einreichung umfasst – die Erfüllung der notwendigen Formalitäten vorausgesetzt – grundsätzlich die Bestimmung aller Mitgliedstaaten, für die der Vertrag am internationalen Anmeldedatum verbindlich ist (**Bestimmungsstaaten**) und zwar für alle nach PCT dort möglichen Schutzrechtsarten (R 4.9 a) i), ii) AOPCT). Für diese Bestimmungsstaaten hat die internationale Anmeldung die Wirkung einer vorschriftsmäßigen nationalen Anmeldung mit dem internationalen Anmeldedatum (Art. 11 Abs. 3 PCT).

Für eine internationale Anmeldung kann die **Priorität** einer (oder mehrerer) früheren Anmeldung in Anspruch genommen werden, wobei grundsätzlich nach Art. 8 PCT das Prioritätsrecht nach Art. 4 **PVÜ** gilt. Die internationale Anmeldung kann auch Grundlage für die Inanspruchnahme von Prioritätsrechten sein (Art. 11 Abs. 4 PCT).

Für jede internationale Anmeldung wird gem. Art. 15 PCT eine Recherche zur Ermittlung des einschlägigen SdT durchgeführt und zwar von einer **internationalen Recherchebehörde**, die ein nationales Amt oder eine zwischenstaatliche Organisation sein kann (Art. 15 ff. PCT). Für internationale Anmeldungen, die beim DPMA oder beim EPA eingereicht werden, führt das EPA die Recherchen durch (Art. 16 Abs. 2 PCT i.V.m. Art. III § 3 IntPatÜG[237] bzw. Art. 152 EPÜ). Auf Grundlage einer solchen Recherche werden ein **Recherchenbericht** und ein **nicht bindender Bescheid** zur Neuheit, der erfinderischen Tätigkeit und der gewerblichen Anwendbarkeit erstellt (R 43 ff. AOPCT). Ein Dialog mit dem Anmelder im Rahmen der Erstellung dieses Bescheides erfolgt nicht.

---

235 Weitere Schutzrechte sind: Erfinderscheine, Gebrauchszertifikate, Zusatzpatente, Zusatzzertifikate, Zusatzerfinderscheine, Zusatzgebrauchszertifikate.
236 Beachte: Eine solche Begrenzung gibt es nicht im PatG und nicht im EPÜ.
237 Siehe ergänzend Bekanntmachung vom 24.4.1978, Bl. f. PMZ 1978, 165.

Die internationale **Anmeldung** wird üblicherweise unverzüglich nach Ablauf von 18 Monate nach ihrem Zeitrang (Anmelde- bzw. frühester Prioritätstag) **veröffentlicht**. Mögliche **Veröffentlichungssprachen** der Anmeldung sind, abhängig von der Sprache bei ihrer Einreichung, deutsch, englisch, französisch (also die EPA-Amtssprachen) sowie arabisch, chinesisch, japanisch, koreanisch, portugiesisch, russisch oder spanisch. Der **Recherchenbericht** wird – in der Veröffentlichungssprache und auch in englischer Sprache – zusammen mit der Anmeldung **veröffentlicht**, sofern er vorliegt; sonst wird er zu einem späteren Zeitpunkt veröffentlicht. Der oben genannte nicht bindende Bescheid hingegen wird nicht veröffentlicht (Art. 21 PCT, R 48 AOPCT). Er kann dennoch Dritten zur Kenntnis gelangen, jedoch frühestens 30 Monate nach dem Prioritätsdatum im Rahmen einer Einsichtnahme (R 44ter AOPCT).

Nach Art. 29 PCT sind die Schutzwirkungen der internationalen Veröffentlichung einer internationalen Anmeldung grundsätzlich die gleichen wie bei der Veröffentlichung einer nationalen Anmeldung. Sofern die internationale Anmeldung in deutscher Sprache veröffentlicht wird (und die Bundesrepublik Bestimmungsstaat ist), entsteht somit auch der **Entschädigungsanspruch** gem. § 33 PatG. Andernfalls ist für einen solchen Anspruch zuvor die Veröffentlichung einer deutschsprachigen Übersetzung durch das DPMA erforderlich (Art. III § 8 Abs. 1, 2 IntPatÜG).

Kapitel I endet gem. Art. 22 PCT i.V.m. ergänzenden nationalen Vorschriften frühestens 30 Monate[238] nach dem Zeitrang (Prioritätsdatum). Bis zum 31. März 2002 galt dafür eine 20-Monatsfrist. Im Rahmen dieser Änderung des PCT besteht die Möglichkeit, dass Vertragsstaaten bzw. deren Ämter einen Vorbehalt gegen die neue 30-Monatsfrist erklären. Davon haben z.Zt. noch 3 Staaten Gebrauch gemacht. Für diese Staaten endet Kapitel I nach 20 bzw. 21 Monaten.[239]

Für die übrigen Bestimmungsstaaten ist das Ende von Kapitel I gleichzeitig auch das Ende des PCT-Verfahrens. Danach können dort nationale bzw. regionalen Phasen eingeleitet werden, indem die hierfür notwendigen Formalitäten und Gebührenzahlungen rechtzeitig erledigt werden.

Für die Bestimmungsstaaten, die den genannten Vorbehalt erklärt haben, endet das PCT-Verfahren nach 20 bzw. 21 Monaten nur dann, wenn nicht bis zum Ablauf von 19 Monaten nach dem Prioritätsdatum ein Antrag auf vorläufige internationale Prüfung gestellt und somit Kapitel II (s.u.) eingeleitet wird.

§ 25 PCT Kapitel II

Der Anmelder kann eine **vorläufige internationale Prüfung** betreffend Neuheit,[240] erfinderische Tätigkeit und gewerbliche Anwendbarkeit beantragen (Art. 31 ff. PCT), wodurch das sog. **Kapitel II** für vom Anmelder **ausgewählte Staaten** eingeleitet wird. Die Frist dafür beträgt (außer bei den oben in § 24 genannten 3 Staaten) maximal 22 Monate ab dem Zeitrang oder 3 Monate nachdem der Anmelder den Recherchenbericht und den nicht bindenden Bescheid (aus Kapitel I) erhalten hat, je nachdem welche Frist später abläuft (R 54bis AOPCT). Für internationale Anmeldungen, die beim

---

238 Das EPA gewährt dafür eine Frist von 31 Monaten (R 159 AOEPÜ).
239 Tansania (21 Mon.), Uganda (21 Mon.), sowie Luxemburg (20 Mon.), für das jedoch im Rahmen von EURO-PCT Verfahren die 30/31-Monatsfrist gilt (s.u. § 26).
240 Der dafür berücksichtigte SdT umfasst nur schriftliche Offenbarungen (R 64.1 AOPCT).

DPMA oder beim EPA eingereicht wurden, ist das EPA **internationale Prüfungsbehörde**.

Das Prüfungsverfahren ermöglicht dem Anmelder, die Unterlagen der Anmeldung anzupassen und mit der Prüfungsbehörde zu verkehren (Art. 34 Abs. 2 PCT). Das ist besonders in den Fällen entscheidend, in denen ein negativer Bescheid (nach Kapitel I) erstellt wurde und der Anmelder der Meinung ist, das Prüfungsverfahren könnte zu einem positiven Ergebnis führen.

Kapitel II endet üblicherweise 30 Monate[241] nach dem Zeitrang der Anmeldung (Art. 39 Abs. 1 PCT) und kann analog zu Kapitel I zu nationalen/regionalen Phasen in den ausgewählten Staaten führen, sofern die notwendigen Formalitäten rechtzeitig eingeleitet werden.

§ 26 Nationale und regionale Verfahren

Für die Erteilung von Patenten bzw. Eintragung von Gebrauchsmustern (oder sonstiger nach PCT vorgesehenen Rechte; s.o. § 24) auf Grundlage der internationalen Anmeldung sind die weiteren notwendigen Formalitäten (einschließlich Übersetzungen und Gebührenzahlungen) fristgerecht vorzunehmen. Das kann bei **nationalen Patentbehörden** (wie dem DPMA), aber auch gem. Art. 45 PCT bei **regionalen Patentbehörden** (wie dem EPA) erfolgen.

Das DPMA ist Bestimmungsamt oder ausgewähltes Amt, wenn die Bundesrepublik Deutschland für ein Patent und/oder für ein Gebrauchsmuster Bestimmungsstaat (Kapitel I) bzw. ausgewählter Staat (Kapitel II) ist (Art. II § 4 bzw. § 6 IntPatÜG). Zur Erteilung eines nationalen Patentes sind die Bestimmungen des PatG bzw. für die Eintragung eines Gebrauchsmusters sind diejenigen des Gebrauchsmustergesetzes anzuwenden. Das gilt auch für weiterführende Verfahren, wie insbesondere für Einspruchs-, Nichtigkeits- und Verletzungsverfahren bzw. Gebrauchsmuster-Löschungsverfahren (s. u. 5. Kapitel) und dergleichen.

Analog gilt das für die Fälle, bei denen das EPA Bestimmungsamt bzw. ausgewähltes Amt ist (Art. 153 EPÜ). Die wirksame Einleitung einer regionalen Phase über das EPA führt zum sog. **EURO-PCT Verfahren**, in dem die Regelungen des EPÜ anzuwenden sind. Im Falle einer Patenterteilung durch das EPA ist eine anschließende Nationalisierung für die EPÜ-Bestimmungsstaaten einzuleiten, in denen das Patent Wirkung erlangen soll (s.o. 3. Kapitel).

5. Kapitel. Gebrauchsmusterrecht

Das **Gebrauchsmuster**, dessen gesetzliche Grundlage das geltende **GebrMG**[242] ist, wird häufig als **kleiner Bruder des Patents** bezeichnet, da auch hiermit technische Erfindungen geschützt werden können, die neu, erfinderisch und gewerblich anwendbar sind. Es gibt also zwischen beiden Schutzrechtsarten **viele Übereinstimmungen, jedoch auch deutliche Unterschiede**. So z.B. bereits in der Definition von dem, was neu und erfinde-

---

241 Das EPA gewährt dafür eine Frist von 31 Monaten (R 159 AOEPÜ).
242 Gebrauchsmustergesetz in der Fassung der Bekanntmachung vom 28.8.1986, zuletzt geändert mit Wirkung zum 1.4.2014 durch das Gesetz zur Novellierung patentrechtlicher Vorschriften und anderer Gesetze des gewerbl. Rechtsschutzes v. 19.10.2013.

risch ist, sowie in der **Laufzeit** (Schutzdauer), die bei einem Gebrauchsmuster maximal **10 Jahre** beträgt (§ 23 Abs. 1 GebrMG).

Aufgrund des deutlich **reduzierten Aufwandes bei** dem **Prüfungsverfahren** zur Eintragung eines Gebrauchsmusters soll es vor allem Einzelerfindern sowie kleinen und mittleren Unternehmen schnell und kostengünstig ein leicht zu handhabendes Schutzrecht für ihre Alltagserfindungen zur Verfügung stellen.[243]

In diesem Kapitel wird auf die Besonderheiten des Gebrauchsmusters und auf die wesentlichen Unterschiede zum Patent eingegangen.

§ 27 Gebrauchsmusterfähige Erfindungen, Neuheit und erfinderischer Schritt

Als **Gebrauchsmuster** werden **Erfindungen** geschützt, die **neu** sind, auf einem **erfinderischen Schritt** beruhen und **gewerblich anwendbar** sind (§ 1 Abs. 1 GebrMG). Zur gewerblichen Anwendbarkeit wird auf die Erläuterungen zum Patentrecht verwiesen und es wird hier nicht weiter darauf eingegangen.

I. Gebrauchsmusterfähige Erfindungen

Unter **Erfindungen** werden – wie auch im Patentrecht – solche verstanden, die Technizität, also einen **technischen Charakter** aufweisen. Es können Erzeugnisse, Vorrichtungen, (elektrische, hydraulische) Schaltungen, Stoffe und dergleichen geschützt werden, jedoch **keine Verfahren** (§ 2 Nr. 3 GebrMG) **und keine biotechnologischen Erfindungen** (§ 1 Abs. 2 Nr. 5 GebrMG). Somit sind also keine Ansprüche schutzfähig, die Herstellungsverfahren (wie Schweißen) oder Arbeitsverfahren (wie Messen) betreffen (zu Verfahrensansprüchen siehe auch oben § 16 II.). Dagegen sind **Vorrichtungen** schutzfähig, die derartige **Verfahren** *ausführen*, wie Schweißanlagen oder Messgeräte. Da auch Erzeugnisse schutzfähig sind und der Schutz entsprechender Gebrauchsmuster u.a. auch deren Herstellung umfasst (§ 11 Abs. 1 GebrMG), kann ein Gebrauchsmusterinhaber auf diese Weise auch gegen die Anwendung jedes Herstellungsverfahrens vorgehen, soweit sie zu dem geschützten Erzeugnis führt.[244] Somit kann also mittelbar Schutz für das Herstellungsverfahren erreicht werden.[245] Die **Verwendung** eines an sich bekannten Stoffes für ein Arzneimittel zur therapeutischen und präventiven Behandlung von Erkrankungen ist kein Verfahren i.S.v. § 2 Nr. 3 GebrMG und somit gebrauchsmusterfähig,[246] obwohl Verwendungsansprüche sonst üblicherweise als eine Erscheinungsform des Verfahrensanspruchs gesehen werden.[247]

II. Neuheit und Stand der Technik

Nach § 3 Abs. 1 S. 1 GebrMG gilt der Gegenstand eines Gebrauchsmusters als neu, wenn er nicht zum SdT gehört. Trotz des analogen Wortlauts zu § 3 Abs. 1 S. 1 PatG

---

243 Begründung zum GebrMG v. 28.8.1986; BT-Drucks. 10/3903, S. 16.
244 Kraßer, Patentrecht, S. 517.
245 Benkard/Goebel, GebrMG, § 2 Rdn. 13.
246 BGH GRUR 2006, 135 „Arzneimittelgebrauchsmuster".
247 Kraßer, Patentrecht, S. 493.

ist der **Neuheitsbegriff** nach GebrMG anders definiert als im **Patentrecht**, da die Definition des SdT anders ist. Außerdem gibt es Unterschiede bei der Inanspruchnahme von Prioritäten.

1. Stand der Technik (SdT)

Während im Patentrecht grundsätzlich[248] jede Veröffentlichung vor dem Zeitrang der Anmeldung zum SdT zählt und somit schädlich ist (siehe oben § 9 I. 1.), gilt dies nach Gebrauchsmustergesetz nur beschränkt, denn:

- eine bloß mündliche Erläuterung gehört nicht zum SdT; stattdessen wird eine **schriftliche Beschreibung** gefordert, die der Öffentlichkeit zugänglich sein muss;
- nur im **Inland** der Öffentlichkeit zugängliche **Benutzungshandlungen** werden dem SdT zugerechnet; eine Benutzung im Ausland hingegen ist nicht relevant;
- öffentliche Beschreibungen oder Benutzungen, die auf dem Anmelder oder seinem Rechtsnachfolger beruhen, gehören nicht zum SdT, wenn sie 6 Monate vor dem Zeitrang (Anmelde- oder Prioritätstag) der Gebrauchsmusteranmeldung erfolgen. Diese **Neuheitsschonfrist** bezieht sich also nicht zwangsläufig auf den Anmeldetag (wie beim offensichtlichen Missbrauch bzw. dem Ausstellungsschutz nach § 3 Abs. 4 PatG), sondern kann auch einen eventuellen Prioritätstag berücksichtigen;
- **ältere Anmeldungen** (also vorher angemeldet, jedoch nach dem Zeitrang des zu prüfenden Gebrauchsmusters veröffentlicht) gehören, anders als im Patentrecht (§ 3 Abs. 2 PatG), nicht zum SdT. Zu berücksichtigen ist aber das **Verbot des Doppelschutzes** nach § 15 Abs. 1 Nr. 2 GebrMG. Danach besteht ein Löschungsanspruch, wenn der Gegenstand des Gebrauchsmusters bereits aufgrund einer früheren Patent- oder Gebrauchsmusteranmeldung *geschützt* worden ist.

2. Priorität

Analog zum Patent kann für ein Gebrauchsmuster gem. § 6 GebrMG eine **innere Priorität** und auch eine **Auslandspriorität** in Anspruch genommen werden (siehe auch oben § 12 II. 2.). Zusätzlich ist auch die Inanspruchnahme einer **Ausstellungspriorität** nach § 6a GebrMG möglich. Das bedeutet, dass eine Zurschaustellung auf einer nach § 6a Abs. 2, 3 GebrMG zugelassenen Ausstellung den Zeitrang des Gebrauchsmusters festlegen kann, sofern eine entsprechende Anmeldung innerhalb von 6 Monaten eingereicht und die nötigen Formalitäten eingehalten werden.

III. Erfinderischer Schritt

Auch nach Gebrauchsmusterrecht ist eine gewisse Erfindungsqualität Voraussetzung, so dass nicht Erfindungen geschützt werden dürfen, die auf rein handwerkliches Können zurückzuführen sind. Durch den Begriff „**erfinderischer Schritt**", der im GebrMG nicht definiert ist,[249] sollte lt. Gesetzesbegründung[250] das im Verhältnis zum Patent geringere Maß an notwendiger erfinderischer Leistung zum Ausdruck gebracht werden. Durch den BGH[251] wurde jedoch entschieden, dass bei der Beurteilung des erfinderi-

---

248 Ausnahmen s. § 3 Abs. 4 PatG.
249 Anders „erfinderische Tätigkeit", die gem. § 4 PatG definiert ist.
250 BT-Drucks. 10/3903, S. 18.
251 BGH GRUR 2006, 842 „Demonstrationsschrank".

schen Schritts auf die im Patentrecht entwickelten Grundsätze zur erfinderischen Tätigkeit – jedoch unter Berücksichtigung des unterschiedlich definierten SdT – zurückgegriffen werden kann.

§ 28 Der Weg zum Gebrauchsmuster und seine Wirkungen

I. Gebrauchsmusteranmeldung und Abzweigung

Um Gebrauchsmusterschutz nach § 11 GebrMG zu erlangen, *kann* eine entsprechende **Anmeldung** nach §§ 4, 4a GebrMG eingereicht werden. Eine Besonderheit des Gebrauchsmusterrechts besteht darin, dass eine solche Anmeldung auch durch **Abzweigung** von einer dieselbe Erfindung betreffenden Patentanmeldung bewirkt werden kann (§ 5 GebrMG), die Wirkung für das Inland hat. Dazu gehören nationale (nach PatG), europäische (nach EPÜ) mit Benennung der Bundesrepublik und internationale (nach PCT) Patentanmeldungen, bei denen das DPMA oder das EPA (mit Benennung der Bundesrepublik)[252] Bestimmungsamt ist. Die Abzweigung ist möglich bis zum Ablauf von 2 Monaten nach dem Ende des Monats, in dem die Patentanmeldung erledigt ist oder ein etwaiges Einspruchsverfahren abgeschlossen ist, jedoch längstens bis zum Ablauf von 10 Jahren nach dem Anmeldetag der Patentanmeldung. Als erledigt gilt eine Patentanmeldung dann, wenn sie rechtskräftig zurückgewiesen oder zurückgenommen wurde oder durch rechtskräftigen Beschluss ein Patent darauf erteilt wurde (das ist zeitlich zu unterscheiden von der Veröffentlichung der Erteilung im Patentblatt).[253] Durch die Abzweigung wird der Gebrauchsmusteranmeldung der Anmeldetag und ggf. der Prioritätstag der Patentanmeldung zugerechnet.

II. Recherche, Prüfung und Veröffentlichung

Auf Antrag führt das DPMA eine **Recherche** durch und ermittelt den SdT, der für die Beurteilung der Schutzfähigkeit relevant sein kann (§ 7 GebrMG). Dieser Antrag kann vom Gebrauchsmusteranmelder bzw. -inhaber oder von einem Dritten gestellt werden.

Das DPMA prüft eine Gebrauchsmusteranmeldung gem. § 8 GebrMG auf die Anforderungen nach §§ 4, 4a, 4b GebrMG. Das beinhaltet im Wesentlichen eine **Prüfung auf Formerfordernisse**.[254] Zusätzlich werden auch bestimmte materielle Schutzvoraussetzungen geprüft, wie insbesondere das Vorliegen einer technischen Erfindung, sowie ob die Anmeldung einen an sich ausgeschlossenen Gegenstand, wie Pflanzensorten, Tierarten oder ein Verfahren, betrifft. **Eine Prüfung auf Neuheit, erfinderischen Schritt und gewerbliche Anwendbarkeit findet jedoch nicht statt** (§ 8 Abs. 1 S. 2 GebrMG). Nach erfolgreichem Abschluss dieser Prüfung wird das Gebrauchsmuster eingetragen. Erst dadurch wird die Erfindung im Rahmen des Verfahrens veröffentlicht. Das heißt, eine Offenlegung der Anmeldung vor Gebrauchsmuster-Eintragung analog § 31 Abs. 2 Nr. 2 PatG erfolgt nicht.

---

252 Kraßer, Patentrecht, S. 518.
253 Benkard/Goebel, GebrMG, § 5 Rdn. 14.
254 Eine solche Prüfung unterscheidet sich von der nach § 42 PatG auch dadurch, dass sie auch nicht-offensichtliche Punkte berücksichtigt – Kraßer, Patentrecht, S. 568.

III. Wirkungen des Gebrauchsmusters

Ähnlich wie ein Patent (s.o. § 15) wirkt ein Gebrauchsmuster in unterschiedlichen „Dimensionen", nämlich **räumlich, zeitlich** und durch den inhaltlichen **Schutzbereich**. Die räumliche Wirkung umfasst das gesamte Bundesgebiet.

Die (maximale) **Schutzdauer** nach § 23 GebrMG beträgt jedoch lediglich 10 Jahre ab dem Anmeldetag (also nicht ab einem eventuellen Prioritätstag). Dieser Zeitraum unterteilt sich nach § 23 Abs. 2 GebrMG in 4 Abschnitte, nämlich 3+3+2+2 = 10 Jahre. Die ersten drei Jahre sind mit der Anmeldegebühr bezahlt. Für die letzten drei Abschnitte ist jeweils eine Aufrechterhaltungsgebühr zu zahlen.

Die Schutzdauer ist zu unterscheiden von der Dauer der Schutzwirkung, die erst nach Eintragung gem. § 11 GebrMG eintritt. Ein Entschädigungsanspruch vor Eintragung ist nicht vorgesehen (anders bei Patentanmeldungen; s. § 33 PatG)

Der **Schutzbereich** wird bestimmt nach § 12a GebrMG, der quasi wortgleich mit § 14 PatG ist. Ein Gebrauchsmuster unterliegt deshalb denselben Grundsätzen zur Auslegung wie ein Patent.[255] Da Verfahren und biotechnologische Erfindungen nicht gebrauchsmusterfähig sind, ist der mögliche Schutzbereich jedoch in dieser Hinsicht entsprechend eingeschränkter als bei einem Patent.

§ 29 Löschung

Jedermann hat gegen den als Inhaber Eingetragenen Anspruch auf **Löschung** des Gebrauchsmusters, wenn einer der in § 15 Abs. 1 GebrMG genannten Gründe vorliegt. Die Löschung ist nach § 16 GebrMG schriftlich beim DPMA zu beantragen und es sind dabei die Tatsachen anzugeben, auf denen sich der Antrag stützt. Das DPMA teilt dem Inhaber den Antrag mit und fordert ihn auf, sich dazu innerhalb eines Monats zu erklären. Widerspricht er nicht rechtzeitig, erfolgt die Löschung. Andernfalls wird das Löschungsverfahren gem. § 17 GebrMG durchgeführt.

Eine Löschung beseitigt das Gebrauchsmuster – teilweise oder vollständig – rückwirkend (ex tunc).

§ 30 Beschwerde

Gegen die Beschlüsse des DPMA findet die **Beschwerde** an das BPatG statt (§ 18 Abs. 1 GebrMG). Gegen Beschlüsse des Beschwerdesenats des BPatG kann nach § 18 Abs. 4 GebrMG auch die **Rechtsbeschwerde** an den BGH stattfinden.

6. Kapitel. Arbeitnehmererfinderrecht

Schätzungen zufolge basieren 80 – 90 % aller im Inland eingereichten Patentanmeldungen auf Erfindungen, die von Arbeitnehmern gemacht wurden.[256] Einerseits steht nach § 6 S. 1 PatG grundsätzlich dem Erfinder das Recht auf das Patent zu. Andererseits besteht der arbeitsrechtliche Grundsatz, dass Arbeitsergebnisse dem Arbeitgeber zuste-

---

255 BGH GRUR 2005, 754 „Knickschutz".
256 Bartenbach/Volz, ArbEG, Einleitung Rdn. 2.

hen. Dieser Konflikt wird durch das **ArbEG**[257] gelöst, das somit als **Kollisionsnorm** zwischen den arbeitsrechtlichen Grundsätzen und den Grundsätzen des allgemeinen Erfinderrechts konzipiert ist. Es ist außerdem als ein dem Arbeitsrecht zuzuordnendes **Schutzgesetz** zugunsten des Arbeitnehmererfinders anzusehen.[258]

In dem ArbEG sind insbesondere die Anwendungsbereiche (persönlich, sachlich), die gegenseitigen Rechte und Pflichten von Arbeitnehmer und Arbeitgeber und die Vergütungsansprüche geregelt, für deren Bemessung ergänzend auch die Richtlinien[259] zu berücksichtigen sind, die nach § 11 ArbEG vom Bundesminister für Arbeit (und Sozialordnung) erlassen wurden.

§ 31 Anwendungsbereiche des ArbEG

Nach § 1 ArbEG unterliegen dem Gesetz die Erfindungen und technischen Verbesserungsvorschläge von Arbeitnehmern im privaten und öffentlichen Dienst sowie von Beamten und Soldaten.

I. Persönlicher Anwendungsbereich

Die Vorschriften, die die Arbeitnehmer im **privaten Dienst** betreffen, bilden die **Basis**. Darauf aufbauend werden Besonderheiten für Arbeitnehmer des öffentlichen Dienstes sowie für Beamte und Soldaten in den §§ 40 ff. ArbEG geregelt. **Arbeitnehmer** gem. ArbEG ist, wer aufgrund eines privatrechtlichen Vertrages oder eines diesem gleichgestellten Rechtsverhältnisses im Dienst eines anderen (d.h. in persönlich abhängiger Stellung) zur Arbeit verpflichtet ist[260] und dessen Arbeitsverhältnis deutschem Recht untersteht.[261] Darunter fallen sowohl Arbeiter als auch Angestellte einschließlich Auszubildender, Praktikanten und leitende Angestellte. Arbeitnehmer in diesem Sinne sind jedoch *nicht*:[262]

- **Organe** juristischer Personen oder deren Mitglieder mangels arbeitsrechtlicher Weisungsgebundenheit, wie Vorstandsmitglieder und Geschäftsführer;
- **Pensionäre** sowie
- **Freie Mitarbeiter**.

Für Erfindungen von Beschäftigten an einer **Hochschule** gelten besondere Bedingungen, die sich aus § 42 ArbEG ergeben. Der Begriff der Hochschule bestimmt sich nach § 1 Hochschulrahmengesetz und umfasst Universitäten, Fachhochschulen, Kunsthochschulen, usw. Beschäftigte sind alle dortigen Bediensteten, wie Arbeiter, Angestellte

---

257 Gesetz über Arbeitnehmererfindungen v. 25.7.1957 (BGBl. I, S. 756), zuletzt geändert mit Wirkung zum 1.10.2009 durch das Gesetz zur Vereinfachung und Modernisierung des Patentrechts v. 31.7.2009. Anm: Für Erfindungen und techn. Verbesserungsvorschläge, die vor dem 1.10.2009 gemeldet wurden, s.u. § 34 II.
258 Bartenbach/Volz, ArbEG, Einl. Rdn. 3.
259 „Richtlinien für die Vergütung von Arbeitnehmererfindungen im privaten Dienst" v. 20.7.1959, dazu Änderungsrichtlinie vom 1.9.1983 (s. GRUR 1984, 11), die gem. „Richtlinien für die Vergütung von Arbeitnehmererfindungen im öffentlichen Dienst" vom 1.12.1960 entsprechend auf Arbeitnehmer im öffentlichen Dienst sowie auf Beamte und Soldaten anzuwenden sind.
260 Kraßer, Patentrecht, S. 396.
261 Kraßer, Patentrecht, S. 394.
262 Bartenbach/Volz, ArbEG, § 1 Rdn. 18 ff. m. w. Beispielen.

und Beamte, sowohl im wissenschaftlichen Bereich als auch in der allgemeinen Verwaltung, und auch wissenschaftliche und studentische Hilfskräfte, usw. Nicht einbezogen sind jedoch solche Personen, bei denen ein Beschäftigungsverhältnis fehlt, wie bei Studenten, Gastdozenten und Lehrbeauftragten.[263]

II. Sachlicher Anwendungsbereich

1. Erfindungen, Verbesserungsvorschläge

Das ArbEG ist anwendbar auf:

- **Erfindungen**, sofern diese patent- oder gebrauchsmusterfähig sind (§ 2 ArbEG);
- solche **Technischen Verbesserungsvorschläge**, die zwar nicht patent- oder gebrauchsmusterfähig sind, jedoch dem Arbeitgeber eine ähnliche Vorzugsstellung gewähren, wie ein gewerbliches Schutzrecht (oft bezeichnet als „**qualifizierte technische Verbesserungsvorschläge**"). Ansonsten bleibt die Behandlung von technischen Verbesserungsvorschlägen der Regelung durch Tarifvertrag oder Betriebsvereinbarung überlassen (s. §§ 3, 20 ArbEG). Da qualifizierte technische Verbesserungsvorschläge in der Praxis kaum eine Rolle spielen und sonstige technische Verbesserungsvorschläge nicht unter das ArbEG fallen, soll hier darauf nicht weiter eingegangen werden.

Nicht unter das ArbEG fallen somit also Neuerungen, die **keine Technizität** aufweisen, wie insbesondere Softwareprogramme und ästhetisches Design. Dafür können ggf. die Regelungen des UrhG gelten.

2. Diensterfindungen, freie Erfindungen

Erfindungen im Sinne des ArbEG können Diensterfindungen oder freie Erfindungen sein (§ 4 ArbEG). **Diensterfindungen** sind solche, die:

- während der **Dauer des Arbeitsverhältnisses** gemacht werden

und

- aus der dem Arbeitnehmer obliegenden Tätigkeit entstanden sind

oder

- maßgeblich auf Erfahrungen oder Arbeiten des Betriebes (oder der öffentlichen Verwaltung) beruhen.

Sonstige Erfindungen sind **freie Erfindungen** (s.u. § 33).

Für die Dauer des Arbeitsverhältnisses sind **rechtlicher** Beginn und Beendigung entscheidend (z.B. vom 1. April 2005 bis zum 31. Dezember 2013). Ob die Erfindung in der Arbeitszeit oder während Urlaub, Krankheit, Freistellung oder dergleichen gemacht (also fertig gestellt) wurde, ist nicht entscheidend. Zur Klärung der Frage, ob eine Erfindung aus der dem Arbeitnehmer obliegenden Tätigkeit entstanden ist, kommt es auf dessen Aufgabenbereich sowie auf den ihm tatsächlich zugewiesenen (konkreten) Arbeits- und Pflichtenkreis an.[264]

Auf Erfahrungen oder Arbeiten des Betriebs beruht eine Erfindung, wenn der Arbeitnehmer Kenntnisse, die ihm im Unternehmen zugänglich geworden sind, für die erfin-

---

[263] Bartenbach/Volz, ArbEG, § 42nF Rdn. 10ff, 17ff.
[264] Bartenbach/Volz, ArbEG, § 4 Rdn. 22 ff.

derische Problemlösung verwertet. Unter Erfahrungen ist das gesamte im Unternehmen vorhandene Wissen auf technischem Gebiet zu verstehen, wie Produktionsabläufe, Rezepturen, „praktische Kniffe", usw., gleichgültig ob dieser Wissensstand schriftlich oder auf sonstigen Informationsträgern fixiert wurde oder ob es sich um Kenntnisse der Mitarbeiter handelt.[265]

§ 32 Erfindungsmeldung, Inanspruchnahme und Erfindervergütung

I. Erfindungsmeldung

Ein Arbeitnehmer, der eine **Diensterfindung** gemacht hat, hat diese dem Arbeitgeber gesondert unter Berücksichtigung bestimmter Formerfordernisse **zu melden**. Dabei ist es wesentlich, dass der Arbeitgeber eine Diensterfindung von einem üblichen Arbeitsergebnis unterscheiden kann. Eine derartige Erfindungsmeldung hat **unverzüglich** (also gem. § 121 Abs. 1 S. 1 BGB „ohne schuldhaftes Zögern") und in **Textform** (gem. § 126b BGB) zu erfolgen und es ist kenntlich zu machen, dass es sich um die Meldung einer Erfindung handelt (§ 5 Abs. 1 ArbEG).

Die seit 1. Oktober 2009 geltende Textform erlaubt nun die Verkörperung der Erklärung nicht nur auf Papier, sondern insbesondere auch auf Diskette, CD-ROM, als Email oder Computerfax. Dem Lesbarkeitserfordernis ist bereits Genüge getan, wenn der Empfänger den Text auf seinem Bildschirm lesen kann. Die Person des Erklärenden muss genannt werden. Außerdem muss der Text den **Abschluss der Erklärung** in geeigneter Weise erkennbar machen. Dies kann durch eine Unterschrift geschehen; ausreichend ist aber auch ein Abschluss durch eine Datierung, durch eine Grußformel oder in sonstiger Weise.[266]

Inhaltlich sind gem. § 5 Abs. 2 ArbEG in der **Erfindungsmeldung** die **technische Aufgabe**, ihre **Lösung** und das **Zustandekommen** der Diensterfindung zu beschreiben. Nach dieser Norm sollen außerdem weitere Unterlagen und Angaben enthalten sein. Dazu gehören insbesondere vorhandene Aufzeichnungen, die für das Verständnis der Erfindung erforderlich sind, und Informationen zur Bestimmung des **persönlichen Anteilsfaktors** (s.u. III.) des Arbeitnehmers an der Erfindung.

Sind mehrere Arbeitnehmer an dem Zustandekommen der Erfindung beteiligt, so können sie die Meldung gemeinsam abgeben und sollen dabei angeben, wer welchen **Miterfinderanteil** hat. Der Arbeitgeber hat den Zeitpunkt des Eingangs der Erfindungsmeldung unverzüglich in Textform zu bestätigen (§ 5 Abs. 1). Entspricht diese nicht den Anforderungen von § 5 Abs. 2 ArbEG, gilt sie dennoch als ordnungsgemäß, wenn der Arbeitgeber nicht innerhalb von zwei Monaten erklärt, dass und in welcher Hinsicht die Meldung einer Ergänzung bedarf (§ 5 Abs. 3 ArbEG).

---

265 Bartenbach/Volz, ArbEG, § 4 Rdn. 39 ff.
266 Begründung d. Entw. eines Gesetzes zur Vereinfachung u. Modernisierung des Patentrechts, BT-Drucksache 16/11339, S. 32.

II. Inanspruchnahme und deren Wirkung

1. Inanspruchnahme

Um Rechte an einer Diensterfindung zu erlangen, muss der Arbeitgeber diese in Anspruch nehmen. Das kann durch eine ausdrückliche formlose Erklärung erfolgen oder aufgrund der gesetzlichen Fiktion nach § 6 Abs. 2 ArbEG, wonach die Inanspruchnahme als erklärt gilt, wenn der Arbeitgeber die Diensterfindung nicht bis zum Ablauf von vier Monaten nach Eingang der ordnungsgemäßen Erfindungsmeldung gegenüber dem Arbeitnehmer durch Erklärung in Textform freigibt. Damit wird die Inanspruchnahme zur Regel und die Freigabe zur ausdrücklich zu erklärenden Ausnahme, für die Formzwang besteht.[267]

2. Wirkung der Inanspruchnahme

Mit **Inanspruchnahme** gehen gem. § 7 Abs. 1 ArbEG alle vermögenswerten[268] Rechte an der Diensterfindung auf den Arbeitgeber über. Diese Rechtswirkungen treten unmittelbar ein, ohne dass es einer Zustimmung des Arbeitnehmers bedarf. Der Arbeitgeber ist nun also alleiniger Berechtigter und kann – ohne jedoch dazu verpflichtet zu sein[269] – die Rechte an der Erfindung in allen Benutzungsarten, z.B. des § 9 PatG, selbst nutzen und auch hieran Lizenzen vergeben. Sind an der Erfindung mehrere Arbeitnehmer beteiligt, so ist für einen vollständigen Rechtsübergang die ausdrückliche oder die per gesetzlicher Fiktion bewirkte Inanspruchnahme gegenüber jedem Miterfinder notwendig. Sind Arbeitnehmer verschiedener Arbeitgeber beteiligt, so hat der jeweilige Arbeitgeber die Inanspruchnahme gegenüber seinem Arbeitnehmererfinder ausdrücklich oder per gesetzlicher Fiktion zu erklären.

Nach § 13 Abs. 1 ArbEG ist der Arbeitgeber allein berechtigt für eine Diensterfindung eine **Schutzrechtsanmeldung** (zum Patent oder Gebrauchsmuster) für das Inland[270] einzureichen. Er ist dazu sogar auch verpflichtet, sofern nicht eine Ausnahme gem. § 13 Abs. 2 ArbEG (freigewordene Diensterfindung, Zustimmung des Arbeitnehmers, Betriebsgeheimnis) vorliegt. Der Arbeitgeber ist außerdem berechtigt, **Auslandsschutzrechte** für die Diensterfindung einzureichen. Für ausländische Staaten, in denen der Arbeitgeber Schutzrechte nicht erwerben will, hat er dem Arbeitnehmer die Diensterfindung freizugeben. Dabei kann sich der Arbeitgeber gleichzeitig ein nichtausschließliches Recht zur Benutzung der Diensterfindung in den betreffenden Staaten gegen angemessene Vergütung vorbehalten (§ 14 ArbEG).

Wenn der Arbeitgeber vor Erfüllung des Anspruchs auf angemessene Vergütung (s.u.) die Schutzrechtsanmeldung **nicht weiter verfolgen** oder das Schutzrecht nicht aufrechterhalten will, sei es im **Inland** oder im **Ausland**,[271] hat er dies dem Arbeitnehmer mitzuteilen und ihm auf dessen Verlangen und Kosten das Recht zu übertragen sowie die erforderlichen Unterlagen auszuhändigen. Dazu ist der Arbeitgeber jedoch nur dann

---

267 Begründung d. Entw. eines Gesetzes zur Vereinfachung u. Modernisierung des Patentrechts, BT-Drucksache 16/11339, S. 33.
268 Insbesondere das Erfinderpersönlichkeitsrecht verbleibt beim Arbeitnehmererfinder.
269 Bartenbach/Volz, ArbEG, § 7nF Rdn. 21.
270 Das ist auch bewirkt durch eine europäische Patentanmeldung mit Benennung bzw. durch eine PCT Anmeldung mit Bestimmung der Bundesrepublik Deutschland; vgl. Bartenbach/Volz, ArbEG, § 13 Rdn. 27, 28.
271 Bartenbach/Volz, ArbEG, § 16 Rdn. 7.

verpflichtet, wenn der Anspruch auf angemessene Erfindervergütung (s.u.) noch nicht erfüllt ist (s. § 16 Abs. 1 ArbEG).

3. Freigewordene Diensterfindung

Die Diensterfindung **wird** gem. § 8 S. 1 ArbEG **frei**, wenn der Arbeitgeber sie durch Erklärung in Textform frei gibt. Eine derart **frei gewordene** Erfindung ist von einer **freien Erfindung** (als Gegensatz zu einer Diensterfindung) zu unterscheiden, da nach § 8 S. 2 ArbEG nur für letztere die **Mitteilungspflicht** und die **Anbietungspflicht** (nach § 18 bzw. § 19 ArbEG) gelten.

III. Erfindervergütung

Der Arbeitnehmer hat gegen den Arbeitgeber einen Anspruch auf angemessene Vergütung, sobald der Arbeitgeber die Erfindung in Anspruch genommen hat (§ 9 Abs. 1 ArbEG). Dieser Anspruch entsteht zunächst nur dem Grunde nach. Er bedarf also noch einer Konkretisierung nach den Kriterien von § 9 Abs. 2 ArbEG,[272] nämlich:

- wirtschaftliche Verwertbarkeit;
- Aufgaben und Stellung des Arbeitnehmers im Betrieb;
- Anteil des Betriebs am Zustandekommen der Diensterfindung.

Zur Bestimmung einer angemessenen Vergütung wurden die bereits erwähnten **Richtlinien** nach § 11 ArbEG erlassen. Diese sind jedoch keine verbindlichen Vorschriften, sondern geben nur **Anhaltspunkte für die Vergütung**.[273]

Maßgeblich für die **wirtschaftliche Verwertbarkeit** sind:[274]

- der **geldwerte Nutzen**, der auf der Erfindung – und nicht auf anderen Umständen – beruht;
- die **wirtschaftlichen Auswirkungen** beim Arbeitgeber (z.B. durch Eigennutzung oder Lizenzeinnahmen). Das heißt, wirtschaftliche Auswirkungen bei Dritten[275] sind nicht maßgeblich. Das kann z.B. bedeutend sein, wenn der Arbeitgeber eine Forschungseinrichtung oder ein Entwicklungsbüro ist und das Forschungs-/Entwicklungsergebnis an ein drittes Unternehmen mit Serienproduktion übertragen wird. Die Höhe der Erfindervergütung richtet sich in einem solchen Fall danach, welche Gegenleistung dem Arbeitgeber für die Erfindungsrechte gewährt wird.[276]

Daraus ergibt sich der **Erfindungswert**, der bei betrieblich benutzten Erfindungen üblicherweise nach der Lizenzanalogie berechnet wird.[277]

Wird die Erfindung nicht betrieblich benutzt, sondern durch **Vergabe von Lizenzen** verwertet, ergibt sich der Erfindungswert aus der Nettolizenzeinnahme, indem

---

272 Bartenbach/Volz, ArbEG, § 9 Rdn. 19.
273 Siehe Einleitung der o.g. Richtlinien v. 20.7.1959.
274 Bartenbach/Volz, ArbEG, § 9 Rdn. 2.1ff.
275 Im Falle einer Konzernverbundenheit s. BGH GRUR 2002, 801 „Abgestuftes Getriebe".
276 Bartenbach/Volz, ArbEG, § 9 Rdn. 197.
277 BGH X ZR 104/09 v. 6.3.2012, „antimykotischer Nagellack" m.w. Nachw.

- von tatsächlich erzielten Lizenzeinnahmen des Arbeitgebers seine eigenen Aufwendungen abgezogen werden[278] und sich der daraus ergebende Betrag (**Nettolizenzeinnahme**)
- zusätzlich mit einem Umrechnungsfaktor (ca. 0,3) multipliziert wird, durch den ein „**kalkulatorischer Unternehmerlohn**" berücksichtigt wird.[279]

Da ein Arbeitnehmererfinder bei der Entstehung der Diensterfindung kein unternehmerisches Risiko zu tragen hat, sieht § 9 Abs. 2 ArbEG noch die oben genannten zusätzlichen Kriterien für die Berechnung der Vergütung vor. In den Vergütungsrichtlinien wird das durch einen **persönlichen Anteilfaktor** berücksichtigt, der bestimmt wird durch:

a) die **Stellung** der Aufgabe (welcher Anteil geht auf den Arbeitnehmer zurück und welcher auf den Betrieb; s.a. Nr. 31 der Richtlinien);

b) die **Lösung** der Aufgabe (inwiefern fließen beruflich geläufige Überlegungen des Arbeitnehmers ein, Lösungsfindung auf Grund betrieblicher Arbeiten oder Kenntnisse, welche Unterstützung erfolgte durch den Betrieb; s.a. Nr. 32 der Richtlinien);

c) die **Aufgaben und die Stellung des Arbeitnehmers im Betrieb** (der Anteil des Arbeitnehmers verringert sich um so mehr, je höher die Leistungserwartung ist; d.h. ein Pförtner erhält weit mehr als ein Entwicklungsleiter; s.a. Nr. 33 – 36 der Richtlinien).

Somit kann die Berechnung der Vergütung (V) aus Erfindungswert (E) und persönlichem Anteilfaktor (A) in folgender Formel ausgedrückt werden: V = E x A. Es versteht sich, dass die einzelnen Faktoren für eine Vergütung immer individuell zu ermitteln sind, wobei eine Vielzahl von betrieblichen und persönlichen Fakten zu berücksichtigen ist.

Die Art und die Höhe der Vergütung soll in angemessener Frist nach Inanspruchnahme durch Vereinbarung zwischen Arbeitgeber und Arbeitnehmer festgestellt werden. Kommt eine derartige Vereinbarung in angemessener Frist nicht zustande, so hat der Arbeitgeber die Vergütung durch eine schriftliche Erklärung, die zu begründen ist, an den Arbeitnehmer festzusetzen und diese zu zahlen. Der Arbeitnehmer kann der **Festsetzung** innerhalb von zwei Monaten schriftlich widersprechen. Tut er das nicht, so wird die Festsetzung für beide Teile verbindlich (s. dazu und zu weiteren Einzelheiten § 12 ArbEG).

Wenn eine Diensterfindung in Anspruch genommen wurde, ist der Arbeitgeber verpflichtet, dem Arbeitnehmererfinder über den betrieblichen Nutzen **Auskunft zu erteilen** und **Rechnung zu legen**. Dafür sind die Angaben zu machen, die erforderlich sind.[280] Jedoch stehen dem Arbeitnehmererfinder Ansprüche auf Auskunft über den gemachten **Gewinn** sowie über die **Gestehungs- und Vertriebskosten** üblicherweise nicht zu.[281]

Für Erfindungen, die **Beschäftigte an einer Hochschule** gemacht haben, gelten gem. § 42 ArbEG besondere Bestimmungen. So ist der Erfinder berechtigt, seine Diensterfindung im Rahmen seiner Lehr- und Forschungstätigkeit zu offenbaren, wenn er dies

---

278 S. Richtlinien für die Vergütung von Arbeitnehmererfindungen im privaten Dienst, Nr. 14.
279 Bartenbach/Volz, ArbEG, § 9 Rdn. 224.1.
280 Kraßer, Patentrecht, S. 413 mit weiteren Nachweisen.
281 BGH GRUR 2010, 223 „Türinnenverstärkung".

dem Dienstherrn rechtzeitig angezeigt hat. Der Hochschul-Erfinder ist außerdem nicht verpflichtet, die Erfindung dem Dienstherrn zu melden, sofern er sie nicht veröffentlichen möchte (**Publikationsfreiheit**).

Außerdem hat der Hochschul-Erfinder einen deutlich **höheren Anspruch auf Erfindervergütung** aufgrund von § 42 Nr. 4 ArbEG, nämlich pauschal 30 % der durch die Verwertung erzielten Einnahmen. Die für Arbeitnehmer üblicherweise geltenden Bestimmungen nach § 9 Abs. 2 ArbEG, wie wirtschaftliche Verwertbarkeit und persönlicher Anteilsfaktor, gelten somit für Hochschulbeschäftigte nicht. Dabei handelt es sich um eine vom Gesetzgeber gewollte Ungleichbehandlung, die keinen Einfluss hat auf die Ermittlung der angemessenen Erfindervergütung nach § 9 Abs. 2 ArbEG.[282]

§ 33 Freie Erfindungen

Eine patent- oder gebrauchsmusterfähige Erfindung, die ein Arbeitnehmer gemacht hat, ist eine **freie Erfindung**, sofern die Voraussetzungen für eine Diensterfindung nicht vorliegen (s. § 4 Abs. 1–3 ArbEG). Das ist also dann der Fall, wenn:

- die Erfindung vor Beginn oder nach Ende des Arbeitsverhältnisses gemacht wurde

  oder

- die Erfindung weder aus der dem Arbeitnehmer obliegenden Tätigkeiten entstanden ist noch maßgeblich auf betrieblichen Erfahrungen oder Arbeiten des Betriebs beruht.

Bei freien Erfindungen, die während der Dauer des Arbeitsverhältnisses gemacht wurden,[283] hat der Arbeitnehmer nach § 4 Abs. 3 i.V.m. § 18 ArbEG gegenüber seinem Arbeitgeber grds. eine **Mitteilungspflicht**; er hat für solche Erfindungen nach § 19 ArbEG weiterhin eine **Anbietungspflicht**, wenn die Erfindung zum Zeitpunkt des Angebots in den vorhandenen oder vorbereiteten Arbeitsbereich des Betriebes des Arbeitgebers fällt. Die Mitteilungspflicht dient dem Arbeitgeber festzustellen, ob eine Erfindung als freie oder als Diensterfindung einzustufen ist. Von dieser Pflicht ist der Arbeitnehmer nur befreit, wenn die Erfindung offensichtlich im Arbeitsbereich des Betriebs nicht verwendbar ist. Im Rahmen der Anbietungspflicht ist dem Arbeitgeber mindestens ein nichtausschließliches Recht zur Benutzung zu angemessenen Bedingungen anzubieten, bevor der Arbeitnehmer eine freie Erfindung während der Dauer des Arbeitsverhältnisses anderweitig verwertet.

Außerhalb der Pflichten der §§ 18, 19 ArbEG geht das ArbEG bei freien Erfindungen von der unbeschränkten Verfügungs- und Verwertungsbefugnis des Arbeitnehmers aus. Ergänzend sei jedoch auf die Treuepflicht des Arbeitnehmers gegenüber seinem Arbeitgeber hingewiesen.[284]

---

282 BGH v. 6.3.2012, X ZR 104/09, „antimykotischer Nagellack".
283 Die Beschränkung „während der Dauer des Arbeitsverhältnisses" ergibt sich bei § 18 aus dem Wortlaut und bei § 19 aus Bartenbach/Volz, ArbEG, § 19 Rdn. 7.
284 Bartenbach/Volz, ArbEG, § 18 Rdn. 5.

§ 34 Schiedsverfahren, gerichtliche Verfahren und Übergangsvorschriften

I. Schiedsverfahren und gerichtliche Verfahren

Zur Klärung von Streitfällen über Arbeitnehmererfindungen gibt es einerseits die Möglichkeit eines Verfahrens vor der beim DPMA eingerichteten **Schiedsstelle** (§ 29 Abs. 1 ArbEG) und andererseits die Möglichkeit von **Gerichtsverfahren**. Diese finden grundsätzlich (Ausnahmen siehe § 39 Abs. 2 ArbEG) vor den für Patentstreitsachen zuständigen Gerichten (§ 39 ArbEG) statt. Ein solches Gerichtsverfahren ist üblicherweise erst möglich, nachdem ein Schiedsverfahren vorausgegangen ist (§ 37 ArbEG).

Die Schiedsstelle, die in allen Streitfällen aufgrund des ArbEG jederzeit durch schriftlichen Antrag angerufen werden kann, hat zu versuchen, eine gütliche Einigung herbeizuführen (§§ 28, 31 Abs. 1 ArbEG). Sie macht den Beteiligten einen begründeten Einigungsvorschlag, gegen den ein fristgebundener schriftlicher Widerspruch gegeben ist. Sofern keiner der Beteiligten fristgerecht widerspricht, gilt der Einigungsvorschlag als angenommen und eine dem Inhalt des Vorschlags entsprechende Vereinbarung als zustande gekommen (§ 34 Abs. 2, 3 ArbEG).

Das Verfahren vor der Schiedsstelle ist gem. § 35 Abs. 1 ArbEG erfolglos beendet, wenn sich derjenige, der den oben genannten Antrag nicht gestellt hat, nicht fristgerecht zu dem Antrag schriftlich geäußert oder es abgelehnt hat, sich auf das Verfahren vor der Schiedsstelle einzulassen, oder wenn einer der Beteiligten wirksam dem Einigungsvorschlag widerspricht.

Zweiter Abschnitt: Der Schutz technischer Ideen

Abb. 3: Übersicht DE-, EP-, PCT-Verfahren

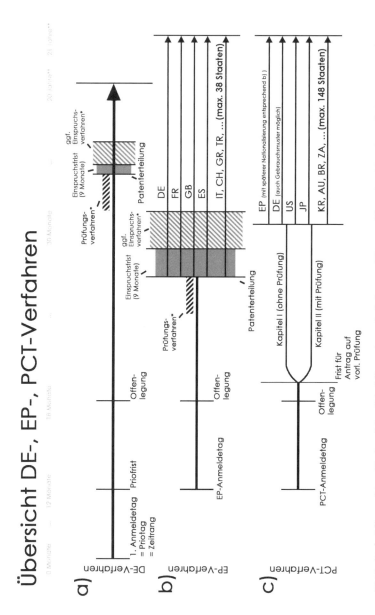

II. Übergangsvorschriften

Die aktuellen Bestimmungen des ArbEG gelten seit dem 1. Oktober 2009. Nach der Übergangsvorschrift (§ 43 Abs. 3 ArbEG) sind für Erfindungen und technische Verbesserungsvorschläge, die bis zum 30. September 2009 gemeldet wurden, weiterhin die damaligen Regelungen anzuwenden. Dazu gehört insbesondere:

- bei der Inanspruchnahme wurde unterschieden zwischen der beschränkten und der unbeschränkten Innanspruchnahme. Die heutige „Inanspruchnahme" entspricht der damaligen „**unbeschränkten Inanspruchnahme**". Die **beschränkte Inanspruchnahme** unterschied sich hauptsächlich dadurch, dass der Arbeitgeber lediglich ein nicht-ausschließliches Benutzungsrecht an der Erfindung erwarb, vergleichbar mit einer einfachen Lizenz. Im Übrigen wurde die Diensterfindung frei. In der Praxis wurde davon jedoch selten Gebrauch gemacht;

- die Inanspruchnahme musste **früher schriftlich innerhalb von vier Monaten** gegenüber dem Arbeitnehmer erfolgen. Es galt seinerzeit also nicht die gesetzliche Fiktion der Inanspruchnahme ohne weiteres Zutun;

- anstelle der heute erforderlichen Textform (nach § 126b BGB) galt für die entsprechenden Vorschriften **früher** die **Schriftform** nach (§ 126 Abs. 1 BGB), die eine eigenhändige Unterschrift erfordert;

- die Regelungen bei einer **Insolvenz** des Arbeitgebers wurden geändert und zwar insbesondere bzgl. der Anbietungspflicht des Insolvenzverwalters (§ 27 Nr. 3 ArbEG). **Früher** galt stattdessen ein **Vorkaufsrecht** des Arbeitnehmers. Nach den entsprechenden Regelungen in §§ 469 ff. BGB musste der Insolvenzverwalter zunächst mit einem dritten Kaufinteressenten einen Vertrag schließen. Erst nach Mitteilung dieses Vertrags war es früher für den Arbeitnehmer möglich, sein Vorkaufsrecht durch Abschluss eines neuen, selbständigen Kaufvertrags mit dem Insolvenzverwalter zu begründen. Diese Handhabung hat sich in der Praxis als zu langwierig und schwerfällig erwiesen.[285]

---

[285] Begründung des Entwurfes eines Gesetzes zur Vereinfachung und Modernisierung des Patentrechts, BT-Drucksache 16/11339, S. 34 f.

Dritter Abschnitt: Schutz auf speziellen Gebieten

§ 35 Halbleiterschutz

Wie bereits im einführenden Überblick erwähnt (s.o. § 2, IV., 1.), handelt es sich beim **Halbleiterschutzgesetz** (HLSchG) aus dem Jahre 1987 um das jüngste eigenständige Sondergesetz des gewerblichen Rechtsschutzes. Die Verabschiedung des Gesetzes erfolgte in Umsetzung der EG-Richtlinie über den Rechtsschutz der Topographien von Halbleitererzeugnissen.[1]

I. Einordnung und Zweck

Beim Halbleiterschutz handelt es sich um einen sog. **sui generis Schutz**, der Elemente des Urheberrechtsschutzes mit solchen gewerblicher Schutzrechte verbindet. Verkürzt handelt es sich um den Schutz eines technischen Erzeugnisses (Halbleiterchip), wobei der Schutz allerdings nicht durch den Inhalt der technischen Problemlösung, sondern durch das sog. Layout-Design der **Topographie** – die konkrete Form der geometrischen Gestaltung – begründet wird. Die Entwicklung des Schutzes der Topographien von mikroelektronischen Halbleitererzeugnissen beruht auf international-rechtlicher Verflechtung. Ausgangspunkt war der sog. **Semiconductor Chip Protection Act** der **USA** von **1984**, in dessen Genuss Ausländer nur bei Verbürgung der Gegenseitigkeit gelangten. Hierdurch entstand Handlungsdruck auf andere Industrienationen, entsprechende Schutzsysteme zu schaffen. Gemessen an den Anmeldezahlen ist die **praktische Bedeutung** dieses sehr speziellen Schutzinstruments allerdings sehr gering. Wie die alljährlich veröffentlichten Anmeldestatistiken des DPMA belegen, wird es – anders als in den Anfangsjahren nach Einführung des Schutzes in 1987 – kaum noch nachgefragt. Im Jahre 2011 gingen beim DPMA lediglich zwei, im Jahr 2012 neun Anmeldungen ein.[2] Trotz des Anstiegs der Anmeldezahlen in 2012 gegenüber dem Vorjahr lassen die niedrigen Anmeldezahlen den Rückschluss zu, dass der Fortschritt im Bereich der Halbleitertechnologie einen Schutz der Erzeugnisse durch das Halbleiterschutzrecht offenbar kaum mehr notwendig macht.[3] Gleichwohl soll auf eine zumindest knappe Darstellung dieses Schutzinstruments nicht gänzlich verzichtet werden.

II. Schutzvoraussetzungen

1. Materielle Schutzvoraussetzungen, Berechtigter

Voraussetzung der Schutzfähigkeit einer dreidimensionalen Struktur eines Halbleitererzeugnisses (Topographie) ist, dass sie „**Eigenart**" aufweist (§ 1 Abs. 1 S. 1 HLSchG). Nach der Legaldefinition weist eine Topographie Eigenart auf, „wenn sie als Ergebnis geistiger Arbeit nicht durch bloße Nachbildung einer anderen Topographie hergestellt und nicht alltäglich ist" (§ 1 Abs. 2 HLSchG). Durch das Erfordernis der Eigenart sollen ohne eigene geistige Arbeit geschaffene Topographien, die folglich keine Entwicklungsarbeit bzw. keine besonderen Investitionskosten verursacht haben, vom Schutz

---

[1] Richtlinie 87/54/EWG v. 16.12.1986, ABl. EG Nr. C 24/36 v. 27.1.1987.
[2] Jahresbericht des DPMA 2012, S. 98.
[3] Jahresbericht des DPMA 2008, S. 27.

ausgenommen werden. Die zu schützende Topographie darf daher nicht „alltäglich" sein, d.h. dem in diesem Industriebereich allgemein üblichen Standard entsprechen, noch darf sie eine „bloße Nachbildung" einer fremden Topographie, d.h. von einer anderen schlicht „abgekupfert" sein.[4] Da sich das Erfordernis der „Eigenart" weder mit dem Erfordernis einer „persönlich geistigen Schöpfung" im Sinne des Urheberrechts (§ 2 Abs. 2 UrhG) noch dem einer „erfinderischen Tätigkeit" im Sinne des Patentrechts (§§ 1 Abs. 1, 4 PatG) deckt, muss sich eine Topographie, für die Schutz begehrt wird, allerdings weder durch Erfindungshöhe im Sinne des Patentrechts noch etwa durch Werkhöhe im Sinne des Urheberrechts auszeichnen. Im Verhältnis zu diesen Anforderungen stellt das Erfordernis der „Eigenart" ein Minus dar.[5] **Berechtigter** ist derjenige, der die Topographie geschaffen hat (§ 2 Abs. 1 S. 1 HLSchG). Bei im Rahmen eines Arbeitsverhältnisses oder im Auftrag geschaffenen Topographien steht das Recht auf den Schutz dem Arbeitgeber oder dem Auftraggeber zu, sofern nichts anderes bestimmt ist (§ 2 Abs. 2 HLSchG).

2. Formelle Schutzvoraussetzungen

Die Entstehung des Halbleiterschutzes (Topographieschutzes) setzt – wie grundsätzlich auch im Falle der Erlangung anderer gewerblicher Schutzrechte – eine **Registrierung** voraus (§§ 3, 4 HLSchG). Ausschlaggebend für die Entscheidung des deutschen Gesetzgebers zugunsten eines nach der Richtlinie nicht vorgeschriebenen Registrierungserfordernisses waren Erwägungen einer damit verbundenen größeren Rechtssicherheit.[6] Die Registrierung ermöglicht es grundsätzlich jedermann, Einsicht in die Unterlagen über geschützte Topographien zu nehmen und sich so über den Bestand an bestehenden Schutzrechten zu informieren. Für eine Registrierung sprach ferner, dass die Registrierung und die damit verbundene Offenbarung der geistigen Leistung bei den traditionellen technischen Schutzrechten (Patent- und Gebrauchsmuster) als selbstverständliche Gegenleistung für die Gewährung eines Ausschließlichkeitsrechts verstanden wird.[7] Das Anmelde- und Eintragungsverfahren, das nur eine **Formalprüfung** ohne Prüfung der materiellen Schutzvoraussetzungen vorsieht (vgl. § 4 Abs. 1 HLSchG), ist in Anlehnung an das Gebrauchsmustergesetz geregelt, enthält jedoch auch inhaltliche dem unterschiedlichen Wesen der jeweiligen Schutzgegenstände Rechnung tragende Abweichungen. So sieht die Anmeldung im Gegensatz zum Gebrauchsmustergesetz, das eine „Beschreibung des Gegenstandes des Gebrauchsmusters" vorschreibt (§ 4 Abs. 3 Nr. 4 GebrMG), lediglich die Vorlage von „Unterlagen zur Identifizierung oder Veranschaulichung der Topgraphie oder eine Kombination davon" vor (§ 3 Abs. 2 Nr. 2 HLSchG). Die vergleichsweise geringeren Anforderungen, die damit an die Offenbarung des Schutzgegenstandes gestellt werden, erklären sich aus der Tatsache, dass der Schutzgegenstand der Topgraphie – anders als sonstige technische Problemlösungen – einer Beschreibung durch eine schriftliche Darstellung schwer zugänglich ist. Da die Schutzwirkungen des als bloßes Kopier- und Verwertungsverbot ausgestalteten Topographieschutzes hinter denen des Patent- und Gebrauchsmusterschutzes zurückbleiben,

---

4 BT-Drucks. 11/454, Amtl. Begr., S. 16.
5 Steup/Koch in Lehmann (Hrsg.), VII Rdn. 43; Koch, Rechtsschutz von Topographien von mikroelektronischen Halbleitererzeugnissen, NJW 1988, 2446.
6 Vgl. BT-Drucks. 11/454, Amtl. Begr., S. 14, 18.
7 Steup/Koch in Lehmann (Hrsg.), VII Rdn. 28.

wurden die geringeren Offenbarungsanforderungen überwiegend auch als rechtspolitisch vertretbar angesehen.[8]

3. Schutzentstehung, Geltendmachung

Der Zeitpunkt der **Entstehung des Halbleiterschutzes** weicht von den Entstehungstatbeständen der traditionellen Schutzrechte nicht unerheblich ab. Das Schutzrecht entsteht bereits an dem Tag der ersten nicht nur vertraulichen geschäftlichen Verwertung der Topographie, sofern die Anmeldung innerhalb von zwei Jahren nach dieser Verwertung erfolgt, oder mit dem Tag der Anmeldung der Topgraphie beim Patentamt, wenn sie zuvor nicht oder nur vertraulich geschäftlich verwertet worden ist (§ 5 Abs. 1 HLSchG). Das Schutzrecht entsteht also weder, wie im Urheberrecht, mit der Schöpfung noch, wie bei den traditionellen Schutzrechten, mit der Eintragung, sondern knüpft an hiervon zu unterscheidende **Realakte** an. Das Schutzrecht kann jedoch, auch wenn es bereits zuvor durch geschäftliche Verwertung entstanden ist, erst dann geltend gemacht werden, wenn die Topographie beim Patentamt angemeldet worden ist (§ 5 Abs. 3 HLSchG). Wie das Registrierungserfordernis beruht auch diese nicht durch die Richtlinie vorgeschriebene Regelung auf Rechtssicherheitserwägungen. Aus Schutzrechten soll grundsätzlich gegenüber Dritten nur vorgegangen werden können, wenn diese zuvor Gelegenheit hatten, sich im Wege der Akteneinsicht beim DPMA über dessen Bestand und Inhalt zu informieren.[9]

III. Wirkungen des Halbleiterschutzes

Der Schutz der Topographie hat die Wirkung, dass allein der Inhaber des Schutzes befugt ist, sie zu verwerten (§ 6 Abs. 1 S. 1 HLSchG).

1. Schutzgegenstand, Schutzumfang, Schutzdauer

Schutzgegenstand des Halbleiterschutzes sind „Topographien", definiert als dreidimensionale Strukturen von mikroelektronischen Halbleitererzeugnissen (§ 1 Abs. 1 S. 1 HLSchG), z.B. die eines Speicherchips oder Prozessors. Dem gleichgestellt sind selbständig verwertbare Teile sowie Darstellungen zur Herstellung von Topographien (§ 1 Abs. 1 S. 2 HLSchG). Hervorzuheben ist, dass sich der Schutz ausdrücklich nur auf den Schutzgegenstand – die Topographie der Schaltung als solche –, nicht jedoch auf die der Topographie zugrunde liegenden Entwürfe, Verfahren, Systeme, Techniken oder auf die in einem mikroelektronischen Halbleitererzeugnis gespeicherten Informationen erstreckt (§ 1 Abs. 4 HLSchG). Geschützt ist also lediglich die geometrische Gestaltung des Halbleitererzeugnisses. Diese Beschränkung ist bedeutsam für die Abgrenzung des Schutzgegenstandes gegenüber den Schutzgegenständen der traditionellen Schutzrechte des Immaterialgüterrechts. So kann an einem neuartigen, erfinderischen Verfahren zur Halbleiterherstellung durchaus Patentschutz, an einer der Topographie zugrunde liegenden neuartigen Schaltung Patent- oder Gebrauchsmusterschutz oder etwa an der Zeichnung für das Layout einer Maske Urheberrechtsschutz bestehen.[10] Der Halbleiterschutz hingegen ist ein vom Inhalt der Problemlösung unabhängiger, sich allein auf

---

[8] Vgl. BT-Drucks. 11/454, Amtl. Begr. zu § 3, S. 19; Koch, NJW 1988, 2246, 2249.
[9] BT-Drucks. 11/454, Amtl. Begr. zu § 5 Abs. 3, S. 22.
[10] Dreier, Die Entwicklung des Schutzes integrierter Halbleiterschaltkreise, GRUR Int. 1987, 645, 656; Steup/Koch in Lehmann (Hrsg.), VII Rdn. 46.

die Topographie als solche beschränkender Minimalschutz. Was den **Schutzumfang** angeht, wird die Wirkung des Halbleiterschutzes dadurch beschränkt, dass nach § 6 Abs. 2 HLSchG Handlungen im privaten Bereich (Nr. 1), Nachbildungen der Topographie zum Zwecke der Analyse, der Bewertung oder Ausbildung (Nr. 2) sowie die geschäftliche Verwertung einer Topographie, die das Ergebnis einer Analyse oder Bewertung nach Nr. 2 ist und Eigenart im Sinne von § 1 Abs. 2 HLSchG aufweist (Nr. 3 – sog. reverse engineering), vom Schutz ausgenommen sind. Der Schutz der Topographie endet mit Ablauf des 10. Kalenderjahres nach dem Jahr des Schutzbeginns (§ 5 Abs. 2 HLSchG). Da sich die zehnjährige **Schutzdauer** von dem letzten Tag des Kalenderjahres an berechnet, in dem das Schutzrecht entstanden ist, kann sich die effektive Dauer des Schutzes im Einzelfall auf fast elf Jahre verlängern.[11]

2. Rechte des Schutzrechtsinhabers

Das Gesetz sichert dem Schutzrechtsinhaber den Lohn seiner geistigen Arbeit, indem es ihm ein ausschließliches Nachbildungs- und Verwertungsrecht an dem Ergebnis seiner Entwicklung gewährt. Nach § 6 Abs. 1 S. 2 HLSchG ist es jedem Dritten verboten, ohne Zustimmung des Schutzrechtsinhabers die Topographie nachzubilden (Nr. 1) bzw. die Topographie oder das die Topgraphie enthaltende Halbleitererzeugnis anzubieten, in Verkehr zu bringen oder zu verbreiten oder zu den genannten Zwecken einzuführen (Nr. 2). Das Halbleiterschutzrecht ist damit entsprechend seiner Funktion, Wettbewerbsverzerrungen infolge Vermeidung eigenen Entwicklungs- und Investitionsaufwandes zu verhindern, als **bloßes Kopier- und Verwertungsverbot** ausgestaltet. Anders als im Patent- und Gebrauchsmusterrecht (§§ 9 S. 2 Nr. 1 PatG, 11 Abs. 1 S. 2 GebrMG) ist der bloße Besitz und Gebrauch der geschützten Topographie nicht von der Zustimmung des Schutzrechtsinhabers abhängig, d.h. jeder Dritte darf die geschützte Topographie selbst zu geschäftlichen Zwecken erwerben, besitzen und gebrauchen.[12]

3. Ansprüche des Schutzrechtsinhabers

Derjenige, der die Topographie ohne Zustimmung des Schutzrechtsinhabers nachbildet oder verwertet, d.h. den Schutz entgegen § 6 Abs. 1 HLSchG verletzt, kann vom Verletzten auf **Unterlassung** und im Falle des Verschuldens auf **Schadensersatz** in Anspruch genommen werden (§ 9 Abs. 1 S. 1, 2 HLSchG). Was die Bemessung des Schadens angeht, wurde im Zuge des Gesetzes zur Verbesserung der Durchsetzung von Rechten des geistigen Eigentums (im Einzelnen hierzu s.u. § 87 II. 2.) auch für das Halbleiterschutzrecht durch Verweisung auf § 24 Abs. 2 S. 2 und 3 GebrMG klargestellt, dass insoweit auch der Gewinn des Verletzers, den dieser durch die Rechtsverletzung erlangt hat, berücksichtigt werden kann; ferner, dass der Schadensersatz auch im Wege der sog. Lizenzanalogie berechnet werden kann (§ 9 Abs. 1 S. 3 HLSchG).

---

11 BT-Drucks. 11/454, Amtl. Begr. zu § 5 Abs. 2, S. 22.
12 BT-Drucks. 11/454, Amtl. Begr. zu § 6 Abs. 1, S. 22.

§ 36 Sortenschutzrecht

I. Einordnung und Zweck

Das Sortenschutzrecht ist ein dem Patentrecht ähnliches gewerbliches Schutzrecht des Pflanzenzüchters für Leistungen auf dem Gebiet der **Pflanzenzüchtungen**. Es ist zugleich das modernste gewerbliche Schutzrecht, das in seiner Ausgestaltung zwar an die Regelungen des Patentschutzes angeglichen, jedoch auf die Besonderheiten der Pflanzenzüchtung – der lebenden Materie – zugeschnitten ist.[13] **Zweck** des Sortenschutzes ist es, dem Züchter und Entdecker[14] einer neuen Pflanzensorte (z.B. einer neuen Mais-, Weizen- oder Rosensorte) durch die Gewährung eines gewerblichen Schutzrechtes, das ihn zeitlich begrenzt zur ausschließlichen Auswertung einer Pflanzensorte berechtigt, einen **Anreiz** zum Züchten oder Auffinden neuer Sorten zu bieten und auf diese Weise den **Fortschritt** auf dem Gebiet des Pflanzenbaus zu fördern.[15] Zu vergegenwärtigen ist, dass die Züchtung einer neuen Pflanzensorte regelmäßig den Einsatz erheblicher Arbeit, von Kapital und Zeit erfordert. Durchschnittlich dauert es mindestens 10 Jahre, um eine neue Pflanze zu schaffen.[16] Auch im Bereich des Sortenschutzes spiegeln sich also die allgemeinen Ziele des gewerblichen Rechtsschutzes wider, nämlich durch die Gewährung gewerblicher Schutzrechte im Sinne der Förderung des Fortschritts zu Innovationsaktivitäten anzureizen (s.o. § 7 I.). Gesetzliche Grundlage des Sortenschutzes ist, wie bereits skizziert (s.o. § 2 IV. 2.), das **Sortenschutzgesetz** (SortG), das im Jahre 1997 zwecks Anpassung an Bestimmungen des internationalen Sortenschutzrechtes grundlegend geändert und neu gefasst wurde.[17] Daneben kann auch ein patentrechtlicher Schutz, insbesondere bei biotechnologischen Erfindungen in Betracht kommen.[18]

II. Schutzvoraussetzungen

Wie grundsätzlich für andere gewerbliche Schutzrechte auch, ist für die Erteilung des Sortenschutzes das Vorliegen bestimmter materieller und formeller Voraussetzungen erforderlich.

1. Materielle Schutzvoraussetzungen

Die materiellen Schutzvoraussetzungen[19] ergeben sich aus § 1 SortG. Sortenschutz wird danach für eine Pflanzensorte (**Sorte**) erteilt, wenn sie
- unterscheidbar
- homogen

---

[13] Leßmann, Das neue Sortenschutzgesetz, GRUR 1986, 279; Wuesthoff/Leßmann/Wendt, Sortenschutzgesetz, 2. Auflage 1990, S. 32.
[14] Im Gegensatz zum Patentrecht (s.o. § 5 II. 1.) erstreckt sich der Sortenschutz auch auf Entdeckungen, d.h. das Auffinden einer neuen Sorte.
[15] Nirk/Ullmann, Bd. I, S. 171; Wuesthoff/Leßmann/Wendt, Sortenschutzgesetz, 2. Auflage 1990, S. 32.
[16] Wuesthoff/Leßmann/Würtenberger, Handbuch Sortenschutz, Bd. 1, S. 95 Rdn. 1.
[17] Gesetz vom 17.7.1997 (BGBl. I, S. 1854; Neubekanntmachung v. 19.12.1997 BGBl. I, S. 3164); umfassende Informationen zum Sortenschutz abrufbar auf der Seite des BSA unter: http://www.bundessortenamt.de (letzter Abruf: 04/2014).
[18] Wuesthoff/Leßmann/Würtenberger, Handbuch Sortenschutz, Bd. 1, S. 101 ff.
[19] Zu diesen vgl. Wuesthoff/Leßmann/Würtenberger, Handbuch Sortenschutz, Bd. 1, Rdn. 88 ff.

- beständig
- neu und
- durch eine eintragbare Sortenbezeichnung bezeichnet

ist (vgl. § 1 Abs. 1 SortG). Der Begriff der Sorte ist – so wie weitere für die Anwendung des Gesetzes bedeutsame Begriffe – gesetzlich definiert (vgl. § 2 Nr. 1a SortG). Im Übrigen sind auch die Anforderungen an die materiellen Schutzvoraussetzungen im Gesetz im Einzelnen geregelt. **Unterscheidbarkeit** einer Sorte ist gegeben, wenn sie sich in der Ausprägung wenigstens eines maßgebenden Merkmals von jeder anderen am Antragstag allgemein bekannten Sorte deutlich unterscheiden lässt (§ 3 Abs. 1 S. SortG). Das Bundessortenamt teilt auf Anfrage für jede Art die Merkmale mit, die es für die Unterscheidbarkeit der Sorten dieser Art als maßgebend ansieht; die Merkmale müssen genau erkannt und beschrieben werden können (§ 3 Abs. 1 S. 2 SortG). § 3 Abs. 2 SortG enthält eine beispielhafte Aufzählung der Handlungen, die die **allgemeine Bekanntheit** einer Sorte begründen (1. Eintragung in ein amtliches Verzeichnis von Sorten; 2. Eintragung beantragt und Antrag stattgegeben oder 3. Vermehrungsmaterial oder Erntegut der Sorte wurde bereits zu gewerblichen Zwecken in den Verkehr gebracht). **Homogenität** einer Sorte ist zu bejahen, wenn sie, abgesehen von Abweichungen auf Grund der Besonderheiten ihrer Vermehrung, in der Ausprägung der für die Unterscheidbarkeit maßgebenden Merkmale hinreichend einheitlich ist (§ 4 SortG). Das heißt, Pflanzen einer Pflanzensorte müssen unter Berücksichtigung der Naturgegebenheiten in ihren wesentlichen Eigenschaften ein einheitliches äußeres Erscheinungsbild liefern oder einheitliche physiologische Eigenschaften aufweisen.[20] **Beständigkeit** einer Sorte ist gegeben, wenn sie in der Ausprägung der für die Unterscheidbarkeit maßgebenden Merkmale nach jeder Vermehrung hinreichend einheitlich ist (§ 5 SortG). Die maßgebenden Merkmale müssen sich von Generation zu Generation vererben.[21] Was das Erfordernis der **Neuheit** angeht, so gilt eine Sorte als neu, wenn Pflanzen oder Pflanzenteile der Sorte mit Zustimmung des Berechtigten oder seines Rechtsvorgängers vor dem Antragstag nicht oder nur innerhalb der Neuheitsschonfristen (§ 6 Abs. 1 Nr. 1 und Nr. 2 SortG) zu gewerblichen Zwecken an andere abgegeben worden sind. Die als Schutzvoraussetzung erforderliche, der Kennzeichnung der Sorte dienende **Sortenbezeichnung** ist eintragbar, wenn kein gesetzlicher Ausschlussgrund (vgl. § 7 Abs. 2 Nr. 1 – 6., § 7 Abs. 3 SortG) vorliegt (§ 7 Abs. 1 SortG).

2. Formelle Schutzvoraussetzungen

Formelle Voraussetzung für die Erlangung des Sortenschutzes ist, dass vom Antragsteller ein **Sortenschutzantrag** beim Bundessortenamt gestellt wird (vgl. § 22 SortG). Das **Bundessortenamt** ist eine selbständige Bundesoberbehörde im Geschäftsbereich des Bundesministeriums für Verbraucherschutz, Ernährung und Landwirtschaft (§ 16 Abs. 1 SortG) mit Sitz in Hannover, die für die Erteilung des Sortenschutzes und die hiermit zusammenhängenden Angelegenheiten zuständig ist und die Sortenschutzrolle führt (§ 16 Abs. 2 SortG). Durch den Sortenschutzantrag wird ein **förmliches Verwaltungsverfahren** in Gang gesetzt, auf das die entsprechenden Vorschriften des Verwaltungsverfahrensgesetzes anzuwenden sind (§ 21 SortG). Für die Antragstellung und die erforderliche Angabe der Sortenbezeichnung sind die Vordrucke des Bundessortenam-

---

[20] Nirk/Ullmann, Bd. I, S. 187.
[21] Nirk/Ullmann, Bd. I, S. 187.

tes zu verwenden (§ 1 Abs. 2 BSAVfV).[22] Nach einer Formalprüfung erfolgt die **Bekanntmachung** des Sortenschutzantrages durch das Bundessortenamt in dem von ihm herausgegebenen Blatt für Sortenwesen (§ 24 SortG, § 10 BSAVfV). Gegen die Erteilung des Sortenschutzes kann jeder beim Bundessortenamt schriftlich **Einwendungen** erheben (§ 25 Abs. 1 SortG). Die Einwendungen sind zu begründen (§ 25 Abs. 4 S. 1 SortG), sie können nur darauf gestützt werden, dass die Schutzvoraussetzungen nach § 1 Abs. 1 Nr. 1 bis 4 SortG nicht vorliegen, dass der Antragsteller nicht berechtigt oder, dass die Sortenbezeichnung nicht eintragbar ist (§ 25 Abs. 2 Nr. 1 – 3 SortG). Was die **Prüfung** des Sortenschutzantrages in materieller Hinsicht angeht, so prüft das Bundessortenamt, ob die angemeldete Sorte die Voraussetzungen für die Erteilung des Sortenschutzes erfüllt, und baut die Sorte an oder stellt die sonst erforderlichen Untersuchungen an (§ 26 Abs. 1 SortG; §§ 2 ff. BSAVfV). Nach Eintritt der Unanfechtbarkeit des Sortenschutzes wird die Erteilung des Sortenschutzes in die **Sortenschutzrolle** eingetragen und die Eintragung bekannt gemacht (§ 28 SortG).

III. Recht auf Sortenschutz, Rechtsnachfolge, Lizenzen

Das Recht auf Sortenschutz steht dem **Ursprungszüchter** oder **Entdecker** der Sorte oder seinem Rechtsnachfolger zu, bei gemeinsamer Züchtung oder Entdeckung, steht ihnen das Recht gemeinschaftlich zu (§ 8 Abs. 1 SortG). Das Recht auf Sortenschutz, der Anspruch auf Erteilung des Sortenschutzes und der Sortenschutz sind **übertragbar** (§ 11 Abs. 1 SortG). Auch kann der Sortenschutz Gegenstand ausschließlicher oder nichtausschließlicher Nutzungsrechte („**Lizenzen**") sein (§ 11 Abs. 2 SortG). Verstößt ein Nutzungsberechtigter gegen Beschränkungen seines Nutzungsrechts, kann der Sortenschutz gegen ihn geltend gemacht werden (§ 11 Abs. 3 SortG). Änderungen in der Person des Sortenschutzinhabers werden auf Nachweis in der Sortenschutzrolle eingetragen (§ 28 Abs. 3 S. 1 SortG).

IV. Wirkungen des Sortenschutzes, Rechtsverletzungen

Wie für die Wirkung gewerblicher Schutzrechte üblich, gewährt auch das Sortenschutzrecht dem Rechtsinhaber ein **Ausschließlichkeitsrecht**, das zum einen durch ein **positives Benutzungsrecht**, zum anderen ein **negatives Verbietungsrecht** gekennzeichnet ist (allgemein zur entsprechenden Ausgestaltung der Immaterialgüterrechte vgl. § 1 II.).

1. Alleiniges Vermehrungsrecht des Sortenschutzinhabers

So ist allein der Sortenschutzinhaber berechtigt, **Vermehrungsmaterial** der geschützten Sorte a) zu erzeugen, für Vermehrungszwecke aufzubereiten, in den Verkehr zu bringen, ein- oder auszuführen oder b) zu einem dieser Zwecke aufzubewahren (§ 10 Abs. 1 Nr. 1 SortG). Die Vornahme entsprechender Verwertungshandlungen ist nicht nur unmittelbar in Bezug auf Vermehrungsmaterial vom Schutz erfasst, sondern auch in Bezug auf Pflanzen oder Pflanzenteile oder hieraus unmittelbar gewonnene Erzeugnisse, wenn zu ihrer Erzeugung Vermehrungsmaterial ohne Zustimmung des Sortenschutzinhabers verwendet wurde und der Sortenschutzinhaber keine Gelegenheit hatte,

---

22 Elektronisch abrufbar auf der Seite des BSA unter: http://www.bundessortenamt.de (letzter Abruf: 04/2014).

sein Sortenschutzrecht hinsichtlich dieser Verwendung geltend zu machen (§ 10 Abs. 1 Nr. 2 SortG). Durch diese Regelung soll dem Züchter die Möglichkeit gegeben werden, in Fällen, in denen eine Vermehrung ungenehmigt vorgenommen wurde, seine Rechte auch in Bezug auf das Erntegut geltend zu machen.[23] Die Wirkung des Sortenschutzes erstreckt sich auch auf Sorten, die von der geschützten Sorte (Ausgangssorte) im Wesentlichen abgeleitet sind (näheres § 10 Abs. 2, 3 SortG). Wie die anderen gewerblichen Schutzrechte unterliegt jedoch auch das Sortenschutzrecht **Beschränkungen** im Allgemeininteresse (vgl. § 10a SortG). So sind insbesondere nicht vom Sortenschutz erfasst Handlungen im **privaten Bereich** zu nicht gewerblichen Zwecken, Handlungen zu **Versuchszwecken**, die sich auf die geschützte Sorte beziehen, Handlungen zur **Züchtung neuer Sorten** („Züchterprivileg")[24] sowie Erntegut, das ein Landwirt durch Anbau von Vermehrungsmaterial einer geschützten Sorte im eigenen Betrieb gewonnen hat und dort als Vermehrungsmaterial verwendet (**Nachbau**).

2. Rechtsverletzungen

Im Fall der Verletzung des Sortenschutzrechtes steht dem Sortenschutzinhaber gegen den Verletzer ein **Unterlassungsanspruch** (§ 37 Abs. 1 SortG) und im Falle des Verschuldens ein **Schadensersatzanspruch** zu (§ 37 Abs. 2 SortG). Die zivilrechtlichen Ansprüche des Verletzten werden durch einen Anspruch auf **Vernichtung** und **Rückruf** (§ 37a SortG), einen Anspruch auf **Auskunft** (§ 37b SortG) sowie weitere im Zuge des Gesetzes zur Verbesserung der Durchsetzung von Rechten des geistigen Eigentums neu in das Gesetz aufgenommene Ansprüche ergänzt (im Einzelnen hierzu s.u. § 87 II. 2.). Im Falle einer Verletzung des Sortenschutzrechts drohen dem Verletzter neben der zivilrechtlichen Inanspruchnahme durch den Verletzten **strafrechtliche Sanktionen** (§ 39 SortG) bzw. ein **Bußgeld** (§ 40 SortG).

3. Schutzdauer

Die **Schutzdauer** des Sortenschutzes beläuft sich regelmäßig auf 25 Jahre, bei einigen Pflanzenarten (Hopfen, Kartoffel, Rebe und Baumarten) auf 30 Jahre (§ 13 SortG). Das Sortenschutzrecht erlischt durch Ablauf der Schutzdauer, im Übrigen durch Verzicht des Sortenschutzinhabers, durch Zurücknahme der Erteilung oder durch Widerruf (§ 31 SortG).

V. Internationales und europäisches Sortenschutzrecht

1. Internationaler Schutz von Pflanzenzüchtungen

Das internationale Sortenschutzrecht ist im „Internationalen Übereinkommen zum Schutz von Pflanzenzüchtungen" (**PflZÜ**) geregelt, das am 2.12.1961 in Paris von Staaten unterzeichnet wurde, die einen Verband – die International Union for Protection of New Varieties of Plants (**UPOV**) – bilden.[25] Die wichtigsten Regelungen des sog. UPOV-Abkommens, das zuletzt 1991 revidiert wurde, sind die Inländerbehandlung (Art. 4), die freie Wahl des Erstantrags (Art. 10 Abs. 1), die Unabhängigkeit der Sorten-

---

23 Nirk/Ullmann, Bd. I, S. 200; Wuesthoff/Leßmann/Würtenberger, Handbuch Sortenschutz, Bd. 1, Rdn. 311 ff.
24 Dazu Wuesthoff/Leßmann/Würtenberger, Handbuch Sortenschutz, Bd. 1, Rdn. 349 ff.
25 Text des PflZÜ abrufbar unter: http://www.upov.int/portal/index.html.de (letzter Abruf: 04/2014).

schutzrechte in den Staaten der verschiedenen Vertragsparteien (Art. 10 Abs. 3), das Prioritätsrecht (Art. 11) und die Sicherung der freien Ausübung des Ausschließlichkeitsrechts (Art. 17 Abs. 1) und kein Doppelschutzverbot, d.h. das grundsätzlich Patentschutz neben Sortenschutz möglich ist.[26]

2. Gemeinschaftliches Sortenschutzrecht

Für den Sortenschutz in Europa ist das **gemeinschaftliche Sortenschutzrecht** von Bedeutung, das in der Verordnung (EG) Nr. 2100/94 über den gemeinschaftlichen Sortenschutz vom 27.7.1994 (EGSVO) geregelt ist. Das gemeinschaftliche Sortenschutzrecht ist ein gemeinschaftliches gewerbliches Schutzrecht für Pflanzensorten, das eine einheitliche Wirkung in der gesamten Europäischen Gemeinschaft entfaltet (allgemein zu den supranationalen einheitlichen Gemeinschaftsrechten s. bereits § 4 IV. 4.). Vor der Einführung des gemeinschaftlichen Sortenschutzrechtes konnten Pflanzenzüchter in den meisten der (damals) 15 Mitgliedsstaaten der Europäischen Union nationale Sortenschutzrechte beantragen, deren Schutz jedoch auf das Gebiet des jeweiligen Mitgliedsstaates begrenzt war. Seit dem Inkrafttreten der EGSVO zum 27.4.1995 können Züchter nunmehr Sortenschutz in der gesamten Europäischen Union durch einen einzigen Antrag beim Gemeinschaftlichen Sortenamt, das seinen Sitz in Frankreich/Angers hat, erhalten.[27]

---

26 Im Einzelnen Nirk/Ullmann, Bd. I, S. 215 f.; Wuesthoff/Leßmann/Würtenberger, Handbuch Sortenschutz, Bd. 1, Rdn. 13.
27 Weitergehende Informationen zum gemeinschaftlichen Sortenschutzrecht finden sich auf der Seite des Gemeinschaftlichen Sortenamtes unter http://www.cpvo.europa.eu/(letzter Abruf: 04/2014).

Vierter Abschnitt: Der Schutz des Designs durch das Designschutzrecht

§ 37 Allgemeines zum Designschutz

I. Gegenstand

Wie bereits im Rahmen des einführenden Überblicks skizziert (s.o. § 2 II.) liegt der Schutzgegenstand des Designschutzrechts im Gegensatz zum Patent- und Gebrauchsmusterrecht nicht auf dem Gebiet der Technik, sondern dem der **Ästhetik**. Seit jeher zielt der vormals als Geschmacksmusterschutz bezeichnete Schutz des Design auf den Schutz der Gestaltung der äußeren Form von zweidimensionalen und dreidimensionalen Erscheinungsformen eines Erzeugnisses. Er schützt die Ergebnisse ästhetisch-gewerblicher Leistungen, nämlich die Gestaltung von **Flächenformen** (z.B. Stoffmuster, Tapeten, Mousepads) und **Raumformen** (z.B. Möbel, Haushaltsgeräte, Computermäuse, Smartphones), die bestimmt und geeignet sind, über das Auge auf den ästhetischen Form- und Farbensinn des Menschen einzuwirken und geschmackliche Empfindungen anzusprechen.[1] Im allgemeinen Sprachgebrauch und zunehmend auch in der rechtswissenschaftlichen Literatur[2] hatte sich zur Kennzeichnung der Gestaltungen, die rechtlich vom sog. Geschmacksmusterschutz erfasst wurden, bereits seit geraumer Zeit der Gebrauch des Begriffs des „Design" durchgesetzt. Allerdings wurde dieser Sprachgebrauch nicht bereits, wie angedacht, im Rahmen der Reform des Geschmacksmusterrechts 2004, sondern erst im Zuge der Modernisierung des Geschmacksmusterrechts durch das Gesetz vom 10.10.2013[3] nachvollzogen, durch welches das Geschmacksmustergesetz in das „Gesetz über den rechtlichen Schutz von Design (**Designgesetz – DesignG**)" umbenannt wurde. Die gesetzlichen Bestimmungen wurden damit an den nationalen und internationalen Sprachgebrauch angepasst, der Begriff „Muster" durch den Begriff „Design" und der Begriff „Geschmacksmuster" durch den Begriff „eingetragenes Design" ersetzt. Die terminologische Modernisierung des Gesetzes ist zu begrüßen, sie lässt eine höhere Akzeptanz in der einschlägigen Wirtschaftspraxis erwarten und dürfte auch positive Auswirkungen für den internationalen Sprachgebrauch haben, weil „eingetragenes Design" direkt mit „registered design" übersetzt werden kann.[4]

II. Schutzzweck

Entsprechend den allgemeinen Zielen des gewerblichen Rechtsschutzes zielt auch das Designschutzrecht, wie bereits einführend erörtert (s.o. § 7 II. 2.), zum einen auf eine Sicherung der **wirtschaftlichen Verwertungsinteressen** des Rechtsinhabers, zum anderen auf einen **Ansporn** zu weiteren gewerblichen Leistungen zwecks Förderung der In-

---

1 Rehmann, Geschmacksmusterrecht, S. 3 Rdn. 7; Götting, Gewerblicher Rechtsschutz, § 4, S. 47 f.
2 Vgl. z.B. Eichmann/v. Falckenstein, GeschmMG, S. 32 ff. „Allgemeines zum Designrecht".
3 Gesetz zur Modernisierung des Geschmacksmustergesetzes sowie zur Änderung der Regelungen über die Bekanntmachungen zum Ausstellungsschutz v. 10.10.2013 – BGBl. Teil I Nr. 62 v. 16.10.2013, S. 3799 ff.; vgl. hierzu Rehmann, Das Geschmacksmusterrecht wird modernisiert, GRUR-Prax 2013, 215 ff.
4 So die Stellungnahme der GRUR durch den Fachausschuss Geschmacksmusterrecht, GRUR 2013, 478, 479.

novation in Handwerk und Industrie. Hierbei ist der durch das Designgesetz gewährte Schutz nicht nur für der Mode unterworfene, schnelllebige Gestaltungen gedacht (wie z.B. im Bereich Textilien, Tapeten etc.). Vielmehr zeigt die maximale Schutzdauer von 25 Jahren (§ 27 Abs. 2 DesignG), dass der Designschutz auch für die Gestaltung von Erzeugnissen bestimmt ist, die nach der Planung des Herstellers und/oder der Resonanz am Markt auf ein jahrzehntelanges Nachfrageinteresse stoßen[5] (z.B. Uhren, Designermöbel, Designerlampen etc.).

III. Wesen und Einordnung

Im Zuge der grundlegenden Reformierung des Designschutzrechts, die ihren Niederschlag bereits im „Gesetz über den rechtlichen Schutz von Mustern und Modellen (Geschmacksmustergesetz)" vom 12.3.2004 gefunden hat (s. bereits § 2 II.), hat sich das **Wesen** des Designschutzrechts verändert und sein Standort innerhalb des Koordinatensystems des Immaterialgüterrechts deutlich verschoben. Das alte Geschmacksmustergesetz – das „Gesetz betreffend das *Urheberrecht* an Mustern und Modellen" – basierte, wie bereits aus der Gesetzesbezeichnung ablesbar, auf **urheberrechtlicher Grundlage**. Als im 19. Jahrhundert im Zuge der fortschreitenden industrialisierten Warenproduktion das zunehmende Bedürfnis nach einem rechtlichen Schutz für gestalterische Leistungen entstand, konnte zunächst mangels anderer rechtlicher Schutzinstrumente nur auf das Urheberrecht zurückgegriffen werden, dessen relativ hohe Anforderungen an die schöpferische Gestaltung eines Werkes sich für gewerbliche Gestaltungsleistungen in der Regel allerdings als zu hoch erwiesen. Vor diesem Hintergrund entstand 1876 das erste Geschmacksmustergesetz, das gegenüber dem Urheberrecht eine deutlich herabgesetzte Schutzschwelle vorsah und, das – obgleich gewerbliches Schutzecht – terminologisch und in seiner Ausgestaltung, insbesondere seiner Beschränkung auf einen reinen Nachahmungsschutz, starke Bezüge zum Urheberrecht aufwies. Dieser enge Bezug zum Urheberrecht wurde durch die grundlegende Geschmacksmusterrechtsreform 2004 beseitigt.[6] Insbesondere mit Blick auf die im reformierten Geschmacksmusterrecht 2004 eingeführte sog. **Sperrwirkung** des Designschutzrechts (§ 38 DesignG), die hiermit korrespondierende Anerkennung eines **Vorbenutzungsrechts** (§ 41 DesignG), aber auch aufgrund der überwiegend patentrechtlich ausgerichteten **Beschränkungen der Rechte aus dem eingetragenen Design** (§ 40 DesignG) ergibt sich heute eine „**strukturelle Nähe**" **zum Patentrecht**. Im Anwendungsbereich des reformierten Designrechts ist das eingetragene Design daher nicht mehr länger ein „Zwitter" zwischen Urheberrecht und gewerblichem Rechtsschutz, sondern ein **eigenständiges gewerbliches Schutzrecht**, das in seinen Schutzvoraussetzungen und Schutzwirkungen den übrigen gewerblichen Schutzrechten ähnelt.[7]

IV. Bedeutung: Designschutzrecht in Zahlen

Die Bedeutung des Designschutzrechts in der Praxis ist erheblich. Das Design eines Produkts wird in der modernen Industriegesellschaft als qualitätsbestimmende Produkteigenschaft angesehen, die angesichts zunehmender Homogenisierung der Erzeug-

---

5 Eichmann/v. Falckenstein, GeschmMG, Allgemeines zum Designrecht II. Rdn. 7.
6 Amtl. Begr., E. 2. b), S. 68 f.
7 Eichmann/v. Falckenstein, GeschmMG, Allgemeines zum Designrecht II. Rdn. 9 f.

nisse einen immer wichtigeren Faktor im Rahmen des Marketing darstellt.[8] Nicht zuletzt der öffentlichkeitswirksame Rechtsstreit zwischen **Apple** und **Samsung**, in dem Apple die Verletzung ihrer Geschmacksmusterrechte am i-Phone- und iPad-Design durch Samsung geltend gemacht hat, haben die Bedeutung des Designschutzrechts in den Blickpunkt einer breiten Öffentlichkeit gerückt.[9] Die tatsächlich-praktische Bedeutung des Designschutzrechts sowie die Anmeldeaktivität einzelner Länder und Regionen spiegeln sich recht anschaulich auch in den alljährlich vom DPMA im Rahmen seines Jahresberichts veröffentlichten **statistischen Zahlen** wider.[10] So wurden im Jahr 2012 beim DPMA – zuständig ist die Designstelle des DPMA in Jena – insgesamt **53.862 Muster** in **6201 Anmeldungen** angemeldet. Gegenüber dem Vorjahr 2011 mit 53.081 Mustern in 6175 Anmeldungen war damit ein moderater Anstieg von 1,5 % bei den Mustern und 0,4 % bei den Anmeldungen zu verzeichnen. Damit hat sich die Zahl der angemeldeten Muster in 2012 ungefähr auf dem Niveau des Vorjahrs bewegt und an das hohe Niveau der Anmeldezahlen im Jahr 2007 (54.548) angeknüpft. Das heißt, die rückläufige Entwicklung der Anmeldezahlen in einigen Vorjahren (insbesondere 2008 und 2009), in denen ein deutlicher Rückgang der Anmeldungen zu verzeichnen war, scheint gestoppt zu sein. Von der Möglichkeit, mehrere Muster in einer **Sammelanmeldung** (§ 12 GeschmMG) zusammenzufassen, haben in 2012 62,9 % der Anmelder Gebrauch gemacht, wobei durchschnittlich 13,2 Muster innerhalb einer Sammelanmeldung angemeldet wurden. Der Anteil **ausländischer Musteranmeldungen** belief sich im fraglichen Zeitraum auf 21,6 % (Vorjahr 21,8 %). Spitzenreiter der ausländischen Anmelder war erneut Österreich (9,6 % der angemeldeten Muster), gefolgt von Italien (4,9 %), China (2,6 %), Schweiz (1,5 %), den USA (0,6 %), Frankreich (0,4 %), Taiwan (0,2 %) und übrigen Ländern (1,7 %). Hervorzuheben ist, dass sich die chinesischen Anmeldungen in 2012 (1.410) gegenüber dem Vorjahr (137 Anmeldungen) mehr als verzehnfacht haben, so dass China die Schweiz im Jahre 2012 vom dritten Platz der ausländischen Anmelder verdrängt hat. Bei den **inländischen Musteranmeldungen** lagen auch in 2012 vorn: Nordrhein-Westfalen (29,3 %), Bayern (21,2 %) und Baden-Württemberg (14,0 %), gefolgt von Niedersachsen (6,4 %), Hessen (4,7 %), Rheinland-Pfalz (4,2 %), Berlin (4,2 %), Hamburg (4,1 %) und den übrigen Bundesländern (11,8 %). Auf die drei erstplatzierten Bundesländer entfallen damit zusammen 64,5 % der angemeldeten Muster, was den Zusammenhang zwischen der Wirtschaftskraft einzelner Regionen und der Anmeldetätigkeit der dort ansässigen Unternehmen und Personen verdeutlicht.[11] Zur Veranschaulichung des Designschutzrechts nach **Wirtschaftsbranchen** ist die prozentuale Verteilung der Warenklasseneinträge aufschlussreich: 18,5 % der Einträge betrafen die Klasse 6 „Möbel", gefolgt von Klasse 5 „nichtkonfektionierte Textilwaren" (14,0 %), Klasse 32 „Grafische Symbole und Logos" (9,8 %), Klasse 11 „Ziergegenstände" (9,5 %), Klasse 2 „Bekleidung und Kurzwaren" (8,9 %), Klasse 26 „Beleuchtungsapparate" (6,1 %), Klasse 25 „Bauten und

---

8 Eisenmann/Jautz, Grundriss, S. 90 Rdn. 202.
9 Einstweiliges Verfügungsverfahren LG Düsseldorf v. 9.9.2011, Az.: 14c O 194/11; OLG Düsseldorf v. 31.1.2012, Az.: I-20 U 175/11.
10 Die nachfolgenden Zahlen sind dem DPMA-Jahresbericht 2012, S. 37 ff., entnommen – abrufbar unter: http://www.dpma.de/docs/service/veroeffentlichungen/jahresberichte/dpma_jahresbericht2012_barrierefrei.pdf (letzter Abruf: 03/2014).
11 DPMA-Jahresbericht 2012, S. 38.

Bauelemente" (4,8 %), Klasse 19 „Papier-/Büroartikel" (4,4 %), Klasse 7 „Haushaltsartikel" (2,8 %) und Klasse 3 „Reiseartikel, Etuis u.a." (2,7 %).[12]

§ 38 Schutzvoraussetzungen

I. Begriffsbestimmungen

Während das alte Gesetz bis zur Reform 2004 keine Legaldefinition des Begriffs des Geschmacksmusters enthielt und die Definition der Rechtsprechung überließ, enthält das reformierte, seit der Modernisierung 2013 als Designgesetz bezeichnete Recht einige wesentliche Begriffsbestimmungen (vgl. § 1 DesignG), insbesondere auch eine Definition des „Design" (früher „Muster"), das den Gegenstand des Schutzrechts beschreibt. Ein „Design" ist danach eine zweidimensionale oder dreidimensionale **Erscheinungsform eines** ganzen **Erzeugnisses** oder eines Teiles davon, die sich insbesondere aus den Merkmalen der Linien, Konturen, Farben, der Gestalt, Oberflächenstruktur oder der Werkstoffe des Erzeugnisses selbst oder seiner Verzierung ergibt (§ 1 Nr. 1 DesignG). Ein „**Erzeugnis**" ist seinerseits definiert als jeder industrielle oder handwerkliche Gegenstand, einschließlich Verpackung, Ausstattung, grafischer Symbole und typografischer Schriftzeichen sowie von Einzelteilen, die zu einem komplexen Erzeugnis (seinerseits definiert in § 1 Nr. 3 DesignG) zusammengebaut werden sollen; ein **Computerprogramm** gilt nicht als Erzeugnis (§ 1 Nr. 2 DesignG). In begrifflicher Hinsicht ist im Übrigen zu beachten, dass der Schutzgegenstand des Designschutzes bis zur Eintragung als „Design" und erst nach der Eintragung als „**eingetragenes Design**" (früher „Geschmacksmuster") bezeichnet wird (vgl. § 2 Abs. 1 DesignG). Diese sprachliche Differenzierung des deutschen Gesetzes weicht, wie bereits nach alter Gesetzeslage, von der Terminologie der Gemeinschaftsgeschmacksmusterverordnung (GGV) ab, die den zu schützenden Gegenstand vor der Eintragung als „Geschmacksmuster" bezeichnet und danach als „Gemeinschaftsgeschmacksmuster" (vgl. Art. 1 Abs. 1, Art. 4 Abs. 1 GGV).[13] Die in der Gemeinschaftsgeschmacksmusterverordnung verwendeten Begrifflichkeiten „Geschmacksmuster" und „Gemeinschaftsgeschmacksmuster" können nur durch die verordnungsgebenden Organe der EU geändert werden. Eine der modernisierten deutschen Terminologie entsprechende Änderung soll offenbar von deutscher Seite angeregt werden.[14]

II. Materielle Schutzvoraussetzungen

Die materiellen Schutzvoraussetzungen des Designschutzes ergeben sich aus § 2 Abs. 1 DesignG. Danach wird ein Design als eingetragenes Design geschützt, wenn es **neu** ist und **Eigenart** aufweist.

1. Neuheit

Ein Design gilt als **neu**, wenn vor dem Anmeldetag kein identisches Design offenbart worden ist (§ 2 Abs. 2 S. 1 DesignG).

---

12 Zu den Besonderheiten der Designbereiche nach Branchen vgl. Kobuss/Bretz, Kap. 4, S. 59 ff.
13 Amtl. Begr. zu § 2, S. 78.
14 Vgl. Amtl. Begr. BT-Drucks. 17/13428, S. 23.

a) **Vorbekannter Formenschatz.** Grundlage der Prüfung der Neuheit eines angemeldeten Designs – und auch der Eigenart (hierzu sogleich unter 2.) – sind danach alle Designs, die zum fraglichen Stichtag – dem Anmeldetag – **offenbart** worden sind. Diese als Beurteilungs- und Vergleichsmaßstab heranzuziehenden bereits offenbarten Designs werden in der Terminologie der deutschen Rechtsprechung als „**vorbekannter Formenschatz**" bezeichnet.[15] Der vorbekannte Formenschatz ist damit für den Bereich der Ästhetik das Pendant zum „Stand der Technik" im Bereich der technischen Schutzrechte, an dem sich im Patentrecht die Neuheit der Erfindung und die Frage des Vorliegens der erforderlichen erfinderischen Tätigkeit bemisst (s.o. § 9).[16] Die wichtige Frage, wann ein Design „offenbart" ist und damit dem vorbekannten Formenschatz angehört, ist allerdings nicht in § 2 DesignG, sondern in § 5 DesignG (**Offenbarung**) geregelt. Danach ist ein Design offenbart, wenn es bekannt gemacht, ausgestellt, im Verkehr verwendet oder auf sonstige Weise der Öffentlichkeit zugänglich gemacht wurde, es sei denn, dass dies den in der Gemeinschaft tätigen Fachkreisen des betreffenden Sektors im normalen Geschäftsverlauf vor dem Anmeldetag des Designs nicht bekannt sein konnte. Durch den letzten Halbsatz ist klargestellt, dass nicht jede Offenbarung im Wortsinne bereits eine neuheitsschädliche Offenbarung ist. Vielmehr ist der Begriff im Sinne eines **relativ-objektiven Neuheitsbegriffs** dahingehend relativiert, dass es neben der bloßen Offenbarung ergänzend auf die **Kenntnisnahmemöglichkeit der jeweiligen Fachkreise** innerhalb der Europäischen Gemeinschaft ankommt. Sinn der Vorschrift ist es, zu verhindern, dass der nachgesuchte Designschutz an Gestaltungen scheitert, die zwar irgendwo in der Welt – etwa in einem unbekannten Museum oder an einem entfernten Ort – vorveröffentlicht wurden, die den **europäischen Fachkreisen** – Designern, Herstellern, Händlern des betroffenen Sektors – jedoch nicht bekannt sein konnten.[17] Ein unter der ausdrücklichen oder stillschweigenden Bedingung der **Vertraulichkeit** – etwa im Rahmen bestehender oder angebahnter Geschäftsbeziehungen – bekannt gemachtes Muster gilt nicht als offenbart (§ 5 S. 2 DesignG). Auch die bloße Anmeldung eines Designs kann den maßgeblichen Fachkreisen in der Regel nicht bekannt sein, da eine allgemeine Recherche nach angemeldeten, aber noch nicht bekanntgemachten Designs nicht möglich ist.[18] Für die Beurteilung der Neuheit ist nach § 13 DesignG der **Anmeldetag,** d.h. derjenige Tag, an dem die Unterlagen mit den Angaben nach § 11 Abs. 2 vollständig beim DPMA (§ 13 Abs. 1 Nr. 1 DesignG) oder einem zur Entgegennahme bestimmten Patentinformationszentrum (§ 13 Abs. 1 Nr. 2 DesignG) eingegangen sind oder, wenn wirksam eine Priorität in Anspruch genommen worden ist, der **Prioritätstag** (§ 13 Abs. 2 DesignG) maßgeblich.

b) **Neuheitsschädliche Identität.** Designs gelten als identisch, wenn sich ihre Merkmale nur in **unwesentlichen Einzelheiten** unterscheiden (§ 2 Abs. 2 S. 2 DesignG), d.h. eine Abweichung eines Designs vom vorbekannten Formenschatz in unwesentlichen Einzelheiten kann die Neuheit eines Designs nicht begründen.[19] Die Prüfung der **Identität** macht einen Vergleich mit jedem vorbekannten Design erforderlich, dessen Erschei-

---

15 Eine Recherchemöglichkeit für die seit dem 1. Juli 1988 eingetragenen Geschmacksmuster bietet die Internetplattform des DPMA (DPMAregister) unter: http://presse.dpma.de/schutzrechte/recherchenacheinzelnenpatentenundmarken/index.html (letzter Abruf: 03/2014).
16 Eichmann/v. Falckenstein, GeschmMG, § 5 Rdn. 3.
17 Amtl. Begr. zu § 5, S. 84; Eichmann/v. Falckenstein, GeschmMG, § 5 Rdn. 4, 12.
18 Eichmann, Neues aus dem Geschmacksmusterrecht, GRUR-Prax 2010, 279.
19 Amtl. Begr. zu § 2 Abs. 2, S. 78.

Pierson

nungsform dem Gegenstand des Designs ausreichend ähnlich ist (sog. **fotografischer Neuheitsbegriff**). Das heißt, es findet ein **Einzelvergleich** statt, bei dem das Design isoliert und gesondert jedem einzelnen Erzeugnis aus dem vorbekannten Formenschatz gegenübergestellt wird. Ist der Gesamteindruck eines Designs durch eine Kombination von Merkmalen bestimmt, fehlt nur dann die Neuheit, wenn sich die vollständige Zusammenfassung der **Kombinationsmerkmale** in einem einzigen Erzeugnis aus dem vorbekannten Formenschatz feststellen lässt.[20] Letztlich hat die Neuheitsprüfung für die Rechtspraxis jedoch nur eine untergeordnete Bedeutung, da neben der Neuheit kumulativ stets das Erfordernis der Eigenart erfüllt sein muss. Ergeben sich bereits Zweifel daran, ob sich ein Design wesentlich vom vorbekannten Formenschatz unterscheidet, ist davon auszugehen, dass es jedenfalls an der erforderlichen Eigenart fehlt.[21]

2. Eigenart

a) **Unterschiedlichkeit.** Das Merkmal der **Eigenart** hat das nach alter Rechtslage vor 2004 erforderliche Merkmal der „Eigentümlichkeit" abgelöst (§ 1 Abs. 2 GeschmMG a.F.). Ein Design zeichnet sich nach der gesetzlichen Begriffsbestimmung durch Eigenart aus, wenn sich der **Gesamteindruck**, den es beim **informierten Benutzer** hervorruft, von dem Gesamteindruck unterscheidet, den ein anderes Design bei diesem Benutzer hervorruft, das vor dem Anmeldetag offenbart worden ist (§ 2 Abs. 3 S. 1 DesignG). Anders als die nach alter Rechtslage (vor 2004) maßgebliche „Eigentümlichkeit" verbindet sich mit dieser Begrifflichkeit **kein Erfordernis einer „Gestaltungshöhe"**. Notwendig aber auch ausreichend ist vielmehr, dass sich der Gesamteindruck des Design vom vorbekannten Formenschatz unterscheidet.[22] Eine Überdurchschnittlichkeit der Gestaltung, ein in dieser zu Tage tretendes überdurchschnittliches Können des Designers, wie es nach alter Rechtslage im Rahmen der Eigentümlichkeit festzustellen war, ist nicht erforderlich. Entsprechend dem Begriff und Definition zugrunde liegenden Regelungszweck kommt es nicht auf qualitative Bewertungen, sondern allein auf die **Unterschiedlichkeit** im Verhältnis zu einem ähnlichen Design an, d.h. ein designgemäßes Erzeugnis soll im Markt als etwas von jedem anderen Design „**Verschiedenes**" wahrgenommen werden. Auch eine durchschnittliche Designerleistung kann sich folglich durch die für einen Schutz vorausgesetzte Eigenart auszeichnen, sofern sie im Vergleich mit dem vorbekannten Formenschatz ein ausreichendes Maß an „Anderssein" aufweist.[23]

b) **Grad der Gestaltungsfreiheit.** Bei der Beurteilung der Eigenart ist der **Grad der Gestaltungsfreiheit** des Entwerfers bei der Entwicklung des Designs zu berücksichtigen (§ 2 Abs. 3 S. 2 DesignG). Wie das EuG in einer jüngeren Entscheidung festgestellt hat, wird „der Grad der Gestaltungsfreiheit des Entwerfers des Geschmacksmusters insbesondere durch die Vorgaben bestimmt, die sich aus den durch die technische Funktion des Erzeugnisses oder eines Bestandteils des Erzeugnisses bedingten Merkmalen oder aus den auf das Erzeugnis anwendbaren gesetzlichen Vorschriften ergeben. Je größer also die Gestaltungsfreiheit des Entwerfers bei der Entwicklung des Geschmacksmus-

---

20 Eichmann/v. Falckenstein, GeschmMG, § 2 Rdn. 5 m. zahlr. Rspr.-Nachw.
21 Eichmann/v. Falckenstein, GeschmMG, § 2 Rdn. 8; näheres zum „Verhältnis Neuheit zu Eigenart" siehe Rehmann, Geschmacksmusterrecht, S. 13 f.
22 Amtl. Begr. zu § 2 Abs. 3, S. 79.
23 Eichmann/v. Falckenstein, GeschmMG, § 2 Rdn. 11 f.; Eichmann, Neues aus dem Geschmacksmusterrecht, GRUR-Prax 2010, 279.

ters" sei, desto weniger reichten „kleine Unterschiede zwischen den miteinander verglichenen Geschmacksmustern aus, um beim informierten Benutzer einen unterschiedlichen Gesamteindruck hervorzurufen. Je beschränkter umgekehrt die Gestaltungsfreiheit des Entwerfers bei der Entwicklung des Geschmacksmusters" sei, desto eher genügten „kleine Unterschiede zwischen den miteinander verglichenen Geschmacksmustern, um beim informierten Benutzer einen unterschiedlichen Gesamteindruck hervorzurufen".[24] Die Anforderungen an die erforderliche Eigenart sind damit also keine absoluten, vielmehr kann bei eingeengter Gestaltungsfreiheit bereits ein verhältnismäßig geringfügiger Unterschied gegenüber dem nächstliegenden Design zur Begründung der Eigenart ausreichen. Die Gestaltungsfreiheit kann durch **gattungsspezifische Erfordernisse** an Gestaltung eingeschränkt sein. Als Beispiel anführen lassen sich insoweit Werkzeuge und ähnlich stark technisch geprägte Erzeugnisse, bei denen die Formgebung stark funktionsbestimmt und daher die Gestaltungsfreiheit des Entwerfers eingeschränkt ist. Folge ist, dass in diesen Fällen ausnahmsweise bereits Änderungen von Details dazu führen können, dass aus Sicht des Benutzers ein neuer und eigenartiger Gesamteindruck entsteht. Eine Einschränkung der Gestaltungsfreiheit kann sich ferner auch bei hoher **Designdichte** in einer Erzeugnisklasse ergeben. Dies ist insbesondere in Produktbereichen der Fall, in denen das Design für die Wertschätzung des Produkts von großer Bedeutung oder sogar kaufentscheidend ist und, in denen wegen der Vielzahl der angebotenen, mit Schutzrechten belegten Wettbewerbsprodukten (= Designdichte) der Gestaltungsspielraum des Entwerfers bereits stark eingeschränkt ist. Beispiele für dicht besetzt Gebiete sind: PKW-Felgen, Küchenmöbel etc.).[25]

3. Neuheitsschonfrist

Schließlich ist im Zusammenhang mit der Prüfung der Schutzvoraussetzungen zu beachten, das auch das Designgesetz – ebenso wie das Patent- und Gebrauchsmustergesetz (vgl. §§ 3 Abs. IV PatG, 3 Abs. 1 S. 3 GebrMG) - eine **Neuheitsschonfrist** vorsieht, nach der bestimmte Vorveröffentlichungshandlungen ausnahmsweise unberücksichtigt bleiben. So bleiben Offenbarungen des Entwerfers, seines Rechtsnachfolgers oder eines Dritten als Folge von Informationen oder Handlungen des Entwerfers oder seines Rechtsnachfolgers innerhalb einer Frist von 12 Monaten vor dem Anmeldetag bei der Beurteilung von Neuheit und Eigenart des Design unberücksichtigt (§ 6 S. 1 DesignG). Die nach alter Gesetzeslage lediglich 6-monatige Neuheitschonfrist wurde im reformierten Geschmacksmustergesetz 2004 auf **12 Monate** verlängert. Die Neuheitsschonfrist hat den **Zweck**, den Entwerfer in die Lage zu versetzen, zunächst den Markterfolg seiner Designs – etwa durch Vorführungen oder Beschreibungen – abzuschätzen, um im Sinne der Kostenersparnis nachfolgende Anmeldungen auf voraussichtlich marktgängige Designs beschränken zu können. Die Regelung kommt damit im Übrigen auch kleinen und mittleren Unternehmen zugute, die die rechtlichen Folgen von Vorveröffentlichungen oft nicht überblicken.[26] Von der Neuheitsschonfrist erfasst werden jedoch nicht nur Vorveröffentlichungen im Sinne von § 6 S. 1 DesignG, die durch den Entwerfer selbst erfolgen oder auf einen befugten Informationserwerb von diesem zurückzuführen sind. Nach dem Gesetz bleibt ferner unberücksichtigt, wenn das Design

---

24 EuG v. 13.11.2012- T-83/11, T-84/11 „Antrax", BeckRS 2012, 82406.
25 Eichmann/v. Falckenstein, GeschmMG, § 2 Rdn. 30 ff.; ferner Amtl. Begr. zu § 2 Abs. 3 S. 2, S. 79.
26 Eichmann/v. Falckenstein, GeschmMG, § 6 Rdn. 2.

als Folge einer **missbräuchlichen Handlung** gegen den Entwerfer oder seinen Rechtsnachfolger veröffentlicht wurde (§ 6 S. 2 DesignG). In Betracht kommt insoweit z.B. die Offenbarung eines dem Entwerfer entwendeten oder von einem Arbeitnehmer veruntreuten bisher noch nicht veröffentlichten Designs.[27]

III. Schutzausschluss

So wie die übrigen Sondergesetze im Bereich des gewerblichen Rechtsschutzes (vgl. §§ 2 PatG, 2 GebrMG, 3 Abs. 2, 8 MarkenG) enthält auch das Designgesetz im unmittelbaren Anschluss an die Normierung der Schutzvoraussetzungen einen **Ausschlusstatbestand**. Konkret handelt es sich um einen Regelungskatalog, aus dem sich ergibt, welche Erscheinungsmerkmale von Erzeugnissen und welche Designs von einem Schutz ausgeschlossen sind (vgl. § 3 DesignG).

1. Technische Bedingtheit

Vom Designschutz ausgeschlossen sind danach zunächst Erscheinungsmerkmale von Erzeugnissen, die ausschließlich durch deren **technische Funktion** bedingt sind (§ 3 Abs. 1 Nr. 1 DesignG). Der Designschutz setzt zwar, wie bereits aus den Ausführungen unter II. 2. b) hervorgeht, nicht voraus, dass ein Design ausschließlich ästhetische Merkmale aufweist. Andererseits ist die Grenze des Designschutzes dort erreicht, wo die Gestaltung eines Erzeugnisses ausschließlich durch die technische Funktion bedingt ist und seine **technische Bedingtheit** keinen Spielraum mehr für die Verwirklichung frei gewählter Erscheinungsmerkmale belässt (z.B. bejaht für die Form des Scherkopfes eines Rasierapparates, die Rippen von Zitruspressen – anders z.B. Profil von Fahrzeugreifen). Der **Zweck** der Regelung liegt auf der Hand: Technische Innovationen, für die nur bei Vorliegen der Voraussetzungen des Patent- und Gebrauchsmusterrechts ein Ausschließlichkeitsrecht in Betracht kommt, sollen nicht durch die Gewährung eines Designrechtes auf ausschließlich technisch bedingte Gestaltungen behindert werden.[28]

2. Verbindungselemente

Ausgenommen vom Designschutz sind darüber hinaus Erscheinungsmerkmale von Erzeugnissen, die zwangsläufig in ihrer genauen Form und ihren genauen Abmessungen nachgebildet werden müssen, damit diese mit einem anderen Erzeugnis verbunden werden können (§ 3 Abs. 1 Nr. 2 DesignG – sog. **must-fit-Klausel**). Durch diesen Ausschluss von Verbindungselementen (sog. **must-fit-Teile**) soll nach der Intention des Gesetzgebers eine weitgehende **Interoperabilität** von Erzeugnissen sichergestellt werden, die typischerweise mit anderen Erzeugnissen verbunden werden.[29] Hierzu zählen beispielsweise Anschlussteile, Steckerlitzen, Befestigungsanschlüsse und dergleichen.[30] Eine bedeutsame **Rückausnahme** von dem Grundsatz, dass ein Designschutz an Verbindungselementen nach § 3 Abs. 1 Nr. 2 DesignG ausgeschlossen ist, ergibt sich jedoch aus § 3 Abs. 2 DesignG. Danach sind derartige Erscheinungsmerkmale vom Designschutz nicht ausgeschlossen, d.h. schutzfähig, wenn sie dem Zweck dienen, den

---

[27] Amtl. Begr. zu § 6 S. 2, S. 85.
[28] Eichmann/v. Falckenstein, GeschmMG, § 3 Rdn. 3 ff.; Amtl. Begründung zu § 3 Abs. 1 Nr. 1, S. 80.
[29] Amtl. Begr. zu § 3 Abs. 1 Nr. 2, S. 81.
[30] Bulling, Das neue Geschmacksmustergesetz mit Anmerkungen zum Gemeinschaftsgeschmacksmuster, Mitt. 2004, 254, 256.

Zusammenschluss oder die Verbindung einer Vielzahl von untereinander austauschbaren Teilen innerhalb eines Bauteilsystems zu ermöglichen. Die Bestimmung ist danach auf **Bauteilssysteme** („modulare Systeme") bezogen, d.h. auf Erzeugnisse, bei denen der Zusammenbau einzelner Teile gerade wesentliches Element des Erzeugnisses ist (sog. **Lego-Klausel**).[31] Nicht vom Ausschlusstatbestand des § 3 Abs. 1 Nr. 2 DesignG erfasst sind nach dem ausdrücklichen Hinweis des Gesetzgebers die sog. **must-match-Teile**, die zur Herstellung eines Erscheinungsbildes eines komplexen Erzeugnisses in einer bestimmten Form gefertigt werden müssen, bei denen aber die Gesamtgestaltung nicht zwangsläufig vorgegeben ist. Nicht vom Designschutz ausgeschlossen seien daher z.B. die **sichtbaren Einzelteile einer KFZ-Karosserie**, auch wenn deren Abmessungen in bestimmter Hinsicht vorgegeben sind, damit die Einzelteile in der Karosserie Verwendung finden können (z.B. Abmessungen eines Scheinwerfers oder einer Tür).[32]

3. Sonstige Ausschlusstatbestände

Ferner sind vom Schutz ausgeschlossen Designs, die gegen die **öffentliche Ordnung** oder gegen die **guten Sitten** verstoßen (§ 3 Abs. 1 Nr. 3 DesignG). Die Regelung hat den **Zweck** zu verhindern, dass das DPMA gezwungen ist, solche unzulässigen Designs im Register einzutragen, gesetzlichen Schutz durch hoheitliche Bekanntmachung gegenüber der Öffentlichkeit zu verlautbaren (§ 20 DesignG), Eintragungsurkunden solchen Inhalts auszugeben und über dies dem Inhaber die Möglichkeit zu geben, sich staatlicher Anerkennung zu rühmen.[33] Wegen eines Verstoßes gegen die öffentliche Ordnung schutzunfähig sind z.B. Designs von grob verunglimpfender, politisch oder religiös diskriminierender oder volksverhetzender Wirkung. Schutzunfähigkeit wegen eines Verstoßes gegen die guten Sitten kommt z.B. bei pornografischen, das Scham- und Sittlichkeitsgefühl unerträglich verletzenden Designs in Betracht.[34] Ausgeschlossen vom Designschutz sind schließlich Designs, die eine missbräuchliche Benutzung eines der in Art. 6ter der PVÜ aufgeführten **Zeichen** oder von sonstigen Abzeichen, Emblemen und **Wappen von öffentlichem Interesse** darstellen (§ 3 Abs. 1 Nr. 4 DesignG). Die Bestimmung zielt darauf ab, Zeichen, die im öffentlichen Interesse benötigt und verwendet werden – wie staatliche Hoheitszeichen, insbesondere Wappen, Flaggen, amtliche Prüf- und Gewährzeichen (vgl. Art. 6ter der PVÜ) – von einer Monopolisierung zugunsten Privater durch einen Designschutz auszuschließen. Dementsprechend hat das Bundespatentgericht entschieden, dass ein angemeldetes Design, das nahezu ausschließlich aus der Abbildung einer 100 Euro-Banknote besteht, wegen missbräuchlicher Benutzung eines Hoheitszeichens bzw. sonstigen Zeichens von öffentlichem Interesse vom Designschutz ausgeschlossen ist (§ 3 Abs. 1 Nr. 4 DesignG).[35] Die **Eintragungshindernisse** nach § 3 Abs. 1 Nr. 3 und 4 DesignG sind vom DPMA von Amts wegen zu prüfen, d.h. entsprechende Anmeldungen weist das DPMA zurück (§ 18 DesignG).

---

31 Amtl. Begr. zu § 3 Abs. 2, S. 81.
32 Amtl. Begr. zu § 3 Abs. 1 Nr. 2, S. 81; Berlit, Das neue Geschmacksmusterrecht, GRUR 2004, 635, 637.
33 Eichmann/v. Falckenstein, GeschmMG, § 3 Rdn. 17.
34 Eichmann/v. Falckenstein, GeschmMG, § 3 Rdn. 18 f.
35 BPatG vom 21.8.2012 – 10 W (pat) 701/09, BeckRS 2012, 22881 „Folienbeutelaufdrucke".

IV. Exkurs: Ersatzteilproblematik

Die Ersatzteilproblematik, d.h. die Frage, ob, unter welchen Voraussetzungen und in welchem Umfang Designschutz auch für **Ersatzteile** in Betracht kommt, ist von erheblicher wirtschaftlicher Bedeutung, insbesondere für den KFZ-Ersatzteilmarkt, auf dem sich neben den Automobilherstellern bekanntlich auch freie Ersatzteilhersteller etabliert haben.[36] Das Volumen des gesamten EU-Marktes (vor Erweiterung = „EU 15") für KFZ-Ersatzteile wird auf 42 bis 45 Mrd. EUR jährlich geschätzt, wobei der Anteil der Fahrzeughersteller am Ersatzteilmarkt Schätzungen zufolge 50–55 % beträgt, während die verbleibenden 45–50 % auf den sog. unabhängigen Anschlussmarkt entfallen. Das Marktvolumen des Ersatzteilmarktes, der designfähige Fahrzeugteile betrifft (z.B. Stoßstangen, Kotflügel, Motorhauben, Beleuchtung), wird auf ca. 25 % des gesamten Anschlussmarktes, mithin auf ca. 9–11 Mrd. EUR jährlich veranschlagt.[37] Aber nicht nur für die Teileindustrie, auch für die Sachversicherer ist die Frage, ob der Ersatzteilmarkt vermittels des Designschutzes durch den Hersteller der Ausgangsware monopolisierbar ist, von besonderem wirtschaftlichem Interesse.[38]

1. Ausgangspunkt: Terminologie

Wie bereits erörtert (s.o. § 2 I.), ist für die Frage der Designfähigkeit der **Erzeugnisbegriff** von entscheidender Bedeutung. Dieser erfasst nach der gesetzlichen Begriffsbestimmung auch **Einzelteile**, die zu einem komplexen Erzeugnis zusammengebaut werden sollen (§ 1 Nr. 2 DesignG). Ein **komplexes Erzeugnis** ist seinerseits definiert als ein Erzeugnis aus mehreren **Bauelementen**, die sich ersetzen lassen, so dass das Erzeugnis auseinander- und wieder zusammengebaut werden kann (§ 1 Nr. 3 DesignG). Ein Auto ist mithin – anders als ein „individuelles Erzeugnis" (z.B. eine Vase) – in der Terminologie des Designrechts ein „komplexes Erzeugnis", da es aus einer Vielzahl von ersetzbaren „Bauelementen" besteht. Aus der vorgenannten Definition des Erzeugnisses (§ 1 Nr. 2 DesignG) folgt wiederum, dass die Bauelemente eines komplexen Erzeugnisses (z.B. der Türrahmen) als „Einzelteile" grundsätzlich designfähig sind.[39] Handelt es sich um zu Reparaturzwecken hergestellte oder verwendete Einzelteile, so werden diese als „**Ersatzteile**" bezeichnet.[40]

2. Ausschluss sog. must-fit-Teile

Ist die Designfähigkeit von Einzelteilen damit im Grundsatz zu bejahen, ist gleichwohl – namentlich bei KFZ-Ersatzteilen – zu berücksichtigen, dass **Verbindungselemente** (sog. **must-fit-Teile**), wie gesehen (s. zuvor III. 2.), im Interesse der Interoperabilität vom Designschutz ausgeschlossen sind. Entsprechend der Zielrichtung der diesem Ausschlusstatbestand zugrunde liegenden gemeinschaftsrechtlichen Gesetzgebung liegt die hauptsächliche Bedeutung dieser Regelung gerade bei Ersatzteilen für Kraftfahrzeuge. So sollen danach z.B. die Abmessungen der Verbindungsmuffen eines Auspuffrohrs

---

36 Amtl. Begr. zu § 67, S. 157.
37 Vgl. Mitteilung der Kommission v. 14.9.2004, MEMO/04/215, „Vorschlag der Kommission für mehr Wettbewerb auf dem Kfz-Ersatzteilmarkt – Häufig gestellte Fragen".
38 Beyerlein, Zur Neuregelung des deutschen Geschmacksmusterrechts unter besonderer Berücksichtigung europäischer Harmonisierungsbestrebungen, WRP 2004, 676.
39 Eichmann/v. Falckenstein, GeschmMG, § 1 Rdn. 21.
40 Vgl. Amtl. Begr. zu § 67, S. 157.

vom Schutz ausgeschlossen sein, weil sie durch die Abmessungen auf der Unterseite des Kraftfahrzeugs vorgegeben sind.[41] Der Ausschluss erstreckt sich, wie gleichfalls bereits erörtert (s. zuvor III. 2.), jedoch nicht auf solche Ersatzteile, die zwar zur Herstellung des Erscheinungsbildes eines komplexen Erzeugnisses in einer bestimmten Form gefertigt werden müssen, bei denen es sich jedoch – wie etwa bei den stilistischen Formelementen der Motorhaube, der Scheinwerfer oder Stoßstange – nicht um Verbindungselemente handelt, so dass ihre Gestaltung nicht zwangsläufig vorgegeben ist (sog. **must-match-Teile**).[42] Die Designfähigkeit der sog. must-match-Teile ist daher im Grundsatz zu bejahen.

3. Schutzbeschränkung auf sichtbare Bauelemente

Auch soweit die Gestaltung eines Ersatzteiles nicht von einem gesetzlichen Ausschlussgrund erfasst ist, bleibt jedoch als weitere gesetzliche „Hürde" zu beachten, dass der Gesetzgeber den Designschutz für „**Bauelemente komplexer Erzeugnisse**" an besondere Bedingungen geknüpft hat. So gilt ein Design, das bei einem Erzeugnis, das Bauelement eines komplexen Erzeugnisses ist, benutzt oder in dieses eingefügt wird, nur dann als neu und hat nur dann Eigenart, wenn das Bauelement, das in ein komplexes Erzeugnis eingefügt ist, bei dessen bestimmungsgemäßer Verwendung **sichtbar** bleibt und diese **sichtbaren Merkmale** des Bauelements selbst die Voraussetzungen der Neuheit und Eigenart erfüllen (§ 4 DesignG). Für die Designfähigkeit von Bauelementen komplexer Erzeugnisse wird der grundsätzlich eröffnete **Teileschutz** damit also wieder **eingeschränkt**. Gemeinschaftsrechtlicher Hintergrund der Regelung ist, dass jeder Streit über die Schutzfähigkeit von innenliegenden KFZ-Bauteilen (z.B. Kupplung, Motorteilen) ausgeschlossen und der Schutz für KFZ-Ersatzteile durch den Ausschluss nicht sichtbarer Teile auf ein Minimum beschränkt werden sollte.[43] Bei bestimmungsgemäßer Verwendung gelten nicht sichtbare Gestaltungsmerkmale nach der gesetzlichen Fiktion als nicht neu und eigenartig und sind daher vom Schutz ausgeschlossen. Demgegenüber wird **sichtbaren KFZ-Bauteilen**, soweit die sichtbaren Merkmale neu und eigenartig sind, Designschutz zuerkannt.

4. Übergangsbestimmung zu Reparaturteilen

Im Zusammenhang mit der Ersatzteilfrage von Bedeutung ist schließlich, dass das Gesetz seit der Geschmacksmusterreform 2004 zu dieser Frage eine **Übergangsbestimmung** enthält. Danach können Rechte aus einem eingetragenen Design gegenüber Handlungen nicht geltend gemacht werden, die die Benutzung eines Bauelements zur Reparatur eine komplexen Erzeugnisses im Hinblick auf die Wiederherstellung von dessen ursprünglicher Erscheinungsform – also die Benutzung eines Reparaturteiles – betreffen, wenn diese Handlungen nach dem alten, d.h. dem durch das Geschmacksmusterreformgesetz 2004 abgelösten Geschmacksmustergesetz nicht verhindert werden konnten (§ 73 Abs. 1 DesignG). Mit anderen Worten: Verbietungsrechte aus einem eingetragenen Design können gegen die Benutzung eines Reparaturteiles dann nicht geltend gemacht werden, wenn dies auch nach altem Recht, d.h. der bis zum 31.5.2004

---

41 Eichmann/v. Falckenstein, GeschmMG, § 3 Rdn. 14.
42 Näheres zur Abgrenzung von must-fit und must-match-Teilen bei KFZ-Ersatzteilen vgl. Rehmann, Geschmacksmusterrecht, S. 16 ff.
43 Eichmann/v. Falckenstein, GeschmMG, § 4 Rdn. 3.

Pierson

maßgeblichen Gesetzeslage, nicht möglich gewesen wäre, insbesondere weil das fragliche Ersatzteil weder für sich allein noch im Rahmen eines Gesamterzeugnisses geeignet ist, eine ästhetische Funktion zu entfalten.[44] Im Umkehrschluss folgt daraus, dass Handlungen, gegen die bereits nach alter Rechtslage Ansprüche geltend gemacht werden konnten, folglich auch zukünftig geahndet werden können. Für Reparaturteile, die zur Herstellung des ursprünglichen Zustandes dienen, bleibt also bis auf weiteres die alte Rechtslage – der „**status quo**" – erhalten, nach der es genügt hat, dass das fragliche Ersatzteil die ihm eigene ästhetische Wirkung im Rahmen des Gesamtproduktes entfaltet.[45] Hintergrund der Übergangsbestimmung ist, dass im Rahmen der Beratungen der dem Gesetz zugrunde liegenden **Geschmacksmusterrichtlinie (GRL)** aus dem Jahre 1998 (s.o. § 2 II.) eine Einigung in der Ersatzteilfrage noch nicht erzielt werden konnte.[46] Deshalb wurde in die Richtlinie als Kompromiss eine sog. **Revisionsklausel** aufgenommen, nach der die Kommission drei Jahre nach Ablauf der Umsetzungsfrist (also bis zum 28.10.2004) einen Bericht vorzulegen hatte, in dem die Auswirkungen dieser Richtlinie auf die Industrie der Gemeinschaft, insbesondere auf die am stärksten betroffenen Industriesektoren, den Wettbewerb und das Funktionieren des Binnenmarktes analysiert werden und nach der die Kommission spätestens ein Jahr danach (also bis zum 28.10.2005) etwaige Änderungsvorschläge vorzuschlagen hatte (vgl. Art. 18 GRL). Ferner enthält die Richtlinie eine Übergangsbestimmung, nach der die Mitgliedsstaaten bis zur Annahme der von der Kommission nach Art. 18 GRL zu unterbreitenden Änderungsvorschläge ihre bestehenden einschlägigen Rechtsvorschriften zum designrechtlichen Schutz von Reparaturteilen beibehalten und allenfalls Änderungen einführen, wenn durch diese eine Liberalisierung des fraglichen Handels ermöglich wird (vgl. Art. 14 GRL – sog. **freeze plus-Lösung**). Vor diesem Hintergrund hat sich der deutsche Gesetzgeber im Rahmen der Reform des Geschmacksmustergesetzes 2004 für eine entsprechende Übergangsbestimmung entschieden, d.h. für eine Beibehaltung der alten Rechtslage bis zur Vorlage einer gesamteuropäischen Lösung. Auf eine nach der Richtlinie mögliche Liberalisierung des Marktes für sichtbare Reparaturteile hat er verzichtet.[47]

5. Vorschlag der Kommission betreffend Ersatzteilmarkt

Nach Abschluss der in Art. 18 GRL festgelegten Konsultationen und Analysen hat die EG-Kommission am 14.9.2004 zwecks gemeinschaftsweiter **Liberalisierung des Ersatzteilmarktes** einen Vorschlag zur Änderung der Geschmacksmusterrichtlinie unterbreitet.[48] Unter Binnenmarktgesichtspunkten sei die gegenwärtige Situation, so die Erwägungen der Kommission, die durch unterschiedliche, sich entgegen stehende Regelungen zum Designschutz von Ersatzteilen gekennzeichnet sei, unbefriedigend. Während nur ein Teil der Mitgliedsländer den Ersatzteilmarkt liberalisiert hätten,[49] werde in den

---

44 Zu den Kriterien der Schutzfähigkeit von Ersatzteilen nach alter Rechtslage vgl. Eichmann/v. Falckenstein, GeschmMG, 2. Auflage 1997, § 1 Rdn. 12, 17, 19, 36.
45 Bulling, Mitt. 2004, 254, 260.
46 Näheres zur Diskussion vgl. Eichmann/v. Falckenstein, GeschmMG, § 73 Rdn. 1 ff.
47 Vgl. Amtl. Begr. zu § 67, S. 157 f.
48 Vorschlag für eine Richtlinie zur Änderung der Richtlinie 98/71/EG über den rechtlichen Schutz von Mustern und Modellen v. 14.9.2004, KOM(2004) 582 endgültig.
49 9 Länder: Belgien, Ungarn, Irland, Italien, Lettland, Luxemburg, Niederlande, Spanien, UK.

meisten Mitgliedsstaaten der Designschutz nach wie vor auf Ersatzteile erstreckt.[50] Im Automobilsektor, der am stärksten von der Ersatzteilfrage betroffen sei, gebe es zwar einen Binnenmarkt für Neuwagen, aber keinen für Ersatzteile. So habe eine Untersuchung der Preise ausgewählter Ersatzteile ergeben, dass die Preise in den Mitgliedsstaaten mit Designschutz erheblich über denjenigen ohne einen solchen Schutz lägen. Zusammenfassend sei festzustellen, dass die gegenwärtige Situation mit einem gemischten Schutzregime erhebliche **Handelsverzerrungen** verursache. Der Vorschlag der Kommission betrifft nur durch Designschutzrechte geschützte Ersatzteile auf dem Ersatzteilmarkt, der auch als „**Sekundärmarkt**" oder „**Anschlussmarkt**" bezeichnet wird. Die wichtigsten betroffenen Ersatzteile sind Karosserieteile, Glas und Beleuchtung. Ausdrücklich nicht erfasst ist der Markt für neue Produkte, der sog. **Primärmarkt**. Wenn also ein Händler und/oder Teilelieferant Designschutz z.B. für einen Scheinwerfer genießt, dürfen andere Hersteller oder Zulieferer diese Scheinwerfer auch in Zukunft nicht nachahmen, um ihn in ein Neufahrzeug einzubauen. Entscheidend für diese Differenzierung ist die Erwägung der Kommission, dass der Hauptzweck des Designschutzes die Gewährung ausschließlicher Rechte am Erscheinungsbild eines Produktes sei, nicht jedoch die Schaffung eines Monopols auf das Erzeugnis an sich. Durch Designschutz auf dem Anschlussmarkt für Ersatzteile, zu dem es praktisch keine Alternative gebe, würde der Wettbewerb ausgeschlossen und der Inhaber des Designrechtes erhielte ein **de-facto-Produktmonopol**.[51] Die Kommission schlägt daher – in Übereinstimmung mit der gleichlautenden Regelung der Gemeinschaftsgeschmacksmusterverordnung (**Art. 110 Abs. 1 GGV**) – vor, in die Geschmacksmusterrichtlinie eine Regelung aufzunehmen, nach der kein Geschmacksmusterschutz für ein Muster besteht, das als Bauelement eines komplexen Erzeugnisses mit dem Ziel verwendet wird, die Reparatur dieses komplexen Erzeugnisses zu ermöglichen, um diesem wieder sein ursprüngliches Erscheinungsbild zu geben (Vorschlag Neufassung Art. 14 Abs. 1 GRL).[52] Sollte der Vorschlag der Kommission umgesetzt werden, liefe dies auf eine Festschreibung der Übergangsbestimmung nach Art. 110 GGV, d.h. einen Ausschluss der Ersatzteile vom Designschutz hinaus.[53] Der Vorschlag wurde zwar Ende 2007 vom Parlament angenommen, fand im Rat jedoch nicht die erforderliche qualifizierte Mehrheit. Angesichts der anhaltend unterschiedlichen politischen Standpunkte in der Ersatzteilfrage ist eine endgültige Regelung z. Zt. nicht absehbar.[54]

V. Formelle Schutzvoraussetzungen, Eintragungsverfahren

Da es sich beim deutschen eingetragenen Design – wie im Grundsatz bei den übrigen gewerblichen Schutzrechten auch – um ein registriertes Recht handelt, ist Voraussetzung für die Erlangung von Designschutz, dass neben den materiellen auch einige formelle Schutzvoraussetzungen erfüllt sind.

---

50 16 Länder: Österreich, Zypern, Tschechische Republik, Dänemark, Estland, Finnland, Frankreich, Deutschland, Litauen, Malta, Polen, Portugal, Slowakei, Slowenien, Schweden.
51 Zu den vorstehenden Erwägungen vgl. die Begründung des Änderungsvorschlages (s. Fußn. 43).
52 Kritisch hierzu vgl. u.a. Beyerlein in Günther/Beyerlein, § 1 Rdn. 29.
53 Ruhl, GGV, Art. 110 Rdn. 4.
54 Ruhl, GGV, Art. 110 Rdn. 4; ferner Beyerlein in Günther/Beyerlein, § 73 tdn. 4.

1. Anmeldeverfahren

So ist es, um Designschutz zu erlangen, erforderlich, das Design zur Eintragung in das Register beim DPMA anzumelden (§ 11 Abs. 1 S. 1 DesignG). Die Anmeldung kann auch über ein Patentinformationszentrum (PIZ) eingereicht werden, wenn dieses durch Bekanntmachung des BMJ zur Entgegennahme von Designanmeldungen bestimmt ist (§ 11 Abs. 1 S. 2 DesignG).[55] Die **Anmeldung** muss enthalten (vgl. § 11 Abs. 2, 3 DesignG):

- einen Antrag auf Eintragung (s. § 5 DesignV),
- Angaben, die es erlauben, die Identität des Anmelders festzustellen (s. § 6 Abs. 1 bis 3 DesignV),
- eine zur Bekanntmachung geeignete Wiedergabe des Designs (s. § 7 DesignV).

Die Angabe der Erzeugnisse, in die das Design aufgenommen oder bei denen es verwendet werden soll, ist zwar weiterhin zwingender Bestandteil der Anmeldung (§ 11 Abs. 3 DesignG), sie kann jedoch nachgeholt werden und ihr Fehlen führt – anders als bisher – (§ 16 Abs. 5 i.V.m. § 11 Abs. 2 Nr. 4 GeschmMG) – nicht mehr dazu, dass sich der Anmeldetag verschiebt, wenn die Angabe im Antrag unterbleibt.[56] **Erzeugnisangaben** sind zwingend, sie haben jedoch keine Auswirkung für den Schutzumfang. Der **Schutzgegenstand** eines eingetragenen Designs wird allein durch die Erscheinungsmerkmale bestimmt, die in der Anmeldung sichtbar wiedergegeben sind (§ 37 Abs. 1 DesignG).[57] Die Anmeldung muss den weiteren Anmeldeerfordernissen entsprechen, die in der Designverordnung bestimmt worden sind (§ 11 Abs. 4 DesignG). Gemäß § 4 Abs. 1 DesignV kann die Anmeldung schriftlich oder elektronisch eingereicht werden. Für die elektronische Einreichung ist die Zugangs- und Übertragungssoftware oder das Onlineformular zu verwenden, die jeweils über die Internetseite des DPMA zur Verfügung gestellt werden.[58] Für den schriftlichen Antrag auf Eintragung eines Designs ist das vom DPMA herausgegebene **Formblatt** zu verwenden (§ 5 Abs. 1 DesignV).[59] Die **Wiedergabe** des Designs erfolgt mit Hilfe von fotografischen oder sonstigen grafischen Darstellungen (zu den Anforderungen an die Wiedergabe im Einzelnen vgl. § 7 DesignV). Statt einer Wiedergabe des Designs kann der Anmeldung alternativ ein das Design kennzeichnender **flächenmäßiger Designabschnitt** beigefügt werden, wenn von der Möglichkeit der Aufschiebung der Bekanntmachung um 30 Monate (nach § 21 Abs. 1 S. 1 DesignG) Gebrauch gemacht wird (§ 11 Abs. 1 S. 2 DesignG; s. ferner § 8 DesignV). Zweck der Einreichung flächenmäßiger Designabschnitte ist es, alternativ zu der nicht selten unzureichenden und kostenaufwendigen bildlichen Wiedergabe die Offenbarung des Designs durch das per se aussagekräftigere Originalerzeugnis bzw. Teile davon zu erlauben. Die Regelung vermeidet überflüssigen Aufwand, der durch die Bild-

---

[55] Nachweis der für Geschmacksmusteranmeldungen zuständigen PIZ vgl. Eichmann/v. Falckenstein, GeschmMG, § 11 Rdn. 16; s. ferner Verzeichnis der PIZ nebst Zuständigkeiten auf der Seite des DPMA abrufbar unter: http://www.piznet.de/anmeldung/annahmestellen/ (letzter Abruf: 04/2014).
[56] Amtl. Begr. zu § 11, BT-Drucks. 17/13428, S. 27 f.; Rehmann, Das Geschmacksmusterrecht wird modernisiert, GRUR-Prax 2013, 215.
[57] Eichmann, Neues aus dem Geschmacksmusterrecht, GRUR-Prax 2010, 279, 280.
[58] Seit dem 12.11.2013 ist eine Online-Designanmeldung beim DPMA möglich vgl. http://www.dpma.de/design/index.html (letzter Abruf: 04/2014).
[59] Das Formblatt (Vordrucknummer R 5703/1.14) ist ebenso wie die ausführlichen Hinweise zum Ausfüllen des Formblatts im „Merkblatt für Designanmelder" (Vordrucknummer R 5704/1.14 [2]) abrufbar unter: http://www.dpma.de/design/formulare/index.html (letzter Abruf: 04/2014).

wiedergabe von Saisonartikeln verursacht wird, für die in der Regel ohnehin die kostensparende Aufschiebung der Bildbekanntmachung ohne nachfolgende Schutzerstreckung gewählt wird und trägt damit den Bedürfnissen der Praxis (insbes. der Textilindustrie) Rechnung.[60] Mehrere Designs können, wie bereits in anderem Zusammenhang erwähnt (s.o. § 37 IV.), in einer Anmeldung zusammengefasst werden (**Sammelanmeldung**), wobei diese nicht mehr als 100 Designs umfassen darf (§ 12 Abs. 1 DesignG). Das nach alter Rechtslage bestehende Erfordernis, dass bei der Sammelanmeldung die Muster derselben Warenklasse angehören mussten (sog. Klassenerfordernis nach § 12 Abs. 1 S. 2 GeschmMG), hat sich nicht als praktikabel erwiesen und wurde im Zuge des Modernisierungsgesetzes 2013 gestrichen.[61] Die **Angabe der Erzeugnisse**, in die das Design aufgenommen werden soll oder bei denen es verwendet werden soll (§ 11 Abs. 3 DesignG), richtet sich nach der amtlichen Warenliste für eingetragene Designs auf Grundlage des Abkommens von **Locarno** zur Errichtung einer **internationalen Klassifikation** von gewerblichen Mustern und Modellen (§ 9 Abs. 1 DesignV).[62] Die Klassifizierung dient dazu, das Designregister übersichtlich zu gestalten. Sie hat nur Ordnungsfunktion, jedoch keine materiell-rechtliche Bedeutung.[63] Der **Zeitrang** einer Anmeldung richtet sich grundsätzlich nach dem Eingang der Anmeldung beim DPMA. Der Anmelder hat jedoch grundsätzlich auch die Möglichkeit, die Priorität einer früheren ausländischen Anmeldung in Anspruch zu nehmen. In Betracht kommt insoweit insbesondere die Inanspruchnahme der sechsmonatigen **Unionspriorität** nach Maßgabe der PVÜ wegen einer vorangegangenen Anmeldung in einem Verbandsland (vgl. hierzu § 4 III. 1. b.). Wer die Priorität einer früheren ausländischen Anmeldung desselben Designs in Anspruch nimmt, hat vor Ablauf des 16. Monats nach dem Prioritätstag, Zeit, Land und Aktenzeichen der früheren Anmeldung anzugeben und eine Abschrift der früheren Anmeldung einzureichen (§ 14 Abs. 1 S. 1 DesignG). Auch für frühere Anmeldungen in Staaten, mit denen keinen Staatsvertrag besteht, kann der Anmelder eine entsprechende Priorität in Anspruch nehmen, wenn der fragliche Staaten einer ersten Anmeldung beim DPMA seinerseits ein vergleichbares Prioritätsrecht gewährt (vgl. § 14 Abs. 2 DesignG). Auch wenn der Anmelder ein Design auf einer in § 15 Abs. 1 Nr. 1 und 2 DesignG näher bezeichneten internationalen oder sonstigen inländischen oder ausländischen Ausstellung zur Schau gestellt hat, kann er, wenn er die Anmeldung innerhalb einer Frist von sechs Monaten seit der erstmaligen Zurschaustellung einreicht, von diesem Tag an ein Prioritätsrecht in Anspruch nehmen (**Ausstellungspriorität**). Die Ausstellungen, für die eine Ausstellungspriorität in Anspruch genommen werden kann, werden vom BMJ im Falle des § 15 Abs. 1 Nr. 1 DesignG im Bundesanzeiger bekanntgemacht und im Falle des § 15 Abs. 1 Nr. 2 DesignG im Einzelfall vom BMJ bestimmt und im Bundesanzeiger bekanntgemacht (§ 15 Abs. 2, 3 GeschmMG).[64]

---

60 Eichmann/v. Falckenstein, GeschmMG, § 11 Rdn. 55.
61 Amtl. Begr. zu § 12, BT-Drucks. 17/13428, S. 28.
62 Die Locarno-Klassifikation umfasst insgesamt 32 Hauptklassen und 219 Unterklassen mit detaillierter Beschreibung der Waren. Nähere Informationen sind auf der Seite des DPMA abrufbar unter: http://www.dpma.de/service/klassifikationen/locarnoklassifikation/index.html (letzter Abruf: 04/2014).
63 Rehmann, Geschmacksmusterrecht, S. 26 Rdn. 100.
64 Im Zuge des Gesetzes zur Modernisierung des Geschmackmustergesetzes und zur Änderung der Regelungen über die Bekanntmachungen zum Ausstellungsschutzes v. 10.10.2013 wurden die Regelungen zum sog. Ausstellungsschutz im gewerblichen Rechtsschutz einheitlich dahingehend geändert, dass die entsprechenden Bekanntmachungen nicht mehr in Bundesgesetzblatt, sondern im elektronisch geführten Bundesanzeiger erfolgen.

Die Zurschaustellung auf einer Ausstellung ist durch Einreichung einer entsprechenden Bescheinigung nachzuweisen (§ 15 Abs. 4 DesignG).

2. Eintragungsverfahren

Die für die Prüfung der Anmeldung zuständige Designstelle des DPMA prüft, ob die **formalen Voraussetzungen** für die Anmeldung als Voraussetzung für die Eintragung erfüllt sind. Im Einzelnen prüft es dabei (vgl. § 16 Abs. 1 DesignG), ob

- die Anmeldegebühren nach § 5 Abs. 1 S. 1 Patentkostengesetz[65] und
- die Voraussetzungen für die Zuerkennung des Anmeldetages nach § 11 Abs. 2 vorliegen und
- die Anmeldung den sonstigen Anmeldungserfordernissen entspricht.

Eine Sachprüfung der materiellen Wirksamkeitsvoraussetzungen, wie z.B. der Neuheit oder Eigenart des Musters erfolgt nicht (sog. **Registrierrecht**).[66] Das Vorliegen der materiellen Voraussetzungen wird nur auf Antrag im Rahmen eines Nichtigkeitsverfahrens vor dem DPMA (§§ 34 ff. DesignG) oder einer Widerklage in Verletzungs- und Schadensersatzprozessen vor den Landgerichten (§§ 52a f. DesignG) geprüft. Über die Prüfung der **Formalvorschriften** hinaus, überprüft das DPMA gemäß § 18 DesignG das Vorliegen von **Eintragungshindernissen**, nämlich die Designfähigkeit des Gegenstandes der Anmeldung (i.S.v. § 1 Nr. 1 DesignG) sowie das Vorliegen der von Amts wegen zu berücksichtigenden Ausschlussgründe nach § 3 Abs. 1 Nr. 3 und 4 DesignG (s. bereits zuvor III. 3.). Sofern die formalen Voraussetzungen erfüllt sind und keine Eintragungshindernisse entgegenstehen, erfolgt die **Eintragung** der Anmeldung in das vom DPMA geführte Register (§ 19 DesignG, § 15 DesignV) sowie die **Bekanntmachung** der Eintragung der Anmeldung mit der Wiedergabe des eingetragenen Designs im elektronischen Designblatt[67] (§ 20 DesignG). Durch die Bekanntmachung soll es Dritten ermöglicht werden, sich möglichst umfassend über den bestehenden Designschutz zu informieren. Die **Einsichtnahme** in das Register steht jedermann frei (§ 22 S. 1 DesignG).

3. Verfahrensvorschriften, Beschwerde, Rechtsbeschwerde

Im DPMA werden zur Durchführung der Verfahren in Designangelegenheiten eine oder mehrere Designstellen und Designabteilungen gebildet (§ 23 Abs. 1 S. 1 DesignG). Die **Designstellen** sind für die Entscheidungen im Verfahren nach dem Designgesetz mit Ausnahme des Nichtigkeitsverfahrens nach § 34a zuständig und mit einem rechtskundigen Mitglied besetzt, das die Befähigung zum Richteramt haben muss und zum Mitglied des DPMA berufen sein muss (§ 23 Abs. 1 DesignG). Im Nichtigkeitsverfahren nach § 34a DesignG beschließt eine der beim DPMA eingerichteten, in der Regel mit drei rechtskundigen Mitgliedern besetzten **Designabteilungen** (§ 23 Abs. 2 DesignG). Gegen die Beschlüsse des DPMA findet die **Beschwerde** an das **Bundespatentgericht** (BPatG) statt, über die der Beschwerdesenat des Bundespatentgerichts in der Besetzung mit drei rechtskundigen Mitgliedern entscheidet (§ 23 Abs. 4 DesignG). Die Beschwerde ist innerhalb eines Monats nach Zustellung schriftlich beim DPMA einzulegen (§ 23 Abs. 4 S. 3 DesignG i.V.m. § 73 Abs. 2 PatG). Das Beschwerdeverfahren er-

---

65 Eine Übersicht über „Gebühren für das Design im Überblick" (mit Beispielen) ist auf der Seite des DPMA abrufbar unter:http://www.dpma.de/design/gebuehren/index.html (letzter Abruf: 04/2014).
66 Amtl. Begr. zu § 16, S. 97.
67 Abrufbar unter https://register.dpma.de/DPMAregister/blattdownload/gsm (letzter Abruf: 04/2014).

öffnet dem DPMA die Möglichkeit, im Rahmen einer Nachprüfung des angefochtenen Verwaltungsaktes der Beschwerde abzuhelfen; wird der Beschwerde nicht abgeholfen ist sie vor Ablauf eines Monats dem Bundespatentgericht vorzulegen (§ 23 Abs. 4 S. 3 DesignG i.V.m. § 73 Abs. 3 PatG). Gegen die Beschlüsse des Bundespatentgerichts über die Beschwerde findet die **Rechtsbeschwerde** an den **Bundesgerichtshof** (BGH) statt, wenn der Beschwerdesenat die Rechtsbeschwerde zugelassen hat (§ 23 Abs. 5 DesignG). Die Rechtsbeschwerde zum BGH ist zuzulassen, wenn ein Frage von grundsätzlicher Bedeutung zu entscheiden ist oder die Fortbildung des Rechts oder die Sicherung einer einheitlichen Rechtsprechung eine Entscheidung des BGH erfordert (§§ 23 Abs. 5 S. 2 DesignG i.V.m. 100 Abs. 2 PatG). Darüber hinaus ist Rechtsbeschwerde (gem. § 23 Abs. 5 S. 2 DesignG) zulassungsfrei möglich, wenn einer der in § 100 Abs. 3 Nr. 1 – 6 PatG bezeichneten Verfahrensmängel vorliegt und gerügt wird.

§ 39 Entstehung, Dauer, Rechtsverkehr

I. Berechtigte

So wie im Bereich der technischen Schutzrechte das Recht auf das Patent (§ 6 Abs. 1 PatG) bzw. auf das Gebrauchsmuster (§ 22 Abs. 1 GebrMG) dem Erfinder zusteht, so steht das **Recht auf das eingetragene Design** dem **Entwerfer** oder seinem Rechtsnachfolger zu (§ 7 Abs. 1 S. 1 DesignG). Dieses Recht begründet einen öffentlichrechtlichen Anspruch auf Gewährung eines formalen Schutzrechts.[68] Haben mehrere Personen gemeinsam ein Design entworfen, so steht Ihnen das Recht auf das eingetragene Design gemeinschaftlich zu (§ 7 Abs. 1 S. 2 DesignG). Eine **gemeinsame Entwurfstätigkeit** findet statt, wenn jeder an einem Gestaltungskonzept Beteiligte – im Sinne eines Zusammenwirkens zu einem gemeinsamen Zweck – einen schöpferischen Beitrag zu einem einheitlichen Muster beisteuert. Rechtsfolge gemeinsamer Entwurfstätigkeit ist, dass das Design den Beteiligten als **Gesamthandsgemeinschaft** zusteht.[69] Für die in einem **Arbeitsverhältnis** geschaffenen Gestaltungen findet sich eine gesetzliche Zuordnung des Rechts auf das eingetragene Design in § 7 Abs. 2 DesignG. Danach steht das Recht an dem eingetragenen Design, wenn das Design von einem Arbeitnehmer in Ausübung seiner Aufgaben oder nach den Weisungen seines Arbeitgebers entworfen wurde, dem Arbeitgeber zu, sofern vertraglich nichts anderes vereinbart wurde. Anders als nach der urheberrechtlich geprägten, durch die Reform 2004 abgelösten alten geschmacksmusterrechtlichen Regelung (§ 2 GeschmMG a.F.) ist der Rechtserwerb des reformierten Designrechts nicht vom Entwerfer abgeleitet, sondern erfolgt **originär** in der Person des Arbeitgebers.[70] Nur der in § 7 DesignG bezeichnete Personenkreis ist im Grundsatz zur Anmeldung eines einzutragenden Designs befugt. Wird ein Design dennoch von einem **Nichtberechtigten** wirksam angemeldet und auf dessen Namen eingetragen (die formelle Berechtigung des Nichtberechtigten wird gemäß § 8 DesignG fingiert), kann der Berechtigte von diesem die Übertragung des eingetragenen Designs oder die Einwilligung in dessen Löschung verlangen (§ 9 DesignG).

---

68 Eichmann/v. Falckenstein, GeschmMG, § 7 Rdn. 3.
69 Eichmann/v. Falckenstein, GeschmMG, § 7 Rdn. 7 f.
70 Eichmann/v. Falckenstein, GeschmMG, § 7 Rdn. 15 f.

Pierson

II. Entstehung und Dauer

Anders als nach der alten, bis zur Reform 2004 gültigen Rechtslage beginnt der Schutz nicht bereits mit der Anmeldung (vgl. so § 9 Abs. 1 GeschmMG a.F.), sondern erst mit der **Eintragung** in das Register (§ 27 Abs. 1 DesignG). Der geänderte Zeitpunkt für den Schutzbeginn folgt aus der gemeinschaftsrechtlichen Konzeption des eingetragenen Designs als eigenständigem gewerblichem Schutzrecht, dessen Entstehung die Eintragung in das Register voraussetzt.[71] Die **Schutzdauer** des eingetragenen Designs beträgt **25 Jahre**, gerechnet ab dem Anmeldetag (§ 27 Abs. 2 DesignG). Soweit das Gesetz für die Berechnung der Schutzdauer also nicht auf die Eintragung, sondern auf die Anmeldung abstellt, fallen der Beginn des Schutzes und der für die Berechnung der Laufzeit maßgebliche Zeitpunkt auseinander. Das Abstellen auf die Anmeldung als maßgeblichem Zeitpunkt für die Berechnung der Schutzdauer entspricht der Rechtslage im Patent- und Gebrauchsmusterrecht (§§ 16 Abs. 1 PatG, 23 Abs. 1 GebrMG) sowie im Markenrecht (§ 47 Abs. 1 MarkenG). Während der Geschmacksmusterschutz nach alter bis zur Reform 2004 gültiger Rechtslage eine ursprüngliche Schutzdauer von fünf Jahren vorsah, die um jeweils fünf Jahre oder ein Mehrfaches auf max. 20 Jahre verlängert werden konnte (§ 9 GeschmMG a.F.), geht die geltende Regelung bereits von einem ursprünglichen Schutzzeitraum von 25 Jahren aus, der in Fünfjahresabschnitten durch Zahlung einer entsprechenden Gebühr aufrecht erhalten werden kann (§ 28 Abs. 1 DesignG).[72]

III. Eingetragenes Design als Gegenstand des Vermögens

1. Rechtsnachfolge

Der **Grundsatz der freien Übertragbarkeit** der gewerblichen Schutzrechte (vgl. u.a. §§ 15 Abs. 1 PatG, 22 Abs. 1 GebrMG, 27 Abs. 1 MarkenG) gilt auch im Designrecht. So kann das Recht an einem eingetragenen Design im Wege der Einzelrechtsnachfolge auf andere übertragen werden oder im Wege der Gesamtrechtsnachfolge (z.B. Erbschaft, § 1922 Abs. 1 BGB) auf andere übergehen (§ 29 Abs. 1 DesignG). Die **Übertragung** erfolgt nach den allgemeinen Bestimmungen des Zivilrechts. Das heißt, auch bei der Übertragung des eingetragenen Designs durch Einzelvertrag ist zwischen dem in der Regel schuldrechtlichen Verpflichtungsgeschäft als Kausalgeschäft (z.B. Rechtskauf, § 453 BGB) und der vertraglichen Verfügung über das Recht (§§ 398, 413 BGB) als Vollzugsgeschäft zu unterscheiden.[73] In Anlehnung an § 27 Abs. 2 MarkenG enthält auch das Designgesetz eine **Vermutungsregelung**, wonach ein zum Unternehmen oder zu einem Teil des Unternehmens gehöriges eingetragenes Design im Zweifel von der Übertragung des Unternehmens oder des Teils des Unternehmens, zu dem das eingetragene Design gehört, erfasst wird (§ 29 Abs. 2 DesignG). Der Regelung liegt der Grundsatz der **Unternehmensakzessorietät** zugrunde (vgl. auch § 34 Abs. 3 UrhG). Sie trägt dem Umstand Rechnung, dass gewerbliche Schutzrechte häufig eine wesentliche

---

71 Amtl. Begründung, Allgemeines, E. g), S. 72.
72 Die Aufrechterhaltungsgebühren sind gestaffelt, sie belaufen sich für das 6. bis 10. Jahr auf EUR 90, für das 11. bis 15. Jahr auf EUR 120, für das 16. bis 20. Jahr auf EUR 150, für das 21 bis 25. Jahr auf EUR 180. – Vgl. Übersicht Aufrechterhaltungsgebühren für das eingetragene Design abrufbar unter: http://www.dpma.de/design/gebuehren/index.html (letzter Abruf: 04/2014).
73 Näheres Eichmann/v. Falckenstein, GeschmMG, § 29 Rdn. 3.

Grundlage für die wirtschaftliche Tätigkeit eines Unternehmens darstellen, so dass es sach- und interessengerecht erscheint, dass sich im Zweifel der Verkauf und die Übertragung eines Unternehmensteils auch auf die zugehörigen Schutzrechte erstreckt.[74] Die Rechtsübertragung des eingetragenen Designs entfaltet unabhängig von der Eintragung des Inhaberwechsels ins Register Wirkung gegenüber jedermann. Der Übergang des Rechts kann jedoch auf Antrag des Rechtsinhabers oder des Rechtsnachfolgers in das Register eingetragen werden (sog. **Umschreibung**), wenn er dem DPMA nachgewiesen wird (§ 29 Abs. 3 DesignG). Die Regelung weicht insoweit ab von der Gemeinschaftsgeschmacksmusterverordnung, nach der der Rechtsübergang eines Gemeinschaftsgeschmacksmusters Dritten gegenüber im Grundsatz erst dann Wirkung entfaltet, wenn er in das Register eingetragen ist (Art. 33 Abs. 2 i.V.m. 28 GGV).

2. Dingliche Rechte, Zwangsvollstreckung, Insolvenzverfahren

Wie sonstige Vermögensgegenstände auch, kann das eingetragene Design Gegenstand eines sonstigen dinglichen Rechts sowie Gegenstand von Zwangsvollstreckungsmaßnahmen sein (§ 30 Abs. 1 DesignG). Als **dingliche Belastungen** kommen eine Verpfändung (§§ 1273 ff. BGB) oder ein Nießbrauch (§§ 1068 ff. BGB) in Betracht. Die **Zwangsvollstreckung** erfolgt durch Pfändung und Überweisung (§§ 857 Abs. 1, 2 i.V.m. 828 ff. ZPO). Dingliche Belastungen sowie Zwangsvollstreckungsmaßnahmen werden auf Antrag in das Register eingetragen, wenn sie dem DPMA nachgewiesen werden (§ 30 Abs. 2 DesignG). Mit der **Eintragung in das Register** ist keine unmittelbare Rechtsfolge verbunden, eine mittelbare Wirkung ergibt sich jedoch daraus, dass eine Löschung aufgrund Verzichts des Rechtsinhabers oder auf Antrag eines Dritten erst vorgenommen wird, wenn die Zustimmung der Inhaber anderer in das Register eingetragener Rechte vorgelegt wird (§ 36 Abs. 1 Nr. 2 und 3 DesignG). Auch soweit das Recht an einem eingetragenen Design durch ein **Insolvenzverfahren** erfasst wird, wird dies auf Antrag des Insolvenzverwalters oder auf Ersuchen des Insolvenzgerichts in das Register eingetragen (§ 30 Abs. 3 DesignG).

3. Lizenzen

Die Möglichkeit der Einräumung von **Lizenzen** an eingetragenen Designs ist Gegenstand einer gesonderten Regelung (vgl. § 31 DesignG), die sich im Wesentlichen an der parallelen Regelung des Markengesetzes (§ 30 MarkenG) orientiert. Danach kann das eingetragene Design Gegenstand von **ausschließlichen** und **nicht ausschließlichen** Lizenzen für das gesamte Gebiet oder einen Teil des Gebiets der Bundesrepublik Deutschland sein (§ 31 Abs. 1 DesignG).[75] Ferner ist für das **Verhältnis** zwischen **Rechtsinhaber und Lizenznehmer** ausdrücklich bestimmt, dass der Rechtsinhaber bei einem Verstoß des Lizenznehmers gegen die im einzelnen gesetzlich näher aufgezählten lizenzvertraglichen Bestimmungen („Kardinalpflichten") die Rechte aus dem eingetragenen Design gegen den Lizenznehmer geltend machen kann (§ 31 Abs. 2 DesignG), d.h. der Rechtsinhaber ist insoweit nicht auf vertragliche Ansprüche beschränkt.[76] Die entsprechenden Rechte aus dem eingetragenen Design wegen eines Verstoßes gegen Be-

---

[74] Amtl. Begr. zu 29 Abs. 2, S. 110.
[75] Praxishinweise zum Verhandeln und Gestalten von Verträgen über Designrechte vgl. Kobuss/Bretz, Kap. 5, S. 69 ff., Kap. 11, 185 ff., Anhang S. 327 ff.
[76] Amtl. Begr. zu 31 Abs. 2, S. 113.

schränkungen des Lizenzvertrages kann der Rechtsinhaber nicht nur gegen den Lizenznehmer geltend machen, sondern auch gegen – unmittelbare und mittelbare – Abnehmer des Lizenznehmers, die Erzeugnisse des Lizenznehmers zum Gegenstand von Benutzungshandlungen machen.[77] Was die **Rechtsverfolgung** von Schutzrechtsverletzungen durch Dritte angeht, ist bestimmt, dass der Lizenznehmer ein Verfahren wegen **Verletzung eines eingetragenen Designs**, soweit vertraglich nichts anderes vereinbart ist, grundsätzlich nur mit Zustimmung des Rechtsinhabers anhängig machen kann (§ 31 Abs. 3 S. 1 DesignG). Dies gilt allerdings nicht für den **Inhaber einer ausschließlichen Lizenz**, wenn der Rechtsinhaber, nachdem er dazu aufgefordert wurde, innerhalb einer angemessenen Frist nicht selbst ein Verletzungsverfahren anhängig gemacht hat (§ 31 Abs. 3 S. 2 DesignG). Schließlich sieht das Gesetz nach dem Vorbild des Patentgesetzes (vgl. § 15 Abs. 3 PatG) die Regelung eines sog. **Sukzessionsschutzes** vor. Das heißt, auch beim eingetragenen Design lässt eine Rechtsnachfolge in der Inhaberschaft (nach § 29 DesignG) oder die Erteilung weiterer Lizenzen die Beständigkeit einer vorher erteilten Lizenz unberührt (§ 31 Abs. 5 DesignG).

IV. Nichtigkeit und Löschung

1. Nichtigkeitsverfahren beim DPMA

Eine der wesentlichen Änderungen des Gesetzes zur Modernisierung des Geschmacksmusterrechts vom 10.10.2013 war – neben der Modernisierung der Terminologie – die Einführung eines beim DPMA angesiedelten Nichtigkeitsverfahrens (§§ 34 ff. DesignG). Da bei der Eintragung des Designs, wie gesehen (s.o. § 38 V. 2.), keine Prüfung der materiell-rechtlichen Voraussetzungen erfolgt, obliegt es einem möglichen Rechtssuchenden die Nichtigkeit eines eingetragenen Designs geltend zu machen. Nach alter Rechtslage musste ein Rechtssuchender mangels eines entsprechenden amtlichen Verfahrens die Feststellung der Nichtigkeit eines Geschmacksmusters im Wege eines mit nicht unerheblichen Kosten verbundenen Klageverfahrens vor den ordentlichen Gerichten durchsetzen. Mit der Einführung des beim DPMA angesiedelten Nichtigkeitsverfahrens soll dem Rechtssuchenden in Anlehnung an die Vorschriften zum Löschungsverfahren im Markenrecht und Gebrauchsmustergesetz eine kostengünstigere Möglichkeit der Feststellung der Nichtigkeit eröffnet werden.[78] Die Nichtigkeit eines eigetragenen Designs wird durch Beschluss des DPMA oder durch Urteil auf Grund Widerklage im Verletzungsverfahren (s. §§ 52a f. DesignG) festgestellt oder erklärt (§ 33 Abs. 3 DesignG). Die Voraussetzungen für die Einleitung des Nichtigkeitsverfahrens sowie die wesentlichen Grundzüge des Verfahrens sind in den §§ 34 bis 34c DesignG geregelt.[79]

2. Absolute Nichtigkeit

Ein eingetragenes Design ist **nichtig** (§ 33 Abs. 1 DesignG), wenn es an einer materiellen Voraussetzung für die Schutzgewährung fehlt oder ein Designschutz ausgeschlossen ist, nämlich

- wenn die Erscheinungsform des Erzeugnisses **kein Design** ist (i.S.v. § 1 Nr. 1 DesignG),

---

[77] Eichmann/v. Falckenstein, GeschmMG, § 31 Rdn. 21.
[78] Amtl. Begr., BT-Drucks. 17/13428, S. 21.
[79] Näheres hierzu vgl. Rehmann, Das Geschmacksmusterrecht wird modernisiert, GRUR-Prax 2013, 215 f.

- wenn das Design **nicht neu** (i.S.v. § 2 Abs. 2 DesignG) ist oder **keine Eigenart** hat (i.S.v. § 2 Abs. 3 DesignG) oder
- wenn das Design vom Designschutz nach § 3 DesignG **ausgeschlossen** ist.

Zur Stellung des Antrags auf Feststellung der Nichtigkeit nach § 33 Abs. 1 DesignG ist grundsätzlich jedermann befugt (§ 34 S. 1 DesignG). Diese sog. **Popularantragsbefugnis** ist im allgemeinen Interesse einer Löschung von Scheinrechten aus dem Register eröffnet.[80] Eine Ausnahme hiervon ergibt sich lediglich für den Nichtigkeitsgrund gemäß § 33 Abs. 1 Nr. 3 i.V.m. § 3 Abs. 1 Nr. 4 DesignG (missbräuchliche Benutzung eines der in Art. 6ter der PVÜ aufgeführtem Zeichen u.a.), der nur von demjenigen geltend gemacht werden kann, der von der Benutzung betroffen ist (§ 34 S. 3 DesignG).[81]

3. Relative Nichtigkeit

Seinem Wesen als Erscheinungsform eines Erzeugnisses entsprechend, ist es möglich, dass sich das eingetragene Design mit einigen anderen Schutzrechten überschneidet und deshalb für nichtig erklärt werden kann (Fälle sog. relativer Nichtigkeit nach § 33 Abs. 2 DesignG). So kann ein eingetragenes Design mit seinen Erscheinungsmerkmalen in den Schutzbereich eines anderen Schutzrechts eingreifen, d.h. mit diesem kollidieren. Denkbar ist eine **Kollision** mit einem **Urheberrecht** (§ 33 Abs. 2 Nr. 1 DesignG – z.B.: unerlaubte Benutzung eines urheberrechtlich geschützten Bildes oder einer Fotografie als Muster einer Tapete), mit einem **eingetragenen Design mit älterem Zeitrang** (§ 33 Abs. 2 Nr. 2 DesignG) oder mit einem **Zeichen mit Unterscheidungskraft** älteren Zeitrangs (§ 33 Abs. 2 Nr. 3 DesignG – z.B.: Stoffmuster enthält Zeichen, dass als Bildmarke geschützt ist). Das Gesetz sieht für diese Fälle vor, dass der Inhaber des betroffenen Rechts befugt ist, einen Antrag auf Feststellung der Nichtigkeit des eingetragenen Designs zu stellen (§ 34 S. 2 DesignG).

4. Löschung

Eine **Löschung** der Eintragung eines eingetragenen Designs erfolgt (vgl. § 36 Abs. 1 Nr. 1 – 5 DesignG):
- bei **Beendigung der Schutzdauer** (d.h. bei Ablauf der max. Schutzdauer von 25 Jahren, § 27 Abs. 2 DesignG, bzw. mangels weiterer Aufrechterhaltung nach 5, 10, 15, 20 Jahren, § 28 Abs. 3 DesignG);
- bei **Verzicht** auf Antrag des Rechtsinhabers (unter den in § 36 Abs. 1 Nr. 2 DesigG bestimmten Voraussetzungen);
- auf Antrag eines **Dritten** (unter den in § 36 Abs. 1 Nr. 3 DesigG bestimmten Voraussetzungen);
- bei **Einwilligung** des als Rechtsinhaber Eingetragenen in die Löschung nach § 9 DesignG bei Nichtberechtigung des als Rechtsinhaber Eingetragenen oder nach § 33 Abs. 2 S. 2 DesignG (wegen Kollision mit anderem Schutzrecht);
- auf Grund eines unanfechtbaren Beschlusses oder rechtskräftigen Urteils über die Feststellung oder Erklärung der **Nichtigkeit**.

---

80 Amtl. Begr. zu 33 Abs. 2, S. 116.
81 Hintergrund dieser Einschränkung ist eine entsprechende Vorgabe der Richtlinie 98/71/EG – Amtl. Begr. zu § 34, BT-Drucks. 17/13428, S. 31.

Eine Entscheidung über die Ablehnung der Löschung erfolgt durch Beschluss des DPMA (§ 36 Abs. 1 S. 2 DesignG), sie kann von dem Rechtssuchenden durch Einlegung eines Rechtsmittels nach § 23 Abs. 4 DesignG (Beschwerde) angegriffen werden.

§ 40 Schutzwirkungen, Rechtsverletzungen

I. Schutzwirkungen

1. Schutzgegenstand

Die im Rahmen der Reform 2004 erfolgte Stärkung des Designschutzes – seine Fortentwicklung von einem bloßen Nachahmungsschutz hin zu einem gewerblichen Schutzrecht mit Sperrwirkung (s.o. § 2 II.) – hat eine eindeutige Konkretisierung des Schutzgegenstandes erforderlich gemacht. Der **Schutzgegenstand** des Schutzrechts ist seither ausdrücklich geregelt. Danach wird Schutz für diejenigen **Merkmale der Erscheinungsform** eines eingetragenen Designs begründet, die in der Anmeldung **sichtbar wiedergegeben** sind (§ 37 Abs. 1 DesignG). Gegenstand des Schutzes ist also nicht die Originalvorlage des angemeldeten Designs, sondern jeweils das, was in der Anmeldung offenbart wurde. Vom Schutz erfasst sind also alle Erscheinungsmerkmale, die auf der der Anmeldung beigefügten Wiedergabe erkennbar sind.[82] Durch diese Regelung haben die von der Rechtspraxis auf der Grundlage des alten Rechts vor 2004 entwickelten Beurteilungskriterien eine gesetzliche Anerkennung erfahren.[83]

2. Rechte und Schutzumfang

Die Rechtsherrschaft des Rechtsinhabers eines eingetragenen Designs äußert sich in einem **Ausschließlichkeitsrecht**, das in der für Immaterialgüterrechte typischen Weise durch die Zuweisung einer ausschließlichen **positiven Benutzungsbefugnis** und eines umfassenden **negativen Verbietungsrechts** gekennzeichnet ist (vgl. § 1 II.). So gewährt das eingetragene Design dem Rechtsinhaber das ausschließliche Recht, das eingetragene Design zu benutzen und Dritten zu verbieten, es ohne seine Zustimmung zu benutzen (§ 38 Abs. 1 DesignG). Konkretisierungen des dem Rechtsinhaber danach zustehenden Verbietungsrechts und der diesem ausschließlich vorbehaltenen Benutzungshandlungen ergeben sich aus der nicht abschließenden gesetzlichen Aufzählung (vgl. 38 Abs. 1 S. 2 DesignG). Danach schließt eine **Benutzung** insbesondere ein

- die Herstellung,
- das Anbieten,
- das Inverkehrbringen,
- die Einfuhr und Ausfuhr,
- den Gebrauch eines geschützten Erzeugnisses und
- den Besitz eines Erzeugnisses zu den vorgenannten Zwecken.

Von entscheidender Bedeutung ist, dass von den Rechten aus dem eingetragenen Designrecht – anders als nach der früheren Rechtslage vor der Reform 2004 – nicht nur Nachbildungen erfasst werden, sondern jegliche Benutzungenhandlungen, d.h. unabhängig davon, ob der Dritte Kenntnis von dem bestehenden eingetragenen Design hatte

---

82 Amtl. Begr. zu 37 Abs. 1, S. 121.
83 Eichmann/v. Falckenstein, GeschmMG, § 37 Rdn. 1.

(sog. **Sperrwirkung**). Was die Frage der **Reichweite** des Designschutzes angeht, so erstreckt sich der Schutz aus einem eingetragenen Design auf jedes Design, das bei einem **informierten Benutzer** keinen anderen **Gesamteindruck** erweckt, wobei bei der Beurteilung des **Schutzumfangs** der Grad der Gestaltungsfreiheit des Entwerfers bei der Entwicklung seines Designs berücksichtigt wird (§ 38 Abs. 2 DesignG). Für die Beurteilung des Schutzumfangs ist danach also der gleiche Beurteilungsmaßstab – nämlich der bei einem informierten Benutzer erweckte Gesamteindruck – heranzuziehen, wie zur Beurteilung der erforderlichen „Eigenart" im Rahmen der Schutzvoraussetzungen (s.o. § 38 II. 2. a). Das gestalterische „Mehr", das dazu führt, dass sich das Design hinreichend von anderen eingetragenen Designs unterscheidet, ist rechtlich also in zweifacher Hinsicht bedeutsam: zum einen im Rahmen der „Eigenart" als Voraussetzung für die Entstehung des Schutzes (§ 2 Abs. 3 DesignG), zum anderen bestimmt es zugleich im Rahmen des Schutzumfangs (§ 38 Abs. 2 DesignG) die Reichweite des Schutzes. Maßstab für die Perspektive eines „**informierten Benutzers**" soll dabei ein „mit einem gewissen Maß an Kenntnissen und Designbewusstsein ausgestatteter Durchschnittsbetrachter" sein, also weder ein nicht vorgebildeter Betrachter noch andererseits ein Designexperte.[84]

3. Beschränkungen, Vorbenutzungsrecht

Das dem Rechtsinhaber des eingetragenen Designs zustehende, im Grundsatz umfassende Verbietungsrecht besteht nicht völlig schrankenlos, sondern unterliegt, wie andere gewerbliche Schutzrechte auch (vgl. §§ 11 PatG, 12 GebrMG, 6 Abs. 2 HLSchG, 10a Abs. 1 SortG), einem Katalog von **Beschränkungen**, die dem Schutz unterschiedlicher Allgemeininteressen dienen (vgl. § 40 DesignG). Bei diesen Beschränkungen handelt es sich – anders als bei § 3 DesignG (hierzu s.o. § 38 III.) – nicht um Fälle, in denen der Designschutz generell ausgeschlossen ist, sondern um Tatbestände, in denen der bestehende Schutz des eingetragenen Design an eine gesetzliche „**Schranke**" stößt, d.h. ausnahmsweise keine Wirkung entfaltet. So können die Rechte aus einem eingetragenen Design u.a. nicht geltend gemacht werden gegenüber

- Handlungen, die im **privaten Bereich** zu **nichtgewerblichen Zwecken** vorgenommen werden (§ 40 Nr. 1 DesignG);
- Handlungen zu **Versuchszwecken** (§ 40 Nr. 2 DesignG);
- Wiedergaben zum Zwecke der **Zitierung** (im Sinne von Veranschaulichung/Illustration) oder der **Lehre**, vorausgesetzt solche Wiedergaben sind mit den Gepflogenheiten des redlichen Geschäftsverkehrs vereinbar, beeinträchtigen die normale Verwertung des eingetragenen Designs nicht über Gebühr und geben die Quelle an (§ 40 Nr. 3 DesignG).

Eine weitere Beschränkung des Rechts am eingetragenen Design ergibt sich aus dem im Rahmen der Reform 2004 neu in das Gesetz aufgenommenen **Vorbenutzungsrecht**, das als Rechtsinstitut mit der nach reformiertem Recht entfalteten Sperrwirkung des eingetragenen Designs korrespondiert. Danach können Rechte aus dem eingetragenen Design (nach § 38 DesignG) gegenüber einem Dritten, der vor dem Anmeldetag im Inland ein identisches Design, das unabhängig von einem eingetragenen Design entwickelt wurde, gutgläubig in Benutzung genommen oder wirkliche und ernsthafte Anstalten

---

[84] Amtl. Begr. zu 38 Abs. 2, S. 124.

dazu getroffen hat, nicht geltend gemacht werden (§ 41 Abs. 1 S. 1 DesignG). Durch das Vorbenutzungsrecht, das sich im Bereich der technischen Schutzrechte bewährt hat (vgl. §§ 12 PatG, 13 Abs. 3 GebrMG – s.o. § 17 II.), soll ein Interessenausgleich geschaffen werden zwischen dem Bedürfnis des Rechtsinhabers an einem umfassenden Schutz und dem Nutzungsinteresse Dritter, die ein in den Schutzumfang eines eingetragenen Designs fallendes Design bereits zuvor gutgläubig verwendet haben bzw. Vorkehrungen hierzu getroffen haben.[85] Der Dritte ist bei Vorliegen der Voraussetzungen des Vorbenutzungsrechts berechtigt, das Design zu verwerten (§ 41 Abs. 1 S. 2 DesignG). Er ist jedoch nicht selbst Inhaber eines eingetragenen Designs, sondern nur eines Vorbenutzungsrechts – eine Vergabe von Lizenzen ist daher ausgeschlossen (§ 41 Abs. 1 S. 3 DesignG). Das Vorbenutzungsrecht ist nur auf einen Dritten übertragbar, wenn dieser ein Unternehmen betreibt und die Übertragung zusammen mit mindestens dem Unternehmensteil erfolgt, in dessen Rahmen die Benutzung erfolgte oder die Anstalten getroffen wurden (**Betriebsgebundenheit des Vorbenutzungsrechts**, s. § 41 Abs. 2 DesignG).[86]

II. Rechtsverletzungen

1. Beseitigung, Unterlassung, Schadenersatz

Das dem Rechtsinhaber als Ausfluss seines Ausschließlichkeitsrechts zustehende Verbietungsrecht (§ 38 Abs. 1 S. 1 DesignG) wird konkretisiert durch **zivilrechtliche Ansprüche**, die ihm gegen den unberechtigten Nutzer seines eingetragenen Designs eingeräumt werden.[87] Die wichtigsten Anspruchsgrundlagen sind in § 42 DesignG geregelt. Danach kann derjenige, der ein eingetragenes Design entgegen § 38 Abs. 1 S. 1 DesignG benutzt (Verletzer), von dem Rechtsinhaber oder einem anderen Berechtigten (Verletzten) auf **Beseitigung** der Beeinträchtigung und bei Wiederholungsgefahr auf **Unterlassung** in Anspruch genommen werden (§ 42 Abs. 1 DesignG). Hierbei kommt in der Praxis dem Unterlassungsanspruch, der auf eine Verhinderung einer fortgesetzten bzw. erneuten Verletzung des eingetragenen Designs gerichtet und bereits bei **Erstbegehungsgefahr** begründet ist (§ 42 Abs. 1 S. 2 DesignG), eine weitaus größere Bedeutung zu als dem Beseitigungsanspruch.[88] Als weiterer Anspruchsberechtigter und Verletzter kommt neben dem Rechtsinhaber der Inhaber einer **ausschließlichen Lizenz** in Betracht, nicht jedoch der Inhaber einer einfachen Lizenz, der – anders als der ausschließlichen Lizenz – kein dinglicher, sondern lediglich schuldrechtlicher Charakter zukommt. Handelt der Verletzer vorsätzlich oder fahrlässig – also schuldhaft –, ist er darüber hinaus zum **Ersatz des** aus der unberechtigten Benutzungshandlungen entstandenen **Schadens** verpflichtet (§ 42 Abs. 2 S. 1 DesignG). An Stelle des Schadensersatzes kann die Herausgabe des Gewinns, den der Verletzer durch die Benutzung des eingetragenen Designs erzielt hat, verlangt werden (§ 42 Abs. 2 S. 2 DesignG). Der Anspruch auf **Herausgabe des Verletzergewinns** ist – neben der konkreten Berechnung des Schadens durch Berechnung des **entgangenen Gewinns** (§ 252 BGB) und der im Zuge des Gesetzes zur Verbesserung der Durchsetzung von Rechten des geistigen Eigentums

---

[85] Amtl. Begründung zu 41 Abs. 1, S. 128.
[86] Eichmann/v. Falckenstein, GeschmMG, § 41 Rdn. 10.
[87] Eichmann/v. Falckenstein, GeschmMG, § 42 Rdn. 1.
[88] Rehmann, Geschmacksmusterrecht, S. 50 Rdn. 212.

(s. hierzu u. § 87 II. 2.) gesetzlich verankerten Schadensberechung im Wege der sog. **Lizenzanalogie** (§ 42 Abs. 2 S. 3 DesignG) – eine der drei Berechnungsarten, die im Bereich des Immaterialgüterrechts von der Rechtsprechung seit langem anerkannt waren.[89]

2. Flankierende Ansprüche, Erschöpfung, Verjährung

Die zuvor dargestellten zentralen zivilrechtlichen Ansprüche aus § 42 DesignG werden im Sinne eines umfassenden Schutzes und der Durchsetzung der Rechte aus dem eingetragenen Design durch eine Reihe flankierender zivilrechtlicher Ansprüche ergänzt (Einzelheiten zur Anspruchsgrundlagensystematik s.u. § 87 II. 2.). So steht dem Verletzten gegen den Verletzer auch ein Anspruch auf **Vernichtung, Rückruf** und **Überlassung** zu (§ 43 DesignG). Danach kann der Verletzte verlangen, dass alle rechtwidrig hergestellten, verbreiteten oder zur rechtswidrigen Verbreitung bestimmten Erzeugnisse, die im Besitz oder Eigentum des Verletzers stehen, **vernichtet** werden (§ 43 Abs. 1 DesignG). Auch kann der Verletzte den Verletzer auf Rückruf von rechtswidrig hergestellten, verbreiteten oder zur rechtswidrigen Verbreitung bestimmten Erzeugnissen oder auf deren endgültiges Entfernen aus den Vertriebswegen in Anspruch nehmen. Statt des Vernichtungsanspruchs nach Absatz 1 kann der Verletzte auch verlangen, dass ihm die Erzeugnisse, die im Eigentum des Verletzers stehen, gegen eine angemessene Vergütung, welche die Herstellungskosten nicht übersteigen darf, **überlassen** werden (§ 43 Abs. 3 DesignG). Die Ansprüche nach Abs. 1 bis 3 sind ausgeschlossen, wenn die Maßnahme im Einzelfall **unverhältnismäßig** ist (§ 43 Abs. 4 DesignG). Schließlich hat der Verletzte einen Anspruch auf umfassende **Auskunft** (Herkunft, Vertriebsweg, Lieferanten, Vorbesitzer, gewerbliche Abnehmer oder Auftraggeber, Mengen), der sich aus § 46 DesignG ergibt. Auch die Rechte am eingetragenen Design unterliegen der **Erschöpfung**,[90] d.h. sie erstrecken sich nicht auf Handlungen, die ein Erzeugnis betreffen, in das ein unter den Schutzumfang des Rechts am eingetragenen Design fallendes Design eingefügt oder bei dem es verwendet wird, wenn das Erzeugnis vom Rechtsinhaber oder mit seiner Zustimmung in einem Mitgliedsstaat der Europäischen Union oder ein einem anderen Vertragsstaat des Abkommens über den Europäischen Wirtschaftsraum in den Verkehr gebracht worden ist (§ 48 DesignG).[91] Hinsichtlich der **Verjährung** der in den §§ 42 bis 47 genannten Ansprüche erklärt das Gesetz die allgemeinen Verjährungsvorschriften des BGB (§§ 194 bis 218 BGB) für anwendbar (§ 49 S. 1 DesignG), entsprechend der regelmäßigen Verjährung beträgt die Verjährungsfrist mithin drei Jahre.

3. Strafvorschriften

Auch im Falle einer Verletzung des Rechts am eingetragenen Design drohen dem Verletzer – wie bei der Verletzung anderer Immaterialgüterrechte (vgl. §§ 142 PatG, 25 GebrMG, 143 MarkenG, 106 ff. UrhG) – neben zivilrechtlichen Konsequenzen **strafrechtliche Sanktionen**. So wird derjenige, der ein eingetragenes Design entgegen § 38 Abs. 1 S. 1 DesignG benutzt, obwohl der Rechtsinhaber nicht zugestimmt hat, mit Frei-

---

89 Vgl. BGH GRUR 1993, 55, 57 „Tchibo/Rolex II".
90 Zur Geltung des Grundsatzes der Erschöpfung im Patentrecht s. § 17 III., im Markenrecht s. § 49 IV., im Urheberrecht s. § 71 II. 2. b) bb).
91 Allgemein zum Erschöpfungsgrundsatz im Recht des geistigen Eigentums vgl. Ahrens/McGuire, Modellgesetzbuch, § 12 GGE, S. 55 ff.

heitsstrafe bis zu drei Jahren oder mit Geldstrafe bestraft (§ 51 Abs. 1 DesignG). Bei gewerbsmäßiger Begehung drohen eine erhöhte Freiheitsstrafe bis zu fünf Jahren oder Geldstrafe (§ 51 Abs. 2 DesignG). Bereits der **Versuch** der Tat – das unmittelbare Ansetzen zur Tat (§ 22 StGB) – ist strafbar (§ 51 Abs. 3 DesignG). Strafbar ist nur eine **vorsätzliche** Tatbegehung (§ 15 StGB), d.h. in subjektiver Hinsicht ist erforderlich, dass der Verletzer die Tatumstände kennt und die Tatbestandsverwirklichung will.

§ 41 Gemeinschaftsgeschmacksmuster

I. Einordnung

Wie bereits einleitend (s.o. Erster Abschnitt § 4 IV. 4.) dargestellt, wurde mit dem **Gemeinschaftsgeschmacksmuster** auch im Bereich des Designschutzes ein supranationales, gemeinschaftsweit gültiges Schutzrecht geschaffen. Rechtsgrundlage hierfür ist die Gemeinschaftsgeschmacksmusterverordnung (GGV) vom 12.12.2001, die am 6. März 2002 in Kraft getreten ist.[92] Was den internationalen Designschutz angeht, wurde damit das **Haager Abkommen** über die internationale Hinterlegung von Mustern und Modellen, das lediglich die vereinfachte Erlangung eines Bündels nationaler Schutzrechte ermöglicht, für den Bereich der Europäischen Union um ein einheitliches Schutzinstrument ergänzt. Durch den zwischenzeitlich erfolgten Beitritt der Europäischen Union zum Haager Abkommen wurde dieses von der WIPO verwaltete Schutzsystem mit dem von dem Harmonisierungsamt für den Binnenmarkt (HABM) in Alicante verwalteten Gemeinschaftsgeschmacksmustersystem mit Wirkung zum 01. Januar 2008 verknüpft (s. hierzu o. § 4 III. 2. b). Die Gemeinschaftsgeschmacksmusterverordnung stimmt in ihren wichtigsten materiellen Regelungen mit der bereits im Jahre 1998 verabschiedeten Geschmacksmusterrichtlinie überein und markiert den (vorläufigen) Abschluss des Harmonisierungs- und Vereinheitlichungsprozesses im Bereich des europäischen Designrechts. Auch ein Vergleich mit den Regelungen des 2004 reformierten deutschen Designschutzrechts ergibt eine weitgehende Übereinstimmung, was nicht überrascht, da diese Regelungen, wie erwähnt (§ 2 II.) ihrerseits auf einer Umsetzung der Geschmacksmusterrichtlinie mit dem Ziel einer Angleichung an das harmonisierte europäische Designrecht beruhen.

II. Duales Schutzsystem

Hervorzuhebende **Besonderheit** der Gemeinschaftsgeschmacksmusterverordnung ist, dass diese für den Designschutz ein aus zwei unterschiedlichen Schutzformen bestehendes Schutzsystem („**duales System**") eingeführt hat. Danach ist beim Gemeinschaftsgeschmackmuster zu unterscheiden zwischen dem längerfristigen, stärkeren **eingetragenen** Gemeinschaftsgeschmacksmuster und dem kurzfristigen, schwächeren **nicht eingetragenen** Gemeinschaftsgeschmacksmuster.

1. Eingetragenes Gemeinschaftsgeschmackmuster

Das **eingetragene** Geschmacksmuster kann – wie die Gemeinschaftsmarke – durch eine Anmeldung und Eintragung beim Harmonisierungsamt für den Binnenmarkt (**HABM**)

---

92 Abrufbar über die Seite des HABM unter: https://oami.europa.eu/ohimportal/de/community-design-legal-texts (letzter Abruf: 04/2014).

in Spanien/Alicante erlangt werden. Was die Schutzausgestaltung angeht, entfaltet es die gleichen Wirkungen wie ein deutsches Geschmacksmuster (vgl. Art. 19 GGV), gewährt also gleichfalls ein Ausschließlichkeitsrecht mit Sperrwirkung und einen Schutz von maximal 25 Jahren (Art. 12 GGV). Aufgrund der Eintragung bietet es darüber hinaus größere Rechtssicherheit.[93] Gemeinschaftsgeschmacksmusteranmeldungen, für die Formulare des HABM zur Verfügung stehen,[94] können auch beim DPMA zur Weiterleitung an das HABM eingereicht werden (Art. 35 GGV, § 62 DesignG).[95] Vergleicht man die Möglichkeit der Erlangung eines eingetragenen Gemeinschaftsgeschmacksmusters mit der Erlangung eines deutschen eingetragenen Designs unter dem Gesichtspunkt der „Kosten./.Schutz"-Relation, ergibt sich, dass der Musteranmelder für das nationale, lediglich in Deutschland wirksame eingetragene Design eine Anmeldegebühr i. H. v. EUR 60 (elektronische Anmeldung) bzw. EUR 70 (Papieranmeldung) bei einer Schutzdauer von zunächst 5 Jahren (mit Bekanntmachung der Wiedergabe des Designs) aufwenden muss, während er für eine Gebühr i. H. v. EUR 350,– (Eintragungsgebühr i.H.v. EUR 230 EUR plus Bekanntmachungsgebühr i.H.v. EUR 120) ein gemeinschaftsweit gültiges Schutzrecht in 28 Mitgliedsstaaten erlangt.[96] Die vergleichsweise geringeren Amtsgebühren des DPMA dürften einer der Gründe dafür sein, dass sich das nationale Designschutzrecht im „Wettbewerb" mit dem attraktiven Gemeinschaftsgeschmacksmuster offenbar weiterhin behaupten kann (zur nationalen Anmeldestatistik vgl. o. § 37 IV.).

2. Nicht eingetragenes Gemeinschaftsgeschmackmuster

Das **nicht eingetragene** Gemeinschaftsgeschmacksmuster stellte bei seiner Einführung ein **Novum** dar.[97] Sein Schutz entsteht europaweit – ohne jegliche Eintragungsformalitäten – mit der ersten öffentlichen Zugänglichmachung, wenn auch nur für einen deutlich kürzeren Zeitraum von drei Jahren (Art. 11 Abs. 1 GVV). Anerkennung und Ausgestaltung des nicht eingetragenen Gemeinschaftsgeschmacksmusters ohne Eintragungserfordernisse tragen dem Umstand Rechung, dass einige Wirtschaftszweige (z.B. Textilbereich) während kurzer Zeiträume zahlreiche Muster hervorbringen, von denen nur einige und nur für eine kurze „Lebensdauer" auf dem Markt sind.[98] Ein Geschmacksmuster gilt als der **Öffentlichkeit** innerhalb der Gemeinschaft **zugänglich gemacht**, wenn es in solcher Weise offenbart wurde, dass dies den in der Gemeinschaft tätigen Fachkreisen des betreffenden Wirtschaftszweigs im normalen Geschäftsverkehr bekannt sein konnte (Art. 11 Abs. 2 S. 1 GGV). Zum normalen Geschäftsverlauf der Fachkreise jedes Wirtschaftszweigs zählen Maßnahmen der Marktbeobachtung, um die Konkurrenzlage und neue Tendenzen bei der Entwicklung der eigenen Erzeugnisse

---

93 Bulling/Langöhrig/Hellwig, Gemeinschaftsgeschmacksmuster, S. 2 Rdn. 7.
94 Abrufbar über die Seite des HABM unter: https://oami.europa.eu/ohimportal/en/rcd-apply-now (letzter Abruf: 04/2014).
95 Näheres vgl. Informationen des DPMA zum „Gemeinschaftsgeschmacksmuster", abrufbar unter: http://www.dpma.de/design/designschutz/europaeischerundinternationalerschutz/index.html (letzter Abruf: 04/2014).
96 Vgl. Gebühren DPMA abrufbar unter http://www.dpma.de/design/gebuehren/index.html; Gebühren HABM abrufbar unter: http://oami.europa.eu/design/pdf/tfeesde.pdf (letzter Abruf jeweils: 04/2014).
97 Bulling/Langöhrig/Hellwig, Gemeinschaftsgeschmacksmuster, S. 1 Rdn. 6.
98 Eichmann/v. Falckenstein, GeschmMG, Gemeinschaftsgeschmacksmuster I. Rdn. 1 ff.

zu berücksichtigen.⁹⁹ Für die Geltendmachung eines nicht eingetragenen Gemeinschaftsgeschmacksmusters ist entscheidend, das die **erste Veröffentlichung** – Zeitpunkt und Art und Weise der öffentlichen Zugänglichmachung – des nicht eingetragenen Gemeinschaftsgeschmacksmusters umfassend **dokumentiert** ist.¹⁰⁰ Ein Geschmacksmuster, dass nicht in der Gemeinschaft öffentlich zugänglich gemacht wurde, genießt keinen Schutz als nicht eingetragenes Geschmacksmuster (Art. 110a Abs. 5 S. 2 GGV). Hervorzuheben ist, dass das nicht eingetragene Gemeinschaftsgeschmacksmuster dem Rechtsinhaber – anders als das eingetragene – **keine Sperrwirkung** entfaltet. Das heißt, ein Verbietungsrecht besteht nur dann, wenn die Benutzung eines Dritten das Ergebnis einer **Nachahmung** des geschützten Musters ist (Art. 19 Abs. 2 GGV). Die angefochtene Benutzung wird nicht als das Ergebnis einer Nachahmung eines geschützten Geschmacksmusters betrachtet, wenn sie das Ergebnis eines selbständigen Entwurfs eines Entwerfers ist, von dem berechtigterweise angenommen werden kann, dass er das von dem Inhaber offenbarte Muster nicht kannte (Art. 19 Abs. 2 S. 2 GGV). Fraglich ist, wer im Verletzungsfall die Beweislast dafür trägt, dass eine Nachahmung vorliegt. Nach Ansicht des BGH deutet „der Wortlaut der Bestimmung des Art. 19 Abs. 2 GGV, wonach der Schutz nur gewährt wird, wenn die angefochtene Benutzung das Ergebnis einer Nachahmung ist", darauf hin, „dass die Beweislast grundsätzlich den Schutzrechtsinhaber trifft." „Die Beweislast" könne „sich jedoch umkehren oder dem Inhaber des Klagemusters könnten Beweiserleichterungen zu Gute kommen, wenn wesentliche Übereinstimmungen der Muster vorliegen". Dafür spreche, „dass derartige Übereinstimmungen den Beweis des ersten Anscheins" dafür begründeten, das dem Entwerfer bei der Gestaltung des angegriffenen Musters das Klagemuster bekannt gewesen sei.¹⁰¹ Was das **Verhältnis zum deutschen Designschutzrecht** angeht, sieht dieses, wie gesehen, keinen Schutz für ein nicht eingetragenes Design vor.¹⁰² Dies ist auch nicht erforderlich, da ein erstmals in Deutschland der Öffentlichkeit zugänglich gemachtes Design Schutz als nicht eingetragenes Gemeinschaftsgeschmacksmuster genießen kann, sofern es die hierfür erforderlichen Voraussetzungen erfüllt. Bemerkenswert ist insoweit ferner, dass die Bekanntmachung eines deutschen eingetragenen Designs durch das DPMA zugunsten des Inhabers automatisch zugleich den Schutz als nicht eingetragenes Gemeinschaftsgeschmacksmuster begründet.¹⁰³

---

99 BGH GRUR 2012, 1253, 1255 „Gartenpavillon" (EuGH-Vorlage zur Frage der öffentlichen Zugänglichmachung eines nicht eingetragenen Gemeinschaftsgeschmacksmusters).
100 Bulling/Langöhrig/Hellwig, Gemeinschaftsgeschmacksmuster, S. 21 Rdn. 92.
101 BGH GRUR 2012, 1253, 1256 „Gartenpavillon".
102 Vgl. hierzu Amtl. Begründung, A. II. b), S. 62 f.
103 Bulling, Mitt. 2004, 254, 257.

Fünfter Abschnitt: Der Schutz von Kennzeichen

1. Kapitel. Allgemeines zum Kennzeichenschutz
§ 42 Gegenstand

Das erste deutsche „Gesetz über den Markenschutz" stammt vom 30.5.1874[1] und wurde zwanzig Jahre später durch das „Gesetz zum Schutz von *Waaren*bezeichnungen"[2] ersetzt. In seiner Struktur, teils auch im Wortlaut war dieses Warenzeichengesetz bis zur Einführung des neuen Markengesetzes über 100 Jahre in Kraft, wobei es wesentlichen Änderungen nur in den letzten Dekaden durch die Einführung des Benutzungszwanges (1967), die Eintragbarkeit von Dienstleistungsmarken (1979) und die Aufhebung der Bindung der Marke an den Geschäftsbetrieb (1992) unterlag.[3]

Im Rahmen der Harmonisierung der Rechtsvorschriften innerhalb der Europäischen Gemeinschaft wurde im Dezember 1988 die „Erste Richtlinie des Rates der EG Nr. 89/104 zur Angleichung der Rechtsvorschriften der Mitgliedsstaaten über die Marken"[4] verabschiedet. Sie schaffte die rechtliche Grundlage für die Reformation nicht nur des deutschen Markenrechtes.

Diese europäische **MarkenRL** setzt für die nunmehr achtundzwanzig Staaten der Europäischen Union verbindliche Standards und findet auf Individual-, Kollektiv-, Garantie- und Gewährleistungsmarken für Waren und Dienstleistungen Anwendung, die in einem Mitgliedstaat oder beim Benelux-Markenamt eingetragen oder angemeldet oder mit Wirkung für einen Mitgliedstaat international registriert worden sind (Artikel 1). Sie definiert die dem Schutz zugänglichen Zeichenformen (Artikel 2), die einem Markenschutz entgegenstehenden „absoluten" (Artikel 3) sowie „relativen" (Artikel 4) Schutzhindernisse. Erstere betreffen die Gründe der dem Markenschutz nicht zugänglichen Zeichen. Die Zweitgenannten behandeln die Kollision mit älteren Rechten. Der Schutzumfang von Marken ist im Artikel 5 geregelt. Die folgenden Artikel enthalten die wichtigsten Schutzschranken wie die lautere Benutzung (Artikel 6), die Erschöpfung (Artikel 7), die Verwirkung (Artikel 9), der Benutzungszwang (Artikel 10, 11 und 12 Abs. 1) oder die Verfallsgründe (Artikel 12 Abs. 2). Als weitere wichtige Regelung umfasst Artikel 8 die Lizenz von Markenrechten.

Das in Folge der MarkenRL neue und geltende „Gesetz über den Schutz von Marken und sonstigen Kennzeichen (**MarkenG**)"[5] vom 25. Oktober 1994 trat am 1.1.1995 in Kraft und löste damit das alte Warenzeichengesetz ab.

Die wesentlichen Änderungen gegenüber dem bis dahin geltenden Warenzeichengesetz waren zum einen die einheitliche Verwendung des Begriffs „Marke", zum anderen die Einbeziehung aller Kennzeichenrechte[6] einschließlich der geografischen Herkunftsangaben und der international registrierten Marken. Ergänzt wurden 1996 u.a. die Rege-

---

[1] RGBl. 1874, 143–146.
[2] Bl. f. PMZ 1894, 5 ff.
[3] Begründung zum Gesetzesentwurf MarkenG, Bl. f. PMZ 1994, (Sonderheft), 47.
[4] MarkenRL, ABl. EG 1989 Nr. L 40, Berichtigungen im ABl. EG 1989 Nr. L 159, 60; in: Bl. f. PMZ 1989, 189 ff.
[5] Begründung zum Gesetzesentwurf MarkenG, Bl. f. PMZ 1994 (Sonderheft) „Das neue Markengesetz".
[6] Insbesondere die bis dahin im Gesetz gegen den unlauteren Wettbewerb (UWG) geregelten Vorschriften.

lungen zur europäischen Gemeinschaftsmarke.[7] Auch das materielle Markenrecht unterlag einer Vielzahl von Änderungen vor allem aufgrund der Umsetzung der europäischen MarkenRL. Diese lassen sich wie folgt zusammenfassen:

- Zulassung aller grafisch darstellbaren und unterscheidbaren Zeichen, einschließlich dreidimensionaler oder nur aus Buchstaben und/oder Zahlen bestehende Zeichen und Hörzeichen;
- Verzicht auf das Vorhandensein eines Geschäftsbetriebes;
- Ersetzung der „Gleichartigkeit" durch „Ähnlichkeit" der Waren und/oder Dienstleistungen;
- Erweiterter Schutzumfang für bekannte Marken auch außerhalb des Ähnlichkeitsbereiches bezüglich der Waren und Dienstleistungen, sofern eine Gefahr der Rufausbeutung oder Verwässerung besteht; dies gilt entsprechend auch für geschäftliche Bezeichnungen;
- Teilbarkeit von Marken und -anmeldungen sowie deren freie (Teil-)Übertragung;
- Regelungen zur Markenlizenz;
- Einbeziehung aller Schutzschranken wie Verjährung, Verwirkung, Einrede der Löschungsreife, lautere Benutzung beschreibender Angaben sowie Benutzungszwang und Erschöpfung;
- Lockerung der Grundsätze zur Benutzung, insbesondere hinsichtlich abweichender Benutzungsformen;
- Beschränkung der Erschöpfung des Markenrechts auf den Wirtschaftsraum der Europäischen Gemeinschaft.

Wesentliche Änderung erfuhr das deutsche Markengesetz durch das Gesetz zur Bereinigung von Kostenregelungen auf dem Gebiet des geistigen Eigentums[8] vom 13.12.2001, das am 1.1.2002 in Kraft trat und das die bis dahin im MarkenG geregelten Gebührentatbestände – zum Teil mit Änderungen – in das neue Patentkostengesetz[9] integrierte. Zum 1.10.2009 wurden bekannte Marken, Benutzungsmarken und geschäftliche Bezeichnungen als Widerspruchsgründe in das MarkenG aufgenommen und die Wahl der Rechtsmittelverfahren geändert.[10] Die Markenverordnung wurde an die genannten Neuerungen im Widerspruchsverfahren aufgrund des Patentrechtsmodernisierungsgesetzes mit Wirkung vom 9.12.2010 angepasst.[11] Am 28.12.2010 traten Anpassungen des Markengesetzes in Bezug auf die §§ 115 sowie 125a und 143a aufgrund von Änderungen der Gemeinsamen Ausführungsverordnung zum MMA und PMMA sowie der europäischen Gemeinschaftsmarkenverordnung in Kraft.[12] Die ab dem 1.1.2012 geltende 10. Ausgabe der Klassifikation von Nizza enthielt eine vollständige Überarbeitung der bisher geltenden **Klassifikationsregeln**, zahlreiche neue sowie Streichungen bisheriger Begriffe und ferner zahlreiche Änderungen der Klassenzuordnung von Be-

---

7 Markenrechtsänderungsgesetz 1996 v. 19.7.1996, Bl. f. PMZ 1996, 393 ff.
8 BGBl. I, S. 3656; Bl. f. PMZ 2002, 14 ff.
9 Gesetz über die Kosten des Deutschen Patent- und Markenamtes und des Bundespatentgerichtes (PatKostG) v. 13.12.2001, Bl. f. PMZ 2002, 14 ff.
10 Gesetz zur Vereinfachung und Modernisierung des Patentrechts v. 31.7.2009, BGBl. I, S. 2521 ff.
11 Verordnung zur Änderung der Markenverordnung und der Geschmacksmusterverordnung v. 6.12.2010, BGBl. I, S. 1763 ff.
12 Gesetz zur Umsetzung der Dienstleistungsrichtlinie in der Justiz und zur Änderung weiterer Vorschriften v. 22.12.2010, BGBl. I, S. 2248 ff.

griffen.[13] Ein Jahr später folgte eine weitere Änderung der Markenverordnung, die die Frist zur Übersetzungen fremdsprachiger Markenanmeldungen auf drei Monate verlängert und der Rechtsfolge bei fehlender Übersetzung ändert. Zukünftige Änderungen der Klasseneinteilung und der alphabetischen Listen der Waren und Dienstleistungen nach der Nizza Klassifikation werden im Bundesanzeiger (www.bundesanzeiger.de) bekannt gemacht.[14]

Durch die Verordnung über den elektronischen Rechtsverkehr beim DPMA (ERVD-PMAV)[15] wurden u.a. die technischen Anforderungen an die **elektronische Anmeldung von Marken** – ohne Verwendung einer qualifizierten oder fortgeschrittenen elektronischen Signatur – mit Wirkung zum 12.11.2013 beim DPMA vereinfacht.

Der Markenrechtsvertrag (**Trademark Law Treaty**,[16] TLT) ist ein internationales am 1.8.1996 in Kraft getretenes Abkommen, dass die Vereinheitlichung der Registrierungsverfahren nationaler Eintragungsbehörden regelt und dem inzwischen 53 Staaten beigetreten sind. Verwaltet wird der TLT von der WIPO. In Deutschland ist der TLT am 16.10.2004 nach seiner Ratifizierung in Kraft getreten. Im Jahre 2006 wurde in Singapur die Weiterentwicklung des TLT, der **Singapore Treaty**,[17] beschlossen, der am 16.3.2009 in Kraft getreten und ebenfalls von der WIPO verwaltet wird. Für Deutschland ist er am 20.9.2013 in Kraft getreten.[18]

Das Gemeinschaftsmarkensystem der EU gründet sich auf eine „Grundverordnung" des Rates der Europäischen Union (Verordnung (EG) Nr. 40/94 v. 20.12.1993)[19] über die **Gemeinschaftsmarke** (GMVO) einschließlich ihrer verschiedenen nachfolgenden Änderungen sowie auf weitere ebenfalls mehrmals geänderte Verordnungen der Kommission, in denen jeweils die Durchführungsvorschriften für die GMVO (GMDVO), die an das HABM zu entrichtenden Gebühren sowie die Verfahrensordnung der Beschwerdekammern des HABM festgelegt sind. Aus Gründen der Übersichtlichkeit und Klarheit kodifizierte der Rat der Europäischen Union die genannte Verordnung (EG) Nr. 40/94. Die kodifizierte Fassung der **GMVO**,[20] die am 13. April 2009 in Kraft trat, führte keine substantiellen gesetzlichen Änderungen ein, doch änderte sich neben der Nummer der Verordnung die Nummerierung vieler Artikel.[21]

---

13 Zweite Verordnung zur Änderung der Markenverordnung v. 6.12.2011, BGBl. I, S. 2629 ff.
14 Dritte Verordnung zur Änderung der Markenverordnung und anderer Verordnungen v. 10.12.2012, BGBl. I, S. 2630 ff.
15 Verordnung über den elektronischen Rechtsverkehr beim Deutschen Patent- und Markenamt und zur Änderung weiterer Verordnungen für das Deutsche Patent- und Markenamt (ERVDPMAV) v. 1.11.2013, BGBl. I, S. 3906 ff.
16 Abrufbar unter: http://www.wipo.int/treaties/en/text.jsp?file_id=294357, letzter Abruf: 03/2014.
17 BGBl. 2012 II, S. 754, 755.
18 Bekanntmachung über das Inkrafttreten des Markenrechtsvertrages von Singapur v. 6.11.2013, Bl. f. PMZ 2014, 53.
19 ABl. EG L 11 vom 14.1.1994, S. 1 ff.; Bl. f. PMZ, 1994, 192 ff.
20 Verordnung (EG) Nr. 207/2009 des Rates v. 26.2.2009 über die Gemeinschaftsmarke, Abl. EG L 78 vom 24.3.2009, S. 1 ff.; Bl. F. PMZ, 2009, 203 ff.
21 Eine Entsprechungstabelle findet sich im Anhang II der GMVO und ist abrufbar unter https://oami.europa.eu/tunnel-web/secure/webdav/guest/document_library/contentPdfs/law_and_practice/ctm_legal_basis/ctmr_de.pdf (letzter Abruf 05/2014).

Die EU-Kommission hat im Frühjahr 2013 Vorschläge für eine Neufassung der Markenrechtsrichtlinie[22] sowie zur Änderung der Gemeinschaftsmarkenverordnung[23] vorgelegt, zu denen vielfach kritisch Stellung bezogen worden ist[24] und die noch Änderungen in den endgültigen Fassungen erfahren werden. Die Regelungen zur **Gemeinschaftsmarke** in der GMVO werden in den folgenden Kapiteln insbesondere in Kap. 2 im Vergleich zu den Regelungen des MarkenG behandelt.

§ 43 Schutzzweck und Funktion

Das MarkenG regelt umfassend die Kennzeichenrechte als Teil der gewerblichen Schutzrechte. Ursprünglich diente die Marke bzw. das Warenzeichen allein als **Herkunftshinweis für Waren bzw. Produkte eines bestimmten Betriebes**. Sie sollte sicherstellen, dass gleichartige Produkte aus Produktionsbetrieben nicht mit ähnlichen Bezeichnungen gekennzeichnet wurden. Der ursprüngliche Grundsatz der internationalen Erschöpfung wurde hiervon abgeleitet, da dem Zeicheninhaber keine Verbietungsrechte zustehen müssten, da die Produkte aus seinem Betrieb stammten.[25] Daneben haben jedoch auch weitere Funktionen einer Marke wie die Vertrauens-, Qualitäts- und **Garantiefunktion** in Bezug auf bestimmte Waren- oder Dienstleistungseigenschaften, aber auch die **Werbefunktion** eine wenn auch gegenüber der Herkunftsfunktion eher untergeordnete Stellung erlangt. In der Literatur werden auch Kommunikations- und Investitionsfunktion genannt.[26] Jedenfalls werden dem Inhaber von Marken oder von weiteren vom MarkenG erfassten Kennzeichen Ausschließlichkeitsrechte im Geltungsbereich des MarkenG eingeräumt, deren Schutzumfang so weit reicht, wie eine Verwechslung mit jüngeren Kennzeichen durch die relevanten Verkehrskreise ausgeschlossen ist. Gegenüber den übrigen gewerblichen Schutzrechten haben Marken die Eigenart, dass ihre Laufzeit nicht begrenzt ist. Werden die Marken rechtserhaltend benutzt und regelmäßig durch Zahlung einer Gebühr verlängert, stellen sie „ewige" Ausschließlichkeitsrechte dar.

§ 44 Einordnung und ergänzender Kennzeichenschutz

§ 1 MarkenG definiert den sachlichen Geltungsbereich des deutschen MarkenG und umfasst – anders als die europäische GMVO, die ausschließlich eingetragene Marken behandelt (Art. 6 GMVO) – nicht nur Marken, sondern auch geschäftliche Bezeichnungen und geografische Herkunftsangaben.

---

22 Vorschlag für eine Richtlinie des Europäischen Parlaments und des Rates zur Angleichung der Rechtsvorschriften der Mitgliedstaaten über die Marken (Neufassung) v. 27. 3. 2013, COM (2013) 162 final, 2013/0089 (COD); Vorschlag für eine Richtlinie des Europäischen Parlaments und des Rates zur Angleichung der Rechtsvorschriften der Mitgliedstaaten über die Marken (Neufassung) v. 3. 5. 2013, COM (2013) 162 final/ 2, 2013/0089 (COD).
23 Vorschlag für eine Verordnung des Europäischen Parlaments und des Rates zur Änderung der Verordnung (EG) Nr. 207/2009 des Rates über die Gemeinschaftsmarke v. 27. 3. 2013, COM (2013) 161 final, 2013/0088 (COD).
24 U.a. Sack GRUR 2013, 657 ff. „Kritische Anmerkungen zur Regelung der Markenverletzungen in den Kommissionsvorschlägen für eine Reform des europäischen Markenrechts"; Kunz-Hallstein/Loschelder GRUR 2013, 800 ff. „Stellungnahme der GRUR zum Vorschlag der EU-Kommission für eine Neufassung der Markenrechtsrichtlinie"; Fezer GRUR 2013, 1185 ff. „Der Wettbewerb der Markensysteme".
25 Ingerl/Rohnke, Markengesetz, Kommentar (2. Aufl. 2003), Einleitung Rdn. 35.
26 Völker/Elskamp WRP 2010, 64 ff.; s.a. Fezer, MarkenR, Kommentar, Einl D, Rdn. 1 – 10.

Kennzeichenschutz im Rahmen des MarkenG wird nicht nur den in das beim Deutschen Patent- und Markenamt (DPMA) geführte Register eingetragenen **Marken** gewährt, sondern auch Marken, die durch Benutzung innerhalb der beteiligten Verkehrskreise Verkehrsgeltung erworben haben (§ 4 Nr. 2 MarkenG) oder im Sinne des Art. 6bis der PVÜ[27] eine notorische Bekanntheit (§ 4 Nr. 3 MarkenG, s.u. § 48 IV 3) genießen.

Der Schutz **geschäftlicher Zeichen** wird in § 5 MarkenG geregelt und umfasst Unternehmenskennzeichen und Werktitel. Als **Unternehmenskennzeichen** werden in § 5 Abs. 2 MarkenG zum einen Kennzeichen **mit Namensfunktion** definiert, die im geschäftlichen Verkehr als Name, Firma oder als besondere Bezeichnung eines **Geschäftsbetriebes** benutzt werden, zum anderen Kennzeichen **ohne Namensfunktion** wie Geschäftsabzeichen oder sonstige zur Unterscheidung von Geschäftsbetrieben bestimmte Kennzeichen, die in den beteiligten Verkehrskreisen als Kennzeichen des Geschäftsbetriebes gelten. Generell sind Unternehmenskennzeichen an den Geschäftsbetrieb gebunden und können nur zusammen mit diesem übertragen werden. **Domainnamen** (s.u. § 63) können, wenn ihnen eine kennzeichnende Funktion zugeordnet wird, Unternehmenskennzeichen sein, wobei die Frage, ob hierfür eine Verkehrsgeltung notwendig ist, noch nicht abschließend geklärt ist.

In § 5 Abs. 3 MarkenG sind unter dem Begriff des **Werktitels** Namen oder besondere Bezeichnungen von Druckschriften wie Zeitungen, Zeitschriften, Illustrierte, Magazine oder auch Musikpartituren und Kalender sowie Ton- und Bildwerke, Bühnenwerke oder vergleichbare Werke unter Schutz gestellt. Werktitel sind werkbezogen und üben eine Namensfunktion aus. Dies gilt auch für **Untertitel**.

Die Anwendung **anderer Vorschriften** zum Schutz von markenrechtlichen Bezeichnungen und geografischen Herkunftsangaben wird gem. § 2 MarkenG nicht ausgeschlossen. In Frage kommen hierfür insbesondere Regelungen des **Geschmacksmuster-** sowie **Urheberrechtes**, deren Ausrichtung in Bezug auf ihre jeweilige Schutzfunktion eine andere ist. Ähnliches gilt auch für **handelsrechtliche Vorschriften** über die Firma (§§ 17 – 37a HGB) sowie den **namensrechtlich** einschlägigen § 12 BGB.

Als Beispiel für die sich ergänzenden Schutzrechte seien beispielsweise zwei- oder dreidimensionale Logos genannt, die neben dem Zeichenschutz gleichzeitig Formenschutz im Sinne des § 2 Abs. 1 Geschmacksmustergesetz bzw. Artikel 4 I. GGVO genießen.[28]

---

[27] Pariser Verbandsübereinkunft zum Schutze des gewerblichen Eigentums (PVÜ) vom 20.3.1883, revidiert in Stockholm am 14.7.1967, Bl. f. PMZ 1970, 293.
[28] ABL.-EG 2002 Nr. L3 in Bl. f. PMZ 2002, 152; berichtigt ABL.-EG 2002 Nr. L 179 in Bl. f. PMZ 2002, 340.

Abb. 4: Übersicht über Kennzeichenarten im MarkenG

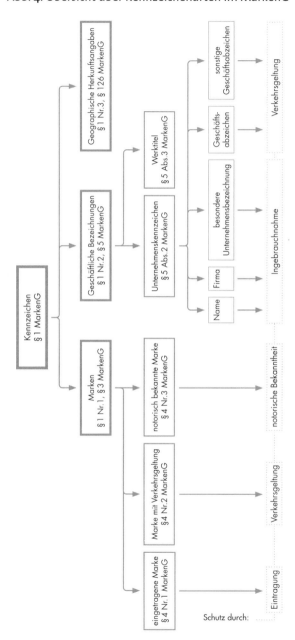

Zur umfassenden Regelung im Markengesetz sind ergänzende Bestimmungen im **Recht des unlauteren Wettbewerbes (UWG)** enthalten. Dieser vom BGH in ständiger Rechtsprechung vertretenen Auffassung steht die Meinung von Fezer[29] – die Regelungen des Markengesetzes und des UWG konkurrieren – entgegen. Nach Hacker[30] können die markenrechtlichen Regeln von denen des UWG wie folgt abgegrenzt werden: Kann ein Tatbestand unter die Regelungen des MarkenG subsumiert werden, so richtet sich die Beurteilung ausschließlich nach den Bestimmungen des MarkenG. Fällt ein Sachverhalt grundsätzlich in den Anwendungsbereich des MarkenG, obwohl er nicht oder nicht vollständig unter Regelungen des MarkenG subsumiert werden kann, so ist die Anwendung wettbewerbsrechtlicher Bestimmungen ausgeschlossen. Dem UWG zugänglich ist ein Sachverhalt, der von vornherein nicht in den Anwendungsbereich des MarkenG fällt. Allerdings sei dem Einzelfall vorbehalten – so Hacker –, ob in Bezug auf einen gesamten Tatbestand der Anwendungsbereich des MarkenG nicht berührt würde und somit die Anwendung des UWG möglich sei oder ob lediglich ein Tatbestandsmerkmal eines dem Grunde nach markenrechtlichen Tatbestandes nicht erfüllt sei und damit eine Anwendung des UWG ausgeschlossen ist. Unterschiedliche Sachverhalte liegen beispielsweise vor, wenn Anspruchsgrundlage zum einen das Markenrecht aufgrund der widerrechtlichen Verwendung einer Marke ist und zum anderen die wettbewerbsrechtlichen Vorschriften wegen der widerrechtlichen Verwendung eines konkreten Produktes (einschließlich der Marke) vorliegen.[31] Einer Anwendung des UWG steht nichts entgegen, wenn aufgrund der nicht kennzeichenmäßigen Verwendung eines Unternehmenskennzeichens oder einer Marke der Anwendungsbereich des MarkenG nicht tangiert ist. Die Regelung des § 5 II UWG (Irreführungsverbot) hat durch die UWG-Novelle vom 22.12.2008 in Umsetzung des Art. 6 II lit. A (EG) UGP-RL 2005/29 eine neue Fassung erhalten, die eine ausschließliche Anwendbarkeit des MarkenG im Einzelfall nicht mehr zulässt. Jedoch muss als weitere Voraussetzung die wettbewerbliche Relevanz erfüllt sein.[32]

2. Kapitel. Marken

§ 45 Einführung

I. Überblick

Als Generalklausel definiert § 3 MarkenG Marken als diejenigen Zeichen, die als Marke schutzfähig sind. Gemäß § 3 Abs. 1 MarkenG können als Marke alle Zeichen geschützt werden, die geeignet sind, Waren oder Dienstleistungen eines Unternehmens von denjenigen anderer Unternehmen zu unterscheiden. Als nicht abschließende Aufzählung der Zeichen, die dem Grunde nach geschützt werden können, nennt das Gesetz: Wörter einschließlich Personennamen, Abbildungen, Buchstaben, Zahlen, Hörzeichen, dreidimensionale Gestaltungen einschließlich der Form einer Ware oder ihrer Verpackung sowie sonstige Aufmachungen, zu denen Farben und Farbzusammenstellungen gezählt werden.

---

29 Fezer, MarkenR, Kommentar, § 2 Rdn. 2 ff.
30 Hacker in Ströbele/Hacker, MarkenG, Kommentar, § 2 Rdn. 5 ff.
31 BGH GRUR 2005, 163, 165 „Aluminiumräder".
32 Hacker in Ströbele/Hacker, MarkenG, Kommentar, § 2 Rdn. 15 ff.

> Eine **Marke** ist ein *Zeichen*, das *geeignet* ist,
> Waren und Dienstleistungen eines Unternehmens
> von denen eines anderen Unternehmens
> zu **unterscheiden**

II. Abgrenzung

Zu den Marken gemäß § 3 Abs. 1 MarkenG werden nicht nur die durch **Eintragung in das Markenregister** entstandenen Marken gem. § 4 Nr. 1 MarkenG gezählt, sondern auch diejenigen Zeichen, die aufgrund der Benutzung im geschäftlichen Verkehr **Verkehrsgeltung** im Sinne des § 4 Nr. 2 MarkenG erworben haben sowie die sog. **notorisch bekannten Marken** gem. § 4 Nr. 3 MarkenG i.V.m. Artikel 6 quinquies der PVÜ. Insoweit geht § 3 MarkenG über den Anwendungsbereich des Artikels 1 der MarkenRL sowie des Artikels 4 GMVO hinaus, die nur auf Marken für Waren oder Dienstleistungen, die in einem Mitgliedsstaat eingetragen oder angemeldet oder mit Wirkung für einen Mitgliedsstaat international registriert worden sind, Anwendung finden.

§ 3 Abs. 2 MarkenG definiert die Schutzschranke für **Formzeichen**. Nicht schutzfähig sind Formen, die ausschließlich durch die Art der Ware selbst bedingt sind, die zur Erreichung einer technischen Wirkung erforderlich sind oder die der Ware einen wesentlichen Wert verleihen. Eine dreidimensionale Marke, die aus dem Erscheinungsbild der Ware selbst besteht, weist nur dann Unterscheidungskraft auf, wenn die Marke erheblich von der Norm oder der Branchenüblichkeit abweicht.[33]

Gemäß Artikel 2 der MarkenRL können Marken alle Zeichen sein, die sich **grafisch darstellen** lassen, soweit solche Zeichen geeignet sind, Waren und Dienstleistungen eines Unternehmens von demjenigen anderer Unternehmen zu unterscheiden. Das absolute Eintragungshindernis der fehlenden grafischen Darstellbarkeit findet sich im deutschen MarkenG in § 8 Abs. 1 MarkenG. Daraus wird deutlich, dass ergänzend zum § 3 Abs. 2 MarkenG weitere Grenzen des Markenschutzes hinzutreten. Die grafische Darstellbarkeit ist im Übrigen notwendig, um die Identität der Marke festzustellen, da – u.a. auch wegen der Rechtssicherheit – nur eine eindeutig definierte Marke zur Unterscheidung von Waren oder Dienstleistungen geeignet sein kann.

In Bezug auf Anmeldungen zur Internationalen Registrierung richtet sich die Frage der Markenfähigkeit aufgrund des anwendbaren **Telle-quelle-Schutzes** nach dem Recht im Ursprungsland (Artikel 6^{quinquies}, Abschnitt A. Abs. 1 S. 1 i.V.m. Artikel 5 Abs. 1 S. 2 MMA/PMMA §§ 107, 113, 37 MarkenG). Diese Vorschrift besagt, dass die Marke, so wie sie in ihrem Ursprungsland angemeldet ist, auch eingetragen werden muss, es sei denn, dass die Marke gem. Artikel 6^{quinquies} Abschnitt B. Nr. 2 PVÜ jeder Unterscheidungskraft entbehrt.

In § 3 Abs. 1 MarkenG wird mit dem Merkmal der **Eignung zur Unterscheidung** die **Herkunftsfunktion** als wesentliche Funktion der Marke kodifiziert. Hierbei geht es um die **abstrakte Unterscheidungseignung** eines Zeichens, d.h. unabhängig von bestimmten Waren und Dienstleistungen, nicht jedoch um die **konkrete Unterscheidungskraft** als absolutes Schutzerfordernis, das immer im Zusammenhang mit den für das Zeichen

---

[33] EuGH GRUR 2012, 925, 927 (Rdn. 42) „Fehlende Unterscheidungskraft des Schokoladen-Goldhasen – Goldhase".

beanspruchten Waren bzw. Dienstleistungen gem. § 8 Abs. 2 Nr. 1 MarkenG in Beziehung steht. Daher kann die fehlende abstrakte Unterscheidungseignung eines Zeichens im Gegensatz zur konkreten Unterscheidungskraft nicht überwunden werden.

Gemäß § 3 Abs. 1 MarkenG sind die Zeichen unmittelbar mit **Waren oder Dienstleistungen eines Unternehmens** verbunden. Marken können also für jede wirtschaftliche Tätigkeit oder jedes Produkt eines Unternehmens gewählt werden. Allerdings ist nach wie vor umstritten, ob unbewegliche Sachen wie Immobilien aber auch immaterielle Gegenstände wie Rechte oder Wertpapiere hiervon ausgeschlossen sind.[34] Elektrische Energie jedenfalls ist seit der 9. Edition der NKA als Ware klassifiziert, so dass sie als solche geschützt werden kann.

Umstritten war auch die Frage, ob Zeichen für Dienstleistungen eines Einzelhändlers als solche markenschutzrechtsfähig sind. Hierzu hat die Entscheidung des EuGH „Praktiker"[35] Klarheit geschaffen. Der EuGH führte aus, dass der Begriff „Dienstleistungen" im Sinne der MarkenRL, insbesondere ihres Artikels 2, Dienstleistungen erfasse, die im Rahmen des Einzelhandels mit Waren erbracht werden. Für die Zwecke der Eintragung einer solchen Dienstleistungsmarke, so der EuGH, sei es nicht notwendig, die in Rede stehenden Dienstleistungen konkret zu bezeichnen. Jedoch seien mehrere Angaben in Bezug auf die Waren oder Arten von Waren notwendig, auf die sich die Dienstleistungen beziehe.

Hinsichtlich der **grafischen Darstellbarkeit** hat der EuGH festgestellt, dass ein Zeichen, das als solches nicht visuell wahrnehmbar sei, eine Marke sein könne, sofern es mit Hilfe von Figuren, Linien oder Schriftzeichen grafisch darstellbar sei und diese Darstellung klar, eindeutig, in sich abgeschlossen, leicht zugänglich, dauerhaft, verständlich und objektiv sei.[36] Demzufolge seien die Grenzen der grafischen Darstellung dann überschritten, wenn zum Beispiel die bloße Form und konturlose Zusammenstellung zweier oder mehrer Farben oder die Nennung zweier oder mehrerer Farben in jeglicher denkbaren Form beansprucht würden.[37] Ausreichend sei eine Darstellung von zwei oder mehr abstrakt oder konturlos beanspruchten Farben nur dann, wenn diese systematisch so angeordnet seien, dass die betreffenden Farben in vorher festgelegter und beständiger Weise verbunden sind.

III. Markenformen

Neben **Wort- und Bildmarken, dreidimensionalen Marken, Kennfadenmarken, Hörmarken** kommt als **sonstige Markenform** insbesondere den **Farbmarken** eine zunehmende Bedeutung zu. Farbmarken beanspruchen im Gegensatz zu farbigen Darstellungen Schutz für Farben oder Farbkombinationen, die an keine konkreten Darstellungen wie Wörter oder grafische Darstellungen gebunden sind. Somit ist Gegenstand einer Farbmarke die abstrakte Farbe als solche. Bei mehreren Farben unterteilt Kirschneck[38] **abstrakt-bestimmte Farbzusammenstellungen** von Marken, bei denen die Zusammenstellung in ihrer Erscheinungsform festgelegt ist, ohne dass eine äußere figürliche Be-

---

34 Kirschneck in Ströbele/Hacker, MarkenG, Kommentar, § 3 Rdn. 9 u. 10.
35 EuGH GRUR 2005, 764 „Praktiker".
36 EuGH GRUR 2003, 145 „Ralf Sieckmann/DPMA".
37 EuGH GRUR 2004, 858 „Heidelberger Bauchemie".
38 Kirschneck in Ströbele/Hacker, MarkenG, Kommentar, § 3 Rdn. 34 ff.

grenzung vorliegt. Beispiel für eine derartige abstrakt-bestimmte Farbzusammenstellung ist das VISA-Streifenbild.[39] Zu dieser Kategorie werden auch Farbzusammenstellungen gezählt, die in ihrer Beschreibung definieren, dass nur bestimmte Teile der unter Schutz zu stellenden Waren in bestimmten Farben ausgeführt sind.[40] Im Gegensatz dazu definiert Kirschneck eine **abstrakt-unbestimmte Farbzusammenstellung**, wenn zwei oder mehr Farben in wechselnder, von der Ware selbst unabhängiger Zusammenstellung unter Schutz gestellt werden soll. Die abstrakte Farbmarke ist ohne Zweifel ein Zeichen, dem eine abstrakte Unterscheidungseignung zukommt, allerdings muss dieses Zeichen grafisch darstellbar sein.

IV. Entstehung des Markenschutzes

Die **Entstehung des Markenschutzes** ist für deutsche Marken abschließend in § 4 MarkenG geregelt, nämlich durch die Eintragung eines Zeichens als Marke in das vom Deutschen Patent- und Markenamt geführte Register, durch die Benutzung eines Zeichens im geschäftlichen Verkehr, soweit das Zeichen innerhalb der beteiligten Verkehrskreise als Marke Verkehrsgeltung erworben hat, oder durch die notorische Bekanntheit einer Marke.[41]

1. Registermarke

Dem Wortlaut des § 4 Nr. 1 MarkenG zufolge entsteht das Verbietungsrecht erst mit Eintragung der Marke. Daher können erst ab diesem Zeitpunkt Rechte aus der Markeneintragung hergeleitet werden. Ein Entschädigungsanspruch, wie er beispielsweise für den Zeitraum zwischen der Anmeldung und der Eintragung eines Patentes geltend gemacht werden kann, gibt es im deutschen Markenrecht nicht. Ein Entschädigungsanspruch kann jedoch für europäische **Gemeinschaftsmarkenanmeldungen** verletzende Handlungen für den Zeitraum nach der Veröffentlichung der Anmeldung bis zur Veröffentlichung der Eintragung geltend gemacht werden (Art. 9 Abs. 3 GMVO).

Neben der Markenfähigkeit (gem. § 3 MarkenG) als Voraussetzung für die Eintragung dürfen auch keine absoluten oder relativen Schutzhindernisse bestehen (§§ 7 – 13 MarkenG). Das Verfahren zur Eintragung einer Marke ist in Teil 3, Abschnitt 1 (§§ 32 – 44 MarkenG) geregelt. Weitere Konkretisierungen sind der MarkenV vom 11.5.2004[42] zu entnehmen.

2. Benutzungsmarke

a) **Einordnung.** Neben der **Registrierung** einer Marke beim DPMA kann ein Markenrecht mit gleicher Wirkung auch durch die Benutzung eines Kennzeichens entstehen, sofern dieses im geschäftlichen Verkehr erfolgt und – dies ist entscheidend – innerhalb der in Frage kommenden beteiligten Verkehrskreise zumindest **Verkehrsgeltung** erworben hat. Diese gemeinhin als **Benutzungsmarken** bezeichneten, nicht eingetragenen Kennzeichen müssen jedoch zunächst markenfähig im Sinne des § 3 MarkenG sein. Da

---

[39] BPatG GRUR 1997, 285 „VISA-Streifenbild".
[40] BPatG GRUR 1998, 1016 „grün/gelb".
[41] Gem. Art. 6bis der Pariser Verbandsübereinkunft zum Schutz des gewerblichen Eigentums (PVÜ).
[42] Verordnung zur Ausführung des Markengesetzes (Markenverordnung) vom 11.5.2004, Bl. f. PMZ, 2004, 301, zuletzt geändert durch Art. 1 der Verordnung vom 10.12.2012, BGBl. I, S. 2630.

das Fehlen der grafischen Darstellbarkeit gem. § 8 Abs. 1 MarkenG kein absolutes Schutzhindernis sondern ein Eintragungshindernis ist, ist die grafische Darstellbarkeit für Benutzungsmarken keine Schutzvoraussetzung. Demzufolge kann dem Grunde nach auch Marken Schutz zukommen, die sich nicht grafisch darstellen lassen, wie beispielsweise Geruchs- oder Geräuschmarken, Geschmacks-, Tast- oder sonstige Marken. Allerdings hat derjenige, der sich auf die letztgenannten Markenformen beruft, den Nachweis des Bestehens zu führen, was äußerst schwierig sein dürfte.

Die absoluten Schutz- bzw. Eintragungshindernisse gem. § 8 Abs. 2 Nr. 1 u. 2 MarkenG, nämlich die fehlende Unterscheidungskraft einerseits und die Freihaltebedürftigkeit andererseits, sind auf Benutzungsmarken nicht anwendbar, da ein Zeichen erst – wie oben bereits ausgeführt – durch die Verkehrsgeltung bzw. -durchsetzung Markenschutz erlangt und somit per se **Unterscheidungskraft** in den maßgeblichen Verkehrskreisen genießen muss. Dabei ist der geforderte Grad der Verkehrsgeltung gerade von der von Hause aus bestehenden Unterscheidungskraft bzw. der Freihaltebedürftigkeit des Wettbewerbs an dem Zeichen abhängig. Die weiteren absoluten Schutzhindernisse des § 8 Abs. 2 Nr. 4 bis 9 MarkenG betreffen öffentliche Interessen und sind somit auf Benutzungsmarken entsprechend anzuwenden.

Voraussetzung für den Markenschutz einer Benutzungsmarke ist die markenmäßige Benutzung eines unterscheidungskräftigen Zeichens für die Waren oder Dienstleistungen eines Unternehmens, die Benutzung im geschäftlichen Verkehr und der Erwerb der Verkehrsgeltung innerhalb der beteiligten Verkehrskreise. Eine dekorative Benutzung, eine Benutzung des Produkts selbst oder als Farbaufmachung scheidet somit aus.

Die **Benutzung** muss auch im **inländischen** Geschäftsverkehr erfolgt sein, eine reine private Nutzung oder Nutzung im Ausland, d.h. außerhalb des Geltungsbereiches des Gesetzes, reicht nicht aus. Ausreichend allerdings ist die Benutzung in nur einem Teilgebiet Deutschlands, sofern in diesem Teilgebiet das Zeichen Verkehrsgeltung erworben hat.

b) **Verkehrsgeltung.** Ein Zeichen hat dann **Verkehrsgeltung** erworben, wenn ein nicht unerheblicher Teil der Verkehrskreise ein bestimmtes Zeichen für bestimmte Waren oder Dienstleistungen einem bestimmten Unternehmen zuordnet. Im Gegensatz zur Verkehrsdurchsetzung von nicht unterscheidungskräftigen oder freihaltebedürftigen Zeichen muss diese Zuordnung nicht in allen beteiligten Verkehrskreisen erfolgen; es reicht, wenn die Verkehrsgeltung in einem nicht unwesentlichen Teil der beteiligten Verkehrskreise erreicht worden ist. Allerdings gelten die Schutzhindernisse des § 8 Abs. 2 Nr. 4 bis 10 MarkenG analog auch für Zeichen mit Verkehrsgeltung.[43]

Als **beteiligte Verkehrskreise** kommen all diejenigen Teilnehmer des wirtschaftlichen Verkehrs in Frage, die sich für die in Rede stehenden Waren- und Dienstleistungen interessieren. Dies sind nicht allein die Verbraucher, sondern auch die Wiederverkäufer und Händler.[44] Für die Verkehrsgeltung ist kein definierter Prozentsatz festgelegt, da es immer auf die Umstände des Einzelfalls, insbesondere die Unterscheidungskraft, die das Zeichen von Haus aus hat, sowie die Verkehrskreise ankommt. Ein Zuordnungsgrad von 20 – 25 % wird in der Regel als ausreichend angesehen.[45] Ist jedoch das Zei-

---

43 BGH GRUR 2013, 729, 730 (Rdn. 18) „Keine Markeneintragung wegen Sittenverstoßes – READY TO FUCK".
44 BGH GRUR 1969, 681 „Kochendwassergerät".
45 Hacker in Ströbele/Hacker, MarkenG, Kommentar, § 4 Rdn. 42.

chen eher kennzeichnungsschwach und besteht darüber hinaus ein Freihaltebedürfnis der Mitbewerber, so wird ein Zuordnungsgrad von regelmäßig nicht unter 50 % gefordert.[46]

Den **Nachweis der Verkehrsgeltung** muss derjenige führen, der sich auf den Schutz einer Benutzungsmarke beruft. Dies erfolgt in der Regel durch Meinungsforschungsgutachten, die als Beweismittel anerkannt sind. In der DPMA-Richtlinie „Markenanmeldungen"[47] wird empfohlen, im Wesentlichen vier Fragen zu stellen, nämlich

- nach den **Kaufgewohnheiten** (Kaufen Sie egal wie oft, für sich oder andere… [Ware/Dienstleistung]?),
- nach der **Verwendung** (Benutzen/verwenden Sie zumindest hin und wieder … [Ware/Dienstleistung]?),
- nach der **Wahrnehmung** (Haben Sie diese Bezeichnung [in Rede stehende Marke] im Zusammenhang mit den [Waren/Dienstleistungen] schon einmal gehört oder gesehen/gelesen?),
- nach der **konkreten Zuordnung** (Ist die Bezeichnung/Form Ihrer Meinung nach bei [Marke] im Zusammenhang mit den [Waren/Dienstleistungen] ein
  - Hinweis auf ein bestimmtes Unternehmen,
  - Hinweis auf mehrere Unternehmen,
  - gar kein Hinweis auf irgendein Unternehmen, oder
  - können Sie dazu nichts sagen?)
- und ggf. nach der **konkreten Herkunft** (Wissen Sie, wie dieses Unternehmen heißt?)

Inhaber einer Benutzungsmarke ist derjenige, für den die Verkehrsgeltung erworben wurde. In der Regel ist dies der Inhaber des Unternehmens, für dessen Waren oder Dienstleistungen die Marke verwendet wird.[48]

Das Recht an der nicht im Register eingetragenen **Benutzungsmarke erlischt**, wenn deren Inhaber die Marke für die Waren bzw. Dienstleistungen nicht mehr oder nur in zu geringem Umfang verwendet. Das Recht geht auch dann verloren, wenn durch die Benutzung eines gleichen oder ähnlichen Zeichens die Marke derart verwässert wird, dass eine Zuordnung der Marke zu einem Unternehmen für den Verkehr nicht mehr gegeben ist. Entsprechend des Erwerbs von Verkehrsgeltung für benutzte Zeichen kann auch der Verlust der Verkehrsgeltung in einem bestimmten Wirtschaftsgebiet eintreten, wobei sie lokal durchaus erhalten bleiben kann. Zeichen, die zu Gattungsbezeichnungen geworden sind, sind wie bei registrierten Marken nicht mehr herkunftshinweisend und können daher keine Benutzungsmarken (mehr) sein.

3. Notorisch bekannte Marke

Markenschutz gem. § 4 Nr. 3 MarkenG kann auch durch die **notorische Bekanntheit einer Marke** im Sinne des Art. 6 bis der PVÜ erworben werden. Art. 6 bis PVÜ gewährt

---

[46] BGH GRUR 2001, 1042 „REICH UND SCHOEN"; GRUR 2008, 710 „VISAGE"; Lange, Marken- und Kennzeichenrecht, § 3 Rdn. 305 m.w.N.
[47] Richtlinie für die Prüfung von Markenanmeldungen vom 13.6.2005, 5.17 (Verkehrsdurchsetzung), Bl. f. PMZ 2005, 245.
[48] Begründung zum Gesetzesentwurf MarkenG, Bl. f. PMZ 1994 (Sonderheft), 45, 60.

jedoch nur notorisch bekannten Marken für Waren Schutz. Art. 16 Abs. 2 TRIPS[49] dehnt den Schutz gem. Art. 6 bis auch auf Dienstleistungen aus, wobei die Bekanntheit der Marke im maßgeblichen Teil des Verkehrs einschließlich der Bekanntheit der Marke in dem betroffenen Land, die aufgrund der Werbung für die Marke erreicht wurde, zu berücksichtigen ist. Für den Erwerb des Schutzes einer Marke nach § 4 Nr. 3 MarkenG reicht im Vergleich zur Benutzungsmarke eine überragende Bekanntheit aus, die auch ohne inländische Benutzung entstehen kann. Allerdings setzt § 4 Nr. 3 MarkenG das Bestehen einer Marke im Ausland nicht voraus, so dass es sich bei notorischen Marken ausschließlich um inländische Marken handeln kann, wobei diese dann gleichzeitig als Benutzungsmarken gem. § 4 Nr. 2 MarkenG Schutz genießen.[50] Notorisch bekannte Marken begründen auch ein Widerspruchsrecht gem. § 42 Abs. 2 Nr. 2 MarkenG und sind gem. § 37 MarkenG bei Amtsbekanntheit ein Eintragungshindernis für jüngere Markenanmeldungen.

Wie auch bei der Benutzungsmarke steht der Markenschutz der **notorisch bekannten Marken** demjenigen zu, dem der Verkehr die notorische Bekanntheit zuordnet. Die notorische Bekanntheit erfordert eine allgemeine Bekanntheit in allen angesprochenen Verkehrskreisen, d.h. bei Verbrauchern, Zwischenhändlern und Wettbewerbern, die regelmäßig über derjenigen liegt, die für die durchschnittliche Verkehrsgeltung erforderlich ist,[51] jedenfalls nicht unter 50 %.[52] Allerdings kommt es im Einzelfall immer auf die Würdigung der Gesamtumstände an, so dass sich feste Prozentvorgaben verbieten.[53]

Erwähnung sollen noch die **unverbindlichen Vorschläge der WIPO zum Schutz notorisch bekannter und berühmter Marken** [54] finden. Nach Art. 2 der WIPO-Empfehlungen sind für die Ermittlung der Notorietät sämtliche Umstände wie beispielsweise Dauer, Umfang und geografische Verbreitung der **Markennutzung** sowie die für die Marke betriebene Werbung oder Verkaufsfördermaßnahmen einschließlich der Repräsentation auf Messen und Ausstellungen zu berücksichtigen. Darüber hinaus ist auch der **Markenschutz** relevant, soweit dieser den Gebrauch oder die Bekanntheit der Marke widerspiegelt und durch die Dauer und den geografischen Umfang der **Markenregistrierungen** dokumentiert ist, sowie entsprechende Feststellungen durch Gerichte oder andere zuständige Instanzen und nicht zuletzt der mit der notorisch bekannten Marke verbundene **Wert**.

Beispiel für eine notorisch bekannte Marke ist die Kennzeichnung der Produkte eines bekannten deutschen Sportausstatters mit drei Streifen.[55]

---

49 Übereinkommen über handelsbezogene Aspekte der Rechte des geistigen Eigentums (TRIPS) vom 15.4.1994, BGBl. II, S. 1730.
50 Begründung zum Gesetzesentwurf MarkenG, Bl. f. PMZ 1994 (Sonderheft), 45, 60.
51 Ingerl/Rohnke, MarkenG, Kommentar, 2003, § 4 Rdn. 31.
52 v. Schultz in v. Schultz, MarkenR, Kommentar, § 4 Rdn. 22, m.w. Nachw.
53 EuGH GRUR Int. 2000, 73, 74 „Chevy".
54 „Gemeinsame Empfehlung betreffend die Bestimmungen über den Schutz notorisch bekannter Marken" vom 10.5.1999, s. http://www.wipo.int/about-ip/en/development_iplaw/pub833.htm, letzter Abruf: 01/2014.
55 OLG Frankfurt GRUR-RR 2003, 274, 275 „Vier-Streifen-Kennzeichnung".

§ 46 Zeitrang und Vorrang

Eines der zentralen Kriterien des Kennzeichnungsrechts ist die **Priorität**, d.h. der **Zeitrang**. Dieser gewährt demjenigen, der sich auf das prioritätsältere Recht berufen kann, Vorrang gegenüber dem prioritätsjüngeren Recht, sofern nicht aufgrund besonderer Umstände eine Ausnahme gilt. Dieser – neben dem Benutzungs- und dem Territorialprinzip sowie dem Prinzip der Verbindung von Marken mit Waren und Dienstleistungen – beherrschende Grundsatz im Kennzeichenrecht findet seine Grenzen in den Schutzschranken des MarkenG.[56] Maßgeblich für den Zeitrang und somit **Vorrang** ist bei angemeldeten und registrierten Marken der **Tag der Anmeldung** oder der Tag einer in Anspruch genommenen Priorität, sei es in Form einer früheren ausländischen Anmeldung (§ 34 MarkenG, **Ausländische Priorität**) oder einer inländischen oder ausländischen Ausstellung im Sinne des § 35 MarkenG (**Ausstellungspriorität**). Der häufigste Fall ist die Inanspruchnahme einer auf einer früheren ausländischen Anmeldung beruhenden Priorität, die sich nach den Vorschriften der Staatsverträge oder der PVÜ richtet. Dass die Vorschriften hierfür durchaus unterschiedlich ausgestaltet sind, zeigt ein Vergleich des deutschen MarkenG mit der europäischen GMVO. Während die Priorität in Deutschland davon abhängig ist, dass der **Anmeldetag** einer Marke feststeht (§ 33 i.V.m. § 32 Abs. 2 MarkenG), wobei hierfür nach deutschem Recht die Zahlung der Anmeldegebühren irrelevant ist, so ist für die Feststellung des Anmeldetages für **Gemeinschaftmarken** (Art. 26 Abs. 2 i.V.m. Art. 27 GMVO) die Entrichtung der Anmeldegebühr Voraussetzung.

§ 6 Abs. 3 MarkenG bestimmt den Zeitrang von **Benutzungsmarken** oder **notorisch – bekannten Marken**, sowie für **geschäftliche Bezeichnungen** im Sinne des § 5 MarkenG und für sonstige Rechte, wie sie nicht abschließend in § 13 MarkenG aufgeführt sind. Bei den Benutzungsmarken wie auch den notorisch bekannten Marken ist der Zeitrang der Zeitpunkt des Erwerbs des Rechts. In Bezug auf die sonstigen Rechte ergibt sich der Zeitrang aus den jeweils für diese geltenden Rechtsgrundsätzen, die im MarkenG nicht ausdrücklich geregelt sind.[57]

Rechte mit gleichem Zeitrang begründen gegen den Inhaber des jeweiligen anderen Rechts gemäß § 6 Abs. 4 MarkenG keine Ansprüche, da die Rechte **gleichrangig** sind.

§ 47 Schutzvoraussetzungen und Schutzhindernisse

I. Inhaberschaft

Inhaber von angemeldeten und eingetragenen Marken können **natürliche Personen**, juristische Personen oder Personengesellschaften sein, sofern sie im eigenen Namen Träger von Rechten und Pflichten sind. Neben den **juristischen Personen** des Privatrechts wie z.B. der rechtsfähige Verein, die Stiftung, die GmbH, die AG, die Kommanditgesellschaft auf Aktien (KGaA) und die eingetragene Genossenschaft (eG) sind auch ju-

---

[56] Teil 1, Abschnitt 4 MarkenG, insbesondere § 21 MarkenG, Verwirkung v. Ansprüchen; § 22 MarkenG, Ausschluss v. Ansprüchen bei Bestandskraft der Eintragung einer Marke mit jüngerem Zeitrang; § 23 MarkenG, Benutzung v. Namen und beschreibenden Angaben bzw. als Hinweis auf die Bestimmung einer Ware, insbesondere als Zubehör und Ersatzteil; § 24 MarkenG, Erschöpfung sowie § 25 MarkenG, der Ausschluss v. Ansprüchen aufgrund mangelnder Benutzung der Marke.
[57] Begründung zum Gesetzesentwurf MarkenG, Bl. f. PMZ 1994 (Sonderheft, 45, 62).

ristische Personen des öffentlichen Rechts wie rechtsfähige Körperschaften, Anstalten und Stiftungen des öffentlichen Rechtes markenrechtsfähig. Die Fähigkeit, Anmelder bzw. Inhaber von Markenrechten zu sein, endet bei einer GmbH nicht bereits durch ihre Auflösung, sondern besteht gerade im Hinblick auf die mit der Marke verbundenen Rechte als Liquidationsgesellschaft weiter.[58] Auch eine gelöschte GmbH kann bei reinen registerrechtlichen Vorgängen noch als partei- und prozessfähig gelten und durch ihren früheren Geschäftsführer wirksam vertreten werden, z.B. bei der registerrechtlichen Umschreibung einer bereits materiellrechtlich erfolgten Markenübertragung.[59]

Zu den **Personengesellschaften**, die nach § 7 Abs. 3 MarkenG Inhaber von Marken sein können, gehören neben den Personenhandelsgesellschaften – OHG und KG – auch die Partnerschaftsgesellschaften. Seit einigen Jahren kann auch eine Gesellschaft bürgerlichen Rechts Inhaber von Markenrechten sein, soweit sie als eine Außengesellschaft des bürgerlichen Rechtes rechts- und parteifähig ist.[60] Dieser Änderung der Rechtsprechung wurde auch durch eine Ergänzung der MarkenV Rechnung getragen, wonach bei einer BGB-Gesellschaft der Name und die Anschrift mindestens eines Gesellschafters anzugeben ist (§ 5 Abs. 1 Nr. 2 MarkenV).

Dessen ungeachtet können auch mehrere Personen, seien es juristische, natürliche oder rechtsfähige Personengesellschaften, **gemeinsam Inhaber** von Marken sein. Diese **Anmeldergemeinschaften** müssen einen gemeinsamen Vertreter, zumindest jedoch einen gemeinsamen Zustellungs- oder Empfangsberechtigten angeben (§ 1 Abs. 1 MarkenV i.V.m. §§ 13 Abs. 1, 14 DPMAV).[61] Für Ausländer gelten für die Inhaberschaft von deutschen Marken keinerlei Beschränkungen, da das deutsche MarkenG auf die Voraussetzung der Gegenseitigkeit (Inländerbehandlung) verzichtet hat.[62] Anders ist dies bei der europäischen **Gemeinschaftsmarke**,[63] deren Inhaberschaft durch Eintragung erworben wird (Art. 6 GMVO). Inhaber können gem. Art. 5 GMVO alle natürlichen oder juristischen Personen einschließlich Körperschaften des öffentlichen Rechts sein.

Im Gegensatz zum früheren Warenzeichenrecht muss der Anmelder oder Inhaber einer Marke nicht mehr Inhaber eines Geschäftsbetriebes sein. Mit Inkrafttreten des Erstreckungsgesetzes[64] am 1.5.1992 ist diese **Akzessorietät** der Marke zum Geschäftsbetrieb hinfällig geworden.

Einer Einschränkung unterliegen **Kollektivmarken**. Inhaber von angemeldeten oder eingetragenen Kollektivmarken gem. § 98 MarkenG können nur **rechtsfähige Verbände** sein, was Dach- oder Spitzenverbände einschließt. Diesen gleichgestellt sind juristische Personen des öffentlichen Rechtes.

Inhaber europäischer **Gemeinschaftskollektivmarken** können nur Verbände von Herstellern, Erzeugern, Dienstleistungserbringern oder Händlern, die nach dem für sie

---

58 BPatG BPatGE (41) 2002, 160, 162 „Ethocyn/Entoxin".
59 BPatG BPatGE (44) 2005, 113, 119 ff. „Dr. Jazz".
60 BGH MarkenR 2001, 129 „GbR-Rechtsfähigkeit"; BVerfG NJW 2002, 3533.
61 Verordnung über das Deutsche Patent- und Markenamt (DPMAV) vom 1.4.2004, Bl. f. PMZ 2004, 296.
62 Begründung zum Gesetzesentwurf MarkenG, Bl. f. PMZ 1994 (Sonderheft), 45, 63.
63 Verordnung (EG) Nr. 40/94 des Rates vom 20.12.1993 über die Gemeinschaftsmarke, ABl. EG 1994 Nr. L11 vom 14.1.1994, zuletzt geändert durch die Verordnung (EG) Nr. 422/2004 des Rates vom 19.2.2004, ABl. EU 2004 Nr. L70 vom 9.3.2004.
64 Gesetz für die Erstreckung von gewerblichen Schutzrechten v. 23.4.1992, Bl. f. PMZ 1992, 2002, zuletzt geändert durch Art. 2 Abs. 10 des Gesetzes v. 12.3.2004, Bl. f. PMZ 2004, 207.

maßgeblichen Recht die Fähigkeit haben, im eigenen Namen Träger von Rechten und Pflichten jeder Art zu sein, Verträge zu schließen oder andere Rechtshandlungen vorzunehmen und vor Gericht zu stehen sowie juristische Personen des öffentlichen Rechts sein (Art. 66, Abs. 1 GMVO).

II. Absolute Schutzhindernisse

1. Allgemeines

Als **absolute Schutzhindernisse** für die Eintragung von Marken werden diejenigen bezeichnet, die in der Natur der Marke begründet sind und von Amts wegen geprüft werden.[65] § 8 MarkenG setzt die Vorschriften der Art. 2 u. 3 der MarkenRL[66] in nationales Recht um und entspricht im Übrigen den Art. 4 u. 7 der GMVO. Die MarkenRL bezieht sich in ihrem zwölften Erwägungsgrund auf die PVÜ und konstatiert, dass es erforderlich ist, dass alle Mitgliedsstaaten der Europäischen Gemeinschaft durch die PVÜ gebunden sind und sich die Vorschriften dieser Richtlinie mit denen der PVÜ in vollständiger Übereinstimmung befinden. Hier sind insbesondere Art. 6^{quinquies}, Abschnitt B und Art. 6ter PVÜ zu nennen. Absolute Schutzhindernisse gelten im Übrigen auch für IR-Marken mit Benennung Deutschlands, bei denen die Bewilligung der Schutzerstreckung gem. den §§ 107, 113, i.V.m. § 37 MarkenG zu prüfen ist, sowie für Marken, für die der Telle-quelle-Schutz beantragt wurde. Die in Art. 3 Abs. 1 MarkenRL aufgeführten absoluten Schutzhindernisse sind voneinander unabhängig und gesondert zu prüfen,[67] auch wenn sich ihre jeweiligen Anwendungsbereiche überschneiden. Die einzelnen absoluten Eintragungshindernisse müssen nach der ständigen Rechtsprechung des EuGH im Lichte des **Allgemeininteresses** ausgelegt werden, welches ihnen zugrunde liegt.[68]

§ 8 Abs. 1 MarkenG behandelt eine wesentliche Voraussetzung der Eintragung einer Marke, nämlich deren **grafische Darstellbarkeit**. Er ergänzt insoweit die Schutzvoraussetzungen des § 3 MarkenG. Eine abschließende Auflistung von **zehn einzelnen Schutzhindernissen** enthält § 8 Abs. 2 MarkenG, wobei jede einzelne genügt, um angemeldete Marken von der Eintragung auszuschließen. § 8 Abs. 2 Nr. 1 MarkenG entspricht im Übrigen Art. 3 Abs. 1 (b) MarkenRL sowie Art. 7 Abs. 1 (b) der GMVO.

§ 8 Abs. 3 MarkenG kodifiziert den **Ausnahmetatbestand**, dass eine Markenanmeldung die Schutzhindernisse des § 8 Abs. 2 Nr. 1, 2 u. 3 MarkenG überwinden kann, sofern diese Marke aufgrund ihrer Benutzung für die von ihr beanspruchten Waren oder Dienstleistungen vor dem Zeitpunkt der Entscheidung über die Eintragung in den beteiligten Verkehrskreisen **durchgesetzt** ist. § 8 Abs. 4 MarkenG enthält Spezialvorschriften, die sich auf § 8 Abs. 2 Nr. 6, 7 u. 8 MarkenG, nämlich **Hoheitszeichen** (Nr. 6), **amtliche Prüf- oder Gewährzeichen** (Nr. 7) oder **Wappen**, **Flaggen** oder andere Kennzeichen oder Bezeichnungen internationaler zwischenstaatlicher Organisationen (Nr. 8) beziehen.

---

65 Begründung zum Gesetzesentwurf MarkenG, Bl. f. PMZ 1994 (Sonderheft), 45, 63.
66 Erste Richtlinie des Rates der EG Nr. 89/104 zur Angleichung der Rechtsvorschriften der Mitgliedsstaaten über die Marken vom 21.12.1988 ABl. EG Nr. L40 in Bl. f. PMZ 1989, 189 ff.
67 EuGH GRUR 2003, 514, 518 „Linde/Winward/Rado"; EuGH GRUR 2004, 674, 677 „Postkantoor"; EuGH GRUR 2004, 943, 944 „SAT.1/HABM (SAT.2)".
68 EuGH GRUR 1999, 723, 725 ff. „Chiemsee"; EuGH GRUR 2002, 804, 809 „Philips/Remington"; EuGH GRUR 2003, 604, 607 „Libertel".

2. Grafische Darstellbarkeit (§ 8 Abs. 1 MarkenG)

Das deutsche MarkenG definiert zwar nicht den Begriff der **grafischen Darstellbarkeit**, jedoch sind in Bezug auf Wortmarken, Bildmarken, dreidimensionale Marken, Kennfadenmarken und Hörmarken die Anforderungen in § 6 i.V.m. §§ 7, 8, 9, 10 u. 11 MarkenV aufgeführt.

Probleme bereiten **sonstige Markenformen** wie z.B. die abstrakte Farbmarke, abstrakte Farbzusammenstellungen aber auch Geruchsmarken, Geschmacks- und Tastmarken, Positionsmarken sowie Bewegungsmarken und Hologramme. Grundsätzlich dient das Erfordernis der grafischen Darstellbarkeit nicht nur der eindeutigen und klaren Definition des angemeldeten Zeichens, für das ein Ausschließlichkeitsrecht beansprucht wird, sondern durch die Veröffentlichung und das der Öffentlichkeit zugängliche Register auch einer zuverlässigen Unterrichtung der Allgemeinheit, insbesondere der beteiligten Verkehrskreise. Eine schnelle und sichere sowie eindeutige Prüfung des Registers durch interessierte Verkehrskreise dient der Rechtssicherheit. Daher ist es notwendig, das Zeichen, für das Schutz beansprucht wird, in eindeutiger und reproduzierbarer Form darzustellen. Mängel der grafischen Darstellbarkeit können gegebenenfalls durch eine eindeutige und objektive Beschreibung ausgeglichen werden.

Als grafische Darstellung einer **abstrakten Farbmarke**[69] reicht die Einreichung eines bloßen Farbmusters nicht aus. Die Anforderung an die grafische Darstellbarkeit sieht neben der Hinterlegung von Farbmustern die Angabe eines international anerkannten Farbcodes, die als genau und dauerhaft gelten, wie z.B. RAL, Pantone oder HKS vor.[70] Eine Schwierigkeit in der Zukunft könnte allerdings darin bestehen, dass auch diese Farbcodes – da sie keiner staatlicher Aufsicht unterliegen, sondern von privaten Unternehmen zur Verfügung gestellt werden – eine Veränderung erfahren könnten.

Von dem Begriff der abstrakten Farbmarke zu unterscheiden sind **farbige Darstellungen** anderer Markenformen. Farbige Bildmarken – auch farbig gestaltete Wortmarken gehören hierzu (§ 8 Abs. 1 MarkenV) – sind ohne weiteres grafisch darstellbar. Die abstrakte Farbmarke hingegen beansprucht Schutz für die Farbe an sich als Herkunftshinweis auf spezielle Waren und Dienstleistungen, ohne dass sie an eine Form, Zeichnung, Wörter oder bildliche Darstellung jeglicher Art gebunden ist.

Nach Kirschneck[71] gehören zu den abstrakten Farbmarken neben den Einzelfarben auch **Farbzusammenstellungen** bestimmter und unbestimmter Art. **Eine bestimmte Farbzusammenstellung** liege dann vor, wenn die Zusammenstellung in ihrer Erscheinungsform festgelegt sei, d.h., wenn die Grenzen zwischen zwei Farben eindeutig definiert seien oder in einer bestimmten Reihenfolge erscheinen. Als Beispiel sei hier das Streifenbild einer Kreditkarte genannt.[72] Der Schutz von **unbestimmten** form- und konturlosen **Zusammenstellungen** von zwei oder mehreren abstrakten Farben, deren Kombination jegliche denkbare Form aufweisen kann, scheitert an der notwendigen grafischen Darstellbarkeit, da nach Artikel 2 der europäischen MarkenRL die erforderlichen Merkmale der Eindeutigkeit und Beständigkeit fehlen.[73] Eine eindeutige und dau-

---

69 Als Beispiel sei die Farbe „Orange" für Mobilfunkdienstleistungen genannt; EuGH GRUR 2003, 604 „Libertel".
70 BGH GRUR 2004, 683 „Farbige Arzneimittelkapsel".
71 Kirschneck in Hacker/Ströbele, MarkenG, Kommentar, § 3 Rdn. 32.
72 BPatG GRUR 1997, 285 „Visa Streifenbild".
73 EuGH GRUR 2004, 858 „Heidelberger Bauchemie".

erhafte grafische Darstellung von mehreren abstrakt und konturlos beanspruchten Farben liegt nur dann vor, wenn sie systematisch so angeordnet ist, dass die betreffenden Farben in vorher festgelegter und beständiger Weise verbunden sind.[74]

Auch **Geruchsmarken** sind dem Grunde nach zwar eintragbar, scheitern jedoch an der Hürde der grafischen Darstellbarkeit als absolutes Schutzhindernis. Ein Zeichen, das als solches nicht visuell wahrnehmbar ist, kann nur dann eingetragen werden, wenn es insbesondere mit Hilfe von Linien oder Schriftzeichen oder mit Hilfe von Figuren grafisch dargestellt werden kann und diese Darstellung klar, eindeutig, in sich abgeschlossen, leicht zugänglich, verständlich, dauerhaft und objektiv ist. Auch eine Geruchsprobe kann dem Erfordernis der grafischen Darstellung nicht Genüge tun, da sie weder stabil noch dauerhaft ist. Selbst die Kombination von chemischer Formel, Geruchsbeschreibung und Geruchsprobe erfüllt nicht die Erfordernisse der Klarheit und Eindeutigkeit.[75] Gleiches gilt analog für **Geschmacksmarken**.

Tastmarken sind als markenfähige Zeichen eintragbar, wenn deren haptische Eindrücke sich unmittelbar objektiv und eindeutig in ausreichender Weise beschreiben und damit grafisch festlegen lassen, beispielsweise durch eine bestimmte, über den Tastsinn wahrnehmbare, aus Vertiefungen bestehende Oberflächenstruktur eines Gegenstandes, unter Angabe der Größenverhältnisse der Vertiefungen und Erhebungen sowie ihrer Anordnung zueinander.[76]

Positionsmarken sind Marken, die auf einem bestimmten Produkt in gleicher Form und Größe an der gleichen Stelle positioniert sind.[77] Für diese ist die in der MarkenV geregelte fakultative Beschreibung zwingend, da nur durch diese die erforderliche Schutzbeschränkung auf die konkrete Position vorgenommen werden kann.[78]

Weitere Markenformen sind **Bewegungsmarken** und **Hologramme**. Letztere können nur dann das in § 8 Abs. 1 MarkenG aufgestellte absolute Schutzhindernis überwinden, wenn sie sich klar und eindeutig in einer überschaubaren Zahl von Bildern mit Angabe der erforderlichen Sichtwinkel beschreiben lassen. Analog zu dreidimensionalen Marken kommt hier eine Anzahl von bis zu sechs Abbildungen in Frage (§ 9 Abs. 1 S. 2 MarkenV analog). Bei Bewegungsmarken handelt es sich um Zeichen, die einen Bewegungsablauf in zwei- oder dreidimensionaler Form abbilden. Dies kann beispielsweise durch eine Bildabfolge und einer entsprechenden Beschreibung klar und eindeutig erfolgen. Als Beispiel einer Bewegungsmarke sei die (dreidimensionale) Kopfbewegung des Löwen als Kennzeichnung für die Filmgesellschaft oder die eines Fuchses[79] genannt.

Hinsichtlich **Hörmarken** hat der EuGH klargestellt, dass die grafische Darstellung der Tonfolge der als Marke angemeldeten Melodie durch ein in Takte gewähltes Notensystem sichergestellt werden kann.[80]

---

74 Ebenda.
75 EuGH GRUR 2003, 145, 149 „Ralf Sieckmann/DPMA".
76 BGH GRUR 2007, 148, 151 (Nr. 14) „Tastmarke".
77 BPatG GRUR 1998, 390, 391 „Roter Streifen im Schuhabsatz".
78 Bingener, MarkenR 2004, 344. 380.
79 OLG Frankfurt GRUR 2000, 1063, 1065 „Spee-Fuchs".
80 EuGH GRUR 2004, 54 „Shield Mark/Kist".

3. Unterscheidungskraft (§ 8 Abs. 2 Nr. 1 MarkenG)

a) Überblick. Genauso wie § 8 Abs. 1 MarkenG soll § 8 Abs. 2 MarkenG verhindern, dass Marken ins Markenregister eingetragen werden, die die Herkunftsfunktion, die einer Marke innewohnen soll, nicht erfüllen können oder gegen die Interessen der Allgemeinheit oder des Staates bzw. der Staatengemeinschaft verstoßen. § 8 Abs. 2 Nr. 1 MarkenG stellt eines der zentralen Schutzhindernisse dar. Danach sind diejenigen Marken von der Eintragung ausgeschlossen, denen für die Waren oder Dienstleistungen, für die sie angemeldet sind, jegliche Unterscheidungskraft fehlt. **Unterscheidungskraft** kommt einem Zeichen dann zu, wenn es geeignet ist, die Ware (oder die Dienstleistung), für die die Eintragung beantragt wird, als von einem bestimmten Unternehmen stammend zu kennzeichnen und diese Ware (oder Dienstleistung) somit von denjenigen anderer Unternehmen zu unterscheiden.[81]

Dem Sinn entsprechend hat der BGH – in Übereinstimmung mit dem EuGH und § 3 Abs. 1 MarkenG – Unterscheidungskraft definiert als die einer Marke innewohnende Eignung, vom Verkehr als Unterscheidungsmittel für die von der Marke erfassten Waren oder Dienstleistungen eines Unternehmens gegenüber solchen anderer Unternehmen aufgefasst zu werden.[82] Beide Definitionen, die des BGH wie auch des EuGH, unterstreichen die Hauptfunktion der Marke als **betrieblichen Herkunftshinweis**. Andere Markenfunktionen, wie **Werbe-, Qualitäts- oder Garantiefunktion**, die zweifelsohne aus ökonomischen Gründen sinnvoll und notwendig sind, treten in den Hintergrund. Sie sind für die Eintragungsfähigkeit einer Marke irrelevant und aus Sicht der beteiligten Verkehrskreise in der Regel von eher untergeordneter Bedeutung.

Der Maßstab zur Feststellung der Unterscheidungskraft ist nicht abhängig von der Markenform, d.h. bei dreidimensionalen Marken, Farbmarken, Wortmarken, Wort-/Bildmarken ist immer der gleiche Maßstab anzulegen. In Bezug auf dreidimensionale Marken hat der EuGH[83] entschieden, dass bei der Prüfung des Eintragungshindernisses nach Art. 3 Abs. 1 c MarkenRL in jedem Einzelfall das dieser Vorschrift zugrunde liegende Allgemeininteresse zu berücksichtigen sei. Das bedeute, dass dreidimensionale aus der Form einer Ware bestehende Marken oder generell Marken, die ausschließlich aus Zeichen oder Angaben beständen, die im Sinne dieser Bestimmung zur Bezeichnung der Merkmale einer Ware oder einer Dienstleistung dienen könnten, von allen frei verwendet und daher vorbehaltlich des Art. 3 Abs. 3 der MarkenRL nicht eingetragen werden könnten. Allerdings könnten außer der Feststellung, dass einem Zeichen im Hinblick auf die beanspruchten Waren oder Dienstleistungen **nicht jegliche Unterscheidungskraft** fehlt, keine weiteren Anforderungen für die Unterscheidungskraft gestellt werden. Insbesondere ist **keine besondere Originalität** erforderlich.[84] Die Eintragung eines Zeichens als Marke hängt also nicht von der Feststellung eines bestimmten Niveaus der sprachlichen oder künstlerischen Kreativität oder Einbildungskraft des

---

81 EuGH GRUR 1999, 723, 727 „Chiemsee"; EuGH GRUR 2002, 804, 809 „Philips/Remington"; EuGH GRUR 2012, 270 (Rdn. 8) „Link economy"; BGH GRUR 2013, 731, 732 (Rdn. 11) „Unterscheidungskraft einer Wortmarke für Spielzeug – Kaleido".
82 BGH GRUR 2001, 2040, 2041 „Swiss Army"; BGH GRUR 1995, 408, 409 „Protech"; BGH GRUR 2001, 239 „Zahnpastastrang"; BGH GRUR 2013, 731, 732 (Rdn. 11) „Unterscheidungskraft einer Wortmarke für Spielzeug – Kaleido".
83 EuGH GRUR 2003, 514 „Linde/Winward/Rado".
84 BGH GRUR 2000, 722, 723 „LOGO"; BPatG GRUR 2002, 693, 694 „Bar jeder Vernunft"; BPatG GRUR 2002, 693, 694 „BerlinCard".

Markeninhabers ab. Es genügt, dass die Marke den maßgeblichen Verkehrskreisen ermöglicht, die Herkunft der durch diese Marke geschützten Waren oder Dienstleistungen zu erkennen und diese von denen anderer Unternehmen zu unterscheiden.[85] Für die Verneinung der Unterscheidungskraft ist ein im Vordergrund stehender beschreibender Begriffsinhalt erforderlich. Allerdings kann bei allgemein bekannten Begriffen insbesondere von Großereignissen ein *mittelbar* beschreibender Bezug ausreichen, um jegliche Unterscheidungskraft zu verneinen.[86] In Bezug auf **Slogans** hat der EuGH festgestellt, dass es für die Unterscheidungskraft kein Kriterium sei, ob ein Fantasieüberschuss gegeben ist.[87] Eine längere Wortfolge entbehrt jedoch jegliche Unterscheidungskraft, wenn wichtige Indizien wie Kürze, Originalität und Prägnanz fehlen.[88]

Im Gegensatz zu § 3 Abs. 1 MarkenG, in dem es um die Frage der Markenfähigkeit eines Zeichens als solches geht, ist bei dem absoluten Schutzhindernis gemäß § 8 Abs. 2 Nr. 1 MarkenG immer der Bezug zu den einzelnen konkret beanspruchten Waren oder Dienstleistungen zu beachten. Einer Marke kann nämlich die Unterscheidungskraft in Bezug auf eine konkrete Ware fehlen, in Bezug auf eine andere kann die identische Marke jedoch unterscheidungskräftig sein.[89] Beispielsweise fehlt einer Marke „Hemd" in Bezug auf Bekleidungsstücke jegliche Unterscheidungskraft, in Bezug auf „Christbaumschmuck" ist die Bezeichnung jedoch geradezu fantasievoll, unterscheidungskräftig und somit herkunftshinweisend.

Das absolute Schutzhindernis nach § 8 Abs. 2 Nr. 1 MarkenG – das Fehlen jeglicher Unterscheidungskraft in Bezug auf konkrete Waren oder Dienstleistungen – ist begrifflich vom **Freihaltebedürfnis** als absolutem Schutzhindernis nach § 8 Abs. 2 Nr. 2 MarkenG zu unterscheiden.[90]

Während das Fehlen jeglicher Unterscheidungskraft für die beanspruchten Waren und Dienstleistungen aus der Sicht des Verbrauchers, d.h. der beteiligten Verkehrskreise, zu beurteilen ist, richtet sich das Schutzhindernis nach § 8 Abs. 2 Nr. 2 MarkenG nach den Interessen des Wettbewerbs, für den Zeichen, die beschreibend in Bezug auf die Eigenschaften der in Rede stehenden Waren oder Dienstleistungen sind oder dazu dienen können, freizuhalten sind. In der Praxis überschneiden sich häufig beide Eintragungshindernisse.[91] Ein Freihaltebedürfnis liegt dann vor, wenn im Interesse der Mitbewerber einer Monopolisierung des beanspruchten Zeichens entgegengetreten werden muss.[92] So kann eine Marke unterscheidungskräftig sein, an ihr aber gleichzeitig ein Freihaltebedürfnis bestehen. Dies kann z.B. dann der Fall sein, wenn dem allgemeinen Verkehr die eigentlich beschreibende Angabe verborgen bleibt und sie als fantasievoll aufgefasst wird.[93] Allerdings ist auch der Fall denkbar, bei dem ein Freihaltebedürfnis der Wettbewerber nicht besteht, dem Zeichen jedoch jegliche Unterscheidungskraft

---

85 EuGH GRUR 2004, 943 „Sat.1/HABM (Sat.2)".
86 BGH GRUR Int. 2007, 76, 80 (Nr. 32 ff.) „FUSSBALL WM 2006".
87 EuGH GRUR 2004, 1027 „Das Prinzip der Bequemlichkeit".
88 BGH GRUR 2010, 935 (Rdn. 13) „Die Vision".
89 BGH GRUR 2009, 949 ff. „My World".
90 EuGH GRUR 2004, 674, 677 „Postkantoor"; EuGH GRUR 2004, 1027, 1029 „Das Prinzip der Bequemlichkeit".
91 EuGH GRUR 2004, 680 „Biomild".
92 Vgl. BGH GRUR 1999, 988, 989 „House of Blues"; Ingerl/Rohnke, MarkenG, Kommentar (2. Aufl.), § 8 Rdn. 122.
93 BGH GRUR 1993, 43 „Römigberg".

fehlt, da es beispielsweise im Verkehr wegen seiner entsprechenden Verwendung in der Werbung nur als Schlagwort wahrgenommen wird.[94]
Weitgehende Überschneidungen gibt es zwischen dem Fehlen jeglicher Unterscheidungskraft gemäß § 8 Abs. 2 Nr. 1 und dem § 8 Abs. 2 Nr. 3 MarkenG, das Zeichen von der Registrierung ausschließt, die üblich geworden sind, also als **Gattungsbezeichnungen** aufgefasst werden. Während bei ersterem eine Unterscheidungskraft von Hause aus fehlt, ist es in Fällen des Schutzhindernisses nach § 8 Abs. 2 Nr. 3 MarkenG zum Verlust der ursprünglich vorhandenen Unterscheidungskraft gekommen, da der Verbraucher in der Bezeichnung keinen Hinweis mehr auf einen Hersteller sieht. Als Beispiel sei hier der Begriff „Vaseline" genannt.

Grundsätzlich ist bei der Beurteilung der Unterscheidungskraft auf den **Gesamteindruck** abzustellen, da der Verkehr im Allgemeinen eine Marke so aufnimmt, wie sie ihm entgegentritt, ohne sie einer näheren analysierenden Betrachtungsweise zu unterziehen. Somit kann die Zusammensetzung beschreibender und damit nicht unterscheidungskräftiger Elemente eines Zeichens in ihrer Gesamtheit zu einer Herkunftskennzeichnung führen.[95]

b) **Beteiligte Verkehrskreise.** Die Beurteilung der Unterscheidungskraft richtet sich nach der Auffassung der zum Zeitpunkt der Anmeldung **beteiligten inländischen Verkehrskreise**.[96] Zu den beteiligten Verkehrskreisen gehören alle diejenigen, bei denen die in Rede stehende Marke Verwendung findet oder finden kann oder die mit der Marke in Berührung kommen. In den meisten Fällen dürfte es sich bei den Verkehrskreisen um die Verbraucher handeln, denen die Waren oder Dienstleistungen angeboten werden. Nach dem allgemein gültigen **Verbraucherleitbild** ist der normal informierte und angemessen aufmerksame und verständige **Durchschnittsverbraucher** derjenige, auf dessen Sicht es ankommt.[97] Nicht selten wird es zu einer geteilten Verkehrsauffassung kommen, wobei es notwendig ist, dass ein erheblicher Teil des Publikums, d.h. in der Regel weit mehr als 50 %, die Marke als betrieblichen Ursprungshinweis auffasst.

c) **Markenformen unter dem Blickwinkel der Unterscheidungskraft.** Grundsätzlich kann eine **Wortmarke** dann eingetragen werden, wenn ihr kein für die relevanten Waren bzw. Dienstleistungen im Vordergrund stehender beschreibender Begriffsinhalt zugeordnet werden kann und es sich auch sonst nicht um ein gebräuchliches Wort der deutschen oder einer bekannten Fremdsprache handelt, das vom Publikum, sei es auch nur wegen einer entsprechenden Verwendung in der Werbung, stets nur als solches und nicht als Unterscheidungsmittel verstanden wird.[98] Nach dieser BGH-Definition sind Wortmarken dann von der Eintragung ausgeschlossen, wenn sie entweder glatt beschreibend sind oder es sich um ein vom Publikum regelmäßig verwendetes Wort handelt, das vom Verkehr immer in dieser Bedeutung in Bezug auf die Waren oder Dienstleistungen verstanden wird. Für die Eintragungsfähigkeit einer Wortmarke kann auch die Mehrdeutigkeit eines Begriffes sprechen, die zum Nachdenken anregt, ohne

---

94 BGH Bl. f. PMZ 1998, 248 „Today".
95 EuGH GRUR 2004, 943, 944 ff. „SAT.1/HABM (SAT.2)".
96 BGH GRUR 2009, 411, 412 (Nr. 14) „Streetball".
97 EuGH GRUR 2004, 943, 944 ff. „SAT.1/HABM (SAT.2)"; EuGH GRUR 2004, 1027, 1030 „Das Prinzip der Bequemlichkeit".
98 St. Rspr.; BGH GRUR 2002, 1070, 1071 „Bar jeder Vernunft"; BGH GRUR 2002, 64, 65 „INDIVIDUELLE"; BGH GRUR 2001, 1043 „Reich und schön".

dass eine Bedeutung im Vordergrund steht. Als negatives Beispiel nennt Ingerl/Rohnke[99] das Wort „Bank", welches für Finanzdienstleistungen angemeldet wird und für diese Dienstleistungen glatt beschreibend ist, da kaum jemand an ein Sitzmöbel denken wird. Daher ist das Wort in diesem Zusammenhang auch nicht mehrdeutig. Anders sieht es jedoch aus, wenn die Mehrdeutigkeit des Zeichens nur ein diffuses Bild in Bezug auf die Waren oder Dienstleistungen vermittelt, so dass das Publikum zwar hiermit Waren oder Dienstleistungen assoziiert, diese jedoch nicht unmittelbar durch das Zeichen beschrieben werden. Das Publikum kann darin durchaus einen Herkunftshinweis erkennen. Diese sog. **sprechenden Zeichen** sind in der Regel besonders wertvoll, da sie in Bezug auf die Waren und Dienstleistungen für sich sprechen.[100] Zu den nicht unterscheidungskräftigen beschreibenden Angaben gehören grundsätzlich alle geografischen Herkunftsangaben, sofern sie in den relevanten Verkehrskreisen als solche erkannt werden oder werden können.[101]

Grundsätzlich gilt dies auch für Zeichen, die aus mehreren Worten oder **Wortfolgen** zusammengesetzt sind. Dabei spricht für die Unterscheidungskraft und damit für die Eintragungsfähigkeit, wenn die Zeichen einen Interpretationsbedarf oder eine gewisse Originalität oder Prägnanz aufweisen. Jedoch ist immer zu beachten, dass zur Begründung der Unterscheidungskraft kein Fantasieüberschuss gefordert wird.[102] Lässt sich ein beschreibender Gehalt einer Wortfolge nur in mehreren gedanklichen Schritten ermitteln, lässt dies nicht auf das Fehlen jeglicher Unterscheidungskraft schließen.[103] Eine bloße Assoziation, die dem Verkehr etwa durch ein sprechendes Zeichen einen Hinweis nicht nur auf die betriebliche Herkunft, sondern auch auf die gekennzeichnete Ware gibt, steht der Annahme einer Unterscheidungskraft nicht entgegen.[104]

Gebräuchlichen Wörtern der Umgangssprache fehlt jegliche Unterscheidungskraft in Bezug auf die für sie beanspruchten Waren oder Dienstleistungen, wenn sie vom Publikum ausschließlich in ihrer herkömmlichen Bedeutung verwendet werden.[105] Zu den gebräuchlichen Wörtern der Umgangssprache gehören beispielsweise Werbeschlagwörter, die vom Verkehr nur als solche und nicht als herkunftshinweisend verstanden werden. Allerdings muss an Werbeschlagwörter genauso wie an Werbeslogans der gleiche Maßstab der Beurteilung angelegt werden wie bei Wort-, Bild- oder sonstigen Markenformen.

Alle Marken, die aus Zeichen oder Angaben bestehen, die sonst als **Werbeslogans**, Qualitätshinweise oder Aufforderungen zum Kauf der mit diesen Marken bezeichneten Waren oder Dienstleistungen verwendet werden, enthalten naturgemäß in mehr oder weniger großem Umfang eine Sachaussage, wobei ihnen nicht allein deswegen die Unterscheidungskraft fehlt. Soweit solche Marken nicht beschreibend sind, können sie eine (auch einfache) Sachaussage enthalten und dennoch geeignet sein, das Publikum bzw. den Verbraucher auf die betriebliche Herkunft der fraglichen Waren oder Dienst-

---

99 Ingerl/Rohnke, MarkenG, Kommentar, § 8 Rdn. 131.
100 BGH GRUR 2002, 816 „Bonus II"; BGH GRUR 2002, 64, 65 „INDIVIDUELLE"; BGH GRUR 2001, 1043 „Reich und schön".
101 BPatG 2001, 741, 742 „Lichtenstein"; BPatG GRUR 2000, 1050, 1051 „Cloppenburg".
102 EuGH GRUR 2004, 1027, 1030 „Das Prinzip der Bequemlichkeit".
103 BGH GRUR 2012, 270 (Leitsatz) „Unterscheidungskraft für Wortfolge mit mehrdeutigem Begriffsinhalt – Link economy".
104 BGH GRUR 2013, 731, 733 (Rdn. 22) „Unterscheidungskraft einer Wortmarke für Spielzeug – Kaleido".
105 BGH GRUR 1999, 1093, 1094 „For You"; BGH GRUR 2009, 949 „My World".

leistungen hinzuweisen. Dies kann insbesondere dann der Fall sein, wenn diese Marken nicht nur in einer gewöhnlichen Werbemitteilung bestehen, sondern eine gewisse Originalität oder Prägnanz aufweisen, ein Mindestmaß an Interpretationsaufwand erfordern oder bei den angesprochenen Verkehrskreisen einen Denkprozess auslösen.[106] An Unterscheidungskraft fehlt es einem Slogan jedoch dann, wenn er ausschließlich als werbemäßiger Hinweis verstanden wird, und die erforderliche Herkunftsfunktion nicht mehr erfüllt wird.[107]

Kombinationswortmarken, die neben schutzunfähigen zumindest einen schutzfähigen Bestandteil aufweisen, sind generell eintragungsfähig, sofern der schutzfähige Bestandteil derart hervortritt, dass er von dem Publikum noch als betrieblicher Herkunftshinweis erkannt werden kann.

Kombinationsmarken, die als **Wort-/Bildzeichen** angemeldet werden, sind ebenfalls eintragungsfähig, wenn der Verkehr aufgrund der bildlichen oder grafischen Ausgestaltung bei ansonsten glatt beschreibenden Wortbestandteilen einen eigenständigen betrieblichen Herkunftshinweis in dem Zeichen sieht. Nach Ströbele[108] sind an die Ausgestaltung umso höhere Anforderungen zu stellen, je kennzeichnungsschwächer der Wortbestandteil ist. Dies ist nach Ingerl/Rohnke[109] zutreffenderweise abzulehnen, da keine Wechselwirkung zwischen den beiden absoluten Schutzhindernissen „fehlende Unterscheidungskraft" und „Freihaltebedürftigkeit" besteht. Einem Wort-/Bildzeichen jedenfalls, das aus der Kombination einfacher grafischer Elemente und einem Wort besteht, das vom Verkehr im Zusammenhang mit den beanspruchten Waren und Dienstleistungen nur als Zuruf, Ausruf oder Grußformel verstanden wird, fehlt die konkrete Unterscheidungskraft.[110]

Buchstaben und Zahlen sind generell schutzfähig, da sie bereits in § 3 Abs. 1 MarkenG explizit als schutzfähige Zeichen aufgeführt sind. Wie bereits oben ausgeführt, sind auch hier die gleichen Grundsätze bei der Beurteilung der Unterscheidungskraft sowie des Freihaltebedürfnisses des Wettbewerbs anzulegen. Bei der Beurteilung ist jedoch immer auf die branchenübliche Verwendung von Buchstaben oder Zahlen abzustellen, die beispielsweise als Typenbezeichnungen, Packungsgröße oder ähnliches verwendet werden. Bei aus einem einzelnen grafisch gestalteten Buchstaben bestehenden Zeichen haben in Bezug auf ein den gleichen Buchstaben aufweisendes Zeichen bildliche Unterschiede ein wesentlich größeres Gewicht als bei normalen Wortzeichen.[111] Dem Grunde nach sind auch **Buchstabenkombinationen** unterscheidungskräftig, sofern sie für die Verkehrskreise nicht allgemein verständliche Abkürzungen beschreibender Angaben sind. Ähnliches gilt für Zahlen, die allerdings dann von der Eintragung ausgeschlossen sind, wenn sie vom Verkehr als Maß- oder Mengenangaben oder als sachbezogene Angabe verstanden werden und nicht als ein Hinweis auf den Ursprung der damit gekennzeichneten Waren oder Dienstleistungen. Als Beispiel mag hier „24" genannt sein, eine Zahl, die in vielen Branchen als Synonym für „Rund um die Uhr" oder „24 Stunden lang" benutzt wird (z.B. „Bank24" u.a. für Internetbanking, „Alarm24" für 24-stündi-

---

106 EuGH, Urteil v. 21.1.2010, C-381/8 (Nr. 56, 57) GRUR 2010, 228 „Vorsprung durch Technik".
107 EuGH GRUR Int. 2011, 255 „Best Buy".
108 Ströbele in Ströbele/Hacker, MarkenG, Kommentar, § 8 Rdn. 150.
109 Ingerl/Rohnke, MarkenG, Kommentar, § 8 Rdn. 149.
110 BGH GRUR 2010, 640, 641 „hey!".
111 BGH GRUR 2012, 930, 934 (Rdn. 51) „Kriterien für Eintragungsfähigkeit von Einzelbuchstaben – Bogner B/Barbie B".

ge Alarmbereitschaft, „Travel24" für Buchen rund um die Uhr, „Auskunft24" etc.). Eingetragen werden können Zahlen also dann, wenn ihnen kein im Vordergrund stehender Bedeutungsgehalt zugeordnet werden kann.[112] Auch die **Kombination von Zahlen und Buchstaben** ist – wie jede andere Marke – nach den gleichen Grundsätzen zu prüfen. Liegt eine Kombination nahe, weil z.b. im technischen Bereich derartige Kombinationen üblich sind, so fehlt ihr in der Regel die Unterscheidungskraft. Zahlen/Buchstaben-Kombinationen sind im Übrigen oft auch freihaltebedürftig.[113] Sollte eine derartige Kombination von Buchstaben und Zahlen vom Publikum in irriger Weise als beschreibend aufgefasst werden, obwohl sie in dieser Kombination noch nicht in beschreibender Weise verwendet wird, dann hat im Falle einer Ablehnung die beurteilende Instanz zu begründen, weshalb die beanspruchte Marke den Beschreibungsgrundsätzen der jeweiligen Branche entspricht.[114]

Auch bei reinen **Bildmarken** gelten die gleichen Grundsätze in Bezug auf die absoluten Schutzhindernisse nach § 8 Abs. 2 Nr. 1 MarkenG – fehlende Unterscheidungskraft – und § 8 Abs. 2 Nr. 2 MarkenG, dem Freihaltebedürfnis. Wie bereits bei den Wortzeichen erwähnt, können Bilder, die aus Sicht der beteiligten Verkehrskreise eine Herkunftsfunktion innehaben, eingetragen werden. Indiz für die Unterscheidungskraft kann beispielsweise sein, dass in Bezug auf die jeweils beanspruchten Waren oder Dienstleistungen eine Mehrdeutigkeit des Zeichens gegeben ist. Diese entfällt in der Regel bei einfachsten geometrischen Formen, da der Verkehr daran gewöhnt ist, dass diese Formen üblicherweise in der Werbung, als Produktverpackung oder auf Geschäftspapieren Verwendung finden. Ebenfalls schutzunfähig sind Linien oder grafische Gestaltungen, die vom Verkehr nicht als auf ein bestimmtes Unternehmen hinweisend, sondern lediglich als Verzierung verstanden werden. Bei Bildzeichen, die nur aus üblichen dekorativen Elementen der beanspruchten Waren bestehen, wird der Verkehr diese – auch wenn sich auf dem Markt noch keine mit dem angemeldeten Zeichen vollständig übereinstimmende Gestaltung findet – nicht als Hinweis auf die betriebliche Herkunft auffassen.[115] Gleichwohl kann im Einzelfall die Kombination von verschiedenen einfachen grafischen Gestaltungselementen Unterscheidungskraft aufweisen. Auch die Abbildung von Waren oder Warenverpackungen kann eine Herkunftsfunktion erfüllen, sofern sie von der üblichen Waren- oder Verpackungsform, wie sie in der jeweiligen Branche verwendet wird, erheblich abweicht.[116]

Dreidimensionale Marken unterliegen den gleichen Kriterien für die Beurteilung der Unterscheidungskraft wie andere Formen von Marken.[117] Die bloße Einfärbung von Waren oder Verpackungsformen ist in der Regel dann nicht unterscheidungskräftig, wenn die Farbgestaltung branchenüblich ist.

Abstrakte Farbmarken sind, wie bereits oben ausgeführt, dem Grunde nach dem Markenschutz zugänglich, jedoch geht der EuGH[118] davon aus, dass die abstrakten Farben aus Sicht der Verbraucher lediglich Gestaltungsmittel seien, die als Dekoration der Wa-

---

[112] BGH GRUR 2000, 231, 232 „Fünfer".
[113] BGH GRUR 2002, 884 „B-2 alloy".
[114] BGH GRUR 2002, 884, 885 „B-2 alloy".
[115] BGH GRUR 2011, 158 „Hefteinband".
[116] EuGH GRUR 2004, 428, 431 „Henkel"; EuGH GRUR Int 2005, 135, 137 „Maglite".
[117] EuGH GRUR 2002, 804, 807 „Philips/Remington".
[118] EuGH GRUR 2003, 604, 608 „Libertel".

ren oder Verpackungen dienten und nicht als betriebliche Herkunftshinweise eingesetzt würden. Demzufolge besteht bei einer abstrakten Farbe nur in spezifischen Märkten unter außergewöhnlichen Umständen eine von Haus aus bestehende Unterscheidungskraft.

4. Freihaltebedürfnis (§ 8 Abs. 2 Nr. 2 MarkenG)

a) **Überblick.** Für das absolute Schutzhindernis des § 8 Abs. 2 Nr. 2 MarkenG hat sich der Begriff „**Freihaltebedürfnis**" etabliert, ohne dass dieser in der europäischen MarkenRL oder in der hiervon abgeleiteten GMVO oder im MarkenG explizit genannt ist. Allerdings deutet sich eine Abkehr von diesem Begriff insbesondere durch den EuGH an, sodass nun von einem „**Allgemeininteresse an der Freihaltung**" gesprochen wird.[119] Nach Art. 7 Abs. 1 lit. c GMVO und wortgleich § 8 Abs. 2 Nr. 2 MarkenG sind Marken von der Eintragung ausgeschlossen, die ausschließlich aus Zeichen oder Angaben bestehen, welche im Verkehr zur Bezeichnung der Art, der Beschaffenheit, der Menge, der Bestimmung, des Wertes, der geografischen Herkunft oder der Zeit der Herstellung der Ware oder der Erbringung der Dienstleistungen oder zur Bezeichnung sonstiger Merkmale der Ware oder Dienstleistung dienen können. Durch die Formulierung des letzten Halbsatzes der gleichlautenden Vorschriften wird deutlich, dass der Katalog der konkreten Bezeichnungen nicht abschließend ist. Grundgedanke des Freihaltebedürfnisses ist es, dass das Registrieren beschreibender Angaben ein Ausschließlichkeitsrecht für einen Markeninhaber begründen würde, das die Allgemeinheit, insbesondere die Wettbewerber, von der Verwendung waren- und/oder dienstleistungsbeschreibender Angaben ausschließt. Gleichwohl kann dieses absolute Schutzhindernis dann überwunden werden, wenn Kennzeichen gemäß Art. 7 Abs. 3 GMVO bzw. § 8 Abs. 3 MarkenG für die Waren oder Dienstleistungen, für die sie angemeldet worden sind, in den beteiligten Verkehrskreisen infolge ihrer Benutzung Unterscheidungskraft erlangt haben oder – was gleichbedeutend ist – sich im Verkehr durchgesetzt haben.

Das absolute Schutzhindernis des Freihaltebedürfnisses korrespondiert mit Art. 12 lit. b GMVO bzw. § 23 Nr. 2 MarkenG – **beschreibende Benutzung** – insoweit, als dass nach diesen Vorschriften eine Marke ihrem Inhaber nicht das Recht gewährt, einem Dritten zu verbieten, Angaben über die Art, die Beschaffenheit, die Menge, die Bestimmung, den Wert, die geografische Herkunft oder die Zeit der Herstellung der Ware oder der Erbringung der Dienstleistung oder über andere Merkmale der Ware oder Dienstleistung im geschäftlichen Verkehr zu benutzen, sofern die Benutzung den anständigen Gepflogenheiten in Gewerbe oder Handel entspricht bzw. die Benutzung nicht gegen die guten Sitten verstößt. Diese Vorschriften spielen bei der Prüfung der Anmeldung einer Marke im Eintragungsverfahren keine Rolle, ergänzen jedoch den Katalog der absoluten Schutzhindernisse insofern, als sie die Verwendung von beschreibenden Angaben unter den Voraussetzungen des § 23 MarkenG bzw. Art. 12 GMVO von dem Monopol des Markeninhabers ausnimmt. Daher begründen Abwandlungen beschreibender Angaben, die als Marke geschützt sind, ebensowenig ein Verbietungsrecht gegenüber der beschreibenden Benutzung im Rahmen dieser Vorschriften wie verkehrsdurchgesetzte Marken oder eingetragene Marken, die versehentlich oder unter anderen Voraussetzungen in das Register eingetragen wurden.

---

[119] v. Schultz in v. Schultz (Hrsg.), MarkenR, Kommentar, § 8 Rdn. 106; BPatG GRUR 2005, 677 „Newcastle".

Die **Funktion** des absoluten Schutzhindernisses des § 8 Abs. 2 Nr. 2 MarkenG ist es, das Risiko für die Benutzer beschreibender Angaben und das von einer eingetragenen Marke ausgehende Einschüchterungspotenzial in Grenzen zu halten.[120] **Voraussetzungen** des **Freihaltebedürfnisses** oder des allgemeinen Freihaltunginteresses sind, dass die in Rede stehende Marke

- nach der Verkehrsauffassung,
- ausschließlich,
- im Hinblick auf die beanspruchten Waren oder Dienstleistungen einen beschreibenden Charakter hat und
- ein sich daraus ergebendes Freihaltebedürfnis aktuell oder auch zukünftig besteht.

Das Freihaltebedürfnis bestimmt sich nach dem **Verständnis der beteiligten Verkehrskreise** im Inland. Als Verkehrskreise sind diejenigen inländischen Bevölkerungsteile anzusehen, die mit den beanspruchten Waren oder Dienstleistungen in Kontakt kommen. Wie die Endverbraucher sind dies regelmäßig auch die Mitbewerber. Maßgeblich ist nicht die subjektive Beurteilung seitens der betroffenen Verkehrskreise, sondern die objektive Eignung eines Zeichens, als beschreibende Angabe angesehen zu werden. Hierauf beruht das Allgemeininteresse an der ungehinderten Verwendbarkeit eines Begriffes als Fachangabe. Daher reicht das Freihaltebedürfnis eines kleinen Teils der Gesamtheit des Verkehrs bereits aus, um eine Markeneintragung auszuschließen. Nach Ströbele[121] kann die subjektive Auffassung der angesprochenen Verkehrskreise lediglich für die Vorfrage von Bedeutung sein, ob der in Rede stehende Begriff aus der Sichtweise des Verkehrs als beschreibende Bezeichnung verständlich und daher im Verkehr zur Beschreibung der Waren und/oder Dienstleistungen geeignet ist.[122]

Trotz der Überschneidungen der beiden absoluten Eintragungshindernisse einer Marke – der fehlenden Unterscheidungskraft und des Freihaltebedürfnisses – ist nach st.Rspr. gleichwohl jedes der genannten Eintragungshindernisse unabhängig von den anderen getrennt zu prüfen.[123] Ein Freihaltebedürfnis lässt sich nur dann feststellen, wenn das jeweilige Gesamtzeichen **ausschließlich aus freihaltebedürftigen Bestandteilen** besteht. Dies gilt sowohl bei reinen Wortzeichen als auch bei Bildzeichen, Wort-/Bildkombinationen oder Wortkombinationen. Ein Freihaltebedürfnis ist immer im Zusammenhang mit der für die Marke beanspruchten konkreten Ware oder Dienstleistung zu beurteilen. Somit kann im Einzelfall in Bezug auf bestimmte Waren ein Freihaltebedürfnis im Verkehr bestehen, in Bezug auf andere Waren oder Dienstleistungen jedoch nicht.[124]

Nach v. Schultz[125] setzt die Feststellung eines **aktuellen Freihaltebedürfnisses** voraus, dass konkrete Anhaltspunkte bestehen, dass die inländischen Verkehrskreise das fragliche Zeichen gegenwärtig oder zukünftig zur Beschreibung oder Bestimmung der konkret beanspruchten Waren oder Dienstleistungen benötigen. Davon ist in der Regel auszugehen, wenn das Zeichen bereits im beschreibenden Sinne verwendet wird oder wenn der ausschließlich beschreibende Sinngehalt des Zeichens offensichtlich ist. Für

---

120 BGH GRUR 2000, 882, 883 „Bücher für eine bessere Welt".
121 Ströbele in Ströbele/Hacker, Markenrecht, Kommentar, § 8 Rdn. 295.
122 EuGH GRUR 2004, 674, 676 „Postkantoor".
123 EuGH GRUR 2004, 1027 „HABM/Erpo Möbelwerk"; EuGH GRUR 2006, 233 „SiSi-Werke/HABM"; EuGH GRUR 2008, 608, 610 (Nr. 54) „EUROHYPO".
124 BGH GRUR 2001, 1043 ff. „Gute Zeiten-Schlechte Zeiten"; BGH GRUR 2008, 900 ff. „SPA II".
125 In v. Schultz (Hrsg.), Markenrecht, Kommentar, § 8 Rdn. 119.

die Feststellung eines **zukünftigen konkreten Freihaltebedürfnisses** bedarf es einer gründlichen Prüfung, da die bloße hypothetische Möglichkeit nicht ausreicht, ein zukünftiges Freihaltebedürfnis zu bejahen. Ein zukünftiges Freihaltebedürfnis kann nur dann angenommen werden, wenn – ausgehend von den konkreten Verhältnissen einer realistischen Prognose – dieses im Bereich des Wahrscheinlichen liegt oder jedenfalls gut vorstellbar ist.[126] Ein künftiges konkretes Freihaltebedürfnis besteht nicht selten in Bezug auf geografische Herkunftsangaben.[127]

b) **Einzelne freizuhaltende Angaben.** Die in § 8 Abs. 2 Nr. 2 MarkenG aufgeführten Bezeichnungen sind im Einzelnen im Folgenden erläutert:

Als **Angaben zur Bezeichnung der Art** sind beispielsweise Gattungsbegriffe wie Auto, Haus oder Abkürzungen wie IT oder EDV für elektronische Datenverarbeitung zu verstehen.

Angaben zur Beschaffenheit einer Ware oder einer Dienstleistung beziehen sich auf jede Eigenschaft im weiteren Sinne derselben, ob dies die Qualität oder die Art der Herstellung oder des Geschäftsbetriebes ist, um nur einige zu nennen. Beispielhaft sei hier „Pure Cotton" (für Bekleidung) oder „Post"[128] genannt.

Die **Angaben zur Menge** können entweder die Maßeinheit beschreiben, wie z.B. Hektar, aber auch eine bestimmte Stückzahl einer Ware, die je nach den Verkehrsgepflogenheiten auch ohne weitere Angaben verständlich ist.[129]

Eine **Bestimmungsangabe** ist typischerweise die Beschreibung der Benutzung der Ware oder der Dienstleistung.[130] Grundsätzlich können auch Bildmarken freihaltebedürftig sein, wenn sie Angaben zur Bestimmung darstellen. Genannt seien hier Piktogramme oder übliche grafische Darstellungen in Gebrauchsanweisungen.

Als **Angabe des Wertes** sind all die Bezeichnungen zu verstehen, die der Wertbestimmung der konkreten beanspruchten Waren und/oder Dienstleistungen dienen. Dies sind neben Währungsbezeichnungen wie z.B. Euro, DM vor allen Dingen qualitativ beschreibende Aussagen wie preiswert, exklusiv, teuer, werthaltig. Ein Sachbegriff wie der Begriff „Wert" oder „Preis" stellt selbst noch keine Angabe über den Wert dar, da dieser noch nicht qualitativ bezeichnet worden ist. Daher ist z.B. die Bezeichnung „Value" nicht freihaltebedürftig.[131]

Geografische Herkunftsangaben sind für den Verkehr häufig von erheblicher Bedeutung, da sie den Herkunftsort der Waren oder Dienstleistungen kennzeichnen.[132] Nicht selten wird mit der Herkunft aus einer bestimmten Lokalität bzw. Region oder der Erbringung von Dienstleistungen in diesem Gebiet eine gesteigerte Qualitätserwartung verbunden. Durchbrochen wird dieses absolute Schutzhindernis durch **Kollektivmarken**, die erlauben, geografische Herkunftsangaben unter bestimmten Bedingungen zu monopolisieren. Eine Kollektivmarke steht allen Unternehmen zur Verfügung, die ihren Sitz in dem jeweiligen geografischen Gebiet haben. Kollektivmarken sind in den §§ 90 ff. MarkenG und in der GMVO in Artikel 66 ff. geregelt. Ein Freihaltebedürfnis

---

126 BPatG GRUR 2002, 741, 742 „Lichtenstein"; BGH GRUR 2001, 1043, 1043 „Reich und schön".
127 BGH GRUR 2009, 491 ff. „Vierlinden".
128 BGH GRUR 2009, 669 „POST II".
129 BGH GRUR 2000, 231, 232 „Fünfer".
130 Z.B. BPatG GRUR 1997, 640 „Asthma-Brause" für Arzneimittel.
131 BGH GRUR 1997, 730, 731 „Value".
132 BGH GRUR 2012, 272, 274 „Beschreibende Angabe für Einkaufszentrum – Rheinpark-Center Neuss".

besteht auch in Bezug auf fremdsprachige Formen der geografischen Angabe, wie z.B. die in dem jeweiligen Land verwendete sprachliche Form (Great Britain/Großbritannien). Auch Abwandlungen unterliegen einem Freihaltebedürfnis, wenn die Abwandlung so geringfügig ist, dass sie vom Verbraucher nicht wahrgenommen wird. Als Beispiel sei hier die Entscheidung „Lichtenstein"[133] genannt, in der der BGH konstatiert, dass die angesprochenen Verkehrskreise die Unterschiede in der Schreibweise (Lichtenstein-Liechtenstein) regelmäßig oder sehr häufig nicht bemerken.

Angaben zur Herstellungszeit sind Jahreszahlen, Jahreszeiten, Monate, Wochen oder Feiertage, aber auch Hinweise auf saisonale Produkte wie z.B. „Spätherbst" für Wein.

Die Angaben über **sonstige Merkmale** sind als Auffangtatbestand für alle die Fälle anzusehen, die sich unter die o.g. Arten der vom Schutz ausgeschlossenen Angaben nicht subsumieren lassen. In der Praxis ist diese Fallgruppe ebenso wie die, die sich auf Zeitangaben bezieht, eher selten.[134]

5. Übliche Zeichen (§ 8 Abs. 2 Nr. 3 MarkenG)

§ 8 Abs. 2 Nr. 3 MarkenG – wie auch Art. 7 Abs. 1 lit. g GMVO – schließt Marken von der Eintragung aus, die ausschließlich aus Zeichen oder Angaben bestehen, die im allgemeinen Sprachgebrauch oder in den redlichen und ständigen Vekehrsgepflogenheiten zur Bezeichnung der Waren oder Dienstleistungen **üblich** geworden sind. Hierunter sind in erster Linie Marken zu verstehen, die früher durchaus herkunftshinweisend gewesen sind, jedoch im Laufe der Zeit durch Benutzung auch von Wettbewerbern nicht mehr als zu einem Unternehmen zugehörig, sondern vom Verkehr als allgemeine Bezeichnung für bestimmte Waren oder Dienstleistungen aufgefasst werden. Als prominentes Beispiel sei hier die Bezeichnung „Walkman" genannt, die in Österreich aufgrund ihrer Verwendung als **Gattungsbezeichnung** keinen Schutz als Marke mehr genießt.[135]

Der BGH hat zur Eintragungsfähigkeit der Marke „Unter uns"[136] ausgeführt, dass die nur generelle Eignung einer Wortfolge zur Werbung noch kein Eintragungsverbot nach § 8 Abs. 2 Nr. 3 MarkenG begründe.

6. Täuschungseignung

Von der Eintragung ausgeschlossen sind auch Marken, die geeignet sind, das Publikum über die Art, die Beschaffenheit oder die geografische Herkunft der Waren oder Dienstleistungen zu täuschen (§ 8 Abs. 2 Nr. 4 Marken). Die Eignung einer Markenanmeldung zur Täuschung oder Irreführung muss ersichtlich sein, d.h. ohne weiteres für jeden nur möglichen Benutzungsfall aufgrund der üblichen und leicht zugänglichen Informationsquellen erkennbar sein und zwar immer im Hinblick auf die konkret beanspruchten Waren oder Dienstleistungen.[137] Umfangreiche und zeitraubende Ermittlungen sind insofern ausgeschlossen. Eine Markenanmeldung kann gemäß § 37 Abs. 3 MarkenG nur dann zurückgewiesen werden, wenn die Täuschungseignung ersichtlich ist.

---

133 BPatG GRUR 2002, 741, 742 „Lichtenstein".
134 BGH GRUR 1997, 366, 368 „quattro II".
135 Österreichisches OGH WRP 2002, 841, 842 ff. „Sony Walkman II".
136 BGH GRUR 2000, 720 „Unter uns".
137 v. Schultz in v. Schultz (Hrsg.), MarkenR, Kommentar, § 8 Rdn. 178.

Im **Gemeinschaftsmarkenrecht** entspricht § 8 Abs. 2 Nr. 4 MarkenG der Regelung in Art. 7 Abs. 1 lit. g GMVO. Beide Regelungen setzen die MarkenRL (Art. 3 Abs. 1 lit. g MarkenRL), die auf Art. 6^{quinquies} B Nr. 3 PVÜ basiert, um.

7. Verstoß gegen die öffentliche Ordnung oder die guten Sitten

Ausgeschlossen von der Eintragung sind Marken, die gegen die **öffentliche Ordnung** oder gegen die **guten Sitten** verstoßen (§ 8 Abs. 2 Nr. 5 MarkenG). Ein Verstoß gegen die öffentliche Ordnung, der zur Zurückweisung der Markenanmeldung führt, liegt insbesondere und regelmäßig dann vor, wenn die Marke in Bezug auf die beanspruchten Waren oder Dienstleistungen gegen ein gesetzliches Verbot (in Deutschland) verstößt.

Ein Verstoß gegen die **guten Sitten** liegt vor, wenn Marken geeignet sind, das Empfinden eines beachtlichen Teils der beteiligten Verkehrskreise zu verletzen. Dies gilt – wie auch bei den anderen absoluten Schutzhindernissen – immer in Bezug auf die konkreten Waren und Dienstleistungen. Die Sittenwidrigkeit kann begründet werden durch sittliche, politische oder religiöse Anstößigkeit. Beispiele hierfür sind die Bezeichnungen „Messias" für Textilien,[138] CORAN für Arzneimittel oder „Schlüpferstürmer" für alkoholische Getränke, „Headfuck" für Druckereierzeugnisse, Bekleidung, Werbung sowie Telekommunikationsdienstleistungen, „READY TO FUCK!" für Waren der Klassen 16 und 25 sowie Dienstleistungen der Klasse 41.[139] Maßstab für die Beurteilung ist weder eine besonders feinfühlige, noch übertriebene laxe Ansicht des angesprochenen Verkehrs.[140] Eine identische Regelung findet sich in Art. 7 Abs. 1 lit. f **GMVO**.[141]

Irreführend können auch geografische Bezeichnungen sein, die die Marke selbst oder Teil der Marke sind, sofern die für sie beanspruchten Waren und Dienstleistungen nicht aus dem genannten Gebiet stammen und zumindest Teile des Verkehrs dieser **geografischen Angabe** eine wie auch immer geartete Bedeutung zuordnen. Eine **Täuschungsgefahr** können auch unrichtige Angaben in Bezug auf **Prämierungen** oder **Qualitätssiegel** darstellen. Ein weiteres Beispiel für ein irreführendes Zeichen ist – bezogen auf die Waren und Dienstleistungen – die Angabe eines unzutreffenden Alters oder einer Tradition, da der Verbraucher mit einer langjährigen Tradition eine besondere Wertschätzung verbindet.

Dieses absolute Schutzhindernis entspricht Art. 7 Abs. 1 lit. f **GMVO** und geht auf Art. 6^{quinquies} B Nr. 3 PVÜ zurück.

8. Hoheitszeichen

Nach § 8 Abs. 2 Nr. 6 MarkenG sind diejenigen Marken von der Eintragung ausgeschlossen, die **Hoheitszeichen** enthalten. Hoheitszeichen im Sinne dieser Vorschrift sind

---

138 BPatG GRUR 1994, 377 „Messias".
139 BPatG Mitt 1985, 215 „Schlüpferstürmer"; aber auch BGH GRUR 1995, 592, 595 „Busengrapscher"; BPatG BPatGE 28, 41, 43 „CORAN"; BPatG GRUR-RR 253 „Headfuck"; BPatG GRUR 2013, 729 ff. „READY TO FUCK!".
140 BPatG MarkenR 2011, 235, 236 „Arschlecken24" für Waren der Klassen 14, 16, 21 und 25.
141 EuG BeckRS 2013, 82162, Urteil v. 14.11.2013 T-52/13 „FICKEN"; EuG BeckRS 2013, 82163; Urteil v. 14.11.2013 T-54/13 „FICKEN LIQURS"; A.A. Holzbach GRUR-Prax 2013, 535 „FICKEN LIQURS verstößt gegen gute Sitten".

in- und ausländische **Flaggen** und **Wappen** von Gebietskörperschaften sowie sonstige Hoheitszeichen wie **Orden, Münzen, Nationalhymnen** und **Siegel**.
Eine Übersicht über die Hinweise auf Wappen, Flaggen und andere staatliche Hoheitszeichen gem. § 8 Abs. 2 Nr. 6 MarkenG i.V.m. Art. 6ter Abs. 3 PVÜ wird regelmäßig vom DPMA im Bl. f. PMZ veröffentlicht.[142]

9. Prüf- und Gewährzeichen

§ 8 Abs. 2 Nr. 7 MarkenG schließt amtliche Prüf- und Gewährzeichen als Marken von der Eintragung im Register aus. **Amtliche Prüf- und Gewährzeichen** sind ausschließlich diejenigen, die durch Veröffentlichung im Bundesgesetzblatt bekannt gemacht worden sind.[143]

10. Zeichen zwischenstaatlicher Organisationen

Ausgeschlossen sind auch **Kennzeichen zwischenstaatlicher Organisation** (§ 8 Abs. 2 Nr. 8 MarkenG), die vom Bundesministerium für Justiz (BMJ) im Bundesgesetzblatt bekannt gemacht werden.[144]

11. Entgegenstehende Gesetze als Schutzhindernisse

Marken, deren Benutzung ersichtlich nach sonstigen Vorschriften im öffentlichen Interesse untersagt werden können, sind ebenfalls von der Eintragung ausgeschlossen (§ 8 Abs. 2 Nr. 9 MarkenG). Sonstige Vorschriften sind sowohl nationale wie auch bilaterale und europäische Vorschriften, die einen kennzeichenrechtlichen Inhalt aufweisen. Dazu zählen im Wesentlichen Vorschriften aus dem Bereich der Lebens- und Genussmittel, aber auch das deutsche Betäubungsmittelgesetz sowie die zweiseitigen Abkommen über den Schutz von Herkunftsangaben, wie sie beispielsweise mit Kuba, Frankreich, Italien, Griechenland, der Schweiz und Spanien abgeschlossen worden sind.[145] Allerdings ist das Verbot der Eintragung auf ersichtliche Untersagungstatbestände beschränkt.

12. Bösgläubige Markenanmeldungen

Nummer 10 der in § 8 Abs. 2 MarkenG aufgeführten Eintragungsausschlüsse betrifft Marken, die **bösgläubig** oder missbräuchlich angemeldet worden sind. Das absolute Schutzhindernis der bösgläubigen Anmeldung ist erst im Jahr 2004 in das MarkenG durch das Geschmacksmusterreformgesetz[146] aufgenommen worden. Ursprünglich war dieses Schutzhindernis nur als Löschungstatbestand nach § 50 Abs. 1 Nr. 4 MarkenG a.F. erfasst, so dass eine bösgläubig angemeldete Marke bis zur Stellung eines Löschungsantrages wegen Nichtigkeit nicht aus dem Register gelöscht werden konnte. Dem DPMA ist es seit dem 1.6.2004 möglich, eine bösgläubig angemeldete Marke bei

---

142 Tabu DPMA Nr. 223.
143 Bekanntmachungen von amtlichen Prüf- und Gewährszeichen nach § 8 Abs. 2 Nr. 7 MarkenG, Tabu DPMA Nr. 218.
144 Bekanntmachungen von Wappen, Flaggen und anderen Kennzeichen, Siegeln oder Bezeichnungen internationaler zwischenstaatlicher Organisationen nach § 8 Abs. 2 Nr. 8 MarkenG, Tabu DPMA Nr. 219.
145 Ströbele in Ströbele/Hacker, MarkenG, Kommentar, § 8 Rdn. 659 – 661.
146 Bl. f. PMZ, 2004, 207, 218.

Vorliegen eindeutiger Indizien vor ihrer Eintragung zurückzuweisen.[147] Eine Zurückweisung einer bösgläubigen Anmeldung nach § 8 Abs. 2 Nr. 10 MarkenG ist nur möglich, wenn die Bösgläubigkeit ohne weiteres ersichtlich ist (§ 37 Abs. 3 MarkenG).

Eine bösgläubige Markenanmeldung kommt in Betracht, wenn der Anmelder weiß, dass ein anderer dasselbe oder ein verwechselbares Zeichen für dieselben oder ähnliche Waren benutzt, ohne hierfür einen formalen Kennzeichenschutz erworben zu haben, und wenn besondere Umstände hinzukommen, die das Verhalten des Anmelders als sittenwidrig erscheinen lassen.

Solche besonderen Umstände können darin liegen, dass der Anmelder in Kenntnis eines schutzwürdigen Besitzstands des Vorbenutzers ohne hinreichenden sachlichen Grund für gleiche oder ähnliche Waren oder Dienstleistungen die gleiche oder eine zum Verwechseln ähnliche Bezeichnung mit dem Ziel der Störung des Besitzstandes des Vorbenutzers oder in der Absicht, für diesen den Gebrauch der Bezeichnung zu sperren, als Kennzeichen einzutragen beantragt. Selbst wenn auf Seiten des Vorbenutzers ein schutzwürdiger Besitzstand im Inland noch nicht oder nicht mehr besteht, ist das Vorliegen einer bösgläubigen Markenanmeldung nicht ausgeschlossen. Eine Bösgläubigkeit der Markenanmeldung kann sich daraus ergeben, dass der Anmelder ein Zeichen ohne eigene Benutzungsabsicht als Marke hat eintragen lassen, um den Marktzutritt eines Dritten zu verhindern.[148]

Ein weiterer Umstand kann darin liegen, dass der Anmelder die mit der Eintragung des Zeichens kraft Markenrechts entstehende und wettbewerbsrechtlich an sich unbedenkliche Sperrwirkung zweckfremd als Mittel des Wettbewerbskampfes einsetzt.[149] Auch bei einer Markenanmeldung zu Spekulationszwecken ist von einer Bösgläubigkeit auszugehen.[150]

13. Ausnahmen

a) Berechtigung zum Führen bestimmter Zeichen. § 8 Abs. 4 MarkenG bezieht sich auf die vorgenannten Nummern 6, 7 und 8 des Abs. 2 und enthält als **Spezialregelung** die Anwendung der genannten Tatbestände auf Nachahmungen eines der dort aufgeführten Zeichen wie auch die Nichtanwendung dieser Vorschriften, wenn der Anmelder befugt ist, in seiner Marke eines der dort aufgeführten Zeichen zu führen, selbst dann, wenn dieses mit einem anderen dort aufgeführten Zeichen verwechselt werden kann. Der Begriff der Nachahmung knüpft an den in Art. 6ter Abs. 1 PVÜ enthaltenen Begriff „Nachahmung im heraldischen Sinn" an.[151] In Bezug auf Prüf- oder Gewährzeichen ist das Verbot der Eintragung gem. § 8 Abs. 2 Nr. 7 MarkenG nicht anzuwenden, wenn die fragliche Marke für Waren oder Dienstleistungen angemeldet worden ist, die weder identisch noch ähnlich zu denen ist, für die das geschützte Prüf- oder Gewährzeichen eingeführt ist. Auch im Hinblick auf die Kennzeichen zwischenstaatlicher Organisationen wird in § 8 Abs. 4 MarkenG der Ausnahmetatbestand formuliert. Das Verbot

---

147 Begründung z. Entwurf des GeschmacksmusterreformG, Bl. f. PMZ, 2004, 222, 253; BGH GRUR 2009, 780 ff. „Ivadal".
148 Vgl. EuGH GRUR 2009, 763, 765 (Rdn. 34-45) „Lindt & Sprüngli/Franz Hauswirth".
149 Vgl. BGH, GRUR 2009, 780 ff. (Rdn. 13) „Ivadal"; GRUR 2010, 1034 (Rdn. 13) „LIMES LOGISTIK"; BGH GRUR 2012, 429, 430 „Simca".
150 BGH GRUR 2001, 242 ff. „Classe E".
151 Begründung zum Gesetzesentwurf MarkenG, Bl. f. PMZ 1994 (Sonderheft), 45, 65.

greift dann nicht, wenn die angemeldete Marke nicht geeignet ist, beim Publikum den unzutreffenden Eindruck einer Verbindung mit der internationalen zwischenstaatlichen Organisation hervorzurufen.

§ 8 Abs. 2 Nr. 6, 7 und 8 MarkenG und die Ausnahmen in Bezug auf diese absoluten Schutzhindernisse gem. § 8 Abs. 4 MarkenG setzen ähnlich wie Art. 7 Abs. 1 lit. h und i **GMVO** die zwingenden Vorgaben des Art. 3 Abs. 1 lit. h MarkenRL um, wobei Art. 3 Abs. 1 lit. h MarkenRL explizit Bezug auf Art. 6 der PVÜ nimmt.

b) Verkehrsdurchsetzung. Eine Markeneintragung kann trotz der Ausschlussgründe der fehlenden Unterscheidungskraft, des Freihaltebedürfnisses und der üblich gewordenen Zeichen (§ 8 Abs. 2 Nr. 1, 2 und 3 MarkenG) erfolgen, wenn die angemeldete Marke diese Schutzhindernisse aufgrund ihrer Verkehrsdurchsetzung überwindet (§ 8 Abs. 3 MarkenG). Dies entspricht Art. 3 Abs. 3 der MarkenRL sowie Art. 7 Abs. 3 der GMVO. Allerdings ist an die Stelle des in der Richtlinie und der GMVO enthaltenen Begriffes „**durch Benutzung erworbenen Unterscheidungskraft**" im deutschen Markengesetz der lange Traditionen aufweisende und inhaltlich entsprechende Begriff der Verkehrsdurchsetzung gewählt worden. Diese Begriffswahl war im deutschen Recht erforderlich, da sonst der (falsche) Eindruck entstanden wäre, es reiche für die Eintragung aus, wenn die Marke unterscheidungskräftig sei.[152]

Durch den **Nachweis der Verkehrsdurchsetzung** für konkrete Waren und/oder Dienstleistungen überwindet der Anmelder einer Marke die Eintragungshindernisse des § 8 Abs. 2 Nr. 1 bis 3 MarkenG bzw. im Bereich der Europäischen Gemeinschaft Art. 7 Abs. 1 lit. b, c und d GMVO. Für eine angemeldete Marke, die aufgrund ihrer Verkehrsdurchsetzung eingetragen werden soll, gilt, dass die Verkehrsdurchsetzung zum **Zeitpunkt der Markenanmeldung** nachgewiesen sein muss. Wird die Verkehrsdurchsetzung erst für einen späteren Zeitpunkt nachgewiesen, so kann mit Einverständnis des Anmelders der Anmeldetag und somit der **Zeitrang verschoben** werden.

Eine aufgrund der Verkehrsdurchsetzung eingetragene Marke erwirbt einen Schutz wie jede andere eingetragene Marke. Auch Internationale Registrierungen (IR-Marken), die auf Deutschland erstreckt worden sind, unterliegen den gleichen Bedingungen wie national angemeldete Marken nur mit dem Unterschied, dass deren Prioritätstag nicht auf den Tag verschoben werden kann, an dem die Verkehrsdurchsetzung nachgewiesen ist (§ 37 Abs. 2 MarkenG). Mittels der Verkehrsdurchsetzung können nur die absoluten Schutzhindernisse des § 8 Abs. 2 Nr. 1 bis 3 MarkenG bzw. die entsprechenden Regelungen in der GMVO überwunden werden, nicht jedoch das Fehlen der Markenfähigkeit gem. § 3 Abs. 1 MarkenG bzw. Art. 4 GMVO.

In der Entscheidung „Chiemsee"[153] hat der EuGH **Grundsätze zur Verkehrsdurchsetzung** – hier in Bezug auf eine **geografische Herkunftsangabe** – aufgestellt. Verkehrsdurchgesetzt im Sinne des EuGH ist ein zunächst nicht eintragungsfähiges Zeichen dann, wenn dieses „eine neue Bedeutung erlangt, die nicht mehr nur beschreibend ist". Hat eine Marke sich im Verkehr durchgesetzt (und somit in der Terminologie der GMVO „in Folge der Benutzung Unterscheidungskraft erlangt"), dann ist die Unterscheidungskraft genau so zu bewerten, wie die Unterscheidungskraft, die Eintragungsvoraussetzung einer Marke ist. Die Marke muss also geeignet sein, die Ware (oder die

---

152 Begründung zum Gesetzesentwurf MarkenG, Bl. f. PMZ 1994 (Sonderheft), 45, 65.
153 EuGH GRUR 1999, 723 f. „Chiemsee".

Dienstleistung), für die die Eintragung beantragt wird, als von einem bestimmten Unternehmen stammend zu kennzeichnen und somit diese Ware (bzw. Dienstleistung) von denjenigen anderer Unternehmen zu unterscheiden. Ob eine aus der Benutzung eines Zeichens erlangte Unterscheidungskraft gegeben ist, kann nur in Bezug auf die mit der Marke versehenen Waren oder Dienstleistungen festgestellt werden.[154] Die für die Feststellung zuständige Behörde hat sämtliche Gesichtspunkte zu prüfen, die qualitativ belegen können, dass die Marke diese Eignung erlangt hat. Bei der **Beurteilung der Unterscheidungskraft** einer Marke können der gehaltene **Marktanteil**, die **Intensität**, die **geografische Verbreitung** und die **Dauer der Benutzung** dieser Marke, der **Werbeaufwand** des Unternehmens für die Marke, der Teil der beteiligten Verkehrskreise, der die Ware aufgrund der Marke als von einem bestimmten Unternehmen stammend erkennt, sowie **Erklärungen von Industrie- und Handelskammern** oder von anderen **Berufsverbänden** berücksichtigt werden.[155] Analog gelten diese Grundsätze auch für Dienstleistungen. Für eine Verkehrsdurchsetzung einer Marke in der Europäischen Union ist der Nachweis einer Unterscheidungskraft durch Benutzung für die gesamte Union erforderlich.[156]

Die Verkehrsdurchsetzung muss in den **beteiligten inländischen Verkehrskreisen** erfolgt sein, wobei als maßgebliche Verkehrskreise all jene zu verstehen sind, in denen die Marke Verwendung finden oder Auswirkungen haben kann.[157] Dies bedeutet, dass nicht nur die einschlägigen Fachkreise als beteiligte Verkehrskreise in Frage kommen, sondern dass neben den Herstellern und Händlern auch die Abnehmer dazu zählen. Dabei sind nicht nur die aktuellen Abnehmer der mit der Marke gekennzeichneten Waren bzw. Dienstleistungen als Teil der Verkehrskreise anzusehen, sondern auch diejenigen, die hieran interessiert sein könnten. Dadurch wird bei Produkten des Massenkonsums regelmäßig die Gesamtbevölkerung zu den beteiligten Verkehrskreisen zählen, in denen die Durchsetzung einer von Hause aus beschreibenden, freihaltebedürftigen oder üblichen Bezeichnung nachgewiesen werden muss. Feste Prozentsätze für einen **Durchsetzungsgrad** gibt es jedoch nicht, da die Verkehrsdurchsetzung eine Frage des Einzelfalles ist. Jedoch gilt in der deutschen Rechtsprechung die Regel bezüglich der Quantität, dass ein Mindestdurchsetzungsgrad von 50 % bestehen muss.[158]

Gemäß der Richtlinie zur Prüfung von Markenanmeldungen des DPMA[159] ist es zunächst erforderlich, dass der Anmelder, der sich auf die Verkehrsdurchsetzung seiner angemeldeten Marke beruft, die Möglichkeit der Verkehrsdurchsetzung für die angemeldeten Waren und Dienstleistungen glaubhaft macht. Anschließend ist ein **Nachweis der Verkehrsdurchsetzung** zu erbringen, bei dem in der Regel – sofern Endverbraucher zu den beteiligten Verkehrskreisen gehören – ein **demoskopisches Gutachten** erforderlich ist.

---

154 EuGH GRUR 2001, 1148 „BRAVO".
155 EuGH GRUR 1999, 723 f. „Chiemsee".
156 EuGH GRUR 2012, 925, 928 (Rdn. 63) „Fehlende Unterscheidungskraft des Schokoladen-Goldhasen – Goldhase".
157 BPatG GRUR 2004, 650, 685 „Lotto".
158 BGH GRUR 2001, 1042, 1043 „Reich und schön"; BPatG GRUR 2005, 948, 955 „Fußball WM 2006"; BGH GRUR 2009, 954 ff. „Kinder III" (zu Wort-/Bildmarke); BGH NJW-RR 2008, 854 ff. „Milchschnitte" (zu Formmarke); BGH GRUR 2010, 138 (Rdn. 41) „ROCHER-Kugel".
159 Vom 13.6.2005, Bl. f. PMZ, 2005, 245 ff., Nr. 5.17 (Verkehrsdurchsetzung).

Für die **Anerkennung einer Verkehrsdurchsetzung** ist es notwendig, dass die **Benutzung** der angemeldeten Marke **als Marke** erfolgt ist. Eine bloße allgemeine Bekanntheit reicht nicht aus. Dies ist insbesondere beachtlich, wenn es sich bei dem Anmelder um einen Monopolisten oder bei der beanspruchten Marke um eine Werbeaussage handelt.[160] Hat sich eine Kombination mehrerer Bestandteile einer Marke im Verkehr durchgesetzt, so erfüllt in der Regel nur die benutzte Kombination als Ganzes die betriebliche Herkunftsfunktion, wenn der Gesamteindruck von dieser Kombination beherrscht wird. Allerdings kann bei benutzten Wort-/Bildkombinationen allein das Wort als einfachste Benennungsform verkehrsdurchgesetzt sein, sofern die bildliche Ausgestaltung den Gesamteindruck der benutzten Marke nicht mitbestimmt.[161] In eher seltenen Fällen kann die Unterscheidungskraft in Folge der Benutzung einer Marke als Teil oder in Verbindung mit einer eingetragenen Marke erlangt werden, die (**Teil-) Marke** also **im Verkehr durchgesetzt** sein. Als Beispiele seien hier der Bestandteil „Have a Break" der Kombinationsmarke „Have a Break – Have a Kitkat" oder „Kinder" in der Art einer Dach- oder Zweitmarke genannt.[162]

III. Relative Schutzhindernisse

1. Überblick

Relative Schutzhindernisse für eingetragene Marken stellen die in den §§ 9 – 13 MarkenG genannten **älteren Rechte von Dritten** dar, die zur Löschung einer eingetragenen Marke führen können. Basierend auf dem Grundprinzip der Priorität (§ 6 MarkenG) bestimmen die Kollisionstatbestände der §§ 9 – 13 MarkenG, welche Voraussetzungen für die Löschung einer eingetragenen Marke aufgrund eines älteren Rechtes gegeben sind. Die in der Praxis bedeutendste Bestimmung ist § 9 MarkenG, bei der das relative Schutzhindernis aus einer angemeldeten oder eingetragenen Marke mit älterem Zeitrang besteht. Weitere kollidierende ältere Rechte sind die **notorisch bekannte Marke** (§ 10 MarkenG), die **Marke kraft Verkehrsgeltung** oder **geschäftliche Bezeichnung** (§ 12 MarkenG) bzw. **sonstige ältere Rechte** (§ 13 MarkenG). Aufgrund der Beziehung zwischen dem Inhaber der älteren bzw. jüngeren Marke stellt die sog. **Agentenmarke** in § 11 MarkenG eine Besonderheit dar.

Alle diese besseren – weil älteren – Rechte können gegen angemeldete bzw. eingetragene jüngere Marken im Wege der **zivilgerichtlichen Löschungsklage** nach § 51 Abs. 1 MarkenG geltend gemacht werden. Die Anstrengung eines **Widerspruchsverfahrens** (§ 42 MarkenG) kommt aus angemeldeten oder eingetragenen Marken im Sinne des § 9 Abs. 1 Nr. 1 u. 2 MarkenG und – soweit sie die gleichen Voraussetzungen wie die eben genannten Marken und Markenanmeldungen aufweisen – aus notorisch bekannten Marken sowie gegen die Agentenmarke, aus Benutzungsmarken gem. § 3 Nr. 2 MarkenG, aber auch geschäftlichen Bezeichnungen in Frage.

Bei der Prüfung der Verwechslungsgefahr kommt es auf die Auffassung des normal informierten, angemessen aufmerksamen und verständigen Durchschnittsverbrauchers des angesprochenen **Verkehrskreises** der in Rede stehenden Waren oder Dienstleistun-

---

[160] EuGH GRUR 2005, 763 „Nestle/Mars"; BGH GRUR 2010, 138 (Rdn. 41) „ROCHER-Kugel".
[161] Ströbele in Ströbele/Hacker, MarkenG, Kommentar, § 8 Rdn. 468.
[162] EuGH GRUR 2005, 763 „Nestle/Mars"; BGH GRUR 2009, 954, 956 (Rdn. 19) „Kinder III".

gen an.[163] Die Annahme einer gespaltenen Verkehrsauffassung eines Verkehrskreises ist mit dem Begriff der Verwechslungsgefahr als Rechtsbegriff nicht zu vereinbaren.[164] Eine Ausnahme ist nur dann gerechtfertigt, wenn die sich gegenüberstehenden Zeichen verschiedene Verkehrskreise ansprechen, die sich – wie z.b. einerseits der allgemeine Verkehr und andererseits Fachkreise oder unterschiedliche Sprachkreise – objektiv voneinander abgrenzen lassen.[165] In einem solchen Fall reicht das Bestehen einer Verwechslungsgefahr in einem der angesprochenen Verkehrskreise aus.[166]

2. Angemeldete oder eingetragene Marken als relative Schutzhindernisse

Eine **eingetragene Marke** kann gelöscht werden, wenn sie im Verhältnis zu einer angemeldeten oder eingetragenen Marke mit älterem Zeitrang eine der folgenden Merkmale aufweist (§ 9 Abs. 1 Nr. 1 – 3 MarkenG):

- **Identität der Zeichen** sowie **Identität der Waren** oder **Dienstleistungen**.
- Das Bestehen der **Gefahr von Verwechslungen** aufgrund der **Identität oder Ähnlichkeit** der sich gegenüberstehenden **Zeichen** und der **Identität oder Ähnlichkeit** der von den kollidierenden Marken erfassten **Waren** oder **Dienstleistungen**, einschließlich der Gefahr, dass die Marken **gedanklich miteinander in Verbindung** gebracht werden.
- **Identität** oder **Ähnlichkeit** zu einer **im Inland bekannten Marke**, obwohl die **Waren und Dienstleistungen** der jüngeren Marke **unähnlich** zu denen der bekannten Marke sind, und die Benutzung der eingetragenen jüngeren Marke die Unterscheidungskraft oder die Wertschätzung der älteren bekannten Marke ohne rechtfertigenden Grund in unlauterer Weise ausnutzen oder beeinträchtigen würde.

Ältere Markenanmeldungen stellen jedoch nur dann ein Schutzhindernis dar, wenn sie auch eingetragen werden (§ 9 Abs. 2 MarkenG).

Die drei Kollisionstatbestände des § 9 Abs. 1 MarkenG stimmen inhaltlich mit den drei Verletzungstatbeständen des § 14 Abs. 2 MarkenG weitgehend überein.

Inhaltlich analoge Kollisionsregelungen im **Gemeinschaftsmarkenrecht** finden sich in Art. 8 Abs. 1, Abs. 2 lit. a, b und Abs. 5 GMVO.

3. Identische Marken

Identität zwischen der jüngeren und der älteren Marke gem. § 9 Abs. 1 Nr. 1 oder § 14 Abs. 2 Nr. 1 MarkenG hat in der Praxis vor allem im Rahmen der Markenpiraterie Bedeutung. Eine Identität ist nur gegeben, wenn die sich gegenüberstehenden Zeichen in jeder Hinsicht übereinstimmen.[167]

Identität liegt in Bezug auf die Waren oder Dienstleistungen auch dann vor, wenn die Ware oder Dienstleistung der jüngeren Marke unter den Waren- oder Dienstleistungsoberbegriff der älteren Marke fällt. Beansprucht die jüngere Marke einen **Oberbegriff** einer Ware oder Dienstleistung der älteren Marke, so liegt lediglich **Teilidentität** vor,

---

163 EuGH GRUR 2005, 1042 ff. „THOMSON LIFE"; EuGH GRUR 2011, 1124 (Rdn. 50) „Interflora".
164 BGH GRUR 2007, 1079 (Rdn. 36) „Bundesdruckerei".
165 BGH GRUR 2012, 64 (Rdn. 9) „Maalox/Melox-GRY".
166 BGH GRUR 2004, 947, 948 „Gazoz"; EuGH GRUR Int. 2007, 718 „TRAVATAN/TRIVASTAN"; BGH GRUR 2012, 64 (Rdn. 9) „Maalox/Melox-GRY"; BGH GRUR 2013, 631, 637 (Rdn. 64) „AMARULA/Marulablu".
167 Schweyer in v. Schultz (Hrsg.), MarkenR, Kommentar, § 14 Rdn. 44.

wobei sich ein Großteil der übrigen unter den Obergriff zu subsumierenden Waren und Dienstleistungen in der Regel im Ähnlichkeitsbereich der älteren Marke befinden dürften.

Erforderlich ist eine **Doppelidentität,** nämlich einerseits in Bezug auf die Zeichen und andererseits auf die Waren oder Dienstleistungen, die sich gegenüberstehen. Im Falle einer alleinigen Identität, nämlich entweder der der Zeichen oder der der Waren oder Dienstleistungen, ist die Kollision unter dem Aspekt der Verwechslungsgefahr von Marken zu beurteilen.

4. Verwechslungsgefahr von Marken

a) **Beurteilungsfaktoren und deren Wechselwirkung.** Bei der Beurteilung der Verwechslungsgefahr ist es grundsätzlich erforderlich, alle relevanten **Umstände des Einzelfalls** zu berücksichtigen.[168]

Die Beurteilung der **Verwechslungsgefahr** ist eine **Rechtsfrage,** die auf tatsächlichen Sachverhalten basiert. Aufgrund der zehnten Begründungserwägung der MarkenRL ist es erforderlich, den Begriff der Ähnlichkeit im Hinblick auf die Verwechslungsgefahr auszulegen. Folglich gibt es eine **Wechselwirkung** zwischen den bei der Beurteilung der Verwechslungsgefahr relevanten **Faktoren.** Diese sind:

- Grad der **Kennzeichnungskraft** der älteren Marke,
- Grad der **Ähnlichkeit zwischen den Waren bzw. Dienstleistungen** der sich gegenüberstehenden Marken sowie
- Grad der **Ähnlichkeit der** älteren **Marke** mit dem jüngeren Zeichen.[169]

Aufgrund dieser Wechselwirkung kann ein geringerer Grad der **Ähnlichkeit der Waren oder Dienstleistungen** durch einen höheren Grad der **Ähnlichkeit der Zeichen** und/oder durch eine durch Bekanntheit gesteigerte **Kennzeichnungskraft** der älteren Marke ausgeglichen werden oder umgekehrt. Nur im Falle einer Warenunähnlichkeit oder Markenunähnlichkeit fehlt es an einem der Tatbestandsmerkmale, so dass eine Verwechslungsgefahr ausgeschlossen ist. Sofern jedoch ein nur geringer Grad der Ähnlichkeit zwischen zwei Zeichen vorhanden ist, kann eine Verwechslungsgefahr gegeben sein, wenn die Ähnlichkeit der beiderseitigen Waren bzw. Dienstleistungen groß und die Kennzeichnungskraft der älteren Marke sehr hoch ist.[170]

b) **Ähnlichkeit der Waren bzw. Dienstleistungen.** Bei der Beurteilung der **Ähnlichkeit der sich gegenüberstehenden Waren und/oder Dienstleistungen** sind alle erheblichen Faktoren zu berücksichtigen, die das Verhältnis zwischen Waren oder Dienstleistungen kennzeichnen. Zu diesen Faktoren gehören deren Art, Verwendungszweck und Nutzung, sowie ihre Eigenart als miteinander konkurrierende oder einander ergänzende Waren oder Dienstleistungen.[171] Ähnlichkeit zwischen zwei **Waren bzw. Dienstleistungen** ist also dann anzunehmen, wenn diese insbesondere nach ihrer **Beschaffenheit,** ihrer regelmäßigen **betrieblichen Herkunft** und ihren **Vertriebs- sowie Erbringungsarten,** ihrem **Verwendungszweck** und ihrer **Nutzung** sowie ihrer **wirtschaftlichen Bedeu-**

---

168 EuGH GRUR 1998, 387, 389 „Sabél/Puma"; EuGH MarkenR 2005, 438, 440 „Thomson Life"; Ständige Rechtsprechung des EuGH und BGH.
169 EuGH GRUR 1998, 922, 923 „Canon".
170 EuGH GRUR 1998, 922, 923 „Canon".
171 EuGH, GRUR 1998, 922, 923 „Canon".

tung und ihrer Eigenart als miteinander **konkurrierende** oder einander **ergänzende Produkte und Leistungen** so enge Berührungspunkte aufweisen, dass zumindest ein beachtlicher Teil der beteiligten Verkehrskreise der Meinung sein könnte, die beiderseitigen Waren bzw. Dienstleistungen stammten aus dem selben oder möglicherweise wirtschaftlich verbundenen Unternehmen.[172] Von einem Fehlen jeglicher Warenähnlichkeit (oder Dienstleistungsähnlichkeit) kann nur dann ausgegangen werden, wenn angesichts des Abstandes der Waren (oder der Dienstleistungen) voneinander trotz der Identität oder großen Ähnlichkeit der sich gegenüberstehenden Marken und trotz besonders hoher Kennzeichnungskraft der älteren Marke die Annahme einer Verwechslungsgefahr von vornherein ausgeschlossen ist.[173] Die einzelnen Kriterien haben unter Berücksichtigung der Umstände in jedem Einzelfall eine unterschiedliche **Gewichtung**, wobei aufgrund der dem Markenrecht zugrunde liegenden Herkunftsfunktion die betriebliche Herkunft der in der Prüfung stehenden Waren bzw. Dienstleistungen grundsätzlich eine hohe Bedeutung zukommt.

Bei der Beurteilung der **Ähnlichkeit von Dienstleistungen** ist nicht auf die Verkehrsvorstellung über die betriebliche Herkunft der Dienstleistungen abzustellen, sondern in erster Linie auf die Vorstellung des Verkehrs über Art und Zweck der Dienstleistung, d.h. den Nutzen für die Empfänger der Dienstleistung.[174]

Ähnlichkeiten zwischen Waren und Dienstleistungen können nur dann festgestellt werden, wenn der Verkehr aus der Erfahrung annimmt, dass der Hersteller von Waren auch die fragliche Dienstleistung anbietet.[175] Beispielsweise ist dies bei der Ware „Cocktails" oder „Wein" und der Dienstleistung „Beherbergung und Verpflegung von Gästen"[176] der Fall. Ausnahmsweise kann auch zwischen Rohstoffen und Halbfabrikaten auf der einen Seite und Fertigfabrikaten auf der anderen Seite eine Warenähnlichkeit bestehen.[177]

Eine Sammlung der **Spruchpraxis** des Reichspatentamtes, des DPMA, des BPatG und des BGH aber auch des HABM, der Gerichte der Europäischen Gemeinschaften, nationaler Markenämter sowie der Instanzgerichte ist in dem Standardwerk Richter/Stoppel[178] veröffentlicht.

c) **Kennzeichnungskraft**. Die Feststellung der **Kennzeichnungskraft** der älteren Marke ist unbedingt bei der Prüfung zwischen zwei Kennzeichen vorzunehmen. Eingetragene Marken verfügen in der Regel über eine **normale Kennzeichnungskraft**. **Kennzeichnungsschwache Marken** sind hingegen Marken, die sich am Rande der Eintragbarkeit aufgrund der Anlehnung an beschreibende Angaben befinden oder durch eine Vielzahl vorhandener Drittzeichen geschwächt wurden. Der **Schutzbereich** derart kennzeichnungsschwacher älterer Marken wird hierdurch stark eingeschränkt. Anderseits kann eine Marke auch eine **erhöhte Kennzeichnungskraft** und somit einen erweiterten Schutzumfang aufweisen, wenn ihr eine beträchtliche Bekanntheit zukommt. Diese kann durch eine intensive und langjährige Nutzung der mit ihr gekennzeichneten Wa-

---

172 EuGH GRUR 1998, 922, 923 „Canon";BGH GRUR 2001, 507, 508 „Evian/Revian"; BGH GRUR 2007, 321, 322 „Cohiba"; BGH GRUR 2009, 484, 486 „Metrobus" m.w.N.
173 BGH GRUR 2001, 507, 508 „Evian/Revian".
174 BGH GRUR 2001, 164 „Wintergarten".
175 BGH GRUR 2001, 507, 508 „Evian/Revian".
176 BGH GRUR 1999, 586, 587„White Lion"; BGH GRUR 2000, 883, 884 „Papagallo".
177 BGH GRUR 2000, 886 „Bayer/BeiCHEM".
178 Richter/Stoppel, Die Ähnlichkeit von Waren und Dienstleistungen (16. Aufl.) 2014.

ren bzw. Dienstleistungen erlangt werden. Die **höchste Kennzeichnungskraft** genießen **berühmte Marken**. Die gleichen Grundsätze gelten auch für Benutzungsmarken sowie geschäftliche Bezeichnungen.

Die **Kennzeichnungskraft** muss immer in Bezug auf die konkrete Ware oder Dienstleistung der älteren Marke festgestellt werden. Die erhöhte Kennzeichnungskraft einer Marke kann für die eine Ware/Dienstleistung aufgrund ihrer hohen Bekanntheit gegeben sein, jedoch für eine andere Ware/Dienstleistung nicht, so dass der Marke in Bezug zu letzterer nur eine normale Kennzeichnungskraft zukommt. Eine erhöhte Kennzeichnungskraft kann auch auf eng verwandte Waren bzw. Dienstleistungen ausstrahlen, wobei eine Benutzung für diese Waren bzw. Dienstleistungen nicht vorausgesetzt wird.[179]

Die **Schwächung durch Drittmarken** ist differenziert zu betrachten. Die Schwächung der Kennzeichnungskraft wird nur durch eine beträchtliche Anzahl **benutzter Drittmarken** herbeigeführt, da der Verkehr dann auf etwaige Unterschiede mehr achtet und weniger Verwechslungen unterliegt und somit der Schutzumfang der geschwächten Marke eingeschränkt wird. Diese Drittmarken müssen allerdings im Wesentlichen für die gleichen Waren bzw. Dienstleistungen verwendet werden.

Drittmarken, die zwar eingetragen sind, jedoch nicht benutzt werden bzw. deren Benutzung nicht liquide bzw. nachgewiesen ist, schwächen die Kennzeichnungskraft einer älteren Marke nicht unmittelbar, jedoch können sie als Indiz für eine von Haus aus schwache Kennzeichnungskraft und damit für einen verringerten Schutzumfang gelten. Nichts anderes gilt für die in der Praxis häufiger auftretende Beurteilung von **Markenbestandteilen**, die in einer Vielzahl von Marken enthalten sind und deshalb als verbraucht bzw. kennzeichnungsschwach zu qualifizieren sind. Die aus den Grundsätzen des Rechts der Gleichnamigen folgende Koexistenz von Kennzeichen bewirkt keine Verringerung des Schutzes dieser Kennzeichen im Verhältnis zu Dritten.[180]

d) **Ähnlichkeit der Zeichen.** In der Entscheidung „Sabèl/Springende Raubkatze" hat der EuGH 1997 festgestellt, dass „bei der umfassenden Beurteilung hinsichtlich der Ähnlichkeit der betreffenden Marken im Bild, im Klang oder in der Bedeutung auf den **Gesamteindruck** abzustellen ist, den die Marken hervorrufen, wobei insbesondere die sie **unterscheidenden** und **dominierenden Elemente** zu berücksichtigen sind". Aus dem Wortlaut des Art. 4 Abs. 1 lit. b MarkenRL, wonach „für das Publikum die Gefahr von Verwechslungen besteht", ginge nämlich hervor, dass es für die umfassende Beurteilung der Verwechslungsgefahr entscheidend darauf ankomme, wie die Marke auf den Durchschnittsverbraucher für diese Art von Waren oder Dienstleistungen wirke. Der Durchschnittsverbraucher nehme eine Marke normalerweise **als Ganzes** wahr und achte nicht auf die verschiedenen Einzelheiten.[181] Erlangt eine an einen die Waren oder Dienstleistungen beschreibenden Begriff angelehnte Marke nur durch die von der beschreibenden Angabe abweichenden Elemente Unterscheidungskraft, ist bei der Prü-

---

179 OLG Hamburg GRUR-RR 2010, 382 „iPod/eiPott".
180 BGH GRUR 2010, 833, 834 (Rdn. 17) „Malteser Kreuz II".
181 EuGH GRUR 1998, 387 „Sabèl/Springende Raubkatze"; EuGH GRUR 2010, 933 „Barbara Becker"; BGH GRUR 2012, 64 (Rdn. 9) „Maalox/Melox-GRY".

fung der Ähnlichkeit der sich gegenüberstehenden Zeichen nur auf diejenigen Merkmale abzustellen, die der älteren Marke Unterscheidungskraft verleihen.[182]

Hinsichtlich der zu vergleichenden Zeichen kommt es im Widerspruchs- bzw. Löschungsverfahren bei der älteren wie auch bei der jüngeren Marke maßgeblich auf ihre eingetragene bzw. angemeldete Form an. Im Verletzungsprozess ist die ältere Marke ausschließlich in der im Markenregister eingetragenen Form entscheidend. Bei nicht eingetragenen Marken ist der Beurteilung die Form zugrunde zu legen, in der sie die Verkehrsgeltung bzw. die Notorietät erlangt hat. Auf der Seite des Verletzers kommt es auf die konkrete Gestalt an, die das angegriffene Zeichen aufweist bzw. in der es benutzt worden ist.

Für das Vorliegen einer **Ähnlichkeit zwischen zwei Zeichen** reicht nach ständiger Rechtsprechung die hinreichende Ähnlichkeit in **klanglicher**, **(schrift-) bildlicher** oder **begrifflicher** Hinsicht aus.[183] Allerdings gibt es Fälle, in denen die Summe der verschiedenen Übereinstimmungen erst zur Verwechslungsgefahr führt (**komplexe Verwechslungsgefahr**), wie auch umgekehrt – wenn auch weitaus seltener – Unterschiede in einer Kategorie Übereinstimmungen in anderen Kategorien kompensieren und somit eine Verwechslungsgefahr ausschließen können.[184] Nach den Erfahrungsregeln des EuGH und des BGH kommt es eher auf die **Übereinstimmungen** als auf die Unterschiede zwischen zwei sich gegenüberstehenden Zeichen an. Der Verbraucher neige nicht zu einer Analyse der möglichen Bestandteile und Begriffsbedeutungen. Er gewinne seine Auffassung nicht selten aufgrund eines undeutlichen Erinnerungseindrucks. Des Weiteren neige er bei einheitlichen Wörtern nicht zu Verkürzungen dieser, sondern lediglich dazu, Bezeichnungen in einer die Merkbarkeit und Aussprechbarkeit erleichternden Weise zu verkürzen, was insbesondere für mehrteilige oder Kombinationsmarken gilt.

Bei **Wortzeichen** werden in der Regel die Wortanfänge stärker beachtet, was allerdings die Übereinstimmung der Wortenden zumindest dann nicht in den Hintergrund treten lässt, wenn der Wortanfang verbraucht bzw. wenig kennzeichnend wirkt.[185] Im Hinblick auf die **schriftbildliche Ähnlichkeit** kommt es zudem auf die **Wortkontur** – bestimmt durch die Länge bzw. die Ober- und Unterlängen des Zeichens – an.

Klanglich sind die Übereinstimmungen in Bezug auf die Silbengliederung bzw. Silbenzahl, die Vokalfolge und die maßgebliche Aussprache relevant, wobei bei letzterem – insbesondere bei fremdsprachigen Wörtern – eine fehlerhafte Aussprache dann zu berücksichtigen ist, wenn sie für den Durchschnittsverbraucher naheliegend ist.[186] Auch bei der **klanglichen Ähnlichkeit** kommt es meist auf die Anfangslaute und die Vokalfolge an, während die Schlusslaute vom Verkehr weniger stark wahrgenommen werden.

Die **begriffliche Ähnlichkeit** setzt voraus, dass beide miteinander zu vergleichenden Marken einen für das Publikum erkennbaren Sinngehalt haben. Dies ist dann der Fall, wenn eine begriffliche Ähnlichkeit zu wörtlichen Übereinstimmungen hinzukommt.[187] Häufig besteht eine begriffliche Ähnlichkeit zwischen Wörtern verschiedener Sprachen

---

182 BGH GRUR 2012, 1040 (Leitsatz) „Begrenzung des Schutzumfangs einer Marke auf unterscheidungskräftige Merkmale – pjur/pure".
183 EuGH GRUR Int 1999, 734 „Lloyd".
184 Z.B. EuGH GRUR 2006, 236, 237 „Picasso/Picaro"; BGH GRUR 2010, 235 „AIDA/Aidu".
185 Z.B. BGH GRUR 2001, 507, 508 „Evian/Revian".
186 BPatG GRUR 1996, 879, 880 „Patric Lion/Lions".
187 Z.B. BGH Mitt. 1998, 196 „Jägerfürst/Jägermeister".

mit gleichem Sinngehalt, sofern dieser im Inland einem erheblichen Teil des angesprochenen Publikums bekannt ist.[188]

Dem Grunde nach besteht eine begriffliche Verwechslung zwischen zwei sich gegenüberstehenden Zeichen nicht, wenn sie verschiedenen **Fremdsprachen** entstammen und in ihrem Sinngehalt nicht völlig übereinstimmen. Das Publikum ist nicht geneigt, zweimal zu übersetzen, um dann eine Ähnlichkeit festzustellen. Fremdsprachige Schreibweisen (z.B. Chinesisch, Kyrillisch o.ä.), die der durchschnittlich informierte Verbraucher nicht lesen kann, treten diesem regelmäßig als Bildmarke entgegen.

In Einzelfällen tritt eine **komplexe Ähnlichkeit** der sich gegenüberstehenden Zeichen auf. In diesen Fällen wird der – um eine Verwechslungsgefahr auszuschließen – einzuhaltende Abstand zwischen den sich gegenüberstehenden Zeichen dem Gesamteindruck nach nicht eingehalten, obwohl die klanglichen, bildlichen oder begrifflichen Gemeinsamkeiten für sich genommen eine Verwechslung nicht begründen können.[189] Umgekehrt kann in äußerst seltenen Fällen eine Zeichenähnlichkeit durch einen Sinnunterschied **kompensiert** werden.[190] Mit der – wenn auch in diesem Fall eine bekannte ältere Marke betreffend – Entscheidung „Picasso/Picaro" hat der EuGH festgestellt: Wenn mindestens „eines der fraglichen Zeichen eine eindeutige und bestimmte Bedeutung habe, so dass die maßgeblichen Verkehrskreise sie ohne Weiteres erfassen könnten, [dann können] die vorhandenen Bedeutungsunterschiede zwischen den Zeichen deren optische und klanglichen Ähnlichkeiten **neutralisieren**".[191]

Bei **reinen Bildzeichen** gelten die genannten allgemeinen Grundsätze auch, wobei bei diesen die klangliche Ähnlichkeit in den Hintergrund tritt. Bei reinen Bildzeichen ist der Gesamteindruck der Zeichen zugrunde zu legen.[192] Beispiele für die rein **visuelle Ähnlichkeit** im Gesamteindruck sind die Drei-Streifen-Kennzeichnung eines bekannten Sportausrüsters[193] oder eine Rautendarstellung.[194] Weitaus häufiger ist eine begriffliche Ähnlichkeit festzustellen, wobei die bloße Möglichkeit, zwei unterschiedliche Bildzeichen mit dem gleichen Wort zu beschreiben für eine Ähnlichkeit im markenrechtlichen Sinne noch nicht ausreicht. Insoweit gibt es einen „**Motivschutz**" nach der früheren Spruchpraxis zum Warenzeichengesetz nicht mehr. Vielmehr gilt nunmehr der Grundsatz, dass Bildmarken um so weniger als begrifflich ähnlich angesehen werden, je allgemeiner ein gemeinsamer Sinngehalt erfasst werden müsste, um die Gleichheit des Motivs zu begründen.[195]

---

188 Z.B. OLG München, MarkenR 2002, 199, 2001 „Falcon/Falke".
189 GRUR 1994, 291, 292 „Calimbo/Calypso".
190 BGH GRUR 2002, 1083, 1085 „1, 2, 3 im Sauseschritt" (hier zu Titeln).
191 EuGH GRUR Int, 2006, 229 „Picasso/Picaro"; Felchner, Armer PICASSO – Die „Neutralisierungslehre" des EuG, MarkenR 2005, 377 – 385.
192 EuGH GRUR 1998, 387 „Sabèl/Springende Raubkatze".
193 BGH GRUR 2001, 158, 160 „Drei-Streifen-Kennzeichnung".
194 BGH GRUR 1998, 830, 834 „Les-Paul-Gitarren".
195 Hacker in Ströbele/Hacker, MarkenG, Kommentar, § 9 Rdn. 224.

Prüfschema Markenkollisionen	
1.	Ähnlichkeit der Waren/Dienstleistungen
2.	Kennzeichnungskraft der älteren Marke/Verkehrskreise
3.	Ähnlichkeit der Zeichen
3.1	klanglich
3.2.	schriftbildlich
3.3	begrifflich / konzeptionell
4.	Sonderfälle
5.	Gesamteindruck
6.	Wechselwirkung zwischen (i) Ähnlichkeit der Waren/Dienstleistungen (ii) Kennzeichnungskraft und (iii) Ähnlichkeit der Zeichen

Allerdings gilt etwas anderes, wenn es sich bei dem älteren Zeichen um ein im Verkehr **bekanntes Bildzeichen** handelt.[196] Wird mit einem Bild ein Wortzeichen dargestellt, so liegt eine Verwechslungsgefahr und ggf. Verletzung der älteren Wortmarke dann vor, wenn das Wort die naheliegende, ungezwungene und erschöpfende Benennung des konkreten Bildes darstellt.[197]

Die bereits mehrfach angesprochenen allgemeinen Grundsätze der Beurteilung von sich gegenüberstehenden Zeichen gelten auch für **alle übrigen Markenformen** wie insbesondere dreidimensionale Marken, Farbmarken und Hörmarken, wobei bei Letzteren die klangliche Ähnlichkeit von überragender Bedeutung ist.

e) Zusammengesetzte Marken. Komplex ist die Beurteilung der Verwechslungsgefahr bei Marken, die aus **mehreren Bestandteilen** bestehen und bei denen nur einzelne Bestandteile zwischen den sich gegenüberstehenden Zeichen Gemeinsamkeiten aufweisen. Es soll hier betont werden, dass grundsätzlich die besonderen Umstände des Einzelfalls bei der Prüfung der Verwechslungsgefahr Berücksichtigung finden müssen und immer von dem Gesamteindruck der Marke auszugehen ist. Dies schließt nicht aus, dass nur ein Markenbestandteil eine selbständig kollisionsbegründende Bedeutung hat, sofern er den Gesamteindruck des aus mehreren Bestandteilen bestehenden Zeichens prägt, er also in diesem eine eigenständige kennzeichnende Funktion aufweist.[198] Diese sog. „Prägetheorie" des BGH[199] hat in den vergangenen Jahren eine nicht unwesentliche Wandlung durch den BGH selbst erfahren. Im Gegensatz zu früheren Entscheidungen kann nunmehr eine Prägung des Gesamteindrucks einer Marke durch einen einzelnen Bestandteil nur in dem Fall angenommen werden, in dem die übrigen Bestandteile eines Zeichens aus Sicht des angesprochenen Verkehrs in einer Weise zurücktreten, dass sie für den Gesamteindruck vernachlässigt werden können.[200]

Demzufolge kommen zusammengesetzte Marken mit gleichgewichtigen Bestandteilen für die Prägung eines Bestandteiles nicht in Frage, sofern nicht besondere Umstände

---

196 BGH GRUR 2004, 594, 597 ff. „Ferrari-Pferd".
197 BGH GRUR 1971, 251, 252 „Oldtimer".
198 BGH GRUR 1996, 198, 199 „Springende Raubkatze".
199 S.a. BGH GRUR 2000, 233, 234 „Rausch/Elfi Rauch"; BGH GRUR 2002, 167, 169 „Bit/Bud".
200 Z.B. BGH GRUR 2003, 880, 881 „City Plus"; GRUR 2007, 1071, 1073 (Nr. 34 – 38) „Kinder II); s.a. Hacker in Ströbele/Hacker, MarkenG, § 9 Rdn. 251 und Fußnoten.

vorliegen, die es rechtfertigen, in einem zusammengesetzten Zeichen einzelne oder mehrere Bestandteile als selbstständig kennzeichnend anzusehen.[201] Ebenso wenig vermögen kennzeichnungsschwache Elemente und schon gar nicht rein beschreibende Elemente den Gesamteindruck einer Marke zu prägen.

In der Entscheidung „Thomson Life"[202] hat der EuGH die Feststellung getroffen, dass eine Verwechslungsgefahr nur dann angenommen werden könne, wenn die von der jüngeren Kombination übernommene **ältere Marke** in dieser eine selbständig kennzeichnende, aber nicht (zwangsläufig) dominierende Stellung behalte, was voraussetzte, dass sie eine mindestens durchschnittliche Kennzeichnungskraft aufweist. Eine **kennzeichnende Stellung innerhalb des Kombinationszeichens** ist jedenfalls dann anzunehmen, wenn es sich bei dem weiteren Bestandteil um eine bekannte Marke oder ein Unternehmenskennzeichen handelt. In Kollisionsfällen, in denen die ältere Marke aus der Kombination eines Firmennamens und eines weiteren Bestandteils besteht, wird vom Verkehr im Allgemeinen dem weiteren Bestandteil eine größere Aufmerksamkeit gewidmet, an dem er sich bezüglich des mit dem Zeichen verbundenen konkreten Produktes oder Service orientiert. Die zusammengesetzte Marke erhält dann eine Prägung durch den weiteren Bestandteil.[203] Entsprechendes gilt auch für Bildmarken.[204]

Die gleichen Grundsätze gelten auch für bekannte **Stammbestandteile von Serienmarken**[205] aber auch für die produktbezogenen Bestandteile einer Marke.[206] Eine Ausnahme gegenüber den dargestellten Regeln bilden Erfahrungssätze in bestimmten Branchen, in denen der Firmenname den Gesamteindruck von zusammengesetzten Marken wesentlich mitbestimmt. Dies gilt für die Branchen Bekleidung, Schuhe, Brauereien und Telekommunikation sowie bis zu der o.g. „Thomson Life"-Entscheidung für Unterhaltungselektronik.[207] Den einschlägigen Kommentaren muss die Kommentierung einer Vielzahl von Einzelentscheidungen vorbehalten bleiben.

f) **Verwechslungsgefahr durch gedankliche Verbindung.** In § 9 Abs. 1 Nr. 2 letzter Halbsatz MarkenG genauso wie in Art. 8 Abs. 1 lit. b letzter Halbsatz GMVO wird eine Verwechslungsgefahr auch für den Fall angenommen, dass das Publikum die jüngere Marke mit der älteren Marke **gedanklich in Verbindung** bringt. Es handelt sich dabei um eine mittelbare Verwechslungsgefahr bzw. Verwechslungsgefahr im weiteren Sinne.[208]

Eine **mittelbare Verwechslungsgefahr** liegt dann vor, wenn der Verkehr zwar die Unterschiede zwischen den Vergleichsmarken erkennt, aber einen der in den sich gegenüberstehenden Zeichen übereinstimmend enthaltenen Bestandteil als Stamm einer **Markenserie** des Inhabers der älteren Marke auffasst und die weiteren Bestandteile nur als Kennzeichen für spezielle Waren bzw. Dienstleistungen des Inhabers der älteren Marke ansieht. Eine mittelbare Verwechslungsgefahr ist nur unter strengen Voraussetzungen

---

201 BGH GRUR 2013, 833, 837 (Rdn. 50) „Verwechslungsgefahr zwischen Unternehmenskennzeichen und Marken für Nahrungsmittel – Culinaria/Villa Culinaria".
202 EuGH GRUR 2005, 1042, 1044 „Thomson Life".
203 Z.B. BGH GRUR 2001, 164, 166 „Wintergarten"; BGH GRUR 1996, 404, 405 „Blendax Pep".
204 BGH GRUR 2006, 859ff. „Malteser Kreuz".
205 BGH GRUR 1996, 977, 978 „Drano/P3-drano"; BGH GRUR 2002, 542 „BIG".
206 BGH GRUR 2008 258 „INTERCONNECT/T-InterConnect".
207 Hacker in Ströbele/Hacker, MarkenG, Kommentar (2. Aufl.), § 9 Rdn. 321.
208 Begründung zum Gesetzesentwurf MarkenG, Bl. f. PMZ 1994 (Sonderheft), 45, 65.

anzunehmen und bedarf einer konkreten Feststellung.[209] So ist es z.b. erforderlich, dass der Stammbestandteil nicht kennzeichnungsschwach, sondern im Gegenteil von dem Publikum als betrieblicher Herkunftshinweis aufgefasst wird.

Eine **Verwechslungsgefahr im weiteren Sinne** ist dann festzustellen, wenn das Publikum die Kennzeichen nicht verwechselt und die unterschiedliche betriebliche Herkunft der Waren bzw. Dienstleistungen erkennt, aber aufgrund besonderer Umstände dennoch annimmt, dass zwischen den beiden Unternehmen Beziehungen gesellschaftlicher, wirtschaftlicher oder organisatorischer Art bestehen. Voraussetzung für eine Verwechslungsgefahr im weiteren Sinne ist, dass die ältere Marke zugleich Unternehmenskennzeichen ist.[210] Verwechslungsgefahr im weiteren Sinne kann auch vorliegen, wenn ein mit einer älteren Marke übereinstimmender identischer oder ähnlicher aber unterscheidungskräftiger Bestandteil in ein zusammengesetztes Zeichen übernommen wird, in dem er neben einem Serienzeichen eine selbstständig kennzeichnende Stellung behält.[211]

5. Schutz bekannter Marken

Der **Bekanntheitsschutz** ergibt sich für das Löschungsverfahren aus § 9 Abs. 1 Nr. 3 MarkenG und gleichlautend aus Art. 8 Abs. 5 GMVO, für das Verletzungsverfahren aus § 14 Abs. 2 Nr. 3 MarkenG bzw. Art. 9 Abs. 1 lit. c GMVO. Dieser Schutz bekannter Marken geht auf Art. 5 Abs. 2 MarkenRL zurück, die den Mitgliedsstaaten die Möglichkeit eröffnet, den Inhabern bekannter Marken einen Sonderschutz zu gewähren und andere Zeichen auszuschließen, wenn sie mit der angemeldeten oder eingetragenen Marke mit älterem Zeitrang identisch oder dieser ähnlich ist und für Waren oder Dienstleistungen eingetragen bzw. benutzt worden ist, die nicht denen ähnlich sind, für die die Marke mit älterem Zeitrang angemeldet oder eingetragen worden ist, falls es sich bei der Marke mit älterem Zeitrang um eine im **Inland bekannte Marke** handelt und die Benutzung der eingetragenen Marke die Unterscheidungskraft oder die Wertschätzung der bekannten Marke ohne rechtfertigenden Grund in unlauterer Weise ausnutzen oder beeinträchtigen würde. Eine ähnliche Regelung findet sich übrigens in Art. 16 Abs. 3 TRIPS, der auf Art. 6 [bis] PVÜ Bezug nimmt, wobei durch die etwas unterschiedliche Formulierung eine Differenz zwischen der Regelung im MarkenG bzw. der in der GMVO nicht ausgeschlossen ist.[212] Der EuGH hat in der Entscheidung „Chevy" ausgeführt, dass eine eingetragene Marke, um in den Genuss eines auf **nicht ähnliche Waren oder Dienstleistungen** erweiterten Schutzes zu kommen, einem bedeutenden Teil des Publikums bekannt sein müsse, das von den durch die Marke erfassten Waren oder Dienstleistungen betroffen sei. Andererseits genüge es, dass die Marke nur in einem wesentlichen Teil des Inlandes bekannt ist. Bei der Prüfung der Voraussetzung für die Anwendung von Art. 16 Abs. 3 TRIPS seien alle relevanten Umstände des Falles zu berücksichtigen, insbesondere der Marktanteil der Marke, die Intensität, die geografische Ausdehnung und die Dauer ihrer Benutzung sowie der Umfang der Investitio-

---

209 BGH GRUR 2002, 542, 544 „BIG"; Vgl. BGH GRUR 2013, 840, 842 (Rdn. 23) „Voraussetzungen einer rechtserhaltenden Benutzung von Zeichenserien – PROTI II".
210 Z.B. BGH GRUR 2004, 598 „Kleiner Feigling".
211 BGH GRUR 2010, 646, 648 (Rdn. 16, 17) „Unterscheidungskraft eines Bestandteils eines zur Kennzeichnung einer Zeitschrift verwendeten Zeichens – OFF ROAD".
212 A. Kur GRUR 1999, 866 ff. „Die WIPO-Vorschläge zum Schutz notorisch bekannter und berühmter Marken".

nen, die der Inhaber der bekannten Marke zu ihrer Förderung getätigt hat.[213] Eine Gemeinschaftsmarke muss – um in den Genuss des Schutzes einer bekannten Marke zu kommen – bei einem wesentlichen Teil des betroffenen Publikums in einem wesentlichen Teil des Gemeinschaftsgebiets bekannt sein, wobei das Gebiet eines (größeren) Mitgliedstaates als wesentlicher Teil des Gemeinschaftsgebiets angesehen werden kann.[214] Die Reichweite des Schutzes bekannter Marken wird vom EuGH anders beurteilt als vom BGH. Während der EuGH den Begriff der „**gedanklichen Verknüpfung**" bei den beteiligten Verkehrskreisen eingeführt hat,[215] hält der BGH an dem Begriff des „**gedanklich in Verbindung Bringens**" fest und zeigt in der Entscheidung „Zwilling/ Zwei Brüder" die Grenzen der bekannten Marke auf. Demzufolge genügt es nicht, dass ein Zeichen geeignet ist, durch bloße Assoziationen an ein fremdes Kennzeichen Aufmerksamkeit zu erwecken oder die Wahl des jüngeren Zeichens nicht zufällig erscheint.[216] Der Bekanntheitsschutz einer Marke nach Art. 9 Abs. I 2 lit.c GMVO kommt nur in dem Gebiet der Europäischen Union in Betracht, in dem die Gemeinschaftsmarke die Voraussetzungen der Bekanntheit erfüllt.[217]

Voraussetzung für die Kollision mit einer bekannten Marke ist demnach:

- Eine **im Inland** – zumindest in einem wesentlichen Teil – bekannte Marke (in der EU in Bezug auf die GMVO),
- **Zeichenähnlichkeit**,
- **Bekanntheit** der Marke,
- Ausnutzung oder **Beeinträchtigung der Unterscheidungskraft** als Schutz vor Verwässerung der bekannten Marke und/oder Ausnutzung oder **Beeinträchtigung der Wertschätzung**, d.h. die Beeinträchtigung des positiven Images der bekannten Marke durch Rufschädigung, wobei eine Wechselwirkung zwischen der Beeinträchtigung der Unterscheidungskraft bzw. der Wertschätzung besteht,[218]
- **Unlauterkeit**, die um so eher zu bejahen ist, je stärker die Bekanntheit der Marke, je höher ihre Originalität, ihr Werbewert und die Möglichkeit der Rufverwertung ist,
- die **Benutzung ohne rechtfertigenden Grund**, wie z.B. die Schaffung eines eigenen wertvollen Besitzstandes unabhängig von dem der bekannten Marke oder die Meinungs- bzw. Kunstfreiheit nach Art. 5 GG,[219] und
- **unähnliche Waren oder Dienstleistungen**.

Bei Vorliegen *ähnlicher* oder *identischer* Waren bzw. Dienstleistungen werden die oben genannten gesetzlichen Regelungen analog angewendet. Voraussetzung ist hierfür die Identität oder Ähnlichkeit der Zeichen, eine Kennzeichnungskraft der älteren Marke

---

213 EuGH MarkenR 1999, 388 „Chevy"..
214 EuGH GRUR Int. 2010, 134, 135 (Nr. 30) „PAGO".
215 EuGH GRUR 2004, 58, 60 „Adidas/Fitnessworld"; bestätigt durch EuGH GRUR 2008, 503 (Nr. 31) „Adidas/Marca Mode"; s.a. EuGH GRUR Int. 2009, 319, 321 ff. „INTEL".
216 BGH GRUR 2004, 779 „Zwilling/Zwei Brüder".
217 BGH GRUR 2013, 1239, 1244 (Rdn. 67) „Schutzumfang einer berühmten Marke – VOLKSWAGEN/ Volks.Inspektion".
218 EuGH GRUR Int. 2000, 73, 75 „Chevy".
219 BGH GRUR 2005, 583, 584 „Lila-Postkarte"; AIPPI-Landesgruppenbericht, GRUR Int 2005, 413 ff.

und *keine* Verwechslungsgefahr aufgrund der Wechselwirkung der Faktoren, so dass eine unmittelbare Verwechslungsgefahr ausscheidet.[220]
Das Geltendmachen einer bekannten Marke ist im deutschen Widerspruchsverfahren gem. § 42 i.V.m. § 9 Abs. 1 Nr. 3 MarkenG nunmehr möglich, ebenso wie im Widerspruchsverfahren vor dem HABM gemäß Art. 8 Abs. 5 GMVO.

6. Notorisch bekannte Marke (Notorietätsmarke)

Dieses relative Schutzhindernis geht auf Art. 6bis PVÜ zurück, das die Verbandsstaaten verpflichtet, die Eintragung einer Marke abzulehnen bzw. für ungültig zu erklären, wenn sie mit einer notorischen Marke verwechslungsfähig ist.[221] Seit dem 1.10.2009 kann in Deutschland ein Widerspruch gegen eine jüngere Marke auf eine notorisch bekannte Marke gestützt werden (§ 42 Abs. 2 Nr. 2 mit Verweisung auf § 10 i.V.m. § 9 MarkenG). Auch Art. 4 Abs. 2 lit. d MarkenRL definiert ältere **Notorietätsmarken** als relative Schutzhindernisse, was ebenso in Art. 8 Abs. 2 lit. c GMVO Eingang gefunden hat. Eine notorische Bekanntheit muss jedoch im gesamten Hoheitsgebiet oder in einem wesentlichen Teil eines Mitgliedstaates der EU vorliegen.[222] Ein Notorietätsschutz auch für Dienstleistungsmarken ist in Art. 16 Abs. 2 Satz 1 TRIPS kodifiziert. Bei Unähnlichkeit der Waren und Dienstleistungen sieht Art. 16 Abs. 3 TRIPS den Schutz einer notorisch bekannten Marke unter weiteren Voraussetzungen vor.

7. Agentenmarke

§ 11 MarkenG entspricht den Vorgaben des Art. 6^{septis} PVÜ. Die Regelung sieht vor, dass eine Marke, die ohne Zustimmung des Inhabers für dessen Agenten oder Vertreter eingetragen worden ist, gelöscht werden kann. Der nicht im MarkenG normierte Begriff des Agenten ist wirtschaftlich zu verstehen. Ausreichend, aber grundsätzlich auch erforderlich ist ein Vertragsverhältnis, das den Agenten zur Wahrnehmung der Interessen des Geschäftsherrn im geschäftlichen Verkehr verpflichtet, auch wenn dies nicht im Mittelpunkt der vertraglichen Beziehungen steht.[223] Die Anmeldung eines untreuen Agenten kann nicht nur im Löschungsverfahren, sondern auch im Widerspruchsverfahren gem. § 42 Abs. 2 Nr. 3 geltend gemacht werden. Eine ähnliche Regelung enthält Art. 8 Abs. 3 GMVO, wobei dort als weiteres Tatbestandsmerkmal die mögliche **Rechtfertigung des Agenten bzw. Vertreter** für seine Handlungsweise hinzutritt. Im Übrigen hat der Markeninhaber gem. Art. 18 GMVO bzw. der Inhaber einer deutschen Marke gem. § 17 Abs. 1 MarkenG das Recht, von dem Agenten die Übertragung der Marke (nach deutschem Recht auch der Markenanmeldung) zu verlangen.

8. Benutzungsmarken und geschäftliche Bezeichnungen mit älterem Zeitrang

Relative Schutzhindernisse stellen gem. § 12 MarkenG auch durch **Benutzung erworbene Marken** im Sinne des § 4 Nr. 2 MarkenG oder Rechte an einer **geschäftlichen Be-**

---

220 Als Beispiel nennt Lange (§ 7 Rdn. 2250) eine BGH-Entscheidung von 1991, bei der es um die Benutzung der Bezeichnung „UNO 45 SL" und „UNO 60 SL" für Autos der Marke Fiat ging, die Assoziationen mit der prioritätsälteren und bekannten Marke „SL" für Sportwagen von Daimler Benz auslösten, ohne mit dieser im Rechtssinne verwechslungsfähig zu sein; s.a. EuGH MarkenR 2003, 61 „Davidoff/Durffee".
221 S.a. Kur GRUR 1999, 866 ff. „Die WIPO-Vorschläge zum Schutz notorisch bekannter und berühmter Marken".
222 EuGH GRUR 2008, 70 (Nr. 20) „Nuño/Franquet".
223 BGH GRUR 2009, 257, 259 (Nr. 20, 21) „Audison".

zeichnung im Sinne des § 5 MarkenG dar, sofern sie einen älteren Zeitrang aufweisen. Zudem muss der Inhaber des älteren Rechts einen Unterlassungsanspruch im **gesamten Gebiet Deutschlands** haben. Ein nur örtlich beschränktes Ausschließlichkeitsrecht kann nur zu einem Benutzungsverbot innerhalb des jeweiligen geografischen Gebietes führen, nicht jedoch zur Löschung einer jüngeren Marke. Eine ähnliche Regelung findet sich in Art. 8 Abs. 4 **GMVO**, in der jedoch vorausgesetzt wird, dass der nicht eingetragenen Marke oder dem sonstigen im geschäftlichen Verkehr benutzten Kennzeichen mehr als nur örtliche Bedeutung zukommt. Während gemäß Art. 41 Abs. 1 i.V.m. Art. 8 Abs. 4 GMVO ein Widerspruch gegen Gemeinschaftsmarkenanmeldungen aufgrund dieser Rechte seit jeher möglich ist, können seit 1.10.2009 die in § 12 MarkenG bezeichneten Rechte auch im deutschen Widerspruchsverfahren geltend gemacht werden.

9. Sonstige ältere Rechte

Die Eintragung einer Marke kann gem. § 13 MarkenG gelöscht werden, wenn ein Anderer ein nicht in den §§ 9 – 12 MarkenG aufgeführtes Recht mit älterem Zeitrang erworben hat, welches ihn berechtigt, die Benutzung der jüngeren Marke auf dem gesamten Territorium Deutschlands zu untersagen. Die in Betracht kommenden, nicht abschließend in § 13 Abs. 2 MarkenG aufgeführten älteren Rechte sind **Namensrechte** (i.S. des § 12 BGB), das Recht an der **eigenen Abbildung, Urheberrechte, Sortenbezeichnungen, geografische Herkunftsangaben** sowie sonstige gewerbliche Schutzrechte. Als sonstiges gewerbliches Schutzrecht kommt insbesondere ein prioritätsälteres **Geschmacksmuster** in Betracht, das einen Löschungsanspruch gegenüber jüngeren Bild- und/oder Formmarken begründet. Selbstverständlich kommen als ältere Rechte auch eingetragene oder nicht eingetragene europäische Gemeinschaftsgeschmacksmuster in Betracht. Die sonstigen älteren Rechte sind im MarkenG verfahrensrechtlich als Nichtigkeitsgründe gem. § 51 MarkenG ausgestaltet und berechtigen nicht zum Widerspruch.

Die Löschung einer jüngeren Gemeinschaftsmarke auf der Basis sonstiger älterer Rechte kann gemäß Art. 53 Abs. 2 **GMVO** auf Antrag beim HABM oder auf Widerklage im Verletzungsverfahren verlangt werden.

§ 48 Rechtsverletzungen und Rechtsfolgen

I. Überblick

In Abschnitt 3 des MarkenG finden sich die Bestimmungen über die Ausschlussrechte und die zivilrechtlichen Ansprüche des Inhabers einer Marke oder von geschäftlichen Bezeichnungen. Während die §§ 14 und 15 MarkenG die ausschließlichen Rechte des Inhabers eines Zeichens sowie Unterlassungs- und Schadensersatzansprüche regeln und § 17 MarkenG die besonderen Ansprüche gegen Agenten oder Vertreter betrifft, wird in § 19 MarkenG der Schadensersatzforderungen meist vorausgehende Auskunftsanspruch kodifiziert. Die Ansprüche auf Vernichtung widerrechtlich gekennzeichneter Gegenstände finden sich in § 18 MarkenG.

Den Anspruch gegenüber Verlegern von Nachschlagewerken, auf eine eingetragene Marke hinzuweisen, behandelt § 16 MarkenG.

Im **Gemeinschaftsmarkenrecht** werden die Ausschließlichkeitsrechte im zweiten Abschnitt „Wirkungen der Gemeinschaftsmarken" der GMVO geregelt. Art. 9 Abs. 1, 2 GMVO enthält Regelungen, die denen in § 14 Abs. 1 – 3 MarkenG entsprechen. Abweichend vom deutschen MarkenG sieht Art. 9 Abs. 3 Satz 2 GMVO eine **Entschädigung für Benutzungshandlungen** unberechtigter Dritter zwischen der Veröffentlichung der Anmeldung und der Veröffentlichung der Eintragung einer Gemeinschaftsmarke vor. Dies ist wohl der Tatsache geschuldet, dass ein Widerspruchsverfahren der Eintragung einer Gemeinschaftsmarke vorgeschaltet ist, während sich im deutschen Markenrecht – im Gegensatz zum früheren Warenzeichenrecht – das Widerspruchsverfahren dem Eintragungsverfahren anschließt. Die Rechte gegenüber einem Agenten oder Vertreter sind entsprechend dem deutschen MarkenG in den Art. 11 und 18 GMVO in Bezug auf den Verbietungsanspruch bzw. Übertragungsanspruch niedergelegt. Art. 14 GMVO sieht die ergänzende Anwendung des einzelstaatlichen Rechts bei Verletzungen außerhalb der Regelungen der GMVO vor. Außer dem Unterlassungsanspruch des Markeninhabers sind alle weitergehenden Ansprüche durch den Verweis auf den Titel X der GMVO – „Zuständigkeit und Verfahren für Klagen, die Gemeinschaftsmarken betreffen" – nur nach nationalem Recht des betroffenen Mitgliedsstaates geltend zu machen (Art. 14 Abs. 1 Satz 2 i.V.m. Art. 101 GMVO). Die Anwendung der Vorschriften des MarkenG auf Gemeinschaftsmarken sind in Teil 5 Abschnitt 3 „Gemeinschaftsmarken" (§§ 125 a – 125 i), insbesondere in § 125 b MarkenG geregelt.

II. Ausschließlichkeitsrecht

In Entsprechung des Art. 5 Abs. 1 Satz 1 der MarkenRL wird in § 14 Abs. 1 MarkenG dem Inhaber einer Marke ein ausschließliches Recht an dieser zugestanden, sofern er einen Markenschutz gem. § 4 MarkenG erworben hat. Daher sind nicht nur die **eingetragene Marke**, sondern auch die durch **Verkehrsgeltung erworbene** sowie die **notorisch bekannte Marke** hiervon erfasst. Ansprüche aus in Benutzung genommenen oder angemeldeten Marken begründen noch kein ausschließliches Recht. Inhaber einer Marke ist immer der materiell-rechtliche Eigentümer. Der im Markenregister eingetragene Inhaber einer Marke gilt widerlegbar als auch materiellrechtlicher Inhaber (§ 28 Abs. 1 MarkenG).

1. Territoriale Reichweite

Der Inhaber einer eingetragenen Marke hat ein Ausschließlichkeitsrecht im gesamten Gebiet **Deutschlands**. Bei durch Verkehrsgeltung erworbenen Markenrechten kommt es darauf an, ob die Verkehrsgeltung lediglich örtlich oder regional besteht. In letzteren Fällen umfasst das Ausschließlichkeitsrecht nur ein **örtlich bzw. regional begrenztes Territorium**, wobei bei der Abgrenzung des konkreten Schutzgebietes auch die natürliche künftige Ausdehnungstendenz der **Benutzungsmarke** ähnlich wie bei räumlich beschränkten **Unternehmenskennzeichen** zu berücksichtigen ist. Entsprechend ist der räumliche Geltungsbereich von notorisch bekannten Marken zu beurteilen, wobei eine räumlich beschränkte Bekanntheit eher die Ausnahme sein dürfte.

Marken, die vor dem 1.5.1992 in der Bundesrepublik Deutschland oder der Deutschen Demokratischen Republik angemeldet oder eingetragen wurden, sind mit Wirkung vom 1.5.1992 auf das jeweils andere Teilgebiet des heutigen Deutschlands **erstreckt** worden (§§ 1, 4 ErstrG).

Die Gemeinschaftsmarke hat eine einheitliche Wirkung für die gesamte EU und kann nur für dieses gesamte Gebiet eingetragen, übertragen oder Gegenstand eines Verzichts, einer Entscheidung über den Verfall, die Nichtigkeit oder einer Untersagung der Benutzung sein (Art. 1 GMVO).

2. Kollisionstatbestände

§ 14 Abs. 2 MarkenG regelt die Kollisionstatbestände in gleicher Weise wie § 9 MarkenG (relative Schutzhindernisse), sodass hierauf Bezug genommen wird (s.o. in § 47 III). Als weitere Voraussetzung – und insoweit ergänzend – wird in § 14 Abs. 2 auf die Benutzung eines Zeichens **im geschäftlichen Verkehr** abgestellt, wobei der Begriff weit auszulegen ist und jede Tätigkeit umfasst, die der Förderung eines eigenen oder fremden Geschäftszweckes dient.[224] Weder ist eine Gewinnerzielungsabsicht noch eine Entgeltlichkeit erforderlich, sodass unter dieses Tatbestandsmerkmal auch das Handeln der öffentlichen Hand oder eines gemeinnützigen Vereins fällt.

Kein Handeln im geschäftlichen Verkehr ist ein **rein privates Handeln** wie z.B. die Einführung einer widerrechtlich gekennzeichneten Ware aus dem Ausland, sofern es ausschließlich dem Eigengebrauch dient. Wird jedoch eine größere Stückzahl von Pirateriprodukten von Privatleuten eingeführt, so wird ein Handeln im geschäftlichen Verkehr vermutet, ebenso wie bei Internetversteigerungen von Privatleuten, wobei es in der Regel auf die Art, den Umfang und die Dauer ankommt. Allerdings sind insoweit keine hohen Anforderungen zu stellen.[225]

Betriebsinterne Handlungen fallen grundsätzlich nicht in den Bereich des geschäftlichen Verkehrs. Hierzu zählen auch konzerninterne Vorgänge, sofern sie den Umständen nach keine Handlungen darstellen, die auf ein Handeln im geschäftlichen Verkehr vorbereiten. Ähnliches gilt für **politische Betätigungen**.[226]

Eine kollidierende Benutzung des Zeichens muss **markenmäßig** erfolgen, also zur Unterscheidung von Waren oder Dienstleistungen eines bestimmten Unternehmens beitragen.[227] Eine markenmäßige zumindest verletzende Benutzung liegt dann vor, wenn die Benutzung des kollidierenden „Zeichens durch einen Dritten die Funktionen der Marke und insbesondere ihre Hauptfunktion, d.h. die Gewährleistung der Herkunft der Ware gegenüber den Verbrauchern, beeinträchtigt oder beeinträchtigen könnte".[228] Eine markenmäßige Benutzung liegt nicht bei der Nutzung in rein beschreibender Weise vor, wobei sich die Abgrenzung nach der **Verkehrsauffassung** richtet. Bei nicht beschreibenden Angaben kann eine rechtsverletzende Benutzung fast immer angenommen werden. Dies gilt z.B. für die Aufnahme fremder Marken als Bestandteile eigener Marken wie vermittelnde Bezugnahmen durch Wörter wie „based on", „für" etc..[229] Eine Ausnahme liegt vor, wenn aufgrund der **Doppelbedeutung einer Marke** diese auf ihren Kern zurückgeführt oder innerhalb von Werbesprüchen verwendet wird.[230]

---

224 EuGH GRUR 2003, 55, 57 Rdn. 40 „Arsenal FC"; EuGH GRUR 2010, 445, 447 Rdn. 50 „Google und Google France"; BGH GRUR 2004, 241, 242 „GeDIOS".
225 Z.B. BGH GRUR 2004, 860, 863 „Internetversteigerung".
226 BGH GRUR 2004, 241, 242 „GeDIOS"; BGH GRUR 2000, 1076, 1077 „Abgasemissionen".
227 EuGH GRUR Int 1999, 438, 444 „BMW/Deenik".
228 EuGH GRUR 2003, 55 ff. „Arsenal".
229 OLG Hamburg GRUR 2001, 749, 751 „based on STEINWAY".
230 Z.B. „im Focus: Onkologie", OLG Köln GRUR-RR 2002, 130, 132 „Focus"; BPatGE 9, 240, 243 „Stets mobil mit forbil/Mobil".

Auch bei **anderen Markenformen** kommt es in besonderem Maße auf die **Auffassung des Verkehrs** an. Je bekannter dem Verkehr die Verwendung einer Form oder Farbe als Herkunftshinweis auf den Markeninhaber ist, umso eher wird er eine kollidierende Kennzeichnung als herkunftshinweisend ansehen und der Gefahr von Verwechslungen ausgesetzt sein.[231]

Die **Markennennung** eines Konkurrenten bei **vergleichender Werbung** stellt in der Regel keine Markenverletzung dar,[232] wenn die fremde Marke nicht markenmäßig benutzt oder ausschließlich auf Waren oder Dienstleistungen des Konkurrenten bezogen wird und keinesfalls in Bezug auf die eigenen Waren oder Dienstleistungen des Werbenden genutzt wird.[233] Demgegenüber vertreten z.B. Fezer und Schweyer[234] die Auffassung, dass grundsätzlich die Benutzung in der vergleichenden Werbung unter § 14 Abs. 2 MarkenG zu subsumieren sei, aber – sofern wettbewerbsrechtlich zulässig – nach § 23 Nr. 2 MarkenG privilegiert sei, da mit dem Werbevergleich Art und Beschaffenheit des beworbenen Produkts bezeichnet werden solle (Zu Einzelheiten zur Benutzung eines fremden Zeichens als Beschaffenheitsangabe für oder als Hinweis auf die Bestimmung der eigenen Ware oder Dienstleistung siehe hierzu § 49 III).

3. Untersagungstatbestände

§ 14 Abs. 2, 3 und 4 MarkenG sind ähnlich den §§ 9 und 10 PatG als **Untersagungstatbestände** formuliert und unterstreichen das **Ausschließlichkeitsrecht** des Markeninhabers. Im Übrigen bieten sie einen Anknüpfungspunkt für die Strafvorschrift des § 143 MarkenG.

Ohne Zustimmung des Markeninhabers ist es Dritten untersagt, im geschäftlichen Verkehr (§ 14 Abs. 2 Nr. 1 – 3 MarkenG)

- ein mit der Marke **identisches Zeichen** für **Waren** oder **Dienstleistungen** zu benutzen, die mit denjenigen **identisch** sind, für die sie Schutz genießt,
- ein Zeichen zu benutzen, wenn wegen der Identität oder Ähnlichkeit des Zeichens mit der Marke und der **Identität oder Ähnlichkeit** der durch die **Marke** und das Zeichen erfassten **Waren** oder **Dienstleistungen** für das Publikum die **Gefahr von Verwechslungen** besteht einschließlich der Gefahr des gedanklich-in-Verbindung-Bringens oder
- ein mit der Marke identisches Zeichen oder ähnliches Zeichen für Waren oder Dienstleistungen zu benutzen, wenn es sich um eine im Inland **bekannte Marke** handelt und die Benutzung des Zeichens die Unterscheidungskraft oder die Wertschätzung der bekannten Marke ohne rechtfertigenden Grund in unlauterer Weise ausnutzt oder beeinträchtigt.

Zu den Voraussetzungen des § 14 Abs. 2 Nr. 1 – 3 MarkenG wird auf die Ausführungen in § 47 III verwiesen.

---

231 Z.B. BGH GRUR 2005, 427, 429 „Lila Schokolade"; GRUR 2004, 151, 154 „Farbmarkenverletzung I".
232 Begründung zum Gesetzesentwurf MarkenG, Bl. f. PMZ (Sonderheft) 1994, 45, 69.
233 Ingerl/Rohnke, MarkenG, Kommentar, § 14 Rdn. 202.
234 Fezer, MarkenR, Kommentar, § 14 Rdn. 961, § 23, Rdn. 86; Schweyer in v. Schultz (Hrsg.), MarkenR, Kommentar, § 14, Rdn. 12 ff.

Die wesentlichen nicht abschließenden **Untersagungstatbestände** sind in § 14 Abs. 3 MarkenG aufgeführt. Dieser setzt fast wortgleich den Art. 5 Abs. 3 der MarkenRL um. Demzufolge ist es Dritten untersagt:

- das Zeichen auf Waren, ihrer Aufmachung oder Verpackung anzubringen,
- unter dem Zeichen Waren anzubieten, in den Verkehr zu bringen oder zu den genannten Zwecken zu besitzen und/oder
- unter dem Zeichen Dienstleistungen anzubieten oder zu erbringen,
- unter dem Zeichen Waren einzuführen oder auszuführen,
- das Zeichen in Geschäftspapieren oder in der Werbung zu benutzen.

Des Weiteren ist Dritten untersagt, **Vorbereitungshandlungen** im Sinne des § 14 Abs. 4 MarkenG vorzunehmen, in dem sie ein kollidierendes Zeichen auf Aufmachungen oder Verpackungen oder anderen Kennzeichnungsmitteln wie Etiketten, Anhängern, Aufnähern oder dergleichen anbringen, diese anbieten, in den Verkehr bringen oder zu diesen Zwecken besitzen oder diese einführen oder ausführen, wenn die Gefahr besteht, dass diese Kennzeichnungsmittel mit Waren oder Dienstleistungen verbunden werden, so dass sie unter die Verbietungsrechte des § 14 Abs. 2 und 3 fallen würden. Als Beispiel sei die – in der Markenpiraterie häufig anzutreffende – Herstellung von Etiketten und Stickern namhafter Bekleidungsmarken genannt, die erst nachträglich an einer bis dahin ungekennzeichneten Ware angebracht werden.

4. Einreden und Einwendungen

Die Verbietungsrechte des Markeninhabers greifen dann nicht, wenn dieser seine **Zustimmung** für die Nutzung der Marke gegeben hat. Häufigstes Beispiel hierfür ist die Lizenz. Die bloß faktische **Duldung** ist nicht als Zustimmung zu qualifizieren, sondern hat die Verwirkung von Verletzungsansprüchen zur Folge.

Das Ausschließlichkeitsrecht greift nicht in den Fällen, in denen ein Dritter aufgrund **besserer** oder **zumindest gleichrangiger Rechte** berechtigt ist, das identische Zeichen oder ein der Marke des Markeninhabers ähnliches Zeichen zu verwenden. Ein besseres Recht liegt immer dann vor, wenn der vermeintliche Verletzer ein **prioritätsälteres Kennzeichnungsrecht** vorweisen kann. Das Verbietungsrecht des Markeninhabers kann auch nicht durchgesetzt werden, wenn die kollidierenden Zeichen den gleichen **Zeitrang** aufweisen. Den gleichen Zeitrang weisen Marken dann auf, wenn sie am selben Tag angemeldet wurden oder ihnen per Gesetz ein gleicher Anmeldetag zufiel, wie dies bei Einführung der Eintragbarkeit von Dienstleistungsmarken am 1.4.1979 oder bei Einführung des MarkenG am 1.1.1995 der Fall war, da zu diesen Zeitpunkten ein bestehendes Eintragungshindernis entfiel (Eintragungsverbot von Dienstleistungen bzw. von ausschließlich aus Zahlen oder Buchstaben bestehenden Zeichen). Weitere Fälle der **Koexistenz** von Marken entstehen durch die **Verwirkung** von Ansprüchen (§ 21 MarkenG) oder durch die Entstehung eines **Zwischenrechts** aufgrund der **Löschungsreife** der älteren Marke (§ 22 MarkenG). Insoweit wird auf die entsprechenden Abschnitte in § 49 II verwiesen.

Des Weiteren findet das Verbietungsrecht des Markeninhabers seine Grenzen dort, wo ein Dritter den eigenen Namen mit redlicher Absicht in Gebrauch nimmt (Schutzschranke des § 23 MarkenG, s. § 49 III).

5. Haftung des Betriebsinhabers

§ 14 Abs. 7 MarkenG kodifiziert die Haftung des **Geschäftsherrn** bzw. Betriebsinhabers für von **Beauftragten** oder **Angestellten** begangene Verletzungshandlungen. Angestellte sind diejenigen, die in abhängiger Stellung beschäftigt sind. Beauftragte sind kraft eines Vertragsverhältnisses in eine Betriebsorganisation eingegliedert. Wenn der Erfolg der Handlungen der Beauftragten auch dem Betriebsinhaber zugute kommt und der Betriebsinhaber einen bestimmenden Einfluss auf den Bereich hat, in dem die Verletzung erfolgt, haftet er für diese.[235] Als Beauftragte gelten auch selbständige Unternehmer wie Handelsvertreter oder Werbeagenturen. Der Geschäftsführer einer GmbH haftet regelmäßig für eine Markenverletzung auch persönlich, selbst wenn die Verletzung in der Firmierung der juristischen Person liegt. Gegebenenfalls hat er auf die Änderung der Firmierung durch Änderung des Gesellschaftsvertrags hinzuwirken.[236]

Die Haftung ist in Bezug auf den Unterlassungsanspruch verschuldensunabhängig. Hinsichtlich des Schadensanspruches kommt es darauf an, ob die Angestellten bzw. Beauftragten schuldhaft gehandelt haben. Die Haftung gilt nur dort, wo Verletzungshandlungen im geschäftlichen Betrieb begangen worden sind.

III. Rechtsfolgen aus Markenverletzungen

Gemäß §§ 14 Abs. 5 und 6, 18, 19 MarkenG kann derjenige, der unberechtigter Weise ein Zeichen gemäß § 14 Abs. 2 – 4 MarkenG benutzt, auf **Unterlassung, Schadensersatz, Vernichtung** der unrechtmäßig gekennzeichneten Produkte und **Auskunft** in Anspruch genommen werden.

Aktivlegitimiert ist der materiell berechtigte Inhaber der verletzten Marke und ein Lizenznehmer, dem hierfür die Zustimmung des Markeninhabers (gem. § 30 Abs. 3 MarkenG) erteilt worden ist. Sofern ein Dritter ein schutzwürdiges Interesse an der Rechtsverfolgung hat, kann dieser nach ausdrücklicher Ermächtigung des Markeninhabers Verletzungsansprüche im eigenen Namen geltend machen (**gewillkürte Prozessstandschaft**). Als Beispiel seien hier das Geltendmachen von Ansprüchen durch eine Konzernmutter für ihre Tochtergesellschaft oder eine inländische Vertriebsgesellschaft für die ausländische Markeninhaberin genannt.

Passivlegitimiert und damit anspruchsverpflichtet ist derjenige, der die verletzende Marke benutzt, sowie Gehilfen, Mittäter und Anstifter im Sinne des § 830 BGB. Des Weiteren kommen auch diejenigen als Passivlegitimierte in Frage, die willentlich und adäquat kausal ihren Beitrag zu einer Verletzung des Ausschließlichkeitsrechts eines Markeninhabers beigetragen haben („Störer").

1. Unterlassung

Der **Unterlassungsanspruch** gem. § 14 Abs. 5 MarkenG ist wie bei allen gewerblichen Schutzrechten **verschuldensunabhängig**. Mit ihm sollen zukünftige Verletzungen unterbunden werden. Demzufolge ist Voraussetzung für den Unterlassungsanspruch

- eine Erstbegehungsgefahr oder
- eine Wiederholungsgefahr.

---

235 BGH GRUR 1995, 605, 607 „Franchise-Nehmer" (Entscheidung zum UWG).
236 BGH GRUR 2012, 1145, 1148 (Rdn. 36) „Pelikan".

Eine **Wiederholungsgefahr** wird vermutet, wenn eine Markenverletzung vorlag. Diese Gefahr kann in der Regel nur durch eine strafbewehrte Unterlassungserklärung oder ein gerichtliches Verbot (z.b. die Anerkennung eines im Wege einer einstweiligen Verfügung ausgesprochenen gerichtlichen Verbots als endgültige Regelung) oder ein gerichtliches Anerkenntnis (§ 307 ZPO) beseitigt werden. Zu der Unterlassungserklärung und der meist ihr vorgeschalteten Abmahnung siehe 8. Abschnitt § 89 I und II sowie § 90 II.

Ein **Unterlassungsanspruch** kann bereits durchgesetzt werden, wenn eine Markenverletzung zu befürchten ist, wobei das Verhalten des potenziellen Verletzers hierfür Veranlassung gibt. Als Beispiele sind die konkrete Ankündigung, ein neues Produkt unter einem verletzenden Zeichen auf den Markt zu bringen, die Einreichung einer Markenanmeldung oder die Registrierung eines markenverletzenden Domainnamens zu nennen. Eine **Erstbegehungsgefahr** kann in Bezug auf konkrete Ankündigungen durch eine ernstliche Erklärung, die angekündigte Handlung nicht mehr vorzunehmen, beseitigt werden. Einer Strafbewehrung bedarf es insoweit nicht. Bei der Anmeldung bzw. Eintragung einer rechtsverletzenden Marke entfällt die zunächst begründete Erstbegehungsgefahr durch die Rücknahme bzw. den Verzicht auf die Marke.[237] Eine zusätzliche strafbewehrte Unterlassungserklärung kann i.d.R. nicht gefordert werden.[238]

Ergänzt wird der Unterlassungsanspruch durch den verschuldensunabhängigen **Beseitigungsanspruch** analog § 104 BGB. Dieser dient der Beendigung eines anhaltenden Störungszustandes, wie er beispielsweise bei fortbestehender Registrierung einer verletzenden **Internetdomain** bestehen kann.

2. Schadensersatz

Voraussetzung für den **Schadensersatzanspruch** gem. § 14 Abs. 6 MarkenG ist die Vornahme einer vorsätzlichen oder fahrlässigen **Verletzungshandlung**. Vorsätzlich handelt der Verletzer, wenn er in Kenntnis aller anspruchsbegründenden Tatsachen, insbesondere in Kenntnis der älteren Marke und der für sie geschützten Waren oder Dienstleistungen, ein Zeichen benutzt und ihm die rechtswidrige Benutzung bewusst ist. Dies trifft in der Regel auf Markenpiraten zu. Unterlässt ein Benutzer die im Verkehr erforderliche Sorgfalt, so handelt er fahrlässig und ist zum Ersatz des Schadens verpflichtet.

Die Sorgfaltspflicht in Bezug auf Marken umfasst die Ausnutzung aller **Recherchemöglichkeiten**, um sich über bessere Kennzeichenrechte Dritter Kenntnis zu verschaffen. Eine Identitätsrecherche reicht nicht aus. Eine Ähnlichkeitsrecherche als solche reicht ebenfalls nicht aus, es sei denn, sie unterliegt einer markenrechtlichen Auswertung.

Hinsichtlich der Schadensberechnung wird auf die Darstellung der drei Arten der **Schadensberechnung** (Ersatz des konkreten Schadens, der Herausgabe des Verletzergewinns oder des Schadensersatzes nach der Lizenzanalogie) im 8. Abschnitt § 1 II 2 bb verwiesen.

3. Auskunftsanspruch (§ 19 MarkenG)

Der **Auskunftsanspruch** gem. § 19 MarkenG ist ebenso wie der Vernichtungsanspruch gem. § 18 MarkenG **akzessorisch** zu dem Unterlassungs- bzw. Schadensersatz-

---

237 BGH GRUR 2008, 912, 914 (Nr. 30) „Metrosex".
238 A.A. Ingerl/Rohnke, MarkenG, Kommentar, vor §§ 14 – 19, Rdn. 103; OLG Köln GRUR-RR 2009, 234, 237 „1 A Pharma / 1 Pharma".

anspruch, wie sie sich aus den §§ 14, 15 und 17 MarkenG ergeben. Der Auskunftsanspruch richtet sich auf die unverzügliche Auskunft des Verletzers über die **Herkunft** und den **Vertriebsweg** von widerrechtlich gekennzeichneten Gegenständen, sofern dies nicht unverhältnismäßig ist (§ 19 Abs. 1 MarkenG).

Was der zur Auskunft Verpflichtete anzugeben hat, ist in Abs. 2 der Vorschrift definiert. Den Auskunftsanspruch kann der berechtigte Zeicheninhaber in Fällen offensichtlicher Rechtsverletzung auch im Wege der **einstweiligen Verfügung** durchsetzen (§ 19 Abs. 3 MarkenG). Die Auskunft darf insbesondere auch in Strafverfahren gegen den zur Auskunft Verpflichteten sowie gegen einen in § 52 Abs. 1 der StPO bezeichneten Angehörigen nur mit Zustimmung des Verpflichteten verwertet werden. Weitergehende Ansprüche auf Auskunft bleiben unberührt (§ 19 Abs. 5 MarkenG).

Der Auskunftsanspruch soll die Schadensberechnung ermöglichen und darüber hinaus Quellen und Vertriebswege von schutzrechtsverletzenden Gegenständen aufdecken, um diese zu verschließen. Erfasst von dem Auskunftsanspruch sind sämtliche schutzrechtsverletzende Gegenstände, so dass auch eine die Markenverletzung **vorbereitende Handlung** (§ 14 Abs. 4 MarkenG) erfasst sind. Hierzu gehören auch parallel importierte Gegenstände soweit für diese keine Erschöpfung eingetreten ist. Hinsichtlich der Ausnahme der **Unverhältnismäßigkeit** in § 19 Abs. 1 MarkenG ist stets der Schuldner des Auskunftsanspruches darlegungs- und beweispflichtig. Im Übrigen wird auf die Ausführungen im 8. Abschnitt § 1 II 2 cc und dd verwiesen.

4. Vernichtung (§ 18 MarkenG)

Wie beim Auskunftsanspruch hat der Inhaber einer Marke oder geschäftlichen Bezeichnung in Fällen der §§ 14, 15 und 17 MarkenG – neben dem **Sicherungsanspruch** im Wege der **einstweiligen Verfügung** – Anspruch auf **Vernichtung** der im Besitz oder Eigentum des Verletzers befindlichen **widerrechtlich gekennzeichneten Gegenstände**, es sei denn, dass die Vernichtung unverhältnismäßig ist und die Gegenstände auf andere Weise beseitigt werden können. § 18 Abs. 2 MarkenG erweitert den Vernichtungsanspruch auf **Vorrichtungen**, die ausschließlich oder nahezu ausschließlich zur widerrechtlichen Kennzeichnung benutzt oder bestimmt sind. Absatz 3 stellt – über das geltende Recht hinaus – klar, dass weitergehende Ansprüche auf Beseitigung nach anderen Vorschriften unberührt bleiben.

Die **GMVO** enthält keine Vorschrift über die Verpflichtung zur Auskunft oder die Vernichtung von widerrechtlich gekennzeichneten Gegenständen.

IV. Eingetragene Marken in Nachschlagewerken (§ 16 MarkenG)

Der Anspruch des Inhabers einer eingetragenen Marke gegenüber dem **Verleger** eines Wörterbuches, eines Lexikons oder einem ähnlichen Nachschlagewerk, die Wiedergabe seiner Marke mit einem **Hinweis** zu versehen, dass es sich bei dieser um eine **eingetragene Marke** handelt, dient der Verhinderung der **Denaturierung** der Marke zu einer Gattungsbezeichnung. Ein Anspruch besteht nur dann, wenn in dem Werk der Eindruck erweckt wird, dass es sich bei der Marke um eine **Gattungsbezeichnung** für die Waren oder Dienstleistungen handelt, für die die Marke eingetragen ist. Ein prominentes Beispiel ist die erfolgreiche Aufforderung an die Redaktion des Duden durch das

Unternehmen der Internetsuchmaschine Google, die Definition des Verbs „googeln" abzuändern und das Wort „Google" mit einem Schutzrechtshinweis zu versehen.[239]

Ist das Nachschlagewerk bereits erschienen, so beschränkt sich der Markenvermerkanspruch auf die Aufnahme bei einer Neuauflage des Werkes. Entsprechend ist die Norm anzuwenden, wenn das Nachschlagewerk in Form einer elektronischen Datenbank vertrieben wird oder Zugang zu einer elektronischen Datenbank, die ein Nachschlagewerk enthält, gewährt wird (§ 16 Abs. 3). Der gebräuchlichste **Schutzrechtshinweis** ist das ® aber auch die aus dem angelsächsischen Sprachraum kommenden Abkürzungen wie „TM" (für Trademark), „SM" (für Servicemark) oder der Hinweis „geschützte Marke", „Schutzmarke", „eingetragene Marke" usw.

Eine inhaltlich ähnliche Regelung enthält Art. 10 **GMVO**.

§ 49 Schranken des Schutzes

I. Verjährung

Auf die **Verjährung** aus Ansprüchen aufgrund von Rechtsverletzungen gemäß Abschnitt 3 des MarkenG, insbesondere Unterlassungs-, Schadensersatz-, Vernichtungs- und Auskunftsansprüche sowie Ansprüche gegen Agenten oder Vertreter finden gem. § 20 Satz 1 MarkenG die Vorschriften des Abschnittes 5 des Buches 1 des BGB entsprechende Anwendung.

Nach § 20 Satz 2 MarkenG ist der Verletzte auch nach Eintritt der Verjährung nach den Vorschriften des § 852 BGB über die ungerechtfertigte Bereicherung verpflichtet, all das herauszugeben, was er durch die Verletzungshandlung erlangt hat. Als **Bereicherung** kommt insbesondere die Einsparung einer angemessenen Lizenzgebühr in Frage. Dieser Anspruch verjährt erst nach 10 Jahren ab Entstehung (§ 852 Satz 2 BGB).

Gemäß § 195 BGB verjähren die Ansprüche regelmäßig nach **3 Jahren**. Die kurze 6-monatige Verjährungsfrist nach § 11 Abs. 1 UWG ist, selbst wenn konkurrierende wettbewerbsrechtliche Ansprüche bestünden, auf kennzeichenrechtliche Ansprüche nicht anzuwenden.

Die 3-jährige Verjährung beginnt nach der **Ultimaregel** (§ 199 Abs. 1 BGB) mit dem Schluss des Jahres, in dem der Anspruch entstanden ist und der Gläubiger von den Umständen, die den Anspruch begründen und der Person des Anspruchsschuldners, Kenntnis erlangt oder ohne grobe Fahrlässigkeit hätte erlangen müssen. Gemäß § 199 Abs. 3 Satz 1 Nr. 1, Abs. 4 BGB gilt die von den subjektiven Umständen unabhängige **absolute Verjährungsfrist** von **10 Jahren** ab Entstehung des Anspruchs. In Bezug auf Schadensersatzansprüche gilt darüber hinaus eine absolute **30-jährige Verjährungsfrist**, gerechnet ab dem Tag, ab dem das den Schaden auslösenden Ereignis (§ 199 Abs. 1 Nr. 2 BGB) eingetreten ist. Für die beiden letztgenannten Verjährungsfristen gilt die Ultimaregelung nicht.

Die **Verjährung** beginnt mit dem Abschluss der einzelnen Rechtsverletzung. Bei mehreren rechtsverletzenden Einzelhandlungen läuft für jede einzelne Handlung eine eigene Verjährungsfrist. Diese sind z.B. dann gegeben, wenn rechtsverletzend gekennzeichnete

---

239 „Duden-Redaktion gibt Google nach", Nachricht in Netzeitung.de vom 16.8.2006, abrufbar unter http://www.netzeitung.de/internet/432975.html (letzter Abruf: 01/2014).

Gegenstände hintereinander an verschiedene Abnehmer ausgeliefert wurden. Für die Verjährung kommt es nicht auf den „Fortsetzungszusammenhang" an. Der **Schadensersatzanspruch** entsteht mit jeder Handlung und in Bezug auf diese Handlung. Die Verjährung tritt demzufolge ebenso für jede einzelne Handlung ein. Das Gleiche gilt für den **Auskunftsanspruch**. In Bezug auf einen **Unterlassungsanspruch** kommt es auf den Zeitpunkt der letzten Verletzungshandlung an. Der **Hinweisanspruch** ebenso wie der **Übertragungsanspruch** gegen den untreuen Vertreter und der **Vernichtungsanspruch** richten sich jeweils auf die Beseitigung des Rechtsverstoßes. Ist die Rechtsverletzung beseitigt, fehlt es an der materiellen Begründetheit der Ansprüche.[240]

Ist die Rechtsverletzung eine **Dauerhandlung** z.B. durch das Anbringen einer rechtsverletzenden Kennzeichnung im Schaufenster, so tritt die Verjährung der Unterlassungsansprüche wie auch Beseitigungsansprüche solange nicht ein, wie die Rechtsverletzung andauert. **Positive Kenntnis** muss der **Inhaber** einer Marke, die verletzt wird, selbst haben. Bei juristischen Personen sind es die **vertretungsberechtigten Organe**. Der Markeninhaber muss sich nur dann die **positive Kenntnis seiner Mitarbeiter zurechnen** lassen, wenn der Mitarbeiter mit der Vorbereitung oder Durchsetzung dieser Ansprüche befasst war oder die Überwachung oder Verteidigung von kennzeichnenden Rechten zu seinen Obliegenheiten gehört. Eine **grob fahrlässige Unkenntnis** ist nur dann gegeben, wenn die Verletzungshandlung zwar bekannt ist, allerdings leicht zu beschaffende weitere Informationen z.B. über die Person des Verletzers nicht eingeholt werden. Eine allgemeine Marktbeobachtungs- oder Überwachungspflicht von Markenanmeldungen ist hieraus nicht abzuleiten.

Die Verjährungsfrist kann durch **Hemmung, Ablaufhemmung** und **Neubeginn** verändert werden. Nach § 209 BGB wird der Zeitraum, in dem die Verjährung gehemmt ist, in die Verjährungsfrist nicht eingerechnet. Als Tatbestand für eine Hemmung gilt die Aufnahme von Verhandlungen zwischen Berechtigtem und Verpflichtetem. Gehemmt wird eine Verjährungsfrist auch durch Rechtsverfolgung durch den Gläubiger (§ 204 Abs. 1 BGB). Hierbei löst die Einreichung eines Antrages auf Erlass einer **einstweiligen Verfügung** die Hemmung aus, wenn diese innerhalb eines Monats seit Verkündung oder Zustellung dem Anspruchsschuldner zugestellt wird (§ 204 Abs. 1 Nr. 9 BGB). Auch die Geltendmachung mittels einer Klage führt nicht zu einem Neubeginn, sondern lediglich zu einer Hemmung der Verjährung. Bei Eintritt der Volljährigkeit bzw. Nachlasseröffnung tritt eine Ablaufhemmung bis maximal 6 Monate nach Eintritt der Volljährigkeit bzw. Nachlasseröffnung für die Erben ein (§§ 210, 211 BGB). Ein Neubeginn der Verjährung tritt dann ein, wenn der Schuldner dem Gläubiger gegenüber den Anspruch anerkennt oder eine gerichtliche oder behördliche Vollstreckungshandlung vorgenommen oder beantragt wird (§ 212 Abs. 1 BGB).

Die Verjährung verschafft einem Anspruchsschuldner nach den allgemeinen Regeln ein **Leistungsverweigerungsrecht** und gibt ihm die Möglichkeit, im Prozess die **Einrede** der Verjährung zu erheben.

II. Verwirkung

In § 21 MarkenG sind die Grundsätze der **Verwirkung** kodifiziert. Hiernach hat der Inhaber einer Marke oder einer geschäftlichen Bezeichnung kein Recht, die Benutzung

---

240 Ingerl/Rohnke, MarkenG, Kommentar, § 20 Rdn. 12.

einer eingetragenen Marke mit jüngerem Zeitrang für die Waren oder Dienstleistungen, für die sie eingetragen ist, bzw. die Benutzung eines anderen Kennzeichnungsrechtes mit jüngerem Zeitrang zu untersagen, soweit er die Benutzung dieses Rechtes während eines Zeitraumes von 5 **aufeinander folgenden Jahren** in Kenntnis dieser Benutzung **geduldet** hat (§ 21 Abs. 1 und 2 MarkenG). Diese Regelung tritt bei bösgläubigen Markenrechtsinhabern nicht ein. Allerdings kann nach § 21 Abs. 3 MarkenG auch der Inhaber des jüngeren Rechtes die Benutzung des älteren Kennzeichnungsrechtes nicht untersagen. Abs. 4 der Regelung zur Verwirkung sieht vor, dass die Anwendung allgemeiner Grundsätze über die Verwirkung von Ansprüchen durch diese Regelung unberührt bleibt. Die 5-jährige Frist beginnt mit der positiven Kenntnis des Rechteinhabers von der Benutzung des jüngeren Zeichens. Im Gegensatz zur Verjährung wird nicht die Kenntnis der Person des Verletzers gefordert. Auch eine fahrlässige Unkenntnis führt nicht zum Beginn der 5-jährigen **Verwirkungsfrist**. Eine **Duldung** liegt nicht vor, wenn es dem Inhaber des älteren Kennzeichnungsrechtes rechtlich unmöglich war, gegen den Anspruchsgegner vorzugehen oder wenn der Inhaber Maßnahmen ergriffen hat und konsequent gegen Verletzer vorgegangen ist. Die Verwirkungsfrist bezieht sich immer auf die konkreten Handlungen, so dass ein Wechsel in der Benutzungsform eine neue Verwirkungsfrist auslösen kann. Bei wiederholten, gleichartigen Verletzungshandlungen entsteht daher für jede Verletzungshandlung ein neuer Unterlassungsanspruch. Rechtsfolge der Verwirkung ist allein der Verlust der Durchsetzungsfähigkeit der Rechte des Markeninhabers im Hinblick auf bestimmte konkrete, bereits begangene oder noch andauernde Rechtsverletzungen.[241] Der Inhaber eines jüngeren Rechts kann sich auf die Verwirkung nicht berufen, wenn er bei der Anmeldung **bösgläubig** war, wobei unter bösgläubig die über die bloße Kenntnis des Bestehens eines älteren Rechts hinausgehende Behinderungsabsicht des jüngeren Markeninhabers zu verstehen ist.

§ 21 Abs. 3 MarkenG stellt klar, dass der Inhaber der jüngeren Marke gegenüber dem Markeninhaber, dessen Ansprüche aus der älteren Marke verwirkt sind, nicht die Benutzung dieser Marke untersagen kann.

Die **GMVO** enthält entsprechende Verwirkungsregelungen im 3. Abschnitt – Nichtigkeitsgründe – in Art. 54 GMVO. In der GMVO fehlt jedoch die Regelung des § 21 Abs. 4 MarkenG, die darauf hinweist, dass von den übrigen Regelungen des § 21 MarkenG die Anwendung allgemeiner Grundsätze über die Verwirkung von Ansprüchen unberührt bleibt (s.u. § 51 III. 6.).

Die **allgemeinen Grundsätze über die Verwirkung** basieren auf § 242 BGB als Unterfall der unzulässigen Rechtsausübung. Sie sind bei allen kennzeichenrechtlichen Ansprüchen denkbar, wobei es bei unterschiedlichen Anspruchsarten hinsichtlich der Verwirkungsregeln zu Unterschieden kommen kann. So ist bei der Verwirkung von Unterlassungsansprüchen ein erworbener **wertvoller Besitzstand** Voraussetzung, hinsichtlich von Schadensersatzansprüchen muss ein **Vertrauenstatbestand** des Verletzers vorliegen, nicht mehr auf Zahlungen in Anspruch genommen zu werden.

Nach ständiger Rechtsprechung des BGH tritt Verwirkung dann ein, wenn durch eine länger andauernde redliche und ungestörte Benutzung einer Kennzeichnung ein Zustand geschaffen worden ist, der für den Benutzer einen beachtlichen Wert hat, der ihm nach **Treu und Glauben** erhalten bleiben muss und den auch der Verletzte ihm nicht

---

241 BGH GRUR 2012, 928, 930 (Rdn. 22, 23) „Keine Verwirkung bei wiederholten gleichartigen Markenverletzungen mit zeitlicher Unterbrechung – Honda-Grauimport".

streitig machen kann, wenn er durch sein Verhalten diesen Zustand erst ermöglicht hat.[242] Alle genannten Tatbestandsmerkmale stehen in einer Wechselwirkung zueinander, so dass unter Umständen eine Kompensation möglich ist. Als Ausfluss des in § 242 BGB geregelten Prinzips von Treu und Glauben sind bei Anwendung der allgemeinen Grundsätze über die Verwirkung von Ansprüchen die beiderseitigen Interessen abzuwägen.[243] Die Verwirkung findet da ihre Grenzen, wo ihr erhebliche **öffentliche Interessen** entgegenstehen.[244] Der Verwirkungseinwand, basierend auf einen im Vertrauen auf die Benutzungsberechtigung geschaffenen schutzwürdigen Besitzstand des Benutzers, führt nicht zu einer zusätzlichen Rechtsposition, da sonst die Rechte des nach Treu und Glauben nur ausnahmsweise und in engen Grenzen schutzwürdigen Rechtsverletzers hinaus erweitert werden würden. Selbst längere Untätigkeit des Markeninhabers gegenüber bestimmten gleichartigen Verletzungshandlungen begründet kein berechtigtes Vertrauen eines Nutzers, der Markeninhaber dulde auch künftig sein Verhalten und werde weiterhin nicht gegen jeweils neue Rechtsverletzungen vorgehen.[245]

Ergänzend soll hier noch auf den Ausschluss von Ansprüchen bei Bestandskraft der Eintragung einer Marke mit jüngerem Zeitrang hingewiesen werden. § 22 MarkenG kodifiziert eine **Schutzschranke** für den Inhaber einer Marke oder einer geschäftlichen Bezeichnung gegenüber jüngeren eingetragenen Marken für den Fall, dass die ältere Marke oder geschäftliche Bezeichnung erst nach dem Zeitrang der jüngeren Marke **Bekanntheit** erlangt hat, die einen **erweiterten Schutzumfang** gewährt oder die ältere Marke am Tag der Veröffentlichung der jüngeren Marke wegen Verfalls oder absoluter Schutzhindernisse hätte gelöscht werden können. Eine entsprechende Regelung enthält die **GMVO** nicht. Allerdings dürfte aufgrund allgemein anerkannter Rechtsgrundsätze für Gemeinschaftsmarken nichts anderes gelten.

§ 22 Abs. 1 Nr. 1 MarkenG kann analog für Benutzungs- oder notorische Marken (§ 4 Nr. 2 und 3 MarkenG) oder eine geschäftliche Bezeichnung (§ 5 MarkenG) als jüngere Rechte Anwendung finden,[246] wobei der Zeitpunkt der Erlangung des Kennzeichenschutzes an die Stelle der Anmeldung tritt. § 22 Abs. 1 Nr. 2 MarkenG stellt klar, dass sog. **Zwischenrechte**, die aufgrund der **Nichtbenutzung** von eingetragenen Marken oder wegen Bestehens absoluter Schutzhindernisse entstanden sind, von den Inhabern älterer Rechte nicht erfolgreich angegriffen werden können. Dem Grundprinzip des Markenrechts folgend, dass der Bezug zu den konkreten Waren oder Dienstleistungen hergestellt sein muss, kann ein älteres Zeichen aufgrund der Nichtbenutzung in Bezug auf eine Ware, die identisch mit der Ware des jüngeren Zeichens ist, löschungsreif geworden sein. Gleichwohl kann die Verwendung des jüngeren Zeichens für die in Rede stehenden Ware aufgrund einer ähnlichen mit dem älteren Zeichen gekennzeichneten und benutzten Ware verboten werden, da diese zum Zeitpunkt der Veröffentlichung der jüngeren Marke nicht löschungsreif war. § 22 Abs. 2 MarkenG sichert wiederum die **Koexistenz** der kollidierenden Rechte.

---

242 BGH GRUR 2001, 1161, 1163 „CompuNet/ComNet".
243 BGH GRUR 1966, 427, 428 „Prince Albert".
244 BGH GRUR 1994, 844, 846 „Rotes Kreuz".
245 Vgl. BGH GRUR 2008, 803, 805 „HEITEC"; BGH GRUR 2013, 1161, 1162 (Rdn. 22ff.) „Hard Rock Cafe" auch zu lauterkeitsrechtlichem Schutz aus §§ 5 Abs. 1 Nr. 1 und Abs. 2 UWG.
246 BGH GRUR 2003, 428, 431 „Big Bertha"; Stuckel in v. Schultz (Hrsg.), MarkenR, Kommentar, § 22 Rdn. 2.

III. Benutzung von Namen und beschreibenden Angaben

Die **Schutzschranke** des § 23 MarkenG, die im Übrigen der in Art. 12 **GMVO** entspricht, stellt die Benutzung persönlicher Angaben, waren- und dienstleistungsbeschreibender Angaben sowie Bestimmungsangaben vom Ausschließlichkeitsrecht frei. Voraussetzung ist, dass die Benutzung nicht gegen die guten Sitten verstößt.[247] Die Schutzschranke der **lauteren Benutzung** von namensbeschreibenden Angaben und dem Ersatzteilgeschäft entspricht fast wörtlich Art. 6 Abs. 1 MarkenRL, umfasst aber die Ansprüche der Inhaber von Benutzungs- und notorisch bekannten Marken (§ 4 Abs. 2 und 3 MarkenG). Gemäß der Nr. 1 dieser Regelung haben Dritte das Recht, ihre **Namen** und ihre **Anschrift** im geschäftlichen Verkehr zu benutzen, auch wenn diese mit einer prioritätsälteren Marke oder geschäftlichen Bezeichnung übereinstimmen. Das Recht erstreckt sich auch auf Gesellschaftsbezeichnungen oder Handelsnamen.[248] Zur Anschrift gehört die Angabe der Straße, Hausnummer, Postleitzahl, des Ortes, der Telefon- und Telefaxnummer. Auch Domainnamen oder Emailadressen können dazugehören, jedoch obliegt dem Dritten regelmäßig die Verpflichtung zum Ausschluss, jedenfalls der Minderung der Verwechslungsgefahr.[249]

Die Verwendung eines Zeichens, das mit einer Marke oder einer geschäftlichen Bezeichnung identisch oder dieser ähnlich ist, ist gem. Nr. 2 des § 23 MarkenG dann zulässig, wenn das Zeichen als eine **beschreibende Angabe** benutzt wird.[250] Der EuGH hat hierzu festgestellt,[251] dass „die Benutzung einer Marke zu dem Zweck, die Öffentlichkeit darauf hinzuweisen, dass der Werbende Markenwaren instand setzt und wartet, eine Benutzung als Hinweis auf die Bestimmung einer Dienstleistung im Sinne des Art. 6 Abs. 1 lit. c [MarkenRL] darstellt. Ebenso wie die Benutzung einer Marke als Hinweis auf Fahrzeuge, für die ein bestimmtes von Dritten stammendes Zubehör bestimmt ist, erfolgt die fragliche Benutzung, um die Waren zu bezeichnen, die Gegenstand des geleisteten Dienstes sind".

Die Verwendung einer Marke oder einer geschäftlichen Bezeichnung als Hinweis auf die **Bestimmung** einer Ware ist nach § 23 Nr. 3 MarkenG also dann zulässig, wenn hierfür die Nennung der Marke oder Bezeichnung notwendig ist. Dies gilt für das **Ersatzteil- oder Zubehörgeschäft,** aber auch für **Dienstleistungen** in Bezug auf Waren oder Dienstleistungen, für die das Kennzeichen unter Schutz gestellt worden ist. Ohne Zustimmung des Markeninhabers zulässig ist auch das Aufbringen einer Marke auf einem verkleinerten **Modell** zu dem Zweck einer originalgetreuen Nachbildung.[252]

Die Zulässigkeit der Benutzung einer Marke hängt, so der EuGH,[253] davon ab, ob diese Benutzung notwendig sei, um auf die Bestimmung einer Ware hinzuweisen. Die Benutzung einer Ware durch einen Dritten, der nicht deren Inhaber sei, sei als Hinweis auf die Bestimmung einer von diesem Dritten vertriebenen Ware notwendig, wenn eine

---

247 BGH GRUR 2009, 1162, 1164 „DAX".
248 EuGH GRUR 2005 153 Rdn. 82 „Anheuser-Busch"; EuGH GRUR 2007, 971 (Rdn. 31ff.) „Céline";.
249 BGH GRUR 2008, 801, 802 „Hansen-Bau"; BGH GRUR 2010, 738, 741ff. „Peek & Cloppenburg "; A.A. Stuckel in v. Schultz (Hrsg.), Markenrecht, Kommentar, § 23 Rdn. 8;.
250 BGH GRUR 2009, 678 ff. „POST/RegioPost".
251 EuGH GRUR Int. 1999, 438 „BMW".
252 EuGH GRUR 2007, 318 (Nr. 38 ff.) „Adam Opel/Autec"; BGH, Urteil v. 14. 01.2010 – I ZR 88/08 „Opel-Blitz II".
253 EuGH GRUR 2005, 509 „Gillette"; hier ging es um Ersatzklingen für Nassrasierer.

solche Benutzung praktisch das einzige Mittel dafür darstelle, der Öffentlichkeit eine verständliche und vollständige Information über diese Bestimmung zu liefern, um das System eines unverfälschten Wettbewerbs auf dem Markt für diese Ware zu erhalten. Dabei sei nicht notwendig, dass derjenige, der die Marke benutzt, um auf die Bestimmung der von ihm vertriebenen Ware hinzuweisen, diese als eine Ware mit **gleicher Qualität** oder **gleichen Eigenschaften** herstelle, wie sie die mit der Marke gekennzeichnete Originalware aufweist. Allerdings ist immer zu beachten, dass die Benutzung nicht gegen die **guten Sitten** verstößt oder, wie die MarkenRL ausführt, den anständigen Gepflogenheiten in Gewerbe und Handel entspricht.

Ein Beispiel für die Schutzschranke des § 23 Nr. 3 MarkenG ist die Darstellung eines Sportwagens in Verbindung mit der **Produktwerbung** für Aluminiumräder: Der BGH[254] hat festgestellt, dass ein Hersteller von Aluminiumrädern, der in der Produktwerbung einen exklusiven Sportwagen abbilde, der mit seinen u.a. für diesen Fahrzeugtyp bestimmten Rädern ausgerüstet ist, die auf dem abgebildeten Fahrzeug angebrachte Marke des Sportwagenherstellers nicht verletze, wenn die Abbildung des Sportwagens den für den Verkehr erkennbaren Zweck habe, das Produkt in seiner bestimmungsmäßigen Verwendung zu zeigen.

Die **Freistellung** der Verwendung eines Zeichens als beschreibende Angabe gilt für jede Angabe, die zur beschreibenden Verwendung geeignet ist. Dies gilt auch im Falle von **fremdsprachlichen** Angaben, sofern sie im Falle einer gespaltenen Verkehrsauffassung zumindest von einem Teil des Verkehrs als beschreibende Angabe verstanden wird.[255] Nicht freigestellt werden Abwandlungen beschreibender Angaben oder sog. **sprechende Zeichen**, die nicht glatt beschreibend sind und somit von dem Publikum zur Beschreibung ihrer Waren oder Dienstleistungen nicht benötigt werden. Rein beschreibende Angaben werden auch dann freigestellt, wenn sie herausgehoben verwendet werden.[256]

Für alle drei Fallgruppen des § 23 ist gemeinsame Voraussetzung, dass die Benutzung nicht gegen die **guten Sitten** verstößt, sondern im Einklang mit den Grundsätzen des lauteren Wettbewerbs steht bzw. den anständigen Gepflogenheiten in Gewerbe oder Handel im Sinne der MarkenRL (Art. 6 Abs. 1 lit. c MarkenRL) entspricht. Die Benutzung des Zeichens entspricht den anständigen Gepflogenheiten in Gewerbe und Handel aber *nicht*, wenn

- sie in einer Weise erfolgt, die glauben machen kann, dass eine Handelsbeziehung zwischen dem Dritten und dem Markeninhaber besteht,
- sie den Wert der Marke dadurch beeinträchtigt, dass sie deren Unterscheidungskraft oder Wertschätzung in unlauterer Weise ausnutzt,
- die Marke durch den Dritten herabgesetzt oder schlecht gemacht wird oder
- der Dritte seine Ware als Imitation oder Nachahmung der Ware mit der Marke darstellt, deren Inhaber er nicht ist.

---

254 BGH GRUR 2005, 163 „Aluminiumräder".
255 BGH GRUR 2004, 947 „Gazoz".
256 BGH GRUR 2004, 600 „d-c-fix/CD-FIX";.

IV. Erschöpfung

Eine weitere Schranke des Kennzeichnungsschutzes ist die **Erschöpfung** einer Marke oder einer geschäftlichen Bezeichnung gem. § 24 MarkenG. Nach § 24 Abs. 1 MarkenG hat der Inhaber einer Marke oder geschäftlichen Bezeichnung nicht das Recht, einem Dritten zu untersagen, die Marke für Waren zu benutzen, die unter dieser Marke oder dieser geschäftlichen Bezeichnung von ihm oder mit seiner Zustimmung im Inland oder einem Mitgliedsstaat der Europäischen Union oder in einem **Vertragsstaat des EWR** in den Verkehr gebracht worden sind. Analog gilt dies auch für Warenproduktionen im Auftrag des Markeninhabers, der den Produzenten die Ware mit der Marke versehen und vertreiben lässt. Erschöpfung tritt nicht ein, wenn der Auftragsproduzent vorsätzlich die Ware vertragswidrig an Dritte veräußert.

Die Erschöpfungsregelung des MarkenG entspricht Art. 7 der MarkenRL, der jedoch nur eine EU-weite Erschöpfung vorsieht. Auch geht die Erschöpfungsvorschrift des MarkenG insoweit über die MarkenRL hinaus, als nicht nur eingetragene Marken, sondern auch durch Verkehrsgeltung erworbene oder notorische Marken dem Erschöpfungsgrundsatz unterworfen werden. Fast wortgleich mit Art. 7 MarkenRL definiert Art. 13 der **GMVO** die Erschöpfung der **Gemeinschaftsmarke**. Eine Erschöpfung im gesamten **europäischen Wirtschaftsraum (EWR)** ergibt sich aber aus Art. 65 Abs. 2 EWR-Abkommen i.V.m. Art. 2 Protokoll 28 zum EWR. Damit tritt auch eine Erschöpfung über die Staaten der Europäischen Gemeinschaft hinaus in den übrigen Staaten des EWR, nämlich Norwegen, Island und Liechtenstein ein.

Grundsätzlich kann **Erschöpfung nur bei Waren**, wie sich bereits aus dem Gesetzeswortlaut ergibt, nicht jedoch bei Dienstleistungen eintreten, da nur Waren in den Verkehr gebracht werden können. Die **Erschöpfungswirkung** tritt für jedes **einzelne konkrete Stück** (Ware) ein, dass vom **Markeninhaber** oder **mit Zustimmung des Markeninhabers** innerhalb des oben genannten Territoriums **in den Verkehr** gebracht worden ist. Erschöpfung tritt somit *nicht* für Waren ein, die vom Markeninhaber außerhalb des oben genannten Territoriums in den Verkehr gebracht worden sind und von Dritten ohne Zustimmung des Markeninhabers wieder in die Länder des EWR bzw. der EU eingeführt werden. Darauf, ob der Markeninhaber oder ein Dritter mit Zustimmung des Markeninhabers die gleichen Waren (aber andere Stücke) innerhalb der EU bzw. des EWR zeitgleich in den Verkehr gebracht hat, kommt es nicht an.

In Verkehr gebracht ist eine Ware, wenn der Markeninhaber oder derjenige, der mit seiner Zustimmung handelt, die rechtliche oder tatsächliche **Verfügungsgewalt** über die gekennzeichnete Ware innerhalb des EWR willentlich verloren hat, z.B. durch Veräußerung oder Überlassung an einen unabhängigen Dritten.[257] Ein in Verkehr bringen liegt nicht bei rein innerbetrieblichen Waren und Bewegungen vor wie z.B. von der Produktionsstätte zu einem Vertriebslager. Innerhalb eines Konzerns tritt eine Erschöpfung dann nicht ein, wenn die Verfügungsgewalt an der Ware unverändert bei derselben Leitungsstelle verblieben ist.[258] Allein die **Einfuhr** einer konkreten Ware in den EWR durch den Markeninhaber stellt ebenso wenig wie das **Anbieten** gegenüber Dritten ein „in Verkehr bringen" dar.[259]

---

257 EuGH GRUR 2005, 507, 509 „Peakholding/Axolin-Elinor".
258 Ingerl/Rohnke, MarkenG, Kommentar, § 24 Rdn. 22; BGH GRUR 2007, 882 „Parfümtester".
259 EuGH GRUR 2005, 507, 509 „Peakholding/Axolin-Elinor".

Auch die bloße **Durchfuhr** durch den europäischen Wirtschaftsraum ist nicht als in Verkehr bringen zu bewerten, sofern es während der Durchfuhr nicht zu einem Wechsel der Verfügungsmacht kommt[260] wie z.b. des Wechsels des Frachtführers oder Übertragung an einen Zwischenhändler.

Das Inverkehrbringen mit **Zustimmung** des Markeninhabers liegt im Zusammenhang mit **Lizenzverträgen** vor. Grundsätzlich muss die (vorherige) **Einwilligung** des Markeninhabers ausdrücklich erklärt werden. Eine (nachträgliche) **Genehmigung** reicht nicht aus. Eine konkludente Zustimmung kommt nur in Ausnahmefällen in Frage. Im Zweifel trägt der Markenbenutzer die Beweislast, dass er mit Zustimmung des Markeninhabers handelt.

Hingewiesen werden soll noch auf den **Sonderfall der Erschöpfung** ohne Zustimmung des Markeninhabers, der eintritt, wenn der Grundsatz des freien Warenverkehrs innerhalb des Gemeinschaftsrechts Vorrang vor dem Individualrecht genießt. Diese fiktive Erschöpfung an konkreten Gegenständen kann bei erwiesener künstlicher Abschottung der Märkte eintreten.[261]

§ 24 Abs. 2 MarkenG bestimmt als lex spezialis, dass Abs. 1 keine Anwendung findet, wenn sich der Inhaber der Marke oder der geschäftlichen Bezeichnung der Benutzung der Marke oder der geschäftlichen Bezeichnung im Zusammenhang mit dem weiteren Vertrieb der Waren aus berechtigten Gründen widersetzt, insbesondere, wenn der Zustand der Ware nach ihrem Inverkehrbringen sich verändert oder verschlechtert hat. Hierdurch wird es dem Markeninhaber möglich, auch nach Inverkehrbringen der Ware unter bestimmten Umständen seine Rechte aus der Marke geltend zu machen.

Eine **Veränderung oder Verschlechterung** liegt z.B. vor, wenn ein Dritter wesentliche Sacheigenschaften oder die Eigenart der **Ware** verändert. Beispiele sind der Umbau eines Flügels unter Verwendung eines fremden Resonanzbodens und fremder Stimmstöcke (Steinway), Veränderung der Zifferblätter von Armbanduhren (Rolex) oder die Entfernung einer SIM-Lock-Sperre in Mobiltelefonen.[262]

Eine umfangreiche Rechtsprechung hat sich in Bezug auf das **Umpacken** oder vergleichbare Veränderungen der Verpackungen von Arzneimitteln entwickelt, die jedoch nicht uneingeschränkt auf die Neuetikettierung anderer Erzeugnisse übertragbar ist.[263] Einen Überblick gibt Hacker.[264] Demzufolge dürfen umgepackte Arzneimittel vertrieben werden, wenn

1. die Geltendmachung der Marke durch den Markeninhaber zu einer künstlichen Abschottung der Märkte führe, und
2. der Originalzustand der in der Verpackung enthaltenen Arzneimittel durch das Umpacken nicht beeinträchtigt worden sei, sowie

---

[260] Stuckel in v. Schultz (Hrsg.), Markenrecht, Kommentar, § 24 Rdn. 17 u. 18.
[261] Ingerl/Rohnke, MarkenG, Kommentar, § 24 Rdn. 43; BGH GRUR 2012, 630, 632 (Rdn. 29-34) „Keine Beweislastumkehr bei Ausscheiden eines Zwischenhändlers aus der Lieferkette – CONVERSE II".
[262] Stuckel in v. Schultz (Hrsg.), Markenrecht, Kommentar, § 24 Rdn. 28 m.w. Nachw..
[263] Z.B. sind die berechtigten Interessen des Markeninhabers bereits gewahrt, wenn ein Parallelimporteur den Markeninhaber vorab vom Verkauf in einer Art und Weise informiert, die ihn in die Lage versetzt, die Auswirkungen der Neuetikettierung zu beurteilen; BGH GRUR 2013, 739, 745 (Rdn. 51) „Verstoß gegen lebensmittelrechtliche Kennzeichnungspflichten – Barilla".
[264] Hacker in Hacker/Ströbele, MarkenG, Kommentar, § 24 Rdn. 68 ff.

3. auf der neuen Verpackung klar angegeben sei, von wem das Arzneimittel umgepackt worden sei und von welchem Hersteller es stamme. Des Weiteren dürfe
4. das umgepackte Arzneimittel nicht derart aufgemacht sein, dass dadurch der Ruf der Marke und ihres Inhabers geschädigt werden könne. Insbesondere dürfe die Verpackung nicht schadhaft oder von schlechter Qualität sein oder einen unordentlichen Eindruck hervorrufen.
5. Schließlich ist der Vertreiber der umverpackten Medikamente verpflichtet, dem Markeninhaber vorab vom Anbieten der umverpackten Arzneimittel Kenntnis zu geben und ihm auf Verlangen ein Muster zur Verfügung zu stellen.

V. Benutzungszwang

Neben dem Territorialprinzip und der Herkunftsfunktion, die eine Marke innehat, ist der **Benutzungszwang**, dem der Markeninhaber oder Inhaber einer geschäftlichen Bezeichnung unterliegt, ein weiteres Grundprinzip des Kennzeichenrechtes. Da es sich bei Marken um Ausschließlichkeitsrechte handelt, die, sofern die regelmäßige Verlängerung vorgenommen wird, keiner Begrenzung der zeitlichen Dauer unterliegen, scheint es gerechtfertigt, von dem Rechteinhaber zu verlangen, dass er die Marken oder geschäftlichen Bezeichnungen benutzt. Benutzt er die Marke nicht oder nicht ernsthaft, so sind seine **Ansprüche** auf Unterlassung, Schadensersatz, Vernichtung und Auskunft gem. § 25 Abs. 1 MarkenG **ausgeschlossen**, sofern die Nichtbenutzung einen Zeitraum von 5 Jahren ab der Eintragung (sog. **Benutzungsschonfrist**) bzw. vor dem Zeitpunkt der Geltendmachung umfasst (§ 25 Abs. 1 MarkenG)(s.a. Abb. 5, S. 222). § 25 Abs. 2 MarkenG gestaltet die Verteidigung gegen Verletzungsklagen aus nicht oder nicht mehr benutzten Marken in als **Einrede**. § 25 MarkenG macht von der Möglichkeit des Art. 11 Abs. 3 MarkenRL Gebrauch, nach dem die Mitgliedsstaaten vorsehen können, dass eine Marke in einem Verletzungsverfahren nicht wirksam geltend gemacht werden kann, wenn im Wege der Einwendung Nachweise erbracht werden, dass die Marke für verfallen erklärt werden könnte. § 25 MarkenG verweist hinsichtlich der Einzelheiten des Benutzungserfordernisses auf § 26 MarkenG.

Auch **Gemeinschaftsmarken** unterliegen einem Benutzungszwang mit 5-jähriger **Benutzungsschonfrist** (Art. 15 Abs. 1 **GMVO**). Die Marke muss für die Waren oder Dienstleistungen, für die sie eingetragen ist, innerhalb von 5 Jahren ab dem Registereintragungstag in Benutzung genommen worden sein und die Benutzung darf nicht für mehr als 5 ununterbrochene Jahre ausgesetzt worden sein. Die Marke muss durch ihren Inhaber oder mit vorheriger Zustimmung des Inhabers in dem Gebiet, für das die Marke Schutz genießt, für jede beanspruchte Ware bzw. Dienstleistung ernsthaft als Marke benutzt werden. Eine unzureichende Benutzung kann in Verletzungs- oder Entschädigungsprozessen durch Widerklage gem. Art. 100 GMVO, aber auch in Form der Einrede gem. Art. 99 Abs. 3 GMVO geltend gemacht werden.

VI. Benutzung der Marke (§ 26 MarkenG)

Ein wichtiger Grundsatz des Markenrechts ist – möchte der Markeninhaber Rechte aus seiner insbesondere registrierten Marke herleiten – der Zwang zur **Benutzung der Marke** zur Kennzeichnung der für sie geschützten Waren und Dienstleistungen. § 26 MarkenG definiert die Benutzung einer Marke, auf die an verschiedenen Stellen des

MarkenG Bezug genommen wird. Mangelnde Benutzung führt gem. § 25 MarkenG zum Ausschluss von Ansprüchen in Bezug auf Markenverletzungen (§§ 14, 18, 19 MarkenG). Auch im Widerspruchsverfahren ist die Einrede fehlender Benutzung gem. § 43 Abs. 1 MarkenG möglich. Eine nicht benutzte Marke kann auf Antrag eines Dritten gem. § 49 Abs. 1 MarkenG gelöscht werden. Auch die §§ 22 Abs. 1 Nr. 2, 51 Abs. 4 Nr. 1 und 55 Abs. 3 MarkenG beinhalten Regelungen über Marken im Löschungsverfahren, denen es an einer ernsthaften Benutzung mangelt. In Bezug auf Kollektivmarken ist § 100 Abs. 2 MarkenG ergänzend einschlägig.

Entsprechende auf die MarkenRL zurückgehende Vorschriften enthält die **GMVO** in Art. 15 GMVO: Definition für den Begriff der Benutzung, Art. 42 Abs. 2 und 3 GMVO in Bezug auf das Widerspruchsverfahren, Art. 51 Abs. 1 lit. a sowie Art. 57 Abs. 2 GMVO in Bezug auf das Löschungsverfahren infolge Nichtigkeit oder Verfalls. Art. 70 GMVO ergänzt die Benutzungsvorschriften in Bezug auf die **Kollektivmarken**.

Das **Erfordernis der Benutzung** ist auf die Hauptfunktion einer Marke, nämlich den Hinweis auf die betriebliche Herkunft der unter Schutz einer Marke gestellten Waren und Dienstleistungen, ausgerichtet. Gemäß § 26 Abs. 1 MarkenG und Art. 15 Abs. 1 GMVO muss eine Marke von ihrem Inhaber für die Waren oder Dienstleistungen, für die sie eingetragen ist, ernsthaft **im Inland** (wobei bei der Gemeinschaftsmarke gemäß Art. 1 GMVO einheitlich die gesamte EU als Inland gilt) benutzt worden sein, es sei denn, dass berechtigte Gründe für die Nichtbenutzung vorliegen. Die Benutzung der Marke mit Zustimmung des Inhabers gilt als Benutzung durch den Inhaber (§ 26 Abs. 2 MarkenG, Art. 15 Abs. 2 GMVO).

Ein **markenmäßiger Gebrauch** liegt vor, wenn aus Sicht des Verkehrs das Zeichen als Hinweis auf die Herkunft der Waren bzw. Dienstleistungen dient. Nicht markenmäßig ist die firmenmäßige Benutzung, z.B. die alleinige Angabe der Firma des Unternehmens, wie sie auf geschäftlichen Briefbögen notwendig ist. Gleiches gilt für einen Domainnamen, der ausnahmsweise eine reine Adressfunktion hat oder vom Verkehr nur als beschreibende Angabe verstanden wird.[265] Allerdings kann eine firmenmäßige Benutzung gleichzeitig auch eine markenmäßige Benutzung darstellen, sofern das fragliche Zeichen selbst besonders herausgestellt wird und einen Bezug zu den beanspruchten Waren und Dienstleistungen aufweist. Dies wird in Fällen, in denen der Betrieb nur ein Produkt herstellt oder eine Dienstleistung erbringt, eher der Fall sein als bei großen Unternehmen mit einer vielfältigen Produktpalette.

In Bezug auf die **Benutzung der Marke für die einzelnen Waren oder Dienstleistungen** kommt es in erster Linie auf die Sichtweise des angesprochenen Verkehrs, d.h. des durchschnittlich informierten und angemessen aufmerksamen **Verbrauchers** an. Dabei sind gerade in den letzten 10 Jahren die sich verändernden Formen des Vertriebs und der Werbung – z.B. durch das Internet – zu berücksichtigen.[266] Zumindest gilt die nach früherem Warenzeichenrecht strikte Regel der körperlichen Anbringung der Marke auf der Ware oder deren enge räumliche Verbindung nicht mehr.

---

265 BGH GRUR 2012, 832, 834 (Rdn. 19) „ZAPPA".
266 BPatG BPatGE, 43, 77, 81 ff. „VISION".

Die Verwendung einer Marke **im Internet** kann nur dann als benutzungsrelevant angesehen werden, wenn ein wirtschaftlich relevanter **Inlandsbezug** vorhanden ist.[267] Indiziell für den Inlandsbezug ist die Verwendung der deutschen Sprache sowie Preisangaben in inländischer Währung, inländische Vertriebsstätten oder sonstige im Zusammenhang mit den mit der Marke gekennzeichneten Waren oder Dienstleistungen stehende Angaben wie Kundendienst, Kontaktadressen oder Ähnliches.

Als Ausnahme von dem Territorialprinzip gelten **zwischenstaatliche Verträge**, die eine entsprechende Gleichstellung von Inlands- und – bezogen auf den Vertragsstaat – **Auslandsbenutzung** vorsehen. Eine solche Regelung stellt Art. 5 Abs. 1 des Übereinkommens zwischen dem Deutschen Reich und der Schweiz betreffend den gegenseitigen Patent-, Muster- und Markenschutz vom 13.4.1892 dar. Hierbei geht es um die gegenseitige Anerkennung der Benutzung von Marken, wobei die Staatszugehörigkeit des Inhabers der Marke, sofern er einem der Verbandsländer der PVÜ angehört, irrelevant ist. Eine Benutzung in der Schweiz gilt nicht als rechtserhaltende Benutzung einer Gemeinschaftsmarke, da die gemeinschaftsrechtlichen Regelungen der Benutzung durch bilaterale Abkommen nicht zur Disposition stehen.[268] In einem europäischen Gemeinschaftsmarkenverfahren gilt die ernsthafte Benutzung in der Schweiz auch nicht als rechtserhaltende Benutzung einer nationalen deutschen oder eines für Deutschland geschützten Anteils einer Internationalen Registrierung.[269] Benutzungshandlungen in der Schweiz, die für eine deutsche Marke reklamiert werden, werden ausschließlich nach deutschem Recht beurteilt.[270] Die Anforderungen für die rechtserhaltende Benutzung in der Schweiz durch die Benutzung einer Marke in Deutschland sind erheblich höher.[271]

Für die Rechtserhaltung einer Marke ist eine **ernsthafte Benutzung** erforderlich. Eine rein innerbetriebliche Verwendung gilt als rechtserhaltende Benutzung, wenn die Waren ausschließlich für den **Export** bestimmt sind (§ 26 Abs. 4 MarkenG). Die rein innerbetriebliche Benutzung ohne den Exportbezug reicht nicht. Die Benutzung innerhalb eines Konzerns ist eine Frage des Einzelfalls und orientiert sich an den bereits genannten Anforderungen. Private oder amtlich **hoheitliche Benutzungshandlungen** gelten nicht als rechtserhaltend, weil ihnen der geschäftliche Bezug fehlt. Das Gleiche gilt für die Verwendung in Nachschlagewerken, Lehrbüchern u.ä.

Für eine ernsthafte Benutzung lassen sich keine festen Grenzen definieren wie z.B. Mindestumsätze oder Stückzahlen. Letztendlich kommt es auf die Umstände des Einzelfalls an, wobei die branchenbezogenen Gegebenheiten, die wirtschaftlichen Verhältnisse des Benutzers sowie die Art der Ware oder Dienstleistung, aber auch die Dauer und die Konstanz der Benutzung eine Ernsthaftigkeit begründen können. Bei sehr teuren Luxusgütern, die zwangsläufig nur einen begrenzten Abnehmerkreis haben, reicht eine geringe Anzahl für die Begründung einer Ernsthaftigkeit aus.[272] Bei Massenprodukten sind die Anforderungen an eine ernsthafte Benutzung hinsichtlich der Anzahl der verkauften Produkte wesentlich höher. Weitere Indizien für eine ernsthafte Benutzung ist

---

267 BGH GRUR 2005, 431, 432 ff. „Hotel Maritime".
268 Ingerl/Rohnke, MarkenG, Kommentar, § 26 Rdn. 213.
269 GRUR Int. 2013, 141 „BASKAYA"; krit. Anm. Hertz-Eichenrode GRUR-Prax 2012, 375; EuGH GRUR Int. 2014, 161, 163-164 (Rdn. 39, 52) „BASKAYA".
270 BGH GRUR 2000, 1035, 1037 „Playboy".
271 Ebert-Weidenfeller, Noth GRUR-Prax 2013, 415 ff. „Benutzungsnachweis für Marken im deutschschweizerischen Verhältnis".
272 BPatG GRUR 2001, 58, 59 „Kobra Cross".

die Belieferung an viele Abnehmer oder eine lange Benutzungsdauer.[273] Bloße **Scheinbenutzungen** schließen eine ernsthafte Benutzung aus. Als nicht ernsthaft benutzt sollen auch Marken gelten, die Gegenstände markieren, die der Markeninhaber den Käufern seiner anderen Waren als **Werbemittel** mitgibt, da damit der Zweck einer Marke verfehlt wird, dass für diese als Werbemittel dienende Waren ein Absatzmarkt erschlossen oder gesichert wird.[274]

Eine ernsthafte Benutzung liegt nicht vor, wenn die Marken im Vertrieb ohne Bezug zu den einzelnen Waren oder Dienstleistungen verwendet werden. Dies gilt insbesondere für Einzelhandelsunternehmen oder Versandhäuser.[275] Nicht ausreichend ist – sofern kein erkennbarer Bezug zu den Waren besteht – die alleinige Anbringung der Marke auf dem Versandmaterial. In Bezug auf **Dienstleistungen** muss ebenso wie für Warenmarken der Grundsatz gelten, dass die Marke beim Publikum ihre Herkunftsfunktion für die für die Marke beanspruchten Dienstleistungen ausübt.[276] Aufgrund der Unkörperlichkeit von Dienstleistungen muss auf andere Art die Verbindung zwischen der Dienstleistung und der Marke hergestellt werden. Dies wird in der Regel durch die Anbringung der Marke auf Geschäftsgebäuden, Berufskleidung bzw. Gegenständen, die in Verbindung mit der Dienstleistung stehen – z.B. Hotelwäsche bei Hoteldienstleistungen – und/oder während der Erbringung der Dienstleistung erfolgen. Des Weiteren kommen Kataloge, Prospekte, Rechnungen, Briefbögen sowie Werbemaßnahmen in Frage.[277]

Gemäß § 26 Abs. 3 MarkenG gilt als Benutzung einer eingetragenen Marke auch die Benutzung in einer **Form, die von der Eintragung abweicht**, soweit die Abweichung den kennzeichnenden Charakter der Marke nicht verändert. Dies gilt auch dann, wenn die Marke in der Form, in der sie benutzt wird, ebenfalls eingetragen ist. Die Benutzung einer **Gemeinschaftsmarke** in der Form, die von der Eintragung nur in Bestandteilen abweicht, ohne dass dadurch die Unterscheidungskraft der Marke beeinflusst wird, gilt als Benutzung der eingetragenen Marke (Art. 15 Abs. 1 lit. a GMVO). Beide Regelungen stellen darauf ab, dass eine Marke in veränderter Form verwendet werden kann, soweit – aus **Sicht des Verbrauchers** – die Marke in veränderter Form in ihren charakteristischen Merkmalen der eingetragenen Marke entspricht, so dass der **Gesamteindruck** des Zeichens im Wesentlichen nicht verändert wird. Zusätzliche Elemente in einer Markenbenutzung sind im Einzelfall dann unschädlich, wenn sie eine untergeordnete Stellung im Gesamteindruck einnehmen und eine schwache Unterscheidungskraft aufweisen.[278] Allerdings hat der EuGH im Zusammenhang mit der Rechtsfigur einer Markenserie bzw. Markenfamilie festgestellt, dass Art. 15 Abs. 1 lit. a GMVO es nicht erlaube, den Nachweis der Benutzung einer eingetragenen Marke auf eine andere eingetragene Marke, deren Benutzung nicht nachgewiesen ist, mit der Begründung auszuweiten, das die andere Marke nur eine leichte Abwandlung der erstge-

---

273 EuGH GRUR 2003, 425, 428 „Ansul/Ajax".
274 EuGH GRUR 2009, 410, 411 (Rdn. 18 – 21) „Silberquelle/Marselli-Strickmode".
275 BGH GRUR 2005, 1047, 1049 „Otto"; BGH GRUR 2006, 150, 151 ff. „Norma".
276 BGH GRUR 2008, 616, 618 (Rdn. 16) „AKZENTA" (bei gleichzeitiger firmenmäßigen Benutzung).
277 BGH GRUR 2008, 616, 617 (Rdn. 13) „AKZENTA"; BGH GRUR 2010, 270, 271 (Rdn. 17) „Atoz III".
278 EuG, Urteil v. 10.6.2010, T-482/08, GRUR Int. 2011, 60, 62-63 (Rdn. 42) „ATLAS TRANSPORT".

nannten Marke darstelle.[279] Diese Rechtsprechung ist überholt.[280] Die Beurteilung, ob eine abweichende Benutzung den kennzeichnenden Charakter der Marke verändert, ist grundsätzlich dem Tatrichter vorbehalten, wobei auf die Verkehrsauffassung abzustellen ist.[281] Dabei ist zur Bestimmung der angesprochenen Verkehrskreise auf diejenigen Abnehmer abzustellen, die die konkret beanspruchten Waren oder Dienstleistungen – ihrer gattungsmäßigen Art nach sowie nach ihren objektiven Merkmalen – nachfragen.[282]

In der Regel sind **Modernisierungen** der Schriftweise – sofern sie die üblichen Schriftarten betreffen – unkritisch, ebenso die Änderung von Größenverhältnissen sowie die Ergänzung von Wortmarken durch grafische Verzierungen oder die Ergänzung von Wortmarken durch glatt beschreibende Zusätze. Allerdings reicht der Ersatz einer Wortmarke durch deren grafische Beschreibung für eine rechtserhaltende Benutzung nicht aus.[283] Auch bei anderen Markentypen – seien es Hörmarken, abstrakte Farbmarken oder dreidimensionale Marken – gelten die gleichen Grundsätze. So kann eine dreidimensionale Marke zweidimensional wiedergegeben werden, wenn ihre charakteristischen der dreidimensionalen Form geschuldeten Merkmale in der zweidimensionalen Wiedergabe dargestellt werden. Bei abstrakten Farbmarken dürfte eine ernsthafte Benutzung in der Regel auf die Farbidentität beschränkt sein.

Bei der **Mehrfachkennzeichnung** – z.B. durch eine Dachmarke und eine Produktmarke – können beide Marken eine betriebliche Herkunftsfunktion erfüllen, sofern der Verkehr diese als zwei Marken auffasst. Dies ist der Fall, wenn das angesprochene Publikum die eine Kennzeichnung als eine Art Unternehmenskennzeichen und als Stamm einer Serienmarke und das andere Zeichen als sog. „Subbrand" wahrnimmt.[284]

Eine Marke muss für die **konkreten Waren oder Dienstleistungen**, für die sie eingetragen ist, genutzt werden. Die Benutzung für lediglich ähnliche Waren reicht für die Benutzung der eingetragenen Marken nicht aus. In Kollisionsfällen stellt sich häufig die Frage, für welche Waren bzw. Dienstleistungen die Benutzung rechtserhaltend ist, wenn in dem Waren- und Dienstleistungsverzeichnis der fraglichen Marke weitergehende Begriffe – insbesondere Oberbegriffe – genannt sind. Zunächst wären die Waren bzw. Dienstleistungen, für die eine Benutzung vorliegt, unter den Waren bzw. Dienstleistungen, für die die Marke eingetragen ist, zu subsumieren (**Subsumtion**). Alsdann sei festzustellen, ob die Benutzung nur eine spezielle Ware oder Dienstleistung erfasst oder auch für die im Waren- und Dienstleistungsverzeichnis vermerkten Oberbegriffe der speziellen Waren und Dienstleistungen als benutzt anerkannt werden könnten („**Integrationsfrage**" nach Ströbele).[285] Das Bundespatentgericht hat hinsichtlich der Integrationsfrage das Institut der „erweiterten Minimallösung"[286] entwickelt, wobei

---

279 EuGH GRUR 2008, 343, 345 (Rdn. 86) „Bainbridge".
280 EuGH GRUR 2012, 1257 (Rdn. 30) „Voraussetzungen rechtserhaltender Benutzung von weiterentwickelten Markenformen – Rintisch [PROTI]".
281 Vgl. BGH GRUR Jahr 2002, 167, 168 „Bit/Bud"; BGH GRUR 2009, 772 (Rdn. 39 u. 44) „Augsburger Puppenkiste"; BGH GRUR 2013, 68 (Rdn. 14) „Castell/VIN CASTEL"; BGH GRUR 2010, 729 (Rdn. 17) „MIXI"; BGH GRUR 2011, 623 (Rdn. 55) „Peek & Cloppenburg II".
282 BGH GRUR 2008, 710 (Rdn. 32) „VISAGE"; BGH GRUR 2013, 725, 728 (Rdn. 32) „Duff Beer".
283 BPatG GRUR 1979, 244, 245 ff. „Herz-Kaffee".
284 BGH GRUR 2005, 515 „Ferrosil".
285 Ströbele in Ströbele/Hacker, MarkenG, Kommentar, § 26 Rdn. 1940 – 205; Dort Angabe von Beispielen.
286 Z.B. BPatG GRUR 2004, 954, 955 ff. „Zynaretten/Circanetten".

die vom BGH entwickelten Grundsätze[287] letztendlich zu dem gleichen Ergebnis führen. Demzufolge würde zunächst von den konkret benutzten Waren und Dienstleistungen ausgegangen und dann – unter Berücksichtigung der wirtschaftlichen Bewegungsfreiheit – ein die konkrete Ware oder Dienstleistung umfassender Oberbegriff gewählt, der für die Anerkennung der Benutzung angemessen und gerechtfertigt erschiene.[288]
Für den Inhaber einer Marke besteht gem. § 26 Abs. 1 letzter Halbsatz MarkenG genauso wie nach Art. 15 Abs. 1 letzter Halbsatz **GMVO** die Möglichkeit, **berechtigte Gründe für die Nichtbenutzung** der Marke geltend zu machen. Dieser Ausnahmetatbestand ist beschränkt auf wenige Ausnahmefälle, in denen es dem Markeninhaber aufgrund von in unmittelbaren Zusammenhang mit der Marke stehenden Umständen, die er selbst nicht zu verantworten hat, nicht möglich oder unzumutbar war, die Marke ernsthaft zu benutzen.[289] Als berechtigte Gründe werden höhere Gewalt, staatliche Einfuhrverbote sowie der nicht rechtzeitige Abschluss von vorgeschriebenen behördlichen Zulassungsverfahren, insbesondere in der Pharmazie, anerkannt.[290]

§ 50 Marken als Vermögensgegenstand

I. Rechtsübergang und dingliche Rechte

Kennzeichen und Marken können erhebliche Werte darstellen, wie sich nicht zuletzt aus den in regelmäßigen Abständen publizierten Markenwerten berühmter Marken ergeben. Wenn auch die Bewertung von Marken zuweilen noch zu sehr unterschiedlichen Ergebnissen führt – was zum Großteil mit den recht komplexen Zusammenhängen zusammenhängt, die in eine Markenbewertung Eingang finden, – so besteht Konsens darüber, dass Marken einen sehr bedeutenden Anteil am Wert eines Unternehmens haben können. Die einer **Markenbewertung** zugrunde liegenden Kriterien und die von ihr zu erfüllende Mindestanforderungen sind in der Norm DIN ISO 10668 niedergelegt und im Einzelnen von Fischer/Menninger kommentiert.[291] Wie auch andere immaterielle Vermögenswerte – seien es technische Schutzrechte, Rechte am Design oder Urheberrechte – gewinnen sie immer mehr an Bedeutung in einer globalisierten Wirtschaft. Eine **Marke als freies Wirtschaftsgut** ist seit dem 1.5.1992 (§ 47 Nr. 3 ErstrG) frei übertragbar, d.h. nicht mehr akzessorisch an den Geschäftsbetrieb eines Unternehmens gebunden. Das am 1.1.1995 in Kraft getretene MarkenG hat die Akzessorietät der Marke fast vollständig beseitigt. Somit ist bei der Markenanmeldung kein Geschäftsbetrieb mehr erforderlich. Reste der Akzessorietät finden sich in § 27 Abs. 2 MarkenG, wo im Zweifel die Marke gemeinsam mit dem Geschäftsbetrieb oder Teil des Geschäftsbetriebes, zu dem die Marke gehört, übergeht. Die freie Übertragbarkeit erfasst nicht nur die im Register eingetragene Marken, sondern auch die in § 4 Nr. 2 und 3 MarkenG genannten durch Verkehrsgeltung erworbenen Marken sowie notorische Marken (§ 27 Abs. 1 MarkenG).
Im Gegensatz dazu sind **geschäftliche Bezeichnungen an den Geschäftsbetrieb gebunden** und können nur mit diesem übertragen werden. Allerdings können besondere Ge-

---

287 BGH GRUR 1990, 39, 40 ff. „Taurus".
288 EuGH GRUR Int. 2005, 914, 915 ff. „Aladin".
289 EuGH GRUR 2007, 702, 705 (Nr. 45 ff.) „Armin Häuptl/Lidl".
290 Ströbele in Ströbele/Hacker, MarkenG, Kommentar, § 26 Rdn. 81 – 95.
291 Fischer/Menninger in Fezer 2012, Hdb. Markenpraxis II 2, 1961-2036 „Monetäre Markenbewertung".

schäftsbezeichnungen zusammen mit der **Übertragung** eines Teils des Geschäftsbetriebs, für den die Bezeichnung benutzt werden, übertragen werden. Anders als bei den Marken können an einem akzessorischen Unternehmenskennzeichen auch keine gesonderten dinglichen Rechte entstehen.

Marken können im Gegensatz zu Unternehmenskennzeichen **gepfändet** oder **zur Sicherung übertragen** werden (§ 29 Abs. 1 MarkenG).

Ob **Titel** ohne das zugrunde liegende Werk übertragen werden können, ist strittig. Ingerl/Rohnke[292] und Brandi-Dohrn[293] vertreten die Auffassung, dass aufgrund der Nähe zu den Marken auch Titel übertragbar seien. Dies sei wirtschaftlich sinnvoll, wenn ein Werk vergriffen, der Titel aber noch lebendig sei. Im Übrigen sei die Vergabe von Lizenzen an Titeln häufig. Demgegenüber vertritt Hacker[294] die Auffassung, dass dem Titelschutz die namensmäßige individualisierende Kennzeichnung einer geistigen Leistung zugrunde liege und damit Titel und Zeichnungsobjekt untrennbar miteinander verbunden sei.

Vor dem 1.5.1992 erfolgte Warenzeichenübertragungen ohne gleichzeitige Übertragung des Geschäftsbetriebes, die aber im Register registriert werden konnten – sog. „Leerübertragungen" – sind – unabhängig von den Übergangsregelungen des neuen Markengesetzes (§§ 27 Abs. 1 i.V.m. 152 MarkenG) – **unwirksam**. Der Inhaber des Geschäftsbetriebes ist nach wie vor Inhaber der Marke. Der im Markenregister eingetragene vermeintliche Erwerber hat somit keine Verbietungsrechte aus der Marke.

Auch **IR-Marken** als Bündel nationaler Marken (gem. Art. 4 Abs. 1 MMA, Art. 4 Abs. 1a Satz 2 PMMA, §§ 112, 124 MarkenG) können übertragen bzw. teilübertragen werden. Sollte eine Übertragung aus Deutschland (bzw. eines Verbandsmitglied) an ein Nichtverbandsmitglied erfolgen, so verbleibt der deutsche Markeninhaber im Register der IR, da der Erwerber aufgrund seiner fehlenden Verbandszugehörigkeit nicht registriert werden kann. Diskutiert wird noch, ob die Übertragung als solche unwirksam oder wirksam sei, aber Rechte daraus möglicherweise nicht durchsetzbar seien.[295]

Die GMVO verweist in ihrem Abschnitt über die **Gemeinschaftsmarke** als Gegenstand des Vermögens auf das nationale Recht, soweit in der GMVO nichts anderes bestimmt ist. Der Rechtsübergang ist in Art. 17 GMVO kodifiziert, die dinglichen Rechte in Art. 19 GMVO, die Zwangsvollstreckung und das Konkursverfahren in den Art. 20 und 21 GMVO. Im Gegensatz zum deutschen Recht kann der Rechtsnachfolger seine Rechte aus der Gemeinschaftsmarkenanmeldung oder -eintragung erst dann geltend machen, wenn der Rechtsübergang in das Gemeinschaftsmarkenregister eingetragen worden ist (Art. 17 Abs. 6 GMVO).

II. Lizenz

Unter **Lizenz** wird die vertragliche oder dingliche Einräumung von Nutzungsrechten an der Marke durch den Markeninhaber oder einen anderen Berechtigten an der Marke verstanden, wie z.B. ein Unterlizenzgeber oder Nießbraucher. Diese positiven Lizenzeinräumungen werden ergänzt durch die sog. **„negative Lizenz"**, bei der der Lizenzge-

---

292 Ingerl/Rohnke, MarkenG, Kommentar, vor §§ 27 – 31 Rdn. 7.
293 In v. Schultz (Hrsg.), MarkenR, § 27 Rdn. 7.
294 Hacker in Ströbele/Hacker, MarkenG, Kommentar, § 27 Rdn. 74.
295 Brandi-Dohrn in v. Schultz (Hrsg.), MarkenR, § 27 Rdn. 20.

ber sich lediglich schuldrechtlich verpflichtet, aus seinen Marken gegenüber dem Lizenznehmer nicht vorzugehen, d.h. die Nutzung lediglich duldet. Die Frage der rechtserhaltenden Benutzung durch den Lizenznehmer im Falle einer negativen Lizenz ist jedoch fraglich. Gegenstand einer Lizenz kann jede der in § 4 MarkenG aufgeführten Marken sein, die für alle oder nur einen Teil der Waren oder Dienstleistungen, für die die Marke Schutz genießt, in Form einer ausschließlichen oder einfachen Lizenz für das gesamte Gebiet Deutschlands oder nur Teile Deutschlands lizenziert werden kann. Bei Vorliegen entsprechender Rechte können Lizenzen auch an Internationalen Registrierungen, regionalen oder nationalen Kennzeichenrechten bzw. –anmeldungen vergeben werden.[296] Vertiefende Beispiele für die Ausgestaltung verschiedenartiger Lizenzen finden sich bei Fammler[297] und Niebel.[298]

Eine **ausschließliche (Exklusiv-)Lizenz** liegt vor, wenn nur der Lizenznehmer die Marke für die lizenzierten Waren bzw. Dienstleistungen benutzen darf. Die Vergabe weiterer Lizenzen für die bereits als ausschließliche Lizenz lizenzierten Waren und Dienstleistungen in einem identischen Gebiet sind nicht erlaubt. Auch der Lizenzgeber ist von der Nutzung der Marke ausgeschlossen. Eine **Alleinlizenz** liegt dann vor, wenn neben dem ausschließlichen Lizenznehmer auch der Lizenzgeber selbst die Marke für die Waren und Dienstleistungen in dem in Rede stehenden Territorium benutzen darf. Schließlich wird unter einer **einfachen Lizenz** ein Nutzungsrecht ohne Ausschluss von Dritten vereinbart, wobei dem Markeninhaber vorbehalten bleibt, weitere einfache Lizenzen zu vergeben und/oder die Marke selbst zu benutzen. Der Lizenznehmer erwirbt *kein* eigenes Recht durch die Benutzung der Lizenzmarke.[299]

Im Gegensatz zu der ausschließlichen und Alleinlizenz, die **dinglicher** Natur sind, stellt die einfache Lizenz nur eine **schuldrechtliche Gestattung** dar. Anderer Auffassung hinsichtlich der ausschließlichen Lizenz ist Hacker,[300] der von einer grundsätzlich nur schuldrechtlichen Nutzungsrechtseinräumung spricht. Für letztere Auffassung spricht die gesetzliche Regelung gem. § 30 Abs. 4 MarkenG, wonach der Lizenznehmer Klage wegen Verletzung einer Marke nur mit Zustimmung ihres Inhabers erheben darf. Jedenfalls besteht eine Beitrittsmöglichkeit des Lizenznehmers zu einer Markenverletzungsklage des Markeninhabers, um seinen eigenen Schadensersatz geltend zu machen (§ 30 Abs. 4 MarkenG). Eine Lizenz kann nicht für Marken erteilt werden, die der eingetragenen Marke verwechselbar ähnlich sind.[301] An den Nachweis eines Lizenz- oder Gestattungsvertrags, aus dem der Lizenzgeber einen Vorrang seines Kennzeichenrechts

---

[296] Fischer/Menninger in Fezer 2012 Hdb. Markenpraxis II 2, Rdn. 157-181 „Monetäre Markenbewertung".
[297] Fammler, Der Markenlizenzvertrag, 2. Aufl. 2007; Fammler in Fezer 2012 Hdb. Markenpraxis II 1 B, Rdn. 56-165 „Ausschließlicher Lizenzvertrag über eine deutsche Marke"; Fammler in Fezer 2012 Hdb. Markenpraxis II 1 D, Rdn. 271-383 „Einfache Lizenz (mit Auslandsbezug) einschließlich Steuerproblematik".
[298] Niebel in Fezer 2012 Hdb. Markenpraxis II 1 C, Rdn. 176-266 „Lizenzvertrag über eine Gemeinschaftsmarke"; Niebel in Fezer 2012 Hdb. Markenpraxis II 1 E, Rdn. 384-411 „Nutzungsgestattung (begleitende Marke)"; Niebel in Fezer 2012 Hdb. Markenpraxis II 1 G, Rdn. 452-466 „Markenlizenzvertrag zur Beilegung einer markenrechtlichen Auseinandersetzung".
[299] BGH GRUR 2006, 56 „Boss-Club".
[300] Hacker in Ströbele/Hacker, MarkenG, Kommentar, § 30 Rdn. 21 – 26.
[301] BGH GRUR 2001, 54 „Subway/Subwear".

im Verhältnis zu einem Kennzeichenrecht des Lizenznehmers ableitet, sind regelmäßig keine geringen Anforderungen zu stellen.[302]

Von Wichtigkeit ist der **Sukzessionsschutz** gem. § 30 Abs. 5 MarkenG, der Lizenznehmern das Nutzungsrecht auch im Falle einer Markenübertragung im Verhältnis zum Rechtsnachfolger sichert. Der Rechtsnachfolger der Marken muss die mit den Lizenzen belasteten Marken akzeptieren. Grundsätzlich kann diese gesetzliche Regelung wie auch die nur mit Zustimmung des Markeninhabers mögliche Klagebefugnis vertraglich abbedungen werden.[303] Diskutiert werden im Zusammenhang mit dem Sukzessionsschutz die BGH-Entscheidungen „M2Trade" und „Take Five", nach denen eine Unterbrechung der Lizenzkette nicht automatisch zu einem Wegfall der Nutzungsrechte auf der nachgelagerten Lizenzstufe führen und dem Hauptlizenzgeber als Ausgleich für diese Duldungspflicht lediglich ein Bereicherungsanspruch zustehen soll und damit den Lizenznehmer – mit dem keine Vertragsbeziehung besteht – privilegiert.[304] Die gesetzlichen Regelungen zu Marken als Gegenstand des Vermögens gelten entsprechend auch für Markenanmeldungen (§ 31 MarkenG).

Auch in der GMVO wird die Lizenz in Art. 22 GMVO und deren Wirkung in Art. 23 GMVO behandelt. Im Unterschied zum MarkenG ist der Sukzessionsschutz in der GMVO nicht geregelt. Allerdings gilt aufgrund des Verweises auf das nationale Recht (Art. 16 GMVO) der Sukzessionsschutz für **Gemeinschaftsmarken** über die jeweiligen nationalen Regelungen. Anders als nach dem MarkenG sieht Art. 22 Abs. 5 GMVO die Registereintragung einer Erteilung oder eines Übergangs einer Lizenz an einer Gemeinschaftsmarke sowie deren Veröffentlichung vor. Erst ab der **Lizenzregistrierung** wirkt die Lizenz gegenüber Dritten, sofern der Dritte nicht bereits vorher von deren Erteilung wusste (Art. 23 Abs. 1 GMVO). Im Gegensatz zu § 30 Abs. 3 MarkenG hat der ausschließliche Lizenznehmer gemäß Art. 22 Abs. 3 S. 2 GMVO ein eigenes Verletzungsklagerecht, sollte der Markeninhaber nach Aufforderung des Lizenznehmers nicht selbst innerhalb einer angemessenen Frist Verletzungsklage erheben.

Gem. Art. 22 Abs. 2 GMVO kann der Markeninhaber die Rechte aus der Marke gegen einen Lizenznehmer geltend machen, wenn dieser hinsichtlich der Dauer der Lizenz, der von der Eintragung erfassten Form, in der die Marke verwendet werden darf, der Art der Waren oder Dienstleistungen, für die die Lizenz erteilt wurde, des Gebietes, in dem die Marke angebracht werden darf, oder der Qualität der vom Lizenznehmer hergestellten Waren oder erbrachten Dienstleistungen gegen eine Bestimmung des Lizenzvertrags verstößt. Dieser Katalog ist abschließend. Beispielsweise kann der Verkauf von Prestigewaren durch den Lizenznehmer an Discounter, die nicht einem durch einen Lizenzvertrag errichteten **selektiven Vertriebsnetz** angehören, durch Schädigung der luxuriösen Ausstrahlung geeignet sein, die Qualität der Waren selbst zu beeinträchtigen.[305]

---

302 BGH GRUR 2013, 1150, 1154 (Rdn. 51) „Kollision zwischen älterem Unternehmenskennzeichen und jüngerer Marke – Baumann".
303 Ingerl/Rohnke, MarkenG, Kommentar, § 30 Rdn. 94.
304 BGH GRUR 2012, 916 ff. „M2Trade"; BGH GRUR 2012, 914 „Take Five"; Die Diskussion im Einzelnen s. McGuire/Kunzmann GRUR 2014, 28 ff. „Sukzessionsschutz und Fortbestand der Unterlizenz nach „M2Trade" und „Take Five" – ein Lösungsvorschlag".
305 EuGH GRUR Int. 2009, 716, 718 (Nr. 25 – 27) „Copad/Dior".

§ 51 Eintragung, Widerspruch und Löschung

Das Eintragungs- und das Widerspruchsverfahren sowie die Berichtigung, Teilung, Schutzdauer, Verlängerung und die Regelungen über den Verzicht, den Verfall und die Nichtigkeit und das Löschungsverfahren sind im dritten Teil des MarkenG in §§ 32 bis 55 kodifiziert. Ergänzend dazu ist die MarkenV[306] erlassen worden, die neben zwingenden Erfordernissen auch eine Reihe von Soll-Vorschriften enthält, die der Effizienz und Vereinheitlichung des Verfahrens vor dem DPMA dienen.

I. Eintragungsverfahren

1. Anmeldung

Die Anmeldung zur Eintragung einer Marke muss unter Verwendung des vom DPMA herausgegebenen Formblattes erfolgen, wobei

- Angaben zum Anmelder, eine
- Angabe zur Form der Marke, eine
- Wiedergabe der Marke sowie ein
- Verzeichnis der Waren und Dienstleistungen, die unter Schutz gestellt werden sollen, enthalten sein müssen.

Um die **Identität des Anmelders** (§ 32 Abs. 2 MarkenG) festzustellen, wird in § 5 Abs. 1 MarkenV die Angabe des Vor- und Familiennamens bei natürlichen Personen oder – falls die Eintragung unter der Firma des Anmelders erfolgen soll – die Firma, wie sie im Handelsregister eingetragen ist, gefordert. Im Falle einer juristischen Person oder einer Personengesellschaft ist der Name dieser Person bzw. Gesellschaft ggf. entsprechend der Registereintragung zu nennen. Des Weiteren ist die vollständige Anschrift des Anmelders anzugeben.

Um das weitere Erfordernis der **Wiedergabe der Marke** zu erfüllen, ist diese hinsichtlich der Markenform zu qualifizieren. Als **Wortmarken** werden Marken bezeichnet, die aus Wörtern, Buchstaben, Zahlen oder sonstigen Schriftzeichen bestehen, die sich mit der vom DPMA verwendeten üblichen Druckschrift darstellen lassen. Unter **Bildmarken** sind diejenigen Marken zu verstehen, die aus Bildern, Bildelementen oder Abbildungen ohne Wortbestandteile bestehen. Die Kombination von Wort- und Bildbestandteilen oder Wörter, die grafisch gestaltet sind, werden als Wort-/Bildmarken bezeichnet. Diese Kombinationsmarken werden den Bildmarken zugeordnet.

Dreidimensionale Marken sind dreidimensional gestaltete Zeichen. Akustische, hörbare Marken, die aus Tönen bestehen wie z.B. einer kurzen Melodie, werden als Hörmarken klassifiziert. Die eher untergeordnete Bedeutung aufweisenden Kennfadenmarken bestehen aus farbigen Streifen oder Fäden, die auf bestimmten Produkten wie Kabeln, Drähten oder Schläuchen angebracht sind. Alle übrigen Kennzeichen, die eine Herkunftsfunktion ausüben und keiner der soeben genannten Markenformen zuzuordnen sind, fallen unter die Kategorie „sonstige Markenform". Als Beispiele hierfür seien **Farbmarken**, bestehend aus einer konturlosen Farbe oder der Kombination mehrerer Farben, genannt. Die Markenform ist in dem Antrag zwingend anzugeben. Die Marke

---

[306] Verordnung zur Ausführung des MarkenG (MarkenV) vom 11.5.2004, Bl. f. PMZ, 2004, 301, geändert durch Art. 1 der Verordnung vom 17.12.2004, Bl. f. PMZ, 2005, 45.

selbst muss derart wiedergegeben werden, dass mit Bestimmtheit festgestellt werden kann, was genau unter Schutz gestellt werden soll.[307]

Das **Waren- und Dienstleistungsverzeichnis**, für das die Eintragung einer Marke beantragt wird, muss in gruppierter Form der Anmeldung beigefügt werden. Eine nachträgliche Einreichung oder Erweiterung des Verzeichnisses ist nicht möglich. Die **Gruppierung** der Waren- und Dienstleistungen, für die Schutz beantragt wird, ist seit der Neufassung der MarkenV vom 11.5.2004 verpflichtend. Diese Gruppierung geht – wie auch andere Anmelderegularien – auf den Markenrechtsvertrag (TLT) vom 27.10.1994 zurück.[308] Die einzelnen Waren und Dienstleistungen sind so zu bezeichnen, dass die Klassifikation jeder einzelnen Ware oder Dienstleistung in eine Klasse möglich ist (§ 20 Abs. 1 MarkenV). Grundlage für die Klasseneinteilung ist das Abkommen von Nizza über die **Internationale Klassifikation von Waren und Dienstleistungen** für die Eintragung von Marken (**NKA**).[309] In Art. 3 der NKA ist die Bildung eines Sachverständigenausschusses geregelt, in dem jedes Land der NKA vertreten ist. Dieser Ausschuss entscheidet über die Abänderungen der Klassifikation und erarbeitet u.a. Empfehlungen, um die Klassifikation zu erleichtern und ihre einheitliche Anwendung zu fördern (Art. 3 Abs. 3 NKA). Der Sachverständigenausschuss hat die **Klasseneinteilung der internationalen Klassifikation von Waren und Dienstleistungen für Fabrik- und Handelsmarken gem. NKA** durch die Bekanntmachung vom 20.12.2001 von 42 auf 45 Klassen erweitert, die zum 1.1.2002 in Kraft trat. Alle drei neuen Klassen enthalten Dienstleistungen, die vorher anderen Klassen – insbesondere der alle sonstigen Dienstleistungen enthaltende Klasse 42 – zugeordnet waren. Seit der 10. Ausgabe der NKA gibt es jährliche "Versionen", die neue Waren- bzw Dienstleistungseinträge oder -streichungen bestehender Einträge vorsehen können. Größere strukturelle Änderungen (Klassenänderungen, Schaffung neuer Klassen, Streichung bestehender Klassen) bleiben den alle 5 Jahre erscheinenden "Ausgaben" vorbehalten. Im "Nizzaer Elektronischen Forum" finden sich Informationen über die Aktivitäten und Dokumente des Nizzaer Verbandes.[310] Die durch die 10. Ausgabe notwendigen Änderungen sind vom DPMA bei Inkrafttreten am 1.1.2012 umgesetzt und publiziert worden.[311] Unter den Klasseneinteilungen sind sämtliche Waren und Dienstleistungen zu subsumieren, auch wenn diese nicht konkret in der Klassifikation angegeben sind. Im Gegensatz zu dem Erfordernis der Wiedergabe der Marke kann in Bezug auf die anzugebenden Waren und Dienstleistungen zunächst ein unkonkretisierter Umfang von Waren und Dienstleistungen beantragt werden, wie z.B. durch die Angabe der Klassenzahl 4 alle erdenklichen Waren, die zu dieser Klasse gehören. Sie müssen – da dies einen Mangel darstellt – innerhalb einer vom DPMA gesetzten Frist konkretisiert werden. Eine Erweiterung ist unzulässig.

---

307 DPMA, Wie melde ich eine Marke an? Merkblatt, Ausgabe Juli 2012; http://www.dpma.de/docs/service/formulare/marke/w7731.pdf; Letzter Aufruf: 01-2014.
308 Markenrechtsvertrag, Genf vom 27.10.1994, Bl. f. PMZ 2004, Seite 385; Tabu DPMA, 657, April 2005.
309 Vom 15.6.1957, zuletzt revidiert in Genf am 13.5.1977, seit dem 12.1.1982 in Deutschland in Kraft; Bl. f. PMZ 1981, 303, geändert am 2.10.1979, Bl. f. PMZ 1984, 319; Tabu DPMA 655.
310 Abrufbar unter: www.wipo.int/nef (letzter Abruf 02/2014).
311 Mitteilung der Päsidentin Nr. 17/11, vom 30.9.2011, „Über die 10. Ausgabe der Internationalen Klassifikation von Nizza" abrufbar unter: http://www.dpma.de/service/veroeffentlichungen/mitteilungen/2011/mdp_nr17_2011.html#1 (letzter Abruf: 02/2014).

Weitere Anmeldeerfordernisse werden in der MarkenV in den §§ 2 – 16 und 20 MarkenV bestimmt.

Sofern die Anforderungen des § 32 Abs. 2 MarkenG sowie die zwingenden Vorschriften der MarkenV vom Anmelder nicht erfüllt werden, hat dies die in § 36 Abs. 2 MarkenG festgelegten **Rechtsfolgen**. Sie bestehen entweder in der Fiktion der Zurücknahme der Anmeldung oder in der Zuerkennung desjenigen Tages als Anmeldetag, an dem die Mängel fristgerecht beseitigt worden sind.

Zu beachten ist, dass sowohl das NKA als auch die deutsche Rechtsprechung von dem handelsrechtlichen **Warenbegriff im Sinne beweglicher Sachen** ausgeht, so dass für Immobilien eine Einordnung unter einer Warenklasse ausgeschlossen ist.[312] Nicht ausgeschlossen sind Dienstleistungen im Umfeld von Immobilien wie denen eines Immobilienmaklers. Zugelassen ist nunmehr auch die Ware „elektrische Energie" in Klasse 4. Lange Zeit umstritten war auch die Zulässigkeit der **Dienstleistung eines Einzelhandels** (in Klasse 35), die seit der Entscheidung „Praktiker"[313] auch in Deutschland zulässig ist. In der Mitteilung Nr. 34/05 des Präsidenten des DPMA über die Zulässigkeit der Dienstleistungsbezeichnung „Einzelhandelsdienstleistungen" wird auf diese Entscheidung Bezug genommen. Es sind keine konkreten Bezeichnungen dieser Dienstleistung erforderlich. Notwendig sind Angaben in Bezug auf die Waren oder die Arten der Waren, auf die sich die Dienstleistungen beziehen.

Im Vorgriff auf die am 1.1.2007 in Kraft getretene 9. Ausgabe der **NKA** wurden weitere Dienstleistungsbezeichnungen wie z.B. „Großhandels- und Einzelhandelsdienstleistungen für den Versandhandel", „Dienstleistungen des Einzel-/Großhandels über das Internet" oder „Einzelhandelsdienstleistungen mittels Teleshoppingsendungen" mit jeweils der konkreten Angabe von Waren oder Arten von Waren zugelassen.[314] Der EuGH hat in seiner Entscheidung „Praktiker" in Bezug auf die Definition des Begriffes „Dienstleistungen" auf Art. 50 EG verwiesen, der Dienstleistungen als Leistungen beschreibe, die in der Regel gegen Entgelt erbracht würden.[315]

Das HABM hat in Zusammenarbeit mit einer Reihe europäischer Markenämter die **Datenbank „TMclass"**[316] entwickelt, in der interaktiv die Zuordnung von Waren und/oder Dienstleistungen zu den jeweiligen Klassen ermittelt werden kann. Außerdem können Bezeichnungen von Waren und Dienstleistungen angezeigt werden, die von den an TMclass teilnehmenden Ämtern anerkannt werden. Für Markenanmeldungen beim DPMA sind die in TMclass hinterlegten Begriffe seit dem 12.11.2013 zugelassen.[317]

---

312 Kirschneck in Ströbele/Hacker, MarkenG, Kommentar, § 3 Rdn. 9.
313 EuGH GRUR 2005, 764 „Praktiker".
314 Mitteilung des Präsidenten Nr. 34/05, vom 22.11.2005, Bl.f. PMZ, 2005, 405; Tabu DPMA 499, Mitt. DPMA, 559.
315 EuGH GRUR 2005, 764, 766 „Praktiker".
316 Abrufbar unter: http://oami.europa.eu/ec2; (letzter Abruf 03/2014).
317 Mitteilung der Präsidentin Nr. 9/13 vom 1.10.2013, Bl. f. PMZ 2013, 361 „Über die europaweit harmonisierte Klassifikationspraxis der Markenabteilungen ab 12. November 2013"; Hinweis zur Mitteilung Nr. 9/13 der Präsidentin v. 1.10.2013 Bl. f. PMZ 2014, 33 „… über die international harmonisierte Klassifikationspraxis der Markenabteilungen"; siehe auch: „Maximaler Schutzumfang der Markenanmeldung bei geringem Schreibaufwand – die "Class Scopes"", Abrufbar unter: http://www.dpma.de/marke/markenschutz/klassifikation/classscopes/index.html (letzter Abruf 03/2014).

2. Anmeldetag

Als **Anmeldetag einer Marke** gilt der Tag, an dem die Unterlagen zumindest mit den Angaben nach § 32 Abs. 2 MarkenG (Identität des Anmelders, Wiedergabe der Marke, Verzeichnis der Waren und/oder Dienstleistungen) beim **DPMA** oder bei einem der **Patentinformationszentren**, die im Bundesgesetzblatt vom BMJ bekannt gemacht worden sind,[318] eingegangen sind (§ 33 Abs. 1 MarkenG). Für die Anmeldung ist auch eine **Gebühr** zu zahlen – deren Zahlung jedoch nicht Voraussetzung für die **Zuerkennung eines Anmeldetages** ist – die mit Inkrafttreten des Kostenbereinigungsgesetzes vom 1.1.2002 im PatKostG[319] festgelegt ist, auf das § 64a MarkenG verweist. Die Gebühr wird mit der Einreichung der Markenanmeldung fällig und umfasst Klassengebühren für die ersten drei gebührenpflichtigen Klassen. Für jede weitere Klasse ist eine Klassengebühr zu entrichten, die ebenfalls mit der Einreichung der Markenanmeldung fällig wird. Die Zahlung der Anmelde- und ggf. gesonderter Klassengebühren muss innerhalb von 3 Monaten ab Fälligkeit erfolgen.

Die GMVO regelt unter dem Titel III die Anmeldung der **Gemeinschaftsmarke** im ersten Abschnitt die Einreichung und Erfordernisse der Anmeldung. Hierbei sind die Erfordernisse dem des deutschen Rechtes gleich; allerdings wird einer europäischen Gemeinschaftsmarkenanmeldung nur dann ein Anmeldetag zuerkannt, wenn die Anmeldegebühren innerhalb eines Monats nach Anmeldung gezahlt werden. Dieser Unterschied wirkt sich bei der Inanspruchnahme des Anmeldetages als Prioritätstag bei Anmeldungen in anderen Jurisdiktionen aus.

Mit der Feststellung des Anmeldetages erhält der Anmelder einen Anspruch auf **Eintragung** der deutschen Marke, sofern alle Anmeldeerfordernisse erfüllt sind und kein absolutes Eintragungshindernis dem entgegensteht (§ 33 Abs. 2 MarkenG). Gleichzeitig kann die Markenanmeldung veröffentlicht werden, um – im Gegensatz zu der Zeit vor dem 1.7.1998, als die Markenanmeldungen erst mit ihrer Eintragung veröffentlicht wurden – die Allgemeinheit frühzeitig über neu entstehende Rechte zu informieren, um ggf. die eigenen Handlungen daran anzupassen (§ 33 Abs. 3 MarkenG i.V.m. § 23 MarkenV). Ein Recht auf Eintragung einer Markenanmeldung enthält die **GMVO** nicht.

3. Priorität

Bei einer **früheren ausländischen Anmeldung** kann deren Zeitrang (**Priorität**) in Anspruch genommen werden, wobei sich die Inanspruchnahme nach den Vorschriften der entsprechenden Staatsverträge sowie dem TRIPS-Abkommen[320] (Art. 2 Abs. 1 TRIPS) richtet, in dem sich die Vertragspartner bzw. Mitglieder verpflichten, die einschlägigen Regelungen der PVÜ[321] anzuwenden.

Gemäß Art. 4 A. Abs. 1 – 3 PVÜ genießt derjenige oder sein Rechtsnachfolger ein **Prioritätsrecht**, der nach den innerstaatlichen Rechtsvorschriften eine nationale Anmeldung hinterlegt hat, der ein Anmeldetag zuerkannt worden ist, wobei das spätere Schicksal

---

318 Tabu DPMA, Anhang V.
319 Patentkostengesetz, Tabu DPMA 340 vom 13.12.2001, Bl. f. PMZ, 2000, 14, zuletzt geändert durch Art. 3 des Gesetzes vom 9.12.2004, Bl. f. PMZ 2005, 3.
320 Trade Related Aspects of Intellectual Property Rights (TRIPS), Tabu DPMA 699a.
321 In Art. 4 PVÜ, der gem. § 34 Abs. 1 letzter Halbsatz MarkenG auch für Dienstleistungen beansprucht werden kann.

dieser Anmeldung ohne Bedeutung ist. Artikel 4 C. PVÜ nennt als **Prioritätsfrist** 6 Monate für Fabrik- oder Handelsmarken, die im Zeitpunkt der Hinterlegung der ersten Anmeldung beginnt, wobei der Tag der Hinterlegung selbst nicht in die Frist eingerechnet wird.

Die Prioritätsanmeldung sowie die Nachanmeldung müssen übereinstimmen, und zwar hinsichtlich der Zeichen als auch der Waren und Dienstleistungen. Zwar findet sich weder in § 34 MarkenG noch in der PVÜ hierzu eine Vorschrift, jedoch wird allgemein die Ansicht vertreten, dass ein Prioritätsrecht nur für ein nahezu **identisches Zeichen** in Anspruch genommen werden könne.[322] Begründet wird die Auffassung damit, dass für **Telle-quelle-Marken** nach Art. 6^{quinquies} C. Abs. 2 PVÜ geregelt sei, dass Fabrik- oder Handelsmarken nicht allein deshalb zurückgewiesen werden dürften, weil sie von den im Ursprungsland geschützten Marken nur in Bestandteilen abwichen, die gegenüber der im Ursprungsland eingetragenen Form die Unterscheidungskraft der Marken nicht beeinflussten und ihre Identität nicht berührten. Insoweit sind nur minimale Abweichungen in unwesentlichen Bestandteilen zulässig, da ansonsten die Unterscheidungskraft der Marke beeinflusst wäre. Dies kann analog auf Zeichen angewendet werden, für die gemäß § 34 MarkenG eine frühere ausländische Priorität beansprucht wird.

Ein Sonderfall der Priorität ist die **Ausstellungspriorität**, die denjenigen Anmeldern gewährt wird, die Waren und Dienstleistungen unter der angemeldeten Marke auf einer amtlichen oder amtlich anerkannten internationalen Ausstellung oder einer sonstigen inländischen oder ausländischen Ausstellung zur Schau gestellt haben. Sie können innerhalb von 6 Monaten seit der **erstmaligen Zurschaustellung** ein Prioritätsrecht in Anspruch nehmen (§ 35 Abs. 1 MarkenG). Die in Frage kommenden Ausstellungen werden vom BMJ im Bundesgesetzblatt bekannt gemacht. Allerdings verlängert die Ausstellungspriorität nicht die generelle Prioritätsfrist nach § 34 MarkenG (§ 35 Abs. 5 MarkenG).

Prioritäten können auch nur teilweise in Anspruch genommen werden (**Teilpriorität**), z.B. in dem Fall, in dem die Voranmeldung weniger Waren oder Dienstleistungen enthält. Auch ist denkbar, aus **mehreren ausländischen Markenanmeldungen** die Priorität innerhalb der gesetzlichen Frist in Anspruch zu nehmen, z.B. wenn diese verschiedene Waren und/oder Dienstleistungen aufweisen. Nicht jedoch kann eine Priorität in Bezug auf zwei verschiedene Bestandteile eines Zeichens in Anspruch genommen werden wie beispielsweise einem Bild und/oder einem Wortbestandteil.

Im **Gemeinschaftsmarkenrecht** finden sich Regeln zum Prioritätsrecht in Art. 29 bis 32 GMVO sowie insbesondere in Regel 6 der GMDVO. Inhaltlich bestehen keine Abweichungen zum deutschen Recht. Allerdings gibt es Unterschiede in Bezug auf die für die Inanspruchnahme der Priorität zu erbringenden Nachweise und die Fristen (Regel 6 GMDVO).

In Bezug auf die Ausstellungspriorität entspricht die GMVO den Regelungen im deutschen Recht. Jedoch kann die Ausstellungspriorität nur für Ausstellungen anerkannt werden, die eine amtliche anerkannte internationale Ausstellung i.S. des am 22.11.1928 in Paris unterzeichneten Übereinkommens über internationale Ausstellungen ist (Art. 33 GMVO, Regel 7 GMDVO).

---

[322] Kirschneck in Ströbele/Hacker, MarkenG, Kommentar, § 34 Rdn. 5; Schweyer in v. Schultz (Hrsg.), MarkenR, Kommentar, § 34 Rdn. 14.

An dieser Stelle soll auf eine Besonderheit des europäischen Gemeinschaftsmarkenrechts hingewiesen werden, nämlich die Inanspruchnahme des Zeitranges (**Seniorität**) einer nationalen Marke (eines oder mehrerer Mitgliedstaaten der EU), die in den Art. 34 und 35 der GMVO und Rg. 8 GMDVO kodifiziert ist. Demzufolge erhält der Inhaber einer in einem Mitgliedstaat oder einer mit Wirkung für einen Mitgliedstaat registrierten älteren (IR-) Marke, der eine identische Marke zur Eintragung als Gemeinschaftsmarke für Waren und Dienstleistungen anmeldet, die mit denen identisch ist, für welche die ältere Marke eingetragen ist, die Möglichkeit, für die Gemeinschaftsmarke den Zeitrang der älteren Marke in Bezug auf den Mitgliedstaat in dem oder für den sie eingetragen ist, in Anspruch zu nehmen. Die als Seniorität bezeichnete Inanspruchnahme des Zeitranges eines älteren nationalen Rechts innerhalb der Europäischen Gemeinschaft verschafft dem Inhaber die Möglichkeit, dieselben Rechte aus diesen älteren **Senioritätsmarken** in Anspruch zu nehmen, selbst wenn er später auf diese verzichtet oder sie auslaufen lässt. Eine Inanspruchnahme der Seniorität ist auch nach Eintragung der Gemeinschaftsmarke möglich (Art. 35 GMDVO).

4. Prüfung des Patent- und Markenamtes

Das DPMA prüft nach Eingang der Markenanmeldung, ob die Anmeldung der Marke den Erfordernissen für die **Zuerkennung eines Anmeldetages** sowie den sonstigen Anmeldeerfordernissen entspricht, ob die **Gebühren** in ausreichender Höhe gezahlt worden sind und ob der Anmelder **Inhaber** einer Marke gemäß § 7 MarkenG sein kann.

Das Prüfungsverfahren beim DPMA enthält eine Reihe an formellen und materiellen Prüfungsschritten der Markenanmeldung, die – sofern keine Mängel vorhanden sind – zur Eintragung der Marke führen. Sind jedoch Mängel vorhanden, wird der Anmelder in einem **Beanstandungsbescheid** aufgefordert, diese Mängel zu beheben. Sofern die Mängel nicht abgestellt werden, erfolgt ein **Zurückweisungsbeschluss**, der durch Rechtsbehelf – sei es mittels Erinnerung beim DPMA oder Beschwerde beim Bundespatentgericht – angegriffen werden kann. Gegen den Beschluss des Bundespatentgerichtes kann ein Rechtsbeschwerdeverfahren vor dem BGH eingeleitet werden.

Das DPMA prüft zunächst die **Markenfähigkeit** der angemeldeten Marke, sodann die **grafische Darstellbarkeit** des Zeichens und geht anschließend der Frage nach, ob der Markenanmeldung **absolute Schutzhindernisse** entgegenstehen. Sofern Mängel bestehen, teilt die für die Prüfung zuständige Markenstelle dem Anmelder die Mängel bei den Anmeldungserfordernissen und bestehenden Schutzhindernissen in einem Beanstandungsbescheid mit und gewährt ihm eine Frist zur Stellungnahme. Beseitigt der Anmelder die Mängel der Anmeldung und/oder räumt er die Bedenken gegen die Schutzfähigkeit der Marke aus, so wird die Marke eingetragen.

Werden die Mängel nicht beseitigt, so weist die Markenstelle des DPMA die Anmeldung durch Beschluss zurück, wobei sie eine Entscheidung nur auf Umstände stützen darf, die dem Anmelder mit Gelegenheit zur Äußerung vorher mitgeteilt worden sind, so dass das **rechtliche Gehör** gewahrt ist. Der Zurückweisungsbeschluss muss im Einzelnen begründet werden (§ 37 Abs. 1 MarkenG). Im Laufe des Anmeldeverfahrens können die Schutzhindernisse von § 8 Abs. 2 Nr. 1, 2 oder 3 entfallen, sofern der Anmelder für die Marke **Verkehrsdurchsetzung** nachweisen kann. Sofern der Anmelder sein Einverständnis erklärt, dass der Tag, an dem die Schutzhindernisse entfallen sind, als Anmeldetag gilt und für die Bestimmung des Zeitranges i.S. des § 6 Abs. 2

MarkenG maßgeblich ist, kann die Eintragung mit einem **späteren Zeitrang** erfolgen. Selbstverständlich kann die Marke auch nur für *einzelne* Waren oder Dienstleistungen, denen eines der absoluten Schutzhindernisse entgegensteht, zurückgewiesen werden.

Neben den Zurückweisungsgründen des § 37 Abs. 1 macht § 37 Abs. 3 MarkenG die Zurückweisung wegen **Bösgläubigkeit** oder wenn sie sich zur **Täuschung** eignet (§ 8 Abs. 2 Nr. 10 und 4 MarkenG) zusätzlich von der Ersichtlichkeit der Bösgläubigkeit bzw. der Täuschungseignung abhängig, soweit sich dies aus den Anmeldeunterlagen ergibt.

Der guten Ordnung halber soll noch erwähnt werden, dass auch Marken zurückgewiesen werden können, denen eine **notorische Marke** entgegensteht, die **amtsbekannt** ist (§ 37 Abs. 1 i.V.m. § 10 MarkenG).

5. Beschleunigte Prüfung

Auf Antrag und gegen Zahlung einer zusätzlichen Gebühr von derzeit 200,00 € kann die **beschleunigte Prüfung** der Anmeldung beantragt werden (§ 38 MarkenG). Mit dieser Regelung soll sichergestellt werden, dass die Eintragung der Marke innerhalb von 6 Monaten nach dem Anmeldetag erfolgt, um den Zeitrang der nationalen Erstanmeldung für die Internationale Registrierung nur nach dem MMA zu gewährleisten, da das MMA eine *eingetragene* Marke als Basis vorsieht. Allerdings ist nicht sichergestellt, dass das DPMA die 6-Monats-Frist einhalten kann, insbesondere dann nicht, wenn ein oder mehrere Mängelbescheide ergehen. Eine Rückzahlungspflicht des DPMA für die **Beschleunigungsgebühr** bei Nichteinhaltung der Frist gibt es nicht.

6. Rücknahme, Beschränkung, Berichtigung

Während des Prüfungsverfahrens kann der Anmelder die Anmeldung jederzeit zurücknehmen oder das vorgelegte Verzeichnis der Waren oder Dienstleistungen einschränken (§ 39 Abs. 1 MarkenG). Mit der **Rücknahme** ist das Anmeldeverfahren beendet. Eine Rücknahme kommt nur solange in Betracht, wie die Marke noch nicht eingetragen oder die Zurückweisung noch nicht rechtskräftig ist. Ist die Marke bereits eingetragen, kann der Markeninhaber nur noch den vollständigen oder teilweisen **Verzicht** erklären (§ 48 MarkenG), der zur (Teil-)**Löschung** – ggf. erst nach Zustimmung des im Register vermerkten Inhabers, sofern sich dieser von dem materiell Berechtigten unterscheidet – der Marke im Register führt.

Auf Antrag des Inhabers kann die Anmeldung im Hinblick auf sprachliche Fehler, Schreibfehler oder sonstige offensichtliche Unrichtigkeiten **berichtigt** werden (§ 39 Abs. 2 MarkenG).

Eine **Einschränkung** des Waren- und Dienstleistungsverzeichnisses der Anmeldung ist möglich, die – sofern sie vorbehaltlos erfolgt – als **Verzicht** auf die dem Verzeichnis entnommenen Waren und Dienstleistungen zu beurteilen ist. Ein Rückgriff auf diese Waren und Dienstleistungen ist nicht mehr zulässig.[323] Die Einschränkung wird in der Regel durch das Streichen von Begriffen aus dem Waren- und Dienstleistungsverzeichnis bewirkt oder – sofern **Oberbegriffe** eingeschränkt werden – durch das Wort „nämlich", dem die konkreten Waren und Dienstleistungen, die in dem Waren- und Dienstleistungsverzeichnis verbleiben sollen, folgen. Eine weitere Möglichkeit besteht darin,

---

[323] Kirschneck in Ströbele/Hacker, MarkenG, Kommentar, § 39 Rdn. 2.

dass man hinter dem Oberbegriff mittels eines **Disclaimers** die Waren oder Dienstleistungen ausnimmt, die unter dem Oberbegriff nicht subsumiert werden sollen. Weder eine Einschränkung noch eine Erweiterung stellt das **Einfügen** von konkreten vom Oberbegriff abgedeckten Waren und/oder Dienstleistungen dar, sofern sie mit der Voranstellung des Wortes „insbesondere" eingefügt werden und beispielhafte Erläuterungen darstellen.[324]

Nicht zulässig sind **Erweiterungen** des Verzeichnisses, wie sie z.B. nach österreichischem Recht bei Anmeldungen wie auch bei eingetragenen Marken möglich sind. Vorsicht ist auch bei dem Austausch von Begriffen geboten, da hier das Risiko von (ungewollten) Erweiterungen besteht.

Eine Markenanmeldung kann jederzeit zurückgenommen werden (§ 39 Abs. 1 MarkenG). Die **Zurücknahme** der Anmeldung wirkt **ex tunc**, so dass zwischenzeitlich ergangene Entscheidungen nicht rechtskräftig werden. Wird die Zurücknahme in der Rechtsmittelfrist ohne Einlegung des Rechtsmittels erklärt, bleibt die ergangene Entscheidung bestehen.[325]

Nach der **Markeneintragung** kann eine **Einschränkung** des Waren- und Dienstleistungsverzeichnisses nur durch einen Löschungs- oder Teillöschungsantrag gem. § 48 MarkenG (der einen Verzicht oder Teilverzicht beinhaltet) erfolgen, der **ex nunc** wirkt. **Berichtigungen** im Register und von Veröffentlichungen der eingetragenen Marken (§ 45 MarkenG) sind auf Antrag jederzeit möglich, müssen jedoch – sofern die Berichtigung erfolgt – zur Information der Allgemeinheit veröffentlicht werden.

Im europäischen **Gemeinschaftsmarkenrecht** sind die Zurücknahme, Einschränkung und Änderung von **Anmeldungen** in Art. 43 GMVO und von **Markenregistrierungen** in Art. 48 GMVO (Änderungen) bzw. 50 GMVO (Verzicht) geregelt. Aufgrund des der Eintragung vorgeschalteten Widerspruchsverfahrens werden Einschränkungen und Änderungen der Anmeldung nach Veröffentlichung der Anmeldung gesondert veröffentlicht.

7. Eintragung

Entspricht die Markenanmeldung den Anmeldungserfordernissen und wird sie nicht aufgrund von absoluten Schutzhindernissen zurückgewiesen, so wird die angemeldete Marke in das – elektronisch geführte – Register **eingetragen**. Alle Angaben über eine Marke, die der Öffentlichkeit durch das Register zugänglich gemacht werden, sind in § 25 MarkenV angegeben.

Die Eintragung der Marke im Register wird **veröffentlicht** (§ 41 Satz 2 MarkenG). Die Veröffentlichung mit Angaben über die eingetragene Marke erfolgt über das vom Deutschen Patent- und Markenamt herausgegebene Markenblatt. Die Veröffentlichung kann auch in elektronischer Form erfolgen (§ 27 MarkenV). Der Tag der Veröffentlichung der Eintragung einer Marke ist insofern von besonderer Bedeutung, da die **dreimonatige Widerspruchsfrist** am Tag nach der Veröffentlichung der Eintragung beginnt (§ 42 MarkenG).

Die Eintragung einer Markenanmeldung im Register kann nur innerhalb eines Widerspruchsverfahrens (§ 42 MarkenG) oder eines Löschungsverfahrens (§§ 48 ff.

---

324 BPatG Mitt. 1983, 195, 196 „Warenverzeichnis".
325 BGH GRUR 1983, 342 „BTR"; Schweyer in v. Schultz (Hrsg.), MarkenR, Kommentar, § 39 Rdn. 3.

MarkenG) rückgängig gemacht werden. Im Verletzungsprozess sind daher die Zivilgerichte an die Eintragung der Marke gebunden.

Auch die **europäische Gemeinschaftsmarkenanmeldung** wird gem. Art. 45 GMVO eingetragen, wenn sie den Vorschriften entspricht und – anders als im deutschen Recht – kein Widerspruch erhoben oder dieser rechtskräftig zurückgewiesen wurde, und wenn die – im deutschen Recht nicht vorgesehene – **Eintragungsgebühr** innerhalb der vorgeschriebenen Frist entrichtet wurde. Ist die Gebühr nicht fristgerecht eingezahlt worden, so gilt die Gemeinschaftsmarkenanmeldung als zurückgenommen.

Da die **Veröffentlichung** der Gemeinschaftsmarkenanmeldung wegen des der Eintragung vorgeschalteten Widerspruchsverfahrens bereits mit den wesentlichen Angaben veröffentlicht worden ist (Art. 39 GMVO), werden nach der Eintragung nur die Veränderungen eingetragen, die sich im Vergleich zu der Veröffentlichung der Anmeldung ergeben haben.

Auch das **HABM** (Marken, Muster und Modelle) unterhält eine elektronische Datenbank mit Angaben über die Anmeldungen von Gemeinschaftsmarken und -eintragungen in das Register (Rg. 87 GMDVO). Das „Blatt für Gemeinschaftsmarken", in dem die Anmeldungen und Eintragungen sowie alle weiteren die Marken betreffenden Angaben gem. Rg. 84 GMDVO veröffentlicht werden, kann in Form einer CD-ROM oder einer anderen maschinenlesbaren Form zur Verfügung gestellt werden (Rg. 86 GMDVO).

8. Widerspruch gegen die Eintragung einer Marke

Das in § 42 MarkenG geregelte **Widerspruchsverfahren** folgt dem Markeneintragungsverfahren. Die **Frist** zur Erhebung des Widerspruches beträgt 3 Monate und beginnt mit der Veröffentlichung der Eintragung. Gem. § 42 Abs. 2 MarkenG sind unter den Nummern 1 – 4 die Widerspruchsgründe aufgeführt, auf die der Widerspruch gestützt werden kann, nämlich wegen einer **angemeldeten oder eingetragenen Marke** mit älterem Zeitrang nach § 9 MarkenG, wegen einer **notorisch bekannten Marke** mit älterem Zeitrang nach § 10 i.V.m. § 9 MarkenG, wegen ihrer **Eintragung für einen Agenten** oder Vertreter des Markeninhabers gem. § 11 MarkenG oder wegen einer nicht eingetragenen Marke mit älterem Zeitrang nach § 4 Nr. 2 MarkenG oder einer **geschäftlichen Bezeichnung** mit älterem Zeitrang nach § 5 i.V.m. § 12 MarkenG. Innerhalb der Widerspruchsfrist ist eine **Gebühr** gem. § 64a MarkenG i.V.m. Nr. 331600 GebVerz zu § 2 Abs. 1 PatKostG zu zahlen. Anders als in der GMVO, muss für jeden Widerspruchsgrund – also für jede einzelne Marke bzw. geschäftliche Bezeichnung – ein Widerspruch eingelegt und eine Widerspruchsgebühr entrichtet werden. Der Widerspruch kann sich gegen alle Waren oder Dienstleistungen der jüngeren Marke, aber auch nur gegen einen Teil der Waren oder Dienstleistungen richten. Einzelheiten über die Form und den Inhalt des Widerspruchs sowie über eine gemeinsame Entscheidung über mehrere Widersprüche bzw. die Aussetzung des Widerspruchsverfahrens sind in Teil IV, Abschnitt 1 (§§ 29 – 32) der MarkenV geregelt.

Erforderliche Angaben über Widerspruchskennzeichen gemäß § 42 Abs. 2 Nr. 2-4 MarkenG
■ die Art des Kennzeichenrechts (z.B. Agentenmarke, Benutzungsmarke, geschäftliche Bezeichnung)   ■ die Wiedergabe des Kennzeichens   ■ die Form des Kennzeichens (§ 6 MarkenV)   ■ der Zeitrang des Kennzeichens   ■ der Gegenstand der Kennzeichnung, also die Waren und/oder Dienstleistungen bzw. der Geschäftsbereich, für die die Marke beziehungsweise das Kennzeichen im geschäftlichen Verkehr benutzt wird   ■ der Inhaber des Kennzeichens   Merke: Für den Nachweis des Bestehens eines Widerspruchskennzeichens bzw. der Bekanntheit einer Marke i.S.v. § 9 Abs. 1 Nr. 3 MarkenG gilt der Strengbeweis (mit den in §§ 355ff ZPO vorgesehenen Beweismitteln).

In § 43 Abs. 1 MarkenG ist die **Geltendmachung der mangelnden Benutzung** im Widerspruchsverfahren geregelt. Auf die **Einrede** des Inhabers der mit dem Widerspruch angegriffenen Marke hat der Widersprechende glaubhaft zu machen, dass die den Widerspruch begründende Marke innerhalb der letzten 5 Jahre vor der Veröffentlichung der Eintragung der angegriffenen Marke gem. § 26 MarkenG ernsthaft benutzt worden ist (s.a. § 49 V, VI). Endet der Zeitraum von 5 Jahren der Nichtbenutzung nach der Veröffentlichung der Eintragung (**Benutzungsschonfrist**), so hat der Widersprechende, wenn der Gegner die Benutzung bestreitet, glaubhaft zu machen, dass die Marke innerhalb der letzten 5 Jahre vor der Entscheidung über den Widerspruch benutzt worden ist. Der Zeitraum für diese zweite Einrede der Behauptung mangelnder Benutzung – auch **wandernder Benutzungszeitraum** genannt – lässt sich im Vorhinein nicht absehen, da er von der abschließenden Entscheidung, ggf. auch erst der Beschwerdeentscheidung, abhängig ist (s. Abb. 5 **Benutzungszeiträume**).

Nach Prüfung des Widerspruches kann die angegriffene Marke für alle oder nur für einen Teil der Waren oder Dienstleistungen gelöscht werden. Soweit die Eintragung der Marke nicht gelöscht werden kann, wird der Widerspruch zurückgewiesen (§ 43 Abs. 2 MarkenG).

Das Widerspruchsverfahren vor dem Deutschen Patent- und Markenamt wurde als ein **summarisches Verfahren** konzipiert, das auf die Erledigung einer großen Zahl von Fällen zugeschnitten ist und sich nicht eignet, komplizierte Sachverhalte zu klären.[326] Ob dies durch die 2009 hinzugekommenen Widerspruchsgründe in der Zukunft noch gelten kann, bleibt abzuwarten.

Die **Nichtbenutzungseinrede** ist in Art. 42 Abs. 2 **GMVO** mit zwei wesentlichen Unterschieden zum deutschen MarkenG geregelt. Der erste Unterschied liegt darin, dass nur eine Nichtbenutzungseinrede erhoben werden kann, nämlich wenn die Benutzungsschonfrist der (älteren) Widerspruchsmarke schon zum Zeitpunkt der Veröffentlichung der Anmeldung der Gemeinschaftsmarke abgelaufen war. Die **Benutzungsschonfrist** beginnt mit der Eintragung der älteren **Gemeinschaftsmarke**. Gem. Art. 42 Abs. 3

---

[326] Begründung zum Gesetzesentwurf MarkenG, Bl. f. PMZ 1994 (Sonderheft), 45, 86.

GMVO ist Abs. 2 auch auf ältere nationale Marken analog anzuwenden, so dass an die Stelle der Benutzung in der Gemeinschaft die Benutzung in dem Mitgliedsstaat tritt, in dem die ältere Marke geschützt ist. Dies kann im Einzelfall zu Schwierigkeiten bei der Berechnung der Benutzungsschonfrist führen, da diese unter verschiedenen Konstellationen unterschiedlich beginnt und endet. Nach deutschem Recht jedenfalls beginnt die Benutzungsschonfrist erst mit Abschluss eines gegen die Marke eingeleiteten Widerspruchverfahrens.

II. Teilung, Schutzdauer und Verlängerung

1. Teilung

Nach deutschem wie auch nach Gemeinschaftsmarkenrecht können **Anmeldungen** durch die Erklärung des Anmelders, dass die in der Erklärung aufgeführten Waren und Dienstleistungen als abgetrennte Anmeldung weiter behandelt werden sollen, geteilt werden (§ 40 MarkenG, Art. 44 GMVO). Der Zeitrang der ursprünglichen Anmeldung bleibt für die abgetrennte Anmeldung erhalten. Eine Teilung ist nach dem MarkenG während der Widerspruchsfrist und wenn ein Widerspruch oder eine Löschungsklage gegen die Eintragung anhängig ist, der die abzuteilenden Waren oder Dienstleistungen betrifft, nicht möglich.

Fünfter Abschnitt: Der Schutz von Kennzeichen

Abb. 5: Benutzungsschonfrist und Zeiträume der rechtserhaltenden Benutzung

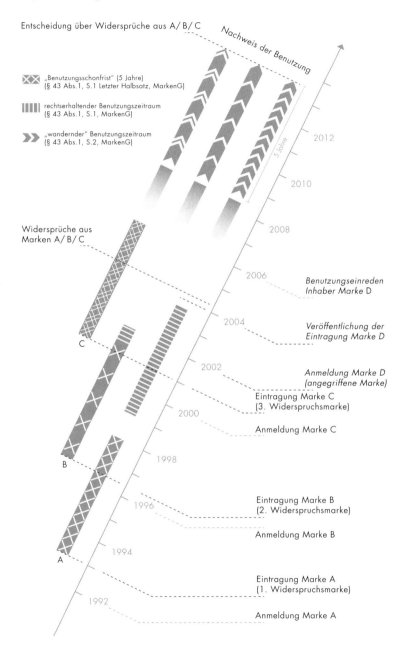

Nach der GMVO ist eine **Teilungserklärung** ebenfalls unzulässig, wenn gegen die ursprüngliche Anmeldung Widerspruch eingelegt wurde und der Widerspruch sich gegen Waren und/oder Dienstleistungen richtet, für die die Teilung erklärt wurde (Art. 44 Abs. 2a GMVO). Das Gleiche gilt für die Zeit bis zur Zuerkennung eines Anmeldetages, innerhalb von 3 Monaten nach Veröffentlichung der Anmeldung sowie in der Frist zur Zahlung der Eintragungsgebühren (Art. 44 Abs. 2b GMVO i.V.m. Rg. 13a Abs. 3 GMDVO).

Die Teilungserklärung muss so abgefasst sein, dass es zu keinen Überschneidungen mit der ursprünglichen (Stamm-)anmeldung sowie ggf. anderen Teilanmeldungen oder zu Erweiterungen durch die **Teilanmeldung** kommt. Gemäß § 40 Abs. 2 MarkenG sind für die abgetrennte Anmeldung die Unterlagen einzureichen, die auch für eine Markenanmeldung erforderlich sind (§ 32 MarkenG). Werden die notwendigen Unterlagen nicht innerhalb von drei Monaten nach dem Zugang der Teilungserklärung eingereicht oder wird die fällige Teilungsgebühr innerhalb derselben Frist nicht gezahlt, so gilt die abgetrennte Anmeldung als zurückgenommen. Die **Stammanmeldung** bleibt *ohne* den abgetrennten Teil in Kraft.

Eine **Eintragung** kann mit einer Erklärung des Inhabers geteilt werden, in der eine Auflistung der abgetrennten Waren oder Dienstleistungen enthalten ist (§ 46 Abs. 1 MarkenG). Auch der Zeitrang bleibt für die Teileintragung erhalten. Ganz ähnlich ist die Teilung einer Eintragung in Art. 49 der **GMVO** geregelt. Im Gegensatz zum deutschen Markenrecht, nach dem die Teilung rechtswirksam wird, wenn diese erklärt worden ist und anschließend auch nicht widerrufen werden kann (§ 40 Abs. 2 Satz 3 MarkenG), wird die Teilung einer europäischen **Gemeinschaftsmarke** erst an dem Tag wirksam, an dem sie im Register eingetragen wird (Art. 49 Abs. 5 GMVO).

2. Schutzdauer und Verlängerung

Die **Schutzdauer** einer eingetragenen Marke beginnt gem. § 33 Abs. 1 MarkenG mit dem Anmeldetag und endet nach 10 Jahren am letzten Tag des Monats, der durch seine Benennung dem Monat entspricht, in den der Anmeldetag fällt (§ 47 Abs. 1 MarkenG). Von dem Begriff Schutzdauer ist strikt der Begriff des Markenschutzes zu unterscheiden, da – mit Ausnahme der Widerspruchsberechtigung – Rechte aus der Marke erst nach ihrer Eintragung geltend gemacht werden können. Der Schutz endet immer am letzten Tag des benannten Monats, ohne dass es – wie bei anderen Fristen – auf den Wochentag ankommt.

Eine Marke kann beliebig häufig um jeweils 10 Jahre **verlängert** werden. Voraussetzung für eine Verlängerung ist die Zahlung der entsprechenden **Verlängerungsgebühr** und ggf. **Klassengebühr** (bei mehr als 3 Klassen) (§ 47 Abs. 2 u. 3 MarkenG). Ein gesonderter Verlängerungsantrag ist nicht vorgeschrieben. Seit Einführung des Patentkostengesetzes sind die **Verlängerungsgebühren** bis zum Ablauf des zweiten Monats nach der Fälligkeit zu zahlen (§ 64a MarkenG i.V.m. § 7 Abs. 1 Satz 1 PatKostG). Mit **Verspätungszuschlag** können die Gebühren bis zum Ablauf des sechsten Monats nach der Fälligkeit nachgezahlt werden (§ 64a MarkenG i.V.m. § 7 Abs. 1 S. 2 PatKostG).

Möglich ist die Verlängerung einer Marke nur für einen Teil der eingetragenen Waren und Dienstleistungen (§ 47 Abs. 4 MarkenG). In diesem Fall reicht die Zahlung für die Anzahl der Klassen aus, für welche die Marke verlängert werden soll. Fehlt es an einer Erklärung des Markeninhabers, für welche Klassen die eingezahlten Gebühren gelten sollen, so werden die Gebühren zunächst für die Leitklasse und im Übrigen für die Klassen in der Reihenfolge der Klasseneinteilung berücksichtigt, solange die gezahlten Gebühren ausreichen (§ 47 Abs. 4 MarkenG). In § 38 MarkenV sind die erforderlichen Angaben, die bei einem Antrag anzugeben sind, aufgeführt.

Die **Verlängerung** der Schutzdauer der Marke wird am Tag nach dem Ablauf der Schutzdauer wirksam (§ 47 Abs. 5 MarkenG). Die Verlängerung wird in das Register eingetragen und veröffentlicht. Wird die Schutzdauer *nicht* verlängert, so wird gem. § 47 Abs. 6 MarkenG die Eintragung der Marke mit Wirkung ab dem Ablauf der Schutzdauer **gelöscht**.

Im **Gemeinschaftsmarkenrecht** beträgt die Dauer der Eintragung der Gemeinschaftsmarke ebenfalls 10 Jahre vom Tag der Anmeldung an gerechnet und kann ebenfalls immer wieder um jeweils 10 Jahre verlängert werden. Jedoch endet der Schutz der Marke im Gegensatz zur deutschen Marke taggenau mit dem gleichen Tag in dem Monat, in dem die Marke angemeldet worden ist. Im Gegensatz zur deutschen Verlängerungsregel ist bei der Verlängerung einer Gemeinschaftsmarke gem. Art. 47 Abs. 1 GMVO ein **Antrag** des Inhabers zu stellen und die **Verlängerungsgebühr** zu zahlen. Der Antrag auf Verlängerung und die Gebühren sind gem. Art. 47 Abs. 3 GMVO innerhalb von 6 Monaten vor Ablauf des letzten Tages des Monats, in dem die Schutzdauer endet, zu entrichten. Eine Nachfrist von 6 Monaten wird durch die GMVO ebenfalls gewährt, jedoch ist für die Nachfrist eine Zuschlagsgebühr zu entrichten (Art. 47 Abs. 3 GMVO).

Wie im deutschen Recht ist eine Verlängerung nur für einen Teil der von der Marke geschützten Waren und Dienstleistungen möglich (Art. 47 Abs. 4 GMVO). Mehrere Bestimmungen über die Stellung des Verlängerungsantrages und die Gebührenzahlung enthält Rg. 30 der GMDVO. Die Verlängerung wird gem. Art. 47 Abs. 5 GMVO am Tag nach Ablauf der vorherigen Schutzdauer wirksam und auch veröffentlicht.

III. Verzicht, Verfall und Nichtigkeit

1. Verzicht

Eine Marke wird auf Antrag des Inhabers für alle oder für einen Teil der Waren oder Dienstleistungen, für die sie eingetragen ist, im Register gelöscht (**Verzicht**, § 48 MarkenG). Im Falle des Auseinanderfallens zwischen dem im Register eingetragenen Inhaber und eines Dritten, der berechtigterweise diesen Antrag aufgrund einer materiellen Berechtigung stellt, ist die Zustimmung des im Register eingetragenen Inhabers Voraussetzung für die Löschung. § 48 Abs. 2 MarkenG betrifft auch diejenigen, deren dingliche Rechte gem. § 29 MarkenG im Register eingetragen sind. Die näheren Voraussetzungen für die Verzichtserklärung bzw. die Zustimmung Dritter sind in § 39 bzw. § 40 MarkenV angegeben. Der Verzicht wirkt **ex nunc** unmittelbar mit der Abgabe der Erklärung.[327] Die Löschung im Register ist konstitutiv.

Das **Gemeinschaftsmarkenrecht** sieht in Art. 50 GMVO ebenfalls das Institut des Verzichts für alle oder einen Teil der Waren oder Dienstleistungen vor. Der Verzicht ist schriftlich dem HABM zu erklären, jedoch erst mit der Eintragung ins Register wirksam. Anders als im deutschen Recht muss der im Register eingetragene Lizenznehmer

---

[327] Begründung zum Gesetzesentwurf MarkenG, Bl. f. PMZ 1994 (Sonderheft), 45, 88.

von dem Markeninhaber von seiner Verzichtsabsicht unterrichtet werden. Die Unterrichtung muss dem HABM gegenüber glaubhaft gemacht werden. 3 Monate nach diesem Tag wird der Verzicht im Register eingetragen (Art. 50 Abs. 3 GMVO i.V.m. Rg. 36 Abs. 2 GMDVO).

2. Verfall

In Übereinstimmung mit den bindenden Vorgaben des Art. 12 der MarkenRL regelt § 49 MarkenG die nach der Eintragung eintretenden Gründe für den Verlust des Markenrechts durch **Verfall**. Auf Antrag kann die Marke wegen Verfalls gelöscht werden, wenn sie nicht innerhalb von 5 Jahren seit ihrer Eintragung gem. § 26 MarkenG benutzt worden ist. Die fünfjährige Frist beginnt im Falle eines Widerspruchsverfahrens erst mit Abschluss des Widerspruchsverfahrens. Die einmal eingetretene **Löschungsreife** kann durch die Aufnahme bzw. Wiederaufnahme der Benutzung vor Stellung eines **Löschungsantrages** durch einen Dritten geheilt werden (§ 49 Abs. 1 S. 2 MarkenG). Eine Benutzung, die innerhalb von 3 Monaten vor der Stellung des Löschungsantrages aufgenommen worden ist, bleibt in Bezug auf die Heilung der Löschungsreife dann unberücksichtigt, wenn die Vorbereitungen für die Benutzungsaufnahme erst stattgefunden haben, nachdem der Markeninhaber von einem möglichen Löschungsantrag Kenntnis erhalten hat (§ 49 Abs. 1 S. 3 MarkenG). Wenn der Inhaber der Marke dem beim DPMA eingereichten Löschungsantrag widerspricht und der Antragsteller nach Unterrichtung des DPMA innerhalb von 3 Monaten nach der Zustellung dieser Mitteilung vor den ordentlichen Gerichten sein Löschungsinteresse durch **Klage** geltend macht, bleibt für die Berechnung der dreimonatigen Frist der Löschungsantrag beim DPMA maßgeblich (§ 49 Abs. 1 S. 4 MarkenG). Die Erhebung einer Löschungsklage vor den Zivilgerichten ist nur erforderlich, wenn der vom DPMA unterrichtete Markeninhaber innerhalb von 2 Monaten nach Zustellung des Löschungsbegehrens diesem widersprochen hat (§ 53 Abs. 2 u. 4 MarkenG). Widerspricht der Markeninhaber nicht, wird die Marke gelöscht (§ 53 Abs. 3 MarkenG). Mit diesem **vereinfachten Löschungsverfahren** ohne zivilgerichtliche Klage wird das Register auf einfache und kostengünstige Weise von löschungsreifen Marken befreit. Eine Löschungsklage kann auch ohne einen Löschungsantrag beim DPMA erhoben werden (§ 53 Abs. 1 i.V.m. § 55 Abs. 1 MarkenG).

In § 49 Abs. 2 MarkenG werden drei weitere Gründe für den Verfall bzw. die Löschung einer Marke angegeben. Nr. 1 betrifft die Wandlung einer Marke nach ihrer Eintragung zur **Gattungsbezeichnung**. Die Entwicklung zur Gattungsbezeichnung erfolgt infolge des Verhaltens oder der Untätigkeit des Markeninhabers, ohne dass es auf sein Verschulden ankommt.[328] Ein weiterer Löschungsgrund liegt vor, wenn eine Marke, die – infolge ihrer Benutzung durch den Inhaber oder mit seiner Zustimmung für die Waren oder Dienstleistungen, für die sie eingetragen ist – geeignet ist, das Publikum zu **täuschen** (Nr. 2 des § 49 Abs. 2 MarkenG). Gelöscht werden kann eine eingetragene Marke, wenn der Inhaber nicht mehr die in § 7 MarkenG geforderten Voraussetzungen der **Inhaberschaft** erfüllt, der Inhaber z.B. seine Rechtsfähigkeit verliert (§ 49 Abs. 2 Nr. 3 MarkenG).

---

[328] Begründung zum Gesetzesentwurf MarkenG, Bl. f. PMZ (Sonderheft) 1994, 45, 89.

Liegt ein Verfallsgrund nur für einen Teil der für die Marke eingetragenen Waren oder Dienstleistungen vor, so wird die Marke für diesen Teil gelöscht (§ 49 Abs. 3 MarkenG).

Die Verfallsgründe des § 49 MarkenG entsprechen im **Gemeinschaftsmarkenrecht** inhaltlich den Verfallsgründen des Art. 51 GMVO.

3. Nichtigkeit wegen absoluter Schutzhindernisse

§ 50 MarkenG stellt ein Regulativ für Marken dar, die trotz Vorliegens absoluter Schutzhindernisse in das Register eingetragen worden sind. Dies betrifft nicht nur die in § 8 MarkenG kodifizierten absoluten Schutzhindernisse, sondern auch die des § 3 (**fehlende Markenfähigkeit**) und § 7 MarkenG (**Fehlen der Voraussetzung für die Markeninhaberschaft**).

Gemäß § 50 Abs. 2 MarkenG ist die **Löschung** wegen **Nichtigkeit** in Bezug auf die §§ 3, 7 und 8 Abs. 2 Nr. 1 – 9 MarkenG nur dann möglich, wenn das Schutzhindernis auch noch im Zeitpunkt der Entscheidung über den Löschungsantrag besteht. Eine Marke, die entgegen den absoluten Schutzhindernissen gem. § 8 Abs. 2 Nr. 1 – 3 MarkenG eingetragen worden ist, kann nur dann gelöscht werden, wenn der Antrag innerhalb von 10 Jahren seit dem Tag der Eintragung gestellt worden ist. Mit dieser Ausschlussfrist wird eine **Unanfechtbarkeit** für Marken eingeführt, die aufgrund bestimmter absoluter Schutzhindernisse, nämlich der fehlenden Unterscheidungskraft, dem Freihaltebedürfnis oder der üblich gewordenen Bezeichnung, nicht hätten eingetragen werden dürfen.

Eine Eintragung einer Marke kann **von Amts wegen gelöscht** werden (§ 50 Abs. 3 MarkenG), sofern sie entgegen den absoluten Schutzhindernissen, wie sie in § 8 Abs. 2 Nr. 4 – 10 MarkenG aufgeführt sind, eingetragen worden ist. Allerdings kann dies nur dann erfolgen, wenn

- das Löschungsverfahren innerhalb eines Zeitraums von 2 Jahren seit dem Eintragungstag eingeleitet worden ist,
- das Schutzhindernis (mit Ausnahme der bösgläubigen Anmeldung (Nr. 10) noch im Zeitpunkt der Entscheidung über die Löschung besteht und
- die Eintragung ersichtlich entgegen den genannten Vorschriften vorgenommen worden ist.

Die Nichtigkeit bezieht sich immer auf die konkreten Waren oder Dienstleistungen, für die die Marke eingetragen ist, so dass die Löschung nur für diese Waren in Frage kommt (§ 50 Abs. 4 MarkenG).

Der Antrag auf Löschung wegen absoluter Schutzhindernisse kann von jeder Person beim DPMA gestellt werden (§ 54 Abs. 1 MarkenG). Die Ausgestaltung als **Popularantrag** wird dem öffentlichen Interesse gerecht, das Markenregister von schutzunfähigen Marken freizuhalten. Das Löschungsverfahren ist kontradiktorisch ausgestaltet.

Der **Löschungsantrag** ist schriftlich beim DPMA zu stellen. Im Löschungsantrag sind gem. §§ 41, 42 MarkenV anzugeben:

- Die Registernummer der Marke, deren Löschung begehrt wird,
- den Namen und die Anschrift des Antragstellers, ggf. seines Vertreters,

- die Angabe der Waren und Dienstleistungen, deren Löschung beantragt wird, sowie
- der Löschungsgrund.

Darüber hinaus ist für den Löschungsantrag eine **Gebühr** zu zahlen, die innerhalb von 3 Monaten ab dem Fälligkeitstag, d.h. dem Tag der Einreichung des Löschungsantrages, zu erfolgen hat (§ 64a MarkenG i.V.m. § 2 Abs. 1 PatKostG, Nr. 333300 Geb-Verz).

Gemäß § 54 Abs. 2 MarkenG wird der Inhaber der eingetragenen Marke vom DPMA über den Antrag auf Löschung bzw. über die Einleitung eines **Löschungsverfahrens** vom Amts wegen informiert. Widerspricht der Markeninhaber der Löschung nicht innerhalb von 2 Monaten nach Zustellung der Mitteilung über das Löschungsverfahren, so wird die Marke im Register gelöscht. Widerspricht er der Löschung, so wird das Löschungsverfahren durchgeführt. Das Verfahren unterliegt dem **Amtsermittlungsgrundsatz**, der in § 59 MarkenG kodifiziert ist. Das Verfahren wird nach den allgemeinen **Verfahrensvorschriften** des Abschnittes 4 (§§ 56 – 65) des MarkenG durchgeführt. Gleichwohl hat der Antragsteller den Nachweis zu führen, dass relevante Eintragungshindernisse vorlagen bzw. vorliegen.

4. Nichtigkeit wegen Bestehens älterer Rechte

Gemäß § 51 Abs. 1 MarkenG kann eine Marke auf **Klage** wegen **Nichtigkeit** gelöscht werden, wenn ihr ein älteres Recht i.S. der §§ 9 – 13 MarkenG (s. § 47 III) mit älterem Zeitrang entgegensteht. Diese **relativen Nichtigkeitsgründe** der §§ 9 – 13 MarkenG können gem. § 55 MarkenG nur vor den Zivilgerichten geltend gemacht werden.

Die jüngere Eintragung wird nicht gelöscht, wenn der Inhaber der älteren Marke die jüngere Marke für die Waren oder Dienstleistungen, für die sie eingetragen ist, mindestens 5 Jahre in Kenntnis ihrer Benutzung **geduldet** hat, unabhängig davon, ob es sich bei dem älteren Recht um eine eingetragene, Benutzungs- oder notorisch bekannte Marke, eine geschäftliche Bezeichnung oder eine Sortenbezeichnung handelt. Neben diesem **Verwirkungstatbestand** gem. § 51 Abs. 2 S. 1 und 2 MarkenG kann die Marke auch nicht gelöscht werden, wenn der Inhaber des älteren Rechts der Eintragung der Marke vor der Löschungsantragsstellung zugestimmt hat.

Weitere **Einwendungen** sind gem. § 51 Abs. 4 MarkenG erfolgreich, wenn die Eintragung der Marke mit älterem Zeitrang am Veröffentlichungstag der Eintragung mit jüngerem Zeitrang entweder wegen Verfalls (nach § 49 MarkenG) oder wegen absoluter Schutzhindernisse (nach § 50 MarkenG) hätte gelöscht werden können.

Als **Einrede** kann von dem Beklagten geltend gemacht werden, dass die ins Feld geführte **bekannte Marke** oder bekannte geschäftliche Bezeichnung mit älterem Zeitrang an dem für den Zeitrang der Eintragung der jüngeren Marke maßgeblichen Tag noch nicht im Sinne der §§ 9 Abs. 1 Nr. 3, § 14 Abs. 2 Nr. 3 oder § 15 Abs. 3 MarkenG bekannt war (§ 51 Abs. 3 MarkenG). Mit dieser Regelung soll sichergestellt werden, dass der erweiterte Schutzumfang einer bekannten Marke, die jedoch erst nach dem Zeitrang der jüngeren Marke diese Bekanntheit erlangt hat, die jüngere Marke nicht verdrängen kann.

5. Löschungsverfahren vor den ordentlichen Gerichten

Die Klage auf Löschung wegen Verfalls einer Marke (§ 49 MarkenG) oder wegen Bestehens älterer Rechte gem. § 51 MarkenG ist gegen den im Register eingetragenen Markeninhaber oder seinen Rechtsnachfolger zu richten (§ 55 Abs. 1 MarkenG).

Aktivlegitimiert sind nach § 55 Abs. 2 MarkenG in Löschungsanträgen
- wegen Verfalls jedermann,
- wegen des Bestehens älterer Rechte der jeweilige Inhaber dieser Rechte,
- wegen Bestehens einer geografischen Herkunftsangabe die im Wettbewerbsrecht (gem. § 8 Abs. 3 UWG) zur Geltendmachung von Ansprüchen Berechtigten.

Neben den bereits oben genannten **Einwendungen**, die von Amts wegen im Löschungsklageverfahren nach den §§ 51, 55 MarkenG zu berücksichtigen sind, stehen in Löschungsklageverfahren wegen älterer Marken dem Beklagten zur Verteidigung die **Nichtbenutzungseinreden** des § 55 Abs. 3 MarkenG zur Verfügung.

Verfügt der Beklagte über bessere Rechte als der Kläger, so dass die Löschungsklagemarke ihrerseits löschungsreif wäre, so steht der Klage der **Einwand der Arglistigkeit** entgegen (dolo agit, qui petit, quod statim redditurus est).

§ 55 Abs. 4 MarkenG stellt klar, dass die Entscheidung über die Klage auch gegen den **Rechtnachfolger** wirksam und vollstreckbar ist, sofern vor oder nach Erhebung der Klage die angegriffene Marke an den Rechtsnachfolger übertragen oder übergegangen ist. Der im Register Eingetragene ist der **Passivlegitimierte** und damit automatisch Verfahrensbeteiligter, während die Rechtskraft der Entscheidung auch für und gegen den materiellrechtlichen Inhaber wirkt. Der Rechtsnachfolger ist nach den Regeln §§ 66 bis 74 und 76 ZPO analog befugt, in den Rechtsstreit einzutreten (§ 55 Abs. 4 Satz 2 MarkenG).

6. Wirkung der Löschung wegen Verfalls oder Nichtigkeit

Die Wirkungen der Eintragung einer Marke gelten mit der **Löschung wegen Verfalls** als von dem Zeitpunkt der Erhebung der Klage auf Löschung als nicht eingetreten. Auf Antrag einer der beteiligten Parteien kann ein früherer Zeitpunkt, an dem einer der Verfallsgründe eingetreten ist, festgesetzt werden (§ 52 Abs. 1 MarkenG).

Im Gegensatz hierzu gelten die Wirkungen einer Markeneintragung mit der **Löschung der Marke aufgrund von Nichtigkeitsgründen** ex tunc, also von Anfang an nicht eingetreten (§ 52 Abs. 2 MarkenG).

§ 52 Abs. 3 MarkenG sieht **Schranken der Rückwirkung** vor, da rechtskräftige Verletzungsverfahren (Nr. 1) oder die Rückabwicklung von Verträgen (Nr. 2) von der Löschung der eingetragenen Marke nicht berührt werden. Allerdings kann von dem Vertragspartner verlangt werden, in Erfüllung des Vertrages gezahlte Beträge aus Billigkeitsgründen zurückzuerstatten. Für diese Ausnahmeregelung kommt es auf die besonderen Umstände des Einzelfalles an. Bei Lizenzverträgen als Risikogeschäften kommt ein Erstattungsanspruch regelmäßig nicht in Betracht, es sei denn, der Markeninhaber kannte die Löschungsreife oder hätte sie kennen müssen.[329]

Im **Gemeinschaftsmarkenrecht** sind die absoluten Nichtigkeitsgründe in Art. 52 GMVO geregelt. Absatz 1 der genannten Vorschrift sieht vor, dass die Gemeinschafts-

---

329 Stuckel in v. Schultz (Hrsg.), MarkenR, Kommentar, § 52 Rdn. 14.

marke auf Antrag beim HABM oder im Wege der Widerklage im Verletzungsverfahren für nichtig erklärt wird, wenn sie den absoluten Schutzhindernissen (Art. 7 GMVO) zuwider eingetragen worden ist oder der Anmelder bei der Anmeldung der Gemeinschaftsmarke bösgläubig war. **Bösgläubige Markenanmeldungen** sind in erster Linie solche, die in Behinderungsabsicht getätigt werden.[330] Der Begriff Bösgläubigkeit ist weder in der GMVO noch in der GMDVO oder in der MarkenRL definiert. Die Aufnahme des absoluten Schutzhindernisses „bösgläubige Markenanmeldung" in den schon im Anmeldeverfahren zu prüfenden Katalog der absoluten Schutzhindernisse, wie dies im Jahre 2004 im deutschen MarkenG umgesetzt wurde, ist in der GMVO nicht erfolgt. So bleibt einem interessierten Markenbenutzer nur der Weg über das Nichtigkeitsverfahren im Falle der bösgläubigen Anmeldung eines Dritten, um die ihn behindernde Gemeinschaftsmarke wieder aus der Welt zu schaffen, wobei ihm der Beweis für die Bösgläubigkeit des Dritten obliegt.

Eine Gemeinschaftsmarke kann gem. Art. 52 Abs. 2 GMVO nicht mehr gelöscht werden – obwohl bei der Anmeldung die absoluten Schutzhindernisse fehlende Unterscheidungskraft, Freihaltebedürftigkeit und/oder beschreibende Angaben vorlagen – wenn die Marke **durch Benutzung Unterscheidungskraft** für die Waren oder Dienstleistungen, für die sie eingetragen ist, erlangt hat. Dies entspricht nach der deutschen Terminologie der **Verkehrsdurchsetzung** der Marke, die auch nach deutschem Recht zur Überwindung der **absoluten Schutzhindernisse** führt (s. § 47 II 13 b).

Eine Gemeinschaftsmarke kann aufgrund von **relativen Nichtigkeitsgründen** auf Antrag oder auf Widerklage im Verletzungsverfahren nach Art. 53 Abs. 1 und 2 GMVO für nichtig erklärt werden, wenn eine ältere Marke oder ein älteres Kennzeichen besteht und die Voraussetzungen des Art. 8 Abs. 2, 3 oder 4 GMVO erfüllt sind. Darüber hinaus können Gemeinschaftsmarken für nichtig erklärt werden, wenn ihre Benutzung aufgrund nationaler Rechtsvorschriften über den Schutz eines sonstigen älteren Rechtes, insbesondere eines Namensrechtes, eines Rechtes an der eigenen Abbildung, eines Urheberrechts oder eines anderen gewerblichen Schutzrechtes gemäß dem für dessen Schutz maßgeblichen nationalen Recht untersagt werden kann (Art. 53 Abs. 2 GMVO).

Eine **Nichtigerklärung** der Gemeinschaftsmarke erfolgt nicht, wenn der Inhaber eines relativen älteren Rechts nach Abs. 1 oder 2 des Art. 53 GMVO der Eintragung der Gemeinschaftsmarke ausdrücklich zugestimmt hat (Art. 53 Abs. 3 GMVO).

Nicht zulässig ist ein Nichtigkeitsantrag oder eine Widerklage für einen Rechtsinhaber, wenn dieser bereits einen Antrag auf Nichtigerklärung gestellt oder im Verletzungsverfahren Widerklage erhoben hat, sofern er das weitere Recht zur Unterstützung seines ersten Begehrens hätte geltend machen können (Art. 53 Abs. 4 GMVO).

Hat der Inhaber einer Gemeinschaftsmarke oder eines älteren nationalen Kennzeichnungsrechts die Benutzung einer jüngeren Gemeinschaftsmarke während eines Zeitraumes von *fünf* aufeinander folgenden Jahren in Kenntnis der Benutzung der jüngeren Marke **geduldet**, so hat er seinen Anspruch auf Nichtigerklärung dieser jüngeren Marke gem. Art. 54 GMVO verwirkt. Ausgenommen hiervon sind lediglich jüngere Gemeinschaftsmarken, deren Anmeldung bösgläubig vorgenommen worden sind. In Art. 54 Abs. 3 GMVO wird klargestellt, dass – im Falle der Verwirkung der Nichtig-

---

[330] Eisenführ in Eisenführ/Schennen, GMVO, Kommentar, Art. 52 Rdn. 4 u. 10ff.

keitsansprüche des Inhabers des älteren Rechts – der Inhaber der jüngeren Gemeinschaftsmarke die Benutzung des älteren Rechts dulden muss, obwohl dieses gegenüber der jüngeren Gemeinschaftsmarke nicht mehr geltend gemacht werden kann. Die **Verwirkung** erstreckt sich nur auf die Waren oder Dienstleistungen, für die die jüngere Marke benutzt und somit vom Inhaber der älteren Marke geduldet worden ist. Somit sind nicht die Unterlassungsansprüche des älteren Markeninhabers ausgeschlossen, die sich auf andere ähnliche Waren und Dienstleistungen beziehen, für die die ältere Marke Schutz genießt.

Artikel 55 GMVO entspricht weitgehend dem § 52 MarkenG. Die Art. 56 und 57 GMVO enthalten die Regelungen zum **Löschungsverfahren.** Im Gegensatz zu den Löschungsverfahren vor den ordentlichen Gerichten gem. § 55 MarkenG sind im Gemeinschaftsmarkenrecht die Verfalls- und Nichtigerklärung einer Gemeinschaftsmarke (Art. 510 und 53 GMVO) nur durch Antrag beim HABM zu erreichen. Davon ausgenommen ist die Möglichkeit der **Widerklage** auf Erklärung des Verfalls oder der Nichtigkeit aufgrund eines Verletzungsprozesses vor den Gemeinschaftsmarkengerichten (Art. 96 lit. d, Art. 99 Abs. 1 und Art. 100 GMVO).

Selbstverständlich ist die **Einrede** des Verfalls bzw. der Nichtigkeit der Gemeinschaftsmarke gem. Art. 99 Abs. 3 GMVO möglich.

§ 52 Verfahrensvorschriften, Beschwerde, Rechtsbeschwerde

Im MarkenG sind die **allgemeinen Verfahrensvorschriften** bezüglich des **DPMA** – die neben den speziellen Vorschriften des Anmelde-, Widerspruchs- oder Löschungsverfahren gelten – innerhalb des dritten Teils in Abschnitt 4 in den §§ 56 – 65 MarkenG geregelt. Die allgemeinen Verfahrensvorschriften in Verfahren vor dem **BPatG** sind dem gleichen Teil in Abschnitt 5 (§§ 66 – 82) zu entnehmen. Das Rechtsbeschwerdeverfahren vor dem **BGH** ist in Abschnitt 6, den §§ 83 bis 90, kodifiziert. Gemeinsame Vorschriften für die Verfahren vor dem DPMA, dem BPatG sowie dem BGH finden sich in den §§ 91 bis 96 MarkenG des Abschnittes 7. Dort sind auch die seit dem 1.1.2005 neu eingeführten Vorschriften zur **Weiterbehandlung** einer Anmeldung (§ 91a MarkenG) geregelt.

In der „Verordnung über das Deutsche Patent- und Markenamt" (**DPMAV**) vom 1.4.2004[331] sind alle allgemein gültigen Verfahrensregelungen für markenrechtliche, patent- oder gebrauchsmusterrechtliche Verfahren vor dem DPMA zusammengefasst worden.

Aufgrund der justizförmigen Ausgestaltung des Verfahrens vor dem DPMA sind die entsprechenden Verfahrensbestimmungen der **ZPO** ergänzend anzuwenden, soweit sie nicht durch die speziellen Regelungen des patentamtlichen Verfahrens ausgeschlossen sind. Bezüglich der Verfahren vor dem BPatG können Bestimmungen des Gerichtsverfassungsgesetzes (**GVG**) entsprechend angewendet werden (§ 82 MarkenG).

---

331 Bl. f. PMZ, 2004, 296 ff.; Tabu DPMA Nr. 300.

I. Allgemeine Vorschriften für das Verfahren vor dem Patent- und Markenamt, Akteneinsicht, Erinnerung

Die **allgemeine Zuständigkeitsregelung** für die patentamtlichen Verfahren, insbesondere die Aufgaben der **Markenstellen** und der **Markenabteilungen**, sind in § 56 MarkenG niedergelegt. In § 57 MarkenG sind die Regelungen für die Ausschließung und Ablehnung von Beamten oder Angestellten, die mit der Wahrnehmung von Angelegenheiten betraut sind, die den Markenstellen oder den Markenabteilungen obliegen, enthalten, wobei die einschlägigen Regelungen der ZPO analog anzuwenden sind. Über ein Ablehnungsgesuch entscheidet die Markenabteilung (§ 57 Abs. 2 MarkenG). In § 58 wird dem DPMA auferlegt, **Gutachten** zu erstellen, wenn in einem gerichtlichen Verfahren mehrere voneinander abweichende Sachverständigengutachten vorliegen, was selten geschieht. Ohne Genehmigung des BMJ ist das DPMA nicht befugt, außerhalb des gesetzlichen Aufgabenbereiches Gutachten abzugeben oder Beschlüsse zu fassen. In §§ 59 und 60 MarkenG sind die wesentlichen **Verfahrensgrundsätze** des DPMA wie die Sachverhaltsermittlung, die Gewährung des rechtlichen Gehörs (§ 59 MarkenG) sowie die Einzelheiten bei Ermittlungen, Anhörungen und einer Niederschrift enthalten (§ 60 MarkenG).

Die **Form der Beschlüsse** sowie die damit verbundene notwendige Belehrung über mögliche Rechtsmittel sind in § 61 MarkenG kodifiziert, der im Übrigen fast wortgleich dem § 47 PatG entspricht.

Verfahrenskosten werden in § 63 MarkenG geregelt, soweit sie mehrseitige Verfahren vor dem DPMA behandeln. Sie entsprechen weitgehend den Kostenregelungen im patentrechtlichen Einspruchsverfahren gem. § 62 PatG. Für das Beschwerde- und Rechtsbeschwerdeverfahren gelten mit § 91 und § 90 MarkenG im Wesentlichen entsprechende Vorschriften. Grundsätzlich geht das Gesetz davon aus, dass jeder Beteiligte seine ihm entstandenen Kosten selbst trägt. Eine Abweichung von diesem Grundsatz ist nur zulässig, wenn dies der Billigkeit entspricht. Dabei bedarf es besonderer Umstände, die darin liegen können, dass das Verhalten eines Beteiligten nicht der prozessualen Sorgfalt entsprach.

Mit Inkrafttreten des KostenbereinigungsG zum 1.1.2002 ist eine grundsätzliche Neuregelung der zu entrichtenden **Gebühren** erfolgt. Die ursprüngliche Intention bei Verabschiedung des MarkenG, alle Regelungen des Markenrechts innerhalb eines Gesetzes zu vereinen, ist bedauerlicherweise wieder aufgegeben worden, indem gem. § 64a in Verfahren vor dem DPMA die Kosten des **PatKostG** gelten. Im PatKostG sind alle Kosten konzentriert worden, die in den einschlägigen Gesetzen auf dem Gebiet des gewerblichen Rechtsschutzes anfallen. Die Einzelvorschriften zu den Kosten sind aus dem MarkenG gestrichen worden. Die einzelnen Gebührentatbestände finden sich im GebVerz zu § 2 Abs. 1 PatKostG. Auch die **Zahlungsfristen** und die Rechtsfolgen einer Teil- oder Nichtzahlung der entsprechenden Gebühren sind dem PatKostG zu entnehmen.

§ 65 MarkenG ist der **Ermächtigungsparagraph** für das BMJ durch Rechtsverordnung ohne Zustimmung des Bundesrates für die in § 65 Abs. 1 Nr. 1 bis 13 MarkenG aufgeführten Einzelheiten bestimmte Regelungen zu treffen. Die auf dieser Vorschrift beruhenden Ausführungsbestimmungen finden sich insbesondere in der MarkenV sowie der DPMAV. Gemäß § 65 Abs. 2 MarkenG kann das BMJ die Ermächtigung zum Erlass von Rechtsverordnungen ganz oder teilweise dem Präsidenten des DPMA übertragen. Die einzelnen Ermächtigungen sind in Kirschneck[332] aufgeführt.

1. Akteneinsicht

In § 62 MarkenG ist sowohl die **Akteneinsicht** als auch die Einsicht in das Markenregister geregelt. Während die Einsicht in das Markenregister jeder Person freisteht, gewährt das DPMA Akteneinsicht in die Anmeldeakten nur demjenigen, der ein **berechtigtes Interesse** glaubhaft macht. Ein berechtigtes Interesse ist in der Regel anzunehmen, wenn für das zukünftige Verhalten des Antragstellers bei der Wahrung oder Verteidigung von Rechten die Kenntnis der Akten bestimmend sein kann.[333] Genügend ist demzufolge ein tatsächliches, insbesondere wirtschaftliches Interesse. Grundsätzlich ist immer eine **Abwägung der Interessen** des Antragstellers einerseits und des Anmelders andererseits erforderlich. Jedenfalls liegt ein berechtigtes Interesse in den Fällen vor, in denen Rechte aus der Anmeldung gegenüber dem Akteneinsichtsantragsteller geltend gemacht werden, z.B. durch die Erhebung von Widersprüchen oder Klagen sowie Verwarnungen oder Abmahnungen. Ein berechtigtes Interesse besteht für zurückgewiesene oder zurückgenommene Anmeldungen wegen des Bestehens absoluter Schutzhindernisse, um Klarheit erlangen zu können, ob es sich bei der fraglichen Marke um eine nunmehr frei verwendbare beschreibende Angabe handelt.[334] Einzelheiten zum Akteneinsichtsverfahren finden sich in § 22 DPMAV. Teile der Akten können – wenn ein besonderes schutzwürdiges Interesse an der Geheimhaltung vorliegt – von der Einsicht ausgeschlossen werden.[335] In **Gemeinschaftsmarkenrecht** ist die Akteneinsicht in Art. 84 GMVO geregelt.

2. Erinnerung

Eine Besonderheit des patentamtlichen Verfahrens ist das Institut der **Erinnerung** gem. § 64 MarkenG. Die Erinnerung ist gegen Beschlüsse der Markenstellen und der Markenabteilungen möglich, die von einem Beamten des gehobenen Dienstes oder einem vergleichbaren Angestellten erlassen worden sind. Sie ist innerhalb eines Monats nach Zustellung des Beschlusses des DPMA bei diesem einzulegen. Sofern der Beamte oder Angestellte, dessen Beschluss mittels der Erinnerung angefochten wird, die **Erinnerung** für begründet erachtet, so kann er ihr **abhelfen**. § 64 Abs. 3 Satz 2 MarkenG lässt den Rechtsbehelf ausschließlich für einseitige Verfahren zu. Für die Erinnerung ist eine Erinnerungsgebühr innerhalb der Erinnerungsfrist von einem Monat zu zahlen. Die Erinnerung hat Suspensiveffekt, d.h. aufschiebende Wirkung. Über die Erinnerung entscheidet ein rechtskundiger oder technischer Beamter des höheren Dienstes als Mitglied des DPMA (§ 64 Abs. 4 MarkenG). Seit 1.10.2009 kann anstelle der Erinnerung die Beschwerde eingelegt werden (§ 66 Abs. 6 MarkenG). Ist eine Beschwerde nach §§ 64 Abs. 6 oder 66 Abs. 3 MarkenG eingelegt worden, kann über eine Erinnerung nicht mehr entschieden werden. Sollte dies dennoch geschehen, so wird die erlassene Erinnerungsentscheidung gegenstandslos (§ 64 Abs. 7 MarkenG).

---

332 Kirschneck in Ströbele/Hacker, MarkenG, Kommentar, § 65 Rdn. 2 – 14.
333 Kirschneck in Ströbele/Hacker, MarkenG, Kommentar, § 62 Rdn. 2; BGH GRUR 2012, 317 „Umfang der Akteneinsicht Dritter in Markenangelegenheiten".
334 Begründung zum Gesetzesentwurf MarkenG, Bl. f. PMZ (Sonderheft), 1994, 45, 94.
335 BGH GRUR 2007, 628, 629 (Nr. 14) „Moon".

II. Beschwerde

1. Überblick

In Abschnitt 5 des MarkenG sind eigenständige Regelungen für das Beschwerdeverfahren vor dem BPatG in Markensachen enthalten, die inhaltlich weitgehend mit den §§ 73 ff. PatG übereinstimmen. Ähnlich wie bei den Verfahren vor dem DPMA enthalten zunächst die §§ 66 bis 72 MarkenG Regelungen in Bezug auf das **BPatG**, die §§ 73 bis 80 MarkenG enthalten Verfahrensvorschriften. § 81 MarkenG behandelt die **Vertretung** bzw. Bevollmächtigung. Eine **Anfechtbarkeit von Entscheidungen** des BPatG ist nach § 82 Abs. 2 MarkenG nur möglich, soweit sie vom MarkenG zugelassen ist. Anträge zur **Akteneinsicht** sind nach § 62 Abs. 1 und 2 MarkenG analog zu behandeln, über die Anträge entscheidet das BPatG. Des Weiteren finden sich – neben der Generalverweisung in § 82 Abs. 1 MarkenG – zahlreiche **Verweise** auf die ZPO bzw. das GVG, so in Bezug auf die Ausschließung und Ablehnung von Gerichtspersonen (§ 72 MarkenG), das Kostenfestsetzungsverfahren (§ 71 Abs. 5 MarkenG) und die Niederschrift von mündlichen Verhandlungen und Beweisaufnahmen (§ 77 MarkenG).

2. Beschwerdeverfahren

Gegen die Beschlüsse der Markenstellen und der Markenabteilungen findet die **Beschwerde an das BPatG** statt, soweit gegen diese Beschlüsse nicht die Erinnerung gegeben ist. Die Beschwerde steht allen am Verfahren vor dem DPMA Beteiligten zu und hat **aufschiebende Wirkung** (§ 66 Abs. 1 MarkenG). Die Beschwerde ist innerhalb eines Monats nach Zustellung des Beschlusses beim DPMA schriftlich einzulegen. Mit der Beschwerdeeinlegung wird eine **Beschwerdegebühr** gem. § 82 Abs. 1 S. 3 MarkenG i.V.m. § 3 Abs. 1 PatKostG fällig, die innerhalb der **Beschwerdefrist** zu zahlen ist. Die Gebühr ist beim DPMA einzuzahlen. Wird die Gebühr nicht, nicht vollständig oder nicht rechtzeitig eingezahlt, gilt die Beschwerde als nicht eingelegt (§ 82 Abs. 1 Satz 3 MarkenG i.V.m. § 6 Abs. 2 PatKostG). Bei der Beschwerde handelt es sich – im Gegensatz zur Erinnerung – um ein echtes Rechtsmittel mit Suspensiveffekt und Devolutivwirkung (im höheren Rechtszug anhängig).

Die Beteiligten können sich jederzeit durch einen Bevollmächtigten vertreten lassen, wobei die **Vollmacht** für den Vertreter schriftlich zu den Gerichtsakten einzureichen ist (§ 81 MarkenG). Hat einer der Beteiligten jedoch weder im Inland einen Wohnsitz, Sitz noch Niederlassung, so kann er an dem Verfahren vor dem BPatG ebenso wie vor dem DPMA nur teilnehmen und/oder Rechte aus einer Marke geltend machen, wenn er im Inland einen Rechts- oder Patentanwalt als bevollmächtigten Vertreter bestellt hat (§ 81 Abs. 1 i.V.m. § 96 MarkenG). Weitere Regelungen zum **Inlandsvertreter** – insbesondere für Staatsangehörige eines Mitgliedsstaates der Europäischen Union bzw. EWR – finden sich in § 96 MarkenG.

Verfahrensbeteiligte sind diejenigen, die im Verfahren vor dem DPMA Beteiligte waren. Nicht beteiligt ist – sieht man von der Abhilfe nach § 66 Abs. 5 MarkenG und der Möglichkeit des Präsidenten des DPMA, an dem Beschwerdeverfahren teilzunehmen oder unter bestimmten Voraussetzungen (§ 68 MarkenG) beizutreten, ab – das DPMA selbst. Dies ist ein wesentlicher Unterschied zum **Gemeinschaftsmarkenrecht**, da gegen Entscheidungen des HABM die Beschwerde zu den **Beschwerdekammern** gem. Art. 58 GMVO vorgesehen ist, die Bestandteil des HABM gem. Art. 135 und 136 GMVO sind. Weitere Voraussetzung für eine zulässige Beschwerde ist, dass der Beschwerdeführer durch die angefochtene Entscheidung **beschwert** ist, d.h., dass seinem Antrag nicht in vollem Umfang stattgegeben worden ist oder der Beschluss sich in anderer Weise auf ihn nachteilig auswirkt. Eine **Begründung** der Beschwerde ist nicht notwendig, jedoch ratsam.

Grundsätzlich gilt, dass bei mehreren Beschwerden für jede einzelne Beschwerde **Gebühren** zu zahlen sind, wobei unerheblich ist, ob in Widerspruchsverfahren die verschiedenen Widersprechenden von demselben Bevollmächtigten vertreten und/oder die Beschwerden in einem gemeinsamen Schriftsatz eingelegt wurden. Unerheblich ist auch, wenn aufgrund von mehreren Widersprüchen nur ein Beschluss vom DPMA ergangen ist.[336] Sind von einem Widersprechenden aus verschiedenen Marken Widersprüche erhoben worden (und für jeden einzelnen Widerspruch eine Gebühr gezahlt worden), die alle mit einem Beschluss des DPMA zurückgewiesen worden sind, so ist nur eine Beschwerdegebühr zu zahlen, da nur ein Beschluss von nur einem am Verfahren Beteiligten angefochten wird.[337] In Verfahren mit mehreren Beteiligten ist – neben der selbständigen Beschwerde – die unselbständige **Anschlussbeschwerde** (gestützt auf § 567 Abs. 3 ZPO) gegeben. Die Anschlussbeschwerde ist von der Aufrechterhaltung und Zulässigkeit der selbständigen Beschwerde abhängig und nicht an eine Beschwerdefrist oder die Zahlung einer Beschwerdegebühr gebunden. Jedoch muss der Beschwerdeführer durch die Entscheidung beschwert sein.

§ 66 Abs. 4 MarkenG regelt die Anzahl der Abschriften und die Zustellung an die übrigen Beteiligten, während Abs. 5 im einseitigen Beschwerdeverfahren dem DPMA die Möglichkeit gibt, der Beschwerde abzuhelfen, wenn es die Beschwerde für begründet erachtet. Die **Abhilfe** durch das DPMA ist jedoch nur innerhalb eines Monats nach Einlegung der Beschwerde möglich. Wird der Beschwerde nicht abgeholfen oder gibt es einen weiteren Verfahrensbeteiligten, so hat das DPMA die Beschwerde unverzüglich dem BPatG vorzulegen (§ 66 Abs. 5 MarkenG).

Die **Verhandlung über Beschwerden** einschließlich der Verkündung der Entscheidung sind öffentlich, wenn die Markeneintragung veröffentlicht worden ist (§ 67 Abs. 2 MarkenG) und sofern eine mündliche Verhandlung stattfindet. Die mündliche Verhandlung findet statt, wenn sie gem. § 69 MarkenG von einem der Beteiligten beantragt worden ist oder gem. § 74 Abs. 1 MarkenG Beweis erhoben wird oder das BPatG sie für sachdienlich erachtet.

Über die Beschwerde wird durch **Beschluss eines Beschwerdesenates** – besetzt mit drei rechtskundigen Mitgliedern (§ 67 Abs. 1 MarkenG) – entschieden (§ 70 Abs. 1 u. 2 MarkenG). Alternativ dazu kann das BPatG die durch Beschwerde angefochtene Entscheidung aufheben, ohne in der Sache selbst zu entscheiden, wenn das DPMA noch nicht in der Sache entschieden hat, das Verfahren vor dem DPMA an einem wesentlichen Mangel gelitten hat oder neue Tatsachen oder Beweismittel bekannt geworden sind, die für die Entscheidung wesentlich sind (§ 70 Abs. 3 MarkenG).

Die **Sachverhaltsermittlung** erfolgt durch das BPatG **von Amts wegen**. Insoweit ist es an das Vorbringen und die Beweisanträge der Beteiligten nicht gebunden (§ 73 Abs. 1 MarkenG). Eine Beweiserhebung durch das BPatG in der mündlichen Verhandlung erfolgt durch Inaugenscheinnahme, Zeugen-, Sachverständigen- und/oder Beteiligtenver-

---

336 Knoll in Ströbele/Hacker, MarkenG, Kommentar, § 66 Rdn. 46.
337 Knoll in Ströbele/Hacker, MarkenG, Kommentar, § 66 Rdn. 47.

nehmung sowie das Heranziehen von Urkunden, wobei alle am Verfahren Beteiligten der Beweisaufnahme beiwohnen und an Zeugen und Sachverständige sachdienliche Fragen richten können (§ 74 MarkenG). Selbstverständlich muss den Beteiligten vor einer Entscheidung rechtliches Gehör gewährt werden (§ 78 Abs. 2 MarkenG).

Eine Besonderheit in Verfahren vor dem BPatG ist die Möglichkeit der **Beteiligung des Präsidenten des DPMA** (§ 68 MarkenG). Grundsätzlich kann der Präsident im Beschwerdeverfahren schriftlich dem BPatG gegenüber Erklärungen abgeben und in den Terminen seine Erklärungen ausführen. Wenn eine Rechtsfrage von grundsätzlicher Bedeutung zu entscheiden ist, kann das BPatG dem Präsidenten des DPMA anheim geben, dem Beschwerdeverfahren beizutreten. Erklärt infolge dessen der Präsident des DPMA seinen Beitritt, so hat er im Verfahren die Stellung eines Beteiligten. Die Beteiligung des Präsidenten in Beschwerdeverfahren gem. § 68 MarkenG entspricht den §§ 76 und 77 PatG.

Die **Kosten des Beschwerdeverfahrens** tragen in der Regel die Beteiligten selbst, da dies der Billigkeit entspricht (§ 71 MarkenG). In mehrseitigen Verfahren können die Kosten – abweichend von der Grundregel – einem der Beteiligten – auch dem Präsidenten des DPMA als Beteiligtem – nach pflichtgemäßem Ermessen des BPatG auferlegt werden. Eine Kostenauferlegung kann aufgrund einer rechtsmissbräuchlichen, sittenwidrigen oder erkennbar erfolglosen Markenanmeldung bzw. Widerspruchseinlegung oder wenn ein Beteiligter die ihm obliegende prozessuale Sorgfaltspflicht in nicht unerheblichem Umfang vernachlässigt,[338] erfolgen. Die Rückzahlung der Beschwerdegebühr – die das BPatG gem. § 71 Abs. 3 MarkenG anordnen kann – kommt bei Verfahrensfehlern im Verfahren vor dem DPMA infrage, z.B. durch die Verletzung des rechtlichen Gehörs. Eine Rückzahlung kann auch erfolgen, wenn die Beschwerde gegenstandslos wird, z.B. wenn ein unterlegener widersprechender Markeninhaber Beschwerde eingelegt hat und die angegriffene Marke aufgrund eines weiteren Widerspruchs gelöscht wird.

In Widerspruchs- und Löschungs-Beschwerdeverfahren vor dem HABM nach der **GMVO** trägt generell die unterlegene Partei die Kosten des Verfahrens.

3. Durchgriffsbeschwerde

Eine besondere Art der Beschwerde ist die sog. **Durchgriffsbeschwerde** gem. § 66 Abs. 3 MarkenG. Sie ist statthaft, wenn das DPMA in einem Erinnerungsverfahren nicht binnen 6 Monaten nach Einlegung der Erinnerung über diese entschieden hat, um die Dauer der Verfahren vor dem DPMA nicht über Gebühr auszudehnen. In einseitigen Verfahren muss beim DPMA ein **Antrag auf Entscheidung** gestellt werden. Führt dieser nicht innerhalb von 2 Monaten zu einer Entscheidung, kann Beschwerde gegen den Beschluss des DPMA eingelegt werden. In kontradiktorischen – also mehrseitigen Verfahren – ist die Einlegung einer Durchgriffsbeschwerde gem. § 66 Abs. 3 Satz 1 und 2 MarkenG frühestens 10 Monate nach Einlegung der Erinnerung möglich. Auch hier muss ein Antrag auf Entscheidung gestellt werden und dieser nicht innerhalb von 2 Monaten zu einer Entscheidung geführt haben. Hat ein weiterer Verfahrensbeteiligter ebenfalls Erinnerung eingelegt, so bedarf die Durchgriffsbeschwerde der Einwilligung durch diesen Beteiligten, die dem Beschwerdeantrag beizufügen ist. Legt der

---

338 Ingerl/Rohnke, MarkenG, Kommentar, § 71 Rdn. 17.

einwilligende andere Beteiligte nicht innerhalb einer Frist von einem Monat nach Zustellung der Beschwerde gem. § 66 Abs. 4 Satz 2 MarkenG ebenfalls Beschwerde ein, so gilt seine Erinnerung als zurückgenommen. Mit dieser Regelung wird verhindert, dass *ein* Rechtsstreit in *mehreren* Instanzen anhängig ist. Bei den Beteiligten muss es sich um den Markeninhaber und einen Widersprechenden handeln, da sich zwei Beteiligte, die beide Widerspruch gegen die Marke eines Dritten eingelegt haben, nicht gegenüberstehen.

III. Rechtsbeschwerde

1. Überblick

Das **Rechtsbeschwerdeverfahren** vor dem **BGH** wird in den §§ 83 – 90 des Abschnittes 6 des MarkenG behandelt. Sie entsprechen fast immer wortwörtlich den entsprechenden Regelungen der §§ 100 – 109 PatG. Gegen die Beschlüsse der Beschwerdesenate des BPatG, durch die über eine Beschwerde gegen die Beschlüsse der Markenstellen oder der Markenabteilungen des DPMA (§ 66 MarkenG) entschieden wird, findet die **Rechtsbeschwerde** an den BGH statt, sofern der Beschwerdesenat die Rechtsbeschwerde in dem Beschluss **zugelassen** hat (§ 83 Abs. 1 MarkenG).
Sie ist dann zuzulassen, wenn gem. § 83 Abs. 2 MarkenG

- eine Rechtsfrage von grundsätzlicher Bedeutung zu entscheiden ist oder
- die Fortbildung des Rechts oder die Sicherung einer einheitlichen Rechtsprechung eine Entscheidung des BGH erfordert.

Eine **zulassungsfreie Rechtsbeschwerde** zum BGH ist möglich, wenn gerügt wird, dass

- das beschließende Gericht nicht vorschriftsmäßig besetzt war,
- bei einem Beschluss ein Richter mitgewirkt hat, der von der Ausübung des Richteramtes kraft Gesetzes ausgeschlossen oder wegen Befangenheit mit Erfolg abgelehnt war,
- einem Beteiligten das rechtliche Gehör versagt war,
- ein Beteiligter am Verfahren nicht nach den Vorschriften des Gesetzes vertreten war, sofern er nicht der Führung des Verfahrens ausdrücklich oder stillschweigend zugestimmt hat,
- der Beschluss aufgrund einer mündlichen Verhandlung ergangen ist, bei der die Vorschrift über die Öffentlichkeit des Verfahrens verletzt worden ist oder
- der Beschluss nicht mit Gründen versehen ist (§ 83 Abs. 3 MarkenG).

Die **zugelassene Rechtsbeschwerde** gem. § 83 Abs. 1 u. 2 MarkenG dient dem allgemeinen öffentlichen Interesse an der Rechtsfortschreibung sowie der grundsätzlichen Klärung von Rechtsfragen sowie der Vereinheitlichung der Rechtsprechung. Im Gegensatz hierzu verwirklicht die **zulassungsfreie Rechtsbeschwerde** den individuellen Rechtsschutz insbesondere aufgrund von Verfahrensmängeln in der Vorinstanz. Die Rechtsbeschwerde zum BGH ist mit dem Rechtsmittel der Revision vergleichbar, so dass auf die einschlägigen Vorschriften in der ZPO zurückgegriffen wird. Die Rechtsbeschwerde hat **aufschiebende Wirkung**. Statthaft ist eine **Anschlussrechtsbeschwerde** durch den Rechtsbeschwerdegegner innerhalb eines Monats nach Zustellung der Rechtsbeschwerdebegründung. Sie muss analog der ZPO innerhalb dieser Frist begründet werden.

2. Rechtsbeschwerdeverfahren

Die **Rechtsbeschwerde** steht allen am Beschwerdeverfahren Beteiligten zu und kann nur darauf gestützt werden, dass der Beschluss über die Beschwerde des BPatG auf einer Verletzung des Rechts beruht (§ 84 MarkenG).

Die Rechtsbeschwerde ist innerhalb eines Monats nach Zustellung des Beschlusses beim BGH schriftlich einzulegen und zu begründen. Die **Begründungsfrist** beträgt 1 Monat ab Einlegung der Rechtsbeschwerde und kann auf Antrag verlängert werden (§ 85 Abs. 1 u. 3 MarkenG). Die Vertretung vor dem BGH muss durch einen beim BGH zugelassenen Rechtsanwalt als Bevollmächtigten erfolgen. Auf Antrag eines Beteiligten ist seinem Patentanwalt das Wort zu gestatten (§ 85 Abs. 5 MarkenG). Von Amts wegen prüft der BGH gem. § 86 MarkenG die Statthaftigkeit der Rechtsbeschwerde sowie die Einhaltung der gesetzlich vorgeschriebenen Form und Frist einschließlich des Vorliegens einer Begründung. Liegen die Voraussetzungen nicht vor, so ist die Rechtsbeschwerde als unzulässig zu verwerfen.

Sind an dem Rechtsbeschwerdeverfahren mehrere Personen beteiligt, so wird die Beschwerdeschrift sowie -begründung den anderen Beteiligten mit der Aufforderung zugestellt, innerhalb einer bestimmten Frist sich hierzu schriftlich zu **erklären** (§ 87 Abs. 1 MarkenG).

Abs. 2 des § 87 MarkenG ermöglicht es dem **Präsidenten des DPMA** analog § 68 Abs. 1 MarkenG, **Erklärungen** zur Wahrung des öffentlichen Interesses abzugeben, an den Terminen teilzunehmen und in ihnen Ausführungen zu machen. Hat der Präsident des DPMA bereits in dem Beschwerdeverfahren gem. § 68 Abs. 2 MarkenG die **Beteiligtenstellung** erlangt, so ist er auch in der Rechtsbeschwerde Verfahrensbeteiligter. Als Nichtbeteiligter im Beschwerdeverfahren kann er die Beteiligtenstellung im Verfahren vor dem BGH nicht erlangen.

Die **Entscheidung über die Rechtsbeschwerde** ergeht durch Beschluss und kann auch ohne mündliche Verhandlung getroffen werden (§ 89 MarkenG), wobei der BGH bei seiner Entscheidung an die in dem angefochtenen Beschluss getroffenen tatsächlichen Feststellungen gebunden ist, es sei denn, dass in Bezug auf diese Feststellungen zulässige und begründete Rechtsbeschwerdegründe vorgebracht sind. Die Entscheidung ist zu begründen. Im Falle der Aufhebung des angefochtenen Beschlusses ist die Sache zur anderweitigen Verhandlung und Entscheidung zurückzuverweisen, wobei das BPatG die rechtlichen Beurteilung – die der Aufhebung zugrunde liegt – auch seiner Entscheidung zugrunde zu legen hat.

Hinsichtlich der Kosten sieht § 90 MarkenG vor, dass – abweichend vom Beschwerdeverfahren vor dem BPatG – der erfolglose Rechtsbeschwerdeführer die Kosten des Verfahrens zu tragen hat.

IV. Wiedereinsetzung, Weiterbehandlung, Inlandsvertreter und sonstige Vorschriften

1. Wiedereinsetzung

Das Institut der **Wiedereinsetzung** wird in § 91 MarkenG, der weitgehend § 123 PatG entspricht, geregelt. Demzufolge ist der Antragsteller auf **Antrag** wieder in den vorherigen Verfahrensstand einzusetzen, sofern er ohne Verschulden verhindert war, gegenüber dem DPMA oder BPatG eine Frist einzuhalten, deren Versäumung nach gesetzlicher Vorschrift einen Rechtsnachteil zur Folge hat. Ausgeschlossen ist hiervon die Frist zur Erhebung des Widerspruchs sowie zur Zahlung der Widerspruchsgebühr.

Zu dem Rechtsbegriff der Verhinderung ohne Verschulden gibt es eine umfangreiche Rechtsprechung.[339]

Die Wiedereinsetzung muss innerhalb von 2 Monaten nach Wegfall des Hindernisses unter Angabe der die Verhinderung begründenden Tatsache beantragt und die Tatsache im Laufe des Verfahrens glaubhaft gemacht werden. Des Weiteren ist die versäumte Handlung innerhalb der Antragsfrist nachzuholen, wobei die Wiedereinsetzung in diesem Fall auch ohne Antrag gewährt werden kann. Die Möglichkeit der Wiedereinsetzung besteht maximal 1 Jahr nach Ablauf der versäumten Frist. Über die Wiedereinsetzung selbst beschließt die Stelle, die über die nachgeholte Handlung zu beschließen hat.

Abweichend von § 123 Abs. 1 Satz 2 PatG gilt der Ausschluss der Wiedereinsetzung nicht für die Frist zur Einlegung der Beschwerde eines Widersprechenden gegen die den Widerspruch zurückweisende Entscheidung. Die Wiedereinsetzung in den vorherigen Stand ist nicht möglich gegen die Versäumung der Frist gegen den Weiterbehandlungsantrag gem. § 91a Abs. 3 MarkenG sowie die Frist zum Einspruch gegen die Eintragung von geografischen Angaben und Ursprungsbezeichnungen in das von der EU-Kommission geführte Verzeichnis (gem. § 132 Abs. 2 MarkenG) einschließlich der Frist zur Zahlung der entsprechenden Einspruchsgebühr.

2. Weiterbehandlung

Im Markenanmeldungsverfahren ist auch mit Inkrafttreten am 1.1.2005 die **Weiterbehandlung** einer Markenanmeldung möglich, die nach Versäumung einer vom DPMA bestimmten Frist zurückgewiesen worden ist. Der **Antrag** auf Weiterbehandlung ist innerhalb einer Frist von 1 Monat nach Zustellung der Entscheidung über die Zurückweisung der Markenanmeldung zu stellen und die **versäumte Handlung** innerhalb dieser Frist **nachzuholen**. Eine Wiedereinsetzung ist in diese Fristen nicht möglich. Des Weiteren muss eine **Weiterbehandlungsgebühr** (§ 94a i.V.m. Nr. 333050 GebVerz. zu § 2 Abs. 1 PatKostG) innerhalb der in § 91a Abs. 2 MarkenG vorgesehenen Frist eingezahlt werden. Über die Weiterbehandlung entscheidet – wie auch bei dem Antrag auf Wiedereinsetzung – die Stelle, die über die nachgeholte Handlung zu beschließen hat mit der Rechtsfolge, dass bei Stattgabe der Zurückweisungsbeschluss wirkungslos wird, ohne ausdrücklich aufgehoben zu werden. § 91a ist – wie die Parallelvorschrift des § 123a PatG – dem Art. 121 EPÜ nachgebildet. Die Weiterbehandlung ist in Art. 82 **GMVO** vergleichbar enthalten.

3. Inlandsvertreter

Wer als natürliche Person weder Wohnsitz noch Niederlassung oder als juristische Person oder Personengesellschaft weder Sitz noch Niederlassung in Deutschland hat, benötigt einen **Inlandsvertreter**, um an einem Verfahren vor dem DPMA oder dem BPatG teilnehmen oder Rechte aus einer Marken geltend machen zu können (§ 96 MarkenG).

---

339 Kommentiert u.a. in Kober-Dehm in Ströbele/Hacker, MarkenG, Kommentar, § 91 Rdn. 10 – 19; Ingerl/Rohnke, MarkenG, Kommentar, § 91 Rdn. 10 – 25; Donle in v. Schultz (Hrsg.), MarkenR, Kommentar, § 91 Rdn. 6 – 8.

Als Inlandsvertreter können Rechts- und Patentanwälte oder Vertreter aus anderen EU- oder EWR-Mitgliedsstaaten – sofern sie bestimmte Voraussetzungen erfüllen und in Deutschland einen Rechts- oder Patentanwalt als Zustellungsbevollmächtigten bestellt haben – bevollmächtigt werden. § 96 Abs. 3 MarkenG regelt, dass der Ort, an dem ein bestellter Vertreter seinen Geschäftsraum hat oder in Ermangelung eines Geschäftsraumes seinen Wohnsitz hat, i.S. des § 23 ZPO als der Ort gilt, an dem sich der Vermögensgegenstand befindet. Hat auch der bestellte Vertreter weder Geschäftsraum noch Wohnsitz im Inland, so gilt der Sitz des DPMA als Ort, an dem sich der Vermögensgegenstand befindet. Diese Regelung zum Inlandsvertreter entspricht dem § 25 PatG, der im Übrigen seine Entsprechung auch in Art. 92 Abs. 2 GMVO hat, wobei dort die Vertretung auswärtiger juristischer Personen auch durch Angestellte eines verbundenen Unternehmens mit Sitz oder Niederlassung in der Gemeinschaft zulässig ist.

4. Weitere Vorschriften

Der Abschnitt 7 des MarkenG über gemeinsame Vorschriften enthält Vorschriften über die **Wahrheitspflicht** in amtlichen bzw. gerichtlichen Verfahren (§ 92 MarkenG), die deutsche **Amts- und Gerichtssprache** (§ 93 MarkenG) sowie über **Zustellungen** (§ 94 MarkenG), zu leistende **Rechtshilfe** (§ 95 MarkenG) sowie die Möglichkeit, **elektronische Dokumente** einzureichen (§ 95a MarkenG).

§ 53 Kollektivmarken

I. Überblick

Kollektivmarken werden in Teil IV des MarkenG in §§ 97 – 106 MarkenG behandelt. **Gemeinschaftskollektivmarken** sind im Titel VIII, Art. 66 – 74 GMVO geregelt. Die Vorschriften zu Kollektivmarken der GMVO sowie des MarkenG gehen auf Art. 15 Abs. 1 der MarkenRL zurück, die den Mitgliedsstaaten zugesteht, für Kollektiv-, Garantie- oder Gewährleistungsmarken weitere Schutzhindernisse vorzusehen. Nach Art. 15 Abs. 2 MarkenRL können die Mitgliedsstaaten geografische Herkunftsangaben zur Eintragung als Kollektiv-, Gewährleistungs- oder Garantiemarke zulassen.[340] Alle Vorschriften des MarkenG finden gem. § 97 Abs. 2 Anwendung auch auf Kollektivmarken, sofern in Teil 4 MarkenG nichts anderes bestimmt ist. Neben der Ergänzung zur Markenfähigkeit werden die Regelungen in Bezug auf absolute Schutzhindernisse durch die §§ 97 Abs. 1 und 99 MarkenG (geografische Herkunftsangaben als Kollektivmarken) modifiziert. Restriktivere Voraussetzungen gelten für die Inhaberschaft von Kollektivmarken, sowie im Hinblick auf die **amtlichen Gebühren**, die für Kollektivmarken generell wesentlich höher ausfallen (§ 64a i.V.m. GebVerz. zu § 2 PatKostG).

Als **Kollektivmarken** können als Marke schutzfähigen Zeichen im Sinne des § 3 MarkenG eingetragen werden, die – im Unterschied zu allen anderen nach § 3 MarkenG schutzfähigen Zeichen – geeignet sind, die Waren oder Dienstleistungen der **Mitglieder des Inhabers der Kollektivmarke** von denjenigen anderer Unternehmen nach ihrer betrieblichen oder geografischen Herkunft, ihrer Art, ihrer Qualität oder ihren sonstigen Eigenschaften zu unterscheiden.

---

340 Begründung zum Gesetzesentwurf MarkenG, Bl. f. PMZ 1994 (Sonderheft), 45, 102.

Kollektivmarken dienen in erster Linie dazu, einer Gruppe von Interessenten – z.B. kleiner oder mittlerer Unternehmen oder Unternehmen einer bestimmten Region – die Möglichkeit zu geben, ein Zeichen zu schaffen, das die Funktion hat, auf bestimmte Eigenschaften der mit der Kollektivmarke verbundenen Waren oder Dienstleistungen oder ihrer geografischen Herkunft hinzuweisen und *nicht* auf die Herkunft aus einem bestimmten Betrieb. Beispiele sind im Bereich der Möbel das Zeichen „WKS" oder im Lebensmittelbereich die bekannte **Qualitätsmarke** „Golden Toast". Nicht selten werden Kollektivzeichen als **Gütezeichen** verwendet, welche bestimmte für die Güte der Waren oder Dienstleistungen wesentliche Eigenschaften erfüllen, die von neutralen, außerhalb des gewerblichen Gewinnstrebens stehenden zuständigen Stellen an objektiven Maßstäben überprüft worden sind.[341] Hierfür notwendig ist eine sog. „**Unbedenklichkeitsbescheinigung**" einer Prüfstelle wie z.B. dem „Deutschen Institut für Gütesicherung und Kennzeichnung e.V." oder einer anderen neutralen Kontrollinstanz wie dem „Deutschen Institut für Normung" (DIN) oder dem „Technischen Überwachungsverein" (TÜV).

II. Eintragungsvoraussetzungen

1. Unterscheidungskraft

Nach § 97 Abs. 1 MarkenG genügt für die Unterscheidungskraft von Kollektivmarken, dass diese die beanspruchten Waren oder Dienstleistungen von denen anderer Unternehmen nach ihrer betrieblichen oder geografischen Herkunft, nach Art, ihrer Qualität oder sonstigen Eigenschaften unterscheiden können.

2. Inhaberschaft und Markensatzung

Die **Inhaberschaft** von Kollektivmarken können **rechtsfähige Verbände** innehaben (§ 98 MarkenG), denen **juristische Personen des öffentlichen Rechts** gleichgestellt sind. Auch rechtsfähige **Dachverbände** und **Spitzenverbände**, deren Mitglieder selbst Verbände sind, können Inhaber angemeldeter oder eingetragener Kollektivmarken sein. Die Voraussetzungen für die Mitgliedschaft als auch die Bedingungen für die Benutzung der Kollektivmarke sind in einer **Markensatzung** zu regeln, die gem. § 102 Abs. 2 MarkenG mindestens enthalten muss:

- Name und Sitz des Verbandes,
- Zweck und Vertretung des Verbandes,
- Voraussetzung für die Mitgliedschaft,
- Angaben über den Kreis der zur Benutzung der Kollektivmarke befugten Personen,
- die Bedingung für die Benutzung der Kollektivmarke und
- Angaben über die Rechte und Pflichten der Beteiligten im Falle von Verletzungen der Kollektivmarke.

Sofern die Kollektivmarke aus einer **geografischen Herkunftsangabe** besteht, muss in der Satzung gem. § 102 Abs. 3 MarkenG vorgesehen werden, dass jede Person – deren Waren oder Dienstleistungen aus dem entsprechenden geografischen Gebiet stammen und den in der Markensatzung enthaltenen Bedingungen für die Benutzung der Kollek-

---

[341] BPatG BPatGE, 28, 139 „Gütezeichenverband".

tivmarke entsprechen – Mitglied des Verbandes werden kann und in den Kreis der zur Benutzung der Kollektivmarken befugten Person aufzunehmen ist.

Im **Anmeldeverfahren** einer Kollektivmarke werden zusätzlich die besonderen Voraussetzungen der §§ 97, 98 und 102 MarkenG geprüft. Die Markensatzung wird hinsichtlich eines Verstoßes gegen die öffentliche Ordnung oder die guten Sitten überprüft (§ 103 MarkenG). Jegliche spätere Änderung der Markensatzung ist gem. § 104 MarkenG dem DPMA zur Prüfung vorzulegen.

3. Geltendmachung von Rechten und Schutzschranken

Ein Mitglied des die Kollektivmarke innehabenden Verbandes kann nur mit dessen **Zustimmung** gem. § 101 MarkenG Verletzungsklage erheben, sofern in der Markensatzung nichts anderes bestimmt ist. Der Kollektivmarkeninhaber kann auch den Schaden geltend machen, der dem berechtigten Benutzer der Kollektivmarke durch die verletzende Benutzung der Kollektivmarke oder eines ähnlichen Zeichens entstanden ist. Im Hinblick auf den Benutzungszwang regelt § 100 Abs. 2 MarkenG, dass die rechtserhaltende **Benutzung** schon dann gegeben ist, wenn die Kollektivmarke durch mindestens eine hierzu befugte Person oder den Inhaber der Kollektivmarke erfolgt ist.

Zusätzlich zu den **Schutzschranken**, die sich aus § 23 MarkenG (Benutzung von Namen und beschreibenden Angaben) ergeben, gewährt die Eintragung einer geografischen Herkunftsangabe als Kollektivmarke ihrem Inhaber nicht das Recht, Dritten zu untersagen, Herkunftsangaben im geschäftlichen Verkehr zu benutzen, sofern die Benutzung den guten Sitten entspricht und nicht gegen den Schutz von geografischen Herkunftsangaben (gem. § 127 MarkenG) verstößt.

4. Löschungsgründe

Die **Löschung** einer Kollektivmarke wegen Verfalls bzw. wegen absoluter Schutzhindernisse wird in den §§ 105 und 106 MarkenG geregelt. Über die in § 49 MarkenG genannten Verfallsgründe kann eine Kollektivmarke auf Antrag wegen Verfalls gelöscht werden, wenn

- der Inhaber der Kollektivmarke nicht mehr besteht,
- der Inhaber der Kollektivmarke keine geeigneten Maßnahmen trifft, um zu verhindern, dass die Kollektivmarke missbräuchlich in einer den Verbandszwecken oder der Markensatzung widersprechenden Weise benutzt wird oder
- eine Änderung der Markensatzung nicht mehr den Voraussetzungen entspricht, wie sie in §§ 102 und 103 MarkenG gefordert sind, es sei denn, dass die Markensatzung so geändert wird, dass der Löschungsgrund nicht mehr besteht.

Der letzte Punkt trifft nur für ältere **Satzungsänderungen** zu, da jetzige Änderungen der Markensatzung nicht mehr ins Register eingetragen werden.
Als eine **missbräuchliche Benutzung** ist anzusehen, wenn die Benutzung nicht befugter Personen geeignet ist, das Publikum zu täuschen (§ 105 Abs. 2 MarkenG). Der Inhaber der Kollektivmarke ist aufgefordert, Maßnahmen gegen eine missbräuchliche oder satzungswidrige Benutzung der Kollektivmarke einzuschreiten. Allerdings führt die bloße Untätigkeit des markeninnehabenden Verbandes nicht automatisch zu einer Löschung, sondern erst dann, wenn zuvor eine **Aufforderung zum Einschreiten** gegen die missbräuchliche oder satzungswidrige Benutzung erfolgt oder andere Umstände feststellbar

sind, aus denen sich die Obliegenheit des Verbandes zum Tätigwerden eindeutig ergibt.[342]

Das **Löschungsverfahren** wird nach § 105 Abs. 3 MarkenG durch den Verweis auf § 54 MarkenG ausschließlich vor dem DPMA durchgeführt, bei dem der Löschungsantrag zu stellen ist.

Eine Kollektivmarke kann gem. § 106 MarkenG auf Antrag gelöscht werden, wenn eine der in § 50 MarkenG genannten Nichtigkeitsgründe besteht oder sie entgegen den Voraussetzungen der §§ 97, 98 und 102 MarkenG eingetragen worden ist. Betrifft der Nichtigkeitsgrund die Markensatzung, so wird die Kollektivmarke nur gelöscht, wenn der Kollektivmarkeninhaber die Markensatzung nicht so ändert, dass der Nichtigkeitsgrund nicht mehr besteht (§ 106 S. 2 MarkenG).

§ 54 Kennzeichenstreit-, Straf- und Bußgeldvorschriften, Beschlagnahme

I. Gerichtsstand

Die **Legaldefinition** von Kennzeichenstreitsachen findet sich in § 140 Abs. 1 MarkenG. Danach sind alle Klagen, durch die ein Anspruch aus einem im MarkenG geregelten Rechtsverhältnis geltend gemacht wird, eine Kennzeichenstreitsache. Für diese sind ausschließlich die **Landgerichte** zuständig.

In § 140 Abs. 2 MarkenG werden die Landesregierungen bzw. die Landesjustizverwaltungen ermächtigt, durch Rechtsverordnung oder Staatsvertrag die Zuständigkeit für Kennzeichenstreitsachen auf ein Landgericht zu konzentrieren. Von dieser **Konzentrationsermächtigung** haben die Landesregierungen Gebrauch gemacht, so dass – wie auch in den anderen Schutzrechtsarten des gewerblichen Rechtsschutzes und dem UrhG – bestimmte Landgerichte als Kennzeichenstreitgerichte festgelegt wurden.[343]

Die **Erstattungsfähigkeit der Gebühren** und Auslagen eines **Patentanwaltes**, der in einer Kennzeichenstreitsache mitgewirkt hat, regelt § 140 Abs. 3 MarkenG. Der Verweis auf § 13 des RVG stellt sicher, dass die Gebühren eines Patentanwaltes grundsätzlich in gleicher Höhe erstattungs- und festsetzungsfähig wie die eines Rechtsanwaltes sind.

Im Falle einer **Anspruchskonkurrenz** zwischen Vorschriften des UWG und des MarkenG sieht § 141 MarkenG vor, dass Ansprüche auch an den Kennzeichenstreitgerichten geltend gemacht werden dürfen und nicht der Regelung der örtlichen Zuständigkeit nach § 14 UWG folgen müssen. Fälle, in denen der Sachverhalt Tatbestände beider Gesetze erfüllt, treten beispielsweise in Fällen der Rufausbeutung oder der Bezug nehmenden Werbung auf.[344]

II. Streitwertbegünstigung

§ 142 MarkenG regelt die Streitwertbegünstigung. Voraussetzung ist eine **wirtschaftliche Lage des Antragstellers**, die mit den gerichtlichen und außergerichtlichen Prozesskosten nach dem vollen Streitwert erheblich gefährdet würde. Nach **Antrag** und **Glaubhaftmachung** des Vorliegens der Voraussetzungen kann das Gericht die Gerichts-

---

[342] Begründung zum Gesetzesentwurf MarkenG, Bl. f. PMZ 1994 (Sonderheft), 45, 104.
[343] Eine Übersicht der Kennzeichenstreitgerichte findet sich im Tabu DPMA, Nr. 315.
[344] v.Zumbusch in v. Schultz (Hrsg.), MarkenR, Kommentar, § 141, Rdn. 1.

kosten der Wirtschaftslage des Antragstellers anpassen. Gemäß § 142 Abs. 2 MarkenG schuldet der Antragsteller dann auch seinem Anwalt sowie – im Falle des Unterliegens – auch dem gegnerischen Anwalt Honorar nur nach dem **Teilstreitwert**. Obsiegt der Antragsteller, so trägt der Gegner die Kosten aus dem vollen Streitwert.

III. Straf- und Bußgeldvorschriften

Im Teil 8 Abschnitt 1 MarkenG sind die Straf- und Bußgeldvorschriften bei Verletzung von deutschen oder europäischen Kennzeichen sowie strafbare Benutzungshandlungen geografischer Herkunftsangaben geregelt.

1. Strafbare Kennzeichenverletzung

in § 143 Abs. 1 Nr. 1 – 5 MarkenG werden alle kennzeichenrechtlichen **Verletzungstatbestände** aufgeführt, die der **Strafbarkeit** unterliegen. Alle Straftatbestände setzen **Vorsatz** voraus, wobei § 143 Abs. 1 Nr. 2 und Nr. 3b MarkenG erhöhte Anforderungen an den Vorsatz in Bezug auf bekannte Marken stellen. Das Gesetz sieht eine **Freiheitsstrafe** von bis zu 3 Jahren oder eine **Geldstrafe** vor. Diese kann sich gem. Abs. 2 der gleichen Vorschrift – wenn der Täter gewerbsmäßig handelt – auf bis zu 5 Jahre Freiheitsentzug erhöhen. Strafbar ist nicht nur die vollendete Kennzeichenverletzung, sondern bereits der Versuch (§ 143 Abs. 3 MarkenG).
Sofern eine **gewerbsmäßige Kennzeichenverletzung** vorliegt, wird die Verletzung von Amts wegen verfolgt, da i.d.R. ein öffentliches Interesse an der Strafverfolgung gegeben ist. Die rechtswidrig gekennzeichneten Waren können eingezogen werden. Durch Verweis auf die §§ 403 ff. StPO wird die Möglichkeit geschaffen, den Anspruch auf **Vernichtung** der rechtswidrig gekennzeichneten Waren nach § 18 MarkenG durchzusetzen. Auf Antrag und bei Nachweis eines berechtigten Interesses ist auch die **Veröffentlichung der Verurteilung** möglich (§ 143 Abs. 4 – 6 MarkenG).
Die strafbare Verletzung der **Gemeinschaftsmarke** wird in § 143a MarkenG behandelt und ist § 143 MarkenG nachgebildet. Abs. 1 verweist auf Art. 9 Abs. 1 Satz 2 GMVO und führt unter den Nummern 1 – 3 die Verletzungstatbestände dieser Vorschrift auf. Sind die Voraussetzungen erfüllt, drohen die gleichen o.g. Rechtsfolgen.

2. Strafbare Benutzung geografischer Herkunftsangaben

Die **strafbare Benutzung geografischer Herkunftsangaben** gem. § 144 MarkenG ergänzt den zivilrechtlichen Schutz geografischer Herkunftsangaben sowie die EG-Rechtsvorschriften (s. 4. Kap.). Ebenso wie bei den strafbaren Kennzeichenverletzungen ist bereits der Versuch strafbar. § 144 Abs. 4 MarkenG sieht als Sanktionen die Beschlagnahme und Vernichtung vor. Ebenso ist bei öffentlichem Interesse die Verurteilung zu veröffentlichen.

3. Bußgeldvorschriften

In § 145 MarkenG werden zwei unabhängige **Bußgeldtatbestände** geregelt. Nach Abs. 1 handelt **ordnungswidrig**, wer im geschäftlichen Verkehr bestimmte Zeichen in identischer oder nachgeahmter Form benutzt, die **staatliche Hoheitszeichen, Prüf- oder Gewährzeichen** oder ein **Siegel** oder andere Bezeichnungen zur Kennzeichnung von Waren oder Dienstleistungen benutzt, wobei auf die Definitionen in § 8 Abs. 2 Nr. 6 –

8 MarkenG verwiesen wird. Die zweite Gruppe von Ordnungswidrigkeitstatbeständen ist in Abs. 2 aufgeführt. Demzufolge handelt derjenige ordnungswidrig, der vorsätzlich oder fahrlässig als **Betriebsinhaber** oder Leiter die **Mitwirkungs- und Duldungspflichten** in Bezug auf die Überwachung der Einhaltung der EWG VO Nr. 510/2006 zum Schutz **geografischer Herkunftsangaben** behindert bzw. seinen Mitwirkungspflichten nicht nachkommt. § 145 Abs. 2 Nr. 2 MarkenG dient der Durchsetzung weiterer Tatbestände einer etwaigen nationalen Rechtsverordnung zur Durchführung der EWG VO Nr. 510/2006. Eine entsprechende Verordnung ist jedoch bislang nicht erlassen worden.[345]

IV. Beschlagnahme

Grenzbeschlagnahmemaßnahmen sind völkerrechtlich in Art. 51 – 60 TRIPS sowie in Art. 9 PVÜ geregelt. Die Voraussetzungen und das Verfahren der Grenzbeschlagnahme durch die **Zollbehörden** werden in den §§ 146 – 151 MarkenG geregelt. Vorrang gegenüber diesen nationalen Regelungen haben europäische Normen wie die EG **Produktpiraterieverordnung** (PrPVO)[346] (s. 8. Abschnitt § 1, 2., ff.), die die in § 146 Abs. 1 MarkenG genannte EGVO Nr. 3295/94 abgelöst hat. Die nationalen Beschlagnahmeregeln nach §§ 146 – 149 MarkenG sind entsprechend anzuwenden, wenn in der PrPVO bzw. PrPDVO nichts anderes bestimmt ist.

Der **Beschlagnahme** unterliegen **widerrechtlich gekennzeichnete Waren**, die mit einer geschützten Marke oder geschäftlichen Bezeichnung versehen sind. Die Beschlagnahme erfolgt auf **Antrag** und gegen **Sicherheitsleistung** des Rechtsinhabers bei ihrer Einfuhr oder Ausfuhr durch die Zollbehörde, sofern es sich um eine offensichtliche Rechtsverletzung handelt. Aufgrund des Vorrangs der PrDVO ist das nationale Recht nur in Fällen nicht eingetragener Marken, geschäftlicher Bezeichnungen und geografischen Herkunftsangaben, deren Beschlagnahme in § 151 MarkenG geregelt ist, anwendbar. Ordnet eine Zollbehörde die Beschlagnahme an, so unterrichtet sie unverzüglich den Antragsteller sowie den Verfügungsberechtigten. Das Post- und Briefgeheimnis (Art. 10 GG) wird eingeschränkt, soweit dem Antragsteller Herkunft, Menge und Lagerort der Ware sowie Name und Anschrift des Verfügungsberechtigten mitgeteilt wird. Der Antragsteller kann die Ware besichtigen, soweit nicht in Geschäfts- oder Betriebsgeheimnisse eingegriffen wird.

Wird der Beschlagnahme nicht binnen 2 Wochen nach Zustellung der genannten **Mitteilung** der Zollbehörde widersprochen, wird die **Einziehung** der beschlagnahmten Waren angeordnet (§ 147 MarkenG). Widerspricht der Verfügungsberechtigte der Beschlagnahme, hat der Antragsteller nach der Unterrichtung durch die Zollbehörde unverzüglich zu **erklären**, ob er den Antrag auf **Beschlagnahmung aufrechterhält**. Nimmt der Antragsteller seinen Antrag zurück, wird die Beschlagnahme aufgehoben. Wird der Beschlagnahmungsantrag aufrechterhalten und legt der Antragsteller eine vollziehbare gerichtliche Entscheidung vor, die eine Verwahrung der beschlagnahmten Waren oder

---

345 v.Zumbusch in v. Schultz (Hrsg.), MarkenR, Kommentar, § 145 Rdn. 3.
346 Verordnung (EG) Nr. 1383/2003 des Rates vom 22.7.2003 über das Vorgehen der Zollbehörden gegen Waren, die im Verdacht stehen, bestimmte Rechte des geistigen Eigentums zu verletzen, und die Maßnahmen gegenüber Waren, die anerkanntermaßen derartige Rechte verletzen; ABl. EG Nr. L 196 vom 2.8.2003. Ergänzende Bestimmungen enthält die EG Produktpirateriedurchführungsverordnung (PrPDVO), Amtsblatt EG Nr. L 328 vom 30.10.2004.

eine Verfügungsbeschränkung anordnet, so werden die erforderlichen Maßnahmen von den Zollbehörden durchgeführt.

In § 148 MarkenG sind die **Zuständigkeiten** für den Antrag sowie die **Rechtsmittel** gegen die **Beschlagnahme** und die **Einziehung von Waren** geregelt. Erweist sich jedoch die Beschlagnahme als von Anfang an ungerechtfertigt und ist der Beschlagnahmungsantrag aufrechterhalten worden, so ist der Antragsteller **schadensersatzpflichtig** (§ 149 MarkenG).

Zu weiteren Einzelheiten wird auf die aktuelle Kommentierung verwiesen.[347]

3. Kapitel. Geschäftliche Bezeichnungen

§ 55 Überblick

Als **geschäftliche Bezeichnungen** werden Unternehmenskennzeichen und Werktitel gem. § 5 Abs. 1 MarkenG unter Schutz gestellt (s.a. Abb. 4, S. 155). Geschäftliche Bezeichnungen waren vor Einführung des MarkenG im Gesetz gegen den unlauteren Wettbewerb (§ 16 UWG a.F.) geregelt. Mit der Übernahme in das neue MarkenG waren inhaltliche Änderungen nicht vorgesehen.[348] Auf die hierfür entwickelte Rechtsprechung kann größtenteils zurückgegriffen werden. Der Namensschutz nach § 12 BGB ist neben den §§ 5, 15 MarkenG nicht anwendbar.[349] Der bürgerlich-rechtliche Namensschutz ist auf die Fälle beschränkt, in denen kein Handeln im geschäftlichen Verkehr vorliegt.[350]

Unternehmenskennzeichen werden in § 5 Abs. 2 S. 1 MarkenG als Zeichen definiert, die im geschäftlichen Verkehr als Name, als Firma oder als besondere Bezeichnung eines Geschäftsbetriebes oder eines Unternehmens benutzt werden. In Satz 2 des genannten Absatzes werden darüber hinaus weitere Kennzeichen unter Schutz gestellt, sofern diese innerhalb der beteiligten Verkehrskreise als Kennzeichen des jeweiligen Geschäftsbetriebes **Verkehrsgeltung** erlangt haben. Hierzu zählen **Geschäftsabzeichen** oder sonstige zur Unterscheidung des Geschäftsbetriebes von anderen Geschäftsbetrieben bestimmte Zeichen.

Das **materielle Firmenrecht** des § 5 MarkenG ist unabhängig vom **formellen Firmenrecht**, wie es in den registerrechtlichen Regelungen des HGB (§§ 17 ff., 30, 37 HGB) kodifiziert ist. Die Immaterialgüterrechte nach § 5 MarkenG entstehen außerhalb und unabhängig von der Handelsregistereintragung.[351]

In § 5 Abs. 3 wird – allerdings nicht abschließend – aufgeführt, welche Werke unter dem Oberbegriff „**Werktitel**" unter Schutz gestellt werden.

Die **europäische MarkenRL** ist ausdrücklich auf eingetragene Marken beschränkt (Art. 1 MarkenRL). Insoweit ist es systemkonform, dass sich in der **GMVO** keine Regelungen in Bezug auf geschäftliche Bezeichnungen finden. Gleichwohl ist festzuhalten,

---

347 Hacker in Ströbele/Hacker, MarkenG, Kommentar, § 148 – 150; Eble in v. Schultz (Hrsg.), MarkenR, Kommentar, §§ 146 – 151.
348 Begründung zum Gesetzesentwurf MarkenG, Bl. f. PMZ (Sonderheft) 1994, 45, 61.
349 Ingerl/Rohnke, MarkenG, Kommentar, § 5 Rdn. 3; BGH GRUR 2009, 685 „ahd.de".
350 BGH GRUR 2002, 622, 624 „shell.de".
351 Gruber in v. Schultz (Hrsg.), Markenrecht Kommentar, § 5 Rdn. 5; BGH GRUR 1983, 182 „Concordia-Uhren".

dass aufgrund der zahlreichen Gemeinsamkeiten beim Schutz von eingetragenen Marken wie von geschäftlichen Bezeichnungen auch das **Gemeinschaftsmarkenrecht** und insbesondere die markenrechtlichen EuGH-Entscheidungen Einfluss auf firmenrechtliche Fragen haben.[352] Auch der BGH unterstützt die stärkere Vereinheitlichung und Konkordanz des Markenrechts mit dem der geschäftlichen Bezeichnungen. So wird z.B. auch nicht aussprechbaren Buchstabenfolgen als geschäftlichen Bezeichnungen – entgegen der früheren Rechtsprechung – Schutz gewährt.[353] Jedenfalls ist die Benutzung eines Unternehmenskennzeichen auch zugleich eine Benutzung für Waren bzw. Dienstleistungen, wenn der Verkehr die Benutzung auch als produkt- bzw. dienstleistungsbezogenen Herkunftshinweis verstehen könnte oder wenn von dem Verkehr eine „Verbindung" zwischen dem Unternehmenskennzeichen und den von einem Dritten vertriebenen Waren oder Dienstleistungen hergestellt wird.[354]

§ 56 Unternehmenskennzeichen

I. Name und Firma

Unter Schutz gestellt sind in § 5 Abs. 2 Satz 1 **Unternehmenskennzeichen mit Namensfunktion**, die Namen von Unternehmen („Handelsnamen"), die Firma als der Name eines Kaufmannes, unter dem er seine Geschäfte betreibt (§ 17 HGB), einzelne **Bestandteile von Handelsnamen oder Firmen** – sofern diese unterscheidungskräftig sind – sowie **Firmenschlagwörter**, aber auch bürgerliche Namen, Spitznamen sowie Künstlernamen. Ebenfalls Schutz genießen die Namen aller juristischen Personen des öffentlichen oder privaten Rechts, Namen von Gewerkschaften und Parteien wie auch Gebietskörperschaften, Personengesellschaften sowie Gesellschaften bürgerlichen Rechts bis hin zu Gebäudenamen und Universitäten (s.a. Abb. 4, S. 155).

Schutz genießen auch Teile von vollständigen im Handelsregister eingetragenen Firmen wie zum Beispiel „GEFA" aus „GEFA Gesellschaft für Absatzfinanzierung mbH". Sie genießen die **Priorität** der vollständigen Firma und sind selbständig kollisionsbegründend.[355] Voraussetzung für eine selbständige kollisionsbegründende Stellung eines **Firmenschlagwortes** bzw. Firmenbestandteiles ist es, dass dieser hinreichende Unterscheidungskraft aufweist und seiner Art nach im Vergleich zu allen übrigen Firmenbestandteilen geeignet erscheint, sich im Verkehr als schlagwortartiger Hinweis auf das Unternehmen durchzusetzen. Auf eine tatsächliche Benutzung des Bestandteils in Alleinstellung als Firmenschlagwort und erst recht auf eine Verkehrsgeltung kommt es daneben nicht an.[356]

Firmenschlagwörter, die nicht Teil der Firma sind, jedoch vom Inhaber des Geschäftsbetriebes zu dessen Kennzeichnung herausgestellt verwendet werden, genießen als **besondere Geschäftsbezeichnung** – sofern sie unterscheidungskräftig sind – Schutz. Als Beispiel mag das Schlagwort „TUI" als aus den Firmenbestandteilen „Touristik Union

---

352 Ingerl/Rohnke, MarkenG, Kommentar, § 5 Rdn. 5.
353 BGH GRUR 2001, 344, 345 „DB Immobilienfonds".
354 EuGH GRUR 2007, 971 Rdn. 23 „Céline".
355 BGH GRUR 1985, 461 „GEFA/GEWA" und Gruber in v. Schultz (Hrsg.), MarkenR, Kommentar, § 5 Rdn. 8, dort m.w.N.
356 BGH GRUR 2005, 262, 263 „soco.de" sowie Hacker in Ströbele/Hacker, MarkenG, Kommentar, § 5 Rdn. 42; BGH GRUR 2009, 772, 778 (Nr. 75) „Augsburger Puppenkiste".

International" gebildete Abkürzung gelten. Wird ein Firmenschlagwort vom Inhaber des Unternehmens *nicht* besonders herausgestellt, so ist für einen selbständigen Schutz die **Verkehrsgeltung** Voraussetzung. Der Zeitrang von Firmenschlagworten, die nicht Teil des Gesamtfirmennamens sind, richtet sich bei besonderer Herausstellung durch den Inhaber nach der Aufnahme der Benutzung und nicht nach dem Zeitrang der Gesamtfirma.

Zu den besonderen Geschäftsbezeichnungen zählt auch die sog. „**Etablissementbezeichnung**", die nach Art eines Namens individualisierend auf ein Objekt als organisatorische Einheit hinweist. Typisch sind derartige Etablissementbezeichnungen in der Gaststätten- und Hotelbranche. In diesem Fall sind auch an die notwendige Unterscheidungskraft nicht allzu hohe Anforderungen zu stellen, da sie in der Regel nur in einem eng umgrenzten örtlichen Gebiet Schutz genießen.[357] Generell hat die besondere Geschäftsbezeichnung ihre Bedeutung für all diejenigen Gewerbetreibenden, die keine Firma im Sinne der §§ 17 ff. HGB führen.

II. Geschäftsabzeichen

Die unter § 5 Abs. 2 Satz 2 MarkenG geschützten Geschäftsabzeichen sind als Unternehmenskennzeichen zu verstehen, die **nicht** zur **namensmäßigen Kennzeichnung** des Unternehmensinhabers, des Unternehmens bzw. einem Geschäftsbetrieb dienen, aber dennoch zur Unterscheidung von Geschäftsbetrieben beitragen,[358] weshalb für sie **Verkehrsgeltung** erforderlich ist, um gesetzlichen Schutz zu genießen.

Als **Geschäftsabzeichen** kommen reine Bildelemente (Logos, Telefonnummern, Werbesprüche oder die charakteristische Architektur eines Geschäftslokales) wie auch sog. „**Hausfarben**" in Frage, jedoch nur, wenn sie Verkehrsgeltung erlangt haben.[359]

III. Verkehrsgeltung

Im Gegensatz zu Unternehmenskennzeichen mit Namensfunktion, die unterscheidungskräftig sind, können Geschäftsabzeichen und sonstige zur Unterscheidung von Geschäftsbetrieben bestimmte Zeichen erst dann Schutz genießen, wenn sie **Verkehrsgeltung** erlangt haben. Diese Verkehrsgeltung muss innerhalb der **beteiligten Verkehrskreise** erreicht worden sein, zu denen all diejenigen gehören, die mit dem Benutzer und/ oder Inhaber des Zeichens im Sinne des § 5 Abs. 2 Satz 2 MarkenG in Konkurrenz oder geschäftlichen Verkehr stehen. Sind private Endverbraucher betroffen, gehören auch diese zu den Verkehrskreisen. Etwas anderes gilt, wenn das in Rede stehende Unternehmen ausschließlich im B2B-Bereich tätig ist.

Nach überwiegender Kommentarmeinung reiche es für **Unternehmenskennzeichen mit Namensfunktion**, jedoch ohne originäre Unterscheidungskraft, aus, Verkehrsgeltung zu erlangen, um Schutz zu genießen.[360] Dabei ist jene Verkehrsgeltung gemeint, die auch in § 4 Nr. 2 MarkenG für Benutzungsmarken erforderlich ist. Zu unterscheiden

---

[357] BGH GRUR 1995, 507, 508 „City-Hotel"; BGH GRUR 2003, 792, 793 „Festspielhaus II".
[358] Gruber in v. Schultz (Hrsg.), MarkenR, Kommentar, § 5 Rdn. 11.
[359] Entscheidungen hierzu siehe Ingerl/Rohnke, MarkenG, Kommentar, § 5 Rdn. 31.
[360] Hacker in Ströbele/Hacker, MarkenG, Kommentar, § 5 Rdn. 49; Ingerl/Rohnke, MarkenG, Kommentar, § 5 Rdn. 52; BGH GRUR 2004, 514, 515 „Telekom".

ist sie von der **Verkehrsdurchsetzung**, für deren Erlangung wesentlich höhere Hürden zu überwinden sind. Dies wird unter anderem darauf zurückgeführt, dass die Verkehrsdurchsetzung zur Überwindung des Freihaltebedürfnisses einen hohen Durchsetzungsgrad erfordert.[361] Letztendlich hängt der erforderliche **Durchsetzungsgrad** immer vom Einzelfall ab, wobei auch qualitative Kriterien wie Markenanteil, Werbeaufwendung und Verbreitungsgebiet eine wesentliche Rolle spielen.[362]

Sofern ein hinreichend abgegrenzter Wirtschaftsraum vorhanden ist, wird in der Rechtsprechung eine **regional** oder **örtlich bestehende Verkehrsgeltung** für die Entstehung eines territorial entsprechend eingeschränkten Schutzes anerkannt. Typisch ist diese regionale oder örtlich begrenzte Verkehrsgeltung für Restaurants, Hotels, aber auch Brauereien, Friseure oder ähnliche Unternehmungen bzw. Etablissements.

IV. Räumlicher Schutzbereich

Das materielle Firmenrecht genießt Schutz im gesamten Gebiet Deutschlands, wenn die Benutzung praktisch im gesamten Bundesgebiet erfolgt.

Bei Unternehmen, die regional oder nur lokal tätig sind, ist der territoriale Schutzbereich – wie bereits oben ausgeführt – beschränkt, wobei auch die natürliche künftige Ausdehnungstendenz in Bezug auf den territorialen Schutzumfang zu berücksichtigen ist. Typischerweise handelt es sich hier um sog. **Platzgeschäfte**, wie z.B. von Fahrschulen, Sprachschulen, Theatern oder Krankenhäusern. Bei der Kollision von jüngeren bundesweit benutzen Kennzeichen im Verhältnis zu örtlich begrenzten Schutzrechten ist eine Interessenabwägung im Rahmen der Prüfung der Verwechslungsgefahr vorzunehmen.[363]

Auch die Benutzung einer **geschäftlichen Bezeichnung im Internet** bei ansonsten nur lokaler tatsächlicher Benutzung führt noch nicht zu einem bundesweiten wirksamen Schutzrecht.[364]

V. Entstehen und Erlöschen von Unternehmenskennzeichen

Der Schutz von Unternehmenskennzeichen **entsteht** durch die **Benutzungsaufnahme** von unterscheidungskräftigen Kennzeichen im Sinne des § 5 Abs. 2 Satz 1 MarkenG durch das Unternehmen bzw. die Person, die dieses Zeichen in Benutzung nimmt. Da materielles und formelles Firmenrecht voneinander unabhängig sind, kommt es auf die Eintragung der Firma im Handelsregister nicht an. Auch eine Vorgesellschaft kann einen Kennzeichenschutz durch die Benutzungsaufnahme begründen, sofern sich eine **dauernde wirtschaftliche Betätigung** anschließt, die nach außen in Erscheinung tritt. Eine allein markenmäßige Benutzung reicht für die Entstehung eines Unternehmenskennzeichenschutzes nicht aus.

Ein Unternehmenskennzeichen **erlischt**, wenn die Benutzung dauerhaft eingestellt wird. Eine **zeitweise Unterbrechung der Benutzung** ist unbeachtlich, wenn nach der Ver-

---

361 Gruber in v. Schultz (Hrsg.), MarkenR, Kommentar, § 5 Rdn. 22.
362 EuGH GRUR 1999, 723, 727 „Chiemsee".
363 Gruber in v. Schultz (Hrsg.), Markenrecht, Kommentar, § 5 Rdn. 29.
364 Goldmann, Der Schutz von Unternehmenskennzeichen, § 13, Rdn. 229.

kehrsauffassung die Unterbrechung als nur vorübergehend angesehen wird.[365] Bei Berücksichtigung aller Umstände des Einzelfalls ist sogar eine Unterbrechung, die über 50 Jahre andauert, geeignet, die Kennzeichenrechte mit der ursprünglichen Priorität wieder aufleben zu lassen (wie im Falle eines altehrwürdigen, berühmten Hotels[366] in Berlin).

Wird das Geschäft des **Geschäftsbetriebes geändert**, erlischt die Priorität des für die ursprünglichen Tätigkeiten erworbenen Schutzes. Für die neuen Tätigkeiten entsteht eine neue Priorität. Eine **Änderung der Rechtsform** wie auch die Verschmelzung von Unternehmen führt zu keiner Änderung der Priorität, solange der Rechtsnachfolger den Geschäftsbetrieb mit der Unternehmenskennzeichnung aufrechterhält. Bei Unternehmenskennzeichen, bei denen eine Verkehrsgeltung erforderlich ist, erlischt der Schutz mit dem **Verlust der Verkehrsgeltung**. Ein Verlust tritt auch ein, wenn die originäre Kennzeichnungskraft verloren geht.

VI. Übertragbarkeit und Lizenz

Die Firma im Sinne des § 17 HGB ist **akzessorisch** zu dem damit gekennzeichneten Handelsgeschäft, sie kann ohne dieses nicht veräußert werden (§ 23 HGB). Eine Übertragung des Namensrechtes eines Unternehmens ohne dazugehörigen Geschäftsbetrieb ist nichtig. Eine Übertragung mit nur einem **Teil des Geschäftsbetriebes** ist möglich, solange es nicht zu einer Aufspaltung oder Vervielfältigung der Firma führt.[367] Anders als die freie Übertragbarkeit von Marken hat der BGH die Bindung des Unternehmenskennzeichens an den Geschäftsbetrieb ausdrücklich bestätigt.[368]

Der Inhaber eines Unternehmenskennzeichens kann einem Dritten eine **Lizenz** zur Benutzung des Kennzeichens einräumen. Diese **schuldrechtliche Gestattung** wird als Verzicht der Geltendmachung von Ansprüchen aus dem Unternehmenskennzeichen gewertet. Allerdings entsteht mit Aufnahme eines Geschäftsbetriebes unter dem gestatteten Kennzeichen ein **neues Unternehmenskennzeichenrecht**, wobei sich der Lizenznehmer gegenüber Dritten auf die Priorität der Firma des Gestattenden berufen kann.[369]

VII. Verwechslungsgefahr

Bei der Beurteilung der Verwechslungsgefahr bei Unternehmenskennzeichen sind hinsichtlich der Kennzeichnungskraft und der Ähnlichkeit der Zeichen die gleichen Grundsätze anzuwenden wie bei Marken (s. § 47 III). Die Prüfung der Ähnlichkeit der sich gegenüberstehenden Waren und/oder Dienstleistungen wird in Bezug auf Unternehmenskennzeichen durch die **Branchennähe** der sich gegenüberstehenden Unternehmenskennzeichen ersetzt. Wie bei der Beurteilung von der Verwechslungsgefahr bei Marken besteht eine **Wechselwirkung** zwischen den genannten drei **Faktoren**, so dass z.B. bei bestehender Branchenidentität eine nur geringe Ähnlichkeit der zu vergleichenden Unternehmenskennzeichen eine Verwechslungsgefahr begründen kann. Auch kann

---

365 BGH GRUR 2005, 871 „Seicom".
366 BGH GRUR 2002, 967 „Hotel Adlon".
367 Gruber in v. Schultz (Hrsg.), MarkenR, Kommentar, § 5 Rdn. 43.
368 BGH GRUR 2002, 972, 975 „Frommia".
369 Gruber in v. Schultz (Hrsg.), MarkenR, Kommentar, § 5 Rdn. 44 m.w. Nachw.; BGH GRUR 1995, 117 f. „Neutrex".

ein erheblicher **Branchenabstand** durch eine hohe **Kennzeichnungskraft** bzw. einen hohen **Ähnlichkeitsgrad** der sich gegenüberstehenden Unternehmenskennzeichen ausgeglichen werden.

Für die Prüfung der Verwechslungsgefahr zwischen jüngeren **Domainnamen** einerseits und Unternehmenskennzeichen andererseits gilt nichts anderes. Eine Sonderrechtsprechung zur Verwechslungsgefahr im Internet gibt es nicht.[370]

Bei der Beurteilung der Branchennähe sind alle Umstände des Einzelfalls zu berücksichtigen, insbesondere die in den jeweiligen Branchen bestehenden Unterschiede nach der Verkehrsauffassung hinsichtlich Vertrieb, Arbeitsgebieten, Produktion, Verwendungszweck etc. Anhaltspunkte für eine Branchennähe können Berührungspunkte der Waren oder Dienstleistungen der Unternehmen auf den Märkten sowie Gemeinsamkeiten der Vertriebswege und der Verwendbarkeit der Produkte und Dienstleistungen sein, aber auch Überschneidungen in Randbereichen der Unternehmenstätigkeiten.[371] Entscheidend für die **Beurteilung der Branchennähe** ist die **wirtschaftliche Kerntätigkeit** des älteren Unternehmens zum Zeitpunkt der Kollision, wobei zukünftige realistische **Ausweitungsmöglichkeiten** zu berücksichtigen sind (Branchennähe z.B. bei Hotel und Reisebüro,[372] Finanzdienstleistungen und Immobiliendatenbank[373] oder Fachhandel und Cash&Carry-Märkten[374] sowie Handels- und produzierenden Unternehmen).

§ 57 Titelschutz

I. Überblick

In § 5 Abs. 3 MarkenG sind **Werktitel** als Namen oder besondere Bezeichnungen von **Druckschriften, Filmwerken, Tonwerken, Bühnenwerken** und sonstigen **vergleichbaren Werken** geschützt. Im Unterschied zu Marken dienen Werktitel nicht als Hinweis auf die Herkunft des Werkes, sondern zur Unterscheidung eines Werkes von anderen Werken.[375] Die **Übertragbarkeit von Titelrechten** ist umstritten. Fezer, Ingerl/Rohnke und Gruber[376] plädieren für die freie Übertragbarkeit von Titelrechten, Hacker[377] vertritt die Auffassung, dass diese streng akzessorisch zu den titelgekennzeichneten Werken sind und nur mit diesen zusammen übertragen werden können. Eine höchstrichterliche Entscheidung hierzu steht noch aus.[378]

Titelrechtsinhaber ist zunächst einmal der Hersteller des Werkes, meist also der Autor. Die Titelrechte können an einen Verlag oder Herausgeber übertragen werden oder auch von ihm durch entsprechende zur Unterscheidungskraft führende Benutzungshandlungen erworben werden.

---

370 Gruber in v. Schultz (Hrsg.), MarkenR, Kommentar, § 15, Rdn. 18 m.w. Nachw.
371 BGH GRUR 2011, 831 (Rdn. 23) „BCC" m.w. Nachw.
372 GRUR 1989, 449 „Hotel/Reisebüro".
373 BGH WRP 2002, 537 „Finanzdienstleistungen/Immobiliendatenbank".
374 BGH GRUR 2012, 635 (Rdn. 14, 16) „Branchennähe zwischen Fachhandel und Cash&Carry-Märkten – Metro/ROLLER´s Metro".
375 BGH GRUR 2002, 1083 „1, 2, 3 im Sauseschritt".
376 Gruber in v. Schultz (Hrsg.), MarkenR, Kommentar, § 5 Rdn. 66.
377 Hacker in Ströbele/Hacker, MarkenG, Kommentar, § 27 Rdn. 74.
378 Zum Meinungsstand s. Ingerl/Rohnke, MarkenG, Kommentar, § 5 Rdn. 108.

II. Schutzobjekte

Geschützt sind nicht nur einzelne Werke, sondern auch **Seriensammelwerke, Werkteile, Beilagen** zu Zeitungen und Zeitschriften, einzelne **Kolumnen**, sofern sich die erforderliche äußerliche Selbstständigkeit der Kolumne gegenüber dem übrigen Inhalt der Zeitschrift aus ihrer drucktechnischen Gestaltung ergibt,[379] oder **Spalten in Zeitungen** und Zeitschriften, aber auch **Untertitel**. Gleiches gilt für **Ton- bzw. Filmwerke**, die Rundfunk- und Fernsehsendungen bzw. -sendereihen beinhalten. Auch für weitere Werke kommt ein Titelschutz in Frage, wobei der **Werkbegriff** unter kennzeichenrechtlichen Aspekten zu definieren ist und sich von dem urheberrechtlichen Werkbegriff unterscheidet. Dem kennzeichenrechtlichen **Werkschutz** sind all jene Erzeugnisse zugänglich, die auf einer gedanklichen Leistung basieren und ein Kommunikationsmittel darstellen.[380] Eine besondere Gestaltungshöhe i.S. des Urheberrechts ist nicht Voraussetzung. So ist ein Warenkatalog werktitelschutzfähig, da die Auswahl, Zusammenstellung und Präsentation der in ihm abgebildeten Waren regelmäßig eine geistige Leistung darstellt.[381]

Titel von **Computerprogrammen**,[382] **Datenbanken** und **Spielen**, aber auch **Websites** als solche sind dem Titelschutz zugänglich. Die mit Letzteren verlinkten **Domainnamen** könnten in Ausnahmefällen als Werktitel geschützt sein, wenn die damit gekennzeichnete Website die erforderliche Werksqualität aufweist.[383] Schutz genießen auch **Titelschlagwörter**, sofern sie eine hinreichende Kennzeichnungskraft aufweisen.

III. Entstehen und Erlöschen von Titelschutzrechten

Der Titelschutz entsteht durch die **Ingebrauchnahme** des Titels, sofern der Titel in Bezug auf das gekennzeichnete Werk Unterscheidungskraft aufweist. An Unterscheidungskraft fehlt es bei glatt werkbeschreibenden Titeln, die freihaltebedürftig und somit einer Monopolisierung nicht zugänglich sind, so lange keine Verkehrsdurchsetzung vorliegt. Der urheberrechtliche Werkbegriff schützt also das Produkt der schöpferischen Tätigkeit als solches, der titelschutzrechtliche ausschließlich seine Kennzeichnung. Ein kennzeichnender Titel kann gleichzeitig als Marke wie auch als Unternehmenskennzeichen, sogar – wenn auch eher selten – als Geschmacksmuster geschützt sein.

Ein Titelschutzrecht **erlischt**, wenn der Gebrauch des dem Titel zugrunde liegenden Werkes endgültig aufgegeben wird.

IV. Titelschutzanzeige

Das Risiko einer Kollision zweier kurz hintereinander erscheinender Werke mit identischen oder ähnlichen Titel und insbesondere den damit einhergehenden Kosten für die

---

[379] BGH GRUR 2012, 1265, 1267 (Rdn. 15, 16) „Titelschutz für Kolumnenbezeichnung – Stimmt's?".
[380] BGH GRUR 1993, 767, 768 „Zappel-Fisch".
[381] BGH GRUR 2005, 959 „FACTS II".
[382] BGH GRUR 1998, 1010, 1011 „WINCAD".
[383] Gruber in v. Schultz (Hrsg.), MarkenR, Kommentar, Anhang zu § 5 Rdn. 5; BGH GRUR 2010, 156 „Eifel-Zeitung".

Abänderung des jüngeren Titels hat zu dem rechtlich nicht kodifizierten aber **gewohnheitsrechtlich** anerkannten Institut der **Titelschutzanzeige** geführt.[384]

Eine **Titelschutzanzeige**, d.h. die **öffentliche Ankündigung** eines Titels führt zu einer Sicherung des Zeitranges eines Titelschutzes bereits vor der Benutzungsaufnahme, sofern das angekündigte Werk innerhalb einer angemessenen Frist auf den Markt gebracht wird. Die Titelschutzanzeige muss in den **branchenüblichen Veröffentlichungen** erscheinen, sodass der Wettbewerb hiervon Kenntnis nehmen kann.[385] Als angemessene **Frist** gelten in der Judikatur etwa 6 Monate für Zeitschriften, bei Branchenverzeichnissen eher 12 Monate, bei der Onlineversion eines Branchenverzeichnisses nur 9 Monate. Die Titelschutzanzeige selbst stellt keine Benutzungshandlung dar.

V. Verwechslungsgefahr

Auch für die Beurteilung der **Verwechslungsgefahr von Werktiteln** gelten die allgemeinen Grundsätze, wie sie bereits für Marken (s. § 47 III 4) sowie Unternehmenskennzeichen (s. § 56 VII) genannt wurden. Allerdings ist – neben der **Ähnlichkeit/Identität** der sich gegenüberstehenden Titel und der **Kennzeichnungskraft** des älteren Titels – die **Werknähe** als drittes Kriterium einzubeziehen, das an die Stelle der Waren- oder Dienstleistungsähnlichkeit (bei Marken) bzw. der Branchennähe (bei Unternehmenskennzeichen) tritt. Diese drei Kriterien stehen wie auch bei Marken und Unternehmenskennzeichen in **Wechselwirkung**.[386]

Die Judikatur unterscheidet zwei Kategorien der Verwechslungsgefahr bei Titeln. Zum einen die **unmittelbare Verwechslungsgefahr im engeren Sinne** oder werkbezogene Verwechslungsgefahr, bei der es um die Verwechslung zweier Werke geht. Zum anderen die **Verwechslungsgefahr im weiteren Sinne**, bei der es sich um eine herkunftsbezogene Verwechslungsgefahr handelt. Letztere ist für bekannte, periodisch erscheinende Druckschriften, (Fernseh-)Serientitel oder Nachrichtensendungen anerkannt (sog. **Serienverwechslungsgefahr**). Voraussetzung für die Verwechslungsgefahr im weiteren Sinne ist eine besondere Kennzeichnungskraft des Titels, mit dem das Publikum eine bestimmte **betriebliche Herkunftsvorstellung** verbindet. Der Titel eines Einzelwerkes reicht nicht aus, um eine betriebliche Herkunftsvorstellung beim Publikum zu erzeugen, selbst wenn dieser eine hohe Bekanntheit aufweist.[387] Eine weitere Voraussetzung für eine Verwechslungsgefahr im weiteren Sinne sind **sachliche Berührungspunkte** zwischen den Inhalten der kollidierenden Werke.

1. Titelähnlichkeit

Bei der **Titelähnlichkeit** ist wie bei den übrigen Zeichen grundsätzlich vom **Gesamteindruck** der sich gegenüberstehenden Titel auszugehen, wobei das Publikum geneigt ist, längere Titel zu verkürzen. Des Weiteren genießen Titelschlagworte oder Titel, deren Untertitel vom Publikum weggelassen werden, Schutz.

---

384 Hacker in Ströbele/Hacker, MarkenG, Kommentar, § 5 Rdn. 109.
385 BGH GRUR 1989, 760 „Titelschutzanzeige".
386 BGH GRUR 2002, 1083, 1084 „1, 2, 3 im Sauseschritt".
387 BGH GRUR 2002, 1083, 1085 „1, 2, 3 im Sauseschritt".

2. Werknähe

Die **Werknähe** zweier auf Verwechslungsgefahr zu prüfender Titel ist anhand der Werkkategorie zu beurteilen.[388] Bei dem Begriff der **Werkkategorie** kommt es nicht auf den Inhalt, sondern auf die **Art des Werkes** wie z.B. Buch, Fernseh-/Rundfunksendung oder (Würfel-)Spiel usw. an. Eine unterschiedliche Werkart kann die Verwechslungsgefahr im Einzelfall selbst bei Titelidentität ausschließen. Bei der Verwendung eines Titels für ein anderes Werk einer ähnlichen Kategorie sind die Marktverhältnisse, die Aufmachung, die Erscheinungsweise sowie die Vertriebsform zu berücksichtigen.[389] Beispielsweise weisen ein Sachbuch und eine Broschüre über Telefontarife, die einer Zeitschrift beigefügt sind, keine hinreichende Werknähe auf.[390] Als unmittelbar benachbarte Werkkategorien können Zeitungen und Zeitschriften als Printmedien sowie Informationsplattformen im Internet angenommen werden, da Zeitschriften heute regelmäßig auch im Internet vertreten sind.

3. Kennzeichnungskraft

Eine Besonderheit des Titelschutzes liegt darin, dass an die **Unterscheidungskraft** in bestimmten Werkkategorien wie z.B. Zeitungen oder Zeitschriften und Fachzeitschriften nur geringe Anforderungen gestellt werden. Dies wirkt sich in dem dann sehr geringen **Schutzumfang** eines Titels mit geringer originärer Kennzeichnungskraft aus. Bei den genannten Werkkategorien reichen schon geringfügige Abweichungen zum Ausschluss der Verwechslungsgefahr aus. Eine weitere Besonderheit bei der Beurteilung der Kennzeichnungskraft von Titeln liegt darin, dass in der Regel das Bestehen von ähnlichen Titeln Dritter zu *keiner* nennenswerten **Schwächung** des älteren Titels führt.[391]

§ 58 Rechtsverletzungen und Rechtsfolgen

I. Ausschließliches Recht

Der Erwerb des Schutzes einer geschäftlichen Bezeichnung, die – wie bereits oben gesagt – **Unternehmenskennzeichen** und **Titel** einschließt, gewährt gem. § 15 Abs. 1 MarkenG dem Inhaber ein ausschließliches Recht zur Benutzung dieses Zeichens. Den Inhalt des Ausschlussrechts bestimmen § 15 Abs. 2 und 3 MarkenG, die in gleicher Weise und aus denselben Gründen wie § 14 Abs. 2 – 4 MarkenG in Bezug auf eingetragene Marken ausgestaltet sind.

II. Bekannte geschäftliche Bezeichnungen

Bei bekannten geschäftlichen Bezeichnungen erstreckt sich das Verbietungsrecht des Inhabers auf die Benutzung von geschäftlichen Bezeichnungen oder ähnlichen Zeichen Dritter im geschäftlichen Verkehr, selbst wenn *keine* Verwechslungsgefahr besteht, aber die Benutzung entweder die **Unterscheidungskraft** oder die **Wertschätzung** der ge-

---

[388] Begründung zum Gesetzesentwurf MarkenG, Bl. f. PMZ (Sonderheft) 1994, 45, 70.
[389] BGH GRUR 2000, 504, 505 „Facts I".
[390] BGH GRUR 2005, 264, 266 „Das Telefon-Sparbuch".
[391] Ingerl/Rohnke, MarkenG, Kommentar, § 15, Rdn. 173.

schäftlichen Bezeichnung ohne rechtfertigenden Grund und in unlauterer Weise **ausnutzt** oder **beeinträchtigt**. Für die einzelnen Tatbestandsmerkmale sei auf § 47 III 5 – Schutz bekannter Marken – verwiesen.

Der Begriff der **rechtsverletzenden Benutzung** ist weit auszulegen und umfasst nicht nur die unternehmenskennzeichnende Verwendung, sondern auch beispielsweise die markenmäßige als betrieblichen Herkunftshinweis. Umstritten ist die Frage, ob eine titelmäßige Verwendung eine Benutzung i.S.d. § 15 Abs. 2 MarkenG ist. In Bezug auf den Titelschutz ist in der Regel nur eine titelmäßige Verwendung rechtsverletzend.

III. Rechtsfolgen

Die Rechtsfolgen bei einer Verletzung von geschäftlichen Bezeichnungen sind in Bezug auf Unterlassung und Schadensersatz in § 15 Abs. 4 bzw. 5 MarkenG kodifiziert. Beide Ansprüche sind entsprechend dem § 14 Abs. 5 und 6 MarkenG ausgestaltet. Der Vernichtungsanspruch ist in § 18, der Auskunftsanspruch in § 19 MarkenG wie bei der Verletzung von Markenrechten geregelt. Hinsichtlich der Haftung des Geschäftsherrn wird direkt auf § 14 Abs. 7 MarkenG verwiesen. Insofern gelten hier ebenso wie hinsichtlich der Ansprüche auf Auskunft u. Vernichtung (§§ 19, 18 MarkenG) die Ausführungen zu Rechtsfolgen aus Markenverletzungen in § 48 III.

4. Kapitel. Geografische Herkunftsangaben
§ 59 Überblick

Geografische Herkunftsangaben kennzeichnen Waren oder Dienstleistungen nicht nach ihrer betrieblichen Herkunft, sondern nach ihrer **geografischen Herkunft**. Sie sind dennoch Kennzeichen und erfüllen damit eine vergleichbare Funktion wie Marken oder andere Kennzeichen, die im MarkenG behandelt werden. Bei geografischen Herkunftsangaben handelt es sich nicht um individuelle Schutzrechte, wie sie Marken oder z.B. Unternehmenskennzeichen darstellen; sie können von all jenen Unternehmen zur Kennzeichnung ihrer Waren und Dienstleistungen benutzt werden, die aus dem Ort oder Gebiet stammen, das mit der geografischen Angabe benannt wird. Geografische Herkunftsangaben verkörpern damit einen **kollektiven Good Will**, der allen berechtigten Unternehmen gemeinsam zusteht.[392] Seit Jahrhunderten werden Waren und Dienstleistungen mit geografischen Angaben gekennzeichnet, die eine hohe Wertschätzung und erhebliche wirtschaftliche Bedeutung erlangten. Beispiele hierfür sind chinesische Seide für Webstoffe, Champagner für das charakteristische alkoholische Getränk, Solingen für Messer und Besteck aus besonderem Stahl, aber auch „Made in Germany" für eine Vielzahl von deutschen Exportgütern.

Der Schutz von geografischen Herkunftsangaben stammt ursprünglich aus dem Wettbewerbsrecht (§ 3 a.F. UWG) und ist mit der Zusammenfassung aller Kennzeichen betreffenden Regelungen in das MarkenG aufgenommen worden. Die §§ 126 – 129 MarkenG verdrängen als wettbewerbsrechtliches lex specialis die Vorschriften des

---

392 Begründung zum Gesetzesentwurf MarkenG, Bl. f. PMZ 1994 (Sonderheft), 45, 110.

UWG.³⁹³ Gleichwohl bleibt jedoch das UWG anwendbar z.B. im Fall von irreführenden **scheingeografischen Angaben**.

Geografische Herkunftsangaben werden bereits durch die Pariser Verbandsübereinkunft (**PVÜ**) von 1883, das Madrider Herkunftsabkommen (**MHA**) von 1891, das Lissabonner Ursprungsabkommen (**LUA**) von 1958 sowie durch das **TRIPS**-Abkommen und eine Reihe von bilateralen **Staatsverträgen** geschützt. Als bilaterale Herkunftsabkommen sind insbesondere jene mit Frankreich, Italien, Griechenland, der Schweiz und Spanien zu nennen. Weitere Staatsverträge zwischen Deutschland und Portugal bzw. Kuba enthalten Regelungen zu geografischen Herkunftsangaben.³⁹⁴

Das **Gemeinschaftsmarkenrecht** sieht *keinen* Schutz von geografischen Herkunftsangaben vor. Schutz genießen können geografische Herkunftsangaben allerdings durch die Eintragung als Kollektivmarken.

Einen **Individualmarkenschutz** erlangt eine geografische Herkunftsangabe allerdings ausschließlich **durch Verkehrsdurchsetzung**, sofern also beim Verkehr die geografische Angabe als Herkunftshinweis auf bestimmte Waren bzw. Dienstleistungen aus einem Betrieb aufgefasst wird. Dies setzt jedoch voraus, dass nur noch ein ganz unbeachtlicher Teil der angesprochenen Verkehrskreise das Zeichen als Hinweis auf die geografische Herkunft des Produktes versteht.³⁹⁵

Die Ausnahme im Kennzeichenrecht stellt die Ausgestaltung der **Klagebefugnis als Verbandsklage** unter Bezugnahme auf § 13 UWG dar, sofern diese auf einen Unterlassungsanspruch gerichtet ist (§ 128 Abs. 1 MarkenG).

§ 60 Schutz geografischer Herkunftsangaben

I. Definition

Als geografische Herkunftsangaben werden in § 126 Abs. 1 MarkenG alle Angaben oder Zeichen definiert, die im geschäftlichen Verkehr zur Kennzeichnung der **geografischen Herkunft von Waren oder Dienstleistungen** benutzt werden. Dies sind insbesondere Orte, Gegenden, Gebiete oder Länder.

Grundsätzlich fallen auch ausländische geografische Herkunftsangaben unter die Definition des § 126 Abs. 1 MarkenG. Allerdings müssen sie ebenfalls die Voraussetzung der **Benutzung im inländischen Geschäftsverkehr** erfüllen.

Ausgeschlossen vom Schutz als geografische Herkunftsangabe sind Gattungsbezeichnungen. Dies sind solche Bezeichnungen, die zwar eine Angabe über die geografische Herkunft enthalten oder von einer derartigen Angabe abgeleitet sind, jedoch ihre ursprüngliche Bedeutung verloren haben und als Namen für Waren oder Dienstleistungen oder als Bezeichnung oder Angabe sonstiger Eigenschaften oder Merkmale von Waren oder Dienstleistungen dienen (§ 126 Abs. 2 MarkenG). Vom Schutz ausgenommen sind auch solche Gattungsbezeichnungen, die nie eine geografische Angabe darstellten wie beispielsweise „Hamburger", „Italienischer Salat" oder „Wiener Würstchen". Allerdings kommt es auch hier entscheidend auf die Verkehrsauffassung an.

---

393 Hacker in Ströbele/Hacker, MarkenG, Kommentar, § 126 Rdn. 10; BGH GRUR 2007, 884, 886 (Rdn. 31) „Cambridge Institute".
394 Eine Übersicht gibt Hacker in Ströbele/Hacker, MarkenG, Kommentar, § 126 Rdn. 18 – 34.
395 BGH GRUR Int 1999, 70, 72 „Warsteiner I"; BGH, GRUR 1999, 252, 255 „Warsteiner II".

In der gesetzlichen Definition sind sowohl **unmittelbare Herkunftsangaben** wie Namen von Orten, Gegenden, Gebieten und Ländern als auch **mittelbare Herkunftsangaben**, die zwar keine geografischen Namen enthalten, gleichwohl aber von den beteiligten Verkehrskreisen mit einer Ware bzw. einer Dienstleistung gedanklich in Verbindung gebracht werden, erfasst. Beispiele für Letztere sind Nationalfarben, Wahrzeichen, aber auch Bezeichnungen von Weinberglagen oder die Bocksbeutelflasche.[396]

II. Schutzinhalt

1. Einfache geografische Herkunftsangabe

Geografische Herkunftsangaben dürfen im geschäftlichen Verkehr nicht für Waren oder Dienstleistungen benutzt werden, die nicht aus dem maßgeblichen geografischen Gebiet stammen, sofern bei der Benutzung solcher geografischen Angaben für Waren oder Dienstleistungen anderer Herkunft eine Gefahr der **Irreführung** über die geografische Herkunft besteht (§ 127 Abs. 1 MarkenG). Die widerrechtliche Verwendung geografischer Herkunftsangaben begründet Unterlassungs- und Schadensersatzansprüche gem. § 128 MarkenG.

Maßgeblich für die Beurteilung, wie das maßgebliche geografische Gebiet abzugrenzen ist oder welche Teile eines Produktes oder eines Produktionsprozesses in Bezug auf eine geografische Herkunftsangabe zutreffen, ist die **Verkehrsauffassung**.[397]

Problematisch wird dieses Verbot der Nutzung einfacher geografischer Herkunftsangaben allerdings dann, wenn die geografische Herkunftsangabe eine **Sekundärbedeutung** als betrieblicher Herkunftshinweis in Form einer durchgesetzten Marke erhalten hat und der Markeninhaber Produkte, die unter dieser Marke auch an anderen Orten produziert worden sind, in den Markt bringen möchte. In diesen Fällen ist eine **Interessenabwägung** notwendig, die die Ausdehnung der geschäftlichen Tätigkeit des die Produkte herstellenden Unternehmens berücksichtigt. Zur Vermeidung der Irreführung sind daher in der Regel deutliche Zusätze zu der Kennzeichnung anzubringen, die für den Verkehr **entlokalisierend** wirken. Hierbei kommt es maßgeblich auf die situationsbezogene Aufmerksamkeit der angesprochenen Verkehrskreise an[398] sowie die Bedeutung der geografischen Herkunftsangabe für die Kaufentscheidung, wobei die genannten Faktoren zueinander in einem Wechselwirkungsverhältnis stehen.[399]

2. Qualifizierte geografische Herkunftsangabe

Qualifizierte Herkunftsangaben verfügen über die geografische Herkunft hinaus über einen besonderen Schutz in Bezug auf die **besonderen Eigenschaften oder Qualitätsmerkmale** der mit ihnen gekennzeichneten Waren und Dienstleistungen (§ 127 Abs. 2 MarkenG). Redlich ist ihre Verwendung nur dann, wenn die gekennzeichneten Waren oder Dienstleistungen – neben der Voraussetzung, aus einem bestimmten Gebiet zu stammen – tatsächlich den ihnen **zugeordneten Eigenschaften** oder **Qualitäten** entsprechen. Allerdings kommt es bei der Beurteilung der Qualitätsmerkmale oder besonderen

---

396 BGH GRUR 1971, 313, 314 „Bocksbeutelflasche".
397 Hacker in Ströbele/Hacker, MarkenG, Kommentar, § 127 Rdn. 7.
398 BGH GRUR 2002, 160, 162 „Warsteiner III".
399 BGH GRUR 2002, 1074, 1077 „Original Oettinger".

Eigenschaften nicht auf die Vorstellungen der beteiligten Verkehrskreise an, sondern diese müssen **objektiv** vorliegen.[400]

III. Geografische Herkunftsangabe mit besonderem Ruf

Genießt eine geografische **Herkunftsangabe** einen **besonderen Ruf**, darf sie – unabhängig von der Gefahr der Irreführung für Waren oder Dienstleistungen anderer Herkunft – von Dritten im geschäftlichen Verkehr nicht verwendet werden, wenn in ihrer Benutzung für die Waren oder Dienstleistungen die Gefahr besteht, den Ruf der geografischen Herkunftsangabe oder ihre Unterscheidungskraft ohne rechtfertigenden Grund in unlauterer Weise auszunutzen oder zu beeinträchtigen (§ 127 Abs. 3 MarkenG).

Ein typischer Fall für die Ausbeutung des besonderen Rufes einer Herkunftsangabe ist die Assoziation der eigenen Waren oder Dienstleistungen mit der geschützten geografischen Herkunftsangabe. So wird beispielsweise hinsichtlich der Exklusivität der Ruf ausgebeutet, wenn das eigene Produkt als ähnlich exklusiv wie die Herkunftsangabe dargestellt wird.[401] Eine Beeinträchtigung des Rufes kann beispielsweise dann vorliegen, wenn negative Merkmale im Hinblick auf die geografische Herkunftsangabe genannt werden.

IV. Abwandlungen geografischer Herkunftsangaben

Geografische Herkunftsangaben werden für Waren oder Dienstleistungen anderer Herkunft häufig nicht in identischer Form, sondern mit Abwandlungen und/oder Zusätzen verwendet. Diese Abwandlungen oder Zusätze sind gem. § 127 Abs. 4 MarkenG dann nicht zulässig, wenn trotz der Abweichungen die übrigen Voraussetzungen der einfachen geografischen Herkunftsangabe oder der qualifizierten geografischen Herkunftsangabe erfüllt sind. Von diesen ähnlichen Zeichen werden auch Übersetzungen der geografischen Herkunftsangaben erfasst.[402] Wie bei den übrigen Verbotstatbeständen sind in diesem Falle alle Umstände des Einzelfalles zu berücksichtigen, einschließlich der Kennzeichnungskraft von eventuellen Zusätzen, insbesondere, wenn sie entlokalisierend wirken.

§ 61 Schutz gem. VO (EU) Nr. 1151/2012

I. Grundsätze

Mit der VO (EWG) Nr. 2081/92 vom 14.7.1992[403] wurde ein innerhalb der Europäischen Gemeinschaft einheitlicher Schutz von **geografischen Herkunftsangaben** geschaffen, der jedoch durch die VO (EG) Nr. 692/2003 vom 8.4.2003[404] wesentlich modifiziert wurde. Die VO 2081/92 diente vor allem der Absatzförderung für **landwirtschaftliche Produkte** und zur **Stärkung ländlicher Regionen**, wie dem zweiten Erwägungsgrund zu entnehmen ist. Die ursprüngliche VO 2081/92 ist mit Wirkung zum

---

[400] Ingerl/Rohnke, MarkenG, Kommentar, § 127 Rdn. 11.
[401] BGH GRUR 2002, 426, 427 „Champagner bekommen, Sekt bezahlen".
[402] Begründung zum Gesetzesentwurf MarkenG, Bl. f. PMZ (Sonderheft), 1994, 45, 112.
[403] ABl. EG Nr. L 208 vom 24.7.1992.
[404] ABl. EG Nr. L 99 vom 17.4.2003.

31.3.2006 durch die VO (EG) Nr. 510/2006 ersetzt worden.[405] Diese ist zugunsten der VO (EU) Nr. 1151/2012[406] „**EU-Qualitätsregelungen-Verordnung**" mit Wirkung zum 3.1.2013 aufgehoben worden. Ziele, Geltungsbereich und Begriffsbestimmungen der nun in Kraft befindlichen VO sind unter dem Titel I bestimmt, Titel II befasst sich mit dem Schutz geschützter Ursprungsbezeichnungen und geografischer Angaben, Titel III enthält Regelungen zu garantiert traditionellen Spezialitäten, Titel IV zu fakultativen Qualitätsangaben. Regelungen zum Antrags- und Eintragungsverfahren finden sich in Titel V, Kap. IV.[407]

Die VO (EU) 1151/2012 bezieht sich in Titel II nur auf **Agrarerzeugnisse** und **Lebensmittel**. Ausgenommen sind Weinbauerzeugnisse und Spirituosen, da es hierfür besondere Regelungen auf europäischer Ebene gibt (Art. 2 VO (EU) 1151/2012).

In Art. 5 werden **Ursprungsbezeichnungen** und **geografische Angaben** als schutzfähig erachtet. Als **Ursprungsbezeichnung** wird der **Name** einer **Gegend**, eines bestimmten Ortes oder in Ausnahmefällen eines Landes, der zur Bezeichnung des Agrarerzeugnisses oder eines Lebensmittels dient, definiert. Neben der **Gebietsherkunft** muss beim Erzeugnis bzw. Lebensmittel seine **Güte** oder **bestimmte Eigenschaften** ganz überwiegend auf die **geografischen Verhältnisse** einschließlich der natürlichen und menschlichen Einflüsse zurückzuführen sein und in dem begrenzten geografischen Gebiet erzeugt und/oder verarbeitet bzw. hergestellt werden. Für die Eintragung einer Ursprungsangabe sind somit höhere Hürden zu überwinden.

Keinen Schutz hingegen genießen **Gattungsbezeichnungen** gem. Art. 6 VO 1151/2012. Hierunter wird der Name eines Agrarerzeugnisses oder eines Lebensmittels definiert, der sich zwar ursprünglich auf einen Ort oder ein Gebiet bezog, in dem das betreffende Produkt hergestellt oder vermarktet wurde, jedoch dann zum üblichen Namen für das Agrarerzeugnis bzw. das Lebensmittel geworden ist. Bei der Feststellung, ob ein Name zur Gattungsbezeichnung geworden ist, sind alle Faktoren, insbesondere in Bezug auf den Mitgliedsstaat, aus dem der Name stammt, den Verbrauchs- bzw. Vertriebsgebieten sowie die einschlägigen gemeinschaftlichen wie auch die nationalen Gesetze zu berücksichtigen. Für die Feststellung einer (europäischen) Gattungsbezeichnung wird jedoch nicht gefordert, dass die Gattungsbezeichnung in allen Mitgliedsstaaten zu einer solchen geworden ist. Die Entwicklung zur Gattungsbezeichnung in den relevanten Mitgliedsstaaten reicht zur Feststellung aus.

Einen vertiefenden Einblick in die Regelungen des Abschnittes 2 des Teils 6 (§§ 130 – 136) MarkenG gibt die jüngere Kommentierung, insbesondere Gruber.[408] Im Anhang II der VO (EU) 1151/2012 ist eine Entsprechungstabelle gemäß Art. 58 Abs. 2 zu der VO (EG) 510/2006 (und VO (EG) 509/2006) abgedruckt.

---

405 ABl. EG Nr. L93/12 vom 20.3.2006; GRUR Int 2006, 923 ff.; Einen Überblick über die Änderungen durch die VO 510/2006 gibt Knaak GRUR Int 2006, 893 ff.
406 ABl. EU Nr. L 343 vom 14.12.2012 „Verordnung (EU) Nr. 1151/2012 des Europäischen Parlaments und des Rates vom 21. November 2012 über Qualitätsregelungen für Agrarerzeugnisse und Lebensmittel".
407 Mitteilung der Präsidentin Nr. 5/13 vom 1.2.2013, BlPMZ 2013, 37.
408 Gruber in v. Schultz (Hrsg.), MarkenR, Kommentar, Vorbemerkung zu §§ 130 – 139 (noch zur VO (EG) Nr. 510/2006), Rdn. 1 – 31.

II. Verfahren zur Eintragung einer geografischen Angabe oder Ursprungsbezeichnung

In § 130 MarkenG ist das **Antragsverfahren** vor dem DPMA geregelt, wobei Voraussetzung für die Eintragung eine Spezifikation ist, die neben dem Namen des Produktes und der Abgrenzung des geografischen Gebietes vor allem Angaben über die Eigenschaften des Produktes bzw. der eventuellen Ausgangsmaterialien, des Herstellungsverfahrens, der Verarbeitung etc. enthalten muss (§ 130 Abs. 1 i.V.m. § 47 Abs. 2 Nr. 4 MarkenV).

Das Eintragungsverfahren in Bezug auf den deutschen Teil der VO 2081/92 bzw. VO 510/2006 ist in § 130 MarkenG i.V.m. §§ 47 – 54 MarkenV geregelt.

III. Einspruchs- und Löschungsverfahren, Überwachung, Verletzung

Gegen die Eintragung in das Verzeichnis der geschützten geografischen Angaben und Ursprungsbezeichnungen der EG oder gegen die Änderung der Spezifikation einer geografischen Angabe oder einer Ursprungsbezeichnung ist beim DPMA innerhalb von 4 Monaten ab der jeweiligen Veröffentlichung im Amtsblatt der EU **Einspruch** einzulegen (§ 131 Abs. 1 MarkenG i.V.m. §§ 50, 51 MarkenV). Des Weiteren ist nach Absatz 2 eine **Einspruchsgebühr**, deren Zahlungsfrist sich nach § 6 Abs. 1 S. 1 PatKostG richtet, zu zahlen.

Das **nationale Löschungsverfahren** für eingetragene geografische Angaben oder Ursprungsbezeichnungen gründet auf den beiden Löschungstatbeständen des Art. 12a der VO, nämlich das die Anforderungen der Spezifikation nach Art. 4 der VO nicht mehr erfüllt sind oder eine natürliche oder juristische Person ein berechtigtes Interesse an der Löschung der Eintragung hat, wobei hierfür Gründe anzugeben sind (Art. 12 VO (EG) Nr. 510/2006).

Anträge auf **Änderung der Spezifikation** einer geografischen Angabe oder einer Ursprungsbezeichnung können sowohl die Mitgliedsstaaten, aber auch die Vereinigung, die den Eintragungsantrag der geografischen Angabe oder Ursprungsbezeichnung gestellt hat, stellen (Art. 5 i.V.m. Art. 9 Abs. 1 VO 510/2006, § 130 MarkenG, § 52 MarkenV).

Die **Rechtsmittel** gegen die Entscheidungen des DPMA gem. § 130 Abs. 5 S. 1 MarkenG stehen denen zu, die gem. § 130 Abs. 4 MarkenG fristgerecht zu dem Antrag auf Eintragung Stellung genommen haben und beschwert sind. Verfahrensrechtlich sind die Vorschriften über das Beschwerdeverfahren vor dem BPatG und über das Rechtsbeschwerdeverfahren vor dem BGH entsprechend anzuwenden (§ 133a MarkenG).

§ 134 MarkenG enthält die Verpflichtung für die Mitgliedsstaaten der EG, geeignete **Kontrolleinrichtungen** einzurichten, die die Einhaltung der VO 510/2006 gewährleisten, insbesondere in Bezug auf unbefugte und missbräuchliche Verwendung von geografischen Herkunftsangaben.

Bei Verstößen gegen die gültige VO 510/2006 können **Unterlassungs- und Schadensersatzansprüche** geltend gemacht werden (§ 135 MarkenG). Diese **verjähren** nach den Vorschriften des BGB (§ 136 MarkenG).

5. Kapitel. Exkurse Olympiaschutzgesetz und Domain-Namen

§ 62 Exkurs: Olympiaschutzgesetz

I. Hintergrund

Mit der Bewerbung Leipzigs als deutsche Ausrichterin für die Olympischen Spiele 2012 rückten auch die Anforderungen des Internationalen Olympischen Komitees (IOC) an die Vergabe der Spiele und insbesondere die Schutzrechtssituation für das **olympische Symbol** und die **olympischen Bezeichnungen** in den Fokus. Eine Monopolisierung der olympischen Kennzeichen und die anschließende Lizenzvergabe im Rahmen der Olympischen Spiele sollte insbesondere dem IOC eine Einnahmequelle in Milliardenhöhe sichern.[409]

Ein **Sonderschutz** der olympischen Kennzeichen besteht in rund 50 Staaten der Welt durch den **Vertrag von Nairobi über den Schutz des olympischen Symbols**[410] vom 26.9.1981. In der EU haben diesen Vertrag nur Griechenland und Italien ratifiziert. Einen sondergesetzlichen **nationalen Schutz** genießen die olympischen Symbole in einer Reihe anderer Länder wie USA, Großbritannien, Frankreich, Luxemburg, Spanien oder Österreich. Diesem Weg ist auch Deutschland mit dem OlympSchG[411] gefolgt, das am 1.7.2004 in Kraft getreten ist.

II. Gesetzesgegenstand und Inhaber

Durch das Gesetz sind die fünf olympischen Ringe sowie die olympischen Bezeichnungen „Olympiade", „Olympia" und „olympisch" in Alleinstellung oder in Zusammensetzung in jeglicher Sprache unter Schutz gestellt (§ 1 OlympSchG). Das **ausschließliche Recht** auf die Verwendung und Verwertung der olympischen Kennzeichen steht dem Nationalen Olympischen Komitee (**NOK**) sowie dem **IOC** zu (§ 2 OlympSchG).

III. Rechtsverletzungen und Rechtsfolgen

Das Gesetz verbietet in § 3 OlympSchG Dritten, im geschäftlichen Verkehr ohne Zustimmung des Schutzrechtsinhabers das olympische Emblem bzw. die olympischen Bezeichnungen zur Kennzeichnung von Waren oder Dienstleistungen oder Werbung für diese oder als Firma, Geschäftsbezeichnung oder Bezeichnung einer (gewerbsmäßigen) Veranstaltung zu verwenden. Dies gilt auch für ähnliche Zeichen, wenn eine Verwechslungsgefahr, einschließlich der Gefahr, dass das Zeichen mit den olympischen Spielen oder der olympischen Bewegung gedanklich in Verbindung gebracht wird, besteht. Untersagt ist auch die **Ausnutzung** oder **Beeinträchtigung** der **Wertschätzung der Spiele** oder der **olympischen Bewegung** ohne rechtfertigenden Grund und in unlauterer Weise

---

[409] Knutsen, GRUR 2003, 750.
[410] Nairobi Treaty on the Protection of the Olympic Symbol; abrufbar unter: http://www.wipo.int/export/sites/www/treaties/en/ip/nairobi/pdf/trtdocs_wo018.pdf (letzter Abruf 02/2014).
[411] Gesetz zum Schutz des olympischen Emblems und der olympischen Bezeichnungen, BGBl. I 2004, S. 479 ff.

durch die Verwendung von identischen oder ähnlichen Zeichen. Einen Überblick über die Rechtsprechung zu § 3 OlympSchG geben Röhl, Rieken sowie Heermann.[412]

Freigestellt sind Kennzeichnungen von nach dem UrhG geschützten **Werken** sowie die Werbung hierfür, sofern sich das Werk mit den Olympischen Spielen oder der olympischen Bewegung befasst. Dem IOC bzw. NOK ist es versagt, Dritten im geschäftlichen Verkehr die Verwendung der lauteren Benutzung von dessen Namen oder Anschrift sowie die olympischen Bezeichnungen oder ähnliche Bezeichnungen als Angabe über Merkmale oder Eigenschaften von Waren, Dienstleistungen oder Personen zu verbieten. Dieser § 4 OlympSchG entspricht im Wesentlichen § 23 Nr. 1 und 2 MarkenG.

Die **Rechtsfolgen** einer nicht legitimierten Nutzung sind Unterlassungsansprüche des IOC bzw. NOK gegen den Benutzer sowie Schadensersatzansprüche für den Fall vorsätzlicher bzw. fahrlässiger Verletzungshandlungen (§ 5 OlympSchG). Darüber hinaus bestehen zivilrechtliche Vernichtungsansprüche gem. § 6 OlympSchG. Die regelmäßige Verjährungsfrist beträgt durch den Verweis auf die entsprechende Anwendung des BGB (§ 195 BGB) 3 Jahre.

IV. Altrechte und Verfassungskonformität

In § 8 OlympSchG wird der **Bestandsschutz älterer Rechte**, die aufgrund gesetzlicher Bestimmungen oder vertraglicher Vereinbarungen am 13.8.2003 bereits bestanden, gewährleistet (§ 8 OlympSchG).

Diesem die Grundsätze des Kennzeichenrechts durchbrechende Sondergesetz begegneten verfassungsrechtliche Bedenken, die bereits beim Zustandekommen des Gesetzes vorgetragen wurden.[413] Unterdessen wird von den Gerichten Verfassungskonformität angenommen.[414]

§ 63 Exkurs: Domain-Namen

Streitigkeiten um **Internetadressen** haben aufgrund der zunehmenden Bedeutung des Internets z.B. als Handelsplattform an Bedeutung gewonnen. Eine Domain ist zunächst lediglich eine **Adresse**, unter der im Internet eine Information von einem Server abgerufen werden kann. Sie hat insofern eine **technische Funktion**.[415] Hinter der Domain steht die sog. **IP-Adresse**, die aus 4 Zahlenblöcken besteht. Ursprünglich ist dieses sog. **Domain-Name-System** (DNS) entstanden, um die Merkbarkeit der Zahlenkombination zu erhöhen.

Eine Domain ist daher nicht per se ein Immaterialgüterrecht wie eine Marke oder eine geschäftliche Bezeichnung, sondern kann nur infolge ihrer **Benutzung** zu einem Kenn-

---

412 Röhl GRUR-RR 2012, 381 ff. „Werbung mit „Olympischen Preisen" und „Olympia-Rabatt" und der Schutz olympischer Bezeichnungen"; Rieken, MarkenR 2013, 334 ff. „Umfang und Grenzen des Schutzes olympischer Symbole"; Heermann GRUR 2014, 233 ff. „Wann verstößt die Verwendung olympischer Bezeichnungen gegen § 3 II OlympSchG?".
413 Knutsen, GRUR 2003, 753; Höller Rechtsanwälte, 2005-2014, abrufbar unter: http://olympiagesetz.de/kommentar, letzter Abruf: 02/2014; LG Darmstadt 14 O 744/04 vom 25.11.2005.
414 OLG Düsseldorf 2013, MarkenR 353, 354ff. „Olympia 2010"; OLG Schleswig 2013, MarkenR 2013, 463 ff. „Werbung für Waren unter Verwendung der olympischen Bezeichnungen "Olympia-Rabatt" und "Olympische Preise"".
415 Fezer, MarkenR, Kommentar, Einl G, Rdn. 24 ff.

zeichenrecht werden. So können an Domains auch **Werktitel**rechte erworben werden, die mit der Aufnahme der Benutzung eines unterscheidungskräftigen Titels entstehen.[416]

Grundsätzlich wird der Second-Level-Domain (SLD, z.B. „shell" oder „soco"),[417] *nicht* jedoch der Top-Level-Domain (TLD, z.B..de,.eu oder.com) kennzeichenrechtlicher Schutz zuerkannt, wobei Ausnahmen im Einzelfall – zumindest wenn die TLD's zu der Verletzung eines älteren Rechts beitragen (z.B. „xtra.net" gegenüber der Marke „Xtranet") – möglich sind. Dem MarkenG unterliegt nicht die Registrierung und Nutzung einer Domain zu privaten Zwecken. Lediglich in Ausnahmefällen kann – wenn zumindest eine Partei nicht im geschäftlichen Verkehr handelt – auf der Grundlage des § 12 BGB insbesondere wegen Namensanmaßung gegen die Nutzung einer Domain vorgegangen werden.[418] Gegen die unerlaubte Verwendung von Domains im geschäftlichen Verkehr finden vorrangig die Vorschriften des MarkenG, insbesondere die §§ 14 und 15 MarkenG Anwendung. Die **Registrierung** einer Domain bei der für die Vergabe von.de-Domains zuständigen DENIC stellt noch keine markenmäßige Benutzungshandlung dar.[419]

Im Internet unter einer Domain angebotene Waren und Dienstleistungen werden ihrer betrieblichen Herkunft nach jedenfalls mittelbar gekennzeichnet, soweit es sich nicht um rein beschreibende Domainnamen handelt. In der Regel liegt mit der Inbenutzungnahme eine markenrechtlich relevante Handlung vor. Eine nach den allgemeinen Regeln zu beurteilende Frage der markenmäßigen Benutzung einer Domain ist auch eine **Weiterleitung** zu einer unter einer anderen Domain abrufbaren Internetseite, bei der der Name der ersten, als „Durchgangsstation" verwendeten Domain, auf dem Bildschirm sichtbar ist.[420] In den Quellcode (HTML-Code) von mit Domains verbundenen Webseiten werden in der Regel sog. „**Metatags**" eingefügt, damit Suchmaschinen im Internet die Webseite auffinden und in der Trefferliste anzeigen. Als Metatags sind besonders Marken oder Unternehmenskennzeichen des Wettbewerbs geeignet, was regelmäßig als Kennzeichenverletzung zu qualifizieren ist, auch wenn die Metatags nicht unmittelbar wahrgenommen werden.[421] Nichts anderes gilt für die Verwendung von sog. „**Weiß-auf-Weiß-Schrift**".[422]

Umstritten ist die markenmäßige Benutzung von Schlüsselwörtern beim sog. „**Keyword Advertising**", das in der Regel die Grundlage für den kommerziellen Erfolg von Suchmaschinen darstellt. Hierbei wird bei der Eingabe eines bestimmten Wortes oder einer bestimmten Marke in die Suchmaschine Werbung in mindestens einem Werbeblock neben und/oder oberhalb sowie unterhalb der Trefferliste angezeigt. Der Suchmaschinenbetreiber sorgt aufgrund vertraglicher entgeltlicher Absprache mit dem das Schlüsselwort Buchenden dafür, dass seine Werbeanzeige bei entsprechender Suchanfrage eingeblendet wird.[423] Über eine Werbeanzeige gelangt der Suchende in der Regel mittels eines Links zur Webseite des Werbenden. Ein Teil der Rechtsprechung sieht – wie bei

---

416 BGH GRUR 2009, 1055, 1058 (Nr. 41) „airdsl.de".
417 BGH GRUR 2002, 622 „shell.de"; BGH GRUR 2005, 262 „soco.de".
418 BGH GRUR 2002, 622 „shell.de".
419 BGH GRUR 2008, 912, 913 (Nr. 16) „Metrosex".
420 BGH GRUR 2009, 1055, 1059 (Nr. 60) „airdsl.de"; OLG Köln, GRUR-RR 2006, 370 „Ecolab".
421 BGH GRUR 2007, 65, 66 (Nr. 17) „Impuls".
422 BGH GRUR 2007, 784, 785 (Nr. 18) „AIDOL".
423 EuGH v. 23.3.2010, GRUR Int. 2010, 385 (Rdn. 23, 43 ff.) „Google".

den Metatags – darin die ungerechtfertigte Ausnutzung der „Lotsenfunktion" einer fremden Marke.[424] Dem gegenüber wird von einem anderen Teil der Rechtsprechung und auch in der Literatur keine Kennzeichenverletzung angenommen, da der durchschnittliche Internetnutzer zwischen den Treffern in der Ergebnisliste und jedenfalls den neben diesen erscheinenden Anzeigen zu unterscheiden wisse.[425]

Ein **Betreiber einer Suchmaschine** (wie z.B. Google, Bing, Yahoo), der ein mit einer Marke identisches Zeichen als Schlüsselwort speichert und dafür sorgt, dass anhand dieses Schlüsselworts Anzeigen gezeigt werden, benutzt dieses Zeichen nicht i.S. von Art. 5 Abs. 2 MarkenRL bzw. Art. 9 Abs. 1 lit. c GMVO, da er gemäß Art. 14 der Richtlinie 2000/31/EG über den elektronischen Geschäftsverkehr („E-Commerce Richtlinie") nicht für die im Auftrag eines Nutzers gespeicherten Informationen zur Verantwortung zu ziehen ist, solange er keine *aktive* Rolle spielt, die ihm Kenntnis der gespeicherten Daten oder die Kontrolle über sie verschafft. Der Suchmaschinenbetreiber haftet aber jedenfalls, wenn er durch eine Information eines Geschädigten oder auf andere Weise von der Rechtswidrigkeit dieser Informationen oder Tätigkeiten des Nutzers Kenntnis erlangt und diese Informationen nicht unverzüglich entfernt oder den Zugang zu ihnen gesperrt hat.[426]

Nach der **Schlüsselwort**-Rechtsprechung des EuGH ist ein Zeichen mit einer Marke i.S. Art. 9 Abs. 1, lit. a GMVO (bzw. § 14 Abs. 2 Nr. 1 MarkenG) *identisch*, wenn es als Ganzes betrachtet nur so geringfügige Unterschiede gegenüber der Marke aufweist, dass diese einem Durchschnittsverbraucher entgehen können.[427] Bei der Buchung von Keywords wird nicht danach unterschieden, ob das Schlüsselwort in Groß- oder in Kleinbuchstaben eingegeben wird. Eine Marke genießt auch im Zusammenhang mit dem Buchen von Schlüsselwörtern in Suchmaschinen durch einen Werbenden in Fällen der Doppelidentität wie auch der Verwechslungsgefahr Schutz vor Beeinträchtigung ihrer Herkunftsfunktion, wobei in beiden Fällen dieselben Grundsätze gelten.

Die **Prüfung** der Beeinträchtigung der **Herkunftsfunktion** einer Marke erfolgt in *zwei Stufen*: Zunächst ist festzustellen, ob bei einem Internetnutzer auf Grund der allgemein bekannten Marktmerkmale das Wissen zu unterstellen ist, dass der Werbende und der Markeninhaber wirtschaftlich nicht miteinander verbunden sind, sondern miteinander im Wettbewerb stehen. Fehlt ein solches allgemeines Wissen, ist zu prüfen, ob der Internetnutzer aus der Werbeanzeige erkennen kann, dass die vom Werbenden angebotenen Waren oder Dienstleistungen nicht vom Markeninhaber oder einem mit ihm wirtschaftlich verbundenen Unternehmen stammen.[428] Diese Beurteilung hängt insbesondere von der Gestaltung der Anzeige ab. Lässt sich aus der Anzeige *nicht* oder *nur schwer zu erkennen*, ob die dort beworbenen Waren oder Dienstleistungen vom Inhaber der Marke (oder von einem mit ihm wirtschaftlich verbundenen Unternehmen) oder von

---

424 OLG Braunschweig WRP 2007, 435, 436 „Impuls".
425 BGH Mitt. 2009 (zu Unternehmenskennzeichen), 184, 185 (Nr. 16) „Beta Layout"; Sosnitza, MarkenR 2009, 35, 37; Ohly GRUR 2009, 709 ff.; Knaak GRUR Int. 2009, 551 ff.
426 EuGH GRUR 2010, 445, 451 (Rdn. 120) „Reichweite und Grenzen zulässiger Adword-Werbung – Google und Google France".
427 Vgl. EuGH GRUR 2003, 422 „Arthur/Arthur et Felicie"; EuGH GRUR 2010, 451 „BergSpechte/trekking.at Reisen"; EuGH GRUR 2010, 841 „Portakabin/Primakabin"; In der Vergangenheit hatte der BGH zwischen der großgeschriebenen Wortmarke „POWER BALL" und dem kleingeschriebenen Zeichen „power ball" lediglich eine hochgradige Zeichenähnlichkeit (also keine Identität) angenommen (vgl. BGH, GRUR 2010, 835 Rdn. 32 „POWER BALL" m.w. Nachw.).
428 Vgl. EuGH GRUR 2011, 1124 „Interflora/M&S".

einem Dritten stammen, ist die **herkunftshinweisende Funktion** der Marke beeinträchtigt. Eine Beeinträchtigung ist anzunehmen, wenn die Anzeige des Dritten entweder suggeriert, dass zwischen ihm und dem Markeninhaber eine wirtschaftliche Verbindung besteht, oder hinsichtlich der Herkunft der fraglichen Ware oder Dienstleistung so vage gehalten ist, dass der Internetnutzer weder aus dem Werbelink und der ihn begleitenden Werbebotschaft erkennen kann, ob der Werbende mit dem Markeninhaber wirtschaftlich verbunden oder Dritter ist.[429]

In aller Regel liegt keine Beeinträchtigung der herkunftshinweisenden Funktion der Marke vor, wenn die **Werbeanzeige** in einem von der Trefferliste eindeutig räumlich, farblich oder auf andere Weise getrennten und mit dem Begriff „Anzeigen" gekennzeichneten **Werbeblock** erscheint. Die räumliche Trennung von der Trefferliste und die Kennzeichnung mit dem Wort „Anzeigen" sind allein nicht ausreichend, um eine Verwechslungsgefahr zu vermeiden. Eine Herkunftsfunktionsverletzung liegt auch vor, wenn die Werbeanzeige einen Hinweis auf die Marke oder den Markeninhaber oder die unter der Marke des Markeninhabers oder mit seiner Zustimmung angebotenen Waren oder Dienstleistungen enthält.[430] Bei Werbeanzeigen *ober- oder unterhalb der Suchergebnisse* sind besondere Anforderungen zu stellen, da diese eher als Bestandteil der Trefferliste erscheinen. Liegt für den angesprochenen Verkehr auf Grund eines ihm bekannten **Vertriebssystem**s des Markeninhabers die Vermutung nahe, dass es sich bei dem Dritten um ein Partnerunternehmen des Markeninhabers handelt, ist die Herkunftsfunktion der Marke bereits dann beeinträchtigt, wenn nicht in der Werbeanzeige auf das Fehlen einer wirtschaftlichen Verbindung zwischen dem Markeninhaber und dem Dritten hingewiesen wird.[431]

Eine Verletzung der **bekannten Marke** (i.S. Art. 9 Abs. 1, lit. c) GMVO bzw. § 14 Abs. 2 Nr. 3 MarkenG) liegt regelmäßig dann vor, wenn der Werbende Nachahmungen von Waren des Inhabers dieser Marke anbietet oder die mit der bekannten Marke versehenen Waren in einem negativen Licht darstellt. Bietet der Werbende eine *Alternative* zu den Waren oder Dienstleistungen des Inhabers der bekannten Marke, ohne eine der Funktionen der Marke zu beeinträchtigen, ist davon auszugehen, dass eine solche Benutzung grundsätzlich nicht „**ohne rechtfertigenden Grund**" erfolgt.[432] Sobald sich der Werbende in den Bereich der Sogwirkung einer bekannten Marke begibt, um von ihrer Anziehungskraft, ihrem Ruf und ihrem Ansehen zu profitieren und um die wirtschaftlichen Anstrengungen des Markeninhabers zur Schaffung und Aufrechterhaltung des Images dieser Marke ohne jede finanzielle Gegenleistung und eigene Anstrengungen auszunutzen, ist diese Ausnutzung durch den Dritten als unlauter anzusehen.[433] Ob eine Beeinträchtigung der herkunftshinweisenden Funktion vorliegt, ist durch das nationale Gericht zu würdigen.

---

429 Vgl. zum mit der Marke identischen Schlüsselwort EuGH GRUR 2010, 445 (Rdn. 36, 40) „Google France und Google"; EuGH GRUR 2010, 451 (Rdn. 35-40) „BergSpechte/trekking.at Reisen"; EuGH GRUR 2010, 641 (Rdn. 26 ff.) „Eis.de/Bananabay"; EuGH GRUR 2010, 841 (Rdn. 34, 35, 53) „Portakabin/Primakabin"; EuGH GRUR 2011, 1124 (Rdn. 44, 45) „Interflora/M&S"; Zum der Marke ähnlichen Schlüsselwort EuGH GRUR 2010, 451 (Rdn. 38 ff.) „BergSpechte/trekking.at Reisen"; EuGH GRUR 2010, 841 (Rdn. 35, 52, 53) „Portakabin/Primakabin".
430 BGH GRUR 2013, 290, (Rdn. 26-28) „MOST-Pralinen".
431 BGH GRUR 2014, 182 „Beeinträchtigung der Herkunftsfunktion beim Keyword-Advertising – Fleurop".
432 EuGH GRUR 2011, 1124 (Rdn. 90 ff.) „Interflora".
433 BGH GRUR 2013, 1044 (Rdn. 23) „Bekanntheitsvoraussetzungen einer Marke – Beate Uhse".

In Kollisionsfällen – insbesondere mit Bezug auf ausländische Domains und Domaininhaber – wird zunehmend von den Schiedsverfahren z.b. beim WIPO Arbitration and Mediation Center[434] Gebrauch gemacht. Weitere Aspekte zu Domains sind den vorherigen Kapiteln und der einschlägigen Kommentierung zu entnehmen.[435] Eine umfassende internationale Übersicht gibt Bettinger.[436]

6. Kapitel. Internationale Registrierung

§ 64 Internationale Registrierung (IR)

I. Das Madrider System der Internationalen Registrierung von Marken

Der **Madrider Markenverband** ist ein besonderer Verband mit einer Rechtspersönlichkeit und eigenen Organen im Sinne von Art. 19 der PVÜ und wird von den Mitgliedsstaaten des **Madrider Abkommen über die internationale Registrierung von Marken** (MMA) sowie des **Protokoll zum Madrider Markenabkommen über die Internationale Registrierung (IR) von Marken** (PMMA) gebildet. Der Madrider Markenverband wird vom **Internationalen Büro** der Weltorganisation für geistiges Eigentum (**OMPI/WIPO**) verwaltet.[437]

Das **MMA** ist am 14. April 1891 in Kraft getreten und seitdem in regelmäßigen Abständen, zuerst 1900, dann 1911, 1925 sowie jeweils im Juni 1934 in der **Londoner Fassung**, 1957 in der **Nizzaer Fassung** und 1967 in der **Stockholmer Fassung** revidiert worden. In Deutschland ist das MMA am 22.12.1970 in Kraft getreten.

Die Tatsache, dass Behörden einzelner Länder die Anmeldungen von Marken nicht nur nach absoluten Schutzhindernissen, sondern auch auf relative Schutzhindernisse prüften, war lange Zeit ein Hinderungsgrund, dem MMA beizutreten. Das **PMMA**, das am 27. Juni 1989 in Madrid angenommen wurde und in Deutschland am 20.3.1996 in Kraft trat, schuf Abhilfe. Die Annahme des PMMA führte zu einem Beitritt vieler weiterer Staaten zum Madrider Markenverband, in Europa vor allem Großbritanniens und die skandinavischen Länder. Auch die Europäische Gemeinschaft sowie die USA sind beigetreten.

Der Madrider Markenverband bietet für den Markenanmelder ein **Bündel** national wirkender **Markenrechte** mittels nur eines Registrierungsverfahrens an. Hiermit sind ganz erhebliche Kosteneinsparungen verbunden, obwohl die Protokollländer eine zusätzliche individuelle Gebühr in sehr unterschiedlicher Höhe erheben.

Das MMA sowie das PMMA sind internationale Verträge, die voneinander unabhängig sind. Beide Verträge verbindet jedoch die gemeinsame **Ausführungsverordnung**

---

[434] Informationen zu dem bei der WIPO angesiedelten Schiedsverfahren „Alternative Dispute Resolution" (ADR) abrufbar unter: http://arbiter.wipo.int/domains/index.html., letzter Abruf: 02/2014; Informationen zum ADR-Schiedsverfahren für.eu-TLD beim Tschechischen Schiedsgericht siehe http://www.adreu.eurid.eu/index.php, letzter Abruf: 02/2014.
[435] Zusammenfassend Gruber in v. Schultz (Hrsg.), MarkenR, Kommentar, Anhang zu § 5 Internet-Domains.
[436] Bettinger, Handbuch des Domainrechts, Köln München, 2008.
[437] Einen guten Überblick vermittelt der „Guide to the International Registration of Marks under the Madrid Agreement and the Madrid Protocol (Edition 2014), abrufbar unter http://www.wipo.int/madrid/en/guide/; Letzter Abruf 03/2014 sowie Gaedertz/Grundmann in Fezer, Hdb. Markenpraxis I 1, 985-1219 „IR-Markenverfahren".

vom 18. Januar 1996 zum Madrider Abkommen über die internationale Registrierung von Marken und zum Protokoll zu diesem Abkommen. Diese Ausführungsverordnung (GAusfOMMA/PMMA) wurde bereits mehrfach revidiert, derzeit gilt die Fassung vom 1.1.2013.[438] Weitere Ausführungsvorschriften sind in den **Verwaltungsrichtlinien** für die Ausführung des MMA und des PMMA enthalten,[439] deren jüngste Fassung seit dem 1.1.2008 in Kraft ist. Im Einzelnen enthalten sie Definitionen und Abkürzungen, formale Regelungen für die Verwendung der Formulare für die einzelnen Verfahren, Regelungen für die Kommunikation mit dem Internationalen Büro, für die Angabe von Namen und Anschriften, die Benachrichtigung einer vorläufigen Schutzversagung, die Nummerierung Internationaler Registrierungen im Falle von Änderungen sowie für die Zahlung von Gebühren.

Mitglied des MMA beziehungsweise des PMMA müssen der der PVÜ angehören. Zwischenstaatliche Organisationen wie die Europäische Gemeinschaft können nur Mitglied des PMMA sein. In den §§ 107 bis 118 MarkenG (Teil 5, Abschnitt 1) finden sich Verweise für Internationale Registrierungen nach dem MMA, in den §§ 119 bis 125 (Abschnitt 2) die entsprechenden Vorschriften für Internationale Registrierungen gemäß dem PMMA.

In der Nizza-Fassung von 1957 wurden entscheidende Änderungen des MMA beschlossen, wie z.B. die Beschränkung der **Abhängigkeit** der Internationalen Registrierung von der **Basismarke** auf fünf Jahre. Eine Basismarke ist eine nationale Eintragung in dem Land, in dem der Anmelder der IR-Marke seinen Wohnsitz oder zumindest – sofern er außerhalb der MMA-Staaten seinen Sitz hat – eine Niederlassung unterhält. Anstatt automatischer Schutzerstreckung wurde in dieser Fassung auch festgelegt, dass weitere Einzelstaaten einer **konkreten Nennung** bedürfen. Darüber hinaus wurde für jedes gewählte Land eine **Gebühr** erhoben. Das **PMMA** schuf die Möglichkeit der Verknüpfung der nationalen Schutzrechtssysteme, die lediglich eine Prüfung auf absolute Schutzhindernisse auf nationaler Ebene durchführten mit jenen nationalen Schutzrechtssystemen, die von Amts wegen eine Prüfung auf relative Schutzhindernisse durchführten. Darüber hinaus wurde die Möglichkeit geschaffen, das europäische Gemeinschaftsmarkensystem mit einzubinden.

Derzeit hat der Madrider Markenverband mehr als 92 Mitglieder, die dem MMA (56) oder dem PMMA (91) oder beiden Abkommen angehören, einschließlich des gemeinsamen Markenamtes Belgiens, der Niederlande und Luxemburgs (Benelux) sowie des Harmonisierungsamtes für den Binnenmarkt (HABM) der Europäischen Gemeinschaft.[440]

Bei dem Internationalen Büro der WIPO können auf Antrag auch **Lizenzen** in das Internationale Register eingetragen werden. Den Antrag kann nur der Markeninhaber oder – wenn die Behörde der betroffenen Vertragspartei dies zulässt – auch die Behörde der Vertragspartei des Inhabers oder die Behörde der Vertragspartei, auf welche

---

438 Common Regulations under the Madrid Agreement Concerning the International Registration of Marks and the Protocol Relating to that Agreement; Abrufbar unter http://www.wipo.int/madrid/en/legal_texts/common_regulations.htm; letzter Abruf: 03/2014.

439 Administrative Instructions for the Application of the Madrid Agreement Concerning the International Registration of Marks and the Protocol Relating Thereto; Abrufbar unter http://www.wipo.int/madrid/en/legal_texts/common_regulations.htm; letzter Abruf: 03/2014.

440 Liste der Mitgliedsstaaten des MMA/PMMA abrufbar unter http://www.wipo.int/treaties/en/documents/pdf/madrid_marks.pdf; Letzter Abruf: 02/2014.

sich die Lizenz bezieht, stellen (Rg. 20bis GAusfOMMA/PMMA). Allerdings können Vertragsparteien erklären, dass diese Lizenzen in dem Vertragsland unwirksam sind. Diesbezügliche Erklärungen sind z.b. von Deutschland, Australien und Neuseeland erfolgt, da das nationale Gesetz kein Lizenzregistrierung vorsieht. Der Antrag muss den territorialen Umfang und die Waren und Dienstleistungen enthalten, für die die Lizenz gewährt wird. Auch die Art der Lizenz – ausschließliche oder alleinige Lizenz – können angegeben werden.

II. Unterschiede zwischen MMA und PMMA

Die wesentlichen **Unterschiede** zwischen MMA und PMMA bestehen darin, dass eine internationale Registrierung nach dem MMA ausschließlich auf nationale **Basiseintragungen** gestützt werden kann, während ein internationales Gesuch nach dem PMMA sowohl auf eine Basiseintragung wie auch auf eine **Basisanmeldung** gestützt werden kann. Darüber hinaus haben die PMMA-Vertragsstaaten – wenn sie nicht auch Mitglied des MMA sind – die Möglichkeit, auf Antrag durch die jeweilige Behörde des Vertragsstaates die Frist für die Erklärung der Schutzversagung auf achtzehn Monate zu verlängern. Diese Vertragsstaaten des PMMA können eine **individuelle Gebühr** zusätzlich zu der vom Internationalen Büro der WIPO erhobenen Gebühr verlangen. Die Höhe der individuellen Gebühren ist sehr unterschiedlich. Ein weiterer Unterschied zwischen beiden Verbänden besteht darin, dass für Mitglieder des MMA die **Umwandlung** einer Internationalen Registrierung in nationale Marken beziehungsweise Markenanmeldungen *nicht* möglich ist. Während bei der Einreichung von Anträgen auf Internationale Registrierungen nach dem MMA nach dem **Kaskadenprinzip** die Ursprungsbehörde bestimmt wird, kann für Verbandsländer des PMMA die Ursprungsbehörde nach mehreren Kriterien **frei gewählt** werden. Des Weiteren ist neben Französisch auch Englisch und – seit 2004 – auch Spanisch **Amtssprache** bei Internationalen Registrierungen nach dem PMMA. Auch können die Mitglieder des PMMA die in ihren nationalen Rechtssystemen erforderlichen Erklärungen, beispielsweise über die Absicht der Benutzung der Marken (Declaration of Use), verlangen. Dies ist erforderlich in Irland, in Großbritannien, in den USA sowie in Singapur.

Der **Schutzgegenstand des Madrider Markenverbandes** umfasst eine oder mehrere identische, für verschiedene Produkte und/oder Dienstleistungen im **Ursprungsland** eingetragene (bei MMA-Ländern) oder angemeldete (bei PMMA-Mitgliedern) Marken (**Basismarken** (MMA)/**Basisgesuche** (PMMA).

Zugang zum System der Internationalen Registrierung haben **natürliche** oder **juristische Personen** mit tatsächlicher und nicht nur zum Schein bestehender gewerblicher Niederlassung oder Handelsniederlassung oder mit Wohnsitz in einem Mitgliedsstaat des MMA oder PMMA, das dann als **Ursprungsland** bezeichnet wird. Darüber hinaus erhalten auch Staatsangehörige eines Mitgliedsstaates des MMA oder PMMA Zugang zum Madrider Markenverband.

Die Möglichkeit der **Benennung der Vertragsstaaten** des MMA beziehungsweise des PMMA richtet sich zunächst nach der Zugehörigkeit des Ursprungslandes zu einem oder beiden Verbänden sowie der Zugehörigkeit der zu benennenden Staaten zum MMA-Verband und/oder PMMA-Verband. Ist das **Ursprungsland** nur Mitglied des MMA, so können nur die Länder benannt werden, die auch dem MMA angehören. Ist das Ursprungsland nur Mitglied im PMMA, können ebenfalls nur die Länder benannt werden, die dem PMMA angehören, nicht jedoch diejenigen, die ausschließlich dem MMA angehören. Für entsprechende Internationale Anmeldungen ist ausschließlich das PMMA anzuwenden. Ist das Ursprungsland Mitglied sowohl des MMA als auch des PMMA, können alle Vertragsparteien, die entweder dem MMA und/oder dem PMMA angehören, benannt werden. Allerdings genossen bis zum 1.9.2008 im Falle der Mitgliedschaft eines Staates in beiden Verbänden die Voraussetzungen und Regelungen des MMA Vorrang vor denen des Protokolls. Diese sog. Sicherungsklausel des Art. 9^{sexies} PMMA wurde mit Wirkung zum 1.9.2008 mit der Folge aufgehoben, dass zwischen Vertragsparteien des Madrider Systems, die sowohl dem MMA als auch dem PMMA angehören, künftig das PMMA maßgebend ist. Damit wird das MMA nur noch angewendet, wenn die benannte Vertragspartei ausschließlich dem MMA angehört, was nur noch auf Algerien, zutrifft. Bei Internationalen Gesuchen, in dem das MMA maßgebend ist, richtet sich die zuständige **Behörde des Ursprungslandes** danach, ob der berechtigte Anmelder seinen Sitz oder, wenn dies nicht der Fall ist, eine **Niederlassung** in einem der Vertragsstaaten des MMA hat. Sollte er keine Niederlassung haben, so richtet sich das Ursprungsland nach dem **Wohnsitz** des Anmelders und sollte auch dieser nicht innerhalb eines Vertragslandes des MMA liegen, so richtet sich das Ursprungsland nach der **Staatsangehörigkeit** des Anmelders. Im Falle von Anmeldungen, bei denen das Protokoll zum MMA maßgeblich ist, kann der Hinterleger als Ursprungsland die Länder wählen, in denen er eine Niederlassung besitzt oder seinen Wohnsitz hat oder Staatsangehöriger ist.

III. Eintragungsverfahren

Die **Einreichung** eines **Internationalen Gesuches** zwecks Internationaler Registrierung einer Marke erfolgt ausschließlich durch **Vermittlung** der für Markenrechte zuständigen **Behörde** des Ursprungslandes an das Internationale Büro der WIPO auf amtlichen Formblättern. Diese **Ursprungsbehörde**, im Falle eines Markeninhabers mit Sitz in Deutschland das DPMA, kontrolliert, bestätigt und bescheinigt die **Legitimation** als Ursprungsbehörde, das Eingangsdatum des Internationalen Gesuches, die Länderbenennung, die Eintragungsidentität des Anmelders und der in Anspruch genommenen Waren und Dienstleistungen sowie die Zahlung der nationalen Gebühren. Die Ursprungsbehörde ist verpflichtet, das Gesuch innerhalb von zwei Monaten nach dem Eingang bei ihr an das Internationale Büro der WIPO weiterzuleiten. Das Datum des Eingangs des Gesuches bei der Ursprungsbehörde gilt im Falle des Eingangs beim Internationalen Büro innerhalb der zweimonatigen Frist als **Tag der Eintragung**. Nach Übermittlung des Gesuches an das Büro der WIPO in Genf prüft dieses gemäß den Vorschriften des MMA respektive des PMMA sowie der gemeinsamen Ausführungsverordnung zum MMA und PMMA die **Berechtigung** des Anmelders/Hinterlegers, die **Priorität**, die Wiedergabe der **Marke**, die **Klassifizierung** der **Waren** und **Dienstleistungen**, die **Gebührenzahlung** und gegebenenfalls weitere Erfordernisse wie zum Beispiel die **Transliteration** der Marke. Anschließend erfolgen die **Registrierung** sowie die **Veröffentlichung** der Registrierung in der wöchentlich erscheinenden (elektronischen) „Gazette OMPI des Marques Internationales/WIPO Gazette International Marks" sowie im Ursprungsland. Darüber hinaus erfolgt eine **Mitteilung** der Internationalen Registrierung an die in dem Gesuch genannten Vertragsparteien.

§ 64 Internationale Registrierung (IR)

Die **Verfahrenssprache** für Anmeldungen zur **Internationale Registrierung**, bei denen ausschließlich Mitgliedstaaten nach dem MMA benannt wurden, ist Französisch, in allen anderen Fällen englisch, spanisch oder französisch. Beim DPMA können Internationale Gesuche sowohl unter dem MMA als auch dem PMMA in englischer oder französischer Sprache eingereicht werden (§ 119 Abs. 2 MarkenG).

Internationalen Registrierungen können im Übrigen im Ganzen oder auch bezogen auf die benannten Vertragsstaaten und/oder in Bezug auf einzelne der geschützten Waren oder Dienstleistungen **übertragen** werden (Art. 9, Art. 9bis PMMA, 9bis, 9ter MMA i.V.m. Rg. 25 GAusfOMMA/PMMA).

IV. Schutzversagung und Widerspruch

Jeder **Vertragsstaat** des PMMA bzw. MMA hat gemäß Artikel 5 MMA sowie Artikel 5 PMMA i.V.m. Regel 17 GAusfO MMA/PMMA die Möglichkeit, den Schutz der Internationalen Registrierung auf ihrem Gebiet zu **versagen**, sofern fristgerecht die entsprechenden **Schutzverweigerungsgründe** dem Büro der WIPO bekannt gegeben worden sind. Gemäß Artikel 6bis, 6ter und $6^{quinquies}$ PVÜ ist dies nur unter den für **nationale** Marken anwendbaren Regeln oder **Gründen** – die auch einer nationalen Anmeldung oder Eintragung entgegen gehalten werden können – zulässig. Das DPMA prüft die Internationalen Registrierungen, in denen Deutschland benannt worden ist, gemäß den Vorschriften des § 3 MarkenG (Markenfähigkeit), § 8 MarkenG (absolute Schutzhindernisse) und § 10 MarkenG (notorisch bekannte Marken) innerhalb der von Artikel $6^{quinquies}$ PVÜ festgelegten Grenzen. Eine zunächst **vorläufige Schutzverweigerung** (Avis de Refus de Protection) eines benannten Vertragsstaates des MMA beziehungsweise PMMA muss die **Rechtsmittel** nennen, die in dem den Schutz verweigernden Staat gegen die als vorläufige Schutzverweigerung deklarierten Bescheid möglich sind.

Grundsätzlich ist es für die nationalen Behörden der Vertragsparteien des MMA möglich, innerhalb von zwölf Monaten nach der Mitteilung der WIPO über die Benennung des entsprechenden Staates den Schutz zu verweigern. Für Vertragsstaaten, die nur dem PMMA-Verband angehören, ist eine Verlängerung der oben genannten Schutzverweigerungsfrist von zwölf auf achtzehn Monate möglich, sofern die Vertragspartei eine entsprechende Erklärung abgegeben hat. Die Schweiz hat hiervon Gebrauch gemacht, Deutschland hingegen nicht.

Im Falle der Internationalen Registrierung (IR) kann in vielen Ländern **Widerspruch** gegen die Schutzgewährung in dem betreffenden Land erhoben werden. In Deutschland beginnt die dreimonatige Widerspruchsfrist mit dem ersten Tag des Monats, der dem Monat folgt, der als Ausgabedatum der die Veröffentlichung der jüngeren IR-Marke enthaltenen Ausgabe der Publikation „Gazette OMPI des Marques Internationales/WIPO Gazette International Marks" angegeben ist.

Eine **Mitteilung** über eine Schutzverweigerung (Art. 5 PMMA) aufgrund eines Widerspruches von Dritten in den Ländern des PMMA nach Ablauf von achtzehn Monaten ist möglich, wenn die WIPO von der nationalen Behörde des Verbandslandes vor Ablauf der 18-Monats-Frist eine Mitteilung erhalten hat, dass ein Widerspruch nach Ablauf der 18-monatigen Frist möglich ist sowie über den Beginn und den Ablauf der Widerspruchsfrist in Kenntnis gesetzt worden ist. Darüber hinaus muss eine Mitteilung über die Schutzverweigerung in einem Vertragsstaat aufgrund eines Widerspruches innerhalb von sieben Monaten nach Beginn der Widerspruchsfrist oder – falls die Widerspruchsfrist kürzer als sieben Monate ist – innerhalb eines Monats nach Ablauf der Widerspruchsfrist erfolgen (Art. 5 Abs. 2 c) PMMA).

V. Vorteile der Internationalen Registrierung von Marken

Die wesentlichen **Vorteile** des Madrider Markenverbandes für den Anmelder liegen auf der Hand: Mit nur einem Internationalen Antrag nach Registrierung, der nur bei einem Amt in nur einer Sprache eingereicht wird und für die die Zahlung der entsprechenden amtlichen Gebühren in nur einer Währung auf ein Konto der WIPO erfolgen muss, ist der Verfahrensaufwand wesentlich geringer als eine Vielzahl nationaler Anmeldungen, aber auch im Hinblick auf die vergleichbar niedrigen Kosten sehr vorteilhaft. Darüber hinaus werden ganz erhebliche Kosten für die Übersetzung der obligatorischen Waren- und Dienstleistungsverzeichnisse in die entsprechenden Landessprachen vermieden. Dieses Verfahren mit der Bündelung von national wirkenden Markenrechten führt auch zu entsprechenden Vorteilen bei der Erneuerung des Schutzes sowie bei Änderungen, beispielsweise des Inhabers, seiner Adresse, einzelner Waren und/oder Dienstleistungen für einzelne oder mehrere Länder.

§ 65 Gemeinschaftsmarken

Die Regelungen der **GMVO** werden im Vergleich zu den Regelungen des MarkenG in den einzelnen vorhergehenden Kapiteln insbesondere in Kap. 2 behandelt.

§ 66 Nationale Vorschriften für IR- und Gemeinschaftsmarken

I. MMA und PMMA

Im 5. Teil des MarkenG (§§ 107 – 125) sind Regelungen über **Internationale Registrierungen** (IR) enthalten. Die Grundnorm über die ergänzende Anwendbarkeit des MarkenG auf Internationale Registrierungen nach dem MMA enthält § 107, nach dem PMMA § 119 MarkenG. Während die §§ 108 – 111 MarkenG die Internationale Registrierung auf der **Basis einer deutschen Marke** nach dem MMA respektive §§ 120 – 123 MarkenG nach dem PMMA regeln, sind in den §§ 112 – 118 MarkenG Regelungen über in Deutschland wirksame IR Marken auf der **Basis ausländischer Marken** enthalten. Entsprechend gilt § 124 MarkenG für **Erstreckungen** aus dem PMMA. Die **Umwandlung** einer Internationalen Registrierung in eine nationale Markenanmeldung, die nur für Protokollmarken möglich ist (Art. 9^{quinquies} PMMA), wird in § 125 MarkenG behandelt.

II. Gemeinschaftsmarken

Die §§ 125a – 125 i MarkenG enthalten Regelungen, die die GMVO und die GMDVO ergänzen. In der Regel wird auf entsprechende Regelungen im nationalen Recht verwiesen. Besondere Beachtung verdient der § 125e MarkenG für die Zuständigkeit der nationalen Gerichte bei Kennzeichenverletzungsverfahren sowie die Umwandlung von **Gemeinschaftsmarken** oder -anmeldungen gem. § 125d MarkenG.

Sechster Abschnitt: Urheberrecht und verwandte Schutzrechte

Wie bereits eingangs skizziert, erschöpft sich das Rechtsgebiet zum Schutz des geistigen Eigentums nicht in den bislang behandelten Sondergesetzen des gewerblichen Rechtsschutzes, vielmehr wird es durch das Urheberrecht als zweiter, zunehmend an Bedeutung gewinnender Hemisphäre des Immaterialgüterrechts ergänzt (s.o. § 1 I., § 2 VI., § 7 III. 2.). Aus systematischer Sicht ist zu vergegenwärtigen, dass sich die im Urheberrechtsgesetz geregelte Rechtsmaterie nicht nur auf das im Vordergrund des Interesses stehende „**Urheberrecht**" (Teil 1: §§ 1–69g UrhG – nachfolgend 1. Kapitel) und den dort geregelten Schutz von „Werken der Literatur, Wissenschaft und Kunst" beschränkt, sondern darüber hinaus auch auf den Bereich der sog. **verwandten Schutzrechte** erstreckt (Teil 2: §§ 70 – 87h UrhG – nachfolgend 2. Kapitel).

1. Kapitel. Urheberrecht
§ 67 Begriff und Wesen des Urheberrechts

Dem Begriff des „Urheberrechts" kommt eine zweifache Bedeutung zu: zum einen meint „Urheberrecht" das **subjektive Recht**, das die materiellen und ideellen Interessen des Urhebers an seinem Geisteswerk schützt, zum anderen – in seiner **objektiven Bedeutung** – beschreibt „Urheberrecht" die Summe sämtlicher Rechtsnormen, die das Verhältnis des Urhebers und seiner Rechtsnachfolger zu dem geschützten Werk regeln.[1] Für die gebotene Einordnung des Urheberrechts in das übergeordnete System der Gesetze zum Schutz des geistigen Eigentums ist es bedeutsam zu erkennen, dass sich die vom Urheberrecht erfassten Schutzobjekte – die geschützten Werke der Literatur, Wissenschaft und Kunst – in ihrem **Wesen** von den Schutzobjekten der Sondergesetze des gewerblichen Rechtsschutzes unterscheiden. So zielt das Urheberrecht traditionell auf den Schutz solcher Ergebnisse menschlicher Schaffenstätigkeit, die – wie z.B. Romane, Musikwerke, Gemälde, Filmwerke – dem Bereich des sog. **Kulturschaffens** zuzuordnen sind. Sie sind dadurch gekennzeichnet, dass sie der menschliche Geist aus sich selbst hervorgebracht hat, um dem individuellen menschlichen Geist durch eine zur Aufnahme durch die menschlichen Sinne geeigneten „Aussage" Ausdruck zu verleihen. Anders etwa als eine technische Erfindung bringen sie damit nicht nur eine in der Natur bereits vorgegebene Gesetzmäßigkeit zur Anwendung. Auch ist ihnen – zumindest soweit man den Bereich des traditionellen Urheberrechts ins Auge fasst – in der Regel ein praktisches Zweckmoment fremd. Mit Blick auf diese wesensmäßigen Besonderheiten der vom Urheberrecht erfassten Schutzobjekte wird dem Urheberrecht auch die Funktion zugeschrieben, dem **Schutz qualifizierter menschlicher Kommunikation** zu dienen.[2] Wie bereits einleitend in der Betrachtung der Kategorien geistiger Schaffensergebnisse und der Systematik der Gesetze zum Schutz des geistigen Eigentums erörtert, ist das Wesen der unterschiedlichen, immaterialgüterrechtlich geschützten Gegenstände nicht nur maßgeblich für die kategoriale Anknüpfung der einzelnen Sondergesetze, sondern insbesondere auch für deren normativ-rechtliche Ausgestaltung (s. o. § 5 V.).

---

1 Schack, Urheber- und Urhebervertragsrecht, S. 2 Rdn. 2.
2 Schricker/Schricker, Urheberrecht, Einl. Rdn. 7 m.w. Nachw.

§ 68 Werkbegriff, Schutzvoraussetzungen

I. Materielle Schutzvoraussetzungen

Die Voraussetzungen, die vorliegen müssen, damit ein Schutzobjekt urheberrechtlichen Schutz genießt, ergeben sich aus dem urheberrechtlichen **Werkbegriff**. Dieser wird durch den Gesetzgeber für alle Werkarten gemeinsam definiert (§ 2 Abs. 2 UrhG): Werke im Sinne des Urheberrechts sind danach nur „**persönlich geistige Schöpfungen**". Diese müssen – so die Begründung[3] – „durch ihren Inhalt oder durch ihre Form etwas Neues und Eigentümliches darstellen." Mit dieser Regelung hat der Gesetzgeber erstmals den Versuch unternommen, den von Rechtsprechung und Lehre entwickelten Werkbegriff in einer gesetzlichen Begriffsbestimmung zum Ausdruck zu bringen.[4] Die allgemein als wenig aussagekräftig kritisierte Definition des Gesetzgebers bedarf allerdings einer **Konkretisierung** durch die Benennung konkreter Merkmale, anhand derer sich die Schutzfähigkeit von Schaffensergebnissen im Einzelfall überprüfen lässt. Maßgebliche **Voraussetzungen** für das Vorliegen eines schutzfähigen Werkes sind danach, dass dieses

- dem Bereich der **Literatur, Wissenschaft und Kunst** zugehört,
- das Ergebnis **persönlichen Schöpfens** ist,
- einen **geistigen Gehalt** zum Ausdruck bringt,
- eine konkrete, sinnlich **wahrnehmbare Form** gefunden hat und
- sich durch einen schöpferischen Eigentümlichkeitsgrad (**Individualität**) auszeichnet.[5]

1. Werk der Literatur, Wissenschaft und Kunst

Die Urheberrechtsschutzfähigkeit setzt zunächst ein Werk voraus, das sich den Werkkategorien der „Literatur, Wissenschaft oder Kunst" zuordnen lässt (vgl. §§ 1, 2 Abs. 1 UrhG). Mit dieser kategorialen Terminologie ist der deutsche Gesetzgeber den üblichen Umschreibungen des Schutzgegenstandes in den internationalen Abkommen auf dem Gebiet des Urheberrechts gefolgt (vgl. Art. 2 RBÜ, Art. I WUA). Durch die Begriffe der Literatur, Wissenschaft und Kunst wird dabei der Gesamtbereich der Kategorien umrissen, dem sich urheberrechtlich schutzfähige Werke zumindest in einem weit verstandenen Sinne zuordnen lassen müssen. Sie werden durch die beispielhafte Aufzählung der wichtigsten Werkarten, die „insbesondere" zu den geschützten Werken gehören, ergänzt (§ 2 Abs. 1 Nr. 1–7 UrhG – zu den Werkarten im Einzelnen s. nachfolgend unter § 69).

2. Ergebnis persönlichen Schöpfens

Durch das Merkmal des „**persönlichen**" Schöpfens wird zum Ausdruck gebracht, dass das fragliche Schutzobjekt das Ergebnis eines persönlichen, d.h. eines menschlich-gestalterischen Schaffens sein muss. Durch dieses Merkmal werden vom urheberrechtli-

---

[3] BT-Drucks. IV/270, Amtl. Begr. zu § 2, S. 38.
[4] Die beiden Vorläufergesetze des UrhG 1965, das „Gesetz betr. das Urheberrecht an Werken der Literatur und Tonkunst" vom 19.6.1901 (LUG) und das „Gesetz betr. das Urheberrecht an Werken der Bildenden Künste und der Photographie" vom 9.1.1907 (KUG) enthielten keine Definition des urheberrechtlich schutzfähigen Werkes.
[5] Vgl. u.a. Schricker/Loewenheim, Urheberrecht, § 2 Rdn. 8 ff.

chen Werkschutz also etwa solche Produkte ausgeschlossen, die lediglich das Ergebnis des Einsatzes von **Apparaten** oder **Maschinen** sind[6] (z.B. Übersetzung durch Übersetzungscomputer; Bilder durch Malmaschine, die Farbkleckse auf Leinwand spritzt). Ebenso vom Schutz ausgeschlossen sind danach allein von der **Natur** hervorgebrachte Erscheinungen, wie z.b. die natürliche Musterung von Marmor, sowie nicht bewusst geschaffene bloße **Zufallsergebnisse**, etwa die Farbkleckse auf einer Malunterlage.[7] Andererseits steht es der Schutzfähigkeit zweifellos nicht entgegen, dass sich der Werkschaffende – gewissermaßen als Werkzeug – **technischer Hilfsmittel** bedient, um seine persönlichen Gedanken und Gefühle auszudrücken, sofern nur der menschliche Wille über die konkrete Festlegung des Schaffensergebnisses entscheidet (z.B. Einsatz von Zeichen- oder Malprogramm, elektronische Musik).[8]

3. Geistiger Gehalt

Aus der gesetzlich vorausgesetzten „persönlich-*geistigen*" Schöpfung (§ 2 Abs. 2 UrhG) ergibt sich, dass sich das Werk durch einen **geistigen Gehalt** auszeichnen muss, d.h. erforderlich ist, dass der menschliche Geist durch die Mitteilung eines konkretisierten Gedanken- oder Gefühlsinhalts im Werk zum Ausdruck kommt.[9] Die **immaterielle**, von der Verkörperung des Werks im konkreten Werkstück (z.B. dem Buch, der CD od. DVD) zu unterscheidende **Natur** des geistigen Gehalts ist Charakteristikum des Urheberrechts als Recht an einem Immaterialgut. Der erforderliche geistige Gehalt des Werks kommt bei den einzelnen vom Urheberrechtsschutz erfassten Werkarten naturgemäß in sehr unterschiedlicher Weise zum Ausdruck. Bei Werken der Literatur und Wissenschaft etwa, findet der geistige Gehalt seinen Niederschlag in der Gedankenformung und -führung des dargestellten Inhalts und/oder der besonders geistvollen Form und Art der Sammlung, Einteilung und Anordnung des dargebotenen Stoffs.[10] Demgegenüber wird durch Werke der bildenden Kunst eher ein ästhetischer Gedankeninhalt oder durch Werke der Musik ein Gefühlsinhalt zum Ausdruck gebracht.

4. Sinnlich wahrnehmbare Formgestaltung

Der Urheberschutz setzt ferner voraus, dass die Werkschöpfung eine für die menschlichen Sinne **wahrnehmbare Form** angenommen hat. Daraus folgt, dass der Schutz beginnt, sobald das Werk erkennbar ist, d.h. sobald das Werkschaffen soweit fortgeschritten ist, dass es den individuellen geistigen Gehalt auszudrücken vermag. Das bedeutet, dass eine Werkvollendung für die Erlangung von Urheberrechtsschutz nicht erforderlich ist, d.h. auch ein **Entwurf**, ein **Plan** oder eine bloße **Skizze** können als Vorstufen eines Werks daher bereits Schutz genießen, sofern sie eine persönliche geistige Schöpfung darstellen.[11] Gleichfalls nicht erforderlich ist, dass das Werk bereits eine körperliche oder dauerhafte Festlegung erfahren hat. Geschützt sein kann daher z.B. bereits auch eine nicht schriftlich fixierte Rede, ein Stegreifgedicht oder eine musikalische Improvisation. Für den Schutz unerheblich ist es schließlich, ob das Werk durch die menschlichen Sinne unmittelbar wahrgenommen werden kann oder ob es insoweit

---

6 Schricker/Loewenheim, Urheberrecht, § 2 Rdn. 11 f.
7 v. Gamm, Urheberrechtsgesetz, § 2 Rdn. 12.
8 Schricker/Loewenheim, Urheberrecht, § 2 Rdn. 12; Rehbinder, Urheberrecht, S. 66 Rdn. 146.
9 Schricker/Loewenheim, Urheberrecht, § 2 Rdn. 18.
10 St. Rspr. – vgl. u.a. BGH GRUR 1980, 227, 230 „Monumenta Germaniae Historica".
11 BGH v. 13.11.2013, I ZR 143/12, „Geburtstagszug".

eines technischen Geräts bedarf.¹² Ausreichend für die Schutzentstehung ist also, dass das Werk so zum Ausdruck gebracht wurde, dass es im Grundsatz von Dritten durch Wiedergabe genutzt werden kann. Bei Fernseh- und Rundfunkübertragungen, auch bei Livesendungen, genügt für den Schutz daher die Ausstrahlung der Wellen, die erst durch ein Empfangsgerät sinnlich wahrnehmbar gemacht werden können.¹³

5. Individualität

Aus der Summe der vom Gesetzgeber zur Umschreibung der urheberrechtlich geschützten Werke verwandten Begriffsmerkmale „persönlich-geistige Schöpfungen" wird schließlich abgeleitet, dass das persönliche Schaffensergebnis geistigen Inhalts vom individuellen Geist, der Persönlichkeit des Urhebers geprägt sein muss. Die **wichtigste Voraussetzung** und entscheidende Hürde des Urheberrechts ergibt sich folglich daraus, dass sich ein schutzfähiges Werk als das Ergebnis individueller geistiger Gestaltung darstellen muss, d.h. sich durch **Individualität** auszeichnen muss.¹⁴ Durch das Erfordernis der Individualität wird die Selbständigkeit und Einmaligkeit eines urheberrechtlichen Werkes, seine Prägung durch den Urheber zum Ausdruck gebracht.¹⁵ Die Individualität des Urhebers ist die Ursache für die Individualität des Werks und bewirkt dessen Eigenart.¹⁶ Auch grenzt das Merkmal der Individualität die dem Urheberrechtsschutz zugänglichen Werke von den schutzlosen Gebilden ab. Schutz genießen nur Ergebnisse geistigen Schaffens, die sich von der Masse des Alltäglichen, üblicherweise hervorgebrachten, dem Banalen, kurz von dem, was jedermann in ähnlicher Weise erbracht hätte, abheben. Nicht von der erforderlichen Individualität geprägt und damit vom Urheberrechtsschutz ausgeschlossen sind daher alle Schaffensergebnisse, die lediglich auf handwerklicher, wenn auch durchaus fachmännisch erbrachter Leistung, auf Routine oder bloßer Schablone beruhen.¹⁷

6. Kleine Münze, Gestaltungshöhe

Die durch den Werkbegriff vorausgesetzte Individualität kann allerdings in sehr unterschiedlich starker Intensität in einem Werk zum Ausdruck kommen.

a) **Meisterwerke.** So werden bedeutende **Meisterwerke**, etwa der Literatur, der bildenden Kunst oder der Musik eine starke individuelle Prägung durch den Urheber aufweisen. Am stärksten ist die Individualität, wenn das Werk „den Stempel der Persönlichkeit des Urhebers" trägt.¹⁸ Zu denken ist an Werke bedeutender Autoren (z.B. Thomas Mann, Stefan Zweig, Ernest Hemingway), bedeutender Maler (z.B. Vassily Kandinsky, Ernst Ludwig Kirchner, Pablo Picasso, Edward Hopper) oder Komponisten (z.B. Gustav Mahler, Arnold Schönberg, John Cage). Ein derart hohes Maß an Individualität ist jedoch für die Anerkennung des Urheberrechtsschutzes keineswegs erforderlich.

b) **Einfache Werke, kleine Münze.** So ist allgemein anerkannt, dass auch **einfache Werke** von geringer schöpferischer Ausprägung, bei dem die Persönlichkeit stärker hinter

---

12 Schricker/Loewenheim, Urheberrecht, § 2 Rdn. 20 ff.
13 BGHZ 37, 1, 7 = GRUR 1962, 470 „AKI".
14 Schricker/Loewenheim, Urheberrecht, § 2 Rdn. 23 ff.; Rehbinder, Urheberrecht, S. 68 Rdn. 151.
15 Knap, FS f. A. Troller, S. 17, 125.
16 Troller, Immaterialgüterrecht, Bd. I, S. 361 f.
17 BGHZ 94, 276, 287 = GRUR 1985, 1041, 1047 „Inkasso-Programm"; BGH GRUR 1986, 739, 741 „Anwaltsschriftsatz".
18 Ulmer, Urheber- und Verlagsrecht, S. 124.

dem Werk zurücktritt, dem Erfordernis der Individualität genügen, sofern trotz der Stoffgebundenheit hinreichender Spielraum für einen individuellen Ausdruck bleibt.[19] Es ist also keineswegs erforderlich, dass ein Werk – sei es etwa ein Roman, ein Gemälde oder eine Komposition – die „Handschrift" eines großen „Meisters" erkennen lässt. Die untere Grenze der Urheberrechtschutzfähigkeit wird durch die sog. **kleine Münze** des Urheberrechts markiert. Man versteht darunter Werke, die wegen eines Minimums an Individualität im Grenzbereich des Urheberechts angesiedelt sind, die aber gerade noch als vom Schutz erfasst angesehen werden.[20] Beispiele für Fälle, in denen auf einen Schutz unter dem Gesichtspunkt der Schutzfähigkeit auch der „kleinen Münze" anerkannt wurde, sind etwa Kataloge, Adressbücher, Formulare, Werbeprospekte und -slogans, einfache Schlager und Potpourris.[21]

c) **Gestaltungshöhe.** Obgleich danach grundsätzlich bescheidene Anforderungen an das Maß individueller Gestaltung gestellt werden, wird als Voraussetzung des Urheberrechtsschutzes regelmäßig ein gewisses Schaffensniveau verlangt, meist als sog. **Gestaltungshöhe** bezeichnet.[22] Dies legt die Frage nahe, ob das Vorliegen einer „persönlich-geistigen Schöpfung" über das Erfordernis der Werkindividualität hinaus – gewissermaßen analog der im Patentrecht erforderlichen „Erfindungshöhe" – ein weiteres, qualitatives Moment, ein Schaffen bestimmter Qualität voraussetzt. Diese Frage ist jedoch zu verneinen, da es nach allgemeiner Auffassung für die Bejahung des Urheberrechtsschutzes auf eine besondere literarische, wissenschaftliche oder künstlerische Qualität nicht ankommt.[23] Nicht nur die Durchschnittsleistung, sondern sogar der schlechte Roman, das kitschige Bild, die schlechte Komposition oder die wissenschaftlich angreifbare Untersuchung genießen daher Schutz. Nach richtiger Auffassung handelt es sich bei der Gestaltungshöhe also um **kein Kriterium der Werkqualität**, vielmehr gibt sie an, in welchem Maß das Werk durch Individualität geprägt ist. Das heißt, bei der Gestaltungshöhe handelt es sich nicht um eine zusätzliche materielle Schutzvoraussetzung, sondern um einen **quantitativen Aspekt der Individualität**.[24] Was die konkreten Anforderungen an die Gestaltungshöhe angeht, war die höchstrichterliche Rechtsprechung der vergangenen Jahrzehnte uneinheitlich und hat keine einheitlichen Anforderungen an die Gestaltungshöhe für alle Werkarten gestellt. Als eigentliche Schwierigkeit erweist sich daher in diesem Zusammenhang die Abgrenzung des Werkbegriffs „nach unten", d.h. die Bestimmung der Schutzuntergrenze, unterhalb derer eine „persönlich-geistige Schöpfung" mangels hinreichender Individualität ausscheidet.[25] Insbesondere die im juristischen Schrifttum bereits seit jeher umstrittene sehr großzügige Anerkennung des urheberrechtlichen Schutzes von „simplen Alltagserzeugnissen" unter dem Gesichtspunkt der **kleinen Münze** begegnet dabei – vor allem mit Blick auf die

---

19 Ulmer, Urheber- und Verlagsrecht, S. 124, 127.
20 Vgl. vor allem Schraube, UFITA, Bd. 61 (1971), S. 127, 128; Schulze, Die kleine Münze, S. 1 ff.; Thoms, der urheberrechtliche Schutz der kleinen Münze, S. 37 ff.
21 Schricker/Loewenheim, Urheberrecht, § 2 Rdn. 24, 39; ferner Schack, Urheber- und Urhebervertragsrecht, S. 151 f. Rdn. 294.
22 Vgl. BGH GRUR 1983, 377 „Brombeer-Muster"; GRUR 1982, 305, 306 „Büromöbelprogramm"; OLG Düsseldorf GRUR 1971, 415 „Studio 2000".
23 Vgl. BGH GRUR 1959, 289, 290 „Rosenthal-Vase"; GRUR 1981, 267, 268 „Dirlada"; Schricker/Loewenheim, Urheberrecht, § 2 Rdn. 26, 45 m.w. Nachw.
24 Schricker/Loewenheim, Urheberrecht, § 2 Rdn. 24; Rehbinder, Urheberrecht, S. 68 f. Rdn. 152.
25 Fromm/Nordemann, Urheberrecht, § 2 Rdn. 30 ff. m. Darstellung der Rspr. zu den einzelnen Werkarten.

alternativen Schutzmöglichkeiten des wettbewerbsrechtlichen Leistungsschutzes – zunehmend der Kritik.[26]

II. Formelle Schutzvoraussetzungen

1. Grundsatz der Formfreiheit

Der urheberrechtliche Werkschutz ist unabhängig von der Erfüllung formeller Schutzvoraussetzungen. Es gilt der **Grundsatz der Formfreiheit** des Urheberrechtsschutzes, d.h. eine Hinterlegung, eine Registrierung, ein Vorbehalt der Rechte oder dergleichen sind für den urheberrechtlichen Schutz nicht erforderlich. Der Schutz knüpft vielmehr unmittelbar an den Schöpfungsakt an, d.h. das absolute Urheberrecht entsteht kraft Gesetzes mit der Werkvollendung (zum Grundsatz der automatischen Schutzentstehung nach Art. 5 Abs. 2 RBÜ vgl. bereits § 4 III. 3.). Darin liegt ein wesentlicher Unterschied zum Bereich der gewerblichen Schutzrechte, deren Erlangung in der Regel – sieht man von der Verkehrsgeltungsmarke, der notorisch bekannten Marke und dem nicht registrierten Gemeinschaftsgeschmacksmuster ab – ein formelles Erteilungsverfahren, d.h. eine Schutzrechtsanmeldung bei der für die Erteilung zuständigen Behörde (Deutsche Patent- und Markenamt [DPMA], Bundessortenamt [BSA], Harmonisierungsamt für den Binnenmarkt [HABM]) voraussetzen. Auch bei der fakultativ möglichen Eintragung in die beim DPMA geführte **Urheberrolle** (§ 138 UrhG) handelt es sich nicht um eine formelle Schutzvoraussetzung, vielmehr hat diese lediglich Bedeutung für die Schutzdauer von anonymen oder pseudonymen Werken (§ 66 Abs. 2 S. 2 UrhG).[27]

2. Bedeutung des Copyright-Vermerk

Die Entstehung des Urheberrechtsschutzes setzt insbesondere auch nicht die Anbringung eines Urhebervermerks bzw. eines sog. **Copyright-Vermerks** voraus. Die weit verbreitete Praxis der Anbringung eines Copyright-Vermerks, bestehend aus dem Copyright-Kennzeichen – © – in Verbindung mit dem Namen des Inhabers des Urheberrechts und der Jahreszahl der ersten Veröffentlichung (z.B. © **Max Meyer 2010**), erklärt sich vielmehr aus inzwischen weitgehend entfallenen Anforderungen des internationalen Urheberrechtsschutzes. So war die Anbringung eines Copyright-Vermerks nach Maßgabe des WUA in früheren Jahren erforderlich, um auch in den USA Urheberrechtsschutz zu erlangen. Nachdem die USA im Jahre 1989 der RBÜ beigetreten sind, die – anders als das WUA – keine entsprechenden Förmlichkeiten voraussetzt, ist diese Bedeutung entfallen. Allerdings ist die Anbringung des Copyright-Vermerks für die Rechtsverfolgung in den USA nach wie vor von Vorteil. Eine gewisse Bedeutung und ein Vorteil der Anbringung des Copyright-Vermerks ergibt sich allerdings auch nach deutschem Urheberrecht. So wird derjenige, der auf einem Werkstück als Urheber bezeichnet ist, bis zum Beweis des Gegenteils als Urheber des Werks angesehen (**Urhebervermutung**, § 10 Abs. 1 UrhG). Zwar ist für diese Kennzeichnung nicht die Form

---

[26] Vgl. insbesondere Schack, Urheber- und Urhebervertragsrecht, S. 151 ff.; ferner Rehbinder, Urheberrecht, S. 69 Rdn. 153.
[27] Rehbinder, Urheberrecht, S. 71 Rdn. 157.

des Copyright-Vermerks erforderlich, sie bietet sich wegen ihrer Einfachheit und Klarheit jedoch an und ist zudem international eingeführt.[28]

§ 69 Die Werkarten im Einzelnen

Das Gesetz enthält neben der Definition des urheberrechtlich geschützten Werkes (§ 2 Abs. 2 UrhG) darüber hinaus einen Katalog der wichtigsten **Werkarten**, die „insbesondere" zu den geschützten Werken der Literatur, Wissenschaft und Kunst gehören (vgl. § 2 Abs. 1 Nr. 1 – 7 UrhG – s. bereits § 2 VI. 1.). Durch die Beschränkung auf einen nicht abschließenden Beispielskatalog hat der Gesetzgeber bewusst Raum gelassen für die Einbeziehung neuer, sich im Laufe der Zeit erst herausbildender Werkarten, die somit ohne weiteres vom Schutz erfasst werden können. Er hat damit den Schwierigkeiten Rechnung getragen, zu denen die gesetzlichen Vorläuferregelungen, die eine abschließende Aufzählung der geschützten Werkarten enthielten, geführt hatten. So bedurfte es etwa bei Aufkommen des Films einer gesonderten Gesetzesnovelle zwecks Klarstellung, dass auch Filmwerke urheberrechtlichen Schutz genießen (vgl. § 15a KUG).[29]

I. Sprachwerke, wie Schriftwerke, Reden und Computerprogramme

Unter dem Oberbegriff des **Sprachwerks** fasst das Urheberrechtsgesetz den Schutz aller Werke zusammen, die sich der Sprache, sei es in schriftlicher oder mündlicher Form, als Ausdrucksmittel bedienen. Dabei kommt es für den Sprachwerksschutz nicht auf die Art der Sprache an, d.h. auch Fremdsprachen, tote Sprachen, Kunstsprachen wie Esperanto oder Programmiersprachen, kommen als taugliche Ausdrucksmittel in Betracht.[30] Gleichgültig für die Qualifikation als Sprachwerk ist ferner, welchem Sachgebiet der Inhalt des Werkes zuzurechnen ist, d.h. ob es sich um einen wissenschaftlichen oder schöngeistigen, um einen theoretischen oder praktischen Inhalt handelt. Entscheidend ist allein, dass ein begrifflicher Inhalt durch die Sprache ausgedrückt wird.

1. Schriftwerke

Schriftwerksschutz genießen alle Sprachwerke, bei denen der sprachliche Gedankeninhalt durch Schriftzeichen oder andere Zeichen äußerlich erkennbar gemacht wird. Geschützt sind insoweit vor allem literarische Werke, wie Romane, Dramen, Erzählungen, Gedichte, Libretti, Hörspiele (etc.), aber auch Zeitschriftenaufsätze und -artikel sowie wissenschaftliche Werke. Ausnahmsweise wird jedoch auch profanen Druckerzeugnissen des praktischen und geschäftlichen Alltags (Adressbüchern, Kochbüchern, Rechentabellen, Katalogen, geschäftlichen Musterblättern, Formularen etc.), soweit sie sich durch ein Mindestmaß an individueller sprachlicher Gestaltung auszeichnen, Schriftwerkschutz als sog. kleine Münze zuerkannt (s. zuvor § 68 I. 6. b.).[31]

---

28 Harke, S. 44; näheres zu den Anforderungen der WUA vgl. Schricker/Katzenberger, Urheberrecht, Vor §§ 120 ff. Rdn. 63.
29 Vgl. BT-Drucks. IV/270, Amtl. Begr., S. 37.
30 Rehbinder, Urheberrecht, S. 73 f. Rdn. 163.
31 Vgl. Übersicht und Kritik am Schutz der kleinen Münze bei Rehbinder, Urheberrecht, S. 74 f. Rdn. 165.

2. Reden

Als weitere Unterart der Sprachwerke nennt das Gesetz „**Reden**". Sie unterscheiden sich von einem Schriftwerk dadurch, dass der sprachliche Gedankeninhalt nicht durch Zeichen, sondern mündlich zum Ausdruck gebracht wird. Bei hinreichender Individualität sind also auch Vorträge, Vorlesungen, Predigten, Interviews, Reportagen, Stegreifgedichte (etc.) vom urheberrechtlichen Schutz erfasst.[32]

3. Computerprogramme

a) **Einordnung, Begriff.** Auch **Computerprogramme** sind im Katalog der geschützten Werkarten des Urheberrechts als Unterart der Sprachwerke aufgeführt (§ 2 Abs. 1 Nr. 1 UrhG). Computerprogramme haben sich spätestens mit der Verbreitung der Personal Computer (PC) Anfang der 1980er Jahre neben Film und Musik zu den wichtigsten immateriellen Wirtschaftsgütern entwickelt. Ihre Schutzbedürftigkeit ist ähnlich motiviert wie die von Datenbankwerken. Die Entwicklung von Computerprogrammen ist in der Regel mit ganz erheblichen wirtschaftlichen Investitionen verbunden, während das fertige Programm ohne nennenswerten Aufwand kopiert und in unbegrenzter Stückzahl vertrieben werden kann. Auch bei den Computerprogrammen ist daher die Amortisation durch die leichte Kopierbarkeit gefährdet. Früh stellte sich daher die Frage nach einem geeigneten immaterialgüterrechtlichen Schutz von Computerprogrammen. Kaum eine andere Frage in der Geschichte des Immaterialgüterrechts wurde ähnlich kontrovers diskutiert. Schließlich wurde der Urheberrechtsschutz von Computerprogrammen international als die geeignetste Schutzmöglichkeit für Computerprogramme favorisiert. Die Einordnung der Computerprogramme als Sprachwerke mag überraschen, da es sich bei Computerprogrammen im Kern um auf den Einsatz der Technik gestützte Problemlösungen handelt.[33] Sie lässt sich jedoch damit erklären, dass Computerprogramme in einer Programmier**sprache** „geschrieben" werden. Die Einordnung der Computerprogramme als Werke der „Literatur, Wissenschaft und Kunst" entspricht also einer „linguistischen" Betrachtungsweise dieses besonderen Schutzobjektes. Zugleich markiert die Aufnahme der Computerprogramme in das Urheberrecht einen Meilenstein, der – ergänzt durch spätere Integration des Datenbank(werk)schutzes (§§ 4 Abs. 2, 87a ff. UrhG) – zu einem erheblichen Bedeutungszuwachs des Urheberrechts geführt hat (s.o. § 7 III. 2. a). Was unter einem Computerprogramm zu verstehen ist, wurde im Gesetz im Hinblick auf mögliche technische Weiterentwicklungen bewusst nicht definiert. Allgemein versteht man unter einem **Computerprogramm** „eine Folge von Befehlen, die nach Aufnahme in einen maschinenlesbaren Träger fähig sind, zu bewirken, dass eine Maschine mit informationsverarbeitenden Fähigkeiten eine bestimmte Funktion oder Aufgabe oder ein bestimmtes Ergebnis anzeigt, ausführt oder erzielt".[34]

b) **Schutzgegenstand. Schutzgegenstand** des urheberrechtlichen Schutzes sind nach dem Willen des Gesetzgebers „Programme in jeder Gestalt, einschließlich des Entwurfsmaterials" (§ 69a Abs. 1 UrhG). Klargestellt werden sollte damit, dass es für den Schutz nicht darauf ankommt, in welcher Form ein Computerprogramm festgelegt ist.

---

32 Schricker/Loewenheim, Urheberrecht, § 2 Rdn. 83.
33 Vgl. Pierson, Der Schutz der Programme für die Datenverarbeitung, S. 80 ff., 154 f.
34 So bereits § 1(i) der von der WIPO entwickelten „Mustervorschriften für den Schutz von Computerprogrammen (MV)" aus dem Jahre 1977 – abgedruckt in GRUR Int. 1978, 286.

Nicht erforderlich ist danach, dass es bereits auf einer Diskette, einer CD, einer Festplatte oder einem Band gespeichert oder als sog. Firmware in die Hardware integriert ist.[35] Vielmehr hat der Gesetzgeber zum Schutzgegenstand des Programmschutzes klargestellt, dass der Schutz „für alle Ausdrucksformen eines Computerprogramms" gilt, wobei aber die „Ideen und Grundsätze, die einem Element eines Computerprogramms zugrunde liegen, einschließlich der den Schnittstellen zugrundeliegenden Ideen und Grundsätze", nicht geschützt sind (§ 69a Abs. 2 UrhG). Dem Schutz unterliegen damit als Ausdrucksformen des Computerprogramms insbesondere der Quellcode – das ist das in der Programmiersprache niedergeschriebene Programm – und der maschinenlesbare Objektcode, ebenso wie alle im Rahmen der Programmentwicklung als Vorstufen entstandenen Ausdrucksformen (nach traditioneller Programmiertechnik also: Problemanalysen, Datenfluss-, Programmablaufpläne etc.). Ausgeschlossen bleibt mit den zugrunde liegenden „Ideen und Grundsätzen" hingegen das geistige Allgemeingut, das als geistiges Gut im Interesse der Allgemeinheit einer Monopolisierung zugunsten eines Urhebers entzogen ist.[36] Das heißt, der prinzipielle Weg zur Lösung eines technischen, organisatorischen oder mathematischen Problems, z.B. der Weg zur Lösung eines mathematischen Problems mit Hilfe einer bestimmten mathematischen Formel, ist urheberrechtlich nicht geschützt.

c) **Schutzvoraussetzungen.** Was die **Schutzvoraussetzungen für Computerprogramme** angeht, haben diese im Rahmen der besonderen Bestimmungen für die Computerprogramme, die im Rahmen der Umsetzung der EG-Richtlinie zum Schutz von Computerprogrammen in das Urheberrechtsgesetz eingefügt wurden, eine gesonderte Regelung erfahren. Danach werden Computerprogramme geschützt, „wenn sie individuelle Werke in dem Sinne darstellen, dass sie das Ergebnis der eigenen geistigen Schöpfung ihres Urhebers sind" (§ 69a Abs. 3 UrhG). Damit ist zum Ausdruck gebracht, dass der Urheberrechtsschutz von Computerprogrammen nicht von einer besonderen Gestaltungshöhe abhängig gemacht werden darf, ebenso wenig wie der Urheberrechtsschutz von Dankenbankwerken und Lichtbildwerken, für die die gleichen harmonisierten Schutzvoraussetzungen gelten.[37] Entscheidend für die Handhabung in der Praxis ist, dass allgemein davon ausgegangen wird, dass der Urheberrechtsschutz von Computerprogrammen die absolute Regel ist und dass die Verneinung von Urheberrechtsschutz mangels erforderlicher Individualität des Programms nur bei völlig banalen Programmen anzunehmen sein wird.[38] Bei Programmen, die von (kommerziellem) Interesse sind, steht der Urheberrechtsschutz daher praktisch außer Frage.

---

35 Schricker/Loewenheim, Urheberrecht, § 69a Rdn. 4.
36 Schricker/Loewenheim, Urheberrecht, § 2 Rdn. 9 f.
37 BGH v. 13.11.2013, I ZR 143/12, „Geburtstagszug" zum Einfluss des europäisch harmonisierten Urheberrechts auf den Werkbegriff.
38 Schricker/Loewenheim, Urheberrecht, § 2 Rdn. 20; Loewenheim in Loewenheim/Koch, Praxis des Online-Rechts, S. 285.

Abb. 6: Besondere urheberrechtliche Bestimmungen für Computerprogramme

Besondere urheberrechtliche Bestimmungen für Computerprogramme[39] (§§ 69a – 69g UrhG)	
§ 69a Abs. 1	**Schutzgegenstand:** Klarstellung, dass sich Schutz auf „Programme in jeder Gestalt" erstreckt (schriftlich, maschinenlesbar), einschließlich Entwurfsmaterial (u.a. Problemanalyse, Flussdiagramme etc.).
§ 69a Abs. 2	**Positive und negative Abgrenzung zum Schutzgegenstand:** ■ Schutz gilt für alle Ausdrucksformen (insbes. Programmcode: Quellcode, Objektcode). ■ Zugrunde liegende „Ideen und Grundsätze" bleiben frei. ■ Hintergrund: Form und Inhalt; Gemeinfreiheit wiss.-technischer Inhalte, Algorithmen.
§ 69a Abs. 3	**Schutzvoraussetzungen:** ■ Individualität i.S.v. Ergebnis eigener geistiger Schöpfung. ■ Formel: „Programm ist nicht ganz trivial, banal und nicht abgekupfert" (ähnlich OLG Düsseldorf v. 27.3.1997).
§ 69a Abs. 4	**Verhältnis zum allgemeinen Urheberrecht:** Anwendung der für Sprachwerke geltenden Bestimmungen, soweit nichts anderes bestimmt ist.
§ 69b	**Sonderregelung für Urheber in Arbeits- und Dienstverhältnissen:** Automatischer Übergang der vermögensrechtlichen Befugnisse auf den Arbeitgeber, sofern nichts anderes vereinbart ist (abweichend von allgemeiner Regelung § 43 UrhG).
§ 69c	**Zustimmungsbedürftige Handlungen** (Verwertungsrechte): ■ Nr. 1: Vervielfältigung (S. 1: softwarespezifische Erweiterungen); S. 2 technisch bedingte Vervielfältigungen). ■ Nr. 2: Übersetzung, Bearbeitung, Arrangement und andere Umarbeitungen… (vgl. bereits § 3 UrhG; im übrigen Erweiterung gegenüber § 23 UrhG → bereits Erstellung erfasst; Abgrenzung freie Benutzung § 24 UrhG). ■ Nr. 3 S. 1: Verbreitung, einschließlich Vermietung (Sonderregelung zu §§ 17, 27 UrhG). ■ Nr. 3 S. 2: Erschöpfung des Verbreitungsrechts (= Schranke des Verwertungsrechts; Anwendbarkeit der Grundsätze zu § 17 Abs. 2 UrhG).

---

39 Umsetzung der EG-Richtlinie über den Rechtsschutz von Computerprogrammen v. 14.5.1991, ABl. EG Nr. L 122/42 ff.

§ 69d	Ausnahmen von den zustimmungsbedürftigen Handlungen (Schranken): ■ **Abs. 1**: zustimmungsfreie Handlungen wenn „für **bestimmungsgemäße Benutzung** des Computerprogramms einschließlich Fehlerbeseitigung durch Berechtigten notwendig", soweit keine besonderen vertraglichen Bestimmungen vorliegen (Berechtigter: jeder der zur Verwendung eines Vervielfältigungsstücks berechtigt ist, i.d.R. Lizenznehmer; Grenzen der Vertragsfreiheit: entsprechend Zweckübertragungsgrundsatz enthält § 69d Abs. 1 UrhG einen gewissen „zwingenden Kern"). ■ **Abs. 2**: Privilegierung der **Sicherungskopie** (ausgeschlossen bei Mitlieferung durch Händler). ■ **Abs. 3**: **Programmtestläufe** zulässig (Hintergrund: Freiheit der „Ideen und Grundsätze" – s.o.).
§ 69e	Dekompilierung zwecks Herstellung Interoperabilität: ■ **Dekompilierung**: Rückübersetzung des maschinenlesbaren Objektcodes in Quellcode. ■ **Interoperabilität**: Fähigkeit eines Programms zum Austausch von Informationen und zur wechselseitigen Verwendung der ausgetauschten Informationen (also: Kommunikation mit Hardware und anderer Software = Schnittstellen). ■ Hintergrund: Schutz des Wettbewerbs und Fortschritts durch Ausschluss der Monopolisierung von Schnittstellen.
§ 69f	Rechtsverletzungen ■ **Abs. 1**: Vernichtungs- und andere Ansprüche (i.V.m. § 98 Abs. 3 und 4 UrhG). ■ **Abs. 2**: gilt entsprechend für Mittel zur Umgehung (Kopierprogramme zum Ausschluss von Sicherheitsmechanismen).
§ 69g	Anwendung sonstiger Rechtsvorschriften/Vertragsrecht ■ Schutz nach PatG, HLSchG, MarkenG, UWG etc. bleibt unberührt. ■ Unabdingbarkeit der Mindestrechte nach § 69d Abs. 2, 3 UrhG und § 69e UrhG (Nichtigkeit).

II. Musikwerke

Im Anschluss an die Sprachwerke sind die **Werke der Musik** im Katalog der urheberrechtlich geschützten Werke genannt (§ 2 Abs. 1 Nr. 2 UrhG). Vom Schutz erfasst sind alle Arten von **Kompositionen**, d.h. Werke der sog. Unterhaltungsmusik (Schlager, Musicals etc.) ebenso wie Werke der sog. ernsten Musik (Opern, Symphonien, Oratorien etc.). Für den urheberrechtlichen Schutz – die sinnlich wahrnehmbare Formgestaltung des Werks (s. o. § 68 I. 4.) – ist es nicht erforderlich, dass ein Musikwerk in Noten niedergeschrieben ist, so dass auch **Improvisationen** schutzfähig sind.[40] Auch der Einsatz technischer Hilfsmittel (Computerprogramme, Sound-Sampling etc.) steht dem Schutz nicht entgegen, solange die Komposition das Ergebnis einer vom Urheber ge-

---

40 Rehbinder, Urheberrecht, S. 79 Rdn. 175.

steuerten, persönlich-schöpferischen Tätigkeit und nicht bloß das Ergebnis des Einsatzes eines Zufallsgenerators ist[41] (s. bereits o. § 2 I. 2.). Die schöpferische Eigentümlichkeit liegt bei Musikwerken in ihrer individuellen ästhetischen **Ausdruckskraft**. Für die Ausdruckskraft können Rhythmus und Aufbau der Tonfolgen als Elemente der Tongestaltung bedeutsam sein, vor allem aber die **Melodie** (die einen gegenüber anderen Werkarten erweiterten Schutzumfang der Musikwerke begründet, vgl. § 24 Abs. 2 UrhG). Entscheidend für die Frage der Schutzfähigkeit ist, ob der auf dem Zusammenspiel all dieser Elemente beruhende Gesamteindruck den erforderlichen Eigentümlichkeitsgrad ergibt. Die Beurteilung bemisst sich dabei nach der Auffassung der mit musikalischen Fragen einigermaßen vertrauten und hierfür aufgeschlossenen Verkehrskreise.[42] Die formgebende Leistung einer musikalischen Darbietung wird schutzfähig, wenn sie über die handwerksmäßige Anwendung musikalischer Lehren hinausgeht. An den individuellen ästhetischen Gehalt werden von der Rechtsprechung allerdings keine zu hohen Anforderungen gestellt. Vielmehr soll es ausreichen, dass die formgebende Tätigkeit des Komponisten – wie es regelmäßig bei der Schlagermusik der Fall ist – nur einen geringen Schöpfungsgrad aufweist, wobei es auf den künstlerischen Wert nicht ankommt. Im Urheberrecht ist seit langem anerkannt, dass es auch im Bereich der Musik die sog. **kleine Münze** gibt, d.h. einfache, aber gerade noch geschützte geistige Schöpfungen[43] (s. bereits o. § 68 I. 6.).

III. Pantomimische Werke, Tanzkunst

Zu den geschützten Werken gehören auch pantomimische Werke einschließlich Werke der Tanzkunst (§ 2 Abs. 1 Nr. 3 UrhG). Das Gesetz verwendet den Begriff „pantomimische Werke" als Oberbegriff, zu denen auch „Werke der Tanzkunst" (choreografische Werke) zählen sollen („einschließlich"). In Wahrheit stehen beide Ausdrucksformen jedoch eher nebeneinander.[44] Bei der **Pantomime** (i.e.S.) herrscht stummes Gebärden- und Mienenspiel als Ausdrucksmittel vor, durch das eine Szene, ein Vorgang oder eine Empfindung wiedergegeben werden soll.[45] Bei einem **Werk der Tanzkunst** handelt es sich vor allem um die sinnfällige Darstellung eines bewegten Geschehensablaufs, wobei Ausdrucksmittel die Bewegung ist und wobei der Sinn und geistige Inhalt durch Körperbewegungen und Gebärden, insbesondere durch Tanz, ausgedrückt wird.[46]

IV. Werke der bildenden Kunst

Als weitere bedeutende Werkart sind vom Urheberrechtsschutz die Werke der bildenden Kunst erfasst, einschließlich den Werken der Baukunst, den Werken der angewandten Kunst und den Entwürfen solcher Werke (§ 2 Abs. 1 Nr. 4 UrhG).

---

41 Hertin, Urheberrecht, S. 28 Rdn. 88.
42 BGH GRUR 1981, 267, 268 „Dirlada".
43 BGH GRUR 1968, 321, 324 „Haselnuß"; GRUR 1981, 267, 268 „Dirlada"; GRUR 1988, 812, 814 „Ein bisschen Frieden".
44 Rehbinder, Urheberrecht, S. 80 f. Rdn. 178.
45 Schricker/Loewenheim, Urheberrecht, § 2 Rdn. 130.
46 LG München I, GRUR 1979, 852, 853 „Godspell".

1. Zweckfreie („reine") Kunst

Vom Begriff der **bildenden Kunst** (abgeleitet von „abbilden") sind insbesondere die **Malerei**, die **Bildhauerei** und die **Graphik** erfasst (Gemälde, Zeichnungen, Wandmalereien, Plastiken, Statuen, Holzschnitte, Stiche, Lithographien etc.) Nach der Rechtsprechung des BGH kommt es „für die Kunstwerkeigenschaft darauf an, ob es sich nach Auffassung der für Kunst empfänglichen und mit Kunstanschauungen einigermaßen vertrauten Kreise um eine künstlerische Leistung" handelt, wobei es dabei auf den geistig-ästhetischen Gesamteindruck der konkreten Gestaltung ankomme.[47] Diese Begriffsbestimmung ist – soweit sie auf das erforderliche Vorliegen einer „künstlerischen Leistung" abstellt – zu Recht als unbefriedigend kritisiert worden, da sie insoweit auf eine Tautologie hinauslaufe. Entscheidend für die Qualifikation als Kunstwerk sei vielmehr, „ob die individuelle Anschauungsweise und Gestaltungskraft des Urhebers auf ästhetischem Gebiet Ausdruck gefunden" habe, da hierin das Wesen künstlerischen Schaffens liege.[48] Während der Urheberrechtschutz bei Werken der höheren sog. **reinen Kunst** regelmäßig außer Frage steht, ergeben sich Zweifel an der Schutzfähigkeit mitunter im Bereich der **modernen Kunst**. Unter urheberrechtlichem Blickwinkel als problematisch erweisen sich hier insbesondere Kunstrichtungen, bei denen keine Werkgestaltung des Künstlers vorliegt, sondern das vermeintlich Schöpferische darin liegt, dass „fertige Gegenstände" als Kunstwerke präsentiert werden (sog. **ready-mades** - z.B. Suppendose von Andy Warhol), ferner Werke bei denen die Gestaltung auf ein Minimum reduziert ist (sog. **Minimal Art** – z.B. schwarzes Quadrat auf weißem Grund, ganzflächig monochrome Bilder) bzw. bei denen der Zufall als Gestaltungsmittel eingesetzt wird (sog. aleatorische **Kunstrichtungen**).[49]

2. Angewandte Kunst

Zweifellos vom Urheberrechtsschutz erfasst und ausdrücklich im Gesetz genannt sind demgegenüber die Werke der **angewandten Kunst**. Sie dienen einem Gebrauchszweck und sind daher von den Werken der zweckfreien („reinen") Kunst zu unterscheiden.[50] Das heißt, es handelt sich um **Bedarfs- und Gebrauchsgegenstände** mit künstlerischer Formgebung (Kunstgewerbe jeglicher Art, Gegenstände industrieller Formgebung, Gebrauchsgrafik, Möbel etc.).[51] Da dieser Bereich praktischer, industrieller, kunstgewerblicher Formgestaltung früher vom urheberrechtlich geprägten **Geschmacksmusterschutz** als tauglichem gewerblichem Schutzrecht „unterbaut" war, war die Rechtsprechung bei Gebrauchsgegenständen in der Gewährung des Urheberrechtsschutzes traditionell sehr zurückhaltend und legte einen vergleichsweise strengen Maßstab an. So sei für die Frage, ob eine Gestaltung als Werk der angewandten Kunst (i.S.v. § 2 Abs. 1 Nr. 4 UrhG) anzusehen ist, „davon auszugehen, dass hierunter eine eigenpersönliche Schöpfung zu verstehen ist, die mit den Darstellungsmitteln der Kunst durch formgebende Tätigkeit hervorgebracht und vorzugsweise für die Anregung des Gefühls durch Anschauung bestimmt ist. Der ästhetische Gehalt des Werkes" müsse „einen solchen Grad erreichen, dass nach Auffassung der für Kunst empfänglichen und mit Kunstan-

---

47 Vgl. u.a. BGH GRUR 1988, 690, 692 „Kristallfiguren".
48 Rehbinder, Urheberrecht, S. 82 f. Rdn. 184.
49 Näheres Schricker/Loewenheim, Urheberrecht, § 2 Rdn. 150; kritisch Rehbinder, Urheberrecht, S. 83 Rdn. 185.
50 BGH v. 13.11.2013, I ZR 143/12, „Geburtstagszug".
51 Schricker/Loewenheim, Urheberrecht, § 2 Rdn. 158.

schauungen einigermaßen vertrauten Kreise von einer künstlerischen Leistung gesprochen werden kann. Der hiernach erforderliche Grad ästhetischen Gehalts" sei „ein höherer, als er bei nur geschmacksmusterfähigen Gegenständen verlangt" werde. Die zwischen urheberrechtlichem Schutz und Geschmacksmusterschutz bestehende Grenze dürfe nicht zu niedrig abgesteckt werden.[52] Der Schutz der sog. **kleinen Münze** war nach dieser hergebrachten Rechtsprechung im Bereich der angewandten Kunst ausgeschlossen. Der BGH hat seine hergebrachte strenge Rechtsprechung im Bereich der Werke der angewandten Kunst, nach der ein urheberrechtlicher Schutz ein „deutliches Überragen der Durchschnittsleistung" voraussetze, jedoch in seiner viel beachteten Entscheidung „Geburtstagszug"[53] mit Blick auf die Neugestaltung des Geschmacksmusterrechts durch das Geschmacksmusterreformgesetz v. 12.3.2004 aufgegeben. Nach der Neugestaltung des Geschmacksmusterrechts durch das Reformgesetz 2004 (vgl. hierzu § 37 III.) bestehe „zwischen dem Geschmackmusterrecht und dem Urheberrecht kein Stufenverhältnis mehr in dem Sinne, dass das Geschmacksmusterrecht den Unterbau eines wesensgleichen Urheberrechts" bilde, so dass die erhöhten Anforderungen an einen urheberrechtlichen Schutz von Werken der angewandten Kunst mit einem derartigen Stufenverhältnis nicht mehr begründet werden könne. An den Urheberrechtsschutz von Werken der angewandten Kunst seien daher „grundsätzlich keine anderen Anforderungen zu stellen als an den Urheberrechtsschutz von Werken der zweckfreien bildenden Kunst oder des literarischen und musikalischen Schaffens." Es genüge daher, „dass sie eine Gestaltungshöhe erreichen, die es nach Auffassung der für die Kunst empfänglichen und mit Kunstanschauungen einigermaßen vertrauten Kreise rechtfertigt, von einer ‚künstlerischen Leistung' zu sprechen". Insbesondere mit Blick auf die lange urheberrechtliche Schutzfrist von siebzig Jahren p.m.a. (s.u. § 71 V.), sei es allerdings generell geboten, „für den urheberrechtlichen Schutz eine nicht zu geringe Gestaltungshöhe zu fordern".

3. Baukunst

Schließlich sind unter dem Sammelbegriff der bildenden Kunst – wie im Gesetz ausdrücklich erwähnt – vom Urheberrechtsschutz auch die **Werke der Baukunst** erfasst. Als solche kommen Bauten jeglicher Art in Betracht, sofern die erforderlichen urheberrechtlichen Schutzvoraussetzungen – insb. die Gestaltungshöhe – erfüllt sind (Wohnhäuser, Geschäftshäuser, Schulen, Museen, Kirchen, Verwaltungsgebäude etc.).[54] Nach der Rechtsprechung ist auch bei Bauwerken wie bei anderen Kunstwerken maßgeblich, „ob und inwieweit künstlerisches Schaffen Verwirklichung gefunden hat." Der **Gebrauchszweck** eines Bauwerks steht dem Kunstschutz nicht entgegen. Auch ist ein Überwiegen des ästhetischen Gehaltes über den Gebrauchszweck bei Bauwerken ebenso wenig erforderlich wie bei kunstgewerblichen Erzeugnissen.[55] Urheberrechtlich schutzfähig sind anerkanntermaßen auch einzelne **Teile eines Bauwerkes**, auch die Fassadengestaltung.[56]

---

52 BGH GRUR 1979, 332, 336 „Brombeerleuchte" im Anschluss an BGH GRUR 1969, 38, 39 „Vasenleuchte"; BGH GRUR 1995, 581 „Silberdistel".
53 BGH v. 13.11.2013, I ZR 143/12, „Geburtstagszug".
54 Schricker/Loewenheim, Urheberrecht, § 2 Rdn. 151.
55 BGH GRUR 1957, 391, 392 „Ledigenheim".
56 BGH GRUR 1973, 663, 664 „Wählamt".

V. Lichtbildwerke

Im Zusammenhang mit dem Schutz von **Fotografien** ist auf die Unterscheidung des Urheberrechtsgesetzes zwischen den „Lichtbildwerken" (§ 2 Abs. 1 Nr. 5) und den „Lichtbildern" (§ 72 UrhG) hinzuweisen. Während das Gesetz an Lichtbildwerken ein Urheberrecht gewährt, erkennt es den Lichtbildern lediglich ein sog. Leistungsschutzrecht im Rahmen der verwandten Schutzrechte zu (s. nachfolgend § 75 I.). Einen Schutz als **Lichtbildwerke** (i.S.v. § 2 Abs. 1 Nr. 5) sollen nach dieser Unterscheidung nur solche Fotografien genießen, die die künstlerische Auffassung und Gestaltungskraft des Urhebers/Fotografen zum Ausdruck bringen, etwa durch Motiv, Licht, Perspektive, Ausdruck etc., und deshalb die Anforderungen an eine „persönlich-geistige Schöpfung" erfüllen. Demgegenüber wurden zu den einfachen **Lichtbildern** (i.S.v. § 72 UrhG) alle nichtschöpferischen, insbesondere gewerbsmäßig-routinemäßig hergestellten Fotografien gezählt, die die urheberrechtlichen Werkvoraussetzungen (§ 2 Abs. 2 UrhG) mangels hinreichender Individualität nicht erfüllen. Da auch auf den Schutz von Lichtbildern gemäß § 72 Abs. 1 UrhG die für Lichtbildwerke geltenden urheberrechtlichen Vorschriften entsprechend anwendbar sind (mit Ausnahme der Regelungen über die Schutzdauer, § 72 Abs. 3 UrhG) und zudem im Zuge der Umsetzung der sog. EG-Schutzdauer-Richtlinie[57] die materiellen Anforderungen an den Schutz von Lichtbildwerken abgesenkt wurden – es genügt Individualität, eine besondere Gestaltungshöhe ist nicht mehr erforderlich (s. hierzu o. I. 3. c) –, hat die Unterscheidung zwischen sog. Lichtbildwerken und einfachen Lichtbildern in der Praxis stark an Bedeutung verloren.

VI. Filmwerke

Als weitere besondere Werkart sind Filmwerke, einschließlich der Werke, die ähnlich wie Filmwerke geschaffen werden, vom Urheberrechtsschutz erfasst (§ 2 Abs. 1 Nr. 6 UrhG). **Ausdrucksmittel** des Films ist das **bewegte Bild**, das durch die gestalterische Aneinanderreihung von Bildern und ggf. durch die Verschmelzung von Bild und Ton gegenüber dem einzelnen Bild erweiterte Ausdrucksmöglichkeiten eröffnet. Nach dem **Inhalt** lassen sich vielfältige Arten unterscheiden: Spielfilme, Lehrfilme, Dokumentarfilme, Kulturfilme, Werbefilme, Zeichentrickfilme, Videofilme etc.[58] Vergleichbar der Unterscheidung zwischen Lichtbildwerk und Lichtbild bei der Fotografie (s. zuvor V.) unterscheidet das Gesetz im Bereich des Films zwischen dem urheberrechtlichen Schutz des **Filmwerks** (§ 2 Abs. 1 Nr. 6 UrhG) und dem bloßen Leistungsschutz der „**Laufbilder**" (§ 95 UrhG). Als Oberbegriff verwendet das Gesetz dabei den Begriff des „Films" (vgl. Überschrift des „Dritten Teils", vor §§ 88 UrhG). Für die Abgrenzung zwischen urheberrechtlichem Werkschutz und bloßem Leistungsschutz ist maßgeblich, dass ein Filmwerk – anders als die „Laufbilder" – das Vorliegen einer persönlich-geistigen Schöpfung, d.h. Werkqualität voraussetzt. So setzt die für die Annahme eines Filmwerks erforderliche persönliche geistige Schöpfung (§ 2 Abs. 2 UrhG) nach der Rechtsprechung voraus, dass sich der Film nicht in der bloß schematischen Aneinanderreihung von Lichtbildern erschöpft, sondern sich durch die Auswahl, Anordnung und Sammlung des Stoffes sowie durch die Art der Zusammenstellung der einzelnen Bild-

---

[57] Richtlinie 93/98/EWG zur Harmonisierung der Schutzdauer des Urheberrechts und bestimmter verwandter Schutzrechte v. 29.10.1993, ABl. EG Nr. L. 290/9.
[58] Rehbinder, Urheberrecht, S. 88 f. Rdn. 200 f.

folgen als das Ergebnis individuellen Schaffens darstellt.[59] Werkqualität zu verneinen ist danach in der Regel u.a. bei alltäglichen Aufnahmen von Amateuren, bei mit der Schmalfilm- oder Videokamera gedrehten Familien- und Urlaubsfilmen oder bei Tagesberichten für das Fernsehen, die sich ohne individuelle Prägung lediglich als gefilmte Ausschnitte eines tatsächlichen Geschehens darstellen. Insoweit kommt nur ein Leistungsschutz (§ 95 UrhG) in Betracht.[60] Durch die gesetzliche Regelung, nach der auch Werke, die **ähnlich wie Filmwerke** geschaffen werden, vom Schutz erfasst sind, ist klargestellt, dass es auf das Aufnahmeverfahren oder das Trägermaterial nicht ankommt, so dass auch **Fernsehfilme und Live-Sendungen**, bei denen keine vorherige körperliche Fixierung auf einem Filmband stattfindet, vom Schutz erfasst sind.[61]

VII. Darstellungen wissenschaftlicher oder technischer Art

Zu den im Gesetz genannten Werkarten gehören schließlich auch Darstellungen wissenschaftlicher oder technischer Art (§ 2 Abs. 1 Nr. 7 UrhG). Aus den im Gesetz genannten Beispielen möglicher Darstellungen – **Zeichnungen, Pläne, Karten, Skizzen, Tabellen** und **plastische Darstellungen** – ergibt sich, dass sowohl zweidimensionale als auch dreidimensionale Darstellungen vom Schutz erfasst sind. Als **Flächendarstellungen** kommen z.B. geografische, topografische und astronomische Karten, Konstruktionszeichnungen sowie grafische Darstellungen aus dem Bereich der Medizin, der Naturwissenschaft, der Technik und der Mathematik in Betracht. Beispiele für plastische Darstellungen (**Raumform**) sind Reliefkarten sowie Modelle von Bauten, Maschinen, technischen Anlagen etc. Ausdrucksmittel der insoweit geschützten Werke ist danach nicht die Sprache, sondern eine grafische Darstellung bzw. Raumform. Die Begriffe Wissenschaft und Technik sind dabei nach allgemeiner Auffassung weit auszulegen, d.h., es genügt, wenn die Darstellung geeignet ist, über wissenschaftliche oder technische Gegenstände im weiteren Sinne zu belehren bzw. zu unterrichten.[62] Urheberrechtlichen Schutz genießt bei Darstellungen technischer Art allein die Form der Darstellung, nicht dagegen der Inhalt, d.h. § 3 Abs. 1 Nr. 7 UrhG „gewährt Schutz allein gegen die Verwertung der Darstellung, nicht aber gegen die Verwertung des Dargestellten".[63]

VIII. Wissenschaftliche Werke

Wie erwähnt, erkennt das Urheberrecht Werke der Wissenschaft neben den Werken der Literatur und Kunst als selbständige Werkkategorie an (vgl. §§ 1, 2 Abs. 1 UrhG – s. bereits o. § 2 I. 1.). Da sich die Wissenschaft weitgehend derselben Mitteilungsmedien bedient wie die Werke der Literatur und Kunst, kommt es allerdings zu Überschneidungen mit anderen Werkkategorien. So sind z.B. wissenschaftliche Sprachwerke sowohl Werke der Literatur als auch solche der Wissenschaft; auch ein wissenschaftlicher Film kann sowohl der (Film-) Kunst als auch der Wissenschaft zugeordnet werden. Die Grenzen zwischen den einzelnen Werkkategorien lassen sich folglich nicht immer exakt

---

59 BGH GRUR 1953, 299, 301 f. „Lied der Wildbahn I"; BGH GRUR 1984, 730, 732 „Filmregisseur".
60 Hertin, Urheberrecht, S. 32 Rdn. 100.
61 Schricker/Loewenheim, Urheberrecht, § 2 Rdn. 187.
62 Ulmer, Urheber- und Verlagsrecht, S. 138; Rehbinder, Urheberrecht, S. 85 Rdn. 190.
63 BGH v. 13.11.2013, I ZR 143/12, „Geburtstagszug".

festlegen.⁶⁴ Da wissenschaftliche Werke, was ihre Mitteilungsmittel angeht, gegenüber anderen urheberrechtlichen Werken danach keine Besonderheiten aufweisen, kann das für ihr Wesen bestimmende Element, das zur Ausprägung besonderer, für sie allein geltender Grundsätze geführt hat, folglich nur in ihrem Gegenstand, ihrem wissenschaftlichen Gehalt zu erblicken sein.⁶⁵ Seiner sprachlichen Bedeutung nach ist Wissenschaft Wissen hervorbringende forschende Tätigkeit in einem bestimmten Erkenntnisbereich.⁶⁶ Wissenschaft hat danach immer mit einem Erkennen, mit einem Erfassen objektiver Wahrheit zu tun und kann als Gefüge von logisch geordneten, gesicherten Erkenntnissen (objektiven Sätzen) über einen bestimmten Gegenstand verstanden werden. Das **Werk der Wissenschaft**, das wissenschaftliche Buch, die wissenschaftliche Graphik, der wissenschaftliche Film etc., beschäftigt sich folglich mit Erkenntnissen über einen bestimmten (Wissens-)Gegenstand und mit deren systematischer Darstellung.⁶⁷ Bestimmend für das Wesen des wissenschaftlichen Werkes ist die in Sprache, Symbolen oder Bildern **objektivierte Mitteilung wissenschaftlicher Erkenntnisse**.⁶⁸ Den Besonderheiten des wissenschaftlichen Werkes wird auch bei der Bestimmung seines Schutzgegenstandes Rechnung zu tragen sein (hierzu s.u. § 71 III. 3. b.).

IX. Umarbeitungen, Veränderungen eines Werkes

1. Bearbeitungen

Eine schöpferische Werkleistung kann sich nicht nur in einem **Originalwerk**, sondern auch in der Bearbeitung eines bereits vorhandenen Werkes niederschlagen. Daher werden auch Übersetzungen und andere Bearbeitungen eines Werkes, die persönlich geistige Schöpfungen des Bearbeiters sind, unbeschadet des Urheberrechts am bearbeiteten Werk wie selbständige Werke geschützt (§ 3 S. 1 UrhG). Dabei ist unter einer **Bearbeitung** die Umgestaltung eines vorhanden Werkes zu verstehen, die den Zweck verfolgt, das Originalwerk unter Beibehaltung seiner wesentlichen individuellen Züge bestimmten Verhältnissen anzupassen, um so seine Verwertungsmöglichkeiten zu erweitern. Beispiele sind die **Übersetzung** eines Sprachwerks in eine andere Sprache, die **Dramatisierung** einer Romanvorlage oder die **Neubearbeitung** eines wissenschaftlichen Werkes.⁶⁹ Der Schutz der Bearbeitung ist unabhängig von einem bestehenden Urheberrechtsschutz des bearbeiteten Werks, d.h. der Gegenstand der Bearbeitung kann auch ein bereits gemeinfreies Werk (hierzu s.u. § 71 III. 2.) oder ein als amtliches Werk vom Schutz ausgeschlossenes Werk (vgl. § 5 UrhG) sein.⁷⁰ Jedoch handelt es sich nicht bei jeder möglichen Veränderung bzw. Umarbeitung eines Werks um eine Bearbeitung (i.S.v. § 3 S. 1 UrhG). So handelt es sich bei einer Abbildung, „die ein Werk zwar verkleinert darstellt, aber in seinen wesentliche Zügen genauso gut erkennen lässt wie das Original um keine Umgestaltung i.S.v. § 23 UrhG".⁷¹ Außerdem ist die Grenze der Entstellung, § 14 UrhG, zu beachten.

---

64 Ulmer, Urheber- und Verlagsrecht, S. 2.
65 Troller, FS f. Roeber II, S. 413, 416; ders., Immaterialgüterrecht, Bd. I, S. 354 f.
66 Duden, Band 10, Das Bedeutungswörterbuch, S. 1055.
67 Trüeb, Der urheberrechtliche Schutz wissenschaftlicher Werke, Schw. Mitt. 1958/59, 58, 62.
68 Troller, Der urheberrechtliche Schutz von Inhalt und Form der Computerprogramme, CR 1987, 213, 216.
69 BT-Drucks. IV/270, Amtl. Begr., S. 51; ferner Ulmer, Urheber- und Verlagsrecht, S. 265 f.
70 Rehbinder, Urheberrecht, S. 92 Rdn. 215.
71 BGH v. 29.4.2010, I ZR 69/08, „Vorschaubilder".

2. Systematik urheberrechtlich relevanter Umarbeitungen

Die Systematik der aus urheberrechtlicher Sicht zu unterscheidenden Formen von **Umarbeitungen** eines Werkes erschließt sich aus einer Zusammenschau verschiedener Normen (§ 3 i.V.m. §§ 23, 24 UrhG). Danach ist zu unterscheiden zwischen der **Umgestaltung**, die im Gesetz als Obergriff der Bearbeitung verstanden wird (vgl. § 23: „Bearbeitungen oder *andere* Umgestaltungen...") und der **Neugestaltung**, die in *freier Benutzung* eines anderen Werkes geschaffen wird (§ 24 UrhG). Von der Bearbeitung als einer möglichen Form der Umgestaltung eines Werkes zu unterscheiden sind danach also die „anderen Umgestaltungen", die – anders als die Bearbeitung – nicht dazu bestimmt sind, dem Werk zu dienen und es einem anderen Zweck anzupassen.[72] Eine **andere Umgestaltung** liegt nach der Gesetzesbegründung vielmehr vor, wenn ein Nachschöpfer zwar wesentliche Züge des Originalwerks übernimmt, wenn er jedoch „nicht das Originalwerk zur Geltung bringen, sondern das Ergebnis seiner Arbeit als eigenes Werk ausgeben will (Plagiat) oder bei dem Versuch, das fremde Werk zu einer neuen selbständigen Schöpfung frei zu benutzen, scheitert, weil er sich von seinem Vorbild nicht genügend freimachen kann".[73] Bei der anderen Umgestaltung kann es sich um eine persönlich-geistige Schöpfung handeln (z.B. bei einer unbewussten Entlehnung), möglich ist aber auch, dass es sich lediglich um eine nicht-schöpferische Umgestaltung handelt (z.B. bei der Vornahme von Streichungen und Kürzungen eines Werkes). Sowohl im Fall der Bearbeitung als auch – sofern es sich um eine persönlich-geistige Schöpfung handelt – im Falle der anderen Umgestaltung entsteht in der Person des Schaffenden ein eigenes „**Bearbeiterurheberrecht**" (§ 3 S. 1 UrhG). Das Bearbeiterurheberrecht ist jedoch vom Urheberrecht des Originals **abhängig** (§ 23 UrhG), sofern dieses (noch) geschützt ist. Abhängig bedeutet, dass der Urheber der Bearbeitung diese nur mit Zustimmung des Rechteinhabers des Ausgangswerkes verwerten darf. Im Falle von **Musikwerken** ist zu beachten, dass die nur **unwesentliche Bearbeitung** eines nicht geschützten (gemeinfreien) Werkes der Musik nicht als selbständiges Werk geschützt ist (§ 3 S. 2 UrhG). Hintergrund ist, dass die Pflege der Volksmusik, nicht durch die Anerkennung einer „**kleinen Münze**" bei der Bearbeitung gemeinfreier Volksmusik behindert werden soll.[74]

3. Neugestaltung, freie Benutzung

Von den Formen der abhängigen Umgestaltung ist, wie bereits erwähnt, die in freier Benutzung eines anderen Werkes geschaffene Neugestaltung zu unterscheiden. Eine **freie Benutzung** liegt vor, wenn sie sich von der Vorlage so weit gelöst hat, dass sie als vollständige Neuschöpfung anzusehen ist, die vom Urheberrecht am Originalwerk **unabhängig** ist (§ 24 UrhG).[75] Dies ist der Fall, wenn angesichts der Eigenart des neuen Werks die entlehnten eigenpersönlichen, charakteristischen Züge der geschützten Vorlage „verblassen".[76]

---

72 Zur Abgrenzung von Bearbeitung und „anderer Umgestaltung" in diesem Sinne vgl. Schricker/Loewenheim, Urheberrecht, § 23 Rdn. 4, 13.
73 BT-Drucks. IV/270, Amtl. Begr., S. 51.
74 Schricker/Loewenheim, Urheberrecht, § 3 Rdn. 30; Rehbinder, Urheberrecht, S. 93 f. Rdn. 219.
75 BT-Drucks. IV/270, Amtl. Begr., S. 51.
76 st. Rspr. BGH – vgl. u.a. BGH GRUR 1981, 267, 269 „Dirlada"; BGH GRUR 1982, 37, 39 „WK-Dokumentation".

Maßgeblich für die Unterscheidung von abhängiger Nachschöpfung (i.S.v. § 23 UrhG) und freier Benutzung (i.S.v. § 24 UrhG) ist danach der „Abstand" vom benutzten Original[77] oder dessen antithematische Behandlung (Satire).[78]

Abb. 7: Umarbeitungen/Veränderungen eines Werks

Umarbeitungen/Veränderungen eines Werks (§§ 3 i.V.m. 23, 24 UrhG)			
Umgestaltungen (Oberbebriff vgl. § 23 S. 1 UrhG)			Neugestaltungen („freie Benutzung" – § 24 UrhG)
„andere Umgestaltungen"		Bearbeitungen	
Keine Anpassung des Originalwerks an anderen Zweck, d.h. – anders als Bearbeitung – keine „dienende" Funktion		Dem Originalwerk durch eine Erweiterung seiner Verwertungsmöglichkeiten „dienend" (z.B. Übersetzung, Neubearbeitung)	Die eigenpersönlichen Züge der Vorlage „verblassen" (Prüfungsmaßstab: „Abstand" vom benutzten Original)
Keine persönlich geistige Schöpfung (z.B. bloße Kürzungen, Streichungen)	Persönlich geistige Schöpfung (z.B. bei einer unbewussten Entlehnung)	Persönlich geistige Schöpfung in Bezug auf (Werk-)„Zutaten" („**Werk zweiter Hand**")	Persönlich geistige Schöpfung (**eigenständiges Werk**) (z.B. Collage aus Fotografien)
Kein Urheberrechtsschutz	Vom Urheberschutz am Original **abhängiges** Bearbeiterurheberrecht (§§ 3 S. 1, 23 UrhG)		Vom Urheberschutz der benutzten Originalvorlage **unabhängiges** Urheberrecht (§ 24 UrhG)
Innerhalb des Schutzumfangs des Originals			**Außerhalb** des Schutzumfangs des Originals

X. Sammelwerke, Datenbankwerke

Als weitere bedeutende Werkkategorie sind „Sammelwerke und Datenbankwerke" (vgl. § 4 UrhG) vom Urheberrechtsschutz erfasst. Bei dem im Zeitalter der elektronischen Medien im Vordergrund des Interesses stehenden Datenbankwerk handelt es sich um eine spezielle Form eines Sammelwerks. Der Begriff des „Sammelwerks" ist mithin – was in der amtlichen Überschrift von § 4 UrhG nicht zum Ausdruck kommt – der Oberbegriff, der insbesondere auch die Datenbankwerke als wirtschaftlich zunehmend bedeutsame Sammelwerke einschließt.

---

77 v. Gamm, Urheberrechtsgesetz, § 24 Rdn. 2.
78 BGH GRUR 2003, 959 „Gies-Adler".

1. Sammelwerke

a) Begriff. **Sammelwerke** sind nach der Legaldefinition definiert als „Sammlungen von Werken, Daten oder anderen unabhängigen Elementen, die aufgrund der Auswahl oder Anordnung der Elemente eine persönlich-geistige Schöpfung sind"; sie werden „unbeschadet eines an den einzelnen Elementen gegebenenfalls bestehenden Urheberrechts oder verwandten Schutzrechts, wie selbständige Werke geschützt" (§ 4 Abs. 1 UrhG). Ähnlich wie bei der Bearbeitung entsteht auch beim Sammelwerk ein eigenständiges Urheberrecht, das kein Originalwerk zum Gegenstand hat. Während jedoch das Bearbeiterurheberrecht, wie gesehen, durch eine persönlich-schöpferische Umgestaltung eines Originalwerks entsteht, liegt beim Sammelwerk der schöpferische Beitrag nicht in der Veränderung eines Originalwerks, sondern in der – aufgrund Auswahl und Anordnung – schöpferischen Sammlung von „unabhängigen Elementen". Wie sich aus der Legaldefinition ergibt („... unbeschadet eines an den einzelnen Elementen *gegebenenfalls* bestehenden Urheberrechts oder verwandten Schutzrechts ...") können die einzelnen Elemente des Sammelwerks urheberrechtlich oder leistungsschutzrechtlich geschützt sein, sie müssen es jedoch nicht.

b) Beispiele. Um ein aus urheberrechtlich geschützten Elementen bestehendes Sammelwerk handelt es sich z.B. bei einer wissenschaftlichen Festschrift oder einem Bildband mit Abbildungen repräsentativer bildender Kunst des 20. Jahrhunderts. Ein aus leistungsschutzrechtlich geschützten Elementen bestehendes Sammelwerk liegt im Hinblick auf die Rechte der ausübenden Künstler (§§ 73 ff. UrhG) z.B. bei einer Sammlung von Darbietungen klassischer Musik vor. Als Beispiel für ein aus nicht geschützten Elementen bestehendes Sammelwerk lässt sich eine Sammlung gemeinfreier Volkslieder anführen. Weitere **Beispiele** für Sammelwerke sind: Lexika, Enzyklopädien, Anthologien, Dokumentationen, Konversationslexika, Wörterbücher, Zeitungen, Zeitschriften.[79]

c) Schutzvoraussetzungen. Ein Sammelwerk ist jedoch nur dann urheberrechtlich geschützt, wenn tatsächlich „aufgrund der Auswahl und Anordnung der Elemente eine **persönlich-geistige Schöpfung**" vorliegt. Voraussetzung ist danach, dass in der Auswahl, Einteilung und Anordnung des Materials eine hinreichende individuelle, eigenschöpferische Formgebung zum Ausdruck kommt. Die rein handwerksmäßige, mechanisch-technische Aneinanderreihung, die schematische Anordnung von Material liegt mangels hinreichender Gestaltungshöhe außerhalb jeder Schutzfähigkeit. An der Eigentümlichkeit einer Sammlung kann es daher insbesondere dann fehlen, wenn praktisch kein individueller Gestaltungsspielraum verbleibt, das heißt, wenn die Auswahl und Anordnung des dargebotenen Stoffes durch zwingende Kriterien – z.B. eindeutige praktische Bedürfnisse – weitgehend vorgezeichnet ist.[80] Bei Adress-, Fernsprechbüchern, Branchenverzeichnissen etc. scheidet ein urheberrechtlicher Schutz als Sammelwerk mangels hinreichendem Gestaltungsspielraum daher regelmäßig aus, in Betracht kommt insoweit jedoch ein Leistungsschutzrecht des Datenbankherstellers (§ 87a UrhG).[81]

---

79 Schricker/Loewenheim, Urheberrecht, § 4 Rdn. 9.
80 BGH GRUR 1987, 704, 706 „Warenzeichenlexika"; ferner BGH GRUR 1990, 669, 673 „Bibelreproduktion".
81 Hertin, Urheberrecht, S. 35 Rdn. 108.

2. Datenbankwerke

a) **Hintergrund.** Bis 1997 kam für (elektronische) Datenbanken lediglich ein immaterialgüterrechtlicher Schutz als Sammelwerk nach § 4 UrhG in Betracht. Voraussetzung war nach dem zuvor Gesagten also, dass die Auswahl und Anordnung der Datenbankinhalte über das durchschnittliche Maß einer Datenbank hinausging (Gestaltungshöhe) und, dass sich die Anordnung nicht bereits aus der Sache ergab, sondern individuell oder originell war. Diesen strengen Anforderungen genügten nicht alle Datenbanken, so dass die z.T. erheblichen Investitionen in Datenbanken rechtlich nur unzureichend geschützt waren. Es ist kein Zufall, dass der Schutz von Datenbanken gerade in dem durch die weltweite Vernetzung von Rechnern gekennzeichneten Zeitalter des Internets in den Blickpunkt des Interesses geraten ist. Die damit eröffnete weltweite Online-Zugriffsmöglichkeit auf räumlich weit entfernte Datenbanken hat den Ruf nach einem besseren rechtlichen Schutz der in der Entwicklung von Datenbanken steckenden geistigen Leistungen und der erheblichen Investitionen der Datenbankhersteller verstärkt. Um die Investitionen in Datenbanken als für die Wirtschaft und den Wettbewerb wichtige Informationsquellen zu fördern und zu schützen, wurde daher 1996 eine **EG-Richtlinie** über den rechtlichen **Schutz der Datenbanken** erlassen.[82]

b) **Zweispuriges Schutzkonzept für Datenbanken.** Nach Umsetzung in deutsches Recht ist für den auf der Grundlage der Datenbankrichtlinie seit dem 1.1.1998 bestehenden Schutz von Datenbanken nun – ähnlich wie bei Fotografien – ein **zweispuriges Schutzkonzept** kennzeichnend.[83] Datenbanken können danach einen verstärkten urheberrechtlichen Schutz als sog. **Datenbankwerke** genießen (§ 4 Abs. 2 UrhG), daneben ist ein **Leistungsschutzrecht** für den **Hersteller der Datenbank** getreten (§§ 87 a – 87 e UrhG). Eine Datenbank kann danach als sog. **Datenbankwerk** urheberrechtlichen Schutz genießen, wenn es sich bei dieser um ein „Sammelwerk" handelt, „dessen Elemente systematisch oder methodisch angeordnet und einzeln mit Hilfe elektronischer Mittel oder auf andere Weise zugänglich sind" (§ 4 Abs. 2 UrhG). Da es sich bei dem Datenbankwerk um ein Sammelwerk handeln muss, ist Voraussetzung, dass sie „aufgrund der Auswahl oder Anordnung der Elemente eine persönlich-geistige Schöpfung" darstellt. **Leistungsschutz** als sog. **Datenbank** genießt hingegen jede „Sammlung von Werken, Daten oder anderen unabhängigen Elementen, die systematisch oder methodisch angeordnet und einzeln mit Hilfe elektronischer Mittel oder auf andere Weise zugänglich sind und deren Beschaffung, Überprüfung oder Darstellung eine nach Art oder Umfang wesentliche Investition erfordert" (§ 87a Abs. 1 S. 1 UrhG). Im Gegensatz zum Schutz als sog. Datenbankwerk, der – wie der Schutz aller urheberrechtlichen Werke – das Vorliegen einer persönlich-geistigen Schöpfung, also einer über das Alltägliche, Durchschnittliche hinausgehenden individuellen Leistung erfordert, setzt der Leistungsschutz (§§ 87 a ff. UrhG) unabhängig vom Niveau der Leistung also lediglich das Vorliegen einer **wesentlichen Investition** an Zeit, Geld oder Arbeit voraus (hierzu § 75 IV.).

c) **Schutzgegenstand. Schutzgegenstand** des Urheberrechts am Datenbankwerk ist die Struktur der Datenbank, nicht der Inhalt der Datenbank. Schutzgegenstand des Leistungsschutzrechts an der Datenbank sind auch nicht die einzelnen aufgenommenen In-

---

[82] Richtlinie 96/9/EG über den rechtlichen Schutz von Datenbanken v. 11.3.1996, ABl. EG Nr. L 77 S. 20.
[83] Vgl. Berger, Der Schutz elektronischer Datenbanken nach der EG-Richtlinie v. 11.3.1996, GRUR 1997, 169 ff.

formationen in Form von Werken, Daten und anderen Elementen, sondern die Datenbank als Gesamtheit des unter wesentlichem Investitionsaufwand gesammelten, geordneten und einzeln zugänglich gemachten Inhalts als immaterielles Gut.[84] Angesichts der unterschiedlichen Voraussetzungen und des unterschiedlichen Schutzgegenstandes ist es möglich, dass eine Datenbank sowohl urheberrechtlichen Schutz als Datenbankwerk (§ 4 Abs. 2 UrhG) als auch Leistungsschutz (§§ 87a ff. UrhG) genießt.[85] Die Aufnahme von urheberrechtlich geschützten Inhalten, z.B. Texten, Musikstücken oder sonstigen Werken in ein Datenbankwerk lässt deren Schutz unberührt und stellt eine zustimmungsbedürftige Vervielfältigung oder je nach Nutzung der Datenbank auch eine unzulässige Verbreitung oder Veröffentlichung dar.

XI. Exkurs: Urheberrechtlicher Schutz spezieller Schutzobjekte
1. Urheberrechtlicher Schutz einer Website

a) **Ausgangspunkt.** Was die urheberrechtliche Beurteilung von typischerweise im Internet dargebotenen Inhalten – dem sog. **Content** – angeht, gilt ähnliches wie bei der urheberrechtlichen Beurteilung von „Material" außerhalb des Internets. Zunächst stellt sich die Frage, in welche Kategorie der urheberrechtlich geschützten Werke der fragliche Content fallen könnte und, ob die Schutzvoraussetzungen des Urheberrechts – insbesondere mit Blick auf die erforderliche Individualität und Gestaltungshöhe – erfüllt sind. Das heißt, auch im Internet gilt, dass nicht jeder beliebige, alltägliche Inhalt – sei es der kurze Text einer Produktbeschreibung auf einer Website, der einfache Mitteilungstext einer E-Mail oder eines Newsgroup-Beitrages – Schutz genießt. Erforderlich ist vielmehr, dass sich dieser durch einen **hinreichenden schöpferischen Eigentümlichkeitsgrad** auszeichnet, d.h. die für die Zuerkennung urheberrechtlichen Schutzes erforderliche Individualität aufweist.

b) **Mögliche Schutzobjekte einer Website.** Die Frage, welchen Schutz eine Website als solche bzw. deren Inhalte genießen, lässt sich nach dem zuvor Gesagten also nicht allgemein feststellen, sondern nur für den konkreten Einzelfall beurteilen. So werden sich möglicherweise bei einem ganz einfachen „Allerweltsauftritt", der nur aus einer oder wenigen Seiten besteht und dessen „Content" sich – ohne Ergänzung durch individuelle Gestaltungselemente – lediglich auf die textliche Präsentation sachlicher Angaben zum Seitenbetreiber und seinem Angebot beschränkt, überhaupt keine Ansatzpunkte für eine Schutzfähigkeit ergeben. Dieser Fall wird jedoch eher die Ausnahme sein. Auch wenn es nicht „die typische Website" gibt, so sind doch die meisten Betreiber darum bemüht, die Attraktivität „ihres Auftritts" sowohl durch eine unverwechselbare, individuelle Gestaltung als auch durch möglichst „einzigartigen" Content sicherzustellen. In vielen Fällen bieten sich daher hinreichende Ansatzpunkte für einen Schutz des Content einer Website unter urheberrechtlichem und/oder leistungsschutzrechtlichem Blickwinkel. Als **Schutzobjekte** kommen dabei primär in Betracht:

- **Texte**, die Sprachwerkschutz genießen (§ 2 Abs. 1 Nr. 1 UrhG – z.B. umfangreiches individuell gestaltetes Marketing- oder Informationsmaterial);
- **Musik** (§§ 2 Abs. 1 Nr. 1, 85 UrhG);

---

84 Schricker/Loewenheim, Urheberrecht, § 4 Rdn. 44; Schricker/Vogel, Urheberrecht, Vor §§ 87a ff. Rdn. 29, § 87a Rdn. 10.
85 Schricker/Loewenheim, Urheberrecht, § 4 Rdn. 32.

- Fotografien (§§ 2 Abs. 1 Nr. 5, 72 UrhG);
- **Filme,** Videos (§§ 2 Abs. 1 Nr. 6, 94, 95 UrhG);
- Darstellungen wissenschaftlicher oder technischer Art, wie **Zeichnungen,** Tabellen etc. (§ 2 Abs. 1 Nr. 7 UrhG);
- **Computerprogramme** (§§ 2 Abs. 1 Nr. 1, 69a ff. UrhG);
- **Multimediawerke** (Verschmelzung verschiedener Gestaltungselemente – der Schutz bestimmt sich dabei nach den Maßstäben aller in Betracht kommender Werkarten);
- **Datenbanken** (§§ 4 Abs. 2, 87a ff. UrhG).

Hierbei ist es, je nach Gestaltung des konkreten Internet-Angebots, möglich, dass das Informationsangebot als ganzes urheberrechtlichen Schutz genießt (z.B. als Schriftwerk), möglich ist es aber auch, dass nur einzelne Bestandteile (z.B. Fotos, Filmausschnitte, Tonfolgen, Grafiken o.ä.) eines im übrigen nicht urheberrechtlich geschützten Angebots urheberrechtlichen Schutz genießen.[86]

2. Urheberrechtlicher Schutz von Multimediawerken

Typisch für die erweiterten Informations- und Kommunikationsmöglichkeiten im Zeitalter der digitalen Medien sind sog. **Multimediawerke.**

a) Wesen, Begriff. Hierbei handelt es sich um Werke, die aus einer Integration und Kombination vielfältiger herkömmlicher Werkarten bzw. Gestaltungselemente (Sprache, Text, Musik, Fotografien, Bildfolgen, Film) bestehen. Sie sind dadurch gekennzeichnet, dass alle Bestandteile im gleichen digitalen Dateiformat festgelegt sind (bzw. zumindest unter einer einheitlichen Benutzeroberfläche nutzbar sind), häufig ergänzt durch Funktionen zur interaktiven Nutzung (z.B. Computerspiele, Website-Gestaltungen). Als Medien zur Speicherung und Verbreitung sog. Multimediawerke kommen zum einen **Trägermedien** in Betracht, auf denen multimediale Werke körperlich fixiert und verbreitet werden (sog. **offline**-Medien, wie CD, CD-ROM, DVD, MD etc.), zum anderen insbesondere das Internet, über das die fraglichen Werke **online** zum Abruf bereitgestellt werden können. So gesehen ist der Begriff „Multimediawerke" irreführend und missglückt, denn kennzeichnend für diese Werke ist nicht ein Vielzahl von „Medien" (i.S.v. „Mitteln" zur Informationsvermittlung), sondern im Wesentlichen stehen nur die beiden zuvor genannten Wege der Werkvermittlung (offline/online) zur Verfügung. Neu und kennzeichnend für diese neue Form „**digitaler Gesamt(kunst)werke**" ist vielmehr die durch die Digitaltechnik eröffnete Möglichkeit, Werke ausnahmslos aller Werkgattungen, für deren Vermittlung früher völlig unterschiedliche Medien (Buch, Schallplatte, Tonband, Zelluloid, Fotopapier etc.) erforderlich waren, auf ein und demselben Träger zu fixieren und verbunden zu einem „Gesamtkunstwerk" zu vermitteln.[87]

b) Einordnung. Da der Katalog der geschützten Werkarten (§ 2 Abs. 1 Nr. 1–7 UrhG), wie erörtert, nur exemplarisch, d.h. nicht abschließend ist, sondern für weitere neuartige Werkarten offen steht, hängt die Urheberrechtsschutzfähigkeit neuer Werkformen nicht von der klaren Zuordnung zu einer der ausdrücklich im gesetzlichen Katalog definierten Werkarten ab. Die Besonderheiten der für die digitalen Medien typischen sog.

---

86 Vgl. im Einzelnen Bechtold, Der Schutz des Anbieters von Informationen – Urheberecht und Gewerblicher Rechtsschutz im Internet, ZUM 1997, 427, 428 ff.
87 Näheres vgl. Gahrau in Hoeren/Sieber, Handbuch Multimedia Recht, Kap. 7.1 Rdn. 1 f.

multimedialen Werke stehen ihrer Erfassung durch den traditionellen urheberrechtlichen Werkbegriff daher nicht entgegen.[88] Vielmehr können die in einem Multimediawerk enthaltenen einzelnen Werke oder, wenn in der Anordnung, Abfolge oder Zusammenstellung der Einzelelemente selbst eine persönlich-geistige Schöpfung liegt, auch das Multimediawerk als solches Urheberrechtsschutz genießen.[89]

§ 70 Urheberschaft am Werk

I. Urheber

Nach dem Gesetz ist Urheber der **Schöpfer** des Werks (§ 7 UrhG). Die Regelung ist Ausdruck des **Schöpferprinzips**, nach dem die Rechte, die das Urheberrecht dem Urheber zuweist, in der Person desjenigen entstehen, der das Werk – die persönlich-geistige Schöpfung – erschaffen hat. Als Schöpfer kommen daher nach deutschem Urheberrecht nur **natürliche Personen** in Betracht, da nur diese schöpferisch tätig werden können. Demgegenüber scheidet eine Urheberschaft **juristischer Personen** sowie von **Personengesellschaften** aus.[90] Deren urheberrechtliche Nutzungsrechte ergeben sich daher stets aus einem Vertragsverhältnis mit dem Urheber, sei es, dass dieser solche Nutzungsrechte tatsächlich im Rahmen eines Dienst- oder Arbeitsverhältnisses, aufgrund eines Werkvertrages mit lizenzrechtlichen Elementen, eines Auftrages oder eines sonstigen Vertrages einräumt, sei es, dass diese Rechtseinräumung (wie bei von ihm im Rahmen eines Arbeitsverhältnisses geschaffenen Computerprogrammen, s. § 69b UrhG) mangels anderweitiger Abrede fingiert wird. Juristische Personen und Personengesellschaften können jedoch Inhaber von Leistungsschutzrechten sein (vgl. z.B. §§ 85, 87b UrhG). – Der Urheber erwirbt das Urheberrecht originär durch den Schöpfungsakt. Das heißt – anders als im Bereich der gewerblichen Schutzrechte, deren Entstehung regelmäßig einen staatlichen Verleihungsakt voraussetzt – handelt es sich um einen **originären Rechtserwerb**, der unmittelbar an den Realakt der Schöpfung anknüpft (vgl. bereits o. § 68 II. 1.). Ein auf den Rechtserwerb gerichteter (rechtsgeschäftlicher) Wille des Urhebers ist nicht erforderlich, so dass auch Minderjährige und Geisteskranke ohne weiteres als Schöpfer und Urheber in Betracht kommen.[91]

II. Miturheberschaft

1. Begriff, Abgrenzung Sammelwerk

Häufig werden urheberrechtliche Werke nicht nur von einem einzelnen Schöpfer geschaffen, sondern sind – wie z.B. oft bei wissenschaftlichen Werken, Computerprogrammen, Bauwerken – das Ergebnis gemeinsamer schöpferischer Tätigkeit. Nach dem Gesetz gilt für diesen Fall, dass mehrere *ein Werk* gemeinsam geschaffen haben, ohne dass sich ihre Anteile gesondert verwerten lassen, dass sie **Miturheber** des Werkes sind (§ 8 Abs. 1 UrhG). Wie der BGH festgestellt hat, setzt die Annahme einer **Miturheberschaft** danach rechtlich ein gemeinsames Schaffen der Beteiligten voraus, bei dem jeder einen **schöpferischen Beitrag** leistet, der in das gemeinsame Werk einfließt. Erforderlich

---

88 Schricker/Loewenheim, Urheberrecht, § 2 Rdn. 75 ff..
89 Wandtke/Bullinger, UrhR, § 2 Rdn. 152.
90 Schricker/Loewenheim, Urheberrecht, § 7 Rdn. 2.
91 Rehbinder, Urheberrecht, S. 104 f. Rdn. 249.

ist dabei, dass jeder seinen schöpferischen Beitrag in Unterordnung unter die **gemeinsame Gesamtidee** erbringt und dadurch ein einheitliches Werk entsteht, dessen Teile sich **nicht gesondert verwerten** lassen.[92] Kennzeichnend für die Miturheberschaft ist also, dass nur ein Werk vorliegt, dessen von unterschiedlichen Schöpfern erbrachte Teile sich nicht einzeln verwerten lassen. Hierdurch unterscheidet sich das von mehreren Miturhebern geschaffene „**Gruppenwerk**", das als solches nicht gesetzlich geregelt ist, vom **Sammelwerk** (s.o. § 69 X. I.). Als **Beispiel** für die Miturheberschaft lässt sich ein von mehreren Autoren verfasstes, auf einem einheitlichen fachlichen und didaktischen Konzept erstelltes Studienbuch nennen, dessen einzelne Kapitel dergestalt aufeinander aufbauen und miteinander verzahnt sind, dass eine gesonderte Verwertung ausscheidet. Demgegenüber lassen sich die Einzelteile eines Sammelwerks – z.B. die Aufsätze einer wissenschaftlichen Festschrift – gesondert (z.B. in Fachzeitschriften) verwerten. Anders als beim Studienbuch sind die Autoren der Festschrift folglich keine Miturheber der Festschrift, sondern jeweils nur Urheber ihres Beitrages.

2. Schöpferischer Beitrag, Gesamthandgemeinschaft

Was den von den einzelnen Miturhebern beizusteuernden schöpferischen Beitrag angeht, ist zu vergegenwärtigen, dass Miturheber nur derjenige ist, der das Werk als persönliche geistige Schöpfung mitgeschaffen hat. Das heißt bloße **Ideen**, die noch nicht Gestalt angenommen haben, oder bloße **Anregungen** zu einem Werk genügen für die Annahme von Miturheberschaft nicht.[93] Anders natürlich, wenn der „Ideenlieferant" als Vorlage – z.B. für einen Film – eine Vorlage liefert, die ihrerseits bereits Schutz genießt. Anerkannt ist ferner der Rechtsgrundsatz, dass nicht (Mit-)Urheber ist, wer nur als **Gehilfe** bei der Entstehung des Werks mitgewirkt hat, ohne einen eigenen schöpferischen Beitrag zu leisten[94] (z.B. als technischer Zeichner bei einem Bauwerk, der nur eine Reinzeichnung nach Vorlage erstellt; Drucker, der eine Graphik nach Druckvorlage druckt; Metallgießer, der eine Plastik nach einer Form des Künstlers gießt etc.). Das durch die gemeinsame Werkschöpfung begründete einheitliche Recht steht den Miturhebern zur gesamten Hand zu (§ 8 Abs. 2 S. 1 UrhG). Für Rechtsverhältnisse innerhalb der **Gesamthandgemeinschaft**, die sich nach dem Wortlaut des Gesetzes nur auf das Recht zur Veröffentlichung und Verwertung – d.h. nicht auf die persönlichkeitsrechtlichen Befugnisse – bezieht, gelten ergänzend die Vorschriften über die BGB-Gesellschaft (§§ 705 ff. BGB), soweit sie interessengerecht sind und keine urheberrechtliche Sonderbestimmung existiert.[95] Die **Erträgnisse** aus der Nutzung des Werkes gebühren den Miturhebern nach dem Umfang ihrer Mitwirkung an der Schöpfung des Werkes, wenn nichts anderes vereinbart ist (§ 8 Abs. 3 UrhG).

III. Urheber verbundener Werke

Von der Miturheberschaft abzugrenzen ist schließlich der Fall der **Werkverbindung**, bei dem mehrere Urheber ihre Werke zur gemeinsamen Verwertung miteinander verbunden haben (§ 9 UrhG). Wichtigstes **Beispiel** ist die Verbindung von Text und Mu-

---

[92] BGH GRUR 1994, 39, 40 „Buchhaltungsprogamm", zuletzt BGH GRUR 2003, 231, 234 „Staatsbibliothek".
[93] BGH GRUR 1995, 47, 48 „Rosaroter Elefant".
[94] BGH GRUR 2003, 231, 233 „Staatsbibliothek".
[95] Rehbinder, Urheberrecht, S. 109 Rdn. 259.

sik (z.B. Oper, Operette etc.). Bei der Werkverbindung entsteht – anders als bei der Miturheberschaft – kein Miturheberrecht. Kennzeichnend ist die **selbständige Verwertbarkeit** der verbundenen Werke, an denen jeder Urheber sein jeweiliges Recht behält. Vom Sammelwerk unterscheidet sich die Werkverbindung dadurch, dass die Verbindung der einzelnen Werke als solche keine persönlich-geistige Schöpfung darstellt und daher kein eigenständiges Urheberrecht begründet.

Abb. 8: Urheberschaft am Werk

Urheberschaft am Werk	
Urheberschaft (§ 7 UrhG)	■ Schöpferprinzip. ■ Urheber kann nur natürliche Person sein (nicht jur. Person od. Personengesellschaft). ■ originärer Rechtserwerb durch Realakt.
Miturheberschaft (§ 8 UrhG)	■ Gemeinsame Werkschöpfung („Gruppenwerk"). ■ Teile nicht gesondert verwertbar. ■ Es besteht nur ein Werk und nur ein Recht. ■ Beispiel: Studienbuch (mehrer Autoren). ■ Abgrenzung zur bloßen Idee, zur Anregung, zur Gehilfenschaft, zum Sammelwerk (§ 4 UrhG). ■ Rechtswirkung: Gesamthand (§ 8 Abs. 2 UrhG).
Werkverbindung (§ 9 UrhG)	■ Verbindung von Werken zur gemeinsamen Verwertung. ■ Beispiel: Text und Ton (z.B. Oper). ■ Selbständige Verwertbarkeit der verbundenen Werke. ■ Abgrenzung zur Miturheberschaft, zum Sammelwerk (§ 4 UrhG).

§ 71 Inhalt des Urheberrechts

Während in den vorangegangenen Paragrafen die Frage im Vordergrund stand, unter welchen Voraussetzungen das Urheberrecht welche Arten von Werken erfasst, bleibt der wichtigen Frage nachzugehen, welche konkreten Rechte damit für den Inhaber des Urheberrechts verbunden sind. Bei den Rechten, die das Urheberrecht dem Urheber zuerkennt, lassen sich zwei Bereiche unterscheiden: Das Gesetz schützt den Urheber zum einen in seinen geistigen und persönlichen Beziehungen zum Werk, zum anderen in der Nutzung des Werks (§ 11 UrhG). Hierdurch wird zum Ausdruck gebracht, dass das Urheberrecht sowohl dem Schutz der „**ideellen**" als auch den „**materiellen**" Interessen des Urhebers dient.[96] Diesen beiden wesentlichen Aspekten des Urheberrechtsschutzes trägt das Gesetz durch die Gewährung einzelner **Urheberpersönlichkeitsrechte** und wirtschaftlicher **Verwertungsrechte** Rechnung.

---

96   BT-Drucks. IV/270, Amtl. Begr., S. 43.

I. Urheberpersönlichkeitsrecht

1. Grundlage des Urheberpersönlichkeitsrechts

Verfassungsrechtliche Grundlage des **Urheberpersönlichkeitsrechts** ist, wie die des allgemeinen Persönlichkeitsrechts, Art. 1 Abs. 1, 2 Abs. 1 GG.[97] Während jedoch das allgemeine Persönlichkeitsrecht an die Person – die Freiheit, ihre Intim- und Geheimnissphäre, ihre seelische und körperliche Integrität, ihren Bezug zur Umwelt durch Name, Ehre, Ruf und Ansehen – anknüpft, ist das Urheberpersönlichkeitsrecht durch den Bezug auf ein bestimmtes, vom Urheber geschaffenes Werk charakterisiert. Hintergrund des starken persönlichkeitsrechtlichen Urheberrechtsschutzes ist, dass sich urheberrechtlich geschützte Werke, wie dargelegt, ja gerade durch ihre Individualität, d.h. die individuelle Prägung durch den Urheber auszeichnen, die den Urheber – wie man sagt – als **„geistiges Band"** mit „seinem Werk" verbindet.[98] Die **Werkbezogenheit** des Urheberpersönlichkeitsrechts bedingt eine enge Verknüpfung von persönlichkeitsrechtlichem und vermögensrechtlichem Schutz, die in der Einheitlichkeit des Urheberrechts zum Ausdruck kommt. Dieser Zusammenhang mag sich bei den „klassischen" Werken des Urheberrechts im Bereich von „Literatur, Wissenschaft und Kunst" leichter nachempfinden lassen, als bei den „modernen" Werken, wie bei den Computerprogrammen und Datenbankwerken, die erst in jüngerer Zeit Eingang in den Kreis der urheberrechtlich geschützten Werke bzw. der verwandten Schutzrechte (Datenbanken) gefunden haben und bei denen es sich eher um „industrielle" Produkte des Informationszeitalters zu handeln scheint. Gleichwohl sind, sofern sich nicht aus dem Gesetz selbst eine Einschränkung ergibt, auch bei diesen die persönlichkeitsrechtlichen Befugnisse in gleichem Maße zu beachten. Ausdrückliche Anerkennung findet das **Urheberpersönlichkeitsrecht** (im engeren Sinne) insbesondere

- im Veröffentlichungsrecht (§ 12 UrhG),
- dem Recht auf Anerkennung der Urheberschaft (§ 13 UrhG) und
- dem Schutz vor Entstellung des Werkes (§ 14 UrhG).

2. Veröffentlichungsrecht

Das **Veröffentlichungsrecht** des Urhebers ist das Recht zu bestimmen, ob und wie sein Werk zu veröffentlichen ist; dem Urheber ist es vorbehalten, den Inhalt seines Werkes öffentlich zu beschreiben oder mitzuteilen, solange weder das Werk noch der wesentliche Inhalt veröffentlicht ist (§ 12 UrhG). Ihm bleibt es vorbehalten zu entscheiden, ob sein Werk schon fertig und veröffentlichungsreif ist, indem er es zur Veröffentlichung freigibt. Das Veröffentlichungsrecht meint das **Erstveröffentlichungsrecht**,[99] d.h. wenn ein Werk bereits in anderen Medien mit Zustimmung des Urhebers veröffentlicht worden ist, stellt die Veröffentlichung im Internet, d.h. z.B. auf Webseiten, keine weitere Veröffentlichung dar. Das (Erst-)Veröffentlichungsrecht ist erschöpft. Auch ein Werk, das erstmalig erlaubt auf einer Webseite bereitgestellt wird, ist als veröffentlicht anzusehen, so dass eine weitere Veröffentlichung in einem anderen Medium zumindest unter dem Gesichtspunkt der Veröffentlichung nicht mehr dem Verbotsrecht des Urhe-

---

[97] BGHZ 13, 334, 338 f. = GRUR 1955, 197, 198 „Schacht-Briefe".
[98] Krüger-Nieland, Das Urheberpersönlichkeitsrecht, eine besondere Erscheinungsform des allgemeinen Persönlichkeitsrechts?, in FS f. Fritz Hauß, S. 215, 219 f.
[99] Schricker/Dietz/Peukert, Urheberrecht, § 12 Rdn. 7.

bers unterliegt. Das Recht zur Veröffentlichung kann jedoch z.B. einem Verleger oder – etwa beim Auftrag zur Erstellung einer Website – dem Auftraggeber überlassen werden.[100]

3. Anerkennung der Urheberschaft

Das Recht auf **Anerkennung der Urheberschaft** bedeutet, dass der Urheber bestimmen kann, ob das Werk mit einer Urheberbezeichnung zu versehen und welche Bezeichnung zu verwenden ist (§ 13 UrhG). Diesem zentralen Urheberpersönlichkeitsrecht kommt auch wirtschaftliche Bedeutung zu, weil derjenige der auf Vervielfältigungsstücken eines erschienen Werkes als Urheber bezeichnet ist, bis zum Beweis des Gegenteils als Urheber des Werks angesehen wird (§ 10 Abs. 1 UrhG),[101] und, weil der Urhebervermerk natürlich einen Werbeeffekt hat. Die durch die Urheberbezeichnung begründete Rechtsvermutung erleichtert die Verfolgung sämtlicher dem Urheber nach dem Gesetz zustehenden Rechte, insbesondere also auch die Geltendmachung wirtschaftlicher Interessen. Der Urheber kann sein gesetzliches Recht zur Entscheidung über die Anbringung einer Urheberbezeichnung „**negativ**" **ausüben**, dahingehend, dass diese unterbleiben soll. Darüber hinaus kann er auch – z.B. gegenüber einem Auftraggeber – auf die Anbringung der Urheberbezeichnung vertraglich bindend **verzichten**.[102] Der Unterschied besteht darin, dass er im erstgenannten Falle – anders als im zuletzt genannten – nicht gehindert wäre, es sich für spätere Verwertungshandlungen (z.B. eine weitere Auflage) anders zu überlegen und für die Zukunft auf einer Nennung zu bestehen. Neue Fragestellungen ergeben sich insoweit im Zusammenhang mit der Werknutzung im **Internet**. So stellt sich die Frage, welche Konsequenzen sich mit Blick auf das Recht auf Anerkennung der Urheberschaft hieraus für die Gestaltung einer **Website** ergeben. Vor allem bei aufwendig gestalteten Websites, die aus einer Vielzahl von Werken unterschiedlicher Urheber bestehen können, kann es schwierig sein, alle Urheber zu benennen. Rechtlich anerkannt ist, dass es in bestimmten Bereichen, wie etwa dem Kunstgewerbe, in der Werbung, bei Gebäuden oder bei serienmäßig hergestellten Gebrauchsgütern, bei denen die Anbringung der Urheberbezeichnung schon aus technischen Gründen erschwert oder unmöglich ist, ein stillschweigender Verzicht des Urhebers auf die Anbringung der Urheberbezeichnung anzunehmen sein kann.[103] Das heißt, auch bei Aufträgen zur Erstellung von schutzfähigen Elementen für die Gestaltung von Websites mag im Einzelfall von einem stillschweigenden Verzicht des Urhebers auf die Anbringung der Urheberbezeichnung auszugehen sein. In der Praxis sollte man sich hierauf jedoch nicht verlassen, zumal die Anbringung in vielen Fällen gerade auf Webseiten in technischer Hinsicht problemlos möglich sein dürfte und z.B. im Bereich der Fotografie, der Gebrauchsgraphik und des Design auch üblich ist. Für die **Praxis** empfiehlt es sich daher, sicherheitshalber mit dem jeweiligen Urheber in dem Vertrag, in dem auch die Frage der Nutzungsrechte geregelt ist, festzuhalten, ob und, wenn ja, welche **Urheberbezeichnung** wie anzubringen ist oder ob hierauf seitens des Urhebers verzichtet wird.[104]

---

100 Freitag in Kröger/Gimmy, Handbuch zum Internetrecht, S. 349 f.
101 Freitag in Kröger/Gimmy, Handbuch zum Internetrecht, S. 350.
102 Schricker/Dietz/Peukert, Urheberrecht, § 13 Rdn. 22 f.
103 Schricker/Dietz/Peukert, Urheberrecht, § 13 Rdn. 24.
104 Freitag in Kröger/Gimmy, Handbuch zum Internetrecht, S. 350 f.; Loewenheim in Loewenheim/Koch, Praxis des Online-Rechts, S. 292.

4. Entstellung des Werkes

Als drittes ausdrücklich als Einzelbefugnis ausgestaltetes Urheberpersönlichkeitsrecht hat der Urheber schließlich das Recht, eine Entstellung oder andere Beeinträchtigung seines Werkes zu verbieten, die geeignet ist, seine berechtigten Interessen zu gefährden (§ 14 UrhG). Das **Entstellungsverbot** gehört zu einem Gesamtkomplex verschiedener änderungsrelevanter Vorschriften des Urheberrechts, die darauf abzielen das Interesse des Urhebers am Bestand und der Unversehrtheit seines Werks (sog. **Werkintegrität**) zu schützen.[105] Insbesondere im Zusammenhang mit der elektronischen Nutzung **digitalisierter Werke** ist die Werkintegrität in besonderem Maße gefährdet, da in digitaler Form vorliegende Werke nahezu ohne Kosten und dennoch in hoher Qualität beliebig verändert und manipuliert werden können.[106] Zudem sind bei der Zugänglichmachung eines Werks auf Webseiten Veränderungen zum Teil auch technisch bedingt (z.B. Änderungen des Bildausschnitts oder der Auflösung).[107] Eine Verletzung des Entstellungsverbots kann sich zum einen aus einer Veränderung des Werks (z.B. Änderung der Farben, Verzerrung der Perspektive, Verstümmelung durch Ausschnitte, Ergänzungen durch fremde Teile) oder aber auch dadurch ergeben, dass das unveränderte Werk in einen für den Urheber unzumutbaren Kontext gestellt wird, durch den sich der Urheber in ein „falsches Licht gestellt" und seine Reputation gefährdet sieht. So hat sich eine Musikgruppe erfolgreich dagegen gewehrt, dass ihre Musik auf einem Sampler mit Stücken von ansonsten neo-nazistischen Bands vermarktet wurde.[108] Für die heute in der **Praxis** immer bedeutsamere Nutzung von urheberrechtlich geschütztem „Material" im Rahmen der **Gestaltung von Websites** folgt daraus, dass bei der Verwendung von „Content" nicht nur an die nutzungsrechtlichen, sondern im Hinblick auf die Vornahme von Veränderungen an geschütztem Content und die Wahl des Darstellungskontextes auch die persönlichkeitsrechtlichen Aspekte zu bedenken sind. Da ein pauschaler vertraglicher Verzicht auf die Rechte des Urhebers nicht zulässig ist, empfiehlt es sich, beabsichtigte Änderungen bzw. ggfs. einen kritischen Darstellungskontext vertraglich möglichst exakt festzulegen.[109]

5. Weitere persönlichkeitsrechtliche Normen

Der persönlichkeitsrechtliche Schutz des Urhebers kommt darüber hinaus in einer Vielzahl weiter urheberrechtlicher Bestimmungen zum Ausdruck:

- dem Recht auf **Zugang** zu den Werkstücken (§ 25 UrhG),
- der – außer im Erbfall – **Unübertragbarkeit** des Urheberrechts selbst (§ 29 UrhG),
- der **Zustimmungsbedürftigkeit** der **Übertragung** von Nutzungsrechten (§ 34 UrhG),
- dem **Verbot von Änderungen** bei Einräumung von Nutzungsrechten (§ 39 UrhG),
- dem **Rückrufsrecht** wegen gewandelter Überzeugung (§ 42 UrhG),
- dem **Änderungsverbot** bei zulässiger Werknutzung (§ 62 UrhG),

---

[105] Schricker/Dietz/Peukert, Urheberrecht, § 14 Rdn. 1–5.
[106] Decker in Hoeren/Sieber, Handbuch MultimediaRecht, Teil 7.6 Rdn. 5; Loewenheim in Loewenheim/Koch, Praxis des Online-Rechts, S. 292.
[107] Decker in Hoeren/Sieber, Handbuch MultimediaRecht, Teil 7.6 Rdn. 55, 65 ff.
[108] Freitag in Kröger/Gimmy, Handbuch zum Internetrecht, S. 350 f.; Decker in Hoeren/Sieber, Handbuch MultimediaRecht, Teil 7.6 Rdn. 67.
[109] Hoeren, Online-Skript „Internetrecht", S. 138.

- der Pflicht zur **Quellenangabe** (§ 63 UrhG),
- **Einschränkung** der **Zwangsvollstreckung** in das Urheberrecht (§§ 123 ff. UrhG).

II. Verwertungsrechte

Noch stärker im Vordergrund des praktischen Interesses als die Persönlichkeitsrechte stehen die Rechte, die dem Urheber den wirtschaftlichen Wert des geschützten Werks zuordnen. Hierbei wird nicht verkannt, dass die Grenzen zwischen ideellen und materiellen Interessen, d.h. persönlichkeitsrechtlichen und vermögensrechtlichen Positionen fließend sind.[110] Die dem Urheberrecht unterliegenden Werke sind „immaterielle" Güter, deren Inhalt sich technisch in unterschiedlicher Weise vermitteln lässt. Der Urheberrechtsschutz hat also sicherzustellen, dass dem Urheber die „Früchte" aller möglichen Formen der Werkvermittlung rechtlich zugeordnet werden.

1. Systematik und Überblick

Dem Wesen der vom Urheberrecht erfassten Werke entsprechend, das vor allem durch die Vermittlung des Werkgenusses, die Wirkung auf die menschlichen Sinne gekennzeichnet ist (s.o. § 1), knüpft das urheberrechtliche Verwertungssystem – anders als das Patent- und Gebrauchsmusterrecht – nicht an eine „Benutzung", „Anwendung" oder einen „Gebrauch" des Werkes an, sondern an Verwertungsformen, durch die sich die „Mitteilung" des Werkes, sei es körperlich oder unkörperlich – den menschlichen Sinnen mitteilt. Konkret erfolgt die rechtliche Zuordnung des Werkes durch die Zuerkennung eines weit gefassten **allgemeinen Verwertungsrechts** (§ 15 Abs. 1 UrhG), das dem Urheber alle Verwertungsarten, auch etwaige zukünftige, durch die Technik sich erst ergebende, ausschließlich vorbehält. Räumt der Urheber einem Dritten von seinen Verwertungsrechten abgespaltene Rechte zur Werknutzung ein, so heißen die dem anderen eingeräumten Rechte, das Werk auf einzelne oder alle Nutzungsarten zu nutzen, **Nutzungsrechte** (vgl. § 31 Abs. 1 S. 1 UrhG). Neben dem allgemeinen Verwertungsrecht enthält § 15 UrhG eine beispielhafte Aufzählung einzelner, absolut wirkender Verwertungsbefugnisse. Die **Systematik** der dem Urheber danach insbesondere vorbehaltenen **besonderen Verwertungsrechte** erschließt sich durch die Unterscheidung zwischen der Verwertung des Werkes in **körperlicher** Form (§ 15 Abs. 1 UrhG) und der Verwertung in **unkörperlicher** Form (§ 15 Abs. 2 UrhG). Das Recht zur Verwertung in körperlicher Form betrifft alle Verwertungsformen, die unmittelbar das Original oder (körperliche) Vervielfältigungsstücke des Originals (sog. **Werkstücke**) zum Gegenstand haben. Es umfasst insbesondere (vgl. § 15 Abs. 1 UrhG):

- das Vervielfältigungsrecht (§ 16 UrhG),
- das Verbreitungsrecht (§ 17 UrhG) und
- das Ausstellungsrecht (§ 18 UrhG).

Das Recht zur Verwertung in unkörperlicher Form ist das Recht der **öffentlichen Wiedergabe** des Werks. Es umfasst insbesondere (vgl. § 15 Abs. 2 UrhG):

- das Vortrags-, Aufführungs- und Vorführungsrecht (§ 19 UrhG),
- das Recht der öffentlichen Zugänglichmachung (§ 19a UrhG),

---

[110] Zur diesbezüglichen Verklammerung der Interessen vgl. Schricker/Dietz/Peukert, Urheberrecht, Vor §§ 12 ff. Rdn. 11 ff.

- das Senderecht (§ 20 UrhG),
- das Recht der Wiedergabe durch Bild – und Tonträger (§ 21 UrhG) und
- das Recht der Wiedergabe von Funksendungen (§ 22 UrhG).

2. Ausgewählte Verwertungsrechte im Einzelnen

a) **Vervielfältigungsrecht. aa) Begriff.** Das Vervielfältigungsrecht – eines der wichtigsten Verwertungsrechte des Urheberrechts – ist das Recht, Vervielfältigungstücke des Werkes herzustellen, gleichviel ob vorübergehend oder dauerhaft, in welchem Verfahren und in welcher Zahl (§ 16 Abs. 1 UrhG). Die herausragende wirtschaftliche Bedeutung des Vervielfältigungsrechts wird insbesondere durch die Klarstellung deutlich, wonach auch die Übertragung von Werken auf Vorrichtungen zur wiederholbaren Wiedergabe von Bild- und Tonfolgen (Bild- oder Tonträger) – also auf Speichermedien wie Ton- oder Videobänder, CD, DVD, MD, Festplatten, Server etc. – Vervielfältigung ist (§ 16 Abs. 2 UrhG).[111] Zu beachten ist, dass ein Eingriff in die entsprechenden Rechte des Urhebers nicht nur bei vollständiger Übernahme, sondern auch bereits bei der Übernahme von **Werkteilen**, d.h. von wesentlichen Teilen eines fremden geschützten Werks (z.B. beim sog. **Sampling** von Musik, Sound oder Composing von Bildern) in Betracht kommt. Entscheidend ist hier, ob der konkret übernommene Werkteil bereits als solcher selbständig schutzfähig ist. Dies wird bei einzelnen Tönen oder Sounds vielfach zu verneinen sein, bei Einzelbildern, Filmbildern und erkennbaren Melodien wird jedoch regelmäßig ein selbständiger Schutz zu bejahen sein, mit der Folge, dass eine Nutzung nur mit Einwilligung des Urhebers zulässig ist.[112] Auch werden vom Vervielfältigungsrecht solche Werkumgestaltungen erfasst, die – wie die gegenüber der Originalabbildung verkleinerten **Vorschaubilder** in einer Bildersuchmaschine (sog. Thumbnails) – „über keine eigene schöpferische Ausdruckskraft verfügen und sich daher trotz einer vorgenommenen Umgestaltung noch im Schutzbereich des Originals befinden, weil dessen Eigenart in der Nachbildung erhalten bleibt und ein übereinstimmender Gesamteindruck besteht".[113]

bb) **Flüchtige Vervielfältigungen.** Die Einordnung bestimmter neuer **informations- und kommunikationstechnischer Formen der Werknutzung** in das bestehende System der urheberrechtlichen Verwertungsrechte erwies sich in der Vergangenheit als schwierig. Betroffen von diesen Schwierigkeiten war auch das Vervielfältigungsrecht, bei dem es sich, wie erwähnt, traditionell um eines der wichtigsten Verwertungsrechte des Urhebers handelt. Hintergrund war, dass das Vervielfältigungsrecht nach alter Rechtslage im deutschen Urheberrecht definiert wurde als das Recht des Urhebers, Vervielfältigungsstücke des Werkes herzustellen, gleichviel in welchem Verfahren und in welcher Zahl (§ 16 Abs. 1 UrhG a.F.). Unter Vervielfältigung wurde dabei jede **körperliche Festlegung** eines Werkes verstanden, die geeignet ist das Werk den menschlichen Sinnen auf irgendeine Art mittelbar oder unmittelbar wahrnehmbar zu machen.[114] Unproblematisch und unbestritten war insoweit die Beurteilung, dass eine **nicht nur vorüber-**

---

[111] BGH v. 29.4.2010, I ZR 69/08, „Vorschaubilder".
[112] Näheres zur Beurteilung des Sampling vgl. Kreuzer in Schwerdtfeger u.a., Cyberlaw, 5.3.2. S. 246; allgemein zur Vervielfältigung von Werkteilen Schricker/Loewenheim, Urheberrecht, § 16 Rdn. 14.
[113] BGH v. 29.4.2010, I ZR 69/08, „Vorschaubilder".
[114] BGHZ 17, 266, 269 f.= GRUR 1955, 492, 494 „Grundig-Reporter"; Amtl. Begr. BT-Drucks. IV/270, S. 47.

gehende **Speicherung** eines Werkes auf einem Datenträger eine Vervielfältigung darstellt, wie etwa die Speicherung auf einer **Diskette**, einer **CD**, der **Festplatte eines PC** oder einem anderen **Datenträger** zur Speicherung von digitalisierten Daten. Denn es handelt sich hierbei – entsprechend dem dahingehenden begrifflichen Verständnis – jeweils um körperliche Festlegungen des Werkes, die dazu geeignet sind, das Werk den menschlichen Sinnen wahrnehmbar zu machen und zwar mittelbar durch den Einsatz eines dem entsprechenden Speichermedium entsprechenden Ausgabegerätes. Im Hinblick auf das Erfordernis der körperlichen Festlegung als problematisch und umstritten erwies sich demgegenüber die Frage, ob auch bereits die **flüchtige Einspeisung** digitalisierter Daten in den **Arbeitsspeicher** eines Computers – etwa beim „Surfen" durch Online-Angebote im Internet – als Vervielfältigung und damit als eine grundsätzlich von der Einwilligung des Urhebers abhängige Verwertungshandlung anzusehen ist.[115] Die diesbezüglichen Rechtsunsicherheiten wurden zwischenzeitlich jedoch durch die sog. InfoSoc- bzw. Multimedia-Richtlinie[116] beseitigt, die u.a. eine breite umfassende **Definition des Vervielfältigungsrechts** vorschreibt, die alle relevanten Verwertungshandlungen erfasst. Auf eine körperliche Festlegung des Werkes kommt es danach nicht mehr an, so dass grundsätzlich auch **flüchtige Vervielfältigungen** erfasst sind, die etwa beim Laden in den **Arbeitsspeicher** eines Computers oder bei **Zwischenspeicherungen** im Netz (z.B. auf Proxy-Servern) erfolgen.[117] Die Vorgaben der InfoSoc-Richtlinie wurden im Rahmen der **Urheberrechtsnovelle 2003** in das deutsche Urheberrecht umgesetzt.[118] Die Novelle 2003 zielte darauf ab, das deutsche Urheberrecht der Entwicklung im Bereich der neuen Informations- und Kommunikationstechnologien (IuK), insbesondere der digitalen Technologie, anzupassen. Entsprechend der dahingehenden Vorgabe der Richtlinie (Art. 2) wurde durch eine Einfügung in die Definition des Vervielfältigungsrechtes (§ 16 Abs. 1 UrhG: „*... gleichviel ob vorübergehend oder dauerhaft, ...*") klargestellt, dass auch lediglich vorübergehende Vervielfältigungshandlungen dem Vervielfältigungsrecht unterfallen. Auch beim **Streaming**, bei dem die Daten paketweise übertragen und beim Nutzer regelmäßig nicht auf der Festplatte, sondern lediglich in sog. Buffern zwischengespeichert werden, handelt es sich demnach um eine Vervielfältigung i.S.v. § 16 UrhG.[119] Dem weiten Vervielfältigungsbegriff wurde durch eine neue Schrankenregelung für bestimmte, technisch bedingte vorübergehende Vervielfältigungshandlungen, denen keine eigenständige wirtschaftliche Bedeutung zukommt, entsprochen (§ 44a UrhG – hierzu s.u. § 72 III. 1.). Um keine Vervielfältigung handelt es sich jedoch beim Setzen eines Hyperlinks auf ein geschütztes Werk. Durch einen **Hyperlink** wird das Werk nicht i.S.v. § 16 UrhG vervielfältigt, vielmehr stellt der Link le-

---

115 Näheres zum diesbezüglichen Streit vgl. Loewenheim in Loewenheim/Koch, Praxis des Online-Rechts, Kapitel 7, S. 269, 293 f., 297 ff. m.w. Nachw.
116 Richtlinie 2001/29/EG des Europäischen Parlaments und des Rates vom 22.5.2001 zur Harmonisierung bestimmter Aspekte des Urheberrechts und der verwandten Schutzrechte in der Informationsgesellschaft – ABl. EG v. 22.6.2001 L 167/10.
117 Vgl. Thomaschki, Europäisches Urheberrecht in der Informationsgesellschaft, DuD 1998, 265, 266; Kröger, Die Urheberrechtsrichtlinie für die Informationsgesellschaft – Bestandsaufnahme und kritische Bewertung, CR 2001, 316, 317; Freitag in Kröger/Gimmy, Handbuch zum Internetrecht, S. 353 f.
118 Gesetz zur Regelung des Urheberrechts in der Informationsgesellschaft vom 10.9.2003, BGBl. I, S. 1774–1788.
119 Schricker/Loewenheim, § 16 Rdn. 21 m.zahlr. w. Nachw.

diglich eine elektronische Verknüpfung zu einer anderen in das Internet eingestellten Datei her.[120]

b) Verbreitungsrecht. aa) Begriff. Das **Verbreitungsrecht** ist das Recht, das Original oder Vervielfältigungstücke des Werkes der Öffentlichkeit anzubieten oder in Verkehr zu bringen (§ 17 Abs. 1 UrhG). Durch die Einordnung des Verbreitungsrechts als Verwertung in körperlicher Form (§ 15 Abs. 1 Nr. 2 UrhG) und die entsprechende Begrenzung auf die Verbreitung von Werkstücken ist klargestellt, dass der Verbreitung nur **körperliche Gegenstände** (Druckwerke, Ton- und Bildträger etc.) zugänglich sind.[121] Das Verbreitungsrecht ist nicht auf eine gewerbsmäßige Verbreitung beschränkt, entscheidend ist allein, dass die Verbreitung öffentlich erfolgt. In der Praxis wird der Urheber den wirtschaftlichen Wert des Werkes, die Vermittlung des Werkgenusses, häufig schon über das Vervielfältigungsrecht realisieren können. Werden etwa Werkstücke ohne Zustimmung des Urhebers hergestellt und in den Handel gebracht, liegt bereits in der unrechtmäßigen Vervielfältigung eine Urheberrechtsverletzung. Die Verbreitung kann jedoch trotz rechtmäßiger Vervielfältigung widerrechtlich sein. Zu denken ist hier an den Fall, dass der Urheber dem Verleger das Vervielfältigungs- und Verbreitungsrecht nur für ein bestimmtes Land eingeräumt hat (geteiltes Verlagsrecht). Die Verbreitung der rechtmäßig hergestellten Bücher außerhalb des fraglichen Gebietes ist dann unrechtmäßig und kann vom Urheber dem Verleger untersagt werden, nicht aber dem Erwerber der durch den Verleger rechtmäßig in Verkehr gebrachten Werkexemplare, da sich das Verbreitungsrecht für diese Werkexemplare durch das rechtmäßige Inverkehrbringen gemeinschaftsweit erschöpft hat. Ferner ist zu denken an die Verbreitung von in zulässiger Weise zum privaten oder sonstigen eigenen Gebrauch hergestellten Vervielfältigungstücken (§ 53 Abs. 6 S. 1 UrhG) oder an die Verbreitung im Inland rechtmäßig hergestellter Werkstücke im Ausland, wenn dort der Schutz abgelaufen ist.[122] Dem Verbreitungsrecht kommt somit gegenüber dem Vervielfältigungsrecht **eigenständige Bedeutung** zu. Relevante Verbreitungshandlung ist dabei vom Ansatz her nicht nur das erste Inverkehrbringen eines Werkstückes, sondern auch seine Weiterverbreitung.[123]

bb) Erschöpfung des Verbreitungsrechts. Obgleich das Gesetz im Grundsatz also jede Verbreitungshandlung dem Recht des Urhebers unterstellt, kann es nicht Sinn des Verbreitungsrechts sein, dem Urheber eine bleibende ausschließliche Befugnis zum Handel mit rechtmäßig in Verkehr gebrachten Werkstücken seines Werkes zu gewähren. Den Interessen des Urhebers ist vielmehr in der Regel bereits Genüge getan, wenn er bei der ersten Verbreitungshandlung die Möglichkeit gehabt hat, seine Zustimmung von Zahlung eines Entgelts abhängig zu machen.[124] Entsprechend der sog. **Erschöpfungslehre** bestimmt daher das Gesetz für den Fall, dass das Original oder Vervielfältigungstücke des Werkes mit Zustimmung des zur Verbreitung Berechtigten im Gebiet der Europäischen Union oder eines anderen Vertragsstaates des Abkommens über den Europäischen Wirtschaftsraum im Wege der Veräußerung in Verkehr gebracht worden ist, die Weiterverbreitung mit Ausnahme der Vermietung zulässig ist (§ 17 Abs. 2 UrhG). Der

---

120 BGH v. 17.7.2003, I ZR 259/00, „Paperboy".
121 Vgl. Hertin, Urheberrecht, S. 54 Rdn. 179.
122 Rehbinder, Urheberrecht, S. 133 Rdn. 324.
123 Ulmer, Urheber- und Verlagsrecht, S. 235.
124 Rehbinder, Urheberrecht, S. 133 f. Rdn. 325.

Grundsatz der **Erschöpfung** des Verbreitungsrechts ist, ähnlich wie die Erschöpfung des Patentrechts hinsichtlich des in Verkehr gebrachten Erzeugnisses, Ausdruck eines **allgemeinen Rechtsgedankens**. Im Urheberrecht beruht er – so der BGH – „auf der Erwägung, dass der Urheber mit der Veräußerung die Herrschaft über das Werkexemplar aufgibt, so dass dieses damit für jede Weiterverwertung frei wird. Seinem verwertungsrechtlichen Interesse [**Belohnungsinteresse**] ist in der Regel genügt, wenn er bei der ersten Verbreitungshandlung die Möglichkeit gehabt hat, seine Zustimmung von der Zahlung eines Entgelts abhängig zu machen. Eine spätere Benutzung des Werkstücks soll grundsätzlich frei sein. Diese Freigabe dient dem Interesse der Verwerter und der Allgemeinheit, die in Verkehr gebrachten Werkstücke verkehrsfähig zu halten [**Verkehrssicherungsinteresse**]. Könnte der Rechtsinhaber, wenn er das Werkstück verkauft oder seine Zustimmung zur Veräußerung gegeben hat, noch in den weiteren Vertrieb des Werkstücks eingreifen, so wäre dadurch der freie Warenverkehr in unerträglicher Weise behindert".[125] Im Fall der sog. **Mauer-Künstler**, die noch zu DDR-Zeiten Teile der Berliner Mauer großflächig mit Bildern bemalt hatten, hat der BGH festgestellt, dass diese an dem Erlös aus der späteren Versteigerung von Teilen der Berliner Mauer, die von ihnen bemalt worden sind, angemessen zu beteiligen seien. Die Veräußerung der bemalten Mauerteile stelle einen Eingriff in das bei den Künstlern verbliebene urheberrechtliche Verbreitungsrecht (§ 17 Abs. 1 UrhG) dar. Die öffentliche Zurschaustellung der Mauer-Bilder stelle entgegen der vom Berufungsgericht vertretenen Ansicht keine Veräußerung i.S.v. § 17 Abs. 2 UrhG dar, so dass das Verbreitungsrecht der Künstler nicht erschöpft sei.[126]

c) **Öffentliche Zugänglichmachung.** Im Rahmen des eingangs bereits skizzierten Kataloges der dem Urheber insbesondere vorbehaltenen Rechte, sein Werk in **unkörperlicher** Form zu verwerten, ist das im Rahmen der Urheberrechtsnovelle 2003 neu in das Gesetz aufgenommene Verwertungsrecht der **öffentlichen Zugänglichmachung** (§§ 15 Abs. 2 Nr. 2, 19a UrhG) besonders hervorzuheben. Die Regelung erfolgte in Systematik und Wortwahl in enger Anlehnung an die entsprechende Vorgabe der InfoSoc-Richtlinie (Art. 3), die ihrerseits auf dem WIPO-Vertrag WCT beruht. Das seiner Zeit neu aufgenommene Verwertungsrecht (**right of making available**) dient insbesondere der Einbeziehung der Verwertung von urheberrechtlich geschützten Werken durch deren Bereithalten im Internet zum elektronischen Abruf (on demand). Ähnlich wie bei den erwähnten Rechtsunsicherheiten im Zusammenhang mit dem Vervielfältigungsrecht (s. zuvor a)) stellte sich auch bei dieser neuen und wirtschaftlich bedeutsamen internettypischen Verwertungsart – der Bereitstellung von Werken im Netz – aus urheberrechtlicher Sicht das Problem, dass sich diese nicht ohne weiteres in das bestehende System der gesetzlich vorgesehenen Verwertungsrechte einordnen ließ.[127] Durch die Aufnahme des sog. **Online-Verwertungsrechts** in den nicht abschließenden Katalog der Rechte des Urhebers (§ 15 Abs. 2 Nr. 2 UrhG) wurde klargestellt, dass das in § 15 Abs. 2 S. 1 UrhG legal definierte Recht der öffentlichen Wiedergabe – das ausschließliche Recht des Urhebers, sein Werk in unkörperlicher Form öffentlich wiederzugeben – auch das Recht der öffentlichen Zugänglichmachung einschließt. Dieses wird in dem

---

125 BGH GRUR 1995, 673, 676 „Mauer-Bilder".
126 BGH GRUR 1995, 673, 676 „Mauer-Bilder".
127 Vgl. hierzu BGH v. 17.7.2003, I ZR 259/00, „Paperboy"; Thomaschki, DuD 1998, 265, 268; Freitag in Kröger/Gimmy, Handbuch zum Internetrecht, S. 356 f.; Loewenheim in Loewenheim/Koch, Praxis des Online-Rechts, Kapitel 7, S. 269, 295 f., 303 f.

2003 neu eingefügten § **19a UrhG** definiert als „das Recht, das Werk drahtgebunden oder drahtlos der Öffentlichkeit in einer Weise zugänglich zu machen, dass es Mitgliedern der Öffentlichkeit von Orten und zu Zeiten ihrer Wahl zugänglich ist." Relevante Verwertungshandlung ist nicht erst die jeweilige Übertragung des Werkes oder dessen Abruf, diese liegt vielmehr bereits in der vorangehenden Handlung des Zugänglichmachens (Upload einer Datei auf einen Webserver) oder Anbietens von Werken und Leistungen über das Internet. **Zugänglichmachen** i.S.v. § 19a UrhG bedeutet danach, „dass Dritten der Zugriff auf das sich in der Zugriffssphäre des Vorhaltenden befindende geschützte Werk eröffnet wird".[128] Mit der Regelung des „Online-Rechts" als Verwertungsrecht wurde der Stand der internationalen Rechtsvereinheitlichung (nach Maßgabe der Art. 8 WCT; Art. 10, 14 WPPT; Art. 3 InfoSoc-Richtlinie) auch im deutschen Urheberrechtsgesetz nachvollzogen. Die sich auf der Grundlage der alten Rechtslage vor Inkrafttreten der Urheberrechtsnovelle 2003 ergebenden Probleme, das ausschließliche Recht des Urhebers zur Verwertung seines Werks durch Online-Bereitstellung in der Systematik der urheberrechtlichen Verwertungsrechte exakt zu verorten (diskutiert wurden im Wesentlichen eine direkte oder analoge Anwendbarkeit des Senderechts, §§ 15 Abs. 2 Nr. 2, 20 UrhG a.F., oder die Einordnung als unbenanntes Recht der öffentlichen Wiedergabe), wurden damit überwunden.[129] Durch das Setzen eines **Hyperlinks** auf eine öffentlich zugänglich gemachte Website mit einem urheberrechtlich geschützten Werk wird das geschützte Werk – so der BGH[130] – nicht öffentlich zugänglich gemacht, sondern lediglich der bereits eröffnete Zugang zu dem Werk erleichtert. Allerdings hat der EuGH[131] jüngst klargestellt, dass die Bereitstellung von anklickbaren Links zu geschützten Werken durchaus als „Zugänglichmachung" und „Handlung der Wiedergabe" i.S.v. Art. 3 der Richtline 2011/29/EG einzustufen sei, allerdings falle diese nur dann unter den Begriff der „öffentlichen Wiedergabe", wenn „sie sich an ein neues Publikum" richte, „d.h. an ein Publikum, das die Inhaber des Urheberrechts nicht hatten erfassen wollen, als sie die ursprüngliche öffentliche Wiedergabe erlaubten". Durch die Entscheidung wird im Ergebnis also bestätigt, dass auch ohne Einwilligung des Urheberrechtsinhabers über Hyperlinks auf geschützte Werke verwiesen werden darf, sofern diese dort frei zugänglich sind. Demgegenüber liegt ein zustimmungsbedürftiges öffentliches Zugänglichmachen i.S.v. § 19a UrhG vor, wenn Nutzer Musikdateien auf den Server eines Host-Providers („**File-Hosting-Dienst**") hochladen und dort über von diesen gleichfalls eingestellte Linksammlungen (Download-Links) für Dritte auffindbar machen.[132] Auch beim **Streaming** liegt eine Nutzungshandlung i.S.v. § 19a UrhG vor, wenn der Nutzer das geschützte Werk „von Orten und zu Zeiten seiner Wahl" nur anhören bzw. anschauen, jedoch nicht herunterladen kann („On-Demand-Streaming"). Demgegenüber soll das Live-Streaming, bei dem der Zeitpunkt der Übertragung und die Reihenfolge der übermittelten Inhalte vorgegeben sind, dem Senderecht i.S.v. § 20 UrhG unterfallen.[133]

---

128 BGH v. 29.4.2010, I ZR 69/08, „Vorschaubilder".
129 Zum diesbezüglichen Meinungsstand vgl. Fußn. 127.
130 BGH v. 17.7.2003, I ZR 259/00, „Paperboy".
131 EuGH v. 13.2.2014 in der Rechtssache C-466/12, „Svensson u.a./Retriever Sverige AB".
132 BGH v. 15.8.2013, I ZR 80/12, „File-Hosting-Dienst".
133 Dreier/Schulze, § 19a Rdn. 6; § 20 Rdn. 13 ff., 16; ferner Schricker/v. Ungern-Sterberg, Vor §§ 20 ff. Rdn. 7.

d) Öffentlichkeit der Wiedergabe. Im Zusammenhang mit dem Recht der öffentlichen Zugänglichmachung (§ 19a UrhG) als exemplarischem Fall eines Rechts der öffentlichen Werkwiedergabe ist ferner die im Rahmen der **Urheberrechtsnovelle 2003** neu gefasste Definition der **Öffentlichkeit** (§ 15 Abs. 3 UrhG) von Bedeutung. Sie entspricht inhaltlich im Wesentlichen dem zuvor geltenden Recht, sie ist jedoch ausführlicher und um eine klarere Formulierung bemüht.[134] Die Wiedergabe ist danach „... öffentlich, wenn sie für eine Mehrzahl von Mitgliedern der Öffentlichkeit bestimmt ist. Zur Öffentlichkeit gehört jeder, der nicht mit demjenigen, der das Werk verwertet, oder mit den anderen Personen, denen das Werk in unkörperlicher Form wahrnehmbar oder zugänglich gemacht wird, durch persönliche Beziehungen verbunden ist." Nach dem Verständnis des Gesetzgebers können Beziehungen, die im Wesentlichen nur in einer technischen Verbindung zu einer Werknutzung liegen, etwa im Rahmen sog. **Filesharing-Systeme**, in der Regel für sich allein genommen keine persönliche Verbundenheit begründen. Vielmehr müsse eine persönliche Verbundenheit unabhängig von dieser rein technischen Verbindung bestehen, um eine Öffentlichkeit auszuschließen.[135] Mit anderen Worten: All die im Zusammenhang mit dem kostenlosen online-Zugriff auf Musik bekannt gewordenen Formen der Musikpiraterie, wie „Napster", „Midi-Files" oder kommerzielle Formen der peer-to-peer-Vermittlung, wie die Musikbörse „Kazaa", finden nicht unter Ausschluss einer (im urheberrechtlichen Sinne definierten) Öffentlichkeit statt, sondern greifen in das seit der Novelle 2003 ausdrücklich anerkannte Verwertungsrecht der öffentlichen Zugänglichmachung ein. Auch ist davon auszugehen, dass etwa der bloße gemeinsame Zugriff von Mitarbeitern auf das global verfügbare **Intranet eines** weltweit tätigen **Konzerns** nicht ausreicht, um das erforderliche Maß an persönlicher Verbundenheit zu begründen, durch das eine Öffentlichkeit ausgeschlossen wird.[136] Die sich nach alter Rechtslage im Zusammenhang mit der Einordnung von Online-Verwertungshandlungen mit Blick auf den Öffentlichkeitsbegriff ergebenden Unsicherheiten wurden durch dessen Neufassung beseitigt. Begründungsprobleme ergaben sich insoweit nach alter Rechtslage daraus, dass eine öffentliche Werkwiedergabe nach herkömmlichem Verständnis voraussetzte, dass die Adressaten der Werkvermittlung gleichzeitig erreicht werden.[137] Durch die Kennzeichnung des Rechts der öffentlichen Zugänglichmachung als eines Rechtes, das Werk „in einer Weise zugänglich zu machen, dass es Mitgliedern der Öffentlichkeit von Orten und zu Zeiten ihrer Wahl zugänglich ist", ist durch die Neufassung klargestellt, dass ein zu unterschiedlichen Zeiten erfolgender Zugriff einzelner Nutzer auf das Werk ausreicht, und, dass es auf eine gleichzeitige Öffentlichkeit nicht ankommt.[138]

3. Exkurs: Internettypische Benutzungshandlungen

Die Frage nach der urheberrechtlichen Relevanz von Benutzungshandlungen von urheberrechtlich geschützten Werken im Internet, stellt sich sowohl für Benutzungshandlungen desjenigen, der das Internet als einfacher Nutzer durch Zugriff auf im Internet

---

134 BT-Drucks. 15/38, Amtl. Begr. zu § 15, S. 17.
135 Vgl. BT-Drucks. 15/38, Amtl. Begr. zu § 15, S. 17.
136 Lehmann, IT-relevante Umsetzung der Richtlinie Urheberrecht in der Informationsgesellschaft, Ein Überblick zu den wesentlichen Änderungen des deutschen Urheberrechts durch das Gesetz zur Regelung des Urheberrechts in der Informationsgesellschaft, CR 2003, 553, 555.
137 Schricker/v.Ungern-Sternberg, Urheberrecht, § 15 Rdn. 59 m. zahlr. w. Nachw.
138 Lehmann, Fußn. 136, CR 2003, 553, 555; BT-Drucks. 15/38, Amtl. Begr. zu § 15, S. 17.

verbreiteter Informationsangebote Dritter nutzt, als auch insbesondere für den Anbieter, der selbst Informationen im Internet präsentiert.[139] Im vorstehenden Zusammenhang soll die Betrachtung auf die wirtschaftlich bedeutsamere Einordnung von Benutzungshandlungen aus der Perspektive des Betreibers eines Web-Auftritts beschränkt werden. Hierbei ist vor dem Hintergrund der weitgehenden urheberrechtlichen Schutzfähigkeit des üblicherweise eingesetzten Content zu beachten, dass jeder, der einen Internet-Auftritt betreibt und bei der Realisierung nicht ausschließlich selbst erstelltes Material verwendet, sondern auf solches Dritter zurückgreift, zu prüfen hat, ob dieses Material (Texte, Fotos, Videos, Musik etc.) urheberrechtlichem Schutz unterliegt und ggf., welche Nutzungsrechte er für die Realisierung seines Internet-Auftritts benötigt. Naheliegend bei der Verwendung urheberrechtlich geschützten Materials Dritter ist stets, dass die Verwendung einen Eingriff in das **Vervielfältigungsrecht** des Urhebers darstellt. Hierunter fallen insbesondere folgende **typische Benutzungshandlungen:**

- die **Speicherung** auf einem Datenträger (Diskette, CD, Festplatte oder einem anderen Datenträger zur Speicherung digitalisierter Daten);
- **Digitalisierung** eines Werks (z.B. Einscannen eines Textes, Fotografieren eines Bildes mit Digitalkamera; Digitalaufnahme von Musik etc);
- das **Uploading** der Daten auf den Server des Webhost und
- das **Downloading** von Daten auf die Festplatte des eigenen Computers.

Wer als Betreiber für die Gestaltung seines Web-Auftrittes urheberrechtlich geschützte Werke Dritter verwendet, bedarf hierzu also – sofern nicht ausnahmsweise zu seinen Gunsten eine urheberrechtliche Schrankenbestimmung eingreift (hierzu nachfolgend § 72) – grundsätzlich bereits unter dem Gesichtspunkt eines Eingriffs in das ausschließliche Vervielfältigungsrecht der Zustimmung des jeweiligen Urhebers bzw. des jeweiligen Leistungsschutzberechtigten (z.B. Datenbankherstellers, Film- oder Tonträgerhersteller), da bereits mit der Erstellung des Web-Auftritts typischerweise Benutzungshandlungen verbunden sind, die als Vervielfältigungen zu qualifizieren sind (i.S.v. § 16 UrhG). Vor allem jedoch erfolgt mit der Bereitstellung der Website zum elektronischen Abruf im Internet darüber hinaus ein zustimmungspflichtiger Eingriff in das neue „Online-Verwertungsrecht" der öffentlichen Zugänglichmachung (§ 19a UrhG).

III. Schutzgegenstand

Der Schutz des Urheberrechts knüpft, wie das Immaterialgüterrecht allgemein, nicht am geistigen Schaffensprozess an sich, sondern an dessen Ergebnis – dem Werk – an (vgl. bereits o. § 5 I.). Erst dadurch, dass der durch die schöpferische Tätigkeit des Urhebers zum Ausdruck gebrachte geistige Gehalt in eine bestimmte Form gebracht wird, entsteht ein hinreichend abgegrenzter geistiger Gegenstand, der als taugliches Rechtsobjekt in Betracht kommt und geeignet ist, den Wert der Schaffenstätigkeit zu vermitteln.

---

[139] Zur diesbezüglichen Differenzierung vgl. u.a. Bechtold, Der Schutz des Anbieters von Information – Urheberrecht und gewerblicher Rechtsschutz im Internet, ZUM 1997, 427 ff.

1. Mitteilungsform

Der Wert, die Bereicherung des Werks liegt, entsprechend seinem Wesen, meist in der **Vermittlung des Werkgenusses**, d.h. in der durch Einwirkung auf die menschlichen Sinne bedingten Eignung im Bewusstsein des aufnehmenden Geistes Gedanken, Eindrücke, Empfindungen, Gefühle etc. zu bewirken und damit der „Befriedigung eines geistigen Bedürfnisses" zu dienen.[140] Kennzeichnend für die Werke als Schutzgegenstand des Urheberrechts ist daher traditionell ihre **Mitteilungsform**, die den individuellen Schöpfungsgedanken in einer zur Aufnahme durch die menschlichen Sinne – im wesentlichen durch die Augen und das Gehör – geeigneten Form zum Ausdruck bringt (z.B. Lesen eines Romans, Hören eines Konzerts, Betrachten eines Gemäldes, Anschauen eines Films etc.). Hierin unterscheidet sich das Urheberrecht vom Schutz der technischen Erfindungen, bei denen es sich im Kern um technische, einem Gebrauchszweck dienende Problemlösungen handelt. Der Patent- und Gebrauchsmusterschutz knüpft daher auch nicht etwa an die Mitteilungsform der Erfindung (z.B. die visuelle Wirkung einer Maschine auf die menschlichen Sinne), sondern an deren **Ausführungsform** an, in der der Erfindungsgedanke seine technische Wirkung, gewerbliche Verwertbarkeit und seinen wirtschaftlichen Wert entfaltet (z.B. an die Lehre zur Konstruktion einer Maschine, vermittels derer die Benutzung der technischen Problemlösung ermöglicht wird). Das Anknüpfen des urheberrechtlichen Schutzes an die Mitteilungsform entspricht der Funktion des Urheberrechts, dem „Schutz qualifizierter menschlicher Kommunikation" zu dienen (vgl. hierzu bereits o. § 67).

2. Individualität und geistiges Gemeingut

Die **Individualität** des Werkes ist nicht nur materielle Schutzvoraussetzung (s.o. § 68 I. 5.), sie begründet auch die Schutzwürdigkeit des Werks und ist damit maßgeblich für die Bestimmung des Schutzgegenstandes und des Schutzumfanges des Urheberrechtsschutzes.[141] Nur soweit das Werk durch die Individualität geprägt ist, ist es gerechtfertigt, dieses in rechtlicher Hinsicht dem Urheber als **Schutzgegenstand** ausschließlich zuzuordnen. Die Individualität ist, wie man sagt, „das Band", das die Person des Urhebers mit dem Werk verbindet. Eine Verletzung des Urheberrechts – sei es durch schlichte Kopie oder durch (abhängige) Benutzung oder Bearbeitung – setzt daher stets voraus, dass das Werk vom Verletzer gerade in seinen individuellen Zügen übernommen wird. Von diesen unterschieden werden üblicherweise diejenigen, nicht individuellen Werkelemente, die den allgemein zugänglichen Quellen geistigen Schaffens, dem sog. **geistigen Gemeingut**, zugehören.[142] Zum frei benutzbaren, vom Urheberrechtsschutz nicht erfassten Gemeingut gehören zunächst alle Werkelemente, mit denen der Urheber bei seinem Werkschaffen auf vorgegebene, von ihm vorgefundene geistige und materielle Gegenstände zurückgreift. Zum Gemeingut zählt somit vor allem all das, was dem Schaffenden durch Natur, Geschichte und Gesellschaft vorgegeben ist. Daher ist etwa die in einem Gemälde dargestellte Landschaft (z.B. das Matterhorn) oder ein literarisch beschriebenes, historisches Ereignis (z.B. der Sturm auf die Bastille) jederzeit frei, erneut Gegenstand künstlerisch-literarischen Schaffens zu sein.[143] Vom Urheber-

---

140 Rehbinder, Urheberrecht, S. 33 Rdn. 67.
141 Ulmer, Urheber- und Verlagsrecht, S. 34; Schricker/Loewenheim, Urheberrecht, § 2 Rdn. 25.
142 Ulmer, Urheber- und Verlagsrecht, S. 119; Rehbinder, Urheberrecht, S. 28 Rdn. 55.
143 Ulmer, Urheber- und Verlagsrecht, S. 119, 275.

rechtsschutz erfasst ist hingegen, was der Werkschöpfer aus sich selbst heraus, aus seinen individuellen Anlagen und Fähigkeiten den freien Quellen hinzufügt.[144] Zu denken ist z.b. bei einem Gemälde an Bildaufbau, Linienführung, Farbkomposition und Verfremdungen, beim literarischen Werk an den individuellen Satzbau, die Ausdrucksweise, die phantasievolle Verfremdung einer historischen Vorlage etc. Vorgegeben und daher frei benutzbares Gemeingut sind ferner auch Werkelemente, die aus sog. **freien Werken** übernommen wurden. Ein freies Werk, das keinem Urheberrechtsschutz unterliegt, kann vorliegen, weil es an einer „persönlich-geistigen Schöpfung" fehlt oder, weil zum Zeitpunkt der Werkschöpfung Urheberrechtsschutz noch nicht bestand (z.B. bei Gemälden alter Meister) oder bei vom Urheberrechtsschutz ursprünglich erfassten Werken, weil die Schutzfrist inzwischen abgelaufen ist. Dementsprechend hat der BGH festgestellt, dass die Nachbildung eines aus dem 15. Jahrhundert stammenden Werks der bildenden Kunst aus urheberrechtlichen Gründen niemandem verwehrt werden kann.[145]

3. Form und Inhalt

a) **Werke der Literatur und Kunst.** Eine immer wieder im Zusammenhang mit der Bestimmung des urheberrechtlichen Schutzgegenstandes aufgeworfene Frage ist, ob eine Trennung der gemeinfreien Teile eines Werkes von denjenigen, die vom Urheberrechtsschutz erfasst werden, allgemein durch die Unterscheidung von Form und Inhalt vorgenommen werden kann. Konkret geht es um die Frage, ob Gegenstand des Urheberschutzes nur die Form des Werkes oder auch dessen Inhalt sein kann. Das Vorliegen eines Werkes setzt, wie erläutert (s.o. § 68 I. 4.), voraus, dass ein „Schöpfungsgedanke" (geistiger Gehalt) des Urhebers eine sinnlich wahrnehmbare Form gefunden hat. Das Schöpferische des Werkes kann daher sowohl im **Inhalt**, etwa der Handlung eines Romans, sowie in der sog. **inneren Form**, etwa der Szenenfolge eines Dramas, der Anordnung und Gliederung des dargestellten Stoffes, als schließlich auch in der sog. **äußeren Form** des Werks, etwa dem Satzbau, der Ausdrucksweise eines Sprachwerks, der Linienführung eines Gemäldes, Gestalt gewinnen.[146] Während man früher überwiegend davon ausging, dass Werke der **Literatur und Kunst** im Hinblick auf die Freiheit der Gedanken nur in ihrer Form, nicht aber in ihrem Inhalt geschützt sind, ist heute allgemein anerkannt, dass grundsätzlich auch inhaltliche Werkelemente vom Urheberrechtsschutz erfasst werden können.[147]

b) **Wissenschaftliche Werke.** Die allseits anerkannte Möglichkeit, auch inhaltliche Werkelemente als individualitäts-, d.h. schutzbegründend und damit als vom Schutz erfasst bei der urheberrechtlichen Beurteilung zu berücksichtigen, erfährt jedoch eine bedeutsame Einschränkung beim **wissenschaftlichen Werk**. Insoweit erweitert sich mit Rücksicht auf die Freiheit der geistigen Auseinandersetzung der Kreis des literarischen Gemeinguts, was dazu führt, dass der Inhalt von Gedanken, Lehren und Theorien aus dem Urheberschutz ausscheidet.[148] Der Inhalt wissenschaftlicher Werke – **wissenschaftliche Systeme, Lehren** und **Theorien,** das **wissenschaftliche Ergebnis** – ist daher

---

144 Rehbinder, Urheberrecht, S. 24 f. Rdn. 44 f.
145 BGHZ 44, 288, 289 = GRUR 1966, 503, 505 „Apfel-Madonna".
146 Rehbinder, Urheberrecht, S. 26 Rdn. 48 f.
147 Schricker/Loewenheim, Urheberrecht, § 2 Rdn. 56 m.w. Nachw.
148 Ulmer, Urheber- und Verlagsrecht, S. 120, 123.

nach h.M. urheberrechtlich frei und jedermann zugänglich.[149] Die Freiheit des Inhalts wissenschaftlicher Werke, auch und gerade sofern es sich dabei um neue erstmals offenbarte Gedanken, Theorien und Erkenntnisse handelt, ist im Interesse von Forschung und Lehre und des darauf beruhenden Fortschritts unverzichtbar.[150] Für den Bereich wissenschaftlich-technischer Werke folgt der Ausschluss des Inhalts, der technischen Lehre als solcher vom Urheberrechtsschutz, darüber hinaus aus der gebotenen **Abgrenzung** des Urhebeberrechts gegenüber den **technischen Schutzrechten**.[151] Da der Sinngehalt wissenschaftlicher Lehren und Theorien danach als Gegenstand des Urheberrechtsschutzes nicht in Betracht kommt, findet die Urheberrechtsschutzfähigkeit bei Werken wissenschaftlichen und technischen Inhalts (Sprachwerken nach § 2 Abs. Nr. 1 UrhG und Darstellungen wissenschaftlicher oder technischer Art nach § 2 Abs. 1 Nr. 7 UrhG) ihre Grundlage allein in der individuellen Form der konkreten Gestaltung und Darstellung, in der die Lehre bzw. der Gedankeninhalt dargestellt wird.[152] Voraussetzung für die Schutzfähigkeit ist insoweit, dass die fragliche Darstellung und Gestaltung nicht aus wissenschaftlichen Gründen in der konkreten Form notwendig und üblich ist, da ansonsten das Vorliegen der für einen Schutz erforderlichen Individualität zu verneinen ist.[153]

IV. Schutzumfang

Der Schutz des Urheberrechts wäre stark entwertet, würde er sich nur auf die eine Konkretisierung des Schöpfungsgedankens erstrecken, wie sie gerade im Werk zum Ausdruck kommt. Jedem Dritten wäre es möglich, die Wirkungen des Urheberrechtsschutzes bei der Übernahme des Werkes durch geringfügige Änderungen zu umgehen. Auch im Urheberrecht ist daher, wie bei den gewerblichen Schutzrechten, zwischen dem Schutzgegenstand und dem **Schutzumfang** zu unterscheiden. Als Schutzgegenstand des Urheberrechts sind, wie zuvor gesehen (III. 2.), die dem Urheber zugeordneten individuellen Werkelemente anzusehen. Darüber hinaus erstreckt sich der Schutzumfang des Urheberrechts auf sämtliche **Umgestaltungen** des Werkes, die – sei es als **Bearbeitung** oder andere Umgestaltung (§ 23 UrhG) – aufgrund ihres geringen Abstandes von der umgestalteten Vorlage vom Urheberrecht am Original abhängig sind. Außerhalb des Schutzumfangs liegen demgegenüber erst solche Schaffensergebnisse, die sich als **freie Benutzung** (§ 24 UrhG) so weit von der Vorlage gelöst haben, dass sie als selbständige, vom Urheberrecht an der Vorlage völlig unabhängige Neuschöpfung anzusehen sind. Entscheidend für die Bestimmung des Schutzumfangs ist, wie bereits im Zusammenhang mit der Erörterung des Bearbeiterurheberrechts (§ 3 UrhG) erörtert (vgl. § 69 IX.), mithin der Abstand einer Umarbeitung vom Original.

---

149 Vgl. Schricker/Loewenheim, Urheberrecht, § 2 Rdn. 57 ff. m.w. Nachw.
150 Ulmer, Urheber- und Verlagsrecht, S. 275.
151 BGH GRUR 1979, 464, 465 „Flughafenpläne"; BGH GRUR 1984, 659, 660 „Ausschreibungsunterlagen".
152 BGH GRUR 1981, 520, 522 „Fragensammlung"; GRUR 1984, 659, 660 „Ausschreibungsunterlagen"; GRUR 1986, 1939, 1940 „Anwaltsschriftsatz".
153 BGH GRUR 1981, 352, 353 „Staatsexamensarbeit"; BGH GRUR 1985, 1041, 1047 „Inkasso-Programm".

V. Schutzdauer

Als zeitliche Dimension des Schutzumfangs lässt sich die **Schutzdauer** begreifen, die sich regelmäßig auf eine Zeitspanne von **siebzig Jahren** nach dem Tode des Urhebers (lat.: post mortem auctoris) beläuft (§ 64 UrhG). Steht das Urheberrecht mehreren **Miturhebern** zu (§ 8 UrhG), so erlischt es siebzig Jahre nach dem Tod des längstlebenden Miturhebers (§ 65 Abs. 1 UrhG). Bei **Filmwerken** erlischt das Urheberrecht gemäß § 65 Abs. 2 UrhG siebzig Jahre nach dem Tod des Längstlebenden von vier Filmschaffenden (Hauptregisseur, Urheber des Drehbuchs, Urheber der Dialoge, Komponist der für das betreffende Filmwerk komponierten Musik). Die Schutzdauer einer **Musikkomposition mit Text** erlischt 70 Jahre nach dem Tod des Längstlebenden der folgenden Personen: Verfasser des Textes, Komponist der Musikkomposition, sofern beide Beiträge eigens für die betreffende Musikkomposition mit Text geschaffen wurden. Dies gilt unabhängig davon, ob diese Personen als Miturheber ausgewiesen sind (§ 65 Abs. 3 UrhG).[154] Für die **Fristberechnung** gilt, dass die fraglichen Fristen mit dem Ablauf des Kalenderjahres beginnen, in dem das für den Beginn der Frist maßgebende Ereignis – der Tod der Urhebers, des längstlebenden Miturhebers, des längstlebenden Filmschaffenden – eingetreten ist (§ 69 UrhG). Nach Ablauf der Schutzfrist wird das Werk gemeinfrei.

Abb. 9: Schutzdauer von Urheber- und Leistungsschutzrechten

Schutzrecht	Schutzdauer von Urheber- und Leistungsschutzrechten	
	Schutzdauer	Gesetzliche Regelung (UrhRG)
Urheberrechte		Teil 1 Abschnitt 7
Werkschutz allgemein	70 Jahre p.m.a.	§ 64
Miturheber (i.S.v. § 8 UrhG)	70 Jahre nach dem Tode des Längstlebenden.	§ 65 Abs. 1
Filmwerke und ähnliche Werke	70 Jahre nach dem Tod des Längstlebenden der folgenden Personen: Hauptregisseur, Urheber des Drehbuchs, Urheber der Dialoge, Komponist der für das betreffende Filmwerk komponierten Musik.	§ 65 Abs. 2

---

154 § 65 Abs. 3 UrhG neu eingefügt durch Neuntes Gesetz zur Änderung des Urheberrechtsgesetzes v. 2.7.2013.

Sechster Abschnitt: Urheberrecht und verwandte Schutzrechte

	Schutzdauer von Urheber- und Leistungsschutzrechten	
Schutzrecht	Schutzdauer	Gesetzliche Regelung (UrhRG)
Musikkomposition mit Text	70 Jahre nach dem Tod des Längstlebenden der folgenden Personen: Verfasser des Textes, Komponist der Musikkomposition, sofern beide Beiträge eigens für die betreffende Musikkomposition mit Text geschaffen wurden. Dies gilt unabhängig davon, ob diese Personen als Miturheber ausgewiesen sind.	§ 65 Abs. 3
Anonyme und pseudonyme Werke	70 Jahre nach der Veröffentlichung. Es erlischt jedoch bereits siebzig Jahre nach der Schaffung des Werkes, wenn das Werk innerhalb dieser Frist nicht veröffentlicht worden ist.	§ 66 Abs. 1 (Bei Offenbarung der Identität vgl. § 66 Abs. 2, 3)
Lieferungswerke	Bei Werken, die in inhaltlich nicht abgeschlossenen Teilen (Lieferungen) veröffentlicht werden, berechnet sich im Falle des § 66 Abs. 1 Satz 1 die Schutzfrist einer jeden Lieferung gesondert ab dem Zeitpunkt ihrer Veröffentlichung.	§ 67
Fristberechnung	Die Fristen des Siebten Abschnitts (§§ 64 ff. UrhG) beginnen mit dem Ablauf des Kalenderjahres, in dem das für den Beginn der Frist maßgebende Ereignis eingetreten ist.	§ 69
Leistungsschutzrechte		Teil 2
Wissenschaftliche Ausgaben	Das Recht erlischt 25 Jahre nach dem Erscheinen der Ausgabe, jedoch bereits 25 Jahre nach der Herstellung, wenn die Ausgabe innerhalb dieser Frist nicht erschienen ist. Die Frist ist nach § 69 zu berechnen.	§ 70 Abs. 3
Nachgelassene Werke	Das Recht erlischt 25 Jahre nach dem Erscheinen des Werkes oder, wenn seine erste öffentliche Wiedergabe früher erfolgt ist, nach dieser. Die Frist ist nach § 69 zu berechnen.	§ 71 Abs. 3
Lichtbilder	Das Recht des Lichtbildners nach § 72 Absatz 1 erlischt 50 Jahre nach dem Erscheinen des Lichtbildes oder, wenn seine erste erlaubte öffentliche Wiedergabe früher erfolgt ist, nach dieser, jedoch bereits fünfzig Jahre nach der Herstellung, wenn das Lichtbild innerhalb dieser Frist nicht erschienen oder erlaubterweise öffentlich wiedergegeben worden ist. Die Frist ist nach § 69 zu berechnen.	§ 72 Abs. 3

§ 71 Inhalt des Urheberrechts

Schutzrecht	Schutzdauer von Urheber- und Leistungsschutzrechten	Gesetzliche Regelung (UrhRG)
	Schutzdauer	
Rechte des ausübenden Künstlers	Persönlichkeitsrechte: Die in den §§ 74 und 75 bezeichneten Rechte erlöschen mit dem Tode des ausübenden Künstlers, jedoch erst 50 Jahre nach der Darbietung, wenn der ausübende Künstler vor Ablauf dieser Frist verstorben ist, sowie nicht vor Ablauf der für die Verwertungsrechte nach § 82 geltenden Frist. Die Frist ist nach § 69 zu berechnen. Verwertungsrechte: Ist die Darbietung des ausübenden Künstlers auf einem Tonträger aufgezeichnet worden, so erlöschen die in den §§ 77 und 78 bezeichneten Rechte des ausübenden Künstlers 70 Jahre nach dem Erscheinen des Tonträgers, oder wenn dessen erste erlaubte Benutzung zur öffentlichen Wiedergabe früher erfolgt ist, 70 Jahre nach dieser. Ist die Darbietung des ausübenden Künstlers nicht auf einem Tonträger aufgezeichnet worden, so erlöschen die in den §§ 77 und 78 bezeichneten Rechte des ausübenden Künstlers 50 Jahre nach dem Erscheinen der Aufzeichnung, oder wenn deren erste erlaubte Benutzung zur öffentlichen Wiedergabe früher erfolgt ist, 50 Jahre nach dieser. Die Rechte des ausübenden Künstlers erlöschen jedoch bereits 50 Jahre nach der Darbietung, wenn eine Aufzeichnung innerhalb dieser Frist nicht erschienen oder nicht erlaubterweise zur öffentlichen Wiedergabe benutzt worden ist. Die Fristen sind nach § 69 zu berechnen.	§ 76 § 82 Abs. 1 § 85 Abs. 3
Rechte des Veranstalters	25 Jahre nach Erscheinen einer Aufzeichnung der Darbietung eines ausübenden Künstlers, oder wenn deren erste erlaubte Benutzung zur öffentlichen Wiedergabe früher erfolgt ist, 25 Jahre nach dieser. Die Rechte erlöschen bereits 25 Jahre nach der Darbietung, wenn eine Aufzeichnung innerhalb dieser Frist nicht erschienen oder nicht erlaubterweise zur öffentlichen Wiedergabe benutzt worden ist. Die Fristen sind nach § 69 zu berechnen.	§ 82 Abs. 2 § 85 Abs. 3
Recht des Tonträgerherstellers	70 Jahre nach dem Erscheinen des Tonträgers. Ist der Tonträger innerhalb von 50 Jahren nach der Herstellung nicht erschienen, aber erlaubterweise zur öffentlichen Wiedergabe benutzt worden, so erlischt das Recht 70 Jahre nach dieser. Ist der Tonträger innerhalb dieser Frist nicht erschienen oder erlaubterweise zur öffentlichen Wiedergabe benutzt worden, so erlischt das Recht 50 Jahre nach der Herstellung des Tonträgers. Die Frist ist nach § 69 zu berechnen.	§ 85 Abs. 3

Pierson

Sechster Abschnitt: Urheberrecht und verwandte Schutzrechte

Schutzdauer von Urheber- und Leistungsschutzrechten		
Schutzrecht	Schutzdauer	Gesetzliche Regelung (UrhRG)
Recht des Sendeunternehmens	Das Recht erlischt 50 Jahre nach der ersten Funksendung. Die Frist ist nach § 69 zu berechnen.	§ 87 Abs. 3
Rechte des Datenbankherstellers	Die Rechte des Datenbankherstellers erlöschen 15 Jahre nach der Veröffentlichung der Datenbank, jedoch bereits 15 Jahre nach der Herstellung, wenn die Datenbank innerhalb dieser Frist nicht veröffentlicht worden ist. Die Frist ist nach § 69 zu berechnen.	§ 87d
Recht des Presseverlegers	Das Recht erlischt ein Jahr nach der Veröffentlichung des Presseerzeugnisses.	§ 87g Abs. 2
Recht des Filmherstellers	Das Recht erlischt 50 Jahre nach dem Erscheinen des Bildträgers oder Bild- und Tonträgers oder, wenn seine erste erlaubte Benutzung zur öffentlichen Wiedergabe früher erfolgt ist, nach dieser, jedoch bereits 50 Jahre nach der Herstellung, wenn der Bildträger oder Bild- und Tonträger innerhalb dieser Frist nicht erschienen oder erlaubterweise zur öffentlichen Wiedergabe benutzt worden ist.	§ 94 Abs. 3, § 95

§ 72 Schranken des Urheberrechts

I. Allgemeines Verständnis

In unmittelbarem Zusammenhang mit den bereits dargestellten umfassenden Rechten, die das Gesetz dem Urheber an seinem Werk einräumt, sind die „**Schranken des Urheberrechts**" zu sehen, denen im Urheberrechtsgesetz ein ganzer Abschnitt gewidmet ist (6. Abschnitt: §§ 44a ff. UrhG). Aus der Sicht des Urhebers, dessen ausschließliche Rechte durch diese Regelungen beschnitten werden, spricht man von **Schranken**; aus Sicht der Nutzer, denen bestimmte Nutzungshandlungen gestattet werden, stellen sich diese Schranken als **Privilegien** dar, man spricht daher insoweit von privilegierten Nutzungshandlungen. Wie bereits eingangs dargestellt (§ 6 I.), unterfällt das Urheberrecht mit seinen vermögenswerten Bestandteilen der verfassungsrechtlichen Eigentumsgarantie (Art. 14 GG) und unterliegt daher als „geistiges Eigentum" – ebenso wie das Sacheigentum – im Interesse der Allgemeinheit der **Sozialbindung**. Das dem Urheber durch das Urheberrecht vermittelte „Herrschaftsrecht" über das Werk steht diesem daher nicht „schrankenlos" zu. Das Eingreifen einer Schranke hat zur Folge, dass hinsichtlich des durch die jeweilige Schrankenbestimmung privilegierten Tatbestandes ein Verbotsrecht des Urhebers nicht besteht.

II. Die urheberrechtlichen Schranken im Überblick

Mangels einer vom Gesetzgeber vorgegebenen Systematik der zum Teil sehr speziellen Schrankentatbestände werden diese im juristischen Schrifttum üblicherweise nicht streng nach der Reihefolge der gesetzlichen Regelungen, sondern nach den jeweils geschützten **Interessen** dargestellt.[155] Eine entsprechende Untergliederung der Schrankentatbestände nach den jeweils in Rede stehenden Interessen liegt auch der nachfolgenden Übersicht zugrunde, wobei nicht verkannt wird, dass eine trennscharfe Abgrenzung im Hinblick auf sich überlagernde Interessen nicht immer möglich ist.[156] Was die Ausgestaltung der Schranken angeht, sind zwei Arten von Schranken zu unterscheiden: die **gesetzliche Lizenz** (nachfolgend kurz „GL"), bei der bestimmte Nutzungen ohne Einwilligung des Urhebers zulässig sind, bei der aber ein Anspruch des Urhebers auf eine angemessene Vergütung besteht, und die **Freistellung** (nachfolgend kurz „FS"), bei der die Nutzung nicht nur erlaubnisfrei, sondern auch vergütungsfrei zugelassen ist.[157]

Abb. 10: Schrankenbestimmungen und schrankenbezogene Rechte des Urhebers

Schrankenbestimmungen (§§ 44a – 60 UrhG) und schrankenbezogene Rechte des Urhebers (§§ 62 – 63a UrhG)		
Geschützte Interessen / Wesentlicher Inhalt der Schranke		**Art der Schranke:**
Öffentliches Interesse, Interesse des Staates an Entlastung im Bildungs- und Sozialbereich		FS = Freistellung GL = gesetzliche Lizenz
§ 45	**Rechtspflege und öffentliche Sicherheit:** Erlaubnisfreie und vergütungsfreie Verwertung von Werken durch Gerichte und Behörden im Interesse der Rechtspflege und öffentlichen Sicherheit.	FS
§ 45a	**Behinderte Menschen:** Erlaubnisfreie, nicht Erwerbszwecken dienende Vervielfältigung und Verbreitung von Werken zugunsten Behinderter, soweit diesen Zugang zum Werk andernfalls nicht möglich oder erheblich erschwert ist. Beispiel: Tonaufnahme von Literatur für Blinde.	GL VG-pflichtig
§ 46	**Sammlungen für Kirchen-, Schul- oder Unterrichtsgebrauch:** Sog. Schulbuchparagraph: Erlaubnisfreie, aber vergütungspflichtige Verwertung von Werksammlungen, die für den Schul-, Unterrichts- und Kirchengebrauch bestimmt sind und durch eine deutliche Angabe als solche gekennzeichnet sind.	GL

---

[155] Vgl. u.a. Rehbinder, Urheberrecht, §§ 32 ff., S. 173 ff.; Hertin, Urheberrecht, S. 75 ff.
[156] So zutreffend Hertin, Urheberrecht, S. 75 Rdn. 248.
[157] Rehbinder, Urheberrecht, S. 173 Rdn. 432 f.

Schrankenbestimmungen (§§ 44a – 60 UrhG) und schrankenbezogene Rechte des Urhebers (§§ 62 – 63a UrhG)		
Geschützte Interessen / Wesentlicher Inhalt der Schranke		Art der Schranke:
Öffentliches Interesse, Interesse des Staates an Entlastung im Bildungs- und Sozialbereich		FS = Freistellung GL = gesetzliche Lizenz
§ 47	**Schulfunksendungen:** Erlaubnisfreie Herstellung von Vervielfältigungstücken von Schulfunksendungen für die Verwendung im Unterricht an Schulen und Einrichtungen der Lehrerbildung und -fortbildung. Vergütungsfreiheit zeitlich befristet (vgl. § 47 Abs. 2 S. 2 UrhG).	FS
§ 52	**Öffentliche Wiedergabe:** Erlaubnisfreie, aber vergütungspflichtige öffentliche Wiedergabe eines veröffentlichten Werkes, wenn die Wiedergabe keinem Erwerbszweck des Veranstalters dient, die Teilnehmer ohne Entgelt zugelassen werden und keiner der ausübenden Künstler eine Vergütung erhält (§ 52 Abs. 1 S. 1, 2). **Beispiele:** Schulveranstaltungen, staatliche Feierlichkeiten. Vergütungspflicht entfällt bei bestimmten Veranstaltungen, die im Hinblick auf soziale oder erzieherische Zwecke privilegiert sind (§ 52 Abs. 1 S. 3). Erlaubnisfreie, aber vergütungspflichtige öffentliche Wiedergabe auch bei Gottesdienst oder kirchlicher Feier (§ 52 Abs. 2). Ausnahmen: keine Privilegierung für öffentliche bühnenmäßige Darstellungen, öffentliche Zugänglichmachungen und Funksendungen, Vorführungen eines Filmwerks (vgl. § 52 Abs. 3).	Grundsätzlich GL (§ 52 Abs. 1 S. 2, Abs. 2) VG-pflichtig ausnahmsweise FS (§ 52 Abs. 1 S. 3)

Schrankenbestimmungen (§§ 44a – 60 UrhG) und schrankenbezogene Rechte des Urhebers (§§ 62 – 63a UrhG)		
Geschützte Interessen / Wesentlicher Inhalt der Schranke		Art der Schranke:
Öffentliches Interesse, Interesse des Staates an Entlastung im Bildungs- und Sozialbereich		FS = Freistellung GL = gesetzliche Lizenz
§ 52a	Öffentliche Zugänglichmachung für Unterricht und Forschung: Erlaubnisfreie öffentliche Zugänglichmachung veröffentlichter kleiner Teile eines Werkes, Werke geringen Umfangs sowie einzelner Beiträge aus Zeitungen und Zeitschriften zur Veranschaulichung im Unterricht an Schulen, Hochschulen etc. Einrichtungen ausschließlich für bestimmt abgegrenzten Kreis von Unterrichtsteilnehmern (§ 52a Abs. 1 Ziff. 1) oder für einen bestimmt abgegrenzten Kreis von Personen für deren eigene wissenschaftliche Forschung (§ 52a Abs. 1 Ziff. 2), soweit zum jeweiligen Zweck geboten und zur Verfolgung nicht kommerzieller Zwecke gerechtfertigt. **Beispiel:** Lehrer stellt digitalisiertes Material in dem privilegierten Umfang über Intranet der Schule den Schülern seiner Klasse über das Intranet der Schule zur Verfügung; Hochschullehrer stellt Material in dem privilegierten Umfang den Mitarbeitern seines Forschungsteams über Hochschulintranet zur Verfügung. – Ausnahmen: Für den Unterrichtsgebrauch an Schulen bestimmte Werke (Schulbücher) und Filmwerke vor Ablauf von zwei Jahren nach Beginn üblicher Auswertung (§ 52a Abs. 2).	GL VG-pflichtig
§ 52b	**Wiedergabe von Werken an elektronischen Leseplätzen in öffentlichen Bibliotheken, Museen und Archiven:** Durch diese im Rahmen der Urheberrechtsnovelle „Zweiter Korb" neu eingefügte Schrankenregelung wurde Art. 5 Abs. 3 der InfoSoc-Richtlinie umgesetzt. Die Regelung gewährleistet, dass Benutzer von öffentlichen Bibliotheken, Museen und nichtkommerziellen Archiven deren Sammlungen an eigens dafür eingerichteten elektronischen Leseplätzen in gleicher Weise wie in analoger Form nutzen können. Die Regelung erlaubt nur die öffentliche Zugänglichmachung von Werken aus dem Bestand der jeweiligen Institution. Sie gilt nicht für solche Werke, für die vertragliche Vereinbarungen über eine Nutzung in digitaler Form getroffen wurden.[158]	GL VG-pflichtig

---

158 Vgl. im Einzelnen BT-Drucks. 16/1828, Amtl. Begr., S. 25 f.

Schrankenbestimmungen (§§ 44a – 60 UrhG) und schrankenbezogene Rechte des Urhebers (§§ 62 – 63a UrhG)	
Geschützte Interessen / Wesentlicher Inhalt der Schranke	**Art der Schranke:**
Öffentliches Interesse, Interesse des Staates an Entlastung im Bildungs- und Sozialbereich	FS = Freistellung GL = gesetzliche Lizenz
§§ 61 – 61c	Verwaiste Werke: Die jüngst in Umsetzung der Richtlinie 2012/28/EU v. 25.10.12 neu aufgenommene Schrankenregelung[159] dient der Bewahrung des kulturellen Erbes. Sie zielt darauf ab, das Urheberrecht für die Nutzung von verwaisten Werken den Bedürfnissen der Informationsgesellschaft entsprechend im Interesse des Gemeinwohls fortzuentwickeln.[160] Erlaubnisfrei zulässig ist die Vervielfältigung und öffentliche Zugänglichmachung verwaister Werke (§ 61 Abs. 1 UrhG). Hierbei handelt es sich um Werke aus Sammlungen (Bestandsinhalte) von öffentlich zugänglichen Bibliotheken, Bildungseinrichtungen, Museen, Archiven (u.a.), wenn die Bestandsinhalte bereits veröffentlicht worden sind, deren Rechtsinhaber auch durch eine sorgfältige Suche (hierzu § 61a UrhG) nicht festgestellt oder ausfindig gemacht werden konnte (§ 61 Abs. 2 UrhG).	
Informationsfreiheit, Erleichterung der Berichterstattung, Freiheit der Wissenschaft, Entlehnungsfreiheit	
§ 48	Öffentliche Reden: Erlaubnis- und vergütungsfreie Vervielfältigung, Verbreitung und öffentliche Wiedergabe von bei öffentlichen Versammlungen gehaltenen oder durch öffentliche Wiedergabe i.S.v. §§ 19a, 20 veröffentlichten Reden über Tagesfragen (§ 48 Abs. 1 Ziff. 1) sowie von Reden, die bei öffentlichen Verhandlungen vor staatlichen, kommunalen oder kirchlichen Organen gehalten werden (§ 48 Abs. 1 Ziff. 2). Beispiel: Parlamentsreden von Politikern, Plädoyers vor Gericht. Ausnahme: Reden i.S.v. Abs. 1 Ziff. 2 in Form einer Sammlung, die überwiegend Reden eines Urhebers enthält (§ 48 Abs. 2).	FS
§ 49	Zeitungsartikel und Rundfunkkommentare: Beschränkung des Urheberrechts an Zeitungsartikeln und Rundfunkberichten → siehe im Einzelnen die Erläuterung nachfolgend III. 4.	GL VG-pflichtig (§ 49 Abs. 1) FS (§ 49 Abs. 2)

---

[159] Eingeführt durch Gesetz zur Nutzung verwaister und vergriffener Werke und einer weiteren Änderung des Urheberrechtsgesetzes v. 1.10.2013.
[160] Vgl. BT-Drucks. 17/423, Amtl. Begr., S. 13.

Schrankenbestimmungen (§§ 44a – 60 UrhG) und schrankenbezogene Rechte des Urhebers (§§ 62 – 63a UrhG)		
Geschützte Interessen / Wesentlicher Inhalt der Schranke		Art der Schranke:
Öffentliches Interesse, Interesse des Staates an Entlastung im Bildungs- und Sozialbereich		FS = Freistellung GL = gesetzliche Lizenz
§ 50	Berichterstattung über Tagesereignisse: Zur Berichterstattung über Tagesereignisse durch Medien beliebiger Art erlaubnis- und vergütungsfreie Nutzung von Werken, die im Verlauf dieser Ereignisse wahrnehmbar werden, in einem durch den Zweck gebotenen Umfang. Beispiel: Berichterstattung über Opernpremiere, Eröffnung einer Gemäldeausstellung, Filmpremiere (o.ä.)	FS
§ 51	Zitate: Wichtige Schranke der sog. Zitierfreiheit → siehe im Einzelnen die Erläuterung nachfolgend III. 5.	FS
Interesse am privaten und sonstigen eigenen Gebrauch		
§ 53	Vervielfältigungen zum privaten und sonstigen eigenen Gebrauch: Enthält insbesondere das Privileg der Privatkopie (§ 53 Abs. 1) sowie privilegierte Tatbestände des sonstigen eigenen Gebrauchs, nämlich des eigenen wissenschaftlichen Gebrauchs, der Aufnahme in eigenes Archiv, der eigenen Unterrichtung über Tagesfragen sowie des sonstigen eigenen Gebrauchs (§ 53 Abs. 2). → siehe im Einzelnen die Erläuterung nachfolgend III. 2.	GL VG-pflichtig
§ 53a	Kopienversand auf Bestellung: Mit dieser im Rahmen der Urheberrechtsnovelle „Zweiter Korb" eingefügten neuen Schrankenregelung hat der Gesetzgeber das Urteil des BGH zur Zulässigkeit des Kopienversands[161] nachvollzogen. Der BGH hatte entschieden, dass eine öffentliche Bibliothek auf Einzelbestellung Vervielfältigungen einzelner Zeitschriftenbeiträge fertigen darf, um sie an den Besteller im Wege des Post- und Faxversandes zu übermitteln, wenn sich der Besteller auf einen durch § 53 privilegierten Zweck berufen kann.[162]	GL VG-pflichtig
§§ 54 – 54h	Vergütungspflicht für Vervielfältigungen im Wege der Bild- und Tonaufzeichnung → siehe im Einzelnen die Erläuterung nachfolgend III. 3.	GL VG-pflichtig

---

161 Urteil v. 25.2.1999, I ZR 118/96, BGH Z 141, 13-40; BGH NJW 1999, 1953-1959.
162 Vgl. im Einzelnen BT-Drucks. 16/1828, Amtl. Begr., S. 27 f.

Schrankenbestimmungen (§§ 44a – 60 UrhG) und schrankenbezogene Rechte des Urhebers (§§ 62 – 63a UrhG)		
Geschützte Interessen / Wesentlicher Inhalt der Schranke		Art der Schranke:
Öffentliches Interesse, Interesse des Staates an Entlastung im Bildungs- und Sozialbereich		FS = Freistellung GL = gesetzliche Lizenz
Ausschließliche technische Zwecke, Verwertungshandlungen untergeordneter Bedeutung, Abbildungsfreiheit		
§ 44a	Vorübergehende Vervielfältigungshandlungen → siehe im Einzelnen die Erläuterung nachfolgend III. 1.	FS
§ 55	Vervielfältigung durch Sendeunternehmen: Recht des zur Funksendung eines Werkes berechtigten Sendeunternehmens zu sog. ephemeren, d.h. nicht auf Dauer bestimmten Vervielfältigungen, die aus technischen Gründen bei Sendung über mehrere Sender erforderlich sind.	FS
§ 55a	Benutzung eines Datenbankwerkes → siehe im Einzelnen die Erläuterung nachfolgend III. 7.	FS
§ 56	Vervielfältigung und öffentliche Wiedergabe in Geschäftsbetrieben: Im Interesse des Elektrohandels erlaubnis- und vergütungsfreies Nutzungsrecht von Geschäftsbetrieben, in denen Geräte zur Herstellung oder zur Wiedergabe von Bild- oder Tonträgern, zum Empfang von Funksendungen oder zur EDV vertrieben oder instand gesetzt werden [= Mediamärkte], soweit dies zur Vorführung oder Instandsetzung notwenig ist (sog. **Ladenklausel**).	FS
§ 57	**Unwesentliches Beiwerk**: Erlaubnis- und vergütungsfreie Nutzung von Werken, die als unwesentliches Beiwerk neben dem eigentlichen Gegenstand der Vervielfältigung, Verbreitung oder öffentlichen Wiedergabe anzusehen sind. **Beispiel**: Filminterview im Büro eines Politikers, dabei zufällige Aufnahme des hinter dem Schreibtisch hängenden Gemäldes.	FS
§ 58	Werke in Ausstellungen, öffentlichem Verkauf und öffentlich zugänglichen Einrichtungen: Erlaubnis- und vergütungsfreie Reproduktion von Werken der bildenden Kunst und Lichtbildwerken zugunsten des Veranstalters von Ausstellungen oder öffentlichen Verkaufsveranstaltungen zu **Werbezwecken** (§ 58 Abs. 1) bzw. zur Erstellung von Katalogen zugunsten von Bibliotheken, Museen etc. (sog. **Katalogfreiheit**, § 58 Abs. 2).	FS

Schrankenbestimmungen (§§ 44a – 60 UrhG) und schrankenbezogene Rechte des Urhebers (§§ 62 – 63a UrhG)	
Geschützte Interessen / Wesentlicher Inhalt der Schranke	**Art der Schranke:**
Öffentliches Interesse, Interesse des Staates an Entlastung im Bildungs- und Sozialbereich	FS = Freistellung GL = gesetzliche Lizenz
§ 59	**Werke an öffentlichen Plätzen:** Erlaubnisfreies und vergütungsfreies Recht, Werke, die sich bleibend an öffentlichen Wegen, Straßen oder Plätzen befinden, mit Mitteln der Malerei oder Graphik, durch Lichtbild oder durch Film zu vervielfältigen, zu verbreiten oder öffentlich wiederzugeben. Bei Bauwerken nur die äußere Ansicht von öffentlich zugänglicher Stelle aus. (sog. **Panoramafreiheit**). Beispiel: Fotografie einer geschützten, auf einem öffentlichen Platz aufgestellten Skulptur. – Aber: Werke müssen vom öffentlichen Raum aus frei sichtbar sein, d.h. Luftaufnahmen, Leiter zur Überwindung einer Mauer etc. sind nicht freigestellt.	FS
§ 60	**Bildnisse:** Einschränkung des Urheberrechts an einem auf Bestellung geschaffenen Bildnis (Personendarstellung – z.B. Porträtfotos). Zulässigkeit der Vervielfältigung sowie der unentgeltlichen und nicht zu gewerblichen Zwecken vorgenommenen Verbreitung, aber nicht der Online-Zugänglichmachung durch den Besteller des Bildnisses bzw. seinen Rechtsnachfolger oder durch den Abgebildeten oder nach dessen Tod durch Angehörige.[163] siehe im Einzelnen die Erläuterung nachfolgend **III. 6.**	FS
Schrankenbezogene Rechte des Urhebers	
§ 62	**Änderungsverbot:** Auch für die in den Schrankenregelungen des 6. Abschnitts (§§ 44a – 60 UrhG) zugelassenen freien Werknutzungen, gilt der Grundsatz, dass Änderungen an dem Werk nicht vorgenommen werden dürfen (§ 62 Abs. 1 S. 1). Durch Verweisung ist klargestellt, dass jedoch auch insoweit der Grundsatz von Treu und Glauben gilt (§ 62 Abs. 1 S. 2 i.V.m. 39 Abs. 2). Ausnahmeregelungen für Übersetzungen, Auszüge, Übertragungen in eine andere Tonart oder Stimmlage (§ 62 Abs. 2), für Werke der bildenden Künste und Lichtbildwerke (§ 62 Abs. 3) und Sammlungen i.S.v. § 46 (§ 62 Abs. 3).	

---

[163] BGH, Urteil v. 5.6.2003, I ZR 192/00, GRUR 2003, 1035; NJW 2004, 594, LKM 3/2004, 51 mit Anm. Loewenheim.

Schrankenbestimmungen (§§ 44a – 60 UrhG) und schrankenbezogene Rechte des Urhebers (§§ 62 – 63a UrhG)	
Geschützte Interessen / Wesentlicher Inhalt der Schranke	Art der Schranke:
Öffentliches Interesse, Interesse des Staates an Entlastung im Bildungs- und Sozialbereich	FS = Freistellung GL = gesetzliche Lizenz
§ 63	Quellenangabe: Der durch die Schrankenregelungen privilegierte Werknutzer ist in den allermeisten Fällen der zulässigen Vervielfältigung (§ 63 Abs. 1) bzw. öffentlichen Wiedergabe eines Werkes (§ 63 Abs. 2) verpflichtet, die Quelle deutlich anzugeben. § 63 ist Ausdruck des im Rahmen der ausdrücklich geregelten Urheberpersönlichkeitsrechte verankerten Rechts auf Anerkennung der Urheberschaft (§ 13).
§ 63a	Gesetzliche Vergütungsansprüche: Auf die gesetzlichen Vergütungsansprüche, die dem Urheber nach dem 6. Abschnitt (§§ 45a Abs. 2, 46 Abs. 4, 49 Abs. 1 S. 2, 52 Abs. 1 S. 2, Abs. 2 S. 2, 54 Abs. 1, 54a Abs. 1, 2) zustehen, kann der Urheber im Voraus nicht verzichten (§ 63a S. 1). Sie können im Voraus lediglich an eine Verwertungsgesellschaft oder zusammen mit der Einräumung des Verlagsrechts dem Verleger abgetreten werden, wenn dieser sie durch eine Verwertungsgesellschaft wahrnehmen lässt, die Rechte von Verlegern und Urhebern gemeinsam wahrnimmt (§ 63a S. 2). Aus § 63a folgt, dass der Urheber auch dann Inhaber der gesetzlichen Vergütungsansprüche bleibt, wenn er einem Werknutzer ein ausschließliches Nutzungsrecht eingeräumt hat.

III. Ausgewählte Schranken

Im Hinblick auf die Vielzahl der zum Teil sehr speziellen Schrankenbestimmungen kann im Rahmen dieser Darstellung nur auf die wichtigsten Schranken näher eingegangen werden. Hierbei soll den Schrankenbestimmungen, die für Benutzungshandlungen im Zusammenhang mit den neuen Medien von Bedeutung sind, ein besonderes Augenmerk gelten.

1. Vorübergehende Vervielfältigungshandlungen

Mit der Neufassung der Neufassung der Definition des Vervielfältigungsrechts im Rahmen der Urheberrechtsnovelle 2003 (s. zuvor § 71 II. 2. a.) korrespondiert die neu geschaffene Schrankenregelung betreffend „**Vorübergehende Vervielfältigungshandlungen**" (§ 44a UrhG), durch die die entsprechende Vorgabe der InfoSoc-Richtlinie (Art. 5 Abs. 1) nahezu wörtlich umgesetzt wird. Zulässig sind danach „vorübergehende Vervielfältigungshandlungen, die flüchtig oder begleitend sind und einen integralen und wesentlichen Teil eines technischen Verfahrens darstellen und deren alleiniger Zweck es ist,

1. eine Übertragung in einem Netz zwischen Dritten durch einen Vermittler oder
2. eine rechtmäßige Nutzung

eines Werkes oder sonstigen Schutzgegenstandes zu ermöglichen, und die keine eigenständige wirtschaftliche Bedeutung haben."

Nach den der entsprechenden Vorgabe der InfoSoc-Richtlinie zugrunde liegenden Erwägungen, erfasst diese Schranke auch Handlungen, die das „**Browsing**" und „**Caching**" ermöglichen und schließt Handlungen ein, die das effiziente **Funktionieren der Übertragungssysteme** ermöglichen.[164] Die Schrankenregelung des § 44a UrhG korrespondiert, wie sich aus ihrer redaktionellen Überschrift und ihrem Tatbestand ergibt, mit dem körperlichen Verwertungsrecht der Vervielfältigung (§§ 15 Abs. 1, 16 Abs. 1 und 2 UrhG) und kann daher nur bei diesem eingreifen. Eine entsprechende Anwendung von § 44a UrhG als Schranke für andere Verwertungsrechte – wie das der öffentlichen Zugänglichmachung (§ 19a UrhG) – scheidet aus, „weil die gesetzlichen Schrankenbestimmungen das Ergebnis einer vom Gesetzgeber vorgenommenen grundsätzlich abschließenden Güterabwägung darstellen".[165] Die gemeinschaftsweite Harmonisierung einer Schranke wie § 44a UrhG ist insbesondere im Sinne eines Ausgleichs zwischen den Interessen der Rechtsinhaber und den Interessen der Vermittler (**Internet-Dienstleister**) von großer Bedeutung. Die oft grenzüberschreitende Übermittlung eines Online-Angebots erfordert eine Vielzahl derartiger **technisch bedingter Speicherhandlungen**, die ohne eine entsprechende Ausnahmeregelung jeweils als unberechtigte Verwertungshandlungen dem Verbotsrecht des jeweiligen Rechtsinhabers unterfielen.[166] Die vergleichsweise neue Schrankenregelung steht zudem in Zusammenhang mit den in der EG-Richtlinie über den elektronischen Geschäftsverkehr[167] getroffenen Regelungen zur Verantwortlichkeit im E-Commerce (Art. 12–15 ECRL). Diese wurden in Deutschland durch eine entsprechende Neufassung der Regelungen über die **Verantwortlichkeit der Provider** umgesetzt (vormals §§ 8–11 TDG, §§ 6–9 MDStV, jetzt §§ 7–10 TMG). Durch die neu geschaffene urheberrechtliche Schrankenregelung des § 44a UrhG werden die Regelungen über die Verantwortlichkeit der Provider in sinnvoller Weise ergänzt, denn ohne eine entsprechende Schrankenregelung wären die fraglichen Vervielfältigungshandlungen angesichts des nunmehr erweiterten Vervielfältigungsbegriffes (§ 16 Abs. 1 UrhG) als Eingriff in das ausschließliche Verwertungsrecht des Urhebers zu qualifizieren. Das heißt, die Durchführung der fraglichen Dienstleistungen der Provider als Vermittler (privilegierter Zweck nach **Nr. 1**) wäre – trotz der auf eine Haftungsprivilegierung der technischen Dienstleister abzielenden Regelungen der E-Commerce-Richtlinie bzw. des TMG – mit Blick auf das Risiko einer urheberrechtlichen Verantwortlichkeit nur eingeschränkt oder überhaupt nicht möglich.[168] Zweiter nach § 44a UrhG privilegierter Zweck ist nach **Nr. 2** die Ermöglichung einer „rechtmäßigen Nutzung eines Werks oder eines sonstigen Schutzgegenstandes". Eine Nutzung gilt nach der InfoSoc-Richtlinie (Erwägungsgrund 33) als rechtmäßig, „soweit sie vom Rechtsinhaber zugelassen bzw. nicht durch Gesetze beschränkt ist". Das heißt, dass sich derjenige, der ein fremdes urheberrechtlich geschütztes Werk durch Vervielfältigung nutzt, „ohne hierzu vertraglich oder im Rahmen einer Schrankenbestimmung berechtigt zu sein, nicht auf § 44a UrhG berufen kann", so dass es „beim weitreichenden

---

164 Erwägungsgrund 33 der Urheberrechtsrichtlinie 2001/29/EG.
165 BGH v. 29.4.2010, I ZR 69/08, „Vorschaubilder".
166 Thomaschki, Fußn.117, DuD 1998, 265, 266; Kröger, Die Urheberrechtsrichtlinie für die Informationsgesellschaft – Bestandsaufnahme und kritische Bewertung, CR 2001, 316, 319.
167 Richtlinie über bestimmte rechtliche Aspekte der Dienste der Informationsgesellschaft, insbesondere des elektronischen Geschäftsverkehrs, im Binnenmarkt („Richtlinie über den elektronischen Geschäftsverkehr" – kurz „ECRL") – ABl. EG vom 17.7.2000, L 178/1.
168 BT-Drucks. 15/38, Amtl. Begr. zu § 44a, S. 18.

Verbotsrecht des Urhebers bzw. Rechteinhabers nach § 16 Abs. 1 UrhG bleibt".[169] Im Zusammenhang mit der Nutzung von Videostream-Portalen hat sich in jüngerer Zeit die Frage gestellt, ob mit Blick auf die mit der Nutzung von **Streamingangeboten** einhergehenden flüchtigen Vervielfältigungen (s.o. § 71 II. 2. a) bb) zugunsten der Nutzer die Schrankenregelung des § 44a UrhG eingreift.[170] Da § 44a UrhG wohl kaum als Schranke zur Begründung der in seinem Tatbestand vorausgesetzten Rechtmäßigkeit herangezogen werden kann, d.h. sich nicht aus selbst heraus rechtfertigen kann, erscheint dies fraglich. Die Frage ist jedoch höchstrichterlich noch nicht entschieden.

2. Vervielfältigungen zum privaten und sonstigen eigenen Gebrauch

Eine der wichtigsten und umfassendsten (und leider recht unübersichtlichen) Schrankenbestimmungen regelt die Frage der Zulässigkeit der Vornahme von Vervielfältigungen zum privaten und sonstigen eigenen Gebrauch (§ 53 UrhG). Wichtig für das Verständnis der im einzelnen freigestellten Tatbestände ist zunächst die Unterscheidung zwischen privatem und sonstigem eigenen Gebrauch.

a) **Vervielfältigung zum „privaten Gebrauch".** So erklärt es das Gesetz ausdrücklich für zulässig, einzelne Vervielfältigungsstücke eines Werkes zum privaten Gebrauch herzustellen (§ 53 Abs. 1 UrhG). Die wichtige Schranke zugunsten der **Privatkopie** wurde durch die Urheberrechtsnovelle 2003 („Erster Korb") im Wortlaut an die Formulierung der InfoSoc-Richtlinie (Art. 5 Abs. 2 lit. b) angepasst und im Rahmen der Urheberrechtsnovelle 2008 („Zweiter Korb") ergänzt. Zulässig sind danach:

> *„… einzelne Vervielfältigungen eines Werkes durch eine natürliche Person zum privaten Gebrauch auf beliebigen Trägern, sofern sie weder unmittelbar noch mittelbar Erwerbszwecken dienen, soweit nicht zur Vervielfältigung eine offensichtlich rechtswidrig hergestellte oder öffentlich zugänglich gemachte Vorlage verwendet wird" (§ 53 Abs. 1 S. 1 UrhG).*

aa) **Natürliche Personen.** Die Regelung stellt – wie die Richtlinie (vgl. Art. 5 Abs. 2 lit. b) – ausdrücklich auf eine „**natürliche Person**" ab, ferner werden zu „**Erwerbszwecken**" dienende Vervielfältigungshandlungen ausdrücklich von der Privilegierung ausgeschlossen. Beide seit der Novelle 2003 ausdrücklich geregelten Merkmale der privilegierten Privatkopie entsprechen jedoch dem Verständnis nach alter Rechtslage, nach der auch unter privatem Gebrauch nur der Gebrauch in der Privatsphäre zur Befriedigung rein persönlicher Bedürfnisse verstanden wurde, mit dem ein beruflicher und erwerbswirtschaftlicher Zweck unvereinbar ist. Daraus folgt zugleich, dass nur natürliche Personen, nicht jedoch Handelsgesellschaften, juristische Personen etc., privaten Gebrauch ausüben können.[171]

bb) **Analog und digital.** Hervorzuheben ist ferner, dass die 2003 erfolgte Neufassung – wortgleich wie die Richtlinie – klarstellt, dass als Zielmedium der Kopie „**ein beliebiger Träger**" in Betracht kommt, so dass es auf eine Differenzierung nach der verwendeten Technik (analog oder digital) nicht ankommt.[172] Die im Vorfeld der Novelle 2003 von

---

169 Dreier/Schulze, § 44a Rdn. 8.
170 Vgl. hierzu u.a. die Antwort der Bundesregierung v. 30.12.2013 auf die kleine Anfrage zu den Konsequenzen aus der Abmahnwelle gegen Nutzerinnen und Nutzer des Videostream-Portals Redtube.com, BT-Drucks. 18/195 v. 17.12.2013.
171 Schricker/Loewenheim, Urheberrecht, § 53 Rdn. 14.
172 BT-Drucks. 15/38, Amtl. Begr. zu § 53, S. 20.

Verwerterseite erhobene Forderung nach einer Beschränkung des privaten Kopierprivilegs auf die analoge Kopie konnte sich mithin nicht durchsetzen.[173]

cc) Einzelne Vervielfältigungsstücke. Durch die Beschränkung der Zulässigkeit auf **einzelne Vervielfältigungsstücke** wird zum Ausdruck gebracht, dass nur einige wenige Exemplare hergestellt werden dürfen. Als Obergrenze genannt wird insoweit eine Anzahl von 3 bis zu maximal 7 Exemplaren.[174]

dd) Internetnutzung. Für die Internetnutzung folgt aus alledem, dass rein private Vervielfältigungshandlungen, wie etwa das Herunterladen von geschütztem, vom Rechtsinhaber bereitgestelltem Content (Texte, Musik, Bildmaterial etc.) aus dem Internet zwecks Abspeichern auf dem eigenen PC grundsätzlich zulässig sind, ebenso wie das Kopieren auf einen sonstigen „beliebigen Träger", z.B. das Abspeichern auf einem tragbaren Multimedia-Handy.[175] Von der weitgehenden Freistellung der Privatkopie sind allerdings **Computerprogramme** und **Datenbanken** durch spezielle Schrankenregelungen (§§ 69d, 87c UrhG) ausgenommen (s.u. 6.).

ee) Offensichtlich rechtswidrig hergestellte oder öffentlich zugänglich gemachte Vorlage. Durch eine im Laufe des Gesetzgebungsverfahrens zur Urheberrechtsreform 2003 („Erster Korb") auf Initiative des Bundesrates und nach Anrufung des Vermittlungsausschusses[176] erfolgte Ergänzung („*... soweit nicht zur Vervielfältigung eine offensichtlich rechtswidrig hergestellte Vorlage verwendet wird*", § 53 Abs. 1 S. 1 UrhG 2003) wurde klargestellt, dass die nach § 53 Abs. 1 UrhG privilegierten Privatkopien nur zulässig sind, wenn nicht eine **offensichtlich rechtswidrig hergestellte Vorlage** als Ausgangsmaterial der Vervielfältigung verwendet wird. Das heißt, die Vervielfältigung von Raubkopien ist – zumindest wenn die Eigenschaft als Raubkopie offensichtlich ist – auch dann rechtlich unzulässig, wenn sie lediglich zum privaten Gebrauch erfolgt. Wann das Vorliegen einer rechtswidrig hergestellten Vorlage „offensichtlich" ist, wird von der Rechtsprechung noch zu klären sein. Nach überzeugender Auffassung sprechen Genese sowie Sinn und Zweck des Gesetzes für eine weite Auslegung, bei der insoweit unabhängig von Kenntnis und Kennenmüssen des Betroffenen allein auf objektive Merkmale (wie z.B. auffallend günstige Angebote ohne Originallogos der Rechteinhaber, komplizierte Anmeldeprozeduren mit anderweitig zu beschaffenden Freischaltcodes, kostenlose Download-Links zu neueren Filmen) abzustellen ist.[177] Das heißt, Offensichtlichkeit ist dann anzunehmen, wenn ohne Schwierigkeiten erkennbar ist, dass die Vorlage rechtswidrig hergestellt wurde, wenn dies klar zutage tritt bzw. wenn sich dies geradezu aufdrängt, also für jedermann auf der Hand liegt.[178] Ob das Privileg der Privatkopie auch bei illegalen Quellen anwendbar ist, war zuvor angesichts des nicht eindeutigen Wortlauts von § 53 Abs. 1 S. 1 UrhG (a.F.) umstritten.[179] Der

---

[173] Hierzu vgl. Mayer, Die Privatkopie nach Umsetzung des Regierungsentwurfs zur Regelung des Urheberrechts in der Informationsgesellschaft, Verkommt das „Recht der „Privatkopie" zum bloßen Euphemismus?, CR 2003, 274, 276.
[174] Vgl. Schricker/Loewenheim, Urheberrecht, § 53 Rdn. 17 m.w. Nachw.
[175] Lehmann, Fußn. 136, CR 2003, 553, 554, dort in Fußn. 11.
[176] Anrufung des Vermittlungsausschusses, BT-Drucks. 15/1066 v. 27.5.2003; Beschlussempfehlung des Vermittlungsausschusses, BT-Drucks. 15/1353 v. 2.7.2003.
[177] Czychowski, Das Gesetz zur Regelung des Urheberrechts in der Informationsgesellschaft, NJW 2003, 2409, 2411.
[178] Schricker/Loewenheim, § 53 Rdn. 23 m.w. Nachw.
[179] Zum Streitstand vgl. BT-Drucks. 15/1066, Amtl. Begr., S. 2.

Gesetzgeber hat die mit Urheberrechtsnovelle 2003 begonnene Anpassung des deutschen Urheberrechts an die Entwicklungen der IuK-Technologie in der Urheberrechtsnovelle 2008 („Zweiter Korb") fortgesetzt und diese für eine erneute Klarstellung der Regelung des privaten Kopierprivilegs genutzt. Hintergrund ist, dass der Gesetzgeber inzwischen erkannt hatte, dass die im Zuge der Urheberrechtsnovelle 2003 gewählte Formulierung, die allein auf die „rechtswidrig *hergestellte* Vorlage" abstellt, beim Download von Werken (z.B. beim Filesharing in Peer-to-Peer-Tauschbörsen) zu kurz greift. Denn dort werden die Dateien zwar als zulässige Privatkopien hergestellt (z.B. von einer Musik-CD), die Urheberrechtsverletzung liegt jedoch in der unautorisierten und damit rechtswidrigen öffentlichen Zugänglichmachung im Internet (§§ 15 Abs. 2 Nr. 2, 19a UrhG). Im Zuge der Urheberrechtsnovelle 2008 erfolgte daher zum Schutz der Urheber und Rechtsinhaber vor rechtswidrigen Nutzungenhandlungen im Rahmen von File-Sharing-Systemen die klarstellende Ergänzung, wonach die privilegierte Privatkopie nur zulässig ist, „soweit nicht zur Vervielfältigung eine offensichtlich rechtswidrig hergestellte oder *öffentlich zugänglich gemachte* Vorlage verwendet wird."[180] Im Sinne einer klaren Regelung wäre jedoch eine Formulierung wünschenswert gewesen, die eindeutig zum Ausdruck bringt, dass sich das Tatbestandsmerkmal „offensichtlich rechtswidrig" auch auf den ergänzend aufgenommenen Fall der öffentlichen Zugänglichmachung bezieht, wie dies der Intention des Gesetzgebers entspricht.[181] Die Rechtswidrigkeit der öffentlichen Zugänglichmachung ist offensichtlich, wenn ohne Schwierigkeiten erkennbar ist, dass der Berechtigte eine Einwilligung zur öffentlichen Zugänglichmachung nicht erteilt hat.[182]

ff) Vervielfältigung durch Dritte. Für die Freistellung der Vervielfältigungshandlungen zum privaten Gebrauch gilt ferner, dass der zur Vervielfältigung Befugte (also der Privatmann) die Vervielfältigungsstücke auch durch einen anderen herstellen lassen kann. Diese bereits bisher in § 53 Abs. 1 S. 2 UrhG vorgesehene Möglichkeit, eine **Vervielfältigung durch Dritte** herstellen zu lassen, wurde im Rahmen der Urheberrechtsnovelle 2003 beibehalten, da es praktisch unmöglich wäre, eine gegenteilige Lösung zu überwachen. Eine gewisse inhaltliche Änderung ergibt sich dadurch, dass das Erfordernis der Unentgeltlichkeit von Vervielfältigungshandlungen durch Dritte über den bisher bereits betroffenen Bereich der Übertragung auf Bild- und Tonträger und von Werken der bildenden Kunst hinaus verallgemeinert wurde.[183] Hierin liegt eine **Verschärfung**, denn die Herstellung von Vervielfältigungsstücken durch Dritte ist jetzt generell – d.h. unabhängig vom Zielmedium und der Werkart – nur noch im Falle der Unentgeltlichkeit privilegiert.

b) Vervielfältigung zum „sonstigen eigenen Gebrauch". Für nicht private, d.h. **berufliche bzw. gewerbliche Nutzungshandlungen** kommt eine Zulässigkeit allenfalls in Betracht, wenn die Voraussetzungen einer der nachfolgend dargestellten Regelungen des „sonstigen eigenen Gebrauchs" vorliegen. Vom privaten Gebrauch sind nämlich die gesetzlich freigestellten Fälle des sonstigen eigenen Gebrauchs zu unterscheiden, wobei sich aus der Bezeichnung „sonstiger" eigener Gebrauch bereits ergibt, dass der eigene Gebrauch als Oberbegriff auch den privaten Gebrauch umfasst. Unter **eigenem Ge-**

---

180 Vgl. BT-Drucks. 16/1828, Amtl. Begr. zu § 53 Abs. 1, S. 26.
181 Vgl. BT-Drucks. 16/1828, Amtl. Begr. zu § 53 Abs. 1, S. 26.
182 Schricker/Loewenheim, § 53 Rdn. 24.
183 BT-Drucks. 15/38, Amtl. Begr. zu § 53, S. 20; ferner Mayer, Fußnote 173, CR 2003, 274, 276.

brauch versteht man die Fälle, in denen jemand einzelne Vervielfältigungsstücke zur eigenen Verwendung und nicht zur Weitergabe an Dritte herstellt bzw. herstellen lässt. Im Gegensatz zu dem engeren Begriff des privaten Gebrauchs kann der sonstige eigene Gebrauch aber **auch beruflichen** und **erwerbswirtschaftlichen Zwecken** dienen und durch Behörden, Handelsgesellschaften und juristische Personen ausgeübt werden.[184] Die Herstellung einzelner Vervielfältigungsstücke zum eigenen Gebrauch ist nur zulässig, wenn einer der folgenden, gesetzlich im Einzelnen genau bezeichneten Gebrauchszwecke vorliegt (§ 53 Abs. 2 Nr. 1–4 UrhG), nämlich eine Herstellung:

- zum eigenen **wissenschaftlichen Gebrauch**, wenn und soweit die Vervielfältigung zu diesem Zweck geboten ist und sie keinen gewerblichen Zwecken dient (§ 53 Abs. 2 Nr. 1 UrhG);
- zur **Aufnahme in ein eigenes Archiv**, wenn und soweit die Vervielfältigung zu diesem Zweck geboten ist und als Vorlage für die Vervielfältigung ein eigenes Werkstück benutzt wird (§ 53 Abs. 2 Nr. 2 UrhG);
- zur eigenen **Unterrichtung über Tagesfragen**, wenn es sich um ein durch Funk gesendetes Werk handelt (§ 53 Abs. 2 Nr. 3 UrhG);
- zum sonstigen eigenen Gebrauch, wenn es sich um **kleine Teile** eines erschienenen Werkes oder um **einzelne Beiträge** handelt, die in **Zeitungen** oder **Zeitschriften** erschienen sind (§ 53 Abs. 2 Nr. 4a UrhG) oder um ein seit mindestens zwei Jahren vergriffenes Werk (§ 53 Abs. 2 Nr. 4b UrhG).

aa) Wissenschaftlicher Gebrauch. Was die Freistellung zum eigenen **wissenschaftlichen Gebrauch** angeht (§ 53 Abs. 2 Nr. 1 UrhG), ist anerkannt, dass der Begriff der Wissenschaft hier weit auszulegen ist, so dass ein wissenschaftlicher Gebrauch auch dann vorliegt, wenn sich ein Nicht-Wissenschaftler – z.B. ein Student in der Ausbildung oder ein Anwalt als Autor eines Fachartikels – über einen bestimmten Erkenntnistand informiert. Freigestellt ist aber nur der **eigene** wissenschaftliche Gebrauch, so dass nur eine Anfertigung für interne Zwecke, nicht aber für kommerzielle Bildungseinrichtungen zulässig ist. Schließlich muss die Vervielfältigung nach der gesetzlichen Formulierung zu diesem Zweck (dem wissenschaftlichen Gebrauch) „geboten sein". Dies soll dann zu verneinen sein, wenn der käufliche Erwerb der vervielfältigten Werkstücke oder ein problemloser Bezug über eine Bibliothek möglich ist.[185] Aus der betrieblichen Perspektive ist von Bedeutung, dass aufgrund des Wortlautes von Art. 5 Abs. 3a) der InfoSoc-Richtlinie Forschungseinrichtungen der Privatwirtschaft nicht mehr privilegiert sein dürften.[186] Was den Einsatz der **neuen Medien** angeht, erscheint unter den genannten Voraussetzungen etwa die Digitalisierung zwecks Aufnahme in eine persönliche Datenbank noch gerechtfertigt. Im Hinblick auf die Beschränkung der Privilegierung auf den „eigenen" Gebrauch wäre jedoch die Bereitstellung einer digitalen Kopie in einem Unternehmensnetz (Intranet) oder gar ein Upload in das Internet keinesfalls gerechtfertigt (§ 53 Abs. 6 S. 1 UrhG).

bb) Aufnahme in eigenes Archiv. Auch bei der **Archivierung** ist die praktische Bedeutung des Freistellungstatbestandes (§ 53 Abs. 2 Nr. 2 UrhG) aus betrieblicher Sicht

---

184 Vgl. Schricker/Loewenheim, Urheberrecht, § 53 Rdn. 34.
185 Vgl. Schricker/Loewenheim, Urheberrecht, § 53 Rdn. 38 f.
186 Wandtke/Bullinger-Lüft, UrhR, § 53 Rdn. 26; a.A. Hoeren, Online-Skript „Internetrecht", S. 158 m.w. Nachw.

durch die engen gesetzlichen Grenzen sehr eingeschränkt. Zum einen muss als Vorlage der Vervielfältigung ein **eigenes Werkstück** benutzt werden. Zum anderen zielt die Regelung nach der Intention des Gesetzgebers nur auf die Freistellung solcher Tatbestände, in denen es durch die Archivierung zu keiner zusätzlichen Verwertung des Werkes kommt. Der Aufbau eines betriebsinternen elektronischen Archivs mag daher beispielsweise durch Raum- und Sicherheitsgründe sowie Ordnungs-, Systematisierungs- und Recherchemöglichkeiten gerechtfertigt sein. Alle technischen Lösungen, durch die – wie etwa bei Bereitstellung in einer über das Intranet des Unternehmens zugänglichen Inhouse-Datenbank – intensivere Werknutzungsmöglichkeiten eröffnet werden, die den Erwerb weiterer Werkexemplare erübrigen, sind von der Freistellung nicht erfasst und unterliegen folglich dem Verbotsrecht des Rechtsinhabers.[187] Im Rahmen der Urheberrechtsnovelle 2003 wurde die Archivierungsschranke zwecks richtlinienkonformer Ausgestaltung an zusätzliche Voraussetzungen geknüpft. Danach ist die Vervielfältigung zu Archivierungszwecken zudem nur zulässig in Fällen reprografischer Vervielfältigung oder wenn eine ausschließlich analoge Nutzung stattfindet (z.B. Mikroverfilmung) oder das Archiv im öffentlichen Interesse tätig ist und keinen unmittelbar oder mittelbar wirtschaftlichen oder Erwerbszweck verfolgt (§ 53 Abs. 2 S. 2 UrhG).

cc) Unterrichtung über Tagesfragen. Die erwähnte Freistellung zur eigenen **Unterrichtung über Tagesfragen** (§ 53 Abs. 2 Nr. 3 UrhG) hat im Zusammenhang mit der Internetnutzung bzw. dem Einsatz neuer Medien keine Bedeutung, zum einen, weil als Vervielfältigungsobjekte nur die über Funk gesendeten Werke in Betracht kommen und, weil auch hier lediglich Vervielfältigungsstücke zum eigenen Gebrauch hergestellt werden dürfen, so dass eine Zugänglichmachung über elektronische Datenbanken oder gar das Internet ausscheidet (§ 53 Abs. 6 UrhG).

dd) Kleine Teile und einzelne Beiträge. Was schließlich die Freistellungstatbestände zur Vervielfältigung **kleiner Teile eines erschienen Werks** oder **einzelner Beiträge aus Zeitungen oder Zeitschriften** angeht (§ 53 Abs. 2 Nr. 4a UrhG), besteht deren Besonderheit darin, dass es in diesen Fällen – anders als in den zuvor Genannten – auf keinen besonderen Gebrauchszweck (wie Wissenschaft, Archivierung, Unterrichtung) ankommt. Der Tatbestand, der eine Arbeitserleichterung in Fällen schaffen sollte, in denen nicht das ganze Werk, sondern nur ein kleiner Teil benötigt wird,[188] ist für die tägliche Arbeitspraxis (im Betrieb, in Behörden, in Kanzleien etc.) von erheblicher Bedeutung. Unter „kleinen Teilen" eines erschienen Werkes versteht man dabei einen Umfang von bis zu 20 % des Gesamtwerkes als maximaler Obergrenze, unter „einzelnen Beiträgen" einige wenige Beiträge.[189] Wie bei der Archivierungsschranke wurde auch das Eingreifen der Schranken gemäß § 53 Abs. 2 S. 1 Nr. 3 UrhG (Unterrichtung über Tagesfragen) und § 53 Abs. 2 S. 1 Nr. 4 UrhG (kleine Teile und einzelne Beiträge, vergriffene Werke) im Rahmen der Urheberrechtsnovelle 2003 an das Vorliegen zusätzlicher Voraussetzungen geknüpft. Eine Vervielfältigung ist danach nur zulässig in Fällen reprografischer Vervielfältigung oder wenn eine analoge Nutzung stattfindet (§ 53 Abs. 2 S. 3 UrhG).

c) „Schranken der Schranken". Der Gesetzgeber hat die zuvor dargestellten Freistellungstatbestände zur Herstellung einzelner Vervielfältigungsstücke zum privaten und

---

187 Schricker/Loewenheim, Urheberrecht, § 53 Rdn. 39 ff., 44.
188 Schricker/Loewenheim, Urheberrecht, § 53 Rdn. 51.
189 Schricker/Loewenheim, Urheberrecht, § 53 Rdn. 52 f.

sonstigen eigenen Gebrauch allerdings für bestimmte Fälle wieder eingeschränkt. Bei diesen Einschränkungen handelt sich also gewissermaßen um die „**Schranken der Schranken**". Eine dieser Einschränkungen besagt, dass eine Vervielfältigung von grafischen Aufzeichnungen von Werken der Musik (**Notenmaterial**) und eine im wesentliche vollständige Vervielfältigung von **Büchern oder Zeitschriften**, soweit sie nicht durch Abschreiben vorgenommen wird, stets nur mit Einwilligung des Berechtigten zulässig ist oder zu eigenen Archivierungszwecken oder dann, wenn es sich um ein seit mindestens zwei Jahren vergriffenes Werk handelt (§ 53 Abs. 4 UrhG). Es handelt sich um eine „**Rückausnahme**" von den zuvor gewährten Vervielfältigungsfreistellungen im Interesse der Musik- und Buchverleger, deren wirtschaftliche Interessen durch die Entwicklung der Kopiertechnik und im wesentlichen vollständige Vervielfältigungen andernfalls in besonderem Maße gefährdet wären.[190] Die quantitativ zu bemessene Grenze für eine im Wesentlichen vollständige Vervielfältigung wird im Allgemeinen bei ca. 90 %, zum Teil bereits bei 75 % gesehen.[191] Fraglich ist, welche **Relevanz** diese Rückausnahme für den Bereich der **neuen Medien** hat. Konkret stellt sich die Frage, ob diese Einschränkung nur für gedruckte Bücher und Zeitschriften oder auch für in elektronischer Form – etwa als CD-ROM oder über Internet – bereitgestellte Online-Bücher und Online-Zeitschriften ohne weiteres gilt, mit der Folge, dass auch bei diesen bei im wesentlicher vollständiger Vervielfältigung grundsätzlich die Zustimmung des Rechtsinhabers erforderlich wäre. Die Beantwortung der Frage ist umstritten. Nach überzeugender Auffassung soll die Anwendung der Rückausnahme für den Bereich der neuen Medien zu verneinen sein, da die Regelung nicht zuletzt im Hinblick auf die besonderen Interessen, denen durch die Regelung Rechnung getragen werden sollte, eng auszulegen ist. Das würde bedeuten, dass für in elektronischer Form bereitgestellte Bücher und Zeitschriften, die oben dargestellten Privilegierungen aufgrund der allgemeinen Schrankenregelungen unbeschränkt gelten, mit der Folge, dass auch die Anfertigung vollständiger Vervielfältigungsstücke bei Vorliegen der gesetzlichen Voraussetzungen als privater oder sonstiger eigener Gebrauch zulässig sein kann.[192] Wie bereits erwähnt, ist diese kontrovers diskutierte Frage noch nicht abschließend geklärt.

3. Vergütungspflicht für Vervielfältigungen

a) Geräte-, Leerkassetten-, Betreiberabgabe. Wie zuvor dargestellt, ist die Vornahme von Vervielfältigungshandlungen zum eigenen Gebrauch in einer Vielzahl von Fällen freigestellt. Andererseits soll der Urheber diese Einschränkungen seiner Rechte nicht vergütungsfrei hinnehmen müssen. Die **Vergütung** kann jedoch aus naheliegenden praktischen und auch aus rechtlichen Gründen nicht von dem einzelnen erlangt werden, der die Vervielfältigungshandlung im Einzelfall vorgenommen hat. Der Vergütungsanspruch des Urhebers richtet sich daher nach den gesetzlichen Bestimmungen (§§ 54–54 h UrhG) gegen diejenigen, die die technischen Möglichkeiten für die fraglichen Vervielfältigungen bereitstellen, nämlich gegen

- die Hersteller von Vervielfältigungsgeräten (**Geräteabgabe**),
- gegen die Hersteller von Bild- und Tonträgern (**Leerkassettenabgabe**) sowie

---

190 Schricker/Loewenheim, Urheberrecht, § 53 Rdn. 69, 72.
191 Schricker/Loewenheim, Urheberrecht, § 53 Rdn. 74.
192 So zutreffend Möhring/Nicolini/Decker, UrhG, § 53 Rdn. 46; a.A. Loewenheim in Loewenheim/Koch, Praxis des Online-Rechts, S. 314.

- die Betreiber von Kopiergeräten, also Bildungs- und Forschungseinrichtungen, Bibliotheken,[193] Kopierläden etc. (**Betreiberabgabe**).

Hierbei geht der Gesetzgeber davon aus, dass diese den Vergütungsanspruch über den Preis auf den Kunden abwälzen.[194] Die entsprechenden Vergütungsansprüche können nur durch eine **Verwertungsgesellschaft** – das sind privatrechtliche Gesellschaften zur kollektiven Wahrnehmung urheberrechtlicher Befugnisse (wie z.b. GEMA, VG Bild-Kunst und VG Wort – zusammengeschlossen in der ZPÜ) – geltend gemacht werden (§ 54h UrhG). Die Vergütungen, die von Verwertungsgesellschaften in Form von Geräte-, Leerkassetten- und Betreiberabgabe eingezogen und an die Rechteinhaber verteilt werden, geben den Inhabern von Urheber- und Leistungsschutzrechten also einen finanziellen Ausgleich dafür, dass Vervielfältigungen für den privaten und sonstigen eigenen Gebrauch in weitem Umfang auch ohne ihre Genehmigung zulässig sind.

b) Pauschale Urhebervergütung versus DRM? Im Zuge Novellierung des Urheberrechts 2008 („Zweiter Korb)" hat der Gesetzgeber dem Umstand Rechnung zutragen, dass sich die technischen Rahmenbedingungen seit Einführung der Regelungen über die pauschale Urhebervergütung für Leerträger im Jahre 1985 grundlegend geändert haben. Zu nennen sind zum einen die rasante Entwicklung und Verbreitung neuer, zur Vervielfältigung geeigneter Geräte (z.B. Scanner, Brenner, leistungsfähigere Drucker, PCs mit Internet-Anschluss), die Art und Umfang der Werknutzung maßgeblich beeinflusst haben. Zum anderen sind die Rechtsinhaber durch den Einsatz technischer Maßnahmen zunehmend dazu in der Lage, die Vervielfältigung ihrer Inhalte im digitalen Bereich zu verhindern und zu steuern (Stichwort: digital rights management, kurz „DRM").[195] Insbesondere im Hinblick auf den sich abzeichnenden vermehrten Einsatz von **DRM-Technologie**, die es den Rechtsinhabern zunehmend ermöglicht, ihre ausschließlichen Verwertungsrechte auch im privaten Bereich selbst zu schützen, durchzusetzen bzw. individuell gegen Entgelt zu gestatten, hat den Gesetzgeber vor die Frage gestellt, ob die Beibehaltung des Regelungsmodells der pauschalen Urhebervergütung noch gerechtfertigt ist und, wenn ja, ob und ggf. welche regelungstechnischen Modifikationen im Hinblick auf die Möglichkeit individueller Lizenzierung im Wege des DRM angezeigt sind, insbesondere um den Verbraucher vor einer Doppelbelastung – pauschale Entrichtung einer Geräte- bzw. Leerträgervergütung bei gleichzeitiger Zunahme mit Kopierschutz versehener Werkstücke – zu schützen.[196] Der Gesetzgeber hat sich – entgegen der teilweise erhobenen Forderung, das pauschale Vergütungssystem im Hinblick auf den möglichen Einsatz von DRM-Systemen bereits jetzt vollständig entfallen zu lassen – für ein **Nebeneinander** von **pauschaler Urhebervergütung** und individueller Abrechnung mittels **DRM-Systemen** entschieden. Hierbei wird eine Doppelbelastung des Verbrauchers dadurch vermieden, dass bei der Höhe der Pauschalvergütung berücksichtigt wird, in welchem Umfang tatsächlich Kopierschutzmaßnahmen

---

193 Seiler, David/Alig, Olivia, Kopierabgaben in Unternehmensbibliotheken und Verjährung, ZUM 2003, 276.
194 Näheres vgl. Schricker/Loewenheim, Urheberrecht, § 54 Rdn. 1 ff.
195 Umfassend zu Begriff, Funktion und rechtlichen Rahmenbedingungen von DRM-Systemen vgl. Arlt, GRUR 2004, 548 ff.
196 Ausführlich zu den diesbezüglichen Erwägungen vgl. Begründung des Reg.-Entwurfs, BT-Drucks. 16/1828, S. 14 – 18; ferner Geerlings, Das Urheberrecht in der Informationsgesellschaft und pauschale Geräteabgaben im Lichte verfassungs- und europarechtlicher Vorgaben, GRUR 2004, 207 ff.

verwendet werden: „Je mehr Kopierschutz, desto weniger Gerätevergütung".[197] Regelungstechnisch wurde dieses Ziel durch zwei wesentliche Neuerungen erreicht: Anders als nach alter Rechtslage kommt es für die Vergütungspflicht von Geräten und Leerträgern nicht mehr darauf an, ob diese zur Vervielfältigung „bestimmt sind" (§ 54 Abs. 1 UrhG a.F.), sondern darauf, ob der fragliche Typ eines Gerätes oder Speichermediums zur Vervielfältigung tatsächlich in nennenswertem Umfang „benutzt wird" (§ 54 Abs. 1 UrhG). Zudem sieht das Gesetz – anders als zuvor – die Festschreibung verbindlicher **Kriterien** vor, nach denen die Höhe der **„angemessenen Vergütung"** zu bestimmen ist. Maßgebend für die Vergütungshöhe ist danach, in welchem Maße die Geräte und Speichermedien als Typ tatsächlich für Vervielfältigungen genutzt werden, wobei zu berücksichtigen ist, inwieweit technische Schutzmaßnahmen auf die betreffenden Werke und Schutzgegenstände angewendet werden (§ 54a Abs. 1 UrhG). Die Vergütung ist so zu gestalten, dass sie auch mit Blick auf die Vergütungspflicht in den fraglichen Geräten enthaltener Speichermeiden oder mit diesen funktionell zusammenwirkenden Geräte oder Speichermedien insgesamt angemessen ist (§ 54a Abs. 2 UrhG). Ferner sind bei der Höhe der Vergütung auch die nutzungsrelevanten Eigenschaften der Geräte und Speichermedien, insbesondere die Leistungsfähigkeit von Geräten sowie die Speicherkapazität und Mehrfachbeschreibbarkeit von Speichermedien zu berücksichtigen (§ 54a Abs. 3 UrhG). Schließlich soll die Vergütung so bemessen sein, dass sie in einem angemessenen wirtschaftlichen Verhältnis zum Preisniveau des Gerätes oder des Speichermediums steht und deren Absatz nicht unzumutbar beeinträchtigt. Die ursprünglich von der Bundesregierung geplante Deckelung, nach der die die Summe der Vergütungsansprüche aller Berechtigten für einen Gerätetyp 5 % des Verkaufspreises nicht übersteigen durfte (§ 54a Abs. 4 UrhG-RegE), ist entsprechend der Beschlussempfehlung des Rechtsausschusses wieder entfallen.[198]

4. Zeitungsartikel und Rundfunkkommentare

a) **Das sog. Pressespiegelprivileg.** Von besonderem Interesse im Hinblick auf den Einsatz neuer elektronischer Medien hat sich eine Schranke erwiesen, die den freien Zugang zu Informationen regelt, die aus Zeitungsartikeln und Rundfunkkommentaren zu entnehmen sind (sog. **Pressespiegelprivileg**, § 49 UrhG). Die Bestimmung regelt die Voraussetzungen, unter denen bestimmte als Werke geschützte Informationen – ohne Zustimmung des Urhebers – aus bestimmten Medien entnommen und in anderen bestimmten Medien in welcher Weise genutzt werden dürfen. Konkret wird für zulässig erklärt (§ 49 Abs. 1 UrhG): die Vervielfältigung, Verbreitung und öffentliche Wiedergabe einzelner Rundfunkkommentare und einzelner Artikel aus Zeitungen und lediglich Tagesinteressen dienenden Informationsblättern, wenn sie politische, wirtschaftliche und religiöse Tagesfragen betreffen und nicht mit einem Vorbehalt der Rechte versehen sind. Für die freigestellten Nutzungshandlungen ist dem Urheber eine **angemessene Vergütung** zu zahlen, es sei denn, es werden lediglich kurze Auszüge aus mehreren Kommentaren oder Artikeln in Form einer Übersicht übernommen (§ 49 Abs. 1 S. 2 UrhG, gemeint sind die üblichen Presseübersichten). Der Vergütungsanspruch kann nur durch eine Verwertungsgesellschaft geltend gemacht werden (§ 49 Abs. 1 S. 3

---

[197] Eckpunktepapier des BMJ zu den wesentlichen Regelungen des Zweiten Korbes „Urheberrecht in der Wissensgesellschaft – ein gerechter Ausgleich zwischen Kreativen, Wirtschaft und Verbrauchern" v. 9.9.2004, unter Ziff. 3, S. 3.
[198] Vgl. BT-Drucks. 16/5939,. Amtl. Begr., S. 9, 40.

UrhG). Im Hinblick auf den Einsatz elektronischer Medien stellt sich die noch umstrittene Frage, ob als **Ausgangsmaterial** auch Online-Zeitungen in Betracht kommen, so dass entsprechende geschützte Informationen nicht nur aus Printmedien, sondern auch aus einer entsprechenden via Internet vertriebenen Publikation entnommen werden dürfen. Da es auf das Trägermaterial nicht ankommen könne, wird dies – entgegen der von den Zeitungsverlagen vertretenen Auffassung – in der Rechtswissenschaft im Sinne einer sachgerechten Interpretation überwiegend bejaht.[199] **Online-Zeitungssuchmaschinen**, die lediglich Links auf Zeitungsartikel als Suchergebnisse ausweisen, sind zumindest erlaubt. Das OLG Köln entschied, dass es sich weder um eine Vervielfältigung handele noch eine wettbewerbswidrige Maßnahme vorliege.[200]

b) **Elektronischer Pressespiegel.** Eine weitere, zunächst heftig umstrittene Frage betrifft die zulässige Form der Verwertung entnommener Informationen, konkret die Zulässigkeit von Pressespiegeln, die heute zunehmend von Unternehmen und Behörden statt in Papierform in elektronischer Form erstellt werden (sog. **elektronischer Pressespiegel**).[201] Inzwischen hat der BGH entschieden, dass auch elektronische Pressespiegel grundsätzlich – zumindest in grafischer Form – unter die für herkömmliche Pressespiegel geltende Regelung fallen und damit ohne Zustimmung des Urhebers, aber gegen Vergütung an die VG Wort, erstellt und verbreitet werden können. Der elektronische Pressespiegel unterscheide sich nicht wesentlich vom Pressespiegel in Papierform und falle unter das Pressespiegelprivileg, solange die Pressespiegel nicht als Text-, sondern als grafische Datei – etwa im pdf- oder gif-Format – übermittelt würden. Außerdem müsse der Kreis der Bezieher überschaubar sein, so dass eine elektronische Übermittlung nur für betriebs- und behördeninterne Pressespiegel in Betracht komme, nicht dagegen für kommerzielle Dienste.[202] Unternehmen können nun mit der VG Wort einen Vertrag über die Lizenzierung elektronischer Pressespiegel schließen.[203]

5. Zitierfreiheit

Eine der wichtigsten Schranken des Urheberrechts neben der Privatkopierschranke ist die sog. **Zitierfreiheit** (§ 51 UrhG). Sie dient dem Allgemeininteresse an freier geistiger Auseinandersetzung.[204] Die Bedeutung der Zitierfreiheit liegt allgemein darin, dass bei Vorliegen der gesetzlichen Voraussetzungen ganze Werke bzw. einzelne Stellen von geschützten Werken als „Zitate" auch ohne Einwilligung des Urhebers vervielfältigt, verbreitet und öffentlich wiedergegeben werden dürfen. Im Zuge der Urheberrechtsnovelle 2008 („Zweiter Korb") wurde die Zitierfreiheit in § 51 S. 1 UrhG im Sinne der InfoSoc-Richtlinie (Art. 5 Abs. 3 Buchstabe d) als **Generalklausel** formuliert:

---

199 Vgl. Schricker/Melichar, Urheberrecht, § 49 Rdn. 38 m.w. Nachw.; ferner Dreier/Schulze, § 49 Rdn. 7.
200 „Deep Links" auf Zeitungsartikel OLG Köln, Urteil vom 27.10.2000, 6 U 71/00, ITRB 2001, 179 = MMR 2001, 387.
201 Zum Meinungsstand vgl. Möhring/Nicolini/Engels, UrhG, § 49 Rdn. 12 ff.; ferner Hoeren, Online-Skript „Internetrecht", S. 144 ff.
202 BGH v. 11.7.2002, I ZR 255/00, „Elektronischer Pressespiegel".
203 Näheres hierzu s. Merkblatt der VG Wort und der PMG Presse-Monitor GmbH abrufbar unter: http://www.pressemonitor.de/fileadmin/assets/pmg/pageDownloads/Merkblatt_zur_Erstellung_Elektronischer_Pressespiegel.pdf (letzter Abruf: 04/2014).
204 Schricker/Schricker, Urheberrecht, § 51 Rdn. 6.

„Zulässig ist die Vervielfältigung, Verbreitung und öffentliche Wiedergabe eines veröffentlichten Werkes zum Zwecke des Zitats, sofern die Nutzung in ihrem Umfang durch den besonderen Zweck geboten ist."

Hiermit wurde die Zitierfreiheit mit Blick auf weitere Werkarten vorsichtig erweitert. In § 51 S. 2 UrhG wurde als **bespielhafte Aufzählung** (*„insbesondere"*) von Fällen einer zulässigen Nutzung der bisherige Wortlaut beibehalten.[205] Danach werden beispielhaft **drei Fälle** zulässiger Zitate unterschieden:

- das sog. wissenschaftliche Großzitat;
- das literarische Kleinzitat und
- das Musikzitat.

Als **wissenschaftliches Großzitat** ist es zulässig, einzelne Werke nach dem Erscheinen in ein selbständiges wissenschaftliches Werk zur Erläuterung des Inhalts aufzunehmen (§ 51 Nr. 1 UrhG). Der Begriff der Wissenschaft ist dabei nicht eng auszulegen, sondern erfasst z.b. auch populärwissenschaftliche Abhandlungen. Das sog. **literarische Kleinzitat** betrifft die Zulässigkeit, Stellen eines Werkes nach der Veröffentlichung in einem selbständigen Sprachwerk anzuführen (§ 51 Nr. 2 UrhG). Anerkannt ist, dass die Zulässigkeit von Kleinzitaten nicht nur beim Zitieren von Sprachwerken gilt, sondern auch z.B. bei Filmen, wissenschaftlich-technischen Zeichnungen und Multimediawerken, d.h. bei allen Werkgattungen, bei denen ein Zitat der Natur der Werkgattung nach möglich ist,[206] wobei sich die Zulässigkeit insoweit nunmehr bereits aus § 51 S. 1 UrhG (Generalklausel) ergibt. Nach der Zitierfreiheit in der Form des **Musikzitats** ist es schließlich zulässig, einzelne Stellen eines erschienen Werkes der Musik in einem selbständigen Werk der Musik anzuführen (§ 51 Nr. 3 UrhG). Als **entscheidende gemeinsame Voraussetzung** für das Eingreifen der Zitierfreiheit ist stets zu beachten, dass das Zitierrecht nicht jede Übernahme rechtfertigt, sondern stets einen bestimmten **Zitatzweck** voraussetzt und dass die Übernahme des fremden Werkes bzw. Werkteiles auch nur in dem durch den Zitatzweck gebotenen Umfang zulässig ist. Als zulässiger Zitatzweck wird es angesehen, wenn eine „innere Verbindung" zwischen dem eigenen und dem fremden Werk hergestellt wird. Mit anderen Worten: Ein zulässiger Zitatzweck ist insbesondere dann gegeben, wenn das fremde Werk als **Beleg** oder **Erörterungsgrundlage** dient, wenn es also zur Unterstützung der eigenen Ausführungen oder zum Zwecke der Auseinandersetzung mit fremden Gedanken dient. Kein zulässiger Zweck für ein Zitat liegt dagegen vor, wenn die Übernahme nur um ihrer selbst Willen erfolgt, d.h. wenn ein fremdes Werk bzw. ein Werkteil übernommen wird, um dieses dem Endnutzer leichter zugänglich zu machen, sich eigene Ausführungen bzw. eigenes Werkschaffen zu ersparen oder nur auszuschmücken.[207] So war etwa die Wiedergabe einer Vielzahl von Fotos des Starfotografen Helmut Newton in einem Artikel von Alice Schwarzer in der Zeitschrift EMMA nicht mehr vom Zitatzweck gedeckt.[208] Wichtig ist schließlich, dass beim Zitat, sofern möglich, eine deutliche **Quellenangabe** zu erfolgen hat (§ 63 UrhG) und dass das zitierte Werk grundsätzlich nicht verändert werden darf, § 62 UrhG. Ein Zitat im Sinne der Zitierfreiheit (§ 51 UrhG) liegt nur vor, wenn

---

[205] Vgl. BT-Drucks. 16/1828, Amtl. Begr. zu § 51, S. 25.
[206] Schricker/Schricker, Urheberrecht, § 51 Rdn. 41.
[207] BGH v. 29.4.2010, I ZR 69/08, „Vorschaubilder"; Schricker/Schricker, Urheberrecht, § 51 Rdn. 14 ff.; ferner Rehbinder, Urheberrecht, S. 192 f. Rdn. 488.
[208] LG München I, Urteil vom 27.7.1994, 21 O 22343/93, AfP 1994, 326.

das fremde Werk insgesamt oder in Teilen wiedergegeben wird, nicht jedoch, wenn auf das fremde Werk nur hingewiesen wird.[209] Durch das Setzen eines Links, der sich in einem neuen Browserfenster und nicht in einem Frame öffnet, wird – sofern die Verlinkung überhaupt mit einem geschützten Werk erfolgt – das fremde Werk nicht wiedergegeben, sondern lediglich auf dieses verwiesen. Bei einem solchen einfachen **Link** (sog. Surface Link) handelt es sich also um kein Zitat, so dass die Zulässigkeit eines Links nicht den strengen Voraussetzungen der Zitierfreiheit unterliegt.[210]

6. Bildnisse und Recht am eigenen Bild (KUG)

a) **Einordnung, Bedeutung.** Wie aus der tabellarischen Übersicht der urheberrechtlichen Schranken (s. zuvor Abb. 10) ersichtlich, enthält das Urheberrechtsgesetz in § 60 (**Bildnisse**) auch einen Schrankentatbestand, der die Rechte des Urhebers an den von ihm gefertigten Bildnissen Dritter zu Gunsten der genannten Personen (Besteller, Rechtsnachfolger, Abgebildeter und dessen Angehörige, im Auftrag handelnder Dritter) einschränkt. In der Praxis sind von dieser Schrankenbestimmung vor allem Fotografen betroffen, die danach – vorbehaltlich vertraglicher Abbedingung – nicht verhindern können, dass der privilegierte Personenkreis die freigestellten Nutzungshandlungen – insbesondere Nachbestellungen bei anderen Fotografen, Fotolabors etc. – vornehmen kann.[211] In engem sachlichen Zusammenhang mit dem in § 60 UrhG geregelten Bildnisschutz steht das in den **§§ 22 ff. KUG**[212] geregelte **Recht am eigenen Bild**. Während sich jedoch die in § 60 UrhG geregelte Schrankenbestimmung auf das Recht des Urhebers (meist des Fotografen) an dem von ihm geschaffenen Bildnis und die von ihm hinzunehmenden Nutzungshandlungen des privilegierten Personenkreises bezieht, ist Gegenstand des im KUG geregelten Rechtes am eigenen Bild der Schutz des Abgebildeten davor, dass Bildnisse ohne seine Einwilligung verbreitet oder öffentlich zur Schau gestellt werden.[213] Bei dem **KUG** von 1907 handelt es sich um eines der beider Vorläufergesetze des geltenden Urheberrechtsgesetzes von 1965. Es wurde aus Anlass des Inkrafttretens des aktuellen Urheberrechtsgesetzes aufgehoben, soweit es nicht den Schutz von Bildnissen betrifft (vgl. § 141 Nr. 5 UrhG), d.h. bei dem KUG handelt es sich also um einen aus nur wenigen fortgeltenden Bestimmungen bestehenden (Gesetzes-)„Torso". Das Recht am eigenen Bild ist nach dem zuvor Gesagten also kein urheberrechtlicher Schutz an einem Werk (vgl. Teil des Urheberrechtsgesetzes, §§ 1 – 69g UrhG) und auch kein Leitungsschutzrecht (vgl. Teil 2, §§ 70 – 87e UrhG). Vielmehr ist es seiner Rechtsnatur nach ein **besonderes Persönlichkeitsrecht**, d.h. eine sondergesetzliche Normierung des aus Art. 1, 2 GG abgeleiteten und als sonstiges Recht i.S.v. § 823 Abs. 1 BGB anerkannten **allgemeinen Persönlichkeitsrechts**.[214] Mit Blick auf die zuvor erwähnte sachliche Nähe zum urheberrechtlichen Bildnisschutz und auch auf die erhebliche praktische Bedeutung, die dem Recht am eigenen Bild im Zeitalter der digitalen Fotografie und des Internet in jüngerer Zeit zugewachsen ist, erscheint eine Darstellung in diesem urheberrechtlichen Abschnitt gleichwohl systematisch gerechtfertigt und

---

209 Schricker/Schricker, Urheberrecht, § 51 Rdn. 7.
210 So auch Hoeren, Online-Skript „Internetrecht", S. 150.
211 Dreier/Schulze, § 60 Rdn. 1,2.
212 Gesetz betreffend das Urheberrecht an Werken der bildenden Künste und der Photographie v. 9.1.1907.
213 Schricker/Götting, Urheberrecht, Anh. zu § 60, Vor §§ 22-24 KUG.
214 Dreier/Schulze, Vor §§ 22 ff. KUG Rdn. 3; vertiefend ferner Schricker/Götting, Urheberrecht, § 60/ § 22 KUG Rdn. 7-9.

sachlich geboten. Hierbei bietet sich die Erörterung des KUG im Kontext der Schrankenbestimmungen nicht nur wegen der Sachnähe zu § 60 UrhG, sondern auch mit Rücksicht darauf an, dass der Bildnisschutz historisch als Einschränkung des Vervielfältigungsrechtes des Bildnisurhebers gegenüber den Persönlichkeitsinteressen des Abgebildeten verstanden wurde uns als solcher Aufnahme im KUG von 1907 gefunden hat.[215]

b) Einwilligungserfordernis. Gemäß § 22 S. 1 KUG dürfen Bildnisse grundsätzlich nur mit **Einwilligung des Abgebildeten** verbreitet oder öffentlich zur Schau gestellt werden, d.h. der Einzelne bestimmt, ob und wie sein Bildnis **verbreitet** bzw. **öffentlich zur Schau** gestellt wird. Die bloße **Herstellung** eines Bildnisses (z.B. Fotoportraitaufnahme einer Person) ist danach nicht vom Einwilligungserfordernis nach § 22 S. 1 KUG erfasst, sie kann jedoch, sofern die Aufnahme heimlich oder gegen den erklärten Willen des Abgebildeten erfolgt, gegen das allgemeine Persönlichkeitsrecht verstoßen.[216] Wie sich aus der gesetzlichen Vermutung nach § 22 S. 2 KUG ergibt, gilt die Einwilligung im Zweifel als (stillschweigend) erteilt, wenn der Abgebildete dafür, dass er sich abbilden ließ, eine Entlohnung erhielt. Unter einem **Bildnis** versteht man die Darstellung der Person in ihrer wirklichen, dem Leben entsprechenden Erscheinung. In Betracht kommen alle erdenklichen Arten der Darstellung, d.h. insbesondere Fotos und Filmaufnahmen. Maßgeblich ist die **Erkennbarkeit** des einzelnen Abgebildeten, die in der Regel von ihren Gesichtszügen bestimmt wird. Ob die Erkennbarkeit des Abgebildeten vom Abbildenden tatsächlich beabsichtigt war, ist dabei unbeachtlich.[217] Grundsätzlich kann die nach § 22 S. 1 KUG erforderliche Einwilligung nicht nur **ausdrücklich**, sondern auch **stillschweigend** erteilt werden. Allerdings kann eine **stillschweigende Einwilligung** nur angenommen werden, wenn durch das Schweigen die Einwilligung aus Sicht des Empfängers eindeutig zum Ausdruck gebracht wird.[218] Die **Anforderungen** an die Wirksamkeit einer stillschweigenden Einwilligung **sind streng**. Die Einwilligung muss die Kenntnis der Art und Weise der Veröffentlichung und der genauen Umstände der Berichterstattung umfassen.[219] Das heißt, eine Einwilligung ist unwirksam, wenn dem Einwilligenden Zweck, Art und Umfang der geplanten Verwendung des Bildnisses nicht bekannt war.[220] Die **Beweislast** für das Vorliegen der wirksamen Einwilligung trägt derjenige, der die Abbildung verbreitet, so dass die Einholung einer schriftlichen Einwilligung – trotz fehlendem Formerfordernisses – in der Praxis zum Zwecke des späteren Beweises stets anzuraten ist.[221] Auch die Frage, ob im **Rahmen von Interviews** entstandene Bild- und Tonaufnahmen von einer stillschweigenden Einwilligung gedeckt sind, bemisst sich nach den vorstehend skizzierten strengen Maßstäben. Die Rechtsprechung zum Vorliegen einer wirksamen Einwilligung bei Interviews im Bereich **Fernsehen und Presse** ist – den unterschiedlichen Umständen des jeweiligen Einzelfalls entsprechend – uneinheitlich. Angesichts der strengen, an eine wirksame Einwilligung anzulegenden Maßstäben kann jedenfalls aus der spontanen Bereitschaft, vor laufender Kamera Fragen zu beantworten, nicht auf das Vorliegen einer stillschweigen-

---

215 Vgl. Dreier/Schulze, Vor §§ 22 ff. KUG Rdn. 2; ferner Rehbinder, Urheberrecht, S. 307 Rdn. 856.
216 Schack, Urheber- und Urhebervertragsrecht, S. 24 Rdn. 48; Rehbinder, Urheberrecht, S. 308 Rdn. 858.
217 Näheres Dreier/Schulze, § 22 KUG Rdn. 1, 3; § 60 Rdn. 4.
218 Dreier/Schulze, § 22 Rdn. 18 f; Schricker/Götting, Urheberrecht, § 60/§ 22 KUG Rdn. 43.
219 Hoene/Runkel, S. 705 f. Rdn. 9 f.
220 Dreier/Schulze, § 22 KUG Rdn. 18.
221 Hoene/Runkel, S. 706 Rdn. 9; Dreier/Schulze, § 22 KUG Rdn. 18.

den Einwilligung in die spätere Verbreitung bzw. Zurschaustellung des Filmmaterials geschlossen werden.[222] Bei der Produktion von **Werbefilmen** – anders als bei Veröffentlichungen in Fernsehen und Presse – wird die Annahme einer stillschweigenden Einwilligung noch zurückhaltender beurteilt, da sich der Hersteller des Bilderzeugnisses nicht nur von einer generellen Einwilligung zur Verwendung des Bilderzeugnisses, sondern auch von der Verwendung für den speziellen Werbezweck zu überzeugen habe.[223] Soweit es sich bei den abgelichteten Personen um **Kinder** und **Jugendliche** handelt, ist schließlich zu berücksichtigen, dass bei Geschäftsunfähigen die Einwilligung vom **gesetzlichen Vertreter** zu erteilen oder zu verweigern ist. Beschränkt Geschäftsfähige (§§ 106 ff. BGB), insbesondere **Minderjährige** (von der Vollendung des 7. Lebensjahres bis zur Vollendung des 18. Lebensjahres, § 106 i.V.m. § 2 BGB), bedürfen zur Gültigkeit ihrer eigenen Willenserklärung der Einwilligung ihres gesetzlichen Vertreters, d.h. regelmäßig der Eltern.[224] Angesichts der persönlichkeitsrechtlichen Komponente der Einwilligung i. S. v. § 22 KUG soll der Gedanke des Schutzes des Minderjährigen nach h.M. im Schrifttum dazu führen, dass die Eltern – anders als nach dem Modell der gesetzlichen Vertretung nach §§ 107 ff. BGB – die Einwilligung nicht allein erteilen können, wenn der Minderjährige widerspricht, was de facto zu einer **Doppelzuständigkeit** führe: Der Minderjährige soll die Einwilligung nicht gegen den Willen seines gesetzlichen Vertreters erteilen können, umgekehrt soll auch dieser sie nicht gegen den Willen des einsichtsfähigen Minderjährigen erklären können.[225] Diese sog. Doppelzuständigkeit ist bei der Ausgestaltung einer entsprechenden **Einwilligungserklärung** zu berücksichtigen.

c) Schutzfrist. Wie in § 22 S. 3 KUG geregelt, bedarf es nach dem Tod des Abgebildeten bis zum Ablaufe von 10 Jahren der Einwilligung der Angehörigen des Abgebildeten (**postmortaler Bildnisschutz**), d.h. die **Schutzfrist** des Rechts am eigenen Bild beträgt **10 Jahre** nach dem Tode des Abgebildeten.[226] Ausweislich § 22 S. 4 KUG sind **Angehörige** der überlebende Ehegatte oder Lebenspartner und die Kinder des Abgebildeten, und wenn weder ein Ehegatte oder Lebenspartner noch Kinder vorhanden sind, die Eltern des Abgebildeten. Der Umstand, dass die Einwilligung von allen genannten Angehörigen erklärt werden muss und bereits die Verweigerung eines einzelnen Angehörigen der Veröffentlichung des Bildnisses entgegensteht, kann in der Praxis für die Presse – namentlich bei knapper Zeit – zu der Schwierigkeit führen, rechtzeitig die nach dem Gesetz erforderlichen Einwilligungen sämtlicher genannter Angehöriger zu erlangen.[227] Vom postmortalen Bildnisschutz zu unterscheiden ist der unter dem Gesichtspunkt der Menschenwürde (Art. 1 Abs. 1 GG) als Ausprägung des allgemeinen Persönlichkeitsrechts anerkannte **postmortale Achtungsanspruch** gegen schwerwiegende Herabsetzungen des Ansehens des Verstorbenen und gegen Entstellungen von dessen Lebensbild, der nicht durch eine 10-jährige Schutzfrist begrenzt ist.[228]

---

222 Vgl. die Nachweise bei Dreier/Schulze, § 22 KUG Rdn. 18.
223 So Schricker/Götting, Urheberrecht, § 60/§ 22 KUG Rdn. 43.
224 Schricker/Götting, Urhberrecht, § 60/§ 22 KUG Rdn. 42.
225 Vgl. Dreier/Schulze, § 22 KUG Rdn. 24 ff, 26; Schricker/Götting, Urheberrecht, § 60/§ 22 KUG Rdn. 42, jeweils m.w. Nachw.
226 Rehbinder, Urheberrecht, S. 311 Rdn. 867.
227 Hoene/Runkel, S. 706 Rdn. 12.
228 Dreier/Schulze, § 22 KUG Rdn. 29 f.

d) Ausnahmen vom Einwilligungserfordernis. Das Vorliegen eines der nachfolgenden Tatbestände führt gem. § 23 Abs. 1 Nr. 1 bis 4 KUG dazu, dass die Verbreitung und Zurschaustellung eines Bildnisses ausnahmsweise auch ohne die nach § 22 KUG Einwilligung zulässig ist:
1. Bildnisse aus dem Bereiche der *Zeitgeschichte;*
2. Bilder, auf denen die Personen nur als *Beiwerk* neben einer Landschaft oder sonstigen Örtlichkeit erscheinen;
3. Bilder von *Versammlungen,* Aufzügen und ähnlichen Vorgängen, an denen die dargestellten Personen teilgenommen haben;
4. Bildnisse, die nicht auf Bestellung angefertigt sind, sofern die Verbreitung oder Schaustellung einem *höheren Interesse der Kunst* dient.

Das Recht am eigenen Bild wird durch diese **Ausnahmetatbestände** nach § 23 Abs. 1 KUG begrenzt. Als Grenzen dienen sie dem Interesse der Öffentlichkeit an einer sachgerechten und umfassenden freien Presseberichterstattung in Wort und Bild.[229] Ohne Einwilligung des Abgebildeten können danach in den in § 23 Abs. 1 KUG geregelten Fällen Bildnisse bzw. Bilder im Interesse der Informations-, Abbildungs-, Meinungs- und Kunstfreiheit veröffentlicht werden.[230] Die Ausnahmetatbestände werden allerdings ihrerseits gem. § 23 Abs. 2 KUG im Wege einer **Rückausnahme** begrenzt. Danach erstreckt sich die Befugnis jedoch nicht auf eine Verbreitung und Schaustellung, durch die ein berechtigtes Interesse des Abgebildeten oder, falls dieser verstorben ist, seiner Angehörigen verletzt wird. Die Bestimmung der exakten Grenzen des Rechts am eigenen Bild setzt danach stets die Vornahme einer sorgfältigen **Interessenabwägung** voraus, bei der das verfassungsrechtlich garantierte Freiheitsinteresse des Abgebildeten bzw. seiner Angehörigen an der Geheimhaltung bzw. Anonymität (Art. 1, 2 Abs. GG) gegen das Informationsinteresse der Presse und der Allgemeinheit (Art. 5 GG) abzuwägen ist.[231]

e) Rechtsverletzungen. Bei Verletzung des Rechts am eigenen Bild drohen **zivilrechtliche** Ansprüche, ferner **strafrechtliche** Sanktionen. Das Recht am eigenen Bild ist wie das allgemeine Persönlichkeitsrecht als sonstiges Recht i.S.v. § 823 Abs. 1 BGB sowie nach § 823 Abs. 2 BGB i.V.m. §§ 22, 23 KUG geschützt. Das heißt, der Verletzte kann in analoger Anwendung von § 1004 Abs. 1 S. 2 BGB und § 97 Abs. 1 S. 1 UrhG zunächst **Unterlassung** verlangen, sofern Wiederholungsgefahr besteht, wobei die Wiederholungsgefahr bei erfolgter Verletzung regelmäßig indiziert ist.[232] Darüber hinaus kann der in seinem Recht am eigenen Bild Verletzte gemäß §§ 1004 Abs. 1 S. 1 BGB, 97 Abs. 1 S. 1 UrhG analog die **Beseitigung der Störungsfolgen** verlangen, die auch nach Beendigung der rechtsverletzenden Handlung noch fortwirken, wobei kein Verschulden vorausgesetzt ist (z.B. Entfernung von Plakaten, Schwärzen verletzender Vervielfältigungsansprüche, Anspruch auf Rückruf bereits ausgelieferter persönlichkeitsrechtsverletzender [Presse-])Erzeugnisse). Für die Verletzung des Rechts am eigenen Bild wird der allgemeine Beseitigungsanspruch ergänzt durch sondergesetzliche Ansprüche auf Vernichtung (§ 37 KUG) und Übernahme (§ 38 KUG) der widerrechtlich

---
229 Schricker/Götting, Urheberrecht, § 60/§ 23 KUG Rdn. 1; Hoene/Runkel, S. 707 Rdn. 13.
230 Dreier/Schulze, § 23 KUG Rdn. 1.
231 Dreier/Schulze, § 23 KUG Rdn. 1; Schricker/Götting, Urheberrecht, § 60/§ 23 KUG Rdn. 3; Rehbinder, Urheberrecht, S. 308 Rd. 859.
232 Dreier/Schulze, §§ 33 ff. KUG Rdn. 6.

hergestellten Exemplare und näher bestimmten Vorrichtungen.[233] Schließlich kann der Verletzte bei unautorisierter Bildnisveröffentlichung gemäß §§ 823 Abs. 1 bzw. 823 Abs. 2 BGB i.V.m. §§ 22, 23 Abs. 2 KUG **Schadensersatz** verlangen. Der Anspruch setzt – wie allgemein im Zivilrecht – Verschulden voraus, wobei insoweit von der Rechtsprechung ein strenger Sorgfaltsmaßstab angelegt wird. Insbesondere bei der Verwendung von Bildnissen zu Werbezwecken obliegt es dem Verwender das Vorliegens seiner Befugnis zur Verwertung besonders gründlich zu prüfen.[234] Der Schadensersatzanspruch erstreckt sich dabei nicht allein auf die ideellen Interessen, sondern auch auf die Entschädigung für eine Verletzung der vermögenswerten Bestandteile des allgemeinen Persönlichkeitsrechts.[235] Neben dem auf **Naturalrestitution** abzielenden Schadensersatzanspruch gemäß §§ 249 ff. BGB (z.B. durch Herausgabe von Negativen und Abzügen, Wiedergutmachung durch Widerruf), steht bei der kommerziellen Verwertung fremder Bildnisse der **Geldersatz** im Vordergrund. Wie bei der Verletzung von Urheberrechten und sonstigen Immaterialgüterrechten (vgl. hierzu § 87 II. 2. b) bb)) kann der Verletzte auch bei Verletzungen des Rechts am eigenen Bild den ihm entstanden Schaden auf **dreifache Weise** berechnen. Das heißt, der Geschädigte kann den **konkret entstanden Schaden** ersetzt verlangen, einschließlich entgangenem Gewinn (§§ 249, 252 BGB), er kann Zahlung einer fiktiven Lizenzgebühr im Wege der **Lizenzanalogie** oder **Herausgabe des Verletzergewinns** verlangen. Auch bei der Bildnisverletzung steht in der Praxis – wie im Immaterialgüterrecht allgemein – die **fiktive Lizenzgebühr** im Vordergrund des Interesses. Für die Höhe des Schadens ist danach darauf abzustellen, welches Entgelt vernünftige Vertragspartner in Kenntnis und unter Berücksichtigung der Umstände des konkreten Falles (Bekanntheit des Abgebildeten, die Art der Verwertung, Auflage und Verbreitung etc.) als angemessenes Honorar für die betreffende Verwertung ausgehandelt hätten.[236] Aus **strafrechtlicher Sicht** ist zu beachten, dass die vorsätzliche (§ 15 StGB) rechtswidrige Bildnisverbreitung – bzw. Zurschaustellung nach § 33 Abs. 1 KUG strafbar ist (Freiheitsstrafe bis zu einem Jahr oder Geldstrafe), wobei die Tat nur auf Antrag verfolgt wird (§ 33 Abs. 2 KUG).

7. Besondere Schranken für Datenbanken und Computerprogramme

Für elektronisch zugängliche **Datenbankwerke** gelten die zuvor dargestellten Freistellungstatbestände, die in der allgemeinen Schrankenbestimmung betreffend Vervielfältigungen zum privaten und sonstigen eigenen Gebrauch festgelegt sind (§ 53 UrhG – s. zuvor 2.), im Wesentlichen nicht (§ 53 Abs. 5 S. 1 UrhG). Elektronisch zugängliche Datenbankwerke dürfen weder zum privaten Gebrauch noch zum sonstigen eigenen Gebrauch vervielfältigt werden; erlaubt sind lediglich Vervielfältigungen zum eigenen wissenschaftlichen Gebrauch und zum Gebrauch im Unterricht, allerdings nur sofern dieser Gebrauch nicht zu gewerblichen Zwecken erfolgt (§ 53 Abs. 5 S. 2 UrhG). Aus der weitgehenden Nichtanwendbarkeit der allgemeinen Freistellungstatbestände auf Datenbankwerke folgt, dass die entsprechenden Verwertungshandlungen dem Verbotsrecht des Rechtsinhabers unterliegen und nur mit dessen Einwilligung zulässig sind. Durch eine spezielle Schrankenbestimmung ist jedoch zugunsten der Nutzungsberech-

---

233 Dreier/Schulze, §§ 33 ff. KUG Rdn. 9, 10; ferner Hoene/Runkel, S. 710 Rdn. 26.
234 Dreier/Schulze, §§ 33 ff. KUG Rdn. 16.
235 Hoene in Hoene/Runkel, S. 710 f. Rdn. 28 unter Berufung auf BGH GRUR 2000, 709 „Marlene Dietrich".
236 Dreier/Schulze, §§ 33 ff. KUG Rdn. 18.

tigten von Datenbankwerken sichergestellt, dass die Bearbeitung und Vervielfältigung eines Datenbankwerkes, wenn und soweit diese für dessen übliche Benutzung erforderlich ist, zulässig ist (§ 55a UrhG). Wie das Urheberrecht an Datenbank*werken* unterliegt auch das Leistungsschutzrecht des **Datenbankherstellers** bestimmten **Schranken**, die in einer gesonderten Schrankenregelung (§ 87c UrhG) abschließend geregelt sind. Danach ist die Vervielfältigung eines nach Art und Umfang wesentlichen Teils einer Datenbank nur zulässig:

- „zum **privaten Gebrauch**; dies gilt nicht für eine Datenbank, deren Elemente einzeln mit Hilfe elektronischer Mittel zugänglich sind,
- zum eigenen **wissenschaftlichen Gebrauch**, wenn und soweit die Vervielfältigung zu diesem Zweck geboten ist und der wissenschaftliche Gebrauch nicht zu gewerblichen Zwecken erfolgt,
- für die Benutzung zur **Veranschaulichung des Unterrichts**, sofern sie nicht zu gewerblichen Zwecken erfolgt."

(§ 87 c Abs. 1 UrhG; in den beiden letztgenannten Fällen ist die Quelle deutlich anzugeben). Zu beachten ist also, dass das Vervielfältigen von Datenbanken zum privaten Gebrauch nur insoweit vom Verbotsrecht des Datenbankherstellers ausgenommen, d.h. erlaubt ist, soweit es sich um nicht mit Hilfe elektronischer Mittel zugängliche Datenbanken, d.h. nicht auf digitaler Technik beruhende Datenbanken handelt (z.B. herkömmlicher Karteikasten). Damit trägt das Gesetz dem Umstand Rechnung, dass die Amortisation in elektronischer Form zugänglicher Datenbanken wegen der einfachen Kopiermöglichkeit besonders gefährdet ist.[237] Für den wichtigen Bereich der elektronisch zugänglichen Datenbanken (online via Internet/Intranet oder offline z.B. über CD-ROM) – andere Datenbanken dürften heute in der Regel kaum noch von Interesse sein – gibt es keine Privilegierung der Vervielfältigung zum privaten Gebrauchs. Sofern ein technischer Kopierschutz besteht, ergibt sich das Vervielfältigungsverbot auch aus dem Verbot der Umgehung der technischen Schutzmaßnahme, § 95a ff UrhG. Die gleichen Erwägungen wie bei den Datenbanken – Gewährung eines verstärkten Schutzes wegen besonderer Gefährdung durch einfaches Kopieren – waren für die Entscheidung des Gesetzgebers maßgeblich, auch keine Privilegierung des privaten Kopierens von **Computerprogrammen** vorzusehen, d.h., das private Kopieren nicht vom Verbotsrecht des Rechtsinhabers auszuschließen (vgl. § 69d UrhG). Es ist also stets zu beachten, dass beim Zugriff auf fremde Datenbanken und bei der Verwertung von Computerprogrammen strengere Schrankenregelungen zu beachten sind, als bei sonstigen urheberrechtlich oder leistungsschutzrechtlich geschützten Gegenständen.

§ 73 Das Urheberrecht als Gegenstand des Rechtsverkehrs

I. Vererbung, Grundsatz der mangelnden Übertragbarkeit

Das Urheberrecht ist vererblich (§ 28 Abs. 1 UrhG). Nach seiner gesetzlichen Ausgestaltung ist das Urheberrecht mit Rücksicht auf seine starke persönlichkeitsrechtliche Prägung, die enge Verbindung zwischen dem Urheber und seinem Werk, in seiner Gesamtheit jedoch – außer im Wege der Erbfolge (§§ 28 Abs. 2, 29 Abs. 1 UrhG) – als **Vollrecht nicht übertragbar** (§ 29 Abs. 1 UrhG). Hierin unterscheidet sich das Urheber-

---

237 Schricker/Vogel, Urheberrecht, § 87c Rdn. 11.

recht von vermögensrechtlichen Leistungsschutzrechten ohne persönlichkeitsrechtlichen Inhalt[238] und den gewerblichen Schutzrechten, bei denen eine Übertragung des gesamten „Monopolrechts", also etwa eines Patents (vgl. § 15 Abs. 1 S. 2 PatG) oder einer Marke (vgl. § 27 Abs. 1 MarkenG) von der Firma X auf die Firma Y, rechtlich durchaus möglich ist. Auch im Urheberrecht ist es jedoch zulässig, dass der Urheber einem Anderen sog. Nutzungsrechte einräumt (§ 29 Abs. 2 UrhG).

II. Nutzungsrechte

1. Einräumung Nutzungsrecht und Nutzungsart

a) **Einräumung Nutzungsrecht.** Nach der Legaldefinition ist das **Nutzungsrecht** das vom Urheber eingeräumte Recht, das Werk auf einzelne oder alle Nutzungs*arten* zu nutzen (§ 31 Abs. 1 S. 1 UrhG). Die Nutzungsrechte, die der Urheber von seinem Urheberrecht in weitgehend beliebigem Umfang „abspalten" und einem Dritten als „Tochterrechte" einräumen kann, leiten sich inhaltlich von seinen eigenen vermögensrechtlichen **Verwertungsrechten** ab, die ihm das Gesetz, wie erläutert (s.o. unter § 71 II.), ausschließlich zuordnet. Das Nutzungsrecht ist jedoch gegenüber dem Urheberrecht ein neues Recht, das als eine Art „Belastung" des Urheberrechts verstanden werden kann.[239] In der Praxis wird die vertragliche Einräumung von urheberrechtlichen Nutzungsrechten zur eigennützigen Nutzung des Werks – in Anlehnung an die entsprechende Terminologie bei den gewerblichen Schutzrechten (z.B. Patentlizenz, Gebrauchsmusterlizenz, Markenlizenz) – häufig auch als **„Lizenz"** bezeichnet. Die **Nutzungsrechtseinräumung**, d.h. das Recht, ein urheberrechtlich geschütztes Werk auf eine bestimmte Art zu nutzen, kann ausdrücklich oder konkludent erfolgen. Die (ausdrückliche oder konkludente) Einräumung eines (ausschließlichen oder einfachen) urheberrechtlichen Nutzungsrechts hat **dinglichen Charakter** und muss daher den Anforderungen an (dingliche) Verfügungen über Rechte genügen, d.h. die „betreffende Willenserklärung setzt demnach insbesondere voraus, dass unter Berücksichtigung der gesamten Begleitumstände nach dem objektiven Inhalt der Erklärung unzweideutig zum Ausdruck gekommen ist", dass der Erklärende über sein Urheberrecht in der Weise verfügen will, „dass er einem Dritten ein bestimmtes Nutzungsrecht" einräumt.[240] Von der dinglichen Rechtseinräumung ist die (bloße) **schuldrechtliche Gestattung** zu unterscheiden, die gleichfalls den Abschluss eines Rechtsgeschäfts voraussetzt, dass dem Beklagten jedoch lediglich einen schuldrechtlichen Anspruch auf Vornahme der entsprechenden Nutzungshandlung vermittelt. Von der dinglichen Übertragung von Nutzungsrechten und der bloßen schuldrechtlichen Gestattung ist schließlich die **schlichte Einwilligung** in eine Urheberrechtsverletzung zu unterscheiden, die zwar die Rechtswidrigkeit der Nutzungshandlung entfallen lässt, durch die der Einwilligungsempfänger aber weder ein dingliches Recht noch einen schuldrechtlichen Anspruch oder ein sonstiges gegen den Willen des Rechtsinhabers durchsetzbares Recht erwirbt.[241]

b) **Nutzungsart.** Die Frage, wie weit sich das Urheberrecht in einzelne lizenzierbare Rechte „aufspalten" lässt, beantwortet sich danach, wann im Hinblick auf eine Nut-

---

238 Vgl. §§ 71 Abs. 2, 79 Abs. 1 S. 1, 85 Abs. 2 S. 1, 87 Abs. 2 S. 1, 87g Abs. 1 S. 1, 94 Abs. 2 S. 1 UrhG.
239 Rehbinder, Urheberrecht, S. 212 Rdn. 542; S. 216 Rdn. 554.
240 BGH v. 29.4.2010, I ZR 69/08, „Vorschaubilder".
241 BGH v. 29.4.2010, I ZR 69/08, „Vorschaubilder".

zung des Werkes noch von einer „einzelnen **Nutzungsart**" (i.S.v. § 31 Abs. 1 S. 1 UrhG) gesprochen werden kann. Das Gesetz selbst enthält weder eine Definition der Nutzungsart noch gar eine Aufzählung möglicher Nutzungsarten. Letzteres wäre im Hinblick auf den rasanten technischen Fortschritt und die Entwicklung immer neuer Möglichkeiten der Werknutzung auch wenig sinnvoll. Nach der Rechtsprechung des BGH erweist sich die Nutzungsart als ein Begriff zur Kennzeichnung der konkreten wirtschaftlich und technischen Verwendungsform eines Werkes, die dem Verwertungsrecht unterliegen soll. Maßgeblich für das Vorliegen einer selbständig lizenzierbaren Nutzungsart ist danach, „ob es sich um eine nach der Verkehrsauffassung als solche hinreichend klar abgrenzbare, wirtschaftlich-technisch als einheitlich und selbständig erscheinende Nutzungsart handelt."[242] Als Beispiele für Werknutzungen, die nach diesem Maßstab als selbständig lizenzierbare Nutzungsarten anerkannt sind, lassen sich nennen im **Verlagsbereich** u.a. die Einzelausgabe, die Gesamtausgabe, die Hardcoverausgabe, die Taschenbuchausgabe, im **Filmbereich** die Kinoauswertung, die Fernsehauswertung, die Videoauswertung, im **TV-Bereich** das Pay-TV oder Video-on-demand, im **Musikbereich** die Vervielfältigung auf CD, die Musiknutzung in einer Werbesendung, die Bereitstellung zum Download im Internet.[243]

2. Einfache und ausschließliche Nutzungsrechte

Die Nutzungsrechte können, wie bereits erwähnt (s.o. 1. a), als einfache oder ausschließliche Nutzungsrechte eingeräumt werden (§ 31 Abs. 1 S. 2 UrhG). Das **einfache Nutzungsrecht** berechtigt den Inhaber, das Werk auf die ihm erlaubte Art zu nutzen, ohne dass eine Nutzung durch andere – den Urheber oder andere Berechtigte – ausgeschlossen ist (§ 31 Abs. 2 UrhG). Demgegenüber berechtigt das **ausschließliche Nutzungsrecht** den Inhaber, das Werk unter Ausschluss aller anderen Personen einschließlich des Urhebers auf die ihm erlaubte Art zu nutzen und einfache Nutzungsrechte („**Unterlizenzen**") einzuräumen (§ 31 Abs. 3 S. 1 UrhG). Es kann allerdings – wie durch die Urhebervertragsrechtsnovelle 2002 ausdrücklich klargestellt wurde – bestimmt werden, dass die Nutzung durch den Urheber vorbehalten bleibt (§ 31 Abs. 3 S. 2 UrhG – sog. **eingeschränkte Ausschließlichkeit**), etwa wenn der Fotograf seine Bilder aus einer Auftragsproduktion zur Eigenwerbung in einer Mappe oder auf seiner Homepage nutzen will. Der Inhaber eines ausschließlichen Nutzungsrechts kann – sofern ihm das ausschließliche Nutzungsrecht nicht nur zur Wahrnehmung der Belange des Urhebers eingeräumt ist – weitere Nutzungsrechte jedoch nur mit Zustimmung des Urhebers einräumen (§§ 31 Abs. 3 S. 3, 35 Abs. 1 UrhG). Allerdings darf der Urheber die Zustimmung nicht wider Treu und Glauben verweigern (§§ 35 Abs. 2, 34 Abs. 1 S. 2 UrhG).

3. Übertragung von Nutzungsrechten

Während das Urheberrecht als Vollrecht, wie dargelegt (s.o. I.), nicht übertragbar ist, können einfache und ausschließliche Nutzungsrechte übertragen werden. Da durch eine Weiter-**Übertragung** eines Nutzungsrechtes (Unterlizenzierung) die Interessen des Urhebers berührt sein können, kann diese nur mit Zustimmung des Urhebers erfolgen

---

242 BGH GRUR 1992, 310, 311 „Taschenbuch-Lizenz" m. w. Rspr.-Nachw.
243 Näheres hierzu vgl. u.a. Schricker/Loewenheim, Urheberrecht, Vor § 28 Rdn. 92 ff., §§ 31/32 Rdn. 30; Fromm/Nordemann, Urheberrecht, § 31 Rdn. 10 ff., 65 ff.

(§ 34 Abs. 1 S. 1 UrhG). Der Urheber hat dadurch die Möglichkeit, auf die Auswahl des Erwerbers Einfluss zu nehmen und kann seine Zustimmung, die er allerdings nicht wider Treu und Glauben verweigern darf (§ 34 Abs. 1 S. 2 UrhG), von Bedingungen abhängig machen.[244] Die Übertragung kann ausnahmsweise ohne Zustimmung des Urhebers erfolgen, wenn die Überragung im Rahmen der **Gesamtveräußerung eines Unternehmens** oder der Veräußerung von Teilen eines Unternehmens geschieht (§ 34 Abs. 3 S. 1 UrhG). Gerade bei Unternehmen, die eine Vielzahl von Nutzungsrechten besitzen, wäre es diesen unzumutbar, aus Anlass der Unternehmenstransaktion die Zustimmung sämtlicher Urheberrechtsinhaber einzuholen. Wird also z.B. eine Werbeagentur veräußert, bedarf es zur Übertragung der im Besitz der Agentur befindlichen Nutzungsrechte an Film-, Foto-, Text- und Musikmaterial keiner Zustimmung der jeweiligen Urheberrechtsinhaber. Allerdings kann der Urheber das Nutzungsrecht zurückrufen, wenn ihm die Ausübung des Nutzungsrecht durch den Erwerber nach Treu und Glauben nicht zugemutet werden kann (§ 34 Abs. 3 S. 2 UrhG). Eine derartige **Unzumutbarkeit** wird z.B. dann angenommen, wenn sich die Ausrichtung des nutzungsberechtigten Unternehmens durch den Inhaberwechsel grundlegend ändert (rechtsradikaler Verleger übernimmt linke Tageszeitung).[245]

4. Beschränkungen des Nutzungsrechts

Ausweislich der gesetzlichen Regelung zu den Nutzungsrechten können diese räumlich, zeitlich und inhaltlich beschränkt eingeräumt werden (§ 31 Abs. 1 S. 2 UrhG). Was die Frage der **inhaltlichen** Beschränkungsmöglichkeiten bei der Einräumung von Nutzungsrechten betrifft, geht es um die – letztlich bereits aus der Begriffsbestimmung des Nutzungsrechts folgende – Möglichkeit des Rechtsinhabers, die Rechtseinräumung auf einzelne, unter wirtschaftlich-technischen Gesichtspunkten hinreichend abgrenzte, selbständige Verwendungsformen des Werkes, d.h. auf einzelne Nutzungsarten zu beschränken (s. zuvor unter 2.).[246] Die Möglichkeit, das Nutzungsrecht **räumlich** zu beschränken, bedeutet, dass das Nutzungsrecht auch örtlich beschränkt für einzelne Länder, Sprachräume oder Orte eingeräumt werden kann (z.B. räumliche Beschränkung des Aufführungsrechts im Bühnen- und Konzertbereich auf einzelne Spielorte). Besonderheiten gelten bei der räumlichen Beschränkungsmöglichkeit jedoch, sofern es um den Vertrieb von Werkstücken geht. Hier ist eine räumliche Aufspaltung des Verbreitungsrechts (Verlagsbereich) im Interesse der Rechtsklarheit und Rechtssicherheit innerhalb eines Rechts- und Staatsgebietes (einheitliches Wirtschaftsgebiet) nicht zuzulassen.[247] Unproblematisch möglich ist schließlich eine **zeitliche** Beschränkung des Nutzungsrechts (z.B. Beschränkung des Aufführungsrechts eines Bühnenwerkes auf eine Spielzeit).

5. Zweckübertragsgrundsatz

Bei der Rechtseinräumung handelt es sich in der Regel um die zentrale Regelung eines jeden urheberrechtlichen Lizenzvertrages. Sie begründet die Pflicht des Rechtsinhabers, dem Erwerber die Nutzungsrechte in dem für seine Zwecke erforderlichen Umfang ein-

---

244 Rehbinder, Urheberrecht, S. 224 Rdn. 574.
245 Vgl. Wandtke/Bullinger-Wandtke/Grunert, UrhG, § 34 Rdn. 25.
246 Zur Regelungssystematik vgl. Schricker/Loewenheim, Urheberrecht, Vor § 28 Rdn. 51.
247 Schricker/Loewenheim, Urheberrecht, Vor § 28 Rdn. 90; Rehbinder, Urheberrecht, S. 221 Rdn. 568.

zuräumen. In diesem Zusammenhang ist die folgende Regelung des gesetzlichen Urhebervertragsrechts für die Vertragspraxis von großer Bedeutung: Sind bei der Einräumung des Nutzungsrechts die Nutzungsarten, auf die sich das Recht erstrecken soll, nicht ausdrücklich einzeln bezeichnet (Spezifizierungspflicht), so bestimmt sich nach dem von beiden Partnern zugrunde gelegten Vertragszweck, auf welche Nutzungsarten sich das Nutzungsrecht erstreckt (§ 31 Abs. 5 S. 1 UrhG). Der damit vom Gesetz zum Ausdruck gebrachte **sog. Zweckübertragungsgrundsatz** besagt, dass die sich aus dem Urheberrecht ergebenden vermögensrechtlichen Verwertungsbefugnisse zum Schutz der wirtschaftlichen Interessen des Urhebers die Tendenz haben, soweit wie möglich beim Urheber zu verbleiben. Das heißt, sie gehen im Zweifel gerade nur in dem Umfang auf den Vertragspartner über, soweit dies zur Erreichung des zweifelsfrei gemeinsam verfolgten Vertragszweckes erforderlich ist. Für den Erwerber von urheberrechtlichen Nutzungsrechten folgt daraus, dass er bei einer lediglich pauschal formulierten Vertragsklausel (z.B. „inkl. aller Nutzungsrechte") über die Rechtseinräumung das Risiko läuft, Nutzungsrechte nur in unzureichendem Umfang zu erwerben. Insbesondere im Interesse des Rechterwerbers liegt daher stets eine genaue Bezeichnung der eingeräumten Nutzungsrechte im Vertrag.

6. Unbekannte Nutzungsart

a) **Alte Rechtslage.** Im Zusammenhang mit dem Erwerb von Nutzungsrechten war nach alter Rechtslage (bis zur Urheberrechts-Reform 2008) noch eine weitere wichtige Schutzvorschrift zu Gunsten des Urhebers zu beachten. So waren nach dem Gesetz die Einräumung von Nutzungsrechten für noch nicht bekannte Nutzungsarten sowie hierauf bezogene schuldrechtliche Verpflichtungen unwirksam (**§ 31 Abs. 4 UrhG a.F.**). Der Urheber sollte durch diese Regelung vor pauschalen Verfügungen geschützt werden, deren wirtschaftliche Tragweite er zum Zeitpunkt des Vertragsschlusses noch nicht überblicken konnte. Das heißt, dem Urheber sollte, wenn neue Nutzungsarten entwickelt wurden, die Entscheidung darüber vorbehalten bleiben, ob und zu welchen Konditionen er sich mit der neuartigen Nutzung seines Werkes einverstanden erklärt.[248] Der Schutzmechanismus der Regelung lässt sich an folgendem **Beispiel** verdeutlichen: Da durch die Nutzung des Internet neue Nutzungsformen eröffnet wurden, hatte die „Nutzung im Internet" als **„unbekannte Nutzungsart"** zu gelten, die frühestens seit 1994 als bekannt vorausgesetzt werden kann.[249] Das heißt, selbst wenn ein vor 1994 geschlossener Altvertrag zugunsten des Rechtserwerbers eine pauschale, umfassend formulierte Nutzungsrechts-Klausel enthielt, schied gemäß § 31 Abs. 4 UrhG a.F. ein Rechtserwerb zur „Online-Nutzung" (öffentlichen Zugänglichmachung), als zum Zeitpunkt des Vertrages unbekannte Nutzungsart aus.

Aber auch, wenn der Altvertrag aus dem Jahre 1994 oder später datierte, war damit noch keineswegs gesichert, dass die umfassend formulierte, pauschale Nutzungsrechts-Klausel die nun geplante Online-Verwertung erlaubte. Vielmehr kam dann der bereits dargestellte **Zweckübertragungsgrundsatz** zur Anwendung. Danach ist das Online-Verwertungsrecht trotz pauschaler Rechtseinräumung, etwa durch die Klausel „inkl. aller Nutzungsrechte", im Zweifel vom Altvertrag nicht gedeckt, es sei denn, die Online-

---

248 Schricker/Schricker, Urheberrecht, § 31 Rdn. 25.
249 Vgl. Lütje in Hoeren/Sieber, Handbuch MultimediaRecht, Teil 7.2, Rdn. 53 ff., 100 ff., 108 m.w. Nachw.

Verwertung entspricht – obwohl nicht ausdrücklich geregelt – dem zweifelsfrei feststellbaren, gemeinsam verfolgten Vertragszweck.

b) Neue Rechtslage. Die als Schutzregelung zugunsten des Urhebers vorgesehene urhebervertragsrechtliche Beschränkung betreffend die Lizenzierung unbekannter Nutzungsarten hat sich mit Blick auf die rasante technische Entwicklung – gerade auch die durch das Internet eröffneten Online-Nutzungsmöglichkeiten – jedoch als hinderlich erweisen und wird – auch aus Sicht des Urhebers – als nicht mehr interessengerecht bewertet. Der Verwerter, der ein Werk auf eine vormals unbekannte Nutzungsart auswerten möchte, muss die entsprechenden Rechte einzelvertraglich nacherwerben, was in vielen Fällen mit erheblichen Transaktionskosten verbunden ist. Folge der Regelung ist, dass neue Technologien – auch zu Lasten der Allgemeinheit – deutlich verspätet oder sogar überhaupt nicht zum Einsatz gelangen. Im Zuge der Urheberrechtsnovelle 2008 („Zweiter Korb") wurde die Regelung des § 31 Abs. 4 UrhG (Unwirksamkeit der Einräumung von Nutzungsrechten für unbekannte Nutzungsarten) daher **aufgehoben**. An die Stelle des § 31 Abs. 4 UrhG ist eine Regelung getreten, die nach dem Willen des Gesetzgebers die Interessen aller Beteiligten – d.h. der Urheber ebenso wie der Verwerter und der Allgemeinheit – ausgewogen berücksichtigt.[250] Der Urheber kann nunmehr auch über seine Verwertungsrechte für noch unbekannte Nutzungsarten verfügen (§ 31a UrhG). Der Vertrag über die Rechtseinräumung oder Verpflichtung hierzu bedarf der **Schriftform** (§ 31a Abs. 1 S. 1 UrhG), es sei denn der Urheber räumt unentgeltlich ein Nutzungsrecht für jedermann ein (§ 31a Abs. 1 S. 2 UrhG). Durch den Verzicht auf das sonst erforderliche Schriftformerfordernis gemäß § 31a Abs. 1 S. 2 UrhG soll den Besonderheiten von Open-Source-Software und anderem vergleichbaren Open Content Rechnung getragen werden, die in der Regel nicht auf der Grundlage schriftlicher Verträge lizenziert werden.[251] Zum Schutz des Urhebers vor der regelmäßigen Übermacht der Verwerter erhält er neben dem obligatorischen **Vergütungsanspruch** (vgl. im Einzelnen § 32c UrhG) das Recht, eine entsprechende Verfügung oder Verpflichtung hierzu zu widerrufen (§ 31a Abs. 1 S. 3 UrhG). Das **Widerrufsrecht** erlischt nach Ablauf von drei Monaten, nachdem der andere die Mitteilung über die beabsichtigte Aufnahme der neuen Art der Werknutzung an den Urheber unter der ihm zuletzt bekannten Anschrift abgesendet hat (§ 31a Abs. 1 S. 4 UrhG).[252]

7. Beiträge zu Sammlungen

a) Auslegungsregel. § 38 Abs. 1 UrhG enthält eine Auslegungsregel zum Erwerb von Nutzungsrechten bei der Aufnahme eines Werkes in eine **periodisch erscheinende Sammlung**. Zu den periodisch erscheinenden Sammlungen zählen Zeitungen, Zeitschriften, Kalender, Almanache etc..[253] Während sich die Auslegungsregel nach alter Rechtslage nur auf die Verwertung des Werks in körperlicher Form (Vervielfältigung, Verbreitung) beschränkte, wurde die Auslegungsregelung mit Blick auf die zunehmende Bedeutung der Verbreitung über das Internet zwischenzeitlich vom Gesetzgeber ergänzt und die Vermutung dahingehend erweitert, dass der Urheber dem Verleger oder Herausgeber im Zweifel nicht nur ein ausschließliches Nutzungsrecht zur Vervielfälti-

---

250 Vgl. BT-Drucks. 16/1828, Amtl. Begr., S. 22.
251 Vgl. Beschlussempfehlung des Rechtsausschusses, BT-Drucks. 16/5939, zu § 31a, S. 44.
252 Das Widerrufsrecht wurde entsprechend einer Beschlussempfehlung des Rechtsausschusses zugunsten der Urheber modifiziert – vgl. BT-Drucks. 16/5939, S. 31 f., 44.
253 Dreier/Schulze, § 38 Rdn. 1, 8.

gung und Verbreitung einräumt, sondern auch das Recht der öffentlichen Zugänglichmachung (§ 38 Abs. 1 S. 1 UrhG). Dieser Änderung entsprechend wurde auch die korrespondierende Auslegungsregel zugunsten des Urhebers dahingehend ergänzt, dass dieser nach Ablauf eines Jahres seit Erscheinen des Werkes das Recht hat, das Werk anderweit zu vervielfältigen, zu verbreiten und öffentlich zugänglich zu machen, wenn nichts anderes vereinbart ist (§ 38 Abs. 1 S. 2 UrhG).[254] Diese Auslegungsregel zugunsten des Urhebers gilt auch für einen Beitrag zu einer **nicht periodisch erscheinenden Sammlung** – hierzu zählen Festschriften, Handbücher, Enzyklopädien etc.[255] – für dessen Überlassung dem Urheber kein Anspruch auf Vergütung zusteht (§ 38 Abs. 2 UrhG).

b) **unabdingbares Zweitverwertungsrecht**. Im Zuge der zuvor skizzierten gesetzlichen Anpassung der Auslegungsregel nach § 38 Abs. 1 UrhG an die technische Entwicklung hat der Gesetzgeber darüber hinaus in § 38 Abs. 4 UrhG ein **unabdingbares Zweitverwertungsrecht** für Autoren von wissenschaftlichen Beiträgen in Periodika eingeführt, die überwiegend mit öffentlichen Mitteln gefördert wurden. Der Urheber (Autor) eines wissenschaftlichen Beitrags, der im Rahmen einer mindestens zur Hälfte mit öffentlichen Mitteln geförderten Forschungstätigkeit entstanden ist, erhält danach das unabdingbare Recht, den Beitrag nach Ablauf von zwölf Monaten seit der Erstveröffentlichung in der akzeptierten Manuskriptfassung öffentlich zugänglich zu machen, soweit dies keinem gewerblichen Zweck dient (§ 38 Abs. 4 UrhG). Die gesetzliche Regelung geht davon aus, dass ein möglichst ungehinderter Wissensfluss Grundvoraussetzung für innovative Forschung und für den Transfer der Ergebnisse in Produkte und Dienstleistungen ist. Sie zielt darauf ab, die Potenziale des Internet für die digitale Wissensgesellschaft weiter zu erschließen und die Innovationsfreundlichkeit des Urheberrechts dadurch zu erhöhen, dass wissenschaftliche Autoren in einem durch die Dominanz und Marktmacht weniger großer Wissenschaftsverlage geprägten Umfeld Rechtssicherheit erhalten, um ihre Publikationen im Wege des Open Access (zweit) zu veröffentlichen.[256] Der Anwendungsbereich des Zweitverwertungsrechts ist, wie sich aus § 38 Abs. 4 UrhG ergibt, auf wissenschaftliche Beiträge beschränkt, die im Rahmen von mindestens zur Hälfte mit öffentlichen Mitteln geförderter Forschungstätigkeit entstanden sind. Hiervon erfasst ist Forschungstätigkeit, die im Rahmen der öffentlichen Projektförderung oder an einer institutionell geförderten außeruniversitären Forschungseinrichtung durchgeführt wurde, nicht jedoch die rein universitäre Forschung.[257]

III. Urheber in Arbeits- und Dienstverhältnissen

1. Ausgangslage: Schöpferprinzip

Urheberrechtlich geschützte Werke und dem Leistungsschutz unterliegende Schutzgegenstände werden heute in sehr vielen Fällen nicht von selbständigen Künstlern bzw. Kreativen, sondern von abhängig Beschäftigten geschaffen. Von daher stellt sich die Frage, wie es um die Urheberrechte an von Arbeitnehmern erstellten Werken bestellt

---

254 Änderung durch Gesetz zur Nutzung verwaister und vergriffener Werke und einer weiteren Änderung des Urheberrechtsgesetzes v. 1.10.2013, BGBl. I, S. 3728 ff.
255 Dreier/Schulze, § 38 Rdn. 17.
256 Vgl. Näheres BT-Drucks. 11/13423, Amtl. Begr., S. 11 ff.
257 BT-Drucks. 11/13423, Amtl. Begr., S. 11.

ist, da die Urheberrechte anders als im angloamerikanischen Copyrightsystem nicht in der juristischen Person entstehen können, sondern immer in der natürlichen Person. Werden in einem Betrieb von den Arbeitnehmern Waren, also **körperliche Sachen** produziert, z.b. Spezialwerkzeuge aus Metall, so erwirbt der Arbeitgeber als Hersteller bereits kraft Gesetzes unmittelbar das sog. originäre Eigentum an den hergestellten Sachen (§ 950 BGB). Bei der Produktion von körperlichen Sachen kommt es also nicht darauf an, wer die Tätigkeit konkret ausführt, sondern darauf in wessen Namen, Interesse und unternehmerischem Risiko die Verarbeitung/Herstellung erfolgt. Bei der Herstellung des Werkzeugs durch die Arbeitnehmer handelt es sich daher um eine sog. fremdwirkende Herstellung.[258] Ganz anders verhält es sich rechtlich demgegenüber, wenn die Arbeit nicht in der Herstellung von dem Sacheigentum unterliegenden körperlichen Gegenständen besteht, sondern, wenn es sich bei den Arbeitsergebnissen um dem geistigen Eigentum – konkret dem Urheberrechtschutz – unterliegende **immaterielle Gegenstände** handelt, wie z.B. bei den von einem Mitarbeiter der Marketing-Abteilung aufgenommenen Fotos oder der von einem Angestellten einer Agentur erstellten Multimediaproduktion. Ausgangspunkt für die urheberrechtliche Beurteilung ist die Geltung des sog. **Schöpferprinzips**, wonach der Urheber immer der Schöpfer des Werks ist (§ 7 UrhG – s. hierzu o. § 70 I.). Da das Urheberrecht also stets in der (natürlichen) Person des Schöpfers entsteht und, da das Gesetz insoweit auch keine Ausnahme für den Fall vorsieht, dass Werke in abhängiger Beschäftigung erstellt werden, ist Inhaber des Urheberrechts stets der Arbeitnehmer, der das fragliche Werk geschaffen hat. Die Rechtslage in Bezug auf in abhängiger Tätigkeit entstandene Werke ist damit anders als in vielen anderen Ländern des **Auslands**, wie z.B. in den USA, Kanada, Großbritannien oder Japan, wo das Copyrightrecht originär dem Arbeitgeber zusteht (sog. work made for hire-doktrine).[259] Will der Arbeitgeber in Deutschland die von seinen Arbeitnehmern geschaffenen Werke verwerten, muss er sich hingegen die hierfür erforderlichen Nutzungsrechte vom Arbeitnehmer einräumen lassen. Eine Übertragung des Urheberrechts insgesamt ist nach deutschem Urheberrecht aus den bereits erörterten Gründen (s. zuvor I.) dagegen rechtlich nicht möglich.

2. Ausnahmen

Eine Spezialbestimmung und Ausnahme vom Erfordernis der Rechtseinräumung ist in Bezug auf **Computerprogramme** zu beachten. Zwar entsteht auch bei der Entwicklung von Computerprogrammen durch angestellte Programmierer das Urheberrecht in der Person des Mitarbeiters, das Gesetz ordnet hier jedoch ausdrücklich zugunsten des Arbeitgebers an, dass diesem die vermögensrechtlichen Befugnisse an dem Computerprogramm ausschließlich zustehen (§ 69b UrhG). Kein Rechtserwerb vom Arbeitnehmer erforderlich ist ferner auch bei solchen Leistungsschutzrechten, die als sog. **Unternehmerschutzrechte** bereits kraft Gesetzes dem Hersteller zustehen, wie z.B. das Leistungsschutzrecht des Tonträgerherstellers (§ 85 UrhG), des Sendeunternehmens (§ 87 UrhG) oder des Datenbankherstellers (§ 87b UrhG).

---

258 Vgl. Palandt/Bassenge, BGB, § 950 Rdn. 6.
259 Schricker/Rojahn, Urheberrecht, § 43 Rdn. 3.

3. Rechtserwerb vom Arbeitnehmer

Abgesehen von diesen wenigen Ausnahmen – Computerprogramme und Unternehmerschutzrechte – ist im Übrigen stets ein Erwerb der Rechte vom Arbeitnehmer erforderlich. Einzelheiten dazu, wie sich der **Rechtserwerb**, also der Erwerb der Nutzungsrechte an den geschützten Werken durch den Arbeitgeber vom Arbeitnehmer vollzieht und, ob und in welchem Umfang der Arbeitnehmer überhaupt dazu verpflichtet ist, dem Arbeitgeber Nutzungsrechte einzuräumen, sind im Urheberrecht nicht geregelt. Das Gesetz enthält lediglich eine recht unvollständige Regelung, aus der sich ergibt, dass die urheberrechtlichen Regelungen über die Einräumung von Nutzungsrechten (§§ 31 ff. UrhG) auch anzuwenden sind auf Werke, die von einem Urheber „in Erfüllung seiner Verpflichtungen aus einem Arbeits- oder Dienstverhältnis geschaffen wurden, soweit sich aus dem Inhalt oder dem Wesen des Arbeits- oder Dienstverhältnisses nicht anderes ergibt" (§ 43 UrhG). Anknüpfend an diese gesetzliche Regelung wird zwischen sog. Pflichtwerken und sog. freien Werken unterschieden. Diese Unterscheidung ist für die rechtliche Beurteilung von entscheidender Bedeutung.

a) **Pflichtwerke.** Um **Pflichtwerke** handelt es sich bei Werken, die in Erfüllung der Verpflichtungen aus einem Arbeits- oder Dienstverhältnis geschaffen werden. Für die Bestimmung der im Einzelfall geschuldeten Pflichten sind dabei allgemeine arbeitsrechtliche Bestimmungen, tarifvertragliche Regelungen sowie individualvertragliche Vereinbarungen heranzuziehen, ferner ist auf das Berufsbild und die Verwendbarkeit des Werkes für den Arbeitgeber abzustellen.[260] Pflichtwerke sind danach also z.B. die von einem angestellten Redakteur verfassten Artikel für eine Zeitung, ebenso wie die Fotos, Filme oder Werbetexte des angestellten Mitarbeiters einer Agentur. Für **Pflichtwerke** besteht entsprechend dem allgemeinen Grundsatz, dass das Arbeitsergebnis dem Arbeitgeber zusteht, eine grundsätzliche Verpflichtung des Arbeitnehmers, dem Arbeitgeber die Nutzungsrechte einzuräumen, wobei die Rechtseinräumung mit dem Gehalt abgegolten ist. Sofern der Arbeitsvertrag keine ausdrückliche Regelung über die Rechtseinräumung an den Arbeitsergebnissen vorsieht und insoweit auch keine tarifvertragliche Regelung eingreift, wird in der Regel von einer stillschweigenden Rechtseinräumung auszugehen sein.[261]

b) **Freie Werke.** Nicht um Pflichtwerke, sondern um sog. **freie Werke** handelt es sich demgegenüber bei Werken, die der Arbeitnehmer außerhalb seiner arbeits- bzw. dienstvertraglichen Pflichten – sei es auf Anregung des Arbeitgebers hin oder aus eigenem Antrieb – geschaffen hat. Die Fallkonstellationen, in denen es zur Entstehung freier Werke kommen kann, sind vielgestaltig. Um ein freies Werk handelt es sich z.B. bei einem speziellen Computerprogramm, das ein engagierter kaufmännischer Angestellter außerhalb seines eigenen Pflichtenkreises unter Einsatz freier Zeit entwickelt hat, um einen besonderen betrieblichen Geschäftsprozess Intranet-basiert zu optimieren. Bei dem freien Werk handelt es sich im Gegensatz zum Pflichtwerk nicht um ein Arbeitsergebnis, das entsprechend dem auf dem Austauschprinzip beruhenden Grundsatz „Arbeitsergebnis gegen Lohn" ohne weiteres dem Arbeitgeber zusteht. Ob und in welchem Umfang den Arbeitnehmer dennoch die Pflicht trifft, dem Arbeitgeber Rechte zur Nutzung des freien Werks anzubieten ist umstritten. Ganz überwiegend wird eine **Anbietungspflicht** des Arbeitnehmers bejaht, zumindest sofern die Nutzung des freien Werks

---

260 Schricker/Rojahn, Urheberrecht, § 43 Rdn. 22 f.
261 Schricker/Rojahn, Urheberrecht, § 43 Rdn. 37 ff., 40; ferner Rehbinder, Urheberrecht, S. 248 Rdn. 629.

in den Arbeitsbereich des Arbeitgebers fällt. Die Rechtseinräumung ist in diesem Fall dann als Sonderleistung angemessen zu vergüten, § 32 UrhG.[262]

c) **Umfang des Rechtserwerbs.** Was die Frage des **Umfangs der Rechtseinräumung** angeht, ist zu beachten, dass die zuvor (unter II.) dargestellten allgemeinen Grundsätze des Urhebervertragsrechts auch auf die Rechtsbeziehungen zwischen dem Arbeitnehmer-Urheber und dem Arbeitgeber anzuwenden sind. Das heißt, dass insbesondere in Fällen, in denen die den Gegenstand der Rechtseinräumung – an Pflichtwerken oder feien Werken – bildenden Nutzungsrechte nicht im einzelnen vertraglich geregelt sind, sondern die Rechtseinräumung auf stillschweigender Einräumung beruht, der Umfang der Rechtseinräumung grundsätzlich auch nach dem **Zweckübertragungsgrundsatz** (§ 31 Abs. 5 UrhG – s.o. II. 5.) zu klären ist.[263] Mit anderen Worten: Für die Bestimmung des Umfangs der übertragenen Nutzungsrechte kommt es dann darauf an, in welchem Umfang der Arbeitgeber die Nutzungsrechte für betriebliche Zwecke benötigt. Für die betriebliche Praxis ist zu beachten, dass die Frage des Erwerbs der erforderlichen Nutzungsrechte an urheberrechtlich geschütztem Material nicht nur im Verhältnis zu externen Auftragnehmern, sondern auch zu den eigenen Mitarbeitern von Bedeutung ist. Obgleich bei Pflichtwerken, wie dargestellt, meist von einer stillschweigenden Rechtseinräumung auszugehen sein wird, sind aus Arbeitgebersicht eindeutige arbeitsvertragliche Regelungen der Nutzungsrechte dringend zu empfehlen. Nur auf diese Weise lassen sich die skizzierten Unsicherheiten, die sich im Hinblick auf die Bestimmung des Umfangs der eingeräumten Nutzungsrechte andernfalls ergeben, vermeiden und die betrieblichen Verwertungsinteressen optimal absichern.

2. Kapitel. Verwandte Schutzrechte

§ 74 Überblick

Neben dem Schutz der urheberrechtlichen Werke enthält das Urheberrechtsgesetz in Teil 2 (§§ 70 – 87h UrhG) Bestimmungen zu den **verwandten Schutzrechten**, die auch als sog. **Leistungsschutzrechte** bezeichnet werden. Hierbei handelt es sich um eine Reihe von Rechten, durch die ganz unterschiedliche Leistungen geschützt werden sollen, die zwar nicht als „Schöpfungen" im Sinne des dargestellten urheberrechtlichen Werkbegriffs (§ 2 Abs. 2 UrhG) anzusehen sind, die aber der schöpferischen Leistung des Urhebers ähnlich sind oder aber zumindest im Zusammenhang mit Werken der Urheber erbracht werden.[264] Im Einzelnen handelt es sich um Leistungen, deren „verwandtschaftliche Beziehung" zum Urheberrecht unterschiedlicher Natur ist. So handelt es sich teilweise um Leistungen, die der schöpferischen Leistung des Urheberrechts durchaus ähnlich, die aber nicht in gleichem Maße persönlich-schöpferisch geprägt sind und daher gewissermaßen unterhalb des urheberrechtlich geforderten Gestaltungsniveaus rangieren. Zum Anderen handelt es sich um wirtschaftliche, organisatorische und technische Leistungen, die im Zusammenhang mit der Produktion urheberrechtlicher Wer-

---

262 Vgl. zum Meinungsstand Schricker/Rojahn, Urheberrecht, § 43 Rdn. 100 ff.; Rehbinder, Urheberrecht, S. 249 f. Rdn. 634 f.
263 Schricker/Rojahn, Urheberrecht, § 43 Rdn. 48 ff.; ferner Götz von Olenhusen/Ernst in Hoeren/Sieber, Handbuch MultimediaRecht, Teil 7.3 Rdn. 94 ff.
264 Vgl. BT-Drucks. IV/270, Amtl. Begr., S. 86.

ke oder Werkwiedergaben erbracht werden.[265] Im Gegensatz zu dem ausdrücklich nicht abschließend gefassten Katalog der dem Urheberrechtsschutz zugänglichen Werkarten (§ 2 Abs. 1 UrhG – hierzu s.o. § 69), ist der Katalog der im Folgenden dargestellten Leistungsschutzrechte grundsätzlich abschließend, er kann jedoch – wie zuletzt durch die Schaffung eines neuen Leistungsschutzrechts für Presseverleger[266] – durch den Gesetzgeber ergänzt werden. Der Katalog der verwandten Schutzrechte umfasst:

- Schutz **wissenschaftlicher Ausgaben** und Ausgaben nachgelassener Werke (§§ 70, 71 UrhG);
- Schutz der **Lichtbilder** (§ 72 UrhG);
- Schutz des **ausübenden Künstlers** (§ 73 – 83 UrhG);
- Schutz des **Herstellers von Tonträgern** (§§ 85, 86 UrhG);
- Schutz des **Sendeunternehmens** (§ 87 UrhG);
- Schutz der **Datenbankhersteller** (§§ 87a bis 87e UrhG);
- Schutz des **Presseverlegers** (§§ 87 f bis 87h UrhG);
- Schutz des **Herstellers von Filmwerken** und Laufbildern (§§ 94, 95 UrhG).

Der **Schutzinhalt** der Leistungsschutzrechte ist zum Teil speziell geregelt, teilweise wird auch auf die entsprechende Geltung urheberrechtlicher Bestimmungen verwiesen. Gewährt werden dem Inhaber des Leistungsschutzrechts, ähnlich wie dem Urheber eines urheberrechtlich geschützten Werks, ausschließliche Verwertungsrechte, die zum Teil durch gesetzliche Vergütungsansprüche ergänzt werden. Die für die einzelnen Leistungsschutzrechte gewährte **Schutzfrist** ist allerdings – zum Teil erheblich – kürzer als die des Urheberrechts und beläuft sich – je nach Leistungsschutzrecht – auf eine Frist zwischen einem und 70 Jahren ab Erscheinen bzw. Herstellung, statt ab dem Tode des Rechtsinhabers (s.o. Abb. 9). Aus der Anerkennung der Leistungsschutzrechte, folgt für die Praxis, dass bei der Verwendung von fremdem Text-, Bild- und Tonmaterial – sei es z.B. zur Gestaltung einer eigenen Website oder in sonstiger Weise zur Realisierung eines Geschäftsmodells – nicht nur das Vorliegen eines möglichen urheberrechtlichen Werkschutzes, sondern stets auch das mögliche Bestehen von Leistungsschutzrechten Dritter in Betracht zu ziehen ist. Bestehen an dem zur Nutzung ausgewählten Material Leistungsschutzrechte Dritter, müssen die erforderlichen Nutzungsrechte vom Inhaber des Leistungsschutzrechtes erworben werden.

§ 75 Ausgewählte verwandte Schutzrechte

Im Hinblick auf die wirtschaftliche Bedeutung, die den verwandten Schutzrechten zukommt, soll im Folgenden zumindest eine Auswahl praktisch bedeutsamer Leistungsrechte knapp skizziert werden.

---

265 Loewenheim in Loewenheim/Koch, Praxis des Online-Rechts, S 279; eingehend zur Systematik der Leistungsschutzrechte vgl. Schmieder, Die verwandten Schutzrechte – ein Torso?, UFITA Bd. 73 (1975), S. 65 ff.
266 Eingeführt durch das Achte Gesetz zur Änderung des Urheberrechtsgesetzes v. 7.5.2013.

I. Schutz der Lichtbilder (Fotografien)

Nicht zuletzt im Hinblick auf die häufige Verwendung von **Fotografien** im Internet ist der Lichtbildschutz zu erwähnen. Wie bereits im Zusammenhang mit der Erörterung der Lichtbildwerke dargestellt (s.o. § 69 V.), ist die Unterscheidung des Urheberrechtsgesetzes zwischen dem urheberrechtlichen Werkschutz der Lichtbild*werke* (§ 2 Abs. 1 Ziff. 5 UrhG) und dem Leistungsschutzrecht an sog. Lichtbildern (§ 72 UrhG) in der Praxis jedoch von untergeordneter Bedeutung, da auch für den Schutz von Lichtbildern die für Lichtbildwerke geltenden Bestimmungen entsprechend anwendbar sind (§ 72 Abs. 1 UrhG). Allerdings beläuft sich die Schutzdauer für den Lichtbildschutz nicht – wie beim Lichtbildwerk – auf 70 Jahre post mortem auctoris („p.m.a."), sondern „nur" auf eine Frist von **50 Jahren**, regelmäßig **ab Erscheinen** des Lichtbildes (§ 72 Abs. 3 UrhG). Ungeachtet der im übrigen eher zu vernachlässigenden Unterscheidung des Schutzes von Lichtbildwerken und Lichtbildern ist aus praktischer Sicht bedeutsam, dass angesichts der geschilderten Rechtslage bei Fotografien grundsätzlich von ausschließlichen Verwertungsrechten des Fotografen – sei es unter dem Gesichtspunkt des urheberrechtlichen Werkschutzes oder des Leistungsschutzes – auszugehen ist. Sofern es sich um fremdes Material handelt, keine der urheberrechtlichen Schranken einschlägig und die Schutzfrist noch nicht abgelaufen ist, ist daher eine Nutzung stets nur mit Einwilligung des Fotografen bzw. des Rechteinhabers zulässig.

II. Schutz der ausübenden Künstler

Ausübender Künstler ist nach der gesetzlichen Definition, wer ein Werk oder ein Ausdrucksform der Volkskunst aufführt, singt, spielt oder auf eine andere Weise darbietet oder an einer solchen Darbietung künstlerisch mitwirkt (§ 73 UrhG). Als ausübende Künstler sind danach zum einen diejenigen anzusehen, die unmittelbar bei dem Vortrag oder der Aufführung mitwirken, wie etwa Musiker, Sänger, Schauspieler, Tänzer, ferner die mittelbar künstlerisch Mitwirkenden, wie Dirigent, Bühnenregisseur und Tonregisseur. Gegenstand des Vortrags oder der Aufführung muss ein **Werk** sein. Auf den tatsächlich (noch) bestehenden Urheberrechtsschutz kommt es jedoch nicht an, so dass z.B. auch der Vortrag oder die Aufführung eines gemeinfreien Werkes, dessen Schutzfrist bereits abgelaufen ist, genügt.[267] Die ausübenden Künstler erbringen zwar keine mit der Schöpfungsleistung des Urhebers (Komponisten, Autors, Dramatikers) vergleichbare eigene schöpferische Leistung, aber eine schutzwürdige künstlerische Leistung. Moderne Reproduktionstechniken haben es ermöglicht, einmal erbrachte künstlerische Leistungen aufzuzeichnen und beliebig zu wiederholen. Das Leistungsschutzrecht soll daher den angemessenen Lohn des ausübenden Künstlers an der wiederholten Verwertung seiner Leistung sichern.[268] Das Gesetz schützt die Interessen des ausübenden Künstlers an der unmittelbaren Darbietung durch die Gewährung verschiedener **Verwertungsrechte**. So hat der ausübende Künstler das ausschließliche Recht, seine Darbietung auf Bild- oder Tonträger aufzunehmen (§ 77 Abs. 1 UrhG) und das ausschließliche Recht, den Bild- oder Tonträger, auf den seine Darbietung aufgenommen worden ist, zu vervielfältigen und zu verbreiten (§ 77 Abs. 2 UrhG). Hierdurch ist der ausübende Künstler zum einen in seinen ideellen Interessen – der Ent-

---

267 Schricker/Krüger, Urheberrecht, § 73 Rdn. 12.
268 Rehbinder, Urheberrecht, S. 301 f. Rdn. 785.

scheidung über eine Aufnahme seiner Darbietung – und in seinen materiellen Interessen – der Möglichkeit, die Einwilligung zu einer Aufnahme von einer Vergütung abhängig zu machen – geschützt.[269] Darüber hinaus hat der ausübende Künstler auch das ausschließliche Recht an einer unkörperlichen Verwertung seiner Darbietung durch öffentliche Wiedergabe, sei es durch öffentliche Zugänglichmachung, durch Funksendung oder durch öffentliche Übertragung außerhalb des Raumes, in dem die Darbietung stattfindet, durch Bildschirm, Lautsprecher oder ähnliche technische Einrichtungen (§ 78 Abs. 1 Nr. 1 – 3 UrhG). Wird die Darbietung des ausübenden Künstlers von einem Unternehmen veranstaltet (z.B. einem Konzertveranstalter), so bedarf es in den vorgenannten Fällen neben der Einwilligung des ausübenden Künstlers auch der Einwilligung des **Veranstalters** (§ 81 UrhG). Darüber hinaus sind die wirtschaftlichen Interessen des ausübenden Künstlers an einer mittelbaren Verwertung durch die Gewährung **gesetzlicher Vergütungsansprüche** gesichert (§ 78 Abs. 2 UrhG). Der ausübende Künstler kann seine ihm als vermögensrechtliche Befugnisse zustehenden Verwertungsrechte (§§ 77, 78 UrhG) und die ihm insoweit zustehenden Ansprüche gänzlich **übertragen** (§ 79 Abs. 1 UrhG), ferner hat er aber auch die Möglichkeit, Dritten einfache und ausschließliche **Nutzungsrechte** einzuräumen (§ 79 Abs. 2 UrhG). Die **Schutzdauer** des Leistungsschutzrechts des ausübenden Künstlers beläuft sich auf einen Zeitraum von **70 Jahren**, wenn die Darbietung des ausübenden Künstlers auf einem **Tonträger** aufgezeichnet worden ist, gerechnet ab Erscheinen des Tonträgers bzw. dessen erster Benutzung zur öffentlichen Wiedergabe (§ 82 Abs. 1 S. 1 UrhG).[270] Um sicherzustellen, dass die ausübenden Künstler, die ihre ausschließlichen Rechte an den Tonträgerhersteller übertragen oder abgetreten haben, von der Verlängerung der Schutzdauer von vormals 50 auf nunmehr 70 Jahre profitieren, wurden die Rechte des ausübenden Künstlers im Zusammenhang mit der Schutzdauerverlängerung durch ein **Kündigungsrecht** von Übertragungsverträgen (§ 79 Abs. 3 UrhG) und einen Anspruch auf **zusätzliche Vergütung** gegenüber dem Tonträgerhersteller (§ 79a UrhG) gestärkt.[271] Ist die Darbietung des ausübenden Künstlers nicht auf einem Tonträger aufgezeichnet worden, so erlöschen die in den §§ 77 und 78 bezeichneten Rechte des ausübenden Künstlers **50 Jahre** nach dem Erscheinen der Aufzeichnung, oder wenn deren erste erlaubte Benutzung zur öffentlichen Wiedergabe früher erfolgt ist, 50 Jahre nach dieser (§ 82 Abs. 1 S. 2 UrhG). Die Rechte des ausübenden Künstlers erlöschen jedoch bereits 50 Jahre nach der Darbietung, wenn eine Aufzeichnung innerhalb dieser Frist nicht erschienen oder nicht erlaubterweise zur öffentlichen Wiedergabe benutzt worden ist (§ 82 Abs. 1 S. 3 UrhG). Die in § 81 bezeichneten Rechte des Veranstalters erlöschen bereits nach 25 Jahren (näheres vgl. § 82 Abs. 3 UrhG). Die **persönlichkeitsrechtlichen Befugnisse** der ausübenden Künstler, die nach alter Rechtslage lediglich in Bezug auf den Integritätsschutz (Schutz gegen Entstellung) geregelt waren (§ 83 UrhG a.F.), wurden im Rahmen der Urheberrechtsnovelle 2003 inhaltlich erweitert und an den Beginn des Regelungsabschnitts gestellt (vgl. §§ 74 – 76 UrhG).[272] In der Praxis sind die Rechte der ausübenden Künstler zu beachten bzw. zu erwerben, z.B. wenn eine Agentur

---

269 Rehbinder, Urheberrecht, S. 303 Rdn. 790.
270 Schutzdauerverlängerung ausschließlich für auf Tonträgern aufgezeichnete Darbietungen in Umsetzung der Richtlinie 2011/77/EU v. 27.9.2011 (Schutzdauerrichtlinie) geregelt durch Neuntes Gesetz zur Änderung des Urheberrechtsgesetzes v. 2.7.2013.
271 Vgl. hierzu im Einzelnen die Erwägungsgründe 8 ff. der Schutzdauerrichtlinie 2011/77/EU v. 27.9.2011.
272 BT-Drucks. 15/38, Amtl. Begr. zu §§ 73- 84, S. 22.

Musikdarbietungen ausübender Künstler im Rahmen einer Multimediaproduktion verwenden möchte oder, wenn ein Unternehmen entsprechende Darbietungen über seine Webseite etwa zum Download oder als Streaming-Angebot zugänglich machen will.

III. Schutz des Hersteller von Tonträgern, des Sendeunternehmens, des Presseverlegers und des Filmherstellers

Als weitere verwandte Schutzrechte sind die Rechte der Hersteller von Tonträgern, der Sendeunternehmen, der Presseverleger und der Filmhersteller zu nennen, die im Hinblick auf die von ihnen erbrachten technisch-organisatorischen bzw. wirtschaftlichen Leistungen gleichfalls zum Kreis der Leistungsschutzberechtigten gehören.

1. Hersteller eines Tonträgers

So gewährt das Gesetz dem **Hersteller eines Tonträgers** das ausschließliche Recht, den Tonträger zu vervielfältigen, zu verbreiten und öffentlich zugänglich zu machen (§ 85 Abs. 1 UrhG). Zu beachten ist, dass dieses Recht nicht voraussetzt, dass eine schutzfähige Darbietung aufgenommen wird. Vom Leistungsschutz erfasst ist vielmehr jede Art der Tonträgeraufnahme, also nicht etwa nur die Aufnahme von Musik oder Sprachwerken, sondern auch die Aufnahme von Naturgeräuschen, Glockengeläut, Tierlauten, Hintergrundgeräuschen etc. (sog. Geräuschbändern), die häufig bei der Herstellung von Filmen und Hörspielen Verwendung finden.[273] Die Schutzdauer des Leistungsschutzrechts des Tonträgerherstellers beträgt 70 Jahre ab Erscheinen bzw. der ersten öffentlichen Wiedergabe (§ 85 Abs. 3 UrhG).[274] Wer also z.B. seine Webseite mit akustischen Elementen gestalten will oder gar Musik, z.B. im mp3-Format zum Download anbieten möchte, benötigt hierzu (ungeachtet des urheberrechtlichen Werkschutzes der Musik) die Einwilligung des Herstellers des Tonträgers als dem Inhaber des fraglichen Leistungsschutzrechts.

2. Sendeunternehmen

Dem **Sendeunternehmen** gewährt das Gesetz für seine Leistung, die Durchführung von Sendungen im Hörfunk oder Fernsehen, das ausschließliche Recht der Weitersendung seiner Funksendung (auch durch Kabel oder über Satellit) und der öffentlichen Zugänglichmachung sowie das ausschließliche Recht, die Funksendung auf Bild- und Tonträger aufzunehmen, Lichtbilder von seiner Funksendung (sog. Screenshots) herzustellen sowie Bild- oder Tonträger oder Lichtbilder zu vervielfältigen und zu verbreiten, ferner das Recht der öffentlichen Wiedergabe an Stellen (z.B. Kinos), die der Öffentlichkeit nur gegen Zahlung eines Eintrittsgeldes zugänglich sind (§ 87 Abs. 1 UrhG). Das Recht des Sendeunternehmens erlischt 50 Jahre nach der ersten Funksendung (§ 87 Abs. 3 UrhG). Die Verwertung eines Mitschnitts einer Rundfunksendung, z.B. des von einem Sendeunternehmen gesendeten Interviews mit einem bekannten Sportler, ist daher nur mit Einwilligung des Sendeunternehmens zulässig.[275]

---

273 Schricker/Vogel, Urheberrecht, § 85 Rdn. 16; Rehbinder, Urheberrecht, S. 310 Rdn. 813.
274 Verlängerung der Schutzdauer von 50 auf 70 Jahre durch Neuntes Gesetz zur Änderung des Urheberrechtsgesetzes v. 2.7.2013.
275 Zu beachten wäre in diesem Beispielsfall zudem das Persönlichkeitsrecht des Sportlers, das die Entscheidung über das ob und wie der Veröffentlichung seines gesprochenen Wortes und (ggf.) des eigenen Bildnisses einschließt.

3. Schutz des Presseverlegers

Das Leistungsschutzrecht für **Presseverlage** (§§ 87f-h UrhG) ist das jüngste – und wohl umstrittenste[276] – vom Gesetzgeber in den Kreis der verwandten Schutzrechte aufgenommenen Ausschließlichkeitsrecht.[277] Durch die Einführung des Leistungsschutzrechts für Presseverlage soll einerseits „gewährleistet werden, dass Presse-Verlage im Online-Bereich nicht schlechter gestellt sind als andere Werkvermittler", andererseits soll eine Verbesserung des Schutzes von Presseerzeugnissen im Internet erreicht werden.[278] Das Gesetz gewährt „dem Hersteller eines Presseerzeugnisses (**Presseverleger**) das ausschließliche Recht, das Presseerzeugnis oder Teile hiervon zu gewerblichen Zwecken öffentlich zugänglich zu machen, es sei denn, es handelt sich um einzelne Wörter oder kleinste Textausschnitte" (§ 87f Abs. 1 S. 1 UrhG). Als Rechtsinhaber des Leistungsschutzrechtes ist damit der Presseverleger bestimmt, der die für die Publikation eines Presseerzeugnisses erforderliche wirtschaftlich-organisatorische Leistung erbringt.[279] Erklärtes Ziel des Gesetzgebers ist es, den Presseverlagen ein vom Umfang her begrenztes, zum Schutz deren berechtigter Interessen erforderliches Leistungsschutzrecht zu gewähren, dass diese gezielt nur vor „systematischen Zugriffen auf die verlegerische Leistung durch die gewerblichen Anbieter von **Suchmaschinen** und gewerbliche Anbieter von solchen Diensten im Netz" schützt, „die Inhalte entsprechend einer Suchmaschine aufbereiten" (**Aggregatoren**).[280] Rechttechnisch wird das Leistungsschutzrecht dem Presseverleger daher nur im Rahmen einer entsprechend dieser Zielsetzung ausgestalteten Schrankenregelung gewährt (vgl. § 87g Abs. 4 UrhG). Die erst auf Empfehlung des Rechtsausschusses aufgenommene Ergänzung in § 87f Abs. 1 S. 1 letzter Hs. UrhG, wonach „einzelne Wörter oder kleinste Textausschnitte" vom Schutz ausgenommen sind, „soll sicherstellen, dass Suchmaschinen und Aggregatoren ihre Suchergebnisse kurz bezeichnen können", ohne das Leistungsschutzrecht des Presseverlegers zu verletzen.[281] Durch die Begriffsbestimmung in § 87f Abs. 2 UrhG, wonach es sich bei einem **Presseerzeugnis** um eine „auf einem beliebigen Träger" veröffentlichte periodische Sammlung handelt, ist zum Ausdruck gebracht, dass es für den Bestand des Leistungsschutzrechtes nicht auf die Art und Weise der Veröffentlichung ankommt, d.h. vom Schutz erfasst sind sowohl Print-Erzeugnisse („offline"), als auch elektronische („online") oder kombinierte offline/online-Presseerzeugnisse.[282] Der Schutz des Leistungsschutzrechts des Presseverlegers erstreckt sich nur auf das Presseerzeugnis in seiner konkreten Festlegung, nicht dagegen auf die im Presseerzeugnis enthaltenen Inhalte (Texte, Graphiken, Lichtbilder etc.), für die ein eigenständiger Schutz als Werk oder als Gegenstand eines Leistungsschutzrechtes in Betracht kommt (vgl. hierzu § 87g Abs. 3 UrhG).

---

[276] Vgl. hierzu Peifer, Leistungsschutzrecht für Presseverleger – „Zombie im Paragrafen-Dschungel" oder Retter in der Not?, GRUR-Prax 2013, 149 ff. m.w. Nachw.
[277] Eingeführt durch das Achte Gesetz zur Änderung des Urheberrechtsgesetzes v. 7.5.2013 (BGBl. 2013 Teil I Nr. 23 v. 14.5.2013).
[278] BT-Drucks. 17/11470, Amtl. Begr., A. I.
[279] BT-Drucks. 17/11470, Amtl. Begr. zu § 87f.
[280] BT-Drucks. 17/11470, Amtl. Begr., A. II.
[281] Vgl. Beschlussempfehlung und Bericht des Rechtsausschusses, BT-Drucks. 17/12534, S. 6.
[282] BT-Drucks. 17/11470, Amtl. Begr. zu § 87f Abs. 2.

4. Schutz des Filmherstellers

Ähnlich motiviert wie die vorerwähnten Leistungsschutzrechte der Tonträgerhersteller und Sendeunternehmen ist schließlich das Leistungsschutzrecht der **Filmhersteller**, das ebenfalls einen besonderen unternehmerischen Aufwand sichert.[283] Es beinhaltet das ausschließliche Recht des Filmherstellers, den Bildträger oder Bild- und Tonträger, auf den das Filmwerk aufgenommen ist, zu vervielfältigen, zu verbreiten und zur öffentlichen Vorführung, Funksendung oder öffentlichen Zugänglichmachung zu benutzen (§ 94 Abs. 1 UrhG). Es erlischt 50 Jahre nach dem Erscheinen bzw. der ersten erlaubten Benutzung zur öffentlichen Wiedergabe des Filmträgers (§ 94 Abs. 3 UrhG).

IV. Schutz der Datenbankhersteller

1. Zweigliedriges Schutzkonzept für Datenbanken

Auf die erhebliche **Bedeutung**, die einem angemessenen Schutz der Datenbanken sowohl im Hinblick auf die geistige Leistung der Entwicklung als auch insbesondere im Hinblick auf die meist erforderlichen erheblichen wirtschaftlichen Investitionen zukommt, wurde bereits im Rahmen der Erörterung des Schutzes der Datenbankwerke eingegangen (s.o. § 69 X. 2.). Dort wurde auch bereits dargestellt, dass der Datenbankschutz nach den entsprechenden Vorgaben der EG-Datenbankschutzrichtlinie durch ein sog. **zweigliedriges Schutzkonzept** gewährleistet wird. In Betracht kommt danach für Datenbanken

- ein **urheberrechtlicher Schutz** als Datenbank*werk*. Das sind solche Datenbanken, bei denen Auswahl oder Anordnung der in ihnen enthaltenen Elemente auf einer persönlich-schöpferischen Leistung beruhen (§ 4 UrhG); ferner
- ein **Leistungsschutzrecht** nach den §§ 87a ff. UrhG für solche Datenbanken, die zwar keine schöpferische Leistung aufweisen, deren Erstellung jedoch eine wesentliche Investition erfordert hat.[284]

2. Datenbank

Eine dem Leistungsschutz unterliegende **Datenbank** ist nach der gesetzlichen **Begriffsbestimmung** definiert als (87a Abs. 1 S. 1 UrhG):

- eine Sammlung von Werken, Daten oder anderen unabhängigen Elementen,
- die systematisch oder methodisch angeordnet und
- einzeln mit Hilfe elektronischer Mittel oder auf andere Weise zugänglich sind und
- deren Beschaffung, Überprüfung oder Darstellung eine nach Art oder Umfang wesentliche Investition erfordert.

a) **Schutzgegenstand.** Schutzgegenstand des Urheberrechts am Datenbank*werk* (i.S.v. § 4 Abs. 2 UrhG) ist die Struktur der Datenbank, nicht der Inhalt der Datenbank. **Schutzgegenstand** des Leistungsschutzrechts an der Datenbank (i.S.v. § 87a Abs. 1 S. 1 UrhG) sind auch nicht die einzelnen aufgenommenen Informationen in Form von Werken, Daten und anderen Elementen, sondern die **Datenbank als Gesamtheit** des unter wesentlichem Investitionsaufwand gesammelten, geordneten und einzeln zugänglich

---

283 Schricker/Katzenberger, Urheberrecht, § 94 Rdn. 5.
284 Schricker/Loewenheim, Urheberrecht, § 4 Rdn. 32.

gemachten Inhalts als immaterielles Gut.[285] Angesichts der unterschiedlichen Voraussetzungen und des unterschiedlichen Schutzgegenstandes ist es möglich, dass eine Datenbank sowohl urheberrechtlichen Schutz als Datenbankwerk (§ 4 Abs. 2 UrhG) als auch Leistungsschutz (§§ 87a ff. UrhG) genießt.[286] Die Aufnahme von urheberrechtlich geschützten Inhalten, z.B. Texten oder Musikstücken, in ein Datenbankwerk lässt deren Schutz unberührt und stellt eine zustimmungsbedürftige Vervielfältigung, Verbreitung etc. dar.

b) **Schutzvoraussetzungen.** Da Datenbanken aus voneinander „**unabhängigen Elementen**" bestehen müssen, kommen z.B. in Betracht Sammlungen von Werken aller Art (z.B. Schrift- oder Musikwerke), aber auch Sammlungen von nicht geschützten Tonfolgen oder Texten (z.B. Geräuscharten, Abstracts von Nachrichten) oder von Daten (z.B. Messdaten, Wirtschaftsdaten etc.). Verbreitete „**systematische oder methodische**" Ordnungsprinzipien sind z.B. alphabetische, numerische oder chronologische Anordnungen. Aus dem Erfordernis der systematischen oder methodischen Anordnung folgt, dass bloße Anhäufungen ungeordneter Datenhaufen oder Rohdaten jedenfalls nicht schutzwürdig sind. Aus dem Begriffsmerkmal „mit Hilfe elektronischer Mittel **oder auf andere Weise**" ist zu entnehmen, dass nicht nur elektronische, sondern auch herkömmliche Datenbanken (z.B. Karteikarten, Mikrofiche) Schutz genießen. Als **Investitionen** sind der **Art** nach sämtliche wirtschaftliche Aufwendungen zu berücksichtigen, die für den Aufbau, die Darstellung oder die auswählende und aktualisierende Überprüfung einer Datenbank erforderlich sind. Darunter fallen insbesondere die Kosten für die Beschaffung des Datenbankinhalts, für die Datenaufbereitung und für die Bereitstellung der Datenbank. Für den **Umfang** der Investitionen sind die aufgewandten finanziellen Mittel, Zeit, Arbeit und Energie maßgeblich.[287]

3. Datenbankhersteller (Begriff und Rechte)

Datenbankhersteller und damit Inhaber des Leistungsschutzrechts ist derjenige, der die Investitionen vorgenommen hat (§ 87 a Abs. 2 UrhG). Die in der Praxis vorkommenden **Beispiele** für Datenbanken lassen nach vielfältigen Gesichtspunkten unterscheiden, u.a. nach

- dem Inhalt (z.B. Musik- oder Bilddatenbank),
- nach dem Speicher- oder Trägermedium (z.B. Bibliotheken, Bücher [Lexika], Karteien, CD-ROM, Online-Datenbanken),
- nach der Form der elektronischen Verfügbarkeit (Online- und Offline-Datenbanken).

Das Gesetz gewährt dem Datenbankhersteller das **ausschließliche Recht**, die Datenbank insgesamt oder einen nach Art und Umfang wesentlichen Teil der Datenbank zu vervielfältigen, zu verbreiten und öffentlich wiederzugeben (§ 87 b Abs. 1 S. 1 UrhG). Die dem Datenbankhersteller danach ausschließlich zugewiesenen Verwertungsrechte der **Vervielfältigung, Verbreitung** und **öffentlichen Wiedergabe** sind also beschränkt auf Nutzungen der Datenbank insgesamt oder eines wesentlichen Teils. Unwesentliche

---

285 Schricker/Loewenheim, Urheberrecht, § 4 Rdn. 44; Schricker/Vogel, Urheberrecht, Vor §§ 87a ff. Rdn. 29, § 87a Rdn. 10.
286 Schricker/Loewenheim, Urheberrecht, § 4 Rdn. 32.
287 Schricker/Vogel, Urheberrecht, § 87a Rdn. 6 ff.

Teile sind im Interesse des freien Zugangs zu Informationen nicht vom Verbotsrecht erfasst. Allerdings steht der Vervielfältigung, Verbreitung oder öffentlichen Wiedergabe eines nach Art und Umfang wesentlichen Teils der Datenbank die wiederholte und systematische Vervielfältigung, Verbreitung oder öffentliche Wiedergabe von nach Art und Umfang unwesentlichen Teilen der Datenbank gleich, sofern diese Handlungen einer normalen Auswertung der Datenbank zuwiderlaufen oder die berechtigten Interessen des Datenbankherstellers unzumutbar beeinträchtigen (§ 87 b Abs. 1 S. 2 UrhG). Durch diese Einschränkung soll einem **Missbrauch** der grundsätzlichen Freistellung der Nutzung unwesentlicher Datenbankteile durch eine systematische und planmäßige Ausbeutung vorgebeugt werden.[288] Der **Schutz des Datenbankherstellers** lässt sich bildhaft wie folgt veranschaulichen: Der Datenbankhersteller soll davor geschützt werden, dass jemand den Inhalt eines fremden „Datenfasses" einfach insgesamt oder in wesentlichen Teilen in ein eigenes Fass umschüttet. Erlaubt soll es hingegen sein, dem Datenfass unwesentliche Mengen mit einer „Schöpfkelle" zu entnehmen, um den eigenen „Wissensdurst" im Hinblick auf einzelne Informationen zu löschen. Verboten ist es jedoch, diese Freiheit dadurch zu missbrauchen, dass man systematisch mit der Schöpfkelle so lange Daten herausfischt und in ein eigenes Fass zu schüttet, bis das eigene Fass insgesamt oder im Wesentlichen mit dem gleichen Inhalt gefüllt ist, wie das des Datenbankherstellers. Eine dem Datenbankhersteller vorbehaltene **Vervielfältigungshandlung** liegt u.a. in folgenden Fällen vor:[289]

- Festlegung der Datenbank auf einem digitalen Datenträger (CD-ROM, Diskette, Festplatte also inkl. Uploading auf Webserver u.a.);
- Überspielung von einem auf einen anderen Datenträger;
- Ausdruck wesentlicher Teile der Datenbank;
- Digitalisieren und Einscannen wesentlicher Teile einer Datenbank;
- Vorübergehende Festlegungen im Arbeits- oder Zwischenspeicher;
- Downloading eines wesentlichen Teils der Datenbank vom Serverrechner in den Arbeitsspeicher;
- Uploading eines wesentlichen Teils der Datenbank vom eigenen Rechner auf den Serverrechner.

Ein Fall der **öffentlichen Wiedergabe** liegt insbesondere vor, wenn wesentliche Teile der Datenbank zum Abruf in das Internet gestellt werden. Das Setzen eines Hyperlinks auf die im Internet öffentlich zugänglich gemachten Inhalte einer Datenbank stellt aus den bereits dargestellten Gründen (s.o. § 71 2. a), c) keine urheberrechtliche Nutzungshandlung dar.[290] Was die **Schutzdauer** angeht, erlöschen die Rechte des Datenbankherstellers 15 Jahre nach der Veröffentlichung der Datenbank bzw. – bei Nichtveröffentlichung – nach der Herstellung (§ 87d UrhG). Eine ihrem Inhalt nach Art und Umfang wesentlich geänderte Datenbank gilt als **neue Datenbank**, sofern die Änderung eine nach Art und Umfang wesentliche Investition erfordert (§ 87a Abs. 1 S. 2 UrhG). Die Schutzfrist beginnt für die neue Datenbank dann erneut zu laufen.[291] Die laufende Pflege einer Datenbank kann daher zu einer ständigen Schutzfristerneuerung führen.

---

288 Schricker/Vogel, Urheberrecht, § 87b Rdn. 1ff.
289 Schricker/Vogel, Urheberrecht, § 87b Rdn. 22 ff.
290 BGH v. 17.7.2003, I ZR 259/00, „Paperboy".
291 Schricker/Vogel, Urheberrecht, § 87d Rdn. 3.

3. Kapitel. Gemeinsame Bestimmungen für Urheberrecht und verwandte Schutzrechte

§ 76 Ergänzende Schutzbestimmungen

Zu den wichtigsten Änderungen, die das Urheberrecht im Rahmen der Urheberrechtsnovelle 2003[292] („Erster Korb") erfahren hat, gehören die völlig neu in das Gesetz aufgenommenen „**Ergänzenden Schutzbestimmungen**" (§§ 95a – 95d UrhG). Sie zielen in Umsetzung entsprechender Vorgaben der sog. InfoSoc-Richtlinie (Art. 6, Art. 7) und der WIPO-Verträge auf einen Schutz technischer Kopierschutzvorrichtungen (sog. wirksamer technischer Maßnahmen, §§ 95a, 95b) sowie einen Schutz von Digital Rights-Management-Systemen (durch den Schutz sog. Informationen zur Rechtewahrnehmung, § 95c) bzw. stehen – wie die neuen Kennzeichnungspflichten (§ 95d) – mit diesen neuen Schutzbestimmungen in Zusammenhang. Als im deutschen Urheberrecht neuartige Schutzbestimmungen sollten sie der erleichterten Kopierbarkeit digital verfügbarer Werke bzw. durch Leistungsschutzrechte geschützter Gegenstände/Erzeugnisse Rechnung tragen und dem Rechteinhaber die Möglichkeit eröffnen, Verletzungen technischer Schutzsysteme wirksam zu verfolgen. Für die nicht zuletzt durch die zunehmende Verbreitung von Tauschbörsen im Internet und die massenhafte Verbreitung von CD-Brennern betroffene **Medienindustrie** verband sich mit dem neuen Regelwerk die Hoffnung, der massenhaften Verbreitung von Technik zur Umgehung von Kopierschutzmaßnahmen Einhalt gebieten zu können.[293]

I. Schutz technischer Maßnahmen (§ 95a UrhG)

§ 95a UrhG ist die zentrale Vorschrift zum Schutz technischer Maßnahmen, der durch zwei wesentliche Verbote gewährleistet werden soll: Zum einen durch das Verbot der Umgehung wirksamer technischer Schutzmaßnahmen (§ 95a Abs. 1 UrhG), zum anderen durch das Verbot zur Vornahme bestimmter Vorbereitungshandlungen, durch die eine Umgehung technischer Schutzmaßnahmen ermöglicht wird (§ 95a Abs. 3 UrhG).

1. Umgehungsverbot (§ 95a Abs. 1 UrhG)

Gemäß § 95a Abs. 1 UrhG dürfen

> „*wirksame technische Maßnahmen zum Schutz eines nach diesem Gesetz geschützten Werkes oder eines anderen nach diesem Gesetz geschützten Schutzgegenstandes ... ohne Zustimmung des Rechtsinhabers nicht umgangen werden, soweit dem Handelnden bekannt ist oder den Umständen nach bekannt sein muss, dass die Umgehung erfolgt, um den Zugang zu einem solchen Werk oder Schutzgegenstand oder deren Nutzung zu ermöglichen*".

Durch diese Formulierung ist klargestellt, dass sich das **Umgehungsverbot** entsprechend dem Schutzzweck der InfoSoc-Richtlinie (Art. 6) nur auf den Schutz technischer Maßnahmen bezieht, soweit diese dem Schutz urheberrechtlich geschützter Werke oder anderer durch das Urheberrecht geschützter Schutzgegenstände – das sind die durch

---

[292] Zur Urheberrechtsnovelle 2003 s. bereits o. Fußn. 118.
[293] Czychowski, Das Gesetz zur Regelung des Urheberrechts in der Informationsgesellschaft, NJW 2003, 2409, 2411.

ein Leistungsschutzrecht nach §§ 70 ff. geschützten Gegenstände (s. zuvor 2. Kapitel) – dienen. Nicht vom Umgehungsverbot erfasst sind demzufolge technische Maßnahmen zum Schutz von nicht (mehr) durch das Urheberrechtsgesetz geschützten Gegenständen, wie etwa gemeinfrei gewordene Werke oder Gegenstände, für die ein Urheberrechtsschutz mangels Vorliegens der erforderlichen Schutzvoraussetzungen nicht in Betracht kommt.[294]

2. Legaldefinition „Technische Maßnahme" (§ 95a Abs. 2 UrhG)

§ 95a Abs. 2 UrhG enthält eine Legaldefinition der „technischen Maßnahmen", deren Umgehung nach Absatz 1 verboten ist. „**Technische Maßnahmen**" im Sinne des Gesetzes sind danach

> *„Technologien, Vorrichtungen und Bestandteile, die im normalen Betrieb dazu bestimmt sind, geschützte Werke oder andere nach diesem Gesetz geschützte Schutzgegenstände betreffende Handlungen, die vom Rechtsinhaber nicht genehmigt sind, zu verhindern oder einzuschränken. Technische Maßnahmen sind **wirksam**, soweit durch sie die Nutzung eines geschützten Werkes oder eines anderen nach diesem Gesetz geschützten Schutzgegenstandes von dem Rechtsinhaber durch eine Zugangskontrolle, einen Schutzmechanismus wie Verschlüsselung, Verzerrung oder sonstige Umwandlung oder einen Mechanismus zur Kontrolle der Vervielfältigung, die die Erreichung des Schutzziels sicherstellen, unter Kontrolle gehalten wird."*

Der Umstand, dass sich das Umgehungsverbot nach Abs. 1 nur auf den Schutz „**wirksamer**" technischer Schutzmaßnahmen bezieht und, dass als wirksame Schutzmaßnahmen nach Abs. 2 S. 2 nur solche zu verstehen sind, die vom Rechtsinhaber „unter Kontrolle gehalten" werden, könnte zu der – irrigen – Annahme verleiten, dass das Umgehungsverbot nur greift, sofern der technische Schutzmechanismus nicht umgangen werden kann. Ein derartiges Verständnis käme jedoch einem Zirkelschluss gleich, denn die Schutzbedürftigkeit des Rechtsinhabers besteht ja gerade in den Fällen, in denen der technische Schutzmechanismus umgangen werden kann. Nach dem Willen des Gesetzgebers ist der Vorschrift des § 95a UrhG folglich „immanent", dass eine technische Maßnahme grundsätzlich auch dann „wirksam" ist, wenn sie umgangen werden kann, da ein Umgehungsverbot andernfalls obsolet wäre.[295]

3. Vorbereitungshandlungen (§ 95a Abs. 3 UrhG)

Während sich das Verbot nach § 95a Absatz 1, wie gesehen, auf tatsächliche Umgehungshandlungen bezieht, werden durch das in § 95a Absatz 3 geregelte weitere Verbot im einzelnen näher bestimmte **Vorbereitungshandlungen** erfasst.

4. Strafverfolgungs- und Sicherheitsbehörden (§ 95a Abs. 4 UrhG)

Schließlich enthält § 95a Absatz 4 UrhG eine Regelung, durch die klargestellt wird, dass die Aufgaben und Befugnisse der **Strafverfolgungs- und Sicherheitsbehörden** durch die Verbote nach § 95a Abs. 1 bis 3 nicht tangiert werden. Strafverfolgungsbehörden dürfen daher bei der Suche nach Informationen z.B. Verschlüsselungssysteme umge-

---

294 Vgl. BT-Drucks. 15/38, Amtl. Begr. zu § 95a, S. 26.
295 Vgl. BT-Drucks. 15/38, Amtl. Begr. zu § 95a, S. 26.

hen, auch wenn sich die gesuchten Informationen in urheberrechtlich geschützten Werken befinden, etwa in Texten mit der erforderlichen Schöpfungshöhe.[296]

II. Durchsetzung von Schrankenbestimmungen (§ 95b UrhG)

§ 95b UrhG trägt der den Mitgliedsstaaten nach Maßgabe der InfoSoc-Richtlinie auferlegten Verpflichtung Rechnung, geeignete Maßnahmen zu treffen, um sicherzustellen, dass die Rechteinhaber dem durch bestimmte urheberrechtliche Schrankenbestimmung Begünstigten die Mittel zur Nutzung der betreffenden Schranken in dem hierzu erforderlichen Umfang zur Verfügung zu stellen haben (Art. 6 Abs. 4 Unterabsatz 1). Die Regelung, die erst nach einem Übergangszeitraum am 1.9.2004 in Kraft getreten ist (vgl. Art. 6 Abs. 2 der Urheberrechtsnovelle), soll also sicherstellen, dass die durch bestimmte urheberrechtliche Schrankenbestimmung Begünstigten ungeachtet des Rechts des Rechtsinhabers, sich durch Einsatz technischer Schutzmaßnahmen gegen unberechtigte Nutzungshandlungen zu schützen, die Möglichkeit haben, die ihnen durch die jeweilige Schrankenbestimmung eröffnete Nutzungsmöglichkeit auch tatsächlich wahrzunehmen.

1. Verpflichtung gegenüber Schrankenbegünstigtem (§ 95b Abs. 1 UrhG)

Im novellierten Urheberrecht ist diesem Nutzungsinteresse der Schrankenbegünstigten in § 95b Abs. 1 UrhG in Bezug auf einen Katalog bestimmter Schranken entsprochen worden. Durch die Formulierung in § 95b Abs. 1 S. 2 UrhG, wonach Vereinbarungen zum Ausschluss der entsprechenden Verpflichtungen nach Satz 1 unwirksam sind, ist dabei sichergestellt, dass die den Rechtsinhabern auferlegten Verpflichtungen nach Satz 1 nicht durch eine vertragliche Ausschlussregelung umgangen werden können.[297] Was die im Vordergrund des allgemeinen Interesses stehende Schranke zu Gunsten des privaten Gebrauchs angeht (§ 53 Abs. 1 UrhG, **Privatkopieschranke**), ist hervorzuheben, dass der deutsche Gesetzgeber den ihm durch die Richtlinie insoweit – anders als bei einer Vielzahl anderer Schranken – eröffneten Gestaltungsspielraum[298] nur begrenzt genutzt hat und ausweislich § 95b Abs. 1 Nr. 6 UrhG die Privatkopie des nach § 53 Abs. 1 Begünstigten nur sicherstellt,

> „soweit es sich um Vervielfältigungen auf Papier oder einen ähnlichen Träger mittels beliebiger photomechanischer Verfahren oder anderer Verfahren mit ähnlicher Wirkung handelt."

Er hat damit von seinem ihm eröffneten Gestaltungsraum, eine darüber hinausgehende Regelung zur Sicherstellung der Privatkopie auch durch andere, insbesondere digitale Trägermedien, zu schaffen, bewusst verzichtet.[299] Im Hinblick auf die knappe Umsetzungsfrist der Richtlinie und der WIPO-Verträge, so die Gesetzesbegründung zur Novelle 2003,[300] habe man sich auf die zwingend umzusetzenden Reglungsbereiche beschränkt und auf eine Regelung zur Ausfüllung der Kann-Vorschriften (u.a.) zur Pri-

---

[296] Schmid/Wirth, Urheberrechtsgesetz, § 95a Rdn. 13.
[297] BT-Drucks. 15/38, Amtl. Begr. zu § 95b Abs. 1, S. 27.
[298] Vgl. Art. 6 Absatz 4 Unterabsatz 2 i.V.m. Art. 5 Absatz 2 lit. b) URRL.
[299] Mayer, vgl. Fußn. 173, CR 2003, 274, 276.
[300] Vgl. BT-Drucks. 15/38, Amtl. Begr. zu § 95b Abs. 1, S. 27 i.V.m. der Begründung unter A. Allgemeiner Teil I. S. 15.

vatkopie verzichtet, da diese der weiteren intensiven Prüfung und Diskussion bedürfe. Da die Regelung des § 95 b Abs. 1 Nr. 6 UrhG im Zuge der Novelle 2008 beibehalten wurde bedeutet dies, dass nach derzeitiger Rechtslage jedermann z.b. bei einer Musik-CD, die nicht durch eine Kopierschutzmaßnahme gesichert ist, das Recht hat, diese zu Privatzwecken – auch digital – zu kopieren, soweit nicht zur Vervielfältigung eine offensichtlich rechtswidrig hergestellte Vorlage verwendet wird (§ 53 Abs. 1 UrhG). Demgegenüber hätte er bei einer kopiergeschützten CD weder das Recht, den Kopierschutz zu „knacken" (§ 95a Abs. 1 UrhG) noch sind ihm vom Rechtsinhaber geeignete Mittel zur Umgehung des Kopierschutzes zwecks Anfertigung einer Kopie zu Privatzwecken zur Verfügung zu stellen.[301]

2. Individueller Anspruch des Begünstigten (§ 95b Abs. 2 UrhG)

Die Regelung des § 95b Abs. 2 UrhG zielt darauf ab, das Recht der Begünstigten auf Nutzung im Rahmen der Schranken sicherzustellen. Sie begründet einen **individuellen zivilrechtlichen Anspruch** des Begünstigten gegen den Rechteinhaber auf Zurverfügungstellung der für die Schrankennutzung erforderlichen Mittel. Da die – im deutschen Urheberrecht erstmalige – Gewährung eines Individualanspruchs des Begünstigten zur Sicherstellung der Schrankennutzung im Hinblick auf das allgemeine Prozessrisiko und den mit der Rechtsdurchsetzung verbundenen erheblichen Aufwand nicht genügt, war nach Einschätzung des Gesetzgebers zudem eine Änderung des **Unterlassungsklagengesetzes** (UKlaG) geboten.[302] Hierdurch wurde die Möglichkeit eröffnet, die Durchsetzung der sich für die aus § 95b Abs. 1 UrhG ergebenden Verpflichtungen auch im Wege der **Verbandsklage** zu verfolgen.

3. Ausnahme zu Gunsten interaktiver Dienste (§ 95b Abs. 3 UrhG)

Eine für den **Online-Vertrieb** äußerst bedeutsame Einschränkung der Verpflichtung des Rechteinhabers nach § 95b Abs. 1 UrhG sowie des korrespondierenden Individualanspruchs des durch eine Schranke Begünstigten nach § 95b Abs. 2 UrhG ergibt sich aus der Regelung in § 95b Abs. 3 UrhG. Diese nimmt nämlich wirksame technische Maßnahmen, die im Rahmen des interaktiven Zurverfügungstellens auf der Grundlage vertraglicher Vereinbarung angewandt werden, von der Durchsetzung der Schrankenregelungen aus. Diese in enger Anlehnung an den Wortlaut der Richtlinie (Art. 6 Abs. 4 Unterabsatz 4 InfoSoc-RL) formulierte Regelung bezweckt, dass vertragliche Vereinbarungen im Online-Bereich den Schranken des Urheberrechts vorgehen, um ein sicheres Umfeld für die Erbringung **interaktiver Dienste** – nur für diese soll die Regelung gelten[303] – auf Abruf zu gewährleisten. Unter interaktiven Diensten werden all diejenigen Dienste verstanden, bei denen dem Nutzer die individuelle Wahl des Zeitpunktes und des Ortes („...*von Orten und zu Zeiten ihrer Wahl* ...") der Übertragung überlassen bleibt. Es geht hierbei also insbesondere um kostenpflichtige Internetangebote, deren Nutzung auf individualvertraglicher Grundlage erfolgt.[304] Kennzeichnend für die betroffenen interaktiven Dienste ist, dass eine Punkt-zu-Punkt-Kommunikation stattfin-

---

301 So Mayer, Fußn. 173, CR 2003, 274, 276; ferner Ory, Urheberrecht in der Informationsgesellschaft, JurPC Web-Dok. 126/2002, Abs. 16, abrufbar unter: http://www.jurpc.de/jurpc/show?id=20020126 (letzter Abruf: 04/2014).
302 Vgl. Neueinfügung der §§ 2a, 3a UKlaG durch Art. 3 Nr. 1 und Nr. 2 des Urheberrechtsreformgesetzes.
303 Erwägungsgrund 53 Satz 3 der InfoSoc-Richtlinie 2001/29/EG.
304 Schmid/Wirth, Urheberrechtsgesetz, § 95b Rdn. 6.

det, so dass Sendungen (einschließlich pay-TV, pay-per-view, near-video-on-demand, webcasting) ausgeschlossen sind, während Online-Abrufdienste erfasst sind.[305] Für den Rechteinhaber bedeutet dies, dass er beim Online-Vertrieb über das Internet – anders als bei herkömmlichen Vertriebsformen – die Möglichkeit hat, die Rechte der durch Schrankenbestimmungen Begünstigten nach § 95b Abs. 1 und 2 UrhG durch die Vertragsgestaltung auszuschließen.

III. Schutz der zur Rechtewahrnehmung erforderlichen Informationen (§ 95c UrhG)

Die gleichfalls eng am Wortlaut der InfoSoc-Richtlinie (Art. 7) orientierte Regelung des § 95c UrhG dient dem Schutz von Informationen, die zur Rechtewahrnehmung erforderlich sind. Sie sind eine wesentliche Grundlage für die Entwicklung sog. **Digital-Rights-Management-Systeme** (DRM-Systeme) und sollen insbesondere die Abrechnung – das „billing" – im Netz erleichtern.[306] § 95c Abs. 1 UrhG enthält das **Verbot der Entfernung oder Änderung** elektronischer Informationen zur Rechtewahrnehmung. Gemäß § 95c Absatz 2 UrhG sind **Informationen für die Rechtewahrnehmung**

> *„Informationen, die Werke oder andere Schutzgegenstände, den Urheber oder jeden anderen Rechteinhaber identifizieren, Informationen über die Modalitäten und Bedingungen für die Nutzung der Werke oder Schutzgegenstände sowie die Zahlen und Codes, durch die derartige Informationen ausgedrückt werden."*

Wie sich aus § 95c Abs. 3 UrhG ergibt, ist der Schutz der Informationen für die Rechtewahrnehmung nicht nur auf das Verbot von deren Entfernung oder Änderung beschränkt, sondern erstreckt sich darüber hinaus auch auf das **Verbot jeglicher Nutzungen** von Werken oder Schutzgegenständen, bei denen elektronische Informationen zur Rechtewahrnehmung unbefugt entfernt oder geändert wurden.[307]

IV. Kennzeichnungspflichten (§ 95d UrhG)

Der Abschnitt der 2003 neu in das Urheberrecht aufgenommenen ergänzenden Schutzbestimmungen wird komplettiert durch die dem Rechteinhaber auferlegten **Kennzeichnungspflichten** (§ 95d UrhG). Hierbei dient die dem Rechteinhaber auferlegte Pflicht, seine Werke bzw. Schutzgegenstände mit Angaben über die Eigenschaften der von ihm verwendeten technischen Schutzmaßnahmen zu kennzeichnen (§ 95d Abs. 1 UrhG), dem **Verbraucherschutz** und der **Lauterkeit des Wettbewerbs**.[308] Demgegenüber dient die dem Rechteinhaber auferlegte weitere Kennzeichnungspflicht (§ 95d Abs. 2), nach der mit technischen Maßnahmen geschützte Werke und andere Schutzgegenstände zur Ermöglichung der Geltendmachung von Ansprüchen nach § 95b Abs. 2 mit Namen oder Firma und zustellungsfähiger Anschrift zu kennzeichnen sind, als flankierende Schutzvorschrift der **prozessualen Durchsetzung** der Ansprüche der durch Schrankenbestimmungen Begünstigten nach § 95b Abs. 2 UrhG.

---

305 Im Einzelnen hierzu vgl. Mayer, Fußn. 173, CR 2003, 274, 280 m.w. Nachw.
306 Näheres hierzu vgl. Lehmann, Fußn. 136, CR 2003, 553, 556 f.
307 BT-Drucks. 15/38, Amtl. Begr. zu § 95c Abs. 3, S. 28.
308 BT-Drucks. 15/38, Amtl. Begr. zu § 95d Abs. 1, S. 28.

V. Ergänzende Straf- und Bußgeldvorschriften (§§ 108b, 111a UrhG)

Die zuvor dargestellten ergänzenden Schutzbestimmungen werden durch die gleichfalls 2003 neu in das Urheberrechtsgesetz aufgenommenen Straf- und Bußgeldvorschriften (§§ 108b, 111a UrhG) flankiert, indem die Verstöße gegen die §§ 95a bis 95d UrhG strafrechtlich durch Freiheitsstrafe oder Geldstrafe bzw. als Ordnungswidrigkeit durch eine Geldbuße sanktioniert werden.

1. Strafrechtliche Sanktionen (§ 108b UrhG)

So drohen **strafrechtliche Sanktionen** bei Verstößen gegen das Verbot der Umgehung technischer Schutzmaßnahmen (§ 108b Abs. 1 Nr. 1 UrhG), bei Verstößen gegen die Vorschriften zum Schutz der Informationen für die Rechtewahrnehmung (§ 108b Abs. 1 Nr. 2 UrhG) sowie bei zu gewerblichen Zwecken begangenen Verstößen gegen das Verbot der in § 95a Abs. 3 UrhG bezeichneten Vorbereitungshandlungen (§ 108 Abs. 2 UrhG).

2. Ordnungswidrigkeiten (§ 111a UrhG)

Als **Ordnungswidrigkeiten** sanktioniert werden im einzelnen näher bestimmte Verstöße gegen das Verbot zur Vornahme von Vorbereitungshandlungen nach § 95a Abs. 3 UrhG (§ 111a Abs. 1 Nr. 1 UrhG), Verstöße des Rechteinhabers gegen seine Verpflichtung nach § 95b Abs. 1 S. 1 UrhG betreffend die Bereitstellung notwendiger Mittel (§ 111a Abs. 1 Nr. 2 UrhG) sowie ferner Verstöße des Rechteinhabers gegen seine Kennzeichnungspflicht nach § 95d Abs. 2 S. 1 UrhG (§ 111a Abs. 1 Nr. 3 UrhG).

§ 77 Rechtsverletzungen

Wie bereits einleitend dargestellt (§ 1 II.), ist es für das Immaterialgüterrecht kennzeichnend, dass dem Rechteinhaber durch die dem Schutz des geistigen Eigentums dienenden Sonderschutzgesetze jeweils das ausschließliche Recht (Ausschließlichkeitsrecht) zugeordnet wird, sein immaterielles, geistiges Eigentum zu nutzen (positives Benutzungsrecht) und alle anderen von der Nutzung auszuschließen (negatives Verbietungsrecht). Im Bereich des Urheberrechts sind die ausschließlichen Benutzungsbefugnisse des Urhebers, wie dargelegt (s.o. § 71 II.), in den ihm zugewiesenen Verwertungsrechten zu erblicken. Ferner wurde dargestellt, dass das Gesetz entsprechende Ausschließlichkeitsrechte in einer Vielzahl sog. verwandter Schutzrechte für die Leistungsschutzberechtigten vorsieht (s. zuvor 2. Kapitel). Zu erörtern bleibt allerdings, wie sich der Urheber, der Rechteinhaber bzw. der Leistungsschutzberechtigte dagegen wehren kann, dass sich jemand über sein Recht hinwegsetzt und sein geistiges Eigentum verletzt, d.h. dieses nutzt, obwohl er hierzu als Rechteinhaber nicht eingewilligt hat und, obwohl auch keine der vorerwähnten Schrankenbestimmungen (s.o. § 72) zu Gunsten des Verletzers eingreift. Wie im gesamten übrigen Immaterialgüterrecht sind auch im Falle des Urheberrechts bzw. Leistungsschutzrechts stets **zwei unterschiedliche Rechtsfolgen** der Verletzung zu unterscheiden: die zivilrechtlichen Ansprüche des Rechteinhabers sowie die strafrechtlichen Sanktionen durch die Strafgerichte, also den Staat.

I. Zivilrechtliche Ansprüche

Was die **zivilrechtlichen Ansprüche** des Rechteinhabers angeht, so kann derjenige, der das Urheberrecht oder ein Leistungsschutzrecht verletzt, vom Urheber oder dem Leistungsschutzberechtigten auf Beseitigung der Beeinträchtigung, bei Wiederholungsgefahr auf **Unterlassung** und, bei Vorsatz oder Fahrlässigkeit, auf **Schadensersatz** in Anspruch genommen werden (§ 97 UrhG). Zu beachten ist, dass der Verletzte den Verletzer vor Einleitung eines gerichtlichen Verfahrens auf Unterlassung abmahnen und ihm Gelegenheit geben soll, den Streit durch Abgabe einer mit einer angemessenen Vertragsstrafe bewehrten Unterlassungsverpflichtung beizulegen (§ 97a UrhG – näheres zur **Abmahnung** als Instrument der außergerichtlichen Streitbeilegung s.u. § 89 I.). Darüber hinaus kann der Verletzte verlangen, dass alle rechtswidrig hergestellten, verbreiteten oder zur rechtswidrigen Verbreitung bestimmten Vervielfältigungsstücke, die im Besitz oder Eigentum des Verletzers stehen, vernichtet werden (§ 98 Abs. 1 UrhG – **Vernichtungsanspruch**) oder dass ihm diese stattdessen gegen eine angemessene Vergütung, die die Herstellungskosten nicht übersteigen darf, überlassen werden (§ 98 Abs. 3 BGB – **Überlassungsanspruch**). Der Vernichtungsanspruch steht dem Verletzten auch in Bezug auf die im Eigentum des Verletzers stehenden **Vorrichtungen**, die vorwiegend zur Herstellung dieser Vervielfältigungsstücke gedient haben, zu (§ 98 Abs. 1 S. 2 UrhG). Aus betrieblicher Sicht wichtig ist schließlich, dass der Inhaber eines Unternehmens für durch seine Arbeitnehmer oder Beauftragten widerrechtlich begangenen Rechtsverletzungen haftet (§ 99 UrhG – **Haftung des Inhabers**). Die Regelung soll verhindern, dass sich der Inhaber eines Unternehmens bei ihm zugute kommenden Rechtsverletzungen hinter seinen Angestellten oder Beauftragten „verstecken" kann. Er haftet als Verletzer auch, wenn die Rechtsverletzungen ohne sein Wissen und selbst gegen seinen Willen begangen worden sind.[309] Schließlich können Dritte, die im geschäftlichen Verkehr durch die Herstellung oder Verbreitung von Vervielfältigungsstücken das Urheberrecht oder ein Leistungsschutzrecht verletzt haben, vom Verletzten auf unverzügliche Auskunft über die Herkunft und den Vertriebsweg dieser Vervielfältigungsstücke in Anspruch genommen werden (§ 101 UrhG – **Anspruch auf Auskunft**). Hinsichtlich der **Verjährung** der Ansprüche wegen Verletzung des Urheberrechts oder eines Leistungsschutzrechts verweist das Gesetz (§ 102 S. 1 UrhG) auf die allgemeinen Verjährungsvorschriften des BGB (§§ 194 bis 218 BGB). Damit sind insbesondere die regelmäßige Verjährung von drei Jahren gemäß § 195 BGB und der Beginn der Verjährung gemäß § 199 BGB maßgeblich.[310] In Fällen der ungerechtfertigten Bereicherung des Verletzers auf Kosten des Berechtigten findet § 852 BGB entsprechend Anwendung (§ 102 S. 2 UrhG), d.h. der Anspruch verjährt regelmäßig in zehn Jahren von seiner Entstehung an (§ 852 S. 2 BGB). Eine Stärkung der Rechte des Urhebers, die auch mit einer geringfügigen Änderung der urheberrechtlichen Anspruchssystematik einhergegangen ist, ergibt sich aus dem Gesetz zur Verbesserung der Durchsetzung von Rechten des geistigen Eigentums[311] (Näheres hierzu s.u. § 87 II. 2.).

---

309 Schricker/Wild, Urheberrecht, § 99 Rdn. 1.
310 Wandtke/Bullinger-Bohne, UrhG, § 102 Rdn. 1.
311 Gesetz v. 7.7.2008 (BGBl. I, S. 1191).

II. Strafrechtliche Rechtsfolgen

Neben den zivilrechtlichen Konsequenzen drohen dem Verletzer von Urheber- und Leistungsschutzrechten auch **strafrechtliche Sanktionen,** nämlich bei einfacher Verletzung eine Freiheitsstrafe bis zu drei Jahren oder eine Geldstrafe (§§ 106 – 108 UrhG), bei gewerbsmäßiger Verletzung drohen Freiheitsstrafen bis zu fünf Jahren oder eine Geldstrafe (§ 108a UrhG). Im Regelfall, d.h. sofern nicht die Strafverfolgungsbehörde wegen des besonderen öffentlichen Interesses an der Strafverfolgung ein Einschreiten von Amts wegen für geboten hält, werden die Taten nur auf Antrag verfolgt (§ 109 UrhG). Der Schutz gegen eine Verletzung von Urheberrechten und Leistungsschutzrechten lässt sich jedoch nicht allein durch die Zuerkennung urheberrechtlicher Verbietungsrechte und die Androhung empfindlicher strafrechtlicher Sanktionen gewährleisten. Da sich in der Praxis, namentlich im Bereich digitalisierter Werke, die Beweisführung bei Urheberrechtsverletzungen als schwierig erweist, sind darüber hinaus vielmehr wirksame **technische Schutzmaßnahmen** erforderlich, an deren Fortentwicklung intensiv gearbeitet wird und deren wirkungsvoller Einsatz, wie dargelegt, durch spezielle „ergänzende Schutzbestimmungen" rechtlich flankiert wird (s. zuvor § 76).[312]

4. Kapitel.   Internationaler Urheberrechtsschutz

Bei der bisherigen Darstellung des Urheberrechts und Leistungsschutzes wurde stets das Vorliegen rein inländischer Sachverhalte und folglich die Anwendbarkeit deutschen Rechts, insbesondere deutschen Urheberrechts, unterstellt. Noch nicht beantwortet ist damit die Frage, wie es bei Tatbeständen mit Auslandsberührung um den **internationalen Schutz** der vom Urheberrechtsgesetz erfassten Schutzgegenstände bestellt ist. Auf die zunehmende Bedeutung eines internationalen Schutzes und auf die Herausforderungen, vor die das System zum Schutz des geistigen Eigentums insoweit gerade im Bereich des Urheberrechts als Folge der rasanten Entwicklung der Informations- und Kommunikationstechnologie – insbesondere die Satellitentechnik und das Internet – gestellt wird, wurde bereits in anderen Zusammenhängen hingewiesen (vgl. o. § 1 III., IV.; § 2 VI. 2.; § 4 I.). Zugespitzt lässt sich sagen, dass das seit jeher bestehende (theoretische) Potential einer weltweiten Verwertbarkeit des geistigen Eigentums – seine „Ubiquität" – erst durch die Entwicklung und den Einsatz der neuen Medien Realität geworden ist. Im Zusammenhang mit dem internationalen Urheberrechtsschutz sind verschiedene Fragenkreise zu unterscheiden, insbesondere

- die Frage nach dem **Anwendungsbereich des deutschen Urheberrechts**, und zwar in persönlicher (fremdenrechtlicher) und räumlicher Hinsicht (nachfolgend § 78);
- die Frage nach der **internationalen Zuständigkeit der deutschen Gerichte** (nachfolgend § 79);
- die Frage nach dem auf einen Sachverhalt mit Auslandsberührung **anwendbaren Recht** (nachfolgend § 80) sowie hiermit zusammenhängend
- die Frage nach im Ausland auf der Grundlage der **Staatsverträge** anwendbaren Urheberrecht (nachfolgend § 81).

---

312 Vertiefend hierzu Wand, Technische Schutzmaßnahmen und Urheberrecht, Vergleich des internationalen, europäischen, deutschen und US-amerikanischen Rechts, 2001.

§ 78 Anwendbarkeit deutschen Urheberrechts

Bei der Beantwortung der Frage der Anwendbarkeit deutschen Urheberrechts ist zunächst – wie im Immaterialgüterrecht allgemein (s. hierzu o. § 4 II.) – zwischen dem persönlichen und dem räumlichen Geltungsbereich des Urheberrechtsgesetzes zu unterscheiden.[313]

I. Persönlicher Anwendungsbereich (Fremdenrecht)

Was den persönlichen Anwendungsbereich angeht, gilt das Urheberrechtsgesetz im Grundsatz nur für **deutsche Staatsangehörige** und zwar für alle ihre Werke, unabhängig davon, ob und wo die Werke erschienen sind (§ 120 Abs. 1 UrhG). Bei von Miturhebern geschaffenen Werken (§ 8 – s.o. § 70 II.) genügt es, wenn ein Miturheber deutscher Staatsangehöriger ist (§ 120 Abs. 1 S. 2 UrhG). Deutschen Staatsangehörigen gleichgestellt sind allerdings alle Staatsangehörigen von **EU-Staaten** oder solchen des **Europäischen Wirtschaftsraumes** (EWR[314] – § 120 Abs. 2 Nr. 2 UrhG), ferner Staatenlose (§ 122 Abs. 1 UrhG) und ausländische Flüchtlinge (§ 123 UrhG). Sonstige **Ausländer aus Drittstaaten**, also Staatsangehörige von Staaten, die nicht Mitgliedsstaaten der EU oder des EWR-Abkommens sind, genießen nur unter besonderen gesetzlichen Voraussetzungen den Schutz des Urheberrechtsgesetzes. Dies ist insbesondere dann der Fall, wenn ihre Werke erstmals im Geltungsbereich des Urheberrechtsgesetzes erschienen sind (§ 121 Abs. 1 UrhG). Im Übrigen genießen Ausländer aus Drittstaaten den urheberrechtlichen Schutz nach Maßgabe der einschlägigen **Staatsverträge** (§ 121 Abs. 4 UrhG). Im Bereich des Urheberrechts existiert, wie bereits dargestellt (vgl. § 4 III. 3.), auf der Grundlage der RBÜ (ersatzweise des WUA) ein gut ausgebautes System zur Gewährleistung internationalen Urheberrechtsschutzes, das insbesondere darauf beruht, dass sich die Angehörigen der fraglichen Konventionssysteme gegenseitig Inländerbehandlung gewähren. Da es nur wenige Staaten gibt, die den vorgenannten Abkommen nicht angehören, bedeutet dies im Ergebnis, dass die meisten ausländischen Staatsangehörigen für ihre Werke in der Bundesrepublik Deutschland Schutz nach dem hiesigen Urheberrechtsgesetz genießen.[315] Wie im Bereich des Urheberrechts (§§ 120 – 123 UrhG) regeln entsprechende fremdenrechtliche Bestimmungen die Anwendbarkeit des Urheberrechtsgesetzes im Bereich der Leistungsschutzrechte (vgl. §§ 125 – 128 UrhG).

II. Räumlicher Anwendungsbereich

Auch der räumliche Anwendungsbereich des Urheberrechts ist begrenzt und zwar auf das Hoheitsgebiet der Bundesrepublik Deutschland. Die territoriale Begrenzung des Urheberrechts auf die Staatsgrenzen, das sog. **Territorialitätsprinzip**, gilt aber nicht nur im deutschen Urheberrecht, sondern auch in allen ausländischen Rechtsordnungen. Beim Territorialitätsprinzip handelt es sich – wie bereits in anderem Zusammenhang erörtert (s. o. § 4 II. 2.) – um einen allgemein anerkannten Grundsatz des internationa-

---

313 Rehbinder, Urheberrecht, S. 370 ff., Rdn. 971 ff.
314 Die EU-Staaten haben mit Island, Liechtenstein und Norwegen den EWR-Vertrag geschlossen und bilden mit diesen räumlich einen gemeinsamen Binnenmarkt.
315 Hertin, Urheberrecht, S. 236 Rdn. 787.

len Immaterialgüterrechts.³¹⁶ Demzufolge wird der urheberrechtliche Schutz eines Werkes nach dem deutschen Urheberrecht nur innerhalb des Territoriums der Bundesrepublik Deutschland gewährt, d.h., das dem Urheber gewährte Verbotsrecht richtet sich nur an Personen im Inland. Umgekehrt ist der im Ausland nach dem dortigen Urheberecht gewährte Schutz auch nur auf das jeweilige Staatsgebiet begrenzt. Die mangelnde Anerkennung ausländischer subjektiver Urheberrechte durch das Territorialitätsprinzip hat zur Folge, dass der Urheber kein einheitliches und weltweit gültiges, sondern lediglich ein territorial begrenztes Urheberrecht besitzt. Die internationalen Abkommen auf dem Gebiet des Urheberrechts dienen dazu, die Schwierigkeiten, die sich aus dem Territorialitätsprinzip ergeben, zu überwinden, sie bewirken jedoch lediglich eine gewisse Harmonisierung der nationalen Urheberrechte in den Mitgliedsstaaten, ersetzen diese jedoch nicht durch ein einheitliches Urheberrecht.³¹⁷ Der Urheber besitzt folglich kein einheitliches, weltweit gültiges Urheberrecht, sondern, wie man sagt, ein „Bündel" von nationalen Urheberrechten (sog. **Bündeltheorie**).³¹⁸ Das Territorialitätsprinzip zwingt also den Rechtsinhaber sein Recht in der jeweiligen Rechtsordnung des Schutzlandes zu suchen (**„Schutzlandprinzip"**).

§ 79 Internationale Zuständigkeit der deutschen Gerichte

Von der Frage des Anwendungsbereichs des deutschen Urheberrechtsgesetzes ist die Frage zu unterscheiden, unter welchen Voraussetzungen in Fällen der Verletzung von Urheberrechten und Leistungsschutzrechten bei Auslandsberührung die **internationale Zuständigkeit** der deutschen Gerichte gegeben ist.³¹⁹ Diese Frage ist aus Sicht des deutschen Rechteinhabers insbesondere deshalb von Bedeutung, weil die Bemühung von ausländischen Gerichten in der Regel mit größeren praktischen Schwierigkeiten und wirtschaftlichen Risiken verbunden ist. Sie beantwortet sich nach den Bestimmungen des deutschen internationalen Zivilprozessrechts (IZPR). Sofern keine vorrangige internationale Regelung (wie z.B. die EuGVVO) eingreift, sind dies die Regeln der ZPO, die analog auch zur Klärung der internationalen Zuständigkeit herangezogen werden, insbesondere auch die des Tatortprinzips nach § 32 ZPO. In der EU richtet sich die internationale Zuständigkeit zur Entscheidung über Sachverhalte, die Berührungspunkte zu einem anderen Vertragsstaat aufweisen, nach der am 1.3.2002 in Kraft getretenen **EuGVVO**³²⁰ (auch **Brüssel-I-Verordnung** genannt), im Verhältnis zu den ehemaligen EFTA-Staaten³²¹ nach dem parallelen **Lugano-Abkommen**.³²² Die Zuständigkeit der deutschen Gerichte, d.h. ein deutscher Gerichtsstand, kann danach durch unterschiedliche Tatbestände begründet werden.

---

316 BGH GRUR 2005, 431, 432 „Hotel Maritime"; Rehbinder, Urheberrecht, S. 372 Rdn. 976; Schricker/Katzenberger, Urheberrecht, Vor §§ 120 ff. Rd. 120; Ahrens/McGuire, Modellgesetzbuch, § 24 GGE, S. 86.
317 Junker, Anwendbares Recht, S. 171 ff.
318 Schricker/Katzenberger, Urheberrecht, Vor §§ 120 ff. Rdn. 121; Dreier/Schulze, Vor §§ 120 ff. Rdn. 28.
319 Übergreifend zur internationalen Zuständigkeit im Bereich des geistigen Eigentums s. Ahrens/McGuire, Modellgesetzbuch, §§ 29 – 32 GGE, S. 100 ff.; ferner Hoeren, Online-Skript „Internetrecht", S. 475 ff.
320 Verordnung (EG) Nr. 44/2001 v. 22.12.2000 über die gerichtliche Zuständigkeit und die Anerkennung und Vollstreckung von Entscheidungen in Zivil- und Handelssachen, ABl. EG v. 16.1.2001 Nr. L 12 – sie ersetzt für die Mitgliedsstaaten der EU mit Ausnahme von Dänemark die EuGVÜ v. 27.9.1968.
321 Island, Norwegen, Schweiz.
322 Dreier/Schulze, Vor §§ 120 Rdn. 58; Hoeren, Online-Skript „Internetrecht", S. 480.

I. Wohnsitz

So ist die Zuständigkeit der deutschen Gerichte insbesondere stets dann begründet, wenn der Beklagte seinen Wohnsitz in Deutschland hat. Nach dem allgemeinen Gerichtsstand können Personen, die ihren Wohnsitz im Hoheitsgebiet eines Mitgliedsstaates haben, ohne Rücksicht auf ihre Staatsangehörigkeit vor den Gerichten dieses Mitgliedsstaates verklagt werden (Art. 2 Abs. 1 EuGVVO). Gesellschaften und juristische Personen können an dem – dem Wohnsitz gleichgestellten – Ort, an dem sich ihr satzungsgemäßer Sitz, ihre Hauptverwaltung oder ihre Hauptniederlassung befindet, verklagt werden (Art. 60 Abs. 1 EuGVVO).

II. Deliktischer Gerichtsstand

Größere Bedeutung für urheberrechtliche Verletzungsklagen mit Auslandsbezug hat jedoch als besonderer Gerichtsstand der sog. **deliktische Gerichtsstand**, der für Klagen wegen begangener unerlaubter Handlungen die Zuständigkeit des Gerichts des Begehungsortes (Tatortes) begründet. Danach kann eine Person, die ihren Wohnsitz im Hoheitsgebiet eines Mitgliedsstaates hat, in einem anderen Mitgliedsstaat verklagt werden, wenn eine unerlaubte Handlung oder Ansprüche aus einer solchen Handlung den Gegenstand des Verfahrens bilden, vor dem Gericht des Ortes, an dem das schädigende Ereignis eingetreten ist oder einzutreten droht (§ 32 ZPO, Art. 5 Nr. 3 EuGVVO).

III. Veröffentlichungen im Internet

Die Frage der internationalen Zuständigkeit stellt sich insbesondere auch für mögliche Rechtsverletzungen durch Veröffentlichungen im Internet. Bekanntlich lässt sich der in irgendeinem beliebigen Land der Welt auf einem Server zum Abruf bereitgestellte Inhalt weltweit von jedem Rechner mit Internetzugang abrufen. Im Falle von internetbezogenen Rechtsstreitigkeiten zwischen Parteien mit Sitz in verschiedenen Staaten erweist sich die Bestimmung des international zuständigen Gerichts als schwierig, weil sich mit dem Standort des Servers, dem Ort des Uploads und den beliebigen Orten eines weltweit möglichen Abrufs eine Vielzahl unterschiedlicher Anknüpfungspunkte für eine Lokalisierung der Rechtsverletzung bieten. Als **Tatort** im Sinne des deliktischen Gerichtsstandes (§ 32 ZPO, Art. 5 Nr. 3 EuGVVO, Art. 5 Abs. 3 Lugano-Übereinkommen) kommen sowohl der **Handlungsort** als auch der **Erfolgsort**, d.h. der Ort an dem das schädigende Ereignis eingetreten ist, in Betracht.[323] Die potentielle internationale Gerichtszuständigkeit reicht daher bei internetbezogenen Rechtsstreitigkeiten vom Gericht am Standort des Servers, dem Ort des Uploads bis zu dem Gericht an einem beliebigen Abrufort.[324] Aus der Umschreibung des Tatorts in Art. 5 Nr. 3 EuGVVO folgt, das für dessen Bestimmung auf das **Schutzlandprinzip** abzustellen ist (s.o. § 4 II. 2., ferner u. § 80 II.). Das heißt, als Tatort kommt nur ein Ort in Betracht, an dem nach dem dort geltenden Recht eine Urheberrechtsverletzung stattgefunden hat.[325] Die internationale Zuständigkeit deutscher Gerichte hängt allerdings nicht davon ab, dass eine

---

[323] BGH GRUR 2006, 513, 515 „Arzneimittelwerbung im Internet"; BGH v. 15.8.2013, I ZR 80/12 „File-Hosting-Dienst".
[324] Hoeren, Online-Skript „Internetrecht", S. 477.
[325] Dreier/Schulze, Vor §§ 120 ff. Rdn. 61.

Rechtsverletzung tatsächlich erfolgt ist, vielmehr reicht es, dass diese behauptet wird und nicht von vornherein ausgeschlossen ist.[326] Fraglich ist, ob die bloße Abrufbarkeit urheberrechtlich geschützter Inhalte in Deutschland als zuständigkeitsbegründende Tathandlung in Betracht kommt. Bei **Wettbewerbsverletzungen** im Internet geht der BGH davon aus, dass der Erfolgsort im Inland belegen ist, wenn sich der Internet-Auftritt bestimmungsgemäß dort auswirken soll.[327] Nach Auffassung des BGH spricht angesichts der ansonsten gegebenen Vielzahl von Gerichtsständen auch bei **Kennzeichenverletzungen** viel für eine Begrenzung auf die Gerichtsstände, in denen eine Interessenkollision tatsächlich eingetreten ist.[328] Auf ähnliche Kriterien hat der BGH in einem Fall wegen einer **Persönlichkeitsrechtsverletzung** durch einen Blog-Eintrag im Internet abgestellt. Die deutschen Gerichte seien danach zuständig, „wenn die als rechtsverletzend beanstandeten Inhalte objektiv einen deutlichen Bezug zum Inland in dem Sinne aufweisen, dass eine Kollision der widerstreitenden Interessen nach den Umständen des konkreten Falls im Inland tatsächlich eingetreten sein kann oder eintreten kann".[329] Ob die vorgenannten Kriterien der „**bestimmungsgemäßen Auswirkung**" bzw. des „Inlandsbezugs wegen einer Interessenkollision im Inland" auch für die Bestimmung des international zuständigen Gerichts in Fällen von **Urheberrechtsverletzungen** im Internet heranzuziehen sind, ist umstritten.[330] Primärer Anknüpfungspunkt für diese Frage ist im Urheberrecht das dem Urheber ausdrücklich vorbehaltene Online-Verwertungsrecht der **öffentlichen Zugänglichmachung** (Art. 8 WCT, Art. 3 Richtlinie 2001/29/EG, § 19a UrhG). Für die Bestimmung des Erfolgsorts stellt sich danach die Frage, in welchen Ländern die öffentliche Zugänglichmachung in Rechte eingreift, d.h. ob die öffentliche Zugänglichmachung als isolierter Akt nur das Recht in einem Land (z.B. dem Land des Uploads), das Recht in allen Ländern (Abrufmöglichkeit) oder nur in bestimmten Ländern (bestimmungsgemäßer Abruf) berührt. Ähnlich wie im Wettbewerbs- und Kennzeichenrecht liegt es auch im Urheberrecht im Sinne einer Einschränkung eines uferlosen, an jedem Ort der bloßen technischen Abrufbarkeit begründeten Gerichtsstands nahe, die internationale Zuständigkeit durch geeignete Kriterien auf den „relevanten Markt" eines „**bestimmungsgemäßen Abrufs**" zu beschränken.[331] In diesem Sinne hat inzwischen auch der BGH entschieden: Sind Abbildungen von Kunstwerken als sog. Vorschaubilder in einer Suchmaschine, die durch Speicherung auf Servern in den USA vorgehalten werden, bestimmungsgemäß (auch) in Deutschland zu sehen, und werden insoweit Verletzungshandlungen an von im Inland bestehenden Urheberrechten geltend gemacht, ist die internationale Zuständigkeit deutscher Gerichte gegeben.[332] Ungeachtet der Frage der Reichweite der öffentlichen Zugänglichmachung wird eine internationale Zuständigkeit in vielen Fällen auch durch im Abrufland vorgenommene Vervielfältigungshandlungen (Kopie in Arbeitsspeicher, Download) begründet sein. Bei der Verfolgung von Schadensersatzansprüchen ist zu beachten, dass die deutschen Gerichte nur für den Teil des Schadens zuständig sind, der im Inland ent-

---

326 BGH GRUR 2005, 431, 432 „Hotel Maritime"; BGH GRUR 2006, 513, 515 „Arzneimittelwerbung im Internet".
327 BGH GRUR 2006, 513, 515 „Arzneimittelwerbung im Internet".
328 BGH GRUR 2005, 431, 432 „Hotel Maritime".
329 BGH GRUR 2012, 311, 312 „Blog-Eintrag".
330 Vgl. Dreier/Schulze, Vor §§ 120 ff. Rdn. 64, 40 ff. m.w. Nachw.; ferner Hoeren, Online-Skript „Internetrecht", S. 481 f.
331 Dreier/Schulze, Vor §§ 120 ff. Rdn. 42, 61.
332 BGH v. 29.4.2010, I ZR 69/08, „Vorschaubilder".

standen ist, d.h. der Gesamtschaden unter Einbeziehung des ggf. im Ausland entstandenen Schadens wäre nur am Sitz des Verletzers einklagbar.³³³ In dem Rechtsstreit zur Erlangung eines Titels ist der Einwand des Beklagten, dass die fragliche Nutzungshandlung nach seinem Heimatrecht zulässig wäre, zwar unbeachtlich. Zu Schwierigkeiten kann es allerdings bei der Vollstreckung eines im Inland erstrittenen Unterlassungsurteils gegen einen ausländischen Betreiber einer Website kommen, wenn das Urteil dem Beklagten eine nach deutschem Urheberrecht unzulässige Nutzungshandlung untersagt, die jedoch nach dem nationalen Urheberrecht am Sitz des Beklagten zulässig ist.³³⁴

§ 80 Anwendbares Recht (Kollisionsrecht)

Die zuvor erörterte vorgreifliche Frage der internationalen Zuständigkeit der deutschen Gerichte ist von der Frage abzugrenzen, welches Recht auf Urheberverletzungen anwendbar ist.

I. Internationales Privatrecht

Bei der Frage, nach welcher Rechtsordnung Urheberrechtsschutz bei Sachverhalten mit Auslandsberührung gewährt wird, handelt es sich um eine kollisionsrechtliche Frage, die sich nach den Regeln des Internationalen Privatrechts (**IPR**) beantwortet. Das IPR als **Kollisionsrecht** bestimmt, das Recht welches Staates auf einen Sachverhalt mit Auslandsberührung Anwendung findet. Trotz inhaltlicher Angleichungen in Teilbereichen aufgrund von Staatsverträgen gibt es kein einheitliches internationales Einheitskollisionsrecht, so dass das jeweils nationale IPR maßgeblich ist.³³⁵ Die internationale Zuständigkeit eines deutschen Gerichts unterstellt, bestimmt sich die Frage des anwendbaren Urheberrechts daher nach den Regelungen des deutschen IPR, das in Deutschland hauptsächlich in den Art. 3 – 46 EGBGB geregelt und vom Richter von Amts wegen zu berücksichtigen ist. Es besteht aus Kollisionsnormen, die mit Hilfe bestimmter Anknüpfungspunkte das in der Sache anzuwendende Recht bezeichnen. Die durch eine Kollisionsnorm auf einen bestimmten Fragenkomplex zur Anwendung berufenen Sachnormen bilden das sog. **Sachstatut** (z.B. Schuldstatut, Deliktsstatut, Erbstatut).³³⁶

II. Schutzlandprinzip

Das deutsche IPR enthält – wie die Rechtsordnungen vieler anderer Länder auch – keine besondere Regelung für Immaterialgüterrechtsverletzungen. Der Gesetzgeber hielt die Aufnahme einer entsprechenden Sondernorm im Rahmen der EGBGB-Novelle 1999 im Hinblick auf die allgemeine Geltung des Schutzlandsprinzips für entbehr-

---

333 So die vom EuGH für Persönlichkeitsrechtsverletzungen entwickelte Rechtsprechung, EuGH NJW 1995, 1882 „Shevill", deren Geltung auch für Urheberrechtsverletzungen angenommen wird – Dreier/Schulze, Vor §§ 120 ff. Rdn. 61.
334 Thum, Internationalprivatrechtliche Aspekte der Verwertung urheberrechtlich geschützter Werke im Internet, GRUR Int. 2001, 26.
335 Junker, Anwendbares Recht, S. 166.
336 Palandt/Heldrich, BGB, Einl. vor Art. 3 EGBGB Rdn. 2.

lich.[337] Nach dem **Schutzlandprinzip** ist bei Urheberrechtsverletzungen, wie bereits dargestellt (s.o. § 79 III.), das Recht desjenigen Staates anwendbar, für dessen Gebiet Schutz in Anspruch genommen wird (sog. lex loci protectionis).[338] Inzwischen ist die Maßgeblichkeit des Schutzlandprinzps bei der Verletzung von Rechten des geistigen Eigentums für das Gebiet der EU in Art. 8 Abs. 1 der **Rom II-Verordnung** über das auf außervertragliche Schuldverhältnisse anzuwendende Recht verankert (s. hierzu bereits o. § 4 II. 2.). Bei dem Schutzlandprinzip handelt es sich nach verbreiteter Ansicht um die kollisionsrechtliche Entsprechung des sachrechtlichen Territorialitätsprinzips[339] (s. zuvor § 78 II. a.E.). Mittelbar wirkt es sich auch auf die Bestimmung der internationalen Zuständigkeit aus, da sich die Frage, ob eine zuständigkeitsbegründende Tathandlung i.S.d. deliktischen Gerichtsstandsregelung vorliegt, wie gesehen (s.o. § 79 III.), von dem angerufenen Gericht nach dem Recht bestimmt wird, das nach dem IPR des Forumstaates – bei Immaterialgüterrechten also dem Schutzlandsprinzip – anwendbar ist.[340] In Deutschland unterstellt die überwiegende Ansicht das Urheberrecht insgesamt dem Schutzlandsprinzip. Das heißt, auch die kollisionsrechtlichen Vorfragen, wie die Entstehung des Urheberrechts, die erste Inhaberschaft am Urheberrecht und die Übertragbarkeit der urheberrechtlichen Befugnisse richten sich ebenso wie die Frage der Verletzung des Urheberrechts nach dem Recht des Schutzlandes.[341] Die sich bei der Anwendung des Schutzlandprinzips stellende Frage nach der Lokalisierung einer Urheberrechtsverletzung in einem bestimmten Schutzland ist in der Regel unproblematisch, sofern es sich um körperliche Verwertungshandlungen, wie z.B. die Vervielfältigung eines Buches handelt, da es sich hierbei im Normalfall um sog. **Platzdelikte** handelt. Schwieriger gestaltet sich die Zuordnung einer in Rede stehenden Verwertungshandlung zu einem Schutzland jedoch, wenn diese – wie insbesondere bei der öffentlichen Zugänglichmachung von geschützten Inhalten im Internet – nicht nur in einem, sondern in vielen Ländern erfolgt (s. zuvor § 79 III.).

III. Anwendbares Urheberrecht bei Verletzungshandlungen im Internet

Fraglich ist, welches der zahlreichen durch eine Werkpräsenz im Internet berührten nationalen Urheberrechte über die Rechtmäßigkeit der Verwertung entscheiden können soll. Die Bedeutung dieser Frage lässt sich anhand eines Beispiels[342] veranschaulichen, bei dem es darum ging, dass der ursprünglich in schwarz-weiß gedrehte Film „Der General" von Buster Keaton in kolorierter Fassung über einen On-Demand-Dienst weltweit im Internet vertrieben wurde. Während die Filme von Buster Keaton in USA wegen Ablauf der Schutzfrist bereits gemeinfrei waren, lief der Schutz noch in Deutsch-

---

337 Ausführlich hierzu Junker, Anwendbares Recht, S. 178 ff.
338 Rehbinder, Urheberrecht, S. 372 Rdn. 977; Dreier/Schulze, Vor §§ 120 ff. Rdn. 28..
339 Vgl. die Nachw. bei Junker, Anwendbares Recht, S. 175; Ahrens/McGuire, Modellgesetzbuch, § 24 GGE, S, 86 f.
340 Hoeren, Online-Skript „Internetrecht", S. 481 f.
341 Ausführlich Junker, Anwendbares Recht, S. 182 ff.; ferner Ahrens/McGuire, Modellgesetzbuch, § 24 GGE, S. 87 f.; kritisch Schmid/Wirth, Urheberrechtsgesetz, Vorbem. zu §§ 120 ff. Rdn. 6 ff.
342 Geller in Hugenholtz (Hrsg.), The future of Copyright in a digital Environment, 1996, S. 27 – zitiert nach Thum, Internationalprivatrechtliche Aspekte der Verwertung urheberrechtlich geschützter Werke im Internet, GRUR Int. 2001, 20.

land.³⁴³ In Frankreich waren die Verwertungsrechte bereits erloschen, die Verbreitung kolorierter Fassungen stellt sich dort jedoch als Verletzung des Urheberpersönlichkeitsrechts des Regisseurs dar. In solchen Fällen stellt sich also die Frage, welches nationale Urheberrecht – US-amerikanisches, deutsches und/oder französisches – zur Beurteilung der Verwertungshandlung via Internet heranzuziehen ist. In Europa beurteilt sich die Frage der Rechtmäßigkeit einer Nutzungshandlung, wie erörtert, nach dem **Schutzlandprinzip**, d.h. jede der berührten nationalen Rechtsordnungen entscheidet darüber, ob die Nutzung nach ihrem Urheberrecht erlaubt ist oder nicht (sog. **Mosaikbetrachtung**). Dies hat für die Verwertung im Internet also zur Folge, dass die weltweite Zugänglichmachung von Werken im Internet nur dann zulässig ist, wenn diese Verwertungshandlung nach den berührten Rechtsordnungen an sämtlichen Abruforten zulässig ist, z.B. weil das Werk überall gemeinfrei ist oder weil nach allen Rechtsordnungen Schrankenbestimmungen zugunsten des Verwerters eingreifen.³⁴⁴

§ 81 Urheberrechtsschutz im Ausland

Angesichts der jeweiligen territorialen Begrenzung der nationalen Schutzgesetze kommt im Bereich des geistigen Eigentums den Staatsverträgen zum gegenseitigen Schutz maßgebliche Bedeutung zu. Im Bereich des Urheberrechts und der verwandten Schutzrechte existieren eine Vielzahl mehrseitiger und zweiseitiger internationaler Verträge, deren Darstellung den Rahmen dieses Buches jedoch sprengen würde.³⁴⁵ Der nachfolgende Überblick beschränkt sich daher auf die großen Konventionen, die für die Urheberrechtsbeziehungen der Bundesrepublik zu ausländischen Staaten im Vordergrund stehen.

I. Revidierte Berner Übereinkunft (RBÜ)

Auf dem Gebiet des Urheberrechts ist die RBÜ der bedeutendste und älteste völkerrechtliche Vertrag. Wie bereits im Rahmen des einleitenden Überblicks zum internationalen Schutz des geistigen Eigentums dargestellt (s.o. § 4 III. 3.), ist der durch die RBÜ gewährleistete Schutz durch zwei zentrale Schutzprinzipien gekennzeichnet, nämlich den Grundsatz der **Inländerbehandlung** und die den konventionsgeschützten Urhebern nach Maßgabe der RBÜ in anderen als dem Ursprungsland gewährten sog. **Mindestrechte**. Die Mindestrechte stehen den Urhebern unmittelbar Kraft der Übereinkunft zu (sog. ius conventionis), d.h., zum einen können sich die Urheber unmittelbar auf sie berufen, zum anderen bestehen die Mindestrechte ohne Rücksicht darauf, ob der Verbandsstaat, in dem die Mindestrechte in Anspruch genommen werden, diese auch nach

---

343 Hintergrund hierfür ist, dass in den USA bis vor wenigen Jahren kürzere Schutzfristen galten als in Deutschland, nämlich 28 Jahre nach dem Copyright Act von 1909 bzw. 50 Jahre nach Copyright Act von 1976. Die Schutzfrist wurde erst 1998 auf 70 Jahre verlängert – vgl. Schricker/Katzenberger, Urheberrecht, § 64 Rdn. 12.
344 Thum, Internationalprivatrechtliche Aspekte der Verwertung urheberrechtlich geschützter Werke im Internet, GRUR Int. 2001, 20.
345 Gute Übersichten bieten u.a. Schricker/Katzenberger, Urheberrecht, Vor §§ 120ff. Rdn. 13 – 113; Dreier/Schulze, Vor §§ 120 ff. Rdn. 14 ff.; Möhring/Nicolini/Hartmann, UrhG, Vor §§ 120 ff. Rdn. 56 – 158; zu den von der WIPO verwalteten Verträgen vgl. ferner http://www.wipo.int/treaties/en/ (letzter Abruf: 04/2014).

seinem nationalen Recht als Inländerrecht gewährt. Zu den durch die RBÜ gewährten Mindestrechten gehören:[346]

- das **Urheberpersönlichkeitsrecht** (Anerkennung der Urheberschaft und Entstellungsschutz, Art. 6$^{bis)}$,
- das **Übersetzungsrecht** (Art. 8),
- das **Vervielfältigungsrecht** (Art. 9, 13),
- das **Vortragsrecht** und das Recht zur Übertragung des Vortrags (Art. 11ter),
- das **Aufführungsrecht** und Übertragungsrechte bei musikalischen und dramatisch-musikalischen Werken (Art. 11),
- das **Senderecht** und das Recht der öffentlichen Wiedergabe gesendeter Werke (Art. 11bis),
- das **Bearbeitungsrecht** (Art. 12),
- das **Verfilmungsrecht** (Art. 14, 14bis).

Durch die in allen Verbandsstaaten außer dem Ursprungsland (Land der ersten Veröffentlichung) gewährten Mindestrechte soll ein gewisses internationales **Mindestschutzniveau** sichergestellt werden. Die Regelung, dass der Mindestschutz dem Urheber im Ursprungsland nicht zusteht (Art. 5 Abs. 1 RBÜ), befördert dieses Ziel. Denn jeder Verbandsstaat, der seine eigenen Angehörigen nicht schlechter stellen will als Ausländer, wird folglich bemüht sein, sein internes Recht zumindest am Schutzniveau der RBÜ zu orientieren.[347]

II. TRIPS-Übereinkommen

Wie bereits im einleitenden Überblick zum internationalen Schutz des geistigen Eigentums dargestellt (s.o. § 4 III. 5.), wurde im Zuge der Errichtung der Welthandelsorganisation (WTO) im Jahre 1994 das „Übereinkommen über handelsbezogene Aspekte der Rechte des geistigen Eigentums" (das sog. TRIPS-Übereinkommen) geschlossen, bei dem es sich um eines der bedeutendsten internationalen Abkommen zum Schutz des geistigen Eigentums handelt. Die Bedeutung des TRIPS-Übereinkommens ist auch dadurch begründet, dass es – anders als die spezielleren Staatsverträge im Bereich des geistigen Eigentums – nicht nur auf eine einzelne Kategorie geistiger Schaffensergebnisse abzielt, sondern übergreifend auf den Schutz und die Durchsetzung des geistigen Eigentums insgesamt, also sowohl auf den Schutz durch die verschiedenen gewerblichen Schutzrechte als auch auf den Schutz durch das Urheberrecht und die verwandten Schutzrechte.

1. Grundprinzipen

Was den Inhalt des TRIPS-Übereinkommens angeht, das neben seiner Präambel aus insgesamt sieben Teilen besteht, sind zunächst die im ersten Teil geregelten allgemeinen Bestimmungen und Grundprinzipien (Art. 1 – 8) hervorzuheben. Der durch das TRIPS-Übereinkommen gewährte Schutz ist danach im Wesentlichen durch die folgenden, für

---

[346] Möhring/Nicolini/Hartmann, UrhG, Vor §§ 120 ff. Rdn. 64 f.
[347] Rehbinder, Urheberrecht, S. 375 Rdn. 988.

den Schutz sämtlicher Immaterialgüter gleichermaßen maßgeblichen **Grundprinzipen** gekennzeichnet (siehe bereits o. § 4 III. 5.):[348]

- den **Inländerbehandlungsgrundsatz** (Art. 3 TRIPS), bei dem es sich um eine Konkretisierung der zentralen völkerrechtlichen Prinzipien der Gleichstellung und Nichtdiskriminierung handelt und gleichzeitig um den bedeutendsten Grundsatz des TRIPS-Übereinkommens und aller anderen internationalen Verträge zum Schutz des geistigen Eigentums (vgl. bereits o. § 4 III. 1. [PVÜ], 3. [RBÜ], 5. [TRIPS]);
- den **Mindestschutzgrundsatz** (Art. 1 Abs. 1 S. 2 TRIPS), der darauf abzielt, ein ausgeglichenes Schutzniveau in allen dem Übereinkommen beigetretenen Staaten herzustellen und unangemessene Ergebnisse, die durch den Inländerbehandlungsgrundsatz entstehen können, zu vermeiden;
- den **Meistbegünstigungsgrundsatz** (Art. 4 TRIPS), der auf eine Gleichstellung eines jeden Urhebers mit den meistbegünstigten Ausländern abzielt, um eine willkürliche Diskriminierung eines Urhebers aus einem bestimmten des Auslands gegenüber einem aus einem anderen Staat des Auslands stammenden Urheber zu vermeiden.

2. Die urheberrechtlichen Regelungen des TRIPS-Übereinkommens

Das TRIPS-Übereinkommen enthält in seinem zweiten Teil (Art. 9 – 40) grundlegende Regelungen zu den einzelnen Teilgebieten des Immaterialgüterrechts. Spezielle Vorschriften zum **Urheberrecht** und den verwandten Schutzrechten finden sich im ersten Unterabschnitt (Art. 9 – 14). Wie bereits in anderem Zusammenhang (s.o. § 4 III. 5.) ausgeführt, baut das TRIPS-Übereinkommen auf den bestehenden wichtigen völkerrechtlichen Verträgen im Bereich des geistigen Eigentums auf und erklärt deren Regelungen für seine Mitglieder als Mindestschutzstandards für verbindlich (Art. 2, 9 Abs. 1). Maßgebliche Vorschrift für den Bereich des Urheberrechts ist insoweit Art. 9 Abs. 1, durch den das TRIPS-Übereinkommen seine Mitglieder zur Anwendung der Art. 1 – 21 RBÜ (Pariser Fassung 1971) verpflichtet, allerdings mit Ausnahme der Regelungen über das Urheberpersönlichkeitsrecht (Art. 9 Abs. 1 S. 2).[349] Die Schutzprinzipien der RBÜ, also insbesondere deren Mindestrechte, finden danach im Verhältnis der TRIPS-Mitgliedsstaaten zueinander Anwendung.[350] Zum Schutzgegenstand und Schutzumfang bestimmt Art. 9 Abs. 2, dass sich der urheberrechtliche Schutz „auf Ausdrucksformen und nicht auf Ideen, Verfahren, Arbeitsweisen oder mathematische Konzepte als solche" erstreckt. Dies entspricht dem Verständnis nach deutschem Urheberrecht (s.o. § 69 I. 3. ausdrücklich zum Schutzgegenstand bei Computerprogrammen, § 69a UrhG; ferner allgemein § 71 III.). Die für den urheberrechtlichen Schutz nach dem TRIPS-Übereinkommen grundlegende Vorschrift des Art. 9 Abs. 1 ist Ausdruck des sog. **Bern-Plus-Ansatzes**. Danach soll das hohe Schutzniveau der bestehenden Konventionen beibehalten und nur soweit wie erforderlich vereinzelt durch neue, weiterreichende Regelungen ergänzt werden, die über das Schutzniveau der RBÜ hinausreichen (sog. **Bern-Plus-Elemente**).[351] Der im Bereich des Urheberrechts verfolgte Bern-Plus-

---

348 Näheres vgl. Duggal, TRIPS-Übereinkommen, S. S. 65 ff.; ferner Möhring/Nicolini/Hartmann, UrhG, Vor §§ 120 ff. Rdn. 106; Schricker/Katzenberger, Urheberrecht, Vor §§ 120ff. Rdn. 19f.
349 Zur Bedeutung der Einschränkungen vgl. Duggal, TRIPS-Übereinkommen, S. 68 f.
350 Möhring/Nicolini/Hartmann, UrhG, Vor §§ 120 ff. Rdn. 109.
351 Duggal, TRIPS-Übereinkommen, S. 68.

Ansatz des TRIPS-Übereinkommens hat sich im Wesentlichen in den folgenden Regelungen niedergeschlagen:

- Klarstellung, dass **Computerprogramme**, gleichviel ob sie im Quellcode oder im Maschinenprogrammcode ausgedrückt sind, als Werke der Literatur nach der RBÜ (1971) geschützt werden (Art. 10 Abs. 1);
- Klarstellung des urheberrechtlichen Schutzes von **Datenbanken**, allerdings nur, soweit diese „aufgrund der Auswahl oder Anordnung ihres Inhalts geistige Schöpfungen bilden" (Art. 10 Abs. 2). Der Schutz von Datenbanken nach dem TRIPS-Übereinkommen ist damit enger als der auf der Grundlage der europäischen Datenbankrichtlinie gewährte zweigliedrige Schutz (s. hierzu o. § 69 X. 2.; § 75 IV. 1.) und sieht anders als dieser keinen Schutz nichtschöpferischer Datensammlungen vor;[352]
- **Vermietrecht** für Computerprogramme und Filmwerke (Art. 11), das durch das TRIPS-Übereinkommen erstmals in einem internationalen Urheberrechtsabkommen aufgenommen wurde;[353]
- Präzisierung der Berechnung der **Schutzdauer** in Fällen, in denen das Urheberrecht nicht nach der Lebensdauer einer natürlichen Person zu berechnen ist (Art. 12). Angesichts der auch in der RBÜ (Art. 7 Abs. 1) vorgesehenen Mindestschutzdauer von 50 Jahren ist die Regelung praktisch allerdings von untergeordneter Bedeutung;[354]
- Bestimmung, dass die Mitglieder **Beschränkungen** und **Ausnahmen** von ausschließlichen Rechten auf bestimmte Sonderfälle begrenzen, die weder die normale Auswertung des Werkes beeinträchtigen noch die berechtigten Interessen des Rechtsinhabers unzumutbar verletzen (Art. 13). Die Regelung schützt den Urheber vor einer wirtschaftlichen Aushöhlung seiner Rechte durch zu weitreichende Schrankenbestimmungen. Sie ist angelehnt an die ähnlich lautende Bestimmung in Art. 9 Abs. 2 RBÜ, die sich allerdings nur auf das Vervielfältigungsrecht bezieht, während Art. 13 TRIPS weiter greift und alle ausschließlichen Rechte des Urheberrechts betrifft.[355]

III. WIPO-Urheberrechtsvertrag

Erwähnung verdient schließlich der WIPO-Urheberrechtsvertrag (WIPO Copyright Treaty, kurz „WCT"), der auf einer diplomatischen Konferenz unter der Schirmherrschaft der Weltorganisation für geistiges Eigentum (WIPO) am 20.12.1996 geschlossen wurde.[356] Beim WIPO-Urheberrechtsvertrag handelt es sich um ein Sonderabkommen zur RBÜ (Art. 1 Abs. 1 WCT i.V.m. Art. 20 RBÜ), das in Ergänzung zur RBÜ anwendbar ist und darauf abzielt, den internationalen Schutz des Urheberrechts auf der Grundlage der seit 1971 nicht mehr revidierten RBÜ insbesondere auch in Bezug auf die Herausforderungen durch die Digitaltechnik zu modernisieren. Ähnlich wie das TRIPS-Übereinkommen enthält auch der WIPO-Urheberrechtsvertrag Klarstellungen

---

352 Schricker/Katzenberger, Urheberrecht, Vor §§ 120 ff. Rdn. 21.
353 Näheres vgl. Duggal, TRIPS-Übereinkommen, S. 71 ff.
354 Schricker/Katzenberger, Urheberrecht, Vor §§ 120 ff. Rdn. 22.
355 Schricker/Katzenberger, Urheberrecht, Vor §§ 120 ff. Rdn. 22.
356 Abrufbar unter: http://www.wipo.int/treaties/en/ (letzter Abruf: 04/2014).

zum Schutzumfang des urheberrechtlichen Werkschutzes (Art. 2 WCT), zum Schutz von Computerprogrammen (Art. 4 WCT) sowie von Datenbanken (Art. 5 WCT). Mit Blick auf die Herausforderungen durch Informationstechnologie ist das neuartige, im TRIPS-Übereinkommen noch nicht vorgesehene Recht der öffentlichen Wiedergabe in unkörperlicher Form („mit oder ohne Draht") einschließlich der öffentlichen Zugänglichmachung („**right of making available**" – sog. Onlinerecht) hervorzuheben, ferner die neuartigen Verpflichtungen der Vertragsstaaten in Bezug auf die Unterbindung der Umgehung von **technischen Schutzmaßnahmen** (Art. 11 WCT) sowie im Hinblick auf die Verhinderung der unbefugten Entfernung oder Änderung elektronischer Informationen über die Rechtverwaltung (Art. 12 WCT – sog. **digital rights management**).[357] Die zuletzt genannten Vorgaben des WIPO-Urheberrechtsvertrages wurden, wie bereits erörtert (s. o. § 71 II. 2. c.; § 76), auf Gemeinschaftsebene durch die InfoSoc-Richtlinie und auf nationaler Ebene durch die Urheberrechtsnovelle 2003 umgesetzt.

---

[357] Näheres zum WCT Schricker/Katzenberger, Urheberrecht, Vor §§ 120ff. Rdn. 50 ff.

Siebter Abschnitt: Wettbewerbsrecht (Lauterkeitsrecht)

§ 82 Einleitung

I. Das Wettbewerbsrecht als Rechtsgebiet

Das Rechtsgebiet des gewerblichen Rechtsschutzes erschöpft sich – wie bereits einführend erwähnt (s.o. § 1 I.) – nicht in den vielfältigen immaterialgüterrechtlichen Sondergesetzen zum Schutz des geistigen Eigentums (PatG, GebrMG, DesignG, MarkenG, HLSchG, SortG), vielmehr wird es durch das im Gesetz gegen den unlauteren Wettbewerb (**UWG**) geregelte Lauterkeitsrecht ergänzt. Das **Lauterkeitsrecht** (auch „Wettbewerbsrecht i.e.S." oder mitunter auch „Werbe- oder Marketingrecht" genannt), nimmt dabei allerdings, worauf noch einzugehen sein wird, im Rahmen des gewerblichen Rechtsschutzes eine Sonderrolle ein. Unter rechtssystematischem Blickwinkel kann es als Klammer verstanden werden zwischen den angrenzenden Rechtsgebieten des Immaterialgüterrechts (konkret des gewerblichen Rechtsschutzes) einerseits und des Wettbewerbsrechts in weiterem Sinne andererseits. Das Wettbewerbsrecht (i.w.S.) schützt und regelt den wirtschaftlichen Wettbewerb.[1] Als heterogenes Rechtsgebiet umfasst das **Wettbewerbsrecht (i.w.S.)** zwei unterschiedliche, sich ergänzende Rechtsmaterien, nämlich

- das im UWG geregelte sog. **Lauterkeitsrecht** und
- das im Gesetz gegen Wettbewerbsbeschränkungen (GWB) geregelte **Kartellrecht**.

Der **Wettbewerb** ist mithin der gemeinsame Regelungsgegenstand, dessen Schutz das Lauterkeitsrecht und das Kartellrecht als komplementäre Rechtskreise dienen. Die jeweiligen rechtlichen Ansatzpunkte sind dabei unterschiedlich: Das Kartellrecht schützt die **Freiheit des Wettbewerbs** vor Beschränkungen, d.h. es sichert Verhaltensspielräume, in denen sich wirtschaftlicher Wettbewerb entfalten kann. Demgegenüber zielt das Lauterkeitsrecht auf einen **Schutz vor unlauterem Wettbewerbsverhalten** einzelner Marktteilnehmer, d.h. davor, dass die durch das Kartellrecht gesicherte Freiheit des Wettbewerbs und die damit für wirtschaftliches Wettbewerbsverhalten eröffneten Verhaltensspielräume in unlauterer Weise ausgenutzt werden. Das Zusammenspiel kartellrechtlicher und lauterkeitsrechtlicher Regelungen zum Schutz des Wettbewerbs lässt sich in Anlehnung an die Regelungen, die jedem **Mannschaftssport** im Sinne eines „fairen Wettbewerbs sportlicher Kräfte" zugrunde liegen, veranschaulichen:[2] So weist etwa das Reglement für das Fußballspiel eine Vielzahl von (im übertragenen Sinne „kartellrechtlichen") Regelungen auf, die notwendig sind, damit sich überhaupt ein spannender sportlicher Wettbewerb zwischen den Mannschaften entfalten kann (Größe des Spielfeldes, Größe der Tore, Spieldauer, Anzahl der Mannschaften/Spieler, Abseitsregelung, Eckstöße, Austausch von Spielern etc.). Sie werden ergänzt durch (im übertragenen Sinne „lauterkeitsrechtliche") Regelungen, die speziell vor unfairem Spiel der eingesetzten Spieler („Foulspiel") schützen sollen.

---

[1] Rittner, Wettbewerbs- und Kartellrecht, S. 1.
[2] Zum gebräuchlichen Bild des Sports zur Veranschaulichung der unterschiedlichen Zielsetzungen von GWB und UWG vgl. auch Fezer/Fezer, UWG, Einl. Rdn. 40.

II. Aufgabe und Bedeutung des Wettbewerbsrechts

Die **Aufgabe** des Wettbewerbsrechts (i.w.S.) lässt sich nach dem zuvor Gesagten durch eine doppelte Zielsetzung beschreiben. Es dient:

- dem „**Qualitätsschutz**" des Wettbewerbs durch das Lauterkeitsrecht (UWG), d.h., der freie Wettbewerb bedarf der Zügelung durch das Recht, damit er nicht infolge „unlauterer" Wettbewerbshandlungen missbraucht wird; ferner
- dem „**Existenzschutz**" (Bestandsschutz) durch das Kartellrecht (GWB), das auf die Erhaltung der wirtschaftlichen Freiheit aller Wettbewerber abzielt und die Einhaltung bestimmter Mindestregeln zum Schutz vor wettbewerbsbeschränkendem Verhalten vorschreibt.

Dabei können kartellrechtswidrige Handlungen im Einzelfall gleichzeitig das Lauterkeitsrecht verletzen und umgekehrt (s.u. § 84 IV. 10. c). Aus der Aufgabe des Wettbewerbsrechts, seiner Zielsetzung, den „**Wettbewerb**" zu schützen, erschließt sich zugleich die erhebliche **Bedeutung** des Wettbewerbsrechts. Der Gesetzgeber hat es vermieden den zentralen Begriff des „Wettbewerbs", bei dem es sich um einen äußerst komplexen Sachverhalt handelt,[3] als Schutzgegenstand des GWB bzw. des UWG zu definieren. Gleichwohl steht die Bedeutung des Wettbewerbs als unverzichtbare Grundlage unserer **freiheitlichen Wirtschaftsordnung** einer sozialen Marktwirtschaft außer Frage. Diese beruht darauf, dass selbständige Wirtschaftssubjekte vorhanden sind, die freien Zugang zum Markt haben und sich als Anbieter und Nachfrager im Markt wirtschaftlich frei betätigen können. Hierbei erfolgt die Steuerung des Ausgleichs zwischen Angebot und Nachfrage durch den Wettbewerb, ohne den eine Marktwirtschaft nicht funktionieren kann.[4] In einer marktwirtschaftlichen Wirtschaftsordnung ist es also das Wettbewerbsrecht, das die wirtschaftliche Handlungsfreiheit der Marktteilnehmer – die Angebotsfreiheit der Wettbewerber und die Wahl- und Entscheidungsfreiheit der Verbraucher – gewährleistet.[5]

---

[3] Näheres zum Begriff des „Wettbewerbs" vgl. Köhler/Bornkamm, Einl., 1. Kap., 1. Abschnitt, S. 16 ff.; ferner Rittner, Wettbewerbs- und Kartellrecht, S. 2 Rdn. 4.
[4] Köhler/Bornkamm, Einl., 1. Kap., 2. Abschnitt, S. 34 Rdn. 1.46.
[5] Fezer/Fezer, UWG, Einl. Rdn. 39; ferner Amtl. Begr. des Regierungsentwurfs zum neuen UWG, BT-Drucks. 15/1487, S. 13.

Abb. 11: Wettbewerbsrecht i.w.S.

Wettbewerbsrecht i.w.S.	
Schutz des **Wettbewerbs** als unverzichtbarer Grundlage einer marktwirtschaftlichen Wirtschaftsordnung	
Lauterkeitsrecht (UWG) (auch „Wettbewerbsrecht i.e.S.", „Werbe-" oder- „Marketingrecht" genannt)	Kartellrecht (GWB bzw. Art. 101 ff. AEUV)
Schützt den Wettbewerb vor unlauterem Wettbewerbsverhalten („**Qualitätsschutz**")	Schützt die Freiheit des Wettbewerbs vor Beschränkungen („**Existenzschutz**")

III. Eingrenzung, Rechtsgrundlagen des Lauterkeitsrechts

Das Lauterkeitsrecht und das Kartellrecht sind nach dem zuvor Gesagten als zwei sich einander ergänzende und sich teilweise überschneidende Rechtsmaterien zu verstehen, zwischen denen vielfältige inhaltliche Wechselwirkungen bestehen[6] und die sich zu dem als Wettbewerbsrecht i.w.S. bezeichneten Rechtsgebiet zusammenfügen. Gleichwohl beschränkt sich die nachfolgende Erörterung des Wettbewerbsrechts auf das Lauterkeitsrecht, da nur dieses, wie bereits erwähnt, dem Rechtsgebiet des gewerblichen Rechtsschutzes und damit dem Gegenstand der vorliegenden Darstellung zuzurechnen ist. Rechtsgrundlage des Lauterkeitsrechts ist das **Gesetz gegen den unlauteren Wettbewerb (UWG)** vom 3. Juli 2004.[7] Ergänzt wird das UWG durch eine **Vielzahl von Nebengesetzen**, die zum einen gleichfalls eine im Wesentlichen marktverhaltensregelnde Funktion haben, wie die Preisangabenverordnung (PAngV) oder das Ladenschlussgesetz (LadSchlG), zum anderen durch Nebengesetze, die neben anderen Bestimmungen auch wettbewerbsrechtliche Vorschriften enthalten, wie z.B. das Heilmittelwerbegesetz (HWG) oder das Telemediengesetz (TMG).[8]

IV. Einwirkungen des Europäischen Rechts

1. Allgemeines

Weite Teile der nationalen Rechtsordnungen der Mitgliedsstaaten, namentlich im Bereich des Wirtschaftsrechts, sind bereits heute durch europarechtliche Vorgaben geprägt. So haben rund 80 Prozent der in Deutschland in Kraft tretenden Gesetze und Verordnungen ihren Ursprung nicht im Deutschen Bundestag, sondern in Brüssel.[9] Nicht zuletzt das in der Einheitlichen Europäischen Akte vom 1.7.1987 festgelegte Ziel der schrittweisen Verwirklichung eines „Raumes ohne Binnengrenzen" (**Binnenmarkt**) hat in der Folge zu weitreichenden, nahezu alle Bereiche unserer Rechtsordnung betreffenden Harmonisierungsinitiativen geführt (vgl. bereits o. 1. Abschnitt, § 4 IV. vor 1.). Auch im Bereich des Lauterkeitsrechts gewinnt der Einfluss des EU-Rechts zunehmend an Bedeutung, worauf auch im weiteren Verlauf der Darstellung im jeweils von euro-

---

6 Hierzu Fezer/Fezer, UWG, Einl. Rdn. 41.
7 Zuletzt geändert durch Art. 2 des Gesetzes vom 29. Juli 2009 (BGBl. I, S. 2413.).
8 Tews/Bokel, S. 17.
9 FAZ v. 31.5.2005.

parechtlichen Vorgaben betroffenen konkreten Regelungskontext zurückzukommen sein wird. Im Bereich des Kartellrechts enthielt das EU-Recht bereits seit dem EGV von 1957 mit den Artikeln 85, 86 EGV ein „**Europäisches Kartellrecht**", d.h. unmittelbar geltende wettbewerbsrechtliche Bestimmungen zum Schutz des Handels innerhalb des Gemeinsamen Marktes gegen Wettbewerbsbeschränkungen (jetzt Art. 101 ff. AEUV). Anders als das Kartellrecht, das damit bereits seit Beginn der Europäischen Wirtschaftsgemeinschaft (EWG) durch ein Nebeneinander von Europäischem Kartellrecht (Wettbewerbsbeschränkungen mit Auswirkungen auf den Handel zwischen den Mitgliedsstaaten) und nationalem Kartellrecht (Wettbewerbsbeschränkungen ohne Auswirkungen auf den Handel zwischen den Mitgliedsstaaten) gekennzeichnet ist, gibt es im Bereich des Lauterkeitsrechts mangels entsprechender ausdrücklich dem Lauterkeitsrecht gewidmeter Regelungen im AEUV kein primäres „Europäisches Lauterkeitsrecht". Allerdings werden hierdurch vielfältige **Einwirkungen des EU-Rechts** auf das nationale Lauterkeitsrecht keinesfalls ausgeschlossen. Vielmehr vollziehen sich diese auf zwei Wegen:

- zum einen über die Rechtsprechung des EuGH, insbesondere zur Waren- und Dienstleistungsfreiheit (**primäres Unionsrecht**, Art. 34 ff., 56 ff. AEUV),
- zum anderen über eine Vielzahl von Verordnungen und Richtlinien (**sekundäres Unionsrecht**).[10]

Die erst in jüngerer Zeit durch Initiativen der EU-Kommission wieder belebten Bestrebungen, das Lauterkeitsrecht umfassender durch eine gemeinschaftsweite Angleichung der Wettbewerbsgesetze der Mitgliedsstaaten zu harmonisieren, reichen bereits in die 1960er Jahre zurück, sie waren jedoch immer wieder gescheitert, nicht zuletzt auch durch den Widerstand der beiden der Gemeinschaft 1972 beigetretenen common-law-Staaten Großbritannien und Irland, die beide keine Wettbewerbsgesetze kennen.[11]

2. Primäres Unionsrecht

Einwirkungen des primären Gemeinschaftsrechts auf das nationale Lauterkeitsrecht ergeben sich insbesondere über

- über die Vorschriften zum Schutz des **freien Warenverkehrs** (Art. 34 ff. AEUV) und des **freien Dienstleistungsverkehrs** (Art. 56 ff. AEUV), ferner
- über das **Diskriminierungsverbot** (Art. 18 AEUV).[12]

Hervorzuheben ist insbesondere der Einfluss der **Art. 34, 35 AEUV**, durch welche mengenmäßige Einfuhr- und Ausfuhrbeschränkungen „sowie alle Maßnahmen gleicher Wirkung" zwischen den Mitgliedsstaaten verboten sind. Die Bestimmungen dienen der Durchsetzung des freien Warenverkehrs im gemeinsamen Markt. Aus wettbewerbsrechtlicher Sicht hat sich insbesondere die Frage gestellt, ob und unter welchen Voraussetzungen nationale lauterkeitsrechtliche Vorschriften als „Maßnahmen gleicher Wirkung" zu beurteilen sind.[13] Der **EuGH** hat in vier Grundsatzentscheidungen (Dassonville, Cassis de Dijon, Keck, DocMorris) die Leitlinien zur Beurteilung nationaler wettbewerbsrechtlicher Vorschriften, die sich im Handel zwischen den Mitglieds-

---

10 Zur Unterscheidung der Formen des primären und sekundären Unionsrechts s.o. Erster Abschnitt, § 4 IV. 2.
11 Harte/Henning/Glöckner, UWG, Einl. B Rdn. 7 f.; Emmerich, Unlauterer Wettbewerb, § 1 S. 8 f.
12 Köhler/Bornkamm, Einl. Rdn. 3.14.
13 Klippel in HK-WettbR, E 3 Rdn. 4.

staaten als Hindernis erweisen können, entwickelt.[14] Nach der Entscheidung des EuGH in der Rechtssache Dassonville ist jede Handelsregelung, die geeignet ist, den innergemeinschaftlichen grenzüberschreitenden Handel unmittelbar oder mittelbar, tatsächlich oder potenziell zu behindern, als **Maßnahme gleicher Wirkung** anzusehen[15] (sog. **Dassonville-Formel**). Zusammengefasst ist nach den einschlägigen Entscheidungen des EuGH die Warenverkehrs- und Dienstleistungsfreiheit „stets dann anwendbar, wenn mitgliedstaatliche Regelungen sich nicht marktneutral auswirken, d.h. für den grenzüberschreitenden Handel bzw. für grenzüberschreitende Dienstleistungen den Marktzutritt versperren oder weitergehend behindern als sie dies für einheimische Waren und Dienstleistungen tun".[16] Auch im Anwendungsbereich der Grundfreiheiten[17] kann jedoch eine Rechtfertigung nach der vom EuGH in der Rechtssache **Cassis de Dijon**[18] entwickelten Formel gegeben sein, wonach aus unterschiedlichen nationalen Regelungen folgende Hemmnisse zulässig sein können, soweit diese Bestimmungen notwendig sind, um **zwingenden Erfordernissen** gerecht zu werden, insbesondere den Erfordernissen einer wirksamen steuerlichen Kontrolle, des Schutzes der öffentlichen Gesundheit, der **Lauterkeit des Handelsverkehrs** und des Verbraucherschutzes. Wie *Glöckner* anschaulich formuliert, hat der EuGH in der Rechtssache Dassonville die Regelungen des nationalen Lauterkeitsrechts auf den Prüfstand gestellt und in der Rechtssache Cassis de Dijon den Schutz der Lauterkeit des Handelsverkehrs als grundsätzlich zu berücksichtigendes zwingendes Erfordernis anerkannt.[19]

3. Sekundäres Unionsrecht

Wie bereits in anderem Zusammenhang dargestellt (s.o. § 4 IV. 2.) kommen als Formen des sekundären Unionsrecht insbesondere Verordnungen und Richtlinien in Betracht.

a) **Verordnungen.** Obgleich die EU-Verordnung den Vorteil hat, dass sie allgemeine Geltung hat und – ohne das Erfordernis eines nationalen Umsetzungsaktes – unmittelbar in jedem Mitgliedstaat gilt (Art. 288 Abs. 2 AEUV), wurde im Bereich des Wettbewerbsrechts von diesem Instrument in der Vergangenheit wenig und nur in Randbereichen des Lauterkeitsrechts Gebrauch gemacht.[20] Ein Beispiel dafür, dass die EU-Kommission jedoch bei der Harmonisierung zentraler wettbewerbsrechtlicher Themen nicht mehr nur auf das Instrument der Richtlinie, sondern auch auf das der Verordnung setzt, ist der von ihr vorgelegte Vorschlag für eine Verordnung über **Verkaufsförderung im Binnenmarkt**.[21] Der Vorschlag, der inzwischen von der Kommission wieder zurückgezogen wurde,[22] zielte auf eine Harmonisierung des Rechts sog. verkaufsfördernder

---

14 Köhler/Bornkamm, Einl. Rdn. 3.17 ff.
15 EuGH GRUR Int. 1974, 467 „Dassonville".
16 Harte/Henning/Glöckner, UWG, Einl B Rdn. 113.
17 Zu den sog. Europäischen Grundfreiheiten zählen neben der Warenverkehrs- und Dienstleistungsfreiheit (Art. 34 ff., 56 ff. AEUV), ferner die Arbeitnehmerfreizügigkeit (Art. 45 ff. AEUV), die Niederlassungsfreiheit (Art. 49 ff. AEUV) und die Kapital- und Zahlungsverkehrsfreiheit (Art. 63 ff. AEUV).
18 EuGH GRUR Int. 1979, 468 „Cassis de Dijon".
19 Vgl. Harte/Henning/Glöckner, UWG, Einl B Rdn. 68.
20 Köhler/Bornkamm, Einl. Rdn. 3.37; Klippel in HK-WettbR, E 3 Rdn. 8 m. Nachw. einschlägiger Verordnungen.
21 Vorschlag der Kommission für eine Verordnung über Verkaufsförderung im Binnenmarkt v. 2.10.2001 KOM (2001) 546 endg.; geänderte Fassung v. 25.10.2002 KOM (2002) 585 endg.
22 Vgl. Mitteilung der Kommission v. 27.9.2005 KOM (2005) 462 endgültig, S. 10.

Aktionen (vgl. Art. 1), worunter definitionsgemäß Rabatte, unentgeltliche Zuwendungen, Zugaben, Preisausschreiben und Gewinnspiele verstanden werden (Art. 2 (b)). Nach Auffassung der Kommission wird der Schutz vor unfairen Praktiken im Bereich der Verkaufsförderung zwischenzeitlich durch das Zusammenspiel verschiedener Regelungen der UGP-Richtlinie (hierzu nachfolgend b) sichergestellt.[23]

b) Richtlinien. Das „klassische" Rechtsinstrument zur gemeinschaftsweiten Harmonisierung wettbewerbsrechtlicher Bestimmungen ist die Richtlinie.[24] Nach dem frühen Scheitern einer gesamthaften Harmonisierung des Lauterkeitsrechts (s.o. unter 1.), ist die Kommission bereits früh dazu übergegangen, einzelne Aspekte der Materie im Rahmen spezieller Richtlinien – meist unter Verbraucherschutzgesichtspunkten – aufzugreifen. Angesichts der Vielzahl der unter-schiedlichen, sich zudem häufig auch noch überschneidenden gemeinschaftsrechtlichen Rechtsakte ergibt sich im Ergebnis – wie die Kommission selbst einräumt[25] – das Bild eines „komplizierten und schwer verständlichen Regelungsrahmens", zutreffend auch als „heillose Rechtszersplitterung" bezeichnet.[26] Im Rahmen eines summarischen Überblicks hervorzuheben sind im Wesentlichen die folgenden Richtlinien:

- Die Richtlinie über **irreführende und vergleichende Werbung** (Richtlinie 84/450/EWG,[27] geändert durch die Richtlinie 97/55/EG).[28] Letztere umgesetzt durch das Gesetz zur vergleichenden Werbung vom 1.9.2000 in den §§ 2, 3 S. 2 UWG 1909. Die mehrfach und in wesentlichen Punkten geänderte Richtlinie 84/450/EWG wurde inzwischen außer Kraft gesetzt und aus Gründen der Übersichtlichkeit und Klarheit durch die Richtlinie 2006/14/EG über irreführende und vergleichende Werbung (kodifizierte Fassung) ersetzt.[29]

- **Fernsehrichtlinie** (Richtlinie 89/552/EWG, geändert durch die Richtlinie 97/36/EG)[30] betreffend Fernsehwerbung, Teleshopping, Sponsoring (etc.). In Deutschland umgesetzt im Rundfunkstaatsvertrag (RStV), Mediendienstestaatsvertrag (MDStV)[31] und im Jugendmedienschutz-Staatsvertrag (JMStV). Wettbewerbsrechtliche Bedeutung erlangen diese Regelungen über den Rechtsbruchtatbestand, § 4 Nr. 11 UWG.[32]

- Richtlinie über den elektronischen Geschäftsverkehr (sog. **E-Commerce-Richtlinie** – 2000/31/EG),[33] mit Rahmenregelungen für den elektronischen Geschäftsverkehr. Geregelt sind u.a.: **Herkunftslandprinzip** (Art. 3): Garantiert die gegenseitige Anerkennung der für Netzdienste geltenden einzelstaatlichen Regelungen. Um den freien Dienstleistungsverkehr und die Rechtssicherheit für Anbieter und Nutzer wirksam zu gewährleisten, sollen die Dienste grundsätzlich dem Rechtssystem desjenigen

---

23 Erster Bericht der Kommission über die Anwendung der UGP-Richtlinie v. 14.3.2013, COM(2013) 139 final, S. 12 f.
24 Köhler/Bornkamm, Einl. Rdn. 3.39.
25 Grünbuch zum Verbraucherschutz v. 2.10.2001, KOM (2001), 351 endg., S. 5.
26 So Emmerich, Unlauterer Wettbewerb, § 1 S. 8 f. Rnd. 25.
27 v. 10.9.1984, ABl. EG Nr. 250/17.
28 v. 6.10.1997, ABl. EG Nr. L 290/18.
29 Richtlinie v. 12.12.2006 – ABl. EG Nr. L 376 S. 21.
30 v. 30.6.1997, ABl. EG Nr. L 202/60.
31 Der MDStV ist inzwischen außer Kraft getreten und wurde durch Regelungen im Staatsvertrag für Rundfunk und Telemedien (RStV, §§ 54 ff.) und im Telemediengesetz (TMG) v. 26.2.2007 abgelöst.
32 Köhler/Bornkamm, Einl. Rdn. 3.53.

Mitgliedsstaates unterworfen werden, in dem der Anbieter niedergelassen ist.[34] **Allgemeine Informationspflichten** (Art. 5): Festlegung allgemeiner Informationspflichten, die den Anbietern von Diensten gegenüber Nutzern und Behörden durch entsprechende nationale Gesetze der Mitgliedsstaaten aufzuerlegen sind. **Kommerzielle Kommunikation** (Art. 6 – 7): Für die verschiedenen Formen der sog. kommerziellen Kommunikation,[35] wie insbesondere Werbung und Direktmarketing, die Kernbestandteil der meisten Dienste des E-Commerce sind, gibt die Richtlinie klare Regeln vor, die durch die Mitgliedsstaaten sicherzustellen sind (z.B. Kennzeichnung als kommerzielle Kommunikation, Identifizierbarkeit des Diensteanbieters, Kennzeichnung sog. unerbetener kommerzieller Kommunikation etc.). Die Umsetzung ist in Deutschland im Wesentlichen durch das Gesetz über rechtliche Rahmenbedingungen für den elektronischen Geschäftsverkehr vom 14.12.2001[36] (kurz „EGG") unter Änderung des Teledienstgesetzes (TDG) und des Mediendienstestaatsvertrages (MDStV) erfolgt. TDG und MDStV sind inzwischen außer Kraft getreten und wurden durch das Telemediengesetz (TMG)[37] abgelöst. Wettbewerbsrechtliche Bedeutung erlangen diese Regelungen über den Rechtsbruchtatbestand, § 4 Nr. 11 UWG.[38]

- Richtlinie über **Unterlassungsklagen** zum Schutz der Verbraucher (98/27/EG).[39] Ziel der Richtlinie ist die Angleichung der Rechts- und Verwaltungsvorschriften der Mitgliedsstaaten über Unterlassungsklagen zum Schutz der **Kollektivinteressen der Verbraucher**, die unter die im Anhang angeführten Richtlinien fallen (Art. 1 Abs. 1). Zu diesem Zweck ordnet die Richtlinie an, dass in den Mitgliedsstaaten die erforderlichen Maßnahmen getroffen werden, um „**qualifizierten Einrichtungen**" (vgl. Art. 3) die grenzüberschreitende Verfolgung von Verstößen gegen einschlägige verbraucherschützende Bestimmungen zu ermöglichen (Art. 4). Gemäß dem Anhang zur Richtlinie sind von ihrem Anwendungsbereich auch die Richtlinie über irreführende und vergleichende Werbung (84/450/EWG) sowie die Richtlinie über unlautere Geschäftspraktiken (2005/29/EG; nachträglich eingefügt durch deren Art. 16) erfasst. Aus wettbewerbsrechtlicher Sicht wurde den Anforderungen der Unterlassungsklagenrichtlinie durch die Regelung der Anspruchsberechtigung der Verbraucherverbände (§ 8 Abs. 3 Nr. 3 UWG) Rechnung getragen.

- Richtlinie über die Verarbeitung personenbezogener Daten und den Schutz der Privatsphäre in der elektronischen Kommunikation (2002/58/EG – sog. **Datenschutzrichtlinie für elektronische Kommunikation**).[40] Die Richtlinie zielt allgemein insbesondere auf einen Schutz des Rechts auf Privatsphäre in Bezug auf die Verarbeitung

---

33 v. 8.6.2000, ABl. EG Nr. L 178/1.
34 Vgl. Erwägungsgrund 22; kritisch zum viel diskutierten Herkunftslandprinzip vgl. u.a. Lehmann, EuZW 2000, 517, 518; eingehend zum Verständnis ferner Spindler, MMR 2000, 4, 7 ff.
35 Kommerzielle Kommunikation ist gemäß Art. 2 f.) der Richtlinie definiert als „alle Formen der Kommunikation, die der unmittelbaren oder mittelbaren Förderung des Absatzes von Waren und Dienstleistungen oder des Erscheinungsbildes eines Unternehmens, einer Organisation oder einer natürlichen Person dienen, die Tätigkeit in Handel, Gewerbe oder Handwerk oder einen reglementierten Beruf ausübt".
36 BGBl. I, S. 3721–3727.
37 Vgl. oben Fußn. 31.
38 Köhler/Bornkamm, Einl. Rdn. 3.50.
39 v. 19.5.1998, ABl. EG Nr. L 166/51.
40 v. 12.7.2002, ABl. EG Nr. L 201/37; geändert durch die Richtlinien 2006/24/EG v. 15.3.2006 und 2009/136/EG v. 25.11.2009.

personenbezogener Daten im Bereich der elektronischen Kommunikation ab (vgl. Art. 1 Abs. 1). Im vorstehenden Zusammenhang von Bedeutung ist **Art. 13** (Unerbetene Nachrichten), der speziell den Schutz der Privatsphäre der Betroffenen vor unverlangt auf elektronischem Wege versandter Werbung bezweckt. Die Umsetzung von Art. 13 erfolgte im Rahmen der UWG-Reform 2004 in § 7 UWG (Näheres s.u. § 84 VII. 2.).

- Richtlinie über **unlautere Geschäftspraktiken** im binnenmarktinternen Geschäftsverkehr zwischen Unternehmen und Verbrauchern (2005/29/EG[41] – sog. **UGP-Richtlinie**). Während die vorerwähnten Richtlinien jeweils nur eine Harmonisierung von Teilbereichen des Lauterkeitsrechts zum Gegenstand hatten, zielt die UGP-Richtlinie auf eine vollständige Angleichung der Rechtsvorschriften der Mitgliedsstaaten über unlautere Geschäftspraktiken. Die Kommission versucht damit, den durch unterschiedliche Rechtsvorschriften im Bereich des Lauterkeitsrechts bedingten erheblichen Verzerrungen des Wettbewerbs und Hemmnissen für das ordnungsgemäße Funktionieren des Binnenmarktes zu begegnen (vgl. Erwägungsgrund 3). Der **Anwendungsbereich** der UGP-Richtlinie ist allerdings auf den Bereich unlauterer Geschäftspraktiken zwischen Unternehmen und Verbrauchern – also den sog. **B2C-Bereich** beschränkt, während unlautere Geschäftspraktiken, die lediglich die wirtschaftlichen Interessen von Mitbewerbern schädigen oder sich auf ein Rechtsgeschäft zwischen Gewerbetreibenden beziehen (sog. B2B-Bereich), ausdrücklich nicht erfasst sind (vgl. Art. 3 Abs. 1, Erwägungsgrund 6). Forderungen nach einer Ausweitung des Anwendungsbereichs der UGP-Richtlinie (auf den B2B-, C2B- und C2C-Bereich), die zwischenzeitlich von verschiedenen Interessenvertretern erhoben wurden, steht die Kommission ablehnend gegenüber.[42] Kernstück der UGP-Richtlinie ist eine **Generalklausel** zum Verbot unlauterer Geschäftspraktiken (Art. 5 Abs. 1), die durch zwei Beispieltatbestände unlauterer Geschäftspraktiken, nämlich die **irreführenden** (Art. 5 Abs. 4 lit. a i.V.m. Art. 6 und 7) und **aggressiven Geschäftspraktiken** (Art. 5 Abs. 4 lit. b i.V.m. Art. 8 und 9) konkretisiert wird. Diese zentralen Regelungen werden ergänzt durch eine im **Anhang I** der Richtlinie angeführte Liste solcher Geschäftspraktiken, „die unter allen Umständen als unlauter anzusehen sind" (Art. 5 Abs. 5 i.V.m. Anhang I; sog. **schwarze Liste**). Die UGP-Richtlinie, die bereits bis zum 12.6.2007 umzusetzen war (Art. 19), wurde verspätet durch das Erste Gesetz zur Änderung des Gesetzes gegen den unlauteren Wettbewerb vom 22.12.2008 (**UWG-Reform 2008**) umgesetzt (s.u. § 83 II.). Im Dezember 2009 haben die Kommissionsdienststellen Leitlinien zur Anwendung der UGP-Richtlinie herausgegeben,[43] um ein einheitliches Verständnis der Richtlinie und eine Konvergenz der Praktiken herbeizuführen. Zudem wurde im Juli 2011 von der Kommission eine Online-Rechtsdatenbank (UGPRL-Datenbank) eingerich-

---

[41] v. 11.5.2005, ABl. EG Nr. L 149/22.
[42] Erster Bericht der Kommission über die Anwendung der UGP-Richtlinie v. 14.3.2013, COM(2013) 139 final, S. 10 ff.
[43] Leitlinien zur Anwendung/Umsetzung der Richtlinie 2005/29/EG über unlautere Geschäftspraktiken (SEK(2009) 1666) v. 3.12.2009.

tet,[44] die gleichfalls auf eine einheitliche Anwendung und verbesserte Durchsetzung der Richtlinie innerhalb der Union abzielt.[45]

V. Stellung des Wettbewerbsrechts in der Gesamtrechtsordnung

1. Das Lauterkeitsrecht als Sonderprivatrecht

Der Gesetzgeber hat das UWG – sieht man von den wenigen strafrechtlichen Bestimmungen (§§ 16 – 19 UWG) ab – im Wesentlichen privatrechtlich ausgestaltet. Das UWG steht gewissermaßen neben den privatrechtlichen Kodifikationen des BGB und HGB und ist unabhängig von diesen entstanden. Das Verhältnis des UWG zum BGB (und HGB) ist gesetzlich nicht geregelt. Das Lauterkeitsrecht ist als Sonderprivatrecht zu qualifizieren, konkret als **Sonderdeliktsrecht**, auf das ergänzend die Bestimmungen des allgemeinen Deliktsrechts (z.B. §§ 827 – 829, §§ 830, 831, 840 BGB) Anwendung finden, sofern das UWG keine Spezialregelungen enthält.[46] Da der gleiche Sachverhalt sowohl die tatbestandlichen Voraussetzungen einer wettbewerbsrechtlichen Anspruchsnorm als auch die eines allgemeinen deliktsrechtlichen Anspruchs (z.B. gemäß § 823 Abs. 1 BGB) erfüllen kann, besteht **Anspruchskonkurrenz** zwischen lauterkeitsrechtlichen und deliktsrechtlichen Ansprüchen. Anders als in den Fällen einer Verletzung der Gesundheit, der Freiheit, des Eigentums oder des allgemeinen Persönlichkeitsrechts greift der Schutz des „Rechts am eingerichteten und ausgeübten Gewerbebetriebs" (als subjektivem sonstigem Recht i.S.v. § 823 Abs. 1 BGB) allerdings nur subsidiär ein, weil der Schutz lediglich eine lückenausfüllende Funktion hat. Das Problem der Anspruchskonkurrenz stellt sich im Übrigen nur mit Blick auf den Personenkreis, der zur Verfolgung wettbewerbsrechtlicher Ansprüche berechtigt ist (vgl. § 8 Abs. 3 UWG), während zur Verfolgung wettbewerbsrechtlicher Ansprüche nicht legitimierte Verbraucher sowie nicht in einem konkreten Wettbewerbsverhältnis zum Verletzer stehende Unternehmer allein auf deliktsrechtliche Ansprüche verwiesen sind, sofern sie durch eine wettbewerbswidrige Maßnahme in ihrem Eigentum oder – im Falle der Verbraucher – ihren Persönlichkeitsrechten verletzt sind. Das Vorliegen einer Anspruchskonkurrenz ist insbesondere wegen der **Verjährungsfrage** von praktischer Relevanz, da die wettbewerbsrechtlichen Ansprüche grundsätzlich der kurzen sechsmonatigen Verjährung unterliegen (§ 11 Abs. 1 UWG), die bürgerlichrechtlichen Ansprüche hingegen der längeren regelmäßigen Verjährungsfrist von 3 Jahren (§ 195 BGB).[47] Die Frage, ob die für die bürgerrechtlichen Ansprüche geltende Verjährungsregelung in Fällen der Anspruchskonkurrenz durch die Verjährungsregelung des UWG verdrängt wird, ist nicht generell, sondern differenziert für die jeweils einschlägigen Anspruchsnormen beantwortet worden. So wurde insbesondere in den Fällen einer Anspruchskonkurrenz zu den bürgerlichrechtlichen Ansprüchen wegen Kreditgefährdung (§ 824 BGB) und vorsätzlicher sittenwidriger Schädigung (§ 826 BGB) ein Vorrang der kurzen wettbewerbsrechtlichen Verjährung (§ 11 Abs. 1 UWG) gegenüber der längeren regelmäßigen Ver-

---

[44] Die UGPRL-Datenbank ist abrufbar unter: https://webgate.ec.europa.eu/ucp/public/index.cfm?event=public.home.show (letzter Abruf: 04/2014).
[45] Erster Bericht der Kommission über die Anwendung der UGP-Richtlinie v. 14.3.2013, COM(2013) 139 final, S. 9.
[46] Köhler/Bornkamm, Einl. Rdn. 7.1 f.
[47] Köhler/Bornkamm, Einl. Rdn. 7.3; Götting, Wettbewerbsrecht, S. 19 Rdn. 29.

jährung (§ 195 BGB) verneint, da der Verletzer haftungsrechtlich nicht dadurch privilegiert werden dürfe, dass sein deliktisches Verhalten zusätzlich wettbewerbswidrig sei.[48]

2. Das Lauterkeitsrecht als Teilgebiet des gewerblichen Rechtsschutzes

a) Gemeinsamkeiten, Unterschiede. Die üblicherweise – auch international[49] – vorgenommene Zuordnung des Lauterkeitsrechts zum Bereich des Gewerblichen Rechtsschutzes rechtfertigt sich unter dem Gesichtspunkt, dass auch das UWG-Recht, wie die anderen Materien des Gewerblichen Rechtsschutzes auch, dem **Schutz des gewerblichen Schaffens** dient. Trotz dieser Gemeinsamkeit darf jedoch nicht übersehen werden, dass der durch die speziellen gewerblichen Schutzrechte und das Urheberrecht – das Recht des geistigen Eigentums – gewährleistete sondergesetzliche Schutz einerseits und der wettbewerbsrechtliche Schutz des UWG andererseits unterschiedlicher Natur sind. Dies wird vor allem deutlich, wenn man sich die unterschiedlichen Schutzgegenstände vergegenwärtigt. Das Lauterkeitsrecht gewährt – anders als die immaterialgüterrechtlichen Sondergesetze – **keine subjektiven Ausschließlichkeitsrechte** zum Schutz konkreten geistigen Eigentums des jeweiligen Rechtsinhabers. Vielmehr zielt es durch die Aufstellung einer Vielzahl objektiver Verhaltensnormen auf den Schutz des Wettbewerbs ab. Diese **Verhaltensnormen** sollen den lauteren Wettbewerb im Interesse der Mitbewerber, der Verbraucher und der übrigen Marktteilnehmer sowie der Allgemeinheit schützen (vgl. § 1 UWG). Mehr noch: Die Gemeinsamkeiten, die eine Zuordnung des Lauterkeitsrechts zum Gewerblichen Rechtsschutz unter dem allgemeinen Aspekt „Schutz gewerblicher Leistung" rechtfertigen, sind in weiten Teilen des UWG-Rechts recht dürftig. Das UWG-Recht als Ordnung des Wettbewerbsverhaltens – häufig untechnisch auch als „**Werberecht**" oder „**Marketingrecht**" verstanden – weist daher in der Praxis mit der Mehrzahl seiner Regelungen bzw. der aus diesen abgeleiteten Verhaltensnormen kaum Berührungspunkte zu den übrigen sondergesetzlich geregelten Bereichen des gewerblichen Rechtsschutzes auf. Mit anderen Worten: Das „verwandtschaftliche" Verhältnis zwischen den sondergesetzlich geregelten Materien des geistigen Eigentums (Patent- und Gebrauchsmusterrecht, Designrecht, Markenrecht, Urheberrecht etc.) und dem Lauterkeitsrecht des UWG erscheint als ein eher „entferntes". Dies mag auch der Grund dafür sein, dass das UWG-Recht im überwiegenden juristischen Schrifttum – entsprechend seiner originären Zugehörigkeit – meist eigenständig als „Wettbewerbsrecht" (i.e.S.) und seltener als Teilmaterie des „Gewerblichen Rechtsschutzes" behandelt wird.

b) Die „Nahtstelle" des Lauterkeitsrechts zum Immaterialgüterrecht. Eine Ausnahme hiervon bildet allerdings in gewisser Weise der sog. **ergänzende wettbewerbsrechtliche Leistungsschutz** (früher als Unterfallgruppe der Fallgruppe „Ausbeutung", jetzt § 4 Nr. 9 UWG), bei dem es – wie bei den anderen Materien des Gewerblichen Rechtsschutzes auch – unmittelbar um den Schutz der Ergebnisse gewerblicher Leistungen vor dem unberechtigten Zugriff Dritter geht. So gesehen lässt sich die Zuordnung des Lauterkeitsrechtes zum Bereich des Gewerblichen Rechtsschutzes am anschaulichsten mit Blick auf den ergänzenden wettbewerbsrechtlichen Leistungsschutz erklären, der gewissermaßen an der „**Nahtstelle**" zu den Sondergesetzen des Immaterialgüterrechts an-

---

48 Harte/Henning/Ahrens, UWG, Einl. F Rdn. 143 f.
49 Hierzu Drexl, Int. Immaterialgüterrecht, Rdn. 3.

gesiedelt ist.[50] So kann etwa ein Unterlassungsanspruch wegen der Übernahme bzw. Nachahmung eines fremden Leistungsergebnisses rechtlich sowohl unter dem Gesichtspunkt der Verletzung fremden geistigen Eigentums, d.h. der Verletzung eines gewerblichen Schutzrechtes oder Urheberrechts, begründet sein, ebenso wie unter dem Gesichtspunkt des ergänzenden wettbewerbsrechtlichen Leistungsschutzes. Trotz der übereinstimmenden Rechtsfolge – jeweils Gewährung eines zivilrechtlichen Anspruchs auf Unterlassung und ggf. Schadensersatz wegen Übernahme eines fremden Leistungsergebnisses – darf jedoch nicht verkannt werden, dass auch insoweit der eingangs gemachte Hinweis auf die unterschiedliche Rechtsnatur von Immaterialgüterrechten einerseits und Wettbewerbsrecht andererseits volle Gültigkeit hat (s. zuvor a)). Die Sondergesetze des Gewerblichen Rechtsschutzes gewähren dem Erbringer bestimmter Leistungen, an deren Schutzfähigkeit besondere Anforderungen gestellt werden, gleichsam als Belohnung für die schutzwürdige Leistung und Ansporn für die Erbringung weiterer Leistungen einen zeitlich begrenzten Ausschließlichkeitsschutz durch die Zuerkennung absoluter subjektiver Rechte. Diese Zuerkennung der absoluten Rechte des geistigen Eigentums dient auf diese Weise der Förderung des **Innovationswettbewerbs** (s.o. § 7 I.),[51] Demgegenüber knüpfen die Regelungen zum ergänzenden wettbewerbsrechtlichen Leistungsschutz als Marktverhaltensregeln nicht an die Leistung als solche an, sondern beschränken sich auf die Unterbindung einer unlauteren Art und Weise ihrer Ausnutzung durch Nachahmung (**Imitationswettbewerb**). Schutzgegenstand des wettbewerbsrechtlichen Leistungsschutzes ist also nicht, wie beim immaterialgüterrechtlichen Sonderrechtsschutz, das fremde Leistungsergebnis als solches, sondern die Art und Weise, wie eine fremde Arbeitsleistung von einem Mitbewerber durch Nachahmung ausgenutzt wird. Die Regelung des lauterkeitsrechtlichen Nachahmungsschutzes (§ 4 Nr. 9 UWG) ist damit zugleich eine indirekte Bestätigung des Grundsatzes der **Nachahmungsfreiheit** (s.o. § 1 II.), weil sich aus ihr ergibt, dass Nachahmungen „außerhalb der von den Immaterialgüterrechten gewährten Schutzbereiche grundsätzlich nur dann rechtswidrig sind, wenn zur Nachahmung besondere Umstände hinzutreten"[52] (Näheres s.u. § 84 IV. 9.).

§ 83 Rechtsentwicklung: Von der Reform 2004 zur Reform 2008

Das Lauterkeitsrecht ist im Zuge einer zunehmenden Liberalisierung und Europäisierung in den zurückliegenden Jahren Gegenstand grundlegender Reformen gewesen.

I. UWG-Reform 2004

Eine erste grundlegende Reform des Lauterkeitsrechts erfolgte durch das am 08. Juli 2004 neu in Kraft getretene Gesetz gegen den unlauteren Wettbewerb (UWG),[53] durch das am gleichen Tage das alte UWG aus dem Jahre 1909 nach dessen fast 100-jähriger Geltungsdauer abgelöst wurde (vgl. § 22 S. 2 UWG 2004). Bei dem UWG 2004 handelte es sich – anders als bei den zahlreichen Änderungen, die das UWG in den voran-

---

50 Ferner im Bereich des Irreführungsschutzes bei geografischen Herkunftsangaben und beim Schutz von Geschäftsgeheimnissen (Know-how) – Drexl, Int. Immaterialgüterrecht, Rdn. 3.
51 Ahrens/McGuire, Modellgesetzbuch, § 9 GGE, S. 44.
52 Ahrens/McGuire, Modellgesetzbuch, § 9 GGE, S. 44.
53 Gesetz gegen den unlauteren Wettbewerb (UWG) vom 3.7.2004 – BGBl. I, S. 1414–1421.

gegangenen Jahren und Jahrzehnten erfahren hat – nicht nur um eine Novelle, sondern um eine umfassende Reform, durch die das deutsche, als nicht mehr zeitgemäß und im internationalen Vergleich besonders restriktiv geltende Lauterkeitsrecht grundlegend modernisiert und insgesamt neu gefasst wurde.[54]

1. Aufhebung von Rabattgesetz und Zugabeverordnung 2001

Als maßgebliche Stichworte, die sich mit den Reformen des UWG verbinden, sind die „Liberalisierung" und die „Europäisierung" des Lauterkeitsrechts zu nennen. Der erste wesentliche Schritt auf dem Weg zu einer spürbaren Liberalisierung des Wettbewerbsrechts wurde von der Bundesregierung bekanntlich bereits mit der Aufhebung des Rabattgesetzes und der Zugabeverordnung mit Wirkung zum 01. August 2001 vollzogen.[55] Einer der maßgeblichen Gründe für die erfolgte Aufhebung von Rabattgesetz und Zugabeverordnung war das durch die E-Commerce-Richtlinie vorgegebene und durch die Umsetzung in § 4 TDG (jetzt § 3 TMG) auch in Deutschland gültige **Herkunftslandprinzip** (s.o. § 82 IV. 3. b). Da die Bestimmungen des Rabattgesetzes und der Zugabeverordnung im Vergleich zu den Regelungen in anderen Mitgliedstaaten sehr restriktiv waren, drohte die Einführung des Herkunftslandsprinzips zu einer spürbaren Benachteiligung deutscher Unternehmen im elektronischen Geschäftsverkehr zu führen (Inländerdiskriminierung).

2. Unzureichende Liberalisierung

Da jedoch ein Großteil der zwischenzeitlich als zu restriktiv und überholt erkannten Regelungen im alten UWG 1909 selbst verankert waren, erwies sich die mit der Aufhebung von Rabattgesetz und Zugabeverordnung eingeleitete Liberalisierung als unzureichend. Besonders augenfällig wurde dies durch den medienwirksam ausgetragenen Streit um die wettbewerbsrechtliche Zulässigkeit der Rabattaktion von C&A aus Anlass der Euro-Einführung: C&A hatte zur Einführung des Euro bundesweit in großformatigen Zeitungsanzeigen damit geworben, sie werde in der Zeit vom 2. bis 5. Januar 2002 bei Zahlung mit EC- oder Kreditkarte einen Rabatt von 20 % gewähren. Die Verkaufsaktion wurde vom LG Düsseldorf als unzulässige Sonderveranstaltung (§ 7 UWG 1909) per einstweiliger Verfügung untersagt.[56] Der Gesetzgeber sah sich daher zu weiteren grundlegenden Reformschritten veranlasst.[57] Bestärkt wurde er hierin durch die jüngeren Initiativen der Europäischen Kommission zur Harmonisierung des Lauterkeitsrechts auf der Ebene der Europäischen Gemeinschaft (s. zuvor unter § 82 IV. 3.).

---

54 Vgl. BT-Drucks. 15/1487, Amtl. Begr., S. 12.
55 Gesetz zur Aufhebung des Rabattgesetzes und zur Aufhebung anderer Rechtsvorschriften vom 23.7.2001 und Gesetz zur Aufhebung der Zugabeverordnung und zur Anpassung weiterer Rechtsvorschriften vom 23.7.2001, BGBl. I, S. 1663.
56 Die Rechtsbeschwerde der C&A Mode AG gegen den Ordnungsgeldbeschluss des OLG Düsseldorf i.H.v. EUR 200.000,- wegen der Durchführung der Rabattaktion wurde vom BGH zurückgewiesen (Beschluss des BGH v. 23.10.2003 – I Z.B. 45/02).
57 Vgl. BT-Drucks. 15/1487, Amtl. Begr., S. 12 unter A. I.

3. Entstehungsgeschichte UWG-Reform 2004

Dem seiner Zeit von der Bundesregierung vorgelegten Gesetzentwurf[58] lagen zwei vom Bundesjustizministerium (BMJ) in Auftrag gegebenen Gutachten[59] sowie ein von Mitgliedern der vom BMJ eingesetzten Arbeitsgruppe zur Reform des UWG erstellter Gesetzentwurf[60] zugrunde. Der UWG-Reformentwurf war bis zum Schluss heftig umstritten. Es ist der seinerzeitigen Opposition jedoch nicht gelungen, mit ihren zentrale Regelungen betreffende Änderungsanträgen durchzudringen. Der deutsche Bundestag hat den Gesetzentwurf der Bundesregierung in der Fassung der Beschlussempfehlung des Rechtsausschusses[61] in seiner Sitzung vom 01. April 2004 abschließend beraten und mit den Stimmen der damaligen Koalition gegen die Stimmen der Opposition angenommen.[62] Nach Anrufung des Vermittlungsausschusses, Scheitern der Vermittlungsgespräche[63] und Einlegung eines Einspruchs gegen das UWG-Reformgesetz 2004 durch die Mehrheit der unionsregierten Bundesländer im Bundesrat,[64] hat der Bundestag den Einspruch des Bundesrates in seiner Sitzung vom 16.6.2004 in namentlicher Abstimmung mit der sog. Kanzlermehrheit zurückgewiesen,[65] wodurch das Gesetz zustande kam.

4. Die Struktur des UWG-Reformgesetzes 2004

Positiv hervorzuheben ist, dass der Gesetzgeber die Reform 2004 zum Anlass nahm, das UWG grundlegend neu zu strukturieren. So ist das Gesetz durch die Streichung einer Vielzahl überflüssig gewordener Regelungen seither nicht nur schlanker geworden; durch die Unterteilung des Gesetzes in 5 Kapitel und die Neustrukturierung einzelner Normengruppen zeichnet sich das UWG seit der Reform 2004 durch eine klare Systematik aus. Hierdurch wird das Auffinden der einschlägigen Vorschriften erheblich erleichtert und die Verständlichkeit des Gesetzes insgesamt deutlich verbessert: Die wichtigen materiell-rechtlichen Lauterkeitsregeln finden sich in Kapitel 1 (Allgemeine Bestimmungen §§ 1 – 7); die jetzt klar strukturierten wettbewerbsrechtlichen Anspruchsgrundlagen sind in Kapitel 2 zusammengefasst (Rechtsfolgen §§ 8 – 11); „Verfahrensvorschriften" sind in Kapitel 3 (§§ 12 – 15) und die „Straf- und Bußgeldvorschriften" in Kapitel 4 (§§ 16 – 20)[66] geregelt.

a) Im Rahmen der Reform 2004 neu in das Gesetz aufgenommene Reglungen. Neben der angestrebten Liberalisierung zielte die Reform des UWG 2004 auch auf eine größere Transparenz des Lauterkeitsrechts sowie eine Stärkung des Verbraucherschutzes

---

58 Gesetzentwurf der Bundesregierung BT-Drucks. 15/1487 v. 22.8.2003.
59 Gutachten Prof. Karl-Heinz Fezer v. 15. Juni 2001, WRP 2001, 989 ff.; Gutachten Prof. Gerhard Schricker u. Dr. Frauke Henning-Bodewig, WRP 2001, 1367 ff.
60 Köhler/Bornkamm/Henning-Bodewig, Vorschlag für eine Richtlinie zum Lauterkeitsrecht und eine UWG-Reform, WRP 2002, 1317 ff.
61 Vgl. BT-Drucks. 15/2795 vom 24. März 2004.
62 Vgl. Plenarprotokoll 15/102, TOP 12; BR-Drucksache 288/04 v. 23.4.2004.
63 Vgl. BR-Drucks. 453/04 v. 28.5.2004.
64 Vgl. BT-Drucks. 15/3295 v. 15.6.2004.
65 Vgl. Plenarprotokoll 15/113.
66 Die Überschrift von Kapitel 4 wurde durch Art. 2 Ziff. 2 des am 4.8.2009 in Kraft getretenen „Gesetzes zur Bekämpfung unerlaubter Telefonwerbung und zur Verbesserung des Verbraucherschutzes bei besonderen Vertriebsformen" mit Blick auf die neu aufgenommenen Bußgeldvorschriften neu gefasst.

ab.[67] Der Verfolgung dieser Ziele wurde vom Gesetzgeber durch die Aufnahme einer Reihe neuer Vorschriften Rechnung getragen:

- **§ 1 UWG – Zweck des Gesetzes:** Es handelt sich hierbei um klarstellende und präzisierende[68] Regelung der bereits zuvor von der Rechtsprechung[69] anerkannten sog. Schutzzwecktrias (Schutz der Mitbewerber, der Verbraucher und der Allgemeinheit).

- **§ 2 UWG – Definitionen:** Entsprechend der bislang insbesondere aus europäischen Rechtsakten bekannten Gesetzgebungstechnik erfolgte erstmals eine Definition zentraler Begriffe des reformierten Wettbewerbsrechts.

- **§ 4 UWG – Beispiele unlauteren Handelns:** Der 2004 neu aufgenommene aus insgesamt 11 Tatbeständen bestehende Beispielkatalog enthielt erstmals – zwecks Präzisierung der Generalklausel (§ 3 UWG) und größerer Transparenz – eine nicht abschließende Aufzählung typischer Unlauterkeitshandlungen (zu den Beispieltatbeständen im Einzelnen s.u. § 84 II.). Durch die im Reformgesetz 2004 noch enthaltene ausdrückliche Bezugnahme auf § 3 UWG wurde zwar deutlich, dass auch das UWG 2004 an dem bewährten Prinzip, unlauteres Verhalten durch eine Generalklausel zu untersagen, festhielt;[70] gleichwohl waren der neu aufgenommene § 4 UWG und die weiteren gesonderten Beispieltatbestände unlauteren Verhaltens Ausdruck einer stärkeren Kodifizierung des zuvor weitgehend nur durch „Fallgruppen" systematisierten deutschen Lauterkeitsrechts.

- **§ 10 UWG – Gewinnabschöpfung:** Durch die im Rahmen der Rechtsfolgen neu aufgenommene Regelung eines – heftig umstrittenen[71] – Gewinnabschöpfungsanspruchs wurden die zivilrechtlichen Anspruchsgrundlagen im Rahmen der Reform 2004 erweitert (näheres hierzu s.u. § 85 III.).

b) Im Zuge der UWG-Reform 2004 weggefallene Regelungen. Während die im Rahmen der Reform 2004 neu in das Gesetz aufgenommenen Regelungen, insbesondere soweit sie bereits von der Rechtsprechung entwickelte wettbewerbsrechtliche Grundsätze und Institute kodifizierten, überwiegend der erhöhten Transparenz des Lauterkeitsrechts dienten, spiegelte sich die mit dem UWG-Reformgesetz 2004 einhergehende weitreichende Liberalisierung insbesondere in den entfallenen Regelungen wider. Hervorzuheben sind insoweit:[72]

- **§§ 7, 8 UWG 1909 – Recht der Sonderveranstaltungen:** Die aus Sicht des Einzelhandels bedeutsamste Änderung, die mit der Reform des UWG 2004 einherging, war der Wegfall des gesamten Sonderveranstaltungsrechts gemäß §§ 7, 8 UWG 1909 (Reglementierung von Sonderveranstaltungen, SSV/WSV, Jubiläums- und Räumungsverkäufen). Wie bereits eingangs ausgeführt, war der Charakter des Sonderveranstaltungsrechts als unliebsamem Liberalisierungshemmnis nach Aufhebung

---

67 Köhler, Das neue UWG, NJW 2004, 2121.
68 hierzu Köhler, NJW 2004, 2121.
69 Vgl. BGHZ 140, 134 ff., 138; BGH NJW, 2000, 864, 865; BVerfG WRP 2001, 1160 ff.; BVerfG GRUR 2002, 455.
70 Vgl. BT-Drucks. 15/1487, Amtl. Begr., S. 13, unter Ziff. 3.
71 Hierzu vgl. u.a. Sack, Der Gewinnabschöpfungsanspruch von Verbänden in der geplanten UWG-Reform, WRP 2003, 546 ff.; Wimmer-Leonhardt, UWG-Reform und Gewinnabschöpfungsanspruch oder „Die Wiederkehr der Drachen", GRUR 2004, 12 ff. = JurPC Web-Dok. 219/2003; ferner den auf eine Streichung von § 10 gerichteten Änderungsantrag der FDP-Fraktion, BT-Drucks. 15/2854 v. 31.3.2004.
72 Gesamtüberblick über sämtliche weggefallenen Regelungen vgl. BT-Drucks. 15/1487, S. 14, Ziff. 5.

von Rabattgesetz und Zugabeverordnung in besonderer Weise zu Tage getreten. Die in der seiner Zeit vom BMJ eingesetzten Arbeitsgruppe diskutierten Auffangregelungen für bestimmte Konstellationen (z.B. Missbrauch bei Räumungsverkäufen) wurden nicht verwirklicht, so dass Werbeaktionen, die nach dem UWG 1909 unzulässig waren, seit der Reform 2004 grundsätzlich – d.h. vorbehaltlich der nach wie vor verbotenen irreführenden Werbung (§ 5 UWG) – ohne Beschränkungen zulässig sind.[73] Das heißt, dass der Einzelhandel seither zu beliebigen Zeiten entsprechende Verkaufsaktionen durchführen kann (Reduzierungen des Gesamt- od. Teilsortiments, Verkaufsaktionen aus besonderem Anlass, beliebige Jubiläumsverkäufe etc.). Als Korrektiv für die Aufhebung des in § 7 Abs. 1 UWG 1909 geregelten Verbots der Sonderveranstaltungen erfolgte in § 5 Abs. 4 UWG 2004 eine Präzisierung des Irreführungsverbotes für die Fallgruppe der Werbung mit einer Preissenkung („Mondpreise" – s.u. § 84 V. 3.).

- **§§ 6, 6a, 6b UWG 1909 – Insolvenzwarenverkauf, Verkauf durch Großhändler an letzte Verbraucher, Kaufscheinhandel:** Die Vorschriften wurden gestrichen, da sie von einem überholten Verbraucherleitbild ausgingen und der Gesetzgeber der Auffassung war, dass über den Irreführungstatbestand (§ 5 UWG) hinaus kein entsprechender Regelungsbedarf mehr besteht.[74]

- **§ 13a UWG 1909 – Rücktrittsrecht bei unwahren und irreführenden Werbeangaben:** Das dem Abnehmer bei strafbarer irreführender Werbung eingeräumte Rücktrittsrecht wurde ersatzlos gestrichen, da es in der Praxis keine praktische Bedeutung erlangt hatte. In der seiner Zeit vom BMJ eingesetzten Arbeitsgruppe ausführlich und kontrovers diskutiert wurde demgegenüber – im Sinne eines verstärkten Verbraucherschutzes – ein allgemeines Vertragsauflösungsrecht, d.h. die Möglichkeit, sich von einem infolge unlauteren Wettbewerbshandelns zustande gekommenen Vertrag zu lösen. Der Gesetzgeber verzichtete jedoch auf die Einführung einer derartigen zusätzlichen Sanktion, insbesondere mit Blick auf die gegebenen schuldrechtlichen Regelungen zur Lösung vom Vertrag.[75]

II. UWG-Reform 2008

Bereits am 30.12.2008 ist das Erste Gesetz zur Änderung des Gesetzes gegen den unlauteren Wettbewerb in Kraft getreten,[76] das der Umsetzung der Richtlinie 2005/29/EG vom 11.5.2005 über unlautere Geschäftspraktiken im binnenmarktinternen Geschäftsverkehr zwischen Unternehmen und Verbrauchern (**Richtlinie über unlautere Geschäftspraktiken**, nachfolgend „UGP-Richtlinie") dient,[77] die bis zum 12.6.2007 umzusetzen war (s.o. § 82 IV 3. b).[78] Damit wurde das deutsche Lauterkeitsrecht, das erst im Jahre 2004 im Rahmen einer „Jahrhundertreform" neu gefasst wurde, nach nur viereinhalb Jahren erneut zum Gegenstand einer bedeutsamen Reform. Der deutsche Gesetzgeber hatte im Rahmen der UWG-Reform 2004 die sich damals bereits abzeichnende Rechtsentwicklung auf europäischer Ebene zwar, soweit als

---

73 BT-Drucks. 15/1487, S. 14.
74 Vgl. BT-Drucks. 15/1487, Amtl. Begr, S. 15.
75 Im Einzelnen hierzu vgl. BT-Drucks. 15/1487, Amtl. Begr., S. 14 f., Ziff. 5.b.
76 BGBl. I, S. 2949.
77 ABl. der EU L 149/22 – 39 v. 11.6.2005.
78 Vgl. Art. 19 der Richtlinie.

möglich, „als Richtschnur" berücksichtigt. Mit Blick auf die seiner Zeit zu attestierenden Unwägbarkeiten, „wie und vor allem in welchem Zeitrahmen sich dieses Projekt" (des Entwurfs einer europäischen Rahmenrichtlinie zum Lauterkeitsrecht) entwickelt, entschied sich der deutsche Gesetzgeber seiner Zeit jedoch dazu, mit der Reform des UWG 2004 nicht auf den „Ausgang der Brüsseler Vorhaben"[79] zu warten.[80] Folge dieser Entscheidung war, dass das im Jahre 2004 reformierte UWG mit Blick auf die nur ein knappes Jahr später verabschiedete Richtlinie über unlautere Geschäftspraktiken nach kurzer Zeit in nicht unerheblichem Maße erneut reformiert werden musste.

1. Die Richtlinie über unlautere Geschäftspraktiken

Hervorzuheben ist, dass der **Anwendungsbereich** der UGP-Richtlinie, wie bereits dargestellt (s.o. § 82 IV. 3. b), auf unlautere Geschäftspraktiken zwischen Unternehmen und Verbrauchern (**B2C**) beschränkt ist, wobei Handlungen während und nach Abschluss eines Vertrages ausdrücklich einbezogen werden (Art. 3 Abs. 1).[81] **Zweck** der UGP-Richtlinie ist es, durch „Angleichung der Rechts- und Verwaltungsvorschriften der Mitgliedsstaaten über unlautere Geschäftspraktiken, die die wirtschaftlichen Interessen der Verbraucher beeinträchtigen, zu einem reibungslosen Funktionieren des Binnenmarktes und zum Erreichen eines hohen Verbraucherschutzniveaus beizutragen" (Art. 1). Sie schützt damit auch mittelbar „rechtmäßig handelnde Unternehmen vor Mitbewerbern, die sich nicht an die Regeln halten" (Erwägungsgrund 8). Die UGP-Richtlinie zielt innerhalb ihres Anwendungsbereichs nicht nur auf eine Mindestharmonisierung, sondern auf eine vollständige Rechtsangleichung (sog. **Vollharmonisierung**). Das heißt, die Mitgliedsstaaten dürfen den von der Richtlinie vorgegebenen Schutzstandard weder überschreiten noch unterschreiten.[82] Die Richtlinie zwingt daher den Gesetzgeber im harmonisierten Bereich nicht nur zu Anpassungen dort, wo das Verbrauchschutzniveau des nationalen Lauterkeitsrechts hinter der Richtlinie zurückbleibt, sondern auch dort, wo es über die Richtlinie hinausgeht.[83] Durch die vollständige Angleichung des Lauterkeitsrechts, soweit Verbraucherinteressen berührt sind, bezweckt die Richtlinie, dass sich Unternehmer und Verbraucher darauf verlassen können sollen, dass überall in der Gemeinschaft die gleichen lauterkeitsrechtlichen Regeln gelten.[84] Wichtige Instrumente zur einheitlichen Anwendung der UGP-Richtline und zu ihrer verbesserten Durchsetzung innerhalb der Union sind, wie bereits in anderem Zusammenhang erwähnt (s.o. § 82 IV. 3. b), die im Dezember 2009 von den Dienststellen der Kommission herausgegebenen Leitlinien sowie die von der Kommission im Juli 2011 eingerichtete UGPRL-Datenbank. Ausweislich einer Evaluation der UGP-Richtlinie durch die Kommission hat diese in den zurückliegenden Jahren ihrer Anwendung dazu beigetragen, den Verbraucherschutz in den Mitgliedsstaaten zu stärken, rechtmäßig handelnde Unternehmen vor wettbewerbswidrig handelnden Mitbewerbern zu

---

79 Außer der sich abzeichnenden Richtlinie über unlautere Geschäftspraktiken lag der – später nicht weiter verfolgte – Vorschlag für eine Verordnung über Verkaufsförderung im Binnenmarkt vor.
80 Vgl. BT-Drucks. 15/1487, Amtl. Begr. des UWG-Reformgesetzes 2004, S. 12.
81 Köhler, NJW 2008, 3032.
82 Amtl. Begr. BT-Drucks. 16/10145, S. 10; Sosnitza, WRP 2008, 2008, 1014.
83 Kulka, Der Betrieb 2008, 1548, 1549.
84 Köhler, NJW 2008, 3032.

schützen, Hindernisse für den grenzüberschreitenden Handel zu beseitigen und den Rechtsrahmen zu vereinfachen.[85]

2. Richtlinienkonforme Auslegung

Zu beachten ist, dass das Lauterkeitsrecht infolge der Richtlinie, d.h. soweit es den Verbraucherschutz bezweckt, gemeinschaftsrechtlicher Natur ist, hinter der nationale wettbewerbsrechtliche Traditionen im Interesse der angestrebten, gemeinschaftsweiten Rechtsangleichung zurückzutreten haben. Das heißt, soweit das reformierte UWG auf der Richtlinie beruht, gilt das **Gebot der richtlinienkonformen Auslegung**.[86] *Köhler* mahnte daher vor der Gefahr, in die Richtlinie unbesehen das hineinzulesen, was der deutschen, bis zur Reform 2008 als bewährt empfundenen Rechtsprechung entspricht und damit gewissermaßen die Richtlinie UWG-konform auszulegen statt umgekehrt, wie geboten, das UWG richtlinienkonform auszulegen. Im Sinne einer pragmatischen Antwort verweist er daher darauf, dass die Wertungen der Richtlinie weitgehend mit denen des bisherigen UWG übereinstimmen, so dass es den Gerichten nicht verwehrt sein könne – soweit es an Vorgaben durch den EuGH fehle – in ihren Entscheidungen auf den reichhaltigen Erfahrungsschatz der in langen Jahren intensiver, analytischer Auseinandersetzung mit den einschlägigen Sachproblemen angesammelten deutschen Rechtsprechung zurückzugreifen – freilich nur, soweit „diese Rechtsprechung mit der Richtlinie und ihren Wertungen in Einklang steht".[87]

3. Überblick über die wesentlichen Neuerungen

Obgleich das UWG 2004 in seiner Grundkonzeption – dem gleichrangigen Schutz von Mitbewerbern, Verbrauchern und sonstigen Marktteilnehmern – erhalten geblieben ist, hat es durch die Reform 2008 wesentliche und tiefgreifende Änderungen erfahren,[88] die die terminologische und systematische Komplexität des UWG nicht unwesentlich erhöht haben.[89]

Im Einzelnen sind die **folgenden Änderungen** hervorzuheben:

- Die Ersetzung des zentralen Begriffs der „**Wettbewerbshandlung**" durch den neuen Begriff der „**geschäftlichen Handlung**", durch den (u.a.) – im Sinne einer bedeutsamen zeitlichen Funktionserweiterung des UWG – nunmehr auch das unternehmerische Verhalten bei und **nach Vertragsschluss** erfasst wird;[90]
- die Ausweitung des bisherigen **Definitionenkatalogs** (vgl. § 2 Abs. 1 Nr. 5 bis 7 UWG), insbesondere unter Einbeziehung einer neuen, selbständigen und erweiterten Definition des „**Unternehmers**";
- die umfassende inhaltliche und systematische **Neuregelung der Generalklausel** (§ 3 UWG), die jetzt statt einem einheitlichen allgemeinen Verbotstatbestand **drei Verbotstatbestände** umfasst;
- im Zusammenhang mit der Neuregelung der **Generalklausel** die Ergänzung des UWG um einen **Anhang** (zu § 3 Abs. 3), der einen separaten Verbotskatalog (sog.

---

[85] Erfahrungsbericht der Kommission v. 14.3.2013, COM(2103) 139 final, S. 32 f.
[86] Köhler, GRUR 2008, 841 f.; ders, WRP 2009, 109.
[87] Köhler, GRUR 2008, 841; ders., NJW 2008, 3032, 3033.
[88] Köhler, WRP 2009, 109.
[89] Kulka, Der Betrieb 2008, 1548, 1556.
[90] Köhler, WRP 2009, 109 f.

schwarze Liste) mit 30 Einzeltatbeständen enthält, die bei Vornahme gegenüber einem Verbraucher stets, d.h. ohne Prüfung der Umstände des Einzelfalls unzulässig sind (**Verbote ohne Wertungsvorbehalt**);
- die Aufteilung der bisherigen Regelung der „Irreführenden Werbung" (§ 5 UWG 2004) in zwei separate Regelungen über „**Irreführende geschäftliche Handlungen**" (§ 5 UWG) und „**Irreführung durch Unterlassen**" (§ 5a UWG), wobei die Komplexität dieser Irreführungs-Regelungen nicht nur durch eine – umsetzungsbedingt – erhebliche Ausweitung der Bezugspunkte irreführender geschäftlicher Handlungen (vgl. § 5 Abs. 1 S. 2 Nr. 4 bis 7 UWG), sondern insbesondere auch durch die sehr umfassende und detaillierte Regelung der – vormals eher beiläufig geregelten (§ 5 Abs. 2 S. 2 UWG 2004) – „Irreführung durch Unterlassen" erheblich zugenommen hat;
- die Ausgestaltung der Regelung zu den „**Unzumutbaren Belästigungen**" (§ 7 UWG) als eigenständiger, d.h. von § 3 UWG abgekoppelter Verbotstatbestand.

III. Gesetz zur Bekämpfung unerlaubter Telefonwerbung, Gesetz gegen unseriöse Geschäftspraktiken

Eine weitere Änderung hat das UWG durch das am 4.8.2009 in Kraft getretene **Gesetz zur Bekämpfung unerlaubter Telefonwerbung** und zur Verbesserung des Verbraucherschutzes bei besonderen Vertriebsformen erfahren.[91] Das Gesetz trägt dem Umstand Rechnung, dass sich die Belästigung von Verbrauchern durch unerwünschte Telefonwerbung in den vorangegangenen Jahren zu einem erheblichen Problem entwickelt hatte. Eine Umfrage aus dieser Zeit hatte ergeben, dass bereits 89 % der Bevölkerung von einem Call-Center oder Unternehmen angerufen worden sind, 83 % bereits mehrfach. Der weit überwiegende Teil der Angerufenen (82 %) fühlte sich durch Telefonwerbung belästigt.[92] Die bereits im Rahmen der UWG-Reform 2004 in Umsetzung von Art. 13 der Datenschutzrichtlinie für die elektronische Kommunikation[93] aufgenommenen Regelungen zur Belästigungswerbung durch unerbetene Telefonwerbung[94] hatten sich in der Praxis demnach offenbar als nicht hinreichend wirkungsvoll erwiesen. Ziel des Gesetzes zur Bekämpfung unerlaubter Telefonwerbung ist es, diesem Zustand durch eine Verschärfung der einschlägigen Regelungen entgegenzuwirken.[95] Zu diesem Zweck bestimmt das Gesetz, dass ein Wettbewerbsverstoß vorliegt, wenn ein Werbeanruf gegenüber einem Verbraucher getätigt wird, ohne dass eine **vorherige ausdrückliche** Einwilligung vorliegt (§ 7 Abs. 2 Nr. 2 UWG). Ferner kann unerlaubte Telefonwerbung danach erstmals – zusätzlich zu den fortbestehenden zivilrechtlichen Sanktionsmöglichkeiten – auch mit einer von der Bundesnetzagentur zu verhängenden **Geldbuße** geahndet werden (vgl. § 20 UWG). Da sich die Durchsetzung der lauterkeitsrechtlichen Re-

---

91 Gesetz v. 29.7.2009, BGBl. I, S. 2413.
92 Umfrage des Instituts für Demoskopie Allensbach, Quelle: FAS v. 9.8.2009, S. 27.
93 Richtlinie 2002/58/EG vom 12.7.2002 über die Verarbeitung personenbezogener Daten und den Schutz der Privatsphäre in der elektronischen Kommunikation (Datenschutzrichtlinie für elektronische Kommunikation), ABl. EG v. 31.7.2002 L 201/37.
94 Vgl. hierzu Pierson, Kommentierte Synopse zum UWG-Reformgesetz v. 3. Juli 2004, Kommentierung zu § 7 Abs. 2 Nr. 2, JurPC Web-Dok. 249/2004, abrufbar unter: http://www.jurpc.de/aufsatz/20040250.htm (letzter Abruf: 04/2014).
95 BT-Drucks. 16/10734, Amtl. Begr., S. 7.

gelungen zur unerlaubten Telefonwerbung in der Vergangenheit als besonderes Problem erwiesen hatte, sieht das Gesetz im Sinne einer besseren Bekämpfung der unerlaubten Telefonwerbung ferner vor, dass die Möglichkeit der **Rufnummernunterdrückung** bei Werbung mit einem Telefonanruf ausgeschlossen ist (§ 102 Abs. 2 TKG n.F.). Verstöße hiergegen können mit einer Geldbuße bis zu EUR 10.000,- geahndet werden (§ 149 Nr. 17 c TKG n.F.).[96] Eine vom BMJ durch geführte Evaluation des Gesetzes zur Bekämpfung unerlaubter Telefonwerbung (Untersuchungszeitraum September 2009 bis Juni 2010) ergab, „dass das Gesetz im Sinne einer Verbesserung des Verbraucherschutzes gegriffen hat".[97] Gleichwohl hat der Gesetzgeber das Problem der unerlaubten Telefonwerbung im Rahmen des **Gesetzes gegen unseriöse Geschäftspraktiken**[98] erneut aufgegriffen und auch die einschlägigen lauterkeitsrechtlichen Bestimmungen nochmals verschärft. Mit einer Geldbuße geahndet werden können danach nicht nur – wie bisher – unerlaubte Werbeanrufe einer natürlichen Person, sondern auch solche unerlaubten Werbeanrufe, die unter Einsatz einer **automatischen Anrufmaschine** durchgeführt werden (§ 20 Abs. 1 Nr. 2 UWG), Zudem wurde die fragliche **Bußgeldgrenze** von bisher EUR 50.000 auf EUR 300.000 erhöht (§ 20 Abs. 2 UWG).

IV. Einordnung und Ausblick

Der Gesetzgeber hatte sich im Rahmen der insgesamt als äußerst gelungen zu bewertenden, sich durch eine klare Systematik und vergleichsweise schlanke Regelungen auszeichnenden UWG-Reform 2004 weitgehend nur auf eine Kodifizierung tradierter, von der Rechtsprechung auf der Grundlage von § 1 UWG 1909 entwickelter Fallgruppen beschränkt. Gleichwohl wurde der Praxis auf diese Weise die Orientierung und der Einstieg in die Unlauterkeitsprüfung erheblich erleichtert.[99] Aus Sicht der Praxis, der gerade einmal vier Jahre vergönnt waren, um sich mit Terminologie, Systematik und Regelwerk des „neuen UWG 2004" vertraut zu machen, war es daher um so problematischer, dass das UWG bereits 2008 nach einer – gemessen an der Geltungsdauer des UWG 1909 und der Bedeutung der Reform 2004 – äußerst kurzen Zeit erneut Gegenstand einer für die Rechtsanwendung so bedeutsamen Reform wurde; einer Reform, die zudem durch wesentliche terminologische und systematische Änderungen sowie eine erhebliche Zunahme der Regelungsdichte gekennzeichnet war. Dieser Mangel an Kontinuität einhergehend mit einer – vor dem Hintergrund der umzusetzenden UGP-Richtlinie – als nicht zwingend empfundenen, dem Verständnis abträglichen „terminologischen und systematischen Komplexität" des UWG 2008 stieß zu recht auf Kritik.[100] Der Umstand, dass sich die Unternehmenspraxis nun auch im Bereich des Lauterkeitsrechts nach vergleichsweise kurzer Zeit mit einem grundlegend reformierten Regelwerk konfrontiert sah, ist dem langwierigen Prozess der Harmonisierung des Rechts in der EU geschuldet. Vergegenwärtigt man sich den Ressourceneinsatz, der erforderlich ist, um sich innerhalb von kurzer Zeit mit grundlegend geänderten Regel-

---

96 Näheres hierzu vgl. BT-Drucks. 16/10734, Amtl. Begr., S. 14 ff.
97 Bericht BMJ "Zusammenfassung der Umfrageergebnisse zur Belästigung durch Werbeanrufe", abrufbar unter www.bmj.de (letzter Abruf: 04/2014).
98 v. 1.10.2013, BGBl. 2013 I Nr. 59 v. 8.10.2013.
99 Steinbeck, GRUR 2008, 848, 854.
100 Vgl. Kulka, Der Betrieb 2008, 1548, 1556 f.; Sosnitza, WRP 2008, 1014 ff. (Bewertung der Generalklausel).

werken vertraut zu machen, mag man geneigt sein, den Preis, der von der Praxis im Zuge dieses durch asynchrone Regelungsinitiativen des nationalen Gesetzgebers und des europäischen Richtliniengebers gekennzeichneten Rechtsanpassungsprozesses – im Lauterkeitsrecht wie in anderen Bereichen des (Wirtschafts-)Rechts – zu entrichten ist, als zu hoch zu beklagen. Andererseits darf nicht verkannt werden, dass der voranschreitende Harmonisierungsprozess auf längere Sicht durch ein einheitliches europäisches Recht entschädigt, das den Unternehmen auch im Bereich des Lauterkeitsrechts mit Blick auf den unionsweit einheitlichen Rechtsrahmen Rechtsberatungskosten erspart und den europaweiten Marktzutritt erleichtert.

§ 84 Die allgemeinen wettbewerbsrechtlichen Bestimmungen

I. Zweck des Gesetzes (§ 1 UWG)

Die erstmalige Aufnahme einer gesetzlichen Regelung zum Zweck des Gesetzes erfolgte bereits im Rahmen der UWG-Reform 2004. Bei § 1 UWG handelt es sich eine klarstellende Regelung der bereits nach alter Rechtslage (auf der Grundlage des UWG 1909) von der Rechtsprechung[101] anerkannten sog. **Schutzzwecktrias** (Schutz der Mitbewerber, der Verbraucher und der Allgemeinheit).[102] Die Schutzzweckbestimmung bezieht den Schutz der Verbraucher in richtlinienkonformer Weise ausdrücklich ein (vgl. Art. 1 der Richtlinie, s.o. § 83 II. 1.), so dass hinsichtlich der Schutzzweckbestimmung im Rahmen der UWG-Reform 2008 kein Umsetzungsbedarf bestand. Umsetzungsbedingt erforderlich wurde lediglich die terminologische Anpassung an den neu eingeführten Begriff der „geschäftlichen Handlung".

II. Definitionen (§ 2 UWG)

Bereits seit der UWG-Reform 2004 enthält das Gesetz eine Regelung mit Definitionen wichtiger Begriffe. Der Katalog der definierten Begriff wurde im Rahmen der UWG-Reform 2008 an die UGP-Richtlinie angepasst und um einige neue Definitionen (§ 2 Abs. 1 Nr. 5 bis 7) ergänzt.

1. Geschäftliche Handlung (§ 2 Abs. 1 Nr. 1 UWG)

In Anlehnung an Art. 2 d) der UGP-Richtlinie erfolgt in § 2 Abs. 1 Nr. 1 UWG die Definition des neuen zentralen Begriffs der **„geschäftlichen Handlung"**, der den Begriff der „Wettbewerbshandlung" ersetzt. Der Begriff der „geschäftlichen Handlung" dient dazu, den Anwendungsbereich des Lauterkeitsrechts gegenüber dem **allgemeinen Deliktsrecht** abzugrenzen.[103] Durch die Verwendung des Oberbegriffs „**Verhalten**" bringt die Definition zum Ausdruck, dass als geschäftliche Handlung nicht nur ein **positives Tun**, sondern auch ein **Unterlassen** in Betracht kommt. Das ursprünglich für die Wettbewerbshandlung maßgebliche subjektive Merkmal der „**Wettbewerbsförderungsabsicht**" ist entfallen und wurde in Einklang mit Art. 2 d) der UGP-Richtlinie durch das

---

101 Vgl. BGHZ 140, 134 ff., 138; BGH NJW, 2000, 864; BVerfG WRP 2001, 1160 ff.; BVerfG GRUR 2002, 455.
102 Zum Wandel des Schutzzwecks des UWG nach bisherigem Recht vgl. Baumbach/Hefermehl, Wettbewerbsrecht, Kommentar, 22. Auflage 2001, Einl UWG Rdn. 40 ff.
103 BGH v. 10.1.2013, I ZR 190/11, „Standardisierte Mandatsbearbeitung".

Merkmal eines **objektiven Zusammenhangs** mit der Absatz- bzw. Bezugsförderung ersetzt. Das heißt, das Erfordernis eines finalen Zurechnungszusammenhangs zwischen Handlung und Absatz- bzw. Bezugsförderung besteht nicht mehr.[104] Vielmehr ist das Merkmal des „objektiven Zusammenhangs funktional zu verstehen und setzt voraus, dass die Handlung bei objektiver Betrachtung darauf gerichtet ist, durch Beeinflussung der geschäftlichen Entscheidung der Verbraucher oder sonstigen Marktteilnehmer den Absatz oder Bezug von Waren des eigenen oder fremden Unternehmens zu fördern".[105] Ferner stellt die Definition in Umsetzung von Art. 3 Abs. 1 der Richtlinie klar, dass geschäftliche Handlungen „**vor, bei oder nach einem Geschäftsabschluss**" in den Anwendungsbereich des Gesetzes fallen. Dies ist zugleich der Grund dafür, dass die Definition nicht nur den Abschluss, sondern auch die „**Durchführung eines Vertrages**" erwähnt. Die frühere Rechtsprechung, wonach eine Wettbewerbshandlung im Regelfall mit dem Vertragsabschluss beendet ist und nur ausnahmsweise auch Handlungen nach Vertragsabschluss erfasst, ist mit Blick auf die neue Begrifflichkeit der geschäftlichen Handlung damit überholt.[106]

2. Marktteilnehmer (§ 2 Abs. 1 Nr. 2 UWG)

Als „**Marktteilnehmer**" definiert § 2 Abs. 1 Nr. 1 UWG *„neben Mitbewerbern und Verbrauchern alle Personen, die als Anbieter oder Nachfrager von Waren oder Dienstleistungen tätig sind"*. Die Definition des „Marktteilnehmers" erfasst also als Oberbegriff Mitbewerber, Verbraucher und sonstige Marktteilnehmer.

3. Mitbewerber (§ 2 Abs. 1 Nr. 3 UWG)

Gemäß § 2 Abs. 1 Nr. 3 UWG ist der „Mitbewerber" definiert als *„jeder Unternehmer, der mit einem oder mehreren anderen Unternehmern als Anbieter oder Nachfrager von Waren oder Dienstleistungen in einem konkreten Wettbewerbsverhältnis steht"*. Die Klarstellung, dass die Mitbewerbereigenschaft i.S.v. § 2 Abs. 1 Nr. 3 UWG stets ein **konkretes Wettbewerbsverhältnis** voraussetzt, erfolgte im Rahmen des Gesetzgebungsverfahrens zur Reform 2004 durch eine Änderung entsprechend der Beschlussempfehlung des Rechtausschusses.[107] Ein konkretes Wettbewerbsverhältnis liegt nach Maßgabe der von der Rechtsprechung entwickelten Definition vor, wenn zwischen den Vorteilen, die jemand durch eine Maßnahme für sein Unternehmen oder das eines Dritten zu erreichen sucht, und den Nachteilen, die ein anderer dadurch erleidet, eine Wechselbeziehung in dem Sinne besteht, dass der eigene Wettbewerb gefördert und der fremde Wettbewerb beeinträchtigt werden kann.[108]

4. Nachricht (§ 2 Abs. 1 Nr. 4 UWG)

Die im Rahmen der UWG-Reform 2004 aufgenommene Definition der „**Nachricht**" setzt Art. 2 Buchstabe d) der Datenschutzrichtlinie für elektronische Kommunikation (s.o. § 82 IV. 3. b) um. Die Definition ist von Bedeutung im Hinblick die Umsetzung

---

104 Näheres hierzu vgl. Köhler, WRP 2009, 109 ff. zu § 2 Abs. 1 Nr. 1.
105 BGH v. 10.1.2013, I ZR 190/11, „Standardisierte Mandatsbearbeitung" m.w. Nachw.
106 BT-Drucks. 16/10145, Amtl. Begr., S. 12, 20 f.; ferner Beschlussempfehlung und Bericht des Rechtsausschusses, BT-Drucks. 16/11070, S. 3, 5.
107 Vgl. BT-Drucks. 15/2795, Amtl. Begr. zu § 2 Abs. 1 Nr. 3, S. 43.
108 Vgl. BT-Drucks. 15/1487, Amtl. Begr. zu § 2 Nr. 3 S. 16; näheres hierzu Köhler/Bornkamm UWG Einl. Rdn. 1.9.

von Art. 13 der Datenschutzrichtlinie („Unerbetene Nachrichten") in § 7 Abs. 2 Nr. 4 UWG (s.u. VII. 2. d).

5. Verhaltenskodex (§ 2 Abs. 1 Nr. 5 UWG)

Die im Rahmen der UWG-Reform 2008 neu aufgenommene Definition des „**Verhaltenskodex**" lehnt sich an Art. 2 f.) der UGP-Richtlinie an und findet Verwendung im Anhang zu § 3 Abs. 3 UWG (Nr. 1 und 3) sowie in § 5 Abs. 1 S. 2 Nr. 6 (Irreführung über die Einhaltung). Nach den Erwägungen der UGP-Richtlinie ist es zweckmäßig, die Möglichkeit von Verhaltenskodizes vorzusehen, die es den Gewerbetreibenden ermöglichen, die Grundsätze der Richtlinie in spezifischen Wirtschaftsbranchen wirksam anzuwenden, etwa durch die Konkretisierung der „Anforderungen an die berufliche Sorgfalt".[109]

6. Unternehmer (§ 2 Abs. 1 Nr. 6 UWG)

Die gleichfalls im Rahmen der UWG-Reform 2008 neu aufgenommene Definition des „**Unternehmer**" in § 2 Abs. 1 Nr. 6 UWG übernimmt der Sache nach die Definition des „**Gewerbetreibenden**" gemäß Art. 2 b) der UGP-Richtlinie. Der Begriff „Gewerbetreibender" wird jedoch – weil nicht hinreichend exakt – nicht übernommen, da die Definition der UGP-Richtlinie nicht nur gewerbliche, sondern auch handwerkliche und berufliche Tätigkeiten umfasst. Der bereits bislang im UWG verwendete Begriff des „Unternehmer" konnte allerdings nicht mehr, wie bisher, durch Verweisung auf § 14 BGB bestimmt werden (§ 2 Abs. 2 UWG 2004), sondern war in Anlehnung an die UGP-Richtlinie zu definieren, da diese – anders als § 14 BGB – **auch unselbständige berufliche Tätigkeiten** und Personen erfasst, die im Namen oder Auftrag des Gewerbetreibenden handeln.[110] Im Rahmen eines Rechtsstreits wegen Angaben auf der Internetseite einer gesetzlichen Krankenkasse ging es um die Frage, ob diese als **Körperschaft des öffentlichen Rechts** als Gewerbetreibende gehandelt hat. Der BGH, der im konkreten Fall einen Verstoß bejahen wollte, hat die Frage, ob die UGP-Richtlinie „dahin auszulegen ist, dass eine sich als Geschäftspraxis eines Unternehmens gegenüber Verbrauchern darstellende Handlung eines Gewerbetreibenden auch darin liegen kann, dass eine gesetzliche Krankenkasse gegenüber ihren Mitgliedern (irreführende) Angaben darüber macht, welche Nachteile den Mitgliedern im Falles des eines Wechsels zu einer anderen gesetzlichen Krankenkasse entstehen", dem EuGH zur Entscheidung vorgelegt.[111] Der EuGH hat sich der Auffassung des BGH angeschlossen und festgestellt, dass der Unionsgesetzgeber den Begriff des „Gewerbetreibenden" besonders weit konzipiert habe, so dass auch eine Körperschaft des öffentlichen Rechts, die mit einer im Allgemeininteresse liegenden Aufgabe betraut sei, in den Anwendungsbereich der UGP-Richtlinie falle.[112]

7. Fachliche Sorgfalt (§ 2 Abs. 1 Nr. 7 UWG)

Die Definition der „**fachlichen Sorgfalt**" in § 2 Abs. 1 Nr. 7 UWG setzt die Definition der „**beruflichen Sorgfalt**" gemäß Art. 2 h) der UGP-Richtlinie um. Hierbei wurde der

---

109 Vgl. Richtlinie 2005/29/EG – Erwägungsgrund 20.
110 BT-Drucks. 16/10145, Amtl. Begr., S. 12, 21.
111 BGH v. 18.1.2012, I ZR 170/10, „Betriebskrankenkasse".
112 EuGH v. 3.10.2013 in der Rechtssache C-59/12 „BKK Mobil Oil/Wettbewerbszentrale".

von der Richtlinie verwendete Begriff der „beruflichen Sorgfalt" durch den Begriff der „fachlichen Sorgfalt" ersetzt, um deutlich zu machen, dass die Sorgfaltspflichten der Richtlinie nicht nur natürliche Personen, sondern auch juristische Personen treffen, die nach deutschem Recht – anders als natürliche Personen – als solche keinen Beruf ausüben können.[113] Die Definition der „fachlichen Sorgfalt" wurde erforderlich, weil diese nach der UGP-Richtlinie eine der beiden Voraussetzungen bildet, nach denen sich die Unlauterkeit von geschäftlichen Handlungen bestimmt (Art. 5 Abs. 2 a UGP-Richtline, umgesetzt in § 3 Abs. 2 S. 1 UWG 2008).[114]

III. Die Generalklausel: Verbot unlauterer geschäftlicher Handlungen (§ 3 UWG)

Die Überschrift von § 3 UWG wurde an die Einführung des Begriffs der geschäftlichen Handlung i.S.v. § 2 Abs. 1 Nr. 1 UWG angepasst. An die Stelle der bisherigen Generalklausel mit einem einheitlichen Verbotstatbestand sind nunmehr drei Verbotstatbestände getreten:[115]

- § 3 Abs. 1 UWG (allgemeine Generalklausel),
- § 3 Abs. 2 S. 1 UWG (Verbrauchergeneralklausel) und
- § 3 Abs. 3 UWG i.V.m. dem Anhang (sog. schwarze Liste).

1. Allgemeine Generalklausel (§ 3 Abs. 1 UWG)

Unlautere geschäftliche Handlungen sind unzulässig, wenn sie geeignet sind, die Interessen von Mitbewerbern, Verbrauchern oder sonstigen Marktteilnehmern spürbar zu beinträchtigen (§ 3 Abs. 1 UWG). Diese **allgemeine Generalklausel** enthält die Neufassung der früheren lauterkeitsrechtlichen Generalklausel, in der jetzt nicht mehr auf „Wettbewerbshandlungen", sondern auf „**geschäftliche Handlungen**" abgestellt wird (vgl. § 2 Abs. 1 Nr. 1 UWG). Der noch im UWG 1909 verwandte, inzwischen als antiquiert anmutende Begriff der „guten Sitten" wurde in Anlehnung an die internationale und europäische Terminologie bereits im Rahmen der UWG-Reform 2004 durch den Begriff der **Unlauterkeit** („unlauter" = „unfair") ersetzt, ohne dass hiermit eine inhaltliche Veränderung verbunden gewesen wäre.[116] Maßgeblich ist zudem statt des bisherigen Merkmals der „Beeinträchtigung des Wettbewerbs zum Nachteil von Marktteilnehmern" das **Merkmal** der **Beeinträchtigung** ihrer „**Interessen**" (zur Maßgeblichkeit der Interessen vgl. auch §§ 1 S. 2, 4 Nr. 11, 8 Abs. 3 Nr. 2 u. Nr. 3 UWG). Die erst im Zuge der UWG-Reform 2004 eingeführte **Erheblichkeitsschwelle**, die auf den Ausschluss der Verfolgung von **Bagatellfällen** abzielte, wurde in Einklang mit der Definition der „**wesentlichen Beeinflussung des wirtschaftlichen Verhaltens des Verbrauchers**" in Art. 2 e) der UGP-Richtlinie durch das **Merkmal** der **Spürbarkeit** (spürbare Beeinträchtigung) ersetzt. Dass mit dieser Änderung des Wortlauts der Erheblichkeitsschwelle auch eine inhaltliche Abweichung verbunden sein könnte, schließt die gesetzliche Begründung zwar nicht aus,[117] dies erscheint jedoch unwahrscheinlich.[118] Ein

---

113 BT-Drucks. 16/10145, Amtl. Begr., S. 21.
114 BT-Drucks. 16/10145, Amtl. Begr., S. 12.
115 Köhler, WRP 2009, 109 ff. zu § 3.
116 Vgl. Köhler, NJW 2004, 2121, 2122.
117 Vgl. BT-Drucks. 16/10145, Amtl. Begr., S. 12.
118 Vgl. so auch Schöttle, GRUR 2009, 546, 547 m.w. Nachw.

Rückgriff auf die Allgemeine Generalklausel ist insbesondere in Fällen geboten, in denen eine umfassende Bewertung der geschäftlichen Handlung auf der Grundlage der Tatbestände §§ 4 bis 7 UWG nicht möglich ist.[119] Dazu gehören insbesondere die noch von der Rechtsprechung zu § 1 UWG 1909 entwickelten, im Rahmen der UWG-Reform nicht als Beispieltatbestand geregelten Fallgruppen der **allgemeinen Marktbehinderung** und der **Wettbewerb der öffentlichen Hand**.[120]

2. Die sog. Verbrauchergeneralklausel (§ 3 Abs. 2 UWG)

Die in § 3 Abs. 2 UWG neu eingefügte sog. **Verbrauchergeneralklausel** erfasst Fälle, in denen eine geschäftliche Handlung gegenüber Verbrauchern vorliegt. Mit der Regelung in § 3 Abs. 2 S. 1 UWG wird Art. 5 Abs. 2 a) und b) der UGP-Richtlinie umgesetzt, wonach eine geschäftliche Handlung unlauter ist, wenn sie den **Erfordernissen der beruflichen Sorgfalt** widerspricht und das wirtschaftliche Verhalten des Durchschnittsverbrauchers wesentlich beeinflusst oder dazu geeignet ist, es wesentlich zu beeinflussen. Hierbei berücksichtigt die Regelung zugleich die Definition der „**wesentlichen Beeinflussung des wirtschaftlichen Verhaltens des Verbrauchers**" gem. Art. 2 e) der UGP-Richtlinie, nach der die Fähigkeit des Verbrauchers eine informierte Entscheidung zu treffen, beeinträchtigt ist, wenn er zu einer geschäftlichen Entscheidung veranlasst wird, die er andernfalls nicht getroffen hätte. Bei der Regelung nach § 3 Abs. 2 S. 2 UWG handelt es sich um die Umsetzung von Art. 5 b) der UGP-Richtlinie, wonach auf das wirtschaftliche Verhalten des **Durchschnittsverbrauchers** abzustellen ist, den die fragliche Geschäftspraxis erreicht oder an den sie sich richtet oder des durchschnittlichen Mitglieds einer **Gruppe von Verbrauchern**, wenn sich eine Geschäftspraxis an eine bestimmte Gruppe von Verbrauchern richtet. In Übereinstimmung mit der vom EuGH entwickelten – und vom BGH in ständiger Rechtsprechung verwendeten – **Verbraucherleitbild** nimmt die UGP-Richtlinie den Durchschnittsverbraucher zum Maßstab, der angemessen gut unterrichtet und angemessen aufmerksam und kritisch ist[121] (Leitbild des informierten, verständigen und angemessen aufmerksamen Durchschnittsverbrauchers).[122] Die Regelung des § 3 Abs. 2 S. 3 UWG stellt in Umsetzung von Art. 5 Abs. 3 der UGP-Richtlinie klar, dass bei vorhersehbarer Beeinflussung einer **Gruppe besonders schutzbedürftiger Verbraucher** auf ein Durchschnittsmitglied dieser Gruppe abzustellen ist.[123] Der Gesetzgeber ging bei der UWG-Reform 2008 davon aus, dass mit der umsetzungsbedingten Neufassung der Generalklausel in § 3 Abs. 1, ergänzt durch die neuen Regelungen in § 3 Abs. 2, keine wesentlichen Änderungen gegenüber der bisherigen Rechtslage nach Maßgabe der UWG 2004 verbunden sein dürften, da diese sowohl hinsichtlich der Berücksichtigung der beruflichen Sorgfaltspflichten als auch der Maßgeblichkeit des Durchschnittsverbrauchers den Vorgaben der UGP-Richtlinie bereits entsprochen habe.[124]

---

119 BGH v. 22.4.2009, I ZR 170/06, „Auskunft der IHK".
120 Köhler/Bornkamm, § 3 Rdn. 65.
121 Vgl. Richtlinie 2005/29/EG – Erwägungsgrund 18.
122 Vgl. BT-Drucks. 16/10145, Amtl. Begr., S. 22.
123 Vgl. hierzu den Erwägungsgrund 19 der Richtlinie.
124 Vgl. BT-Drucks. 16/10145, Amtl. Begr., S. 15; ferner Schöttle, GRUR 2009, 546, 548 m.w. Nachw.

3. Gegenüber Verbrauchern stets unzulässige geschäftliche Handlungen (§ 3 Abs. 3 UWG)

Gemäß § 3 Abs. 3 UWG gilt: *„Die im Anhang dieses Gesetzes aufgeführten geschäftlichen Handlungen gegenüber Verbrauchern sind stets unzulässig."* Durch diese Regelung erfolgt eine Umsetzung von Art. 5 Abs. 5 der Richtlinie, der auf den **Anhang I der UGP-Richtlinie** verweist, der eine Liste jener Geschäftspraktiken (geschäftlichen Handlungen) enthält, *„die unter allen Umständen als unlauter anzusehen sind."* Aufgeführt werden diejenigen irreführenden (Nr. 1 bis 24) und aggressiven (Nr. 25 bis 30) geschäftlichen Handlungen, die – soweit sie sich unmittelbar an **Verbraucher** richten – unter allen Umständen unlauter und stets unzulässig sind. Der Regelungskatalog dient nach den Erwägungen der Richtlinie der leichteren Identifikation von Verhaltensweisen, die unter allen Umständen als unlauter einzustufen sind, und damit der Erhöhung der Rechtssicherheit (Erwägungsgrund 17). Das heißt der Regelungskatalog der sog. **schwarzen Liste** wurde erstellt, um Durchsetzungsbehörden, Gewerbetreibende, Angehörige der Werbebranche sowie Kunden in die Lage zu versetzen, solche Praktiken, die als unlauter gelten, eigenständig zu identifizieren.[125] Da das UWG bislang keinen vergleichbaren Verbotskatalog enthielt, wurde das Gesetz durch einen entsprechenden **Anhang** ergänzt (sog. schwarze Liste).[126] Es handelt sich um eine **Liste von Tatbeständen**, die ohne Rücksicht auf die nach der lauterkeitsrechtlichen Generalklausel (§ 3 Abs. 1 UWG) sonst maßgebliche Erheblichkeitsschwelle gegenüber Verbrauchern stets unzulässig sind (**Verbote ohne Wertungsvorbehalt**). Aus der Regelungssystematik der zugrunde liegenden UGP-Richtline folgt, dass nur die im Anhang geregelten Tatbestände ohne eine Beurteilung des Einzelfalls nach den Lauterkeitskriterien der UGP-Richtlinie (Art. 5 bis 9) als unlauter gelten können und im Umkehrschluss, dass von der schwarzen Liste nicht erfasste Geschäftspraktiken nur aufgrund einer Prüfung des konkreten Einzelfalls im Lichte der Lauterkeitskriterien der UGP-Richtlinie als unlauter bewertet werden können.[127] Bei der Regelung nach § 3 Abs. 3 UWG handelt es sich um eine **Ausnahme** von dem sonst geltenden **Grundsatz der der einheitlichen Anwendung des Gesetzes** auf Mitbewerber, Verbraucher und sonstige Marktteilnehmer. Der Gesetzgeber hielt die Ausnahme für gerechtfertigt, weil die auf die UGP-Richtlinie zurückgehende Regelung aus Gründen des Verbraucherschutzes besonders streng ausgefallen sei und es nicht gerechtfertigt sei, den kaufmännischen Verkehr mit derart strengen Regeln zu belasten.[128] Das heißt, für geschäftliche Handlungen, die den Wettbewerb nicht zumindest auch zum Nachteil der Verbraucher beeinträchtigen (also für den Bereich des „B2B"), bleibt es bei der Erheblichkeitsschwelle des § 3 Abs. 1 UWG.[129]

---

125 Hierzu und zu den Ziffern der schwarzen Liste, die nach den Erfahrungen der zurückliegenden Jahre am häufigsten angewendet wurden, vgl. Erster Bericht der Kommission über die Anwendung der UGP-Richtlinie v. 14.3.2013, COM(2013) 139 final, S. 21 f.
126 Vgl. BT-Drucks. 16/10145, Amtl. Begr., S. 16.
127 EuGH v. 14.1.2010 in der Rechtssache C-304/08 „Plus Warenhandelsgesellschaft".
128 Vgl. BT-Drucks. 16/10145, Amtl. Begr., S. 22; ferner Schöttle, GRUR 2009, 546, 550.
129 BT-Drucks. 16/10145, Amtl. Begr., S. 30.

4. Die sog. schwarze Liste (Anhang zu § 3 Abs. 3 UWG)

Anhang (zu § 3 Abs. 3 UWG)	Erläuterung[130]
Unzulässige geschäftliche Handlungen im Sinne des § 3 Abs. 3 sind	
1. die unwahre Angabe eines Unternehmers, zu den Unterzeichnern eines Verhaltenskodexes zu gehören;	[**Unterzeichnereigenschaft Verhaltenskodex**] Die ausdrückliche Behauptung, die in dem **Verhaltenskodex** verankerten Standards würden auch eingehalten, ist nicht erforderlich, da der Verkehr dies bereits auf Grund der **bloßen Bezugnahme** auf die Unterzeichnereigenschaft erwartet.[131]
2. die Verwendung von Gütezeichen, Qualitätskennzeichen oder Ähnlichem ohne die erforderliche Genehmigung;	[**Zeichenverwendung ohne Genehmigung**] Für die Tatbestandsmäßigkeit kommt es nicht darauf an, ob die angebotenen Waren oder Dienstleistungen die durch das Zeichen verbürgte Qualität aufweisen, sondern allein auf die Behauptung, zu den **autorisierten Zeichenverwendern** zu gehören.[132] Die Verwendung erfundener Qualitätszeichen ist nicht erfasst, da die Zeichenverwendung genehmigungsfähig sein muss.[133]
3. die unwahre Angabe, ein Verhaltenskodex sei von einer öffentlichen oder anderen Stelle gebilligt;	[**Nicht autorisierter Verhaltenskodex**] Die Unlauterkeit folgt daraus, dass über eine wesentliche Eigenschaft einer von der Wirtschaft eingegangenen Selbstverpflichtung getäuscht wird.[134]
4. die unwahre Angabe, ein Unternehmer, eine von ihm vorgenommene geschäftliche Handlung oder eine Ware oder Dienstleistung sei von einer öffentlichen oder privaten Stelle bestätigt, gebilligt oder genehmigt worden, oder die unwahre Angabe, den Bedingungen für die Bestätigung, Billigung oder Genehmigung werde entsprochen;	[**Nicht autorisierte Handlung oder Leistung**] Hintergrund der Regelung ist, dass derartige Angaben für die geschäftliche Entscheidung des Verbrauchers einen besonderen Stellenwert haben, da sie eine **besondere Güte** des Unternehmens oder des Waren- oder Dienstleistungsangebotes **vermuten lassen**.[135] Nicht erfasst sind Fälle, in denen die Bestätigung, Billigung oder Genehmigung durch die autorisierende Stelle zu Unrecht erfolgt ist.[136]

---

130 Bei den in eckige Klammern gesetzten schlagwortartigen Bezeichnungen der Nr. 1 bis 30 handelt es sich nicht um amtliche, sondern redaktionelle Überschriften des Autors.
131 BT-Drucks, 16/10145, Amtl. Begr., S. 31.
132 BT-Drucks, 16/10145, Amtl. Begr., S. 31.
133 Scherer, NJW 2009, 324, 326.
134 BT-Drucks, 16/10145, Amtl. Begr., S. 31.
135 BT-Drucks, 16/10145, Amtl. Begr., S. 31.
136 Scherer, NJW 2009, 324, 326.

Anhang (zu § 3 Abs. 3 UWG)	Erläuterung[130]
5. Waren- oder Dienstleistungsangebote im Sinne des § 5a Abs. 3 zu einem bestimmten Preis, wenn der Unternehmer nicht darüber aufklärt, dass er hinreichende Gründe für die Annahme hat, er werde nicht in der Lage sein, diese oder gleichartige Waren oder Dienstleistungen für einen angemessenen Zeitraum in angemessener Menge zum genannten Preis bereitzustellen oder bereitstellen zu lassen (Lockangebote). Ist die Bevorratung kürzer als zwei Tage, obliegt es dem Unternehmer, die Angemessenheit nachzuweisen;	[Unzureichende Bevorratung] Die Regelung betrifft die früher in § 5 Abs. 5 UWG 2004 geregelten sog. **Lockvogelangebote**. Nach Nr. 5 ist nicht die unzulängliche Bevorratung der beworbenen Ware, sondern die unzulängliche Aufklärung über die unzulängliche Bevorratung unlauter. Die im Sinne der Abgrenzung zu Nr. 6 eng auszulegende **Gleichartigkeit** der Waren und Dienstleistungen liegt nur vor, wenn diese nicht nur tatsächlich gleichwertig, sondern auch aus Sicht des Verbrauchers austauschbar sind.[137] Satz 2 regelt unter Übernahme des in § 5 Abs. 5 UWG 2004 vorgesehenen Bevorratungszeitraumes von zwei Tagen die **Darlegungs- und Beweislastverteilung** hinsichtlich der Angemessenheit des maßgeblichen Zeitraumes.[138]
6. Waren- oder Dienstleistungsangebote im Sinne des § 5a Abs. 3 zu einem bestimmten Preis, wenn der Unternehmer sodann in der Absicht, stattdessen eine andere Ware oder Dienstleistung abzusetzen, eine fehlerhafte Ausführung der Ware oder Dienstleistung vorführt oder sich weigert zu zeigen, was er beworben hat, oder sich weigert, Bestellungen dafür anzunehmen oder die beworbene Leistung innerhalb einer vertretbaren Zeit zu erbringen;	[Lockvogelangebote/„bait and switch"] Die Regelung betrifft **Lockvogelangebote**, die darauf abzielen, **andere als die beworbenen Waren oder Dienstleistungen** abzusetzen, wobei es – anders als nach Nr. 5 – nicht darauf ankommt, welche Vorstellungen sich der Unternehmer von der Verfügbarkeit der beworbenen Waren oder Dienstleistungen gemacht hat oder hätte machen müssen. Bei dieser sog. bait-and-switch-Technik wird das beworbene Angebot nur als Köder genutzt.[139] Die Unlauterkeit folgt daraus, dass es der Unternehmer von vornherein darauf abgesehen hat, andere als die beworbenen Leistungen zu erbringen.[140]
7. die unwahre Angabe, bestimmte Waren oder Dienstleistungen seien allgemein oder zu bestimmten Bedingungen nur für einen sehr begrenzten Zeitraum verfügbar, um den Verbraucher zu einer sofortigen geschäftlichen Entscheidung zu veranlassen, ohne dass dieser Zeit und Gelegenheit hat, sich auf Grund von Informationen zu entscheiden;	[Übertriebenes Anlocken durch Zeitdruck] Die Regelung betrifft nach der amtlichen Begründung die Fälle der **Ausübung psychologischen Kaufzwangs** durch übertriebenes Anlocken, bei denen dem Verbraucher wegen des vermeintlichen, objektiv jedoch nicht bestehenden Zeitdruckes die Möglichkeit genommen wird, auf Grund einer zutreffenden Information zu entscheiden.[141]

---

137 BGH v. 10.2.2011, I ZR 183/09, „Irische Butter".
138 BT-Drucks, 16/10145, Amtl. Begr., S. 31; näheres Köhler/Bornkamm, Anh. zu § 3 III, Rdn. 5.5 ff.
139 Scherer, NJW 2009, 326.
140 BT-Drucks, 16/10145, Amtl. Begr., S. 31; vgl. hierzu und zu Ziff. 5 auch den Erfahrungsbericht der Kommission v. 14.3.2013, COM(2103) 139 final, S. 21.
141 BT-Drucks, 16/10145, Amtl. Begr., S. 31; a. A. Scherer, NJW 2009, 324, 327, die einen Fall des „psychologischen Kaufzwangs durch übertriebenes Anlocken" verneint.

Anhang (zu § 3 Abs. 3 UWG)	Erläuterung[130]
8. Kundendienstleistungen in einer anderen Sprache als derjenigen, in der die Verhandlungen vor dem Abschluss des Geschäfts geführt worden sind, wenn die ursprünglich verwendete Sprache nicht Amtssprache des Mitgliedstaats ist, in dem der Unternehmer niedergelassen ist; dies gilt nicht, soweit Verbraucher vor dem Abschluss des Geschäfts darüber aufgeklärt werden, dass diese Leistungen in einer anderen als der ursprünglich verwendeten Sprache erbracht werden;	**[Fremdsprachiger Kundendienst]** Die Irreführung besteht in der enttäuschten Erwartung des Verbrauchers, auch die **Kundendienstleistungen** würden in der von der Landessprache des Unternehmers abweichenden, vor dem Abschluss des Geschäfts verwendeten **Sprache** erbracht.[142] Das bedeutet: Führt ein in Deutschland niedergelassener Unternehmer, die Vertragsverhandlungen mit einem spanischen Verbraucher auf spanisch, erbringt die Kundendienstleistungen dann aber auf deutsch, ist dies unzulässig, es sei denn er weist den Kunden vor Vertragsabschluss darauf hin, dass die Kundendienstleistung nicht auf spanisch erbracht werden.
9. die unwahre Angabe oder das Erwecken des unzutreffenden Eindrucks, eine Ware oder Dienstleistung sei verkehrsfähig;	**[Verkehrsfähigkeit von Waren und Dienstleistungen]** Die Regelung betrifft ausweislich der Gesetzesbegründung vor allem Waren und Dienstleistungen, deren Besitz, bestimmungsgemäße Benutzung oder Entgegennahme gegen ein gesetzliches Verbot verstößt, wie dies z.B. beim Fehlen einer technischen Betriebserlaubnis für ein technisches Gerät der Fall ist.[143]
10. die unwahre Angabe oder das Erwecken des unzutreffenden Eindrucks, gesetzlich bestehende Rechte stellten eine Besonderheit des Angebots dar;	**[Hervorhebung bestehender Rechte]** Die besondere Hervorhebung bestehender Rechte ist dazu geeignet, den Verbraucher darüber zu täuschen, dass die Rechte (etwa ein Widerrufs- oder Rücktrittsrecht) nach der Gesetzeslage ohnehin bestehen. Es handelt sich also einen klassischen Fall der Werbung mit Selbstverständlichkeiten.[144]

---

[142] BT-Drucks, 16/10145, Amtl. Begr., S. 32.
[143] BT-Drucks, 16/10145, Amtl. Begr., S. 32.
[144] Scherer, NJW 2009, 324, 327; ferner Erfahrungsbericht der Kommission v. 14.3.2013, COM(2103) 139 final, S. 21.

Anhang (zu § 3 Abs. 3 UWG)	Erläuterung[130]
11. der vom Unternehmer finanzierte Einsatz redaktioneller Inhalte zu Zwecken der Verkaufsförderung, ohne dass sich dieser Zusammenhang aus dem Inhalt oder aus der Art der optischen oder akustischen Darstellung eindeutig ergibt (als Information getarnte Werbung);	[Als Information getarnte Werbung] Die Regelung betrifft die Fälle von als Information getarnter Werbung und entspricht dem presserechtlichen Gebot der Trennung von Werbung und redaktionellem Teil. Sie gilt nicht nur für Printmedien, sondern auch für alle elektronischen Medien (Hörfunk, TV, Telemedien u.a.). Von der Regelung erfasst wird auch das sog. Product Placement[145] (s. hierzu u. IV. 3. zu § 4 Nr. 3 UWG). Die Regelung tritt damit als Spezialtatbestand neben § 4 Nr. 3 UWG, der jedoch weiter gefasst ist und sich nicht nur auf redaktionelle Inhalte und Schleichwerbung, sondern auf alle Fälle verschleierter Werbung erstreckt.[146]
12. unwahre Angaben über Art und Ausmaß einer Gefahr für die persönliche Sicherheit des Verbrauchers oder seiner Familie für den Fall, dass er die angebotene Ware nicht erwirbt oder die angebotene Dienstleistung nicht in Anspruch nimmt;	[Irreführung über Gefahr für persönliche Sicherheit] Die Regelung betrifft Fälle, in denen dem Verbraucher für den Fall des Nichterwerbs der angebotenen Waren oder der Nichtinanspruchnahme der Dienstleistung eine Gefahr für die persönliche Sicherheit vorgetäuscht wird (z.B. Sicherheitslücken beim Schutz gegen Einbrüche, Unfälle etc.). Ausweislich der amtlichen Begründung soll es sich um geschäftliche Handlungen handeln, bei denen das Gefühl der Angst ausgenutzt wird.[147] Nach wohl zutreffender Auffassung handelt es sich jedoch nicht um einen Fall unlauterer „Angstwerbung", bei der die Nachfrageentscheidung durch Angst beeinträchtigt wird, sondern um einen Fall der Irreführung, die es dem Verbraucher unmöglich macht, in dem für ihn sehr wichtigen Fall der persönlichen Sicherheit eine informierte Entscheidung zu treffen.[148]

---

145 BT-Drucks, 16/10145, Amtl. Begr., S. 32.
146 Vgl. hierzu Köhler/Bornkamm, Fallgruppen zu § 4 Nr. 3.
147 BT-Drucks, 16/10145, Amtl. Begr., S. 32.
148 Scherer, NJW 2009, 324, 327.

Anhang (zu § 3 Abs. 3 UWG)	Erläuterung[130]
13. Werbung für eine Ware oder Dienstleistung, die der Ware oder Dienstleistung eines Mitbewerbers ähnlich ist, wenn dies in der Absicht geschieht, über die betriebliche Herkunft der beworbenen Ware oder Dienstleistung zu täuschen;	[Täuschung über betriebliche Herkunft] Anknüpfungspunkt für die Irreführung bei dieser Regelung, die neben den Tatbeständen nach § 4 Nr. 9 UWG und § 5 Abs. 1 S. 2 Nr. 1, Abs. 2 UWG steht, ist ausschließlich die Ähnlichkeit der Ware oder Dienstleistung, die in der Absicht beworben wird, über die betriebliche Herkunft zu täuschen.[149] Erforderlich ist also eine Produktähnlichkeit (nicht Zeichenähnlichkeit), wobei sich die Täuschung auf das Produkt eines bestimmten Herstellers beziehen muss.[150]
14. die Einführung, der Betrieb oder die Förderung eines Systems zur Verkaufsförderung, das den Eindruck vermittelt, allein oder hauptsächlich durch die Einführung weiterer Teilnehmer in das System könne eine Vergütung erlangt werden (Schneeball- oder Pyramidensystem);	[Schneeball- und Pyramidensytem] Die Regelung betrifft die Unzulässigkeit der Einführung, des Betriebs und der Förderung sog. Schneeball- und Pyramidensysteme. Diese Systeme sind bereits nach der allgemeinen Vorschrift des § 4 Nr. 2 UWG unlauter, weil die Chancen, neue Kunden zu werben, wegen des progressiven Charakters des Systems sinken, was von unerfahrenen oder leichtfertigen Verbrauchern nicht erkannt wird. Ferner kommt bei derartigen Verkaufsförderungsmaßnahmen eine Strafbarkeit nach § 16 Abs. 2 UWG in Betracht.[151]
15. die unwahre Angabe, der Unternehmer werde demnächst sein Geschäft aufgeben oder seine Geschäftsräume verlegen;	[Geschäftsaufgabe/-verlegung] Die Unlauterkeit besteht in diesen Fällen in der Herbeiführung der irrigen Vorstellung, der Unternehmer werde seine Waren aus Anlass der Geschäftsaufgabe oder Geschäftsverlegung zu besonders günstigen Konditionen abgeben.[152]
16. die Angabe, durch eine bestimmte Ware oder Dienstleistung ließen sich die Gewinnchancen bei einem Glücksspiel erhöhen;	[Erhöhung Gewinnchancen] Der Begriff des Glücksspiels ist gemeinschaftsrechtlich auszulegen. Erfasst werden Spiele, bei denen der Gewinn vom Zufall abhängt und die Aussicht auf einen Gewinn – anders als z.B. bei Preisausschreiben – einen geldwerten Einsatz voraussetzt. Von Nr. 16 erfasst werden sollen z.B. Computerprogramme zur „astrologischen Berechnung der persönlichen Lotto-Gewinntage" oder Programme zur Ermittlung der „richtigen" Lotto-Zahlen.[153]

---

149 BT-Drucks, 16/10145, Amtl. Begr., S. 32.
150 BGH v. 27.3.2013, I ZR 100/11, „AMARULA/Marulablu".
151 BT-Drucks, 16/10145, Amtl. Begr., S. 32 f.
152 Scherer, NJW 2009, 324, 328.
153 Scherer, NJW 2009, 324, 328.

Anhang (zu § 3 Abs. 3 UWG)	Erläuterung[130]
17. die unwahre Angabe oder das Erwecken des unzutreffenden Eindrucks, der Verbraucher habe bereits einen Preis gewonnen oder werde ihn gewinnen oder werde durch eine bestimmte Handlung einen Preis gewinnen oder einen sonstigen Vorteil erlangen, wenn es einen solchen Preis oder Vorteil tatsächlich nicht gibt, oder wenn jedenfalls die Möglichkeit, einen Preis oder sonstigen Vorteil zu erlangen, von der Zahlung eines Geldbetrags oder der Übernahme von Kosten abhängig gemacht wird;	[Täuschung über Gewinn] Durch die Regelung soll verhindert werden, dass der Verbraucher zur Teilnahme an Wettbewerben oder Preisausschreiben veranlasst wird, bei denen entweder die beschriebenen Preise von vornherein nicht gewonnen werden können, weil sie nicht vergeben werden, oder bei denen der Preis oder Vorteil jedenfalls von einer Geldzahlung oder einer Kostenübernahme abhängt. Anders als in den ähnlichen Fällen des Nr. 20, bei denen dem Verbraucher eine tatsächlich nicht bestehende Gewinnchance vorgetäuscht wird, wird dem Verbraucher in den Fällen des Nr. 17 der Eindruck vermittelt, dass ihm der Preis oder sonstige Vorteil bereits sicher sei. Die Regelung ergänzt das Transparenzgebot nach § 4 Nr. 4, 5 UWG.[154] Entgegen der rechtssystematischen Einordnung durch den deutschen Gesetzgeber unter die irreführenden Geschäftspraktiken des Anhangs (s. zuvor unter 3.), handelt es sich bei der Regelung des Nr. 17, die der Nr. 31 des Anhangs zur UGP-Richtlinie entspricht, nach der Auffassung des EuGH um eine aggressive Praktik, so dass ein irreführender Charakter der Geschäftspraktik irrelevant sei.[155]
18. die unwahre Angabe, eine Ware oder Dienstleistung könne Krankheiten, Funktionsstörungen oder Missbildungen heilen;	[Irreführung über Heilungsmöglichkeiten] Das fragliche Verhalten fällt zugleich unter den Tatbestand des § 5 Abs. 1 S. 2 Nr. 1 UWG, wonach u.a. unwahre Angaben über die Zwecktauglichkeit einer Ware oder Dienstleistung irreführend ist.
19. eine unwahre Angabe über die Marktbedingungen oder Bezugsquellen, um den Verbraucher dazu zu bewegen, eine Ware oder Dienstleistung zu weniger günstigen Bedingungen als den allgemeinen Marktbedingungen abzunehmen oder in Anspruch zu nehmen;	[Irreführung über Marktbedingungen] Nach diesem Tatbestand, der einen Sonderfall der Irreführung über die Preiswürdigkeit eines Angebots regelt, sind unwahre Angaben unzulässig, mit denen über Marktbedingungen und Bezugsmöglichkeiten getäuscht wird, um die angebotenen Waren und Dienstleistungen zu Marktbedingungen abzusetzen, die für den Unternehmer günstiger als die allgemein üblichen sind.

---

154 Scherer, NJW 2009, 324, 329; s. hierzu auch Erfahrungsbericht der Kommission v. 14.3.2013, COM(2103) 139 final, S. 21 f.
155 EuGH v. 18.10.2012 in der Rechtssache C-428/11 „Purely Creative".

Anhang (zu § 3 Abs. 3 UWG)	Erläuterung[130]
20. das Angebot eines Wettbewerbs oder Preisausschreibens, wenn weder die in Aussicht gestellten Preise noch ein angemessenes Äquivalent vergeben werden;	[Irreführung über Preisvergabe] Nach dieser Regelung ist es verboten, ein Gewinnspiel oder Preisausschreiben überhaupt anzubieten, wenn dahinter nicht auch die Absicht steht, einen Preis oder ein angemessenes Äquivalent zu vergeben. Derartige Verhaltensweisen verstoßen zugleich gegen das nach § 4 Nr. 5 UWG bestehende Gebot, die Teilnahmebedingungen von Preisausschreiben und Gewinnspielen klar und eindeutig anzugeben.
21. das Angebot einer Ware oder Dienstleistung als „gratis", „umsonst", „kostenfrei" oder dergleichen, wenn hierfür gleichwohl Kosten zu tragen sind; dies gilt nicht für Kosten, die im Zusammenhang mit dem Eingehen auf das Waren- oder Dienstleistungsangebot oder für die Abholung oder Lieferung der Ware oder die Inanspruchnahme der Dienstleistung unvermeidbar sind;	[Irreführung über Kosten] Die Regelung betrifft einen Sonderfall der Irreführung über die Berechnung des Preises im Sinne des § 5 Abs. 1 S. 2 Nr. 2 UWG. Die Bestimmung untersagt es Gewerbetreibenden, ein Produkt als „gratis", „umsonst", „kostenfrei" oder ähnlich zu beschreiben, wenn dies nicht zutrifft (z.B. vermeintliches Gratis-Angebot von Handy-Klingeltönen auf Websites, während in Wirklichkeit ein Abonnement abgeschlossen wird).[156]
22. die Übermittlung von Werbematerial unter Beifügung einer Zahlungsaufforderung, wenn damit der unzutreffende Eindruck vermittelt wird, die beworbene Ware oder Dienstleistung sei bereits bestellt;	[Irreführung über Vertragsverhältnis] Regelung betrifft Fälle des **Vortäuschens eines bereits bestehenden Vertragsverhältnisses** und einer daraus resultierenden Zahlungspflicht. Erfasst sind auch rechnungsähnlich aufgemachte Angebotsschreiben, die auch nach § 4 Nr. 3 UWG unlauter sind.
23. die unwahre Angabe oder das Erwecken des unzutreffenden Eindrucks, der Unternehmer sei Verbraucher oder nicht für Zwecke seines Geschäfts, Handels, Gewerbes oder Berufs tätig;	[Verschleierung unternehmerischen Handelns] Die Regelung betrifft unwahre Angaben zur **Verschleierung unternehmerischen Handelns**, wie dies z.B. bei der wahrheitswidrigen Behauptung der Fall ist, der Vertrieb einer Ware diene sozialen oder humanitären Zwecken. Sie tritt neben § 4 Nr. 3 UWG.[157]
24. die unwahre Angabe oder das Erwecken des unzutreffenden Eindrucks, es sei im Zusammenhang mit Waren oder Dienstleistungen in einem anderen Mitgliedstaat der Europäischen Union als dem des Warenverkaufs oder der Dienstleistung ein Kundendienst verfügbar;	[Irreführung über Verfügbarkeit Kundendienst] Die Regelung betrifft wahrheitswidrige Angaben über die **Verfügbarkeit eines Kundendienst in anderen Mitgliedstaaten der EU** und damit vor allem Irreführungen im grenzüberschreitenden Rechtsverkehr.

---

[156] Erfahrungsbericht der Kommission v. 14.3.2013, COM(2103) 139 final, S. 21.
[157] Scherer, NJW 2009, 324, 329.

Anhang (zu § 3 Abs. 3 UWG)	Erläuterung[130]
25. das Erwecken des Eindrucks, der Verbraucher könne bestimmte Räumlichkeiten nicht ohne vorherigen Vertragsabschluss verlassen;	[**Verlassen von Räumlichkeiten**] Durch diese **aggressive Geschäftspraktik** wird der Verbraucher dadurch unter Druck gesetzt, dass ihm der Eindruck vermittelt wird, er könne bestimmte Räumlichkeiten erst verlassen, wenn er sich auf einen Geschäftsabschluss einlässt. Der Tatbestand, der regelmäßig zugleich eine strafbare Nötigung darstellt (§ 240 StGB), tritt neben die Regelbeispiele der Unlauterkeit gemäß § 4 Nr. 1, 2 UWG.[158]
26. bei persönlichem Aufsuchen in der Wohnung die Nichtbeachtung einer Aufforderung des Besuchten, diese zu verlassen oder nicht zu ihr zurückzukehren, es sei denn, der Besuch ist zur rechtmäßigen Durchsetzung einer vertraglichen Verpflichtung gerechtfertigt;	[**Aufsuchen in der Wohnung**] Diese **aggressive Geschäftspraktik** stellt regelmäßig auch einen Verstoß gegen die Regelbeispiele der Unlauterkeit gemäß § 4 Nr. 1 und 11 UWG dar und kann als Hausfriedensbruch (§ 123 StGB) oder Nötigung (§ 240 StGB) strafbar sein, wobei es – wie bei Nr. 25 – für die lauterkeitsrechtliche Beurteilung nicht darauf ankommt, ob die Schwelle zur Strafbarkeit erreicht ist.[159]
27. Maßnahmen, durch die der Verbraucher von der Durchsetzung seiner vertraglichen Rechte aus einem Versicherungsverhältnis dadurch abgehalten werden soll, dass von ihm bei der Geltendmachung seines Anspruchs die Vorlage von Unterlagen verlangt wird, die zum Nachweis dieses Anspruchs nicht erforderlich sind, oder dass Schreiben zur Geltendmachung eines solchen Anspruchs systematisch nicht beantwortet werden;	[**Behinderung der Durchsetzung versicherungsvertraglicher Ansprüche**] Die Regelung betrifft Fälle unzulässiger **Leistungsverweigerungen**. Diese Fälle waren nach altem Recht nicht im UWG geregelt, da eine Leistungsverweigerung als **nachvertragliches Verhalten** von der bisher für Wettbewerbsverstöße maßgeblichen Definition der Wettbewerbshandlung in § 2 Abs. 1 Nr. 1 UWG a.F. nicht erfasst wurde. Demgegenüber wird von der jetzt maßgeblichen, weiter gefassten Definition der geschäftlichen Handlung in § 2 Abs. Nr. 1 UWG nachvertragliches Verhalten ausdrücklich erfasst.[160]

---

158 BT-Drucks, 16/10145, Amtl. Begr., S. 34.
159 Scherer, NJW 2009, 324, 330.
160 BT-Drucks, 16/10145, Amtl. Begr., S. 34.

Anhang (zu § 3 Abs. 3 UWG)	Erläuterung[130]
28. die in eine Werbung einbezogene unmittelbare Aufforderung an Kinder, selbst die beworbene Ware zu erwerben oder die beworbene Dienstleistung in Anspruch zu nehmen oder ihre Eltern oder andere Erwachsene dazu zu veranlassen;	**[Werbung gegenüber Kindern]** Als aggressive Geschäftspraktik sind danach Werbeangebote unzulässig, durch die **Kinder** unmittelbar zum Erwerb von Waren oder zur Inanspruchnahme von Dienstleistungen aufgefordert werden (sog. Selbsterwerb). Unzulässig ist ferner die Aufforderung, Kinder mögen ihre Eltern oder andere Erwachsene dazu veranlassen, die Leistungen für Kinder zu beziehen. Der Begriff „Kind" ist gemeinschaftsrechtlich auszulegen (siehe hierzu auch die Darstellung zu § 4 Nr. 2 UWG nachfolgend unter IV. 2.). Von der ersten Tatbestandsalternative werden auch geschäftliche Handlungen erfasst, die bereits nach § 4 Nr. 2 UWG unlauter sind, wobei der Anwendungsbereich von Nr. 28 weiter ist, da es auf die Ausnutzung der geschäftlichen Unerfahrenheit der Kinder nicht ankommt.[161]
29. die Aufforderung zur Bezahlung nicht bestellter Waren oder Dienstleistungen oder eine Aufforderung zur Rücksendung oder Aufbewahrung nicht bestellter Sachen, sofern es sich nicht um eine nach den Vorschriften über Vertragsabschlüsse im Fernabsatz zulässige Ersatzlieferung handelt, und	**[Nicht bestellte Waren/Dienstleistungen]** Die Regelung stellt eine lauterkeitsrechtliche Ergänzung zu § 241a BGB dar.[162] Die Unlauterkeit dieser aggressiven Geschäftspraktik ergibt sich daraus, dass der unzutreffende Eindruck erweckt wird, es bestünden bereits vertragliche Beziehungen. Zudem wird durch die fraglichen geschäftlichen Handlungen der Umstand ausgenutzt, dass es Verbrauchern häufig lästig sein wird, eine einmal erhaltene Sendung zurückzusenden. Der Fall der Kundenwerbung durch das **Vortäuschen einer vertraglichen Beziehung** wird als Verschleierung des Werbecharakters der geschäftlichen Handlung auch von § 4 Nr. 3 UWG erfasst.[163] Erfasst ist „auch die Ankündigung einer fortlaufenden Lieferung von Waren, bei der eine unbestellte, aber als bestellt dargestellte Ware zugesandt und, falls der Verbraucher nicht binnen einer Frist widerspricht, deren Zusendung gegen Entgelt fortgesetzt wird".[164]

---

161 Scherer, NJW 2009, 324, 330.
162 BT-Drucks, 16/10145, Amtl. Begr., S. 34 f.
163 BT-Drucks, 16/10145, Amtl. Begr., S. 35.
164 BGH v. 17.8.2011, I ZR 134/10, „Auftragsbestätigung".

Anhang (zu § 3 Abs. 3 UWG)	Erläuterung[130]
30. die ausdrückliche Angabe, dass der Arbeitsplatz oder Lebensunterhalt des Unternehmers gefährdet sei, wenn der Verbraucher die Ware oder Dienstleistung nicht abnehme.	[Gefährdung Arbeitsplatz/Lebensunterhalt] Das Verhalten ist wegen der **Ausübung unzulässigen moralischen Drucks** auch nach § 4 Nr. 1 UWG unlauter, da sich der Verbraucher in den fraglichen Fällen mit dem moralischen Vorwurf mangelnder Hilfsbereitschaft oder fehlender Solidarität konfrontiert sieht.[165] Die Regelung ist restriktiv auszulegen und erfordert einen unmittelbaren Kontakt zum Verbraucher mit dem Ziel dessen rationale Entscheidungsfreiheit durch massive Beeinflussung zu beeinträchtigen.[166]

5. Vorschlag für die Prüfung eines Wettbewerbsverstoßes

Bereits seit der UWG-Reform 2004 wird das Tatbestandsmerkmal der Unlauterkeit durch den Beispielkatalog in § 4 UWG sowie weitere gesetzliche Beispieltatbestände präzisiert. Zu beachten ist insoweit, dass als weitere, eine Unlauterkeit i.S.v. § 3 Abs. 1 UWG begründende Beispieltatbestände nach der UWG-Reform 2008 nurmehr die §§ 5 bis 6 UWG heranzuziehen sind, während § 7 UWG jetzt als selbständiger, also von § 3 Abs. 1 UWG unabhängiger Verbotstatbestand ausgestaltet ist (s. bereits o. § 83 II. 3.). Abgeleitet aus dem Tatbestand der Generalklausel und der neuen gesetzlichen Regelungssystematik ergibt sich der in der nachfolgenden Übersicht unterbreitete Vorschlag für die Prüfung eines Wettbewerbsverstoßes:

Abb. 12: Prüfungsschema UWG

Prüfungsschema UWG	
– Vorschlag für die Prüfung eines Wettbewerbsverstoßes nach dem UWG 2008 –	
Schritt 1: Vorliegen einer **geschäftlichen Handlung** i.S.v. § 2 Abs. 1 Nr. 1?	
... „geschäftliche Handlung" jedes Verhalten einer Person zugunsten des eigenen oder eines fremden Unternehmens vor, bei oder nach einem Geschäftsabschluss, das mit der Förderung des Absatzes oder des Bezugs von Waren oder Dienstleistungen oder mit dem Abschluss oder der Durchführung eines Vertrags über Waren oder Dienstleistungen objektiv zusammenhängt; als Waren gelten auch Grundstücke, als Dienstleistungen auch Rechte und Verpflichtungen;	
Schritt 2: Geschäftliche Handlung im „B2B" oder im „B2C"?	
Geschäftliche Handlung gegenüber Mitbewerbern oder sonstigen Marktteilnehmern i.S.v. § 2 Abs. 1 Nr. 2 und 3 („B2B")	Geschäftliche Handlung gegenüber Verbrauchern i.S.v. § 2 Abs. 2 i.V.m. § 13 BGB („B2C")
	Schritt 2a: Eingreifen der „schwarzen Liste"? Vorliegen einer stets unzulässigen geschäftlichen Handlung (§ 3 Abs. 3 i.V.m. dem **Anhang** Nr. 1 bis 30)?

---

165 Scherer, NJW 2009, 324, 331.
166 Die Unlauterkeit einer geschäftlichen Handlung nach Maßgabe der Beispieltatbestände lässt sich auch im B2C nur unter Rückgriff auf § 3 Abs. 1 feststellen, da die Unlauterkeit einer geschäftlichen Handlung allein in § 3 Abs. 1, nicht jedoch in § 3 Abs. 2 in Bezug genommen wird – Schöttle, GRUR 2009, 546, 548.

Schritt 3: Vorliegen eines beispielhaft geregelten Falls der **Unlauterkeit** (§ 3 Abs. 1 i.V.m. §§ 4 bis 6)?[167]

- Vorliegen einer „**unlauteren**" geschäftlichen Handlung i.S.v. § 3 Abs. 1
  - Verwirklichung eines oder mehrerer der Beispieltatbestände der § 4 Nr. 1 – 11;
  - Vorliegen einer irreführenden geschäftlichen Handlung (§ 5) oder einer „Irreführung durch Unterlassen" (§ 5a);
  - Vorliegen einer vergleichenden Werbung unter Verstoß gegen einen der Verbotstatbestände nach § 6 Abs. 2 Nr. 1 – 6.

■ **Spürbarkeit**: Eignung der geschäftlichen Handlung, die Interessen der Mitbewerber oder sonstigen Marktteilnehmer spürbar zu beeinträchtigen (§ 3 Abs. 1).	■ **Fachliche Sorgfalt**: Im B2C ist eine geschäftliche Handlung gemäß § 3 Abs. 2 S. 1 jedenfalls dann unzulässig, wenn sie nicht der für den Unternehmer geltenden fachlichen Sorgfalt (i.S.v. § 2 Abs. 1 Nr. 7) entspricht.[168]
	■ **Spürbarkeit**: Diese ist im B2C gegeben, wenn die geschäftliche Handlung geeignet ist, die Fähigkeit des Verbrauchers, sich aufgrund von Informationen zu entscheiden, spürbar beeinträchtigt und ihn damit zu einer geschäftlichen Entscheidung veranlasst, die er andernfalls nicht getroffen hätte (§ 3 Abs. 2 S. 1), wobei auf den Durchschnittsverbraucher bzw. das durchschnittliche Mitglied der adressierten Verbrauchergruppe abzustellen ist (§ 3 Abs. 2 S. 2, 3).

Schritt 4: Vorliegen einer **unzumutbaren Belästigung** (i.S.v. § 7) als selbständigem Verbotstatbestand?

Schritt 5: Vorliegen eines sonstigen, nicht beispielhaft geregelten Falles der Unlauterkeit?

Eingreifen der allgemeinen Generalklausel nach § 3 Abs. 1 als Auffangtatbestand.[169]	Eingreifen der Verbrauchergeneralklausel nach § 3 Abs. 2 als Auffangtatbestand.

IV. Beispielkatalog unlauterer geschäftlicher Handlungen (§ 4 UWG)

Die im Rahmen der UWG-Reform neu aufgenommene Regelung des § 4 UWG enthält einen nicht abschließenden („insbesondere") Katalog typischer Unlauterkeitshandlungen. Die Ausgestaltung des Beispielkataloges lässt die Tendenz zu einer Kodifizierung der von der Rechtsprechung (zu § 1 UWG 1909) entwickelten **Fallgruppen** erken-

---

[167] Da bei einer geschäftlichen Handlung, die nach Maßgabe eines der Beispieltatbestände als unlauter (= vorgreifliches Tatbestandsmerkmal) zu bewerten ist, davon auszugehen ist, dass diese auch nicht der „fachlichen Sorgfalt" entspricht, dürfte diesem Tatbestandsmerkmal keine (nennenswerte) eigenständige Bedeutung zukommen – in diesem Sinne wohl auch Schöttle, GRUR 2009, 546, 548; ferner Köhler, WRP 2009, 109 ff., III. 2. c).

[168] Der Gesetzgeber hat das Verhältnis von § 3 Abs. 1 (allgemeine Generalklausel) zu § 3 Abs. 2 (Verbrauchergeneralklausel) weder explizit geregelt noch hierzu in der Gesetzesbegründung ausdrücklich Stellung genommen. Es spricht jedoch Einiges dafür, in den (seltenen) Fällen, in denen § 3 Abs. 2 als originärer Auffangtatbestand zur Anwendung kommt, ausschließlich auf die Verbrauchergeneralklausel in Abs. 2 abzustellen, d.h. dafür, diese als gegenüber Abs. 1 selbständige, speziellere und abschließende Regelung zu begreifen – so Schöttle, GRUR 2009, 546, 551, mit überzeugender Begründung.

[169] Vgl. hierzu Köhler/Bornkamm, § 3 Rdn. 64 ff.

nen.[170] Dabei liegt der Aufzählung der einzelnen Unlauterkeitshandlungen kein nach bestimmten Sachprinzipien geordnetes Konzept zugrunde. Gleichwohl lässt sich erkennen, dass einige Tatbestände nur dem Schutz der Marktpartner (insbes. Verbraucher) dienen (§ 4 Nr. 1 – 6 UWG), andere demgegenüber nur oder überwiegend dem Schutz der Mitbewerber (§ 4 Nr. 7 bis 10 UWG). Was das Verhältnis der Beispieltatbestände zueinander angeht, ist zu beachten, dass ein und dieselbe geschäftliche Handlung durchaus mehrere Beispieltatbestände erfüllen kann, woraus sich ein größerer Unrechtsgehalt des Marktverhaltens ergeben kann, was wiederum bei der Gewichtung des fraglichen Wettbewerbsverstoßes im Rahmen des § 3 UWG (Spürbarkeit) bedeutsam sein kann.[171] Die durch den Beispielkatalog des § 4 UWG vorgegebene, seit 2004 maßgebliche Systematik, ergänzt durch die weiteren (speziellen) Beispieltatbestände (jetzt §§ 5 bis 6 UWG), hat inzwischen die alte, zu § 1 UWG 1909 entwickelte Fallgruppensystematik[172] verdrängt. Die Überschrift von § 4 UWG wurde im Zuge der UWG-Reform 2008 an die Einführung des Begriffs der geschäftlichen Handlung i.S.v. § 2 Abs. 1 Nr. 1 UWG angepasst.[173] Im Übrigen blieb der Beispielkatalog des § 4 UWG – abgesehen von geringfügigen begrifflichen Anpassungen – im Wesentlichen unverändert. Allerdings wurde die bisherige Angabe „im Sinne von § 3" – ebenso wie in den weiteren Beispieltatbeständen (§§ 5 Abs. 1, 6 Abs. 2 UWG) – gestrichen, weil sie – so die wenig überzeugende Begründung des Gesetzgebers – den unzutreffenden Eindruck erwecke, § 3 UWG „definiere den Begriff der Unlauterkeit".[174] Während § 7 UWG nach der neuen Gesetzessystematik als eigenständiger Tatbestand ausgestaltet ist (s.o. § 83 II. 3.), bleibt der Charakter der §§ 4 bis 6 UWG als Katalog von **Beispieltatbeständen** zum Merkmal der Unlauterkeit im Sinne der Generalklausel des § 3 UWG hiervon jedoch unberührt, auch wenn sich diese Regelungssystematik infolge der Streichung des erst im Rahmen der UWG Reform 2004 eingeführten hilfreichen Verweises zukünftig nun schwerer erschließt. Im Hinblick auf die zentrale Bedeutung, die dem Beispielkatalog in der Anwendungspraxis zukommt, sollen die einzelnen Beispieltatbestände im Folgenden erläutert werden.

1. Beeinträchtigung der Entscheidungsfreiheit durch unsachliche Einflussnahme (§ 4 Nr. 1 UWG)

Unlauter handelt insbesondere, wer

> „*geschäftliche Handlungen vornimmt, die geeignet sind, die Entscheidungsfreiheit der Verbraucher oder sonstiger Marktteilnehmer durch Ausübung von Druck, in menschenverachtender Weise oder durch sonstigen unangemessenen unsachlichen Einfluss zu beeinträchtigen*" (§ 4 Nr. 1 UWG).

a) Einordnung. Es handelt sich um einen generalklauselartig weiten Tatbestand, der auf den **Schutz der Entscheidungsfreiheit** der Verbraucher und sonstigen Marktteilnehmer vor Beeinträchtigung durch Ausübung von Druck oder durch sonstigen unangemessenen unsachlichen Einfluss zielt. Der im Zuge der UWG-Reform 2004 eingeführte

---

170 Köhler, NJW 2004, 2121, 2123.
171 Köhler/Bornkamm, § 4 Rdn. 3.2, 3.12.
172 Vgl. hierzu etwa das Inhaltsverzeichnis der Kommentierung zu § 1 UWG 1909 bei Baumbach/Hefermehl, 22. Auflage, 2001.
173 Vgl. Beschlussempfehlung und Bericht des Rechtsausschusses, BT-Drucks. 16/11070, S. 5.
174 Vgl. BT-Drucks. 16/10145, Amtl. Begr., S. 22.

Tatbestand ist weitgehend an die Stelle der früheren zu § 1 UWG 1909 entwickelten Fallgruppe „**Kundenfang**" getreten. Wie sich aus seinem Wortlaut ergibt, schützt § 4 Nr. 1 UWG nur die Entscheidungsfreiheit von **Verbrauchern** (§ 2 Abs. 2 UWG) und **sonstigen Marktteilnehmern** (§ 2 Abs. 1 Nr. 2 UWG), also das **Vertikalverhältnis**, nicht hingegen die Entscheidungsfreiheit von Mitbewerbern (§ 2 Abs. 1 Nr. 3 UWG) im **Horizontalverhältnis**, deren Schutz durch die Tatbestände in § 4 Nr. 7 – 10 geregelt ist.[175]

b) Richtlinienkonforme Auslegung. Im Sinne einer richtlinienkonformen Auslegung ist von Bedeutung, dass nach **Art. 8** der **UGP-Richtlinie** Geschäftspraktiken als **aggressiv** gelten, wenn sie „die Entscheidungs- oder Verhaltensfreiheit des Durchschnittsverbrauchers in Bezug auf das Produkt durch **Belästigung, Nötigung**, einschließlich Anwendung körperlicher Gewalt, oder durch **unzulässige Beeinflussung** tatsächlich oder voraussichtlich erheblich beeinträchtigen und dieser dadurch tatsächlich oder voraussichtlich dazu veranlasst wird, eine geschäftliche Entscheidung zu treffen, die er andernfalls nicht getroffen hätte". Bei der Feststellung, ob im Rahmen einer Geschäftspraktik derartige aggressive Mittel – Belästigung, Nötigung, unzulässige Beeinflussung – eingesetzt werden, ist auf die in Art. 9 lit. a) bis e) der UGP-Richtlinie festgelegten Kriterien abzustellen:

- Zeitpunkt, Ort, Art oder Dauer des Einsatzes;
- die Verwendung drohender oder beleidigender Formulierungen oder Verhaltensweisen;
- die Ausnutzung von konkreten Unglückssituationen oder Umständen von solcher Schwere, dass sie das Urteilsvermögen des Verbrauchers beeinträchtigen, worüber sich der Gewerbetreibende bewusst ist, um die Entscheidung des Verbrauchers in Bezug auf das Produkt zu beeinflussen;
- belastende oder unverhältnismäßige Hindernisse nichtvertraglicher Art, mit denen der Gewerbetreibende den Verbraucher an der Ausübung seiner vertraglichen Rechte zu hindern versucht, wozu auch das Recht gehört, den Vertrag zu kündigen oder zu einem anderen Produkt oder einem anderen Gewerbetreibenden zu wechseln;
- Drohungen mir rechtlich unzulässigen Handlungen.

Der deutsche Gesetzgeber ist im Rahmen der UWG-Reform 2008 davon ausgegangen, dass diese aggressiven Geschäftspraktiken von den bereits mit der UWG-Reform 2004 eingeführten Tatbeständen der § 4 Nr. 1 und Nr. 2 UWG bei richtlinienkonformer Auslegung hinreichend erfasst sind, so dass er eine Änderung oder Ergänzung des Gesetzes insoweit für entbehrlich hielt.[176] Der im Zuge der UWG-Reform 2008 im Wesentlichen unverändert gebliebene Wortlaut von Beispieltatbeständen wie § 4 Nr. 1 darf jedoch nicht darüber hinweg täuschen, dass § 4 Nr. 1 UWG – wie die weiteren vom Anwendungsbereich der Richtlinie erfassten Tatbestände – richtlinienkonform auszulegen ist, soweit es sich um Handlungen von Unternehmen gegenüber Verbrauchern handelt.[177]

c) Tatbestand. Der Tatbestand des § 4 Nr. 1 UWG setzt, wie eingangs zitiert, die Vornahme einer geschäftlichen Handlung voraus, die geeignet ist, „die Entscheidungsfrei-

---

175 Köhler/Bornkamm, § 4 Rdn. 1.20.
176 BT-Drucks. 16/10145, Amtl. Begr., S. 18.
177 Köhler/Bornkamm, § 4 Rdn. 1.3.

heit der Verbraucher oder sonstigen Marktteilnehmer durch Ausübung von Druck, in menschenverachtender Weise oder durch sonstigen unangemessenen unsachlichen Einfluss zu beeinträchtigen". Wie alle auf die Vornahme einer „geschäftliche Handlung" abstellenden Beispieltatbestände hat auch § 4 Nr. 1 UWG im Zuge der UWG-Reform 2008 eine Ausdehnung seines Anwendungsbereichs dadurch erfahren, dass von der Definition der **geschäftlichen Handlung** nach § 2 Abs. 1 Nr. 1 UWG entsprechend den Vorgaben der UGP-Richtlinie nicht nur das Verhalten vor, sondern auch das Verhalten „bei und nach Geschäftsabschluss" erfasst ist (s.o. II. 1.). Eine geschäftliche Handlung ist zur **Beeinträchtigung der Entscheidungsfreiheit** geeignet, „wenn die vom Verbraucher zu befürchtenden Nachteile so erheblich sind, dass sie den Verbraucher veranlassen, die von ihm erwartete geschäftliche Entscheidung zu treffen oder sich in der erwarteten Weise zu verhalten".[178] Was die Mittel der Beeinträchtigung angeht, ist durch die gesetzliche Formulierung „... oder durch sonstigen ..." klargestellt, dass es sich bei dem „unangemessenen unsachlichen Einfluss" um den Oberbegriff, bei der „Ausübung von Druck" und der „in menschenverachtender Weise" erfolgten Einwirkung auf die Entscheidungsfreiheit hingegen nur um Unterfälle handelt.

aa) Ausübung von Druck. Unter „**Ausübung von Druck**" ist zumindest im Anwendungsbereich der UGP-Richtlinie, also bei Handlungen gegenüber Verbrauchern, der Tatbestand der „Nötigung" (i.S.v. Art. 8 UGP-RL) zu verstehen, d.h. jede Form der Ausübung psychischen oder physischen Zwangs. Im Sinne der Vermeidung von Wertungswidersprüchen erscheint es sinnvoll den Begriff der „Ausübung von Druck" auch bei geschäftlichen Handlungen gegenüber den vom Anwendungsbereich der UGP-Richtlinie nicht erfassten „sonstigen Marktteilnehmern" entsprechend auszulegen.[179] **Beispiele** für die unlautere Ausübung von Druck sind die Ausübung von moralischem Druck durch den Veranstalter einer Kaffeefahrt auf kaufunwillige Teilnehmer im Beisein anderer Teilnehmer, sie würden schmarotzen, die Ausübung von autoritärem Druck durch einen Lehrer auf die Schüler, Schulartikel bei einem bestimmten Händler zu kaufen, die Drohung mit einer Strafanzeige wegen Steuerhinterziehung, wenn ein Vertrag nicht unterschreiben werde oder die Drohung eines Vertreters, das Haus nicht vor erfolgter Vertragsunterzeichnung zu verlassen.[180]

bb) In menschenverachtender Weise. Die im Zuge des Gesetzgebungsverfahrens zur UWG-Reform 2004 erfolgte Klarstellung, dass eine Beeinträchtigung der Entscheidungsfreiheit in „**menschenverachtender Weise**" eine typische Unlauterkeitshandlung darstellt, geht auf eine Beschlussempfehlung des Rechtsausschusses zurück.[181] Unter Menschenverachtung ist dabei eine Verletzung der Menschenwürde (i.S.v. Art. 1 GG) zu verstehen. Eine Unlauterkeit i.S.v. § 4 Nr. 1 UWG ist jedoch nicht bereits gegeben, wenn eine geschäftliche Handlung die Menschenwürde verletzt, sondern erst, wenn hierdurch die Entscheidungsfreiheit der geschützten Verbraucher und sonstigen Marktteilnehmer beeinträchtigt wird.[182]

cc) Unangemessen unsachlicher Einfluss. Die Grenze zur Unlauterkeit ist im Falle der Beeinträchtigung der Entscheidungsfreiheit durch einen „**unangemessenen unsachli-**

---

178 Köhler/Bornkamm, § 4 Rdn. 1.21.
179 Köhler/Bornkamm, § 4 Rdn. 1.26 f.
180 Tews/Bokel, S. 48 f.; Köhler/Bornkamm, § 4 Rdn. 1.31 jeweils m.w. Beispielen.
181 Zur Begründung im Einzelnen vgl. Amtl. Begr. BT-Drucks. 15/2795, zu § 4 Nr. 1, S. 43 f.
182 Näheres Köhler/Bornkamm, § 4 Rdn. 1.37 ff.

chen Einfluss" erst dann überschritten, „wenn eine geschäftliche Handlung geeignet ist, die **Rationalität der Nachfragentscheidung** der angesprochenen Marktteilnehmer vollständig in den Hintergrund treten zu lassen". Hierbei liegt eine Beeinträchtigung der Entscheidungsfreiheit eines Verbrauchers zudem im Lichte der UGP-Richtlinie nur dann vor, „wenn der Handelnde diese Freiheit durch Belästigung oder durch unzulässige Beeinflussung (i.S. des Art. 2 lit. j UGP-RL) erheblich beeinträchtigt".[183] Eine „unzulässige Beeinflussung" bedeutet nach Art. 2 lit. j UGP-RL „die Ausnutzung einer Machtposition gegenüber dem Verbraucher zur Ausübung von Druck, auch ohne die Anwendung oder Androhung von körperlicher Gewalt, in einer Weise, die die Fähigkeit des Verbrauchers zu einer informierten Entscheidung des Verbrauchers wesentlich einschränkt". Anerkannt ist, dass eine unlautere Beeinträchtigung der Entscheidungsfreiheit des Verbrauchers z.B. auch in einer zeitlich begrenzten Werbeaktion (**zeitgebundenes Angebot**) liegen kann, die dem Verbraucher nur eine unangemessen kurze Überlegungszeit lässt. Da entsprechend dem Verbraucherleitbild vom mündigen Durchschnittsverbraucher in der Regel jedoch erwartet werden kann, dass der auch mit derartigen Kaufanreizen umgehen kann, wird eine Unlauterkeit jedoch nur in Ausnahmefällen übersteigert zeitgebundener Angebote anzunehmen sein.[184] Erfasst werden können auch Maßnahmen der sog. **Wertreklame**, wenn sie bezwecken, die Rationalität der Verbraucherentscheidung auszuschalten.[185] Hierunter sind **Verkaufsförderungsmaßnahmen** zu verstehen, die auf eine Förderung des Absatzes von Waren oder Dienstleistungen durch die Gewährung geldwerter Vergünstigen zielen. Hierunter fallen die unentgeltliche oder verbilligte Überlassung von Waren oder Dienstleistungen beim Kauf anderer Waren oder Dienstleistungen (**Kopplungsgeschäfte** einschließlich **Zugaben**), die Einräumung von Preisnachlässen (**Rabatte**), die Einräumung von kaufunabhängigen Zuwendungen (**Geschenken**) sowie die Teilnahme an **Preisausschreiben** und **Gewinnspielen**.[186] Zu beachten ist insoweit jedoch, dass Verkaufsförderungsmaßnahmen – anders als nach früherer Rechtslage vor Aufhebung von Rabattgesetz und Zugabeverordnung und vor der Reform des UWG 2004 – nicht mehr schlechthin als wettbewerbsrechtlich bedenklich anzusehen sind. Vielmehr hat sich deren wettbewerbsrechtliche Beurteilung im Zuge der Liberalisierung des Wettbewerbsrechts und der Übernahme des gemeinschaftsrechtlichen, nicht mehr am flüchtigen, sondern am informierten, aufmerksamen und verständigen Durchschnittsverbraucher orientierten Verbraucherleitbildes grundlegend geändert. An die Stelle früherer per-se-Verbote bestimmter Verkaufsförderungsmaßnahmen ist eine „Art Missbrauchskontrolle" getreten, die sich im Wesentlichen auf die Überprüfung der Einhaltung des Transparenzgebots (vgl. jetzt § 4 Nr. 4 und 5 UWG) und die Sicherung der Rationalität der Nachfrageentscheidung beschränkt.[187] Wie erläutert, erfasst § 4 Nr. 1 UWG nicht nur die unsachliche Beeinflussung der Entscheidung von Verbrauchern, sondern auch von „sonstigen Marktteilnehmern" (Unternehmern). So hat der BGH eine unangemessene unsachliche Einflussnahme auf die zahnärztliche Diagnose- und Therapiefreiheit angenommen, „wenn sich Zahnärzte vertraglich verpflichten, ein von einer GmbH betrie-

---

183 BGH v. 24.6.2010, I ZR 182/08, „Brillenversorgung II"; ferner Köhler/Bornkamm. § 4 Rdn. 1.45 ff., 1.52.
184 BGH v. 31.10.2010, I ZR 75/08, „Ohne 19% Mehrwertsteuer".
185 BT-Drucks. 15/1487, Amtl. Begr. zu § 4 Nr. 1, S. 17.
186 Köhler/Bornkamm, § 4 Rdn. 1.85 f.
187 Im Einzelnen s. Köhler/Bornkamm, § 4 Rdn. 1.85 ff.

benes Dentallabor mit sämtlichen bei der Behandlung ihrer Patienten anfallenden Dentallaborleistungen zu beauftragen und die Zahnärzte durch eine gesellschaftsrechtliche Konstruktion am Gewinn dieser GmbH partizipieren können".[188]

2. Ausnutzen besonderer Umstände (§ 4 Nr. 2 UWG)

Unlauter handelt ferner, wer

> „geschäftliche Handlungen vornimmt, die geeignet sind, geistige oder körperliche Gebrechen, das Alter, die geschäftliche Unerfahrenheit, die Leichtgläubigkeit, die Angst oder die Zwangslage von Verbrauchern auszunutzen" (§ 4 Nr. 2 UWG).

Der Tatbestand zielt auf den Schutz von Verbrauchern, die sich in **Ausnahmesituationen** (Angst, Zwangslage) befinden, sowie von **besonders schutzbedürftigen Verbraucherkreisen** (insbesondere Kinder, Jugendliche, sprach- und geschäftsungewandte Mitbürger) vor einer Ausnutzung ihrer Unerfahrenheit.[189] Abgesehen von der Anpassung an den neu eingeführten Begriff der geschäftlichen Handlung (vgl. § 2 Abs. 1 Nr. 1) wurde der Tatbestand des § 4 Nr. 2 UWG im Rahmen der UWG-Reform 2008 in Anlehnung an Art. 5 Abs. 3 der UGP-Richtlinie durch die Begriffe „**geistige oder körperliche Gebrechen, das Alter**" ergänzt. Die gleichfalls vorgenommene Streichung der Wörter „insbesondere von Kindern und Jugendlichen" hat – so der Gesetzgeber – keine inhaltliche Änderung zur Folge. Sie sei erforderlich gewesen, um zu verhindern, dass dem jetzt in Nr. 28 des Anhanges zu § 3 Abs. 3 UWG verwendeten Begriff des Kindes, der dort gemeinschaftsrechtlicher Natur sei, wegen Verwendung an zwei Stellen des Gesetzes eine unterschiedliche Bedeutung beigemessen wird.[190] Neben § 4 Nr. 2 UWG sind im Bereich des Rundfunks und der Telemedien die medienspezifischen Bestimmungen zum Schutz von Kindern und Jugendlichen zu beachten (JMStV), bei deren Verletzung ferner der Rechtsbruchtatbestand des § 4 Nr. 11 eingreift, da es sich insoweit um Marktverhaltensregelungen handelt.[191] Als **Beispiel** für das Ausnutzen besonderer Umstände nach § 4 Nr. 2 UWG lässt sich ein vom Bundesverband der Verbraucherzentralen und Verbraucherverbände angestrengter Rechtsstreit anführen, in dem der BGH[192] darüber zu befinden hatte, ob ein Wettbewerbsverstoß vorliegt, wenn ein Unternehmen in einer Jugendzeitschrift für **Handy-Klingeltöne** wirbt und dabei lediglich darauf hinweist, dass das Herunterladen über eine kostenpflichtige 0190-Service-Telefonnummer 1,86 EUR pro Minute kostet, jedoch keine Angaben zur durchschnittlichen Dauer des Herunterladens und den dadurch entstehenden Kosten macht. Der BGH hat die Werbung als wettbewerbswidrig angesehen, da sie geeignet sei, die geschäftliche Unerfahrenheit von Kindern und Jugendlichen auszunutzen (§ 4 Nr. 2 UWG). Handlungen, die gegenüber einer nicht besonders schutzbedürftigen Zielgruppe noch zulässig seien, könnten gegenüber geschäftlich Unerfahrenen unzulässig sein. Voraussetzung für den Schutz sei, dass sich die Werbung – zumindest auch – an Kinder oder Jugendliche richte, was im vorliegenden Fall anzunehmen sei, da die Leserschaft der fraglichen Zeitschrift zu mehr als 50 % aus Kindern und Jugendlichen bestehe. Minderjährige seien weniger in der Lage, die durch die Werbung angepriesene Leistung in Bezug auf Be-

---

188 BGH v. 23.2.2012, I ZR 231/10, „Dentallaborleistungen".
189 BT-Drucks. 15/1487, Amtl. Begr. zu § 4 Nr. 2, S. 17.
190 Vgl. Amtl. Begr. BT-Drucks. 16/10145, S. 22 f.
191 Köhler/Bornkamm, § 4 Rdn. 2.6.
192 Urteil vom 6.4.2006, I ZR 125/03, „Werbung für Klingeltöne".

darf, Preiswürdigkeit und finanzielle Folgen zu bewerten. Daher müsse Kindern und Jugendlichen ausreichend deutlich gemacht werden, welche finanziellen Belastungen auf sie zukämen. Dem werde die angegriffene Werbung nicht gerecht, da ihnen die maßgebliche Dauer des Ladevorgangs unbekannt sei und dieser zudem von der Geschicklichkeit des Benutzers abhänge. Allerdings ist, wie der BGH[193] festgestellt hat, nicht jede gezielte Beeinflussung von Minderjährigen wettbewerbswidrig. Vielmehr sei auch bei besonders schutzbedürftigen Zielgruppen auf den durchschnittlich informierten und aufmerksamen Verbraucher dieser Gruppe abzustellen (vgl. § 3 Abs. 2 S. 3 UWG). Im konkreten Fall ging es um eine **Sammelaktion**, bei der auf der Verpackung von Schoko-Riegeln, die jeweils zum Preis von 40 Cent verkauft wurden, jeweils ein Sammelpunkt aufgedruckt war, wobei 25 Sammelpunkte gegen einen Gutschein im Wert von 5 EUR für einen Einkauf bei einem Internet-Versandhändler eingelöst werden konnten. Unter den gegebenen Umständen sei die Werbeaktion, so der BGH, auch für Minderjährige hinreichend transparent und lauterkeitsrechtlich nicht zu beanstanden.

3. Schleichwerbungsverbot (§ 4 Nr. 3 UWG)

Unlauter handelt auch, wer

„den Werbecharakter von geschäftlichen Handlungen verschleiert" (§ 4 Nr. 3 UWG).

Der im Rahmen der UWG-Reform 2008 an den neu eingeführten Begriff der geschäftlichen Handlung angepasste Tatbestand dient der Umsetzung von Art. 7 Abs. 2 der UGP-Richtlinie und regelt das Verbot der verdeckten bzw. getarnten Werbung, auch **Schleichwerbung** genannt. Durch die Regelung wird nach dem Willen des Gesetzgebers das medienrechtliche Schleichwerbungsverbot (vgl. §§ 7 Abs. 7, 58 Abs. 1 RStV; § 6 TMG) auf alle Formen der Werbung ausgedehnt. Von der unzulässigen Schleichwerbung (zum Begriff vgl. § 2 Abs. 2 Nr. 8 RStV) ist im Bereich des Rundfunks und der Telemedien die **Produktplatzierung** (sog. **Product Placement**) zu unterscheiden (vgl. Begriff § 2 Abs. 2 Nr. 11 RStV), die unter den im Rundfunkstaatsvertrag geregelten Voraussetzungen ausnahmsweise zulässig ist (§§ 7 i.V.m. 15, 44 RStV). Von § 4 Nr. 3 UWG erfasst wird jedoch auch die Tarnung sonstiger Wettbewerbshandlungen, wie beispielsweise die Gewinnung von Adressen unter Verschweigen einer kommerziellen Absicht.[194] § 4 Nr. 3 UWG ist damit heute auch Grundlage des früher richterrechtlich aus §§ 1, 3 UWG 1909 abgeleiteten sog. **Trennungsgebots**. Nach dem Trennungsgebot – auch **Verbot der redaktionellen Werbung** genannt – müssen Werbung und redaktioneller Text stets klar voneinander getrennt sein, d.h. wettbewerbsrelevante geschäftliche Handlungen müssen ihren werbenden Charakter eindeutig erkennen lassen.[195] Eine **Verschleierung** liegt stets vor, wenn das äußere Erscheinungsbild einer geschäftlichen Handlung so gestaltet ist, dass die Marktteilnehmer den geschäftlichen Charakter nicht klar und eindeutig erkennen können.[196] Hintergrund der Regelung ist, dass Verbraucher und sonstige Marktteilnehmer kommerziellen Äußerungen meist eher kritisch und skeptisch begegnen, während sie typischerweise geneigt sind, neutralen, d.h. nicht von

---

[193] BGH v. 17.7.2008, I ZR 160/05, „Sammelaktion für Schoko-Riegel".
[194] BT-Drucks. 15/1487, Amtl. Begr. zu § 4 Nr. 3, S. 17.
[195] Fezer/Hoeren, UWG, § 4 -S. 3, Rn. 20.
[196] BGH v. 30.6.2011, I ZR 157/10, „Branchenbuch Berg".

gewerblichen Interessen geleiteten Handlungen und Äußerungen eher Vertrauen entgegen zu bringen. Dieses Vertrauen soll durch das Verbot der Verschleierung des Werbecharakters von geschäftlichen Handlungen vor Missbrauch geschützt werden.[197] **Beispiele:** Wie der BGH[198] entschieden hat, verstößt ein „formularmäßig aufgemachtes Angebotsschreiben für einen Eintrag in ein **Branchenverzeichnis**, das nach seiner Gestaltung und seinem Inhalt darauf angelegt ist, bei einem flüchtigen Leser den Eindruck hervorzurufen, mit der Unterzeichnung und Rücksendung des Schreibens werde lediglich eine Aktualisierung von Eintragungsdaten im Rahmen eines bereits bestehenden Vertragsverhältnisses vorgenommen, gegen das Verschleierungsverbot des § 4 Nr. 3 UWG sowie gegen das Irreführungsverbot des § 5 Abs. 1 UWG". Auch ein in einer Zeitschrift abgedruckter Beitrag, der mit „**Preisrätsel**" überschrieben ist und sowohl redaktionelle als auch werbliche Elemente enthält, verstößt – so der BGH[199] – gegen das Verschleierungsverbot des § 4 Nr. 3 UWG, „wenn der werbliche Charakter der Veröffentlichung für einen durchschnittlich informierten und situationsadäquat aufmerksamen Leser nicht bereits auf den ersten Blick, sondern erst nach einer analysierenden Lektüre des Beitrags erkennbar ist". Demgegenüber liegt eine Verschleierung des Werbecharakters i.S.v. § 4 Nr. 3 UWG „bei einer mehrseitigen Zeitschriftenwerbung nicht vor, wenn der Werbecharakter nach dem Inhalt der gesamten Werbung unverkennbar ist und bei einer Kenntnisnahme nur der ersten Seite deren isolierter Inhalt keine Verkaufsförderung bewirkt" (im konkreten Fall war dies ein halbseitiges Vorschaltblatt über der Titelseite eines Wirtschaftsmagazins, im Branchenjargon „**Flappe**" genannt).[200]

Schleichwerbung	Produktplazierung ("Product Placement")
Medienrechtliche Begriffsbestimmung § 7 Abs. 2 Nr. 8 RStV	Medienrechtliche Begriffsbestimmung § 7 Abs. 2 Nr. 11 RStV
Grundsätzlich unzulässig § 4 Nr. 3 UWG, § 7 Abs. 7 S. 1 RStV	
Keine Ausnahme vom Verbot	Ausnahmsweise zulässig (§§ 7 Abs. 7 S. 2 i.V.m. 15, 44 RStV)

4. Transparenz für Inanspruchnahme von Verkaufsförderungsmaßnahmen (§ 4 Nr. 4 UWG)

Unlauter handelt auch, wer

„bei Verkaufsförderungsmaßnahmen wie Preisnachlässen, Zugaben oder Geschenken die Bedingungen für ihre Inanspruchnahme nicht klar und eindeutig angibt" (§ 4 Nr. 4 UWG).

Der Beispieltatbestand trägt als **Transparenzgebot** dem speziellen Informationsbedarf bei **Verkaufsförderungsmaßnahmen** (z.B. Preisnachlässe, Zugaben, Werbegeschenke) und der nicht unerheblichen Missbrauchsgefahr (z.B. hohe intransparente Hürden für Inanspruchnahme von Vorteilen) Rechnung. Er entspricht der bereits für den elektroni-

---

197 BGH v. 1.7.2010, I ZR 161/09, „Flappe"; Köhler/Bornkamm, § 4 Rdn. 3.2.
198 BGH v. 30.6.2011, I ZR 157/10, „Branchenbuch Berg".
199 BGH v. 31.10.2012, I ZR 205/11, „Preisrätselgewinnauslobung V".
200 BGH v. 1.7.2010, I ZR 161/09, „Flappe".

schen Geschäftsverkehr geltenden Regelung (§ 6 Abs. 1 Nr. 3 TMG), die damit – im Sinne einer Gleichbehandlung von „Online"- und „Offline"-Geschäftsverkehr – auf das allgemeine Lauterkeitsrecht übertragen wurde.[201] Nachdem die Kommission ihren Verordnungsvorschlag über Verkaufsförderung im Binnenmarkt wieder zurückgezogen hat (s.o. § 82 IV. 3. a), ist § 4 Nr. 4 UWG im Anwendungsbereich der UGP-Richtlinie am Maßstab des Art. 7 Abs. 1 bis 3 UGP-RL auszulegen. Zu den tatbestandsgemäß bei Verkaufsförderungsmaßnahmen anzugebenden **Bedingungen der Inanspruchnahme** gehören die **Berechtigung** zur Inanspruchnahme sowie sonstige **Modalitäten** der Inanspruchnahme. Erforderlich sind danach Angaben des Werbenden dazu, welcher Personenkreis zur Inanspruchnahme der beworbenen Vergünstigung (Preisnachlass, Zugabe, Geschenk) berechtigt sein soll bzw. welcher von ihr ggf. ausgeschlossen ist. Zu den Modalitäten der beworbenen Verkaufsförderungsmaßnahme gehören insbesondere Angaben zum Zeitraum einer möglichen Inanspruchnahme sowie bei Preisnachlässen Angaben zu den betroffenen Waren bzw. Warengruppen.[202] **Beispiele:** Wie der BGH[203] festgestellt hat, ist der Begriff der Bedingung i.S.v. § 4 Nr. 4 UWG im Interesse des mit der Bestimmung bezweckten Verbraucherschutzes weit auszulegen. Der Begriff erfasse daher alle aus Sicht des Verbrauchers nicht ohne weiteres zu erwartenden Umstände, die – wie die mengenmäßige Beschränkung einer in Aussicht gestellten Zugabe – die Möglichkeit einschränken, in den Genuss der Vergünstigung zu gelangen. Werde damit geworben, dass bei Erwerb einer Hauptware eine Zugabe gewährt werde, genüge allerdings regelmäßig der auf die Zugabe bezogene Hinweis **„solange der Vorrat reicht"**, um den Verbraucher darüber zu informieren, dass die Zugabe nicht im selben Umfang vorrätig sei wie die Hauptware. Der Hinweis könne allerdings – so der BGH weiter – irreführend sein, wenn die bereitgehaltene Menge in keinem angemessenen Verhältnis zur erwarteten Nachfrage stehe. Das Erfordernis von Angaben zum Zeitraum als Bedingung der Inanspruchnahme zwingt nicht notwendig in allen Fällen auch zur Angabe eines exakten kalendarischen Zeitraums, wie das OLG Köln festgestellt hat.[204] In dem zugrunde liegenden Fall hatte eine Textil-Einzelhändlerin am 01.02. eine Werbeanzeige geschaltet, in der unter Angabe **„Winterschlussverkauf"** u.a. Pullover, Jacken und Sakkos für um 20 %, 30 % bzw. 50 % reduzierte Preise angeboten wurden. Entgegen der Auffassung des dagegen vorgehenden Verbandes, der in der Anzeige mangels einer exakten zeitlichen Begrenzung einen Verstoß gegen § 4 Nr. 4 UWG erblickte, hat das OLG Köln einen Wettbewerbsverstoß verneint. Für die Mehrheit der durchschnittlichen Verbraucher bestehe bei der Anzeige kein Transparenzdefizit. Diesen sei bekannt, dass es die alten restriktiven wettbewerbsrechtlichen Regelungen zum Winterschlussverkauf – dieser war nur in engen zeitlichen Grenzen vom letzten Montag des Januar für zwei Wochen erlaubt (§ 7 Abs. 3 Ziff. 1 UWG 1909) – nicht mehr gebe. Aus Sicht der fraglichen Verbraucher sei auch erkennbar, dass die fragliche Saisonware ab sofort bis zu dem – im Vorhinein schwerlich exakt bestimmbaren – Zeitpunkt des vollständigen Abverkaufs erworben werden könne.

---

201 BT-Drucks. 15/1487, Amtl. Begr. zu § 4 Nr. 4, S. 17.
202 Köhler/Bornkamm, § 4 Rdn. 4.9 ff.
203 BGH v. 18.6.2009, I ZR 224/06, „Solange der Vorrat reicht".
204 OLG Köln, Beschluss v. 6.3.2006, 6 W 27/06.

5. Transparenzgebot bei Preisausschreiben und Gewinnspielen (§ 4 Nr. 5 UWG)

Nach dem Gesetz handelt auch unlauter, wer

> *„bei Preisausschreiben oder Gewinnspielen mit Werbecharakter die Teilnahmebedingungen nicht klar und eindeutig angibt"* (§ 4 Nr. 5 UWG).

Entsprechend der Regelung für die in Nr. 4 genannten Verkaufsförderungsmaßnahmen regelt Tatbestand Nr. 5 die Geltung des **Transparenzgebots** auch bei **Preisausschreiben und Gewinnspielen** mit Werbecharakter, bei denen ein vergleichbares Missbrauchspotential besteht (Regelung entspricht § 6 Abs. 1 Nr. 4 TMG für Telemedien).[205] Da die UGP-Richtlinie keine dem Tatbestand des § 4 Nr. 5 UWG entsprechende Regelung enthält, sind Maßstab für dessen richtlinienkonforme Auslegung die allgemeinen Regelungen nach Art. 7 Abs. 1 und 2 UGP-RL. Das heißt, das Tatbestandsmerkmal der „Teilnahmebedingungen" ist im Einklang mit Art. 7 Abs. 1 UGP-RL dahingehend auszulegen, „dass es nur Bedingungen erfasst, die für die Entscheidung des Verbrauchers, ob er sich um die Teilnahme bemühen will, wesentlich sind".[206] Bei Preisausschreiben und Gewinnspielen handelt es sich um Verkaufsförderungsmaßnahmen mit sog. **aleatorischen**[207] **Reizen**, wobei genau genommen nicht die von diesen Werbeformen ausgehenden Reize, sondern die in Aussicht gestellten Gewinnchancen von einer Zufallsentscheidung abhängen. Es handelt sich um seit jeher sehr beliebte Mittel der kommerziellen Werbung, die sich den **menschlichen Spieltrieb** zu Nutze machen. Was die terminologische Unterscheidung der beiden häufig synonym verwandten Begriffe angeht, so lassen sich als **Gewinnspiele** solche Veranstaltungen begreifen, bei denen die Entscheidung über den Gewinn allein und ausschließlich vom Zufall (in der Regel einer Auslosung) abhängt, während beim **Preisausschreiben** – zumindest zusätzlich – eine Leistung, konkret der Nachweis gewisser Kenntnisse und Fertigkeiten, erforderlich ist.[208] Für ihre wettbewerbsrechtliche Beurteilung ist die Unterscheidung zwischen Preisausschreiben und Gewinnspiel jedoch bedeutungslos, da sie lauterkeitsrechtlich den gleichen Anforderungen unterliegen.[209] Da es sich bei Preisausschreiben und Gewinnspiel um Sonderformen des Glücksspiels handelt, ist jedoch die Abgrenzung vom **Glücksspiel** im strafrechtlichen Sinne (§ 284 StGB) bedeutsam, dessen öffentliche Veranstaltung ohne behördliche Erlaubnis mit Strafe bedroht ist. Dieses unterscheidet sich von den straflosen Veranstaltungsformen wie den Preisausschreiben und Gewinnspielen durch das Erfordernis eines nicht gänzlich unerheblichen vermögenswerten Einsatzes, der sich beim Ausbleiben eines Gewinns als Verlust beim Teilnehmer niederschlägt.[210] Wie sich aus einem Umkehrschluss aus § 4 Nr. 5 (und § 4 Nr. 6) UWG ergibt, ist die Veranstaltung von Preisausschreiben und Gewinnspielen wettbewerbsrechtlich unbedenklich, sofern vom Werbenden die lauterkeitsrechtlichen Grenzen beachtet werden. Als zu beachtende Grenzen kommen neben den Spezialtatbeständen – Transparenzgebot (§ 4 Nr. 5 UWG) und richtlinienkonform ausgelegtes Kopplungsverbot (§ 4 Nr. 6 UWG) – die allgemeinen Verbote der unsachlichen Beeinflussung durch psychischen Kaufzwang oder übertriebenes Anlocken (§ 4 Nr. 1 UWG), der Irreführung (§ 5, 5a

---

[205] BT-Drucks. 15/1487, Amtl. Begr. zu § 4 Nr. 5, S. 18.
[206] BGH v. 14.11.2011, I ZR 50/09, „Einwilligungserklärung für Werbeanrufe".
[207] (Adj.) „vom Zufall abhängend".
[208] Näheres Fezer/Hecker, UWG, § 4 – 5 Rdn. 61 ff.
[209] Köhler/Bornkamm, § 4 Rdn. 1.158.
[210] Fezer/Hecker, UWG, § 4 – 5 Rdn. 61.

UWG) und der gezielten Behinderung von Mitbewerbern (§ 4 Nr. 10) in Betracht.[211] Als **Beispiel** mangelnder Transparenz einer Gewinnspielwerbung lässt sich die Entscheidung des BGH „**Einwilligungserklärung für Werbeanrufe**"[212] anführen. Die Teilnahmekarte für ein Gewinnspiel enthielt unter der Rubrik „Telefonnummer" die Angabe: „Zur Gewinnbenachrichtigung und für weitere interessante telefonische Angebote der ... GmbH aus dem Abonnementbereich, freiwillige Angabe, das Einverständnis kann jederzeit widerrufen werden." Nach Auffassung des BGH verstößt der fragliche Hinweis auf der Teilnahmekarte dem Transparenzgebot des § 4 Nr. 5 UWG, da für den am Gewinnspiel Interessierten schon nicht hinreichend klar werde, ob für eine Teilnahme tatsächlich die Angabe der Telefonnummer erforderlich sei. In dem Hinweis hieße es zwar, die Angabe sei freiwillig, aus dem Gesamtzusammenhang ergebe sich aber nicht hinreichend klar und eindeutig, ob sich die Freiwilligkeit auf die Angabe der Telefonnummer oder auf das Einverständnis zu telefonischen Angeboten des Gewinnspielveranstalters aus dem Abbonnementbereich beziehe. Unklar bleibe des Weiteren, ob die Teilnahmeberechtigung entfalle, wenn in dem Hinweis Streichungen vorgenommen würden.

6. Kaufabhängige Teilnahme an Preisausschreiben oder Gewinnspielen (§ 4 Nr. 6 UWG)

Unlauter handelt auch, wer

> „*die Teilnahme von Verbrauchern an einem Preisausschreiben oder Gewinnspiel von dem Erwerb einer Ware oder der Inanspruchnahme einer Dienstleistung abhängig macht, es sei denn, das Preisausschreiben oder Gewinnspiel ist naturgemäß mit der Ware oder der Dienstleistung verbunden*" (§ 4 Nr. 6 UWG).

Der Tatbestand verbietet danach in Übereinstimmung mit der Rechtsprechung zu § 1 UWG 1909 die Teilnahme an einem **Preisausschreiben** oder **Gewinnspiel** in irgendeiner Weise mit dem Warenabsatz oder der Inanspruchnahme einer Dienstleistung zu koppeln (**Verkopplung mit dem Absatz**).[213] Die Wettbewerbswidrigkeit wird damit begründet, dass sich die Werbemaßnahme nicht darauf beschränkt, die Aufmerksamkeit des Verbrauchers zu erregen, sondern darauf abzielt, die **Spiellust** und das **Streben nach Gewinn** auszunutzen, was die Gefahr begründet, dass das Urteil vieler Verbraucher getrübt wird.[214] Der **persönliche Anwendungsbereich** von § 4 Nr. 6 UWG ist im Gegensatz zu § 4 Nr. 5 UWG auf **Verbraucher** beschränkt, so dass Preisausschreiben und Gewinnspiele, die ausschließlich für Händler und Wiederverkäufer veranstaltet werden, nicht vom Kopplungsverbot erfasst sind.[215] Die tatbestandsgemäße **Abhängigkeit** der Teilnahme an einem Preisausschreiben oder einem Gewinnspiel vom Erwerb einer Ware oder Dienstleistung („Kopplung") ist stets gegeben, wenn der Verbraucher rechtlich zum Erwerb gezwungen ist, um teilnehmen zu können (z.B. Teilnahmekarte ist auf der Produktverpackung abgedruckt). Ausreichend ist jedoch auch eine tatsächliche Abhängigkeit, die gegeben ist, wenn das Bestehen oder die Höhe der Gewinnchance vom Bezug einer Ware oder Dienstleistung abhängt (z.B. Hinweis des Veranstalters eines Preisausschreibens, dass der Warenerwerb bei der Lösung der Aufgabe nützlich

---

211 Köhler/Bornkamm, § 4 Rdn. 1.159 ff.; vgl. ferner Übersicht Gewinnspiel Tews/Bokel, S. 74.
212 BGH v. 14.4.2011, I ZR 50/09, „Einwilligungserklärung für Werbeanrufe".
213 Vgl. BT-Drucks. 15/1487, Amtl. Begr. zu § 4 Nr. 6, S. 18.
214 Vgl. BT-Drucks. 15/1487, Amtl. Begr. zu § 4 Nr. 6, S. 18.
215 Fezer/Hecker, UWG, § 4 – 6, Rdn. 36 f.

sein kann) oder, wenn ein entsprechender Anschein besteht, d.h. wenn der Verbraucher aufgrund der Umstände von einem Einfluss des Waren- bzw. Dienstleistungsbezugs auf das Bestehen oder die Höhe der Gewinnchance ausgehen muss (z.B. Teilnahmeschein enthält zugleich Vordruck für Bestellung).[216] Die **Ausnahme** vom Kopplungsverbot (§ 4 Nr. 6 UWG, letzter Halbsatz), wonach dieses nicht gilt, sofern das Preisausschreiben oder Gewinnspiel „naturgemäß mit der Ware oder Dienstleistung verbunden" ist, zielt auf die Fälle, in denen diese Bestandteil eines redaktionellen Beitrags in der Presse oder im Rundfunk sind.[217] Da die UGP-Richtlinie kein entsprechendes Kopplungsverbot enthält und das Kopplungsverbot nach § 4 Nr. 6 UWG über die in der Richtline enthaltenen per-se-Verbote zur Gewinnspielwerbung hinausgeht (umgesetzt in Nr. 17 und Nr. 20 Anhang zu § 3 Abs. 3 UWG), ergaben sich **Zweifel**, ob das Kopplungsvorbot mit Blick auf das in der UGP-Richtlinie vorgesehene Gebot der Vollharmonisierung (s.o. § 83 II. 1.) **gemeinschaftsrechtskonform** ist, was den BGH[218] zu einem entsprechenden Vorlagebeschluss an den EuGH veranlasst hatte. Der EuGH[219] hat daraufhin entschieden, dass ein generelles Verbot von Kopplungsangeboten wie das nach § 4 Nr. 6 UWG ohne Überprüfung der Lauterkeit im Einzelfall nach Maßgabe der in der Richtlinie festgelegten Kriterien mit dieser unvereinbar sei. § 4 Nr. 6 UWG ist daher richtlinienkonform dahingehend auszulegen, dass die Kopplung von Gewinnspielen an Umsatzgeschäfte nur dann unlauter ist, wenn sie den Erfordernissen der beruflichen Sorgfalt i.S.v. Art. 5 Abs. 2 lit. b der UGP-Richtlinie widerspricht, was anhand der Umstände des Einzelfalls zu prüfen ist.[220]

7. Herabsetzung von Mitbewerbern (§ 4 Nr. 7 UWG)

Unlauter handelt, wer

> „*die Kennzeichen, Waren, Dienstleistungen, Tätigkeiten oder persönlichen oder geschäftlichen Verhältnisse eines Mitbewerbers herabsetzt oder verunglimpft*" (§ 4 Nr. 7 UWG).

Der Beispieltatbestand betrifft die Fälle der **Geschäftsehrverletzungen**. Im Unterschied zum Tatbestand des § 4 Nr. 8 UWG (Anschwärzung) geht es nicht um geschäftsschädigende unwahre Tatsachenbehauptungen, sondern (primär) um **Meinungsäußerungen**, bei deren Beurteilung – so die Gesetzesbegründung – stets das Grundrecht der Meinungsfreiheit (Art. 5 Abs. 1 GG) zu beachten ist. Vom Tatbestand erfasst sind daher vor allem auch „Fälle der **Schmähkritik**, in denen der Mitbewerber pauschal und ohne erkennbaren sachlichen Bezug abgewertet wird".[221] Vom Tatbestand erfasst sind nur geschäftliche Handlungen gegenüber **Mitbewerbern** (i.S.v. § 2 Abs. 1 Nr. 3 UWG), d.h. zwischen dem Unternehmen, von dem die fragliche Äußerung ausgeht, und dem dadurch herabgesetzten oder verunglimpften Unternehmen muss ein konkretes Wettbewerbsverhältnis bestehen. § 4 Nr. 7 UWG zielt darauf ab, den Mitbewerber davor zu schützen, durch herabsetzende oder verunglimpfende Äußerungen eine **Geschäftsschädigung durch Ansehensminderung** zu erleiden und dadurch in seinen Wettbewerbs-

---

216 Köhler/Bornkamm, § 4 Rdn. 6.20 ff.
217 Köhler/Bornkamm, § 4 Rdn. 6.28 ff.
218 BGH, Beschluss v. 5.6.2008, I ZR 4/06 „Millionen-Chance".
219 Urteil v. 14.1.2010 in der Rechtssache C-304/08 „Plus Warenhandelsgesellschaft".
220 Näheres hierzu Köhler/Bornkamm, § 4 Rdn. 6.6 f.
221 BT-Drucks. 15/1487, Amtl. Begr. zu § 4 Nr. 7, S. 18.

chancen beeinträchtigt zu werden.[222] Von § 4 Nr. 7 UWG können auch Tatsachenbehauptungen erfasst sein, soweit diese geeignet sind, einen Mitbewerber herabzusetzen oder gar zu verunglimpfen. Insbesondere in Fällen herabsetzender wahrer Tatsachenbehauptungen, an denen kein sachliches Informationsinteresse der angesprochenen Verkehrskreise besteht und für deren Verbreitung kein hinreichender Anlass besteht, wird insoweit der auf unwahre bzw. nicht erweislich wahre Tatsachenbehauptungen beschränkte Schutz nach § 4 Nr. 8 UWG durch § 4 Nr. 7 UWG ergänzt.[223] **Beispiele:** Vom LG Köln wurde die von einer Billigfluggesellschaft in einem Interview auf einen großen deutschen Luftfahrtkonzern bezogene Aussage als herabsetzend untersagt: „Jeder, der in diesen Zeiten eine Catering-Firma kauft, sollte dringend zum Arzt und sich den Kopf untersuchen lassen gehen".[224] Demgegenüber hat der BGH festgestellt, dass eine Postkarte mit violetter Grundfarbe und mit dem Wortlaut "Über allen Wipfeln ist Ruh, irgendwo blökt eine Kuh. Muh!", unterzeichnet mit „Rainer Maria Milka", keine Verunglimpfung der Marke „Milka" darstelle. Werde eine bekannte Marke bei der Aufmachung eines Produkts in witziger und humorvoller Weise verwandt (hier: Wiedergabe auf einer Postkarte), könne die Unlauterkeit der Ausnutzung der Unterscheidungskraft (Aufmerksamkeitsausbeutung) der Klagemarke aufgrund der Kunstfreiheit nach Art. 5 Abs. 3 GG ausgeschlossen sein.[225] In einem anderen vom BGH[226] zu entscheidenden Fall hatte der beklagte Mitbewerber die klagenden Betroffenen in einem Newsletter unter Einbeziehung mit diesem verlinkter Artikel unter der Überschrift „Scharlatane auf dem Coaching-Markt" als Anbieter bezeichnet, die sich „mystischer Coaching-Methoden" bedienten und eine „sektenähnliche Organisation" unterhielten, die jeden der sich auf sie einlasse, ins Verderben führe. Der BGH hat die dem Beklagten zur Last gelegten Äußerungen als im Schwerpunkt wertende Aussagen eingestuft, die derart substanzarm seien, dass der tatsächliche Gehalt gegenüber der damit verbundenen Wertung zurücktrete. Zur Beantwortung der Frage, ob die beanstandeten Äußerungen des Beklagten als unzulässige Herabsetzung i.S.v. § 4 Nr. 7 UWG einzustufen sind, sei eine Gesamtwürdigung erforderlich, bei der alle Umstände des Einzelfalls zu berücksichtigen und die Interessen der Parteien und der Allgemeinheit im Licht der Bedeutung des Grundrechts (Art. 5 Abs. 1, Art. 12 GG) unter Beachtung des Grundsatzes der Verhältnismäßigkeit gegeneinander abzuwägen seien. Im konkreten Fall hat der BGH eine unzulässige Herabsetzung der klagenden Betroffenen im Ergebnis bejaht, da es ich bei den fraglichen Aussagen um eine pauschal abwertende Darstellung der Tätigkeit eines Mitbewerbers handele, ohne dass konkrete Umstände genannt seien, die den Vorwurf der Scharlatanerie belegen könnten.

8. Anschwärzung (§ 4 Nr. 8 UWG)

Der Vorwurf unlauteren Handelns trifft auch denjenigen, der

> „über die Waren, Dienstleistungen oder das Unternehmen eines Mitbewerbers oder über den Unternehmer oder ein Mitglied der Unternehmensleitung Tatsachen be-

---

[222] Köhler/Bornkamm, § 4 Rdn. 7.2.
[223] Zur Abgrenzung zu § 4 Nr. 8 im Einzelnen vgl. Fezer/Nordemann, UWG, § 4 – 7, Rdn. 6; ferner Köhler/Bornkamm, § 4 Rdn. 7.5; § 4 Nr. 8 Rdn. 8.2.
[224] LG Köln, Beschluss v. 6.9.2005, 84 O 84/05 (nicht veröffentlicht), zitiert nach Wettbewerbszentrale, Rückblick auf die Arbeit 2005, S. 28; weitere Praxisbeispiele vgl. Tews/Bokel, S. 84.
[225] BGH v. 3.2.2005, I ZR 159/04, „Lila-Postkarte".
[226] BGH v. 19.5.2011, I ZR 147/09, „Coaching-Newsletter".

hauptet oder verbreitet, die geeignet sind, den Betrieb des Unternehmens oder den Kredit des Unternehmers zu schädigen, sofern die Tatsachen nicht erweislich wahr sind; handelt es sich um vertrauliche Mitteilungen und hat der Mitteilende oder der Empfänger der Mitteilung an ihr ein berechtigtes Interesse, so ist die Handlung nur dann unlauter, wenn die Tatsachen der Wahrheit zuwider behauptet oder verbreitet wurden" (§ 4 Nr. 8 UWG).

Der Tatbestand betrifft in Abgrenzung zu Nr. 7 Fälle der **Geschäftsehrverletzung** durch die Behauptung oder Verbreitung geschäfts- oder kreditschädigender **unwahrer Tatsachen** (entspricht § 14 UWG 1909, Anschwärzung). „Tatsachen sind" – so der BGH[227] – „Vorgänge oder Zustände, deren Vorliegen oder Nichtvorliegen dem Wahrheitsbeweis zugänglich ist. Werturteile sind demgegenüber durch das Element des Wertens, insbesondere der Stellungnahme und des Dafürhaltens gekennzeichnet. Die Beurteilung, ob eine Äußerung als eine Tatsachenbehauptung oder als Werturteil anzusehen ist, bestimmt sich danach, wie die angesprochenen Verkehrskreise sie nach Form und Inhalt in dem Gesamtzusammenhang, in den sie gestellt ist, verstehen". Wie § 4 Nr. 7 UWG zielt auch § 4 Nr. 8 UWG nur auf den Schutz der Mitbewerber (i.S.v. § 2 Abs. 1 Nr. 3 UWG). Die behaupteten oder verbreiteten Tatsachen müssen objektiv geeignet sein, „den Betrieb des Unternehmens oder den Kredit des Unternehmers zu schädigen". Darauf, ob hiermit auch eine Herabsetzung verbunden ist, kommt es nicht an, vielmehr genügt es, dass hiermit Nachteile für die Erwerbstätigkeit des Mitbewerbers verbunden sein können, was sich nach der Wirkung der Äußerung auf die angesprochenen Verkehrskreise beurteilt, wobei vom Maßstab eines durchschnittlich informierten, aufmerksamen und verständigen Durchschnittsangehörigen dieser Gruppe auszugehen ist.[228] Aus dem Wortlaut von § 4 Nr. 8 „sofern die Tatsachen nicht ersichtlich wahr sind" folgt, dass nicht der Verletzte die Unwahrheit der Tatsachen, sondern der Verletzer die Wahrheit seiner Tatsachenbehauptung zu beweisen hat.[229]

9. Ergänzender Leistungsschutz (§ 4 Nr. 9 UWG)

Ein weiterer Beispieltatbestand regelt die wichtige Fallgruppe des **ergänzenden wettbewerbsrechtlichen Leistungsschutzes** („Ausbeutung"). Unlauter handelt danach,

„wer Waren oder Dienstleistungen anbietet, die eine Nachahmung der Waren oder Dienstleistungen eines Mitbewerbers sind, wenn er a) eine vermeidbare Täuschung der Abnehmer über die betriebliche Herkunft herbeiführt, b) die Wertschätzung der nachgeahmten Ware oder Dienstleistung unangemessen ausnutzt oder beeinträchtigt oder c) die für die Nachahmung erforderlichen Kenntnisse oder Unterlagen unredlich erlangt hat" (§ 4 Nr. 9 UWG).

a) Grundsatz der Nachahmungsfreiheit und Tatbestand. Der in § 4 Nr. 9 UWG geregelte ergänzende wettbewerbsrechtliche Leistungsschutz zielt in erster Linie auf einen Schutz der Mitbewerber vor unlauterer **Ausbeutung** der von diesen geschaffenen Leistungsergebnisse. Was das Verhältnis des ergänzenden wettbewerbsrechtlichen Leistungsschutzes zu dem sondergesetzlich gewährleisteten Schutz geistiger Schaffensergebnisse durch gewerbliche Schutzrechte und das Urheberrecht angeht (vgl. hierzu bereits

---

227 BGH v. 14.5.2009, I ZR 82/07, „Mecklenburger Obstbrände".
228 Köhler/Bornkamm, § 4 Rdn. 8.19.
229 Köhler/Bornkamm, § 4 Rdn. 8.20; BGH v. 14.5.2009, I ZR 82/07, „Mecklenburger Obstbrände".

o. § 82 V. 2. b), so ist der Gesetzgeber mit dem Beispieltatbestand des § 4 Nr. 9 dem bereits von der Rechtsprechung zu § 1 UWG 1909 entwickelten Regelungskonzept gefolgt.[230] Danach bleibt der Grundsatz der **Nachahmungsfreiheit** durch die Regelung unberührt. Das heißt, das bloße Nachahmen eines sondergesetzlich nicht (mehr) geschützten Schaffensergebnisses ist grundsätzlich erlaubt und nur bei Vorliegen besonderer, die Wettbewerbswidrigkeit begründender Umstände wettbewerbswidrig.[231] Der **Tatbestand** des ergänzenden wettbewerbsrechtlichen Leistungsschutzes nach § 4 Nr. 9 UWG ist erfüllt, wenn

(a) ein Unternehmer das **Leistungsergebnis** (Ware od. Dienstleistung) eines Mitbewerbers **nachahmt** und anbietet, das

(b) keinen sondergesetzlichen Schutz (mehr) genießt, sich aber durch sog. **wettbewerbliche Eigenart** auszeichnet und, wenn

(c) **besondere Umstände** vorliegen, die das Verhalten des nachahmenden Unternehmers als unlauter erscheinen lassen.[232]

b) Formen der Nachahmung. Der Grad der im Gesetz nicht näher bestimmten **Nachahmung** eines vorbestehenden Leistungsergebnisses kann von unterschiedlicher Intensität sein. Anknüpfend an die frühere Rechtsprechung lassen sich **drei Abstufungen** unterscheiden:[233]

- Die **unmittelbare Leistungsübernahme**, bei der das fremde Leistungsergebnis unverändert übernommen wird (in der Regel mittels technischer Reproduktionstechniken wie Kopieren, Nachdrucken, Einscannen etc.); ferner
- die **nahezu identische Leistungsübernahme**, die vorliegt, wenn sich bei einem Vergleich von Original und Nachahmung im Gesamteindruck nur kleinere, geringfügige Abweichungen ergeben,[234] und
- die sog. **nachschaffende Leistungsübernahme**, bei der die fremde Leistung nicht unmittelbar oder (fast) identisch übernommen wird, sondern lediglich als Vorbild benutzt und nachschaffend unter Einsatz eigener Leistung wiederholt wird.[235]

Die vorstehend vorgenommene Differenzierung, d.h. die Frage nach der Intensität der Übernahme des fremden Leistungsergebnisses, ist für die Beurteilung eines Wettbewerbsverstoßes unter dem Gesichtspunkt des ergänzenden wettbewerbsrechtlichen Leistungsschutzes (i.S.v. § 4 Nr. 9 UWG) durchaus von Bedeutung, „weil bei der unmittelbaren Leistungsübernahme an das Vorliegen besonderer Umstände, die das Vorgehen wettbewerbswidrig machen, geringere, bei einer nachschaffenden Übernahme, die unter Einsatz einer eigenen Leistung einen weiteren Abstand vom übernommenen Leistungsergebnis einhält, aber höhere Anforderungen zu stellen sind".[236] Wie der BGH festgestellt hat, setzt eine Nachahmung i. S. des § 4 Nr. 9 lit. a UWG voraus, dass dem Hersteller im Zeitpunkt der Schaffung des beanstandeten Produkts das Vorbild bekannt ist und es sich nicht um eine **selbstständige Zweitentwicklung** handelt. Einen Unternehmer, der unabhängig von einem fremden Erzeugnis ein eigenes Produkt ent-

---

[230] Grundlegend BGH v. 8.11.1984, I ZR 128/82, „Tchibo/Rolex".
[231] BT-Drucks. 15/1487, Amtl. Begr. zu § 4 Nr. 9, S. 18.
[232] Köhler/Bornkamm, § 4 Rdn. 9.17.
[233] Köhler/Bornkamm, § 4 Rdn. 9.34 ff.
[234] BGH GRUR 2000, 521, 524 „Modulgerüst".
[235] BGH GRUR 1992, 523, 524 „Bausteinelemente".
[236] BGH GRUR 1992, 523, 524 „Bausteinelemente".

wickelt hat, trifft jedoch keine generelle Pflicht zur Wahrung eines Abstandes zu einem identischen oder ähnlichen Erzeugnis, das ein Mitbewerber bereits auf den Markt gebracht hat.[237] Instruktiv zu der Frage des Vorliegens einer lauterkeitsrechtlich relevanten **Nachahmungshandlung** ist auch die Entscheidung des BGH in Sachen „Hartplatzhelden". In der Entscheidung ging es um ein von der Beklagten unter der Adresse www.hartplatzhelden.de betriebenes werbefinanziertes Internetportal, in das von jedermann nach vorheriger Anmeldung Ausschnitte von Filmaufnahmen von Fußballspielen eingestellt werden konnten, die von jedem Internetnutzer kostenlos abgerufen und angesehen werden konnten. Der Kläger, der Württembergische Fußballverband e.V., sah sich durch dieses Angebot in seinem ausschließlichen Recht der gewerblichen Verwertung dieser Spiele verletzt und nahm die Beklagte daher u.a. unter dem rechtlichen Gesichtspunkt der wettbewerbswidrigen Leistungsübernahme in Anspruch. Anders als das Berufungsgericht hat der BGH in diesem Falle eine unlautere Nachahmungshandlung verneint. Die Filmaufzeichnung eines (Teils eines) Fußballspiels sei „keine Nachahmung einer in dem Fußballspiel selbst oder in dessen Veranstaltung oder Durchführung bestehenden Leistung im Sinne von § 4 Nr. 9 UWG"; sie stelle „vielmehr lediglich eine daran anknüpfende Leistung dar".[238]

c) **Wettbewerbliche Eigenart.** Bei der wettbewerblichen Eigenart des nachgeahmten Leistungsergebnisses handelt es sich um ein von Rechtsprechung nach früherer Rechtslage entwickeltes Erfordernis, das in § 4 Nr. 9 UWG keine ausdrückliche Erwähnung gefunden hat, das jedoch ausweislich der Gesetzesbegründung auch nach neuer Rechtslage unverändert von Bedeutung ist.[239] Es ist daher als **ungeschriebenes Tatbestandmerkmal** zu beachten. **Wettbewerbliche Eigenart** eines Leistungsergebnisses setzt voraus, dass die konkrete Ausgestaltung oder bestimmte Merkmale des Erzeugnisses geeignet sind, die interessierten Verkehrskreise auf seine **betriebliche Herkunft** oder seine **Besonderheiten** hinzuweisen.[240] Bei der Beurteilung der wettbewerblichen Eigenart eines Erzeugnisses können – so der BGH[241] – auch Besonderheiten zu berücksichtigen sein, die dieses im Gebrauch aufweist, auch wenn sie nicht auf den ersten Blick erkennbar sind. Das Erfordernis der wettbewerblichen Eigenart bezieht sich auf die **konkrete Ausgestaltung** oder **bestimmte Merkmale** des Erzeugnisses, die diesem aus der Sicht der Abnehmer zukommen. Es genügt für die Annahme wettbewerblicher Eigenart, dass der angesprochenen Verkehr aufgrund der Ausgestaltung oder der Merkmale des Erzeugnisses die Vorstellung hat, es könne wohl nur von einem bestimmten Anbieter oder einem mit diesem verbundenen Unternehmen stammen. Auch insoweit ist zu vergegenwärtigen, dass zwischen den für das Vorliegen des ergänzenden wettbewerblichen Leistungsschutzes maßgeblichen Tatbestandmerkmalen eine **Wechselwirkung** besteht: „Je größer die wettbewerbliche Eigenart und je höher der Grad der Übernahme ist, desto geringer sind die Anforderungen an die besonderen Umstände, die die Wettbewerbs-

---

237 BGH v. 26.6.2008, I ZR 170/05, „ICON".
238 BGH v. 28.10.2010, I ZR 60/09, „Hartplatzhelden"; zustimmend Hoeren/Schröder, Urteilsanmerkung MMR 2011, 381 ff..
239 BT-Drucks. 15/1487, Amtl. Begr. zu § 4 Nr. 9, S. 18; ferner Köhler/Bornkamm, § 4 Rdn. 9.24.
240 St. Rspr. – u.a. BGH GRUR 2003, 359, 360 „Pflegebett"; BGH GRUR 2003, 973, 974 „Tupperwareparty", BGH v. 22.3.2012, I ZR 21/11 „Sandmalkasten".
241 BGH v. 24.5.2007, I ZR 104/04, „Gartenliege".

widrigkeit begründen".[242] Wie der BGH[243] entschieden hat, setzt die wettbewerbliche Eigenart eines Produkts nicht voraus, dass die zur Gestaltung verwendeten Einzelmerkmale originell sind. Auch ein zurückhaltendes, puristisches **Design** könne – so der BGH – geeignet sein, „die Aufmerksamkeit des Verkehrs zu erwecken und sich als Hinweis auf die betriebliche Herkunft des Produkts einzuprägen". Soweit hier auf das Design eines Produkts abgestellt wird, ist jedoch zu vergegenwärtigen, dass das Tatbestandsmerkmal der wettbewerblichen „Eigenart" nicht deckungsgleich mit der designrechtlichen Schutzvoraussetzung der „Eigenart" (§ 2 Abs. 3 DesignG, Art. 6 Abs. 1 GGV) ist. Maßstab für die wettbewerbsrechtliche Eigenart ist, wie erwähnt, dass die konkrete Ausgestaltung bzw. die Merkmale eines Erzeugnisses geeignet sind, auf eine betriebliche Herkunft hinzuweisen. Demgegenüber knüpft das designrechtliche Erfordernis der Eigenart an den durch bestimmte gestalterische Merkmale des Designs beim informierten Benutzer hervorgerufenen Gesamteindruck und damit an ein bestimmtes Leistungsergebnis an.[244] Da sich die Voraussetzungen der designrechtlichen Eigenart einerseits und der wettbewerbsrechtlichen Eigenart andererseits nicht decken, lassen sich – so der BGH[245] – auch keine allgemeinen Aussagen zu einem **Rangverhältnis** zwischen designrechtlicher und lauterkeitsrechtlicher Eigenart treffen.

d) **Besondere Umstände.** Der Gesetzgeber hat in Nr. 9 lit. a – c UWG die wichtigsten Fallgruppen für das Vorliegen besonderer, für das Eingreifen des ergänzenden wettbewerbsrechtlichen Leistungsschutzes erforderlicher Umstände benannt. Hierbei handelt es sich – entsprechend der Regelungsstruktur des § 4 UWG insgesamt – um eine nicht abschließende Aufzählung.[246] Im Einzelnen sind in § 4 Nr. 9 UWG geregelt:

- lit. a) betrifft die Fälle der **vermeidbaren Herkunftstäuschung.** Wettbewerbswidrig handelt danach, wer ein fremdes Erzeugnis durch Übernahme von Merkmalen, mit denen der Verkehr eine betriebliche Herkunftsvorstellung verbindet, nachahmt, wenn er nicht im Rahmen des Möglichen und Zumutbaren alles Erforderliche getan hat, um eine Irreführung des Verkehrs möglichst auszuschließen. Nach der Rechtsprechung des BGH hat der ergänzende wettbewerbsrechtliche Leistungsschutz gegen eine vermeidbare Herkunftstäuschung nicht nur zur Voraussetzung, dass das nachgeahmte Erzeugnis wettbewerbliche Eigenart besitzt. Erforderlich ist grundsätzlich auch, dass das Erzeugnis bei den maßgeblichen Verkehrskreisen eine **gewisse Bekanntheit** erreicht hat, da eine Herkunftstäuschung in aller Regel bereits begrifflich nicht möglich ist, wenn dem Verkehr nicht bekannt ist, dass es ein Original gibt.[247] Für die Feststellung einer gewissen Bekanntheit des nachgeahmten Produkts bei der Beurteilung der vermeidbaren Herkunftstäuschung ist – so der BGH[248] – auf die Bekanntheit des Erzeugnisses bei den angesprochenen Verkehrskreisen abzustellen; nicht erforderlich ist, dass der Verkehr das nachgeahmte Produkt einem namentlich bestimmten Unternehmen zuordnen kann. Die für die Gefahr einer Herkunftstäuschung regelmäßig erforderliche Bekanntheit des nachge-

---

242 St. Rspr. – u.a. BGH GRUR 2003, 359, 360 „Pflegebett"; BGH v. 9.10.2008, I ZR 126/06, „Gebäckpresse", BGH v. 22.3.2012, I ZR 21/11 „Sandmalkasten".
243 BGH v. 22.3.2012, I ZR 21/11 „Sandmalkasten".
244 BGH v. 9.10.2008, I ZR 126/06, „Gebäckpresse".
245 BGH v. 18.10.2011, I ZR 109/10, „Elektrische Gebäckpresse".
246 BT-Drucks. 15/1487, Amtl. Begr. zu § 4 Nr. 9, S. 18.
247 BGH v. 24.3.2005, I ZR 131/02, „Handtuchklemmen".
248 BGH v. 15.9.2005, I ZR 151/02, „Jeans"; BGH v. 24.5.2007, I ZR 104/04, „Gartenliege".

ahmten Produkts muss auf dem **inländischen Markt** vorliegen; die ausschließliche Bekanntheit des nachgeahmten Produkts im Ausland reicht grundsätzlich nicht aus.[249]

- **lit. b)** betrifft die Fälle der **Rufausbeutung** und **Rufbeeinträchtigung**. Erfasst werden hierdurch die Fälle, in denen der Verkehr mit der nachgeahmten Leistung bestimmte Herkunfts- und Gütevorstellungen verbindet (Wertschätzung) und in denen dieser „gute Ruf" ausgenutzt, d.h. auf das Produkt des Nachahmers übertragen (Imagetransfer), oder beeinträchtigt wird (z.b. bei qualitativ minderwertiger Nachahmung).[250] Ansprüche aus ergänzendem wettbewerbsrechtlichem Leistungsschutz wegen unangemessener **Ausnutzung der Wertschätzung** eines nachgeahmten Produkts können bestehen, wenn die Gefahr einer Täuschung über die Herkunft beim allgemeinen Publikum eintritt, das bei den Käufern die Nachahmungen sieht und zu irrigen Vorstellungen über die Echtheit der Nachahmungen verleitet wird.[251] Wie der BGH[252] entschieden hat, liegt in Fällen, in denen „ein Dritter ein mit einer Marke identisches Zeichen ohne Zustimmung des Markeninhabers einem Suchmaschinenbetreiber gegenüber als Schlüsselwort angibt, damit bei Eingabe des mit der Marke identischen Zeichens als Suchwort in die Suchmaschine ein absatzfördernder elektronischer Verweis (Link) zur Website des Dritten als Werbung für der Gattung nach identische Waren oder Dienstleistungen in einem von der Trefferliste räumlich getrennten, entsprechend gekennzeichneten Werbeblock erscheint (**Adwords-Werbung**)", kein Wettbewerbsverstoß i.S.v. § 4 Nr. 9 UWG vor. Für einen entsprechenden Unterlassungsanspruch fehle es bereits an Anhaltspunkten dafür, „dass die (mit dem Keyword werbende) Beklagte Waren oder Dienstleistungen anbietet, die eine Nachahmung der Waren oder Dienstleistung der Klägerin (Markeninhaberin) sind".
- **lit. c)** betrifft die Fälle der unredlichen Kenntniserlangung durch **Erschleichung eines fremden Betriebsgeheimnisses** oder durch **Vertrauensbruch**.

10. Gezielte Mitbewerberbehinderung (§ 4 Nr. 10 UWG)

Unlauter handelt ferner, wer

„Mitbewerber gezielt behindert" (§ 4 Nr. 10 UWG).

a) **Tatbestand, Anwendungsbereich.** Der Tatbestand regelt die individuelle Mitbewerberbehinderung. Durch die **generalklauselartige Fassung** soll ausweislich der Gesetzesbegründung[253] sichergestellt werden, „dass alle Erscheinungsformen des **Behinderungswettbewerbs** erfasst werden, einschließlich des Boykotts, des Vernichtungswettbewerbs, aber auch z.B. des Missbrauchs von Nachfragemacht zur Ausschaltung von Mitbewerbern". Durch das Tatbestandmerkmal einer *„gezielten"* Behinderung wurde klargestellt, dass eine Behinderung als bloße Folge des Wettbewerbs für eine Tatbestandverwirklichung nicht ausreicht. § 4 Nr. 10 UWG erfasst, wie erwähnt, nur die sog. **individuelle Behinderung**, d.h. solche geschäftlichen Handlungen, die sich gezielt

---
249 BGH v. 9.10.2008, I ZR 126/06, „Gebäckpresse".
250 Zur Rufausnutzung u.a. BGH v. 28.10.2010, I ZR 60/09, „Hartplatzhelden"; insgesamt vgl. Köhler/Bornkamm, § 4 Rdn. 9.51 ff.
251 BGH v. 11.1.2007, I ZR 198/04, „Handtaschen".
252 BGH v. 13.1.2011, I ZR 125/07, „Bananabay II".
253 BT-Drucks. 15/1487, Amtl. Begr. zu § 4 Nr. 10, S. 19.

gegen einen oder mehrere Mitbewerber richten. Demgegenüber unterliegen die Fälle der **allgemeinen Marktbehinderung** (= Marktstörung) unmittelbar der Beurteilung nach Maßgabe der Generalklausel des § 3 UWG[254] (s.o. III. 1.).

b) Begriffsbestimmung durch die Rechtsprechung. Ausweislich der Gesetzesmaterialien zur UWG-Reform ist davon auszugehen, dass der Gesetzgeber mit der Regelung des § 4 Nr. 10 UWG – im Sinne einer Kontinuität – an die von der Rechtsprechung nach alter Rechtslage auf der Grundlage des UWG 1909 entwickelten Kategorien des individuellen Behinderungswettbewerbs anknüpfen wollte.[255] Voraussetzung für die Annahme eines Behinderungswettbewerbs ist danach auch nach heutigem Recht stets eine **Beeinträchtigung der wettbewerblichen Entfaltungsmöglichkeiten** der Mitbewerber. Da eine solche Beeinträchtigung jedem Wettbewerb zu eigen sei, müsse freilich – so die ständige Rechtsprechung des BGH – noch ein weiteres Merkmal hinzutreten, damit von einer wettbewerbswidrigen Beeinträchtigung und von einer unzulässigen individuellen Behinderung gesprochen werden könne: „Wettbewerbswidrig ist die Beeinträchtigung im Allgemeinen nur dann, wenn gezielt der Zweck verfolgt wird, den Mitbewerber an seiner Entfaltung zu hindern und ihn dadurch zu verdrängen [**gezielte Behinderung**]. Ist eine solche Zweckrichtung nicht festzustellen, muss die Behinderung doch derart sein, dass der beeinträchtigte Mitbewerber seine Leistung am Markt durch eigene Anstrengung nicht mehr in angemessener Weise bringen kann [**sonstige unlautere Behinderung**]." Dies lasse sich nur auf Grund einer Gesamtwürdigung der Einzelumstände unter Abwägung der widerstreitenden Interessen der Wettbewerber beurteilen, wobei sich die Bewertung an den von der Rechtsprechung entwickelten Fallgruppen orientieren müsse.[256] Da der Tatbestand des Behinderungswettbewerbs sehr weit gefasst ist und, wie dargelegt, in der Begriffsbestimmung durch die Rechtsprechung ganz allgemein an die „wettbewerblichen Entfaltungsmöglichkeiten" der Mitbewerber anknüpft, können von einer diese Entfaltungsmöglichkeiten beeinträchtigenden Wettbewerbshandlung potentiell alle für den wirtschaftlichen Erfolg eines Unternehmens und seine Behauptung im Wettbewerb maßgeblichen Wettbewerbsparameter betroffen sein. Dieser Umstand spiegelt sich in der Vielfalt der von der Rechtsprechung entwickelten **Fallgruppen** zum Behinderungswettbewerb wider, insbesondere:[257]

- Absatzbehinderung (durch Abfangen oder Abwerben von Kunden, durch produkt- oder vertriebsbezogene Behinderung);
- Nachfragebehinderung;
- Werbebehinderung (Beeinträchtigung, Nachahmen oder Ausnutzen fremder Werbung, Gegenwerbung);
- Behinderung durch Kennzeichenverwendung (Anmeldung und Eintragung von Sperrzeichen, Domains u.a.);
- Behinderung durch Mitarbeiterabwerbung;
- Boykott;

---

254 BT-Drucks. 15/1487, Amtl. Begr. zu § 4 Nr. 10, S. 19; ferner Köhler/Bornkamm, § 4 Rdn. 10.2.
255 Omsels, Zur Unlauterkeit der gezielten Behinderung von Mitbewerbern (§ 4 Nr. 10 UWG), WRP 2004, 136, 137 f.
256 BGH GRUR 2001, 1061, 1062 „Mitwohnzentrale"; BGH GRUR 2002, 902, 905 „Vanity-Nummern"; BGH v. 7.10.2009, I ZR 150/07, „Rufumleitung".
257 Vgl. hierzu die Fallgruppen zu § 4 Nr. 10 in der Kommentierung bei Köhler/Bornkamm, § 4 Rdn. 10.24 ff.; ferner Tews/Bokel, S. 91 f.

Pierson

- Missbrauch der Nachfragemacht;
- Betriebsstörung (physische und psychische Einwirkungen, Betriebsspionage u.a.);
- Preisunterbietung (in Verdrängungsabsicht, mit unlauteren Mitteln, durch Rechts- oder Vertragsbruch);
- Diskriminierung (Preisdiskriminierung, Liefer- und Bezugssperren).

Beispiele: In einem Fall, in dem es auch um die lauterkeitsrechtliche Beurteilung des Suchwort-Marketings ging (s. bereits o. unter 9. d) zu lit. b) hat der BGH[258] festgestellt, dass eine unlautere Behinderung i.S.v. §§ 3, 4 Nr. 10 UWG unter dem Gesichtspunkt des **Kundenfangs** voraussetzt, „dass auf Kunden, die bereits dem Mitbewerber zuzurechnen sind, in unangemessener Weise eingewirkt wird, um sie als Kunden zu gewinnen." Eine solche Einwirkung werde „insbesondere dann angenommen, wenn sich der Abfangende gewissermaßen zwischen den Mitbewerber und dessen Kunden stellt, um diesem eine Änderung des Kaufentschlusses aufzudrängen. In dem Umstand, dass bei der Eingabe einer fremden Marke als Suchwort auch eine Anzeige eines Mitbewerbers erscheint," liege „noch keine unangemessene Beeinflussung potentieller Kunden." Eine kundenbezogene gezielte Behinderung hat der BGH[259] demgegenüber in dem Angebot der Deutschen Telekom erblickt, dass diese ihren Festnetzkunden unterbreitet hatte. Durch die Rufumleitung wurden Anrufe aus dem Festnetz nicht zu der gewählten Mobilfunknummer des Kunden, sondern unmittelbar zu dessen Festnetzanschluss geschaltet. Darin liege „eine gezielte Behinderung des Mobilfunkunternehmens i.S.v. § 4 Nr. 10 UWG vor, wenn dem Anrufer das erhöhte Verbindungsentgelt für den – tatsächlich nicht getätigten – Anruf in das Mobilfunknetz in Rechnung gestellt" werde „und das Mobilfunkunternehmen kein Entgelt für die Bereitstellung des Mobilfunknetzes" erhalte. Anerkannt ist, dass eine wettbewerbswidrige Behinderung grundsätzlich auch durch die **Anmeldung** und **Eintragung** einer **Marke** erfolgen kann. Da die Anmeldung eines Zeichens als Marke im Inland, das im Ausland bereits für gleichartige oder sogar identische Waren als Marke benutzt wird, mit Blick auf den Territorialitätsgrundsatz im Allgemeinen unbedenklich ist, kommt eine wettbewerbswidrige Behinderung allerdings nur bei Vorliegen besonderer Umstände in Betracht. Diese können darin zu erblicken sein, „dass der Zeicheninhaber in Kenntnis eines schutzwürdigen Besitzstandes des Vorbenutzers ohne sachlichen Grund für gleiche oder gleichartige Waren oder Dienstleistungen die gleiche oder eine zum Verwechseln ähnliche Bezeichnung mit dem Ziel der **Störung des Besitzstandes** des Vorbenutzers oder in der Absicht, für diesen den Gebrauch der Bezeichnung zu sperren, als Kennzeichen hat eintragen lassen oder dass der Zeichenanmelder die mit der Eintragung des Zeichens kraft Markenrechts entstehende und an sich wettbewerbsrechtlich unbedenkliche Sperrwirkung zweckentfremdend als Mittel des **Wettbewerbskampfs** einsetzt".[260] Im letztgenannten Sinne kann die Anmeldung einer Marke auch dann als wettbewerbswidrig zu beurteilen sein, „wenn der Anmelder weiß, dass ein identisches oder verwechslungsfähig ähnliches Zeichen im Ausland bereits für zumindest gleichartige Waren benutzt wird, das ausländische Unternehmen die Absicht hat, das Zeichen in absehbarer Zeit auch im Inland zu benutzen, und sich dem Anmelder diese Absicht zumindest aufdrängen muss-

---

258 BGH v. 13.1.2011, I ZR 125/07, „Bananabay II".
259 BGH v. 7.10.2009, I ZR 150/07, „Rufumleitung".
260 BGH v. 10.1.2008, I ZR 38/05, „AKADEMIKS"; ferner bereits BGH v. 3.2.2005, I ZR 45/03, „Russisches Schaumgebäck".

te".[261] Zur Fallgruppe der „Behinderung durch **Mitarbeiterabwerbung**" hat der BGH[262] entschieden, dass eine erste telefonische Kontaktaufnahme am Arbeitsplatz zwecks kurzer Beschreibung einer neuen Stelle nicht wettbewerbswidrig sei, dass eine unlautere Störung des Betriebsfriedens allerdings vorliege, „wenn sich der im Auftrag eines Wettbewerbers anrufende Personalberater bei einem solchen Gespräch darüber hinwegsetzt, dass der Arbeitnehmer daran kein Interesse" habe, „oder das Gespräch über eine knappe Stellenbeschreibung hinaus" ausdehne. Bei Anrufen zu Abwerbungszwecken, bei denen dienstliche Telefoneinrichtungen benutzt werden, komme es auf eine Unterscheidung zwischen der Nutzung von Festnetz- oder Mobilfunktelefon nicht an.[263] Wettbewerbswidrig handele auch ein Personalberater, der dem angerufenen Arbeitnehmer eines Mitbewerbers seines Auftraggebers beim ersten Telefongespräch Daten zu dessen Lebenslauf und bisherigen Tätigkeiten vorhalte.[264]

c) **Verhältnis zum Kartellrecht.** Bei den Fallgruppen des lauterkeitsrechtlichen Behinderungswettbewerbs ergeben sich eine Vielzahl von Berührungspunkten und Überschneidungen zum Kartellrecht.[265] So unterliegen wirtschaftliche Behinderungen im Sinne einer **Doppelkontrolle** sowohl der Kontrolle des Lauterkeitsrechts (§§ 3 i.V.m. 4 Nr. 10 UWG) als auch der des Kartellrechts (§§ 19 Abs. 4 Nr. 1, 20 Abs. 1 – 4 GWB).[266] Ausweislich der Gesetzesbegründung ist der Rechtsprechung dabei auch in Zukunft die Aufgabe zugewiesen, die Abgrenzung des lauterkeitsrechtlichen Behinderungstatbestandes von den kartellrechtlichen Behinderungstatbeständen vorzunehmen.[267] Nach dem kartellrechtlichen Behinderungsverbot dürfen marktbeherrschende Unternehmen und Vereinigungen von im Wettbewerb stehenden Unternehmen ein anderes Unternehmen in einem Geschäftsverkehr, der gleichartigen Unternehmen üblicherweise zugänglich ist, weder unmittelbar noch mittelbar unbillig behindern (§ 20 Abs. 1 GWB). Die erforderliche Abgrenzung des gleichermaßen weit gefassten Begriffs der unbilligen Behinderung (i.S.d. GWB) von der unlauteren Behinderung (i.S.d. UWG) leitet sich aus der unterschiedlichen Zielsetzung der beiden „Wettbewerbsgesetze" ab, was nicht ausschließt, dass sich die Vorschriften in Teilbereichen decken und ihre Anwendung im Einzelfall zu identischen Ergebnissen führt. Während das UWG der Lauterkeit des Wettbewerbs („Qualitätsschutz") dient, schützt das Kartellrecht die Freiheit des Wettbewerbs („Existenz-/Bestandsschutz") durch eine Struktur-, Verhaltens- und Ergebniskontrolle[268] (s. bereits o. § 82 I., II.). Gleichwohl ergibt sich aus dem Funktionszusammenhang zwischen UWG und GWB (dem Schutz des Wettbewerbs durch zwei komplementäre Rechtskreise), dass bei der Beurteilung von „Unlauterkeit" und „Unbilligkeit" weitgehend gleiche Beurteilungskriterien maßgeblich sind.[269]

---

261 BGH v. 10.1.2008, I ZR 38/05, „AKADEMIKS".
262 BGH v. 4.3.2004, I ZR 221/01, „Direktansprache am Arbeitsplatz I".
263 BGH v. 9.2.2006, I ZR 73/02, „Direktansprache am Arbeitsplatz II".
264 BGH v. 22.11.2007, I ZR 183/04, „Direktansprache am Arbeitsplatz III".
265 Götting, Wettbewerbsrecht, S. 244, Rdn. 8.
266 Köhler/Bornkamm, § 4 Rdn. 10.18.
267 BT-Drucks. 15/1487, Amtl. Begr. zu § 4 Nr. 10, S. 19.
268 Omsels, Zur Unlauterkeit der gezielten Behinderung von Mitbewerbern (§ 4 Nr. 10 UWG), WRP 2004, 136, 139.
269 Näheres Köhler/Bornkamm, § 4 Rdn. 10.18; Götting, Wettbewerbsrecht, S. 244 f., Rdn. 9.

11. Rechtsbruch (§ 4 Nr. 11 UWG)

Unlauter handelt schließlich, wer

> „einer gesetzlichen Vorschrift zuwiderhandelt, die auch dazu bestimmt ist, im Interesse der Marktteilnehmer das Marktverhalten zu regeln" (§ 4 Nr. 11 UWG).

a) Verstoß gegen Marktverhaltensregel. Der Beispieltatbestand betrifft die Fallgruppe der Wettbewerbsverstöße durch **Rechtsbruch**. Entsprechend der noch auf der Grundlage von § 1 UWG 1909 ergangenen späteren Rechtsprechung zur Fallgruppe des Rechtsbruchs ist es nicht Aufgabe des Wettbewerbsrechts, Gesetzesverstöße generell zu sanktionieren, vielmehr muss der verletzten Norm zumindest eine sekundäre Schutzfunktion zu Gunsten des Wettbewerbs zukommen.[270] In Übereinstimmung hiermit werden von 4 Nr. 11 UWG im Sinne einer Beschränkung nur Verstöße gegen solche Normen erfasst, die zumindest auch das Marktverhalten im Interesse der Marktbeteiligten regeln.[271] Der Beispieltatbestand ist daher so gefasst, dass nicht jede Wettbewerbshandlung, die gegen eine gesetzliche Vorschrift verstößt und Auswirkungen auf den Wettbewerb hat, unlauter ist. Vielmehr bezieht sich § 4 Nr. 11 UWG ausschließlich auf das Marktverhalten im Interesse der Marktteilnehmer regelnde Normen, d.h. auf sog. **Marktverhaltensregelungen**. Hintergrund ist, dass das Marktverhalten von Unternehmen nicht nur durch die lauterkeitsrechtlichen Verhaltensanforderungen des UWG (§§ 4 – 7), sondern auch durch eine Vielzahl außerwettbewerbsrechtlicher gesetzlicher Bestimmungen geregelt ist. **Zweck** des Rechtsbruchstatbestandes (§ 4 Nr. 11 UWG) ist es daher, auch Verstöße gegen solche außerwettbewerbsrechtlichen Marktverhaltensregelungen wettbewerbsrechtlich zu sanktionieren.[272] Die Frage, ob eine Regelung – zumindest „auch" – dazu bestimmt ist, das Marktverhalten zu regeln, ist nicht immer einfach zu beantworten und im Einzelfall im Wege der Auslegung zu ermitteln. Unter **Marktverhalten** werden dabei alle Tätigkeiten eines Unternehmens auf einem Markt verstanden, die unmittelbar oder mittelbar der Förderung des Absatzes oder des Bezugs dienen. Sie sind abzugrenzen von unternehmerischen Tätigkeiten, die im Gegensatz hierzu – wie z.B. reine Tätigkeiten im Bereich von Produktion oder Forschung und Entwicklung (F&E) – keinerlei Außenwirkung auf einem Markt entfalten. Ausgehend hiervon lassen sich Regelungen ohne jeglichen Marktbezug ohne weiteres vom Anwendungsbereich des § 4 Nr. 11 UWG ausgrenzen (z.B. reine Produktionsvorschriften, Arbeitnehmerschutzvorschriften, Steuervorschriften, Straßenverkehrsvorschriften etc.).[273]

b) Differenzierung bei Marktzutrittsregelungen. Bei **Marktzutrittsregelungen** ist zu differenzieren. Während reine Marktzutrittsregelungen, die nicht das Marktverhalten der betroffenen Person regeln bzw. nichts mit der Art und Weise deren Agierens am Markt zu tun haben, nicht von § 4 Nr. 11 erfasst werden, kommt bei Marktzutrittsregelungen, die zugleich „auch" – etwa im Interesse der Qualität, Sicherheit oder Unbedenk-

---

270 Zur Entwicklung der Fallgruppe Rechtsbruch vgl. Doepner, Unlauterer Wettbewerb durch Rechtsbruch – Quo vadis?, GRUR 2003, 825 ff.; ferner Köhler, Wettbewerbsrecht im Wandel: Die neue Rechtsprechung zum Tatbestand des Rechtsbruchs, NJW 2002, 2761; ders., Der Rechtsbruchtatbestand im neuen UWG, GRUR 2004, 381 ff.; ders., NJW 2004, 2121, 2124.
271 BT-Drucks. 15/1487, Amtl. Begr. zu § 4 Nr. 11, S. 19.
272 Köhler/Bornkamm, § 4 Rdn. 11.6; Köhler, Der Rechtsbruchtatbestand im neuen UWG, GRUR 2004, 381, 382.
273 Köhler/Bornkamm, § 4 Rdn. 11.33 ff.

lichkeit einer Ware oder Dienstleistung – das Marktverhalten regeln (Vorschrift mit „Doppelfunktion"), ein Eingreifen des Rechtsbruchstatbestandes durchaus in Betracht kommt.[274]

c) **Praktisch bedeutsame Marktverhaltensregelungen.** Als praktische bedeutsame Marktverhaltensregeln, bei denen ein Wettbewerbsverstoß nach § 4 Nr. 11 UWG in Betracht kommt, lassen sich beispielhaft die folgenden Regelwerke nennen:[275] die **Preisangabenverordnung** (z.b. fehlende Endpreisangabe oder fehlerhafte Grundpreisangabe), das **Ladenschlussgesetz** (z.b. Verkauf außerhalb der gesetzlich zulässigen Öffnungszeiten), das **Telemediengesetz** (teilweise, z.b. Verstoß gegen die Allgemeinen oder Besonderen Informationspflichten), das **BGB** i.V.m. Art. 246 ff. EGBGB od. der BGB-Info-VO (z.b. Verstöße gegen Informationspflichten, fehlender Hinweis auf Widerrufs-/Rücktrittsrecht), **Berufsrecht** (z.b. Werbebeschränkungen für Rechtsanwälte nach der BRAO bzw. für Ärzte nach der BO), das **Heilmittelwerberecht** (z.b. Verstoß gegen das Irreführungsverbot), **Jugendschutzrecht** (z.b. Verstoß gegen Verbot des Versandhandels mit jugendgefährdenden Medien). Neben den klassischen UWG-Verstößen (wie beispielsweise der Irreführung) gewinnen Verstöße gegen Marktverhaltensregeln und Spezialgesetze in der Wettbewerbspraxis in jüngerer Zeit mit Blick auf die Vielzahl branchenspezifischer Regeln mehr und mehr an Bedeutung.[276] **Beispiele:** Nach der Rechtsprechung des BGH[277] wird gegen die Preisangabenverordnung (§ 1 Abs. 2 und 6 PAngV) bei Internetangeboten „nicht bereits dann verstoßen, wenn auf einer Internetseite neben der Abbildung der Ware nur der Preis genannt wird und nicht schon auf derselben Internetseite darauf hingewiesen" werde, „dass der Preis die Umsatzsteuer enthält und zusätzlich zu dem Preis Liefer- und Versandkosten anfallen". Den Verbrauchern sei bekannt, „dass im Versandhandel neben dem Endpreis üblicherweise Liefer- und Versandkosten anfallen." Etwas anderes gilt nach Auffassung des BGH[278] allerdings bei Preisvergleichslisten in Preissuchmaschinen, bei denen sich der Verbraucher einen schnellen Überblick darüber verschaffen wolle, was er letztendlich zu zahlen habe. Bei einer Werbung in Preisvergleichslisten einer Preissuchmaschine dürften daher „die zum Kaufpreis hinzukommenden Versandkosten nicht erst auf der eigenen Internetseite des Werbenden genannt werden, die mit dem Anklicken Warenabbildung oder des Produktnamens erreicht werden".

V. Irreführung (§§ 5, 5a UWG)

Ein zentrales Anliegen des Lauterkeitsrechts ist es seit jeher, irreführendes wettbewerbliches Verhalten zu unterbinden. Die Regelung des irreführenden Verhaltens, der in der Rechtspraxis erhebliche Bedeutung zukommt, hat im Zuge der UWG-Reform 2008 bedeutsame Änderungen erfahren. Während die Irreführung nach alter Gesetzeslage jeweils Gegenstand einer einzigen Vorschrift war (§ 3 UWG 1909, § 5 UWG 2004), unterscheidet das Gesetz jetzt entsprechend der Richtlinie zwischen der in § 5 UWG geregelten **Irreführung durch aktives Tun** und der in § 5a UWG detailliert geregelten **Irre-**

---

274 Köhler/Bornkamm, § 4 Rdn. 11.49; ferner Tews/Bokel, S. 94.
275 Vgl. die Übersicht bei Tews/Bokel, S. 94 ff.
276 Wettbewerbszentrale, Jahresbericht 2012, S. 96 f.; Büscher, Aus der Rechtsprechung des EuGH und des BGH zum Wettbewerbsrecht in den Jahren 2011 bis 2013, GRUR 2013, 969, 974.
277 BGH v. 4.10.2007, I ZR 143/04, „Versandkosten".
278 BGH v. 16.7.2009, I ZR 140/07, „Versandkosten bei Froogle".

führung durch Unterlassen. Das heißt die vormalige Regelung zur Irreführung wurde in zwei Tatbestände aufgeteilt.[279]

1. Irreführende geschäftliche Handlungen (§ 5 UWG)

Mit der Anpassung der Überschrift im Zuge der UWG-Reform 2008 an die Einführung des Begriffs der geschäftlichen Handlung i.S.v. § 2 Abs. 1 Nr. 1 ist eine Erweiterung gegenüber § 5 UWG 2004 („Irreführende Werbung") verbunden, weil die Vorschrift jetzt auch geschäftliche Handlungen erfasst, bei denen es sich nicht um Werbung handelt (z.B. irreführende Angaben über das Bestehen oder die Höhe einer Forderung).[280]

a) **Allgemeines Irreführungsverbot (§ 5 Abs. 1 S. 1 UWG).** § 5 Abs. 1 S. 1 UWG enthält den allgemeinen Grundsatz, dass unlauter handelt, wer eine irreführende geschäftliche Handlung vornimmt. Die Reichweite dieses allgemeinen **Irreführungsverbotes** hängt von dem zu Grunde gelegten Verbraucherleitbild ab. Maßgeblich ist nach dem Willen des Gesetzgebers das vom BGH[281] in Anlehnung an die Rechtsprechung des EuGH entwickelte **Verbraucherleitbild** eines durchschnittlich informierten und verständigen Verbrauchers, der das Werbeverhalten mit einer der Situation angemessenen Aufmerksamkeit verfolgt. Da es sich ungeachtet der Streichung der in § 5 UWG 2004 enthaltenen Angabe „im Sinne von § 3" auch bei § 5 UWG nach wie vor um einen **Beispieltatbestand** unlauterer Geschäftspraktiken im Sinne von § 3 handelt, hängt die Unzulässigkeit einer nach § 5 Abs. 1 S. 1 i.V.m. § 3 Abs. 1 UWG unlauteren geschäftlichen Handlung von ihrer Eignung ab, „die Interessen von Mitbewerbern, Verbrauchern oder sonstigen Marktteilnehmern spürbar zu beeinträchtigen." Durch die Anwendung der **Erheblichkeitsschwelle** wird die Relevanz der Irreführungstatbestände auf geschäftliche Handlungen beschränkt, die von einem gewissen Gewicht für das Marktgeschehen sind.[282] **Beispiel:** Sofern ein „formularmäßig aufgemachtes Angebotsschreiben für einen Eintrag in ein Branchenverzeichnis, das nach seiner Gestaltung und seinem Inhalt darauf angelegt ist, bei einem flüchtigen Leser den Eindruck hervorzurufen, mit der Unterzeichnung und Rücksendung des Schreibens werde lediglich eine Aktualisierung von Eintragungsdaten im Rahmen eines bereits bestehenden Vertragsverhältnisses vorgenommen", liegt nach Auffassung des BGH[283] hierin nicht nur ein Verstoß gegen das Verschleierungsverbot nach § 4 Nr. 3 UWG (s.o. IV. 3.), sondern auch gegen das Irreführungsverbot nach § 5 Abs. 1 UWG.

b) **Irreführende Angaben und deren Bezugspunkte (§ 5 Abs. 1 S. 2 UWG).** In § 5 Abs. 1 S. 2 UWG ist in Übereinstimmung mit Art. 6 Abs. 1 der UGP-Richtlinie geregelt, dass eine geschäftliche Handlung irreführend ist, wenn sie **unwahre** oder **zur Täuschung geeignete Angaben** enthält. Durch die in § 5 Abs. 1 S. 2 Nr. 1 bis 7 UWG im Einzelnen geregelten, bei der Beurteilung des Vorliegens einer Irreführung zu berücksichtigenden **Bezugspunkte der Irreführung** erfolgt die Umsetzung der Tatbestände nach Art. 6 Abs. 1 a) bis g) und Abs. 2 b) der UGP-Richtlinie. Bei Vorliegen einer unwahren oder zur Täuschung geeigneten Angabe ist von einer Irreführung auszugehen,

---

[279] Köhler, WRP 2009, 109 ff. zu §§ 5, 5a.
[280] Vgl. BT-Drucks. 16/10145, Amtl. Begr., S. 16, 23.
[281] BGH GRUR 2000, 619, 621 „Orient-Teppichmuster"; BGH GRUR 2000, 820, 821 „Space Fidelity Peep-Show"; BGH GRUR 2001, 1061, 1063 „Mitwohnzentrale".
[282] Vgl. BT-Drucks. 16/10145, Amtl. Begr., S. 16, 23.
[283] BGH v. 30.6.2011, I ZR 157/10, „Branchenbuch Berg".

das allgemeine **Relevanzerfordernis**, d.h. die Geltung der **Erheblichkeitsschwelle** nach § 3 Abs. 1 UWG bleibt jedoch unberührt.

- **§ 5 Abs. 1 S. 2 Nr. 1:** Bezugspunkt der Irreführung sind **Merkmale der Ware oder Dienstleistung**. Die Regelung enthält entsprechend Art. 6 Abs. 1 b) der UGP-Richtlinie einen klarstellenden Hinweis, dass als Bezugspunkt der Irreführung nur Angaben über „**wesentliche**" Merkmale in Betracht kommen. Ferner wurden nach Vorgabe der Richtlinie ergänzend zur bisherigen Regelung die weiteren Merkmale „**Vorteile**", „**Risiken**", „**Zubehör**", „**Lieferung**", „**Kundendienst und Beschwerdeverfahren**" übernommen. In Abgrenzung zu den jetzt in § 5 Abs. 1 Nr. 7 geregelten Garantie- und Gewährleistungsrechten sollen durch die Merkmale „Kundendienst" und „Beschwerdeverfahren" neben Angaben des Unternehmers zum klassischen Kundendienst (z.B. Vorortservice) auch die anderen nachvertraglichen Serviceleistungen (z.B. Hotline bei IT-Produkten) erfasst werden.[284] **Beispiel:** Wie der BGH[285] entschieden hat, ist die Angabe „Original Druckerpatronen innerhalb von 24 Stunden" in einer Adwords-Anzeige „im Hinblick auf die zutreffenden näheren Informationen, auf die die Anzeige verweist, nicht irreführend, wenn die Einschränkungen Lieferung am Folgetag nur bei Bestellung bis 16.45 Uhr, keine Auslieferung am Sonntag sich in dem Rahmen bewegen, mit dem der durchschnittlich informierte, aufmerksame und verständige Verbraucher ohnehin rechnet".

- **§ 5 Abs. 1 S. 2 Nr. 2:** Bezugspunkt der Irreführung ist der **Anlass des Verkaufs**. Die im Wesentlichen unveränderte Regelung wurde entsprechend Art. 6 Abs. 1 d) der UGP-Richtlinie durch das Merkmal „**Vorhandensein eines besonderen Preisvorteils**" als weiterer Bezugspunkt einer irreführenden Angabe ergänzt. **Beispiel:** Der BGH[286] hat entscheiden, dass sich ein Reiseveranstalter, der mit einem zeitlich befristeten Frühbucherrabatt werbe, grundsätzlich an die gesetzte Frist halten müsse, sofern er sich nicht dem Vorwurf einer Irreführung aussetzen wolle. Andererseits rechne der Verkehr damit, dass es für die Verlängerung einer solchen Rabattfrist vernünftige Gründe geben könne, wie etwa eine schleppende Nachfrage. In einem derartigen Fall erweise sich die ursprüngliche Ankündigung trotz Verlängerung nicht als irreführend.

- **§ 5 Abs. 1 S. 2 Nr. 3:** Bei der Regelung geht es um zur Irreführung geeignete Angaben betreffend die **Person** und die **geschäftlichen Verhältnisse des Unternehmers**. Die Regelung wurde im Wesentlichen angelehnt an die Formulierung in Art. 6 Abs. 1 f.) der UGP-Richtlinie neu gefasst, ergänzt durch eine Übernahme einzelner Merkmale aus Art. 6 Abs. 1 c) („Umfang der Verpflichtungen", „Beweggründe für die geschäftliche Handlung", „Art des Vertriebs"). **Beispiel:** Bei einem Unternehmen, in dessen Firma der Bestandteil „Stadtwerke" enthalten ist, werde – so der BGH[287] – der durchschnittlich informierte Verbraucher regelmäßig annehmen, dass dieses „zumindest mehrheitlich in kommunaler Hand ist, sofern dem entgegenstehende Hinweise in der Unternehmensbezeichnung fehlen". Vom Verkehr als Phantasiebezeichnungen aufgefasste Ergänzungen der geschäftlichen Bezeichnung, denen

---

[284] Vgl. BT-Drucks. 16/10145, Amtl. Begr., S. 24.
[285] BGH v. 12.5.2011, I ZR 119/10, „Innerhalb 24 Stunden".
[286] BGH v. 7.7.2011, I ZR 181/10, „Frühlings-Special".
[287] BGH v. 13.6.2012, I ZR 228/10, „Stadtwerke Wolfsburg".

auch keine Hinweise auf weitere Gesellschafter zu entnehmen seien, reichen zum Ausschluss einer Irreführung insoweit nicht aus.

- § 5 Abs. 1 S. 2 Nr. 4: Nach der 2008 neu aufgenommenen Regelung sind entsprechend Art. 6 Abs. 1 c) der UGP-Richtlinie auch „**Aussagen** oder **Symbole**, die **im Zusammenhang mit direktem oder indirektem Sponsoring** stehen oder sich auf eine **Zulassung des Unternehmers oder**" seiner „**Waren und Dienstleistungen** beziehen", als Bezugspunkte der Irreführung ausdrücklich geregelt.

- § 5 Abs. 1 S. 2 Nr. 5: Bezugspunkt der Irreführung ist die **Notwendigkeit einer Leistung, eines Ersatzteils, eines Austauschs oder einer Reparatur.** Die 2008 neu aufgenommene Regelung übernimmt wörtlich Art. 6 Abs. 1 e) der UGP-Richtlinie. Obgleich einzelne geschäftliche Handlungen, durch die der unrichtige Eindruck vermittelt wird, eine bestimmte Leistung oder Reparatur sei notwendig, auch unter dem Gesichtspunkt der Ausnutzung der geschäftlichen Unerfahrenheit von Verbrauchern nach § 4 Nr. 2 UWG als unlauter anzusehen sein mögen, hat der Gesetzgeber die Regelung nach Maßgabe der Richtlinie für notwendig erachtet, da bei § 4 Nr. 2 UWG der Schutz besonders schutzbedürftiger Verbraucher – wie etwa Minderjähriger – im Vordergrund stehe, während § 5 Abs. 1 S. 2 Nr. 5 UWG für alle Adressaten gelte.[288]

- § 5 Abs. 1 S. 2 Nr. 6: In Übereinstimmung mit Art. 6 Abs. 2 b) der UGP-Richtlinie werden auch unwahre oder zur Täuschung geeignete Aussagen über die Einhaltung eines **Verhaltenskodex** i.S.v. § 2 Abs. 1 Nr. 5 UWG als Bezugspunkt der Irreführung erfasst.

- § 5 Abs. 1 S. 2 Nr. 7: Die Regelung setzt Art. 6 Abs. 1 g) der UGP-Richtlinie um und betrifft irreführende Angaben über die **Rechte des Verbrauchers**, insbesondere auf Grund von Garantieversprechen oder über Gewährleistungsrechte bei Leistungsstörungen. **Beispiel:** Wenn ein Verbraucher einen Sachmangel geltend macht und Ersatzlieferung verlangt, der Unternehmer ihm aber die objektiv unrichtige Auskunft gibt, Gewährleistungsansprüche seien bereits verjährt, so erfüllt dies den Tatbestand der Irreführung nach § 5 Abs. 1 S. 2 Nr. 7.[289]

c) Hervorrufung einer Verwechslungsgefahr (§ 5 Abs. 2 UWG). Die 2008 neu aufgenommene Regelung dient der Umsetzung von Art. 6 Abs. 2 a) der UGP-Richtlinie. Danach gilt jegliche Vermarktung eines Produktes, einschließlich vergleichender Werbung, als irreführend, wenn durch diese eine Verwechslungsgefahr mit einem anderen Produkt, Warenzeichen, Warennamen oder anderen Kennzeichen eines Mitbewerbers begründet wird. Die Regelung weist **Berührungspunkte** zu § 4 Nr. 9 a) UWG und § 5 Abs. 1 S. 2 Nr. 1 UWG (vormals § 5 Abs. 2 Nr. 1) auf. Lauterkeitsrechtlicher Anknüpfungspunkt im Falle von § **4 Nr. 9 a)** UWG ist jedoch – anders als in Art. 6 Abs. 2 der UGP-Richtlinie – nicht die Irreführung, sondern der **Leistungsschutz**, konkret die **Ausbeutung des guten Rufs**. Der Regelungsgehalt von § 4 Nr. 9 UWG wird daher durch Art. 6 Abs. 2 der UGP-Richtlinie nicht berührt.[290] § 5 Abs. 1 S. 2 Nr. 1 betrifft irreführende Angaben über Merkmale von Waren und Dienstleistungen, wozu u.a. die „**betriebliche Herkunft**" zählt, d.h. die Regelung steht damit (wie zuvor § 5 Abs. 2 Nr. 1

---

288 Vgl. BT-Drucks. 16/10145, Amtl. Begr., S. 24.
289 Köhler, WRP 2009, 109 ff. zu irreführenden geschäftlichen Handlungen bei und nach Vertragsschluss.
290 Vgl. BT-Drucks. 16/10145, Amtl. Begr., S. 16 f.; näheres hierzu vgl. Köhler, WRP 2009, 109 ff. zu § 4 Nr. 9 lit. a UWG.

UWG 2004), in einem **Konkurrenzverhältnis** zum **kennzeichenrechtlichen Schutz** nach Maßgabe des Markengesetzes, das von der höchstrichterlichen Rechtsprechung im Grundsatz zugunsten eines Vorrangs des Markenrechts verstanden wurde. Die Beantwortung der Frage des Anwendungsbereichs und des Verhältnisses von § 5 Abs. 2 UWG zu § 5 Abs. 1 S. 2 Nr. 1 UWG sowie des Verhältnisses zwischen kennzeichenrechtlichem Schutz und lauterkeitsrechtlichen Ansprüchen im Lichte der Neufassung des Gesetzes bleibt – so die Gesetzesbegründung – der Rechtsprechung vorbehalten.[291] Der Umstand, dass sich § 5 Abs. 2 und § 5 Abs. 1 Nr. 1 in ihrem Anwendungsbereich überschneiden, spricht dafür, dass diese grundsätzlich nebeneinander anwendbar sind.[292] **Beispiel:** Wie der BGH in der Entscheidung „Bananabay II"[293] zum Suchwort-Marketing (s. bereits o. IV. 9. d) zu lit. b) entschieden hat, stellt die Benutzung eines mit einer Marke identischen Schlüsselworts keine irreführende geschäftliche Handlung i.S.v. § 5 Abs. 2 UWG dar. „Die bei Eingabe des dem Schlüsselwort entsprechenden Suchworts erscheinende Anzeige" rufe – so der BGH – „keine Verwechslungsgefahr mit der Klagemarke hervor." Sie lasse „bei einem normal informierten und angemessen aufmerksamen Internetnutzer nicht den Eindruck entstehen, dass die dort beworbenen Produkte von der Klägerin [Markeninhaberin] oder einem mit ihr wirtschaftlich verbundenen Unternehmen stammen".

d) Weitere zur Irreführung geeignete Angaben (§ 5 Abs. 3 UWG). Als irreführende Angaben (i.S.v. § 5 Abs. 1 S. 2 UWG) kommen auch Angaben im Rahmen der vergleichenden Werbung sowie bildliche Darstellungen und sonstige Veranstaltungen in Betracht, die darauf zielen und geeignet sind, solche Angaben zu ersetzen (§ 5 Abs. 3 UWG). Als **Beispiel** für eine irreführende Angabe im Rahmen vergleichender Werbung lässt sich ein Werbevergleich mit nicht mehr aktuellen Preisen eines Mitbewerbers anführen. In diesem Fall ist der Grundsatz der Preiswahrheit verletzt, woraus sich eine Irreführung des Verbrauchers, der von einem Vergleich mit aktuellen Preisen ausgeht, ergibt.[294]

e) Werbung mit sog. Mondpreisen (§ 5 Abs. 4 UWG). Bereits im Zuge der UWG-Reform 2004 ist im Zusammenhang mit der Aufhebung des Verbots der Sonderveranstaltungen (§ 7 Abs. 1 UWG 1909) eine Präzisierung des Irreführungsverbotes für die Fallgruppe der Werbung mit einer Preissenkung („**Mondpreise**") erfolgt. Danach „wird vermutet, dass es irreführend ist, mit der Herabsetzung eines Preises zu werben, sofern der Preis nur für eine unangemessen kurze Zeit gefordert worden ist" (§ 5 Abs. 4 S. 1 UWG). Die ergänzend getroffene Regelung der Beweislastumkehr, wonach im Streitfalle darüber, ob und in welchem Zeitraum der Preis gefordert worden ist, die Beweislast denjenigen trifft, der mit der Preisherabsetzung geworben hat (§ 5 Abs. 4 S. 2 UWG), dient der besseren Durchsetzung.[295]

f) Aufhebung der Regelung zur Irreführung über den Warenvorrat (§ 5 Abs. 5 UWG 2004). Eine weitere im Zuge der Reform des UWG 2004 erfolgte Präzisierung des allgemeinen Irreführungsverbots betraf die Fälle der Bewerbung von Waren bei unange-

---

291 Vgl. BT-Drucks. 16/10145, Amtl. Begr., S. 17, 24.
292 Köhler, WRP 2009, 109 ff. zu § 5 Abs. 1 S. 2 Nr. 1.
293 BGH v. 13.1.2011, I ZR 125/07, „Bananabay II":.
294 OLG Zweibrücken v. 26.1.2006, 4 U 233/04.
295 BT-Drucks. 15/1487, Amtl. Begr. zu § 5 Abs. 4 S. 20; skeptisch bzgl. Durchsetzbarkeit gleichwohl Köhler, NJW 2004, 2121, 2125.

messener Bevorratung (**Vorratsmenge**). Danach war es „irreführend, für eine Ware zu werben, die unter Berücksichtigung der Art der Ware sowie der Gestaltung und Verbreitung der Werbung nicht in angemessener Menge zur Befriedigung der zu erwartenden Nachfrage vorgehalten ist" (§ 5 Abs. 5 S. 1 UWG 2004). Diese Regelung der **irreführenden Vorratswerbung** war im Zuge der UWG-Reform 2008 aufzuheben, da sich ihr Anwendungsbereich mit Nummer 5 des Anhanges I der UGP-Richtlinie („Lockangebote"; **Nr. 5 des Anhanges zu § 3 Abs. 3 UWG**) überschneidet. Eine Beibehaltung der Regelung hätte dem **Richtliniengebot der Vollharmonisierung** widersprochen, da die im Anhang zu § 3 Abs. 3 UWG geregelten geschäftlichen Handlungen gegenüber Verbrauchern „stets", d.h. ohne Rücksicht auf die sonst maßgebliche Erheblichkeitsschwelle unzulässig sind (s. zuvor unter I. 3.), während für die Regelung des § 5 Abs. 5 UWG 2004 die Erheblichkeitsschwelle maßgeblich war. Die Streichung war nach Auffassung des Gesetzgebers zudem geboten, da eine „Doppelregelung" zu Abgrenzungsschwierigkeiten und Rechtsunsicherheit führe.[296]

2. Irreführung durch Unterlassen (§ 5a UWG)

Die 2008 neu aufgenommene Vorschrift „**Irreführung durch Unterlassen**" dient der Umsetzung von Art. 7 der UGP-Richtlinie. Zu beachten ist, dass die Regelung in § 5a Abs. 1 UWG für Verhalten gegenüber allen Marktteilnehmern gilt, während die Regelungen in § 5a Abs. 2 bis 4 UWG nur für Angebote gegenüber Verbrauchern gelten.

a) Verschweigen einer Tatsache (§ 5a Abs. 1 UWG). „Bei der Beurteilung, ob das **Verschweigen einer Tatsache** irreführend ist, sind insbesondere deren Bedeutung für die geschäftliche Entscheidung nach der Verkehrsauffassung sowie die Eignung des Verschweigens zur Beeinflussung der Entscheidung zu berücksichtigen" (§ 5a Abs. 1 UWG). Die Regelung tritt an die Stelle des § 5 Abs. 2 S. 2 UWG 2004 und gilt für alle Marktteilmer, wobei das Merkmal „Bedeutung für die Entscheidung zum Vertragsschluss" durch das Merkmal „**Bedeutung für die geschäftliche Entscheidung**" ersetzt wurde, um deutlich zu machen, dass auch nachvertragliche geschäftliche Handlungen erfasst sind. **Beispiel:** Der BGH[297] hat entschieden, dass eine „Werbung mit hervorgehobenen Einführungspreisen, denen durchgestrichene (höhere) Normalpreise gegenübergestellt werden", irreführend ist, „wenn sich aus ihr nicht eindeutig ergibt, ab welchem Zeitpunkt die Normalpreise verlangt werden."

b) Vorenthaltung wesentlicher Informationen (§ 5a Abs. 2 UWG). Gemäß § 5a Abs. 2 UWG handelt unlauter, „wer die **Entscheidungsfähigkeit von Verbrauchern** im Sinne des § 3 Abs. 2 dadurch beeinflusst, dass er eine Information vorenthält, die im konkreten Fall unter Berücksichtigung aller Umstände einschließlich der Beschränkungen des Kommunikationsmittels wesentlich ist." Die Vorschrift regelt in Umsetzung von Art. 7 Abs. 1 der UGP-Richtlinie die **Irrführung durch Vorenthaltung wesentlicher Informationen** und erfasst in Übereinstimmung mit Art. 7 Abs. 2 der UGP-Richtlinie auch das Verheimlichen wesentlicher Informationen, das Bereitstellen wesentlicher Informationen, wenn dies auf unklare, unverständliche, zweideutige Weise oder nicht rechtzeitig erfolgt oder, wenn der kommerzielle Zweck der einer geschäftlichen Handlung nicht kenntlich gemacht wird.[298] Sie „begründet keine generelle Informationspflicht, sondern

---

[296] Vgl. BT-Drucks. 16/10145, Amtl. Begr., S. 24 f.
[297] BGH v. 17.3.2011, I ZR 81/09, „Original Kanchipur".
[298] BT-Drucks. 16/10145, Amtl. Begr., S. 17, 25.

verpflichtet allein zur Offenlegung solcher Informationen, die für die geschäftliche Entscheidung erhebliches Gewicht haben und deren Angabe unter Berücksichtigung der beiderseitigen Interessen vom Unternehmer erwartet werden kann".[299] **Beispiel:** Wenn das Angebot von Telefondienstleistungen nicht auch die Möglichkeit der fallweisen Betreiberauswahl („Call-by-Call") erfasst, muss – so der BGH[300] – hierauf in der Werbung hingewiesen werden; dies gelte „auch dann, wenn für Gespräche ins deutsche Festnetz ein Pauschaltarif („Faltrate") angeboten" werde.

c) **Wesentliche Informationen** (§ 5a Abs. 3, Abs. 4 UWG). Die Regelung des § 5a Abs. 3 UWG enthält in Umsetzung von Art. 7 Abs. 4 der UGP-Richtlinie eine nicht abschließende Liste von Informationen, die im Sinne von Absatz 2 als wesentlich anzusehen sind. Das heißt, der Unternehmer muss diese Informationen dem Verbraucher von sich aus und nicht erst auf Nachfrage zur Verfügung stellen. Eine **Vorenthaltung dieser Informationen** stellt in aller Regel eine **Irreführung** dar. Für das Vorliegen eins **Waren- oder Dienstleistungsangebotes im Sinne von Abs. 3** kommt es darauf an, ob der Verbraucher aufgrund der mitgeteilten Angaben (Preis, Waren- und Dienstleistungsmerkmale) die Möglichkeit hat, eine auf den Erwerb der Ware oder die Inanspruchnahme der Dienstleistung gerichtete Willenserklärung abzugeben (invitatio ad offerendum, rechtlich bindendes Vertragsangebot oder sonstige Erklärung des Unternehmers, auf Grund derer sich der Verbraucher zur Abgabe einer Willenserklärung entschließen kann). **Kein entsprechendes Angebot,** das den Unternehmer zur Bereitstellung wesentlicher Informationen verpflichtet, wird im Allgemeinen bei bloßer **Aufmerksamkeitswerbung** vorliegen.[301] Folgende **Informationen** gelten als **wesentlich** im Sinne des Absatzes 2, sofern sie sich nicht unmittelbar aus den Umständen ergeben:

- § 5a Abs. 3 Nr. 1: *„alle wesentlichen Merkmale der Ware oder Dienstleistung in dem dieser und dem verwendeten Kommunikationsmittel angemessenen Umfang"*. Durch die Formulierung, dass die Informationen (nur) „in dem dieser und dem verwendeten Kommunikationsmittel angemessenen Umfang" bereit gestellt werden müssen, soll erreicht werden, dass die Informationsanforderungen insbesondere bei geringwertigen Gegenständen des täglichen Bedarfs auf ein angemessenes Maß beschränkt werden.[302]

- § 5a Abs. 3 Nr. 2: *„die Identität und Anschrift des Unternehmers, gegebenenfalls die Identität und Anschrift des Unternehmers, für den er handelt"*. Ähnliche Informationspflichten ergeben sich bereits aus den Fernabsatzregeln des BGB (§§ 312c, 312d Abs. 1 BGB i.V.m. Art. 246a Abs. 1 Nr. 2 EGBGB) und der Gewerbeordnung (§§ 15a und 15b). Obgleich der Verstoß gegen die vorgenannten Informationspflichten bereits als Rechtsbruch lauterkeitsrechtlich durch § 4 Nr. 11 UWG erfasst wird, erschien dem Gesetzgeber die ergänzende Regelung in § 5a Abs. 3 Nr. 2 UWG notwendig, da der Anwendungsbereich der vorgenannten Regeln im Fernabsatz- bzw. Gewerberecht enger ist.[303]

- § 5a Abs. 3 Nr. 3: *„der Endpreis oder in Fällen, in denen ein solcher Preis auf Grund der Beschaffenheit der Ware oder Dienstleistung nicht im Voraus berechnet*

---

299 BGH v. 16.5.2012, I ZR 74/11, „Zweigstellenbriefbogen".
300 BGH v. 9.2.2012, I ZR 178/10, „Call-by-Call".
301 Amtl. Begr. BT-Drucks. 16/10145, S. 25.
302 Vgl. BT-Drucks. 16/10145, Amtl. Begr., S. 26.
303 Vgl. BT-Drucks. 16/10145, Amtl. Begr., S. 26.

*werden kann, die **Art der Preisberechnung** sowie gegebenenfalls alle zusätzlichen **Fracht-, Liefer- und Zustellkosten** oder in Fällen, in denen diese Kosten nicht im Voraus berechnet werden können, die Tatsache, dass solche zusätzlichen Kosten anfallen können".* Auch insoweit dürften die Verstöße gegen die entsprechenden Informationspflichten als Verstöße gegen die Bestimmungen der PAngV als Rechtsbruch lauterkeitsrechtlich durch § 4 Nr. 11 erfasst werden. Dem Gesetzgeber erschien die ergänzende Regelung jedoch geboten, um die Bedeutung vorenthaltener Preisangaben für das Lauterkeitsrecht zu betonen.[304]

- § 5a Abs. 3 Nr. 4: *„**Zahlungs-, Liefer- und Leistungsbedingungen** sowie **Verfahren zum Umgang mit Beschwerden**, soweit sie von Erfordernissen der fachlichen Sorgfalt abweichen".*

- § 5a Abs. 3 Nr. 5: *„das Bestehen eines **Rechts zum Rücktritt oder Widerruf**".* Die Regelung hat im Wesentlichen nur klarstellende Bedeutung, da Verpflichtungen zur Belehrung über das Bestehen eines Widerrufsrechts bereits in den einschlägigen Verbraucherschutzbestimmungen enthalten sind (vgl. z.B. §§ 312g, 312d Abs. 1 BGB i.V.m. Art. 246a Abs. 3 EGBGB) und Verstöße bereits bislang lauterkeitsrechtlich als Rechtsbruch gemäß § 4 Nr. 11 UWG erfasst werden.

- § 5a Abs. 4: *„Als wesentlich im Sinne des Absatzes 2 gelten auch Informationen, die dem Verbraucher auf Grund gemeinschaftsrechtlicher Verordnungen oder nach Rechtsvorschriften zur Umsetzung gemeinschaftsrechtlicher Richtlinien für kommerzielle Kommunikation einschließlich Werbung und Marketing nicht vorenthalten werden dürfen."* Als wesentlich i.S.v. Absatz 2 werden auch alle **Informationspflichten** angesehen, die sich **aus europäischen Rechtsvorschriften** betreffend kommerzielle Kommunikation einschließlich Werbung und Marketing ergeben. Angesprochen sind damit insbesondere Informationsanforderungen, die sich aus Rechtsvorschriften zur Umsetzung der im **Anhang II zur UGP-Richtlinie** aufgeführten, nicht erschöpfenden Liste von 14 Richtlinien ergeben. Anders als in Absatz 3 besteht die Informationspflicht nach Absatz 4 nicht nur für Waren- und Dienstleistungsangebote, sondern für alle geschäftlichen Handlungen gegenüber Verbrauchern.[305]

VI. Vergleichende Werbung (§ 6 UWG)

Die Regelung der vergleichenden Werbung hat weder im Zuge der UWG-Reform 2004 noch im Zuge der UWG-Reform 2008 eine materielle Änderung erfahren. Die Vorschrift des § 6 UWG zur vergleichenden Werbung entspricht im Wesentlichen der alten Regelung in § 2 UWG 1909.

1. Rechtsentwicklung, Umkehr des Regel-Ausnahme-Prinzips

Mit Blick auf die vergleichende Werbung ergab sich für den Gesetzgeber im Zuge der UWG-Reform 2004 kein neuerlicher Handlungsbedarf, da das Recht der vergleichenden Werbung bereits durch das **Gesetz zur vergleichenden Werbung** und zur Änderung wettbewerbsrechtlicher Vorschriften vom 1.9.2000[306] an einschlägige europäische

---
304 Vgl. BT-Drucks. 16/10145, Amtl. Begr., S. 26.
305 Vgl. BT-Drucks. 16/10145, Amtl. Begr., S. 26 f.
306 BGBl. I 2000, S. 1374.

Vorgaben angepasst wurde. Konkret diente das Änderungsgesetz der Umsetzung der **Richtlinie 97/55/EG** zur Änderung der Irreführungsrichtlinie (84/450/EWG) zwecks Einbeziehung der vergleichenden Werbung (s.o. § 82 IV 3. b). Diese Richtlinie zielte auf eine Harmonisierung der rechtlichen Bedingungen der vergleichenden Werbung in den Mitgliedsstaaten. Sie bewertet vergleichende Werbung im Grundsatz wettbewerbs- und verbraucherpolitisch als positiv und sieht Chancen darin, dass die Vorteile von Erzeugnissen objektiv herausgestellt werden können, ferner darin, dass durch vergleichende Werbung der Wettbewerb zwischen Anbietern von Waren und Dienstleistungen im Interesse der Verbraucher gefördert wird (Erwägungsgrund 2). Bereits das vorerwähnte Änderungsgesetz aus dem Jahre 2000, durch das die vergleichende Werbung in enger Anlehnung an die Vorgaben der Irreführungsrichtlinie erstmals eine ausdrückliche gesetzliche Regelung erfuhr (in § 2 UWG 1909), hatte dazu geführt, dass das Recht der vergleichenden Werbung erheblich liberalisiert wurde. Bis zum Inkrafttreten der vorerwähnten Richtlinie (97/55/EG) war die Rechtsprechung in Deutschland jahrzehntelang davon ausgegangen, dass vergleichende Werbung grundsätzlich wettbewerbsrechtlich unzulässig und nur ausnahmsweise bei Vorliegen besonderer Umstände unbedenklich sei. Dem lag die Erwägung zu Grunde, dass es mit den guten Sitten nicht zu vereinbaren sei, wenn der Werbende sein Produkt mit anderen vergleichen müsse, um den Verbraucher von den Vorteilen seines Produktes zu überzeugen. Die „Krücke" des Produktvergleichs stehe in Widerspruch zum Leitbild des Leistungswettbewerbs.[307] Diese kritische Beurteilung der vergleichenden Werbung auf der Grundlage des **Regel-Ausnahme-Prinzips** (Grundsätzliche Unzulässigkeit – ausnahmsweise Zulässigkeit) wurde vom BGH erst nach In-Kraft-Treten der Irreführungsrichtlinie aufgegeben. Auf der Grundlage der Richtlinie bzw. der in Umsetzung der Richtlinie erfolgten gesetzlichen Regelung (in § 2 UWG 1909) hat die wettbewerbsrechtliche Beurteilung der vergleichenden Werbung eine grundlegende Änderung erfahren, mit der eine Umkehrung des alten Regel-Ausnahme-Verhältnisses einherging. Vergleichende Werbung ist danach im Grundsatz seither zulässig und nur ausnahmsweise bei Verstoß gegen die in der Irreführungsrichtlinie (vgl. Art. 3a) bzw. im UWG (früher § 2 Abs. 2 1909, jetzt § 6 Abs. 2) festgelegten Bedingungen für die Zulässigkeit vergleichender Werbung unzulässig.

2. Begriff der vergleichenden Werbung (§ 6 Abs. 1 UWG)

Vergleichende Werbung ist gesetzlich definiert als *„jede Werbung, die unmittelbar oder mittelbar einen Mitbewerber oder die von einem Mitbewerber angebotenen Waren oder Dienstleistungen erkennbar macht"* (§ 6 Abs. 1 UWG). Die **Begriffsbestimmung** der vergleichenden Werbung ist von Bedeutung, da sich die gesetzlichen Zulässigkeitsanforderungen nur auf Werbemaßnahmen beziehen, die unter den Begriff der vergleichenden Werbung (i.S.v. § 6 Abs. 1 UWG) fallen, während für alle anderen Formen der Werbung, auf die dies nicht zutrifft, lediglich die allgemeinen wettbewerbsrechtlichen Bestimmungen zur Anwendung kommen.[308]

a) Erfordernis eines Vergleichs. Eine gewisse Unschärfe ergibt sich daraus, dass die Begriffsbestimmung nach § 6 Abs. 1 UWG – ebenso wie die entsprechende Definition der Irreführungsrichtlinie (Art. 2 Nr. 2a) – vom Wortlaut her auch Werbeformen erfasst,

---

[307] Nordmann, Neuere Entwicklungen im Recht der vergleichenden Werbung, GRUR Int. 2002, 297.
[308] Plaß, Die gesetzliche Neuregelung der vergleichenden Werbung, NJW 2000, 3161, 3162.

die zwar einen Mitbewerber erkennen lassen, bei denen es aber an einem **Vergleich** von Waren oder Dienstleistungen fehlt. Dennoch ist die Begriffsbestimmung richtigerweise einschränkend dahingehend auszulegen, dass nur Werbeformen erfasst sind, die den Werbenden oder seine Produkte im Sinne eines Vergleichs in Beziehung zu einem oder mehreren Wettbewerbern oder den von diesen angebotenen Produkten setzen. Das heißt, aus der Werbung muss sich ergeben, „dass sich unterschiedliche, aber hinreichend austauschbare Produkte des Werbenden und des Mitbewerbers gegenüberstehen".[309] Für ein derartiges Begriffsverständnis spricht zum einen bereits der Begriff „vergleichende Werbung", zum anderen der Umstand, dass mit der Regelung, wie sich aus § 6 Abs. 2 UWG (bzw. Art. 3a Abs. 1 der Irreführungsrichtlinie) ergibt, offensichtlich ja gerade eine Sonderregelung für die Fälle des „Vergleichs" von Produkten getroffen werden sollte.[310] Voraussetzung für die Beurteilung vergleichender Werbung nach Maßgabe von § 6 Abs. 2 UWG ist also stets, dass überhaupt ein Vergleich vorgenommen wird.[311] Eine vergleichende Werbung liegt daher nicht vor, wenn „in der Werbung für ein Produkt ein fremdes Produkt eingesetzt wird, ohne dass das eine dem anderen Produkt als Kaufalternative gegenübergestellt wird".[312]

b) Erkennbarkeit eines Mitbewerbers. Entscheidend für das Vorliegen einer vergleichenden Werbung ist, wie sich aus der Begriffsbestimmung des § 6 Abs. 1 UWG ergibt, dass die Werbung einen Mitbewerber – unmittelbar oder mittelbar – erkennbar macht, was aus Sicht der angesprochenen Verkehrskreise zu beurteilen ist. Während ein Fall der **unmittelbaren Erkennbarkeit** nur gegeben ist, wenn der Mitbewerber und/oder seine Produkte im Vergleich namentlich benannt oder bildlich wiedergegeben oder sonst eindeutig identifizierbar sind, reicht es für eine **mittelbare Erkennbarkeit** aus, dass der in Bezug genommene Mitbewerber und/oder seine Produkte ohne Nennung des Namens unter Hinzuziehung sonstiger Umstände erkennbar gemacht sind (z.B. durch die Anknüpfung an dessen Werbung oder an sonstige Verhältnisse des Mitbewerbers, wie z.B. dessen Herstellungs- oder Verkaufsort). Ausreichend für eine mittelbare Erkennbarkeit ist auch, wenn eine Werbemaßnahme zwar auf mehrere Mitbewerber gemünzt ist, sofern die einzelnen in Bezug genommenen gruppenangehörigen Unternehmen aber noch identifizierbar sind.[313]

3. Unzulässigkeit vergleichender Werbung (§ 6 Abs. 2 UWG)

Die Beantwortung der in der Praxis bedeutsamen Frage, welche rechtlichen Grenzen bei der Gestaltung der grundsätzlich als zulässig erachteten vergleichenden Werbung vom Werbenden zu beachten sind, ergibt sich aus § 6 Abs. 2 UWG. In Umsetzung der durch die Irreführungsrichtlinie vorgegebenen Zulässigkeitskriterien (Art. 3a Abs. 1) enthält § 6 Abs. 2 UWG einen abschließenden **Katalog von Verbotstatbeständen**, aus dem sich ergibt, unter welchen Voraussetzungen vergleichende Werbung als unlauter i.S.v. § 3 UWG anzusehen ist. Die in § 6 Abs. 2 UWG 2004 enthaltene Angabe „im Sinne von § 3" wurde – ebenso wie in den anderen Beispieltatbeständen (vgl. §§ 4, 5

---

309 BGH v. 19.5.2011, I ZR 147/09, „Coaching Newsletter".
310 Vgl. BT-Drucks. 14/2959, Amtl. Begr. zu § 2 Abs. 1, S. 10.
311 Köhler/Bornkamm, § 6 Rdn. 19.
312 BGH v. 15.7.2004, I ZR 37/01, „Aluminiumräder".
313 Köhler/Bornkamm, § 6 Rdn. 79 ff.

Abs. 1 UWG) – im Zuge der UWG-Reform 2008 gestrichen (s. hierzu bereits o. II. Erläuterung vor § 4 Nr. 1).

a) Vergleichbarkeit nach Bedarf und Zweckbestimmung (§ 6 Abs. 2 Nr. 1 UWG). Vergleichende Werbung ist nach § 6 Abs. 2 Nr. 1 UWG unlauter, *„wenn der Vergleich sich nicht auf Waren oder Dienstleistungen für den gleichen Bedarf oder dieselbe Zweckbestimmung bezieht."* Aus der Regelung folgt zunächst dass sich die vergleichende Werbung stets auf einen **Vergleich von Waren oder Dienstleistungen** beschränken muss. Sind demgegenüber Gegenstand des Vergleichs nicht Waren oder Dienstleistungen, sondern die persönlichen oder geschäftlichen Verhältnisse des Werbenden oder seines Mitbewerbers (sog. unternehmensbezogener Vergleich), führt dies zur Unzulässigkeit des Vergleichs.[314] Durch das weitere Erfordernis, dass sich die verglichenen Waren oder Dienstleistungen auf den „**gleichen Bedarf oder dieselbe Zweckbestimmung**" beziehen müssen, soll ausgeschlossen werden, dass gewissermaßen „Äpfel mit Birnen" verglichen werden. Anerkannt ist, dass die verglichenen Waren oder Dienstleistungen zwar nicht völlig identisch sein müssen, sie müssen aus Sicht der angesprochenen Verkehrskreise jedoch **austauschbar** (substituierbar) sein.[315]

b) Voraussetzungen des Eigenschaftsvergleichs (§ 6 Abs. 2 Nr. 2 UWG). Vergleichende Werbung ist gemäß § 6 Abs. 2 Nr. 2 UWG ferner unlauter, *„wenn der Vergleich nicht objektiv auf eine oder mehrere wesentliche, relevante, nachprüfbare und typische Eigenschaften oder den Preis dieser Waren oder Dienstleistungen bezogen ist."* Aus der Vorschrift folgt zunächst, dass nur „**Eigenschaften**" von Waren oder Dienstleistungen verglichen werden dürfen. Als Eigenschaften sollen neben den auf der natürlichen Beschaffenheit des Produkts oder der Leistung beruhenden Merkmalen auch deren tatsächliche oder rechtliche Verhältnisse und Beziehungen zur Umwelt gelten, soweit sie nach der Verkehrsanschauung für die Wertschätzung oder Verwendbarkeit von Bedeutung sind,[316] generell also alle Faktoren, die für die Nachfragerentscheidung aus Sicht der angesprochenen Verkehrskreise eine Rolle spielen. Als Eigenschaften in diesem weit gefassten Sinne zu qualifizieren sind daher z.B. auch die Art und Weise der Herstellung einer Ware, ihre Produktion im Inland oder Ausland, die Verletzung von Umwelt-, Steuer- oder Personenschutzvorschriften im Rahmen der Produktion, die Lieferbarkeit bzw. Erhältlichkeit (etc.).[317] Auch Umsatzzuwächse von Produkten können bei einer an Fachverkäufer gerichteten Werbung Eigenschaften dieser Waren i.S.v. § 6 Abs. 2 Nr. 2 UWG sein.[318] Gleichwohl sah sich der Gesetzgeber zu der Klarstellung veranlasst, dass zu den Eigenschaften auch der **Preis** als relevante Bezugsgröße eines Vergleichs gehört, da der Preis nach deutschem Zivilrechtsverständnis nicht zu den Eigenschaften einer Sache zählt.[319] Durch das Erfordernis der **Objektivität**, das vom Gesetzgeber im Sinne eines „**Sachlichkeitsgebotes**" verstanden wird,[320] sowie die Beschränkung des Vergleichs auf „wesentliche, relevante, nachprüfbare und typische Eigenschaften" sind pauschale, unsubstantiierte Vergleiche als unzulässig ausgeschlossen. Der Verbraucher soll davor geschützt werden, durch den Vergleich unmaßgeblicher Ei-

---

314 Plaß, Die gesetzliche Neuregelung der vergleichenden Werbung, NJW 2000, 3161, 3164.
315 Köhler/Bornkamm, § 6 Rdn. 51 f.
316 Plaß, Die gesetzliche Neuregelung der vergleichenden Werbung, NJW 2000, 3161, 3164.
317 Köhler/Bornkamm, § 6 Rdn. 51.
318 BGH v. 7.12.2006, I Zr 166/03, „Umsatzzuwachs".
319 Vgl. BT-Drucks. 14/2959, Amtl. Begr. zu § 2 Abs. 2 Nr. 2, S. 11.
320 Vgl. BT-Drucks. 14/2959, Amtl. Begr. zu § 2 Abs. 2 Nr. 2, S. 11.

genschaften irregeführt zu werden. Er soll vielmehr die Möglichkeit haben, die verglichenen Produkte oder Dienstleistungen in den maßgeblichen Punkten, auf die sich der Vergleich bezieht, auch zu überprüfen. **Beispiel:** Wie der BGH[321] entscheiden hat, kann ein im Rahmen einer vergleichender Werbung vorgenommener Preisvergleich irreführend sein, „wenn sich die Grundlagen für die Preisbemessung nicht unwesentlich unterscheiden". Im konkreten Fall waren Grundlage für die Preisbemessung der Beförderung von Paketen und Päckchen einerseits deren Abmessungen, andererseits deren Gewicht.

c) **Ausschluss von Verwechslungen** (§ 6 Abs. 2 Nr. 3 UWG). Unlauter ist ein Vergleich nach § 6 Abs. 2 Nr. 3 UWG auch dann, *„wenn der Vergleich im geschäftlichen Verkehr zu einer Gefahr von Verwechslungen zwischen dem Werbenden und einem Mitbewerber oder zwischen den von diesen angebotenen Waren oder Dienstleistungen oder den von ihnen verwendeten Kennzeichen führt."* Der Verbotstatbestand richtet sich also gegen die Begründung der **Gefahr von Verwechslungen** in Bezug auf die Person des Werbenden, seine Waren oder Dienstleistungen oder seine Kennzeichen. Eine unlautere Begründung einer Verwechslung liegt vor, wenn der durchschnittlich informierte und verständige, situationsangemessen aufmerksame Umworbene annimmt, die Mitbewerber seien identische oder zumindest wirtschaftlich verbundene Unternehmen, oder glaubt, die Waren, Dienstleistungen oder Unterscheidungszeichen stammten aus demselben oder jedenfalls aus wirtschaftlich miteinander verbundenen Unternehmen.[322] **Hintergrund** der Regelung ist der Umstand, dass die Benutzung fremder Kennzeichen im Rahmen der vergleichenden Werbung in der Regel nicht kennzeichenmäßig, also zur Kennzeichnung der eigenen Waren oder Dienstleistungen, sondern rein bezugnehmend erfolgt. Das Kennzeichenrecht gewährt dem Kennzeicheninhaber aber nur Schutz bei einer Verwechslungsgefahr, die durch eine zeichenmäßige Benutzung des geschützten Kennzeichens begründet wird, so dass die Verwendung des Kennzeichens eines Mitbewerbers im Rahmen der vergleichenden Werbung in der Regel mangels kennzeichenmäßigen Gebrauchs keine Kennzeichenverletzung darstellt. Um diese, sich für den Bereich der anlehnenden Werbung im Verhältnis zum Kennzeichenrecht ergebende Schutzlücke zu schließen, bedurfte es eines ergänzenden Schutzes des Mitbewerbers davor, dass Wettbewerber ihre Produkte durch die Gestaltung einer vergleichenden Werbung so stark in die Nähe ihrer Produkte oder Dienstleistungen rücken, dass der Verkehr sie verwechselt.[323] **Beispiel:** Der BGH hatte über einen Fall aus dem Bereich des Suchwort-Marketings zu entscheiden, in dem ein Unternehmen in einer bestimmten Zeile seiner Internetseite, von der es wusste, dass die Internetsuchmaschine Google auf die hier angegebenen Wörter zugreift, zusammen mit seiner Produktbezeichnung die Bezeichnung „power ball" eingegeben, wobei die Marke „POWER BALL" als Marke für die gleichen Produkte eines Wettbewerbes geschützt war. Da zwischen den Kollisionszeichen Verwechslungsgefahr i.S.v. § 6 Abs. 2 Nr. 3 UWG bestehe, scheide eine zulässige vergleichende Werbung aus, wobei offen bleiben könne, ob im konkreten Fall überhaupt eine vergleichende Werbung i.S.v. § 6 Abs. 1 UWG vorliege.[324]

---

321 BGH v. 19.11.2009, I ZR 141/07, „Paketpreisvergleich".
322 Plaß in HK-WettbR, § 6 Rdn. 98.
323 Plaß, Die gesetzliche Neuregelung der vergleichenden Werbung, NJW 2000, 3161, 3165; Plaß in HK-WettbR, § 6 Rdn. 101; ferner EuGH v. 12.6.2008 in der Rechtssache C-533/06, „O2 Holdings Limited/ Hutchison 3G UK Limited".
324 BGH v. 4.2.2010, I ZR 51/08, „POWER BALL".

d) Rufausnutzung und Rufbeeinträchtigung (§ 6 Abs. 2 Nr. 4 UWG). Gemäß § 6 Abs. 2 Nr. 4 UWG ist vergleichende Werbung ferner unlauter, *"wenn der Vergleich den Ruf des von einem Mitbewerber verwendeten Kennzeichens in unlauter Weise ausnutzt oder beeinträchtigt"*. Hintergrund des **Rufausbeutungs**verbotes ist – ähnlich wie beim Verwechslungsschutz (§ 6 Abs. 2 Nr. 3 UWG) – eine Schutzlücke für den Bereich der vergleichenden Werbung im Kennzeichenrecht. Da die fremden Kennzeichen im Rahmen vergleichender Werbung in der Regel nicht kennzeichenmäßig verwendet werden, bietet das Kennzeichenrecht keinen ausreichenden Schutz vor einer fremde Kennzeichen lediglich in Bezug nehmenden Werbung, so dass es des zusätzlichen Schutzes nach § 6 Abs. 2 Nr. 4 UWG bedurfte.[325] Voraussetzung für dessen Eingreifen ist, dass die **Rufausbeutung** des Zeichens gerade **durch** einen **Vergleich** erfolgt. Nicht erfasst wird die Ausbeutung des guten Rufs einer Ware oder Dienstleistung außerhalb eines Vergleichs, die sich nach § 4 Nr. 9 lit. b UWG beurteilt.[326] Als **Beispiel** für die unlautere Rufausbeutung eines Kennzeichens lässt sich der Vergleich eines besonders bekannten Markenproduktes mit einem no-name-Produkt anführen, sofern es an jeglicher Vergleichsbasis fehlt und der Vergleich erkennbar nur vorgenommen wird, um das no-name-Produkt in den Augen der Verbraucher in die Nähe des Markenproduktes zu rücken.[327] Andererseits stellt eine tabellenartige Gegenüberstellung der unter einer Hausmarke vertriebenen Produkte eines Werbenden mit den Markenprodukten der Marktführer in einem Preisvergleich regelmäßig keine unlautere Ausnutzung der Beeinträchtigung der Wertschätzung der Kennzeichen i. S. von § 6 Abs. 2 Nr. 4 UWG dar.[328] Eine **Beeinträchtigung** eines fremden Zeichens, d.h. eine Herabsetzung oder Verunglimpfung, liegt vor, wenn der Vergleich in einer über die mit jedem kritischen Vergleich zwangsläufig einhergehende Beeinträchtigung hinausgehend abfällig, abwertend oder unsachlich ist.[329] Wie der BGH[330] klargestellt hat, setzt der Tatbestand des § 6 Abs. 2 Nr. 5 UWG eine herabsetzende oder verunglimpfende Beeinträchtigung des Rufs des betroffenen Kennzeichens voraus, eine bloße Beeinträchtigung der Unterscheidungskraft steht dem nicht gleich.

e) Herabsetzung und Verunglimpfung (§ 6 Abs. 2 Nr. 5 UWG). Unlauter ist ein Vergleich auch dann, wenn *"die Waren, Dienstleistungen, Tätigkeiten oder persönlichen oder geschäftlichen Verhältnisse eines Mitbewerbers herabgesetzt oder verunglimpft werden"* (§ 6 Abs. 2 Nr. 5 UWG). Klargestellt ist damit, dass im Rahmen der vergleichenden Werbung nicht nur die Beeinträchtigung fremder Kennzeichen (§ 6 Abs. 2 Nr. 4 UWG), sondern auf Mitbewerber gemünzte **Herabsetzungen** und **Verunglimpfungen** generell unzulässig sind. Was die Kriterien für die Annahme einer Herabsetzung oder Verunglimpfung angeht, gilt das zur Beeinträchtigung i.S.v. § 6 Abs. 2 Nr. 4 UWG Gesagte entsprechend (s. zuvor unter d). Ob in einem Werbevergleich enthaltene Aussagen eine pauschale Abwertung des fremden Erzeugnisses enthalten, ist nicht anhand einer isolierten Betrachtung der einzelnen Erklärungen, sondern aufgrund des Gesamtzusammenhangs der Angaben zu beurteilen.[331] Der Gesetzgeber hat die Regelung

---

325 Plaß in HK-WettbR, § 6 Rdn. 105.
326 Köhler/Bornkamm, § 4 Rdn. 9.51.
327 Beispiel nach Plaß, Die gesetzliche Neuregelung der vergleichenden Werbung, NJW 2000, 3161, 3166.
328 BGH v. 21.3.2007, I ZR 184/03, „Eigenpreisvergleich".
329 Plaß in HK-WettbR, § 6 Rdn. 105.
330 BGH v. 28.9.2011, I ZR 48/10, „Teddybär".
331 BGH v. 20.9.2007, I ZR 171/04, „Saugeinlagen".

als eine Ergänzung zur „Anschwärzung" (§ 14 UWG 1909, jetzt § 4 Nr. 8 UWG) verstanden, da alle herabsetzenden Äußerungen erfasst würden, unabhängig davon, ob sie erweislich wahr sind oder nicht.[332] Näher liegt aus heutiger Sicht sicherlich die Einordnung als Sonderregelung zum Beispieltatbestand des § 4 Nr. 7 UWG, der das herabsetzende und verunglimpfende Wettbewerbsverhalten, das § 6 Abs. 2 Nr. 5 UWG für den speziellen Fall der vergleichenden Werbung verbietet, jetzt auch außerhalb der vergleichenden Werbung generell für unlauter erklärt. **Beispiel:** In einem Rechtsstreit zwischen dem Springer-Verlag und dem Verlag der „TAZ" hatte der BGH[333] über einen im Trinkhallen-Milieu angesiedelten Kino-Werbespot der TAZ zu entscheiden, durch den der Springer-Verlag die BILD-Zeitung und deren Leser herabgesetzt sah. Der BGH hat das Vorliegen einer unlauteren vergleichenden Werbung i.S.v. § 6 Abs. 2 Nr. UWG anders als das Berufungsgericht jedoch verneint, da „eine humorvolle oder ironische Anspielung auf einen Mitbewerber oder dessen Produkte in einem Werbevergleich, die weder den Mitbewerber dem Spott oder der Lächerlichkeit" preisgebe „noch von den Adressaten der Werbung wörtlich und damit ernst genommen und daher nicht als Abwertung verstanden" werde, keine unlautere Herabsetzung darstelle.

f) Darstellung als Imitation oder Nachahmung (§ 6 Abs. 2 Nr. 6 UWG). Schließlich ist es gemäß § 6 Abs. 2 Nr. 6 UWG auch unlauter, „*wenn der Vergleich eine Ware oder Dienstleistung als Imitation oder Nachahmung einer unter einem geschützten Kennzeichen vertriebenen Ware darstellt.*" Die Regelung kann als besonderer Fall der Rufausbeutung (i.S.v. § 6 Abs. 2 Nr. 4 UWG) verstanden werden. Sie erfasst Fälle vergleichender Werbung, in denen der Werbende den guten Ruf einer Konkurrenzware dadurch ausbeutet, dass er seine eigenen Produkte in der Werbung als **Imitation** oder **Nachahmung** der unter einem geschützten Zeichen vertriebenen Konkurrenzware herausstellt.[334] Die Regelung zielt auf den **Schutz der Hersteller von Originalmarkenware** (insbesondere von Medikamenten, Parfüms, Zubehör, Ersatzteilen), die sich – z.B. wegen Ablauf des Patentschutzes – gegen die Imitation der Ware als solche nicht (mehr) zur Wehr setzen können.[335] Nach der Rechtsprechung des BGH erfordert die Darstellung einer Ware oder Dienstleistung als Imitation oder Nachahmung einer unter einem geschützten Kennzeichen vertriebenen Ware oder Dienstleistung i. S. von § 6 Abs. 2 Nr. 6 UWG, dass die Ware oder Dienstleistung mit einem besonderen Grad an Deutlichkeit, der über ein bloßes Erkennbarmachen i. S. von § 6 Abs. 1 UWG hinausgeht, als eine Imitation oder Nachahmung des Produkts eines Mitbewerbers beworben wird.[336] Für eine derartige deutliche Imitationsbehauptung reiche es nicht aus, „wenn das beworbene Produkt erst aufgrund zu ermittelnder weiterer Umstände als Imitat erkennbar wird, die außerhalb der Gesamtdarstellung der Werbung und des präsenten Wissens der durch sie angesprochenen Adressaten liegen".[337]

---

332 BT-Drucks. 14/2959, Amtl. Begr. zu § 2 Abs. 2 Nr. 5, S. 12.
333 BGH v. 1.10.2009, I ZR 134/07, „Gib mal Zeitung".
334 Plaß in HK-WettbR, § 6 Rdn. 132.
335 Köhler/Bornkamm, § 6 Rdn. 182.
336 BGH v. 6.12.2007, I ZR 169/04, „Imitationswerbung".
337 BGH v. 5.5.2011, I ZR 157/09, „Creation Lamis".

VII. Unzumutbare Belästigungen (§ 7 UWG)

Die lauterkeitsrechtlichen Regelungen zur Belästigungswerbung sind in den vergangenen Jahren immer stärker in den Blickpunkt des allgemeinen Interesses gelangt. Nach ihnen beurteilt sich nicht zuletzt, ob und unter welchen Voraussetzungen Fernkommunikationstechnologien (Telefon, Fax, E-Mail, SMS u.a.) für Werbezwecke, insbesondere im Bereich des Direktmarketing, eingesetzt werden dürfen. Die Regelungen zur Belästigungswerbung sind daher für die Wirtschaftspraxis von erheblicher Bedeutung. Während noch der Referentenentwurf zur UWG-Reform 2004 vorsah, die Belästigungswerbung als einen Beispieltatbestand in den Katalog des § 4 UWG zu integrieren,[338] hat sich der Gesetzgeber im Verlauf des Gesetzgebungsverfahrens zur UWG-Reform 2004 dazu entschieden, die Belästigungswerbung in einer separaten Vorschrift (§ 7 UWG) als einen eigenständigen Tatbestand zu regeln. Dies ist sowohl im Hinblick auf den Regelungsumfang als auch im Hinblick auf die herausragende Bedeutung des Regelungsgegenstandes zu begrüßen.

1. Generalklauselartige Umschreibung der Belästigung (§ 7 Abs. 1 UWG)

Die Vorschrift enthält zunächst eine generalklauselartige Umschreibung der unzumutbaren Belästigung als unzulässiger geschäftlicher Handlung (§ 7 Abs. 1 S. 1 UWG). Sie knüpft damit an die von der Rechtsprechung nach altem Recht (§ 1 UWG 1909) entwickelte Fallgruppe der „**Belästigung**" an.[339] Der Tatbestand des § 7 Abs. 1 S. 1 UWG ist – anders als die Regelungen in Abs. 1 S. 2 und den Absätzen 2 und 3 – nicht auf Werbung beschränkt. Die im Rahmen der UWG-Reform 2008 gewählte gesetzliche Formulierung „*Eine geschäftliche Handlung, durch die ein Marktteilnehmer in unzumutbarer Weise belästigt wird, **ist unzulässig**"* dient der Klarstellung, dass die Bagatellklausel des § 3 Abs. 1 UWG (Spürbarkeit der Beeinträchtigung) nicht neben § 7 UWG anwendbar ist. Der Gesetzgeber geht nunmehr davon aus, dass das Merkmal der **Unzumutbarkeit** („*in unzumutbarer Weise*") eine **spezielle Bagatellschwelle** darstellt, die bereits eine umfassende Wertung ermögliche und erfordere. Eine Doppelregelung durch eine nachgeschaltete Prüfung nach Maßgabe der allgemeinen Erheblichkeitsschwelle des § 3 Abs. 1 UWG sei daher nicht sinnvoll.[340] Die Streichung des Verweises auf § 3 UWG verdeutlicht im Falle des § 7 UWG danach – anders als bei den nach wie vor als Beispieltatbeständen zu qualifizierenden §§ 4, 5 Abs. 1, 6 Abs. 2 UWG – eine Abkopplung des seit der UWG-Reform 2008 eigenständigen Belästigungstatbestandes von der Generalklausel des § 3 UWG.[341] Die Regelung in § 7 Abs. 1 S. 2 UWG stellt klar, dass eine unzulässige **Belästigungswerbung** i.S.v. § 7 Abs. 1 S. 1 UWG insbesondere dann vorliegt, wenn **erkennbar** ist, dass der angesprochene Marktteilnehmer diese **nicht wünscht**. Betroffen sind hiervon Sachverhalte, die nach altem Recht in § 7 Abs. 2 Nr. 1 UWG 2004 geregelt waren, künftig aber nicht mehr von § 7 Abs. 2 Nr. 1 erfasst

---

338 Vgl. Ref.-Entwurf (Stand: 23.1.2003), § 4 Nr. 3 UWG-E.
339 Zur Fallgruppe der Belästigung vgl. Baumbach/Hefermehl, Wettbewerbsrecht, 22. Auflage 2001, § 1 Rdn. 57 ff.
340 Vgl. BT-Drucks. 16/10145, Amtl. Begr., S. 28.
341 So auch Sosnitza, WRP 2008, 1014; Köhler, WRP 2009, 109 ff. zu § 7; Schöttle, GRUR 2009. 546, 547 f.; Lettl, GRUR-RR 2009, 41, 44.

werden (s. nachfolgend unter 2. a).[342] **Beispiele:** Wie der BGH[343] entschieden hat, stellt „das Zusenden unbestellter Waren regelmäßig ebenso wie die entsprechende Ankündigung eine unzumutbare Belästigung dar." Insoweit werde – so der BGH – das generelle Verbot unzumutbarer Belästigungen nach § 7 Abs. 1 S. 1 UWG durch die speziellere Regelung in Nr. 29 des Anhangs zu § 3 Abs. 3 UWG in deren Anwendungsbereich nicht verdrängt, sondern ergänze diese. Ferner stellt auch die gezielte Ansprache von Passanten an öffentlichen Plätzen zu Werbezwecken grundsätzlich eine unzumutbare Belästigung dar, wenn der der Werbende für den Angesprochenen nicht als solcher zu eindeutig zu erkennen ist.[344]

2. Anwendungsfälle unzumutbarer Belästigungswerbung (§ 7 Abs. 2 UWG)

§ 7 Abs. 2 UWG enthält **Anwendungsfälle** der unzumutbaren Belästigung. Durch die Verwendung des Wortes „stets" hat der Gesetzgeber klargestellt, dass in den Fällen des § 7 Abs. 2 UWG **ohne Wertungsmöglichkeit** von einer unzumutbaren Belästigung und damit Unzulässigkeit der geschäftlichen Handlung auszugehen ist.[345] Durch die in § 7 Absatz 2 Nr. 2 – 4 UWG geregelten Fallgruppen wurde Art. 13 der Datenschutzrichtlinie für die elektronische Kommunikation (s. hierzu o. § 82 IV 3. b) umgesetzt.

a) Traditionelle Werbung im Fernabsatz (§ 7 Abs. 2 Nr. 1 UWG). Der Anwendungsfall nach § 7 Abs. 2 Nr. 1 UWG betrifft nur Werbung mit solchen für den Fernabsatz geeigneten Mitteln der Kommunikation, die nicht von den beiden nachfolgenden Nummern 2 und 3 des § 7 Abs. 2 UWG erfasst werden, d.h. Fernkommunikationsmittel i.S.v. Nummer 1 sind weder Telefon, Telefax noch elektronische Post, sondern insbesondere **Briefe, Prospekte** und **Kataloge**. Soweit sich der bisherige § 7 Abs. 1 Nr. 1 UWG 2004 auf Sachverhalte bezog, die von dem neuen § 7 Abs. 2 Nr. 1 UWG – mangels Einsatz eines für den Fernabsatz geeigneten Mittels der Kommunikation – nicht mehr erfasst werden (z.B. Ansprechen von Personen in der Öffentlichkeit), ist deren Zulässigkeit nach neuem Recht nach § 7 Abs. 1 S. 2 i.V.m. S. 1 UWG zu beurteilen.[346]

b) Telefonwerbung (§ 7 Abs. 2 Nr. 2 UWG). Die gesetzliche Regelung der individuellen **Telefonwerbung** (§ 7 Absatz 2 Nr. 2 UWG) erfolgte im Rahmen der UWG-Reform 2004 unter Ausnutzung des durch Art. 13 Abs. 3 der Datenschutzrichtlinie für die elektronische Kommunikation eröffneten Spielraums. Entsprechend der Rechtsprechung nach altem Recht (§ 1 UWG 1909) ist Werbung mit Telefonanrufen gegenüber Verbrauchern ohne deren – vorherige ausdrückliche – Einwilligung wettbewerbswidrig (sog. **opt-in-Lösung**); gegenüber sonstigen Marktteilnehmern ist in Übereinstimmung mit der bisherigen Rechtsprechung[347] zumindest deren **mutmaßliche Einwilligung** erforderlich.[348] Zur Beantwortung der Frage, ob „von einer mutmaßlichen Einwilligung auszugegangen werden kann, ist auf die Umstände vor dem Anruf sowie auf die Art und den Inhalt der Werbung abzustellen".[349] Der im Rahmen des Gesetzgebungsver-

---

342 BT-Drucks. 16/10145, Amtl. Begr., S. 28 – zum Hintergrund des neuen Regelungsstandortes siehe BT-Drucks. 16/10145, Amtl. Begr., S. 29.
343 BGH v. 17.8.2011, I ZR 134/10, „Auftragsbestätigung".
344 BGH v. 9.9.2004, I ZR 93/02, „Ansprechen in der Öffentlichkeit".
345 BT-Drucks. 16/10145, Amtl. Begr., S. 29.
346 BT-Drucks. 16/10145, Amtl. Begr., S. 29.
347 Vgl. zuletzt BGH NJW 2004, 1655, 1656 „Newsletter".
348 BT-Drucks. 15/1487, Amtl. Begr. zu § 7 Abs. 2 Nr. 2 S. 21.
349 BGH v. 16.11.2006, I ZR 191/03, „Telefonwerbung für Individualverträge".

fahrens zur UWG-Reform 2004 gestellte Änderungsantrag der FDP-Fraktion zu § 7 Abs. 2 Nr. 2 UWG,[350] die von der damaligen Bundesregierung in Übereinstimmung mit der Rechtsprechung vorgesehenen „opt-in"-Regelung durch eine vermeintlich „liberalere und wirtschaftsfreundlichere **opt-out-Regelung**" zu ersetzen (s.u. Abb. 13), wurde seiner Zeit mit den Stimmen der Koalition abgelehnt. Im Zuge der UWG-Reform 2008 wurde die bisherige Pluralform („*Werbung mit Telefonanrufen*") durch die Singularform („*Werbung mit einem Telefonanruf*") ersetzt (ebenso wie in Nr. 3 und 4), um klarzustellen, dass bereits eine einzige Handlung eine unzumutbare Belästigung darstellen und zur Unzulässigkeit der Werbung führen kann, ohne dass hiermit eine Änderung gegenüber dem bisherigen Rechtszustand verbunden wäre.[351] Durch das am 4.8.2009 in Kraft getretene **Gesetz zur Bekämpfung unerlaubter Telefonwerbung** (s. o. § 83 III.)[352] wurde zur besseren Bekämpfung unerlaubter Telefonwerbung ausdrücklich bestimmt, dass ein Wettbewerbsverstoß vorliegt, wenn ein Werbeanruf gegenüber einem Verbraucher getätigt wird, ohne dass eine **vorherige ausdrückliche Einwilligung** in diesen Anruf vorliegt. Damit ist jetzt klargestellt, dass eine konkludente Einwilligung nicht ausreichend ist.[353] Für den Nachweis des Einverständnisses ist es, wie der BGH[354] festgestellt hat, erforderlich, „dass der Werbende die konkrete Einverständniserklärung jedes einzelnen Verbrauchers vollständig dokumentiert, was im Fall einer elektronisch übermittelten Einverständniserklärung deren Speicherung und die jederzeitige Möglichkeit eines Ausdrucks" voraussetze. **Beispiel zu § 7 Abs. 2 Nr. 2 Fall 2:** In einem vom BGH[355] zu entscheidenden Fall hatte ein Unternehmen von der Möglichkeit Gebrauch gemacht, sich kostenlos in das Unternehmensverzeichnis einer Internetsuchmaschine einzutragen. In der Folgezeit erhielt der Geschäftsführer des Unternehmens unaufgefordert einen Anruf eines Mitarbeiters des Internetsuchmaschinenbetreibers, bei dem es jedenfalls auch darum ging, den kostenlosen Eintrag in einen erweiterten, aber entgeltlichen Eintrag umzuwandeln. Der BGH hat entschieden, dass der kostenlos erfolgte Eintrag des Gewerbetreibenden nicht die Annahme rechtfertige, dass dieser auch mit einem Anruf einverstanden sei, in dem es zumindest auch um die Unterbreitung eines entgeltlichen Angebotes gehe.

c) Automatische Anrufmaschinen, Fax, E-Mail (§ 7 Abs. 2 Nr. 3 UWG). aa) Einwilligungserfordernis ohne Differenzierung nach Adressaten. Nach der in Anlehnung an Art. 13 Abs. 1 der Datenschutzrichtlinie für die elektronische Kommunikation geregelten Fallgruppe § 7 Abs. 2 Nr. 3 UWG ist Werbung unter Verwendung von **automatischen Anrufmaschinen** (automatische Anrufsysteme ohne menschlichen Eingriff), **Faxgeräten** oder **elektronischer Post**, ohne dass eine vorherige ausdrückliche Einwilligung des Adressaten vorliegt, grundsätzlich wettbewerbswidrig („**opt-in-Lösung**"). Von der nach Art. 13 Abs. 5 der Richtlinie eröffneten Möglichkeit einer nach dem Adressatenkreis differenzierenden Regelung hat der deutsche Gesetzgeber bewusst keinen Gebrauch gemacht, d.h. die Regelung gilt auch bei Verwendung der fraglichen Werbeformen im geschäftlichen Bereich[356] und stellt insoweit eine Verschärfung gegenüber der

---

350 BT-Drucks. 15/2853 v. 31.3.2004.
351 BT-Drucks. 16/10145, Amtl. Begr., S. 29.
352 Gesetz v. 29.7.2009, BGBl. I, S. 2413.
353 BT-Drucks. 16/10734, Amtl. Begr., S. 12 f.
354 BGH v. 10.2.2011, I ZR 164/09, „Double-opt-in-Verfahren".
355 BGH v. 20.9.2007, I ZR 88/05, „Suchmaschineneintrag".
356 BT-Drucks. 15/1487, Amtl. Begr. zu § 7 Abs. 2 Nr. 3, S. 21.

früheren Rechtslage nach Maßgabe der Rechtsprechung zu § 1 UWG 1909 dar.[357] Der Umstand, dass unaufgeforderte Telefonwerbung gegenüber einem sonstigen Marktteilnehmer bereits bei Vorliegen einer mutmaßlichen Einwilligung erlaubt ist (§ 7 Abs. 2 Nr. 2 UWG), d.h. wenn sie „im konkreten Interessenbereich" des Umworbenen liegt, während unaufgeforderte **E-Mail-Werbung** – anders als nach der früheren Rechtsprechung des BGH vor der UWG-Reform 2004 – als „weniger invasiver Eingriff in den Betriebsablauf" nach § 7 Abs. 2 Nr. 3 UWG grundsätzlich eine vorherige ausdrückliche Einwilligung des Adressaten voraussetzt, ist in der Literatur als „**inkohärentes Rechtsregime** des Direktmarketings" auf Kritik gestoßen.[358] Während vom Tatbestand nach Nr. 2 nur die Sprachtelefonie erfasst wird, unterfallen SMS und MMS dem Tatbestand des Nr. 3. Durch die im Rahmen der UWG-Reform 2008 erfolgte Präzisierung, dass es einer „**vorherigen ausdrücklichen**" Einwilligung des Adressaten bedarf, ist klargestellt, dass für ein aus einem sonstigen Verhalten des Adressaten abgeleitetes stillschweigendes Einverständnis kein Raum ist. Die vom BGH[359] auf der Grundlage der alten Rechtslage verneinte Frage, ob die Angabe einer E-Mail-Adresse auf der Website eines Sportvereins als konkludente Einwilligung zu verstehen ist, gewerbliche Anfragen – wie die zur Platzierung von Bannerwerbung – mittels E-Mail zu empfangen, stellt sich nach erfolgter Klarstellung durch den Gesetzgeber nicht mehr.

bb) Außerwettbewerbsrechtliche Ansprüche. Die Berechtigung zur Geltendmachung lauterkeitsrechtlicher Ansprüche ist – abgesehen von den nach § 8 Abs. 3 Nr. 2 bis 4 UWG aktivlegitimierten Institutionen – auf Mitbewerber beschränkt (§ 8 Abs. 3 Nr. 1 UWG), d.h. auf Unternehmen, die mit dem in Anspruch genommenen Unternehmen in einem konkreten Wettbewerbsverhältnis stehen (§ 2 Abs. 1 Nr. 3 UWG). Die nach dem UWG nicht aktivlegitimierten **Verbraucher** können daher als Empfänger unerbetener Werbe-E-Mails ebenso wie **Unternehmen außerhalb eines konkreten Wettbewerbsverhältnisses** allenfalls zivilrechtliche Unterlassungsansprüche gegen den Werbenden geltend machen. In Betracht kommen Ansprüche gemäß **§§ 823 Abs. 1, 1004 BGB** wegen der Verletzung des allgemeinen Persönlichkeitsrechts, konkret der Verletzung der Privatsphäre (im Falle von Verbrauchern) oder im Falle von Unternehmen, sofern es sich im Einzelfall um eine empfindliche Beeinträchtigung handelt, wegen eines Eingriffs in das Recht am eingerichteten und ausgeübten Gewerbebetrieb.[360]

d) Nachrichten mit verschleierter oder verheimlichter Identität (§ 7 Abs. 2 Nr. 4 UWG). Das in Anlehnung an Art. 13 Abs. 4 der Datenschutzrichtlinie für die elektronische Kommunikation geregelte Transparenzgebot (§ 7 Abs. 2 Nr. 4 UWG), nach dem Werbung mit Nachrichten bei verschleierter oder verheimlichter Identität des Absenders oder ohne gültige Adresse wettbewerbswidrig ist, dient der Erleichterung der Durchsetzung von Ansprüchen gegen den Werbenden.[361] Die Vorschrift wurde im Zuge des Gesetzes gegen unseriöse Geschäftspraktiken (s.o. § 83 III.) redaktionell neu gefasst und dahingehend ergänzt, dass eine unzumutbare Belästigung auch bei einer Wer-

---

357 Köhler, NJW 2004, 2121, 2125; zur bisherigen Rechtslage vgl. BGH NJW 2004, 1655, 1656 „Newsletter" m. zahlr. weiteren Rspr.-Nachw.
358 Brömmelmeyer, E-Mail-Werbung nach der UWG-Reform, GRUR 2006, 285, 290.
359 BGH v. 17.7.2007, I ZR 197/05, „FC Troschenreuth".
360 Im Einzelnen hierzu BGH v. 20.05., AZ I ZR 218/07, „E-Mail-Werbung II"; Baetge, Unverlangte E-Mail-Werbung zwischen Lauterkeits- und Deliktsrecht, NJW 2006, 1037, 1038 ff.; Brömmelmeyer, E-Mail-Werbung nach der UWG-Reform, GRUR 2006, 285, 289 f.
361 BT-Drucks. 15/1487, Amtl. Begr. zu § 7 Abs. 2 Nr. 4 S. 21.

bung mit einer Nachricht vorliegt, „bei der gegen § 6 Abs. 1 des Telemediengesetzes verstoßen wird oder in der der Empfänger aufgefordert wird, eine Website aufzurufen, die gegen diese Vorschrift verstößt" (§ 7 Abs. 2 Nr. 4 b) UWG).[362] Gemäß § 6 Abs. 1 TMG obliegen Diensteanbietern bei kommerziellen Kommunikationen, die Telemedien oder Bestandteile von Telemedien sind, besondere Informationspflichten.

3. Ausnahmsweise Zulässigkeit von E-Mail-Werbung (§ 7 Abs. 3 UWG)

Für die rechtskonforme Ausgestaltung des Direktmarketing **im Rahmen bestehender Kundenbeziehungen** im E-Commerce ist die durch § 7 Abs. 3 UWG eröffnete Gestaltungsmöglichkeit von zentraler Bedeutung. Er regelt in Umsetzung von Art. 13 Abs. 2 der Datenschutzrichtlinie für die elektronische Kommunikation die Voraussetzungen, unter denen Werbung mittels **elektronischer Post** ausnahmsweise ohne Einwilligung zulässig ist und damit einen **Ausnahmetatbestand** zum Grundsatz nach Abs. 2 Nr. 3.[363] So dürfen die von einem Unternehmer im Rahmen einer bestehenden Kundenbeziehung erlangten E-Mail-Adressen der Kunden zur Direktwerbung nur „für **eigene ähnliche Waren oder Dienstleistungen**" verwendet werden (§ 7 Abs. 3 Nr. 2 UWG). Die Erlaubnis zur Verwendung der E-Mail-Adressen der Kunden ist daher auf eigene Angebote des Unternehmers (eigene Produktion, eigenes Sortiment, eigenes Dienstleistungsangebot) beschränkt. Soweit die Verwendung nach der gesetzlichen Ausnahmeregelung auf die Bewerbung von „ähnlichen" Produkten beschränkt ist, werden hiervon bei interessengerechter Auslegung nicht nur austauschbare, sondern auch komplementäre Produktangebote erfasst.[364] Die Regelung ist im Rahmen der UWG-Reform 2008 unverändert geblieben.

---

362 Die Ergänzung geht auf eine Änderung von Art. 13 Abs. 4 der Richtline 2002/58/EG durch Art. 2 Nr. 7 der Richtlinie 2009/136/EG zurück – vgl. Amtl. Begr. BT-Drucks. 17/3057, S. 29.
363 BT-Drucks. 15/1487, Amtl. Begr. zu § 7 Abs. 3 S. 21 f.
364 Hierzu und den weiteren Voraussetzungen im Einzelnen vgl. Brömmelmeyer, E-Mail-Werbung nach der UWG-Reform, GRUR 2006, 285, 288 f.

4. Zusammenfassende Übersicht zur belästigenden Direkt-Werbung

Abb. 13: Rechtliche Einordnung belästigender Direkt-Werbung (§ 7 UWG)

Rechtliche Einordnung belästigender Direkt-Werbung (§ 7 UWG)			
Werbeform	Einordnung nach Adressaten		Regelung
	Verbraucher	sonstige Marktteilnehmer	
Potentiell belästigende Werbung durch **Direktansprache** (auf öffentlichen Plätzen, in öffentlichen Verkehrsmitteln etc.)	Grundsätzlich zulässig, es sei denn der Werbende gibt sich nicht als solcher zu erkennen oder es ist erkennbar, dass der angesprochene Marktteilnehmer diese Werbung nicht wünscht.		§ 7 Abs. 1 WG
Für den **Fernabsatz** geeignete Werbeformen, soweit nicht von Nr. 2 oder Nr. 3 erfasst (**Briefe, Prospekte, Kataloge** u.a.)	Grundsätzlich zulässig, es sei denn, hartnäckige Ansprache des Verbrauchers, die dieser erkennbar nicht wünscht.		§ 7 Abs. 2 Nr. 1 UWG
Telefon	Ohne vorherige ausdrückliche Einwilligung unzulässig.	Ohne deren zumindest mutmaßliche Einwilligung unzulässig.	§ 7 Abs. 2 Nr. 2 UWG
Automatische Anrufmaschine, Fax, E-Mail, SMS	Ohne vorherige ausdrückliche Einwilligung grundsätzlich unzulässig, d.h. keine Differenzierung nach Adressaten!		§ 7 Abs. 2 Nr. 3 UWG
	Im Rahmen bestehender Kundenbeziehungen unter den gesetzlich bestimmten Voraussetzungen ausnahmsweise Zulässigkeit der E-Mail-Werbung.		§ 7 Abs. 3 UWG

5. Alternative Regelungsmodelle: „opt-in" oder „opt-out"?

Was die Ausgestaltung rechtlicher Regelungen zum Schutz der Adressaten belästigender Direktwerbung angeht, kommen aus Sicht des Gesetzgebers, wie bereits erläutert, mit der sog. **opt-in**- und der sog. **opt-out**-Lösung zwei alternative Lösungsmodelle in Betracht, deren Bedeutung in der nachfolgenden Übersicht noch einmal zusammenfassend veranschaulicht wird.

Abb. 14: Alternative Modelle zum Schutz des Adressaten vor belästigender Direktwerbung

Alternative Modelle zum Schutz des Adressaten vor belästigender Direktwerbung		
Modelle[365]	Bedeutung/Ausgestaltung	Gesetzeskonformität
opt-in-Modell	Adressat (User) muss konkret in den Erhalt der Werbung einwilligen. Ohne vorherige ausdrückliche Einwilligung ist Werbung grundsätzlich unzulässig.	Modell liegt der Datenschutzrichtlinie für bestimmte Formen elektronischer Direkt-Werbung (automatische Anrufsysteme, Fax, Mail) gegenüber natürlichen Personen zugrunde (Art. 13 Abs. 1, 5). Der deutsche Gesetzgeber hat sich für den Bereich der Werbung mittels elektronischer Kommunikation generell für das opt-in-Modell entschieden (§ 7 Abs. 2, 3 UWG).
opt-out-Modell	Grundsätzlich ist Werbung erlaubt. Adressat (User) muss seinen entgegenstehenden Willen in geeigneter Weise (Eintrag in Liste, Aufkleber auf Briefkasten) zum Ausdruck bringen.	Die Datenschutzrichtlinie setzt dieses Modell voraus und lässt den Mitgliedstaaten für Telefon-Werbung generell und für sonstige elektronische Werbeformen (automatischer Anruf, Fax, Mail, SMS, sofern der Einsatz nicht gegenüber natürlichen Personen erfolgt, einen Spielraum für dieses Modell (Art. 13 Abs. 1, 3, 5).[366] Der deutsche Gesetzgeber hat für elektronische Kommunikation diesen Spielraum nicht genutzt (s.o). Geltung nur für traditionelle Werbeformen (Art. 7 Abs. 1 S. 2, Abs. 2 Nr. 1 UWG).

---

365 In Anlehnung an Keber, JurPC Web-Dok. 218/2004, Abs. 25 ff.; abrufbar unter http://www.jurpc.de/aufsatz/20040218.htm (letzter Abruf: 04/2014).
366 Auch das am 1.1.2004 in Kraft getretene US-amerikanische Gesetz betreffend E-Mail-Werbung (CAN-SPAM Act 2003) folgt dem opt-out-Prinzip – vgl. hierzu Wendtlandt, MMR 2004, 365, 367 ff.

Alternative Modelle zum Schutz des Adressaten vor belästigender Direktwerbung		
Modelle[365]	Bedeutung/Ausgestaltung	Gesetzeskonformität
double-opt-in	Im Zusammenhang mit E-Mail-Werbung/Versand von Newslettern: Werbe-Mail/Newsletter wird nicht bereits nach erster Registrierung verschickt, sondern erst nach erneuter Zustimmung. Erneute Zustimmung erfolgt nach Erhalt einer Bestätigungsmail des Absenders (Werbenden), in der der Adressat aufgefordert wird, zur (verbindlichen) Anforderung des Newsletters (der Werbemails) den Anmeldevorgang durch Anklicken eines Links endgültig abzuschließen.	Entsprechende über das einfache opt-in-Modell hinausgehende Differenzierungen sind weder in der Richtlinie noch im UWG vorgesehen. Die Ausgestaltung des Einwilligungsprozesses durch ein Double-opt-in-Verfahren soll der Möglichkeit vorbeugen, dass das Anmeldeformular auch durch unautorisierte Dritte im Namen des Adressaten ausgefüllt werden kann. Hat der Verbraucher nach Erhalt einer Bestätigungsmail des Werbenden durch „Setzen eines Häkchens in dem Teilnahmeformular bestätigt, dass er mit der Übersendung von Werbung einverstanden ist", sei – so der BGH[367] – „grundsätzlich hinreichend dokumentiert, dass er in die E-Mail-Werbung an die E-Mail-Adresse ausdrücklich eingewilligt hat". Dies schließe allerdings nicht aus, „dass sich der Verbraucher auch nach Bestätigung seiner E-Mail-Adresse im Double-opt-in-Verfahren" darauf berufen könne, dass „er die unter dieser Adresse abgesandte Einwilligung in E-Mail-Werbung nicht abgegeben habe, wofür er allerdings die Beweislast trage. Beim bloßen confirmed-opt-in-Verfahren fehlt es einer ausdrücklichen Bestätigung durch den Verbraucher, dass er in die Versendung von Werbe-E-Mails an die angegebene E-Mail-Adresse einwilligt, so dass die erforderliche Einwilligung des Verbrauchers vom Werbenden nicht hinreichend dokumentiert werden kann. Zudem ist nicht ausreichend sichergestellt, dass es nicht aufgrund von Falscheingaben zur Versendung von unerwünschter E-Mail-Werbung kommt.
confirmed-opt-in	Adressat (User) erhält nach seiner Anmeldung nicht direkt Werbe-Mail, sondern zunächst eine Art Willkommensmail, die ihn noch einmal darauf hinweist, dass er sich angemeldet hat und in Kürze weitere Mails (Newsletter) erhält. Im Unterschied zum double-opt-in jedoch keine Aufforderung zu erneuter Zustimmung durch Aktivierung eines vorgegebenen Links.	

---

367 BGH v. 10.2.2011, I ZR 164/09, „Double-opt-inVerfahren".

§ 85 Rechtsfolgen

I. Beseitigung und Unterlassung (§ 8 UWG)

1. Unterlassungs- und Beseitigungsanspruch (§ 8 Abs. 1, 2 UWG)

Gemäß § 8 Abs. 1 UWG kann, *„wer eine nach § 3 oder § 7 unzulässige geschäftliche Handlung vornimmt, auf Beseitigung und bei Wiederholungsgefahr auf Unterlassung in Anspruch genommen werden. Der Anspruch auf Unterlassung besteht bereits dann, wenn eine derartige Zuwiderhandlung gegen § 3 oder § 7 droht."* Die Regelung knüpft an das bewährte System der **Durchsetzung des Lauterkeitsrechts** mittels zivilrechtlicher Ansprüche an. Die Bezugnahme auf das **Verbot unzulässiger geschäftlicher Handlungen** trägt der Neufassung der Generalklausel nach § 3 UWG Rechnung. Die gesonderte Verweisung auf § 7 UWG wurde erforderlich, weil diese – anders als nach altem Recht – tatbestandsmäßig unabhängig von der Generalklausel des § 3 UWG ist (s.o. § 83 II. 3., § 84 V. 1.). § 8 Abs. 1 UWG regelt neben der Anspruchsgrundlage für den zivilrechtlichen **Unterlassungsanspruch** klarstellend auch den **Beseitigungsanspruch**, der bis zur UWG-Reform 2004 gesetzlich nicht geregelt war, aber von der Rechtsprechung gewohnheitsrechtlich anerkannt war. Absatz 1 Satz 2 stellt klar, dass Unterlassungsanspruch auch bei **Erstbegehungsgefahr** gegeben sein kann.[368] Zuwiderhandlungen von Mitarbeitern und Beauftragten werden dem Inhaber zugerechnet (§ 8 Abs. 2 UWG). Die Regelung gilt allerdings nur für die **Zurechnung** bei Ansprüchen nach § 8 UWG, für Ansprüche nach den §§ 9 f. UWG gelten die allg. Bestimmungen, insbesondere die §§ 31, 831 BGB.[369]

2. Aktivlegitimation (§ 8 Abs. 3 UWG)

Die Frage der Aktivlegitimation, d.h. die Frage der Rechtszuständigkeit für Geltendmachung von Wettbewerbsverstößen, ist in § 8 Abs. 3 UWG geregelt. Wer als Berechtigter zur Verfolgung wettbewerbsrechtlicher Ansprüche in Betracht kommt, ergibt sich aus Abs. 3 Nr. 1 – 4:

- **Nr. 1:** Regelt ausdrücklich die Anspruchsberechtigung des in § 2 Abs. 1 Nr. 3 UWG definierten **Mitbewerbers** im Sinne der früheren Rechtsprechung zum unmittelbar Verletzten. Als wichtige im Zuge der Reform 2004 erfolgte Neuerung gegenüber der alten Rechtslage (§ 13 Abs. 2 Nr. 1 UWG 1909) zu erwähnen ist, dass die früher gegebene Anspruchsberechtigung des nur abstrakt betroffenen Mitbewerbers mangels schutzwürdigen Eigeninteresses entfallen ist, ihm verbleibt die Möglichkeit einen anspruchsberechtigten Wirtschafts- od. Verbraucherverband einzuschalten.[370]
- **Nr. 2:** Regelt entsprechend die Anspruchsberechtigung der **Wirtschaftsverbände**. Der früher (§ 13 Abs. 2 Nr. 2 UWG 1909) verwendete Begriff der „Gewerbetreibenden" wurde – wie auch in § 8 Abs. 2 UWG – durch den Begriff des „Unternehmers" (jetzt definiert in § 2 Abs. 1 Nr. 6 UWG) ersetzt, ohne dass damit eine inhaltliche Änderung verbunden wäre. Die bedeutendste Institution i.S.v. § 8 Abs. 3

---

[368] BT-Drucks. 15/1487, Amtl. Begr. zu § 8 Abs. 1 S. 22.
[369] BT-Drucks. 15/1487, Amtl. Begr. zu § 8 Abs. 2 S. 22.
[370] BT-Drucks. 15/1487, Amtl. Begr. zu § 8 Abs. 3 Nr. 1 S. 22.

Nr. 2 UWG ist die Zentrale zur Bekämpfung unlauteren Wettbewerbs e.V. („Wettbewerbszentrale") mit Sitz in Bad Homburg v.d.H..[371]

- Nr. 3: Regelt die Anspruchsberechtigung der **Verbraucherverbände**.
- Nr. 4: Regelt die Anspruchsberechtigung der **Industrie- und Handelskammern** oder **Handwerkskammern**.

3. Missbräuchliche Rechtsverfolgung

§ 8 Abs. 4 UWG regelt die **missbräuchliche Geltendmachung** des wettbewerbsrechtlichen Unterlassungs- bzw. Beseitigungsanspruches (entspricht im Wesentlichen § 13 Abs. 5 UWG 1909). Danach ist die „*Geltendmachung der in Absatz 1 bezeichneten Ansprüche unzulässig, wenn sie unter Berücksichtigung der gesamten Umstände missbräuchlich ist, insbesondere wenn sie vorwiegend dazu dient, gegen den Zuwiderhandelnden einen Anspruch auf Ersatz von Aufwendungen oder Kosten der Rechtsverfolgung entstehen zu lassen.*" Nach der Rechtsprechung des BGH[372] ist von einem Missbrauch i.s.v. § 8 Abs. 4 UWG auszugehen, wenn das beherrschende Motiv des Gläubigers bei der Geltendmachung des Unterlassungsanspruchs sachfremde Ziele sind. Diese müssten allerdings nicht das alleinige Motiv des Gläubigers sein. Ausreichend sei, dass die sachfremden Ziele überwiegen. Anhaltspunkte für ein missbräuchliches Verhalten könnten sich u.a. daraus ergeben, dass ein Gläubiger bei einem einheitlichen Wettbewerbsverstoß gegen mehrere Unterlassungsschuldner getrennte Verfahren anstrengt und dadurch die Kostenlast erheblich erhöht, obwohl die streitgenössische Inanspruchnahme auf der Passivseite mit keinerlei Nachteilen verbunden wäre. Der fraglichen Entscheidung des BGH lag eine Klage gegen drei Fachmärkte für elektrische und elektronische Geräte desselben Konzerns zugrunde, die in verschiedenen Zeitungen gemeinschaftliche Werbeanzeigen geschaltet hatten. Wie der BGH weiter feststellte, stehe einem Missbrauch i.s.v. § 8 Abs. 4 UWG auch nicht entgegen, dass die höhere Kostenbelastung durch drei getrennte Verfahren nicht geeignet sei, einen Konzernverbund von der fraglichen Größe zu behindern. Ansonsten würden allein die Größe und finanzielle Leistungsfähigkeit des Schuldners den Gläubiger von jedem Missbrauchsvorwurf entlasten.[373] Im Zuge des Gesetzes gegen unseriöse Geschäftspraktiken v. 1.10.2013 wurde die Regelung des § 8 Abs. 4 UWG zugunsten des missbräuchlich Abgemahnten durch die Schaffung eines gesetzlichen Anspruchs auf Ersatz der für seine Rechtsverteidigung erforderlichen Aufwendungen ergänzt (§ 8 Abs. 4 S. 2, 3 UWG – näheres s.u. § 89 I. 11. c).

II. Schadensersatz (§ 9 UWG)

Gemäß § 9 S. 1 UWG ist, *wer „vorsätzlich oder fahrlässig eine nach § 3 oder § 7 unzulässige geschäftliche Handlung vornimmt, den Mitbewerbern zum Ersatz des daraus entstehenden Schadens verpflichtet.*" Die Regelung ist die einheitliche Anspruchsgrundlage für die **Schadensersatzansprüche** der Mitbewerber. Klargestellt ist, dass der Schadensersatzanspruch Verschulden voraussetzt. Das heißt, der Verletzer

---

[371] Ausführliche Informationen zu deren Arbeit sind abrufbar unter: http://www.wettbewerbszentrale.de (letzter Abruf: 04/2014).
[372] BGH v 17.11.2005, I ZR 300/02, „MEGA SALE".
[373] BGH v 17.11.2005, I ZR 300/02, „MEGA SALE".

haftet, soweit nicht ein anderes bestimmt ist, für Vorsatz und Fahrlässigkeit (§§ 9 S. 1 UWG, § 276 BGB). Der Anspruch auf Schadensersatz kann gegen verantwortliche Personen von periodischen Druckschriften nur bei einer vorsätzlichen Zuwiderhandlung geltend gemacht werden (§ 9 S. 2 UWG). Dieses sog. **Presseprivileg** war nach altem Recht auf Verstöße gegen das Irreführungsverbot beschränkt (§ 13 Abs. 6 Nr. 1 Satz 2 UWG 1909), eine Ausdehnung auf Zuwiderhandlungen gegen andere Vorschriften des UWG war streitig. Satz 2 hat diese Beschränkung des Haftungsprivilegs – im Geist der Pressegesetzgebung – beseitigt.[374] Im Hinblick auf die praktischen Schwierigkeiten beim Schadensnachweis und bei der Schadensbezifferung tritt die Bedeutung von Schadensersatzansprüchen in wettbewerbsrechtlichen Prozessen hinter der Geltendmachung von Unterlassungs- und Beseitigungsansprüchen deutlich zurück.[375]

III. Gewinnabschöpfung (§ 10 UWG)

Wie bereits im Rahmen des Überblicks über die wesentlichen im Zuge der UWG-Reform 2004 erfolgten Neuerungen erwähnt (s.o. § 83 I. 4.), wurden die zivilrechtlichen Anspruchsgrundlagen um einen unter bestimmten Voraussetzungen gegebenen Anspruch auf Herausgabe des Gewinns erweitert. So kann, *„wer vorsätzlich eine nach § 3 oder § 7 unzulässige geschäftliche Handlung vornimmt und hierdurch zu Lasten einer Vielzahl von Abnehmern einen Gewinn erzielt, von den gemäß § 8 Abs. 3 Nr. 2 bis 4 zur Geltendmachung eines Unterlassungsanspruchs Berechtigten auf Herausgabe dieses Gewinns an den Bundeshaushalt in Anspruch genommen werden"* (§ 10 Abs. 1 UWG). Dieser sog. **Gewinnabschöpfungsanspruch** zielt darauf ab, Durchsetzungsdefizite des Lauterkeitsrechts bei sog. **Streuschäden** zu beseitigen. Angesprochen sind damit Fallkonstellationen, in denen durch wettbewerbswidriges Verhalten eine Vielzahl von Abnehmern geschädigt wird, die Schadenshöhe im Einzelnen jedoch gering ist. **Typische Fallgruppen** sind: Einziehung geringer Beträge ohne Rechtsgrund, Vertragsschlüsse auf Grund irreführender Werbung, gefälschte Produkte, Mogelpackungen. Es handelt sich also um Fälle, in denen die Geschädigten die ihnen zustehenden Rechte (z.B. Rücktritt, Minderung) nicht geltend machen, weil sie von dem Wettbewerbsverstoß gar keine Kenntnis nehmen oder, weil sich ein Rechtsstreit wegen Geringfügigkeit nicht lohnt.[376] Der Gewinnabschöpfungsanspruch setzt, wie aus Absatz 1 ersichtlich, eine **vorsätzliche Zuwiderhandlung** gegen § 3 oder § 7 sowie eine **Gewinnerzielung zu Lasten einer Vielzahl von Abnehmern** voraus. Im Gegensatz zum Schadensersatzanspruch dient der Gewinnabschöpfungsanspruch, der nur von den nach § 8 Abs. 3 Nr. 2- 4 UWG Aktivlegitimierten geltend gemacht werden kann, nicht dem individuellen Schadensausgleich als vielmehr einer wirksamen Abschreckung.[377] § 10 Abs. 2 UWG regelt das **Verhältnis** des Gewinnabschöpfungsanspruchs zu den **individuellen Ersatzansprüchen**, die vorrangig zu befriedigen sind, sowie zu den Zahlungen aufgrund staatlicher Sanktionen, z.B. Geldstrafen.[378] Danach sind auf den Gewinn die Leistun-

---

374 BT-Drucks. 15/1487, Amtl. Begr. zu § 9 S. 23.
375 Plaß in HK-WettbR, § 9 Rdn. 2.
376 Köhler, NJW 2004, 2121, 2125 f., der allerdings Zweifel äußert, ob sich der Gewinn, der auf dem Wettbewerbsverstoß beruht – von einfachen Sachverhalten abgesehen – zuverlässig ermitteln lässt.
377 BT-Drucks. 15/1487, Amtl. Begr. zu § 10 S. 23.
378 BT-Drucks. 15/1487, Amtl. Begr. zu § 10 Abs. 2 S. 24; BT-Drucks. 15/2795, Amtl. Begr. zu § 10 Abs. 2, S. 44.

gen anzurechnen, die der Schuldner auf Grund der Zuwiderhandlung an Dritte oder an den Staat erbracht hat.

IV. Verjährung (§ 11 UWG)

Gemäß § 11 Abs. 1 UWG verjähren die Ansprüche aus §§ 8, 9 und 12 Abs. 1 Satz 2 UWG in **sechs Monaten**. Die **kurze Verjährungsfrist** gilt, wie aus der mangelnden Bezugnahme auf § 10 UWG ersichtlich, nicht für den Gewinnabschöpfungsanspruch. Maßgebliche Erwägung ist insoweit, dass es für die Gläubiger zum Teil außerordentlich schwierig wäre, die für die Geltendmachung des Anspruchs notwendigen Tatsachen innerhalb der kurzen Frist von sechs Monaten zu ermitteln. Demgegenüber wurde die kurze Verjährungsfrist auch auf den Anspruch auf Ersatz der erforderlichen Aufwendungen für die Abmahnung (seit 2004 gesetzlich geregelt in § 12 Abs. 1 S. 2 UWG) erstreckt. Was den **Beginn der Verjährung** angeht, beginnt diese, *„wenn 1. der Anspruch entstanden ist und 2. der Gläubiger von den den Anspruch begründenden Umständen und der Person des Schuldners Kenntnis erlangt oder ohne grobe Fahrlässigkeit erlangen müsste"* (§ 11 Abs. 2 UWG). Ein auf Wiederholungsgefahr nach § 8 Abs. 1 S. 1 UWG gestützter Unterlassungsanspruch entsteht mit der die Wiederholungsgefahr begründenden Verletzungshandlung.[379] Die Regelung nach § 11 Abs. 2 UWG wurde insoweit ebenso wie hinsichtlich der **absoluten Verjährungsfrist** (Abs. 3 und 4) den allgemeinen Reglungen des BGB (§ 199 BGB) angepasst.[380]

§ 86 Straf- und Bußgeldvorschriften

I. Bedeutung der lauterkeitsrechtlichen Strafbestimmungen

Die Straf- und Bußgeldtatbestände sind im UWG in einem eigenen Kapitel (Kapitel 4; §§ 16 – 20) zusammengefasst. Sie stellen eine Ausnahme von der grundsätzlich deliktsrechtlichen Ausgestaltung des Lauterkeitsrechts dar (s.o. § 82 V. 1.).[381] Ihnen kommt im Vergleich zu den durch Wettbewerbsverstöße ausgelösten zivilrechtlichen Ansprüchen in der Praxis nur eine ungleich geringere Bedeutung zu. Gründe hierfür werden zum einen darin gesehen, dass die Staatsanwaltschaft als zuständige Ermittlungsbehörde mit der Überwachung des Wettbewerbs organisatorisch und personell überfordert ist, zum anderen darin, dass es für die Klageberechtigten meistens einfacher ist, einen festgestellten Wettbewerbsverstoß selbst durch eine Abmahnung oder erforderlichenfalls durch Einleitung eines zivilgerichtlichen Verfahrens zu ahnden anstatt die Staatsanwaltschaft einzuschalten und den ungewissen Ausgang eines Ermittlungsverfahrens abzuwarten.[382] Obgleich sich die im Vordergrund stehende zivilrechtliche Verfolgung von Wettbewerbsverstößen in der Praxis als effektiv bewährt hat, hält der Gesetzgeber jedoch nicht zuletzt aus Gründen der Spezial- und Generalprävention eine strafrechtliche Sanktion besonders gefährlicher Verhaltensweisen für erforderlich.[383]

---

379 Vgl. hierzu BGH v. 14.5.2009, I ZR 82/07, „Mecklenburger Obstbrände".
380 BT-Drucks. 15/2795, Amtl. Begr. zu § 11, S. 46.
381 BT-Drucks. 15/1487, Amtl. Begr. zu § 16, S. 26.
382 Vgl. Alexander, Die strafbare Werbung in der UWG-Reform, WRP 2004, 407 ff.
383 BT-Drucks. 15/1487, Amtl. Begr. zu § 16, S. 26.

II. Die Straf- und Bußgeldtatbestände des UWG im Überblick

1. Strafbare Werbung (§ 16 UWG)

Die **strafbare Werbung** nach § 16 UWG betrifft besonders gefährliche Formen der Werbung, da von diesen jeweils eine Vielzahl von Abnehmern betroffen ist.[384] Der Tatbestand unterscheidet sich darin von den weiteren Straftatbeständen des UWG (§§ 17 – 19), dass er anders als diese nicht auf den Schutz von Unternehmen vor geschäftsschädigendem Verhalten ihrer Mitarbeiter und Mitbewerber abzielt, sondern auf den Schutz der Marktgegenseite, insbesondere der Verbraucher.[385]

a) **Strafbare irreführende Werbung (§ 16 Abs. 1 UWG).** Gemäß § 16 Abs. 1 UWG wird mit Freiheitsstrafe bis zu zwei Jahren oder Geldstrafe bestraft, *„wer in der Absicht, den Anschein eines besonders günstigen Angebots hervorzurufen, in öffentlichen Bekanntmachungen oder in Mitteilungen, die für einen größeren Kreis von Personen bestimmt sind, durch unwahre Angaben irreführend wirbt."* Der Tatbestand der **strafbaren irreführenden Werbung** korrespondiert mit dem Beispieltatbestand der unlauteren irreführenden Werbung nach § 5 UWG, d.h. Grundvoraussetzung für seine Erfüllung ist stets das Vorliegen einer Irreführung i.S.v. § 5, wobei nur Fälle der Irreführung durch unwahre Angaben erfasst werden. Diese müssen als Werbung in öffentlichen Bekanntmachungen oder in Mitteilungen, die für einen größeren Kreis von Personen bestimmt sind, veröffentlicht worden sein.[386] Verkürzt gesagt, schützt der Tatbestand der strafbaren irreführenden Werbung nach § 16 Abs. 1 UWG vor dem **Lügen im Wettbewerb**, also vor bewusst unwahren Tatsachenbehauptungen.[387] Als typisches **Beispiel** für strafbare Werbung i.S.v. § 16 Abs. 1 UWG lässt sich das Anlocken mit falschen Versprechungen zu „Kaffeefahrten" anführen.[388] Durch strafbare Werbung veranlasste Kaufpreiszahlungen der getäuschten Kunden unterliegen – unbeschadet der vorrangigen Schadensersatzansprüche der Verletzten – dem Verfall (§ 73 StGB).[389]

b) **Progressive Kundenwerbung (§ 16 Abs. 2 UWG).** Der Tatbestand des § 16 Abs. 2 UWG entspricht im Wesentlichen § 6c UWG 1909, wobei er als geschützten Personenkreis nicht mehr alle „Nichtkaufleute" umfasst, sondern auf Verbraucher beschränkt ist. Erfasst werden Systeme der sog. **progressiven Kundenwerbung**, die sämtlich auf dem Einsatz von Kunden als Werbemedium basieren. Sie sind typischerweise dadurch gekennzeichnet, dass ein Unternehmen für die Werbung und den Vertrieb Laien einsetzt, die zur Abnahme von Waren durch das Versprechen besonderer Vorteile für den Fall veranlasst werden, dass sie weitere Abnehmer für den Abschluss gleichartiger Geschäfte gewinnen, denen ihrerseits derartige Vorteile für eine entsprechende Werbung weiterer Abnehmer versprochen werden.[390] Im Wesentlichen werden zwei Arten progressiver Vertriebssysteme unterschieden: Beim sog. **Schneeballsystem** werden Kunden durch andere Kunden zum Abschluss eines Vertrages mit dem veranstaltenden Unternehmer selbst geworben, wobei den Werbern für die jeweils abgeschlossenen Geschäfte geldwerte Vorteile in Form von Provisionen zufließen. Bei dem sog. **Pyramidensystem** –

---

[384] BT-Drucks. 15/1487, Amtl. Begr. zu § 16, S. 26.
[385] Alexander, Die strafbare Werbung in der UWG-Reform, WRP 2004, 407 ff.
[386] BT-Drucks. 15/1487, Amtl. Begr. zu § 16 Abs. 1, S. 26.
[387] Alexander, Die strafbare Werbung in der UWG-Reform, WRP 2004, 407 ff.
[388] BGH v. 15.8.2002, 3 StR 11/02 (strafbare Werbung).
[389] BGH v. 30.5.2008, 1 StR 166/07, „Strafbarkeit irreführender Werbung".
[390] Köhler/Bornkamm, § 16 Rdn. 32.

einer Abwandlung des einfachen Schneeballsystems – kommt es zu Vertragsschlüssen zwischen den Werbern und Geworbenen, wobei wirtschaftliche Vorteile, die den Teilnehmern auf einer höheren Stufe der Pyramide zufließen, durch die inflationäre Anwerbung neuer Mitglieder entstehen sollen.[391]

2. Verrat von Geschäfts- und Betriebsgeheimnissen (§ 17 UWG)

a) **Vorbemerkung zum Geheimnisschutz.** Dem Schutz von Geschäftsgeheimnissen kommt in der Praxis eine erhebliche wirtschaftliche Bedeutung zu. Die EU-Kommission hat daher im Rahmen ihrer Gesamtstrategie für die Errichtung eines Binnenmarktes für geistiges Eigentums auch Initiativen zur Harmonisierung der Vorschriften zum Schutz von Geschäftsgeheimnissen angekündigt.[392] Nach dem Begriffsverständnis des inzwischen vorliegenden Richtlinienvorschlags der Kommission handelt es sich bei einem „**Geschäftsgeheimnis**" um Informationen, die geheim und deshalb von kommerziellem Wert sind und die Gegenstand von angemessenen Geheimhaltungsmaßnahmen des Inhabers sind.[393] Erfasst werden damit wertvolle immaterielle Vermögenswerte eines Unternehmens (Technologien, Geschäfts- oder Marketingstrategien, Datensammlungen, Rezepturen u.a.), die aber nicht Gegenstand eines eigenständigen Immaterialgüterrechts sind. Der Schutz der Geschäftsgeheimnisse als Kategorie des geistigen Eigentums ist, wie aus Art. 39 des TRIPS-Abkommens (Schutz nicht offenbarter Informationen) ersichtlich, auch international anerkannt. Gleichwohl ist der Schutz der Geschäftsgeheimnisse als nicht sondergesetzlich geschützte Immaterialgüter rechtssystematisch – ähnlich wie der lauterkeitsrechtliche Nachahmungsschutz – im Grenzbereich zum Recht des geistigen Eigentums angesiedelt.[394] Trotz der erheblichen und zunehmenden Bedeutung, die dem Geheimnisschutz im Zeitalter von digitalem Datenaustausch und Internet durch Spionageangriffe von außen und innerbetrieblich zukommt, fehlt es in Deutschland bislang an einer speziellen zivilrechtlichen Rechtsgrundlage.[395] Der zivilrechtliche Schutz erfolgt daher im Falle der Verletzung der lauterkeitsrechtlichen Strafvorschiften (§§ 17 bis 19 UWG – hierzu nachfolgend b), 3., 4.) über §§ 3, 4 Nr. 11 UWG bzw. §§ 1004, 823 Abs. 1, 2 BGB.[396]

b) **Strafrechtsschutz (§ 17).** Der Tatbestand des § 17 UWG regelt den strafrechtlichen **Geheimnisschutz** im UWG, der den Unternehmer vor einer Verletzung seiner Geschäfts- und Betriebsgeheimnisse schützen soll. Unter einem **Geschäfts- oder Betriebsgeheimnis** ist nach Maßgabe der Rechtsprechung des BGH jede im Zusammenhang mit einem Betrieb stehende Tatsache zu verstehen, die nicht offenkundig, sondern nur einem eng begrenzten Personenkreis bekannt ist und nach dem bekundeten Willen des Betriebsinhabers, der auf einem ausreichenden wirtschaftlichen Interesse beruht, geheim gehalten werden soll.[397] Die begriffliche Unterscheidung zwischen Geschäftsge-

---

[391] Näheres vgl. Alexander, Die strafbare Werbung in der UWG-Reform, WRP 2004, 407 ff.
[392] Mitteilung der Kommission v. 24.5.2011, KOM(2001) 287 endgültig.
[393] Exakte Begriffsbestimmung vgl. Art. 2 Ziff. 1 Richtlinienvorschlag v. 28.11.2013, COM(2013) 813 final.
[394] Hierzu Ahrens/McGuire, Modellgesetz, § 10 GGE, S. 51; zur Einordnung ferner Enders, Know How-Schutz als Teil des geistigen Eigentums, GRUR 2012, 25, 26 f.
[395] Vgl. hierzu daher den Vorschlag einer gesetzlichen Regelung bei Ahrens/McGuire, Modellgesetz, § 10 GGE, S. 50 ff.
[396] Ahrens/McGuire, Modellgesetz, § 10 GGE, S. 50 f.; Enders, Know How-Schutz als Teil des geistigen Eigentums, GRUR 2012, 25, 28 f.
[397] St. Rspr. BGH, zuletzt BGH GRUR 2003, 356, 358 „Präzisionsmessgeräte".

§ 86 Straf- und Bußgeldvorschriften

heimnissen, die sich auf den kaufmännischen Geschäftsverkehr (z.b. Kundenadressen, Lieferantendaten, Absatz- und Werbemethoden) und Betriebsgeheimnissen, die sich auf den technischen Betriebsablauf beziehen (z.b. Konstruktionszeichnungen, Herstellungsverfahren und Fertigungsmethoden), ist im Lauterkeitsrecht jedoch bedeutungslos.[398] Eine Liste mit Kundendaten kann unabhängig davon ein Geschäftsgeheimnis i. S. von § 17 Abs. 1 UWG darstellen, wenn ihr ein bestimmter Vermögenswert zukommt.[399] Als Täter des sog. **Geheimnisverrats** (§ 17 Abs. 1 UWG) kommt nur eine bei einem Unternehmen beschäftigte Person, die das Geheimnis unbefugt einem Dritten mitteilt, in Betracht. Demgegenüber kommt als Täter der **Betriebsspionage** (§ 17 Abs. 2 Nr. 1 UWG), bei der sich der Täter das Geschäfts- oder Betriebsgeheimnis unter Anwendung bestimmter Mittel (vgl. § 17 Abs. 2 Nr. 1 lit. a bis c UWG) unbefugt verschafft oder sichert, jedermann – auch ein Beschäftigter – in Betracht. Letzteres gilt auch für den Tatbestand der **Geheimnisverwertung** (§ 17 Abs. 2 Nr. 2 UWG), bei der die Tathandlung darin besteht, dass der Täter das Geschäfts- oder Betriebsgeheimnis, das er durch Geheimnisverrat eines Dritten oder eigene oder fremde Betriebsspionage erlangt oder sich sonst unbefugt verschafft oder gesichert hat, verwertet oder jemandem mitteilt. Wie der BGH festgestellt hat, verschafft sich ein **ausgeschiedener Mitarbeiter**, der ein Geschäftsgeheimnis seines früheren Arbeitsgebers schriftlichen Unterlagen entnimmt, die er während des früheren Dienstverhältnisses zusammengestellt und im Rahmen seiner früheren Tätigkeit befugtermaßen bei seinen privaten Unterlagen – etwa in einem privaten Adressbuch oder auf einem privaten PC – aufbewahrt hat, damit dieses Geschäftsgeheimnis unbefugt i. S. von § 17 Abs. 2 Nr. 2 UWG.[400] Als **Strafrahmen** sieht § 17 UWG für sämtliche der vorgenannten Tatbestände, die bereits als Versuch strafbar sind (§ 17 Abs. 3), Freiheitsstrafe bis zu drei Jahren oder Geldstrafe vor, wobei in besonders schweren Fällen eine Freiheitsstrafe bis zu fünf Jahren oder Geldstrafe droht (§ 17 Abs. 4).

3. Verwertung von Vorlagen (§ 18 UWG)

Mit Freiheitsstrafe bis zu zwei Jahren oder mit Geldstrafe wird ferner bestraft, *„wer die ihm im geschäftlichen Verkehr anvertrauten Vorlagen oder Vorschriften technischer Art, insbesondere Zeichnungen, Modelle, Schablonen, Schnitte, Rezepte, zu Zwecken des Wettbewerbs oder aus Eigennutz unbefugt verwertet oder jemandem mitteilt"* (§ 18 Abs. 1 UWG). Die Strafbestimmung **ergänzt den Geheimnisschutz** nach § 17 UWG. Sie erlangt eigenständige Bedeutung in Fällen, in denen die Vorlage oder Vorschrift technischer Art nicht die Anforderungen an ein Geschäfts- oder Betriebsgeheimnis erfüllt, andernfalls wird regelmäßig Tateinheit mit § 17 Abs. 2 Nr. 2 3. Alt. UWG vorliegen.[401]

4. Verleiten und Erbieten zum Verrat (§ 19 UWG)

Schließlich werden durch die wettbewerbsrechtliche Strafbestimmung nach § 19 UWG bestimmte **Vorbereitungshandlungen** zu den Straftaten nach §§ 17 oder 18 UWG, nämlich das Verleiten und Erbieten zum Verrat, unter Strafe gestellt. In Fällen, in de-

---

398 Köhler/Bornkamm, § 17 Rdn. 4.
399 BGH v. 8.5.2008, I ZR 83/06, „Abmahnkostenersatz".
400 BGH v. 8.5.2008, I ZR 83/06, „Abmahnkostenersatz"; vgl. ferner BGH v. 26.2.2009, I ZR 28/06, „Versicherungsvertreter"; BGH v. 23.2.2012, I ZR 136/10 „MOVICOL-Zulassungsantrag".
401 Kotthoff/Gabel in HK-WettbR, § 18 Rdn. 1.

nen es zu einer Straftat nach § 17 oder § 18 UWG kommt, tritt § 19 UWG hinter der Bestrafung wegen der Beteiligung (§§ 25 Abs. 2, 26, 27 StGB) an diesen Taten zurück.[402]

5. Bußgeldvorschriften (§ 20 UWG)

Die Bußgeldvorschriften (§ 20 UWG) wurden durch das Gesetz zur Bekämpfung unerlaubter Telefonwerbung vom 29.7.2009 neu in das Gesetz aufgenommen und durch das Gesetz gegen unseriöse Geschäftspraktiken vom 1.10.2013 verschärft (s.o. § 83 III.). **Unerbetene Telefonwerbung** gegenüber Verbrauchern und unerlaubte Werbung unter Verwendung einer automatischen Anrufmaschine kann danach – zusätzlich zu der fortbestehenden zivilrechtlichen Sanktionierung als Lauterkeitsverstoß – auch mit einer von der Bundesnetzagentur zu verhängenden Geldbuße bis zu EUR 300.000,- geahndet werden. Die Formulierung der Regelung berücksichtigt die im Rahmen der UWG-Reform 2008 erfolgte Ausgestaltung des § 7 UWG als eigenständiger Vorschrift, die sich – anders als nach alter Rechtslage auf der Grundlage des UWG 2004 – nicht mehr auf § 3 UWG bezieht.

---

402 Kotthoff/Gabel in HK-WettbR, § 19 Rdn. 1.

Achter Abschnitt: Durchsetzung von Ansprüchen

§ 87 Anspruchsgrundlagen

I. Ausgangspunkt

Die bisherige Darstellung der Rechtsgebiete des Gewerblichen Rechtsschutzes und des Urheberrechts beschränkte sich im Wesentlichen auf eine Erörterung der materiellen Rechtslage, die sich nach Maßgabe der jeweiligen Sondergesetze in Bezug auf die Schutzgegenstände des Immaterialgüterrechts bzw. die Verhaltensregeln des Lauterkeitsrechts ergibt. Von zentraler Bedeutung für einen wirksamen Schutz des geistigen Eigentums vor Verletzungen durch Dritte ebenso wie für einen Schutz vor wettbewerbswidrigem Verhalten einzelner Marktteilnehmer ist jedoch, dass die Rechtsordnung auch geeignete **rechtliche Instrumente zur Durchsetzung** von Rechten des geistigen Eigentums sowie für die Abwehr von Wettbewerbsverstößen bereit hält. Mit anderen Worten: Auch im Bereich des Immaterialgüterrechts und des Lauterkeitsrechts gilt der allgemeine Grundsatz, dass es nicht nur darum geht, Recht „zu haben", sondern auch darum, Recht „zu bekommen"! Obgleich bei der Frage der wirksamen Rechtsdurchsetzung verfahrensrechtliche Fragen im Vordergrund stehen, stellt sich zunächst stets die Frage, auf welche materiell-rechtliche Anspruchsgrundlage sich das Recht, dessen Durchsetzung in Rede steht, stützen lässt. Die wichtigsten materiell-rechtlichen Anspruchsgrundlagen, die sich nach Maßgabe der Sondergesetze bei Verletzungen von Immaterialgüterrechten bzw. im Falle von Wettbewerbsverstößen ergeben, wurden bereits jeweils im Rahmen der Erläuterung der einzelnen Rechtsgebiete vorgestellt. Die nachfolgende übergreifende Darstellung beschränkt sich daher auf eine Skizzierung regulatorischer Initiativen zur Verbesserung der Rechtsdurchsetzung im Bereich des geistigen Eigentums sowie auf einen Überblick über das System der Anspruchsgrundlagen zum verbesserten Schutz des geistigen Eigentums.

II. Rechtsdurchsetzung im Bereich des geistigen Eigentums

1. Die Richtlinie zur Durchsetzung der Rechte des geistigen Eigentums

a) **Einordnung.** Wie bereits im Rahmen der Darstellung der Grundlagen (s.o. § 4 IV.) und auch im Rahmen der Erläuterung der einzelnen Spezialgebiete im Bereich des gewerblichen Rechtsschutzes und Urheberrechts deutlich geworden ist, hat sich der Europäische Gesetzgeber in der Vergangenheit als steter Schrittmacher zur Harmonisierung und Fortentwicklung des in den Mitgliedsstaaten geltenden Immaterialgüterrechts und – gerade in jüngerer Zeit – auch des Lauterkeitsrecht erwiesen. Während sich diese Maßnahmen der Europäischen Union jedoch im Wesentlichen auf die Harmonisierung der materiellen Bestimmungen zum Schutz des geistigen Eigentums beschränkten, zielt die am 29.4.2004 verabschiedete sog. **Durchsetzungs-Richtlinie**[1] auf die Schaffung gleicher Bedingungen bei der Anwendung der Rechte an geistigem Eigentum und eine Harmonisierung der Rechtsvorschriften zum Schutz im Sinne einer gesicherten Durchsetzung von Rechten des geistigen Eigentums.

---

1 Richtlinie 2004/48/EG des Europäischen Parlaments und des Rates vom 29.4.2004 zur Durchsetzung der Rechte des geistigen Eigentums, ABl. EG L 195/16-25 v. 2.6.2004.

b) **Hintergrund und sachlicher Anwendungsbereich.** Auslöser der Initiative war die Beobachtung des europäischen Gesetzgebers, dass sich Nachahmung, **Produktpiraterie** und allgemein die Verletzung geistigen Eigentums zu einem Phänomen entwickelt hat, das internationale Maßstäbe erreicht hat und eine ernsthafte Bedrohung für die nationalen Volkswirtschaften darstellt. Im europäischen Binnenmarkt gedeihe dieses Phänomen vor allem deshalb – so die Erwägungen der Kommission –, weil die Möglichkeiten zum Schutz des geistigen Eigentums von Land zu Land unterschiedlich seien. Produktpiraterie finde daher in den Ländern statt, in denen diese weniger wirksam verfolgt werde.[2] Die in der Richtlinie vorgesehen Maßnahmen zum Schutz des geistigen Eigentums finden auf jede Verletzung geistigen Eigentums, die im Gemeinschaftsrecht oder dem Recht eines Mitgliedsstaates vorgesehen sind, Anwendung (Art. 2 Abs. 1), wobei vom Begriff des „geistigen Eigentums" nach Maßgabe ausdrücklicher Klarstellung (vgl. Art. 1 S. 2) auch die gewerblichen Schutzrechte erfasst sind. Entgegen ursprünglich geplanten vereinzelten Beschränkungen ist der **sachliche Anwendungsbereich** der Richtlinie damit denkbar weit und erfasst alle Immaterialgüterrechte, d.h. insbesondere das Urheberrecht und die verwandten Schutzrechte (einschließlich des sui-generis Datenbankschutzes), das Markenrecht, das Patent- und Gebrauchsmusterrecht, das Geschmacksmusterrecht und den Halbleiterschutz.[3] Im Übrigen bleiben spezielle gemeinschaftliche Bestimmungen zur Durchsetzung geistigen Eigentums (Art. 2 Abs. 2) und die allgemeinen gemeinschaftlichen Bestimmungen zum materiellen Recht des geistigen Eigentums (Art. 2 Abs. 3 a) von der Anwendung der Richtlinie unberührt, ebenso wie die Verpflichtungen, die sich für die Mitgliedsstaaten aus internationalen Abkommen ergeben, insbesondere aus dem TRIPS-Übereinkommen (Art. 2 Abs. 3b). Die Europäische Gemeinschaft gehört – neben allen EU-Mitgliedsstaaten – auch selbst zu den Vertragsmitgliedern des TRIPS-Abkommens, das von dieser mit der Durchsetzungsrichtlinie umgesetzt wird. In einigen Fällen geht die Richtlinie mit Ihren Vorgaben jedoch deutlich über das TRIPS-Abkommen hinaus (sog. **TRIPS-PLUS-Bestimmungen**).[4]

c) **Gegenstand.** Gegenstand der Richtlinie sind die **Maßnahmen**, **Verfahren** und **Rechtsbehelfe**, die erforderlich sind, um die Durchsetzung der Rechte des geistigen Eigentums sicherzustellen (Art. 1 S. 1). Hiermit korrespondierend begründet die Richtlinie in einem ersten Abschnitt zunächst eine „**Allgemeine Verpflichtung**" (Art. 3), nach der die Mitgliedsstaaten entsprechende rechtliche Instrumente – Maßnahmen, Verfahren und Rechtsbehelfe – vorzusehen haben. Diese sollen fair und gerecht, nicht unnötig kompliziert oder kostspielig sein und keine unangemessenen Fristen oder ungerechtfertigten Verzögerungen mit sich bringen (Art. 3 Abs. 1 S. 2); zudem sollen sie wirksam, verhältnismäßig und abschreckend sein (Art. 3 Abs. 2). Die Anwendung der fraglichen Maßnahmen zum Schutz des geistigen Eigentums kann von den Inhabern der Rechte, allen anderen Personen, die zur Nutzung solcher Rechte befugt sind, insbesondere Lizenznehmern, Verwertungsgesellschaften und zur Vertretung von Rechtsinhabern be-

---

2 EU-Information zum Vorschlag der Durchsetzungsrichtlinie „Schutz der Rechte an geistigem Eigentum" (Stand: 13.5.2003).
3 Runge, Newsletter- CIP 02/2004, Die Richtlinie über die Durchsetzbarkeit der Rechte geistigen Eigentums, Aufsätze Gewerblicher Rechtsschutz, S. 12 f.
4 Runge, a.a.O., S. 12 f. mit vergleichender tabellarischer Übersicht zu den Bestimmungen der Richtlinie und des TRIPS; Knaak, Die EG-Richtlinie zur Durchsetzung der Rechte des geistigen Eigentums und ihr Umsetzungsbedarf im deutschen Recht, GRUR Int. 2004, 745, 747; ferner eingehend Patnaik, Enthält das deutsche Recht effektive Mittel zur Bekämpfung von Nachahmungen und Produktpiraterie, GRUR 2004, 191 ff.

fugten Berufsorganisationen beantragt werden (Art. 4). Für die Antragsbefugnis von Urhebern – und entsprechend für die Inhaber von Leistungsschutzrechten – begründet die Namensangabe auf dem Werkstück die Urheber- oder Inhabervermutung (Art. 5).

d) Maßnahmen und Verfahren im Einzelnen. Im Einzelnen sieht die Richtlinie zur Durchsetzung der Rechte bei Verletzung geistigen Eigentums die folgenden Maßnahmen und Verfahren vor:[5]

- Maßnahmen der **Beweissicherung** (Art. 6, 7);
- Recht auf **Auskunft** (Art. 8);
- **Einstweilige Maßnahmen** und Sicherungsmaßnahmen (Art. 9);
- Abhilfemaßnahmen: **Rückruf** und Entfernen aus Vertriebswegen, **Vernichtung** (Art. 10);
- **Unterlassungs-** und **Schadensersatzansprüche** (Art. 11, 13);
- Ersatzmaßnahmen: Zahlung von **Abfindung** an geschädigte Partei (Art. 12);
- **Prozesskosten**: Kostentragungspflicht der unterlegenen Partei (Art. 14);
- **Veröffentlichung** von Gerichtsentscheidungen (Art. 15).

e) Evaluation der Durchsetzungsrichtlinie. Ausweislich eines von der Kommission nach Maßgabe von Art. 18 der Richtlinie vorgelegten ersten Berichts zu deren Bewertung[6] hat die Richtlinie „wesentliche und positive Auswirkungen" auf den zivilrechtlichen Schutz der Rechte des geistigen Eigentums in Europa bewirkt. Zugleich werden in diesem Bericht „Volumen und finanzieller Wert" der Verletzungen von Rechten des geistigen Eigentums weiterhin als „alarmierend" bezeichnet, was insbesondere auf das „beispiellose" Verletzungspotential des Internet zurückgeführt wird. Die sich insoweit ergebenden Herausforderungen seien bei der Konzeption der Richtlinie, wie sich herausgestellt habe, nicht berücksichtigt worden. Mit Blick auf die spezifischen Herausforderungen des Internet sowie eine Reihe weiterer Themen zum verbesserten Schutz des geistigen Eigentums (u.a. der Einsatz von einstweiligen Maßnahmen und Sicherungsmaßnahmen, die Präzisierung der Bedeutung von verschiedenen Abhilfemaßnahmen) hat die Kommission einen Konsultationsprozess über zukünftig zu ergreifende Maßnahmen durchgeführt.[7]

2. Gesetz zur Verbesserung der Durchsetzung von Rechten geistigen Eigentums

a) Regelungsstruktur. Die meisten der in Durchsetzungs-Richtlinie vorgegebenen Maßnahmen und Verfahren waren dem deutschen Immaterialgüterrecht bereits bekannt. Wie das deutsche Umsetzungsgesetz – das Gesetz zur Verbesserung der Durchsetzung von Rechten des geistigen Eigentums[8] – gezeigt hat, ergab sich gleichwohl auch aus deutscher Sicht bedeutsamer Umsetzungsbedarf. Diesem war teils durch die Anpassung bereits bestehender, teils durch die Einführung völlig neuer Rechtsinstrumente Rechnung zu tragen. Hierbei hatte der deutsche Gesetzgeber mit Blick auf den „**horizontalen Charakter**" der Richtlinie – die durch die Richtlinie vorgegebenen Instrumente be-

---

[5] Vgl. Knaak, Fußnote 4, 745 ff.; Jaeschke, Produktpiraten sollen Schiffbruch erleiden, JurPC Web-Dok. 258/2004, Abs. 1–9 abrufbar unter: http://www.jurpc.de/aufsatz/20040258.htm.
[6] Bericht v. 22.12.2010, KOM(2010) 779 endgültig.
[7] Nähere Informationen der Kommission hierzu sind abrufbar unter http://ec.europa.eu/internal_market/iprenforcement/directive/index_de.htm (letzter Abruf: 04/2014).
[8] Gesetz v. 7.7.2008, BGBl. I, S. 1191–1211.

treffen gleichermaßen alle Rechte zum Schutz des geistigen Eigentums – erwogen, einen für alle Rechte geistigen Eigentums geltenden „Allgemeinen Teil" zu schaffen. Im Ergebnis hat er sich jedoch für eine Beibehaltung der bisherigen Regelungsstruktur entschieden, die dadurch gekennzeichnet ist, dass sämtliche mit dem einzelnen Recht des geistigen Eigentums zusammenhängenden Fragen jeweils in einem Sondergesetz und damit für den Rechtsanwender übersichtlich geregelt sind.[9] Die Umsetzung der Richtlinie erfolgte daher durch eine parallele, weitgehend wortgleiche Änderung bzw. Ergänzung der einzelnen Sondergesetze im Bereich des gewerblichen Rechtsschutzes sowie des Urheberrechts. Diese Art und Weise der Umsetzung der Durchsetzungs-Richtlinie war einer der Anstöße für die Arbeiten des GRUR-Forschungsprojekts zum „Modellgesetz für Geistiges Eigentum",[10] das das heute in Deutschland geltende Recht des Geistigen Eigentums modellhaft in einem Gesetzbuch zusammenfasst und u.a. die Regeln der Durchsetzungs-Richtlinie in einem „Allgemeinen Teil" wiedergibt.[11]

b) Schwerpunkte der verbesserten Rechtsdurchsetzung. aa) Unterlassungsanspruch. Dem **Unterlassungsanspruch**, der darauf abzielt, ein bestimmtes zukünftiges Verhalten des Rechtsverletzers zu unterbinden, kommt im Bereich des Immaterialgüterrechts und im Wettbewerbsrecht die größte praktische Bedeutung zu. Entsprechende Anspruchsgrundlagen sind daher – wie im Rahmen der vorangegangenen Abschnitte zu den einzelnen Rechtsgebieten dargestellt – in allen Sondergesetzen zum Schutz des geistigen Eigentums und im Lauterkeitsrecht geregelt. Voraussetzung für das Eingreifen eines Unterlassungsanspruchs ist stets das Vorliegen eines **tatbestandsmäßigen** und **rechtswidrigen Eingriffs** in ein geschütztes Ausschließlichkeitsrecht bzw. – im Falle des Lauterkeitsrechts – ein **Verstoß gegen** eine **wettbewerbsrechtliche Verhaltensnorm**. Darüber hinaus setzt ein Unterlassungsanspruch – als immanentes Tatbestandsmerkmal – stets das Vorliegen einer **Wiederholungsgefahr** voraus. Diese besteht, wenn künftig dieselbe oder eine im Kern gleichartige Verletzungshandlung objektiv möglich und ernsthaft und greifbar zu besorgen ist.[12] Die Wiederholungsgefahr ist in der Regel zu bejahen, wenn die konkrete Rechtsverletzung schon einmal begangen wurde, d.h. grundsätzlich wird die Wiederholungsgefahr durch eine Rechtsverletzung indiziert.[13] Da die Wiederholungsgefahr im Immaterialgüterrecht bislang nur vereinzelt als ausdrückliches Tatbestandsmerkmal des Unterlassungsanspruchs geregelt war (§§ 42 Abs. 1 GeschmMG a.F., 97 Abs. 1 UrhG a.F.), hat der Gesetzgeber die Umsetzung der Durchsetzungs-Richtlinie zum Anlass genommen, um entsprechende Klarstellungen in allen sondergesetzlichen Unterlassungstatbeständen aufzunehmen. Klarstellend geregelt wird ferner, dass für das Eingreifen eines Unterlassungsanspruchs entsprechend gefestigter Rechtsprechung bereits das Vorliegen der sog. **Erstbegehungsgefahr** ausreicht, d.h., dass eine Zuwiderhandlung droht (sog. **vorbeugender Unterlassungsanspruch**). Das Tatbestandsmerkmal der Wiederholungsgefahr wird beim vorbeugenden Unterlassungsanspruch also durch das Merkmal der konkreten Erstbegehungsgefahr ersetzt

---

9 Reg.-Entwurf v. 24.1.2007, Begründung, Allg. Teil, S. 57 f.
10 Das Forschungsprojekt wurde von Prof. Dr. Hans-Jürgen Ahrens und Prof. Dr. Mary Rose McGuire durchgeführt und mit dem von diesen vorgelegten „Modellgesetz für Geistiges Eigentum, Normtext und Begründung" erfolgreich abgeschlossen.
11 Ahrens/McGuire, Modellgesetz, Einl. S. 4; Tilmann, Ein Modellgesetz für Geistiges Eigentum – Ergebnis eines GRUR-Forschungsprojekts, GRUR 2012, 961, 962.
12 Haberstumpf, Wettbewerbs- und Kartellrecht, Gewerblicher Rechtsschutz, S. 8.
13 Vgl. u.a. Schricker/Wild, Urheberrecht, § 97 Rdn. 123 m. zahlr. Rspr.-Nachweisen.

(Oberbegriff: **Begehungsgefahr**). Typische Fälle sind die Vornahme von **Vorbereitungshandlungen** für eine Rechtsverletzung sowie die sog. **Berühmung**, in denen sich der potentielle Rechtsverletzer des Rechts zur Vornahme bestimmter Handlungen berühmt.[14]

bb) **Schadensersatzanspruch.** Sämtliche deutschen Gesetze zum Schutz des geistigen Eigentums sahen in Fällen von Rechtsverletzungen, soweit diese verschuldet sind, bereits nach alter Rechtlage Schadensersatzansprüche vor, wobei diese Vorschriften nur vereinzelt (vgl. §§ 97 Abs. 1 UrhG a.F., 42 Abs. 2 GeschmMG a.F.) auch Aspekte der Höhe des zu ersetzenden Schadens regeln. Von der Rechtsprechung waren jedoch, wie bereits in anderem Zusammenhang dargestellt (vgl. z.B. 4. Abschnitt, § 4 II. 1.), für den Bereich des Immaterialgüterrechts seit vielen Jahren die **drei Methoden der Schadensberechnung** gewohnheitsrechtlich anerkannt.[15] Danach konnte der Geschädigte bereits nach alter Rechtslage statt **Ersatz des** ihm **tatsächlich entstandenen Schadens** (einschließlich des entgangenen Gewinns, §§ 249, 252 BGB), auch Zahlung einer im Wege der **Lizenzanalogie** zu bemessenden Lizenzgebühr oder die **Herausgabe des Verletzergewinns**[16] verlangen. Das Durchsetzungsgesetz hat daher die entsprechenden Vorgaben der Richtlinie zur Schadensberechnung (Art. 13 Abs. 1) aus Gründen der Rechtsklarheit zum Anlass genommen, das in Deutschland bestehende Richterrecht durch Ergänzungen der einschlägigen Schadensersatzvorschriften zu kodifizieren.

cc) **Auskunftsanspruch, Drittauskunft.** Die Sondergesetze im Bereich des Immaterialgüterrechts sahen für den Fall von Rechtsverletzungen bereits nach alter Rechtslage zivilrechtliche Auskunftsansprüche vor. Mit Blick auf die Vorgaben der Durchsetzungs-Richtlinie (Art. 8) waren diese Auskunftsansprüche hinsichtlich des **Umfangs der Auskunftserteilung** um Angaben des Auskunftsverpflichteten über die für die Pirateriware gezahlten Preise zu ergänzen. Hervorzuheben ist jedoch insbesondere, dass die Auskunftsansprüche darüber hinaus auch in Bezug auf die Passivlegitimation anzupassen waren, nämlich dahingehend, dass der Rechtsinhaber unter den in der Richtlinie bestimmten Voraussetzungen (Art. 8 Abs. 1 lit. a bis d) auch einen **Auskunftsanspruch gegen Dritte** erhalten hat, die selbst nicht Rechtsverletzer sind. Die damit ermöglichte Durchsetzung von Drittauskünften ist insbesondere für **Rechtsverletzungen im Internet** von Bedeutung, da die dortige Möglichkeit zu weitgehend anonymer Kommunikation häufig für Rechtsverletzungen, insbesondere solche des Urheberrechts, genutzt wird (Stichwort u.a. „Tauschbörsen").[17] Soweit die Erteilung der begehrten Auskünfte durch den Dritten (z.B. Internet-Provider) nur unter Verwendung sog. **Verkehrsdaten** i.S.v. § 3 Nr. 30 TKG (darunter fallen insbesondere zeitliche Umstände einer bestimmten Datenverbindung und deren Zuordnung zu einem Telefonanschluss) möglich ist, ist für die Erteilung der Auskunft mit Rücksicht auf das Fernmeldegeheimnis (§ 88 TKG, Art. 10 Abs. 1 GG) eine vorherige richterliche Anordnung über die Zulässigkeit der Verwendung der Verkehrsdaten erforderlich, die vom Verletzten zu beantragen ist (vgl. z.B. für das Urheberrecht § 101 Abs. 9 UrhG).

dd) **Anspruch auf Vorlage, Besichtigung von Sachen.** Eine Verbesserung der Möglichkeiten zur Durchsetzung der Rechte geistigen Eigentums hat sich im Zuge der Umset-

---

[14] Reg.-Entwurf v. 24.1.2007, Begründung, Bes. Teil, S. 87; ferner Schricker/Wild, Urheberrecht, § 97 Rdn. 128.
[15] Näheres hierzu vgl. u.a. Schricker/Wild, Urheberrecht, § 97 Rdn. 145 ff.
[16] Zur Berechnung s. BGH v. 21.9.2006, I ZR 6/04, „Steckverbindergehäuse".
[17] Reg.-Entwurf v. 24.1.2007, Begründung, Besonderer Teil, S. 93.

zung der Durchsetzungs-Richtlinie jedoch nicht nur durch die Anpassung bereits bestehender Ansprüche, sondern darüber hinaus durch die nach Maßgabe der Richtlinie erforderliche Einführung neuer Rechtsinstrumente ergeben. Neu aufgenommen wurde entsprechend den Vorgaben der Richtlinie (Art. 6 Abs. 1) bei hinreichender Wahrscheinlichkeit einer Schutzrechtsverletzung ein Anspruch des Rechtsinhabers oder anderen Berechtigten auf **Vorlage einer Urkunde** oder **Besichtigung einer Sache**, die sich in der Verfügungsgewalt des Verletzers befindet, wenn dies zur Begründung von Ansprüchen erforderlich ist. Bei hinreichender Wahrscheinlichkeit einer im gewerblichen Ausmaß begangenen Rechtsverletzung erstreckt sich der Anspruch nach Vorgabe der Richtlinie (Art. 6 Abs. 2) auch auf die **Vorlage von Bank-, Finanz- und Handelsunterlagen**. Die fraglichen Ansprüche dienen der **Gewinnung von Beweismitteln**. Entsprechend der Vorgaben der Richtlinie (Art. 7) ist geregelt, dass sie auch im Wege der **einstweiligen Verfügung** nach §§ 935 – 945 ZPO verfolgt werden können. Hierdurch wird klargestellt, dass der Erlass einer einstweiligen Verfügung insoweit entgegen der Grundsätzen des vorläufigen Rechtsschutzes nicht an der Vorwegnahme der Hauptsache scheitert[18] (vgl. §§ 140c PatG; 24c GebrMG; 46a DesignG; 19a MarkenG; 101a UrhG). Bei einer in gewerblichem Ausmaß begangenen Rechtsverletzung ist darüber hinaus ein Anspruch gegen den Verletzer auf Vorlage solcher Bank-, Finanz- und Handelsunterlagen vorgesehen, die für die **Durchsetzung eines Schadensersatzanspruchs** erforderlich sind, wenn ohne die Vorlage die Erfüllung des Schadensersatzanspruchs fraglich ist (vgl. §§ 140d PatG; 24d GebrMG; 46b DesignG; 19b MarkenG; 101b UrhG).

ee) **Urteilsveröffentlichung.** Entsprechend der Vorgabe der Durchsetzungs-Richtlinie (Art. 15) sind die Mitgliedsstaaten verpflichtet, Regelungen vorzusehen, nach denen die Gerichte bei Verfahren wegen Verletzung des geistigen Eigentums befugt sind, die Veröffentlichung der Entscheidung auf Antrag anzuordnen. Entsprechende Vorschriften, nach denen der obsiegenden Partei bei **berechtigtem Interesse** im Urteil die Befugnis zugesprochen werden kann, das Urteil auf Kosten der unterliegenden Partei zu veröffentlichen, waren nach alter Rechtslage nur in den §§ 47 GeschmMG a.F., 103 UrhG a.F. enthalten (im Lauterkeitsrecht vgl. ferner § 12 Abs. 3 UWG). Für die anderen Gesetze ist die Einfügung entsprechender Reglungen erstmals im Zuge des Umsetzungsgesetzes erfolgt (vgl. §§ 140e PatG; 24e GebrMG; 19c, 128, 135 MarkenG; 9 HLSchG; 37e SortG). Die Feststellung, ob die antragstellende Partei ein "berechtigtes Interesse" an der Urteilsveröffentlichung hat, macht eine sorgfältige Interessenabwägung erforderlich. So muss die Bekanntmachung des Urteils zur Aufklärung des betroffenen Publikums notwendig und das angemessene Mittel sein.[19] So kann z.B. ein Urheber ein schutzwürdiges Interesse daran haben, der Öffentlichkeit anzuzeigen, dass seine Werkschöpfung von anderen kopiert oder zu Unrecht ausgenutzt wurde oder dass ein gegen ihn erhobener Plagiatsvorwurf unbegründet ist.[20]

ff) **Grenzbeschlagnahme. Marken- und Produktpiraterie** sind ein schwerwiegendes weltweites Problem, das die Wettbewerbsfähigkeit von Volkswirtschaften, soweit diese auf Kreativität und Innovation beruhen, stark gefährdet. Den Vorschriften zur Grenzbeschlagnahme kommt für Durchsetzung der Rechte des geistigen Eigentums eine zen-

---

18 Reg.-Entwurf v. 24.1.2007, Begründung, Allg. Teil, S. 63, Bes. Teil, S. 97.
19 Schricker/Wild, Urheberrecht, § 103 Rdn. 6.
20 Im Einzelnen vgl. Dreier/Schulze, § 103 Rdn. 1.

trale Bedeutung zu. Das Gesetz zur Umsetzung der Durchsetzungs-Richtlinie aus dem Jahre 2008 diente daher zugleich auch der Anpassung des innerstaatlichen deutschen Rechts an die am 1.7.2004 in Kraft getretene Grenzbeschlagnahmeverordnung,[21] die inzwischen durch die seit dem 1.1.2014 gültige Verordnung Nr. 608/2013 v. 12.6.2013[22] abgelöst wurde. Die **Grenzbeschlagnahmeverordnung** regelt das Verfahren der Zollbehörden gegen Waren, die im Verdacht stehen, Rechte des geistigen Eigentums zu verletzen. Sie ist von der Erwägung getragen, dass „das Inverkehrbringen von Waren, die Rechte geistigen Eigentums verletzen, Rechtsinhabern, Rechtenutzern oder Gruppen von Erzeugern und gesetzestreuen Herstellern und Händlern erheblichen Schaden" zufügt und dass ein derartiges Inverkehrbringen Verbraucher täuscht und diese mitunter Gefahren für ihre Gesundheit und Sicherheit aussetzt (vgl. Erwägungsgrund 2). Die Verordnung soll verhindern, dass rechtsverletzende Waren in die Gemeinschaft eingeführt oder aus dem Zollgebiet der Gemeinschaft ausgeführt werden. Zur Verbesserung der Rechtsdurchsetzung wurde der Anwendungsbereich der Grenzbeschlagnahmeverordnung Nr. 608/2013 gegenüber der Vorgängerverordnung Nr. 1383/2003 erweitert. Erfasst werden nunmehr – über die bereits bislang erfassten Rechte hinaus – auch Handelsnamen, sofern sie nach nationalen Rechtsvorschriften als ausschließliche Rechte geistigen Eigentums geschützt sind, Topographien von Halbleitererzeugnissen sowie Gebrauchsmuster und Vorrichtungen, die hauptsächlich entworfen, hergestellt oder angepasst wurden, um die Umgehung technischer Maßnahmen zu ermöglichen (vgl. Art. 1 Abs. 1 i.V.m. Art. 2, Erwägungsgrund 5). Durch die Grenzbeschlagnahmeverordnung werden jedoch nicht alle Fälle des Vorgehens der Zollbehörden gegen Produktpiraterie erfasst. So sind vom Anwendungsbereich der Verordnung ausgeschlossen (vgl. Art. 1 Abs. 5, Erwägungsgrund 6):

- „Waren die mit Zustimmung des Rechtsinhabers hergestellt wurden, aber im Europäischen Wirtschaftsraum erstmals ohne Zustimmung des Rechtsinhabers in Verkehr gebracht wurden" (sog. **Parallel- bzw. Grauimporte**),
- „Waren, die durch Mengenüberschreitungen hergestellt wurden, also Waren, die von einer vom Rechtsinhaber zur Herstellung einer bestimmten Menge von Waren ordnungsgemäß ermächtigen Person in Überschreitung der zwischen dieser Person und dem Rechtsinhaber vereinbarten Mengen hergestellt wurden" (sog. **Overruns**), ferner
- **Kontrollen an den EU-Binnengrenzen.**

Entsprechend dem **Vorrang des europäischen Rechts** ist der Anwendungsbereich der einschlägigen innerstaatlichen Vorschriften (vgl. §§ 142a, 142b PatG; § 25a GebrMG; 146 ff. MarkenG; 40a, 40b SortG; 55, 57, 57a DesignG; 111b, 111c UrhG) auf Sachverhalte beschränkt, die – wie Parallel- bzw. Grauimporte, Overruns und Kontrollen an den EU-Binnengrenzen – nicht vom Anwendungsbereich der Grenzbeschlagnahmeverordnung erfasst werden. Grenzbeschlagnahmen werden von den Zollbehörden in der Regel nur auf **Antrag** vorgenommen (vgl. Art. 3 ff. VO Nr. 608/2013 bzw. die nationalen Vorschriften). Mit Blick auf das Nebeneinander von europäischer Grenzbe-

---

21 Verordnung (EG) Nr. 1383 v. 22.7.2003 über das Vorgehen der Zollbehörden gegen Waren, die im Verdacht stehen, bestimmte Rechte geistigen Eigentums zu verletzen, und die Maßnahmen gegenüber Waren, die erkanntermaßen derartige Rechte verletzen, ABl. EG L 196, S. 7 ff.
22 Verordnung EU) Nr. 608/2013 v. 12.6.2013 zur Durchsetzung der Rechte des geistigen Eigentums durch die Zollbehörden und zur Aufhebung der Verordnung (EG) Nr. 1383/2003, ABl. EG L 181, S. 15 ff.

schlagnahme an den Außengrenzen der EU und der nationalen Grenzbeschlagnahme an den Binnengrenzen ist insoweit zwischen Anträgen auf Grenzbeschlagnahme nach Gemeinschaftsrecht und Anträgen auf Grenzbeschlagnahme nach nationalen Rechtsvorschriften zu unterscheiden.[23] Auf europäischer Ebene wurden vom Zoll im Jahre 2011 knapp 115 Millionen Artikel zurückgehalten, wobei sich der Schätzwert der entsprechenden echten Produkte auf 1,3 Mrd. EUR belief.[24] Von den deutschen Zollstellen wurden in 2012 gut 3.2 Mio. Artikel angehalten, deren Gesamtwert sich auf knapp 127,5 Mio. EUR belief.[25]

Abb. 15: Anspruchsgrundlagen Gewerblicher Rechtsschutz/Urheberrecht

Anspruchsgrundlagen Gewerblicher Rechtsschutz/Urheberrecht (§§)						
	PatG	GebrMG	DesignG	MarkenG	UrhG	UWG
Unterlassung	139 I	24 I	42 I	14 V, 15 IV, 128 I	97 I	8
Schadensersatz	139 II	24 II	42 II	14 VI, 15 V, 128 II	97 II	9
Gewinnabschöpfung						10
Vernichtung	140a	24a	43 I	18 I	98	
Rückruf- u. Entfernung	140a III	24a II	43 II	18 II	98 II	
Auskunft	140b	24b	46	19	101	
Drittauskunft	140b II	24b II	46 II	19 II	101 II	
Vorlage von Urkunden/Besichtigung	140c	24c	46a	19a	101a	
Vorlage Geschäfts-unterlagen	140d	24d	46b	19b	101b	
Veröffentlichung Urteil	140e	24e	47	19c	103	12 III
Grenzbeschlagnahme	142a 142b	25a	55-57a	146-151	111b 111c	

§ 88 Gläubiger und Schuldner

Im Falle der Verletzung von Schutzrechten ebenso wie im Falle von Wettbewerbsverstößen ist nur derjenige zur Verfolgung der vorstehend skizzierten Ansprüche berechtigt, dem die Rechtszuständigkeit hierfür zusteht, d.h. nur derjenige, dem die fraglichen Ansprüche auch rechtlich zustehen. Diese Anspruchsberechtigung bezeichnet man als Sachbefugnis oder – gebräuchlicher – auch als **Aktivlegitimation**. Hiermit korrespondierend muss derjenige, der in Anspruch genommen wird, auch der „richtige" An-

---

23 Vgl. hierzu die umfassenden Informationen des Zoll unter: http://www.zoll.de/DE/Fachthemen/Verbote-Beschraenkungen/Gewerblicher-Rechtsschutz/Marken-und-Produktpiraterie/Antrag/antrag_node.html (letzter Abruf: 04/2014).
24 Entschließung des Rates zum EU-Aktionsplan im Zollbereich (2013/C 80/01).
25 Informationsbroschüre des Zoll „Gewerblicher Rechtsschutz – Statistik für das Jahr 2012", S. 5.

spruchsgegner sein, d.h. er muss Schuldner des geltend gemachten Anspruchs sein. Insoweit spricht man von **Passivlegitimation**.

I. Aktivlegitimation

Die Aktivlegitimation steht stets dem unmittelbar Verletzten zu, d.h. demjenigen, in dessen geschützte Rechtsposition die Verletzungshandlung eingreift bzw. – im Falle des vorbeugenden Unterlassungsanspruchs – einzugreifen droht. Im Falle von Rechten des geistigen Eigentums sind dies stets die **Rechtsinhaber**, ihre Rechtsnachfolger und – im Falle des **Patent- und Urheberrechts** – auch diejenigen, denen ein ausschließliches Nutzungsrecht (**ausschließliche Lizenz**) zusteht.[26] Neben dem Inhaber der ausschließlichen Lizenz bleibt der Rechtsinhaber als Lizenzgeber aktivlegitimiert, soweit er durch die Rechtsverletzung – z.B. wegen einer Minderung der Lizenzeinnahmen – betroffen ist.[27] Anders als der Inhaber einer ausschließlichen Lizenz ist der Inhaber einer **einfachen Lizenz** nicht aus eigenem Recht aktivlegitimiert, da ihm mangels dinglicher Rechtseinräumung kein Verbotsrecht zusteht. Im Verletzungsfalle ist hier nur sein Lizenzgeber zur Rechtsverfolgung berechtigt und meist lizenzvertraglich auch verpflichtet. Der Inhaber der einfachen Lizenz wird regelmäßig nur im Wege der sog. gewillkürten Prozessstandschaft, d.h. mit Zustimmung des Rechtsinhabers zur Rechtsverfolgung im eigenen Namen, gegen den Verletzer vorgehen können.[28] Zu beachten ist jedoch insoweit, dass abweichend von dem Zuvorgesagten im Bereich des **Markenrechts** und des **Designrechts** der Lizenznehmer eine Verletzungsklage stets nur mit Zustimmung des Rechtsinhabers erheben kann, gleichviel ob es sich um eine ausschließliche oder einfache Lizenz handelt (§§ 30 Abs. 3 MarkenG; 31 Abs. 3 DesignG). Die Aktivlegitimation im Falle von **Wettbewerbsverstößen** steht den nach § 8 Abs. 3 Nr. 1 bis 4 UWG Berechtigten zu (vgl. hierzu § 85 I 2.).

II. Passivlegitimation

1. Täterschaft und Teilnahme

Verletzungen von gewerblichen Schutzrechten, von Urheberrechten und Leistungsschutzrechten sind ebenso wie Wettbewerbsverstöße als Verletzungen eines absoluten „sonstigen Rechts" i.S.v. § 823 Abs. 1 BGB und damit als **unerlaubte Handlungen** i.S.v. §§ 823 ff. BGB zu qualifizieren, wobei das allgemeine Deliktsrecht im Hinblick auf die sondergesetzlichen Anspruchstatbestände auf eine subsidiäre ergänzende Rolle beschränkt ist (s. bereits § 6 II. 2.; § 82 V. 1.). Als **Passivlegitimierter** in Anspruch genommen werden kann jeder, der die Rechtsverletzung als **Täter** oder **Mittäter** (§ 830 Abs. 1 BGB) begeht oder der als **Anstifter** oder **Gehilfe** (§ 830 Abs. 2 BGB) an der Rechtsverletzung teilnimmt, daneben ferner derjenige, dem das Verhalten des Handelnden zuzurechnen ist[29] (wie z.B. dem Inhaber des Unternehmens nach § 99 UrhG od. § 8 Abs. 2 UWG). Anstiftung und Beihilfe – die Begriffe sind ebenso wie der der Mittäterschaft im strafrechtlichen Sinne zu verstehen – setzen tatbestandlich Vorsatz voraus,

---

[26] Haberstumpf, Wettbewerbs- und Kartellrecht, Gewerblicher Rechtsschutz, S. 12.
[27] Benkard/Rogge, PatG, § 139 Rdn. 17; Möhring/Nicolini/Lütje, UrhG, § 97 Rdn. 82.
[28] Möhring/Nicolini/Lütje, UrhG, § 97 Rdn. 79.
[29] BGH GRUR 2002, 616, 619 „Meißner Dekor".

wobei bedingter Vorsatz genügt.[30] Die Teilnehmerhaftung setzt also die Kenntnis von einer konkret drohenden Haupttat voraus.[31] Mehrere Verletzer – Mittäter oder Teilnehmer – haften als Gesamtschuldner (§§ 830, 840 i.V.m. §§ 421 ff. BGB). In einem die Haftung eines Host-Providers betreffenden Fall hatte der BGH darüber zu entscheiden, ob ein Internet-Aktionshaus lauterkeitsrechtlich auf Unterlassung in Anspruch genommen werden kann, wenn auf seiner Plattform jugendgefährdende Medien angeboten werden. Während die Vorinstanzen die Klage abgewiesen hatten, hat der BGH[32] eine Haftung des Internet-Auktionshauses wegen Verletzung einer **wettbewerbsrechtlichen Verkehrspflicht** in Betracht gezogen, auch wenn es selbst nicht Anbieter der jugendgefährdenden Schriften sei. Wer durch sein Handeln im geschäftlichen Verkehr die ernsthafte Gefahr begründe, „dass Dritte durch das Wettbewerbsrecht geschützte Interessen von Marktteilnehmern verletzen", sei „aufgrund einer wettbewerbsrechtlichen Verkehrspflicht dazu verpflichtet, diese Gefahr im Rahmen des Möglichen und Zumutbaren zu begrenzen" und hafte im Falle eines Verstoßes gegen diese wettbewerbsrechtliche Verkehrspflicht als Täter.

2. Störerhaftung

a) Begründung, Einordnung. Im Interesse eines umfassenden Rechtsschutzes hat die Rechtsprechung die Haftung für rechtswidrige Verletzungshandlungen über die Haftung als Täter oder Teilnehmer hinaus durch die sog. **Störerhaftung** ausgedehnt.[33] Die Störerhaftung eröffnet die Möglichkeit, auch denjenigen in Anspruch zu nehmen, der – ohne Täter oder Teilnehmer zu sein – in irgendeiner Weise willentlich und adäquat kausal zur Verletzung eines geschützten Gutes oder einer verbotenen Handlung beigetragen hat. Die Verantwortlichkeit als Täter oder Teilnehmer (s. zuvor a) ist gegenüber der Störerhaftung grundsätzlich vorrangig,[34] Die Störerhaftung wird zwar in der Urheberrechts-Richtlinie 2001/29/EG (Art. 8 Abs. 3) und der Durchsetzungs-Richtlinie (Art. 9 Abs. 1 lit. a, 11 S. 3) als die von den Mitgliedstaaten sicherzustellende Möglichkeit der Inanspruchnahme von „Vermittlern" bzw. „Mittelspersonen" angesprochen, sie ist jedoch gesetzlich nicht geregelt.[35] Sie stützt sich nicht auf das Deliktsrecht, sondern hat ihre Grundlage in den Regelungen über die Besitz- und die Eigentumsstörung (§§ **862, 1004 BGB**) und vermittelt daher keinen Schadensersatzanspruch, sondern nur Abwehransprüche (**Unterlassungs- und Beseitigungsansprüche**).[36] Als eine die Störerhaftung begründende Mitwirkung an einer rechtswidrigen Beeinträchtigung kann nach ständiger Rechtsprechung auch die Unterstützung oder Ausnutzung der Handlung eines eigenverantwortlich handelnden Dritten genügen, sofern der in Anspruch Genommene die rechtliche Möglichkeit zur Verhinderung dieser Handlung hatte. Wie der BGH[37] in einem Fall, bei dem es um eine Persönlichkeitsrechtsverletzung durch einen Blog-Eintrag ging, entschieden hat, trägt ein **Host-Provider**, der eine Plattform betreibt und „dabei den Speicherplatz für die von den Nutzern eingerichteten

---

30 Palandt/Thomas, Bürgerliches Gesetzbuch, § 830 Rdn. 4.
31 BGH v. 15.8.2013, I ZR 80/12, „File-Hosting-Dienst".
32 BGH v. 12.7.2007, I ZR 18/04, „Jugendgefährdende Medien bei eBay".
33 Haberstumpf, Wettbewerbs- und Kartellrecht, Gewerblicher Rechtsschutz, S. 15.
34 BGH v. 15.8.2013, I ZR 80/12, „File-Hosting-Dienst".
35 Ahrens/McGuire, Modellgesetzbuch, § 58 GGE, S. 166, mit Vorschlag zur gesetzlichen Regelung.
36 BGH GRUR 2002, 616, 619 „Meißner Dekor".
37 BGH v. 25.10.2011, VI ZR 93/10 (Blog-Eintrag).

Webseiten bereitstellt und den Abruf dieser Webseiten über das Internet ermöglicht, willentlich und adäquat kausal zur Verbreitung von Äußerungen bei, die das allgemeine Persönlichkeitsrecht Dritter beeinträchtigen".

b) Verletzung von Prüfungspflichten. Weil die Störerhaftung aber – so der BGH – nicht über Gebühr auf Dritte erstreckt werden darf, die nicht selbst die rechtswidrige Beeinträchtigung vorgenommen haben, setzt die Haftung des Störers die Verletzung von **Prüfungspflichten** voraus. Deren Umfang bestimmt sich danach, ob und inwieweit dem als Störer in Anspruch Genommenen nach den Umständen eine Prüfung zuzumuten ist. Dies richtet sich nach den jeweiligen Umständen des Einzelfalls unter Berücksichtigung der Funktion und Aufgabenstellung des als Störer in Anspruch Genommenen sowie mit Blick auf die Eigenverantwortung desjenigen, der die rechtswidrige Beeinträchtigung selbst unmittelbar vorgenommen hat.[38] Einem **Host-Provider**, der durch eigene Maßnahmen die Gefahr einer rechtsverletzenden Nutzung seines Dienstes (File-Hosting-Dienst, insbesondere für Musikwerke) fördert, obliegen im Rahmen der Störerhaftung grundsätzlich weitergehende Prüfungspflichten.[39] Im Fall der Inanspruchnahme eines Host-Providers unter dem Gesichtspunkt der Störerhaftung für das Persönlichkeitsrecht verletzende Blogs hat der BGH[40] in dem vorwähnten Fall (s. zuvor a) – im Einklang mit der Rechtsprechung des EuGH[41] und des BGH[42] zur Verantwortlichkeit von Betreibern eines Internet-Marktplatzes für Markenverletzungen – entschieden, das der Host-Provider nicht verpflichtet sei, „die von den Nutzern in das Netz gestellten Beiträge vor Veröffentlichung auf eventuelle Rechtsverletzungen zu überprüfen". Er sei aber „verantwortlich, sobald er Kenntnis von der Rechtsverletzung" erlange und könne nach einem entsprechenden Hinweis durch einen Betroffenen verpflichtet sein, zukünftig derartige Verletzungen zu verhindern.

c) Wettbewerbsrechtliche Störerhaftung. Für den Bereich des **Wettbewerbsrechts** führt die Störerhaftung dazu, dass auch Personen für einen Wettbewerbsverstoß haften, die mangels Wettbewerbsförderungsabsicht keine geschäftliche Handlung begehen und von daher nicht Normadressat des UWG sind. Die Lehre von der wettbewerbsrechtlichen Störerhaftung, die im Gesetz keine Stütze findet, ist daher kritisiert worden. Sie führe zu einer gesetzlich nicht gedeckten Ausdehnung des Anwendungsbereichs des Wettbewerbsrechts, anders als im Bereich des Immaterialgüterrechts, wo jedermann Täter einer Rechtsverletzung sein kann und wo die Lehre von der Störerhaftung über das Erfordernis bestehender Prüfungspflichten zu einer Einschränkung der Jedermann-Haftung führe.[43] Unter dem Eindruck dieser Kritik hat der BGH seine Rechtsprechung zur wettbewerbsrechtlichen Störerhaftung – die Ausdehnung der Haftung über den Fall der bewussten Mitwirkung im Sinne der deliktischen Teilnahmeregeln hinaus – in jüngerer Zeit in Frage gestellt.[44]

---

[38] St. Rspr. – BGH GRUR 2001, 1039 „ambiente.de"; BGH GRUR 2003, 969, 970 „Ausschreibung von Vermessungsleistungen"; BGH v. 25.10.2011, VI ZR 93/10, „Blog-Eintrag".
[39] BGH v. 15.8.2013, I ZR 80/12, „File-Hosting-Dienst".
[40] BGH v. 25.10.2011, VI ZR 93/10, „Blog-Eintrag".
[41] EuGH v. 12.7.2011 in der Rechtssache C-324/09 „L'Oréal/eBay".
[42] BGH v. 17.8.2011, I ZR 57/09, „Stiftparfüm".
[43] Vgl. im Einzelnen Köhler/Bornkamm, § 8 Rdn. 2.2c f.
[44] BGH GRUR 2003, 969, 970 „Ausschreibung von Vermessungsleistungen".

§ 89 Außergerichtliche Durchsetzung

I. Abmahnung

1. Einordnung, Bedeutung

Auseinandersetzungen über Wettbewerbsverstöße sowie über Schutzrechtsverletzungen beginnen regelmäßig mit einer **Abmahnung**, also damit, dass der Rechtsverletzer von einem Berechtigten abgemahnt wird. Die Abmahnung ist ein Mittel zur außergerichtlichen Streitbeilegung, das sich in der Praxis seit den 1960er-Jahren entwickelt hat, und durch das heute der größte Teil der Wettbewerbsstreitigkeiten erledigt wird.[45] Die Abmahnung hat im Rahmen der **UWG-Reform 2004** erstmals eine ausdrückliche gesetzliche Regelung erfahren.[46] Danach sollen die zur Geltendmachung eines Unterlassungsanspruchs Berechtigten den Schuldner vor Einleitung eines gerichtlichen Verfahrens abmahnen und ihm Gelegenheit geben, den Streit durch Abgabe einer mit einer angemessenen Vertragsstrafe bewehrten Unterlassungsverpflichtung beizulegen (§ 12 Abs. 1 S. 1 UWG). Das in der Praxis entwickelte und durch Richterrecht geformte effektive System, zivilrechtliche Streitigkeiten über Unterlassungspflichten nach erfolgten Verletzungshandlungen auch ohne Prozess durch Abmahnung und strafbewehrte Unterlassungsverpflichtung zu regeln,[47] ist jedoch nicht nur für das **Wettbewerbsrecht**, sondern in gleicher Weise für den gesamten Bereich des **gewerblichen Rechtsschutzes** und **Urheberrechts** von Bedeutung.[48] Eine § 12 Abs. 1 UWG entsprechende Regelung der Abmahnung ist daher im Zuge des Gesetzes zur Verbesserung der Durchsetzung von Rechten des geistigen Eigentums in § 97a UrhG für das Urheberrecht erfolgt.[49] Die Praktikabilität der Abmahnung als bewährtem Instrument außergerichtlicher Streitbeilegung wird jedoch – nicht erst in jüngerer Zeit – durch deren sachfremden Gebrauch überschattet. Bereits lange bevor das sog. **Abmahnunwesen** durch das Phänomen von Massenabmahnungen (Stichwort „Filesharing" u.a.) in den Blickpunkt des öffentlichen Interesses gelangt ist,[50] sahen sich Rechtsprechung und Gesetzgeber im Bereich des Lauterkeitsrechts mit dem Problem der sog. **Abmahnvereine** konfrontiert. Gestützt auf die von der Rechtsprechung[51] unter dem rechtlichen Gesichtspunkt der GoA anerkannte Erstattungsfähigkeit der Abmahnkosten (Näheres zum Aufwendungsersatzanspruch vgl. nachfolgend Ziff. 10) entwickelte sich hier die Abmahnung mit der allein auf den Kostenerstattungsanspruch abzielenden Verfolgung von Wettbewerbsverstößen erstmals zu einem Geschäftsmodell.[52] Während sich das sog. Abmahnunwesen im vordigitalen „Offline-Zeitalter" im Wesentlichen auf den Bereich des Lauterkeitsrechts, also die Verfolgung von Wettbewerbsverstößen beschränkte, sind im Internet-Zeitalter darüber hinaus insbesondere auch Abmahnungen nach dem Unterlassungsklagegesetz wegen Verstößen gegen verbraucherschutzrechtliche Bestimmungen und urheberrecht-

---

45 Vgl. BT-Drucks. 15/1487, Amtl. Begr. zu § 12 Abs. 1, S. 25.
46 Zur Abmahnung wegen Patentverletzung vgl. ferner § 59 Abs. 2 S. 2 PatG.
47 Vgl. BGH GRUR 2002, 357, 358 „Missbräuchliche Mehrfachabmahnung".
48 Köhler/Bornkamm, § 12, S. 1319 Rdn. 1.1.
49 Vgl. § 97a UrhG des Reg.-Entwurfs v. 24.1.2007.
50 Vgl. hierzu u.a. „Interessengemeinschaft gegen den AbmahnWahn", abrufbar unter: http://www.iggdaw.de/ (letzter Abruf: 04/2014).
51 Erstmals BGH v. 15.10.1969, AZ. I ZR 3/38, „Fotowettbewerb", BGH Z 52, 393 = BGH GRUR 1970, 189.
52 Im Einzelnen vgl. Köhler/Bornkamm/Köhler, § 8, S. 1221 Rdn. 4.1.

liche Abmahnungen betroffen. Jüngster Beleg für die Bemühungen des Gesetzgebers, dem Problem unseriöser (Massen-)Abmahnungen Einhalt zu gebieten, ist das **Gesetz gegen unseriöse Geschäftspraktiken** vom 1.10.2013.[53] Es zielt auf die Beseitigung von Missständen im Bereich wettbewerbsrechtlicher und urheberrechtlicher Abmahnungen ab, die geeignet sind, das „bewährte und effektive Institut der Abmahnung in Misskredit" zu bringen.[54]

2. Begriff, Zweck

Bei der **Abmahnung** handelt es sich um die Mitteilung eines Anspruchsberechtigten an den Verletzer, dass er durch eine in der Mitteilung genau bezeichnete Handlung einen Wettbewerbsverstoß bzw. – im Falle der Schutzrechtsabmahnung – eine Schutzrechtsverletzung begangen habe, verbunden mit der Aufforderung, dieses Verhalten in der Zukunft zu unterlassen und binnen einer bestimmten Frist eine strafbewehrte Unterlassungserklärung abzugeben.[55] Kommt der Abgemahnte der Aufforderung nach, so hat sich der Streit außergerichtlich erledigt, da bei Abgabe der strafbewehrten Unterlassungserklärung die **Begehungsgefahr** (Wiederholungsgefahr bzw. Erstbegehungsgefahr) als Anspruchsvoraussetzung des Unterlassungsanspruchs entfällt. Der Anspruchsberechtigte ist durch die Strafbewehrung vor weiteren Verstößen geschützt. Die Abmahnung hat primär den **Zweck**, den Verletzer auf den von ihm begangenen Rechtsverstoß aufmerksam zu machen (**Warnfunktion**) und ihn für die Zukunft zu verpflichten, den bereits begangenen oder drohenden Verstoß zu unterlassen.[56] Sie dient dem wohlverstandenen Interesse beider Parteien, denn sie gibt dem Gläubiger ein taugliches Instrument in die Hand, durch das sich Rechtsverstöße effektiv unterbinden lassen. Insbesondere jedoch liegt die Abmahnung auch im Interesse des Schuldners, der den Gläubiger durch die Abgabe der Unterlassungserklärung klaglos stellen und auf diese Weise die Kosten eines gerichtlichen Verfahrens vermeiden kann (**Kostenvermeidungsfunktion**).[57]

3. Keine Pflicht zur Abmahnung, kostenrechtlicher Hintergrund

Wie durch die gesetzliche Formulierung in den §§ 12 Abs. 1 S. 1 UWG, 97a UrhG (die Berechtigten *sollen* „abmahnen") klargestellt ist, besteht **keine Rechtspflicht** zur Abmahnung. Bei der Abmahnung handelt es sich demnach auch nicht um eine Zulässigkeitsvoraussetzung für ein gerichtliches Eil- oder Hauptsacheverfahren, vielmehr lässt sich insoweit von einer **Obliegenheit** sprechen.[58] Denn die Vorschaltung der Abmahnung vor Einleitung gerichtlicher Schritte hat – außer den bereits zuvor dargestellten Funktionen – den Zweck, eine für den Anspruchsberechtigten – bei Verzicht auf eine Abmahnung – drohende **nachteilige Kostenfolge** zu vermeiden.[59] Wird nämlich vom Berechtigten eine mögliche und zumutbare Abmahnung unterlassen, riskiert dieser im Falle gerichtlicher Durchsetzung, dass er die Kosten zu tragen hat, wenn der Verletzer

---

53 BGBl. I, S. 3714–3718.
54 Amtl. Begr., BT-Drucks. 17/13057, S. 11 ff.
55 Zur entsprechenden Begriffsbestimmung der wettbewerbsrechtlichen Abmahnung vgl. BT-Drucks. 15/1487, Amtl. Begr. zu § 12 Abs. 1, S. 25.
56 Hoene/Runkel, S. 4 Rdn. 2.
57 Köhler/Bornkamm, § 12 Rdn. 1.5.
58 Köhler/Bornkamm, § 12 Rdn. 1.5.
59 BGH v. 15.7.2005, GSZ 1/04 (unbegründete Schutzrechtsverwarnung).

den Anspruch sofort anerkennt (vgl. zur Kostentragung bei sofortigem Anerkenntnis § 93 ZPO).[60]

4. Rechtsnatur, Vollmacht

Was die Frage der **Rechtsnatur** der Abmahnung angeht, ist angesichts der verschiedenen Funktionen, die ihr zukommen, zu differenzieren. So ist die Abmahnung in ihrer Hauptfunktion, den Verletzer zu verwarnen und zur künftigen Unterlassung zu veranlassen, vergleichbar einer Mahnung auf Leistung i.S.v. § 286 Abs. 1 S. 1 BGB, keine **Willenserklärung**, sondern eine **geschäftsähnliche Handlung**, auf die jedoch die Vorschriften über Willenserklärungen entsprechend anwendbar sind. Darüber hinaus enthält die Abmahnung regelmäßig zugleich ein **Angebot** zum **Abschluss** eines – meist bereits vorformulierten – **Unterlassungsvertrages**. Insoweit ist die Abmahnung ein Vertragsangebot und als **Willenserklärung** zu qualifizieren. Schließlich wird durch die Abmahnung – insoweit kommt ihr eine weitere Funktion zu – zwischen dem Abmahner und dem Abgemahnten ein besonderes gesetzliches Schuldverhältnis (das sog. **Abmahnverhältnis**) begründet, aus dem heraus sich für den Abgemahnten verschiedene Aufklärungs- und Antwortpflichten ergeben.[61] Die Frage der Rechtsnatur der Abmahnung ist insbesondere für die lange Zeit umstrittene Frage von Bedeutung, ob der durch einen Vertreter ausgesprochenen Abmahnung gemäß § 174 BGB als Wirksamkeitserfordernis eine **Vollmachtsurkunde** beizufügen ist, was von einigen Obergerichten bejaht, von der überwiegenden Auffassung jedoch verneint wurde.[62] Inzwischen hat der **BGH** die Frage entschieden und sich der Auffassung angeschlossen, wonach § 174 S. 1 BGB auf die mit einer Unterwerfungserklärung verbundene Abmahnung nicht anwendbar ist.[63] § 174 S. 1 BGB finde nur bei einseitigen Rechtsgeschäften Anwendung, bei denen die ohne Vertretungsmacht abgegebene Erklärung des Vertreters nach § 180 S. 1 BGB unwirksam sei. Dem trage § 174 S. 1 BGB „dadurch Rechnung, dass der Erklärungsempfänger die Ungewissheit über die Wirksamkeit eines von einem Vertreter ohne Vollmachtsvorlage vorgenommenen einseitigen Rechtsgeschäfts durch dessen Zurückweisung beseitigen" könne. „Eine vergleichbare Interessenlage" – so der BGH – bestehe „im Falle eines mit einer Abmahnung verbundenen Angebots zum Abschluss eines Unterwerfungsvertrages nicht". Vielmehr könne der Schuldner bei der Abmahnung in Fällen, in denen er Zweifel an der Vertretungsmacht des Vertreters habe, die Abgabe der Unterwerfungserklärung von der Vorlage einer Vollmachtsurkunde abhängig machen (§ 177 Abs. 2 S. 1 BGB).[64] Die im Regierungsentwurf zum Gesetz gegen unseriöse Geschäftspraktiken „im Interesse der Transparenz" aufgenommene Regelung, die für die (urheberrechtliche) Abmahnung eine entsprechende Anwendung von § 174 BGB vorsah (§ 97a Abs. 1 S. 2 UrhG-E),[65] wurde entsprechend der Beschlussempfehlung des Rechtsausschusses wieder gestrichen. Für das Erfordernis der Vorlage einer Originalvollmacht – so die lapidare Begründung – bestehe „keine prakti-

---

60 BT-Drucks. 15/1487, Amtl. Begr. zu § 12 Abs. 1, S. 25.
61 Harte/Henning/Brüning, UWG, § 12 Rdn. 4 f.; Köhler/Bornkamm, § 12 Rdn. 1.10 f.
62 Zum Streitstand vgl. Harte/Henning/Brüning, UWG, § 12 Rdn. 31 ff.; Köhler/Bornkamm, § 12 Rdn. 1.25 ff.
63 BGH v. 19.5.2010 – I ZR 140/08 „Vollmachtsnachweis".
64 BGH v. 19.5.2010 – I ZR 140/08 „Vollmachtsnachweise", Rdn. 12 – 15.
65 Vgl. BT-Drucks. 17/13057 v. 15.4.2013, S. 15, 34.

sche Notwendigkeit".[66] Obgleich ein Vollmachtsnachweis danach kein Wirksamkeitserfordernis der Abmahnung ist, erscheint dieser aus praktischer Sicht gleichwohl empfehlenswert, um Zweifel an der Vertretungsmacht auszuräumen.

5. Form, Zugang

Für die Abmahnung besteht **kein Formzwang**, d.h. sie kann in jeder Form, insbesondere per Brief, Fax, E-Mail, Telefon und sogar mündlich – z.B. auf einer Messe – erfolgen. Mit Blick auf die drohende nachteilige Kostenfolge bei sofortigem Anerkenntnis (§ 93 ZPO) empfiehlt es sich jedoch für den Abmahnenden aus **Beweisgründen** den Verletzer schriftlich abzumahnen (per Einschreiben mit Rückschein), bei Eilbedürftigkeit per Fax oder E-Mail vorab. Was den **Zugang** angeht, so handelt es sich bei der Abmahnung in ihrer Funktion als Verwarnung, wie dargelegt, um eine geschäftsähnliche Handlung, auf die die Regeln für empfangsbedürftige Willenserklärungen entsprechend anwendbar sind. Die Abmahnung wird daher in dem Zeitpunkt wirksam, in dem sie dem Empfänger zugeht (§ 130 Abs. 1 S. 1 BGB).[67]

6. Inhalt

Bezüglich des Inhalts einer Abmahnung ergeben sich entsprechend ihrem Sinn und Zweck als Wirksamkeitsvoraussetzung gewisse Mindestanforderungen. Zu beachten ist zudem, dass der Gesetzgeber im Rahmen des Gesetzes gegen unseriöse Geschäftspraktiken erstmals auch inhaltliche Anforderungen für (urheberrechtliche) Abmahnungen festgelegt hat (vgl. § 97a Abs. 2 S. 1 Nr. 1 bis 4 UrhG), bei deren Nichtbeachtung die Abmahnung unwirksam ist (§ 97a Abs. 2 S. 2 UrhG).[68]

a) Aktivlegitimation, Name oder Firma. Zunächst ist der Abmahnende gehalten, seine **Sachbefugnis**, d.h. sein Recht zur Geltendmachung des in Rede stehenden Anspruchs, darzulegen. Bei einer Schutzrechtsverwarnung ist die Rechtsinhaberschaft oder sonstige Berechtigte zur Verfolgung der Rechtsverletzung darzutun. Bei einer wettbewerbsrechtlichen Abmahnung hängt der Umfang der insoweit erforderlichen Darlegungen von den Umständen des Einzelfalls ab. Während sich die Aktivlegitimation bei einem Mitbewerber bereits aus den Umständen ergibt oder bei bedeutenden Verbänden, wie z.B. der Wettbewerbszentrale, als bekannt vorausgesetzt werden kann und von daher keiner ausführlichen Erörterung bedarf, kann sich bei weniger bekannten Verbänden bzw. Einrichtungen erhöhter Darlegungsbedarf ergeben, um die Aktivlegitimation i.S.v. § 8 Abs. 3 Nr. 2 oder Nr. 3 UWG zu begründen.[69] Dass in einer Abmahnung der **Name** oder die **Firma** des Verletzten anzugeben ist, wenn die Abmahnung nicht durch den Verletzten selbst, sondern durch einen Vertreter erfolgt, dürfte in der Regel selbstverständlich sein. Gleichwohl hat der Gesetzgeber diese inhaltliche Anforderung für die urheberrechtliche Abmahnung jetzt ausdrücklich geregelt (vgl. § 97a Abs. 2 S. 1 Nr. 1 UrhG).

---

66 Vgl. Beschlussempfehlung BT-Drucks. 17/14192, S. 20, und Bericht BT-Drucks. 17/14216, S. 9, jeweils v. 26.6.2013.
67 Köhler/Bornkamm, § 12 Rdn. 1.22, 1.29.
68 Die im Regierungsentwurf vorgesehene Regelung, nach der auch die aufgrund einer solchen unwirksamen Abmahnung abgegebene Unterlassungserklärung unwirksam sein sollte, ist auf Empfehlung des Rechtsausschusses entfallen – vgl. BT-Drucks. 17/14192, S. 21; BT-Drucks. 17/14216, S. 9.
69 Köhler/Bornkamm, § 12 Rdn. 1.13.

b) Gerügtes Verhalten, Aufforderung zur Unterwerfung, Zahlungsansprüche. Dem Zweck der Abmahnung folgend, den in Anspruch Genommenen zu verwarnen, ist es erforderlich, dass der Verletzer das **beanstandete Verhalten** erkennen kann. Hierfür reicht es nicht aus, den Abgemahnten lediglich mit pauschal gehaltenen Vorwürfen zu konfrontieren. Voraussetzung ist vielmehr, dass ihm der Sachverhalt, aus dem sich aus Sicht des Abmahnenden die Schutzrechtsverletzung bzw. der Wettbewerbsverstoß ergibt, unter **Benennung der konkreten Verletzungshandlung** und der daraus abgeleiteten rechtlichen Vorwürfe vorgehalten wird. Dem Abmahnenden obliegt es dabei nicht, den Sachverhalt umfassend und rechtlich einwandfrei zu würdigen. Ausreichend und in der Praxis üblich ist vielmehr eine knappe rechtliche Würdigung des Sachverhalts, die geeignet ist, den Unterlassungsschuldner von der Begründetheit des ihm zur Last gelegten Rechtsverstoßes zu überzeugen. Hintergrund für die genannten Anforderungen an die hinreichende Konkretheit des abgemahnten Sachverhalts sowie die rechtliche Begründetheit ist, dass der Abgemahnte in die Lage zu versetzen ist, den ihm zur Last gelegten Sachverhalt in tatsächlicher und rechtlicher Hinsicht zu überprüfen. Diese bereits aus dem Zweck der Abmahnung abzuleitenden allgemeinen Voraussetzungen einer Abmahnung dürften sich im Wesentlichen mit der inhaltlichen Anforderung decken, die der Gesetzgeber jetzt für die urheberrechtliche Abmahnung dahingehend geregelt hat, dass die Abmahnung „die **Rechtsverletzung genau zu bezeichnen**" hat (vgl. § 97a Abs. 2 S. 1 Nr. 2 UrhG). Darüber hinaus muss die Abmahnung die an den Abgemahnten gerichtete Aufforderung enthalten, eine Unterlassungserklärung nebst Vertragsstrafeversprechen (sog. **strafbewehrte Unterlassungserklärung**) abzugeben. Nicht erforderlich, aber in der Praxis üblich ist, dass dem Abmahnschreiben eine bereits vom Abmahner vorformulierte strafbewehrte Unterwerfungserklärung beigefügt ist.[70] Für den Bereich der urheberrechtlichen Abmahnung ist insoweit die neue gesetzliche Vorgabe zu beachten, nach der in der Abmahnung anzugeben ist, „inwieweit die vorgeschlagene Unterlassungsverpflichtung über die abgemahnte Rechtsverletzung hinausgeht" (§ 97a Abs. 2 S. 1 Nr. 4 UrhG). Ferner sind bei der urheberrechtlichen Abmahnung geltend gemachte **Zahlungsansprüche** als Schadensersatz- und Aufwendungsersatzansprüche aufzuschlüsseln (§ 97a Abs. 2 S. 1 Nr. 3 UrhG).

c) Fristsetzung, Androhung gerichtlicher Schritte. Das Setzen einer Frist, innerhalb der sich der Abgemahnte zur Abmahnung zu erklären hat, ist kein zwingendes Wirksamkeitserfordernis. Üblicher- und sinnvollerweise enthält eine Abmahnung jedoch eine Frist. Was die **Angemessenheit** der dem Verletzer einzuräumenden **Erklärungsfrist** angeht, so bestimmt sich diese nach den Umständen des konkreten Einzelfalls. Ein wesentlicher Maßstab für die Bemessung einer angemessenen Frist ist die Zeitspanne, die der Abgemahnte mutmaßlich benötigt, um den ihm zur Last gelegten Sachverhalt in tatsächlicher Hinsicht zu prüfen und erforderlichenfalls unter Hinzuziehung anwaltlicher Hilfe rechtlich zu würdigen. Es liegt auf der Hand, dass die dem Verletzer zu gewährende Erklärungsfrist bei der Verwarnung wegen eines komplexen Schutzrechtsverstoßes (z.B. Vorwurf einer Patentrechtsverletzung mit Auslandsberührung) länger zu bemessen ist als bei einem einfach gelagerten Wettbewerbsverstoß. Ungeachtet der maßgeblichen Umstände des Einzelfalls wird man in vielen Fällen eine Frist von ca. 1 Woche unter Berücksichtigung des Prüfungsbedarfs beim Schuldner als angemessen ansehen können. In besonders **eilbedürftigen Fällen** kann jedoch auch eine erheb-

---

70 Im Einzelnen siehe Harte/Henning/Brüning, UWG, § 12 Rdn. 39 ff.; Hoene/Runkel, S. 23 f. Rdn. 55 ff.

lich kürzere Frist, unter Umständen sogar von nur wenigen Stunden angemessen sein (z.B. bei drohendem erstmaligem oder wiederholtem Wettbewerbsverstoß durch eine TV-Werbung). Hat der Abmahnende (versehentlich) keine Frist gesetzt oder ist diese zu kurz bemessen, wird durch die Abmahnung automatisch eine angemessene Frist in Gang gesetzt.[71] Erforderlich ist schließlich, dass der Abmahner dem Verletzer für den Fall des fruchtlosen Fristablaufs **gerichtliche Schritte** androht. Ein entsprechender ausdrücklicher Hinweis soll entbehrlich sein, wenn sich der Wille, notfalls gerichtlich gegen die Verletzung vorzugehen, bereits aus den Umständen (z.B. Abmahnung durch einen Rechtsanwalt) ergebe.[72]

7. Entbehrlichkeit der Abmahnung

Wie dargestellt (s.o. 3.), hat die Abmahnung den kostenrechtlichen Hintergrund, dass der Abmahnende bei Verzicht auf eine Abmahnung im Falle gerichtlicher Durchsetzung riskiert, dass er bei sofortigem Anerkenntnis des Verletzers mit den Prozesskosten belastet wird, weil der Verletzer keine Veranlassung zur Klageerhebung gegeben hat (§ 93 ZPO). In bestimmten, eng umrissenen Ausnahmefällen ist jedoch anerkannt, dass der Verletzte auch ohne vorangegangene Abmahnung Veranlassung zur Klageerhebung gegeben hat. Eine **Abmahnung** ist danach ausnahmsweise in allen Fällen **entbehrlich**, in denen dem Gläubiger eine Abmahnung **unzumutbar** ist, insbesondere weil[73]

- wegen **besonderer Dringlichkeit** eine Rechtsverletzung nur noch durch eine sofortige einstweilige Verfügung verhindert werden kann; wobei diese Fallgruppe im Zeitalter elektronischer Kommunikationstechniken (Fax, E-Mail) nur noch äußerst selten anwendbar sein dürfte;
- durch die mit der Abmahnung zwangsläufig einhergehende „**Vorwarnung**" des Verletzers der im Wege einer einstweiligen Verfügung gleichzeitig begehrte weitergehende **Rechtsschutz** (z.B. die Sicherstellung von Pirateriewahre beim Schuldner) **vereitelt** würde;
- angesichts des vom Schuldner an den Tag gelegten Verhaltens (z.B. krasse Fälle fortgesetzt rechtswidrigen Verhaltens, Berühmung der Berechtigung) eine Abmahnung **offensichtlich nutzlos** ist;
- der Schuldner wegen des fraglichen Rechtsverstoßes bereits **von einem Dritten abgemahnt** wurde und diesem gegenüber zum Ausdruck gebracht hat, dass er sich nicht unterwerfen werde (sofern sich der Schuldner dem Dritten gegenüber unterworfen hat, liegt kein Fall der Entbehrlichkeit wegen „Unzumutbarkeit" vor, vielmehr scheidet eine Abmahnung dann bereits aus, weil die Wiederholungsgefahr durch die Unterwerfung beseitigt und damit der Unterlassungsanspruch entfallen ist).

8. Wichtige begriffliche Differenzierungen

Für die rechtliche Beurteilung sind im Zusammenhang mit der Abmahnung unter verschiedenen Blickwinkeln die folgenden Begrifflichkeiten zu unterscheiden. So ist eine Abmahnung **unwirksam**, wenn sie den sich aus Sinn und Zweck der Abmahnung oder

---

[71] Hoene/Runkel, S. 16 Rdn. 37.
[72] Köhler/Bornkamm, § 12 Rdn. 1.21.
[73] Im Einzelnen zu den Fallgruppen der Entbehrlichkeit vgl. Köhler/Bornkamm, § 12 Rdn. 1.43 ff.

Gesetz (§ 97a Abs. 2 S. 1 UrhG) abzuleitenden inhaltlichen Voraussetzungen nicht entspricht (für die urheberrechtliche Abmahnung vgl. § 97a Abs. 2 S. 2 UrhG). Demgegenüber ist eine Abmahnung **unbegründet**, wenn der gegen den Abgemahnten erhobene Vorwurf (sachlich) nicht zutrifft und/oder das ihm zur Last gelegte Verhalten keinen Rechtsverstoß begründet. Eine an sich begründete Abmahnung kann jedoch **unbefugt** sein, weil dem Abmahnenden mangels Aktivlegitimation ein Anspruch nicht zusteht. Ferner kann sich eine an sich begründete und befugte Abmahnung als **missbräuchliche** Geltendmachung eines Unterlassungsanspruchs darstellen (§ 8 Abs. 4 S. 1 UWG). Schließlich kennt das Gesetz die **berechtigte** Abmahnung (§§ 12 Abs. 1 S. 2 UWG, 97a Abs. 3 S. 1 UrhG), die für den Abmahnenden einen Anspruch auf Ersatz der erforderlichen Aufwendungen begründet, bzw. die hiermit begrifflich korrespondierende **unberechtigte** Abmahnung (§ 97a Abs. 4 S. 1 UrhG), durch die ein Anspruch des zu Unrecht Abgemahnten auf Ersatz der für die Rechtsverteidigung erforderlichen Aufwendungen begründet wird. Berechtigt sein kann nur eine wirksame, begründete, befugte und nicht missbräuchliche Abmahnung.[74]

9. Reaktion des Abgemahnten

a) Reaktion bei berechtigter Abmahnung. Sofern der Abgemahnte die geforderte strafbewehrte Unterlassungserklärung fristgerecht abgibt, hat sich die Angelegenheit außergerichtlich erledigt und für den Gläubiger besteht keine Veranlassung zur Klageerhebung (i.S.v. § 93 ZPO). Kommt der Abgemahnte demgegenüber einer **berechtigten Abmahnung** nicht innerhalb der gesetzten, angemessenen Frist nach, so gibt er dem Abmahner dadurch Anlass zur Klageerhebung.

b) Reaktionspflicht bei Drittunterwerfung. Bei Wettbewerbsverstößen kann es vorkommen, dass sich der Abgemahnte zum Zeitpunkt der Abmahnung wegen des fraglichen Wettbewerbsverstoßes bereits einem Dritten gegenüber durch Abgabe einer strafbewehrten Unterlassungserklärung unterworfen hat (**Drittunterwerfung**), mit der Folge, dass auch die Wiederholungsgefahr im Verhältnis zum Abmahner entfällt (s. bereits zuvor unter 7.). In diesen Fällen ist der Abgemahnte gleichwohl nicht berechtigt, die Abmahnung einfach zu ignorieren. Vielmehr ist er aufgrund des gesetzlichen Schuldverhältnisses, das durch die Abmahnung des Wettbewerbsverstoßes zwischen ihm und dem Abmahnenden konkretisiert wird (sog. **Abmahnverhältnis**, s.o. unter 4.), nach Treu und Glauben dazu verpflichtet, den Abmahnenden zur Vermeidung eines überflüssigen und aussichtslosen Prozesses darüber aufzuklären, dass er wegen derselben Verletzungshandlung bereits einem Dritten gegenüber eine Unterwerfungserklärung abgegeben hat.[75]

c) Keine Reaktionspflicht bei unberechtigter Abmahnung. Die Frage, ob auch der Empfänger einer **unberechtigten Abmahnung** verpflichtet sein kann, den Abmahnenden darüber aufzuklären, dass er für die beanstandete wettbewerbswidrige Handlung nicht verantwortlich gemacht werden kann, war in der obergerichtlichen Rechtsprechung und Literatur lange umstritten. Wie der BGH jedoch entschieden hat, besteht eine entsprechende Aufklärungspflicht nicht, sofern die wettbewerbsrechtliche Abmahnung zu Unrecht erfolgt ist, denn in diesem Fall fehlt es mangels eines Wettbewerbsver-

---

[74] Zu den Begrifflichkeiten im vorstehenden Sinne vgl. Köhler/Bornkamm, § 12 Rdn. 1.68.
[75] BGH GRUR 1990, 381, 382 „Antwortpflicht des Abgemahnten"; BGH GRUR 1995, 167, 168 „Kosten bei unbegründeter Abmahnung".

stoßes an einer Sonderrechtsbeziehung, die Grundlage für eine entsprechende Aufklärungspflicht sein könnte.[76]

10. Kosten

a) Anspruchsgrundlage für Aufwendungsersatz. aa) UWG. Im Zuge der UWG-Reform hat auch die Frage, wer die Kosten einer Abmahnung zu tragen hat, erstmals eine gesetzliche Regelung erfahren. Soweit die Abmahnung berechtigt ist, kann gemäß § 12 Abs. 1 S. 2 UWG Ersatz der erforderlichen Aufwendungen verlangt werden. Durch diese Normierung der Kostentragungspflicht des Zuwiderhandelnden hat der Gesetzgeber die Rechtsprechung nachvollzogen, die einen Aufwendungsersatzanspruch des Abmahnenden in der Vergangenheit über die Regeln der **Geschäftsführung ohne Auftrag** (GoA, §§ 677, 683, 670 BGB) hergeleitet hat. Ferner ist klargestellt, dass ein Aufwendungsersatz nur bei einer **berechtigten Abmahnung** besteht.[77] Zu beachten ist allerdings, dass § 12 Abs. 1 S. 2 UWG unmittelbare Geltung nur für die Fälle einer wettbewerbsrechtlichen Abmahnung beanspruchen kann. Aus dem Wortlaut, der Entstehungsgeschichte und Zweck von § 12 Abs. 1 S. 2 UWG folgt, dass Aufwendungsersatz nicht für Abmahnungen beansprucht werden kann, die erst nach der Einleitung eines gerichtlichen Verfahrens wegen desselben Wettbewerbsverstoßes ausgesprochen wurden.[78] Auch kann ein Wettbewerbsverband, der einen Schuldner nach einer selbst ausgesprochenen, ohne Reaktion gebliebenen ersten Abmahnung ein zweites Mal anwaltlich abmahnen lässt, die Kosten der zweiten Abmahnung nicht erstattet verlangen. Denn – so der BGH[79] – berechtigt i.S.v. § 12 Abs. 1 S. 2 UWG sei in diesem Falle nur die erste Abmahnung gewesen, da der nach § 8 Abs. 3 Nr. 2 UWG anspruchsberechtigter Wettbewerbsverband in der Lage sein müsse, durchschnittlich schwierige Abmahnungen selbst auszusprechen.

bb) Urheberrecht, gewerblicher Rechtsschutz. Im Zuge des Gesetzes zur Verbesserung der Durchsetzung von Rechten des geistigen Eigentums wurde für das Urheberrecht 2008 erstmals eine § 12 Abs. 1 S. 2 UWG entsprechende gesetzliche Regelung des Aufwendungsersatzanspruchs aufgenommen (§ 97a Abs. 1 S. 2 UrhG 2008, jetzt § 97a Abs. 3 S. 1 UrhG). Zur Begründung des Aufwendungsersatzanspruches in Fällen berechtigter Abmahnungen wegen der Verletzung gewerblicher Schutzrechte muss jedoch de lege lata mangels ausdrücklicher gesetzlicher Regelung auf die herkömmlichen Anspruchsgrundlagen, d.h. die GoA, zurückgegriffen werden.[80]

b) Höhe des Aufwendungsersatzes. Der Aufwendungsersatzanspruch umfasst nur die **erforderlichen** Aufwendungen, wobei die Kosten für die **Beauftragung eines Rechtsanwaltes** nicht in allen Fällen ohne weiteres als erforderlich angesehen werden. So geht die Gesetzesbegründung zum Aufwendungsersatzanspruch bei der wettbewerbsrechtlichen Abmahnung davon aus, dass gerade bei den nach § 8 Abs. 3 Nr. 2 bis 4 UWG zur Verfolgung von Unterlassungsansprüchen aktivlegitimierten **Verbänden** und Einrichtungen regelmäßig von einer Personal- und Sachausstattung auszugehen sei, die es diesen ermögliche, bei Fällen mittleren Schwierigkeitsgrades ohne einen Rechtsanwalt die

---

76 BGH GRUR 1995, 167, 169 „Kosten bei unbegründeter Abmahnung".
77 BT-Drucks. 15/1487, Amtl. Begr. zu § 12 Abs. 1, S. 25.
78 BGH v. 7.10.2009, I ZR 216/07, „Schubladenverfügung".
79 BGH v. 21.1.2010, I ZR 47/09, „Kräutertee".
80 Köhler/Bornkamm, § 12 Rdn. 1.78.

Ansprüche außergerichtlich geltend zu machen.[81] Fraglich ist, ob diese Erwägungen auf Großunternehmen mit eigener **Rechtsabteilung** zu übertragen sind. Der BGH hat diese Frage verneint. Ein Unternehmen mit eigener Rechtsabteilung sei nicht gehalten, die eigenen Juristen zur Überprüfung von Wettbewerbshandlungen der Mitbewerber einzusetzen und ggf. Abmahnungen auszusprechen. Die Verfolgung von Wettbewerbsverstößen gehöre nicht zu den originären Aufgaben eines gewerblichen Unternehmens. Deswegen sei nicht zu beanstanden, wenn ein Unternehmen sich für wettbewerbsrechtliche Abmahnungen der Anwälte bediene, mit denen es auch sonst in derartigen Angelegenheiten zusammenarbeite.[82] Im Zuge des Gesetzes zur Verbesserung der Durchsetzung von Rechten des geistigen Eigentums vom 7. Juli 2008 wurde der Aufwendungsersatzanspruch in **Urheberrechtssachen** für die Inanspruchnahme anwaltlicher Dienstleistungen für die erste Abmahnung in „**Bagatellfällen**", d.h. einfach gelagerten Fällen mit einer nur unerheblichen Rechtsverletzung außerhalb des geschäftlichen Verkehrs, auf 100 EUR beschränkt (§ 97a Abs. 2 UrhG 2008). Der vom Gesetzgeber mit der Regelung verfolgte Zweck, den Verletzer von Urheberrechten in bestimmten Bagatellfällen bei ersten Abmahnungen vor überzogenen Anwaltshonoraren zu schützen, wurde jedoch nicht erreicht. Die neu geschaffene Regelung des § 97a Abs. 2 UrhG 2008 erwies sich insbesondere wegen der darin enthaltenen unbestimmten Rechtsbegriffe in der Praxis als untauglich.[83] Der Gesetzgeber hat daher mit dem Gesetz gegen unseriöse Geschäftspraktiken einen zweiten Anlauf unternommen, um dem Problem der Massenabmahnungen durch eine **Begrenzung der Anwaltshonorare** zu begegnen. Während der Regierungsentwurf vorsah, eine neue **Wertvorschrift** für bestimmte Urheberrechtsstreitsachen mit klar bestimmten Tatbestandsmerkmalen im GKG einzuführen, wurde eine entsprechende Regelung auf Empfehlung des Rechtsausschusses nicht im GKG, sondern in UrhG selbst (vgl. § 97a Abs. 3 S. 2) verortet. Auf diese Weise sollte eine Differenzierung zwischen dem gerichtlichen und außergerichtlichen Bereich geschaffen werden. Während es für urheberrechtliche gerichtliche Streitigkeiten damit bei dem Grundsatz des § 3 ZPO bleibt, wonach der Wert vom Gericht nach freiem Ermessen festgesetzt wird, gilt mit der neu geschaffenen Regelung für den vorgerichtlichen Bereich in den geregelten Fällen eine Begrenzung des anwaltlichen Erstattungsanspruchs bei urheberrechtlichen Abmahnungen (Beschränkung des Aufwendungsersatzes auf Gebühren nach einem Gegenstandswert von EUR 1000).[84]

11. Unbegründete Abmahnung, Gegenansprüche

Eine Abmahnung ist, wie gesehen (s.o. Ziff. 8) unbegründet, wenn der gegen den Abgemahnten erhobene Vorwurf nicht zutrifft und/oder durch das dem Abgemahnten zur Last gelegte Verhalten – anders als vom Abmahner geltend gemacht – keine Schutzrechtsverletzung bzw. kein Wettbewerbsverstoß begründet wird. Da sich eine unbegründete Abmahnung für den Abgemahnten als eine nicht unerhebliche Beeinträchtigung seiner unternehmerischen Aktivitäten darstellen kann, stellt sich die Frage nach möglichen **Gegenansprüchen** gegen den Abmahner. Insoweit ist zwischen einer Schutzrechtsverwarnung aus einem gewerblichen Schutzrecht, der urheberrechtlichen Abmah-

---

[81] BT-Drucks. 15/1487, Amtl. Begr. zu § 12 Abs. 1, S. 25.
[82] BGH, Urteil v 8.5.2008, I ZR 83/06 „Abmahnkostenersatz".
[83] Im Einzelnen hierzu vgl. BT-Drucks. 17/13057, S. 12.
[84] Vgl. den Bericht des Rechtsausschusses, BT-Drucks. 17/14216, S. 9.

nung und der Abmahnung wegen eines vermeintlichen Wettbewerbsverstoßes zu differenzieren.

a) Unbegründete Schutzrechtsverwarnung. Was die **unberechtigte Schutzrechtsverwarnung** angeht, entspricht es ständiger höchstrichterlicher Rechtsprechung, dass diese einen zum Schadensersatz verpflichtenden rechtswidrigen **Eingriff in das Recht am eingerichteten und ausgeübten Gewerbebetrieb** (§ 823 Abs. 1 BGB) des Verwarnten darstellen kann. Der **Große Senat des Bundesgerichtshofs** hat diese Rechtsprechung ausdrücklich bestätigt.[85] Als nach wie vor gültigen und entscheidenden Gesichtspunkt hat der BGH herausgestellt, dass das dem Schutzrechtsinhaber verliehene Ausschließlichkeitsrecht jeden Wettbewerber von der Benutzung des nach Maßgabe der jeweiligen gesetzlichen Vorschriften definierten Schutzgegenstandes ausschließe. Diese einschneidende, die Freiheit des Wettbewerbs begrenzende Wirkung des Ausschließlichkeitsrechts verlange nach einem Korrelat, welches sicherstellt, dass der Wettbewerb nicht über die objektiven Grenzen hinaus eingeschränkt werde, durch die das Gesetz den für schutzfähig erachteten Gegenstand und seinen Schutzbereich bestimme. Ohne das von der Rechtsprechung entwickelte Institut der unberechtigten Schutzrechtsverwarnung – so der BGH weiter – ergäbe sich keine wirksame Handhabe, um einem möglicherweise existenzgefährdenden Eingriff in seine Kundenbeziehungen durch die unberechtigte Geltendmachung von Ausschließlichkeitsrechten gegenüber seinen Abnehmern entgegenzutreten.

b) Unberechtigte oder unwirksame urheberrechtliche Abmahnung. Für den Bereich der urheberrechtlichen Abmahnung hat der Gesetzgeber im Zuge des Gesetzes gegen unseriöse Geschäftspraktiken (s.o. Ziff. 1) einen gesetzlichen Gegenanspruch des Abgemahnten eingeführt. „Soweit die Abmahnung **unberechtigt** oder **unwirksam** ist, kann der Abgemahnte" danach „Ersatz der für die Rechtsverteidigung erforderlichen Aufwendungen verlangen, es sei denn, es war für den Abmahnenden zum Zeitpunkt der Abmahnung nicht erkennbar, dass die Abmahnung unberechtigt war" (§ 97a Abs. 4 S. 1 UrhG). Nach dem Willen des Gesetzgebers trägt die neue Regelung dem Umstand Rechnung, dass diese Aufwendungen des Abgemahnten bis dato „nur als Schadensersatz nach allgemeinem Deliktsrecht mit entsprechend schwieriger Beweisführung und erheblichem Prozessrisiko geltend gemacht werden" konnten und zielt darauf ab, „Waffengleichheit zwischen dem Abmahnenden und dem Abgemahnten" herzustellen.[86] Die Einschränkung, wonach der Anspruch nicht besteht, wenn die mangelnde Berechtigung für den Abmahnenden zum Zeitpunkt der Abmahnung nicht erkennbar war (§ 97a Abs. 4 S. 1, letzter Halbsatz UrhG), wurde auf Empfehlung des Rechtsausschusses ergänzt.[87] Erfasst werden sollen damit solche Fälle, „in denen der jeweils zutreffend ermittelte Anschlussinhaber abgemahnt wird, sich sodann jedoch herausstellt, dass dieser nicht der Verletzter ist", wobei die Beweislast für diese Ausnahme beim Abmahnenden liegt.[88]

c) Unbegründete bzw. missbräuchliche wettbewerbsrechtliche Abmahnung. Anders als bei der unbegründeten Schutzrechtsverwarnung ist im Falle einer unbegründeten Abmahnung eines Wettbewerbsverstoßes anerkannt, dass allein durch die objektiv **unbe-**

---

[85] BGH v. 15.7.2005, GSZ 1/04 (unbegründete Schutzrechtsverwarnung).
[86] Amtl. Begründung, BT-Drucks. 17/13057, S. 34.
[87] Vgl. Beschlussempfehlung, BT-Drucks. 17/14192, S. 22.
[88] Bericht Rechtsausschuss, BT-Drucks. 17/14216, S. 9.

gründete Abmahnung keine Ansprüche des Abgemahnten unter dem Gesichtspunkt eines Eingriffs in das Recht am eingerichteten und ausgeübten Gewerbebetrieb (§ 823 Abs. 1 BGB) begründet werden. Maßgeblich für diese unterschiedliche Bewertung sei, dass eine Schutzrechtsverwarnung für den Verwarnten im Hinblick auf mögliche betriebliche Konsequenzen (u.U. Produktionsstopp u.ä.) ungleich belastender sei als eine bloße wettbewerbsrechtliche Abmahnung, von der meist lediglich eine Werbemaßnahme betroffen sei.[89] Allerdings wurde im Zuge des Gesetzes gegen unseriöse Geschäftspraktiken zugunsten des **missbräuchlich** Abgemahnten ein gesetzlicher Anspruch auf Ersatz der für seine Rechtsverfolgung erforderlichen Aufwendungen eingeführt (§ 8 Abs. 4 S. 2 UWG). Er entspricht dem Umfang nach dem Aufwendungsersatzanspruch des berechtigt Abmahnenden nach § 12 Abs. 1 S. 2 UWG und zielt- ähnlich wie der neu eingeführte Aufwendungsersatzanspruch nach § 97a Abs. 4 UrhG – darauf ab „mehr Waffengleichheit zwischen Abmahnendem und Abgemahntem" herzustellen.[90]

12. Abgrenzung zur Berechtigungsanfrage

Wie zuvor (unter 11. a.) gesehen, läuft der Abmahnende bei einer Schutzrechtsverwarnung, d.h. einer Abmahnung wegen einer vermeintlichen Verletzung eines gewerblichen Schutzrechts, Gefahr, dass er seinerseits vom Abmahnenden auf Schadensersatz in Anspruch genommen wird, sofern sich der dem Abmahnenden zur Last gelegte Vorwurf einer Schutzrechtsverletzung als unbegründet herausstellt. Um diesem Risiko zu beggnen, ist dem Schutzrechtsinhaber in Fällen, in denen die tatsächlichen Umstände und die Rechtslage im Einzelfall noch nicht hinreichend aufgeklärt sind, dringend zu empfehlen, von einer Abmahnung Abstand zu nehmen. Stattdessen kann der Rechtsinhaber in diesen Fällen zunächst eine sog. **Berechtigungsanfrage** (auch Schutzrechtshinweis oder Hinweisschreiben genannt) an den vermeintlichen Verletzer richten, die lediglich darauf abzielt, einen die Tatsachen- und Rechtslage aufklärenden Meinungsaustausch zu eröffnen.[91] Die Berechtigungsanfrage liegt damit unterhalb der Angriffsschwelle einer Abmahnung. Auch ist die Berechtigungsanfrage kein Ersatz für eine Abmahnung, so dass diese noch zu erfolgen hat, bevor Anlass zur Klageerhebung gegeben ist.[92] Der Absender einer bloßen Berechtigungsanfrage, dem objektiv keine Ansprüche wegen einer Verletzung zustehen, ist grundsätzlich nicht zur Erstattung der Kosten verpflichtet, die der Empfänger der Anfrage zu ihrer Beantwortung aufwendet.[93]

---

89 Ausführlich und kritisch hierzu vgl. Köhler/Bornkamm, § 12 Rdn. 1.70.
90 Amtl. Begr. BT-Drucks. 17/13057, S. 30.
91 Mes, PatG, § 139 Rdn. 243 f.
92 Hoene/Runkel, S. 245.
93 So das OLG Düsseldorf, GRUR 1990, 548, für eine auf ein Patent gestützte Berechtigungsanfrage.

Abb. 16: Beispiel für eine Abmahnung[94]

<Briefkopf Abmahnender>
Vorab per Telefax: ....
Per Einschreiben mit Rückschein
XY-GmbH
Geschäftsführer Max Mustermann
Musterstadt

Wettbewerbsverstoß durch irreführende Werbung (§§ 3, 5 Abs. 1 Nr. 3 UWG)
Sehr geehrter Herr Mustermann,
bekanntlich betreiben wir seit vielen Jahren eine Kette von Drogeriemärkten in Mittelhessen. Als einer Ihrer Mitbewerber sind wir zur Geltendmachung lauterkeitsrechtlicher Ansprüche berechtigt (§ 8 Abs. 3 Nr. 1 UWG). Am 13.3.2014 schalteten Sie in der Wochenendausgabe des Mittelhessischen Anzeigers eine ganzseitige Werbeanzeige. Darin werben Sie unter anderem mit der Aussage, Sie hätten das dichteste Filialnetz von Drogeriemärkten in Mittelhessen und betrieben dort insgesamt 26 Filialen.

Wie Ihnen bekannt sein dürfte, sind diese Aussagen unwahr. Die von Ihnen angegebene Anzahl von Filialen ist unzutreffend. Tatsächlich betreiben Sie in Mittelhessen lediglich 21 Drogeriemärkte, während von uns in der gleichen Region 37 Drogeriemärkte betrieben werden. Nicht Ihr Unternehmen, sondern wir verfügen daher über das dichteste Filialnetz in Mittelhessen. Durch die fragliche Werbung führen Sie daher das Publikum über Ihre geschäftlichen Verhältnisse in die Irre, da Sie eine tatsächlich nicht gegebene Größe und Bedeutung Ihres Unternehmens vortäuschen. Diese Werbung stellt eine unlautere Wettbewerbshandlung im Sinne von §§ 3, 5 Abs. 1 Nr. 3 UWG dar.
...
...
Wir haben Sie daher aufzufordern, den zuvor dargestellten Wettbewerbsverstoß unverzüglich zu unterlassen und zur Ausräumung der Wiederholungsgefahr und Vermeidung einer gerichtlichen Auseinandersetzung die anliegend beigefügte strafbewehrte Unterlassungs- und Verpflichtungserklärung bis zum

        <Wochentag>, den <Datum> (bei uns eingehend)

abzugeben.
Für den Fall, dass innerhalb der vorgenannten Frist keine die Wiederholungsgefahr vollständig ausräumende Erklärung bei uns eingeht, werden wir unverzüglich gerichtliche Schritte einleiten.
Mit freundlichen Grüßen
(Unterschrift)
Anlage

---

[94] In Anlehnung an Hoene/Runkel, S. 20 Rdn. 48; Tews/Bokel, S. 208.

II. Unterwerfungserklärung

1. Zweck

Wie bereits dargestellt (s.o. § 87 II. 2. b. aa.), setzt ein Unterlassungsanspruch stets das Vorliegen einer **Wiederholungsgefahr** voraus, die im Falle von Schutzrechtsverletzungen grundsätzlich durch die Rechtsverletzung indiziert und im Falle von Wettbewerbsverstößen vermutet wird. Wesentlicher Bestandteil des rechtlichen Instrumentariums zur außergerichtlichen Beilegung wettbewerbsrechtlicher und immaterialgüterrechtlicher Streitigkeiten ist daher, wie gesehen, die strafbewehrte Unterlassungsverpflichtungserklärung (sog. **Unterwerfung**), durch die allein die Wiederholungsgefahr ausgeräumt werden kann. Eine solche Unterwerfungserklärung muss den für die Ausräumung der Wiederholungsgefahr maßgeblichen Schuldnerwillen zur künftigen Unterlassung des in Frage stehenden rechtsverletzenden Verhaltens unzweideutig zum Ausdruck bringen.[95] Der rechtliche Grund für die Abgabe der Unterwerfungserklärung ist regelmäßig der von den Parteien verfolgte Zweck, einen **gesetzlichen Unterlassungsanspruch** – dieser entfällt bei Wegfall der Wiederholungsgefahr – durch einen vereinfacht durchsetzbaren und strafbewehrten **vertraglichen Anspruch** zu ersetzen.[96] Allerdings lässt „die vom Schuldner abgegebene einseitige strafbewehrte Unterlassungserklärung, wenn sie ernsthaft ist und inhaltlich den an eine solche Erklärung zu stellenden Anforderungen entspricht, die Wiederholungsgefahr unabhängig von einer Annahmeerklärung des Gläubigers und daher gegebenenfalls auch schon vor einer solchen entfallen".[97]

2. Rechtsnatur, Form

Durch den Unterlassungsvertrag wird ein auf die Unterlassung einer bestimmten, konkret bezeichneten Verletzungsform gerichtetes Dauerschuldverhältnis begründet.[98] Dessen konkrete Rechtsnatur ist umstritten, zumal sie mit Blick auf den Grundsatz der Vertragsfreiheit nicht generell und einheitlich bestimmt werden kann, sondern maßgeblich vom Inhalt der getroffenen Vereinbarung abhängt. In Fällen, in denen die Unterlassungserklärung eine zur Beseitigung der Wiederholungsgefahr geeignete Vertragsstrafebewehrung einschließt – wie dies bei Unterwerfungen regelmäßig der Fall ist – geht der BGH angesichts des dadurch bewirkten Untergangs des gesetzlichen Unterlassungsanspruchs als Folge des Fortfalls der Wiederholungsgefahr vom Vorliegen einer **Novation** (sog. Schuldersetzung) in der Form eines **abstrakten Schuldanerkenntnisses** aus.[99] Als solches unterliegt dieses grundsätzlich dem **Schriftformerfordernis** (vgl. § 781 BGB), das allerdings entfällt, wenn der Schuldner – wie im Regelfall – Kaufmann ist (§§ 350, 343 HGB).[100] Obgleich danach in den meisten Fällen kein gesetzliches Formerfordernis eingreift, hat der Gläubiger gegen den Schuldner einen aus Sinn und Zweck der Unterlassungserklärung abgeleiteten Anspruch darauf, dass dieser ihm eine ohne Beachtung der Schriftform (z.B. per Fax, per Mail oder gar nur mündlich) erklär-

---

[95] BGH GRUR 1993, 677, 679 „Bedingte Unterwerfung".
[96] BGH GRUR 1998, 953, 954 „Altunterwerfung III".
[97] BGH v. 18.5.2006, I ZR 32/03, „Vertragsstrafevereinbarung".
[98] BGH GRUR 1995, 678, 680 „Kurze Verjährungsfrist".
[99] BGH GRUR 1995, 678, 679 „Kurze Verjährungsfrist"; BGH GRUR 1998, 953, 954 „Altunterwerfung III".
[100] Köhler/Bornkamm, § 12 Rdn. 1.103 f.

te Unterlassungsverpflichtung in zu Beweiszwecken geeigneter **schriftlicher Form** bestätigt.[101]

3. Zustandekommen des Unterlassungsvertrages

In der Praxis ist es, wie dargestellt (s.o. I. 6. b.), üblich, dass der Abmahnung eine bereits vom Gläubiger vorformulierte Unterlassungserklärung beigefügt ist. Für den Bereich der urheberrechtlichen Abmahnung ist zu beachten, dass der Abmahner bereits in der Abmahnung anzugeben hat, „inwieweit die vorgeschlagene Unterlassungserklärung über die abgemahnte Rechtsverletzung hinausgeht" (§ 97a Abs. 2 S. 1 Nr. 4 UrhG; s. zuvor I. 6 b). In diesen Fällen geht das **Angebot** zum Abschluss des Unterlassungsvertrages also vom Abmahner aus. Der Unterlassungsvertrag kommt zustande, wenn der Abgemahnte die geforderte Unterlassungserklärung abgibt (**Annahme**). Nicht selten kommt es jedoch vor, dass der Abgemahnte die Erklärung nicht in der geforderten Ausgestaltung, sondern nur in modifizierter Form abgibt (z.B. Herabsetzung der Vertragsstrafe; engere Fassung der Unterlassungserklärung). In diesen Fällen geht das Angebot zum Abschluss des Unterlassungsvertrages vom Schuldner aus (§ 150 Abs. 2 BGB), ebenso wie in den Fällen, in denen der Abmahnung ausnahmsweise keine vorformulierte Erklärung beigefügt war. Kommt der Unterlassungsvertrag zustande, so entfällt wegen Fortfalls der Wiederholungsgefahr der gesetzliche Unterlassungsanspruch, an dessen Stelle der durch eine Vertragsstrafe gesicherte vertragliche Anspruch tritt.

4. Bedeutung des Vertragsstrafeversprechens

Das zur Ausräumung der Wiederholungsgefahr erforderliche Vertragsstrafeversprechen ergänzt das Unterlassungsversprechen. Anders als ein nach § 890 ZPO im Rahmen der Vollstreckung eines Unterlassungstitels verhängtes Ordnungsmittel, das eine strafähnliche Sanktion für die Übertretung des gerichtlichen Verbots darstellt, ist die **Vertragsstrafe** (i.S.v. § 339 BGB) eine schuldrechtlich vereinbarte Leistung zur **Sicherung der Vertragserfüllung** und erspart dem Gläubiger den Schadensbeweis. Das heißt, sie dient entsprechend doppelter Zwecksetzung als Druckmittel dem Schutz des Gläubigers vor Zuwiderhandlungen und kann darüber hinaus auch den Zweck haben, diesem im Verletzungsfall eine einfache Möglichkeit zu eröffnen, Schadensersatz zu erhalten.[102] Sofern der Schuldner nach Abgabe einer modifizierten Unterwerfungserklärung (s. zuvor 3.) und vor Annahme dieses neuen Angebots durch den Gläubiger erneut eine Verletzungshandlung begeht, ist noch keine Vertragsstrafe verwirkt, da die Verpflichtung zur Zahlung einer Vertragsstrafe nicht schon durch die einseitige Erklärung des Schuldners begründet wird, sondern das Zustandekommen eines Unterlassungsvertrages zwischen Gläubiger und Schuldner voraussetzt.[103]

5. Höhe der Vertragsstrafe

Die Vertragsstrafe wird in der Regel als **fester Betrag** (Fixum) vereinbart. Maßgeblich für die **Höhe der Vertragsstrafe** sind Art und Größe des Unternehmens des Verletzers,

---

[101] BGH GRUR 1990, 530, 532 „Unterwerfung durch Fernschreiben".
[102] BGH GRUR 2001, 758, 760 „Trainingsvertrag".
[103] BGH v. 18.5.2006, I ZR 32/03, „Vertragsstrafevereinbarung".

Umsatz und möglicher Gewinn sowie Schwere und Ausmaß der Zuwiderhandlung.[104] Die Vertragsstrafe muss nicht fix vereinbart sein, sie kann gemäß § 315 Abs. 1 BGB auch in der Form getroffen werden, dass für den Fall einer künftigen Zuwiderhandlung gegen die Unterlassungspflicht dem Gläubiger die Bestimmung der Vertragsstrafehöhe nach seinem billigen Ermessen überlassen bleibt. Obgleich die Vertragsstrafe von ihrem Charakter her, wie zuvor dargelegt, nicht ohne weiteres mit einem Ordnungsmittel i.S.v. § 890 ZPO gleichgesetzt werden kann, kommt es für die **Angemessenheit einer Vertragsstrafe** in erster Linie auf den Sanktionscharakter der Vertragsstrafe und auf ihre Funktion der Vermeidung weiterer Zuwiderhandlungen an. Es kommt also – insoweit ähnlich wie bei der Festsetzung angemessener Ordnungsmittel im Sinne des § 890 ZPO – auf die Beurteilung der Schwere und des Ausmaßes der begangenen Zuwiderhandlung, auf deren Gefährlichkeit für den Gläubiger, auf das Verschulden des Verletzers und auf dessen – zu beseitigendes – Interesse an weiteren gleichartigen Begehungshandlungen an.[105] Die Verwirkung der Vertragsstrafe setzt **Verschulden** voraus, wobei der Schuldner nicht nur für eigenes Verschulden, sondern auch das seiner Hilfspersonen (§ 278 BGB) einzustehen hat.[106]

Abb. 17: Unterlassungs- und Verpflichtungserklärung

Unterlassungs- und Verpflichtungserklärung[107]
XY-GmbH <Anschrift Abgemahnter> verpflichtet sich gegenüber <Firma/Anschrift Abmahnender> 1. es ab sofort zu unterlassen, mit dem Ziel, zugunsten des eigenen Unternehmens den Absatz von Waren zu fördern, sich in einer Zeitungsanzeige oder sonstigen öffentlichen Mitteilungen wie nachstehend zu äußern/und oder solche Äußerungen verbreiten zu lassen: „Wir verfügen über das dichteste Filialnetz von Drogeriemärkten in Mittelhessen. Insgesamt betreiben wir dort 26 Drogeriemärkte"; 2. für jeden Fall zukünftiger Zuwiderhandlung gegen die in unter Ziffer 1 aufgeführte Verpflichtung unter Ausschluss der Einrede des einheitlichen Tathergangs an <Firma Abmahnender> eine Vertragsstrafe in Höhe von EUR 5100,- zu zahlen. Musterstadt, den …. (Firmenstempel und rechtsverbindliche Unterschrift)

6. Erneute Zuwiderhandlung

Wenn der Verletzte nach Zustandekommen des Unterlassungsvertrages durch die Begehung einer neuerlichen Rechtsverletzung gegen die strafbewehrte Unterwerfungserklärung schuldhaft verstößt, ist die Vertragsstrafe verwirkt. Durch die neue – auch unver-

---

104 Köhler/Bornkamm, § 12 Rdn. 1.139.
105 BGH GRUR 1994, 146, 148 „Vertragsstrafebemessung".
106 Palandt/Heinrichs, BGB, § 339 Rdn. 3.
107 In Anlehnung an Hoene/Runkel, S. 31 Rdn. 85.

schuldete – Verletzungshandlung wird die **Wiederholungsgefahr** regelmäßig **erneut begründet**, d.h. es entsteht ein neuerlicher gesetzlicher Unterlassungsanspruch. Die Wiederholungsgefahr kann grundsätzlich nur durch eine weitere Unterwerfungserklärung mit einer gegenüber der ersten erheblich höheren Strafbewehrung ausgeräumt werden.[108] Das Rechtsschutzbedürfnis für die Verfolgung des neuerlichen Rechtsverstoßes im Wege der Unterlassungsklage wird durch das Bestehen des vertraglichen Anspruchs auf die Vertragsstrafe nicht berührt.[109]

7. Kündigung

Wie alle Dauerschuldverhältnisse kann auch der Unterlassungsvertrag aus wichtigem Grund bzw. wegen **Wegfalls der Geschäftsgrundlage** (§ 313 Abs. 3 S. 2 BGB) gekündigt werden. Als Gründe kommen insoweit – insbesondere im Wettbewerbsrecht – eine Änderung der Rechtsprechung oder eine Gesetzesänderung in Betracht, die dazu führt, dass das fragliche Verhalten, zu dessen Unterlassen sich der Schuldner bei Meidung einer Vertragsstrafe verpflichtet hat, nach geänderter Rechtslage keinen Rechtsverstoß mehr begründet. In bestimmten Fallkonstellationen kann die Bindungswirkung einer Unterwerfungserklärung

Abb. 18: Checkliste Abmahnung[110]

Checkliste Abmahnung

- Angabe Name oder Firma des Verletzten, wenn der Verletzte nicht selbst, sondern ein Vertreter abmahnt (§ 97a Abs. 2 S. 1 Nr. 1 UrhG)
- Darlegung der Aktivlegitimation/Sachbefugnis *(soweit diese nicht als bekannt vorausgesetzt werden darf)*;
- Darstellung des dem Abgemahnten konkret zur Last gelegten Verhaltens;
- knappe rechtliche Würdigung (Subsumtion) bzw.
- genaue Bezeichnung der Rechtsverletzung (§ 97a Abs. 2 S. 1 Nr. 2 UrhG);
- Aufforderung zur Abgabe einer strafbewehrten Unterlassungserklärung;
- Beifügung einer vorformulierten Unterlassungserklärung *(fakultativ)*;
- Angabe, inwieweit die vorgeschlagene Unterlassungsverpflichtung über die abgemahnte Rechtsverletzung hinausgeht (§ 97a Abs. 2 S. 1 Nr. 4 UrhG);
- Bei Geltendmachung von Zahlungsansprüchen Aufschlüsselung als Schadensersatz- und Aufwendungsersatzansprüche (§ 97a Abs. 2 S. 1 Nr. 3 UrhG);
- Setzung einer angemessenen Frist;
- Androhung gerichtlicher Schritte;
- Aufforderung zur Erstattung der Kosten der Abmahnung *(fakultativ)*;
- Form: Grundsätzlich formfrei – aus Beweisgründen Schriftform mit Zugangsnachweis (Einschreiben mit Rückschein).

---

108 BGH GRUR 1980, 241, 242 „Rechtsschutzbedürfnis"; BGH GRUR 1990, 534 „Abruf-Coupon".
109 BGH GRUR 1980, 241, 242 „Rechtsschutzbedürfnis".
110 Soweit bei einzelnen der nachfolgend aufgeführten Punkte in der Klammer auf § 97a Abs. 2 S. 1 UrhG verwiesen wird, handelt es sich um inhaltliche Anforderungen, die der Gesetzgeber für die urheberrechtliche Abmahnung durch das Gesetz gegen unseriöse Geschäftspraktiken festgelegt hat.

Abb. 19: Checkliste für Überprüfung Abmahnung aus Sicht des Abgemahnten

Checkliste für Überprüfung Abmahnung aus Sicht des Abgemahnten
- Im Vordergrund der Prüfung steht die Frage: Ist ein Abmahngrund gegeben (materielle Prüfung Wettbewerbsverstoß, Schutzrechtsverletzung)?
- Berechtigung des Abmahnenden (Aktivlegitimation, z.b. bei Wettbewerbsverstößen nach § 8 Abs. 3 Nr. 1 – 4 UWG)?
- Wirksamkeit einer urheberrechtlichen Abmahnung (§ 97a Abs. 2 UrhG)?
- Überprüfung der geforderten Unterwerfungserklärung, u.a.:
  - Ist diese hinreichend konkret und nicht zu weit gefasst?
  - Angemessenheit der Vertragsstrafe (Maßstab hiefür: Art, Gefährlichkeit und Bedeutung des Verstoßes, Finanzkraft des Verletzers sowie dessen mutmaßliches wirtschaftliches Interesse an Wiederholung)?
  - Kein missbräuchliches Unterlassungsbegehren, insbesondere lediglich, um Anspruch auf Kostenerstattung zu generieren (vgl. § 8 Abs. 4 UWG – z.B. bei Mehrfachabmahnung durch im Konzernverbund stehende Unternehmen)?
- Reaktionsmöglichkeiten des Abgemahnten:
  - Abgabe der Unterwerfungserklärung, wie gefordert;
  - Abgabe einer eingeschränkten bzw. modifizierten Unterwerfungserklärung, ggf. mit Reduktion einer zu hoch angesetzten Vertragsstrafe bzw. eines überhöhten Streitwertes;
  - Begehren einer Fristverlängerung, insbes. bei unangemessen kurzer Frist;
  - Aufnahme von Verhandlungen mit dem Abmahnenden (z.B. in Kennzeichensachen zwecks Abschluss einer Abgrenzungsvereinbarung);
  - Abmahnung zurückweisen (z.B. mangels Abmahngrund, wegen fehlender Aktiv- od. Passivlegitimation; wegen Rechtsmissbrauchs);
  - Gegenanspruch bei unbegründeter Schutzrechtsverwarnung, unberechtigter oder unwirksamer urheberrechtlicher Abmahnung oder missbräuchlicher wettbewerbsrechtlicher Abmahnung;
  - Hinterlegung einer Schutzschrift (siehe hierzu a. § 90 II. 4).

darüber hinaus auch ungeachtet der rechtzeitigen Aussprache einer Kündigung nach den Grundsätzen von **Treu und Glauben** (§ 242 BGB) entfallen. Wie der BGH in einem Fall, in dem die Verbandsklagebefugnis des Gläubigers durch eine Gesetzesänderung entfallen war, entschieden hat, beruht der Wegfall der Bindungswirkung in solchen Fallkonstellationen im Wesentlichen auf der Überlegung, dass dem Gläubiger das Vorgehen aus einem nicht rechtzeitig gekündigten Vertragsstrafeversprechen dann verwehrt sein müsse, wenn ihm der durch die Unterwerfungserklärung gesicherte Anspruch eindeutig nicht mehr zusteht.[111]

---

111 BGH GRUR 2001, 85, 86 „Altunterwerfung IV".

III. Verfahren vor der Einigungsstelle

1. Überblick, Einordnung, Bedeutung

Für den Bereich des **Wettbewerbsrechts** ist als besondere Möglichkeit der außergerichtlichen Streitbeilegung das Einigungsstellenverfahren zu erwähnen, das in § 15 UWG geregelt ist. Wird nach einer wettbewerbsrechtlichen Abmahnung eine Unterwerfungserklärung nicht abgegeben, kann es sich in rechtlich unklaren Fällen und solchen, in denen trotz klarer Rechtslage (z.B. wegen beiderseitiger Verletzungshandlungen) eine Aussicht auf eine außergerichtliche Einigung besteht, empfehlen, eine **Einigungsstelle** anzurufen.[112] Das Einigungsstellenverfahren, das von den Landesregierungen bei den Industrie- und Handelskammern eingerichtet ist (§ 15 Abs. 1 UWG), zielt in Wettbewerbsstreitigkeiten auf einen **gütlichen Ausgleich** zwischen den Streitparteien ab (§ 15 Abs. 6 S. 1 UWG). Es eröffnet den Parteien die Möglichkeit einer einfachen und kostengünstigen Streitbeilegung. Das Einigungsstellenverfahren wird insbesondere von der **Wettbewerbszentrale** stark genutzt,[113] im Übrigen hat es in der Praxis aber eher geringe Resonanz gefunden.[114]

2. Besetzung der Einigungsstellen

Die Einigungsstellen sind mit einem Vorsitzenden, der die Befähigung zum Richteramt hat und auf dem Gebiet des Wettbewerbsrechts erfahren ist, und Beisitzern besetzt (§ 15 Abs. 2 S. 1, 3 UWG). Die Einzelheiten der Besetzung sind in § 15 Abs. 2 UWG geregelt.

3. Zuständigkeit

Die sachliche Zuständigkeit der Einigungsstellen ist für **bürgerliche Rechtsstreitigkeiten** gegeben, in denen ein Anspruch **nach dem UWG** geltend gemacht wird. Angesprochen sind damit die zivilrechtlichen Ansprüche, die sich nach dem Lauterkeitsrecht bei einem Verstoß gegen § 3 UWG oder § 7 UWG ergeben. Soweit eine Wettbewerbshandlung gegenüber Verbrauchern betroffen ist, kann die Einigungsstelle von beiden Parteien angerufen werden. In sonstigen Fällen, d.h. in Fällen, in denen eine vorgeschaltete Wirtschaftsstufe betroffen ist, kann die Einigungsstelle nur mit Zustimmung des Gegners angerufen werden (§ 15 Abs. 3 UWG). Für die örtliche Zuständigkeit ist § 14 UWG entsprechend anzuwenden (§ 15 Abs. 4 UWG).

4. Verfahren, Vergleich

Das **Verfahren** vor den Einigungsstellen ist in § 15 Abs. 5 – 10 UWG sowie ergänzend in den von den Landesregierungen auf der Grundlage von § 15 Abs. 11 UWG erlassenen, sachlich weitgehend übereinstimmenden Durchführungsverordnungen geregelt.[115] Hervorzuheben ist, dass die Einigungsstelle den Parteien im Sinne des gütlichen Ausgleichs einen schriftlichen, mit Gründen versehenen **Einigungsvorschlag** machen kann

---

112 Tews/Bokel, S. 144.
113 Ausweislich der WBZ-Publikation „Jahresbericht 2012", S. 100, wurden von der Zentrale im Jahr 2012 knapp 500 Einigungsstellenverfahren geführt.
114 Vgl. so die Einschätzung von Hoene/Runkel, S. 168 Rdn. 1, mit Erläuterung der Vor- und Nachteile des Einigungsstellenverfahrens aus praktischer Sicht.
115 Vgl. hierzu die bei Köhler/Bornkamm als Muster im Anhang zu § 15 abgedruckte Bayerische Einigungsstellenverordnung.

(§ 15 Abs. 6 S. 2 UWG). Kommt ein **Vergleich** zustande, so wird dieser in einer Urkunde niedergelegt, aus der die Zwangsvollstreckung betrieben werden kann (§ 15 Abs. 7 UWG).

§ 90 Gerichtliche Durchsetzung

In Fällen, in denen eine außergerichtliche Streitbeilegung scheitert – sei es, weil sich der Abgemahnte nicht unterwirft oder, weil es in einem wettbewerbsrechtlichen Einigungsstellenverfahren zu keiner Einigung kommt –, ist eine gerichtliche Anspruchsdurchsetzung erforderlich.

I. Allgemeine Zulässigkeitsfragen

1. Rechtsweg

Für alle Rechtsstreitigkeiten, in denen Ansprüche wegen der Verletzung eines gewerblichen Schutzrechtes oder eines Urheber- oder Leistungsschutzrechtes geltend gemacht wird, sowie für die Verfolgung wettbewerbsrechtlicher Ansprüche ist der ordentliche **Rechtsweg** zu den Zivilgerichten gegeben (§§ 13 GVG, 104 UrhG).

2. Sachliche Zuständigkeit

Sachlich ausschließlich **zuständig** für Klagen wegen der Verletzung eines gewerblichen Schutzrechtes sowie wegen Wettbewerbsverstößen sind die Landgerichte ohne Rücksicht auf den Streitwert (§§ 143 Abs. 1 PatG, 27 Abs. 1 GebrMG, 140 Abs. 1 MarkenG, 52 Abs. 1 DesignG, 13 Abs. 1 UWG). Demgegenüber kommt in Urheberrechtsstreitsachen abhängig vom Streitwert auch eine sachliche Zuständigkeit der Amtsgerichte in Betracht (§§ 105 Abs. 2 UrhG, 23 Nr. 1 GVG). Sämtliche Sondergesetze des gewerblichen Rechtsschutzes, das Urheberrechtsgesetz und das UWG enthalten im Wesentlichen gleichlautende sog. **Konzentrationsermächtigungen**, durch die die Landesregierungen ermächtigt werden, durch Rechtsverordnung die fraglichen Streitsachen für die Bezirke mehrerer Landgerichte bzw. in Urheberrechtsstreitsachen auch mehrerer Amtsgerichte einem von ihnen zuzuweisen (§§ 143 Abs. 2 PatG, 27 Abs. 2 GebrMG, 140 Abs. 2 MarkenG, 52 Abs. 2 DesignG, 13 Abs. 2 UWG, 105 UrhG).[116] Die Regelungen betreffend die Konzentrationsermächtigung der Länder tragen dem Umstand Rechnung, dass die Zuständigkeit eines Gerichts für die einschlägigen Rechtsstreitigkeiten besondere Kenntnisse und Erfahrungen in rechtlichen Spezialmaterien voraussetzt, die nicht bei allen Gerichten vorgehalten bzw. mangels ausreichender Fallzahlen gesammelt werden können.

3. Örtliche Zuständigkeit

a) **Allgemeine Zuständigkeitsregeln ZPO.** Die örtliche Zuständigkeit richtet sich für Verletzungsklagen im Bereich des **gewerblichen Rechtsschutzes** und des **Urheberrechts**, sofern keine spezialgesetzlichen Regelungen eingreifen, nach den allgemeinen Vorschriften der Zivilprozessordnung (§§ 12 ff. ZPO). Örtlich zuständig ist danach – nach

---

116 Eine Übersicht über die danach in den Ländern zuständigen Gerichte findet sich auf der Website der Vereinigung für gewerblichen Rechtsschutz und Urheberrecht e.V. (GRUR), abrufbar unter: http://www.grur.org/de/grur-atlas/gerichte/landgerichtszustaendigkeiten.html (letzter Abruf: 04/2014).

Wahl des Klägers (§ 35 ZPO) – das Gericht, bei dem der Beklagte seinen allgemeinen Gerichtsstand hat (§§ 12, 13, 17 ZPO) oder ein anderes Gericht, bei dem einer der sog. **besonderen Gerichtsstände** begründet ist (z.B. besonderer Gerichtsstand der Niederlassung, § 21 ZPO). In der Praxis des gewerblichen Rechtsschutzes und des Urheberrechts spielt der besondere Gerichtsstand der **unerlaubten Handlung** (§ 32 ZPO) eine besonders große Rolle, der die Rechtsverfolgung von Verletzungshandlungen überall dort zulässt, wo sie begangen wurde. Damit können mehrere Gerichtsstände eröffnet sein, unter denen der Verletzte die Wahl hat (sog. **fliegender Gerichtsstand**).

b) Sonderregelung UWG. Für Klagen wegen **Wettbewerbsverstößen** findet sich eine Sonderregelung zur örtlichen Zuständigkeit in § 14 UWG. Danach ist für Klagen aufgrund des UWG das Gericht zuständig, in dessen Bezirk der Beklagte seine gewerbliche oder selbständige berufliche **Niederlassung** oder in Ermangelung einer solchen seinen Wohnsitz hat (§ 14 Abs. 1 S. 1 UWG). Außerdem ist nur das Gericht zuständig, in dessen Bezirk die Handlung begangen wurde (§ 14 Abs. 2 S. 1 UWG). Je nach Art des Wettbewerbsverstoßes kommen eine Vielzahl von **Begehungsorten** als Anknüpfung für den Gerichtsstand in Betracht, z.B. bei Wettbewerbsverstößen in Druckschriften (Zeitungen, Zeitschriften, Katalogen etc.) nicht nur der Erscheinungsort, sondern grundsätzlich auch jeder Ort der Verbreitung, bei Verstößen im Internet jeder Ort, an dem die Information dritten Personen bestimmungsgemäß zur Kenntnis gebracht wird (sog. **fliegender Gerichtsstand**).[117] Der Kläger kann zwischen den beiden nach § 14 eröffneten Gerichtsständen wählen (§ 35 ZPO). Der Gerichtsstand des Begehungsortes nach § 14 Abs. 2 S. 1 UWG steht jedoch, wie sich aus einem Umkehrschluss aus § 14 Abs. 2 S. 2 UWG ergibt, nur dem nach § 8 Abs. 3 Nr. 1 UWG aktivlegitimierten Mitbewerber uneingeschränkt zur Verfügung, während er für Klagen, die von den nach § 8 Abs. 3 Nr. 2 bis 4 UWG klagebefugten Verbänden und Einrichtungen erhoben werden, nur dann greift, wenn der Beklagte im Inland weder eine gewerbliche oder selbständige berufliche Niederlassung noch einen Wohnsitz hat. Da sich der sog. fliegende Gerichtsstand in der Praxis zum Regelfall entwickelt hat und dem Kläger verschiedene, für den Beklagten nachteilige prozessuale Gestaltungsmöglichkeiten eröffnet, droht sich – so die Befürchtung des Gesetzgebers – die von der ZPO grundsätzlich vorgesehene Waffengleichheit zwischen den Parteien zu Gunsten des Klägers zu verschieben. Im Regierungsentwurf des **Gesetzes gegen unseriöse Geschäftspraktiken** war daher vorgesehen, den „fliegenden Gerichtsstand" nach § 14 Abs. 2 UWG auf den Ausnahmefall zu beschränken, dass der Beklagte im Inland weder eine gewerbliche oder selbständige berufliche Niederlassung noch einen Wohnsitz hat.[118] Auf die geplante Regelung wurde jedoch entsprechend der Beschlussempfehlung des Rechtsausschusses – zumindest vorerst – verzichtet. Die Frage der Sinnhaftigkeit einer möglichen Beschränkung des fliegenden Gerichtsstandes stelle sich nicht nur im Lauterkeitsrecht, sondern insbesondere auch im Presserecht und im gewerblichen Rechtsschutz insgesamt. Eine gesetzliche Regelung dürfe daher nicht nur isoliert für das UWG erfolgen, sondern stehe unter dem Vorbehalt einer sorgfältigen Prüfung und Bewertung der zu berücksichtigenden Interessen für alle betroffenen Rechtsgebiete.[119]

---

117 Köhler/Bornkamm, § 14 Rdn. 15 ff.
118 Vgl. Reg.-Entwurf, BT-Drucks. 17/13057, S. 31.
119 Vgl. Bericht des Rechtsausschusses, BT-Drucks. 17/14216, S. 8.

c) **Neue Sonderregelung Urheberrecht.** Wie gesehen (zuvor b.) hat der Gesetzgeber auf die geplante Einschränkung des sog. fliegenden Gerichtstandes im Lauterkeitsrecht verzichtet. Demgegenüber hat er – gleichfalls einer Empfehlung des Rechtsausschusses folgend – in § 104a UrhG eine neue **Gerichtsstandsregelung** eingeführt, durch die der Gerichtstand am Begehungsort (§ 32 ZPO) im Interesse des Verbraucherschutzes eingeschränkt wird. Die im Regierungsentwurf noch nicht vorgesehene Regelung zielt darauf ab, der besonderen Schutzbedürftigkeit der Verbraucher als Beklagten in urheberrechtlichen Verletzungsverfahren Rechung zu tragen.[120] Danach ist „für Klagen wegen Urheberrechtsstreitsachen gegen eine natürliche Person, die" nach dem Urheberrechtsgesetz „geschützte Werke oder andere" danach „geschützte Schutzgegenstände nicht für ihre gewerbliche oder selbständige berufliche Tätigkeit verwendet, das Gericht ausschließlich zuständig, in dessen Bezirk diese Person zur Zeit der Klageerhebung ihren Wohnsitz, in Ermangelung eines solchen ihren gewöhnlichen Aufenthalt hat" (§ 104a Abs. 1 S. 1 UrhG).

II. Einstweilige Verfügung

1. Bedeutung, Zuständigkeit

In Wettbewerbssachen und in Fällen der Verletzung von gewerblichen Schutzrechten und Urheberrechten ist der Anspruchsteller häufig darauf angewiesen, möglichst schnell gerichtliche Hilfe zu erlangen. Daher kommt dem einstweiligen Verfügungsverfahren in der einschlägigen Praxis erhebliche Bedeutung zu. Bei dem Verfahren der einstweiligen Verfügung (§§ 935, 936 ZPO) handelt es sich um ein Verfahren des **einstweiligen Rechtsschutzes**, das der Sicherung eines Individualanspruchs und der einstweiligen Regelung eines streitigen Rechtsverhältnisses dient. Insbesondere in Wettbewerbssachen und bei Kennzeichenstreitigkeiten führt das als Instrument des vorläufigen Rechtsschutzes konzipierte einstweilige Verfügungsverfahren gleichwohl häufig zu einer endgültigen Erledigung des Rechtsstreits, so dass sich die Durchführung eines Hauptsacheverfahrens erübrigt. Für den Erlass einstweiliger Verfügungen ist das **Gericht der Hauptsache** örtlich und sachlich ausschließlich zuständig (§§ 937, 943, 802 ZPO). Für die Stellung des Antrags auf Erlass einer einstweiligen Verfügung besteht kein Anwaltszwang (§§ 936, 920, 294 ZPO). Gleichwohl empfiehlt sich die Beauftragung eines Rechtsanwalts, da in dem hier regelmäßig in die Zuständigkeit der Landgerichte fallenden Verfahren spätestens bei Anberaumung eines Termins zur mündlichen Verhandlung die Vertretung durch einen Rechtsanwalt erforderlich ist (§ 78 Abs. 1 ZPO). Durch die Zustellung des Antrags auf Erlass einer einstweiligen Verfügung wird die **Verjährung** gehemmt (§§ 204 Nr. 9, 209 BGB).

2. Voraussetzungen

a) **Verfügungsanspruch und Verfügungsgrund.** Voraussetzung für den Erlass einer einstweiligen Verfügung ist grundsätzlich, dass der Antragsteller einen Verfügungsanspruch und einen Verfügungsgrund glaubhaft macht (§§ 936, 920 Abs. 2 ZPO). Da das einstweilige Verfügungsverfahren nur auf eine vorläufige Sicherung der Rechte des Verletzten abzielt, kommen als **Verfügungsanspruch** nur solche Ansprüche in Betracht, die – wie insbesondere Unterlassungs- und Beseitigungsansprüche – einer vorläufigen

---

120 Bericht des Rechtsausschusses, BT-Drucks. 17/14216, S. 9.

Regelung oder Befriedigung zugänglich sind. Demgegenüber scheiden Ansprüche – wie insbesondere Schadensersatzansprüche – aus, deren Verfolgung im Ergebnis eine Vorwegnahme der Hauptsache darstellen würde.[121] Der **Verfügungsgrund** besteht in der objektiv begründeten Besorgnis, dass durch eine Veränderung des bestehenden Zustandes die Verwirklichung des Rechts des Gläubigers vereitelt oder wesentlich erschwert werden könnte (Eilbedürftigkeit bzw. „**Dringlichkeit**").

b) **Glaubhaftmachung, Dringlichkeitsvermutung.** Grundsätzlich hat der Gläubiger die Umstände, aus denen sich die Dringlichkeit ergibt, darzulegen und die dazu behaupteten Tatsachen glaubhaft zu machen.[122] Als Mittel der **Glaubhaftmachung** kommen alle präsenten Beweismittel (Augenschein, Vorlage von Urkunden, Stellen von Zeugen im Termin) einschließlich der Versicherung an Eides statt in Betracht (§ 294 ZPO). In Wettbewerbssachen wird die Dringlichkeit allerdings kraft gesetzlicher Regelung (§ 12 Abs. 2 UWG) vermutet. Der unmittelbare Anwendungsbereich von § 12 Abs. 2 UWG ist auf Ansprüche aus dem UWG beschränkt. Die Frage, ob der Anwendungsbereich der gesetzlichen **Dringlichkeitsvermutung** nach § 12 Abs. 2 UWG im Wege der Rechtsanalogie auf Unterlassungsansprüche aus den Sondergesetzen des Immaterialgüterrechts ausgedehnt werden kann, ist umstritten. Sie wird von der (noch) h.M. für den Bereich des Markenrechts bejaht, für die übrigen Gesetze des gewerblichen Rechtsschutzes und das Urheberrecht jedoch verneint.[123] Das Vorliegen der Dringlichkeit ist **von Amts wegen** zu prüfen. Die in Wettbewerbssachen bestehende Dringlichkeitsvermutung kann jedoch durch Umstände entfallen, die sich aus dem Verhalten des Antragstellers ergeben.[124] Sie gilt als widerlegt, wenn dieser trotz Kenntnis der maßgeblichen Umstände und der ihm drohenden Nachteile längere Zeit untätig geblieben ist. Die Frage, welcher Zeitraum zwischen Kenntnisnahme und Einleitung gerichtlicher Schritte maximal verstreichen darf, ohne die Dringlichkeitsvermutung zu widerlegen, lässt sich nicht pauschal beantworten, weil sie von den Umständen des Einzelfalls (und der Bewertung durch das Gericht) abhängt. Als Untergrenze wird im Bereich des Wettbewerbsrechts eine Frist von **vier Wochen** ab Kenntnis vom Wettbewerbsverstoß genannt.[125]

3. Entscheidung des Gerichts

In dringenden Fällen, d.h. in Fällen, in denen die Anberaumung eines Termins zur mündlichen Verhandlung den Antragszweck gefährden würde, kann das Gericht über den Antrag durch stattgebenden **Beschluss** ohne mündliche Verhandlung entscheiden; auch in Fällen, in denen der Antrag auf Erlass einer einstweiligen Verfügung zurückzuweisen ist, kann die Entscheidung durch Beschluss ohne mündliche Verhandlung ergehen (§ 937 Abs. 2 ZPO). In anderen Fällen ergeht die Entscheidung des Gerichts auf der Grundlage mündlicher Verhandlung durch **Endurteil** (§§ 936, 922 Abs. 1 S. 1 ZPO).

---

121 Hoene/Runkel, S. 44 Rdn. 6.
122 Zöller/Vollkommer, ZPO, § 935 Rdn. 10 ff.
123 Vgl. im Einzelnen Köhler/Bornkamm, § 12 Rdn. 3.14.
124 Vgl. u.a. OLG Köln, GRUR 1994, 138, 140.
125 Hoene/Runkel, S. 44 f. Rdn. 9; Haberstumpf, Wettbewerbs- und Kartellrecht, Gewerblicher Rechtsschutz, S. 24.

4. Schutzschrift

a) Begriff, Bedeutung. Um dem Risiko zu begegnen, dass das Gericht ohne mündliche Verhandlung eine Beschlussverfügung erlässt, kann derjenige, der – insbesondere nach einer Abmahnung – eine einstweilige Verfügung befürchtet, eine sog. **Schutzschrift** bei Gericht hinterlegen. Bei der Schutzschrift handelt es sich um ein von der Rechtspraxis entwickeltes vorbeugendes Rechtsschutzmittel, das auf die Zurückweisung eines drohenden Antrags auf Erlass einer einstweiligen Verfügung oder zumindest die Anberaumung eines Termins zur mündlichen Verhandlung abzielt. Die bis dato nicht gesetzlich geregelte Schutzschrift hat nun im Zuge des **Gesetzes zur Förderung des elektronischen Rechtsverkehrs**[126] erstmals eine gesetzliche Regelung und Begriffsbestimmung erfahren. Schutzschriften sind danach „vorbeugende Verteidigungsschriftsätze gegen erwartete Anträge auf Arrest oder einstweilige Verfügung" (§ 945a Abs. 1 S. 2 ZPO). Die Schutzschrift unterliegt keinen speziellen Formerfordernissen. Mangels gesetzlicher Vorgaben orientiert sich ihr Aufbau an der Gestaltung einer Antragserwiderungsschrift, in der die Sach- und Rechtslage in einer zur Verteidigung gegen die drohende Antragsschrift geeigneten Weise ausführlich dargelegt und glaubhaft gemacht wird.[127] Die **Kosten** der Schutzschrift sind Teil eines anschließend in Gang gekommenen Verfahrens und vom Antragsteller im Fall der Zurückweisung oder Rücknahme des Verfügungsantrages zu erstatten.[128]

b) Hinterlegung, Schutzschriftenregister. Mit Blick auf den besonderen **Gerichtsstand des Begehungsortes** (s.o. I. 3.) ist die Schutzschrift bei allen Gerichten zu hinterlegen, bei denen mit einem Verfügungsantrag gerechnet werden kann. Angesichts der Existenz von bundesweit 115 Landgerichten (Stand: 01. März 2013)[129] hat sich schon die Auswahl der Gerichte, bei denen die Hinterlegung einer Schutzschrift ratsam erscheint, traditionell als schwierig erwiesen. Hinzu kommt der Büroaufwand, der mit der Erstellung und Vervielfältigung der Schutzschrift nebst Anlagen und dem Versand an eine Vielzahl von Gerichten verbunden ist. Eine erhebliche Erleichterung gegenüber dem aufwendigen Verfahren der traditionellen Schutzschriftenhinterlegung eröffnet bereits heute das **Zentrale Schutzschriftenregister** (ZSR), einem Dienst der Europäischen EDV-Akademie des Rechts gGbmH. Im ZRS können Schutzschriften schnell und bequem elektronisch hinterlegt und von den teilnehmenden Gerichten online abgefragt werden.[130] Nach dem Vorbild dieses erfolgreichen Pilotprojektes hat der Gesetzgeber nunmehr im Zuge des **Gesetzes zur Förderung des elektronischen Rechtsverkehrs** die Rechtsgrundlage für ein von den Ländern zu führendes „zentrales, länderübergreifendes elektronisches Register für Schutzschriften (Schutzschriftenregister)" geschaffen (vgl. § 945a Abs. 1 S. 1 ZPO). Es erstreckt sich nur auf den Bereich der ordentlichen Gerichtsbarkeit und dient der Vereinfachung der Verfahrensabläufe für Rechtsanwälte

---

126 Vom 10.10.2013 – BGBl. Teil I Nr. 62 v. 16.10.2013.
127 Hoene/Runkel, S. 32 Rdn. 89; ferner Zöller/Vollkommer, ZPO, § 937 Rdn. 4.
128 BGH, Beschluss v. 13.2.2003, I ZB 23/02; Haberstumpf, Wettbewerbs- und Kartellrecht, Gewerblicher Rechtsschutz, S. 25.
129 Vgl. Übersicht des BMJ über die Anzahl der Gerichte des Bundes und der Länder, abrufbar unter http://www.bmj.de/SharedDocs/Downloads/DE/pdfs/Anzahl_der_Gerichte_des_Bundes_und_der_Laender.html?nn=1470312 (letzter Abruf: 04/2014).
130 Nähere Informationen zum ZSR finden sich im Internet unter https://www.schutzschriftenregister.de/Default.aspx (letzter Abruf: 04/2014).

und Justiz.[131] Die Länder sind verpflichtet, das Schutzschriftenregister bis zum 1.1.2016 einzurichten und ab diesem Zeitpunkt als gemeinsame Empfangseinrichtung vorzuhalten.[132] Eine Schutzschrift gilt dann „als bei allen ordentlichen Gerichten der Länder eingereicht, sobald sie in das Schutzschriftenregister eingestellt ist" (§ 945a Abs. 2 S. 1 ZPO).

5. Rechtsbehelfe

Gegen einen Beschluss, durch den der Antrag auf Erlass der einstweiligen Verfügung zurückgewiesen wird, steht dem Antragsteller die **sofortige Beschwerde** zu (§ 567 Abs. 1 ZPO). Wird dem Antrag auf Erlass der einstweiligen Verfügung hingegen entsprochen, kann der Antragsgegner gegen die Beschlussverfügung **Widerspruch** einlegen (§§ 936, 924 I ZPO). Der Widerspruch ist unbefristet, möglich ist aber eine Verwirkung des Widerspruchs bei zu langem Zuwarten des Schuldners.[133] Das Gericht entscheidet über den Widerspruch auf der Grundlage eines Termins zur mündlichen Verhandlung (§ 924 Abs. 2 ZPO). Ergeht im einstweiligen Verfügungsverfahren die Entscheidung des Gerichts durch Urteil, kann die beschwerte Partei **Berufung** einlegen (§ 511 ZPO). Eine Revision ist im einstweiligen Verfügungsverfahren jedoch ausgeschlossen (§ 542 Abs. 2 ZPO). Der Antragsgegner kann sich gegen eine einstweilige Verfügung jedoch nicht nur durch Widerspruch bzw. Berufung zur Wehr setzen. Wahlweise kann er auch beantragen, dass dem Antragsteller vom Gericht eine **Frist zur Erhebung der Hauptsacheklage** gesetzt wird (§ 926 Abs. 1 ZPO), d.h. der Schuldner hat auf diese Weise die Möglichkeit, den Fortbestand der im vorläufigen Rechtsschutzverfahren ergangenen Entscheidung von der Durchführung des Hauptsacheverfahrens abhängig zu machen. Kommt der Antragsteller der vom Gericht gesetzten Frist zur Erhebung der Hauptsacheklage nicht nach, wird die einstweilige Verfügung auf Antrag des Schuldners aufgehoben (§ 926 Abs. 2 ZPO). Ein Antrag nach § 926 Abs. 1 ZPO, durch den der Antragsgegner den Antragsteller zur Erhebung der Hauptsacheklage zwingt, ist insbesondere in all den Fällen sinnvoll, in denen eine erfolgreiche Rechtsverteidigung zwar nicht im einstweiligen Verfügungsverfahren, aber im Hauptsacheverfahren möglich erscheint, z.B. durch den Einsatz nicht-präsenter Beweismittel.[134] Einen weiteren Rechtsbehelf des Schuldners eröffnet das **Aufhebungsverfahren** nach § 927 ZPO, durch das die Aufhebung einer einstweiligen Verfügung wegen nach ihrem Erlass eingetretener, veränderter Umstände betrieben werden kann. Als veränderte Umstände, auf die ein entsprechender Antrag gestützt werden kann, kommen z.B. in Betracht der Wegfall des Verfügungsanspruchs wegen nachträglicher Abgabe einer strafbewehrten Unterwerfungserklärung, die Abweisung der Klage im Hauptsacheverfahren oder die Änderung der Rechtslage.[135]

6. Vollziehung

Der Gläubiger erlangt die erstrebte Sicherung seines Anspruchs erst durch die **Vollziehung** der einstweiligen Verfügung. Im Sprachgebrauch der ZPO ist die Vollziehung (§§ 928 – 934 ZPO) die gesetzestechnische Bezeichnung für die Zwangsvollstreckung

---

131 Im Einzelnen hierzu vgl. Amtl. Begr. BT-Drucks. 1712634, S. 21, 35.
132 Vgl. hierzu die Verordnungsermächtigung in § 495b ZPO sowie zum Inkrafttreten Art. 26 Abs. 4, 5.
133 Zöller/Vollkommer, ZPO, § 924 Rdn. 10.
134 Näheres vgl. Hoene/Runkel, S. 83 f. Rdn. 126.
135 Haberstumpf, Wettbewerbs- und Kartellrecht, Gewerblicher Rechtsschutz, S. 24.

von Arrest und einstweiliger Verfügung. Auf die Vollziehung sind daher die Vorschriften über die Zwangsvollstreckung entsprechend anwendbar, soweit nicht die §§ 929 bis 934 ZPO abweichende Vorschriften enthalten.[136] Die Vollziehung einer einstweiligen Verfügung erfolgt im Regelfall durch **Zustellung im Parteibetrieb**, die binnen einer **Frist** von **einem Monat** ab Verkündung bzw. Zustellung an den Gläubiger zu erfolgen hat (§§ 936, 929 Abs. 2 ZPO); eine amtswegige Zustellung gemäß § 317 ZPO reicht nicht aus.[137] Nach Ablauf der Monatsfrist ist die Vollziehung unstatthaft und der Schuldner kann die Aufhebung der einstweiligen Verfügung gemäß § 927 ZPO beantragen.[138]

7. Abschlussverfahren

Als eine im Wege des vorläufigen Rechtsschutzes erlangte gerichtliche Entscheidung stellt eine einstweilige Verfügung lediglich eine vorläufige Regelung dar. Um der einstweiligen Verfügung den Charakter der Vorläufigkeit zu nehmen und sie zu einer einem Hauptsachetitel vergleichbaren dauerhaften Regelung zu machen, wurde in der Praxis das sog. **Abschlussverfahren** entwickelt. Das Abschlussverfahren besteht aus einer sog. Abschlusserklärung des Schuldners, der häufig ein sog. Abschlussschreiben des Gläubigers vorausgeht. Durch das Abschlussverfahren erlangt der Gläubiger Aufschluss darüber, ob er noch Veranlassung dazu hat, das Hauptsacheverfahren durchzuführen. Zugleich eröffnet es dem Schuldner die Möglichkeit, durch die fristgerechte Abgabe der Abschlusserklärung den Rechtsstreit endgültig zu beenden.[139] Mit dem **Abschlussschreiben** fordert der Gläubiger, der eine einstweilige Verfügung erwirkt hat, den Schuldner unter Androhung der Erhebung der Hauptsacheklage zur Abgabe der Abschlusserklärung auf. Durch die Abgabe der **Abschlusserklärung** erkennt der Schuldner die einstweilige Verfügung als endgültig an und verzichtet auf seine möglichen Rechtsbehelfe gegen die einstweilige Verfügung, die ihm nach den §§ 924, 926, 927 ZPO zustehen, sowie auf die Einrede der Verjährung. Mit Abgabe der Abschlusserklärung entfällt, sofern diese dem Inhalt der einstweiligen Verfügung entspricht,[140] der vorläufige Charakter der einstweiligen Verfügung, zugleich erlischt das Rechtsschutzinteresse des Gläubigers für die Erhebung der Hauptsacheklage. Das Abschlussschreiben des Gläubigers ist zwar nicht Voraussetzung für die Erhebung der Hauptsacheklage, jedoch läuft der Gläubiger bei Verzicht auf ein Abschlussschreiben das Risiko der nachteiligen Kostenfolge nach § 93 ZPO, wenn der Schuldner den Anspruch im Hauptsacheverfahren sofort anerkennt. Das Abschlussschreiben kann daher auch als „**Abmahnung der Hauptsacheklage**" verstanden werden.

III. Hauptsacheverfahren

Wie bereits dargestellt, kommt dem einstweiligen Rechtsschutz für immaterialgüterrechtliche und wettbewerbsrechtliche Streitigkeiten besondere Bedeutung zu – allerdings in unterschiedlichem Maße. So ist das lediglich summarische einstweilige Verfügungsverfahren insbesondere in Fällen patent- und urheberrechtlicher Streitigkeiten in

---

136 Zöller/Vollkommer, ZPO, § 928 Rdn. 1, 4.
137 Mes, PatG, § 139 Rdn. 479 m.w. Nachw.
138 Zöller/Vollkommer, ZPO, § 929 Rdn. 4.
139 Köhler/Bornkamm, § 12 Rdn. 3.70.
140 BGH v. 4.5.2005, I ZR 127/02, „'statt'-Preis".

der Regel aus tatsächlichen Gründen ein weniger taugliches Instrument, da sich komplexe Sachverhalte und daraus abgeleitete Verletzungstatbestände im kursorischen Verfügungsverfahren nur schwer hinreichend glaubhaft machen lassen.[141] Demgegenüber werden wettbewerbsrechtliche, aber auch markenrechtliche Streitigkeiten, in denen sich der Sachverhalt regelmäßig ohne weiteres glaubhaft machen lässt, vom vorläufigen Rechtsschutz dominiert, so dass dem Hauptsacheverfahren dort eine eher untergeordnete Bedeutung zukommt. Insbesondere in Fällen, in denen der Schuldner keine Abschlusserklärung abgibt oder in denen es an der für das Verfügungsverfahren vorausgesetzten Dringlichkeit fehlt, ist jedoch auch in Wettbewerbssachen die Erhebung der **Hauptsacheklage** geboten. Das Hauptsacheverfahren bietet gegenüber Verfügungsverfahren zudem den Vorteil, dass neben dem Unterlassungsanspruch auch Auskunfts- und Schadensersatzansprüche verfolgt werden können. Darüber hinaus sind im Hauptsacheverfahren nicht nur präsente Beweismittel, sondern auch Sachverständigengutachten, insbesondere auch in der Form der Meinungsforschungsumfrage möglich.[142] Für die Verfolgung von immaterialgüterrechtlichen und wettbewerbsrechtlichen Ansprüchen im Klageverfahren gelten im Wesentlichen die allgemeinen prozessrechtlichen Grundsätze, so dass insoweit auf die einschlägige verfahrensrechtliche Literatur verwiesen werden kann.[143]

---

141 Für den Bereich des Patentrechts vgl. Benkard/Rogge, PatG, § 139 Rdn. 151.
142 Hoene/Runkel, S. 101 Rdn. 18.
143 Zum Patentverletzungsprozess vgl. insbes. Mes, PatG, § 139 Rdn. 207 ff.

Linkliste

Auswahl wichtiger Links zum Recht des geistigen Eigentums	
Gesetze / Materialien	
www.bmjv.de	Website des Bundesministeriums für Justiz und Verbraucherschutz, u.a. mit wichtigen Informationen zu aktuellen Gesetzgebungsvorhaben, ferner Online-Bereitstellung des gesamten Bundesrechts sowie Anschriften aller deutschen Gerichte und Staatsanwaltschaften („Services").
http://www.bmjv.de/DE/Themen/ WirtschaftHandel/wirtschaftHandel_node.html	Auf dieser Seite stellt das BMJV Informationen über Maßnahmen gegen Produktpiraterie und andere Schutzrechtsverletzungen auf internationaler, europäischer und nationaler Ebene zur Verfügung.
www.gesetze-im-internet.de	Das BMJV stellt gemeinsam mit der juris GmbH nahezu das gesamte aktuelle Bundesrecht kostenlos bereit.
www.eur-lex.europa.eu/de/index.htm	EUR-Lex bietet einen unmittelbaren und kostenlosen Zugang zu den Rechtsvorschriften der Europäischen Union. Über das System können das Amtsblatt der Europäischen Union sowie insbesondere die Verträge, die Rechtsetzungsakte, die Rechtsprechung und die vorbereitenden Rechtsakte konsultiert werden.
www.iprhelpdesk.eu	IPR-Helpdesk soll Teilnehmern an EU-geförderten F&E-Projekten bei allen Fragen zum Thema "Geistiges Eigentum" Unterstützung bieten. Berät zu den einschlägigen EU-Vorschriften sowie zu anderen Themen, die mit geistigem Eigentum in internationalen F&E-Projekten in Zusammenhang stehen. Enthält u.a. umfassende Informationen zu allen IP-Rechten (Leitfäden, Materialien etc.), eine Vielzahl weiterführender Links (u.a. zu Behörden, Institutionen, IP-Recherchemöglichkeiten, IP-Plattformen, Fachzeitschriften, Forschungseinrichtungen etc.) und ein Glossar.
Rechtsprechung	
www.bundesgerichtshof.de	Website des BGH, u.a. mit Entscheidungen seit 2000 im Volltext, Pressemitteilungen, Übersicht über Richter und Zuständigkeit der Senate.
www.bpatg.de	Website des Bundespatentgerichts (BPatG) mit allen richterlichen Entscheidungen ab Januar 2006.

Linkliste

Ämter / Institutionen	
www.dpma.de	Website des DPMA, München, mit umfassenden Informationen zu sämtlichen gewerblichen Schutzrechten, einschließlich Formularen, Mustern, Jahresberichten und weiteren Links.
www.epo.org	Website des EPA, u.a. mit Allgemeinen Informationen über das EPA (Mitgliedsstaaten, Erteilungsverfahren etc.), Patentinformation und umfassenden Links zu IP-verwandten Seiten (u.a. Patentbehörden weltweit).
www.oami.eu	Website des Amtes der Europäischen Union für Eintragung von Marken und Geschmacksmustern (HABM), Alicante, mit umfassendem Informationsangebot zu Gemeinschaftsmarken und Gemeinschaftsmustern. Ferner Links zu Zentralbehörden für den gewerblichen Rechtsschutz weltweit.
www.bundessortenamt.de	Website des BSA, Hannover, mit umfassenden Informationen rund um den Sortenschutz.
www.wto.org	Website der WTO. U.a. Bereitstellung des WTO-Vertrages nebst Anhängen (u.a. Annex 1 C TRIPS-Abkommen), ferner Dokumente zu Vielzahl handelsbezogener Themen (u.a. IP).
www.wipo.int	Website der WIPO mit umfassenden Informationen rund um den internationalen Schutz des Geistigen Eigentums, u.a. mit Veröffentlichung sämtlicher von der WIPO verwalteter internationaler Verträge.
www.ec.europa.eu/internal_market/iprenforcement/observatory/index_de.htm	Website der Europäischen Beobachtungsstelle für Marken- und Produktpiraterie mit Informationen zu Aufgaben und Arbeitsweise der Behörde. Enthält ebenso News zu aktueller EU-Gesetzgebung auf dem Gebiet des gewerblichen Rechtsschutzes.
Weitere interessante Adressen	
www.grur.de	Website der Vereinigung für Gewerblichen Rechtsschutz und Urheberrecht (GRUR), Köln. Enthält u.a.: Überblick über die von der Vereinigung herausgegebenen Zeitschriften (GRUR, GRUR Int.), weiterführenden Links zu verbundenen internationalen Organisationen und internationalen und nationalen Institutionen im Bereich IP, Landgerichtszuständigkeiten im Bereich gewerblicher Rechtsschutz / Urheberrecht, Wettbewerbsrecht.
www.aippi.org	Website der Internationalen Vereinigung für den Schutz des Geistigen Eigentums (AIPPI) mit einer Vielzahl von Informationen zu den Aktivitäten der AIPPI (internationale Kongresse, Veröffentlichungen etc.) und weiterführenden Links zu staatlichen Institutionen und NGOs im IP-Bereich.

www.urheberrecht.org	Website des Instituts für Urheber- und Medienrecht e.V., München. Stellt u.a. übersichtlich aufbereitete Materialien zu Gesetzesvorhaben im Bereich des Urheberrechts bereit; ferner Übersicht über die herausgegebenen Zeitschriften (u.a. ZUM), Mitglieder und Vielzahl weiterführender Links.
www.wettbewerbszentrale.de	Website der Zentrale zur Bekämpfung unlauteren Wettbewerbs e.V. (Wettbewerbszentrale), Bad Homburg, mit vielfältigen Informationen rund um das Lauterkeitsrecht, u.a. aktuelle News und einschlägige Gesetze.
www.transpatent.com	Von Rechtsanwalt Dr. Krieger, Düsseldorf, herausgegebene Website der Transpatent GmbH mit umfassendem Informationsangebot rund um den Gewerblichen Rechtsschutz, u.a. Nachweis sämtlicher Materialien (Gesetze im Volltext), jeweils ergänzt um umfassende Literaturangaben.
http://rechtsinformatik.jura.uni-saarland.de/	Website des Institut für Rechtsinformatik der Uni Saarbrücken mit vielfältigen Informationen zum Multimediarecht, u.a. Grundwissen Urheberrecht und Bibliothek mit Vielzahl von Web-Dokumenten, Bücherliste und Linksammlung.
www.jurpc.de	Von Prof. Dr. Maximilian Herberger, Institut für Rechtsinformatik der Uni Saarbrücken, herausgegebene Internet-Zeitschrift für Rechtsinformatik und Informationsrecht (JurPC) mit IP- und IT-bezogenen Aufsätzen und Rechtsprechung.
www.patentanwalt.de	Website der Patentanwaltskammer. Enthält u.a. Informationen zur Ausbildung als Patentanwalt, zur Erfinderberatung, Patentanwaltsverzeichnis, usw.
www.les-germany.org	Licensing Executives Society Germany (LES Deutschland); Schwerpunkt liegt bei der Verwertung von gewerblichen Schutzrechten. Enthält Informationsbriefe, Seminare, usw.
www.vpp-patent.de	VPP Vereinigung von Fachleuten des Gewerblichen Rechtsschutzes. Enthält u.a. Informationen zu Berufsbildern, Merkblätter zur Vorbereitung verschiedener Prüfungen, Hinweise auf Seminare usw.
www.markenverband.de	Der Markenverband vertritt die Interessen der markenorientierten Wirtschaft in Deutschland. Auf seiner Internetseite informiert er umfassend über eine Aufgaben und Tätigkeiten.
www.zoll.de/DE/Fachthemen/Verbote-Beschraenkungen/Gewerblicher-Rechtsschutz/gewerblicher-rechtsschutz_node.html	Der deutsche Zoll informiert auf seiner Internetseite insbesondere über Marken- und Produktpiraterie.
www.blog.beck.de/category/gewerblicher-rechtsschutz-und-urheberrecht	Blog des Beck-Verlags zu aktuellen Themen und Entscheidungen im gewerblichen Rechtsschutz.

Kommentierte Linkliste Gewerblicher Rechtsschutz / Urheberrecht

Literaturverzeichnis

Ahrens/McGuire, Modellgesetz für Geistiges Eigentum, Normtext und Begründung, München 2012 (zit.: Ahrens/McGuire, Modellgesetz)

Bartenbach/Volz, Arbeitnehmererfindergesetz, Kommentar, 5. Auflage, Köln 2013 (zit.: Bartenbach/Volz, ArbEG, § ... Rdn....)

Beier/Straus, Der Schutz wissenschaftlicher Forschungsergebnisse, Weinheim u.a. 1982

Benkard, Patentgesetz, Gebrauchsmustergesetz, Kommentar, 10. Auflage, München 2006 (zit.: Benkard/Bearbeiter, PatG, § ... Rdn. ... bzw. Benkard/Bearbeiter, GebrMG, § ... Rdn. ...)

Berlit, Das neue Markenrecht (Praxis des Gewerblichen Rechtsschutzes und Urheberrechts), 8. Auflage, München 2010

Bernhardt, Die Bedeutung des Patentschutzes in der Industriegesellschaft, Köln u.a. 1974

Blind/Cuntz/Köhler/Radauer, Die volkswirtschaftliche Bedeutung des geistigen Eigentums und dessen Schutzes mit Fokus auf den Mittelstand, Studie im Auftrag des Bundesministeriums für Wirtschaft und Technologie, Berlin 2009 (zit.: BMWT-Studie, S. ...)

Blind/Edler/Nack/Straus, Mikro- und makroökonomische Implikationen der Patentierbarkeit von Softwareinnovationen: Geistige Eigentumsrechte in der Informationstechnologie im Spannungsfeld von Wettbewerb und Innovation, Studie im Auftrag des BMWA durchgeführt vom Max-Planck-Institut (MPI) für ausländisches und int. Patent-, Urheber- und Wettbewerbsrecht und Fraunhofer Institut Systemtechnik und Innovationsforschung, Karlsruhe 2001 (zit: Studie MPI/Fraunhofer, S. ...)

Bröcker/Cyzchowski/Schäfer, Praxishandbuch Geistiges Eigentum im Internet, – Gewerblicher Rechtsschutz, Urheberecht, Angrenzende Rechtsgebiete –, München 2003 (zit.: Bröcker u.a., Praxishandbuch Geistiges Eigentum im Internet)

Bulling/Langöhrig/Hellwig, Gemeinschaftsgeschmacksmuster, Köln u.a. 2003 (zit.: Bulling/Langöhrig/Hellwig, Gemeinschaftsgeschmacksmuster, S. ... Rdn. ...)

Bulling/Langöhrig/Hellwig, Geschmacksmuster, Designschutz in Deutschland und Europa mit USA, Japan, China und Korea, 3. Auflage, Köln 2011 (zit.: Bulling/Langöhrig/Hellwig, Geschmacksmuster, S. ... Rdn. ...)

Busse/Keukenschrijver(Hrsg.), Patentgesetz, Kommentar, 7. Auflage, Berlin 2013

Delp, Das Rechts des geistigen Schaffens in der Informationsgesellschaft, – Medienrecht, Urheberrecht, Urhebervertragsrecht –, 2. Auflage, München 2003 (zit.: Delp, Das Recht des geistigen Schaffens in der Informationsgesellschaft)

Deutsches Patent- und Markenamt (Hrsg.), Taschenbuch des gewerblichen Rechtsschutzes, 76. Lieferung, Köln, München 2013 (zit.: Tabu DPMA, Nr. ...)

Dreier/Schulze, Urheberrechtsgesetz, Kommentar, 4. Auflage, München 2013 (zit.: Dreier/Schulze, § ... Rdn. ...)

Drexl, Internationales Immaterialgüterrecht, in R. Rixecker, & F. J. Säcker (Eds.), Münchener Kommentar zum Bürgerlichen Gesetzbuch, Band 11: Internationales Privatrecht, Internationales Wirtschaftsrecht, Einführungsgesetz zum Bürgerlichen Gesetzbuch (Art. 25 – 248), 5. Auflage, München 2010 (zit: Drexl, Int. Immaterialgüterrecht, Rdn. ...)

Literaturverzeichnis

Duggal, TRIPs-Übereinkommen und internationales Urheberrecht, Köln u.a. 2001 (zit.: Duggal, TRIPs-Übereinkommen)

Ekey/Klippel, Markenrecht (Heidelberger Kommentar), 2. Auflage, Heidelberg 2009

Ekey/Kippel/Kotthoff/Meckel/Plaß, Wettbewerbsrecht, Heidelberger Kommentar zum Wettbewerbsrecht (UWG), 2. Auflage, Heidelberg 2005 (zit.: Bearbeiter in HK-WettbR, § ... Rdn. ...)

Eichmann/von Falckenstein, Geschmacksmustergesetz, Kommentar, 4. Auflage, München 2010 (zit.: Eichmann/ von Falckenstein, GeschmMG, § ... Rdn. ...)

Eisenführ/Schennen, Gemeinschaftsmarkenverordnung, Kommentar, 4. Auflage, Köln u.a. 2014 (zit.: Bearbeiter in Eisenführ/Schennen, GMVO, Art.... Rdn....)

Eisenmann/Jautz, Grundriss gewerblicher Rechtsschutz und Urheberrecht, 9. Auflage, Heidelberg 2012 (zit.: Eisenmann/Jautz, Grundriss, S. ... Rdn. ...)

Emmerich, Unlauterer Wettbewerb, Juristische Kurz-Lehrbücher, 9. Auflage, München 2012

Fezer, Lauterkeitsrecht: UWG, Kommentar zum Gesetz gegen den unlauteren Wettbewerb, Bd. 1 (§§ 1 – 4) und 2 (§§ 5 – 22), 2. Auflage, München 2009 (zit.: Fezer/Bearbeiter, UWG, § ... Rdn. ...)

Fezer, Markenrecht, Kommentar zum Markengesetz, 4. Auflage, München 2009 (zit.: Fezer, MarkenR, § ... Rdn. ...)

Fezer, Handbuch der Markenpraxis – Markenverfahrensrecht, Markenvertragsrecht, 2. Auflage, München 2012 (zit.: Fezer/Bearbeiter, Hdb. Markenpraxis, Bd. ... S..)

Fromm/Nordemann, Urheberrecht, Kommentar, 10. Auflage, Stuttgart u.a. 2008

Gamm, Frhr. v., Urheberrechtsgesetz, Kommentar, München 1968

Goldmann, Der Schutz des Unternehmenskennzeichens, 2. Auflage, Köln u.a. 2005

Götting, Gewerblicher Rechtsschutz, 9. Auflage des von Heinrich Hubmann begründeten Werkes, München 2010

Götting, Wettbewerbsrecht, München 2005

Gruber/von Zumbusch/Haberl/Oldekop, Einführung zum EPÜ und PCT (Praxis des Gewerblichen Rechtsschutzes und Urheberrechts), 7. Auflage, München 2012 (zit.: Gruber/von Zumbusch/Haberl/Oldekop, S. ...)

Günther/Beyerlein, Kommentar zum Geschmacksmustergesetz, 2. Auflage, Frankfurt 2012 (zit.: Bearbeiter in Günther/Beyerlein, § ... Rdn. ...)

Haberstumpf/Husemann, Wettbewerbs- und Kartellrecht, Gewerblicher Rechtsschutz, Examenskurs für Rechtsreferendare, 5. Auflage, München 2011

Harke, Dietrich, Ideen schützen lassen?, Beck Rechtsberater im dtv (Nr. 5642), München 2000

Harte-Bavendamm/Henning-Bodewig, UWG, Kommentar, 3. Auflage, München 2013 (zit.: Harte / Henning / Bearbeiter, UWG, § ... Rdn. ...)

Hertin, Urheberrecht, 2. Auflage, München 2008

Heße, Wettbewerbsrecht, Schnell erfasst, 2. Auflage, Berlin Heidelberg 2011

Hildebrandt, Marken und andere Kennzeichen, 2. Auflage, Köln u.a. 2009

Hoene/Runkel, AnwaltFormulare Gewerblicher Rechtsschutz, 5. Auflage, Bonn 2013 (zit.: Hoene/Runkel, Wettbewerbsrecht, S. ...)

Hoeren, Online-Skript „Internetrecht", Stand: April 2013, online abrufbar unter.http://www.uni-muenster.de/Jura.itm/hoeren/materialien/Skript/Skript_Internetrecht_April_2013.pdf

Hoeren/Sieber, Handbuch Multimedia-Recht, 36. Auflage, München 2013 (Loseblatt)

Ingerl/Rohnke, Markengesetz, Kommentar, 3. Auflage, München 2010 (zit.: Ingerl/Rohnke, MarkenG, § ... Rdn. ...)

Junker, Anwendbares Recht und internationale Zuständigkeit bei Urheberrechtsverletzungen im Internet, Kassel 2002 (zit.: Junker, Anwendbares Recht) http://www.uni-kassel.de/upress/online/frei/978-3-933146-78-6.volltext.frei.pdf

Kobuss/Bretz, Erfolgreich als Designer, Designrechte international schützen und managen, 2. Auflage, Basel u.a. 2010 (zit.: Kobuss/Bretz, Kap. ..., S. ...)

Köhler/Bornkamm, Gesetz gegen den unlauteren Wettbewerb: UWG mit PAngV, UKlaG, DL-InfoV, Kommentar, 32. Auflage, München 2014 (zit.: Köhler/Bornkamm, § ... Rdn. ...)

Kraßer, Patentrecht, Ein Lehr- und Handbuch zum deutschen Patent- und Gebrauchsmusterrecht, Europäischen und Internationalen Patentrecht, 6. Auflage, München 2009 (zit.: Kraßer, Patentrecht, S. ...)

Kröger/Gimmy, Handbuch zum Internetrecht, Leitfaden zu den rechtlichen Rahmenbedingungen der Informationsgesellschaft, 2. Auflage, Heidelberg 2002

Lange, Marken- und Kennzeichenrecht, 2. Auflage, München 2012

Lehmann, Rechtsschutz und Verwertung von Computerprogrammen, 2. Aufl., Köln 1993

Loewenheim/Koch (Hrsg.), Praxis des Online-Rechts, Weinheim 1998

Mes, PatG GebrMG – Patentgesetz, Gebrauchsmustergesetz, 3. Auflage, München 2011 (zit.: Mes, PatG, § ... Rdn. ...)

Möhring/Nicolini, Urheberrechtsgesetz, Kommentar, 2. Auflage, München 2000 (zit.: Möhring / Nicolini /Bearbeiter, UrhG, § ... Rdn. ...)

Nirk/Ullmann, Gewerblicher Rechtsschutz und Urheberrecht, Band I: Patent-, Gebrauchsmuster- und Sortenschutzrecht, 2. Auflage, Heidelberg 1999 (zit.: Nirk/Ullmann, Bd. I, S. ...)

Nirk/Ullmann, Patent-, Gebrauchsmuster- und Sortenschutzrecht, 3. Auflage, Heidelberg 2006

Oberrath, Öffentliches Recht, 4. Auflage, München 2012

Osterrieth, Patentrecht, NJW Praxis, 4. Auflage, München 2010 (zit.: Osterrieth, Patentrecht, S. ...)

Palandt, Bürgerliches Gesetzbuch, Kommentar, 72. Auflage, München 2013 (zit.: Palandt/Bearbeiter, BGB, § ... Rdn. ...)

Pierson, Der Schutz der Programme für die Datenverarbeitung im System des Immaterialgüterrechts, Pfaffenweiler 1991

Rehbinder, Urheberrecht, 16. Auflage des von Heinrich Hubmann begründeten Werkes Urheber- und Verlagsrecht, München 2010

Rehmann, Das neue Geschmacksmusterrecht (Praxis des Gewerblichen Rechtsschutzes und Urheberrechts), München 2004

Rittner/Kulka, Wettbewerbs- und Kartellrecht, Eine systematische Darstellung des deutschen und europäischen Rechts für Studium und Praxis, 7. Auflage, Heidelberg 2008

Ruhl, Gemeinschaftsgeschmacksmuster, Kommentar, 2. Auflage, Köln 2010 (zit.: Ruhl, GGV, Art. ... Rdn. ...)

Schack, Urheber- und Urhebervertragsrecht, 6. Auflage, Tübingen 2013

Schramm, Grundlagenforschung auf dem Gebiete des gewerblichen Rechtsschutzes und Urheberrechts, Berlin, Köln 1954

Schramm, Die schöpferische Leistung, Berlin, Köln 1957

Schricker/Loewenheim (Hrsg.), Urheberrecht, Kommentar, 4. Auflage, München 2010 (zit.: Schricker/Bearbeiter, Urheberrecht, § ... Rdn. ...)

Schulte, Patentgesetz mit EPÜ, Kommentar, 9. Auflage, Köln 2014 (zit.: Schulte/Bearbeiter, PatG, 9. Auflage, § ... Rdn. ...)

Schultz, von (Hrsg.), Markenrecht, Kommentar, 3. Auflage, Heidelberg 2012 (zit.: Bearbeiter in v. Schultz (Hrsg.), MarkenR, § ... Rdn. ...)

Schulze, Die kleine Münze und ihre Abgrenzungsproblematik bei den Werkarten des Urheberrechts, Freiburg 1983

Schwerdtfeger/Evertz/Kreuzer/Peschel-Mehner/Poeck, Cyberlaw (Grundlagen, Fallbeispiele, Checklisten für Onlinerecht mit Internet Dictionary), Wiesbaden 1999

Singer/Stauder (Hrsg.), Europäisches Patentübereinkommen, 5. Auflage, Köln 2009

Stöckel (Hrsg.), Handbuch Marken- und Designrecht, 3. Auflage, Berlin 2013

Ströbele/Hacker, Markengesetz, Kommentar, 10. Auflage, Köln u.a. 2011 (zit.: Bearbeiter in Ströbele/Hacker, MarkenG, § ... Rdn. ...)

Tews/Bokel, Werbung und Wettbewerbsrecht, Einführung in die Grundlagen des Lauterkeitsrechts, 3. Auflage, Bad Homburg v.d.H. 2009 (zit.: Tews/Bokel, S. ...)

Troller, Immaterialgüterrecht, Bd. I u. II., 3. Auflage, Basel, Frankfurt 1983 (Bd. I), 1985 (Bd. II)

Thoms, Der urheberrechtliche Schutz der kleinen Münze, München 1980

Ulmer, Urheber- und Verlagsrecht, 3. Auflage, Berlin u.a. 1980

Wadle, Geistiges Eigentum, Baustein zur Rechtsgeschichte, Band 2, München 2003

Wand, Technische Schutzmaßnahmen und Urheberrecht, Vergleich des internationalen, europäischen, deutschen und US-amerikanischen Rechts, München 2001

Wandtke/Bullinger (Hrsg.), UrhR – Praxiskommentar zum Urheberrecht, 3. Auflage, München 2009

Wuesthoff/Leßmann/Wendt, Sortenschutzgesetz, Kommentar, 2. Auflage, Weinheim 1990 (zit.: Wuesthoff/Leßmann/Würtenberger. Sortenschutzgesetz)

Wuesthoff/Leßmann/Würtenberger, Handbuch zum deutschen und europäischen Sortenschutz, 2 Bände, Weinheim 2000 (zit.: Wuesthoff/Leßmann/Würtenberger. Handbuch Sortenschutzrecht, Bd. ... S....)

Zöller, Zivilprozessordnung, Kommentar, 30. Auflage, Köln 2013 (zit.: Zöller/Bearbeiter, ZPO, § ... Rdn. ...)

Stichwortverzeichnis

Abfindung 527
Abhilfe 296, 527
Abmahnung 520, 536
Abmahnunwesen 536
Abmahnvereine 536
Abmahnverhältnis 538, 542
Abschluss
- -erklärung 560
- -schreiben 560
- -verfahren 560

absolut subjektives Privatrecht 81
absolutes Recht 88
Abzweigung 154
Agentenmarke 236, 247
aggressive Geschäftspraktik 470
Akteneinsicht 168, 294, 295
Aktivlegitimation 517, 532, 533, 539, 552
akzessorisch 254, 311
ältere Anmeldung 98, 153
Amtsermittlungsgrundsatz 118, 121, 289
Amtssprache 108, 143, 144, 150, 329
Anbieten 129
- eines Verfahrens zur Anwendung 130
Anbietungspflicht 160, 162, 409
Änderungsverbot 361
Anerkennung der Urheberschaft 359, 360, 434
angewandte Kunst 47, 87, 344, 345
angewandten Kunst 345
Anmeldegebühr 110, 190, 216, 276
Anmeldetag 96, 97, 112, 114, 124, 155, 190, 192, 197, 216, 234, 252, 275, 276, 278, 285
Anmeldung 65, 78
- -spriorität 112
- -stag 112
- ältere 97, 98, 153
- Basis- 329
- bösgläubige Marken- 232, 291
- Eintragungsverfahren Marken- 273
- EPÜ 142

- erfinderische Tätigkeit 100
- Gebrauchsmuster- 154
- Gebühr 107
- Gemeinschaftsgeschmacksmuster 200
- Geschmacksmuster 188
- gewerbliches Schutzrecht 83
- Halbleiterschutz 167
- Inhalt der ursprünglichen 119
- internationale 89
- Lizenz 138, 140
- mangelhafte 115
- MMA 327
- Offenlegung 116
- Patent- 98, 109
- Patent- Weiterbehandlung 107
- Patent- Wiedereinsetzung 107
- PCT 148
- Prüfung 116
- PVÜ 57
- räumliche Wirkung der Patent- 123
- Rechtsnachfolger bei Gemeinschaftsmarken- 270
- Register 109
- Schutzbereich der Patent- 125
- Schutzrechts- 159, 338
- Teil- 114
- Teilmarke- 283
- Umwandlung 332
- Ursprungsland 210
- Verkehrsdurchsetzung bei 234
- Verzögerungsvermeidung 103
- vor Patent- 135
- Weiterbehandlung Marken- 292, 300
- Zeitrang 96, 216

Anrufmaschine 511
Anschlussbeschwerde 296
Anschwärzung 484, 485
- Ergänzung 508
Ansporn 84, 175, 448
- -ungstheorie 84
Anspruch 54, 90, 111, 130, 198, 253, 422, 433, 525, 532, 543
- älterer 139
- Arbeitnehmer 160
- Aufwendungsersatz 543
- Auskunft 173, 248, 253, 254, 316, 529
- Begünstigter 422

- Berechtigter 198
- Berechtigung 532
- Beseitigung 198, 254, 534, 556
- Denaturierung 255
- Eintragung 276
- Entschädigung 122, 150, 155, 212
- Ersatz 520
- Erteilung 102, 172
- Gewinn 198
- Gewinnabschöpfung 451, 519
- Grundlage 209, 450, 525, 532
- Herausgabe 198, 519
- individuell zivilrechtlich 422
- Inländer 54
- Konkurrenz 304
- Kostenerstattung 552
- Löschung 153, 155, 248
- Markenvermerk 256
- Merkmale 120
- Mindestrechte 433
- Nichtigerklärung 291
- Patent 69, 90, 127, 140
- Priorität 153, 179, 216, 277
- Schadensersatz 118, 169, 198, 254, 425, 518, 529, 534
- Schutzrecht 191
- Seniorität 278
- Tatbestand 533
- Überlassung 425
- Übertragung 249
- Unterlassung 173, 198, 248, 249, 253, 317, 448, 528, 533, 541, 548, 556
- UWG 553
- Verbietung 249
- Verfahren 130, 152
- Verfügung 556
- Vergütung 139, 159, 161, 391
- Verjährung 256, 425
- Vernichtung 173, 255, 305, 425
- Verwendung 131
- Voraussetzung 537
- Vorlage 529
- Wegfall 117
- zivilrechtlicher 425

Anstifter 253, 533
Anteilsfaktor 161
Antike 50
Antimonopolstatut 52

Antipatentbewegung 53
Anweisung an den menschlichen Geist 71–73, 92
Anwendbarkeit
- deutschen Urheberrechts 427
- gewerbliche 42, 78, 89, 95, 96, 149, 152

Anwendungspatent 131
Apotheke 135
Äquivalenz 126
- -bereich 127
Arbeitnehmer 155, 191
- -erfinder 82
- -erfindergesetz 82
- -erfinderrecht 155
- -schutzvorschrift 494
- Haftung 425
- Rechtserwerb 409
- Urheberrecht 407
Arbeitsrecht 82, 156
Arbeitsspeicher 364, 418
Arbeitsverfahren 130, 152
Arbeitsverhältnis 156, 167, 191
Archivierung 389
- -sschranke 390
Arzneimittel 124, 135
- -rechtliche Genehmigung 134
- Gebrauchsmuster 152
- Veränderung Verpackung 263
Assimilationsprinzip 56, 59
Ästhetik 175, 179
Aufgabe
- -Lösungs-Ansatz 101
- Lösung 90
- WIPO 60
Aufhebungsverfahren 559
Aufklärung 52
- -spflicht 538
Aufwendungsersatzanspruch 543
Ausbeutung 319, 447, 486
- Ruf- 507
Ausführbarkeit 96
Ausführungsform 120, 127, 370

Stichwortverzeichnis

Auskunft 139, 173, 199, 253, 425, 527
- -sanspruch 248, 254, 256, 316, 529, 561
- ausgeschlossen 264

Auslandspriorität 113, 153
Ausscheidung 114
- -serklärung 114

Ausschließlichkeitsrecht 40, 44, 77, 81, 84, 138, 141, 167, 172, 174, 182, 187, 193, 194, 196, 198, 201, 227, 248, 249, 260, 264, 315, 329, 366, 369, 376, 385, 403, 411, 412, 414, 416, 417, 424, 447, 528, 533
- Datenbankhersteller 417
- ewiges 206
- Filmhersteller 416
- Lizenz 138, 193, 194, 198, 271, 329, 533
- Nutzung 172, 403
- olympisches Kennzeichen 322
- örtlich beschränktes 248
- Sendeunternehmen 414
- Tonträgerhersteller 414
- Vervielfältigung 369
- Verwertung 385, 392, 411

Ausstellung 97, 189
- -spriorität 153, 189, 277
- -srecht 362
- -sschutz 98, 153
- amtlich anerkannte 97

ausübender Künstler 412
automatischer Schutz 59, 328

Baukunst 344, 346
Bearbeiterurheberrecht 350
Bearbeitung 349, 352, 370, 372, 401
- -srecht 434
- Datenbankwerk 401
- Sammelwerke 352
- Schutzumfang 372
- unwesentliche 350

Begehungsgefahr 529, 537
- Erst- 198, 254, 517, 528

Behandlung 92
- chirurgische 92
- therapeutische 92

behinderter Mensch 377

Behinderung
- -swettbewerb 490
- gezielte 483, 491
- Markt- 491
- sonstige unlautere 491
- unbillige 493

Behörde 88, 143, 327, 330
- Ermittlungs- 520
- nationale 88, 143
- Patent- 103, 151
- Prüfungs- 151
- Recherche- 149
- Sicherheits- 420
- Strafverfolgungs- 420
- Ursprungs- 329
- Verwaltungs- 83
- Zoll- 306

Beispielkatalog 451, 473
- unlauterer Wettbewerbshandlung 473

Beitritt 118
Belästigungswerbung 509
- elektronische Kommunikation 510

Belohnungstheorie 84
Benutzung 127, 128, 204, 210, 212, 236, 264, 323, 362, 401
- -sanordnung 134, 139
- -sarten 142
- -saufnahme 310
- -sbefugnis 196, 424
- -sduldung 258, 289
- -sform 132
- -smarke 212, 240, 247
- -srecht 172
- -sschonfrist 264, 282
- -szeitraum 282
- -szwang 264, 303
- äquivalente 128
- Auslands- 266
- beschreibende 227
- durch – erworbene Unterscheidungskraft 234
- Erfordernis 265
- ernsthafte 266
- freie 350, 372
- Geltendmachung mangelnder 282
- identische 127
- inländischer Geschäftsverkehr 317
- internettypische -shandlung 368

573

- lautere 260
- Marke 264
- missbräuchliche 303
- Nicht- 259
- ohne rechtfertigendem Grund 246
- positives -srecht 424
- rechtserhaltende 303
- rechtsverletzende 316
- Schein- 267
- strafbare – geografischer Herkunftsangabe 305
- unberechtigte 198
- unmittelbare 128
- verletzende 250
- zeitweise Unterbrechung 310

Berechtigter vor der Patentbehörde 103
Berechtigungsanfrage 546
Berufung 106, 559
- -sverfahren 105
Berühmung 529
Beschlagnahme 305, 306
- Grenz- 530
Beschluss 104, 116, 118, 119, 154, 557
- Beschwerde- 104
- negativer 117
- Zurückweisungs- 278
beschränkte Inanspruchnahme 165
Beschränkung des Patents 122
Beschwerde 104, 106, 117, 119, 146, 155, 190, 278, 294, 295, 300
- -beschluss 104
- -frist 295
- -gebühr 295
- -kammer 146, 295
- -senat 117
- -verfahren 105, 293, 296, 321
- Anschluss- 296
- Rechts- 190, 298
- sofortige 559
Beseitigung 198
- -sanspruch 198, 254, 255, 425, 534, 556
- rückwirkende 118
- UWG 517
- Wiederholungsgefahr 548
Besitz 129, 136, 404
- Topographie 169

Bestimmungsstaat 58, 89, 149
beteiligter Verkehrskreis 213, 223, 235
Betreiberabgabe 391
Betriebsgeheimnis 306, 522
- fremdes 490
Betriebsinhaber 253, 306, 522
- Haftung 253
Betriebsspionage 523
BGH 69, 71–73, 83, 90, 93, 103, 126, 153, 209, 221, 223, 239, 241, 243, 246, 258, 269, 278, 292, 298, 311, 321, 345, 356, 366, 371, 394, 403, 478, 491, 496, 503, 512, 518, 535, 542, 545, 548, 552
- Rechtsbeschwerde 117
- Verfahren 105
bildende Kunst 47, 344
BPatG 93, 103, 106, 108, 114, 117, 118, 120, 155, 190, 239, 292, 295, 296, 299, 321
- Verfahren 104
Browsing 385
Bruchteilsgemeinschaft 102
Bündelpatent 142
Bündeltheorie 428
Bundesgerichtshof 69, 191
- großer Senat 545
- Rechtsbeschwerde an 191
Bundespatentgericht 83, 139, 190, 278
- Beschwerde 190, 278
Bundessortenamt 83, 171, 338
- Sortenschutzantrag 171
Bußgeld 173
- -tatbestand 83, 305
- -vorschrift 305, 424

Caching 385
Charakter
- horizontaler 527
- kennzeichnender 267
- Lizenzbereitschaftserklärung 138
- Sanktions- 550
- technischer 90, 94, 152
Composing 363

Computerprogramm 47, 63, 87, 93, 178, 340, 355, 387
– Miturheberschaft 356
– Richtlinie 67
– Schranke 400
– Schutzvoraussetzung 341
– Urheberrechtsschutz 340, 408, 435
Copyright
– -system 408
– Kennzeichen 338

Darstellung wissenschaftlicher oder technischer Art 47, 348, 355, 372
Dassonville-Formel 442
Datenbank 87, 351, 387, 436
– -hersteller 401, 416
– -schutz 526
– -werk 351
– Kennzeichen 313
– Richtlinie 63, 67
– Schranke 400
– urheberrechtlicher Schutz 436
– zweigliedriges Schutzkonzept 416
Datenschutzrichtlinie für elektronische Kommunikation 444
deklaratorische Wirkung 109
Design 43, 85, 175
– -bewusstsein 197
– -erleistung 180
– -schutz 175
Designgesetz 175
Designs 43
Deutsche Patent und Markenamt
– Fristen 106
Diagnostizierverfahren 92
Diensterfindung 157
– Auskunftspflicht 161
– freigewordene 160
– Meldung 158
– Mitteilungspflicht 162
– Rechnungslegung 161
– Übertragung 141
– Vergütung 160
Dienstleistung 203, 209, 211, 235, 237, 245, 260, 264, 267, 271, 311
– -sfreiheit 442
– -svergleich 505

– -sverkehr 441
– -sverzeichnis 274
– ähnliche 238, 314
– Einzelhandel 275
– Klassifikation 274
– Klassifizierung 330
– Nachahmung 487
– unähnliche 246
– unlautere Kopplung 483
digital rights management 392, 437
digitale Reproduktionstechnik 49
DIN ISO 10668 Siehe Markenbewertung
Disclaimer 120, 280
– Marke 280
– Patent 120
Diskriminierungsverbot 140, 441
Domain 207, 254, 312, 313, 322
Doppel
– -erfinder 79
– -erfindung 103
– -natur 102
– -schutzverbot 174
Downloading 369, 388, 418
DPMA 57, 88, 98, 103, 107
– Verfahren 83, 104
– Verwaltungsakt 83
– Verwaltungsbehörde 83
Dringlichkeitsvermutung 557
Drittunterwerfung 542
– Reaktionspflicht 542
DRM 392, 423
– -Technologie 392
duales System 200
Durchschnittsfachmann 76, 97, 99
Durchsetzung
– -s-Richtlinie 65
– -sgrad 310
– Anspruch 525
– Lauterkeitsrecht 517
– prozessuale 423
– Recht des geistigen Eigentums 63
– Schrankenbestimmung Urheberrecht 421
– Verkehrs- 234, 278, 317

E-Commerce-Richtlinie 443
E-Mail-Werbung 512, 513

Eigenart 166, 178, 180, 197
- Gestaltungsfreiheit 180
- wettbewerbliche 487, 488

Eigentumsgarantie 81
- verfassungsrechtliche 376

Einführen 129, 136

eingetragenes Design 178

Einheitliches Patentgericht 65, 147

Einheitlichkeit 110

Einheitspatent 65, 146

Einigungsstelle 553
- -nverfahren 553, 554

Einrede 252, 264, 282, 289, 292
- Verjährung 257, 560

Einspruch 103, 117, 144, 300
- -sfrist 117, 145
- -sgründe 145
- -sverfahren 104, 117, 118, 126, 154, 293, 321

Einspruchsverfahren
- Begründung 119
- Zulässigkeit 119

einstweilige Maßnahme 527

einstweilige Verfügung 105, 254, 255, 530, 541, 556
- Dringlichkeitsvermutung 557
- Glaubhaftmachung 557
- Verfügungsanspruch 556
- Verfügungsgrund 556

Einzelhandel 275

Elektronischer Pressespiegel 394

Embryo 95

Entdecker 172

Entdeckung 69, 91

Entstellungsverbot 361

EPA 88, 101, 120, 143, 149, 151, 154

EPO 88

EPÜ 42, 88, 95, 142

Erfinder 101
- -geist 51, 78
- -privileg 51
- -schutz 51
- -vereinigung 53
- -vergütung 158

Erfinderbenennung 110

erfinderischer Schritt 153

Erfinderpersönlichkeitsrecht 102

Erfinderrechte 102

Erfindervergütung
- Richtlinien 160

Erfindung 42, 76, 89, 91, 96, 101, 109, 134, 152, 157
- -sbegriff 88
- -shöhe 76, 167, 337
- -smeldung 158
- -swert 160
- ArbEG 157
- biotechnologische 63, 94
- computerimplementierte 85, 93
- Dienst- 157, 158
- Doppel- 103
- freie 157, 162
- Parallel- 103
- patentierbare 89
- Schutz technischer 42
- Verfahrens- 132
- Verlautbarung 102
- Verwendungs- 128, 132

Erfindungsmeldung
- Textform 158

ergänzend
- Bußgeldvorschrift 424
- Kennzeichenschutz 206
- Leistungsschutz 486
- Schutzbestimmung 419
- Schutzzertifikat 120, 124
- Strafvorschrift 424
- wettbewerbsrechtlicher Leistungsschutz 447

erheblich
- Branchenabstand 312
- Handelsverzerrungen 187
- öffentlichers Interesse 259

Erklärung
- Abschluss- 560
- Ausscheidungs- 114
- Frist 540
- Lizenzbereitschafts- 133
- Nichtigkeits 120
- Nichtigkeits- 124, 146
- strafbewehrte Unterlassungs- 540, 552
- Teilungs- 285
- Unterlassungs- 537

- Unterwerfungs- 548, 553
- Verzichts- 286
- Willens- 538

Ermächtigung 253, 293
- Konzentrations- 304, 554

Ersatzteil 184
- Geschäft 260
- Markt 186
- problematik 184

Erschöpfung 137, 262, 365

Erst
- -anmelderprinzip 103
- -begehungsgefahr 198, 253, 254, 517, 528

Erstreckungsgesetz 123, 217

EU-Patent 65

EU-Patentgerichts 65

EU-Patentverordnung 64

europäisch
- Anmeldung 89, 103, 113, 126, 139, 143
- Binnenmarkt 62
- Datenbakrichtlinie 436
- Designrecht 200
- Fachkreis 179
- Gemeinschaftsgeschmacksmuster 248
- Gemeinschaftsmarke 204, 212, 217, 231, 237, 264, 267, 270, 272, 276, 278, 280–283, 285, 286, 290, 305, 328, 332
- Gemeinschaftsrecht 61
- GMVO 206, 216
- Kartellrecht 441
- Kennzeichen 305
- Lauterkeitsrecht 441
- Markenrichtlinie 44, 203, 204, 219, 307
- Patent 89, 123, 128, 142, 144
- Patentgesetzgebung 52
- Patentübereinkommen 88, 142
- Recht 440, 531
- Rechtsakt 62
- Rechtsgrundlagen 65
- Richtlinie 62
- Sortenschutz 173
- Wirtschaftsraum 262, 263, 365, 427

EWR 137, 262, 301, 427

Fachliche Sorgfalt 459

Fachmann 70, 71, 90, 96, 126
- Durchschnitts- 76, 97, 99

Fallgruppen 473

Felsmalerei 50

Filesharing 368, 388

Film 355, 369
- -bereich 403
- -bild 363
- -gesellschaft 220
- -hersteller 411, 414, 416
- -schaffender 373
- -werk 47, 74, 312, 333, 347, 373, 436

Firmenrecht 82, 307, 310

fliegender Gerichtsstand 555

Form 185, 267, 371
- -gestaltung 44
- angemeldete 241
- ästhetisch 91
- Ausdrucks- 74, 344
- Ausführung 126
- Benutzungs- 132
- eingetragene 241
- Erfordernis 154
- Erscheinungs- 43, 152, 178, 180, 196, 219
- Fehler 118
- Freiheit 338
- Gebung 130, 181, 345
- Gemeinschaftsrecht 62
- Gestaltung 335
- körperliche 362, 365
- Marken- 45, 211, 219, 221, 223, 243, 251, 273
- Raum- 348
- Sinn 175
- Verwertungs- 362, 404
- Vorschrift 119
- wahrnehmbare 334
- Werk- 355
- Zeichen- 203, 210

Formstein-Einwand 128

Foto 47, 347, 353, 355, 409, 412
- Neuheitsbegriff 180

FRAND 140

freeze plus-Lösung 186

freie
- Benutzung 350, 372
- Dienstleistung 441
- Einsicht 116
- Erfindung 157, 160, 162
- Ersatzteilherstellung 184
- geistige Auseinandersetzung 394
- Mitarbeiter 156
- Quelle 371
- Stand der Technik 128
- Teile 371
- Übertragbarkeit 192, 269, 311, 312
- Zeit 409

freier
- Dienstleistungsverkehr 62, 443
- Warenverkehr 62, 263, 366, 441
- Welthandel 61
- Wettbewerb 439
- Zugang 418, 439

freies
- Werk 371, 409
- Wirtschaftsgut 269

freigewordene Diensterfindung 160

Freihaltebedürfnis 227, 310
- aktuelles 228
- konkretes 229
- Mitbewerber 214
- Schutzhindernis 222
- Unterscheidungskraft 288
- Voraussetzung 228
- Wettbewerber 225
- zukünftiges 229

Freiheitsstrafe 200, 305, 424, 426, 521, 523

Freistellung 157, 261, 377, 387–390, 418

Frist 98, 106, 108, 112, 115, 161, 194, 258, 274, 279, 286, 287, 298, 300, 314, 411, 540
- Antrags- 107
- Begründungs- 299
- Benutzungsschon- 264, 282
- Berechnung 373
- Beschwerde 146
- Beschwerde- 295
- Einspruch 117, 145, 146
- Erinnerungs- 294
- Klageerhebung 559
- Nach- 108
- Nachmeldung 113
- Neuheitsschon- 97, 181
- Prioritäts- 277
- Prioritätsrecht 57
- Rechtsbehelf 559
- Rechtsmittel- 280
- Schutz- 60, 79, 371, 418
- Schutzverweigerungs- 331
- Stellungnahme 278
- Umsetzungs- 186, 421
- Verjährungs- 256, 323, 446, 520
- Verwirkungs- 258
- Widerspruchs- 280, 281, 331
- Zahlungs- 293, 321

Garantie 85
- -funktion 45, 206, 221
- Eigentums- 81, 376

Gattungsbezeichnung 214, 223, 230, 255, 287, 317, 320

Gebrauch 129
- markenmäßiger 265
- Vervielfältigungen zum privaten und sonstigen eigenen 386

Gebrauchsmuster 43, 88, 149, 151
- -anmeldung 113, 154
- -gesetz 42, 76
- -recht 42, 151
- -schutz 71

Gebühr 43, 89, 107, 144, 278, 285, 293, 296, 301, 304, 329, 330, 332
- -enverzeichnis 108

gedankliche Tätigkeit 71, 92

Geheimnis
- -schutz 522
- -verrat 523

Gehilfe 253, 357, 533

geistige
- -s Band 359

Geldbuße 455, 524

Geldstrafe 200, 305, 424, 426, 521, 523

GEMA 392

gemeinfrei 138, 349, 350, 371, 373, 433

Gemeingut 79, 370
- All- 341

gemeinschaftlicher Sortenschutz 64, 66, 174

Stichwortverzeichnis

Gemeinschafts
- -marke 64, 200, 204, 212, 217, 231, 237, 249, 262, 264, 267, 270, 272, 276–278, 280–282, 285, 286, 288, 290, 292, 295, 305, 308, 317, 328, 332

Gemeinschaftsgeschmacksmuster 64, 200, 248, 338
- -verordnung 178, 187
- duales System 200
- nicht eingetragenes 201

Generalklausel 460
- -artige Umschreibung der Belästigung 509
- Marke 209
- Wettbewerbsrecht 445, 451, 460, 491

geografische Herkunftsangabe 45, 203, 206, 207, 229, 234, 302, 303, 305, 316
- Abwandlung 319
- besonderer Ruf 319
- einfache 318
- mittelbare 318
- qualifizierte 318
- unmittelbare 318

Geräteabgabe 391
Gerichtssprache 108, 301
Gerichtsstand 304, 429, 555, 556
- deliktischer 429
- fliegender 555

Gesamteindruck 180, 181, 197, 223, 240, 243, 244, 267, 314, 345, 487
Gesamthandsgemeinschaft 191, 357
geschäftliche
- Bezeichnung 204, 206, 216, 236, 247, 269, 307, 315
- Tätigkeit 71, 92

Geschäftliche Handlung 457
Geschäftsaufgabe 467
Geschäftsbetrieb 207, 269, 308, 311
Geschäftsehrverletzung 484, 486
Geschäftsführung ohne Auftrag 543
Geschäftsherr 253
- -n Haftung 316

Geschichte des geistigen Eigentums 49
Geschmacksmuster 56, 178, 207, 248
- -blatt 190

- -gesetz 43, 53
- -recht 39, 43, 58, 66, 85, 177, 533
- -richtlinie 186
- -stelle 190

Geschmacksmusterrecht 202
- -snachfolge 192

Geschmacksmusterschutz 175, 345
- Ausstellungspriorität 189
- Eigenart 178
- Eintragungshindernisse 190
- Flächenform 175
- Geschmacksmusterschutz 189
- komplexes Erzeugnis 184
- Musterdichte 181
- Offenbarung 179
- Raumform 175
- Sammelanmeldung 177
- technische Bedingtheit 182
- Teileschutz 185

Gesetz zur Bekämpfung unerlaubter Telefonwerbung 455
gesetzliche Lizenz 377
Gestaltungshöhe 180, 337, 347, 352–354
getarnte Werbung 466
Gewerbefreiheit 51
Gewerbeprivileg 51
gewerbliche Anwendbarkeit 78, 89, 95, 96, 154
gewerbliche Verwertbarkeit 78, 370
Gewerblicher Rechtsschutz 39, 84
- Anspruchsgrundlage 532
- internationale Grundlagen 65

Gewinn 468
- -abschöpfung 451, 519
- -abschöpfungsanspruch 451, 519
- -spiel 477, 482, 483

Globalisierung 41
Glücksspiel 482
GMVO 206, 216, 227, 234, 245, 246, 249, 255, 258, 269, 270, 276, 277, 285, 300, 301, 307, 332
- Seniorität 278

Goodwill 86, 316
Google
- Suchmaschine 325

Grauimportxe \ 531

579

Grenzbeschlagnahme 532
Grenzbeschlagnahmeverordnung 531
Große Beschwerdekammer 146
gute Sitte 92, 183, 227, 231, 260

Haager Abkommen 58, 200
Haager Musterschutzabkommen 58
HABM 66, 200, 239, 247, 281, 291, 295, 297, 328, 338
Halbleiterschutz 71, 166
– -gesetz 166
– -recht 46, 169
Haupt
– -anspruch 111
– -sacheklage 559, 561
Heilmittelwerberecht 495
Hemmung 257
Herausgabe des Gewinns 198, 519
Herkunft
– -sfunktion 45, 210, 221, 226, 273
– -shinweis 206, 219, 221, 224, 225, 251, 317, 318
– -slandprinzip 443, 449
– -stäuschung 489
Hersteller eines Tonträgers 414
Herstellung 128
– -sverfahren 130
Hochschule 156
Hoheitszeichen 218, 231, 305
Identität 188, 237, 273, 314, 512
– genetische 95
– neuheitsschädliche 179
Immaterialgüter 39
– -recht 39, 75, 79, 168, 323, 369, 424, 427, 438, 529
– -recht zum Lauterkeitsrecht 447
– -rechte 307
– -rechtlicher Schutz 55, 68, 71, 340, 353
Individualität 77, 78, 80, 334, 336, 370
Informationszeitalter 40, 49, 359
Inhaber 216, 278, 301, 322
– Anmeldergemeinschaft 217
– juristische Person 216
– natürliche Person 216

– Personengesellschaft 217
Inländer 54
– -behandlung 56, 59, 61, 217, 427, 433
– -behandlungsgrundsatz 435
– -diskriminierung 449
Inlandsvertreter 295, 300
Insolvenz 165
– -verfahren 193
– -warenverkauf 452
internationale
– Anmeldung 58, 89, 123, 149
– Büro 148
– Registrierung 59, 234, 279, 327, 331
– Zuständigkeit 428
Internet 41, 266, 310, 360, 368, 429, 529
– -adresse 323
– -Dienstleister 385
– -domain 254, 323
– -nutzung 387
– Provider 529
– Verletzungshandlung 432
Interoperabilität 182
Inverkehrbringen 129, 136, 137
IPR 431
IR-Marken 218, 270
Irreführungsverbot 452, 496

Jahresgebühr 108, 138
– -Zahlung 112

Kartellrecht 39, 46, 438, 441, 493
– europäisches 441
Karten 47, 348
kategoriale Anknüpfung 75, 333
Kategorie geistiger Schaffensergebnisse 45, 68, 70, 75, 333, 434
Kennzeichen 203, 239
– Agentenmarke 236
– älteres 291
– andere 82
– Benutzungsmarke 247, 249
– Copyright 338
– Domain-Name 324
– ergänzender Schutz 206
– Gattungsbezeichnung 214, 223, 255, 287, 317, 320

580

Stichwortverzeichnis

- Gemeinschaftskollektivmarken 217, 301
- GMVO 227
- IR-Marken 218, 270
- Kollektivmarke 229, 265, 301
- Leerübertragung 270
- Marke 44
- Notorietätsmarke 215, 216, 247
- olympisches 322
- Recht Dritter 254
- Schranke 216
- strafbare Verletzung 305
- Streitsache 304
- Titelschutz 312
- Unternehmens- 207, 244, 307, 308
- Vermögensgegenstand 269
- Werkbegriff 313
- zwischenstaatliche Organisation 232

kennzeichnender Teil 111
Kennzeichnungskraft 238, 239, 244, 311, 312, 314, 315
- ältere Marke 239
- Verwechslungsgefahr 311

Keyword Siehe Schlüsselwort
Kinderarzneimittel 124
Klage 103, 118, 122, 249, 257, 271, 287, 554
- Frist 559
- Hauptsach- 561
- Löschungs- 236, 283, 287, 290
- Markenverletzungs- 271
- Nichtigkeits- 120, 124, 289
- Unterlassungs- 551
- Unterlassungsklagenrichtlinie 444
- UWG 555
- Verbands- 317, 422
- Verletzungs- 264, 303, 429, 554
- Vindikations- 103
- Wettbewerbsverstoß 555
- Wider- 264, 291

kleine Münze 336, 339, 344
Klonen 95
Kollektivmarke 217, 229, 265, 301
- Gemeinschafts- 217
- Gütezeichen 302
- Inhaber 303
- Unbedenklichkeitsbescheinigung 302

Kollisionsrecht 431

kommerzielle Kommunikation 444
Kommunikationsfunktion 45
Konzentrationsermächtigung 304, 554
Kopierschutz 392, 401, 419, 422
- Vorrichtung 419

Kopplungsgeschäft 477
Körper 90, 92
- Bewegung 344
- lebender 92
- menschlicher 95
- tierischer 92

körperlich
- Anbringung 265
- Arbeiten 50
- Festlegung 363
- Fixierung 40, 348
- Form 362, 365
- Gegenstand 47, 365
- Gut 40, 54, 70
- Integrität 359
- Sache 408
- Verwertung 432
- Wiedergabe 76, 102

Kosten 46, 73, 98, 122, 159, 201, 299, 313, 332, 361, 417, 478, 537, 543, 546
- Beschwerdeverfahren 297
- Einsparung 327
- Ersparnis 181
- Festsetzungsverfahren 295
- Folge 537, 539, 560
- Herstellungs- 199, 425
- Investitions- 166
- Prozess- 304, 527, 541
- Rechtsverfolgung 518
- Regelung 204
- Schutzschrift 558
- Transaktions- 406
- Verfahrens- 293
- Vermeidungsfunktion 537

KUG 396
Kultur 50
- Film 347
- Schaffen 73, 86, 333
- Wirtschaft 86, 87

Kundendienst 465, 469
Laden 364
- Herunter- 387, 478

581

- Schlussgesetz 495
- Schutzgesetz 440

Landgericht 104, 304, 554, 556, 564

Laufbild 347, 411

Lauterkeitsrecht 39, 46, 438, 525, 528, 530, 553

Leerkassettenabgabe 391

Leerübertragung 270

Lego-Klausel 183

Lehre 69, 72, 76, 90, 127, 141, 197, 334, 344, 370–372
- beherrschbare Naturkraft 71
- Erschöpfungs- 365
- Freihandels- 53
- Naturrechts- 52
- technisches Handeln 42, 69, 71, 75, 95, 130
- wettbewerbsrechtliche Störhaftung 535

Leistungsschutz 67, 338, 347, 348, 352, 353, 356, 369, 392, 401, 408, 410, 413, 414, 416, 424, 426, 428, 447, 486, 527, 533
- Lichtbild 412
- Schutzinhalt 411

lex loci protectionis 432

Lichtbild 47, 347, 411, 412
- Werk 347

Link 396, 516

Lizenz 138, 141, 172, 193, 270, 311, 328, 402
- -analogie 160, 529
- -bereitschaft 138
- -bereitschaftserklärung 133
- -ierung 81
- -nehmer 193
- -vertrag 263
- Allein- 271
- ausschließliche 138, 141, 193, 271, 533
- einfache 141, 271, 533
- Exklusiv- 271
- Gebiets- 142
- gesetzliche 377
- negative 270
- nicht ausschließliche 141
- Sukzessionsschutz 142, 272
- Unter- 142, 403

- Zeit- 142
- Zwangs- 105, 134, 139

Lizenzanalogie 400

Lockvogelangebote 464

Löschung 153, 155, 193, 195, 232, 252, 273, 279, 303, 321
- -sanspruch 153, 155, 248
- -santrag 287, 288
- -severfahren 292
- -sgrund 303
- -sklage 236, 283, 287
- -sreife 252, 287
- -sverfahren 155, 287, 289, 290, 304, 321
- Wirkung 290

Luft- oder Landfahrzeug 135

Madrider Abkommen 59, 327

Marke 44, 61, 63, 66, 85, 203, 207, 209, 212, 215, 236, 255
- -enrechtsrichtlinie 44
- -fähigkeit 278
- -nanmeldung 214
- -nfähigkeit 212
- -nform 45, 211, 219, 221, 223, 243, 251
- -nfunktion 221
- -ngesetz 44, 203
- -nnennung 251
- -nnutzung 215
- -npiraterie 237
- -nregister 210
- -nregistrierung 215
- -nrichtlinie 203, 204, 307
- -nschutz 215
- -nschutzgesetz 53
- -nverletzung 253
- absolutes Schutzhindernis 218
- abstrakte Farb- 219
- Agenten- 247
- Akzessorität 217
- amtsbekannt 279
- Ausnahmetatbestand 218
- Ausschließlichkeitsrecht 248
- Basis- 59
- bekannte 215
- Benutzung 264
- Benutzungs- 212, 216, 247, 249
- Benutzungsschonfrist 264, 282

582

Stichwortverzeichnis

- Benutzungszwang 264
- Berichtigung 279
- berühmte 215
- Beschlagnahme 306
- beschleunigte Prüfung 279
- Beschränkung 279
- beschreibende Benutzung 227
- Beschwerde 295
- Bewegungs- 220
- Bild- 211, 219, 226, 273
- Buchstabe und Zahl 225
- Buchstabenkombination 225
- Dienstleistungs- 56, 211
- Doppelbedeutung 250
- Doppelidentität 238
- dreidimensionale 211, 219, 273
- Duldung 252, 289, 291
- Durchschnittsverbraucher 223
- eingetragene 249, 255, 256
- Einrede 252, 264, 282, 289, 292
- Eintragung 273, 280
- Einwendung 252, 289
- Ermächtigungsparagraph 293
- Erschöpfung 262
- Farb- 211, 273
- Formzeichen 210
- Freihaltebedürfnis 222, 227, 228
- Freistellung 261
- Garantie- 203
- Garantiefunktion 206, 221
- Gattungsbezeichnung 230
- Gemeinschafts- 64, 200, 204, 212, 216, 217, 231, 262, 264, 267, 270, 272, 276, 277, 280, 282, 290
- Gemeinschaftskollektiv- 217, 301
- Gerichtsstand 304
- Geruchs- 220
- Gesamteindruck 223
- geschäftliche Bezeichnung 216, 307
- geschäftlicher Verkehr 250
- Geschmacks- 220
- geschützte 256
- Gewährleistungs- 203
- Gewährzeichen 232
- GMVO 246, 255, 258, 269, 270, 272, 276, 301
- grafische Darstellbarkeit 211, 218, 219, 278
- gute Sitte 231
- Handels- 56
- Herkunftsfunktion 210, 221
- Hoheitszeichen 218, 231
- Hologramm 220
- Hör- 211, 219, 220
- Identität 237
- Individual- 203
- Internet 266
- Irreführung 231
- Kennfaden- 211, 219
- Kollektiv- 203, 217, 229, 265, 301
- Kombinationswort- 225
- Lizenz 270
- Löschung 236, 273
- Löschungsantrag 288, 289
- Löschungsreife 252
- Löschungsverfahren 290, 292
- mangelnde Benutzung 282
- markenmäßiger Gebrauch 265
- Motivschutz 242
- nationale 59
- Nichtbenutzung 259
- Nichtbenutzungseinrede 282
- Nichtigkeit 288
- Nichtigkeitsklage 289
- Notorietäts- 216, 247
- notorische 214, 236, 247, 249, 279, 281
- öffentliche Ordnung 231
- Originalität 221
- Positions- 220
- Prägetheorie 243
- Priorität 216, 276
- Prüfzeichen 232
- Qualitätsfunktion 221
- Rechtsbeschwerde 298
- Rechtsfolge 248
- Rechtsverletzung 248
- Registrierung 212
- relatives Schutzhindernis 236
- Rücknahme 279
- Schranke 256
- Schutz- 256
- Schutzdauer 285
- Schutzhindernis 216, 218
- Schutzvoraussetzung 216
- Seniorität 278
- Serien 244
- Slogan 222

583

- sonstige Markenform 273
- sprechendes Zeichen 224
- Straf- und Bußgeldvorschrift 305
- Streitwertbegünstigung 304
- Sukzessionsschutz 272
- summatisches Verfahren 282
- Tast- 220
- Täuschungseignung 230
- Täuschungsgefahr 231
- Teilidentität 237
- Teilung 283
- Telle-quelle- 277
- territoriale Reichweite 249
- übliche Zeichen 230
- Untersagungstatbestand 251
- Unterscheidung 211
- Unterscheidungskraft 221
- Ursprungs- 59
- Verbraucherleitbild 223
- Verfahrensvorschrift 292
- Verfall 287
- Verjährung 256
- Verkehrsauffassung 251
- Verkehrsdurchsetzung 234, 278
- Verkehrsgeltung 210, 212, 249
- Verkehrskreis 235
- Verlängerung 285
- Vermögensgegenstand 269
- Verwechslungsgefahr 238
- Verwirkung 257
- Verwirkungstatbestand 289
- Verzicht 286
- Vorbereitungshandlung 252
- Werbefunktion 221
- Wert 215
- Widerklage 292
- Widerspruch 281
- Wiedereinsetzung 299
- Wiedergabe 273
- Wirkung der Löschung 290
- Wirtschaftsgut 269
- Wort- 211, 219, 223, 273
- Wortfolge 224
- Zahl 225
- Zeitrang 216
- zusammengesetzte 243
- Zwischenrecht 259

Markenbewertung 269
Marketingrecht 438, 447

marktbeherrschende Stellung 140
Marktbehinderung 461
Marktstörung 491
Marktteilnehmer 458
Marktverhaltensregelung 478, 494, 495
- praktisch bedeutsame 495
materiellrechtliche
- -s Geschäft 141
- Bedingung 89
mathematische Methode 70, 91
Medienzeitalter 87
Meistbegünstigung 61
- -sgrundsatz 435
Meisterwerk 336
menschliche Verstandestätigkeit 72, 91
Methode 70
- mathematische 70, 91
- Schadensberechnung 529
- wissenschaftliche 70
Mindesterfordernis Anmeldetag 112
Mindestrecht 60, 433
Mindestschutz 61
- -niveau 60, 434
Miterfinderanteil 158
Mittäter 253, 533
Mitteilungs-
- form 370
- pflicht 160, 162
Mittelalter 50
mittelbare Patentbenutzung 132
Miturheberschaft 356
MMA 59, 279, 327, 329, 332
- -Vorrang 330
Modell 61, 110, 281
Mondpreis 452, 499
Monopolstellung 84
Monopoltheorie 52
Mosaikbetrachtung 433
Multimediawerk 355
Musik 47
- -werk 343
must-fit-
- Klausel 182
- Teile 182, 184

Stichwortverzeichnis

must-match-Teile 185
Muster 61, 178
Muster und Modell 43, 58

Nachahmung 202, 487
- -sfreiheit 486
Nachbau 173
Namensrecht 82, 207, 248, 291, 311
nationale
- Behörde 88, 151
- Gericht 103
- Marke 59
- Phase 149
- Verfahren 146
- Verfahren XE 151
Natur 95, 335
Naturkraft 71, 72, 90
- beherrschbare 71, 90
Naturrecht 52
- -slehre 52
- -stheorie 84
Nebenanspruch 111
negatives Verbietungsrecht 40, 172, 424
Neuheit 42, 77, 95, 154, 171
- -sschädliche Identität 179
- -sschonfrist 153, 171, 181
- fotofrafischer Neuheitsbegriff 180
- gebrauchsmusterfähige 152
- geschmacksmusterfähige 178
- technische 99
Neuzeit 50, 51
Nichtigkeit 120, 195, 288–290
- -serklärung 124
- -sgrund 120, 248, 289, 291
- -sklage 120, 289
- -sverfahren 103, 105, 120, 121
Nichtigkeitsverfahren 194
Notorietätsmarke 215, 216, 247
numerus clausus 45
Nutzungsart 402
- unbekannte 405
Nutzungsrecht 172, 402
- ausschließliches 403
- Beschränkung 404
- einfaches 403
- eingeschränkte 403

- positives 40
- Übertragung 403
- Unterlizenz 403
- Unterlizenzierung 403
- Zweckübertragungsgrundsatz 405

Oberbegriff 111, 237, 280, 339
Oberlandesgericht 104
Offenbarung 84, 95, 110, 118, 119, 179
- -sgehalt 98
Offenlegung 116
Offensichtlichkeitsprüfung 104, 115
öffentliche
- Ordnung 92, 183, 231, 303
- Rede 380
- Wiedergabe 378, 393
- Zugänglichmachung 366, 413
- ZugÃ¤nglichmachung 379
Öffentlichkeit 97, 201, 365, 368
Olympiaschutzgesetz 322
opt-in-
- Lösung 510
- Modell 515
opt-out-
- Lösung 514
- Modell 515
- Regelung 511
Ordnungswidrigkeit 306, 424
ordre public 92
Organ juristischer Person 156
Original 362, 372
- -ware 261
- -werk 349
originärer Rechtserwerb 358
Overruns 531

pantomimisches Werk 47, 344
Parallelerfindung 103, 135
Parallelimport 531
Passivlegitimation 533
Patent 88
- -abteilung 104
- -anmeldung 98, 100, 107, 109
- -anspruch 97
- -behörde 99
- -bewegung 53

585

- -erteilung 107, 117
- -erteilungsbeschlus 114
- -erteilungsverfahren 115
- -fähigkeit 91, 96
- -ierbare Erfindung 89
- -ierbarkeit 94
- -ierung 92
- -inhaber 84, 109, 118–120, 123, 124, 127, 129, 132, 133, 139, 141
- -kostengesetz 108
- -recht 42, 65, 79, 88
- -rechtstheorie 84
- -register 104, 109
- -rolle 141
- -schutz 71, 89
- -streitsache 104
- -tierungsvoraussetzung 95, 115
- -unfähigkeit 69
- -verfahren 104
- Antipatentbewegung 53
- Anwendungs- 131
- Bundespatentgericht 83
- Erfindungsbegriff 88
- europäisches 142
- europäisches Patentübereinkommen 42
- Grundlage 70
- inländisches national 109
- Recht auf 101
- Recht aus 102, 128
- Schutzbereich 125
- Schutzdauer 79, 123
- Verfahrens- 130
- Wirkung 122
- Zusatz- 115

Patentanspruch
- Merkmale 111

Patentanwalt 105

Patentdauer 123
- ex nunc 124
- ex tunc 124

Patenterteilungsverfahren
- Mindesterfordernisse 112
- Offenbarung 113
- Rechtsschutzbedürfnis 117
- Teilanmeldung 114

Patentinformationszentren 109

PatG 42, 84, 88, 89, 99, 104

PCT 57, 89, 98, 123, 148, 154
- Kapitel I 149
- Kapitel II 150

peer-to-peer 368, 388

Pensionär 156

Perpetuum mobile 90

Person 101, 216, 308, 329, 356, 408
- -engesellschaft 356
- -gesellschaft 217
- juristische 216, 329, 356, 389
- natürliche 101, 216, 329, 356, 386

persönlich
- -er Anwendungsbereich 54, 156, 427
- -keitsrechtliche Befugnis 357, 359, 413
- -keitsrechtliches Schutzelement 80
- geistige Schöpfung 352

Pflanzensorte 95, 170
- Beständigkeit 171
- Bundessortenamt 171
- Homogenität 171
- Sortenbezeichnung 171
- Unterscheidbarkeit 171

Pflanzenzüchtung 46, 170, 173

Pflichtwerk 409

plagiarius 51

Plagiat 51
- -or 51

Plan 47, 71, 92, 348

plastische Darstellung 47, 348

PMMA 327, 329, 332

positives Benutzungsrecht 172, 424

postmortaler Bildnisschutz 398

Preisangabenverordnung 440, 495

Preisausschreiben 443, 477, 482

Presseerzeugnis 415

Presseprivileg 519

Pressespiegelprivileg 393

Presseverlage 415

Presseverleger 415

Priorität 57, 112, 149, 153, 179, 189, 216, 276, 308, 330
- -sdatum 150
- -sfrist 57, 277
- -srecht 57, 149, 174, 276
- -stag 97, 136, 179

Stichwortverzeichnis

- Auslands- 113, 153, 216
- Ausstellungs- 189, 216, 277
- innere 113
- Teil- 277
- Unions- 57, 113
- Zeitrang 96, 216

Privat
- -kopie 386, 388
- -kopieschranke 394, 421
- bereich 134

Privatrecht 40, 81
- internationales 431

Privilegienwesen 51, 53
- Autorenprivileg 52
- Bücherprivileg 52
- Druckprivileg 52
- Territorialprivileg 52

Probe 110

Produktpiraterie 526, 530, 531
- -verordnung 306

Programm für Datenverarbeitungsanlage 92

Provider 385

Prozesskosten 304, 527, 541

Prüfung 115, 154, 172, 278, 279
- -behörde 151
- -santrag 112, 115, 144
- -santragsfrist 106
- -sbescheid 116
- -sgebühr 116, 144
- -spflicht 535
- -sstelle 104, 114
- -sverfahren 152
- beschleunigte 279
- DPMA 278
- Eingangs- 144
- Formal- 144, 167
- Offensichtlichkeits- 104, 115
- Sach- 144
- vollständige 104, 116

PVÜ 56, 60, 113, 149, 218, 234, 266, 276, 317

Pyramidensystem 521

Qualitätsmarke 302

Quellenangabe 362, 395

Rabatt 443, 477
- -gesetz 449, 477

Raumform 175, 348

RBÜ 59, 61, 338, 427, 433
- Mindestrecht 60, 433

Recherche 104, 149, 154
- -antrag 115
- -behörde 149
- -bericht 115, 116, 144, 149
- -möglichkeit 254

Recht
- -liches Gehör 107, 293, 297
- -sbehelf 56, 106, 278, 294, 526, 559
- aus Erzeugnisanspruch 128
- aus Verfahrensanspruch 130
- aus Verwendungsanspruch 131

Recht am eigenen Bild 396

Recht auf das Patent 101, 140, 155

Recht aus dem Patent
- Übertragung 141, 147, 148

Rechtsanwalt 105

Rechtsbeschwerde
- -verfahren 105, 298, 299
- Ausschlus- 298
- zugelassene 298
- zulassungsfreie 298

Rechtsbruch 494
- -tatbestand 443, 444, 478, 494

Rechtserwerb 191, 405, 409
- originärer 356
- Umfang 410
- vom Arbeitnehmer 409

Rechtsnachfolger 57, 101, 103, 110, 140, 153, 181, 533
- Geltungsmachung der Rechte 270

Rechtsschutzbedürfnis 117

Rechtsverletzung
- Aktivlegitimation 533
- außergerichtliche Durchsetzung 536
- geschäftliche Bezeichnung 315
- Geschmacksmuster 194, 196, 198
- Internet 529
- Marke 248
- Olympiaschutz 322
- Passivlegitimation 533
- Sortenschutz 172, 173
- Urheberrecht 424

587

– Verjährung 256
Rede 335, 340
– öffentliche 380
Reform 2008 448
regionales Verfahren 151
Registrierung 58, 59, 78, 167, 330
– amtliche 78
– DPMA 212
– internationale 58, 59, 210, 279, 327, 332
Reichsgesetzgebung 53
Richtlinie 63, 441, 443, 503
– ArbEG 156
– biotechnologische Erfindung 94
– computerimplementierte Erfindung 93
– Computerprogramm 341
– Datenbank 353, 416, 436
– Datenschutz 510
– DPMA 235
– Durchsetzungs- 525
– EG- 62
– EG-Schutzdauer- 347
– Geschmacksmuster- 186
– Info- 364, 419
– InfoSoc 384
– InfoSoc- 364
– Marken- 203, 214, 219, 307
– Multimedia- 364
Rom II-Verordnung 55, 432
Rücknahmefiktion 113, 120
Rückruf 527
– -srecht 361
Ruf-
– ausbeutung 490, 507
– ausbeutungsverbot 507
– ausnutzung 507
– beeinträchtigung 490, 507
Rufnummernunterdrückung 456

Sach
– -statut 431
Sachen
– -recht 45
Sammelwerk 351
– Abgrenzung 356
– Seriensammelwerk 313
Sampling 343, 363

Satire 351
Schadensberechnung 254, 529
Schadensersatz 81, 118, 169, 173, 248, 253, 254, 316, 518, 529, 532, 545, 557, 561
– -anspruch 248, 255–258, 318, 321, 430, 519, 527, 529, 530, 534, 557, 561
– -pflicht 307
– Kennzeichen 254, 264
– Urheberrecht 425
– UWG 518
– Verjährung 256
Schieds
– -stelle 163
– -verfahren 163
Schiff 135
Schleichwerbung 479
– -sverbot 479
Schlüsselwort
– Suchmaschine 324
Schmähkritik 484
Schneeball- und Pyramidensytem 467
Schneeballsystem 521
Schöpferprinzip 356, 407
Schöpfung 74, 410
– -gedanke 372
– -sakt 78, 102, 338, 356
– -sgedanke 370, 371
– -shöhe 421
– -sleistung 412
Schranke
– Datenbank 401
– der Schranken 390
– Durchsetzung 421
– Geschmacksmusterschutz 197
– Markenrecht 203, 204, 252, 256, 259, 303
– Urheberrecht 364, 376
Schriftform 165
Schriftlichkeit 108, 119
Schriftwerk 47, 53, 339
– -schutz 339
Schul
– -funksendung 378

Schuldanerkenntnis 548
- abstraktes 548

Schutzbereich 119, 142, 146, 155, 239
- -erweiterung 120
- äquivalenter 127
- Konsequenzen der Schutzbereichsbestimmung 127
- Patentanmeldung 110
- privater Bereich 133
- räumlicher 310
- sachlicher 142
- Versuchszwecke 133
- wortsinngemäßer 126

Schutzbestimmung 419

Schutzdauer 79, 168, 173, 373
- Datenbank 418
- Gebrauchsmusterrecht 152, 155
- geistiges Eigentum 79
- Geschmacksmusterrecht 192
- Leistungsschutz 413, 414
- Lichtbildschutz 412
- Lichtbildwerk 347
- Markenrecht 283, 285
- Patentrecht 123
- RBÜ 60
- Urheberrecht 373, 436

Schutzfrist 411, 418
- -envergleich 60
- gesetzliche 79

Schutzgegenstand 79, 126, 167, 435, 545
- Computerprogramm 435
- Datenbankwerk 353
- Geschmacksmuster 175, 178, 196
- GWB 439
- Halbleiterschutz 168
- immaterieller 75
- internationales Abkommen 334
- Leistungsschutz 448
- Madrider Markenverband 329
- technische Maßnahme 419
- Topographie 167
- Urheberrecht 369
- urheberrechtlicher Schutz 340
- wissenschaftliches Werk 349

Schutzgesetz 56, 62, 156
- Ausland 433
- Halbleiter- 46, 166
- Marken- 53

- Olympia- 322
- Sonder- 424
- Sorten- 46, 170

Schutzhindernis 203, 226, 232, 234, 259, 328
- absolutes 210, 213, 218
- Agentenmarke 247
- Anmeldeverfahren 278
- Beanstandungsbescheid 278
- Benutzungsmarke 247
- bösgläubige Markenanmeldung 291
- Darstellbarkeit 220
- Freihaltebedürfnis 222, 225, 227, 291
- Gemeinschaftsmarke 291
- Gewährleistungsmarke 301
- GMVO 231
- internationale Registrierung 327
- Kollektivmarke 229
- Markenanmeldung 278
- Markenfähigkeit 222
- Markengesetz 213, 216, 222, 227, 236
- Nichtigkeit 288
- notorisch bekannte Marke 247
- relatives 212, 236
- Unterscheidungskraft 225, 291
- Verkehrsdurchsetzung 234, 291

Schutzlandprinzip 55, 428, 431–433

Schutzrecht 44, 53, 63, 76, 79, 151, 169
- Abmahnung 537
- Anmeldung 159
- Anspruch 191
- Ansprüche des Inhabers 169
- ausländisches 55
- Auslands- 159
- Eintragung 192
- Erteilung 148
- Film 416
- Gemeinschafts- 64
- Gemeinschaftsgeschmacksmuster 200
- Geschmacksmuster 248
- gewerbliches 44, 54, 57, 61, 78, 81, 83, 157, 167, 176
- Halbleiter- 39, 46
- Halbleiterschutz 168
- Hinweis 256, 546
- Immaterialgut 168
- Inhaber 169
- internationale Marke 327
- Kategorie 49

589

- Kollision 195
- Leistungs- 411
- Lichtbild 411
- Lizenz 141
- Marke 206, 211
- nationales 58
- Neuheit 77
- Nichtigkeit 120
- Olympia 322
- Parallelpatent 137
- PCT 149
- privatrechtliches 83
- Sorten- 39, 46, 66, 139, 170
- Sperrwirkung 196
- technisches 43, 84, 85, 179
- Titel 313
- Tonträger 414
- traditionelles 168
- unbegründete Verwarnung 545
- Urheberrecht 333
- verletzende Handlung 135
- Verletzung 194
- Verstoß 540
- Verwarnung 539
- Voraussetzung 170

Schutzschrift 552, 558

Schutzstaat 57

Schutzumfang
- erweiterter Marken 259
- Geschmacksmuster 196
- Halbleiter 168
- Marke 203, 239, 240, 289
- Musikwerk 344
- Patent 97, 110, 126, 131
- Titel 315
- TRIPS 435
- Unternehmenskennzeichen 310
- Urheberrecht 370, 372
- zeitlicher 79

schwarze Liste 445, 455, 463

Sendeunternehmen 408, 411, 414

Sinngehalt 126
- Patentanspruch 126, 127
- wissenschaftliche Lehre und Theorie 372
- Zeichen 228, 241

Skizze 47, 335, 348

Slogan 222, 224, 337

Software 49, 343
- Patent 85
- Programm 157

Sonderveranstaltung 449, 451, 499

Sortenschutz 39, 45, 46, 64, 66, 139, 170
- Antrag 171
- europäischer 173
- internationaler 173
- Lizenz 172
- Rechtsnachfolge 172
- Rolle 171
- Wirkung 172

Sozialbindung 376

Sperrwirkung 44, 79, 176, 196, 197, 201, 202

spezielles Deliktsrecht 81

Spiel 71, 92, 134, 313, 315, 322
- Computer- 355
- Dauer 438
- Feld 438
- Film 347
- Fußball- 438
- Gewinn- 443, 477, 482, 483
- Glücks- 482
- Hör- 339, 414
- Lust 483
- olympisch 322
- Ort 404
- Raum 80, 337, 510
- Regel 72
- Schau- 412
- Trieb 482
- Zeit 404

Sprache 57, 98, 108, 123, 144, 150, 266, 322, 332, 339, 349, 355
- Amts- 144, 301
- Aus- 241, 552
- Fremd- 223, 242, 339
- Gerichts- 301
- Kunst- 339
- Landes- 332
- Programier- 339, 340
- Umgangs- 224
- Verfahrens- 126, 144, 146, 331
- Veröffentlichungs- 150

Sprachenverordnung 65

Sprachwerk 339, 395
- -sschutz 339, 354

sprechendes Zeichen 261
Staatsvertrag 56, 216, 276, 317, 426, 431, 433, 434
Stand der Technik 76, 96, 100, 128, 153, 179
- Gebrauchsmuster 152
Störerhaftung 534
- wettbewerbsrechtliche 535
strafbare Werbung 521
Strafbarkeit 305
strafbewehrte Unterlassungserklärung 254, 537, 540, 542
strafrechtliche Sanktion 173, 199, 424, 426, 520
Straftatbestand 83, 305, 520, 521
Streitwertbegünstigung 304
Streuschaden 519
Suchmaschine 325
- Herkunftsfunktion 325
Sukzessionsschutz 142, 194, 272
supranationales Verfahren 88

Tabelle 47, 72, 348
- Rechen- 339
Tanzkunst 344
Täter 305, 523, 533
- -schaft 533
Tätigkeit
- erfinderische 42, 43, 70, 95, 100, 150
- gedankliche 71
- geistige 73
- geschäftliche 71
- schöpferische 313, 344, 369
Tatort 429
Tauschbörse 388, 419, 529
Technik 42, 84, 90, 348
- -begriff 72, 93
technische
- -r Charakter 72, 73, 90, 92, 94, 152
- Erfindung 43, 84, 91, 96
- Maßnahme 419, 420
- Schutzmaßnahme 393, 426
Technizität 90, 93, 152, 157
- mangelnde 72
Teilanmeldung 114, 285

Teilung 283
Telefax 109
Telefonwerbung 510
Telemediengesetz 444
Telle-quelle
- -Marke 277
- -Schutz 210, 218
territoriale
- -r Schutzbereich 310
- Begrenzung 427
- Reichweite 249
Territorialitätsprinzip 55, 123, 427, 432
Theorie
- vom geistigen Eigentum 52
- wissenschaftliche 70, 91, 371
Tierrasse 95
Titel 270, 315
- -ähnlichkeit 314
- -schlagwort 313
- -schutz 270, 312, 316
- -schutzanzeige 313
Topographie 41, 46, 61, 66, 166, 168
- -schutz 45
Trägermedie 355
Transparenzgebot 477, 512
- bei Preisausschreiben und Gewinnspiel 482
Trennungsgebot 479
Treu und Glaube 258, 403, 542, 552
TRIPS 60, 81, 317, 434, 526
- -PLUS-Bestimmung 526
- Grundprinzip 434
- Urheberrecht 435

Übersetzung 108, 110, 349
Übertragung 81, 140, 192, 247, 367
- -sanspruch 249, 257
- Leer- 270
- Nutzungsrecht 403
- Teil- 270
- Zweckübertragungsgrundsatz 405, 410
Übertriebenes Anlocken 464
Ubiquität 40, 54, 426
UGP-Richtlinie 445, 453
Umarbeitung 349
- urheberrechtliche relevante 350

591

Umgehungsverbot 419, 420
Umgestaltung 350, 372
Umschreibung 193, 336
Unbedenklichkeitsbescheinigung 302
unbekannte Nutzungsart 405
unbeschränkten Inanspruchnahme 165
Unionspriorität 56, 113, 189
unlautere Geschäftspraktik
– Richtlinie 444
unmittelbar hergestelltes Erzeugnis 131
unseriöse Geschäftspraktiken 456, 518, 537
Unteranspruch 111
Unterbrechung 136, 310
– vorübergehende 136
– zeitweise Unterbrechung der Benutzung 310
Unterlassung 81, 169, 198, 253, 316, 425, 444, 517
– -sklagengesetz 422
– -sschuldner 540
– -statbestand 528
– -svertrag 538, 549
Unterlassungsanspruch 173, 198, 248, 253, 254, 317, 321, 323, 448, 512, 517, 527, 528, 533, 534, 541, 548, 556
– Erstbegehungsgefahr 253
– gesetzlicher 548
– Verjährung 256
– vorbeugender 528, 533
– Wiederholungsgefahr 253
Unterlizenz 142, 403
Unternehmensakzessorietät 192
Unternehmenskennzeichen 207, 244, 249, 307, 308
– besondere Geschäftsbezeichnung 308
– Branchennähe 311
– entstehen 310
– erlöschen 310
– Etablissementbezeichnung 309
– Geschäftsabzeichen 309
– Handelsname 308
– Lizenz 311
– mit Namensfunktion 207, 309
– ohne Namensfunktion 207
– Übertragbarkeit 311

– Verwechslungsgefahr 311
Unternehmerschutzrecht 408
Unterscheidungskraft 210, 223
– Geschmacksmuster 195
– Marke 213, 221, 223, 234, 235, 246, 291, 302, 315
Unterschrift 109
unterstützende Leistungen 102
Untersuchungsgrundsatz 121
Unterwerfung 540, 548
– -serklärung 540, 548, 553
– Aufforderung 540
– Dritt- 542
unzulässige Erweiterung 118, 119
– von Offenbarung und Schutzbereich 119
Uploading 369
UPOV 173
Urheber
– -rolle 338
– -vermutung 338
– -vertragsrecht 82, 405, 410
– -vertragsrechtsnovelle 2002 403
Urheberbezeichnung 360
Urheberpersönlichkeitsrecht 80, 359, 433–435
Urheberrecht 39, 47, 61, 68, 76, 79, 86, 195, 207, 248, 333, 412, 432, 533, 536, 554
– -sgesetz 47
– -ssache 544
– -sschutz 47, 77
– -sschutzfähigkeit 337
– Arbeitsverhältnis 407
– Ausland 433
– Bearbeiter- 350
– Bedeutung 86
– Datenbank 416
– Dienstverhältnis 407
– ergänzende Schutzbestimmung 419
– Geltungsbereich 87
– Gestaltungshöhe 337
– im Informationszeitalter 49
– Inhalt 358
– internationales 426
– IPR 431
– Rechtsverletzung 424

- Schöpferprinzip 356
- Schranke 376
- Schutzdauer 373
- Schutzumfang 372
- TRIPS 435
- Unübertragbarkeit 361, 401
- Urheberschaft 356
- Werkbegriff 334
- WIPO 436

Urheberrechtsnovelle 2003 364, 366, 368, 384, 386, 388, 390, 413, 419, 437

Urheberrechtsnovelle Korb 2 388, 406

Ursprungsland 329, 433
- Behörde 59, 330

Ursprungszüchter 172

Urteil 105, 122, 431, 530, 559

UWG 39, 46, 438, 440, 446, 448
- Beispielkatalog 473
- Beseitigungsanspruch 517
- Generalklausel 460
- Mondpreis 499
- Pyramidensystem 521
- Reform 2004 448, 536
- Reform 2008 452
- Reformgesetz 448
- Regel-Ausnahme-Prinzip 503
- Rufausbeutung 507
- Schneeballsystem 521
- Strafvorschrift 520
- Unterlassungsanspruch 517
- Verbraucherleitbild 496

UWG Reform 2004 448, 536

UWG-Reform 2008 445

Veranstaltung 136
- Vorbenutzung 136
- Weiterbenutzung 137

verbandseigenes Werk 60

Verbandsklage 317, 422
- -befugnis 552

Verbot des Doppelschutzes 124, 146, 153
- Doppelschutzverbot 174

Verbraucher
- -schutz 423, 452
- -verband 444, 478, 518

Verbrauchergeneralklausel 461

Verbraucherzentrale 478

Verbreitungsrecht 365, 404

Verfahren 103, 321, 553
- -sanspruch 152
- -sbeteiligter 105, 290, 295
- -serfindung 132
- -skosten 293
- -spatent 130
- -srecht 103, 321
- -ssprache 126
- -svorschirft 292
- Abschluss- 560
- Anmelde- 303
- BGH 105
- BPatG 104
- diagnostisches 92
- DPMA 104, 190, 273, 293
- Durchsetzungs Richtlinie 526
- Einigungsstelle 553
- Einspruchs- 117
- Eintragungs- 330
- EPÜ 142
- Erteilungs- 109
- EURO-PCT 151
- gerichtliches 163
- Hauptsache- 560
- Insolvenz- 193
- kosmetisches 93
- Löschungs- 292, 304
- mikrobiologisches 95
- nationales 146
- Nichtigkeits- 120, 121, 146
- PCT 148
- regionales 151
- summarisches 282
- Verwaltungs- 83
- Widerspruchs- 236

Verfahrenssprache 143

Verfall 259, 273, 287, 290, 303

Verfügungsgrundsatz 121

vergleichende Werbung 502
- Gesetz 503
- Richtlinie 443

Vergütungsanspruch 156, 392
- des Urhebers 391
- gesetzlicher 406, 411, 413

Verhaltenskodex 459, 463

Verjährung 556
- Einrede 560

593

- Gemeinschaftsgeschmacksmuster 199
- Marke 256
- Ultimaregel 256
- Urheberrecht 425
- UWG 446, 520

Verkaufsaktion 449

Verkaufsförderung
- -smaßnahme 477, 480
- Binnenmarkt 442

Verkehrsdaten 529

Verkehrsdurchsetzung 234, 278, 291, 317
- demoskopisches Gutachten 235
- Durchsetzungsgrad 235, 310

Verkehrsgeltung 210, 212, 213, 307, 309, 310
- Marke kraft Verkehrsgeltung 236
- Nachweis 214
- örtlich bestehende 310
- regional bestehende 310
- Verlust 311

Verkehrskreis 206, 213, 228, 235
- beteiligter 212, 213, 223, 228, 235, 309
- Durchschnittsverbraucher 223
- Durchsetzung 218
- Verbraucherleitbild 223
- Verkehrsauffassung 250, 318

verlängerte Werkbank 136

Vermehrungsmaterial 171, 172

Vermögensrecht 103

Vernichtung 81, 253–255, 264, 305, 527
- -swettbewerb 490
- Anspruch 173, 199, 248, 255–257, 305, 323, 425

Veröffentlichung
- -srecht 359
- -ssprache 150
- Gerichtsentscheidung 527

Versuchszweck 134, 173, 197

Vertragsstaat 143, 148, 149, 329, 331

Vertragsstrafe 536, 549
- -versprechen 540, 549
- Höhe 549

Vertrauensbruch 490

Vertrauensfunktion 45

Vertraulichkeitsvereinbarung 97

Vertretung 105, 295

Verunglimpfung 507

Vervielfältigungsrecht 363, 369, 434

Verwaiste Werke 380

verwaister Werke 64

Verwaltungsakt 78, 83, 88
- formeller 78
- rechtgestaltender 83, 88

Verwaltungsrat 88

Verwaltungsverfahren 107, 139, 171
- förmliches 171

verwandtes Schutzrecht 410
- ausgewähltes 411
- ergänzende Bestimmung 419

Verwechslungsgefahr 238, 244, 311, 314
- im weiteren Sinne 244, 245, 314
- komplexe 241
- mittelbare 244
- Serien- 314
- unmittelbare 314
- werkbezogene 314

Verwendung 152, 214
- -sanspruch 131
- -serfindung 128
- -spatent 131
- -szweck 238
- neue 100

Verwertungsart 362

Verwertungsrecht 362, 385, 402, 412
- allgemeines 362
- ausgewähltes 363
- besonderes 362
- Online- 366, 369, 405

Verwirkung 252, 257, 292, 550
- -sfrist 258
- -statbestand 289
- Grundsatz 258

Verzicht 195, 279, 280, 286

VG Wort 392

Videostream 386

Vindikationsklage 103

Vollmacht 295
- -urkunde 538

Vollmachtxe \ 538

Vollziehung 559

Stichwortverzeichnis

Vorbenutzungsrecht 133, 135, 176, 197
Vorbereitungshandlung 252, 420, 523, 529
vorläufige internationale Prüfung 149, 150
Vorrichtung 128, 255
- -sanspruch 128
Vorübergehende Vervielfältigungshandlung 384
Vorveröffentlichung 97

Ware 206, 211, 229, 238, 239, 245, 246, 251, 262, 265, 268, 306, 307, 317, 330, 505, 513
- -nbegriff 275
- -nverzeichnis 274
- -nvorrat 499
- Beschaffenheit 229
- Identität 237
WCT 436
Website 313, 354, 360
- Schutzobjekt 354
- urheberrechtlicher Schutz 354
Weiterbehandlung 107, 292, 300
Weiterbenutzungsrecht 107, 133, 135, 136
Werbeanzeige
- Suchmaschine 326
Werbefunktion 206, 221
Werberecht 447
Werbung gegenüber Kindern 471
Werk 47
- -integrität 361
- -stück 335, 362
- -titel 207, 307, 312, 314
- -verbindung 357
- digitalisiert 361
Werkbegriff 47, 313
- geistiges Gehalt 334
- Individualität 334
- persönlich geistige Schöpfung 334
- Schutzvorraussetzung 334
- wahrnehmbare Form 334
Werkstück 390
Wert
- -reklame 477

- -schätzung 181, 245, 246, 315, 322, 490
wettbewerbliche Eigenart 487
Wettbewerbsrecht 46, 438, 447
- Generalklausel 460
- Richtlinie 443
- Teilgebiet des gewerblichen Rechtsschutzes 447
- Verordnung 442
wettbewerbsrechtlicher Leistungsschutz 447, 486, 487
Wettbewerbszentrale 518, 539, 553
- Aktivlegitimation 539
- Einigungsstellenverfahren 553
Widerklage 264, 291, 292
widerrechtliche Entnahme 103, 118
Widerspruch 281, 298, 331, 559
- -sfrist 280, 331
- -sgrund 118
- -sverfahren 236, 281, 282, 292
- Benutzungsschonfrist 282
Wiedereinsetzung 106, 107, 299
- in den vorherigen Stand 136
- Weiterbenutzung 136
Wiedergabe von Information 92
Wiederholungsgefahr 254, 528, 537, 548, 551
WIPO 58, 148, 215, 327, 330, 366, 419
- -Konvention 60
- -Urheberrecht 436
Wirkung des Patents 123
- Ausnahme 134
- räumliche 123
- zeitliche 123
Wirkungen des Patents
- Arzneimittel 135
wirtschaftliche Verwertbarkeit 160
Wirtschaftsverband
- Anspruchsberechtigung 517
Wissenschaft 47, 74, 78, 334, 349, 395
wissenschaftliches Werk 348, 371
Wortmarke 219, 221, 223, 273
- Kombinations- 225
Wortsinn 126
WTO 60, 434

595

Zeichnung 47, 219
Zeitrang 96, 98, 112, 114, 189, 216, 252
- älterer 247
- Priorität 216
- späterer 279
- Verschiebung 234
Zitat 381, 394
- -zwerk 395
- Großzitat 395
- Kleinzitat 395
- Musikzitat 395
Zitierfreiheit 394
Zollbehörde 306, 531
Züchterprivileg 173
Zufallsergebnis 335

Zugabe 443, 477, 481
- -verordnung 449, 452, 477
Zusammenfassung 110
Zusatzpatent 114, 115
Zwangslizenz 105, 134, 139
- kartellrechtliche Vorschriften 140
Zwangsvollstreckung 193, 362, 554
- Urheberrecht 362
- UWG 554
Zweckübertragungsgrundsatz 405
zweispuriges Schutzkonzept 353
Zweitverwertungsrecht 407
Zwischenspeicherung 364

Rechtswissenschaftliches Seminar
Universität zu Köln